# DIABLO III

## SUMÁRIO

# PREFÁCIO

POR JAY WILSON,
DESIGNER CHEFE DE *DIABLO III*

Há quinze anos, o *Diablo* original foi lançado em um mundo desprevenido. Esta mistura genial de ação e interpretação de personagens veio em um momento em que a indústria dos games dizia que os RPGs estavam mortos. Rapaz, eles estavam errados. Os jogos *Diablo* estão entre os mais bem-sucedidos de todos os tempos e estamos orgulhosos de apresentar a vocês um jogo que esperamos que continue essa tradição.

Quinze anos atrás, minha esposa era minha noiva, minha filha nem havia nascido e, se você me dissesse que eu estaria trabalhando com uma equipe tão incrível para fazer a continuação de um dos meus jogos favoritos de todos os tempos, eu teria dito que você era uma pessoa louca. Na minha casa, o nome Diablo foi falado muitas vezes em sussurros animados. Ele evoca a memória e antecipação de inúmeras horas vasculhando calabouços implacáveis com heróis insanamente poderosos, a alegria de encontrar o item perfeito, o medo do que poderia estar na próxima encruzilhada e a emoção de compartilhar essa aventura com outras pessoas. Difícil fazer jus a tudo isso!

Felizmente, eu fui abençoado com a chance de trabalhar com o time mais talentoso e incrível que eu já tive o prazer de conhecer, repleto de alunos talentosos dos jogos anteriores de *Diablo*, assim como os recém-chegados entusiasmados como eu. Para montar essa equipe e fazer uma sequência digna do nome *Diablo*, sabíamos que seria preciso primeiro entender completamente o que tornou os jogos originais excelentes antes de podermos começar a tentar fazer algo melhor. Para embarcar nessa épica tarefa, nós estabelecemos um conjunto de pilares — ou de ideais — que sentimos que definiam *Diablo* e *Diablo II: Senhor da Destruição*. Estes sete pilares são Heróis Poderosos, ser Jogável mais de uma vez, ter Recompensas balanceadas, ser Acessível, ter um Ambiente Forte, Personalização e sempre dar suporte a jogos Multijogador.

Heróis poderosos são o coração da experiência de jogar *Diablo*. Um robusto bárbaro contra uma horda infindável de demônios é uma imagem central do que torna *Diablo* grande. Ser jogável mais de uma vez se dá por meio de um planejamento inteligente do jogo; em *Diablo*, usamos ambientes aleatórios, encontros aleatórios e até mesmo monstros aleatórios. Nós adicionamos eventos aleatórios no enredo para apoiar o foco em

uma história forte de *Diablo III*. Recompensas balanceadas — um item incrível, um monstro novo, um novo ambiente ou o espetáculo de um chefe poderoso — ajudam a manter os jogadores animados sobre o que está por vir.

Por mais profundos que os jogos *Diablo* sejam, eles também sempre foram fáceis de começar a jogar, por isso deixar o jogo Acessível era um objetivo importante para nós. Há um monte de jogos de fantasia por aí, mas nenhum causa a mesma sensação de *Diablo*, com o seu Ambiente Forte que coloca o bem contra o mal em uma luta eterna entre o Paraíso Celestial e o Inferno Ardente. Dar aos jogadores opções poderosas para Personalizar seus personagens é importante. Conseguimos isso através de infinitas variedades de itens gerados aleatoriamente, um sistema de habilidades que proporciona a liberdade de experimentar e o novo sistema de runas que permite que dois personagens usando as mesmas habilidades joguem de forma muito diferente. Finalmente, todos os jogos *Diablo* tiveram um foco Multijogador claro, sendo totalmente jogável cooperativamente a qualquer momento.

Adicionamos aos pilares alguns objetivos novos, como um modelo de combate mais profundo, uma história forte e um final mais desafiador e sustentável e achamos que *Diablo III* tem os ingredientes para ser o melhor já feito.

O guia de estratégia que você tem em suas mãos foi concebido para ajudá-lo a encontrar seu caminho através deste novo e perigoso capítulo e na luta permanente entre a humanidade e as forças do Inferno Ardente. As boas pessoas da Brady Games vasculharam incansavelmente as infinitas variações de ambientes aleatórios, lutaram contra chefes enormes e vasculharam pilhas de saque para trazer a você todas as informações necessárias para levar o seu bárbaro, arcanista, feiticeiro, caçador de demônios ou monge ao auge do poder.

Bem-vindo, ou bem-vindo de volta, ao mundo de *Diablo*. É um mundo cruel, mas você verá que, com um braço forte, um machado afiado e um feitiço rápido, você pode enfrentar as forças do mal... e isso enquanto consegue os mais incríveis itens de saque que poderia imaginar. Boa caça, amigo aventureiro!

*Duas décadas se passaram desde que os senhores demoníacos Diablo, Mefisto e Baal se estabeleceram em Santuário com uma fúria perversa, revirando a humanidade à sua diabólica vontade. Mas para aqueles que lutaram contra os Males Supremos, a memória desvanece lentamente.*

*Quando Deckard Cain retorna às ruínas da Catedral de Tristram em busca de pistas para derrotar novas agitações do mal, um incandescente arauto da desgraça cai do céu, atingindo o solo por onde Diablo uma vez entrou no mundo. Esse fogo do céu desperta males antigos e chama os Heróis do Santuário para defender o mundo mortal contra os poderes crescentes do Inferno Ardente mais uma vez.*

# BEM-VINDO AO SANTUÁRIO

## SOBRE ESTE GUIA

O livro que você segura é a chave para desvendar os segredos de *Diablo III* e para sobreviver às provações que agora testam todos os que andam pelas terras de Santuário. Para obter o máximo deste livro, você deve primeiro entender a natureza aleatória de *Diablo III* e os desafios que seu estilo único apresenta aos jogadores (e aos autores de guias de estratégia).

A maioria das coisas que você experimenta cada vez que joga *Diablo III* é exclusiva para aquela partida individual. Os inimigos que você encontra, a disposição dos calabouços e o saque são totalmente aleatórios. Mesmo as missões secundárias e até a presença e a localização de cavernas podem ser diferentes a cada vez que você jogar. Mas toda essa aleatoriedade ocorre dentro de uma estrutura científica. Existem regras — mais complexas do que você pode imaginar — que governam onde, quando e o que, personalizando a experiência.

Os magos na Blizzard deixaram que nós olhássemos sob o capô — vimos como a salsicha é feita. E embora nós tenhamos sido forçados a jurar em cima de um Altar Nefalem que nunca iríamos divulgar seus segredos arcanos, o nosso conhecimento do funcionamento interno do jogo nos permitiu criar um compêndio do qual até mesmo Abd al-Hazir ficaria orgulhoso. O nosso conhecimento do que é e do que não é possível no sistema de *Diablo III* foi injetado em cada pedacinho do livro. Aqui estão apenas alguns dos tópicos abordados:

- Nosso **Guia de Missões** oferece um passo a passo completo da campanha principal do jogo. As 31 missões são divididas em quatro Atos e incluem mapas de todas as cidades, informações para primeiros encontros com inimigos, fontes de saque, detalhes sobre cada monstro Único conforme você o encontra e breves descrições de todos as possíveis subeventos que você pode descobrir em uma dada área. Táticas específicas são fornecidas para peças arquitetônicas únicas, escritas em narrativa de primeira pessoa na forma do diário de um explorador. Finalmente, fornecemos estratégia em profundidade para a batalha contra um chefe, incluindo sugestões de habilidades para todas as cinco classes.

- Para cada um dos cinco **Heróis,** nós incluímos recomendações estratégicas, detalhes sobre como eles sobem de nível, uma visão de seus primeiros seis estilos de armaduras e uma discussão detalhada das muitas habilidades ativas e passivas de cada classe. Conselhos táticos e os dados também são fornecidos para todas as combinações de Habilidades e runas.

- Nosso Bestiário **Habitantes do Inferno** contém tudo que você precisa saber sobre os monstros de *Diablo III* e como eles se comportam. Esta seção fornece uma análise completa de todas as características do monstro, uma discussão de cada classe de monstro e uma lista de A a Z abrangente de todas as criaturas no jogo. Cada entrada sobre um monstro inclui o seguinte: dados completos, chance de deixar um globo de vida, resistências, taxas de ataque e uma discussão detalhada do comportamento do inimigo em combate.

- Uma grande parte da diversão em *Diablo* sempre foi coletar, comparar e equipar o Herói com o melhor saque possível. Nosso capítulo de **Gestão de Saque** é o recurso definitivo para a compreensão da nomenclatura do equipamento, incluindo os muitos afixos que compõem nomes de armas e armaduras. Ele também inclui dados de todos os tipos de armamento, incluindo armas lendárias e todas as poções, pergaminhos, gemas e acessórios.

- O livro também aborda outros aspectos importantes do jogo, incluindo um capítulo sobre **Artesãos e Criação**, um guia de utilização da nova **Casa de Leilões** e uma lista das muitas **Conquistas** do jogo. Finalmente, o nosso capítulo **Fundamentos do Herói** o ajuda a começar a jogar. Nós também fornecemos conselhos sobre como conduzir um time em combate e viver para contar a história.

# LINHA DO TEMPO DE DIABLO

964 Liderados por Azmodan e Belial, muitos dos demônios menores do Inferno se levantam contra os Males Supremos em uma rebelião que culmina com o Exílio Sombrio. Diablo, Mefisto e Baal são exilados para Santuário do Inferno Ardente.

1004 O arcanjo Tyrael reúne heróis mortais para criar os Horadrim. Ele dá as Pedras das Almas para eles e os incumbe de procurar e aprisionar os Males Supremos.

1009 Mefisto é capturado perto das selvas de Kehjistan e preso em um templo de Zakarum, no qual acabará por se tornar Kurast.

1010 Baal é rastreado no deserto perto de Lut Gholein. Tal Rasha, o líder do Horadrim, se sacrifica para capturar Baal em uma Pedra das Almas danificada.

1019 Diablo é finalmente capturado por um grupo de monges Horádricos liderados por Jered Caim. Os monges enterram a Pedra das Almas de Diablo perto do Rio Talsande em Khanduras; um monastério Horádrico com uma rede de catacumbas é construído sobre o local.

1025 A cidade de Tristram é estabelecida em torno do monastério Horádrico.

1080 O monastério Horádrico em Tristram é abandonado.

1100 Os Horadrim, sem cruzadas para empreender, se desvanecem em histórias e lendas.

1258 O senhor oriental Leoric chega a Tristram, declara-se seu rei e converte o velho monastério Horádrico há muito não usado em uma catedral Zakarum. Seu conselheiro, Arcebispo Lazarus, secretamente libera Diablo da prisão.

O Rei Leoric se afunda na loucura, enquanto se esforça bravamente para resistir

1263 Cada vez mais demente, o Rei Leoric começa a encarcerar todos os que questionam a sua autoridade, executando-os como traidores. Ele declara guerra contra o reino de Hespéria.

Sob a influência de Diablo, o Arcebispo Lazarus sequestra o filho único do Rei Leoric, o príncipe Albrecht. A criança aterrorizada é possuída por Diablo.

Lachdanan, capitão do exército do Rei Leoric, retorna da guerra desastrosa contra Hespéria e é forçado a matar Leoric. O monarca caído amaldiçoa Lachdanan e seus seguidores em seu último suspiro. Pouco tempo depois, Lachdanan e os guardas do rei são atacados por Leoric, ressuscitado como o Rei Esqueleto, quando eles tentam enterrá-lo.

O Arcebispo Lazarus conduz um grupo de aldeões para dentro da catedral e os abandona para um demônio açougueiro sanguinário. As pessoas começam a fugir de Tristram em massa.

Um herói solitário chega a Tristram e derrota o túrgido e fétido demônio açougueiro. Ele mata Lazarus e derrota o Rei Esqueleto.

Diablo é derrotado pelo herói, que então tenta conter Diablo dentro de si. Apesar das nobres intenções do herói, seu espírito valente sucumbe rapidamente à corrupção de Diablo. Ele se torna o Errante Sombrio, deixando Tristram para trás pouco antes de legiões de demônios atacarem e destruírem a cidade e seus habitantes.

1264 Um grupo de heróis começa uma missão para derrotar Diablo e seus irmãos. Os heróis derrotam a demônia Andariel e viajam para o leste, seguindo o Errante.

O senhor demônio Duriel é derrotado dentro do túmulo de Tal Rasha, é feita a descoberta de que Baal já está livre de sua Pedra das Almas.

O Errante Sombrio completa sua transformação em Diablo, Mefisto é destruído nas selvas de Kurast pelo grupo de heróis.

Diablo é derrotado. Sua Pedra das Almas é destruída, juntamente com a de Mefisto, na Bigorna do Inferno.

1265 Baal e seu exército marcham no Monte Arreat.

Os heróis seguem Baal até o Monte Arreat para o conflito final entre o homem e o último dos Males Supremos. Embora os heróis derrotem Baal, seu exército demoníaco continua a avançar.

O anjo Tyrael descobre que Baal conseguiu corromper a Pedra do Mundo alojada dentro do Monte Arreat. Percebendo que a Pedra do Mundo não pode ser restaurada, Tyrael relutantemente a destrói. A explosão resultante destrói o Monte Arreat, devasta grande parte do campo e dizima o exército de Baal.

# BÁSICO DO HERÓI

*A franquia campeã de vendas* **Diablo** *tem sido considerada como o que há de melhor no panorama dos RPG de ação. Os jogos anteriores desta série inseriram os termos "Explorador de Masmorras" e "golpear e talhar" no léxico dos jogos, bem como a jogabilidade viciante de edições anteriores de* **Diablo** *é responsável por inspirar todo um subgênero de expressões semelhantes. No entanto, só pode haver um* **Diablo** *e agora, após mais de uma década, o Senhor do Terror está de volta — e muita coisa mudou...*

**Diablo III** *foi projetado para ser acessível aos recém-chegados, enquanto mantém toda a jogabilidade que fez as versões anteriores tão populares. Qualquer pessoa pode se adaptar ao jogo e ser bem-sucedida nele rapidamente. Mas há uma riqueza de complexidade escondida logo abaixo do exterior fácil de aprender. É aí que este capítulo entra. Tanto novatos como veteranos irão aprender muito nas páginas seguintes. Nós trabalhamos esta seção para servir como um complemento para o manual do usuário e tutoriais in-game. Começaremos por introduzir os principais conceitos para iniciantes e gradualmente daremos mais informações para ajudar os leitores a entender os detalhes de muitos sistemas do jogo.*

## FUNDAMENTOS DA AVENTURA

No seu coração, *Diablo III* é um jogo centrado no combate e na caça interminável de itens de saque raros e poderosos — ou seja, ouro, pedras preciosas e equipamentos. Tudo que você faz no jogo serve para tornar seu personagem — uma das cinco classes de Herói jogáveis — mais forte e mais mortal. Você irá chacinar milhares de lacaios do inferno durante a sua viagem e, ao fazê-lo, irá ganhar incontável experiência (XP), ouro, equipamentos, poções, matérias-primas e muito mais. Todas essas recompensas o preparam melhor para as lutas que virão — e sempre há uma outra luta à sua espera ao virar a esquina.

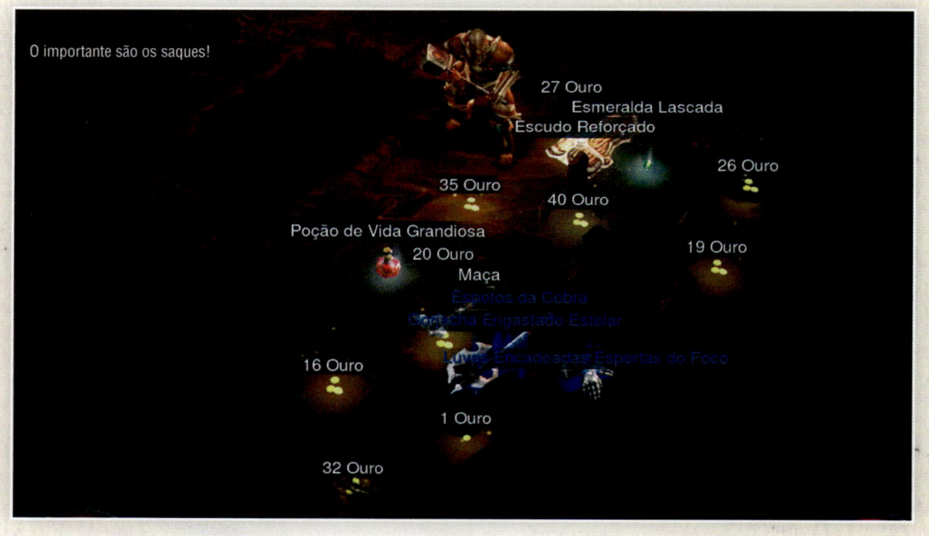


Antes de sair para o mundo e deitar a lâmina na primeira criatura do inferno que cruzar o seu caminho, vale a pena ter uma visão geral de alguns dos conceitos fundamentais da jogabilidade, bem como alguns conselhos sobre como usar este guia de estratégia. Esta seção aborda os seguintes tópicos:

- *Controles*
- *Vida e morte*
- *XP e ouro*
- *Encontrando items de saque*
- *Completando missões*
- *Exploração*
- *O Diário*

Muitos aspectos avançados da jogabilidade como criação de itens, itens especiais, seguidores, bônus, estatísticas e bônus de combate são explicados em detalhes mais adiante neste capítulo e ao longo do guia.

# CONTROLES

Em seu nível mais elementar, *Diablo III* é jogado com pouco mais que o mouse com seus dois botões e as teclas numéricas do teclado. Clique no botão esquerdo do mouse para mover o Herói, clique em inimigos ou objetos para que o Herói interaja com o alvo (ou use a habilidade primária) e botão direito do mouse e teclas numéricas para executar habilidades. Claro, existem outros comandos úteis.

As teclas de atalho podem ser modificadas no menu Opções. As tabelas a seguir mostram os atalhos padrões para o jogo em si, configuração do sistema e comunicação com amigos quando se joga cooperativamente. É possível adicionar um segundo atalho de teclado para cada um dos comandos para personalizar ainda mais a experiência. Isto é particularmente útil se você usa um joypad para jogar em um computador, mas quer manter os controles de teclado padrão quando joga em um laptop.

COMANDOS DE JOGO

| COMANDO | ATALHOS DE TECLADO PADRÃO |
|---|---|
| Mover | Botão Esquerdo do Mouse (clique ou segure) |
| Habilidade Primária / Interagir | Botão Esquerdo do Mouse |
| Habilidade Secundária | Botão Direito do Mouse |
| Forçar Ficar Parado | Shift (segure) |
| Habilidade de Barra de Ação 1 | 1 |
| Habilidade de Barra de Ação 2 | 2 |
| Habilidade de Barra de Ação 3 | 3 |
| Habilidade de Barra de Ação 4 | 4 |
| Poção de Vida | Q |
| Estandarte | G |
| Botão do Portal da Cidade | T |

## Mantenha a sua Posição

*Muitas vezes é importante manter sua posição atual e não atacar seus inimigos. Isto é especialmente importante quando se utiliza um combatente de longo alcance ou ao tentar manter-se perto de um aliado. Segurar a tecla "Shift" faz com que o Herói fique parado durante a execução de habilidades ou ataques básicos. Apesar de Heróis equipados com habilidades de longo alcance ou armas atacarem de longe, quando um inimigo está no alvo, mirar acidentalmente no chão pode fazer o Herói sair correndo. Segurar a tecla "Shift" impede que isso aconteça.*

## Nota sobre Randomização

A franquia Diablo é conhecida por criar uma experiência aleatória que é única para cada rodada. Esta randomização é gerada dentro de uma estrutura fortemente testada e concebida para criar uma experiência equilibrada, que muda cada vez que você joga. Por exemplo, emborao número e variedade exatos de inimigos que você enfrenta em qualquer momento específico sejam aleatórios, cada tipo de inimigo é limitado a um punhado de locais. Da mesma forma, cada espécie inimiga tem um nível correspondente a cada modo de dificuldade, mas o número de pontos de vida (HP) de qualquer monstro individual é determinado aleatoriamente dentro de um intervalo definido pelos desenvolvedores.

Há randomização também nos mapas. As formas exteriores dos mapas são estáticas e nunca mudam, mas os subeventos dentro deles, as localizações de alguns Marcos de Senda e a presença de Altares, Fontes Curativas e Baús são todas aleatórias. Em contrapartida, cada andar de um calabouço ou caverna é gerado aleatoriamente. Calabouços serão sempre constituídos por um número predeterminado de andares de um tamanho específico (pequeno, médio, grande, etc.), mas a geometria real e a arquitetura de cada masmorra mudam toda vez que você joga — elas são geradas dinamicamente a partir de uma grande coleção de peças.

Por fim, quase todos os aspectos dos equipamentos são inteiramente randômicos. Cada inimigo que você matar tem uma chance de largar só ouro; equipamentos, itens e ouro; ou nada. Há uma possibilidade, embora pequena, de que até um inimigo de baixo nível possa deixar algo raro e valioso. Em geral, quanto maior o nível do inimigo que você matar, melhores as suas chances de conseguir um equipamento mágico, raro ou lendário.

# *Alternado Itens de Inventário*

*Aprenda esses atalhos rápidos para equipar, vender e comparar equipamentos em seu Painel de Inventário. Passe o mouse sobre o equipamento para ver como ele se compara ao que você já está usando. Segure a tecla "Alt" enquanto paira sobre um item para compará-lo com seu item equipado quando empunha duas armas. Clique e arraste para o espaço adequado para equipar o item, ou simplesmente clique com o botão direito no equipamento para usá-lo . Venda itens ao interagir com um comerciante clicando com o botão direito. Tenha cuidado para não clicar com o botão direito no equipamento que você quer comprar enquanto ele ainda estiver na tela ou você irá vendê-lo de volta ao comerciante. Clique e arraste para usar seu equipamento recém-adquirido ou feche o painel do comerciante.*

### COMANDOS GERAIS

| COMANDO | ATALHOS DE TECLADO PADRÃO |
|---|---|
| Alternar Painel de Inventário | I |
| Alternar Painel de Habilidades | S |
| Alternar Painel de Missões | J |
| Alternar Painel de Diário | L |
| Alternar Painel de Seguidores | F |
| Alternar Mapa | Tab |
| Alternar Zoom | Z |

### DISPLAY DE INFORMAÇÕES

| COMANDO | ATALHOS DE TECLADO PADRÃO |
|---|---|
| Mostrar Barra de Saúde dos Monstros | V |
| Mostrar Barra de Saúde do Jogador | D |
| Mostrar Itens no Chão | Alt |
| Mostrar dicas do Itens no Chão | CTRL |

### EMOTICONS

| COMANDO | ATALHOS DE TECLADO PADRÃO |
|---|---|
| Seguir | NumPad 1 |
| Dar | NumPad 2 |
| Obrigado | NumPad 3 |
| Desculpe | NumPad 4 |
| Tchau | NumPad 5 |
| Morrer | NumPad 6 |
| Correr | NumPad 7 |
| Esperar | NumPad 8 |
| Ir | NumPad 9 |
| Ajuda | NumPad 0 |
| Sim | - |
| Não | - |
| Fique aí | - |
| Ataque | - |
| Recuar | - |
| Segurar | - |
| Tomar Objeto | - |

### COMANDOS DO SISTEMA

| COMANDO | ATALHOS DE TECLADO PADRÃO |
|---|---|
| Fechar Todas as Janelas Abertas | Espaço |
| Menu do Jogo | Esc |
| Tirar um PrintScreen | Print Screen |
| Alternar os Quadros por Segundo | CTRL + R |
| Aumentar o Volume Geral | CTRL + Igual |
| Diminuir o Volume Geral | CTRL + Menos |
| Alternar Música | CTRL + M |
| Alternar Som | CTRL + S |

### COMANDOS SOCIAIS

| COMANDO | ATALHOS DE TECLADO PADRÃO |
|---|---|
| Alternar Lista de Amigos | O |
| Alternar Conquistas | Y |
| Abrir Chat | Enter |
| Fechar Chat | Esc |
| Responder ao Último Sussurro | R |
| Sussurrar de Volta | Shift + R |
| Marcar Alvos do Chat | Tab |
| Página Acima no Chat | Page Up |
| Página Abaixo no Chat | Page Down |

## *Personalize seus Emoticons*

*Muitos dos emoticons foram deixados sem atribuição por padrão. Você pode personalizar suas teclas de atalho para as teclas numéricas do teclado ou quaisquer outras teclas que você não esteja usando. Também é possível transferir algumas das teclas de atalho existentes para esses emoticons. Recomendamos jogar com as teclas de atalho existentes por um tempo antes de fazer muitas mudanças. Personalize essas definições só depois que souber ao certo os comandos que você não costuma usar e quais quer ao seu alcance.*

# QUATRO ATOS BASEADOS EM MISSÕES

*Diablo III* é composto de 31 missões principais, distribuídas por quatro Atos. Cada missão começa ao se falar com um personagem não jogável. Isto irá atualizar o Diário. O nome da missão e objetivo atual aparecerão na tela, logo abaixo do minimapa. Missões bônus e eventos também podem ser desencadeados durante a aventura ou ao se falar com outros personagens e interagir com alguns objetos no ambiente.

Personagens que dão missões não são os únicos com os quais você pode falar. A conversa com todos os personagens é acionada clicando sobre eles. Alguns irão conversar à toa, enquanto outros têm uma lista de assuntos. Completar missões faz com que você ganhe XP e ouro.

# VIDA E MORTE

A vida vale pouco em Santuário, mas, felizmente, segundas chances são abundantes. O orbe vermelho no canto inferior esquerdo da tela representa o seu medidor de vida. Todas as classes de Heróis começam com uma quantidade igual de Vida, também conhecida como HP, e o objetivo é o mesmo: nunca permita que ela acabe. A Vida máxima de seu personagem aumenta ao longo do tempo conforme aumentam os níveis e a Vitalidade. Cada ponto de Vitalidade vale 10 pontos de vida, além da quantidade base de Vida do Herói. Aumentar a taxa de Vitalidade é uma preocupação-chave para Heróis especializados em combates a curta distância, como o Bárbaro e, em menor medida, o Monge. Vitalidade pode ser aumentada ao se usar certos equipamentos, gemas e runas.

O jogo termina quando o personagem é esvaziado de Vida. Neste momento, você pode continuar a partir do ponto de controle anterior (menos no modo Hardcore, em que a morte é permanente).

A tela fica vermelha se seu medidor de vida é drenado.

Entenda por que você morreu e tome medidas para evitar que isso aconteça novamente. Mesmo que você não perca XP ou ouro ao morrer, todas as suas armas, armaduras e acessórios sofrem diminuição de 10% na durabilidade (a partir do nível 10). Equipamentos mantêm 100% da funcionalidade até que estejam completamente quebrados. Um ícone amarelo irá aparecer na tela quando um equipamento ficar abaixo de 50% de sua durabilidade. O ícone será substituído por um vermelho se ele perder toda a durabilidade. Esses itens também são contornados em amarelo ou vermelho no Painel do Inventário, para deixar mais fácil detectar os que necessitam de reparação. Os reparos podem ser feitos por comerciantes, desde que você tenha a quantidade necessária de ouro.

### PONTOS DE CONTROLE E SALVANDO

Não há nenhum comando manual para salvar no *Diablo III*. Estatísticas do seu Herói, equipamentos e configurações são salvas automaticamente enquanto você joga. Isso acontece quando você completa missões, chega a pontos de controle, morre ou sai do jogo. Observe cada ponto de controle alcançado perto do final de uma área; tente chegar ao próximo ponto, termine a missão ou considere parar. Progresso parcial em uma área, incluindo subeventos opcionais, não pode ser salvo se você sair do jogo antes de chegar ao próximo ponto de controle.

# GLOBOS DE VIDA E POÇÕES

Globos de Vida irão persistir por um minuto inteiro — não os pegue se você não precisa deles!

Evitar ataques inimigos e cultivar uma classificação de armadura alta (que reduz o dano provocado por inimigos) são a chave para ficar vivo, mas nenhum Herói pode evitar danos para sempre. Ao longo do tempo, equipamento, habilidades e runas produzem as habilidades para recuperar Vida, roubar Vida dos inimigos e até mesmo ganhar Vida por golpe e/ou por morte. Mas essas vantagens por si só não irão mantê-lo vivo. É quando os globos e poções de vida entram no jogo.

*Diablo III* difere dos jogos anteriores desta série em relação à necessidade de poções de vida. Em vez de consumir uma grande quantidade de poções, os Heróis agora dependem da coleta estratégica desses globos. Eles vêm em dois tamanhos e repõem um percentual de sua Vida Máxima. Note que os globos de vida não fornecem uma restauração instantânea — isso leva vários segundos. Cada inimigo que você matar tem a chance de deixar um globo de saúde de um certo tamanho. Monstros comuns têm chance variada de deixar globos de vida que restauram 20% de sua Vida Máxima; Monstros campeões podem deixar até dois globos de vida que restauram 35% cada; e Monstros raros sempre deixam quatro que restauram 35% cada (veja o capítulo "habitantes do inferno" deste guia para mais informações).

## *Cure-me, Irmão!*

*O padre em Nova Tristram acompanha você de um ato ao outro e pode proporcionar cura instantânea e gratuita, se você pedir a ele uma bênção.*

Globos de vida, como o ouro, são coletados quando o Herói se move para uma certa distância deles. Isso acontece independentemente da quantidade atual de Vida do Herói, por isso é importante monitorar de perto sua Vida e evitar a captação de globos que você pode precisar mais tarde. Isto é particularmente importante durante as lutas ou batalhas com os (mais difíceis) monstros Campeões e Raros. Globos de vida persistem no campo de batalha por um minuto inteiro, então vale a pena deixá-los onde caem até que você precise mesmo deles. Coletar um globo de vida quando você já tem a Vida cheia desperdiça uma cura que pode ser usada mais tarde.

Fontes Curativas oferecem cura completa e instantânea.

Embora a importância das poções tenha sido reduzida em comparação ao *Diablo II*, elas continuam a ter um papel crítico em emergências. Poções de vida vêm em diversos tamanhos (maiores aparecem em níveis mais elevados) e restauram uma certa quantidade de vida. Poções são atribuídas automaticamente a um Espaço de Poção em sua barra de ação e podem ser consumidas com um toque na tecla "Q". Você também pode clicar com o botão direito em uma poção no Painel Inventário. É sempre bom ter algumas poções de vida à mão, mas bebê-las também desencadeia um tempo de recarga de 30 segundos, então pense bem antes de usar, porque você não será capaz de beber outra durante meio minuto. Use poções apenas se não houver globos de vida ou quando sua Vida estiver se esgotando.

Os recursos do Caçador de Demônios dividem o mesmo orbe na tela.

Há também Fontes Curativas espalhadas pelo jogo. Elas são vermelhas e repõem toda a sua Vida. Fontes Curativas se regeneram a cada 30 segundos, permitindo que você as use muitas vezes, se necessário.

# GESTÃO DE RECURSOS

Cada uma das cinco classes tem um recurso exclusivo que é usado para abastecer as habilidades ativas do Herói. O seu nome, a quantidade máxima e o método para o qual o recurso é gerado diferem ligeiramente entre as classes, mas a sua finalidade é sempre a mesma. Seja a Fúria do Bárbaro, o Espírito do Monge ou Mana do Feiticeiro, este recurso é o combustível que alimenta as habilidades ofensivas e defensivas do Herói. O orbe no canto inferior direito da tela indica a quantidade atual deste recurso. Passe o mouse sobre o orbe para ver uma dica que mostra o número exato (note que cada classe tem uma cor de recurso diferente).

## *Personalidade Dividida*

*Caçadores de Demônios não têm um, mas dois recursos: Ódio e Disciplina. Essa classe tem um máximo de 100 Ódio, mas somente 30 Disciplina (inicialmente). Estes dois recursos são usados separadamente para dar poder a diferentes estilos de habilidades, aumentando a flexibilidade da experiência do Caçador de Demônios.*

Todas as classes de personagem em jogos anteriores de *Diablo* usavam um recurso regenerativo naturalmente comum — Mana — e contavam com poções para restaurá-lo em urgências. Não há poções de Mana em *Diablo III*. Em vez disso, o recurso único de cada classe é gerado naturalmente (usando habilidades de geração de recursos) ou com a ajuda de runas e habilidades especiais passivas. Os detalhes de cada recurso são explicados no capítulo Classes de Heróis deste guia, mas aqui está um rápido resumo:

**Bárbaro:** A Fúria é gerada por meio de ataques de armas básicas e pelo uso de habilidades de geração de Fúria. O Bárbaro pode acumular um máximo padrão de 100 Fúria, mas este recurso é drenado lentamente ao longo do tempo.

**Caçador de Demônios:** O Ódio é um recurso que se regenera rapidamente, dando poderes a muitas das habilidades de ataque do Caçador de Demônios. O Herói pode manter um Ódio máximo de 100 e gerar o recurso pelas habilidades de geração de Ódio. Outro recurso da classe, Disciplina, alimenta habilidades táticas e evasivas. A Disciplina se regenera lentamente e vai a um máximo inicial de 30.

**Monge:** Espírito é gerado exclusivamente com o uso de habilidades geradoras de Espírito. O Espírito não é drenado como acontece com a Fúria do Bárbaro. O Monge pode aumentar a reserva máxima de Espírito de 150 para 250 usando a habilidade passiva correta.

**Feiticeiro:** O Feiticeiro é a única classe com uma quantidade máxima de recursos que aumenta a cada nível. O Herói começa com um máximo de 150 Mana, mas ganha 10 Mana adicionais por nível. Mana é usada para alimentar todas as habilidades do Feiticeiro e é regenerada naturalmente. Habilidades custam Mana adicional conforme o nível do Herói aumenta.

**Arcanista**: Arcanistas usam Poder Arcano para alimentar sua mágica. Este é o recurso que se regenera mais rápido de todas as classes e carrega um conjunto inicial máximo de 100. O Herói tem vários feitiços característicos que não gastam recursos, ajudando a estender a reserva disponível de Poder Arcano.

# EXPERIÊNCIA E NÍVEIS

## Bônus de Combate

Bônus de Combate premiam uma variedade de realizações com XP adicional. Estas incluem matar um certo número de inimigos com um único golpe, destruir uma grande quantidade de objetos, usar uma armadilha para matar vários inimigos ou mesmo sobreviver por um certo período enquanto a Vida está abaixo de 25%. Os bônus de XP não são tão grandes, mas valem o esforço de tentar acumular muitas mortes o mais rápido possível.

Cada monstro que você mata, missão que cumpre e nova peça de conhecimento que descobre rende pontos de experiência (XP). O Herói, a partir do nível 1, ganha um novo nível cada vez que este medidor de XP enche. A quantidade de XP necessária para ganhar um novo nível é muito pequena no início, mas aumenta bastante ao longo do tempo conforme o Herói fica mais forte. Por exemplo, requer mais XP (e mais tempo jogando) para subir do nível 52 para 53 do que para avançar todo o caminho do nível 1 ao nível 7.

Um Herói individual pode crescer em força e, finalmente, atingir o nível máximo de 60, mas isso não é tarefa fácil. Todos os heróis começam o jogo na dificuldade Normal no nível 1 e têm o potencial para atingir o nível 31 até o fim do Ato IV. O Herói pode chegar aproximadamente ao nível do 50 até o final de dificuldade Pesadelo, e atingir o nível máximo de 60 até o final da dificuldade Tormento. Isso permite ao Herói tentar a assustadora dificuldade Inferno no nível estático 60 (todos os monstros em dificuldade Inferno são de nível 61 ou superior).

# RECOMPENSAS

Então, o que você ganha subindo de nível? Para começar, todos os Heróis ganham um aumento conjunto de Força, Destreza, Vitalidade e Inteligência. Estes aumentos variam de 1 a 3 por atributo e diferem de classe para classe (veja a seção Classes de Heróis).

Subir de nível também traz benefícios importantes que afetam a jogabilidade. Para começar, você ganha acesso a novas habilidades ativas, passivas e runas. Liberar a primeira habilidade em uma nova categoria libera um espaço de habilidade adicional. A eficácia de muitas das suas habilidades (e do custo de recursos das habilidades do Feiticeiro) aumenta a cada nível recém-adquirido, garantindo que até mesmo as mais básicas — desbloqueadas em um nível muito baixo — valham a pena serem usadas mais tarde. Habilidades e runas são detalhadas na íntegra dentro de cada um dos capítulos de Heróis.

### DESBLOQUEIO DE ESPAÇOS DE HABILIDADES ATIVAS

| TECLA/BOTÃO PADRÃO | CATEGORIA DA HABILIDADE | NÍVEL DESBLOQUEADO |
|---|---|---|
| Botão Esquerdo do Mouse | Primária | 1 |
| Botão Direito do Mouse | Secundária | 2 |
| Barra de Ação 1 | Defensiva | 4 |
| Barra de Ação 2 | Específica da Classe | 9 |
| Barra de Ação 3 | Específica da Classe | 14 |
| Barra de Ação 4 | Específica da Classe | 19 |

### DESBLOQUEIO DE ESPAÇOS DE HABILIDADES PASSIVAS

| HABILIDADES PASSIVAS | NÍVEL DESBLOQUEADO |
|---|---|
| 1 | 10 |
| 2 | 20 |
| 3 | 30 |

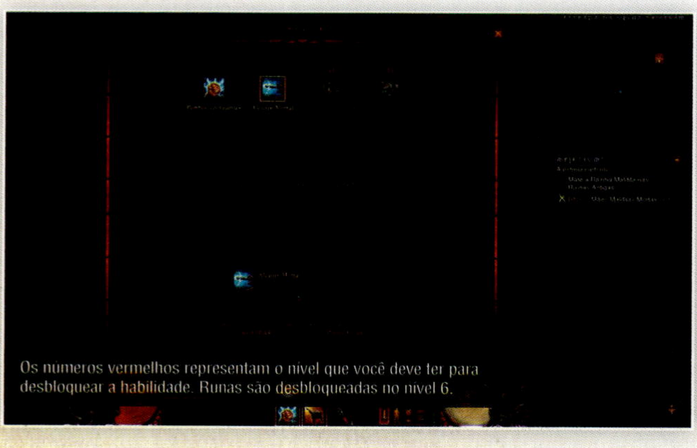

Os números vermelhos representam o nível que você deve ter para desbloquear a habilidade. Runas são desbloqueadas no nível 6.

Outro benefício de subir de nível é que certas poções e equipamentos podem ser usadas apenas por Heróis de um determinado nível. Subir de nível dá acesso a estes novos itens, algus dos quais estão disponíveis nas lojas. O outro lado disso é que os inimigos também ganham acesso a novas características em níveis mais elevados, assegurando que a ação continue a ficar gradualmente mais difícil. O requerimento de nível do equipamento irá aparecer em uma fonte vermelha se o Herói ainda não satisfaz essa exigência.

### TESTE A NOVA HABILIDADE

Se você ganhou acesso a uma nova habilidade, mas não tem um espaço vazio para o qual você possa atribuí-la, não tem problema! Você pode trocar as runas e habilidades ativas dentro da categoria de habilidade a qualquer momento, mesmo sem voltar à cidade. A habilidade recém-equipada estará pronta para uso após um breve período de ativação de 15 segundos.

Todos os Heróis possuem habilidades distribuídas entre Primária, Secundária, Defensiva e mais três categorias específicas da classe. Se você quer ser capaz de organizar suas habilidades fora das categorias predeterminadas, basta entrar no menu Opções e marcar a caixa "Modo Eletivo". Isso permitirá que você atribua as habilidades a qualquer grupo e espaço de habilidade que tenha sido desbloqueado. Isso é particularmente útil se, por exemplo, você quer usar dois feitiços característicos com o Arcanista.

# NÍVEIS DE DIFICULDADE

Diferentemente de outros jogos, você não escolhe em qual dificuldade começa. *Diablo III* é projetado para um jogador progredir de um Herói Nível 1 na dificuldade Normal para um Herói Nível 60 na dificuldade Tormento. Só então ele pode jogar no modo Inferno — dica: traga reforços! Os jogadores são livres para repetir qualquer missão concluída (ou um Ato completo) em qualquer modo de dificuldade concluído, mas não podem pular para os seguintes. A razão para isto é simples: você vai morrer. Rápido.

A cada monstro do jogo foram atribuídos quatro níveis diferentes, com quatro faixas correspondentes de HP, uma para cada nível de dificuldade. Os primeiros inimigos que você encontrar na Estrada do Alto poderão ser de nível 1 na dificuldade Normal, mas esses mesmos inimigos são de nível 31 no nível Pesadelo, 51 em Tormento e 61 no Inferno.

O nível do inimigo não é a única mudança que ocorre de um nível de dificuldade para o próximo. Há características raras e poderosas que não aparecem no jogo até o modo Pesadelo. Da mesma forma, os inimigos nos modos Tormento e Inferno podem adquirir combinações mais complexas e perigosas de características do que você jamais ousaria considerar no modo Normal.

ESCALA DE DIFICULDADE BASEADA NO NÚMERO DE JOGADORES

| DESCRIÇÃO | NORMAL | PESADELO | TORMENTO | INFERNO |
|---|---|---|---|---|
| O HP do monstro aumenta por jogador adicional | 75% | 85% | 95% | 110% |
| O HP do monstro aumenta por jogador adicional | 0 | 0 | 0 | 0 |
| O HP do monstro aumenta por jogador adicional | 0 | 5% | 10% | 15% |

# CAÇADA AOS SAQUES

## Fontes de Saque

A Estrada do Alto introduz os objetos quebráveis e pesquisáveis. Objetos quebráveis, como o barril ao lado de uma estrada, são esmagados em pedaços quando atingidos com um ataque ou habilidade e muitas vezes produzem ouro ou saque. O cursor muda para um ícone de arma ao pairar sobre um objeto quebrável. Objetos pesquisáveis como um Cadáver de Miliciano de Tristram também podem conter ouro, saque ou uma peça de conhecimento. O cursor muda para um ícone de mão quando pairando sobre um objeto pesquisável.

Existem muitos tipos de objetos quebráveis e pesquisáveis, e cada região tem sua própria seleção. Cada objeto é capaz de produzir itens de valor, mas há uma chance melhor de encontrar algo raro ao inspecionar objetos menos comuns. Objetos mais raros também têm uma maior probabilidade de conter grandes volumes de artigos de ouro e múltiplos itens.

Incluímos tabelas de "Fontes de Saque" no Guia de Missões para mostrar cada tipo de objeto clicável/destruível de cada região. Consulte essas tabelas para saber o que procurar — algumas das coisas que você pode quebrar podem surpreendê-lo!

Você vem para a história e fica pela promessa de recompensas raras e poderosas. A franquia *Diablo* se trata da busca pela melhor arma e da armadura perfeita. *Diablo III* leva isso a um novo nível. Não só a quantidade e variedade dos itens de saque foi aumentada, mas um sofisticado sistema de confecção de itens e Casa de Leilões abriram as portas para novos e excitantes métodos de adquirir aquela tão procurada peça do conjunto.

O termo "saque" se refere vagamente a qualquer coisa que você possa pegar no ambiente de jogo, tal como ouro, armas, armaduras e poções. Aqui, focamos mais em armas, armaduras e acessórios que podem ser equipados no Painel Inventário.

Itens de saque são normalmente obtidos de duas maneiras: derrotando inimigos ou interagindo com objetos clicáveis/destrutíveis, como barris, baús e cadáveres. Embora o ouro (e globos de Vida se for o caso) possa ser captado simplesmente correndo sobre ele, você deve clicar individualmente no equipamento para adicioná-lo ao seu inventário. Você também deve ter espaço no inventário para que ele seja adicionado. Todas as peças de equipamento ocupam um ou dois blocos dentro de seu inventário. Itens indesejados podem ser vendidos a um fornecedor, guardados para matérias-primas de ofício (apenas equipamentos mágicos, raros e lendários) ou descartados. Clique e arraste um item indesejado do inventário para o chão para descartá-lo.

Dada a enorme quantidade de itens de saque que você encontrará ao longo de sua aventura, é bom aprender desde cedo o que vale a pena pegar. O capítulo O Sistema de Saque deste guia contém uma análise detalhada de cada item no jogo e diz o que os tornam especiais. Mas incluímos também algumas dicas básicas neste capítulo para você começar.

# ESCALAS DE COR DOS EQUIPAMENTOS

Cada peça de equipamento que atinge o solo recebe um nome de cor. Embora o nome revele muitas informações sobre as características do item, a cor imediatamente fornece uma avaliação geral de sua qualidade.

**Cinza:** Equipamento com uma característica negativa (bruto, quebrado, com defeito) recebe um nome cinza. Este material, geralmente, não vale a pena pegar, a menos que você não possua aquela categoria de armadura. Por exemplo, se o seu Herói ainda está sem calçado, qualquer par de botas é melhor do que nenhum.

**Branco:** Uma etiqueta branca é atribuída ao equipamento comum que não tem qualquer propriedade mágica. Equipamento com a etiqueta branca deve ser recolhido ao se jogar o Ato I, mas geralmente pode ser ignorado depois disso. Equipamentos comuns não podem ser reciclados pelo Ferreiro e geralmente não valem o espaço que ocupam. Se você tiver espaço livre e está voltando para a cidade, então pegue-os para vender. Caso contrário, não.

**Azul:** Equipamentos com pelo menos uma propriedade mágica recebem a cor azul. Sempre pegue esta variedade e compare-a com o equipamento que você está usando no momento. Além disso, o equipamento mágico pode ser reaproveitado para a elaboração de materiais pelo Ferreiro ou venda por uma quantia razoável de ouro a qualquer fornecedor.

**Amarelo:** Equipamentos raros são amarelos. Estas peças sempre merecem comparação e consideração. Têm estatísticas-base mais elevadas e um maior número de propriedades aleatórias. Produzem matérias-primas de ofício raras quando recicladas e podem ser vendidas por uma pequena fortuna a qualquer fornecedor.

**Laranja:** Equipamentos lendários são semelhantes aos equipamentos raros, mas não são gerados aleatoriamente. Eles têm nomes únicos e específicos, propriedades predeterminadas, além das propriedades aleatórias. Podem ser vendidos por uma quantidade considerável de ouro ou reaproveitados para matérias-primas de ofício lendárias. Pense muito sobre a venda de uma peça desta.

**Verde:** Alguns equipamentos lendários são parte de um conjunto correspondente. A aquisição de um conjunto completo de equipamentos lendários concede um bônus especial e é considerada uma das maiores conquistas na vida de um fã de *Diablo*. Estes itens recebem um nome escrito em verde (sobre um fundo marrom) e nunca devem ser vendidos ou reciclados. Coloque-os em seu baú pessoal se você não quiser usá-los ou considere vendê-los na Casa de Leilões.

# ELEMENTAIS E EFEITOS DE ESTADO

Muitos dos equipamentos e das habilidades que você usa infligem danos relacionados a uma das seis seguintes propriedades elementares: Ígneo, Gélido, Elétrico, Arcano, Sagrado ou Venenoso. Elementais não se opõem uns aos outros (por exemplo, Ígneo não inflige dano adicional aos inimigos Gélidos), mas em vez disso acrescentam dano adicional a todos os inimigos quando um Acerto Crítico é feito.

Há uma série de efeitos de estado no jogo que tanto Heróis como inimigos são capazes de infligir e que são muito mais danosos do que aqueles causados por Acertos Críticos elementais. Alguns são únicos de criaturas específicas (estes são explicados em nosso Guia de Bestiário e Missões) e outros são muito mais comuns. Muitos deles podem parecer semelhantes entre si à primeira vista, por isso leia atentamente as descrições para entender as suas diferenças sutis. Todos os efeitos de estado duram apenas um breve período na maioria dos casos.

**Cegueira:** Inimigos cegos também têm estrelas sobre suas cabeças, mas podem continuar a andar. Eles não vão atacar a menos que sejam provocados, já que não têm conhecimento da sua localização.

**Confusão:** A confusão faz os inimigos perderem de vista amigos e inimigos. Alvos confusos podem atacar outros inimigos.

**Enfeitiçado:** Alvos Enfeitiçados mudam alianças e lutam ao lado do Herói. Atacar um inimigo Enfeitiçado quebra o feitiço.

**Frio:** Um inimigo com frio se move lentamente, mas ainda pode se mover e atacar.

**Medo:** Alvos amedrontados perdem o controle e correm na direção oposta à do atacante por um curto período. Eles são incapazes de atacar até que o medo acabe.

**Congelado:** Um inimigo congelado é envolto em gelo e fica incapaz de se mover, atacar ou usar magias.

**Enraizado:** Inimigos enraizados mantêm a capacidade de atacar e lançar magias, mas estão temporariamente presos no lugar.

**Silenciado:** Inimigos silenciados não podem lançar magias, mas podem se mover e atacar com ataques básicos.

**Lento:** Inimigos lentos simplesmente se movem em um ritmo mais devagar, o que consequentemente os torna mais suscetíveis a ataques.

**Atordoado:** Um alvo atordoado é identificado pelas estrelas sobre a sua cabeça. Um inimigo assim não pode se mover ou atacar.

## SEU BAÚ PESSOAL

O baú perto da Taverna do Novilho Esquartejado em Nova Tristram vai viajar com você não apenas de cidade em cidade, mas com todos os personagens que cria em sua conta Battle.net. Os itens que você colocar nele, como acontece com o ouro em seu inventário, são compartilhados entre todos os seus personagens. Isso significa que pode colocar armas e armaduras de classes específicas no baú pessoal enquanto estiver jogando, começar um novo personagem de outra classe e recuperá-las no baú pessoal. Isso efetivamente permite que separe os itens e os mantenha seguros, além de compartilhá-los e trocá-los entre vários personagens em sua conta.

# EXPLORANDO O MAPA

O minimapa no canto superior direito da tela (pressione TAB para vê-lo na versão tela cheia) é revelado à medida que você explora a área. Muitas vezes vale a pena explorar plenamente uma área e revelar 100% do mapa, não só para maximizar suas chances de tropeçar em um subevento interessante, mas também para garantir que você encontrou todos os inimigos, teve a oportunidade de clicar em todas as fontes de saque disponíveis e ganhou o máximo de XP que poderia naquele local. O minimapa permanecerá "pintado" durante a sua sessão atual, mas vai reverter para o estado desconhecido se você deixar o jogo e voltar para a mesma área mais tarde.

O nome da área que você está atravessando no momento aparece diretamente acima do minimapa na tela. Muitas áreas contêm múltiplos calabouços ou pequenas áreas colaterais com seus próprios nomes exclusivos. As áreas maiores geralmente caem sob a égide de um grande nome regional, como mostra a lista de Pontos de Senda.

## ENTRE EM EDIFÍCIOS E CALABOUÇOS

Clique no brilho amarelo para entrar em uma área. Esta é uma dica de que um local pode ser acessado. Brilhos azuis indicam áreas opcionais (referidas como subeventos no Guia de Missões), como os poços e adegas na área da Estrada da Velha Tristram.

O brilho amarelo que emana da casa de Deckard Cain é uma dica de que é possível entrar.

## SANTUÁRIOS

Fontes Curativas e Marcos de Senda são duas das entidades mais úteis que você vai encontrar. A terceira são os Altares — estátuas altas que concedem 120 segundos de uma bênção especial (bônus). Existem quatro tipos de Altares, mas eles parecem todos iguais: estátuas ornamentais mais altas do que o Herói com um ponto parecido com uma pedra preciosa na parte superior. Cada Altar tem um ícone que aparecerá sobre a barra de ação. Passe o mouse sobre ele para uma dica e para ver quanto tempo permanecerá a bênção.

**Altar da Proteção:** Dano recebido reduzido em 25%.

**Altar da Sorte:** +25% Magia e chance de encontrar Ouro.

**Altar do Frenesi:** +25% de Velocidade de Ataque e Acerto Crítico.

**Altar da Iluminação:** +25% de Experiência de inimigos.

Estrelas aparecem na cabeça do Herói para indicar que o bônus do Altar ainda está ativo.

## MARCOS DE SENDA

Depois de descobrir um Marco de Senda, você pode se teletransportar de volta para essa área a partir de qualquer outro Marco de Senda. Eles existem em sua cidade (cada Ato tem uma cidade ou campo com um Marco de Senda) e também em muitas áreas que você visita. Eles são organizados dentro do menu de Marcos de Senda por região. Por exemplo, os Marcos de Senda de Nova Tristram e de Velhas Ruínas são intitulados "Tristram". Embora você acabe por possuir a habilidade de invocar um Portal da Cidade, Marcos de Senda servem como pontos de controle e oferecem a possibilidade de viajar instantaneamente sem a necessidade de canalizar o Portal da Cidade.

# ESTATÍSTICAS, SEGUIDORES E JOGO COOPERATIVO

As informações anteriores foram apresentadas para ajudar jogadores iniciantes a se familiarizem com a forma como se joga e também como este guia pode ajudar. O restante deste capítulo fornece uma compreensão mais profunda da mecânica do jogo.

## COMPREENDA ATRIBUTOS & ESTATÍSTICAS

O Painel Herói/Inventário contém mais informações do que apenas aquelas sobre equipamentos e poções. Ele também tem todos os dados que você pode querer saber sobre as avaliações estatísticas do seu Herói. Os principais atributos são mostrados ao lado do painel do equipamento, mas há muito mais dados abaixo do botão Detalhes.

### ATRIBUTOS PRINCIPAIS

**Força:** Este é o principal atributo para Bárbaros. Aumentos aqui correspondem a um aumento global na classificação da Armadura. Auxílios na Força aumentam o dano de todos os ataques Bárbaros.

**Destreza:** Este é o principal atributo para Caçadores de Demônios e Monges. Aumentos aqui correspondem a uma melhoria na Chance de Esquiva para todas as classes, bem como dano aumentado para todos os ataques do Caçador de Demônios e do Monge.

**Inteligência:** Este é o principal atributo para Feiticeiros e Arcanistas. Aumentos na Inteligência correspondem a uma melhoria das resistências para todas as classes e melhor dano para ataques do Feiticeiro e do Arcanista.

**Vitalidade:** Determina a quantidade máxima de Vida — se este valor chegar a zero, o herói morre. Cada ponto adicional de Vitalidade aumenta a Vida Máxima a um valor definido para cada nível.

**Armadura:** Equipe o Herói com equipamentos de proteção, pedras preciosas e habilidades passivas para aumentar a classificação de Armadura. Elas reduzem o dano causado por inimigos.

**DPS:** Uma abreviação de dano por segundo. Esse número reflete a quantidade de dano que o Herói pode infligir por segundo baseado em armas, atributos, velocidade de ataque, chance de acerto crítico, habilidades passivas e empunhadura de duas armas.

### ESTATÍSTICAS ADICIONAIS

Pressione o botão Detalhes no Painel de Inventário para inspecionar pontos de cada atributo importante. Como as descrições a seguir mostram, cada Herói tem uma infinidade de classificações que afetam seu desempenho no combate e exploração. Você pode passar o mouse sobre qualquer uma das categorias para uma dica do que ela significa. Elaboramos alguns dos conceitos mais amplos aqui.

### ATAQUE

**Aumento de Dano:** Isto remete à principal classificação de atributo da classe e a seu Bônus de Dano correspondente. Aumente o Bônus de Dano melhorando o principal atributo do Herói com equipamentos, pedras preciosas e utilizando habilidades passivas adequadas.

**Ataques por Segundo:** Uma das chaves para infligir maior dano por segundo (DPS) é aumentar o número de ataques por segundo. Isto é baseado na velocidade da arma (armas menores e mais leves tendem a ser mais rápidas), mas também pode ser aumentado com equipamentos e bônus.

**Chance de Acerto Crítico:** Acertos Críticos dão bônus de dano de 50%, mas não acontecem com frequência. Aumente a chance de conseguir um Acerto Crítico usando equipamentos e runas específicos para melhorar este aspecto fundamental.

**Dano de Acerto Crítico:** A quantidade de danos de bônus infligidos durante um Acerto Crítico. Este valor começa em 50% e pode ser melhorado com runas.

### DEFESA

**Dano Bloqueado:** A quantidade de dano evitada sempre que um ataque é bloqueado. A quantidade de bloqueios pode ser aumentada com habilidades/runas e pelo uso de melhor equipamento.

**Chance de Bloqueio:** O Herói só bloqueará os danos quando um bloqueio ocorre (apenas carregar um escudo não garante isso). A Chance de Bloqueio indica a probabilidade de um bloqueio ocorrer cada vez que o Herói é atacado. Aumente a Chance de Bloqueio com habilidades e itens.

**Chance de Esquiva:** O Herói também é capaz de esquivar-se completamente de um ataque inimigo, evitando assim todo o dano do ataque. A Chance de Esquiva reflete o percentual de chance atual do Herói de se esquivar. Aumente esta classificação melhorando Destreza e usando equipamentos e habilidades.

**Redução de Dano:** Este valor é um reflexo da classificação da Armadura do Herói e revela a redução de todos os danos recebidos por ataques de um inimigo de nível igual ao Herói. O percentual de redução de danos pode ser aumentado com melhorias de Força e com equipamentos e habilidades.

**Resistências:** O Herói pode ganhar resistências a cada um dos cinco tipos de dano elemental ao aumentar o atributo Inteligência e usando habilidades e itens específicos. Proteção contra os danos Gélido, Ígneo, Elétrico, Venenoso e Arcano pode reduzir significativamente os danos sofridos a uma porcentagem definida, com base no nível do inimigo em relação ao do Herói.

## VIDA

**Vida Máxima:** A Vida é o que mantém o Herói vivo e é representada pelo orbe vermelho grande na parte inferior da tela. O Herói morre se este orbe de vida seca. Aumente a quantidade máxima de Vida elevando a classificação de Vitalidade e usando itens e habilidades que aumentam a Vida.

**Vida por Segundo:** Heróis podem recuperar Vida automaticamente ao explorar o mundo de Santuário. Este valor de "Regeneração de Vida" baseia-se nas habilidades e equipamentos usados. Heróis começam sem nenhuma Regeneração de Vida.

**Roubo de Vida:** Com o equipamento e bônus certos, o Herói pode roubar a vida de um inimigo. Este valor indica a porcentagem de danos causados pelo Herói que é recuperada como Vida.

**Vida por Morte:** Similar ao Roubo de Vida, este bônus permite ao Herói recuperar um montante de Vida para cada golpe mortal dado. Aumente o valor com equipamentos e habilidades.

**Vida por Golpe:** Ainda melhor que a Vida por Morte, equipamentos e habilidades que concedem Vida por Golpe permitem que o Herói recupere a Vida cada vez que um ataque acerte um inimigo.

## RECURSO

**Recurso Máximo:** O montante máximo de Recursos disponíveis para o Herói. Este valor é determinado por classe e nível e pode ser aumentado só com a utilização de habilidades muito específicas.

**Recurso Regenerado por Segundo:** A quantidade de recursos regenerada a cada segundo. O Bárbaro e o Monge não começam com qualquer regeneração natural de recursos, mas as outras classes regeneram-se naturalmente. Todas as classes podem aumentar a sua regeneração de recursos com habilidades específicas.

## AVENTURA

**Velocidade de Movimento:** Determina a velocidade com que o Herói se move em relação à taxa normal de movimento. Pode ser aumentada com equipamentos e habilidades.

**Encontrar Ouro:** Use equipamentos e habilidades que aumentam a quantidade de ouro deixada por monstros ou encontrada em baús e outros objetos ambientais. Esta avaliação mostra a porcentagem de ouro aumentada acima do valor-base.

**Chance de itens mágicos:** Este valor indica a probabilidade do Herói encontrar um item mágico ou raro quando abrir um baú ou matar um inimigo. A chance de encontrar um item mágico é dependente do nível do Herói e classe do monstro ou objeto/baú, mas pode ser aumentada com equipamentos e habilidades.

# SEGUIDORES

Sua jornada por Santuário não precisa ser solitária. Você vai encontrar três tipos de Seguidores ao longo do caminho, que estarão dispostos a acompanhá-lo se você quiser. Esses Seguidores (chamados Mercenários em jogos anteriores de *Diablo*) são personagens não jogáveis que não só ajudam no combate, mas podem subir de nível, receber equipamentos melhores e até mesmo aprender! Claro, você não precisa recorrer à ajuda de um Seguidor se você não quiser, mas podemos citar várias áreas-chave no Guia de Missões onde ele certamente pode tornar uma batalha dura um pouco mais fácil. Algumas coisas a ter em mente sobre Seguidores:

- *Clique com o botão direito do mouse no ícone do Seguidor no canto superior esquerdo da tela para Conversar, Contratar, Demitir ou Treinar.*
- *Treinar um Seguidor é caro, mas permite selecionar novas habilidades.*
- *Você pode contratar apenas um Seguidor de cada vez. Os outros vão esperar por você no acampamento.*
- *Cada Seguidor tem um tipo específico de acessório especial: Relíquias do Templário, Insígnias do Vigarista e Focos da Sibila.*
- *Seguidores não irão morrer, mas cairão de joelhos quando drenados de Vida. Eles irão reviver automaticamente após cerca de 10 segundos.*
- *Sempre que você contratar um Seguidor, ele/ela será um nível inferior ao do Herói, mas você provavelmente vai precisar atualizar o equipamento dele/dela.*
- *Seguidores são curados pelos Globos de Vida que você pegar, mas não podem pegá-los por conta própria. Seguidores ganham XP pelos inimigos que matam, mas não coletam ouro ou pegam equipamento.*

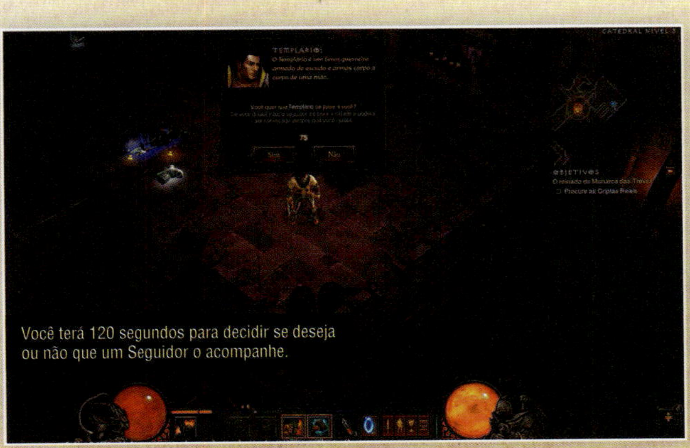

Você terá 120 segundos para decidir se deseja ou não que um Seguidor o acompanhe.

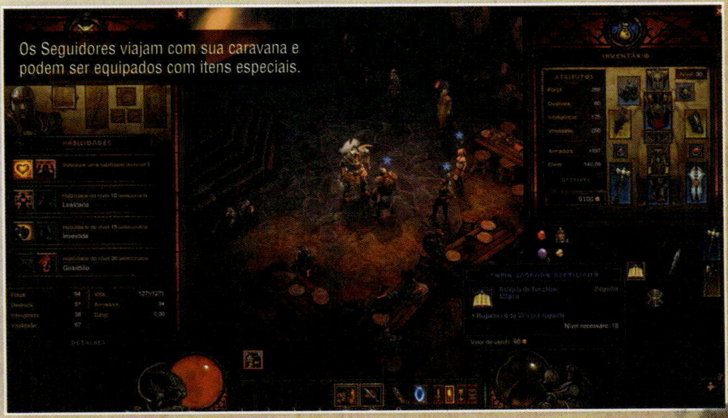

Os Seguidores viajam com sua caravana e podem ser equipados com itens especiais.

*O estado de cada seguidor depende dos itens que são evocados, o que é aleatório. Os valores listados aqui são baseados em seguidores sem qualquer equipamento*

## TEMPLÁRIO

O Templário é um combatente corpo a corpo encontrado na Catedral durante Ato 1. Este Seguidor é um cavaleiro honrado da igreja, dedicado a ser seu fiel aliado. O Templário pode curar o Herói, além de executar vários ataques úteis e provocações.

**Mão-Principal:** Lanças de 1 Mão, Espadas de 1 Mão, Machados de 1 Mão, Maças de 1 Mão, Adagas

**Armamento de Mão-Secundária:** Escudos

**Acessórios:** Relíquias do Templário podem ser encaixadas juntamente com Amuletos e Anéis.

**Encontrado:** Ato 1, Reino do Rei Negro

| NÍVEL INICIAL | ARM. | DANO | VIDA | RESISTÊNCIAS |
|---|---|---|---|---|
| 7 | 37 | 6-8 | 303 | Nenhuma |

### Habilidades de Nível 5

**Cura:** Cura você ou o Templário para Vida **Variável**. O tempo de recarga é de **15** segundos.

**Intervenção:** Provoca inimigos a atacar durante **3** segundos quando o Herói estiver com saúde **50%**. O tempo de recarga é de **30** segundos.

### Habilidades de Nível 10

**Lealdade:** Regenera Vida **Variável** por segundo.

**Intimidação:** Unidades inimigas são retardadas em **60%** durante **3** segundos quando atingem o Templário.

### Habilidades de Nível 15

**Investida:** Investe contra um alvo, causando dano de arma de **50%** e atordoando todos os inimigos em um raio de **12** metros por **2** segundos. A recarga é de **15** segundos.

**Massacre:** Desfere enorme golpe contra um inimigo com um dano de arma de **300%**. Tempo de recarga: **15** segundos.

### Habilidades de Nível 20

**Inspiração:** Aumenta a geração de recursos para todos os aliados que o Templário está seguindo. Mana: 2 por segundo. Poder Arcano: 0,5 por segundo. Ódio: 1 por segundo. Fúria: 8% gerado. Espírito: 12%.

**Guardião:** Ajudar um aliado ferido, jogando para trás inimigos num raio de **15** jardas e curando os aliados feridos para Vida **Variável**. Recarga de **30** segundos.

## VIGARISTA

Este Seguidor empunha armas de duas mãos para ataques a distância e tem uma personalidade que é o oposto polar dos Templários. O Vigarista é um excelente atirador que você vai encontrar nos Campos da Miséria, que tende a se concentrar mais em sua própria glória. Suas habilidades infligem danos consideráveis, mas poucas irão ajudá-lo diretamente como as do Templário.

**Armamento:** Bestas ou Arcos de 2 Mãos

**Acessórios:** Insígnias do Vigarista podem ser encaixadas juntamente com Amuletos e Anéis.

**Encontrado:** Ato 1, A Espada do Estranho

| NÍVEL INICIAL | ARM. | DANO | VIDA | RESISTÊNCIAS |
|---|---|---|---|---|
| 8 | 17 | 11-12 | 293 | Nenhum |

### Habilidades de Nível 5

**Disparo Incapacitante:** Ataque a distância que retarda o alvo em **60%** por **3** segundos. O tempo de recarga é de **6** segundos.

**Setas de Veneno:** Ataque a distância que causa dano de arma **de 60%** e um dano de arma Venenoso adicional de **60%** por mais de **3** segundos.

### Habilidades de Nível 10

**Guerra Suja:** Cega inimigos na frente do Vigarista por **3** segundos. O tempo de recarga é de **15** segundos.

**Desaparecimento:** O Vigarista desaparece quando ferido, reaparecendo depois de **5** segundos. Enquanto desaparecido, ele vai curar sua Vida **Variável**. O tempo de recarga é de **30** segundos.

### Habilidades de Nível 15

**Disparo Potencializado:** Ataque a distância que explode no impacto, causando um dano Arcano de **25%** a alvos dentro de **15** jardas. Tem uma chance de **50%** de atordoá-los por **2** segundos.

**Tiro Múltiplo:** Ataques a distância atiram **3** projéteis de cada vez.

### Habilidades de Nível 20

**Histeria:** Sempre que você ou o Vigarista fizerem um Acerto Crítico, vocês dois vão entrar em histeria, aumentando o dano causado em **10%** por **3** segundos. Não pode ocorrer mais de uma vez a cada **6** segundos.

**Anatomia:** Aumenta a chance de Acerto Crítico em **3%** para o Vigarista e seus aliados.

## SIBILA

Esta Seguidora é tão ingênua quanto poderosa, mas a sua inocência em relação ao mundo não é uma limitação. A Sibila é encontrada perto da entrada do Cânion Partido e ela irá acompanhá--lo alegremente pelos Ventos Lancinantes. Ela tem acesso a vários ataques poderosos, bem como bônus que servem para proteger o Herói e seus aliados.

**Armamento:** Cajados, Machados de 2 Mãos, Espadas de 2 Mãos, Maças de 2 Mãos

**Acessórios:** Focos da Sibila podem ser encaixados juntamente com Amuletos e Anéis.

**Encontrada:** Ato 2, Sob as Areias Escaldantes

| NÍVEL INICIAL | ARM. | DANO | VIDA | RESISTÊNCIAS |
|---|---|---|---|---|
| 13 | 22 | 2-4 | 422 | Nenhuma |

### Habilidades de Nível 15

**Desorientar:** Lança um raio de confusão em um grupo de inimigos em uma área, levando-os a tropeçar desorientados por 3 segundos. O tempo de recarga é de 15 segundos.

**Patuá:** Encanta um inimigo e o faz lutar por você durante 4 segundos. O tempo de recarga é de 15 segundos.

### Habilidades de Nível 20

**Proteção contra Projéteis:** Coloca um escudo na Sibila e seus aliados que reflete projéteis por 5 segundos. O tempo de recarga é de 20 segundos.

**Armadura Energizada:** Dá um bônus a Sibila e seus aliados, aumentando a Armadura em 15%. Os atacantes são retardados em 30% por 3 segundos.

### Habilidades de Nível 25

**Erosão:** Evoca uma reserva de energia que causa 50% de dano Arcano por segundo. Inimigos afetados recebem um dano adicional de 15% durante 3 segundos.

**Empurrão Forte:** Convoca uma explosão Arcana de 8 metros em torno de um inimigo, causando dano de arma Arcano de 100% e rebatendo todos os monstros dentro dela. O tempo de recarga é de 10 segundos.

### Habilidades de Nível 30

**Mente Focalizada:** Uma aura que aumenta a velocidade de ataque em 3% para os aliados num raio de 40 jardas.

**Controle de Massa:** A Sibila atira uma lâmpada de energia mágica para o jogador que irá transformar todos os inimigos num raio de 15 jardas em frangos durante 4 segundos. Alvos enfeitiçados são incapazes de realizar ações ofensivas. O tempo de recarga é de 30 segundos.

# JOGO COOPERATIVO

Seguidores não são a única opção para compartilhar a experiência com os outros em sua aventura, já que *Diablo III* pode ser jogado com até três jogadores adicionais. Adicionar jogadores aumenta a dificuldade, mas não a ponto de deixar mais difícil do que jogar sozinho. Principalmente na dificuldade Inferno, que é projetada para ser extremamente difícil para um único jogador.

Seu Estandarte pessoal pode ser personalizado de muitas maneiras. Mais símbolos, padrões e formas se tornam desbloqueadas à medida que você ganha Conquistas.

Não há uma maneira perfeita de se jogar cooperativamente, já que a seleção de habilidades e táticas de batalha tem de se adequar ao estilo de cada jogador, bem como à dinâmica de grupo. No entanto, nos asseguramos de incluir dicas e sugestões para o jogo cooperativo ao longo deste guia de estratégia. O jogo cooperativo tem vários benefícios importantes com nenhum dos aspectos negativos que as pessoas podem se lembrar das experiências passadas de *Diablo*.

- *Todo o ouro e saque deixado fica do lado do cliente, eliminando assim a preocupação de outro jogador roubar o saque que você trabalhou duro para ganhar. Itens deixados por um monstro ou baú são seus e apenas seus. Outros jogadores verão um conjunto de saque totalmente diferente.*
- *Itens que você remover do seu inventário e soltar no chão existem do lado do servidor e podem ser apanhados por qualquer pessoa. Use esta habilidade para reunir recursos, trocar itens comerciais e roupas uns com os outros.*
- *Vale a pena coordenar habilidades e estilos de jogo para que um jogador complemente o outro em vez de duplicar os esforços.*
- *Comunique-se! Avise seus aliados se você for derrubado, estiver voltando para a cidade, se está esperando pela recuperação ou precisa de uma poção.*
- *Trabalhe em conjunto para conspirar contra os inimigos. Lobos solitários tendem a ser mortos.*
- *Cada Estandarte personalizado de um jogador será posicionado perto do Marco de Senda na cidade. Clique no Estandarte de um aliado para se teleportar instantaneamente para o local em que ele está.*
- *Reviva um ao outro! Isso não só poupa os jogadores de um caro golpe na durabilidade, mas os mantém na batalha sem que eles tenham que voltar.*
- *Chame alvos, coordene ataques de habilidade e lembre-se de seus pontos fortes para compartilhá-los com o time. É igualmente importante coordenar viagens de volta à cidade para criação de itens e coleta de suprimentos.*

# BÁRBARO

*Eu me cansei das batalhas vazias que uma vez desejei. Perambulo, proscrito, enquanto a minha tribo amaldiçoa os deuses que nos abandonaram. Nossa casa está em ruínas, mas estou firme.*

*Seis dias atrás, a estrela cadente atingiu a cidade de Tristram. Os mortos levantaram em seu rastro. Que mal é este? Poderia ser o que tenho procurado esses longos anos? Um inimigo digno de minha espada?*

Este guerreiro estoico usa uma enorme força física para esmagar os inimigos.

- O Bárbaro se move agressivamente, fazendo uma série de ataques aos inimigos.
- Resistentes e inflexíveis, Bárbaros superam outros guerreiros, usando a sua Fúria e capacidade física para esmagar seus inimigos em áreas próximas. Seu principal atributo é a Força.
- A Fúria canaliza as agressões do Bárbaro e é gerada durante o combate ao golpear e ao receber danos.

# ATRIBUTOS HEROICOS

O Bárbaro utiliza a força bruta e a proteção natural da forma muscular na batalha. Naturalmente atraído para combates de proximidade, o Bárbaro tem menos necessidade de uma taxa de Destreza mais alta do que alguns dos outros Heróis. Maiores atributos de Vitalidade ajudam a manter o Bárbaro vivo o suficiente para proferir os golpes adicionais necessários para compensar a chance esquiva reduzida e a resistência baixa da classe.

O BÁRBARO SE FORTALECE

| Atributo | Clas. de Base no Nível 1 | Valor Inicial | Aumento de Clas. por Nível | Clas. de Base no Nível 60 |
|---|---|---|---|---|
| Força* | 10 | Bônus de Dano de 10% para Bárbaros. Aumenta a armadura em 10. | +3 | 187 |
| Destreza | 8 | Aumenta a chance de esquiva em 0,80%. | +1 | 67 |
| Inteligência | 8 | Aumenta a resistência em 0,8. | +1 | 67 |
| Vitalidade | 9 | 130 Vida. | +2 | 127 |

** Indica o principal atributo para esta classe.*

# PRONTO PARA A BATALHA

## ARMAMENTO

**Especial: Machado de 2 Mãos, Arma Potente de 1 Mão e de 2 Mãos**

O nome já diz tudo, Bárbaro. A mente se enche de imagens de brutamontes enfrentando o perigo, a mão direita segurando qualquer tipo de instrumento de lâmina, a esquerda levando um escudo. A classe Bárbaro é tão eterna quanto Diablo em si — bem como o seu estilo de combate.

Como a maioria dos guerreiros que viveram para ver outro dia, o Bárbaro pode usar com eficiência praticamente qualquer arma corpo a corpo e de empunhadura dupla. Claro, existem compensações a considerar ao escolher a forma de equipar o seu Bárbaro. Recomendamos optar pela arma que produz o maior dano por segundo (DPS) possível no início, quer se trate de duas espadas de uma mão ou um machado ou lâmina de duas mãos. Troque essas armas por outras mais poderosas quando elas ficarem disponíveis, até que haja a necessidade de aumentar a taxa de Armadura do Herói ou adquirir um escudo que seja simplesmente demasiado poderoso para ficar sem uso.

Ao contrário de algumas das outras classes, armas específicas de classe do Bárbaro — as armas potentes — tendem a não estar acessíveis até que o Herói tenha atingido o nível 6 ou superior. Armas Potentes muitas vezes carregam um número de propriedades adicionais que fazem com que valham a pena ser empunhadas. Elas trazem o melhor do Bárbaro.

# ESTILOS DE ARMADURAS

A armadura do Bárbaro supre as necessidades musculares de um combatente corpo a corpo. Ela se concentra em proteger os órgãos e os membros. Afinal, um bárbaro só é tão forte quanto o braço que empunha a espada. No início a armadura do Bárbaro oferece pouca cobertura da região abdominal ou das pernas, em vez disso protege o coração, pulmões e braços. Armaduras avançadas cobrem melhor o corpo, mas, quando o Bárbaro atinge um nível muito mais elevado e se aproxima da conclusão de sua missão, ele ganha acesso a revestimentos da cabeça aos pés. Prezam mais a intimidação do que moda. Quaisquer adornos são adicionados com o único propósito de provocar medo no coração do oponente.

### Sobre Estilos de Armaduras

As seguintes aparências de armaduras servem apenas para ilustrar como um Herói pode parecer em qualquer nível. Na realidade, o Herói irá provavelmente possuir vários estilos de armadura ao mesmo tempo, portanto, terá uma aparência muito mais exclusiva que combina dois ou mais estilos apresentados aqui. E ao considerar as várias cores de tinturas que estão disponíveis, é improvável que quaisquer dois Heróis da mesma classe fiquem idênticos.

O Bárbaro está desprotegido contra os elementos e os ataques inimigos quando se aproxima de Nova Tristram no início do jogo.

A armadura inicial consiste em pouco mais do que pano e peles, deixando grande parte do Herói exposta (níveis 1-6).

Acolchoado e estofamento de tecido são adicionados para proteger ombro, cabeça e antebraços (níveis 7-13).

Couro acrescenta proteção reforçada, enquanto espetos e chifres aumentam a capacidade de intimidação do Bárbaro (níveis 14-19).

Cota de malha e armadura protegem órgãos vitais do Bárbaro e cobrem muito mais do corpo do Herói (níveis 20-24).

Metal de qualidade mais fina é usado em equipamentos de estilo tala e Brigandina (níveis 25-28).

Metais de qualidade e habilidade manual criam o estilo da armadura final do Herói na dificuldade Normal (níveis 29-31).

# HABILIDADES E RUNAS

O Bárbaro faz a sua vida com combate de curto alcance, mas habilidades como Arremesso de Armas e Lança Ancestral concedem a ele a capacidade de executar um ataque a distância. Abalo Sísmico é talvez o maior ataque a distância do Bárbaro, capacitando-o a atingir muitos inimigos a uma distância considerável.

Enquanto a maioria das outras classes tem habilidades que garantem auras de proteção e capacidades curativas, o Bárbaro não tem nenhuma delas. Grito Ameaçador, Ignorar Dor e Grito de Guerra são as coisas mais próximas disso que o Bárbaro tem. É preciso recorrer a habilidades passivas quando está à procura de mais proteção. Melhor ainda, equipe armaduras e runas que fornecem grandes aumentos na Vitalidade.

### Recurso: Fúria

Habilidades do Bárbaro são alimentadas por Fúria, um recurso que flui com o temperamento natural do Bárbaro. Ele gera 3 Fúria realizando ataques com armas padrões 6 ou mais através do uso de habilidades como o Golpe Esmagador e Bate-estaca. O Bárbaro pode acumular um máximo de 100 Fúria, no entanto, a Fúria não deve ser guardada para mais tarde. Ao contrário de outros recursos, a Fúria é drenada ao longo do tempo, tornando-a o único recurso que deve sempre ser usado imediatamente. Felizmente, a habilidade passiva Inclemente pode ser atribuída para reverter esse fluxo de Fúria, concedendo ao Bárbaro a capacidade de gerar Fúria lentamente ao longo do tempo sem estar em combate. No entanto, esta habilidade não é desbloqueada antes do nível 29.

# HABILIDADES PASSIVAS

O primeiro espaço para habilidade passiva é liberado no nível 10. Espaços posteriores são abertos nos níveis 20 e 30. Uma vez escolhidas, as seguintes habilidades contribuem para força e aptidões em segundo plano do Herói, sem necessidade de interação posterior do jogador. Considere o seu estilo de jogo e atual variedade de habilidades ativas na escolha de quais habilidades passivas ativar.

HAB. ATIVA: HAB. DO MOUSE: PRIMÁRIA

## GOLPE ESMAGADOR

DESTRAV.: n. 1

*Esmaga brutalmente um inimigo causando dano de arma de 150% com 20% de Repulsão.*

- Gera 6 Fúria por ataque.

**O Golpe Esmagador está disponível no início da missão do Bárbaro e é uma ótima alternativa de ataque básico corpo a corpo — não há tempo de recarga e Fúria é gerada com cada golpe. O Bárbaro desencadeia um poderoso golpe com as costas da mão com a sua arma da mão direita que inflige danos pesados ao inimigo diretamente na frente dele. A chance de empurrar os inimigos não só ajuda a criar algum espaço para respirar, mas também faz deste um ataque excelente para as habilidades que atingem de uma distância um pouco maior, como Martelo dos Ancestrais ou Salto Destruidor.**

O Golpe Esmagador tem uma taxa de ataque mais lenta, mas dois golpes desses infligem danos de três ataques básicos.

### RUNAS

O Golpe Esmagador é uma habilidade útil no início da missão do Bárbaro, já que proporciona ao Herói a chance de causar mais danos e ganhar Fúria ao mesmo tempo. Existem muitas outras habilidades que podem infligir danos pesados, mas elas consomem mais recursos ou têm um período de recarga. Considere optar por **Instigação** para maximizar a Fúria adquirida com este ataque, que causa um dano de arma de 150% e tem chance de repulsão de 20%. A habilidade de atordoar o alvo de **Espancamento** pode se provar particularmente útil nos Atos finais. Use o Espancamento em um Raro para atordoá-lo enquanto você lida com seus Lacaios. **Punição** é muito útil contra ameaças alvo único, bem como grandes grupos de inimigos, particularmente nas dificuldades mais altas.

**Instigação**
**Destrav.: Nível 6**
Gera 6 Fúria adicionais por ataque.

**Massacre**
**Destrav.: Nível 13**
Adiciona 2 reverberações que causam dano de arma de 22% por ataque. Remove a chance de Repulsão.

**Espancar**
**Destrav.: Nível 26**
Em vez de Repulsão, cada golpe tem uma chance de 20% de Atordoar o alvo por 3 segundos.

**Punição**
**Destrav.: Nível 44**
Cada ataque aumenta o dano de todas as suas habilidades em 6% por 5 segundos. Este efeito se acumula em até 3 vezes.

**Pulverizador**
**Destrav.: Nível 52**
Cria uma onda de choque que causa dano de arma de 38% aos inimigos em uma linha de 26 jardas atrás do inimigo alvejado.

HAB. ATIVA: HAB. DO MOUSE: PRIMÁRIA

## CUTILADA

DESTRAV.: n. 3

*Golpeia com a arma em um amplo arco para causar dano de arma de 120% em todos os inimigos atingidos.*

- Gera 5 Fúria por ataque.

**O ataque Cutilada essencialmente substitui a habilidade Golpe Esmagador no repertório do Bárbaro. Embora gere uma Fúria a menos por ataque e cause um pouco menos dano, o ataque é muito mais amplo do que o Golpe Esmagador. A Cutilada pode causar danos a inúmeros inimigos. Só o inimigo alvo recebe todo o peso do ataque, mas todos os inimigos próximos em um arco de aproximadamente 160 graus são impactados.**

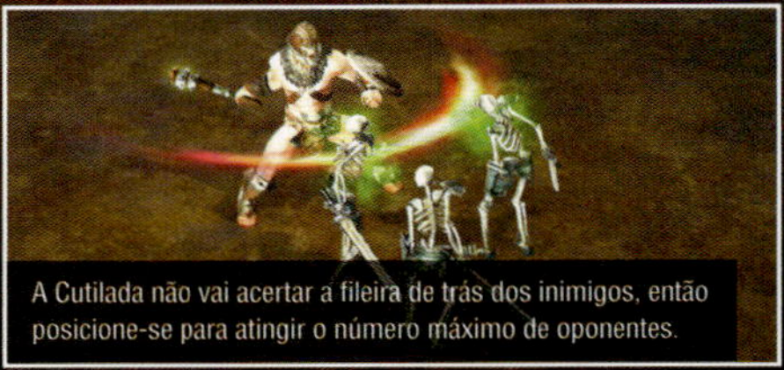

A Cutilada não vai acertar a fileira de trás dos inimigos, então posicione-se para atingir o número máximo de oponentes.

### RUNAS

Jogadores normalmente optam por Cutilada em vez do Golpe Esmagador porque querem acertar vários inimigos por golpe, uma façanha que fica mais fácil com a **Ruptura**. Ruptura faz com que as vítimas mortas pela Cutilada a explodam e danifiquem os inimigos dentro de 8 jardas, expandindo o alcance do ataque! Jogadores com uma Chance de Acerto Crítico muito alta podem usar o **Golpe Espalhador** para ganhar um método de controle da multidão. Aqueles que procuram DPS puro para alvos únicos devem considerar o **Golpe Amplo.** Ser capaz de controlar o movimento dos inimigos é muito importante em dificuldades mais altas, particularmente contra Campeões e Raros. **Tormenta Iminente** temporariamente retarda todos os inimigos atingidos pela Cutilada.

**Ruptura**
**Destrav.: Nível 9**
Inimigos mortos por Cutilada explodem, causando danos de arma de 110% a todos os inimigos dentro de 8 jardas.

**Golpe Ceifante**
**Destrav.: Nível 18**
Gera 3 Fúria por golpe em inimigo.

**Golpe Espalhador**
**Destrav.: Nível 30**
Em Acertos Críticos, bate os inimigos de para trás 14 jardas e inflige dano de arma de 60% quando eles aterrissam.

**Golpe Amplo**
**Destrav.: Nível 47**
Aumenta o dano para 156% de dano de arma nos inimigos capturados no golpe.

**Tormenta Iminente**
**Destrav.: Nível 55**
Inimigos que recebem cutilada têm sua velocidade de movimento reduzida em 80% durante 1 segundo.

CLASSES

HAB. ATIVA: HAB. DO MOUSE: PRIMÁRIA

## FRENESI

DESTRAV.: n. 11

*Causa 110% de dano de arma. A Velocidade de ataque do Frenesi aumenta em 15% a cada golpe. Este efeito pode se acumular em até 5 vezes para um total de bônus de velocidade de ataque de 75%.*

- Gera 3 Fúria por ataque.

**A capacidade de se acumular cinco vezes dessa habilidade para um aumento maciço de 75% na velocidade de ataque facilmente compensa a queda no dano de arma em comparação com o Golpe Esmagador e a Cutilada. Use o ataque Frenesi repetidamente o mais rápido possível para impiedosamente retalhar o inimigo, gerando 3 Fúria em cada golpe. Esta é uma grande técnica a empregar enquanto espera pelo tempo de recarga de uma habilidade mais poderosa, especialmente quando lutando contra um inimigo único e poderoso.**

O Bárbaro golpeia com tal velocidade durante um ataque Frenesi que a arma se torna apenas um borrão.

### RUNAS

Muitas das runas correspondentes ao Frenesi têm um elemento de acaso. **Triunfo** cura você para uma percentagem considerável de sua Vida Máxima sempre que o Frenesi mata um inimigo. Triunfo é muito útil sempre que se joga sozinho e quanto maior sua taxa de vitalidade, mais você será curado! **Maníaco** é perfeito para aqueles focados em agressão total e um alto DPS, adicionando um impulso acumulativo ao seu dano de arma. **Arma Reserva** produz uma chance em quatro de jogar um machado perfurante em um inimigo próximo que atinge todos os oponentes em seu caminho, acrescentando um elemento de surpresa de dano AOE a uma habilidade que é principalmente voltada a inimigos individuais. **Implacável** produz um impulso na velocidade de movimento do Bárbaro. Esta runa de alto nível é fundamental para permitir que o Bárbaro empregue táticas de bater e correr contra os inimigos chefes.

**Triunfo**
**Destrav.: Nível 17**
Matar um inimigo com Frenesi cura você em 12% de sua Vida máxima em 6 segundos.

**Maníaco**
**Destrav.: Nível 22**
Cada efeito Frenesi também aumenta o dano em 4%.

**Castigar**
**Destrav.: Nível 34**
Adiciona 20% de chance de invocar um raio de cima, atordoando seu alvo por 2 segundos.

**Pistola**
**Destrav.: Nível 51**
Cada golpe tem uma chance de 25% de jogar um machado em um oponente próximo que causa dano de arma de 110% a todos os inimigos em seu caminho.

**Incansável**
**Destrav.: Nível 59**
Enquanto estiver sob os efeitos do Frenesi, você ganha aumento de velocidade de movimento 15%.

HAB. ATIVA: HAB. DO MOUSE: SECUNDÁRIA

## MARTELO DOS ANCESTRAIS

DESTRAV.: n. 2

*Chama um martelo enorme para esmagar os inimigos diretamente na sua frente para um dano de arma de 200%. Martelo dos Ancestrais tem uma chance 15% maior de acerto crítico.*

- Custa 20 Fúria

**Apesar do baixo nível em que ele é destravado, o Martelo dos Ancestrais é uma habilidade poderosa que muitos Bárbaros continuarão a usar durante a aventura. O custo relativamente baixo de Fúria e a falta de recarga torna esta uma habilidade perfeita para implantar em rápida sucessão contra inimigos bem espaçados ou oponentes sozinhos com uma grande reserva de saúde. Mais tarde, uma vez que você alcance o nível 8, realize Bate-estaca para atordoar os inimigos e ganhar Fúria, acerte os oponentes mais fracos com ataques básicos para acumular um pouco mais de Fúria, então acerte os monstros mais fortes com dois golpes do Martelo dos Ancestrais para infligir um total de dano de arma de 360%.**

O Martelo dos Ancestrais atinge cerca de uma jarda na frente do Herói e pode causar dano a vários inimigos.

### RUNAS

**Trovão Esmagador** aumenta o dano da habilidade de área de efeito e é uma boa escolha contra grandes grupos de inimigos na dificuldade Normal. Troque para a runa **Esmagamento** quando se preparar para uma batalha contra um chefe para ganhar um impulso nos danos. Isto é muito útil contra inimigos que não geram muitos lacaios. **Bigorna do Diabo** e **Golpe Relampejante** são benéficos quando o controle de multidões é prioridade. Use qualquer uma destas runas quando jogando com um Caçador de Demônios ou Monge nas dificuldades Inferno e Tormento. Bárbaros com Chance de Acerto Crítico elevada, mas Vitalidade limitada e jogando sozinhos em dificuldades mais elevadas devem considerar usar a runa **Linhagem** para aumentar a sua capacidade de sobrevivência.

**Trovão Esmagador**
**Destrav.: Nível 7**
Cria uma onda de choque que causa dano de arma de 155% a todos os inimigos até 22 jardas à sua frente.

**Esmagamento**
**Destrav.: Nível 15**
Atinge uma área menor com dano de arma de 270%.

**Bigorna do Diabo**
**Destrav.: Nível 27**
Cria um tremor no ponto de impacto por 2 segundos que diminui a velocidade de movimento dos inimigos em 60%.

**Golpe Relampejante**
**Destrav.: Nível 39**
Sempre que você matar um inimigo com o Martelo dos Ancestrais, todos os outros inimigos dentro de 10 jardas ficam atordoados por 3 segundos.

**Linhagem**
**Destrav.: Nível 55**
Acertos Críticos têm 10% de chance de fazer inimigos mortos deixarem tesouros ou globos de vida.

HAB. ATIVA: HAB. DO MOUSE: SECUNDÁRIA

## RETALHAMENTO

DESTRAV.: n. 5

*Um golpe de varredura faz com que todos os inimigos próximos sangrem com dano de arma Físico de 210% ao longo de 3 segundos.*

- Custa 20 Fúria

**Retalhamento é perfeito para causar dano recorrente ao longo do tempo em vários inimigos. Em suma, o Bárbaro golpeia em todas as direções, infligindo ferimentos profundos a cada monstro dentro de aproximadamente 9 jardas. O sangue jorrando é o sinal de que esses inimigos continuam a sofrer o dano de arma a cada segundo. A velocidade do ataque combinada com a falta de recarga e o custo relativamente baixo de Fúria fazem desta uma excelente habilidade para usar contra grupos grandes, especialmente se você usar armas leves e rápidas. Corte os inimigos com Cutilada, em seguida execute Retalhamento para vê-los sangrar enquanto você se move para a segurança ou ataca um outro grupo próximo.**

Não importa quantos inimigos estão dentro da área de efeito, todos eles irão sangrar!

### RUNAS

Cada uma das runas de Retalhamento disponíveis proporciona uma melhora significativa no ataque, e vale a pena usá-las conforme são destravadas. **Assolação**, que aumenta consideravelmente o alcance, é um ataque de área de efeito que se destaca em grandes multidões. **Sede de Sangue** retorna uma parte do dano causado como Vida e pode ser uma fonte de saúde para aqueles com um índice DPS muito alto. **Lacerar** e **Mutilar** aumentam o dano causado aos inimigos atingidos por Retalhamento. **Banho de Sangue** é um dos melhores nas lutas contra grandes hordas de inimigos nas dificuldades Inferno e Tormento. Oponentes mortos enquanto sangram farão com que todos os inimigos comecem a sangrar também, uma reação em cadeia que dura enquanto há inimigos.

**Selvagem**
**Destrav.: Nível 11**
Aumenta alcance do Retalhamento para acertar todos os inimigos dentro de 14 jardas.

**Sede de Sangue**
**Destrav.: Nível 19**
Retorna 6% do dano causado por Retalhamento como Vida.

**Lacerar**
**Destrav.: Nível 33**
Aumenta os danos para 90% de dano de arma Físico por segundo durante 3 segundos.

**Mutilar**
**Destrav.: Nível 45**
Aumenta a duração do sangramento para 5 segundos.

**Banho de Sangue**
**Destrav.: Nível 56**
Inimigos mortos enquanto sangram fazem com que os inimigos dentro de 10 jardas sangrem também com dano Físico de 60% durante 3 segundos.

HAB. ATIVA: HAB. DO MOUSE: SECUNDÁRIA

## ABALO SÍSMICO

DESTRAV.: n. 12

*Bate no chão para provocar uma onda de destruição que causa dano de arma de 155% e repulsão a alvos em um arco de 45 jardas.*

- Custa 30 Fúria

**Abordando vários inimigos que estão espalhados em frente a você? Se sim, esta é a habilidade de escolha! Abalo Sísmico causa dano considerável a todos os alvos até 45 jardas à frente do Bárbaro. As ondas do terremoto gradualmente se espalham enquanto se afastam longe do Herói, garantindo que mesmo os inimigos não diretamente na frente sejam atingidos. A adição de repulsão garante que o Bárbaro mantenha uma distância segura e dá tempo para o ataque que se segue.**

Abalo Sísmico é especialmente útil contra inimigos com escudos, permitindo que o Bárbaro os acerte por debaixo dos pés!

### RUNAS

Abalo Sísmico é um ataque potente que combina danos de área de efeito moderados com repulsão. **Vertigem** amplifica a utilidade da habilidade como controle de multidões, adicionando uma chance de atordoar os inimigos. **Chão Partido** fornece um grande impulso para ambos os aspectos DPS e repulsão da habilidade, tornando-a uma runa valiosa, mesmo nas dificuldades mais altas. **Tremor** inflige dano adicional após o ataque inicial, o que pode ser o suficiente para amolecer um grupo de inimigos enquanto você foge para se recuperar. **Terremoto Súbito** concentra o ataque ao longo de um caminho longo e estreito. Esta é uma excelente escolha quando se luta em corredores estreitos ou se enfrenta um chefe.

**Vertigem**
**Destrav.: Nível 18**
Adiciona 70% de chance de atordoar inimigos por 1,5 segundo.

**Chão Partido**
**Destrav.: Nível 25**
Aumenta os danos para dano de arma de 202% e a repulsão em 100%.

**Tremor**
**Destrav.: Nível 37**
A terra continua a tremer após o ataque inicial, prejudicando os inimigos na área com dano de arma de 30%.

**Força da Terra**
**Destrav.: Nível 48**
Reduz o custo para 15 Disciplina.

**Terremoto Súbito**
**Destrav.: Nível 57**
Concentra as ondas de choque sísmico ao longo de um caminho estreito para infligir dano de arma de 255% a alvos ao longo de um caminho de 42 jardas.

HAB. ATIVA: HAB. DO MOUSE: SECUNDÁRIA

## TORNADO

DESTRAV.: n. 20

*Entrega múltiplos ataques a tudo em seu caminho com o dano de arma de 100%.*

- Custa 16 Fúria

**Construa a reserva de Fúria do Bárbaro e faça-o girar como um pião em uma multidão de filhos do inferno com o Tornado. A habilidade drena Fúria a uma taxa de 16 por segundo e pode durar enquanto você segurar o botão secundário do mouse ou até a Fúria secar. Conduza o Bárbaro enquanto ele gira e corta seu caminho através da horda inimiga. Guie-o em uma órbita curta em torno de inimigos mais duros para cortá-los repetidamente e causar dano sólido. Combine Tornado com a habilidade passiva Impiedoso para ter um método de fuga quando estiver com pouca Vida e Fúria.**

Tornado corta através de defesas inimigas e é tão útil contra grupos de inimigos quanto individualmente.

### RUNAS

A runa **Demônios de Poeira** aumentam o dano de área de efeito do Tornado por meio da geração de furacões que viajam ao longo de um caminho aleatório e infligem danos aos inimigos além do alcance do Bárbaro. **Turbilhão de Sangue** é perfeito para Bárbaros com uma Chance de Acerto Crítico muito alta, visto que ajuda a restaurar uma pequena porcentagem de Vida com todos os Acertos Críticos. **Olho da Tormenta** retorna Fúria a cada golpe e faz com que seja possível manter um ataque Tornado longo (segure a tecla), especialmente quando combinada com a habilidade passiva Inclemente. **Erupção Vulcânica** aumenta o dano da habilidade transformando o ataque corpo a corpo básico em uma torrente de fluxos de magma que vêm do Bárbaro enquanto ele gira.

**Demônios de Poeira**
**Destrav.: Nível 24**
Gera tornados violentos que infligem dano de arma de 40% aos inimigos em seu caminho.

**Furacão**
**Destrav.: Nível 29**
Aumenta sua velocidade de movimento durante o Tornado para a sua velocidade de corrida.

**Turbilhão de Sangue**
**Destrav.: Nível 37**
Ataques críticos restauram 0,5% de sua Vida máxima.

**Olho da Tormenta**
**Destrav.: Nível 44**
Cada golpe no inimigo retorna 1 Fúria.

**Erupção Vulcânica**
**Destrav.: Nível 59**
Converte o Tornado em uma torrente de magma que inflige dano de arma de 130%.

HAB. DA BARRA DE AÇÃO (#1) DEFENSIVA

## BATE-ESTACA

DESTRAV.: n. 4

*Bate no chão, atordoando todos os inimigos dentro de 12 jardas por 4 segundos.*

- Custa 15 Fúria
- Recarga de 12 segundos.

**Bate-estaca é uma excelente habilidade para usar quando se enfrenta um grande número de inimigos, especialmente quando você precisa de tempo. Embora sua forma sem runa não inflija dano algum, afeta todos os inimigos dentro do raio especificado e tem 100% de chance de atordoar. Execute o Bate-estaca no meio da multidão inimiga, depois passe para o perímetro do grupo e lance ataques de sequência. Bate-estaca é uma maneira ideal de gerar Fúria em níveis baixos, e o período de recarga em nada diminui a utilidade da habilidade.**

As estrelas acima da cabeça de um monstro indicam que eles estão atordoados.

### RUNAS

Bate-estaca é a principal habilidade de controle de inimigos do Bárbaro e cada uma das runas pode ser usada para aumentar os efeitos. **Impacto Ensurdecedor** retarda inimigos afetados por alguns segundos após os efeitos atordoantes cessarem, obtendo um total de 7 segundos de controle de movimento! **Pisada Esmagadora** é ideal para combater inimigos em espaços abertos, já que os atrai antes do impacto e duplica o raio de efeito. **Pisão Tremulante** acrescenta dano de arma à habilidade, mas não necessariamente o suficiente para compensar o aumento do controle de movimento de outras runas. Considere usar Pisão Tremulante em áreas estreitas ou quando você tem companheiros que querem focar em DPS puro ou têm outras habilidades de controle de movimento. **Avalanche** joga os inimigos para trás e causa dano de arma na aterrissagem — esta é uma ótima runa para usar quando você está focado em sobrevivência.

**Impacto Ensurdecedor**
**Destrav.: Nível 12**
Inimigos na área têm sua velocidade de movimento reduzida em 60% por 3 segundos após se recuperarem do atordoamento.

**Pisada Esmagadora**
**Destrav.: Nível 18**
Aumenta a área de efeito para 24 jardas. Os inimigos são puxados para perto do jogador antes do golpe no chão.

**Pé da Montanha**
**Destrav.: Nível 28**
Aumenta a Fúria para 30.

**Pisão Tremulante**
**Destrav.: Nível 40**
Inimigos na área também recebem dano de arma de 75%.

**Avalanche**
**Destrav.: Nível 54**
Joga os oponentes 12 jardas para trás e inflige dano de arma de 55% aos inimigos na área de pouso.

HAB. DA BARRA DE AÇÃO (#1) DEFENSIVA

## SALTO DESTRUIDOR

DESTRAV.: n. 8

*Salta no ar, causando dano de arma de 125% a todos os inimigos dentro de 8 jardas.*

- Custa 15 Fúria
- Recarga de 10 segundos.

**O corpo volumoso e as armaduras pesadas do Bárbaro não são suficientes para prejudicar a capacidade de pular do Herói. O Bárbaro pode saltar bem alto no ar e bater no chão com uma força poderosa o suficiente para causar danos de 125% a todos os inimigos próximos. Não somente esta habilidade pode ser usada para cobrir a distância para um conjunto distante de inimigos, como também pode ser usada para escapar de uma situação perigosa. O Salto Destruidor não precisa ser usado apenas para a ofensiva — use essa habilidade para saltar de uma massa sufocante de inimigos para a liberdade. O Salto Destruidor pode ser usado para gerar Fúria (deve acertar um inimigo), mas o período de recarga limita a sua eficácia para esta finalidade.**

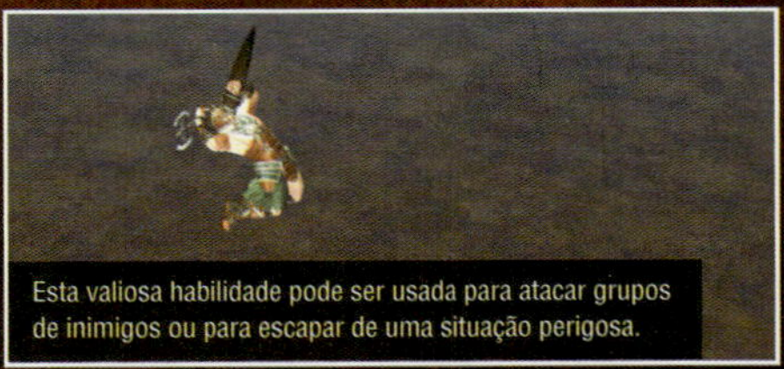

Esta valiosa habilidade pode ser usada para atacar grupos de inimigos ou para escapar de uma situação perigosa.

### RUNAS

O Salto Destruidor é a única habilidade que pode ser usada tanto para entrar na briga como para fugir. Quando escolher uma runa, considere se você está jogando sozinho ou cooperativamente. Na primeira situação, você vai usá-la mais como um meio de fuga, enquanto no último caso, ela pode ajudá-lo a atrair a atenção dos inimigos. **Morte do Alto** ajuda em ambos os usos já que atordoa os inimigos no pouso. **Chamado de Arreat** atrai inimigos após o ataque e pode ser usado para resgatar um companheiro (ou maximizar o retorno de um ataque de área de efeito que se segue). Salte para o centro da ação com **Impacto Profundo** para fazer os inimigos baterem um no outro, abrindo espaço para que você possa agir. **Impacto Estrondoso** é uma runa excelente para jogadores individuais e para atrair os inimigos em jogos cooperativos. Use seu tremendo impulso de Armadura para garantir uma saída segura ao fugir de uma situação complicada.

**Morte do Alto**
**Destrav.: Nível 14**
Aterrissa com tanta força que os inimigos têm uma chance de 50% de serem atordoados por 2 segundos.

**Chamado de Arreat**
**Destrav.: Nível 21**
Ondas de choque irrompem do solo, aumentando o raio de efeito para 16 jardas e puxando os inimigos afetados em sua direção.

**Impacto Profundo**
**Destrav.: Nível 32**
Arremessa inimigos 20 jardas sobre outros oponentes, que sofrem dano de arma de 15% e são empurrados para trás em cadeia até 2 vezes.

**Salto Supremo**
**Destrav.: Nível 44**
Pula no ar com tanta força que os inimigos que estão a até 8 jardas da origem do salto recebem dano de arma de 75%.

**Impacto Estrondoso**
**Destrav.: Nível 60**
Dá 300% de Armadura adicional por 4 segundos após o pouso.

HAB. DA BARRA DE AÇÃO (#1) DEFENSIVA

## DISPARADA

DESTRAV.: n. 16

*Aumenta a velocidade de movimento em 40% por 3 segundos.*

- Custa 20 Fúria

**Inimigos não podem golpear o que não podem pegar! Use Disparada para escapar de inimigos devastadores e rapidamente fugir para Fontes Curativas ou para a segurança de seus aliados quando necessário. O Bárbaro pode não ser o mais veloz dos jogadores, mas ele consegue fugir até do mais rápido dos inimigos com a habilidade Disparada. Ative a habilidade para ganhar quatro segundos livres de velocidade aumentada. Isso também pode vir a calhar quando perseguindo um Goblin do Tesouro!**

O brilho vermelho atrás do Bárbaro mostra que o efeito Disparada ainda está ativo.

### RUNAS

Há opções únicas para considerar quando se seleciona uma runa para a Disparada. **Corrida** melhora a habilidade como um mecanismo de escape, aumentando a chance de esquiva durante a Disparada. Vá para longe de seus inimigos com **Corra como o Vento** para deixar um rastro de tornados em seu caminhos. **Sai da Frente** converte a Disparada em uma habilidade próxima aos Pés de Tormenta do Monge, derrubando inimigos para trás e causando dano moderado no processo. Por último, **Marcha Forçada** é a runa ideal para usar cooperativamente, especialmente se você estiver jogando com outros Bárbaros ou um Monge, pois aumenta a velocidade do movimento de aliados próximos. Isto é particularmente útil com inimigos que usam táticas de bater e correr.

**Corrida**
**Destrav.: Nível 23**
Aumenta a chance de esquiva em 12% durante disparada.

**Corra como o Vento**
**Destrav.: Nível 29**
Tornados aparecem no rastro da Disparada, cada um causando dano de arma de 60%.

**Maratona**
**Destrav.: Nível 38**
Aumenta o bônus de velocidade de movimento para 50% durante 5 segundos.

**Sai da Frente**
**Destrav.: Nível 46**
Bate nos inimigos, jogando-os para trás e infligindo dano de arma de 25%.

**Marcha Forçada**
**Destrav.: Nível 53**
Aumenta a velocidade dos aliados dentro de 30 jardas em 20% por 3 segundos.

HAB. DA BARRA DE AÇÃO (#1) DEFENSIVA

## IGNORAR DOR

DESTRAV.: n. 22

*Reduz o dano recebido em 65% por 3 segundos.*

- Recarga de 30 segundos.

**Preso em uma luta difícil e com poucas poções de Vida? Ignorar Dor pode ser a diferença entre sobreviver a um encontro perigoso e acabar morto. Os três segundos que o efeito dura podem não parecer muito, mas muitas vezes é o suficiente para suportar o melhor ataque do inimigo e ajudá-lo a chegar àquele próximo Globo de Vida ou ficar vivo até que a recarga de sua Poção de Vida termine. Ignorar Dor não tem custo de Fúria, mas tem uma recarga um pouco longa. Guarde-a para quando você realmente precisar dela, não use muito cedo!**

Os fantasmagóricos escudos de madeira que orbitam o Bárbaro indicam que o efeito ainda está ativo.

### RUNAS

Ignorar Dor tem um papel importante para o Bárbaro, uma verdadeira válvula de escape através da qual ele pode fugir de algo que poderia ser a morte certa. **Couro de Ferro** quase duplica a duração do efeito e vem a calhar quando se enfrenta grupos de Campeões e inimigos Raros. Use **Ignorância é uma Bênção** e rapidamente execute ataques poderosos, como Terremoto ou Abalo Sísmico enquanto Ignorar Dor está ativo para recuperar uma parte do dano causado como Vida. Este emparelhamento permite ao Bárbaro atacar, proteger e curar a si mesmo de uma só vez. **Poder Coletivo** vale usar quando joga ao lado de outro combatente de linha de frente, como o Templário, um Monge ou outro Bárbaro. **Desprezo aos Fracos** reflete a metade do dano ignorado de volta ao inimigo e é particularmente útil na multidão quando os ataques individuais são muito mais difíceis de lidar do que aqueles de alvos individuais ou chefes.

**Bravata**
**Destrav.: Nível 26**
Quando ativada repele, todos os inimigos dentro de 12 jardas e causa dano de arma de 50%.

**Couro de Ferro**
**Destrav.: Nível 31**
Aumenta a duração para 5 segundos.

**Ignorância é uma Bênção**
**Destrav.: Nível 36**
Enquanto Ignorar Dor está ativa, retorna 20% de todo dano causado como Vida.

**Poder Coletivo**
**Destrav.: Nível 43**
Estende o efeito para aliados próximos, reduzindo o dano recebido em 65% por 3 segundos.

**Desprezo aos Fracos**
**Destrav.: Nível 58**
Reflete 50% do dano ignorado de volta ao inimigo.

HAB. DA BARRA DE AÇÃO (#2) PODER

## LANÇA ANCESTRAL

DESTRAV.: n. 9

*Atira uma lança para puxar um inimigo de volta para você, brevemente retardando o movimento do alvo em 60% e causando dano de arma de 185%.*

- Custa 15 Fúria
- Recarga de 10 segundos.

**Lança Ancestral permite ao Bárbaro atirar uma lança mágica que não apenas causa danos ao inimigo, mas também o puxa em direção a ele e retarda o seu movimento. Esta é uma habilidade útil quando você está tentando manter uma posição específica, seja dentro da aura de um aliado ou um local taticamente vantajoso. Talvez a melhor parte da Lança Ancestral é que gera 15 Fúria. Use-a para alcançar um inimigo distante, em seguida ataque com uma habilidade como o Martelo dos Ancestrais ou Retalhamento. Isto é particularmente útil contra evocadores e outros inimigos que tentam se manter a distância.**

Mire em um inimigo distante, então puxe-o para perto e conclua com um ataque.

### RUNAS

**Gancho e Corda** permite ao Bárbaro puxar três inimigos de uma vez e é útil contra grupos de inimigos a distância ou quando existe a necessidade de rapidamente arrancar vários inimigos de longe de um companheiro Caçador de Demônios, Feiticeiro ou Arcanista. **Lança do Medo** é outra runa que pode ser usada para melhorar a autossuficiência do Bárbaro. Com a Lança do Medo, quanto mais dano o Bárbaro inflige, mais Vida é retornada a ele! **Arpão** torna possível trazer vários inimigos em direção ao Bárbaro com uma única lança. Isso é muito útil quando os inimigos estão em um gargalo estreito e você quer certificar-se de que alguns inimigos bloqueiam a abertura impedindo um inimigo mais difícil de entrar. **Arremesso Furioso** é útil no modo Inferno, quando se tenta manter um único monstro difícil longe enquanto você lida com adversários menores. Arremesso Furioso causa dano pesado e afasta o inimigo-alvo para *longe* do Bárbaro!

**Gancho e Corda**
**Destrav.: Nível 15**
Joga 3 lanças. Cada uma puxa para trás o inimigo que atinge.

**Escaramuça**
**Destrav.: Nível 23**
Aumenta a Fúria obtida para 30.

**Lança do Medo**
**Destrav.: Nível 32**
Obtém Vida igual a 60% do dano causado.

**Arpão**
**Destrav.: Nível 39**
Perfura vários inimigos em uma linha reta e arrasta todos de volta.

**Arremesso Furioso**
**Destrav.: Nível 49**
Inimigos atingidos com Lança Ancestral são puxados na direção oposta e o dano é aumentado para 213% de dano de arma.

HAB. DA BARRA DE AÇÃO (#2) PODER

# VINGANÇA

DESTRAV.: n.13

*Inflige dano de arma de 220% a todos os inimigos próximos. Cura 5% de sua Vida máxima para cada golpe do inimigo. Vingança tem uma chance de 15% de se tornar ativa cada vez que você é atingido.*

**Vingança não usa nem gera Fúria e não tem recarga. Em vez disso, esta habilidade poderosa tem 15% de chance de tornar-se ativa cada vez que o Bárbaro é atingido por um inimigo. A Vingança pode ser um salva-vidas em batalhas contra um grande número de inimigos, não só pelo dano extra que o ataque inflige, mas também pelos 5% de Vida ganhos para cada inimigo atingido quando o ataque é liberado. O lado ruim disso é que os jogadores devem prestar muita atenção à barra de ação para ver quando ela se torna ativa. Esta é uma habilidade muito valiosa quando ao se enfrentar as hordas de filhos do demônio nas dificuldades Inferno e Tormento!**

Os Bárbaro gira rapidamente e atinge todos os inimigos dentro de 8 jardas com dano de arma de 220%.

## RUNAS

**A Vingança é Minha** estende a capacidade de sobrevivência do Bárbaro, quando ele está no meio de uma horda de inimigos. A Vingança tem mais chance de se tornar ativa quando há mais inimigos atacando o Herói e esta runa não só retorna mais Vida por golpe inimigo, mas também gera uma pequena quantidade de Fúria que pode ser usada em outras habilidades. Use a runa **Prato que se Come Frio** e esquarteje seus inimigos com uma Chance de Acerto Crítico maior. A Vida ganha ao se ativar Prato que se Come Frio pode ajudá-lo a manter sua posição ao lado da massa de filhos do inferno. O **Rancor** ajuda jogando todos os inimigos próximos para trás a uma distância considerável, uma façanha que pode ser útil em situações de autossalvamento! **Provocação** duplica a chance da Vingança se tornar ativa quando se é atingido por um inimigo. Isto é particularmente valioso quando atrai os inimigos em jogos cooperativos.

### A Vingança é Minha

**Destrav.: Nível 19**
Dá 5 pontos de Fúria cada vez que Vingança é usada e melhora a Vida adquirida com cada inimigo atingido para 7,5%.

### Prato que se Come Frio

**Destrav.: Nível 25**
Depois de usar Vingança, sua chance de acerto crítico é aumentada em 10% por 12 segundos.

### Retribuição

**Destrav.: Nível 36**
Aumenta o dano de arma para 286%.

### Rancor

**Destrav.: Nível 41**
Joga os inimigos 24 jardas para trás sempre que Vingança é utilizada.

### Provocação

**Destrav.: Nível 52**
Aumenta a chance da Vingança se tornar ativa para 30% cada vez que você é atingido por um ataque.

HAB. DA BARRA DE AÇÃO (#2) PODER

# INVESTIDA FURIOSA

DESTRAV.: n.21

*Corre para a frente, jogando inimigos para trás e infligindo dano de arma 195% ao longo do trajeto do ataque. Gera Fúria somente se você acertar um inimigo.*

- Custa 15 Fúria
- Recarga de 10 segundos.

**Investida Furiosa é um ataque potente que pode rapidamente diminuir o espaço entre você e um alvo, enquanto causa danos e joga para trás quem estiver no caminho. Ele gera 15 Fúria e tem uma recarga breve. Se o Bárbaro já tem pelo menos alguma Fúria à mão, libere a Investida Furiosa e continue com um par de ataques Martelo dos Ancestrais para destruir os inimigos que acabou de golpear. Este ataque em duas frentes funciona muito bem, especialmente com uma reserva maior de Fúria — realize três ataques Martelo, então uma outra Investida Furiosa ou Salto Destruidor para manter o processo.**

O Bárbaro se lança para a frente e varre com os braços para trás, para derrubar os inimigos perdidos.

## RUNAS

**Aríete** é uma excelente opção para aqueles focados em gerar DPS suficiente com o ataque. Vá para mais perto do grupo de inimigos antes de desencadear o ataque. **Ataque Inclemente** pode reduzir toda a recarga da habilidade se os inimigos forem abundantes e bem agrupados. Execute várias Investidas Furiosas consecutivas para avançar e recuar rapidamente para dentro e fora do alcance do inimigo. **Atropelamento** acrescenta outra camada de controle de multidões à habilidade, mas apenas para aqueles com uma Chance de Acerto Crítico muito alta. Considere esta caso você tenha equipamentos e joias que produzem uma Chance de Acerto Crítico de pelo menos 35%, se não, opte por outra runa. **Fanático** é particularmente útil na dificuldade Inferno quando a autopreservação é o mais importante. Esta runa dá ao Bárbaro uma maneira de se curar, liberando seus companheiros de equipe para se concentrar nos inimigos.

### Aríete

**Destrav.: Nível 27**
Aumenta o dano no alvo para 283% de dano de arma.

### Ataque Inclemente

**Destrav.: Nível 33**
A recarga é reduzida em 2 segundos para cada alvo atingido. Este efeito pode reduzir o tempo de recarga em até 10 segundos.

### Vigor

**Destrav.: Nível 38**
Gera 8 Fúria para cada alvo atingido durante o carregamento.

### Atropelamento

**Destrav.: Nível 47**
Todos os alvos criticamente atingidos pela Investida Furiosa serão atordoados por 2,5 segundos.

### Fanático

**Destrav.: Nível 56**
Recupere 6% de sua vida máxima para cada alvo atingido pela Investida Furiosa.

CLASSES

HAB. DA BARRA DE AÇÃO (#2) PODER

## GOLPE BRUTAL

DESTRAV.: n.26

*Causa dano de arma de 260% a todos os alvos dentro de 9 jardas. Se o Golpe Brutal faz um acerto crítico, a recarga é automaticamente reiniciada.*

- Recarga de 15 segundos.

**Esta habilidade, como a Vingança, não necessita de Fúria e pode nem mesmo ter recarga, mas exige que o jogador preste muita atenção à barra de ação e/ou valores de dano. Ative rapidamente a habilidade para desencadear um ataque giratório que causa dano considerável a todos os inimigos próximos. Dada a falta de recarga da habilidade, ela pode ser melhor utilizada por Heróis com uma alta Chance de Acerto Crítico. Espere até você notar o Bárbaro fazer acertos críticos antes de ativar o Golpe Brutal na barra de ação. Embora você possa preferir desligar os números de danos na tela de opções do jogo, vale a pena deixar os números de danos de acerto crítico ativados — fique de olho nos dígitos amarelos!**

Ative rapidamente o Golpe Brutal após conseguir um acerto crítico para infligir danos pesados a todos os inimigos próximos.

### RUNAS

Golpe Brutal serve como um ataque de área de efeito contra multidões de inimigos, mas a runa que você escolher deixa o seu comportamento mais ofensivo ou defensivo. **Festim** ajuda o Bárbaro em seu papel de escudo do grupo, permitindo andar pela batalha, ative o Golpe Brutal depois de receber danos significativos e você será curado. Aqueles com uma alta Chance de Acerto Crítico podem encadear o Golpe Brutal com a ajuda da **Fúria Homicida**. O aumento da Chance de Acerto Crítico da runa estende-se por alguns segundos, dando várias chances de zerar a recarga da habilidade e ativá-la novamente! **Impulsão** pode ser útil contra Campeões, já que gera Fúria suficiente para abastecer o Fúria do Berserker ou o Chamado dos Ancestrais. **Investida Esmagadora** fica na linha entre defesa e ataque, mas só deve ser usada contra grupos de inimigos corpo a corpo — isso não vai ajudá-lo contra arqueiros e outros inimigos à distância!

**Festim**
**Destrav.: Nível 29**
Cura 7% de sua Vida máxima para cada golpe no inimigo.

**Fúria Homicida**
**Destrav.: Nível 34**
Sua chance de acerto crítico é aumentada em 10% por 6 segundos.

**Tempestade de Aço**
**Destrav.: Nível 42**
Joga até 3 machados em inimigos próximos, causando dano de arma de 50% em cada um.

**Momento**
**Destrav.: Nível 48**
O Golpe Brutal gera 12 Fúria para cada inimigo atingido.

**Investida Esmagadora**
**Destrav.: Nível 59**
Reflete 30% do dano corpo a corpo recebido por 6 segundos depois que o Golpe Brutal é ativado.

HAB. DA BARRA DE AÇÃO (#3) TÁTICAS

## ARREMESSO DE ARMA

DESTRAV.: n.14

*Lança uma arma de arremesso em um inimigo para dano de arma de 145% e diminuição da velocidade do inimigo em 60% por 2 segundos.*

- Custa 10 Fúria

**O arremesso de arma pode ser usado independentemente da arma atual do Bárbaro, já que a arma lançada pela habilidade não é a única a ser empunhada pelo Herói. Esta habilidade dá o Bárbaro um ataque de longa distância importante contra inimigos Empesteados, Incandescentes e Eletrificados, que são perigosos de perto. Não só o Arremesso de Arma acerta um único inimigo a várias jardas de distância, mas também retarda o movimento do inimigo por alguns segundos, criando a oportunidade perfeita para atingir outro inimigo com o mesmo ataque e ganhar ainda mais tempo antes de ser cercado. Mire nos adversários mais fortes com o Arremesso de Arma para retardar a sua abordagem, em seguida comece o abate dos monstros mais fracos.**

O Arremesso de Arma dá ao Bárbaro um valioso ataque longo para usar contra inimigos corpo a corpo.

### RUNAS

A maior limitação da habilidade Arremesso de Arma é que ela atinge apenas um inimigo. Por essa razão, é difícil não escolher **Ricochete** já que ela ele faz com que a arma ricocheteie e acerte inimigos adicionais. **Arremessar Martelo** substitui o machado de arremesso por um martelo e dá uma chance muito grande de atordoar brevemente o alvo, produzindo outra opção de controle de multidão. **Estupefação** é outra opção atraente ao Arremesso de Arma, já que carrega a chance de Confundir o inimigo alvo a atacar outros monstros. Estupefação é muito útil quando se enfrenta um grupo de inimigos Campeões. **Bombas Temerosas** transformam completamente a habilidade em um rolo compressor de área de efeito à custa de toda a sua reserva de Fúria!

**Arremesso Poderoso**
**Destrav.: Nível 21**
Aumenta o dano de arma do Arremesso de Arma para 188%.

**Ricochete**
**Destrav.: Nível 25**
Faz com que a arma ricocheteie e acerte até 3 alvos 20 jardas distantes um do outro.

**Arremessar Martelo**
**Destrav.: Nível 33**
Arremessa um martelo com 75% de chance de atordoar os inimigos por 2 segundos.

**Estupefação**
**Destrav.: Nível 42**
Busca a cabeça, ganhando 20% de chance de fazer o seu alvo se confundir e atacar outros inimigos durante 6 segundos.

**Bombas Temerosas**
**Destrav.: Nível 54**
Gasta a Fúria restante para jogar um cadáver que inflige dano de arma adicional de 3% para cada ponto de Fúria gasto a todos os inimigos dentro de 12 jardas.

HAB. DA BARRA DE AÇÃO (#2) DEFENSIVA

## GRITO AMEAÇADOR

DESTRAV.: n. 17

*Grita com grande ferocidade, reduzindo danos causados por inimigos dentro de 25 jardas em 20% por 15 segundos.*

- Custa 15 Fúria
- Recarga de 15 segundos.

**Ser bem-sucedido na batalha nem sempre diz respeito a maximizar os danos causados, diminuir o poder de ataque de seus inimigos pode ser tão valioso quanto. O Grito Ameaçador faz exatamente isso em todos os inimigos dentro de 25 jardas, tornando assim muito mais seguro para um Bárbaro solitário atravessar uma turba violenta. O Grito Ameaçador não tem recarga, mas não deve ser usado repetidamente porque o efeito não se acumula. Em vez disso, espere o brilho de penalidade desaparecer do oponente afetado e execute outro Grito Ameaçador, mas só se ainda há um monte de inimigos próximos (ou se você tiver pouca Vida e poções).**

As ondas vermelhas de grito ameaçador assustam todos os inimigos dentro de 25 jardas.

### RUNAS

Reduzir os danos que os inimigos podem infligir é apenas metade da batalha, também é importante para controlar os seus movimentos e atacar sempre que possível. **Hesitação** diminui a velocidade de ataque do inimigo por alguns segundos, permitindo que o Bárbaro fique muito perto dos afetados e sofra menos golpes. **Intimidação** retarda o movimento de todos os inimigos afetados, tornando possível até mesmo para o pesado Bárbaro empregar táticas de bater e correr. Aqueles que jogam cooperativamente podem usar **Desmoralizar** para afastar os inimigos de seus companheiros, forçando-os a concentrar seus ataques contra o Bárbaro. **Aterrorizar** produz uma chance em cinco de que os inimigos fujam brevemente da área. Apesar de temporária, qualquer chance de assustar alguns inimigos pode ajudar muito na sua sobrevivência, especialmente quando se lida com um grupo de Campeões.

**Sede de Sangue**
**Destrav.: Nível 23**
Os inimigos são chacoalhados e têm uma chance de 5% de deixar tesouro adicional.

**Hesitação**
**Destrav.: Nível 28**
Inimigos afetados têm sua velocidade de movimento diminuída em 15% durante 5 segundos.

**Intimidação**
**Destrav.: Nível 37**
Inimigos afetados também têm a sua velocidade de movimento reduzida em 30%.

**Desmoralizar**
**Destrav.: Nível 43**
Inimigos afetados são também são provocados a atacar você por 3 segundos.

**Sede de Sangue**
**Destrav.: Nível 57**
Os inimigos são severamente desmoralizados. Cada inimigo tem uma chance de 20% de fugir por 2 segundos.

HAB. DA BARRA DE AÇÃO (#3) TÁTICAS

## FÚRIA DE BATALHA

DESTRAV.: n. 22

*Gera uma raiva que aumenta o dano em 15% e a Chance de Acerto Crítico em 3% por 30 segundos.*

- Custa 20 Fúria

**Fúria de Batalha vale a pena ser usada no início de uma luta mais dura, seja contra múltiplos inimigos Campeões ou um Raro e seus lacaios. O efeito se aplica tanto a ataques como a habilidades básicas. Por exemplo, uma arma que causa 20 de dano causará 23 quando a Fúria de Batalha estiver ativa. Execute Martelo dos Ancestrais, enquanto essa arma está equipada para atacar com 46 de dano. Isto pode não parecer muito, mas o Bárbaro pode pousar uma série de ataques em um intervalo de 30 segundos, e isso não inclui a chance aumentada de fazer um Acerto Crítico. Melhor ainda, o custo relativamente baixo de Fúria torna possível manter a Fúria de Batalha quase indefinidamente quando combinada com habilidades de geração de fúria.**

O Bárbaro brilha em vermelho quando entra na Fúria de Batalha.

### RUNAS

Fúria de Batalha é o primeiro "bônus" verdadeiro a se desbloquear para o Bárbaro e aumenta o dano e a chance de acerto crítico. A maioria das runas produz a *chance* de bônus de que um acerto crítico ocorra, mas as chances são desconhecidas. O custo de Fúria relativamente baixo da Fúria de Batalha torna o uso da **Ferocidade** desnecessário uma vez que runas adicionais forem desbloqueadas. **Pancadaria** carrega a chance de gerar Fúria adicional, quase o suficiente para chamar Fúria de Batalha de novo. **Derramamento de Sangue** faz o acerto crítico ter chance de causar uma explosão de sangue que causa dano aos inimigos próximos. Por mais atraente que essas opções possam ser, é difícil superar algo certo. **Ódio do Saqueador** dobra o bônus de dano da Fúria de Batalha!

**Ferocidade**
**Destrav.: Nível 28**
Enquanto está sob os efeitos da Fúria de Batalha, acertos críticos têm a chance de aumentar a duração da Fúria de Batalha por 2 segundos.

**Espadas em Arados**
**Destrav.: Nível 31**
Na Fúria de Batalha, acertos críticos têm até 5% de chance de fazer os inimigos deixarem globos de vida adicionais.

**Pancadaria**
**Destrav.: Nível 38**
Enquanto estiver sob os efeitos da Fúria de Batalha, acertos críticos têm a chance de gerar 15 Fúria adicionais.

**Ódio do Saqueador**
**Destrav.: Nível 46**
Aumenta o bônus de dano para 30%.

**Derram. de Sangue**
**Destrav.: Nível 54**
Na Fúria de Batalha, acertos críticos têm a chance de causar uma explosão de sangue, transferindo 20% do dano causado aos inimigos próximos.

HAB. DA BARRA DE AÇÃO (#3) TÁTICAS

## GRITO DE GUERRA

DESTRAV.: n.28

*Solta um grito de guerra para aumentar a Armadura de você e de seus aliados dentro de 30 jardas em 50% por 60 segundos.*

- Custa 30 Fúria
- Recarga de 30 segundos.

**É difícil superar um minuto completo de proteção para você e seus aliados — Seguidores ou parceiros humanos. O Grito de Guerra gera uma quantidade moderada de Fúria e tem uma recarga curta de apenas 30 segundos, além de duplicar a taxa de armadura do Bárbaro e de todos os aliados próximos! Use o Grito de Guerra em batalhas contra monstros Raros ou Campeões, ou quando se prepara para enfrentar um calabouço particularmente difícil. Avise seus colegas de equipe que você vai usar o Grito de Guerra para que eles se aproximem da posição do Bárbaro.**

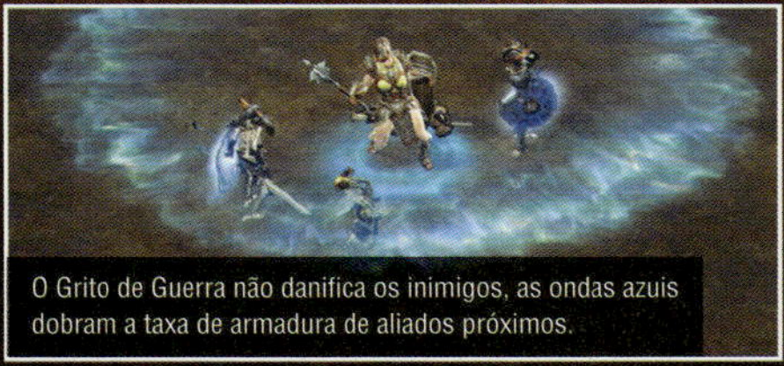

O Grito de Guerra não danifica os inimigos, as ondas azuis dobram a taxa de armadura de aliados próximos.

### RUNAS

**Ira Endurecida** dobra o bônus de armadura para você e seus aliados próximos, enquanto o Grito de Guerra estiver ativo — certifique-se de reunir os seus companheiros ao seu redor antes de ativá-lo. **Revigoração** é de muita ajuda para aumentar a capacidade de sobrevivência do Bárbaro quando ele está no meio da briga. Esta runa aumenta a Vida máxima e cura uma quantidade moderada de HP por segundo durante toda a duração do Grito de Guerra. A única coisa melhor do que tomar dano reduzido é não receber dano nenhum; o **Aviso do Veterano** concede um bônus de esquiva considerável para o Bárbaro durante o período do Grito de Guerra. **Impunidade** vale a pena ser usada se seu equipamento não produz altas resistências. As resistências mais elevadas que a Impunidade oferece virão a calhar nas dificuldades Tormento e Inferno quando há múltiplos inimigos que causam dano elemental.

**Ira Endurecida**
**Destrav.: Nível 32**
Aumenta o bônus de Armadura em 100%.

**Atacar!**
**Destrav.: Nível 35**
Aumenta a Fúria para 60.

**Revigoração**
**Destrav.: Nível 41**
Aumenta a vida útil máxima em 10% e regenera 22 Vida por segundo, enquanto dura o efeito do Grito de Guerra.

**Aviso do Veterano**
**Destrav.: Nível 49**
Grito de Guerra também concede 15% de bônus de esquiva.

**Impunidade**
**Destrav.: Nível 58**
Todas as suas resistências são aumentadas em 50%, duração do efeito do Grito de Guerra.

HAB. DA BARRA DE AÇÃO (#4) RAIVA

## TERREMOTO

DESTRAV.: n.19

*Chacoalha o chão violentamente, causando dano de arma Ígneo de 1600% por mais de 8 segundos a todos os inimigos dentro de 18 jardas.*

- Custa 50 Fúria
- Recarga de 120 segundos.

**O Terremoto é mais do que uma atualização da habilidade Abalo Sísmico. Este ataque de área poderoso causa dano devastador prolongado a todos os inimigos dentro de 18 jardas do Herói (o ataque se irradia em todas as direções). O solavanco inflige dano suficiente ao longo do tempo para atingir cada inimigo 16 vezes! A agitação mantém os inimigos fora de equilíbrio e os torna vulneráveis a ataques de acompanhamento ou, ao contrário, os mantém ocupados enquanto você se move para atacar outros inimigos. Este não é apenas o mais poderoso ataque de área de efeito do Bárbaro, mas também é um excelente método de controle da multidão. O longo período de recarga da habilidade demanda que você só a use quando for necessário!**

O solo se rompe com força vulcânica quando a habilidade Terremoto é acionada.

### RUNAS

**Passos de Gigante** são a primeira de diversas runas a serem desbloqueadas que adicionam tremores secundários à habilidade Terremoto. Ela permite que você oriente os tremores, levando-os para perto ou para longe do perigo. **Terra Gelante** é uma runa excelente em dificuldades mais altas e ao lidar com os inimigos no corpo a corpo rápidos, pois diminui o movimento deles e é um dos melhores métodos de controle de multidão. **Chamado da Montanha** aumenta a frequência com a qual você pode acionar Terremoto e remove o custo de Fúria — algo a considerar se você prefere não usar a habilidade passiva Inclemente. A runa **Réplicas** mantém a forma da habilidade, mas acrescenta tremores secundários que infligem repulsão e dano Ígneo. Isso é útil em áreas abertas. **Caminho de Fogo** é semelhante a Réplicas (menos a repulsão), mas dirige os tremores para a frente do Bárbaro, tornando-a mais adequada para interiores.

**Passos de Gigante**
**Destrav.: Nível 24**
Tremores secundários seguem o seu movimento e infligem dano de arma Ígneo de 65%.

**Terra Gelante**
**Destrav.: Nível 29**
Cria um caminho gelado, fazendo os danos do Terremoto ficarem gélidos e retardarem o movimento dos inimigos em 80%.

**Chamado da Montanha**
**Destrav.: Nível 39**
Remove o custo de Fúria e reduz o tempo de recarga para 105 segundos.

**Réplicas**
**Destrav.: Nível 50**
Tremores secundários jogam os inimigos para trás e infligem dano de arma Ígneo de 65%.

**Caminho de Fogo**
**Destrav.: Nível 56**
Projeta tremores secundários até 12 jardas à frente infligindo dano de arma Ígneo de 65%.

HAB. DA BARRA DE AÇÃO (#4) RAIVA

## CHAMADO DOS ANCESTRAIS

DESTRAV.: n.25

*Evoca os ancestrais Talic, Korlic e Madawc para ajudar por 15 segundos. Cada um causa dano de arma de 60% por golpe, além de habilidades de bônus. Talic empunha uma espada e escudo e usa Tornado. Korlic empunha uma arma de haste e usa Cutilada. Madawc tem machados e usa o Arremesso de Arma.*

- Custa 50 Fúria
- Recarga de 120 segundos.

**Esta habilidade de alto nível é uma das mais impressionantes que o Bárbaro pode aprender e vale cada pedacinho de seu excepcional custo Fúria. O Chamado dos Ancestrais convoca três Bárbaros de ouro para lutar ao lado do Herói, cada um com armas e habilidades diferentes. Talic, Korlic e Madawc não geram ou consumem Fúria, o que não os impede de atacar com Tornado, Cutilada e Arremesso de Arma — deixando você se concentrar em outros inimigos. Tenha em mente a longa recarga — 8x o tempo que a habilidade fica ativa — e só acione-a quando há inimigos próximos o suficiente para fazer valer a pena.**

A chegada dos Antigos é um espetáculo para ser visto!

### RUNAS

**Lealdade ao Clã** aumenta o tempo que os Anciões lutam junto a você, mas note que eles ainda podem morrer em batalha. Acompanhe seus Ancestrais de perto para ver se eles estão sendo mortos ou sobrevivem até o fim do efeito da habilidade antes de usar uma runa que vai prolongar a sua estadia. **Poder de Korlic** é vantajoso contra pequenos grupos de inimigos difíceis e em espaços mais apertados. **Loucura de Madawc** causa menos danos do que o Poder de Korlic, mas impacta um número maior de inimigos. **Cólera de Talic** é a runa que mais causa danos das que podem ser usadas com o Chamado dos Ancestrais e é útil contra grupos de Campeões e alvos isolados, bem como chefes.

**Os Ancestrais se Erguem**
**Destrav.: Nível 31**
Os Antigos infligem dano de arma de 66% a cada ataque e têm 100% de armadura adicional.

**Lealdade ao Clã**
**Destrav.: Nível 37**
Aumenta a duração em 20 segundos.

**Poder de Korlic**
**Destrav.: Nível 45**
Korlic ganha a habilidade Investida Furiosa, que inflige 200% de dano de arma a todos os inimigos em uma linha.

**Loucura de Madawc**
**Destrav.: Nível 51**
Madawc ganha a habilidade Abalo Sísmico, que inflige 180% de dano de arma aos inimigos em um arco.

**Cólera de Talic**
**Destrav.: Nível 58**
Talic ganha a habilidade Salto Destruidor, que inflige 250% de dano de arma aos inimigos na área do salto.

HAB. DA BARRA DE AÇÃO (#4) RAIVA

## FÚRIA DO BERSERKER

DESTRAV.: n.30

*Melhora atributos durante 15 segundos: Acerto Crítico +10%, Velocidade de Ataque +25%, Chance de Esquiva +20%, Velocidade de Movimento +20%.*

- Custa 50 Fúria
- Recarga de 120 segundos.

**A última habilidade a ser desbloqueada pelo Bárbaro é também a mais devastadora. Fúria do Berserker proporciona aumentos significativos em todos os principais atributos de combate do Bárbaro. Ela dura apenas 15 segundos, mas o Bárbaro irá correr mais rápido, se esquivar mais de ataques, atacar mais rápido e ter mais acertos críticos durante este tempo. O Herói se torna efetivamente O Guerreiro. Libere a ira interior do Bárbaro e vá para a matança, abra caminho para segurança ou simplesmente desfrute o poder absoluto desse estado de frenesi!**

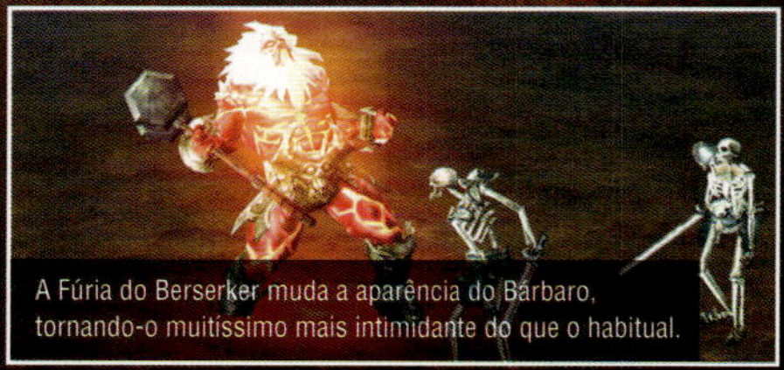

A Fúria do Berserker muda a aparência do Bárbaro, tornando-o muitíssimo mais intimidante do que o habitual.

### RUNAS

**Véu de Arreat** é ideal para inimigos múltiplos quando se tenta balancear DPS com sobrevivência. Bárbaros com uma Chance de Acerto Crítico muito alta podem usar a runa **Matança** para adicionar um componente de dano de área de efeito. Ative Fúria do Berserker e comece a usar outras combinações de runas/habilidades que aumentam a Chance de Acerto Crítico para causar uma série de explosões. **Gigante Caminhante** triplica o bônus de esquiva, efetivamente deixando aos inimigos meros 40% de chance de acertar um ataque enquanto Fúria do Berserker está ativa. Use **Guerreiro do Caos** juntamente com outras habilidades e runas que maximizam a sua geração Fúria para ganhar um segundo extra de raiva incontrolável para cada 25 Fúria geradas. Uma opção é ativar Grito de Guerra (com a runa Atacar! selecionada) para ganhar Fúria suficiente para estender Fúria do Berserker por 2 segundos. Outras opções incluem Golpe Esmagador com a runa Instigação e Lança Ancestral com a runa Escaramuça.

**Véu de Arreat**
**Destrav.: Nível 36**
Ativar a Fúria do Berserker joga para trás todos os inimigos dentro de 12 jardas, causando dano de arma de 430%.

**Insanidade**
**Destrav.: Nível 40**
Enquanto ativa, seu dano é também aumentado em 100%.

**Matança**
**Destrav.: Nível 46**
Causa um acerto crítico durante a Fúria do Berserker e pode causar uma explosão de sangue, com dano de arma de 155% a todos os inimigos em 15 jardas.

**Gigante Caminhante**
**Destrav.: Nível 52**
Aumenta a chance de bônus de esquiva para 60%.

**Guerreiro do Caos**
**Destrav.: Nível 60**
Cada 25 Fúria obtidas enquanto Fúria do Berserker está ativa adiciona 1 segundo à duração do efeito.

HABILIDADES PASSIVAS

## LIBRA DE CARNE

DESTRAV.: n. 10

*Aumenta a chance de encontrar um Globo de Vida em 25% e você ganha 100% de Vida adicional dos globos.*

Um aumento de 25% nas chances de conseguir Globos de Vida pode fazer a diferença quando luta contra um Raro e seus lacaios. No entanto, é difícil recomendar esta habilidade em vez de Implacável para a exploração geral ao se atingir o nível 10. A menos que você tenha vitalidade baixa ou zero de Regeneração de Vida. Libra de Carne é útil contra Raros e inimigos chefes, especialmente se você estiver com poucas poções e não tem outros meios de cura.

HABILIDADES PASSIVAS

## IMPLACÁVEL

DESTRAV.: n. 10

*Chance de acerto crítico aumentada em 5%. Danos de acerto crítico aumentados em 50%.*

Heróis com Precisão alta devem considerar equipar Implacável em um de seus espaços de habilidade passiva. Esta habilidade aumenta os danos causados quando se consegue um acerto crítico. Mesmo se apenas um de cada 8 ou mais golpes seja um acerto crítico, ela ainda vale a pena, especialmente quando se utiliza a habilidade Frenesi. Além disso, o aumento de 5% da Chance de Acerto Crítico faz muito mais diferença se você já tem uma boa taxa no momento.

HABILIDADES PASSIVAS

## NERVOS DE AÇO

DESTRAV.: n. 13

*Sua Armadura é aumentada para 25% de sua Vitalidade.*

Nervos de Aço é uma habilidade excelente para usar durante lutas contra chefes e se o seu equipamento atual aumenta a Vitalidade, em vez de Armadura. Heróis com taxa de Vitalidade muito elevada irão se beneficiar mais com esta habilidade. Aqueles com taxa alta de Armadura e muito alta de Vitalidade podem usar Nervos de Aço em vez de runas que se concentram em retornar danos como Vida em favor de uma que inflija danos maiores.

HABILIDADES PASSIVAS

## MESTRE D'ARMAS

DESTRAV.: n. 16

*Ganha um bônus com base no tipo de arma na sua mão principal. Espadas/Adagas: +15% de aumento em danos. Maças/Machados: +10% de chance de acerto crítico. Armas de Haste/Lanças: +10% de velocidade de ataque. Arma Potente: +3 Fúria por turno.*

Mestre d'Armas oferece um modesto bônus baseado na arma da mão direita do Herói. Embora esta habilidade também se aplique aos que empunham armas de duas mãos, ela é muito útil quando se utiliza uma combinação de armas e escudo. Transportar um escudo muitas vezes significa diminuir o poder ofensivo, dependendo da arma que o Herói está usando. Esta habilidade ajuda a compensar isso. É importante notar que o bônus é um aumento para a sua taxa já existente — um aumento de 10% na Chance de Acerto Crítico pode não parecer muito quando é de apenas 14% (um aumento de 1,4%), mas pode fazer uma grande diferença quando esse número é maior.

HABILIDADES PASSIVAS

## CÓLERA BERSERKER

DESTRAV.: n. 20

*Inflige um dano adicional de 25% quando a Fúria está no máximo.*

Apesar de carregar 25% de bônus de dano, as condições para que os efeitos da Cólera Berserker sejam úteis são raras. A não ser que você use a habilidade passiva Inclemente, há pouca chance de ficar na Fúria máxima por muito tempo. Especialmente tendo em conta a natureza tentadora de suas muitas habilidades de ataque. Use esta habilidade ao lado da habilidade passiva Inclemente após atingir o nível 29 e só se você prefere ataques que geram Fúria em vez de consumi-la.

HABILIDADES PASSIVAS

## PRESENÇA INSPIRADORA

DESTRAV.: n. 20

*A duração dos seus gritos é dobrada. Enquanto beneficia o Grito de Guerra ou Fúria de Batalha, você regenera 2% de sua vida máxima por segundo. Seus gritos são Fúria de Batalha, Grito Ameaçador e Grito de Guerra.*

Pode ser particularmente útil se você usar qualquer um dos três com frequência. Duplicar o tempo que inimigos atacam com menos poder (Grito Ameaçador), reforçar seus ataques (Fúria de Batalha) ou você e seus aliados terem o dobro da armadura (Grito de Guerra) não só vira uma batalha difícil ao seu favor, mas também ajuda a conservar Poções de Vida. É quase impensável não usar esta habilidade junto com Grito de Guerra ao jogar nos modos Inferno e Tormento.

HABILIDADES PASSIVAS

### SEDE DE SANGUE

DESTRAV.: n. 24

*Ganha 3% do dano causado como Vida.*

Sede de Sangue é uma boa habilidade para usar se você está tendo dificuldades para manter-se vivo devido a baixas Classificações de Armadura e Força, especialmente para os que preferiram um escudo à empunhadura dupla. Muitas vezes vale ativar Sede de Sangue antes de quaisquer batalhas. Pequenos números verdes de HP aparecerão na tela para indicar quanta Vida você está ganhando de cada ataque (a não ser que isso esteja desativado nas opções).

HABILIDADES PASSIVAS

### ANIMOSIDADE

DESTRAV.: n. 27

*Aumenta a geração de Fúria em 10% e a Fúria máxima é aumentada em 20.*

Quanto mais Fúria o Bárbaro tem, mais ele pode usar suas habilidades de ataque. Use Animosidade para ganhar mais Fúria dos ataques primários e das habilidades de ataque que geram Fúria. Ela também agrava os efeitos de Inclemente para aumentar a regeneração de Fúria e aumenta a quantidade que pode ser acumulada em 120. Animosidade é outra habilidade passiva que pode ser usada para ajudar a manter as condições para que a Cólera Berserker seja ativada.

HABILIDADES PASSIVAS

### SUPERSTIÇÃO

DESTRAV.: n. 30

*Reduz todo o dano não físico em 20%. Sempre que você receber o dano de um ataque a distância ou elementar, você tem a chance de ganhar 3 Fúria.*

Considere os inimigos que você está prestes a enfrentar antes de equipar esta habilidade já que a grande maioria dos monstros apenas inflige danos físicos. Mas há certos calabouços cheios de criaturas venenosas, especialmente nos desertos além de Caldeum. Há também tumbas na região com aranhas de espécies elementares. A redução de danos não físicos é especialmente útil durante batalhas com chefes. Benefícios adicionais da Superstição também virão a calhar.

HABILIDADES PASSIVAS

### DURO COMO AÇO

DESTRAV.: n. 30

*Aumenta a armadura em 10. Danos causados por espinhos são aumentados em 50%.*

Duro como Aço é uma boa habilidade para usar se você está tendo dificuldades para manter-se vivo devido a uma Armadura baixa, especialmente para aqueles que usam um escudo. Muitas vezes vale ativar Pele de Ferro antes das batalhas. Esta habilidade é útil se o Bárbaro está equipado com uma armadura que causa danos de Espinhos (o que é raro em níveis mais baixos). Danos de Espinhos são inflingidos aos monstros que entram em contato direto com a armadura.

HABILIDADES PASSIVAS

## SEM ESCAPATÓRIA

DESTRAV.: n. 35

*Aumenta o dano da Lança Ancestral e Arremesso de Arma em 10%. Além disso, um acerto crítico com Lança Antiga automaticamente zera a recarga e acertos críticos com Arremesso de Arma têm uma chance de gerar 14 Fúria.*

O Bárbaro é um combatente corpo a corpo, mas também ajuda ter um ataque a distância. E, independentemente de você usar Lança Ancestral ou Arremesso de Arma, esta é uma habilidade passiva muito útil. A reposição imediata de recarga de Sem Escapatória também é desencadeada quando a morte do inimigo é causada pelos efeitos de uma runa combinada com a Lança Antiga. Considere usar Lança Antiga com a runa Arremesso Furioso e Sem Escapatória para um ataque tremendamente letal e seguro à distância.

HABILIDADES PASSIVAS

## INCANSÁVEL

DESTRAV.: n. 40

*Quando com 20% ou menos de Vida, todas as habilidades não têm custo de Fúria e todo o dano recebido é reduzido em 50%.*

Impiedoso se antecipa à morte para dar ao Herói tempo que ele pode precisar para uma Poção de Vida recarregar ou para um Globo de Vida cair. Esta é uma boa habilidade para batalhas duras contra chefes ou quando se joga nas dificuldades Tormento e Inferno. Caso contrário, o espaço de habilidade pode ser melhor utilizado para ajudar o Herói a manter a Vida acima de 20%. Afinal, isso irá atendê-lo melhor no longo prazo para corrigir as razões que esgotam a Vida.

HABILIDADES PASSIVAS

## BRIGÃO

DESTRAV.: n. 45

*Contanto que haja 3 inimigos dentro de 8 jardas, todo dano é aumentado em 30%.*

Esta é uma boa habilidade para usar tanto em grupo quanto solo. Ative-a antes de entrar numa caverna ou calabouço, especialmente os mais estreitos (ou durante as grandes batalhas do Ato III em que os inimigos enchem a tela). Aqueles atraem a atenção dos inimigos no grupo certamente devem considerar manter a habilidade ativa. Troque para outra habilidade passiva antes de combater um chefe, senão essa habilidade será desperdiçada — exceto na batalha contra Belial.

HABILIDADES PASSIVAS

## FANÁTICO

DESTRAV.: n. 50

*A duração dos efeitos que prejudicam seu controle é reduzida em 20%. Além disso, sempre que você for atordoado, amedrontado ou encantado, você tem a chance de recuperar 15% de sua Vida máxima.*

Fanático ajuda a minimizar a suscetibilidade do Bárbaro a medo, encantamento, atordoamento ou enredante e todos os outros efeitos que prejudicam o controle. Não há maneira de evitar ser atingido por um efeito ocasional, então decida se vale a pena ocupar um dos seus preciosos espaços de habilidade passiva para a redução deles. Tente usar esta habilidade somente quando preciso — numa situação em que você repetidamente encontra-se atordoado ou amedrontado.

HABILIDADES PASSIVAS

## INCLEMENTE

DESTRAV.: n. 55

*Você não perde mais Fúria. Em vez disso, você ganha 1 Fúria a cada 2 segundos.*

Uma vez desbloqueada, Inclemente merece ficar encaixada em sua seleção de habilidades. Ela torna possível construir um suprimento de Fúria antes de entrar em uma batalha com um chefe. Isso também significa que você pode se dar ao luxo de usar mais pares de runas/habilidades que consomem Fúria e menos que geram. Claro, ganhar 1 Fúria a cada 2 segundos, não é suficiente para abastecer as habilidades mais poderosas, você ainda vai precisar gerar Fúria à moda antiga!

HABILIDADES PASSIVAS

## BÊNÇÃO DE BUL-KATHOS

DESTRAV.: n. 60

*A recarga de suas habilidades Terremoto, Chamado dos Ancestrais e Fúria do Berserker é reduzida em 30 segundos.*

Terremoto, Chamado dos Ancestrais e Fúria do Berserker são as três habilidades mais devastadoras do Bárbaro e esta habilidade concede uma redução de 25% na recarga delas. Isso torna possível lançar qualquer uma dessas habilidades cinco vezes em seis minutos, sendo que levaria sete minutos para lançar a habilidade pela quinta vez sem a Bênção. A redução de 30 segundos certamente pode significar a diferença entre vida e morte nas dificuldades mais altas.

# CAÇADOR DE DEMÔNIOS

*Minha família foi massacrada pelos filhos do inferno. Testemunhar tal coisa é o suficiente para deixar sua mente em ruínas. A loucura matou minha irmã. E me deixou assustado — e sozinho.*

*Até que fui resgatado. Resgatado por sobreviventes que se uniram para livrar o mundo das criaturas do Inferno. Eles viam em mim a força para resistir aos demônios. Eles fizeram de mim uma arma. Agora estou pronto.*

## Armas de longo alcance e manipulação de sombras o tornam um perseguidor indescritível

- O Caçador (ou a Caçadora) de Demônios usa uma variedade de armadilhas e habilidades de escape para fugir do alcance dos inimigos.
- Letais e evasivos, Caçadores de Demônios se movem fluidamente no campo de batalha, podendo atacar seus inimigos a distância. Seu principal atributo é a Destreza.
- Os ataques e habilidades do Caçador de Demônios são alimentados pelas forças do Ódio e da Disciplina. O Ódio é rapidamente regenerado, mas Disciplina se recupera lentamente.

## CRESCIMENTO HEROICO

A alta Destreza do Caçador de Demônios dá o mesmo bônus de ataque que os outros Heróis recebem, mas com uma chance de esquiva um pouco maior. Ele tem sorte de ser tão ágil e evasivo, dada a sua resistência e classificação de armadura menores em relação ao Bárbaro. Cada um destes atributos aumenta à medida que ganha níveis, forçando o Caçador de Demônios a ficar longe de batalhas corpo a corpo e empregar uma abordagem mais astuta. Esta classe pode bater tão duro quanto as outras, mas Caçadores de Demônios devem fazê-lo a distância ou sofrer as consequências.

### O CAÇADOR DE DEMÔNIOS FICA MAIS FORTE

| Atributo | Clas. Base Nív. 1 | Valor Inicial | Clas. Ganha por Nível | Clas. de Base Nív. 60 |
|---|---|---|---|---|
| Força | 8 | Aumenta a armadura em 8. | +1 | 67 |
| Destreza | 10 | Bônus de Dano de 10% para Caçadores de Demônios. Aumenta a chance de esquiva em 1%. | +3 | 187 |
| Inteligência | 8 | Aumenta a resistência em 0,8. | +1 | 67 |
| Vitalidade | 9 | 130 Vida | +2 | 127 |

* *Indica o principal atributo para esta classe.*

# EQUIPADO PARA A BATALHA

## ARMAMENTO

**Especial: Besta de Mão**

O Caçador de Demônios é o melhor combatente de longo alcance de Diablo III e compartilha algo em comum com as classes Rogue e Amazon dos títulos anteriores. O físico ágil do Herói, a habilidade acrobática e a superioridade tática permitem entrar e sair do combate com facilidade, raramente dando a um inimigo um alvo que ele possa acertar.

Embora o Caçador de Demônios possa equipar armas e escudos corpo a corpo, espadas, machados e semelhantes devem ser usados somente se nenhuma arma de longo alcance está disponível. Armas corpo a corpo exigem um tipo de combate de curto alcance que não combina com a formação do Caçador de Demônios, tornando muitas de suas habilidades ineficazes.

O Caçador de Demônios começa sua jornada armado com uma besta de uma mão única. É possível equipar a mão livre com uma arma ou um escudo, mas muitas vezes é melhor equipar uma segunda besta. O Herói pode também empunhar uma besta de duas mãos ou um arco de duas mãos. Estas armas tendem a ser mais pesadas e infligir maior dano, mas têm uma taxa de tiro muito mais lenta. Preste atenção ao ataque do Herói e no dano por segundo para ver quais armas fornecem o melhor DPS quando todos os outros atributos e propriedades são iguais. Ao usar duas bestas, sempre atribua a mais poderosa à mão direita do Caçador de Demônios já que ele vai quase sempre disparar esta arma primeiro.

# ESTILOS DE ARMADURAS

O estilo de vestuário do Caçador de Demônios se foca na furtividade e a na necessidade de se mover rapidamente — e silenciosamente — pelo o campo de batalha. A roupa do Caçador de Demônios tende a ser ajustada ao corpo, preta ou de cor neutra, e carece de muitos dos floreios que adornam outros estilos de armaduras. Suas botas na altura dos joelhos e aljava de flechas presa ao seu cinto é uma parte da sua roupa que nunca sai de moda. Caçadores de Demônios são atraídos para as sombras e tentam proteger o rosto com um capuz. Eles mantêm um estilo simples de se vestir em grande parte da sua carreira, com a cauda esvoaçante de seu lenço característico como o único acessório que não é puramente utilitário. Caçadores de Demônios não começam a se vestir de uma forma chamativa até estarem avançados na dificuldade Pesadelo.

### Sobre Estilos de Armaduras

As seguintes aparências de armaduras servem apenas para ilustrar como um Herói pode parecer em qualquer nível. Na realidade, o Herói irá provavelmente possuir vários estilos de armadura ao mesmo tempo, portanto, terá uma aparência muito mais exclusiva que combina dois ou mais estilos apresentados aqui. E ao considerar as várias cores de tintas que estão disponíveis, é improvável que quaisquer dois Heróis da mesma classe fiquem idênticos.

O Caçador de Demônios está protegido contra a vegetação rasteira da floresta, mas não muito.

Revestimentos de tecido oferecem proteção para as pernas e o tronco, enquanto as luvas protegem as mãos da corda da sua arma (níveis 1-6).

O Caçador de Demônios ganha armadura de ombro básica e usa um capuz que cobre os seus olhos (níveis 7-13).

Peças melhoradas de couro aumentam a proteção e um elmo apropriado substitui o capuz (níveis 14-19).

A adição de uma blindagem adequada e cota de malha abdominal acrescenta volume à forma esbelta por baixo da roupa (níveis 20-24).

Metais de qualidade mais fina utilizados nesta armadura oferecem um elegante visual, juntamente com uma capa blindada leve (níveis 25-28).

O estilo final da armadura do Caçador de Demônios em dificuldade Normal oferece um vislumbre das intrincadas ofertas disponíveis posteriormente (níveis 29-31).

# HABILIDADES E RUNAS

O conjunto de recursos do Caçador de Demônios apresenta uma clara divisão no estilo de suas habilidades. A maioria delas é alimentada pelo Ódio e tira proveito de seu armamento variado para lançar ataques poderosos contra inimigos distantes. Muitas das habilidades do Caçador de Demônios podem ser configuradas com runas para disparar foguetes ou adicionar propriedades elementares que as armas do Herói podem não possuir. Por outro lado, habilidades do Caçador de Demônios baseadas na Disciplina tendem a ser mais de natureza tática e concebidas para enganar seus atacantes ou para ajudar na fuga. Ainda assim, existem outras habilidades, como Companheiro e Sentinela que são alimentadas por Disciplina e principalmente de natureza ofensiva.

O Caçador de Demônios tem acesso a uma variedade de habilidades que desafiam categorizações fáceis. Caçadores de Demônios não podem aprender quaisquer auras de proteção ou magias de cura, mas são capazes de tirar proveito de seu domínio das forças obscuras para empregar habilidades como Cortina de Fumaça, Saraivada e Salto Mortal para ajudar a evitar a captura do inimigo. Runas ajudam a sugar Vida de seus inimigos e muitas das habilidades passivas do Caçador de Demônios se relacionam com a alta classificação de Destreza do Herói.

### Recurso: Ódio e Disciplina

As habilidades do Caçador de Demônios são movidas por dois tipos de recursos: Ódio e Disciplina. O Ódio alimenta muitas das habilidades de ataque, se regenera rapidamente e o Caçador de Demônios carrega um máximo de 100 Ódio. Por outro lado, a Disciplina se regenera muito mais lentamente e é usada para alimentar muitas das habilidades evasivas e táticas do Herói. O Caçador de Demônios inicialmente tem uma disciplina máxima de 30.

HAB. ATIVA: HAB. DO MOUSE: PRIMÁRIA

## FLECHA VORAZ

DESTRAV.: n. 1

*Dispara uma flecha imbuída de mágica que segue os alvos, causa dano de arma de 115% e tem uma chance de 35% para perfurá-los.*

- Gera 3 Ódio.

**Esta flecha mágica é capaz de virar até 180 graus em pleno voo para acertar um inimigo com dano de arma considerável. Ela tem uma chance de 35% de perfurar o alvo e muda de direção para procurar outro alvo, que também pode perfurar. A capacidade de seguir o alvo da Flecha Voraz não é infalível, por isso mire o mais próximo possível dos inimigos. Esta habilidade não irá sempre corrigir tiros imprecisos.**

A poderosa Flecha Voraz persegue os inimigos e tem uma chance de 23% de perfurar e acertar um segundo oponente.

### RUNAS

**Flecha Perfurante** quase duplica a chance de que a flecha irá perfurar o alvo e dá uma grande chance de acertar dois inimigos com cada tiro disparado. **Flecha de Cinzas** aumenta o DPS geral do ataque e adiciona um elemento Ígneo. **Flecha Estilhaçante** e **Presas Afiadas** adicionam danos de área à habilidade. A Flecha Estilhaçante faz com que a flecha se divida em três para perfurar com sucesso. Isso lhe dá cerca de uma chance em três de atingir um total de quatro inimigos com uma única flecha! Aqueles com uma grande chance de acerto crítico devem mudar para o Presas Afiadas diante de grandes grupos de inimigos.

**Flecha Perfurante**
**Destrav.: Nível 6**
Aumenta a chance da flecha perfurar para 55%.

**Flecha de Cinzas**
**Destrav.: Nível 17**
Coloca a flecha em chamas, causando dano de arma adicional Ígneo de 35% por mais de 3 segundos.

**Flecha Estilhaçante**
**Destrav.: Nível 26**
Se a flecha perfurar com sucesso o primeiro alvo, ela se divide em 3 outras flechas.

**Flecha Devoradora**
**Destrav.: Nível 42**
Cada perfuração consecutiva aumenta o dano da flecha em 70%.

**Presas Afiadas**
**Destrav.: Nível 52**
Acertos críticos bem-sucedidos causam uma explosão de ossos a partir do alvo, causando dano de arma de 50% para os inimigos na área.

HAB. ATIVA: HAB. DO MOUSE: PRIMÁRIA

## DISPARO ENREDANTE

DESTRAV.: n. 3

*Imbui uma flecha com energia da sombra que causa dano de arma de 75% e atinge até 2 inimigos, retardando o seu movimento em 60% por 2 segundos.*

- Gera 3 Ódio.

**As lâminas que adornam o Disparo Enredante são concebidas para infligir danos significativos e laçar até dois inimigos próximos. Este ataque roxo brilhante não tem custo de Ódio e fornece ao Caçador de Demônios o espaço para respirar que ele anseia. Mire em um combatente corpo a corpo de movimento rápido (de preferência um em estreita proximidade com outro), em seguida abra fogo com subsequentes ataques básicos, sabendo que o inimigo foi retardado e não será capaz de se mover para perto tão cedo.**

Tire proveito da capacidade de retardar o inimigo do Disparo Enredante mirando em dois oponentes próximos um ao outro.

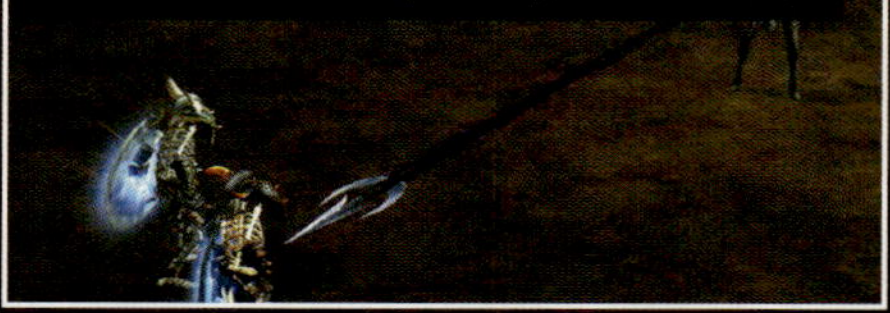

### RUNAS

A primeira vantagem do Disparo Enredante é retardar o movimento de até dois alvos. A runa **Acorrentados** dobra este número e torna a habilidade adequada a grupos pequenos de inimigos, bem como ao uso contra alvos individuais. Dependendo da situação, dobrar o retardamento com o **Fardo Pesado** pode ser benéfico. Esta runa afeta no máximo dois alvos, mas retarda-os por quatro segundos. A **Justiça foi Feita** duplica o Ódio gerado a cada tiro, permitindo efetivamente retardar vários inimigos, acumular Ódio e então desencadear um ataque poderoso para eliminar os inimigos laçados. **Caçador de Recompensa** é uma das muitas runas disponíveis para o Caçador de Demônios que retorna uma parte dos danos como Vida.

**Acorrentados**
**Destrav.: Nível 9**
Acerta até 4 alvos.

**Relâmp. Encadeado**
**Destrav.: Nível 18**
Acerta com relâmpagos eletrificados que causam um dano de arma adicional Elétrico de 18% por segundo a 2 segundos.

**Fardo Pesado**
**Destrav.: Nível 34**
Aumenta a duração do retardamento para 4 segundos.

**Justiça foi Feita**
**Destrav.: Nível 47**
Aumenta o Ódio gerado em 6 por tiro.

**Caçador de Recompensa**
**Destrav.: Nível 54**
Ganha 6% do dano causado como Vida.

CLASSES

HAB. ATIVA: HAB. DO MOUSE: PRIMÁRIA

## BOLEADEIRA EXPLOSIVA

DESTRAV.: n. 11

*Atire uma bola explosiva que se enrola em torno de seu alvo. Após 1 segundo, a bola explode e causa dano de arma Ígneo de 130% no alvo e um dano de arma Ígneo adicional de 110% a todos os outros alvos dentro de 7 jardas.*

- Gera 3 Ódio.

**A Boleadeira Explosiva é uma das habilidades de baixo nível mais importantes do Caçador de Demônios, uma vez que causa um dano sólido no alvo e em todos os inimigos dentro de 7 jardas. A explosão tem um atraso de um segundo, reduzindo assim a necessidade de planejar o ataque com antecedência. Basta apontar para o inimigo central em um grupo e assistir a todos eles recebendo dano. A Boleadeira Explosiva pode ser disparada em sucessão rápida — tente mirar em diferentes inimigos para sobrepor o dano — e tem zero de recarga.**

Mire no inimigo do centro com a Boleadeira Explosiva para garantir que o grupo todo receberá dano.

### RUNAS

**Explosivos Voláteis** duplicam a área afetada da Boleadeira Explosiva e fornecem ao Caçador de Demônios uma excelente combinação de área de efeito entre uma runa e uma habilidade. **Boleadeira Trovejante** concentra o ataque principalmente sobre o alvo principal, gerando uma chance de atordoar o inimigo por alguns instantes. **Disparo Ácido** é uma excelente escolha contra um grupo de Campeões, uma vez que dispara três bolas por ataque, cada qual infligindo dano Venenoso bem como a habilidade padrão. **Catástrofe Iminente** amplifica o dano causado pela explosão da Boleadeira Explosiva, mas à custa de um atraso mais longo. A explosão virá depois de dois segundos em vez de um — evite matar o inimigo que está com a Boleadeira Explosiva antes da explosão!

**Explosivos Voláteis**
Destrav.: Nível 14
Aumenta o raio de explosão para 14 jardas.

**Boleadeira Trov.**
Destrav.: Nível 24
Quando a bola explode, causa dano de arma Elétrico de 130% e tem uma chance de 35% de atordoar o alvo primário por 1,5 segundos.

**Disparo Ácido**
Destrav.: Nível 37
Atira 3 bolas que causam dano de arma Venenoso de 130% cada. As bolas não explodem mais para causar danos de área para alvos próximos.

**Trabalho Sujo**
Destrav.: Nível 51
Após a explosão da bola, você tem uma chance de 35% de ganhar 3 pontos de Disciplina.

**Catástrofe Iminente**
Destrav.: Nível 44
Aumenta a bola para causar dano de arma Arcano de 182% e dano de arma Arcano de 154% a todos os outros alvos dentro de 7 jardas, mas aumenta o atraso explosão em 2 segundos.

HAB. ATIVA: HAB. DO MOUSE: PRIMÁRIA

## GRANADAS

DESTRAV.: n. 15

*Joga três granadas que explodem causando dano de arma Ígneo de 95% cada.*

- Gera 3 Ódio.

**O Caçador de Demônios atira três granadas simultaneamente com pouco alarde. As granadas geralmente quicam uma vez, explodem depois de um ligeiro atraso e apenas infligem danos. Granadas são úteis contra um grupo compacto de inimigos, já que as explosões são bastante pequenas individualmente. O dano causado aumenta à medida que o Herói cresce em força e adquire um equipamento melhor, mas a habilidade de Granadas é muito mais eficaz uma vez que seja atribuída a uma runa. Sem isso, estas granadas são suscetíveis a infligir a mesma quantidade de dano que a arma base do Herói, apesar de acertar vários inimigos.**

Três Granadas são o suficiente para causar danos a vários inimigos, desde que eles estejam em um grupo compacto.

### RUNAS

**Aglomerado de Granadas** é um ataque de área de efeito excelente que não só aumenta o dano da habilidade base, como também se propaga os danos a todos os inimigos dentro de um raio de 8 jardas. **Bomba de Fogo** é o oposto do Aglomerado de Granadas; joga uma só granada que causa dano moderadamente pesado em um único alvo. **Granadas Atordoadoras** comportam-se como a habilidade base, mas cada rajada lançada pode atordoar os inimigos por 2 segundos. **Granadas de Gás** permitem que o Caçador de Demônios atinja a ameaça principal e deixe uma nuvem de veneno que causa dano adicional durante 3 segundos em todos os inimigos que entram na área. Este é um belo ataque contra um Raro e seus lacaios, ou contra uma coluna de inimigos afunilados em um gargalo.

**Granadas Modificadas**
Destrav.: Nível 22
Aumenta a geração de Ódio a 6.

**Aglom. de Granadas**
Destrav.: Nível 32
Joga Aglomerados de Granadas que causam dano de arma Ígneo de 112% em um raio de 8 jardas.

**Bomba de Fogo**
Destrav.: Nível 40
Joga uma granada única que causa dano de arma Ígneo de 124%.

**Granadas Atordoadoras**
Destrav.: Nível 48
Arremessa granadas que têm uma chance de 15% de atordoar os inimigos por 2 segundos.

**Granadas de Gás**
Destrav.: Nível 60
Joga granadas de gás que explodem com dano Venenoso de 95%, deixando uma nuvem que causa um dano Venenoso adicional de 25% por segundo durante 3 segundos.

HAB. ATIVA: HAB. DO MOUSE: SECUNDÁRIA

## EMPALAR

DESTRAV.: n. 2

*Empala um alvo causando dano de arma de 250%.*

- Custa 25 Ódio.

**O Empalamento é um ataque terrivelmente poderoso que é ideal contra ameaças isoladas. Alinhe seu tiro e veja como ele causa dano terrível em um instante. Poucos inimigos podem suportar múltiplos tiros de Empalamento disparados em rápida sucessão. Esta é uma habilidade importante para se ter à mão, especialmente indo para uma batalha com um chefe ou onde quer que os inimigos ataquem em menor número. É também o melhor ataque DPS de alvo único que irá atendê-lo bem em dificuldades mais altas, especialmente quando sua Chance de Acerto Crítico aumenta.**

Poucos inimigos podem resistir ao poder do Empalamento!

### RUNAS

**Impacto** é uma das primeiras runas que você desbloqueia que mantém DPS pesado enquanto adiciona um elemento de controle. A adição de Repulsão atordoa temporariamente e ajuda muito no Empalamento. **Queimadura Química** acrescenta um efeito de Sangramento para a habilidade e é uma boa alternativa ao Impacto, particularmente contra os inimigos principais que são imunes a atordoamento e Repulsão. Jogadores com uma Chance de Acerto Crítico muito alta irão querer usar o **Ferimento Grave** logo que ele for destravado. **Penetração Superior** vale ser usada ao entrar em um calabouço ou ao andar pelos caminhos apertados das Muralhas do Corvo Celeste, onde muitas vezes os inimigos se enfileiram para atacar. **Percepção** mantém o foco único de DPS no ataque básico, mas acrescenta uma medida defensiva de área de efeito que dá a habilidade uma aplicação quase universal.

**Impacto**
**Destrav.: Nível 7**
Empalamento tem 65% de chance de abater o alvo para trás e atordoá-lo por 1,5 segundo.

**Queimadura Química**
**Destrav.: Nível 15**
Seu alvo também irá Sangrar para dano de arma Físico de 125% por mais de 2 segundos.

**Penetração Superior**
**Destrav.: Nível 28**
A faca transpassará a todos os inimigos em uma linha reta.

**Percepção**
**Destrav.: Nível 53**
Após o arremesso inicial, libera múltiplas lâminas centradas em você, causando dano de arma de 75% a todos os inimigos dentro de 10 jardas.

**Ferimento Grave**
**Destrav.: Nível 58**
Ganha 100% de dano adicional para acertos críticos.

HAB. ATIVA: HAB. DO MOUSE: SECUNDÁRIA

## FOGO RÁPIDO

DESTRAV.: n. 5

*Rapidamente acionada para dano de arma Físico de 228%.*

- Custa 20 Ódio inicialmente, e um Ódio adicional de 10 enquanto canaliza.

**O Fogo Rápido efetivamente converte a besta do Caçador de Demônios em uma balista totalmente automática. Segure o botão direito do mouse para disparar um fluxo interminável de flechas, a um custo de cerca de 20 Ódio por segundo. As flechas não causam muito dano de arma individualmente, mas a habilidade dispara tantas flechas em uma velocidade tão alta que o ganho líquido é um ataque com muito mais dano por segundo.**

O Caçador de Demônios pode atirar três flechas de perto antes mesmo da primeira atingir o alvo!

### RUNAS

**Disparo de Rede** é perfeito para manter um grupo de inimigos a distância, já que cada tiro retarda o inimigo durante 1 segundo. Jogue as suas flechas de Fogo Rápido em um movimento de varredura em toda a frente inimiga para travar o seu avanço. **Cobertura** lança três foguetes teleguiados a cada segundo enquanto você canaliza o Fogo Rápido. Os foguetes podem ser ainda mais eficazes ao se combinar a habilidade passiva Balística. **Alta Velocidade** acrescenta Veneno às flechas, juntamente com uma chance de 40% de perfurar. **Bombardeio** transforma a habilidade em um potente ataque de área de efeito lançando um fluxo constante de granadas em vez de flechas. Granadas explodem causando dano pesado — quase 3x dano de arma — a todos num raio de 4 jardas! Mire em oponentes em um movimento de varredura para pulverizar as granadas através de uma área mais ampla quando se trata de grupos grandes de inimigos em campo aberto.

**Fogo Devastador**
**Destrav.: Nível 11**
Reduz o custo inicial para 5 Ódio e inflama as suas flechas, fazendo com que elas causem dano Ígneo.

**Disparo de Rede**
**Destrav.: Nível 19**
Retarda o movimento de alvos afetados em 80% por 1 segundo.

**Cobertura**
**Destrav.: Nível 32**
Enquanto canaliza o Fogo Rápido, lança 3 foguetes teleguiados a cada segundo. Cada foguete causa dano de arma Físico de 35% nos alvos próximos.

**Alta Velocidade**
**Destrav.: Nível 45**
Dispara flechas Venenosas que têm uma chance de 40% de perfurar inimigos.

**Bombardeio**
**Destrav.: Nível 56**
Dispara rapidamente granadas de fogo em vez de flechas para dano de arma Ígneo de 276% em todos os inimigos dentro de um raio de 4 jardas.

HAB. ATIVA: HAB. DO MOUSE: SECUNDÁRIA

## CHAKRAM

DESTRAV.: n.12

*Dispara um Chakram giratório que causa dano de arma Físico de 150% a todos os inimigos no seu caminho.*

- Custa 10 Ódio.

**O Chakram voa em um padrão irregular para longe do Caçador de Demônios, desenhando círculos no ar à medida que golpeia os inimigos na altura do peito. Ele não tem recarga e Chakrams múltiplos podem ser jogados em rápida sucessão, desde que você tenha Ódio o suficiente. O Chakram cresce em força conforme os níveis do Caçador de Demônios aumentam, mas não há como mudar sua imprecisão embutida. Inimigos diretamente à frente do Herói podem passar por ele sem serem atingidos. Apesar do custo relativamente baixo de Ódio, esta é uma habilidade que requer uma runa para reduzir a sua imprecisão.**

Múltiplos Chakrams podem ser jogados em rápida sucessão, mas os inimigos próximos ainda podem escapar dos ataques.

### RUNAS

**Chakrams Duplos** não só aumentam o total de dano causado (se ambos os chakrams acertarem o mesmo alvo), como também aumentam a chance de acertar o oponente. Inimigos terão dificuldades para evitar o Chakram quando há dois deles sendo jogados cada vez que você ataca! **Serpentina**, **Disco-Navalha**, e **Bumerangue** modificam o dano e a trajetória de voo do Chakram, acrescentando dano Venenoso, Arcano e Elétrico, respectivamente. Experimente essas opções para ver qual você mais gosta. **Nuvem de Shurikens** muda a habilidade Chakram para uma que é mais de natureza defensiva. Com esta runa encaixada, o Caçador de Demônios é cercado por dois minutos por Chakrams giratórios que cortam inimigos que chegam muito perto.

**Chakrams Duplos**
**Destrav.: Nível 18**
Um segundo Chakram espelha o primeiro. Cada Chakram causa dano de arma Físico de 100%.

**Serpentina**
**Destrav.: Nível 26**
O Chakram faz uma curva lenta, causando dano de arma Venenoso de 203% aos inimigos ao longo do caminho.

**Disco-Navalha**
**Destrav.: Nível 34**
O Chakram se move em espiral para fora do local alvo, causando dano de arma Arcano de 165% aos inimigos ao longo do caminho.

**Bumerangue**
**Destrav.: Nível 48**
A trajetória Chakram segue um ciclo, causando dano de arma Elétrico de 188% aos inimigos ao longo do caminho.

**Nuv. de Shurikens**
**Destrav.: Nível 57**
Cerca você com Chakrams giratórios por 120 segundos, causando dano de arma Físico de 48% por segundo nos inimigos próximos.

HAB. ATIVA: HAB. DO MOUSE: SECUNDÁRIA

## FLECHA ELEMENTAL

DESTRAV.: n.20

*Atira uma flecha elemental que causa dano de arma Ígneo de 155% a todos os alvos que atravessa.*

- Custa 10 Ódio.

**Flecha Elemental é outra habilidade potente que pode perfurar vários inimigos em uma linha reta. Embora não seja tão eficaz contra inimigos com resistência Ígnea, as runas podem ser encaixadas para alterar a afinidade elemental da habilidade. Considere a situação e a probabilidade de acertar vários inimigos antes de atribuí-la ao seu botão direito do mouse, já que pode ser melhor aproveitado com Empalamento ou um ataque diferente se não houver muitos inimigos se afunilando em sua direção.**

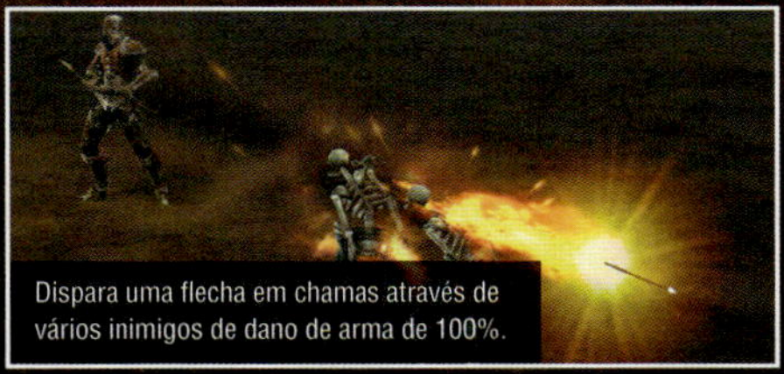

Dispara uma flecha em chamas através de vários inimigos de dano de arma de 100%.

### RUNAS

**Bola de Eletricidade** serve como um bom substituto para o dano Ígneo base ao lidar com grandes grupos de inimigos em uma formação de propagação. A Bola de Eletricidade pode eletrocutar e causar dano até mesmo aos inimigos que evitam a flecha, contanto que eles não estejam muito longe. **Flecha de Gelo** permite que cada flecha disparada se divida em várias, causando dano e retardando o movimento de vários inimigos. **Caveira Gritadora** mantém o comportamento normal da habilidade, mas acrescenta a possibilidade de temporariamente invocar medo em alguns inimigos. Ter vários dos inimigos fugindo em pânico pode salvar a sua vida quando se está encurralado em um canto. **Tentáculos Etéreos** retorna dano causado ao longo do caminho da flecha como Vida. Um retorno de 3% pode realmente vir a calhar em áreas congestionadas.

**Bola de Eletricidade**
**Destrav.: Nível 24**
Dispara uma flecha lenta que eletrocuta os inimigos em seu caminho para um dano de arma Elétrico de 155%.

**Flecha de Gelo**
**Destrav.: Nível 29**
Uma flecha de Gelo que se divide quando atinge o alvo, com dano Gélido de 170%. Inimigos têm sua velocidade diminuída em 60% durante 1 segundo.

**Caveira Gritadora**
**Destrav.: Nível 36**
Dá uma chance de 35% de atirar um crânio que assustará os inimigos por 2 segundos.

**Setas Elétricas**
**Destrav.: Nível 43**
Dispara raios eletrificados que atordoam os inimigos por 1,5 segundos quando eles recebem acertos críticos.

**Tentáculos Etéreos**
**Destrav.: Nível 59**
Tentáculos Sombrios causam dano de arma de 155% aos inimigos em seu caminho e retorna 3% do dano causado como Vida para você.

HAB. DA BARRA DE AÇÃO (#1) DEFENSIVA

## ESTREPES

DESTRAV.: n. 4

*Coloca uma armadilha de estrepes no chão que é ativada quando um inimigo se aproxima. Uma vez suspensa, as estrepes retardam o movimento dos inimigos dentro de 12 jardas em 60%. Esta armadilha dura 6 segundos.*

- Custa 8 Disciplina

**Com um nome inspirado nas antigas minas terrestres não explosivas projetadas para perfurar os pés dos perseguidores, as Estrepes se abrem e retardam o movimento de todos os inimigos dentro de 12 jardas. Estrepes são indispensáveis para um Herói como o Caçador de Demônios, que se destaca no combate a distância e precisa manter inimigos rápidos longe. Lance as Estrepes e então volte a abrir fogo. A redução de velocidade deve durar o suficiente para matar todos, menos os adversários mais duros.**

O Caçador de Demônios pode lançar múltiplos Estrepes de uma só vez, efetivamente retardando vários inimigos.

### RUNAS

**Chão Tormentoso** não só aumenta o grau em que inimigos são retardados, mas também os imobiliza durante 2 segundos. Isto é extremamente eficaz contra grandes grupos de monstros, ou enfrentando um Raro ou grupo de Campeões. **Espinhos Serrilhados** mantêm a função principal da habilidade base, mas fazem com que a Mina Terrestre também cause uma quantidade moderada de dano aos enlaçados por ela. Use várias Minas Terrestres com Espinhos Serrilhados para pegar um grande número de inimigos, então continue com a Chuva de Vingança ou outro ataque de área! **Pontas Afiadas** reduzem o custo de Disciplina o suficiente para tornar possível implantar até cinco Minas Terrestres (em vez de três) de uma só vez! **Isca Viva** produz um aumento de sua Chance de Acerto Crítico. Coloque uma ou duas Minas Terrestres perto dos inimigos, se afaste, então lance uma terceira e fique dentro dela enquanto você mira.

**Espinhos com Ganchos**
Destrav.: Nível 12
Aumenta o retardamento em 80%.

**Chão Tormentoso**
Destrav.: Nível 18
Quando a armadilha é acionada, todos os inimigos na área são imobilizados por 2 segundos.

**Espinhos Serrilhados**
Destrav.: Nível 28
Inimigos na área também recebem dano de arma de 45%.

**Ponta Afiada**
Destrav.: Nível 41
Reduz a 6 o custo de Disciplina.

**Isca Viva**
Destrav.: Nível 54
Fortalece você enquanto estiver de pé na área de efeito, ganhando uma chance adicional de acerto crítico de 10% em todos os ataques.

HAB. DA BARRA DE AÇÃO (#1) DEFENSIVA

## CORTINA DE FUMAÇA

DESTRAV.: n. 8

*Desaparece atrás de uma parede de fumaça, tornando-se invisível por 2 segundos.*

- Custa 15 Disciplina.

**Nem mesmo os lacaios do inferno podem atingir o que não podem ver. E eles não serão capazes de ver o Caçador de Demônios se ele estiver invisível. Desapareça em uma nuvem de fumaça para escapar de uma situação complicada, recolha globos de vida ou apenas se afaste sem ser atacado. O efeito da cortina de fumaça não dura por muito tempo, por isso tenha um plano antes de executar a habilidade, caso contrário você poderá desperdiçar as 15 Disciplina que ela custa. Claro, você pode executar a habilidade novamente se tiver bastante Disciplina, conseguindo assim mais 4 segundos de invisibilidade. A Cortina de Fumaça é muito útil em jogos cooperativos, pois permite que o Caçador de Demônios entre no meio da briga para reviver um aliado.**

Você ainda será capaz de ver seu Herói durante a Cortina de Fumaça, mas os inimigos não!

### RUNAS

**Deslocamento** aumenta a velocidade de movimento enquanto a Cortina de Fumaça está ativa e pode fazer uma grande diferença quando se tenta resgatar um aliado morto ou escapar de uma situação de quase morte. **Névoa Duradoura** aumenta a duração do efeito em 50%, reduzindo assim a probabilidade de que você precise usar a Cortina de Fumaça duas vezes seguidas. **Respire Fundo** dá a você uma razão para lançar a Cortina de Fumaça, mesmo quando não enfrenta ameaça significativa — ative sempre que você estiver precisando de 40 Ódio rápido. **Gás Sufocante** deixa uma névoa letal para os inimigos de que você está fugindo. Atraia-os para si, depois use a Cortina de Fumaça para deixá-los em uma nuvem de gás que causa dano ao longo do tempo.

**Deslocamento**
Destrav.: Nível 14
Aumenta a velocidade de movimento em 35% quando ativado.

**Névoa Duradoura**
Destrav.: Nível 23
Aumenta a duração do efeito em 4 segundos.

**Respire Fundo**
Destrav.: Nível 33
Enquanto invisível, você ganha 20 Ódio por segundo.

**Receita Especial**
Destrav.: Nível 44
Reduz o custo para 21 Disciplina.

**Gás Sufocante**
Destrav.: Nível 59
Deixe para trás uma nuvem de gás que causa dano de arma Físico de 70% por segundo nos inimigos da área por 5 segundos.

HAB. DA BARRA DE AÇÃO (#1): DEFENSIVA

## PODER DAS SOMBRAS

DESTRAV.: n. 16

*Trás o poder das sombras, recebendo 20% do dano causado como Vida por 3 segundos.*

- Custa 20 Disciplina.

**O Poder das Sombras permite que o Caçador de Demônios aproveite a energia das sombras para curar através do dano que ele inflige aos oponentes. Ative o Poder das Sombras imediatamente antes de lançar uma onda de ataques de área de efeito para ganhar de volta 20% do dano causado na forma de Vida. Certifique-se de ter muito Ódio à mão para abastecer as habilidades com as quais você provavelmente vai atacar e libere o Poder das Sombras sempre que a Vida está acabando e não há globos de vida disponíveis. O Poder das Sombras é mais eficaz contra grandes grupos de inimigos ou, se a sua Chance de Acerto Crítico é muito alta, quando visa um único inimigo com um ataque de alto DPS como Empalamento.**

O brilho púrpura destas asas arcanas mostram que o Poder das Sombras está ativo.

### RUNAS

**Ruína da Noite** acrescenta significativa regeneração de Ódio durante os 3 segundos em que o Poder das Sombras está ativo, permitindo que você continue a alimentar os ataques que você vai usar para ganhar Vida. **Lua Sanguínea** aumenta a quantidade de Vida adquirida em 50% e é extremamente útil em dificuldades mais altas. O Poder das Sombras dura apenas três segundos, mas a **Escuridão** pode gerar um dramático nível de redução de danos, além de devolver parte deles como Vida. **Deslizamento Sombrio** ajuda o Caçador de Demônios, aumentando a velocidade de movimento enquanto o Poder das Sombras está ativo. Ative o Poder das Sombras, rapidamente lance um grande ataque para recuperar Vida, em seguida use a rapidez do Deslizamento Sombrio para correr para a segurança.

**Ruína da Noite**
Destrav.: Nível 21
Dá 15 Ódio adicional por segundo, enquanto o Poder das Sombras está ativo.

**Lua Sanguínea**
Destrav.: Nível 29
Aumenta a quantidade de Vida adquirida em 30% de todo o dano causado.

**Poço de Trevas**
Destrav.: Nível 37
Reduz o custo de Disciplina a 16.

**Escuridão**
Destrav.: Nível 51
Enquanto ativa, todos os danos recebidos são reduzidos em 65%.

**Deslizamento Sombrio**
Destrav.: Nível 58
Enquanto ativo, aumenta a velocidade de movimento em 40%.

HAB. DA BARRA DE AÇÃO (#2) CAÇADOR

## SALTO MORTAL

DESTRAV.: n. 9

*Dá cambalhotas acrobáticas por 35 jardas.*

- Custa 10 Disciplina.

**O Caçador de Demônios tem recursos divididos por um motivo e um deles é a habilidade Salto Mortal. Esta manobra evasiva é de importância vital contra os chefes e para uso onde quer que haja um grande número de inimigos em um espaço pequeno. O Salto Mortal permite que o Caçador de Demônios use suas habilidades acrobáticas para se distanciar rapidamente dos monstros em seu encalço.**

O sombrio Caçador de Demônios pode fugir dos danos com a habilidade Salto Mortal.

### RUNAS

Preste atenção à forma como você usa o Salto Mortal antes de considerar a runa **Acrobacias**. Aqueles que usam múltiplas vezes o Salto Mortal irão querer ficar longe desta runa. **Salto Veloz** permite que o Caçador de Demônios salte em um grupo de inimigos, acerte-os e atordoe-os, rapidamente dê um Salto Mortal ou ataque. **Cambalhota** torna possível dar Saltos Mortais duas vezes em sucessão rápida por apenas 15 Disciplina em vez de 20. Embora o salto mortal seja comumente usado como uma maneira de escapar da horda inimiga, a **Trilha de Cinzas** coloca fogo nos inimigos em seu caminho. Equipe esta runa, permita que sua reserva de Disciplina encha, em seguida dê um Salto Mortal em um caminho em zigue-zague para colocar os inimigos em chamas.

**Tiros em Mov.**
Destrav.: Nível 16
Enquanto se movimenta, atira flechas para dano de arma de 75% em alvos próximos.

**Salto Veloz**
Destrav.: Nível 23
Todos os inimigos dentro de 8 jardas de seu destino são batidos para trás e atordoados por 1,5 segundo.

**Cambalhota**
Destrav.: Nível 33
Depois de usar o Salto Mortal, seu próximo Salto dentro de 6 segundos tem o custo de Disciplina reduzida em 50%.

**Acrobacias**
Destrav.: Nível 38
Remove o custo de Disciplina, mas acrescenta uma recarga de 15 segundos.

**Trilha de Cinzas**
Destrav.: Nível 49
Embutido de fogo, causa dano de arma Ígneo de 100% em tudo em seu caminho.

HAB. DA BARRA DE AÇÃO (#2): CAÇADOR

## PREPARAÇÃO

DESTRAV.: n.13

*Restaura instantaneamente toda a disciplina.*

- Recarga de 45 segundos.

**Em vez de precisar usar o recurso, a Preparação na verdade repõe toda a Disciplina do Caçador de Demônios. É apenas uma das duas habilidades que precisa de recarga — ela só pode ser usada uma vez a cada 45 segundos. A Preparação é especialmente útil para implantar um Sentinela, realizar Salto Mortal e ativar outras habilidades baseadas em Disciplina. Ao contrário do Ódio, a Disciplina se reabastece muito lentamente, tornando esta uma habilidade importante para aprender. A recarga longa exige que você a lance apenas quando realmente precisar, caso contrário você pode se encontrar com baixa Disciplina na hora errada.**

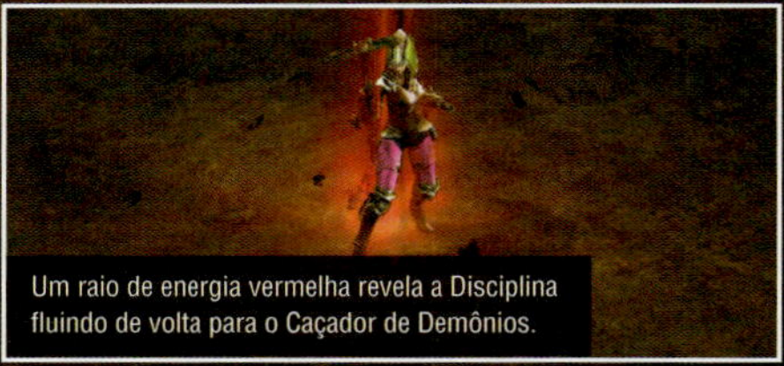

Um raio de energia vermelha revela a Disciplina fluindo de volta para o Caçador de Demônios.

### RUNAS

**Revigoração** permite a você ter 40 Disciplina por 5 segundos após o uso da Preparação. Considere a sua escolha de habilidades antes de selecionar esta runa ou você pode não tirar vantagem dela. **Punição** modifica o comportamento da habilidade e permite gastar 20 Disciplina em troca de recuperar todo o Ódio. Como acontece com a Revigoração, preste muita atenção em sua seleção de habilidades e quão frequentemente cada recurso se esgota antes de escolher qualquer uma destas runas. **Cicatrizes de Batalha** cura o Caçador de Demônios em 60% de sua Vida máxima cada vez que a Preparação é usada. **Mente Focalizada** aumenta a quantidade de Disciplina que é restaurada, mas espalha isso ao longo do tempo (em oposição ao aumento temporário da Revigoração). Isso torna possível usar habilidades que custam muita Disciplina ao longo do tempo sem ter que usar sua Disciplina extra em 5 segundos, como você faria com a Revigoração.

**Revigoração**
**Destrav.: Nível 19**
Quando ativada, aumenta a sua Disciplina máxima para 10 por 5 segundos.

**Punição**
**Destrav.: Nível 25**
Remove a recarga. A habilidade agora custa 20 Disciplina e restaura todo o Ódio.

**Cicatrizes de Batalha**
**Destrav.: Nível 35**
Recupera 60% de vida quando usa Preparação.

**Mente Focalizada**
**Destrav.: Nível 44**
Ganhe 45 Disciplina por mais de 15 segundos em vez de repor tudo na hora.

**Plano B**
**Destrav.: Nível 52**
Dá uma chance de 30% de que a recarga não será acionada quando usado.

HAB. DA BARRA DE AÇÃO (#2): CAÇADOR

## COMPANHEIRO

DESTRAV.: n.17

*Convoca um companheiro corvo que periodicamente bica os inimigos com 36% de dano de arma Físico.*

- Custa 10 Disciplina.

**Por que o Feiticeiro tem que ficar com todos os animais de estimação? Convoque um Companheiro para atacar periodicamente os inimigos. O Corvo não causa muito dano, mas é uma habilidade muito barata, o efeito dura por tempo indeterminado e um pequeno dano extra é, por vezes, tudo o que se precisa para acabar com um inimigo. Inimigos mortos pelo Companheiro ainda têm a chance deixar um globo de saúde ou saque.**

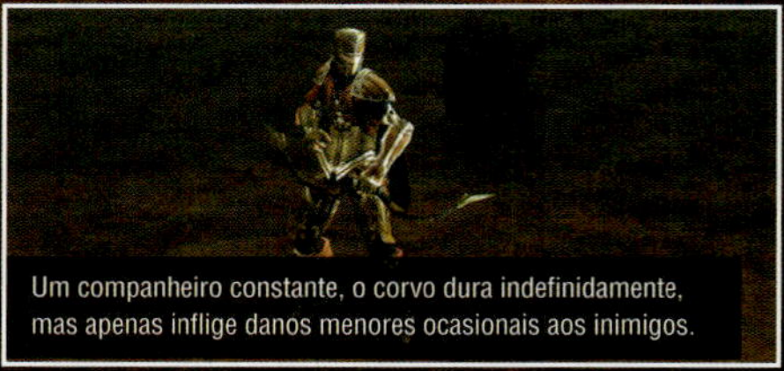

Um companheiro constante, o corvo dura indefinidamente, mas apenas inflige danos menores ocasionais aos inimigos.

### RUNAS

**Mascote Aranha** não produz um companheiro que pode infligir danos pesados, mas suas mordidas retardam o movimento da vítima por dois segundos. **Mascote Morcego** ajuda a aumentar a sua regeneração de Ódio para 3 por segundo, uma quantidade considerável! **Mascote Javali** oferece um meio-termo entre o Mascote Corvo padrão e o Mascote Lobo. Não inflige tanto dano quanto o lobo, mas o Companheiro fica com você por muito mais tempo. **Mascote Furão** coleta ouro e aumenta a quantidade encontrada em monstros. Esse aumento pode não parecer significativo, mas cada pedacinho conta quando se economiza para os custos de reparação das dificuldades Inferno e Tormento. **Mascote Lobo** produz um forte aliado para lutar ao seu lado por 25 segundos. O Mascote Lobo é particularmente útil contra um grupo de Campeões ou se você simplesmente precisa de alguma ajuda quando cercado por inimigos.

**Mascote Aranha**
**Destrav.: Nível 22**
Convoca uma aranha em vez de um corvo. Ataques da aranha também retardam o movimento dos alvos em 60% por 2 segundos.

**Mascote Morcego**
**Destrav.: Nível 29**
Evoca um morcego em vez de um corvo. O morcego lhe concede 3 Ódio por segundo.

**Mascote Javali**
**Destrav.: Nível 41**
Evoca um javali em vez de um corvo. Os ataques do javali atingem todos os inimigos em uma área com cada golpe.

**Mascote Furão**
**Destrav.: Nível 49**
Evoca furões em vez de um corvo. Os furões coletam ouro para você e aumentam o ouro encontrado em monstros em 10%.

**Mascote Lobo**
**Destrav.: Nível 59**
Evoca aliado lobo, em vez de um companheiro morcego de longo prazo. O lobo vai lutar com você por 25 segundos e atacar inimigos causando 72% de dano de arma Físico.

HAB. DA BARRA DE AÇÃO (#2) ARCO E FLECHA

# MARCADO PARA MORRER

DESTRAV.: n. 21

*Marca um inimigo, que terá 12% de dano adicional nos próximos 30 segundos.*

- Custa 6 Disciplina.

**Mire no inimigo mais difícil do grupo e acerte-o com Marcado para Morrer para ganhar um bom impulso nos danos enquanto atacá-lo. Esta é uma habilidade particularmente útil para usar contra Raros e Campeões, assim como chefes. Concentre seus ataques subsequentes sobre o inimigo que você Marcou para Morrer, caso contrário ela será desperdiçada. Aliados também se beneficiam dos efeitos, por isso certifique seus companheiros de que a equipe saiba que você está equipado para que eles não desencadeiem habilidades custosas antes de você usar o Marcado para Morrer. Esta habilidade tem um custo muito baixo de Disciplina e pode ser usada de novo logo que os 30 segundos de duração expiram.**

Mire no líder inimigo com o anel Marcado para a Morte para torná-lo muito mais fácil de matar.

## RUNAS

**Epidemia** é uma runa excelente para evocar a habilidade Marcado para Morrer uma vez e a espalhar várias vezes nos alvos que você matar (dentro dos 30 segundos iniciais). É um retorno notável no seu pequeno investimento de 6 Disciplina. Isto é ideal quando se joga cooperativamente, já que você terá ainda mais de uma chance de se espalhar o efeito em vários inimigos. **Vale da Morte** muda essa habilidade de alvo único para uma que afeta todos os inimigos em uma área. O efeito não dura tanto, mas é eficaz contra grandes grupos de inimigos. Mire na área, então desencadeie um ataque de área de efeito para aproveitar a runa. **Inimigo Mortal** ajuda a gerar Ódio em todos os ataques que visam o alvo Marcado. **Preço da Morte** retorna uma pequena quantidade de dano causado ao alvo marcado como Vida. Maximize esse bônus contra inimigos chefes.

**Epidemia**
**Destrav.: Nível 27**
Quando o alvo é morto, a habilidade se espalha para outros 2 alvos próximos. Este efeito pode causar uma reação em cadeia.

**Vale da Morte**
**Destrav.: Nível 31**
Marca uma área de 12 jardas de largura no solo por 15 segundos. Inimigos na área recebem 12% de dano adicional.

**Ceifador Sinistro**
**Destrav.: Nível 39**
12% adicionais nos danos causados ao alvo também são divididos entre todos os inimigos dentro de 20 jardas.

**Inimigo Mortal**
**Destrav.: Nível 48**
Ataques que você faz contra o alvo marcado geram 3 Ódio.

**Preço da Morte**
**Destrav.: Nível 60**
1% dos danos causados ao alvo marcado cura o atacante.

HAB. DA BARRA DE AÇÃO (#3) DISPOSITIVO

# DISPARO EVASIVO

DESTRAV.: n. 14

*Causa 125% de dano de arma. Se o inimigo está na frente e perto de você, também dará um salto mortal para 15 jardas de distância.*

- Gera 4 Ódio.
- Custa 4 Disciplina se você der o salto mortal.

**Esta é uma habilidade muito barata e que pode salvar vidas, permitindo ao Caçador de Demônios não só infligir maior dano que o normal (quase tanto quanto um acerto crítico), mas também facilmente fugir de um inimigo próximo. Disparo Evasivo responde muito rapidamente e não tem nenhuma recarga, tornando possível atirar rapidamente para dano de arma de 125%, enquanto gera uma pequena quantidade de Ódio. O Caçador de Demônios automaticamente salta para longe do inimigo por um custo de 4 Disciplina se o alvo estiver próximo.**

O sombrio Caçador de Demônios vai para a segurança depois de acertar este esqueleto com o Disparo Evasivo.

## RUNAS

**Presente de Despedida** deixa para trás uma bomba de veneno que causa danos a todos dentro de 12 jardas sempre que a parte do salto mortal desta habilidade é desencadeada. Isto pode adicionar um novo elemento às táticas de bater e correr. **Disparo de Cobertura** não altera a manobra evasiva da habilidade, mas permite jogar para trás até três alvos a cada ataque, triplicando o dano inicial. **Acrobata** torna mais fácil abrir mão do Salto Mortal como sua habilidade defensiva de escolha (menos no Modo Eletivo), duplicando a distância de salto para 30 jardas. **Surto** adiciona dano Elétrico ao ataque Disparo Evasivo enquanto reduz para metade o custo de Disciplina. Isso pode não parecer significativo, mas torna muito mais fácil vincular esta habilidade a outras baseadas em Disciplina. Além disso, gastando apenas 2 Disciplina para dar o salto mortal, você se assegura de sempre ter o suficiente para realizar a habilidade quando mais precisa.

**Metralha**
**Destrav.: Nível 21**
Atira raios explosivos que também causam dano de arma Ígneo de 30% a todos os inimigos numa distância de 6 jardas do alvo principal.

**Pres. de Despedida**
**Destrav.: Nível 26**
Sempre que um salto mortal é acionado, deixa uma bomba que explode causando o dano Venenoso de 45% num raio de 12 jardas após 1,2 segundo.

**Disparo de Cobertura**
**Destrav.: Nível 34**
Atira raios que se espalham e atingem até 3 alvos com dano de arma de 125% cada.

**Acrobata**
**Destrav.: Nível 42**
Aumenta a distância do salto mortal para 30 jardas.

**Surto**
**Destrav.: Nível 53**
Reduz o custo do salto mortal para 2 Disciplina. Converte Disparo Evasivo em dano Elétrico.

HAB. DA BARRA DE AÇÃO (#3) DISPOSITIVO

## ESPIRAL DAS LÂMINAS

DESTRAV.: n.17

*Atira facas em uma espiral em torno de você, causando dano de arma de 320% a todos os inimigos a uma distância de 10 jardas. Suas facas também irão diminuir o movimento dos inimigos em 60% por 2 segundos.*

- Custa 20 Ódio.
- Recarga de 10 segundos.

**Espiral das Lâminas é uma habilidade valiosa para se ter à mão para aqueles momentos infelizes em que os inimigos o cercam. O ataque causa danos consideráveis e também desequilibra e retarda os inimigos, dando ao Caçador de Demônios a oportunidade de escapar. A Espiral das Lâminas é uma valiosa habilidade defensiva que muitas vezes pode render um globo de vida tão necessário em tempos de crise.**

A Espiral das Lâminas cria uma abertura nas defesas pela qual o Caçador de Demônios pode atravessar de forma segura.

### RUNAS

**Contra-ataque** aumenta o dano causado pelas lâminas giratórias, mas só ataca os inimigos se o Caçador de Demônios é atacado 10 segundos após a Espiral das Lâminas ser ativada. Use essa habilidade sempre que uma massa inevitável de inimigos estiver prestes a cercar você. **Chuva de Facas** duplica o raio do ataque base e converte uma habilidade puramente defensiva em uma de natureza um pouco mais ofensiva. **Espiral das Lâminas** produz uma alta chance de atordoar os inimigos por dois segundos. Considerando quantos inimigos podem ser atordoados, é uma runa que vale a pena usar tanto sozinho quanto jogando cooperativamente. **Facas do Assassino** adicionam facas de longo alcance a Espiral das Lâminas, atacando inimigos mais distantes com menos danos.

**Lâminas Dilaceradoras**
**Destrav.: Nível 24**
Aumenta a quantidade de retardamento para 80% durante 2 segundos.

**Contra-ataque**
**Destrav.: Nível 32**
Cerque-se com lâminas giratórias que causam dano de arma de 464% a todos os inimigos se você for atingido nos próximos 10 segundos.

**Chuva de Facas**
**Destrav.: Nível 41**
Aumenta o raio para causar danos a todos os inimigos dentro de 20 jardas.

**Leque de Adagas**
**Destrav.: Nível 50**
Imbui suas facas com 65% de chance de atordoar os inimigos por 2 segundos.

**Facas do Assassino**
**Destrav.: Nível 59**
Joga facas de longo alcance que causam dano de arma de 70% em 5 alvos adicionais.

HAB. DA BARRA DE AÇÃO (#3) DISPOSITIVO

## MINA TERRESTRE

DESTRAV.: n.17

*Coloca uma armadilha que se arma depois de 1,2 segundo e é desencadeada quando um inimigo se aproxima. A armadilha causa dano de arma de 135% a todos os inimigos dentro de 8 jardas. Você pode ter um máximo de 3 Minas Terrestres ativas ao mesmo tempo.*

- Custa 30 Ódio.

**Coloque uma Mina Terrestre que funciona como armadilha de proximidade, só detonando quando um inimigo se aproxima. Esta habilidade combina essencialmente o comportamento das Estrepes e Granadas e dá ao Caçador de Demônios uma excelente maneira de proteger a retaguarda. Atraia inimigos principais através de portas e posicione Minas Terrestres na abertura estreita. Da mesma forma, coloque uma série de Minas Terrestres ao longo do comprimento de um corredor estreito, em seguida atraia inimigos para a perdição deles.**

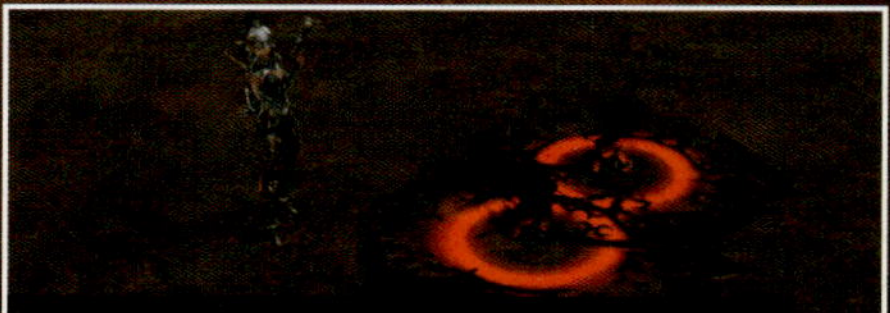

Até quatro Minas Terrestres podem ser lançadas de uma vez. Elas não vão detonar até que um inimigo se aproxime.

### RUNAS

**Bandoleira** permite armar seis Minas Terrestres ao mesmo tempo. Leve em conta a arquitetura do entorno e o caminho mais provável dos inimigos, em seguida leve-os direto para suas armadilhas. **Armadilha Pegajosa** pode ser muito divertida de usar — e bastante eficaz — quando se enfrenta um grande grupo de inimigos ou um Raro e seus lacaios. Tente colocar as Armadilhas Pegajosas nos oponentes menores que podem ser facilmente mortos, a fim de garantir a detonação da bomba. Apenas certifique-se de dar o golpe fatal enquanto ele está perto do inimigo mais resistente. **Pavio Longo** aumenta o tempo de armação em quase um segundo, além de melhorar o dano causado. **Armadilha Elétrica** faz com que a armadilha libere um pulso Elétrico que causa dano em até três alvos.

**Bandoleira**
**Destrav.: Nível 27**
Aumenta o número máximo de armadilhas que podem ser montadas simultaneamente para 6.

**Armadilha Pegajosa**
**Destrav.: Nível 30**
Cola uma bomba num inimigo. Se o alvo morrer em 30 segundos, a armadilha explode com dano de arma de 275% a todos os inimigos dentro de 8 jardas.

**Pavio Longo**
**Destrav.: Nível 39**
Aumenta o tempo de armação em 2 segundos, mas também aumenta o danos de arma para 404%.

**Armadilha Elétrica**
**Destrav.: Nível 46**
Quando a armadilha é acionada, libera um pulso de luz que vai atingir até 3 inimigos com dano de arma Elétrico de 275%.

**Espalhar**
**Destrav.: Nível 55**
Coloca simultaneamente 3 armadilhas de uma vez.

CLASSES

HAB. DA BARRA DE AÇÃO (#3) DISPOSITIVO

## SENTINELA

DESTRAV.: n. 25

*Largue uma torreta no chão que começa a disparar contra os inimigos próximos para 20% do dano de arma. O Sentinela dura 20 segundos.*

- Custa 10 Disciplina.

**A vida de um Caçador de Demônios pode ser solitária, mas isso não significa que ela não pode recorrer a um Sentinela automatizado para ajudá-lo! O Sentinela só acerta com danos de arma de 20%, mas ele atira em um ritmo rápido e automaticamente mira em ameaças próximas. O melhor de tudo, custa apenas 10 Disciplina — que é apenas 0,5 Disciplina por segundo! Sentinela é uma habilidade útil que você pode chamar sempre que precisar de algum poder de fogo extra e realmente vale ser usada uma vez que as runas correspondentes tenham sido desbloqueadas. É particularmente eficaz em espaços estreitos e portas onde os inimigos são forçados a se alinhar.**

O Sentinela é uma máquina impressionante, capaz de operar independentemente do Caçador de Demônios.

### RUNAS

**Torreta Cospe-fogo** mistura foguetes teleguiados com seus ataques de flecha normais. Este é um bônus real uma vez que a habilidade passiva Balística é desbloqueada. **Vigilante Atento** aumenta a duração do Sentinela em 50% e pode realmente fazer a diferença contra hordas grandes, grupos de Campeões conservando sua Disciplina. **Corrente do Tormento** é boa contra grupos de inimigos, desde que o Caçador de Demônios possa flanquear os inimigos e arrastar a corrente através deles. Isso funciona bem se tiver um aliado para tirar um pouco de atenção dos inimigos enquanto você os rodeia com a corrente. Ambos **Posto de Cura** e **Guarda Ameaças** podem realmente ajudar aliados, enquanto ficarem próximos ao Sentinela.

**Torreta Cospe-fogo**
**Destrav.: Nível 28**
A torreta também vai disparar foguetes teleguiados em alvos aleatórios com dano de arma Ígneo de 8%

**Vigilante Atento**
**Destrav.: Nível 36**
Aumenta a duração da torreta para 30 segundos.

**Cor. do Tormento**
**Destrav.: Nível 45**
Cria uma corda entre você e o Sentinela que causa dano de arma de 48% por segundo em cada inimigo que toca.

**Posto de Cura**
**Destrav.: Nível 52**
Cura aliados próximos em 1% de sua Vida máxima por segundo.

**Torreta Guardiã**
**Destrav.: Nível 60**
A torreta também cria um escudo que reduz o dano recebido pelos aliados em 15%.

HAB. DA BARRA DE AÇÃO (#4) ARCO E FLECHA

## SARAIVADA

DESTRAV.: n. 19

*Atira em inimigos aleatórios próximos para danos de arma de 120% enquanto se move a 65% da velocidade de movimento normal.*

- Custa 15 Ódio por segundo.

**Saraivada é um ataque potente para usar contra vários inimigos. Ele combina aspectos de Fogo Rápido com Cortina de Fumaça. O Caçador de Demônios se torna sombrio e parece ganhar um irmão gêmeo conforme se move em linha reta, disparando suas bestas em três alvos aleatórios por segundo. Em sua forma básica, esta habilidade especial possui uma certa quantidade de aleatoriedade, mas isso praticamente não diminui a eficácia global do ataque.**

O Caçador de Demônios gira ao longo de um caminho reto, disparando tiros aleatórios em inimigos próximos.

### RUNAS

**Equilíbrio** prevê uma melhoria na taxa de tiro do Caçador de Demônios enquanto usa a Saraivada, o que aumenta a capacidade ofensiva. **Sombra Esvoaçante** aumenta a velocidade do Caçador de Demônios para a sua velocidade normal de corrida. Isso ajuda a transformar Saraivada em um ataque e em uma manobra evasiva, é uma chance para atacar enquanto foge. **Tempestade de Foguetes** faz com que foguetes sejam disparados durante a Saraivada. Considere equipar a habilidade passiva Balística, se selecionar esta runa. **Demolição** transforma o ataque de flechas em granadas saltitantes. Essa mudança não só aumenta o dano, mas também torna a habilidade muito mais eficaz no fornecimento de dano de área.

**Equilíbrio**
**Destrav.: Nível 24**
Aumenta a taxa de disparo ao usar Saraivada em 20%.

**Sombra Esvoaçante**
**Destrav.: Nível 27**
A velocidade fica igual a 100% a velocidade da corrida enquanto se usa a Saraivada.

**Aço Devorador**
**Destrav.: Nível 29**
Facas em vez de flechas que fazem um dano extra de 100% em acertos críticos.

**Tempestade de Foguetes**
**Destrav.: Nível 50**
Além de disparo regular, implanta foguetes teleguiados com dano de arma Ígneo de 60%.

**Demolição**
**Destrav.: Nível 56**
Atira granadas saltitantes que explodem para danos de arma 144% para destinos dentro de 9 jardas.

HAB. DA BARRA DE AÇÃO (#4) ARCO E FLECHA

## TIRO MÚLTIPLO

DESTRAV.: n.22

*Dispara uma enorme saraivada de flechas, causando dano de arma de 115% a todos os inimigos na área.*

- Custa 15 Ódio.

**O Tiro Múltiplo permite que o Caçador de Demônios cause danos a um grande número de inimigos com um único ataque. As flechas espalham-se para acertar quase tudo em um arco surpreendentemente largo à frente do Caçador de Demônios. O fato de que o ataque causa danos de arma de 115% é um grande bônus, mesmo sem uma runa. Esta habilidade deve certamente entrar no repertório do Caçador de Demônios uma vez que é desbloqueada.**

O Tiro Múltiplo vale cada um dos 15 Ódio que custa para atirar!

### RUNAS

**Estouro de Disparo** causa um pulso de choque para descarregar sempre que o Tiro Múltiplo é usado. O pulso causa danos aos inimigos perto do Caçador de Demônios, independentemente de seu alvo, agregando um componente de defesa para o ataque. **Fogo Supressão** transforma o Tiro Múltiplo em uma fonte de alto nível de Disciplina; dispare contra uma multidão de inimigos e preencha o medidor Disciplina em segundos! **Banda de Artilharia** não altera a mecânica da habilidade, mas aumenta o dano de ataque em um terço! **Arsenal** acrescenta foguetes a ataque Tiro Múltiplo base, causando danos adicionais aos inimigos próximos com cada uso da habilidade. Como outras runas que disparam foguetes, vale a pena equipar a habilidade passiva Balística para dobrar sua eficácia.

**Abrir Fogo**
**Destrav.: Nível 26**
O custo é reduzido para 10 Ódio. Causa dano de arma Elétrico de 115%.

**Estouro de Disparo**
**Destrav.: Nível 31**
Toda vez que você dispara, gera um pulso de choque que causa dano de arma Arcano de 45% nos inimigos próximos.

**Fogo de Supressão**
**Destrav.: Nível 39**
Cada inimigo atingido gera 1 Disciplina.

**Banda de Artilharia**
**Destrav.: Nível 46**
Aumenta o dano do Tiro Múltiplo para 150%.

**Arsenal**
**Destrav.: Nível 55**
Todo uso também dispara foguetes contra 3 inimigos próximos que causam dano de arma Ígneo de 40% cada.

HAB. DA BARRA DE AÇÃO (#4) ARCO E FLECHA

## FLECHA DE FRAGMENTAÇÃO

DESTRAV.: n.27

*Dispara uma flecha de Fragmentação que explode com dano de arma Ígneo de 200% em uma série de bombas adicionais em miniatura, causam dano de arma Ígneo de 100% cada.*

- Custa 50 Ódio.

**A Flecha de Fragmentação é ótima contra grupos de inimigos que estão amontoados em um espaço apertado. O ataque inicial causa dano de arma de 200% no inimigo alvo, então as cinco bombas em miniatura explodem causando danos adicionais em uma pequena área. O raio de explosão não é grande, então guarde este ataque para inimigos em estreita proximidade um com o outro ou grupos muito grandes de inimigos.**

A explosão inicial libera uma série de minibombas que causam danos nos inimigos próximos.

### RUNAS

**Flecha Desnorteadora** pega uma das principais habilidades ofensivas do Caçador de Demônios e acrescenta uma alta chance de atordoar. Este é um belo impulso para a habilidade. **Turbilhão** substitui as bombas em miniatura por uma nuvem de energia que retorna uma porcentagem do dano que ela inflige como Vida. Esta runa reduz o DPS global da habilidade, mas pode fazer diferença para Heróis com baixa Regenaração de Vida. Use **Bombas de Fragmentação** em calabouços e outros interiores estreitos para maximizar suas chances de acertar os inimigos em linha reta. **Carregado para Caçar Ursos** mantém a base da habilidade, mas aumenta o dano da explosão inicial em 45%, tornando este um excelente ataque DPS para usar contra um único alvo ou um Raro e seus lacaios.

**Fle. Desnorteadora**
**Destrav.: Nível 33**
Inimigos atingidos por granadas têm uma chance de 55% de serem atordoados por 2 segundos.

**Chuva de Estrelas**
**Destrav.: Nível 36**
Em vez de lançar granadas, atira até 3 foguetes contra os inimigos próximos, causando dano de arma Físico de 175% em cada um.

**Turbilhão**
**Destrav.: Nível 41**
Em vez de lançar granadas, libera energia da sombra que causa dano de arma Físico de 145% nos inimigos próximos. Você vai ganhar 4% do dano causado como Vida.

**B. de Fragmentação**
**Destrav.: Nível 49**
Lança um feixe no ar, soltando várias bombas em uma linha reta que explodem causando dano de arma Ígneo de 230% cada uma.

**Carregado para Caçar Ursos**
**Destrav.: Nível 58**
Aumenta a intensidade da explosão no local de impacto para dano de arma Ígneo de 290%.

HAB. DA BARRA DE AÇÃO (#4) ARCO E FLECHA

## CHUVA DE VINGANÇA

DESTRAV.: n. 30

*Dispara uma saraivada de flechas em torno de você. Flechas caem do céu, causando dano de arma de 75% por 5 segundos em todos os inimigos na área.*

- Custa 40 Ódio.
- Recarga de 30 segundos.

**Chuva de Vingança é o mais devastador ataque de área no repertório do Caçador de Demônios. Basta atrair os inimigos para perto, em seguida acionar Chuva de Vingança para assistir a enorme chuva de flechas que caem do céu e evisceram as forças inimigas. As flechas caem ao acaso através de uma ampla área ao seu redor e cada inimigo é atingido múltiplas vezes recebendo dano de arma de 75% por segundo durante o ataque.**

Evoque a habilidade Chuva de Vingança e veja os cadaveres se acumularem!

### RUNAS

**Bombas Bestiais** substituem as flechas por 20 bombas que caem em toda a área alvo, cada uma causando dano pesado. Este é um bom modo de aumentar o dano causado. Isso também permite que você cause danos a inimigos na área alvo sem a preocupação de que possam fugir antes do ataque terminar. As Bestas da Sombra evocadas pelo **Estampido** investem contra toda a área de destino, causando danos ao mesmo tempo em que jogam os inimigos para trás. Esta é uma tática inteligente se a massa de inimigos se aproxima demais. **Anátema** é um cruzamento entre Bombas Bestiais e a habilidade base porque ela aumenta o dano causado, mas se espalha ao longo do tempo — use isso em áreas onde há um fluxo constante de inimigos se aproximando, ou quando você enfrenta um chefe relativamente estacionário. **Ataque Aéreo** dá ao Caçador de Demônios um ataque que pode causar dano pesado e controle da multidão.

**Nuvem Negra**
**Destrav.: Nível 35**
Lança uma enorme saraivada de flechas guiadas que chove nos inimigos com dano de arma de 34% por mais de 12 segundos.

**Bombas Bestiais**
**Destrav.: Nível 40**
Convoca 20 Bestas das Sombras para lançar bombas sobre inimigos, causando dano de arma de 125% cada.

**Estampido**
**Destrav.: Nível 47**
Convoca uma onda de 10 Bestas da Sombras para rasgar todo o chão, jogando os inimigos para trás e causando dano de arma de 75% cada.

**Anátema**
**Destrav.: Nível 54**
Evoca uma Besta das Sombras que solta granadas do céu durante 10 segundos, causando dano de arma de 115%.

**Ataque Aéreo**
**Destrav.: Nível 60**
Um grupo de 8 Bestas das Sombras despenca do céu na área marcada, causando dano de arma de 60% e atordoando inimigos por 2 segundos.

HABILIDADES PASSIVAS

## EMOÇÃO DA CAÇADA

DESTRAV.: n. 10

*A cada 10 segundos, o ataque de arco imobiliza o alvo por 3 segundos.*

**Sabemos os benefícios que o Caçador de Demônios tem ao retardar inimigos, agora imagine como seria útil para imobilizá-los! Ao contrário de muitas habilidades, a Emoção da Caçada não tem apenas uma chance de ter efeito — funciona sempre a cada 10 segundos. Isso ajuda durante as batalhas intensas contra vários inimigos, parando um inimigo único e permitindo que você se concentre em outros que estão se aproximando. Também é possível esperar pelo efeito para começar batalhas, já que você pode imobilizar o primeiro inimigo que atingir — ótimo para parar um Raro enquanto tem 3 segundos ininterruptos para se concentrar em seus Lacaios.**

HABILIDADES PASSIVAS

## VANTAGEM TÁTICA

DESTRAV.: n. 10

*Sempre que você usa Salto Mortal, Cortina de Fumaça ou salta com Disparo Evasivo, ganha 60% de velocidade por 2 segundos.*

**Rapidez e agilidade são essenciais para o arsenal do Caçador de Demônios e a Vantagem Tática ajuda a garantir que ele está sempre um passo à frente dos oponentes. Esta habilidade passiva pode não ser necessária na dificuldade Normal (particularmente durante os Atos I e II), mas rapidamente se prova inestimável em níveis mais elevados, onde os inimigos são mais rápidos, mais numerosos, e tendem a atacar mais a distância.**

HABILIDADES PASSIVAS

## VINGANÇA

DESTRAV.: n. 13

*Seu Ódio máximo é aumentado em 25. Além disso, você ganha 20 Ódio e 2 Disciplina sempre que for curado por um globo de vida.*

**Ao contrário do Bárbaro e do Monge, os recursos gêmeos do Caçador de Demônios se regeneram naturalmente ao longo do tempo. A habilidade passiva Vingança ajuda a aumentá-las juntas, acrescentando Ódio e Disciplina sempre que um globo de vida é coletado. Poucas habilidades do Caçador de Demônios têm um período de recarga, tornando esta habilidade passiva ainda mais atraente. Recolha os globos de vida para continuar a alimentar as suas habilidades. Apenas evite a coleta de muitos globos de vida enquanto você tem Vida plena, já que você pode não encontrá-los quando estiver realmente precisando de Vida. O aumento do reservatório do Ódio máximo torna esta habilidade ainda mais atraente.**

HABILIDADES PASSIVAS

## BRAÇO FIRME

DESTRAV.: n. 16

*Enquanto não há inimigos dentro de 10 jardas, todo o dano é aumentado em 20%.*

**Braço Firme é particularmente útil nos campos, onde normalmente há mais espaço para manobra e é mais fácil manter uma distância segura do que dentro dos calabouços. Use o Braço Firme em conjunto com Salto Mortal e Disparo Evasivo para manter pelo menos 10 jardas entre você e o inimigo. O Braço Firme melhora todas as habilidades de ataque do Caçador de Demônios com as runas usadas.**

HABILIDADES PASSIVAS

## ABATER OS FRACOS

DESTRAV.: n. 20

*Aumenta o dano a inimigos lentos em 15%.*

**O Caçador de Demônios tem uma série de habilidades que retardam o movimento inimigo, tornando Abater os Fracos uma habilidade passiva atraente. Considere ativar Abater os Fracos quando usar Disparo Enredante, Estrepes ou qualquer uma das habilidades que deixam o oponente mais lento.**

HABILIDADES PASSIVAS

## ESPREITADOR NOTURNO

DESTRAV.: n. 20

*Acertos críticos têm chance de restaurar a 2 Disciplina.*

**O recurso Disciplina do Caçador de Demônios se regenera naturalmente, mas em um ritmo muito lento. Aqueles com uma alta Chance de Acerto Crítico podem receber um empurrão com a habilidade passiva Espreitador Noturno. Embora útil, há apenas três encaixes para preencher. Espreitador Noturno deve se escolhido apenas se você costuma fazer Acertos Críticos e tem a necessidade de adicionar Disciplina. Esta é uma habilidade que provavelmente merece uma análise mais aprofundada nas dificuldades mais altas.**

HABILIDADES PASSIVAS

## SOTURNO

DESTRAV.: n. 25

*Enquanto você não tiver recebido dano nos últimos 5 segundos, você ganha 2% de sua Vida máxima por segundo.*

**Jogar como o Caçador de Demônios é buscar distância de seu alvo, ficar em segurança, fora da briga e atacar da periferia. É no entanto impossível evitar todos os danos, e é aí que Soturno entra. A habilidade é perfeita para Caçadores de Demônios com pouco equipamento de regeneração de Vida ou runas aplicáveis. Use da melhor maneira possível, avançando lentamente após uma intensa batalha para dar tempo para Soturno começar (observe o ícone acima da barra de ação). Soturno funciona mesmo se você não está se movendo — fique em um canto calmo do calabouço por alguns segundos para recuperar a Vida sempre que necessário.**

HABILIDADES PASSIVAS

## PERSEGUIÇÃO INTENSA

DESTRAV.: n. 27

*Sempre que você está no Ódio completo, velocidade de movimento é aumentada em 15%.*

**Rapidez e agilidade são ferramentas importantes na aljava do Caçador de Demônios, mas só você pode decidir se vale a pena desistir de um dos poucos disponíveis espaços de habilidade passiva para um aumento de velocidade ocasional. Esta habilidade serve a jogadores que dependem mais de ataques que geram Ódio e habilidades drenam a Disciplina em vez de Ódio; caso contrário, é difícil manter o fluxo de Ódio necessário para ganhar o bônus de movimento. Aqueles que procuram um aumento de velocidade de movimento deve considerar usar Perseguição Intensa ou Vantagem Tática, mas não ambos.**

HABILIDADES PASSIVAS

## ARCO E FLECHA

DESTRAV.: n. 30

*Dá um bônus com base no tipo de arma na sua mão principal. Arco: Aumenta 15% em danos. Bestas: Danos 50% críticos. Besta de Mão: 10% de chance de acerto crítico.*

**Os efeitos de Arco e Flecha se aplicam a todos os seus ataques. Isto significa que até mesmo suas habilidades, como os tiros disparados pela sua Sentinela, ganharão o bônus correspondente à arma usada. Considere a sua Chance de Acerto Crítico e atual armamento equipado ao selecionar a habilidade Tiro com Arco. Aqueles com grande Chance de Acerto Crítico irão se beneficiar mais de Tiro com Arco se estiverem empunhando uma besta de duas mãos. Considere a mudança para a besta, se você já não estiver usando uma para ganhar o máximo da habilidade. Igualmente, aqueles com uma Chance de Acerto menor podem optar por usar bestas de mão para aumentar a classificação.**

HABILIDADES PASSIVAS

## ARMADILHAS ATORDOANTES

DESTRAV.: n. 30

*Inimigos atingidos por Espiral das Lâminas, Mina Terrestre e Estrepes têm o seu poder de dano reduzido em 25% por 3 segundos.*

Reduzem o dano que os inimigos infligem sobre o Herói durante 3 segundos depois de serem atingidos com as habilidades mencionadas. Esta habilidade pode ajudar muito o Caçador de Demônios nas dificuldades maiores. Ela pode ser útil se, por exemplo, você acionar a Espiral das Lâminas quando cercado. A Espiral das Lâminas e suas várias runas fazem uma valiosa defesa. Armadilhas Atordoantes a tornam (e Estrepes e Mina Terrestre) ainda melhor!

HABILIDADES PASSIVAS

## PERFECCIONISTA

DESTRAV.: n. 35

*Reduz o custo de Disciplina de todas as habilidades em 20%.*

O Caçador de Demônios começa com apenas 30 pontos de Disciplina e a maioria das habilidades que usam o recurso custa de 10 a 20 Disciplina cada. Perfeccionista reduz este custo em 20%, o que é particularmente útil devido ao tempo lento de carga da Disciplina. É algo a considerar se você costuma usar habilidades como Salto Mortal ou Sentinela. Juntamente com Vingança, você pode quase garantir que não vai sem Ódio ou Disciplina na maioria das situações.

HABILIDADES PASSIVAS

## ENGENHARIA PERSONALIZADA

DESTRAV.: n. 40

*A duração de Estrepes, Marcado para Morrer, Mina Terrestre e Sentinela é aumentada em 100%.*

A duplicação da duração das habilidades selecionadas oferece um bônus considerável que vale a pena mesmo se você só usa regularmente uma ou duas das habilidades. Suas Estrepes e Minas Terrestres tendem a ser acionadas logo depois que você as arma, mas a Engenharia Personalizada ainda é eficaz para Sentinelas e Marcado para Morrer. Combinar essa habilidade com Marcado para Morrer é muito útil durante batalhas ou diante de um bando de inimigos Campeões.

HABILIDADES PASSIVAS

## GRANADEIRO

DESTRAV.: n. 45

*Aumenta o Ódio gerado a partir de granadas para 2 e reduz o custo de Ódio da Flecha de Fragmentação para 10. Após a morte, você deixa cair uma granada gigante que explode causando dano Ígneo de 540%.*

O Granadeiro é desbloqueado na dificuldade Normal, muito tempo depois das Granadas e junto com a Flecha de Fragmentação. Lembre-se de dar a essas habilidades uma chance se você não as usou ainda. Ambas são particularmente eficazes contra grupos de inimigos. Além disso, a granada gigante é útil em jogos cooperativos, proporcionando um apoio extra aos seus companheiros mesmo na morte e ajudando a limpar o caminho para que eles possam reviver você.

HABILIDADES PASSIVAS

## FRANCO-ATIRADOR

DESTRAV.: n. 50

*Ganhe uma chance de 3% de fazer um acerto crítico a cada segundo. Este bônus é redefinido um segundo depois fazer um acerto crítico.*

Esta habilidade permite maior flexibilidade na seleção de equipamentos e runas. Ao equipar Franco-atirador, você pode se dar ao luxo de trocar runas ou equipamentos que estava usando apenas para ganhar um bônus de Chance de Acerto Crítico. Por outro lado, Franco-atirador pode expandir a Chance de Acerto Crítico atual aumentando a sua frequência. Aqueles que procuram máximo DPS em níveis maiores de dificuldade devem dar atenção à Franco-atirador.

HABILIDADES PASSIVAS

## BALÍSTICA

DESTRAV.: n. 55

*Danos causados por foguetes são aumentados em 50%.*

Considere essa habilidade se estiver usando Tiro Múltiplo com o Arsenal, Flecha de Fragmentação, Chuva de Estrelas ou Sentinela com Torreta Cospe-fogo. Foguetes são um importante componente exclusivo para o Caçador de Demônios, e a Balística efetivamente dobra o seu efeito — uma característica que vem muito a calhar na dificuldade Pesadelo e além.

# MONGE

*Os deuses estão em todas as coisas. E em todo lugar eu vejo sinais de mudança. O vento traz um frio anormal. E meu povo fica inquieto.*

*Agora o fogo queima o céu e castiga a abóbada do firmamento. Devo cumprir a vontade dos patriarcas. Quando eles precisam ver, eu sou os olhos. Onde eles querem atacar, eu sou o punho. Quando eles acenderem a luz da verdade, eu sou a tocha.*

*Eles me enviaram para onde o fogo celeste caiu. Minha mente está clara. Vou livrar Tristram dos cadáveres trôpegos que surgiram no rastro do fogo.*

## Um guerreiro sagrado que ataca mais rápido do que o olho pode ver, aleijando os inimigos com golpes de precisão.

- Magia elemental e Sagrada dão ao Monge a habilidade de curar e causar dano incapacitante aos adversários.
- Rápidos e ágeis, os Monges são mestres das artes marciais, empregando a sua estonteante velocidade para golpear seus adversários e driblar seus ataques.
- A força do Espírito alimenta as habilidades do Monge. O Espírito é obtido através dos ataques primários do Monge.

# CRESCIMENTO HEROICO

Escondido sob as vestes dos Monges fica um corpo construído para combate próximo, mas em um estilo totalmente diferente da abordagem de força bruta do Bárbaro. O Monge combina alta Destreza com tremenda velocidade para infligir ataques de bater e correr que estilhaçam ossos. O Monge é, de fato, um combatente corpo a corpo e um um adepto disso! Mas, embora a taxa de Força do Monge seja menor que a do Bárbaro, Monges têm a mesma Vitalidade inicial. Felizmente, a armadura reduzida do Monge é compensada pela sua devoção a um chamando maior — a sua fé em Ytar permite a ele curar as feridas que seu corpo não pode absorver.

### O MONGE SE FORTALECE

| Atributo | Taxa de Base Nível 1 | Valor Inicial | Aumen. da Taxa por Nível | Taxa de Base Nível 60 |
|---|---|---|---|---|
| Força | 8 | Aumenta a armadura em 8. | +1 | 67 |
| Destreza* | 10 | 10% de Bônus de Dano para Monges<br>Aumenta a chance de esquiva em 1%. | +3 | 187 |
| Inteligência | 8 | Aumenta a resistência em 0,8. | +1 | 67 |
| Vitalidade | 9 | 130 Vida. | +2 | 127 |

**Indica o principal atributo para esta classe.*

# EQUIPADO PARA A BATALHA

## ARMAMENTO

**Especial: Punhos, Daibo**

Séculos de tradição deram origem a uma classe de Monges especializados na arte do combate. O Espírito guia esses guerreiros para a batalha não como agressores cheios de ódio, mas como defensores encarregados de proteger um modo de vida — a fé. O comando das artes santas e marciais servem bem ao Monge, uma mistura de habilidades que produz um lutador capaz de curar a si mesmo e a seus aliados.

O regime de treino intenso do Monge deu a ele familiaridade com todo o armamento básico, incluindo a capacidade de empunhar duas armas em uma mão. Mas o Monge está no seu melhor quando se move rápido e bate ainda mais rápido. Focalize a sua escolha na velocidade da arma de ataque, bem como o seu dano por segundo (DPS). As armas especiais em formato de luva do Monge — punhos — são extremamente leves, mantêm os bônus de empunhadura dupla oferecidos por algumas habilidades e runas e embalam todo o dano de arma corpo a corpo tradicional. Isso não só permite ao Monge utilizar melhor a sua tremenda velocidade, mas muitas das habilidades das quais você irá precisar para gerar Espírito são ataques de soco — simplesmente parece mais adequado realizar estes ataques com armas de punho.

Claro, você pode encontrar um Daibo que é bom demais para deixar de lado O Monge também é bastante habilidoso lutando em equipe e parece completamente natural usá-lo para completar um ataque. Considere equipar o Monge, com os punhos ou o Daibo para melhores resultados em grupo.

# ESTILOS DE ARMADURAS

Apesar de ser um combatente corpo a corpo, o estilo de vestimenta do Monge reflete uma abordagem muito diferente da do Bárbaro. Envolto em túnicas, sua armadura coloca ênfase na liberdade de movimento e flexibilidade em vez de revestimento pesado. Mesmo as formas avançadas de armadura para o Monge são consideravelmente mais leves que as das outras classes. Para esta classe de personagem, a capacidade de desviar de um ataque é tão importante quanto absorver um golpe pesado. O guarda-roupa do Monge reflete não só isso, mas também a sua formação religiosa. O Monge ganha os mesmos adornos de outras classes, mas numa escala mais sutil e sem foco evidente na intimidação e na sede de sangue.

### Sobre Estilos de Armaduras

As seguintes aparências de armaduras servem apenas para ilustrar como um Herói pode parecer em qualquer nível. Na realidade, o Herói irá provavelmente possuir vários estilos de armadura ao mesmo tempo, portanto, terá uma aparência muito mais exclusiva que combina dois ou mais estilos apresentados aqui. E, ao considerar as várias cores de tintas que estão disponíveis, é improvável que quaisquer dois Heróis da mesma classe fiquem idênticos.

O Monge se aproxima de Nova Tristram em pés enrolados e praticamente nu. Um ponto simples enfeita a testa e um pano esfarrapado fornece cobertura mínima.

Vestes de pano fornecem um pouco mais de cobertura, mas o Monge ainda está exposto a inimigos e aos elementos (níveis 1-6).

Materiais acolchoados compostos de tecido cobrem os braços e pernas do Monge, mas apenas fornecem proteção mínima (níveis 7-13).

Guarda-ombros de couro, manoplas e cinto combinam com um elmo melhor para dar ao Monge visual mais nobre (níveis 14-19).

Cota de Malha é adicionada à armadura, fornecendo proteção adicional e ao mesmo tempo cobrindo todo o corpo do Monge (níveis 20-24).

Armadura de tala e brigantina adornam os trajes do Monge e fornecem uma proteção muito melhor ao mesmo tempo que dão um ar de elegância (níveis 25-28).

Formas elaboradas de placa de metal são adicionadas às roupas antigas do Monge para criar um visual requintado de armadura final na dificuldade Normal (níveis 29-31).

# HABILIDADES E RUNAS

O Monge está na linha entre ser um combatente corpo a corpo muito forte e um curandeiro/protetor. Jogadores individuais devem se concentrar nas capacidades ofensivas do Monge e equipar habilidades geradoras de Espírito; evite equipar mais de uma habilidade de cura, como o Sopro do Paraíso. Aqueles que jogam com um grupo devem olhar mais seriamente para os muitos Mantras do Monge. Mesmo que apenas um possa estar ativo de cada vez, optar entre o Mantra da Cura e outra habilidade mais ofensiva, como Mantra da Convicção, pode beneficiar o grupo. Tenha em mente que o Monge não tem a força do Bárbaro e precisa tomar precauções especiais para se manter seguro. Habilidades como Santuário Interno e Pés de Tormenta são essenciais para ajudar o Monge a permanecer vivo, sobretudo em espaços estreitos.

### Recurso: Espírito

As habilidades ativas do Monge são alimentadas pelo Espírito. O Monge pode possuir uma reserva máxima de 150 Espírito sem usar a habilidade Alma Exaltada e aumentá-la para 250. Este recurso não se recarrega e deve ser gerado através de ataques básicos e um subconjunto de habilidades. Ao contrário da Fúria do Bárbaro, o recurso Espírito do Monge não é drenado ao longo do tempo. Isso permite que o Monge acumule Espírito e guarde-o para quando realmente precisa.

# HABILIDADES PASSIVAS

O primeiro espaço para habilidade passiva é liberado no nível 10. Espaços posteriores são abertos nos níveis 20 e 30. Uma vez escolhidas, as seguintes habilidades contribuem para a força e habilidades em segundo plano do Herói, sem necessidade de entrada ou recurso posterior. Considere o seu estilo de jogo e atual variedade de habilidades ativas na escolha de quais habilidades passivas ativar.

HAB. ATIVA: HAB. DO MOUSE: PRIMÁRIA

## PUNHOS TROVEJANTES

DESTRAV.: n.1

*Desencadeia vários golpes extremamente rápidos que causam dano de arma Elétrico de 110%. Cada terceiro golpe causa dano a todos os inimigos na sua frente e bate-os para trás a uma curta distância. Gera Espírito mais rápido que outras habilidades devido à alta velocidade de ataque.*

- Gera 6 Fúria por ataque.

**Punhos Trovejantes está disponível desde o início da jornada do Monge como um ataque principal mapeado para o botão esquerdo do mouse. Não só este ataque gera Espírito, mas o fato de que ele causa dano de arma de 100% significa que você não está desistindo de nada quando o usa em vez de um ataque de arma básico. Muito pelo contrário! O terceiro ataque gera uma poderosa carga Elétrica que danifica todos os inimigos à frente do Monge e os joga para trás — acerte o inimigo central em um grupo e veja varios inimigos sendo atingidos na conclusão!**

O terceiro ataque cria uma explosão puro dano Elétrico que atinge todos os inimigos à sua frente.

### RUNAS

**Relâmpago Encadeado** substitui a Repulsão da habilidade base por um relâmpago encadeado que se espalha para os inimigos próximos com danos moderados. É uma maneira de aumentar o dano aos inimigos na frente do Monge, em vez de jogá-los para trás. **Clarão Elétrico** aumenta a Chance de esquiva do Monge enquanto ele ataca com Punhos Trovejantes. Esquivar-se não é uma manobra física por si só, mas sim uma chance estatística de fugir de um ataque. Esquiva é um aspecto importante da estratégia de batalha do Monge, já que ele desfere mais golpes a curta distância. Selecione **Carga Estática**, complete um combo de três golpes em seu alvo principal e então se concentre em inimigos próximos com Punhos Trovejantes para danificar ainda mais o alvo inicial. **Trovoada** converte Punhos Trovejantes em um ataque de área. O Monge teletransporta para o inimigo alvo e causa danos em todos os inimigos dentro de 6 jardas com cada soco.

**Relâmp. Encadeado**
**Destravado: Nível 6**
Cada terceiro soco libera relâmpagos encadeados em vez de jogar os inimigos para trás. Cada golpe causa dano de arma Elétrico de 35%.

**Clarão Elétrico**
**Destravado: Nível 14**
Aumenta sua chance de esquiva em 16% por 2 segundos.

**Carga Estática**
**Destravado: Nível 30**
O alvo é carregado com eletricidade por 5 segundos e leva dano de arma Elétrico de 37% quando você ataca os inimigos próximos com Punhos Trovejantes.

**Aceleração**
**Destravado: Nível 42**
Acertos Críticos geram um adicional de 15 Espírito.

**Trovoada**
**Destravado: Nível 52**
Todo terceiro soco libera um Relâmpago Encadeado em vez de abater os inimigos de volta. Cada raio causa um dano de arma Elétrico de 73%.

HAB. ATIVA: HAB. DO MOUSE: PRIMÁRIA

## ALCANCE MORTAL

DESTRAV.: n.3

*Projeta linhas de pura força a uma curta distância com dano de arma de 110%. Cada terceiro golpe se estende por 25 jardas.*

- Gera 6 Espírito por ataque.

**Alcance Mortal é semelhante a Punhos Trovejantes em velocidade, geração de Espírito e eficácia geral. Mas onde ele realmente se destaca é no alcance. Fiel ao seu nome, Alcance Mortal dá ao Monge um ataque corpo a corpo mais longo do que ele teria de outra forma. Isso é particularmente útil se um dos dois primeiros ataques desfere um golpe fatal — o terceiro golpe pode alcançar e acertar um inimigo mais distante. O ataque também é ideal quando combinado com Santuário Interno já que permite permanecer dentro de Santuário Interno e atingir inimigos fora dele.**

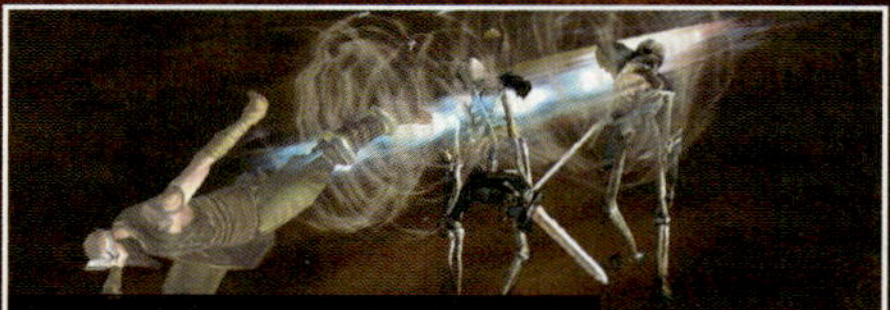

Um soco, um golpe de ombro, em seguida um chute que se estende por 25 jardas.

### RUNAS

Alcance Mortal é um ataque de curto alcance que coloca o Monge no caminho do dano. **Olho Vivo** fornece vários segundos de Armadura aumentada cada vez que o Alcance Mortal acerta um terceiro ataque. Em vez de perfurar uma linha de inimigos, **Golpes Espalhados** substituem o terceiro ataque por um de área de efeito que atinge todos os inimigos dentro de 15 jardas com dano Elétrico pesado — foque o seu ataque sobre o alvo principal e aprecie os danos colaterais infligidos aos outros. **Golpe por Trás** quase dobra a quantidade de Espírito gerada por este ataque, ajudando assim a garantir uma oferta adequada do recurso para os ataques. **Previsão** fornece 30 segundos de dano aumentado para o Monge. Libere este ataque apenas quando o Monge tem Espírito suficiente para que você possa aproveitar o bônus de dano com uma enxurrada de ataques pesados.

**Tridente Perfurante**
**Destravado: Nível 9**
Aumenta a área de efeito do segundo e terceiro ataques.

**Olho Vivo**
**Destravado: Nível 18**
O terceiro ataque aumenta sua Armadura em 50% por 4 segundos.

**Golpes Espalhados**
**Destravado: Nível 34**
O terceiro golpe é substituído por um ataque que acerta até 6 inimigos próximos dentro de 15 jardas com dano de arma Elétrico de 170%.

**Ataque do Além**
**Destravado: Nível 47**
Acertos Críticos geram 10 Espírito.

**Previsão**
**Destravado: Nível 54**
O terceiro ataque aumenta o dano de todos os ataques em 18% por 30 segundos.

CLASSES

HAB. ATIVA: HAB. DO MOUSE: PRIMÁRIA

## ONDA INCAPACITANTE

DESTRAV.: n. 11

*Desencadeia grandes ataques de varredura que causam danos de arma de 110% a todos os inimigos à sua frente. Cada terceiro golpe causa danos a todos os inimigos ao redor, diminui a velocidade de movimento deles em 30% e a velocidade de ataque em 20% por 3 segundos.*

- Gera 6 Espírito por ataque.

**A Onda Incapacitante é uma excelente alternativa para os ataques corpo a corpo primários usados para gerar Espírito. Embora não tão rápida como Punhos Trovejantes ou Palma Explosiva, a habilidade Onda Incapacitante de atacar todos os inimigos ao redor do Monge (no terceiro golpe apenas) e é adequada para situações em que o Monge está sendo cercado. A capacidade de retardar a velocidade de movimento e ataque do inimigo da Onda Incapacitante a torna um valioso método de controle de multidões em dificuldades mais altas.**

O terceiro golpe da Onda Incapacitante diminui a velocidade de ataque e de movimento do inimigo!

### RUNAS

**Concussão** não apenas retarda o movimento e velocidade de ataque dos inimigos, como também reduz o dano que eles podem causar por 3 segundos. Aqueles com Chance de Acerto Crítico muito alta irão querer habilitar **Maré Enchente** para ganhar 5 Espírito cada vez que o Monge faz um Acerto Crítico. Isto tem o potencial de gerar uma enorme quantidade de Espírito ao se enfrentar grandes grupos, dada a quantidade de inimigos que a Onda Incapacitante atinge. **Tsunami** aumenta o alcance do terceiro golpe para incluir todos os inimigos dentro de 17 jardas, convertendo a habilidade em um ataque de área efetivo. Coordene o ataque de **Arrebentação** com seus aliados para tirar o máximo proveito do bônus de dano que essa runa gera.

**Dilacerar**
**Destravado: Nível 17**
Aumenta o dano para 143% de dano de arma.

**Concussão**
**Destravado: Nível 26**
Inimigos atingidos pela Onda Incapacitante infligem 20% menos danos por 3 segundos.

**Maré Enchente**
**Destravado: Nível 36**
Acertos Críticos geram 5 Espírito.

**Tsunami**
**Destravado: Nível 51**
O alcance do terceiro golpe da Onda Incapacitante é aumentado para 17 jardas e o efeito da redução de velocidade de movimento é aumentado para 60%.

**Arrebentação**
**Destravado: Nível 57**
Inimigos atingidos pela Onda Incapacitante recebem 10% de dano adicional de todos os ataques durante 3 segundos.

HAB. ATIVA: HAB. DO MOUSE: PRIMÁRIA

## CAMINHO DOS CEM PUNHOS

DESTRAV.: n. 15

*Uma rápida série de socos que atingem inimigos com danos de arma de 140%.*

- Gera 6 Espírito por ataque.

**O Caminho dos Cem Punhos é a mais simples das habilidades geradoras de Espírito, mas também uma das mais poderosas. Apesar da falta de um efeito especial no terceiro golpe, a habilidade causa mais dano e é mais rápida do que outros ataques. Isso permite que o Monge inflija ainda mais dano por segundo do que com outros ataques, especialmente se você continuar a clicar no inimigo rapidamente e não dar a ele tempo para passar entre a saraivada de golpes. Cada acerto individual neste combo de três golpes na verdade acerta múltiplas vezes — a habilidade não se chama Caminho dos Cem Punhos à toa!**

A saraivada de socos é quase rápida demais para ser vista a olho nu e termina com um golpe de repulsão poderoso!

### RUNAS

**Punhos Flamejantes** valem ser selecionados por aqueles com uma chance de Acerto Crítico alta. Cada Acerto Crítico que você fizer aumenta a velocidade de ataque e de movimento por 5 segundos. **Punhos de Fúria** acrescenta uma investida curta ao ataque inicial e faz os alvos sofrerem dano adicional por 5 segundos. Coordene seus aliados para concentrar os golpes deles contra os inimigos que você atingir com este ataque para tirar o máximo proveito. **Salva Entusiasmada** dá 15% de chance de gerar 15 Espírito. Habilite esta runa se você costuma ficar com pouco Espírito ou apenas use essa habilidade para construir Espírito, em oposição ao uso do Caminho dos Cem Punhos como um ataque focal. **Frêmito da Ventania** faz com que o terceiro golpe deste ataque gere uma explosão perigosa de vento que atinge todos os inimigos diretamente à frente do Monge causando dano muito alto.

**Mãos de Eletricidade**
**Destravado: Nível 24**
Aumenta o número de golpes no segundo ataque de 7 para 10.

**Punhos Flamejantes**
**Destravado: Nível 32**
Acertos Críticos aumentam sua velocidade de ataque e de movimento em 5% por 5 segundos. Este efeito se acumula em até 3 vezes.

**Punhos de Fúria**
**Destravado: Nível 40**
Alvos afetados recebem 10% a mais dano de arma Sagrado de por 5 segundos. Também acrescenta uma investida curta ao primeiro ataque.

**Salva Entusiasmada**
**Destravado: Nível 48**
Cada ativação da habilidade tem uma chance de 15% de gerar 15 Espírito adicional.

**Frêmito da Ventania**
**Destravado: Nível 60**
O terceiro golpe gera uma onda de vento com dano Físico de 250% aos inimigos à frente.

HAB. ATIVA: HAB. DO MOUSE: SECUNDÁRIA

## RABO DE ARRAIA

DESTRAV.: n. 2

*Desencadeia um chute giratório mortal que derruba os inimigos à volta e causa dano de arma de 200%.*

- Custa 30 Espírito.

**Mesmo combatentes corpo a corpo precisam de espaço para respirar de vez em quando. Libere o Rabo de Arraia para desferir um chute poderoso a vários inimigos na frente do Monge. Eles serão jogados para trás a uma distância considerável e sofrerão danos pesados. Este ataque é muito útil quando você estiver com pouca Vida, cercado por todos os lados ou jogando de forma cooperativa e indo ajudar o Arcanista ou o Caçador de Demônios. Sua capacidade de jogar para trás uma série de inimigos também é particularmente útil contra monstros incandescentes e congelados.**

O Rabo de Arraia pode fazer até mesmo inimigos com escudos voarem para trás.

### RUNAS

**Armada de Chutes** mantém o dano de arma base de 200%, e mais que duplica a distância de Repulsão e, temporariamente, retarda o movimento dos inimigos. **Chute Giratório Flamejante** aumenta o dano causado aos inimigos e estende o ataque àqueles que estão além da linha de frente. **Rei Escorpião** substitui a Repulsão por um breve efeito de atordoamento de um segundo, o que é ideal contra os inimigos a distância, que ainda podem atacar depois de serem jogados para trás, a menos que estejam atordoados. **Mão de Ytar** amplia o alcance do Rabo de Arraia, permitindo assim ao Monge realizar o ataque enquanto fica fora do alcance do inimigo corpo a corpo. Ele também retarda os impactados durante 2 segundos.

**Chute da Garra de Rapineira**
**Destravado: Nível 7**
Queima os inimigos próximos com dano de arma Ígneo de 220% e causa Repulsão.

**Armada de Chutes**
**Destravado: Nível 15**
Aumenta a distância da Repulsão em 150% e diminui a velocidade de movimento dos inimigos atingidos em 60% por 2 segundos.

**Chute Giratório Flamejante**
**Destravado: Nível 28**
Queima os inimigos, causando dano de arma Ígneo de 240% a cada inimigo que atinge.

**Escorpião**
**Destravado: Nível 38**
Os inimigos tem 50% de chance de ficarem atordoados por um 1,5 segundos em vez de serem repelidos.

**Mão de Ytar**
**Destravado: Nível 52**
Ataca os inimigos a longa distância, diminuindo a velocidade de movimento dos alvos afetados em 80% por 2 segundos.

HAB. ATIVA: HAB. DO MOUSE: SECUNDÁRIA

## PÉS DE TORMENTA

DESTRAV.: n. 5

*Passa diretamente através de seus inimigos, jogando-os para trás e deixando-os mancando, o que retarda o seu movimento em 60% por 2 segundos. Também causa dano de arma de 50%, enquanto em execução.*

- Custa 15 Espírito mais um adicional de 10 Espírito por segundo.

**Não há situação pior para um Herói do que ser cercado por todos os lados por inimigos durões sem ter para onde fugir. Felizmente, cada classe tem uma habilidade que permite se libertar. Pés de Tormenta é a habilidade do Monge. Ative-a (e continue a pressionar o botão direito do mouse) para fazer o Monge rodopiar um antigo cajado mágico enquanto investe contra a linha inimiga. Pés de Tormenta joga os inimigos para o lado, causa dano de arma e ainda retarda o movimento deles. Corridas longas com Pés de Tormenta não ficam baratas — 10 Espírito por segundo — mas esta é uma habilidade que você não pode se dar ao luxo de ficar sem quando está com pouca Vida e rodeado por monstros Campeões!**

Nunca mais fique preso — Pés de Tormenta permite irromper em linha reta através das linhas inimigas!

### RUNAS

**Vento de Popa** aumenta a velocidade de movimento da habilidade base em 25%. Se mover mais rápido ao usar os Pés de Tormenta consomem menos Espírito através da canalização, percorrendo a mesma distância. **Frêmito** aumenta o grau em que os inimigos são retardados, tornando mais fácil fugir para a segurança e evitar perseguidores enquanto você se reagrupa. O Monge ainda pode receber dano enquanto ele está usando os Pés de Tormenta, especialmente de atacantes de longo alcance fora de seu caminho. **Túnel de Vento** reduz a quantidade de dano que o Monge recebe ao usar a habilidade. **Rompante** reduz o dano de inimigos jogados para trás durante a duração de dois segundos da habilidade, tornando-os menos capazes de causar danos substanciais ao Monge. O resultado final é semelhante ao Túnel de Vento, mas o Monge não precisa continuar usando Carga Tempestuosa para desfrutar os benefícios de redução de dano.

**Vento Norte**
**Destravado: Nível 11**
Reduz o uso da canalização dos Pés de Tormenta para 8 Espírito.

**Vento de Popa**
**Destravado: Nível 20**
Aumenta a velocidade de movimento dos Pés de Tormenta em 25%.

**Frêmito**
**Destravado: Nível 33**
Aumenta a potência do efeito de mancar, retardando o movimento inimigo em 80%.

**Túnel de Vento**
**Destravado: Nível 45**
Reduz o dano recebido durante a corrida em 25%.

**Rompante**
**Destravado: Nível 56**
Inimigos batido para trás têm seus danos reduzidos em 20% enquanto o efeito dura.

CLASSES

HAB. ATIVA: HAB. DO MOUSE: SECUNDÁRIA

## ONDA DE LUZ

DESTRAV.: n.12

*Foca uma onda de luz que esmaga os inimigos com dano de arma Sagrado de 150%, seguido por um dano de arma Sagrado de adicional de 150% a todos os inimigos em uma linha.*

- Custa 100 Espírito.

**Encare seus inimigos e invoque um sino mágico dos céus. O Monge então bate o sino, enviando uma Onda de Luz que causa dano Sagrado a todos os oponentes. O crash inicial do sino também causa dano Sagrado, tornando este um ótimo ataque ao se deparar com muitos inimigos se alinhando para atacar você de perto. Este não é um ataque particularmente rápido de executar, mas o dano inicial de esmagamento do sino caindo deve limpar todas as ameaças próximas.**

Bata em um sino santo, criando uma Onda de Luz do outro lado e mandando os inimigos pelos ares.

### RUNAS

**Parede de Luz** aumenta o dano causado pelo ataque inicial de 150% para 240%, tornando esse um ataque ideal para usar contra um alvo único ou um Raro e seus lacaios. **Luz Explosiva** converte a habilidade em um ataque único que causa dano pesado a todos os inimigos próximos, não apenas àqueles em uma linha. Heróis com uma chance de Acerto Crítico alta podem usar a **Luz Cegante** não apenas para causar danos, mas também para atordoar inimigos que são criticamente atingidos. **Pilar dos Ancestrais** aumenta drasticamente o dano inicial e o do segundo golpe, mas adiciona um atraso de dois segundos antes do segundo ataque. Combine Onda de Luz com Pilar dos Ancestrais para ter acesso ao ataque mais perigoso do Monge!

**Parede de Luz**
**Destravado: Nível 18**
Aumenta o dano da explosão inicial para causar 312% de dano de arma Sagrado.

**Luz Explosiva**
**Destravado: Nível 25**
Libera rajadas de energia que causam dano de arma Sagrado de 285% aos inimigos próximos.

**Onda Potencializada**
**Destravado: Nível 35**
Reduz o custo da Onda de Luz para 40 Espírito.

**Luz Cegante**
**Destravado: Nível 49**
Acertos Críticos atordoam os inimigos por 3 segundos.

**Pilar dos Ancestrais**
**Destravado: Nível 57**
Invoca um pilar antigo que causa dano de arma de 210%, seguido de mais 210% após 2 segundos.

HAB. DA BARRA DE AÇÃO (#1) DEFENSIVA

## CLARÃO CEGANTE

DESTRAV.: n.4

*Um flash que cega os inimigos dentro de 20 jardas por 3 segundos. Inimigos de Elite se recuperam mais rápido, mas têm uma chance de 30% de errar ataques.*

- Custa 10 Espírito.
- Resfriamento de 15 segundos.

**Clarão Cegante é uma importante habilidade para usar no início da aventura, bem como mais tarde, quando o número de inimigos atacando ao mesmo tempo aumenta. Ela cega os inimigos por três segundos, interrompendo suas habilidades ofensivas a menos que sejam provocados. Isso permite que o Monge ganhe uma vantagem considerável contra grandes grupos. Siga este ataque com a Palma Explosiva ou uma habilidade de área de efeito que se espalha para vários inimigos. Isso atrasa o ataque dos outros até que a duração do cegamento termine.**

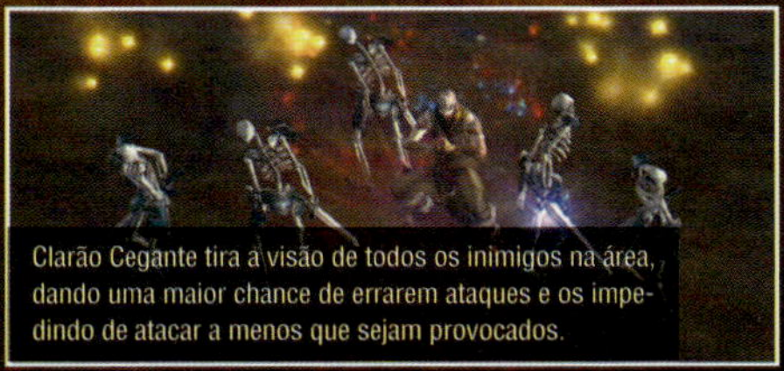

Clarão Cegante tira a visão de todos os inimigos na área, dando uma maior chance de errarem ataques e os impedindo de atacar a menos que sejam provocados.

### RUNAS

**Cego e Confuso** cria a chance dos inimigos cegos atacarem uns aos outros. Há apenas uma chance em quatro de que isso ocorra, mas você pode reconhecer os resultados usando Clarão Cegante contra grupos maiores. **Eco Cegante** provoca um segundo clarão breve alguns segundos após a primeiro. O segundo flash irá atordoar todos os inimigos dentro de 20 jardas por meio segundo, criando apenas a oportunidade para que o Monge pressione o ataque ou recolha rapidamente um globo de vida nas proximidades. **Luz Calcinante** aumenta a chance de que os inimigos de Elite (Campeão, Raro, Único, etc.) errem seus ataques após se recuperarem da cegueira. **Fé na Luz** adiciona 30% de dano para cada um dos ataques do Monge por 3 segundos após o uso do Clarão Cegante. Tenha um ataque de área de efeito poderoso pronto e libere-o com resultados devastadores imediatamente após o uso do clarão ofuscante.

**Autorreflexão**
**Destravado: Nível 12**
Aumenta o tempo que os inimigos ficam cegos para 4 segundos.

**Cego e Confuso**
**Destravado: Nível 19**
Inimigos cegos têm 25% de chance de atacar uns aos outros.

**Eco Cegante**
**Destravado: Nível 28**
Um segundo flash de luz irá cegar os inimigos dentro de 20 jardas por 0,5 segundo, 6 segundos depois de usar o Clarão Cegante.

**Luz Calcinante**
**Destravado: Nível 41**
Aumenta a chance dos inimigos de elite errarem os ataques para 60%.

**Fé na Luz**
**Destravado Nível 55**
Durante 3 segundos depois de usar o Clarão Cegante, todos os seus ataques têm o poder de causar dano de arma adicional Sagrado de 30%.

HAB. DA BARRA DE AÇÃO (#1) DEFENSIVA

## SOPRO DO PARAÍSO

DESTRAV.: n.8

*Uma explosão de energia divina cura você e todos os aliados dentro de 12 jardas para 127-153 de Vida (a quantidade de cura é baseada no nível de jogador; números mostrados refletem habilidade em jogador de nível 8).*

- Custa 25 Espírito.
- Recarga de 15 segundos.

**O Monge é o único curador verdadeiro entre as cinco classes de Herói, todo grande grupo deve considerar trazê-lo para a luta. A recarga limita o uso repetido, mas o custo baixo de Espírito torna essa habilidade mais valiosa do que um estoque de poções. Sempre avise seus aliados quando você está prestes a usar o Sopro do Paraíso para que eles fiquem a menos de 12 jardas e se beneficiem. Deve ser usado estrategicamente em batalhas, dado o seu tempo de recarga. O Sopro do Paraíso é perfeito quando não há globos de vida, ou enquanto você está esperando pela recarga de uma poção. A recarga demorada de poções a limita a utilidade delas, por isso certifique-se de manter Espírito em mãos para usar o Sopro do Paraíso se você precisar de um refil de emergência. Jogadores individuais podem preferir Mantra da Cura.**

A energia Sagrada brilha nos céus e cura o Monge e todos os aliados próximos.

### RUNAS

**Círculo do Desprezo** supre a necessidade de cura do Monge durante o combate. Utilize este emparelhamento de habilidade/runa não só para curar, mas para infligir dano Sagrado aos inimigos na área de efeito. **Ira Flamejante** recupera a sua Vida e a de e seus aliados com um bônus de dano de 15% por 45 segundos. Apenas o Monge recebe o bônus de dano, mas todos os aliados são curados. **Infusão de Luz** dobra a quantidade de Espírito que o Monge pode ganhar com ataques geradores de Espírito por 5 segundos após usar a habilidade — selecione esta runa somente se você estiver rotineiramente com pouco Espírito. Desencadear Sopro do Paraíso com **Chama Penitente** cura o Monge e seus aliados próximos enquanto causa medo em todos os inimigos dentro da área. Todos os alvos amedrontados irão fugir do Monge por 1,5 segundo, permitindo a ele recuperar o fôlego e se preparar para a próxima onda de atacantes.

**Círculo do Desprezo**
**Destravado: Nível 14**
Sopro do Paraíso também seca os inimigos com dano de arma Sagrado de 96%.

**Círculo da Vida**
**Destravado: Nível 21**
Aumenta o poder do Sopro do Paraíso para 165-198 Vida (com base no nível de jogador; os números mostrados refletem habilidade em jogador de nível 8).

**Ira Flamejante**
**Destravado: Nível 32**
O Sopro do Paraíso aumenta o dano de seus ataques em 15% por 45 segundos.

**Infusão de Luz**
**Destravado: Nível 44**
Dá 6 Espírito adicional a ataques geradores de Espírito por 5 segundos depois de usar Sopro do Paraíso.

**Chama Penitente**
**Destravado: Nível 59**
Inimigos expostos ao Sopro do Paraíso fogem com medo por 1,5 segundo.

HAB. DA BARRA DE AÇÃO (#1) DEFENSIVA

## SERENIDADE

DESTRAV.: n.16

*Você é envolto em um escudo protetor que absorve todo o dano recebido por 3 segundos e o deixa imune a todos os efeitos que prejudicam o controle.*

- Custa 10 Espírito.
- Recarga de 45 segundos.

**Três segundos podem não parecer muito, mas podem fazer toda a diferença na vida de um Herói, particularmente quando à espera da recarga de uma poção ou quando cercado por um inimigo Raro e seus lacaios. Você pode não querer ocupar sempre um espaço de habilidade com Serenidade, mas ela é valiosa contra os inimigos e chefes nos níveis de dificuldade mais altos do jogo. Serenidade intercepta todos os danos e faz com que o Monge não seja afetado por quaisquer efeitos de estado, tais como Retardar, Confundir ou Amedrontar.**

Serenidade dá ao Monge um aspecto de bronze e protege contra todos os danos recebidos.

### RUNAS

**Descanso em Paz** é ótimo quando se joga sozinho, já que mantém a capacidade base de absorver dano por 3 segundos e cura significativamente. Ao contrário do Sopro do Paraíso, esse par habilidade/runa não beneficia aliados próximos. **Colher o que Plantou** é mais eficaz se o Monge está para ser cercado por vários inimigos. Ative a habilidade apenas quando você se aproxima da onda de inimigos e veja como o escudo explode e causa danos num raio de 20 jardas. Quanto mais dano a habilidade absorve, mais dano é causado na explosão. **Tranquilidade** estende os efeitos da Serenidade a todos os aliados num raio de 45 jardas e os protege de danos e efeitos de controle por 3 segundos. Observe os movimentos de seus aliados no campo de batalha e tente coordenar um ataque para aproveitar ao máximo essa habilidade. Ao invés de só absorver o dano recebido, **Carma instantâneo** reflete 50% de todos os ataques de volta aos atacantes.

**Descanso em Paz**
**Destravado: Nível 23**
Serenidade cura você para 578-707 Vida (com base no nível de jogador; números mostrados refletem habilidade em jogador de nível 16).

**Colher o que Plantou**
**Destravado: Nível 29**
Quando Serenidade acaba, o escudo explode, infligindo 30% do dano absorvido como dano Sagrado aos inimigos em 20 jardas.

**Tranquilidade**
**Destravado: Nível 39**
Estende o escudo aos aliados dentro de 45 jardas por 2 segundos e os torna imunes aos efeitos que prejudicam os controles.

**Ascensão**
**Destravado: Nível 47**
Aumenta a duração da Serenidade em 4 segundos.

**Carma instantâneo**
**Destravado: Nível 54**
Enquanto Serenidade está ativa, 50% de todos os projeteis e ataques corpo a corpo são refletidos de volta para o atacante.

CLASSES

HAB. DA BARRA DE AÇÃO (#1) DEFENSIVA

## SANTUÁRIO INTERNO

DESTRAV.: n. 22

*Criar um círculo rúnico de proteção no chão durante 6 segundos no qual os inimigos não podem entrar.*

- Custa 30 Espírito.
- Recarga de 30 segundos.

**O Santuário Interno é uma das habilidades mais importantes do Monge, já que cria um porto seguro para o Herói durante 8 segundos (desde que o Monge fique no centro do círculo). Use o Santuário Interno para repelir um grupo de inimigos, enquanto permite que o Monge ataque apenas alguns deles ao lado do círculo. O Santuário Interno também pode ser utilizado para bloquear eficazmente inimigos vindos de uma porta ou atravessando uma ponte. Este é um excelente uso da habilidade durante um jogo cooperativo, pois permite que os atacantes de longo alcance realizem um ataque seguro. O Santuário Interno é menos útil em espaços abertos, então em vez dele você pode optar por uma das outras habilidades defensivas deste conjunto.**

Instantaneamente afaste um grupo de inimigos e crie um círculo de proteção pelo qual eles não podem passar.

### RUNAS

**Refúgio Seguro** é ótimo para jogadores individuais e times já que restaura uma quantidade significativa de Vida por segundo a todos dentro do círculo. Use o **Solo Sagrado** para bloquear uma passagem estreita, porta ou outro ponto de estrangulamento para não só bloquear o movimento do inimigo, mas também retardar o seu avanço por 6 segundos após o término do efeito. **Círculo de Proteção** pode não curar os jogadores dentro do círculo, mas reduz a quantidade de dano que eles recebem enquanto estão lá. Isto é particularmente útil em áreas com muitos inimigos de longa distância que podem atacar além do raio do Santuário Interno. O Santuário Interno repele os inimigos do círculo rúnico que aparece, mas **Local Proibido** também inflige dano significativo no processo. Atraia uma multidão em sua direção antes de ativar esta habilidade para obter melhores resultados.

**Refúgio Seguro**
Destravado: Nível 26
Você e seus aliados na área de efeito do Santuário Interno regeneram 126 Vida por segundo (baseado no nível 22 do jogador).

**Solo Sagrado**
Destravado: Nível 31
Quando o Santuário Interno expira, a terra fica santificada por 6 segundos, retardando em 60% o movimento de todos os inimigos que passam por ela.

**Consagração**
Destravado: Nível 37
Aumenta a duração do Santuário Interno para 7 segundos.

**Círculo de Proteção**
Destravado: Nível 43
Você e seus aliados na área de efeito do Santuário Interno sofrem 35% menos dano.

**Local Proibido**
Destravado: Nível 58
Você e seus aliados atacando dentro da área de efeito do Santuário Interno causam um dano adicional de 10%.

HAB. DA BARRA DE AÇÃO (#2) TÉCNICAS

## ÍMPETO VIOLENTO

DESTRAV.: n. 9

*Colide rapidamente com o inimigo ou local alvo, causando dano de arma de 100% e enraizando o alvo durante 1 segundo.*

- Custa 25 Espírito.

**O Monge se move com o vento e corre em direção — e através — do inimigo alvo para infligir um ataque punitivo por trás. O ataque inflige apenas 100% de dano de arma, mas permite deslizar para trás do inimigo. Não há recarga, mas o custo baixo de 25 Espírito torna esta uma boa habilidade para usar quando se inicia um combo longo dada a sua capacidade de enraizar o oponente por 1 segundo. Isto é útil se você está tentando driblar um inimigo que está bloqueando uma porta ou caminho estreito. Também é possível ligar vários Ímpetos Violentos para rapidamente atravessar uma área visando inimigos diferentes. Isto tem o efeito de permitir que o Monge se mova entre inimigos bloqueando o caminho — e os impeça temporariamente de o perseguir!**

Os golpes do Monge passam pelo inimigo como uma rajada de vento, em seguida ele ataca por trás!

### RUNAS

Sem a força do Bárbaro, o Monge deve contar a evasividade a fim de sobreviver às batalhas corpo a corpo que ele enfrenta. **Caminho da Estrela Cadente** dá um aumento temporário de velocidade de movimento, possibilitando usar o Ímpeto Violento e, em seguida, recuar. **Voadora** produz 50% de chance de atordoar o inimigo, mas **Cabeça Voadora** efetivamente retarda todos os inimigos no caminho por dois segundos — a certeza de controle de multidão é muitas vezes preferível à chance de atordoamento. **Velocidade Cegante** produz um aumento na chance de esquiva por 3 segundos, aumentando significativamente as chances de escapar de ataques inimigos nesse período.

**Caminho da Estrela Cadente**
Destravado: Nível 15
Depois de acertar um inimigo, sua velocidade de movimento é aumentada em 25% por 3 segundos.

**Voadora**
Destravado: Nível 23
Dá uma voadora que tem 60% de chance de atordoar o alvo por 1,5 segundos.

**Ímpeto Explosivo**
Destravado: Nível 32
Reduz o custo do Ímpeto Violento para 10 Espírito.

**Cabeça Voadora**
Destravado: Nível 39
Lança você pelo ar e retarda todos os inimigos em seu caminho em 60% por 2 segundos.

**Velocidade Cegante**
Destravado: Nível 49
Recebe um aumento de 20% na chance de esquiva por 3 segundos.

HAB. DA BARRA DE AÇÃO (#2) TÉCNICAS

## PALMA EXPLOSIVA

DESTRAV.: n. 13

*Faz o alvo sangrar com dano de arma Físico de 220% por 3 segundos. Se o alvo morrer enquanto estiver sangrando, ele explode e causa dano físico a 30% da Vida máxima do alvo a todos os inimigos próximos.*

- Custa 40 Espírito.

**Palma Explosiva gera a mesma quantidade de Espírito de outras habilidades nesta categoria, mas pode inflingir danos. Em vez de apenas causar mais danos no terceiro ataque, Palma Explosiva provoca três segundos de sangramento. Inimigos que morrem enquanto sangram explodem e causam dano a outros oponentes. Considere o uso de outro ataque para suavizar um inimigo difícil primeiro e depois use a Palma Explosiva para causar o sangramento. Essa habilidade também vem a calhar contra Raros e Lacaios — ataque cada um dos Lacaios com uma combinação de Palma Explosiva para acertar o Raro com as explosões. Ou, inversamente, foque no inimigo com a maior Vida máxima em primeiro lugar e assista à explosão resultante acabar com os lacaios.**

Um ícone de fantasmagórico aparece sobre a cabeça do inimigo sangrando no terceiro ataque da Palma Explosiva.

### RUNAS

**A Carne é Fraca** é perfeita para grandes inimigos únicos, pois aumenta o dano que eles recebem por três segundos após o ataque. Acerte-os com a Palma Explosiva para desencadear o efeito, em seguida exploda o inimigo com a Onda de Luz ou outra habilidade. Embora você possa tentar atingir o inimigo com mais saúde, **Espírito Forte** pode fazer você mudar de ideia. Mire nos inimigos mais fracos que explodem durante a fase de sangramento para ganhar 5 Espírito para cada inimigo atingido. **Morte Lenta** faz dois alvos sangrarem após o terceiro golpe em vez de apenas o inimigo alvo. **Queima de Essência** é uma das runas mais eficazes contra muitos inimigos. O efeito queimante não dura muito, mas se espalha a todos os monstros próximos se o alvo morre. O fato de que este efeito pode se encadear ajuda a torná-lo um belo ataque de área, ainda mais se você também tem um aliado infligindo dano de área de efeito enquanto em chamas.

**A Carne é Fraca**
Destravado: Nível 18
O terceiro ataque também faz com que o alvo receba 12% de dano adicional por 3 segundos.

**Espírito Forte**
Destravado: Nível 25
Se o alvo explode sangrando, você ganha 5 pontos de Espírito para cada inimigo atingido.

**Morte Lenta**
Destravado: Nível 36
Também reduz a velocidade de movimento do seu alvo em 80%.

**Perdição Iminente**
Destravado: Nível 44
Aumenta a duração do efeito de Sangramento para causar 220% de dano de arma Físico por 6 segundos.

**Queima de Essência**
Destravado: Nível 51
O alvo queima com dano de 250% de arma Ígnea por 3 segundos. Se o alvo morrer enquanto estiver queimando ele explode e queima todos os seus inimigos com dano Ígena de 60% por 3 segundos. Este efeito pode ser corrente.

HAB. DA BARRA DE AÇÃO (#3) FOCO

## VENTOS CORTANTES

DESTRAV.: n. 21

*Cerque-se por um vórtice que causa 15% de dano de arma a todos os inimigos próximos em 10 jardas. O vórtice dura 6 segundos e é renovado cada vez que você atingir um inimigo em um ataque corpo a corpo. Conseguir um Acerto Crítico dobra o efeito do Vórtice para um total de dano de arma de 45% aos inimigos próximos.*

- Custa 75 Espírito.

**Ventos Cortantes é a melhor habilidade de geração de Espírito quando você está cercado de inimigos por todos os lados. A habilidade pode ser desencadeada por atacar qualquer oponente de sua escolha por três vezes para criar o vórtice. Continue atacando inimigos três vezes para criar efeitos de vórtice adicionais que se acumulam até três vezes. Esta habilidade é particularmente útil quando combinada com o Santuário Interno, pois permite que o Monge ataque vários inimigos enquanto fica perto o suficiente para receber contragolpes de apenas um ou dois.**

O chute mortal do Monge cria um vórtice de ar que continua a causar dano por 5 segundos.

### RUNAS

**Tempestade de Lâminas** ajuda a aumentar a eficácia dos Ventos Cortantes como um ataque de área de efeito centrado no Monge. Direcione a maior ameaça a uma multidão para vários ataques de três golpes com Ventos Cortantes e veja o vórtice crescer para infligir dano de 60% a todos os inimigos próximos. **Tempestade de Fogo** estende a largura do vórtice para impactar todos os inimigos dentro de 14 jardas do Monge, enquanto causa dano Ígneo. **Mestre dos Ventos** prolonga a duração do vórtice de 5 para 10 segundos, dando ao Monge mais tempo para acumular o efeito e também mais tempo para correr através de multidões de inimigos com o vórtice girando em torno dele. Continue a atacar os Ventos Cortantes para manter a contagem máxima de acumulação com o **Ciclone** selecionado para gerar tornados de eletricidade que duram 3 segundos e podem eletrocutar os inimigos.

**Mestre dos Ventos**
Destravado: Nível 27
Aumenta a duração do vórtice em 10 segundos.

**Temp. de Lâminas**
Destravado: Nível 33
Intensifica o vórtice, aumentando o dano por etapa para 20% de dano de arma. Isto aumenta o dano acumulado 3 vezes para dano de arma de 60%.

**Temp. de Fogo**
Destravado: Nível 38
Aumenta o raio do vórtice para 14 jardas e modifica o dano causado para Ígneo.

**Temp. Interior**
Destravado: Nível 46
Enquanto o seu vórtice estiver na contagem máxima de acumulação, você ganha 3 Espírito por segundo.

**Ciclone**
Destravado: Nível 56
Como o vórtice está na acumulação máxima, cada terceiro golpe gera um tornado que pode eletrocutar inimigos com danos Elétricos de 20%. Cada um dura 3 segundos.

CLASSES

HAB. DA BARRA DE AÇÃO (#3) FOCO

## GOLPE CICLONE

DESTRAV.: n.14

*Puxa todos os inimigos 24 jardas em direção a você, seguido por uma furiosa explosão de energia que causa dano de arma Sagrado de 100%.*

- Custa 50 Espírito.

**O Golpe Ciclone é uma habilidade excelente para áreas congestionadas, especialmente quando se explora uma área com um grande número de inimigos menores, tais como Peões Decaídos, Aguilhantes Atormentados ou Saltadores Emburacados. Libere este ataque para puxar os inimigos para perto para uma explosão Sagrada instantânea, que inflige danos tremendos. É possível matar 20 ou mais monstros com um único ataque! Só tome cuidado ao usá-lo perto de inimigos que são Empesteados ou Incandescentes, já que você não quer necessariamente trazê-los para perto. Nem todos os inimigos são suscetíveis a terem seus movimentos controlados pelo ataque; o Golpe Ciclone pode não afetar o movimento dos chefes e de alguns inimigos únicos.**

Puxe-os e exploda-os!

### RUNAS

**Olho da Tormenta** oferece uma grande redução no custo de Espírito da habilidade, o Monge pode realizar o Golpe Ciclone três vezes com o medidor de Espírito cheio em vez de apenas duas vezes. **Implosão** puxa inimigos que estão até 34 jardas distantes, o que permite causar dano de arma de 150% a uma quantidade enorme de inimigos em áreas congestionadas. Prepare este ataque colocando Minas Terrestres em seus pés para continuar a ferir os inimigos puxados para o ataque. **Conflagração** mantém o dano da habilidade base, mas provoca uma explosão que amedronta os inimigos por 2 segundos. Isso dá tempo ao Monge para coletar saque e globos de vida entre os ataques, essencialmente realizando táticas de bater e correr, mas fazendo os inimigos correrem. **Brisa Suave** é uma runa de fim de jogo que cura o Monge e seus aliados próximos com uma enorme quantidade de vida, ao mesmo tempo que realiza o ataque Golpe Ciclone básico.

**Olho da Tormenta**
**Destravado: Nível 21**
Reduz o custo do Golpe Ciclone para 30 Espírito.

**Implosão**
**Destravado: Nível 25**
Aumenta a distância em que os inimigos serão puxados em direção a você para 34 jardas.

**Conflagração**
**Destravado: Nível 34**
Altera a explosão para uma explosão de fogo que faz com que os inimigos afetados fiquem amedrontados por 1,5 segundos.

**Barreira de Vento**
**Destravado: Nível 41**
Depois do Golpe Ciclone ganhar uma chance de 20% de se esquivar de ataques durante 3 segundos.

**Brisa Suave**
**Destravado: Nível 55**
O Golpe Ciclone cura 985 Vida num raio de 24 jardas (com base no nível de jogador; números refletem o efeito da runa no jogador de nível 55).

HAB. DA BARRA DE AÇÃO (#3) FOCO

## OFENSIVA DAS 7 ESTRELAS

DESTRAV.: n.17

*Faz você correr entre os inimigos próximos, causando dano de arma de 777% ao golpear 7 vezes.*

- Custa 50 Espírito.
- Recarga de 30 segundos.

**A Ofensiva das Sete Estrelas é uma excelente habilidade ofensiva que entrega ataques pesados — sete para ser exato — a numerosos inimigos próximos. Não só a habilidade causa mais dano que um ataque normal, mas o Monge se move tão rapidamente que ele não pode ser alvo de inimigos. Use essa habilidade sempre que houver vários inimigos a curta distância (a alguns passo do Monge). É especialmente útil depois de amaciar os inimigos com um ataque de área de efeito, já que a Ofensiva das Sete Estrelas pode então entregar os golpes de finalização.**

Um Monge parece tornar-se muitos quando a Ofensiva das Sete Estrelas é lançada sobre um grupo de inimigos.

### RUNAS

**Ataque Repentino** permite que o Monge teletransporte para um alvo distante para iniciar o ataque, enquanto também aumenta moderadamente o dano causado. Isso permite que o Monge contorne uma onda de inimigos mais fracos para concentrar o ataque em um evocador ou inimigo que ataca de longe na parte de trás. **Pandemônio** adiciona 25% de chance de que os inimigos atingidos pelo ataque serão atordoados ou enfeitiçados por 7 segundos. Inimigos atordoados permanecerão imobilizados, enquanto alvos enfeitiçados vão atacar outros inimigos a não ser que você os ataque e quebre o encanto. **Ataque Contínuo** reduz significativamente o tempo de recarga de 30 para 23 segundos, permitindo que a habilidade seja executada com mais frequência. **Massacre Fulminante** mantém a forma base da habilidade, mas acrescenta uma explosão Sagrada a cada golpe que danifica todos os inimigos dentro de 7 jardas.

**Ataque Repentino**
**Destravado: Nível 23**
Teletransporta para o alvo, aumentando o dano causado.

**Ofensiva das Muitas Estrelas**
**Destravado: Nível 29**
Aumenta o número de ataques para 9.

**Pandemônio**
**Destravado: Nível 37**
Inimigos atingidos pela Ofensiva das Sete Estrelas têm uma chance de 25% de serem enfeitiçados ou atordoados por 7 segundos.

**Ataque Contínuo**
**Destravado: Nível 43**
Reduz a recarga da Ofensiva das Sete Estrelas para 7 segundos.

**Massacre Fulminante**
**Destravado: Nível 60**
Cada golpe explode, causando 111% de dano Sagrado em um raio de 7 jardas em torno do alvo.

HAB. DA BARRA DE AÇÃO (#3) FOCO

## ALIADO MÍSTICO

DESTRAVADO n. 22

*Evoca um aliado místico para lutar ao seu lado até que ele seja destruído. O aliado inflige 40% do seu dano de arma como dano Físico em cada golpe.*
- Custa 25 Espírito.

**O Aliado Místico mira no oponente mais próximo para dano físico moderado, se movimenta sozinho e ataca inimigos como se fosse um parceiro de sangue quente. Embora isto atraia alguma atenção dos inimigos na área, muitos continuarão a se ocupar com o Monge. O Aliado Místico brilhará com uma cor diferente para representar o caráter elementar do aliado evocado quando equipado com uma runa, caso contrário, irá continuar a causar dano Físico. Essa habilidade não tem um tempo limite; o Aliado Místico desaparece quando a Vida dele se esgota.**

O Aliado Místico brilha em azul e não hesita em entrar na briga, visando o próximo adversário.

### RUNAS

O **Aliado de Água** concede ao aliado um ataque de onda poderoso que causa o triplo do dano da habilidade básica e também retarda o movimento do inimigo por 2 segundos. **Aliado de Fogo** executa um pontapé em chamas que causa dano moderado, em seguida ateia fogo aos inimigos em uma linha reta, o que torna o Aliado de Fogo ideal para interiores lotados. Acompanhe o seu medidor de Espírito de perto quando utiliza a runa **Aliado Aéreo** já que cada ataque que o aliado faz tem uma chance de 2% de gerar 100 Espírito para o Monge. O ciclone em miniatura que circunda a Aliado Aéreo inflige danos por segundo menores a todos os inimigos próximos. A runa **Aliado Telúrico** é muito útil contra os inimigos de elite já que o ataque de onda do aliado força o inimigo a atacar o Aliado Telúrico por 3 segundos. O aliado e o Monge também ganham um aumento na Vida máxima quando o Aliado Telúrico está ativo.

**Aliado de Água**
**Destravado: Nível 27**
Com a essência da água, ganha a habilidade de executar um ataque de onda que causa 120% de dano de arma como Físico e retarda os alvos em 30% por 2 segundos.

**Aliado de Fogo**
**Destravado: Nível 31**
Com a essência do fogo, dá um chute com dano Ígneo de 48%, mais 40% do dano de arma como dano Ígneo por 2 segundos a todos os inimigos em uma linha reta.

**Aliado Aéreo**
**Destravado: Nível 39**
Com a essência do ar, cada ataque tem uma chance de 2% de gerar 100 Espírito. Também é cercado por vento que causa 10% do seu dano de arma por segundo como dano Físico.

**Aliado Eterno**
**Destravado: Nível 46**
Com a essência da vida, tem chance de 50% de renascer depois de 5 segundos. O dano Físico do ataque básico é aumentado para 44% de seu dano de arma por golpe.

**Aliado Telúrico**
**Destravado: Nível 53**
A Vida máxima é aumentada em 10%. Também cria uma onda de terra, com 60% do seu dano de arma como Físico a um inimigo e forçando-o a atacar o aliado durante 3 segundos.

HAB. DA BARRA DE AÇÃO (#4) CONVICÇÃO

## MANTRA DA EVASÃO

DESTRAV.: n. 19

*Recita um mantra que concede a você e a todos os aliados dentro de 40 jardas uma chance de 15% de evitar ataques durante 3 minutos. Por 3 segundos após a ativação, um segundo efeito concede uma oportunidade adicional de 15% de evitar ataques.*
- Custa 50 Espírito.

**Equipamento robusto e uma taxa de Força alta ajudam a reduzir a quantidade de dano que o Herói recebe de ataques, mas é sempre melhor evitar o golpe completamente, especialmente nas dificuldades Inferno e Tormento. O Mantra da Evasão concede ao Herói e todos os aliados próximos uma chance de 15% de evitar ataques de entrada (30% para os primeiros segundos). Este efeito se aplica a ataques corpo a corpo e a distância e não requer nenhuma entrada adicional do jogador. O Herói ganha automaticamente uma chance em sete de se esquivar de cada ataque visando somar a sua taxa base de Chance de esquiva.**

A energia rodopiante sob seus pés indica a maior chance de evitar ataques recebidos.

### RUNAS

**Alvo Difícil** aumenta a sua Armadura nos 3 minutos em que o Mantra está ativo. Isso é ótimo já que sua habilidade base só aumenta a sua Chance de Esquiva, mas reduz o dano que você recebe. **Proteção Divina** cria um escudo temporário que absorve 80% do dano durante 3 segundos quando Herói que está sob os efeitos do Mantra da Evasão fica com menos de 25% de Vida. Isso é útil em dificuldades maiores, se existem poucos inimigos ao redor para deixar cair globos de Vida, ou se você está entrando em uma batalha com poucas poções. **Perseverança** ajuda a se defender dos muitos traços que prejudicam o controle de inimigos nas dificuldades mais altas. **Contragolpe** provoca uma explosão de chamas em erupção a partir do Herói sempre que ele se esquiva com sucesso de um ataque. É ideal em áreas congestionadas contra atacantes corpo a corpo múltiplos, e mais ainda se o Herói tem uma Chance de Esquiva muito alta.

**Alvo Difícil**
**Destravado: Nível 24**
O Mantra da Evasão também aumenta a Armadura em 20%.

**Proteção Divina**
**Destravado: Nível 33**
Quando abaixo de 25% de Vida, um escudo se forma em torno do Alvo, reduzindo o dano tomado em 80% por 3 segundos. Cada alvo pode ser protegido a cada 90 segundos.

**Vento nos Juncos**
**Destravado: Nível 40**
O Mantra da Evasão também aumenta a velocidade de movimento em 5%.

**Perseverança**
**Destravado: Nível 50**
O Mantra da Evasão também reduz a duração de todos os efeitos que prejudicam o controle como Retardamento ou Congelado por 20%.

**Contragolpe**
**Destravado: Nível 42**
Esquivar-se com sucesso de um ataque tem uma chance para criar uma explosão de chamas, causando 42% de dano de arma Ígneo aos inimigos próximos.

HAB. DA BARRA DE AÇÃO (#4) CONVICÇÃO

## MANTRA DA RETALIAÇÃO

DESTRAV.: n. 21

*Recita um Mantra que faz com que você e todos os aliados dentro de 40 jardas reflitam dano corpo a corpo de volta aos inimigos, causando dano Sagrado igual a 40% dos danos sofridos por 3 minutos. Três segundos após a ativação do efeito é aumentada para 80% do dano continuado.*

- Custa 50 Espírito.

**O que é melhor do que se esquivar dos ataques inimigos? Refletir o dano de volta para a fonte! O Mantra da Retaliação é uma melhoria bem-vinda para o Mantra da Evasão e faz com que o Herói e todos os aliados próximos reflitam 40% do dano que recebem de volta ao inimigo. Entenda que o Herói ainda irá receber dano, mas todos os inimigos que acertarem você com um ataque corpo a corpo receberão 40% do dano que infligirem a você como dano Sagrado. Combinar o dano refletido com os ataques do Herói permite dar conta de uma batalha muito rápido!**

O Mantra da Retaliação vira o jogo com inimigos, refletindo ataques corpo a corpo como dano Sagrado!

### RUNAS

**Retaliação** aumenta o dano refletido aos inimigos em 50% e também protege o Herói e seus aliados de ataques a distância. **Indignação** cria uma chance em cinco de atordoar temporariamente inimigos que sofrem dano refletido. Naturalmente, quanto mais os inimigos atacam você, mais provável é ver alguns ficarem atordoados, mas a runa também pode ser útil contra os inimigos de elite e até mesmo alguns chefes. No entanto, você pode querer escolher uma runa com uma taxa de sucesso garantido quando enfrenta menos adversários. **Circunstâncias Desfavoráveis** dão uma chance de restaurar 3 Espírito sempre que o Mantra da Retaliação reflete danos. Isso pode gerar uma riqueza de Espírito enquanto o Mantra dura e mais do que o dobrar o Espírito que você gasta com a habilidade. **Dano Colateral** dá 30% de chance de os oponentes que recebem dano refletido sofrem uma explosão de retorno que os danifica e aos inimigos próximos.

**Retaliação**
**Destravado: Nível 28**
Aumenta a quantidade de danos refletida pelo Mantra para 60%. O Mantra irá agora refetir dano corpo a corpo e distância.

**Transgressão**
**Destravado: Nível 36**
Aumenta a sua velocidade de ataque e de todos os seus aliados em 8%.

**Indignação**
**Destravado: Nível 41**
Quando recebem dano do Mantra da Retaliação, os inimigos tem uma chance de 20% de serem atordoados por 2 segundos.

**Circunstâncias Desfavoráveis**
**Destravado: Nível 56**
Ao refletir dano causado a você, o Mantra da Retaliação tem uma chance de restaurar 3 Espírito.

**Dano Colateral**
**Destravado: Nível 59**
Um atacante danificado pelo Mantra da Retaliação tem uma chance de 30% de sofrer uma explosão, causando dano de arma Sagrado de 45%.

HAB. DA BARRA DE AÇÃO (#4) CONVICÇÃO

## MANTRA DA CURA

DESTRAV.: n. 26

*Recita um mantra que faz com que você e todos os aliados dentro de 40 jardas ganhem um aumento na regeneração de Vida de 37 por segundo. Dura 3 minutos. Por 3 segundos após a ativação, o efeito é aumentado para 148,4 Vida por segundo (números mostrados refletem a habilidade de um jogador no nível 26).*

- Custa 50 Espírito.

**O Mantra da Cura parece ser uma atualização do Sopro do Paraíso, mas é importante notar as sutis diferenças por que você pode querer ambas as habilidades ativadas. O Mantra da Cura tem um baixo custo de Espírito e mais de 3 vezes a área de efeito do Sopro do Paraíso, tornando-o bom para cooperação. Dito isto, o Sopro do Paraíso fornece um fluxo de Vida, protelando a morte certa. O Mantra da Cura, por outro lado, só aumenta a taxa de regeneração da Vida e, apesar de durar 3 minutos, ainda é uma quantidade pequena. Felizmente, graças à sua falta de recarga e ao impulso de ativação de 3 segundos, é possível conjurar novamente o Mantra da Cura muito antes do bônus desaparecer, concedendo a si mesmo e aos aliados um aumento sem fim na regeneração de Vida.**

A energia concede a todos os aliados que toca um aumento na regeneração de Vida por 3 minutos.

### RUNAS

**Revigoramento** dobra a quantidade de Vida restaurada por segundo para o Herói e seus aliados sob os efeitos do Mantra da Cura. **Respiração Circular** restaura 3 Espírito por segundo, enquanto continua a restaurar a vida do Herói e seus aliados. Apenas o Monge que lança a habilidade recebe a restauração de Espírito. **Bênção da Proteção** é útil contra os principais inimigos e chefões com ataques anunciados muito específicos. Conjure Mantra da Cura com Bênção da Proteção encaixados logo antes dos inimigos atacarem, já que a capacidade da runa de absorver danos dura apenas um segundo. **Corpo Celeste** aumenta a Vitalidade em 10%, aumentando assim a Vida máxima do Herói e criando uma reserva maior para onde a restauração da Vida irá fluir.

**Revigoramento**
**Destravado: Nível 31**
Aumenta a regeneração concedida pelo Mantra de Cura para 74 Vida por segundo (números mostrados refletem habilidade em nível de jogador 26).

**Respiração Circular**
**Destravado: Nível 38**
O Mantra da Cura também regenera 3 Espírito por segundo.

**Bênção da Proteção**
**Destravado: Nível 42**
O Mantra da Cura cobre você e seus aliados com um escudo místico que absorve até 15% da Vida máxima de cada alvo em danos por 2 segundos.

**Corpo Celeste**
**Destravado: Nível 48**
O Mantra da Cura Também aumenta a Vitalidade em 10%.

**Hora de Necessidade**
**Destravado: Nível 53**
O Mantra da Cura também aumenta a resistência a todos os tipos de danos em 20%.

HAB. DA BARRA DE AÇÃO (#4) CONVICÇÃO

## MANTRA DA CONVICÇÃO

DESTRAV.: n.30

*Recita um mantra que faz com que todos os inimigos num raio de 20 jardas recebam 12% de dano adicional. O Mantra dura 3 minutos. Por 3 segundos após a ativação, o efeito é aumentado para 24% de dano adicional.*

- Custa 50 Espírito.

**O Mantra da Convicção tem um alcance limitado de 20 jardas, mas garante que todos os inimigos nessa área sofram um aumento de 12% no dano. Isso se aplica a ataques longos e curtos do Monge, bem como os de seus aliados ou mesmo de armadilhas. A habilidade não afeta apenas os inimigos perto do Monge quando o Mantra é lançado, mas sim todos os inimigos em um raio de 20 jardas dele durante a duração do bônus. Tal como acontece com os outros mantras, é possível usar de novo esta habilidade muito antes de ela expirar, devido à sua falta de recarga. Foque seus ataques aos inimigos mais próximos do Monge para aproveitar este Mantra e certifique-se de que o Caçador de Demônios, Arcanista e Feiticeiro aliados façam o mesmo.**

### RUNAS

**Dilacerar** dobra o bônus de dano nos inimigos dentro de 20 jardas. O efeito é dobrado novamente pelos três primeiros segundos após a conjuração. Coordene seus ataques com os aliados para aproveitar o período de bônus durante o qual quase todos os ataques infligem dano igual ao Acerto Crítico. **Desencorajar** retarda o movimento dos inimigos dentro da área afetada em 30%, tornando-os um alvo fácil para ataques de área de efeito em grande escala. Esta runa é muito útil quando se joga ao lado de um Caçador de Demônios (Chuva de Vingança) ou Arcanista (Nevasca ou Meteoro). **Recuperação** dá uma chance de 30% de ter Vida recuperada cada vez que você ou um aliado ataca um inimigo afetado com um ataque corpo a corpo. Atraia vários inimigos para perto de você, em seguida ative o Mantra da Convicção com a runa **Submissão** equipada para fazê-los sofrer 12% de dano de arma por segundo enquanto durar o Mantra.

#### Arrebatar

**Destravado: Nível 35**
Aumenta a força do Mantra da Convicção, de modo que os inimigos recebem 24% de dano adicional e 48% nos primeiros 3 segundos.

#### Intimidação

**Destravado: Nível 44**
Inimigos afetados pelo Mantra da Convicção causam 10% menos dano.

#### Desencorajar

**Destravado: Nível 47**
Retarda o movimento dos inimigos dentro de 20 jardas em 30%.

#### Recuperação

**Destravado: Nível 55**
Dá uma chance de 30% de ser curado em 44-54 Vida ao usar ataques corpo a corpo em um inimigo sob os efeitos do Mantra da Convicção.

#### Submissão

**Destravado: Nível 60**
Inimigos afetados pelo Mantra da Convicção recebem dano de arma Sagrado de 14% por segundo.

HABILIDADES PASSIVAS

### PÉS LIGEIROS

DESTRAVADO n. 10

*Aumenta a velocidade de movimento em 10%.*

O Monge confia em sua velocidade de movimento e agilidade para escapar de atacantes. Isto compensa sua taxa de Força inicial ligeiramente baixa. Ativar a habilidade passiva Pés Ligeiros não é algo que recomendamos fazer o tempo todo, mas certamente é útil durante batalhas, especialmente no final de cada ato.

HABILIDADES PASSIVAS

### DETERMINAÇÃO

DESTRAVADO n. 10

*O dano que você inflige reduz o dano causado pelo inimigo em 25% por 2,5 segundos.*

Toda vez que você atacar um inimigo, a quantidade de dano que o inimigo pode causar é reduzida em 25% pelos próximos 2,5 segundos. Este efeito não se acumula, mas o relógio é zerado após cada ataque que você infligir. Golpear várias vezes com Palma Explosiva ou Punhos Trovejantes é uma maneira infalível de garantir que o inimigo inflija danos 25% menores até morrer.

HABILIDADES PASSIVAS

### ALMA EXALTADA

DESTRAVADO n. 13

*Aumenta o Espírito máximo em 100.*

Alma Exaltada aumenta a reserva máxima de Espírito, elevando-a para 250. Isso é ótimo se você estiver usando Cântico da Ressonância ou outra habilidade que produz um fluxo constante de Espírito, criando assim mais espaço no medidor para que ele seja armazenado. Monitore o uso de Espírito para ver quantas vezes o medidor base de Espírito permanece cheio. Não há nenhuma razão para ativar Alma Exaltada se você raramente atingir o limite padrão de 150 Espírito.

HABILIDADES PASSIVAS

### TRANSCENDÊNCIA

DESTRAVADO n. 16

*Cada ponto de Espírito gasto cura você em 1,1 Vida.*

Esta é uma habilidade ótima para aqueles que estão constantemente lutando para manter a Vida. Continue a usar ataques que geram Espírito como Punhos Trovejantes ou Alcance Mortal e gaste todo o Espírito em habilidades de alto custo para recuperar Vida e devastar os inimigos. Cada vez que você executar um ataque que custa 50 Espírito como Ofensiva das Sete Estrelas, vai curar 40 Vida!

HABILIDADES PASSIVAS

### CÂNTICO DA RESSONÂNCIA

DESTRAVADO n. 20

*A duração de todos os Mantras é aumentada em 7 minutos. Enquanto um de seus Mantras estiver ativo você ganha 2 pontos de Espírito a cada segundo.*

Dado que os Mantras têm um custo muito baixo de Espírito e nenhuma recarga, a principal razão para usar esta habilidade na dificuldade Normal é a geração de Espírito. O Cântico da Ressonância estende a duração de um Mantra para 10 minutos! Em dificuldades altas, esse tempo extra permite que você se foque na batalha e não na barra de ação. Esta é uma habilidade passiva extremamente útil nas dificuldades Inferno e Tormento, tanto para solo como para cooperação.

HABILIDADES PASSIVAS

### TOME A INICIATIVA

DESTRAVADO n. 20

*Sua Armadura é aumentada para 100% de sua Destreza.*

Considere esta habilidade se você tiver um Herói com uma classificação de Destreza muito alta. Talvez alguns dos equipamentos que você está vestindo carreguem bônus de Destreza enquanto você estava esperando um impulso na Força. Se for o caso, equipe Tome a Iniciativa para aumentar a classificação de Armadura para 100% do valor da avaliação de Destreza. Isso pode gerar uma diminuição substancial no dano que você recebe!

HABILIDADES PASSIVAS

### CAMINHO DO GUARDIÃO

DESTRAVADO n. 24

*Ao empunhar duas armas, você ganha 15% de chance de se esquivar de ataques recebidos. Ao usar uma arma de duas mãos, toda a geração de Espírito é aumentada em 25%.*

O Monge e o Bárbaro são as únicas classes que podem empunhar duas armas corpo a corpo e as armas de Punhos específicas da classe do Monge são ótimas para isso. Dito isso, aqueles com uma grande chance de esquiva podem achar esta habilidade passiva muito mais atraente se utilizarem um daibo de duas mãos. Enquanto 15% de chance de se esquivar pode certamente ajudar, um aumento de 25% na geração de Espírito permitirá ao Monge realizar muitos ataques (e defesas) de habilidade mais poderosas, derrotando assim seus oponentes — ou curando a si mesmo e a seus aliados — com muito mais facilidade.

HABILIDADES PASSIVAS

### SEXTO SENTIDO

DESTRAVADO n. 27

*Aumenta sua chance de esquiva. para um montante igual a 30% de sua chance de Acerto Crítico*

Aqueles com uma Chance de Acerto Crítico muito alta irão se beneficiar mais do Sexto Sentido. Considere as Chances de Esquiva e de Acerto Crítico atuais do Herói antes de equipar esta habilidade já que o aumento pode ser mínimo. Aqueles com uma chance de Acerto Crítico acima de 15% devem considerar esta habilidade se eles têm uma chance de esquiva muito baixa. Aqueles com uma chance de esquiva maior devem considerar uma habilidade passiva diferente.

HABILIDADES PASSIVAS

### PACIFISMO

DESTRAVADO n. 30

*Quando atordoado, amedrontado ou enfeitiçado, o dano recebido é reduzido em 75%.*

O Pacifismo é mais útil nos Atos 3 e 4 nos quais os inimigos são mais propensos a infligir efeitos de controle no Monge. Heróis ficam altamente vulneráveis quando atordoados, amedrontados ou enfeitiçados. Embora haja outras combinações de habilidades/runas que servem para minimizar o dano recebido enquanto se está sob esses efeitos, elas não são muito comuns. Considere habilitar Pacifismo se de repente você se sentir oprimido por efeitos de status.

HABILIDADES PASSIVAS

### FAROL DE YTAR

DESTRAVADO n. 35

Reduz o tempo de recarga em **15%.**

Não há nada pior do que precisar de algumas de suas habilidades favoritas e ter de sentar e esperar por uma recarga. Farol de Ytar reduz o tempo de recarga em 15%, o que signifca que habilidades como Ofensiva das Sete Estrelas e Santuário Interno vão levar apenas 25 segundos para serem recarregadas, em vez de 30 segundos. Habilidades com recargas mais longas como Serenidade sentem ainda mais o efeito. Por exemplo, os 45 segundos de Serenidade será reduzido para 38 segundo ao ser equipado com esta habilidade passiva.

HABILIDADES PASSIVAS

## LUZ GUIA

DESTRAVADO n. 40

*Sempre que você usar uma habilidade de cura direta sobre outro jogador, você e o outro jogador causam 16% mais dano por 15 segundos.*

Luz Guia anda de mãos dadas com o Sopro do Paraíso e o Mantra da Cura e é mais uma habilidade passiva que realmente beneficia o time. Vá para perto de seus aliados antes de lançar qualquer uma das habilidades de cura para assegurar que todos recebam os efeitos da Luz Guia, já que muitas das habilidades de cura afetam apenas os que estão perto do Monge quando ele as usa.

HABILIDADES PASSIVAS

## UNO COM O TODO

DESTRAVADO n. 45

*Sua resistência a todos os elementos é igual à sua resistência elemental mais alta.*

Esta é uma ótima habilidade para ativar se você tem resistências desequilibradas. Muitas vezes, o Herói terá um equipamento que produz uma resistência elementar única, mas nenhuma para os outros elementos. Por exemplo, se o Herói possui 15 de Resistência Ígnea, mas 4 para os outros quatro elementos, equipar Uno Com o Todo irá elevar a todas as resistências para 15.

HABILIDADES PASSIVAS

## ATAQUE DE COMBINAÇÃO

DESTRAVADO n. 50

*Cada habilidade de Geração de Espírito que você usar aumenta seu dano em 8% por 3 segundos.*

Oferece incentivo suficiente para misturar as coisas e usar mais de um ou dois ataques de Geração de Espírito. Para cada ataque que você usa, há um aumento de dano a curto prazo de 8%. Atribua um a cada botão do mouse e considere habilitar um terceiro na barra de ação para um impulso adicional de 8%. Misture os três ataques e desencadeie uma habilidade poderosa com todo esse Espírito que você gerou. Outras habilidades também aproveitam o impulso temporário nos danos.

HABILIDADES PASSIVAS

## EXPERIÊNCIA DE QUASE MORTE

DESTRAVADO n. 58

*Ao receber dano fatal, você na verdade é restaurado para 35% de Vida máxima e 35% de Espírito. Este efeito não pode ocorrer mais de uma vez a cada 90 segundos.*

Ative esta habilidade na preparação para batalhas mais duras, principalmente quando lutando em grupo. Recomendamos isso para jogos cooperativos já que é pouco provável que você fique com a Vida reduzida duas vezes em 90 segundos (pelo menos não nas dificuldades inferiores). Jogadores individuais são sempre alvo de agressão inimiga e podem ficar com pouca Vida rapidamente depois de restaurados, o que torna esta habilidade menos eficaz para o jogo solo.

# FEITICEIRO

*Perambulo por lugares além da imaginação. Longe das selvas da minha juventude. Meu conhecimento cresceu imensamente. As pessoas pensam que me baniram, afastado até o fim dos meus dias.*

*Dizem que eu desafio os espíritos. Mas eu digo que não, eu os sigo. Os espíritos apenas me mostram que o fogo do céu é onde o fim começa. Eles dizem que não deve ser assim. Eu vivo para servir os espíritos, então eu vou. Não há ninguém além de mim para atender o chamado.*

Um manipulador das forças da vida e da morte, este evocador exerce o poder dos espíritos de forma inquietante.

- Com uma grande variedade de magias ofensivas para escolher, o Feiticeiro não foge da briga.
- Sábio e astuto, Feiticeiro recorre à magia dos espíritos para evocar criaturas do além-túmulo.
- O Feiticeiro utiliza o poder do Mana para lançar feitiços devastadores.

# CRESCIMENTO HEROICO

O esguio Feiticeiro é mais forte do que seu corpo musculoso sugere. Este evocador de espíritos carregador de facas corresponde ao Monge na taxa de Força e tem naturalmente altas taxas de Inteligência e Vitalidade. O que falta ao Feiticeiro, porém, é Destreza. Apesar de seu armamento sugerir uma proficiência em combate corpo a corpo, seu corpo é fraco demais para suportar os rigores do combate próximo; é prolongado e lento demais para possuir uma grande chance de esquiva inerente. Felizmente, o Feiticeiro tem o luxo de ficar atrás de seu exército de animais de estimação evocáveis, ganhando tempo até que a oportunidade de dar o golpe fatal se apresente.

### O FEITICEIRO FICA MAIS FORTE

| Atributo | Taxa de Base Nível 1 | Valor Inicial | Aumen. da Taxa por Nível | Taxa de Base Nível 60 |
|---|---|---|---|---|
| Força | 8 | Aumenta a armadura em 8. | +1 | 67 |
| Destreza | 8 | Aumenta a chance de esquiva em 0,80%. | +1 | 67 |
| Inteligência* | 10 | 10% de Bônus de Dano para Feiticeiros. Aumenta a resistência em 1,0. | +3 | 187 |
| Vitalidade | 9 | 130 Vida | +2 | 127 |

**Indica o principal atributo para esta classe.*

# EQUIPADO PARA A BATALHA

## ARMAMENTO

**Especial: Faca Cerimonial, Mojo**

O Feiticeiro encontra força nos espíritos inquietos que assombram um reino desconhecido para viver em Santuário. Ele mantém essa conexão com o mundo dos não vivos seguindo rigorosamente as cerimônias que causaram o banimento de seu povo. Suas armas são as ferramentas de sua arte, uma faca cerimonial e um mojo utilizados para canalizar os espíritos e dar força ao Feiticeiro.

Este Herói usa muitas das armas corpo a corpo do Monge e do Bárbaro, no entanto, ele não pode empunhar duas armas. A mão esquerda do Feiticeiro é reservada exclusivamente para um mojo — um dispositivo semelhante a um talismã que ajuda o Herói em combate, aumentando o dano causado por seus ataques ou a sua regeneração de Mana e outros atributos (embora o Feiticeiro possa carregar um arco de duas mãos). O mojo vem em muitas formas, variando de um boneco vodu a uma cobra. Este Herói não tem o físico do Bárbaro, mas prova que há mais de uma maneira de intimidar os oponentes: sacudir uma faca afiada e uma cobra certamente deixa os inimigos trêmulos em suas botas.

A leve faca cerimonial do Feiticeiro oferece uma rápida velocidade de ataque e um dano por segundo surpreendentemente elevado. Ele pode usar outras armas corpo a corpo, mas a faca cerimonial oferece benefícios exclusivos para o Feiticeiro, incluindo um bônus de dano. Embora você possa ser tentado a deixar o Feiticeiro longe do combate direto, pode selecionar runas ou equipamento mágico que produzem grandes aumentos de chance de acerto crítico, tornando-o um combatente corpo a corpo altamente perigoso.

# ESTILOS DE ARMADURAS

Criado nas selvas de clima mais quente, o Feiticeiro está acostumado a usar roupas apenas por pudor. Mesmo à medida que cresce em força se aventura por Santuário, ele continua a prezar adorno sobre funcionalidade. A vestimenta cerimonial deste Herói é projetada mais para intimidar do que para o combate na linha de frente. Máscaras ornamentais, guarda-ombros e peitorais proporcionam proteção e aumentam a taxa de Armadura do Feiticeiro, mas continuam a deixar muito de suas pernas, braços e costas nus.

## Sobre Estilos de Armaduras

As seguintes aparências de armaduras servem apenas para ilustrar como um Herói pode parecer em qualquer nível. Na realidade, o Herói irá provavelmente possuir vários estilos de armadura ao mesmo tempo, portanto, terá uma aparência muito mais exclusiva que combina dois ou mais estilos apresentados aqui. E, ao considerar as várias cores de tinturas que estão disponíveis, é improvável que quaisquer dois Heróis da mesma classe fiquem idênticos.

O Feiticeiro chega a Nova Tristram quase nu, exceto por algumas faixas nas pernas e braços e uma tanga na cintura.

Pintura de corpo e faixas de pano ligeiramente maiores dão ao Feiticeiro uma pequena melhora na proteção (níveis 1-6).

O primeiro de muitos cocares e máscaras adornam a cabeça do Feiticeiro. A adição de luvas acolchoadas e um guarda-peito aumenta a proteção (níveis 7-13).

Penas e couro se combinam para oferecer um aumento na proteção enquanto dão ao Feiticeiro uma aparência cerimonial (níveis 14-19).

Embora as pernas do Herói ainda estejam expostas e os pés descalços, o Feiticeiro ganha máscaras e peitorais muito maiores e mais intimidantes (níveis 20-24).

Armadura de talas e brigantina são incorporadas à cintura, ombros e protetores de braço do Herói, enquanto o cocar grande é descartado em favor de uma caveira e chifres (níveis 25-28).

O estilo final de armadura na dificuldade Normal completa a transformação do Feiticeiro em um exótico evocador de espíritos que tem pouca semelhança com os outros Heróis (níveis 29-31).

# HABILIDADES E RUNAS

O Feiticeiro fica na fronteira entre os reinos físico e espiritual, sendo capaz de suscitar um exército de animais de estimação evocados. Com habilidades para usar, pode ser difícil decidir entre os vários tipos disponíveis. É importante equipar pelo menos duas ou três habilidades físicas como Morcegos Ígneos, Nuvem Ácida ou Muralha de Zumbis para atenuar a aversão do Feiticeiro a combates corpo a corpo. Essas habilidades fazem um excelente uso de sua sempre crescente reserva de Mana. Habilidades baseadas no reino do espírito atacam o inimigo de dentro, roubando sua força vital e destruindo a sua mente. Considere escolher Assombração, Ceifa das Almas ou Confusão Generalizada para uma camada adicional de ataque. O Feiticeiro tem a capacidade única de se envolver nas artes necromânticas — sua capacidade de comandar uma matilha de Cães Zumbis ou um Gargântua não devem ficar sem uso. Além disso, a habilidade Prisão dos Mortos do Feiticeiro está entre as mais úteis para retardar inimigos numerosos, especialmente quando combinada com quase qualquer uma de suas runas.

## Recurso: Mana

O Feiticeiro manipula as entidades dos reinos físico e espiritual por meio do poder do Mana. Este recurso é a chave para a sobrevivência do Herói e é tão vital quanto a sua Vida. Gerenciar Mana é a chave para o sucesso do Feiticeiro, sempre considere utilizar runas e habilidades que ajudem mais na regeneração. O Feiticeiro começa com uma reserva máxima de 150 Mana. O tamanho máximo de sua reserva de Mana cresce em 10 cada vez que ele sobe um nível.

O Feiticeiro é a única classe cujos recursos crescem a cada novo nível. Os custos de Mana listados para as habilidades representam os valores iniciais para o nível em que a habilidade é inicialmente desbloqueada e subirá à medida que o Herói sobe de nível. Eles são apresentados principalmente para fins comparativo.

# HABILIDADES PASSIVAS

O primeiro espaço para habilidade passiva é liberado no nível 10. Espaços posteriores são abertos nos níveis 20 e 30. Uma vez escolhidas, as seguintes habilidades contribuem para a força e habilidades em segundo plano do Herói, sem necessidade posterior de comando ou recurso do jogador. Considere o seu estilo de jogo e atual variedade de habilidades ativas na escolha de quais habilidades passivas ativar.

HAB. ATIVA: HAB. DO MOUSE: PRIMÁRIA

## DARDO ENVENENADO

DESTRAV.: n. 1

*Atira um dardo de veneno mortal que causa dano de arma Venenoso de 100% e um dano de arma Venenoso adicional de 40% por mais de 2 segundos.*

- Custa 24 Mana.

**O Feiticeiro saca uma zarabatana para os lábios e dispara um Dardo Envenenado no inimigo. Este projétil tóxico causa dano igual à arma atual do Feiticeiro, mas continua a Envenenar o alvo durante dois segundos. O Dardo Envenenado pode ser disparado de uma distância considerável, viaja rapidamente e é muito preciso. Melhor de tudo, o custo de Mana relativamente baixo e a falta de recarga tornam possível para o Feiticeiro disparar múltiplos Dardos Envenenados rapidamente. Os efeitos não se acumulam, então considere mirar em vários inimigos únicos antes de disparar um segundo dardo no mesmo inimigo.**

O Dardo Envenenado dá ao Feiticeiro um ataque longo eficaz sem necessidade de recarga.

### RUNAS

**Estilhaços** aumenta o total de dano causado imediatamente, mas espalham o dano entre três dardos. Dispare os três dardos em um grupo de inimigos para garantir que nenhum dos dardos erre o alvo. **Dardo Atordoante** não apenas envenena o inimigo, mas temporariamente diminui também a sua velocidade de movimento. Embora tenha sido projetado para alvos individuais, você pode rapidamente disparar Dardos Atordoantes em vários inimigos para manter uma distância segura. **Dardos Flamejantes** coloca o dardo em chamas e causa dano pesado instantaneamente em vez de ao longo do tempo, como na habilidade base. **Cobra na Cara** transforma completamente a habilidade e dá uma chance de 35% de atordoar o inimigo, além de causar danos.

**Estilhaços**
**Destravado: Nível 6**
Atira 3 Dardos Envenenados que causam 60% de dano de arma Venenoso cada.

**Dardo Atordoante**
**Destravado: Nível 13**
Toxinas no Dardo Envenenado reduzem a velocidade de movimento do alvo em 60% por 2 segundos.

**Dardo Espinhoso**
**Destravado: Nível 25**
Dá 11 Mana cada vez que um Dardo Envenenado atinge um inimigo.

**Dardos Flamejantes**
**Destravado: Nível 43**
Acende o dardo e o faz causar dano de arma Ígneo de 160% de uma vez.

**Cobra na Cara**
**Destravado: Nível 52**
Transforma seu Dardo Envenenado em uma cobra que tem uma chance de 30% de atordoar o inimigo por 1,5 segundo.

HAB. ATIVA: HAB. DO MOUSE: PRIMÁRIA

## ARANHAS CARNICEIRAS

DESTRAV.: n. 3

*Joga um frasco com 4 aranhas que atacam os inimigos próximos com dano de arma Físico de 16% antes de morrer.*

- Custa 48 Mana.

**As Aranhas Carniceiras evocadas são semelhantes aos Cães Zumbis que podem ser evocados para apoio, mas duram apenas poucos segundos. Aranhas Carniceiras rastejam para a frente e atacam inimigos próximos com dano de arma de 25%. Elas não têm seus próprios medidores de Vida como animais de estimação do Feiticeiro, nem distraem completamente os inimigos que atacam. Mas cada pequeno dano adicional ajuda quando se combate uma massa de filhos do inferno. Considere evocar Aranhas Carniceiras para lutar ao lado de seus Cães Zumbis ou Gargântua para efetivamente colocar o Feiticeiro no comando de um exército de atacantes!**

O Feiticeiro lança um frasco contendo quatro aranhas no local mirado.

### RUNAS

**Aranhas Saltadoras** podem saltar até 25 jardas e atacar com dano menor. Este ataque não é poderoso, mas permite que o Feiticeiro mantenha distância e acerte antes inimigos que se aproximam. Evoque uma **Rainha Aranha** que dá a luz a filhotes por 15 segundos, infligindo dano Venenoso aos inimigos em toda a área. Eles não causam dano significativo sobre qualquer alvo individual, mas fazem um ótimo trabalho ao enfraquecer uma onda de inimigos. **Aranhas Medusas** têm uma chance de 25% de diminuir drasticamente o movimento inimigo a cada ataque. **Aranhas Flamejantes** infligem dano aumentado a inimigos que atacam e apresentam um pura melhoria ofensiva de DPS para a habilidade Aranhas Carniceiras.

**Aranhas Saltadoras**
**Destravado: Nível 9**
Evoca aranhas saltadoras que pulam até 25 jardas para atingir o seu alvo e atacam com dano de arma Físico de 19%.

**Rainha Aranha**
**Destravado: Nível 18**
Evoca uma rainha aranha que dá a luz filhotes, causando dano de arma Venenoso de 16%. Dura 15 segundos. Apenas uma rainha pode ser evocada de cada vez.

**Fazedoras de Viúvas**
**Destravado: Nível 33**
Evoca aranhas Fazedoras de Viúvas que retornam 2 Mana para você por golpe.

**Aranhas Medusas**
**Destravado: Nível 45**
Evoca aranhas que têm 25% de chance de paralisar os inimigos em cada ataque.

**Aranhas Flamejantes**
**Destravado: Nível 55**
Evoca aranhas de fogo que causam dano de arma Ígneo de 21%.

HAB. ATIVA: HAB. DO MOUSE: PRIMÁRIA

## PRAGA DE SAPOS

DESTRAV.: n. 11

*Libera um punhado de sapos que causa dano de arma Venenoso de 130% aos inimigos com que entram em contato.*

- Custa 18 Mana.

**A Praga de Sapos causa 30% mais dano do que a sua arma padrão quando cada sapo colide com um inimigo, mas há sempre a chance de que o sapo pule sem acertar o alvo. Os três sapos saltam para longe do Feiticeiro na direção do alvo, mas não há garantia de para onde eles vão. A Praga de Sapos é melhor usada contra grupos de inimigos para maximizar a chance deles atingirem o objetivo. Esta é uma habilidade eficaz para usar contra inimigos reunidos em áreas apertadas e não deve ser usada contra inimigos distantes em um campo aberto amplo.**

Três sapos venenosos saltam para os inimigos próximos e explodem no contato.

### RUNAS

**Sapos Explosivos** causam dano um pouco maior do que a habilidade base e o faz como Ígneo. Eles explodem ao entrar em contato com os inimigos, queimando o alvo. **Sapo da Imensidão** é uma das mais cômicas e eficientes runas do Feiticeiro. Ela produz um sapo gigante que pode engolir um inimigo e infligir 100% de dano de arma por 5 segundos antes de cuspi-lo. Esta runa aumenta recarga da habilidade e é melhor contra inimigos mais fortes em menor número, não contra vários inimigos menores. **Sapos Entorpecentes** não apenas infligem dano de arma Venenoso de 130%, mas também confunde os inimigos afetados, fazendo com que os inimigos não consigam diferenciar amigos de inimigos e ataquem aos seus. **Chuva de Sapos** é exatamente o que o nome da runa sugere. Sapos caem do céu e causam dano de arma Venenoso de 100% por segundo em uma área por 2 segundos — mais eficaz neste aspecto que a Praga de Sapos.

**Sapos Explosivos**
**Destravado: Nível 17**
Converte para sapos de fogo que explodem com 169% de dano Ígneo

**Sapo da Imensidão**
**Destravado: Nível 24**
Evoca um sapo gigante que engole inimigos por até 5 segundos, causando 24% do seu dano de arma por segundo como dano Físico. Recarga de 5 segundos.

**Chuva de Sapos**
**Destravado: Nível 35**
Cria uma chuva de sapos que causa 100% de dano de arma Venenoso por segundo a inimigos na área por 2 segundos.

**Sapos Entorp.**
**Destravado: Nível 51**
Converte os animais em sapos amarelos que causam dano de arma Venenoso de 130% e Confundem os inimigos afetados por 4 segundos.

**Afinidade com Sapos**
**Destravado: Nível 54**
Remove o custo de Mana da Praga de Sapos.

HAB. ATIVA: HAB. DO MOUSE: PRIMÁRIA

## BOMBA INCENDIÁRIA

DESTRAV.: n. 21

*Lança uma caveira explosiva que causa 85% dano de arma Ígneo a todos os inimigos dentro de 8 jardas.*

- Custa 6 Mana.t

**A Bomba Incendiária é mais do que o seu nome sugere. Este ataque de fogo a distância gera um espírito do fogo que queima todos os inimigos dentro de 8 jardas do local alvejado. O espírito do fogo não queima por muito tempo, mas é extremamente quente e inflige danos pesados a todos nas proximidades. O melhor de tudo, a Bomba Incendiária não tem recarga, tornando possível lançar rapidamente múltiplas bombas incendiárias em um único inimigo ou espalhá-la por uma ampla área, permitindo que suas áreas de efeito se sobreponham.**

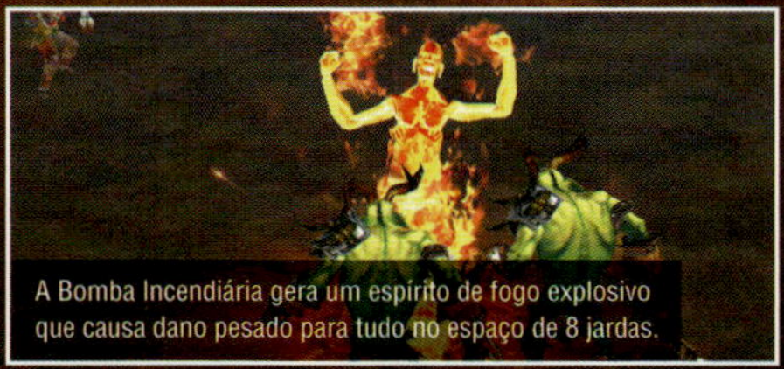

A Bomba Incendiária gera um espírito de fogo explosivo que causa dano pesado para tudo no espaço de 8 jardas.

### RUNAS

**Poço de Fogo** triplica a quantidade total de dano que a habilidade pode infligir, mas o faz por 3 segundos. É propícia para grandes grupos de inimigos, especialmente os atordoados ou retardados e para pegar inimigos que ficarem afunilados em um ponto de estrangulamento. **Incêndio Rápido** faz com que a Bomba Incendiária salte até 6 vezes, infligindo uma quantidade cada vez mais reduzida de dano de fogo a cada inimigo. **Pirogenista** adiciona uma coluna de fogo que atinge o inimigo mais próximo com 140% de dano de arma Ígneo por 3 segundos, ajudando a garantir que um inimigo que sobrevive à explosão da habilidade base não escape sem sofrer mais danos. **Conflagração** acrescenta uma explosão maior que causa dano de arma Ígneo adicional a todos os inimigos dentro de uma área de 3,5 vezes o tamanho da área de efeito da explosão original.

**Incêndio Rápido**
**Destravado: Nível 28**
Ao invés de explodir com dano de área, cada Bomba Incendiária pode saltar para até 6 alvos adicionais. O dano é reduzido em 15% por quique.

**Rolar os Ossos**
**Destravado: Nível 31**
Permite que a caveira salte até 2 vezes.

**Poço de Fogo**
**Destravado: Nível 38**
A explosão cria uma piscina de fogo que causa dano de arma Ígneo de 90% por segundo por 3 segundos.

**Pirogenista**
**Destravado: Nível 47**
Cria uma coluna de chamas que vomita fogo no inimigo mais próximo com 140% de dano de arma de fogo por 3 segundos.

**Conflagração**
**Destravado: Nível 60**
Além da explosão base, o crânio cria uma explosão maior que causa um dano de arma Ígneo adicional de 20% a todos os inimigos no espaço de 28 jardas.

HAB. ATIVA: HAB. DO MOUSE: SECUNDÁRIA

## PRISÃO DOS MORTOS

DESTRAV.: n. 2

*Mãos de carniçais saem do chão, retardando o inimigo em 60% e causando 20% de dano de arma Físico por 8 segundos.*

- Custa 50 Mana.
- Recarga de 8 segundos.

**Prisão dos Mortos é uma habilidade extremamente útil, especialmente no início da jornada do Feiticeiro. Não só o solo afetado retarda o movimento do inimigo lento por 8 segundos, como também causa dano de arma de 20% por segundo. Isto significa que um inimigo preso na Prisão dos Mortos por todos os 8 segundos receberá 60% mais dano do que se você tivesse simplesmente o golpeado com a sua arma. O baixo custo de Mana e recarga curta fazem desta uma habilidade extremamente útil para se ter à mão sempre que encontrar grandes grupos de inimigos.**

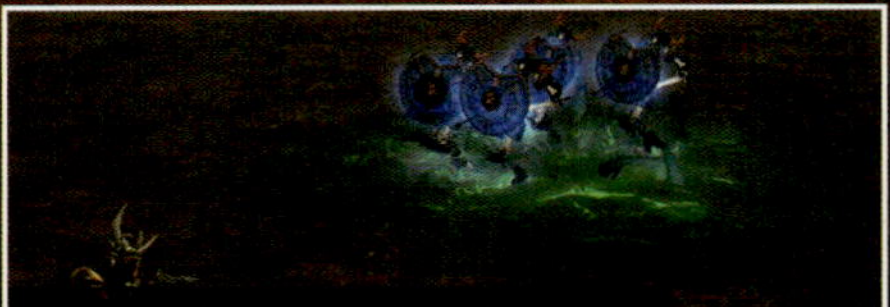

Mãos de mortos saem do solo e retardam todos os inimigos capturados na área de efeito.

### RUNAS

**Pegada Inquebrável** aumenta a quantidade de retardamento de 60% para 80%, fazendo os inimigos da área rastejarem lentamente. Siga este ataque com um ataque de área de efeito posterior como a Bomba Incendiária para criar uma combinação um-dois devastadora! **Chuva de Corpos** faz corpos caírem em cima dos inimigos enlaçados pelo alcance da Prisão dos Mortos. Esta é uma boa opção contra inimigos mais lentos e mais poderosos. **Pegada Desesperada** reduz a recarga para 2 segundos, permitindo a você lançar o feitiço 33% mais frequentemente. **Morte é Vida** dá ao Feiticeiro um impulso muito necessário para a frequência de queda de globos de Vida. Utilize este enxame contra inimigos para uma maior chance de ganhar um globo de vida dos falecidos.

#### Pegada Inquebrável
**Destravado: Nível 7**
Aumenta o retardamento em 80%.

#### Enguias Salientes
**Destravado: Nível 15**
Aumenta o dano causado para 31% de dano de arma Físico.

#### Morte é Vida
**Destravado: Nível 25**
Inimigos que morrem dentro da área da Prisão dos Mortos têm uma chance de 5% para produzir um globo de vida.

#### Pegada Desesperada
**Destravado: Nível 28**
Reduz a recarga da Prisão dos Mortos para 6 segundos.

#### Chuva de Corpos
**Destravado: Nível 53**
Cadáveres caem do céu, causando dano de arma Físico de 76% aos inimigos próximos.

HAB. ATIVA: HAB. DO MOUSE: SECUNDÁRIA

## MORCEGOS ÍGNEOS

DESTRAV.: n. 5

*Chama um enxame de morcegos ardentes que queimam os inimigos à sua frente com dano de arma Ígneo de 150%.*

- Custa 55 Mana.

**Morcegos Ígneos é uma habilidade cara mas altamente eficaz que é certamente a favorita de muitos Feiticeiros. O ataque pode ser mantido enquanto você desejar, desde que você fique sem Mana, e é igualmente útil contra grandes grupos de inimigos ou oponentes únicos lentos. Simplesmente encare o seu inimigo e segure o botão direito do mouse para canalizar um enxame enorme de morcegos de fogo que queimam com 150% de dano de arma por segundo.**

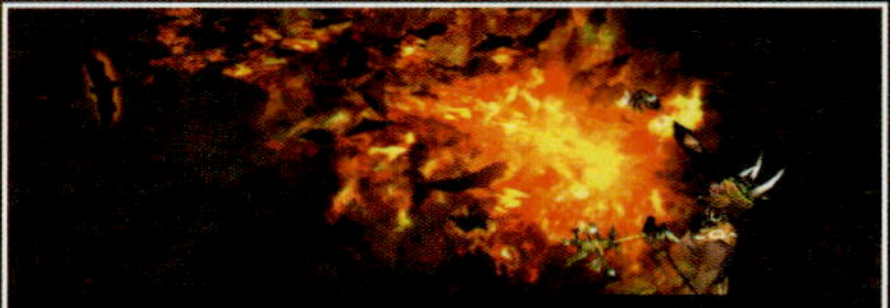

O Feiticeiro canaliza um enxame de Morcegos Ígneos capaze de queimar até mesmo os inimigos mais difíceis!

### RUNAS

**Morcegos Atrozes** prezam a qualidade sobre a quantidade. Esses morcegos maiores podem viajar muito mais longe e queimar com dano de arma Ígneo de 220% — Morcegos Atrozes são preferíveis em espaços abertos e contra os chefes. **Morcegos Vampiros** retornam uma pequena porcentagem dos danos causados como Vida para o Feiticeiro, uma excelente opção para aqueles com Armadura ou Vitalidade baixas. **Morcegos Empesteados** infectam inimigos com uma doença que causa dano Venenoso ao longo do tempo, aumentando gradualmente até um máximo de 225% de dano de arma. Esta é uma runa boa para usar contra inimigos desacelerados ou atordoados. **Nuvem de Morcegos** causa danos a inimigos nas proximidades com uma quantidade lentamente crescente de dano Ígneo. Continue a canalizar a habilidade para transformar a Nuvem de Morcegos em uma colônia ardente de morte!

#### Morcegos Atrozes
**Destravado: Nível 11**
Evoca Morcegos em menor quantidade, porém maiores, que viajam até 40 jardas e acertam com dano de arma Ígneo de 220%.

#### Morcegos Vampiros
**Destravado: Nível 19**
Retorna 2,5% do dano causado pelos morcegos como Vida.

#### Morc. Empesteados
**Destravado: Nível 29**
Voam em direção ao inimigo e os infectam. O dano é lento no início, mas pode aumentar até um máximo de 225% de dano de arma Venenoso.

#### Morcegos Famintos
**Destravado: Nível 45**
Rapidamente evoca morcegos que procuram inimigos próximos e os envolvem em chamas para dano de arma Ígneo de 280%

#### Nuvem de Morc.
**Destravado: Nível 56**
Um redemoinho de morcegos causa dano de arma Ígneo de 195%. O dano aumenta em 10% a cada segundo, até um máximo de 50%.

HAB. ATIVA: HAB. DO MOUSE: SECUNDÁRIA

## ASSOMBRAÇÃO

DESTRAV.: n. 12

*Assombra um inimigo com um espírito, causando dano de arma Arcano de 575% por 12 segundos. Se o alvo morre, o espírito irá automaticamente assombrar outro inimigo próximo.*

- Custa 50 Mana.

**Lança um espírito em inimigo distante para causar dano Arcano pesado ao longo de quatro segundos. Este espírito delgado circunda o inimigo durante a Assombração, então se move para atingir outro inimigo nas proximidades se o alvo morre. A falta de recarga torna possível lançar Assombração seguidas vezes, sem um limite para quantas Assombrações você pode ter ativas de uma só vez. Esta é uma habilidade excelente para usar após acertar um grupo de inimigos com um ataque de área de efeito como o Enxame de Gafanhotos. Ela aumenta as chances de que o alvo morra durante os primeiros 12 segundos, e talvez vários outros inimigos.**

O espírito voa em linha reta para o inimigo alvo e voa em círculos em torno dele assombrando-o por 15 segundos.

### RUNAS

**Espírito Voraz** retorna uma pequena quantidade de Vida por segundo, enquanto o espírito tem um inimigo para Assombrar. **Espírito Rancoroso** diminui o total de dano causado, mas o inflige em um quinto do tempo normal. A habilidade **Espírito Agarrado** de retardar o movimento do inimigo-alvo em 30% torna este ataque valioso para usar contra inimigos de movimento rápido que justifiquem um ataque de alto DPS. **Espírito Consumidor** é como o Espírito Voraz, mas retorna 2 Mana por segundo durante a Assombração. É possível receber o dobro de custo de Mana da habilidade com o Espírito Consumidor.

**Espírito Voraz**
Destravado: Nível 18
O espírito retorna 4 Vida por segundo (a quantidade de vida ganha aumenta juntamente com o nível do jogador).

**Espírito Rancoroso**
Destravado: Nível 23
Invoca um espírito vingativo que causa dano de arma Arcano de 288% por 2 segundos.

**Espírito Duradouro**
Destravado: Nível 35
Se não houver alvos à esquerda, o espírito irá durar até 10 segundos à procura de novos inimigos.

**Espírito Agarrado**
Destravado: Nível 48
Retarda o movimento dos inimigos assombrados em 30%.

**Espírito Consumidor**
Destravado: Nível 57
O espírito retorna 5,2 Mana por segundo.

HAB. ATIVA: HAB. DO MOUSE: SECUNDÁRIA

## ENXAME DE GAFANHOTOS

DESTRAV.: n. 21

*Desencadeia uma praga de gafanhotos como inimigo, causando 360% dano de arma Venenoso por 8 segundos. Os gafanhotos irão pular para inimigos próximos.*

- Custa 120 Mana.

**A habilidade Enxame de Gafanhotos é semelhante aos Morcegos Ígneos na aparência inicial, mas dano Venenoso é causado ao longo do tempo e o Enxame de Gafanhotos pode saltar de inimigo para inimigo. Isso permite que o ataque continue a causar danos em inimigos, mesmo depois que você lançou a habilidade. É possível evocar múltiplos enxames, um após o outro, mas o alto custo de Mana e a habilidade do Enxame de Gafanhotos de atacar vários alvos tornam isso desnecessário. Evoque um Enxame de Gafanhotos único para que a praga de gafanhotos engula os inimigos, em seguida mude para outros ataques, enquanto seu inimigo está distraído com os insetos.**

O enxame de gafanhotos subjulga o alvo, causando dano Venenoso ao longo do tempo.

### RUNAS

**Enxame Devorador** é uma boa opção para áreas populosas, já que pode converter o alto consumo da habilidade em geração de Mana. **Enxame Doente** faz com que os inimigos mortos pelos gafanhotos deixem para trás uma nuvem de gafanhotos temporária que causa dano Venenoso aos inimigos próximos. Considere essa runa em áreas lotadas e confinadas, já que ela vai forçar os reforços inimigos a passar pela nuvem de gafanhotos remanescente enquanto passam entre os mortos. **Gafanhotos Calcinantes** aumentam o dano infligido para 195% de dano Ígneo e tem como alvo um único inimigo por 3 segundos. Reserve esta runa para os inimigos raros e outras ameaças individuais que não só requerem atenção especial, mas também justificam o custo elevado de Mana.

**Pestilência**
Destravado: Nível 27
O Enxame de Gafanhotos tem uma chance de 100% de saltar para alvos adicionais em vez de um.

**Enxame Devorador**
Destravado: Nível 33
Dá 22 Mana para cada inimigo afetado pelo enxame.

**Nuvem de Insetos**
Destravado: Nível 37
Aumenta a duração do enxame para 10 segundos.

**Enxame Doente**
Destravado: Nível 42
Inimigos mortos deixam para trás uma nuvem de gafanhotos que causa dano de arma Venenoso de 25% e permanece por 3 segundos.

**Gafanh. Calcinantes**
Destravado: Nível 59
Envolve o alvo com gafanhotos ardentes que causam dano de arma Ígneo de 468% durante 8 segundos.

HAB. DA BARRA DE AÇÃO (#1) DEFENSIVA

# EVOCAÇÃO DE CÃES ZUMBIS

DESTRAV.: n.4

*Evoca 3 Cães Zumbis das profundezas para lutar ao seu lado. Cada animal inflige 9% do seu dano de arma como dano Físico em cada golpe.*

- Custa 21 Mana.
- Recarga de 60 segundos.

**A Evocação de Cães Zumbis é uma marca registrada do Feiticeiro e uma habilidade com a qual quase todos os jogadores são obrigados a contar na maior parte da porção inicial do jogo, se não sempre. Os Cães Zumbis se espalham para atacar qualquer e todo inimigo, mas nunca vão para muito longe. Eles são ótimos para acabar com inimigos enfraquecidos e distrair os outros. Um ícone no canto superior esquerdo da tela indica o número de Cães Zumbis ainda vivos e a quantidade de saúde que eles têm. Coletar globos de vida cura seus Cães Zumbis, mas você pode sempre evocar uma matilha adicional antes da atual ser destruída.**

Os cães zumbis devoradores emergem do solo e não param por nada para proteger seu mestre.

## RUNAS

**Presente Final** produz 15% de chance de que os Cães Zumbis irão deixar para trás um globo de vida após a morte. Esta é uma runa excelente para habilitar até que o Vínculo de Vida esteja destravado. **Vínculo de Vida** faz com que seu grupo de Cães Zumbis absorvam 10% do dano infligido ao Feiticeiro. Combine esta runa com a habilidade passiva Mestre dos Zumbis para espalhar 10% mais Cães Zumbis, ajudando assim a os manter vivos por mais tempo. **Cães Flamejantes** castigam os inimigos próximos com dano de arma Ígneo menor, além do ataque de mordida padrão. **Bestas Sugadoras** são a runa final para a habilidade Evocação de Cães Zumbis, retornando 50% de todos os danos que os Cães Zumbis causarem como Vida, dividida igualmente entre você e os animais de estimação. O Feiticeiro recebe 25% de todos os danos causados pelos cães zumbis como Vida!

**Cães Raivosos**
**Destravado: Nível 12**
Cães Zumbis ganham uma mordida infecciosa que causa 9% de seu dano de arma por 3 segundos.

**Presente Final**
**Destravado: Nível 19**
Cães Zumbis têm 15% de chance de deixar para trás um globo de vida quando eles morrem.

**Vínculo de Vida**
**Destravado: Nível 28**
10% do dano causado a você é absorvido pelos Cães Zumbis.

**Cães Flamejantes**
**Destravado: Nível 40**
Os Cães Zumbis ficam em chamas, permitindo a eles queimar os inimigos próximos com 2% de seu dano de arma Ígneo.

**Bestas Sugadoras**
**Destravado: Nível 54**
Cães Zumbis ganham 50% dos danos que causam como Vida, sendo a metade destinado a curar você.

HAB. DA BARRA DE AÇÃO (#1) DEFENSIVO

# APARIÇÃO HORRENDA

DESTRAV.: n.8

*Veste uma máscara espectral que horroriza todos os inimigos dentro de 12 jardas, levando-os a correr com medo por 4 segundos.*

- Custa 17 Mana.
- Recarga de 20 segundos.

**Alguns segundos de paz ininterrupta podem fazer uma enorme diferença durante uma batalha intensa e a Aparição Horrenda oferece exatamente isso! A imagem tênue de uma máscara espectral aparece acima do Feiticeiro e dá um susto em todos os inimigos próximos, que correm com medo por 4 segundos. Use esse tempo para a recarga de uma poção, recolher alguns globos de vida, ou se reunir com seu grupo e se preparar para a próxima grande escaramuça. Aparição Horrenda é particularmente útil imediatamente depois de ser retardado ou ser atingido com outro ataque de controle para ganhar tempo para que os efeitos passem.**

Um cocar Xamã aparece sobre a cabeça e inimigos ficam assustados pela máscara da Aparição Horrenda.

## RUNAS

**Espreitador** aumenta a velocidade de movimento do Feiticeiro por 4 segundos após chamar a Aparição Horrenda, dando a velocidade necessária para perseguir os inimigos que fogem com medo — ou correr para o outro lado em busca de um globo de vida ou Marco de Senda! **Face da Morte** dá ao Feiticeiro um alívio significativo, dobrando o raio da Aparição Horrenda. **Aspecto Assustador** dobra a Armadura do Feiticeiro por 8 segundos, após chamar a Aparição Horrenda. Use esse tempo para abrir caminho através dos inimigos não afetados ou rechaçar qualquer atacante restante enquanto espera por uma recarga de poção ou um globo de vida cair. **Terror Implacável** pode rapidamente encher a reserva de Mana ao retornar 16 Mana para cada inimigo horrorizado. Aparição Horrenda irá limpar as ameaças imediatas enquanto Terror Implacável fornece um fluxo de Mana.

**Fobia**
**Destravado: Nível 14**
Aumenta a duração com que inimigos horrorizados correm amedrontados em 6 segundos.

**Espreitador**
**Destravado: Nível 21**
Aumenta a velocidade de movimento em 20% durante 4 segundos após a conjuração.

**Face da Morte**
**Destravado: Nível 34**
Aumenta a área de efeito da Aparição Horrenda para 24 jardas.

**Aspecto Assustador**
**Destravado: Nível 44**
Dá 100% de Armadura adicional por 8 segundos após chamar a Aparição Horrenda.

**Terror Implacável**
**Destravado: Nível 56**
Dá 13 Mana por cada inimigo horrorizado.

HAB. DA BARRA DE AÇÃO (#1) DEFENSIVA

## ESPÍRITO QUE ANDA

DESTRAV.: n. 16

*Deixe o seu corpo físico e entre no reino dos espíritos por 2 segundos. Enquanto estiver no reino do espírito, o seu movimento fica sem impedimentos. A sua ligação com o reino do espírito vai acabar se você conjurar qualquer magia ou se seu corpo físico receber 50% da sua Vida máxima em danos.*

- Custa 27 Mana.
- Recarga de 15 segundos.

**A pior coisa que pode acontecer com o Feiticeiro é ficar cercado por inimigos. Felizmente, essas preocupações são uma coisa do passado uma vez que o Espírito que Anda seja desbloqueado. Lance esta habilidade para deixar o reino físico para trás por 2 segundos, permitindo que o Feiticeiro passe direto pelos inimigos que o confinaram. Oponentes continuarão a atacar corpo físico do Herói, que é deixado no local. O Espírito que Anda será imediatamente rescindido se o corpo do Feiticeiro receber muito dano ou se qualquer habilidade é usada. Use o Espírito que Anda para recuperar um globo de vida ou passar por forças inimigas para reviver um aliado caído.**

Use o Espírito que Anda para escapar de um grupo de saqueadores inimigos — mas não lance nenhuma magia.

### RUNAS

**Convidado de Honra** permite que você ganhe 15% de seu Mana máximo a cada segunda vez que o Espírito que Anda for ativado (máximo de 2 segundos). **Choque Umbral** cria um retorno seguro para o espírito, fazendo com que o corpo físico entre em erupção e cause dano Ígneo a todos os inimigos a até 10 jardas. **Cisão** permite ao espírito infligir dano de arma de 100% simplesmente caminhando entre os inimigos. Use isto para danificar os inimigos que encurralaram você, bem como aqueles que ainda estão para atacar. **Jornada Curativa** se comporta exatamente como o Convidado de Honra, mas retorna 10% da Vida máxima a cada segundo enquanto o Espírito que Anda estiver ativo (máximo de 2 segundos).

**Caminhada**
Destravado: Nível 23
Aumenta a duração do Espírito que Anda para 3 segundos.

**Convidado de Honra**
Destravado: Nível 29
Ganhe 15% de seu Mana máximo a cada segundo enquanto o Espírito que Anda está ativo.

**Choque Umbral**
Destravado: Nível 38
Quando o Espírito que Anda termina, seu corpo físico entra em erupção com dano de arma Ígneo de 102% a todos os inimigos dentro de 10 jardas.

**Cisão**
Destravado: Nível 47
Causa danos aos inimigos pelos quais você passa na forma de espírito para o dano de arma Físico de 100%.

**Jornada Curativa**
Destravado: Nível 53
Dá 7% de sua Vida máxima a cada segundo, enquanto o Espírito que Anda está ativo.

HAB. DA BARRA DE AÇÃO (#1) DEFENSIVA

## EBBOH

DESTRAV.: n. 22

*Evoca uma Carranca Xamã por 12 segundos que transforma os inimigos em galinhas. Os alvos não podem atacar e recebem 10% de dano extra.*

- Custa 30 Mana.
- Recarga de 15 segundos.

**Ebboh é uma das habilidades mais incomuns do Feiticeiro. Fique atrás e veja a Carranca Xamã magicamente transformar os inimigos em galinhas. Nem todos os inimigos na área se tornarão aves, mas não é incomum que a Carranca Xamã transforme dois ou mesmo três inimigos durante os 8 segundos de duração da habilidade. Isso não é apenas bom para risadas; inimigos amaldiçoados não podem atacar o Feiticeiro e recebem 10% de dano adicional quando atingidos. No entanto, o Feiticeiro tem pouco controle sobre esta habilidade já que a maldição é aplicada aos inimigos de forma aleatória.**

Transforme vários inimigos em galinhas, não importa quão grandes e assustadores eles sejam (chefes excluídos).

### RUNAS

**Mau Agouro** dobra a quantidade de dano que os inimigos amaldiçoados recebem quando atacados. Olhe para o frango e ataque-o imediatamente! O **Frango Nervoso** permite que o Feiticeiro se transforme em uma galinha raivosa que pode explodir causando danos pesados a todos os inimigos dentro de 12 jardas. Pressione a tecla correspondente para detonar o Frango Nervoso ou então ele irá explodir automaticamente após 5 segundos. **Transformação Dolorosa** faz com que o inimigo amaldiçoado sangre com dano de arma de 12%, liberando você para concentrar seus ataques contra os inimigos que não tenham sido transformados em frangos. **Forma Instável** faz com que inimigos amaldiçoados explodam após a morte, causando dano Venenoso a todos os oponentes próximos. Tente cercar o frango para mantê-lo perto de outros inimigos e concentre seus ataques nele para aproveitar esta runa.

**Magia Selvagem**
Destravado: Nível 26
A Carranca Xamã irá periodicamente curar aliados para 151 Vida (a quantidade de vida ganha aumenta juntamente com o nível do jogador).

**Mau Agouro**
Destravado: Nível 31
Alvos amaldiçoados recebem 20% de dano adicional.

**Frango Nervoso**
Destravado: Nível 36
Transforma em uma galinha nervosa por até 5 segundos, que pode explodir causando dano de arma Físico de 215% a todos os inimigos dentro de 12 jardas.

**Transformação Dolorosa**
Destravado: Nível 43
A maldição faz o alvo sangrar com dano de arma Físico de 12%.

**Forma Instável**
Destravado: Nível 58
Alvos amaldiçoados explodem quando mortos, causando dano de arma Venenoso de 135% a todos os inimigos num raio de 8 jardas.

HAB. DA BARRA DE AÇÃO (#2) TERROR

## CEIFA DAS ALMAS

DESTRAV.: n. 9

*Se alimenta da força de Vida de até 5 inimigos dentro de 16 jardas. Dá 28 Inteligência para cada inimigo afetado. Esse efeito dura 30 segundos.*

- Custa 29 Mana.
- Recarga de 15 segundos.

**Seria um erro ignorar esta habilidade só porque ela não causa danos aos inimigos que afeta. Entenda que a Ceifa das Almas é uma das habilidades mais potentes do Feiticeiro. Ela dá a você 30 segundos de um incrível aumento nos bônus de dano e resistência a um custo muito baixo de Mana. Dependendo da taxa de Inteligência do Feiticeiro antes da habilidade ser lançada, o bônus pode ser quase dobrado! A Ceifa das Almas pode ser conjurada novamente a cada 15 segundos para garantir um bônus de dano infinito capaz de transformar o Feiticeiro em um dos combatentes mais mortais do Santuário!**

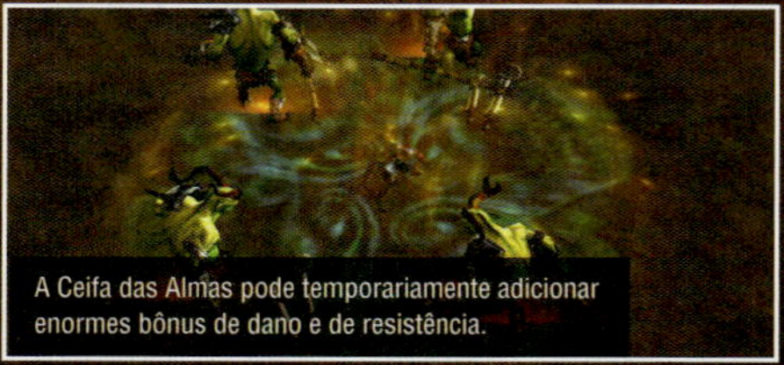

A Ceifa das Almas pode temporariamente adicionar enormes bônus de dano e de resistência.

### RUNAS

**Engolir sua Alma** e **Sifão** permitem a você ganhar Mana e Vida, respectivamente, de cada inimigo afetado por Ceifa das Almas. Combine essas habilidades com a runa que preenche a sua necessidade mais premente. **Condenar Alma** dobra o tempo que você tem para apreciar os efeitos da Ceifa das Almas. Use esse tempo para causar um alvoroço com a sua Faca Cerimonial favorita e cortar os inimigos com um dano considerável a cada golpe da lâmina. **Espírito Vingativo** inflige dano de arma de 70% aos inimigos afetados, mantendo as vantagens da habilidade base. Use o bônus de dano adquirido pela sua Inteligência aumentada para acabar rapidamente com esses inimigos enfraquecidos.

**Engolir sua Alma**
**Destravado: Nível 15**
Dá 19 Mana por cada inimigo colhido.

**Sifão**
**Destravado: Nível 21**
Ganhe 48 Vida por cada inimigo colhido (a quantidade de Vida ganha aumenta junto com o nível do jogador).

**Definhar**
**Destravado: Nível 32**
Reduz a velocidade de movimento dos inimigos colhidos em 60% por 3 segundos.

**Condenar Alma**
**Destravado: Nível 39**
Aumenta a duração do efeito da Ceifa das Almas para 60 segundos.

**Espírito Vingativo**
**Destravado: Nível 49**
Inimigos colhidos também recebem dano de arma Físico de 70%.

HAB. DA BARRA DE AÇÃO (#2) TERROR

## SACRIFÍCIO

DESTRAV.: n. 13

*Bane os seus Cães Zumbis, fazendo-os explodir, cada um causando 275% de dano de arma Físico a todos os inimigos dentro de 12 jardas.*

**Não é preciso nem dizer que você só vai querer ativar esta habilidade se já estiver usando a Evocação de Cães Zumbis (embora Confusão Generalizada com a runa apropriada também possa produzir um cão zumbi ocasional). Veja de perto como seus Cães Zumbis correm entre os inimigos e esperam que eles estejam perto de um grande grupo de oponentes antes de ativar a habilidade Sacrifício. Também é uma boa ideia esperar até que os Cães Zumbis estejam suficientemente enfraquecidos —não faz sentido perder um animal de estimação saudável! A explosão é bastante violenta e causa dano pesado a todos os inimigos dentro de 12 jardas.**

Não se apegue muito aos seus animais de estimação — todos os Cães Zumbis vão para o inferno com o Sacrifício!

### RUNAS

**Sangue Negro** não só detona seus Cães Zumbis como causa dano aos inimigos próximos e também os retarda consideravelmente por 8 segundos. Habilidades de área de efeito como esta que combinam dano pesado e efeitos de controle de multidões são ótimas. **Parente Próximo** dá uma chance de 35% de que cada Cão Zumbi que você sacrifica ressuscite. Assista para ver se algum dos Cães Zumbis renascem, então sacrifique-os para forçar o ataque! **Pelo Mestre** retorna Vida para o Feiticeiro por cada Cão Zumbi sacrificado. Esta runa é destravada muito tarde na dificuldade Tormento, então a quantidade de Vida ganha fica na casa dos milhares. Dado o baixo custo de Mana da Evocação de Cães Zumbis, esta pode ser uma forma rentável de curar a si mesmo. **Incitar a Matilha** aumenta o dano de ataque do Feiticeiro em 5% por Cão Zumbi sacrificado. Use isso com a habilidade passiva Mestre dos Zumbis para resultados máximos!

**Sangue Negro**
**Destravado: Nível 18**
Irrompe dos cadáveres dos Cães Zumbis, retardando os inimigos afetados em 60% por 8 segundos.

**Parente Próximo**
**Destravado: Nível 24**
Cada Cão Zumbi que você sacrifica tem uma chance de 35% de ressuscitar como um novo Cão Zumbi.

**Orgulho**
**Destravado: Nível 36**
Recupera 156 Mana para cada Cão Zumbi que você sacrifica.

**Pelo Mestre**
**Destravado: Nível 41**
Dá 186 Vida no nível 41 para cada Cão Zumbi que você sacrificar (a quantidade de vida ganha aumenta com o nível do jogador).

**Incitar a Matilha**
**Destravado: Nível 51**
Aumenta o dano causado por cada Cão Zumbi sacrificado em 5% por 30 segundos.

HAB. DA BARRA DE AÇÃO (#2) TERROR

## CONFUSÃO GENERALIZADA

DESTRAV.: n. 22

*Incitar a paranoia em inimigos, confundindo-os e fazendo alguns deles lutarem por você por 12 segundos.*

- Custa 45 Mana.
- Recarga de 60 segundos.

**A Confusão Generalizada evoca um enorme Espectro que aparece acima do Feiticeiro. Esta aparição assustadora confunde muitos dos inimigos próximos, levando-os a lutar em nome do Feiticeiro por 12 segundos. Lance Confusão Generalizada em áreas com muitos inimigos para o máximo de resultados! Atacar um inimigo confuso irá tirá-lo de sua paranoia — é melhor se afastar calmamente, ajudar de longe ou apenas esperar para acabar com os sobreviventes.**

Atraia os inimigos e use Confusão Generalizada. Os ícones em espiral indicam quais inimigos foram confundidos.

### RUNAS

**Devolução** produz 50% de chance de que um inimigo morto ao estar confuso, por você ou outro inimigo confuso, possa gerar um Cão Zumbi. Não se contente com um inimigo que pode lutar por você por 12 segundos quando você pode ter um Cão Zumbi lutando por você até a morte! **Histeria Coletiva** não só mantém a chance de confundir os inimigos próximos, mas até seis dos inimigos não confundidos serão atordoados! Isto fornece um bom alvo estacionário para você e os inimigos confusos atacarem. **Paranoia** faz com que todos os inimigos na área afetada recebam 20% de dano adicional por 12 segundos. Complete com um potente ataque de área de efeito para acabar com eles. **Alucinação Coletiva** chama um espírito para chacinar em toda a área afetada, causando dano por segundo para os inimigos pelos quais passa.

**Reino Instável**
**Destravado: Nível 26**
Reduz a recarga da Confusão Generalizada para 45 segundos.

**Devolução**
**Destravado: Nível 34**
Inimigos mortos enquanto confusos têm 50% de chance de desovar um Cão Zumbi.

**Histeria Coletiva**
**Destravado: Nível 43**
Até 6 inimigos que não ficaram confusos são atordoados por 3 segundos.

**Paranoia**
**Destravado: Nível 46**
Todos os inimigos na área da Confusão Generalizada recebem 20% de dano adicional por 12 segundos.

**Alucinação Coletiva**
**Destravado: Nível 54**
No meio da confusão, um espírito gigante chacina os inimigos, causando dano de arma Físico de 26% por segundo aos inimigos que toca.

HAB. DA BARRA DE AÇÃO (#3) DECOMPOSIÇÃO

## ZUMBI SUICIDA

DESTRAV.: n. 14

*Evoca um imprudente Zumbi Suicida que causa dano de arma Venenoso de 165% a todos os inimigos em seu caminho antes de se decompor.*

- Custa 74 Mana.

**O Feiticeiro curva o chão e evoca um Zumbi Suicida inchado a insurgir para a frente, causando dano Venenoso a todos os inimigos em seu caminho. O Zumbi Suicida não vai muito longe, entretanto. Na verdade, começa a se desintegrar depois de apenas dois passos. Primeiro a cabeça e os braços se dissolvem, em seguida seu tronco e finalmente as pernas. Este é um ataque eficaz contra vários inimigos que não estão a mais do que alguns passos de distância. É melhor implantar o Zumbi Suicida perto de pontos de estrangulamento e em corredores estreitos.**

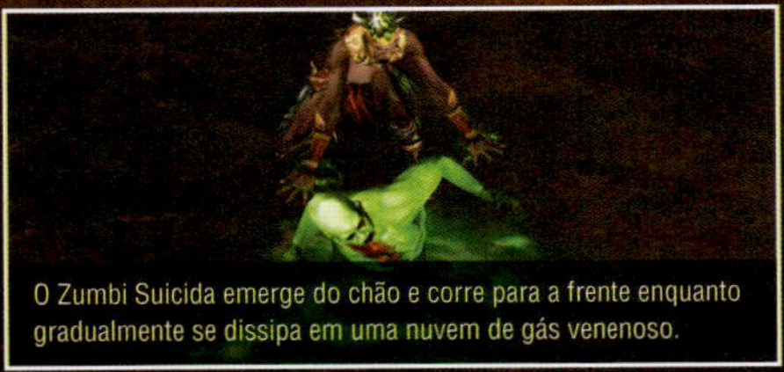

O Zumbi Suicida emerge do chão e corre para a frente enquanto gradualmente se dissipa em uma nuvem de gás venenoso.

### RUNAS

**Morte-viva** permite usar o Zumbi Suicida para reanimar até 2 vezes se ele mata inimigos durante sua carga. Suavize o inimigo-alvo antes de lançar a habilidade Zumbi Suicida para aumentar a chance de reanimação. **Onda de Zumbis** inflige danos ligeiramente maiores do que a habilidade base, mas divide isso entre três Zumbis Suicidas, tornando a habilidade mais adequada para combater grupos de inimigos. **Besta Explosiva** substitui o Zumbi original por um Cão Zumbi que explode perto do seu alvo, causando dano Ígneo pesado a todos os inimigos próximos — esta habilidade poderosa é ótima contra um Raro e seus lacaios. **Ursos Zumbis** fazem com que vários Ursos Zumbis invistam contra a área de destino e causem dano de arma Venenoso de 236% aos inimigos na área, expandindo a área de efeito original da habilidade.

**Zumbi Leproso**
**Destravado: Nível 21**
O Zumbi Suicida deixa para trás uma nuvem de vapores nocivos que causam dano de arma Venenoso de 25% aos inimigos atingidos.

**Morte-viva**
**Destravado: Nível 27**
Se o Zumbi Suicida mata todos os inimigos, ele vai se reanimar e investir contra os inimigos próximos com dano de arma Venenoso de 205%. Este pode se repetir até 2 vezes.

**Onda de Zumbis**
**Destravado: Nível 33**
Evoca 3 Zumbis Suicidas que causam 72% de dano de arma Venenoso cada um.

**Bestas Explosivas**
**Destravado: Nível 42**
Evoca um Cão Zumbi explosivo que avança na direção do seu alvo, causando dano de arma Ígneo de 236% a todos os inimigos dentro de 9 jardas.

**Ursos Zumbis**
**Destravado: Nível 54**
Ursos Zumbis que debandam para seu alvo. Cada criatura pode causar dano de arma Venenoso de 236% aos inimigos na área.

HAB. DA BARRA DE AÇÃO (#3) DECOMPOSIÇÃO

## SALVA DE ESPÍRITOS

DESTRAV.: n.17

*Bombardeia um alvo com uma explosão de espírito que causa dano de arma Físico de 190%.*

- Custa 62 Mana.

**Salva de Espíritos é um ataque a distância potente que custa uma quantidade moderada de Mana, ataca com 190% do dano de arma atual. Considere o uso de Salva de Espíritos contra os inimigos Incandescentes ou Empesteados que você deseja evitar. Esta habilidade não tem recarga, o que a torna ideal para aqueles momentos em que você precisa esperar outras habilidades se tornarem ativas.**

Lance múltiplos ataques de Salva de Espíritos para superar o inimigo.

### RUNAS

**Poço das Almas** adiciona 3 espíritos secundários que procuram outros alvos próximos e causam dano Físico menor a eles. Isto permite-lhe continuar a focar o alvo principal, enquanto simultaneamente enfraquece outros inimigos próximos. **Fantasma** desloca a natureza de alvo único da habilidade para um ataque de área de efeito de raio pequeno, se bem que inflige danos relativamente baixos. **Flebotomizar** retorna 3% do dano causado como Vida para o Feiticeiro. É uma boa ideia ter pelo menos um par de habilidade/runa ativo com essa capacidade. **Manitu** evoca um Espectro que paira sobre a cabeça do Feiticeiro e dispara raios de espírito em inimigos próximos. Considere o uso de Manitu ao lado da Salva de Espíritos uma vez na posse de uma arma poderosa — conjure Ceifa das Almas para aumentar o seu poder ofensivo, então vá para o ataque enquanto o Espectro ajuda a acabar com os inimigos.

**Espírito Complacente**
**Destravado: Nível 23**
Dá 25 Mana a cada golpe da Salva de Espíritos.

**Poço das Almas**
**Destravado: Nível 32**
3 espíritos adicionais procuram outros alvos e causam dano de arma Físico de 30%.

**Fantasma**
**Destravado: Nível 37**
Evoca um Espectro por 5 segundos que causa dano de arma Físico de 45% a todos os inimigos dentro de 10 jardas.

**Flebotomizar**
**Destravado: Nível 44**
Recupera 3% do dano causado pela Salva de Espíritos como Vida.

**Manitu**
**Destravado: Nível 59**
Evoca um Espectro que paira sobre você por 20 segundos, lançando raios de espírito em inimigos próximos com dano de arma Físico de 28%.

HAB. DA BARRA DE AÇÃO (#3) DECOMPOSIÇÃO

## NUVEM ÁCIDA

DESTRAV.: n.22

*Faz cair chuva ácida, causando dano de arma inicial Venenoso de 100%, seguido por 75% de dano Venenoso aos inimigos na área por 3 segundos.*

- Custa 105 Mana.

**Nuvem Ácida é uma das habilidades mais potentes do Feiticeiro. Ela tem um preço de Mana um pouco salgado, mas a capacidade da habilidade de rapidamente matar vários inimigos vale a pena. Evoca um espírito místico que derrama baldes de chuva ácida em cima da área-alvo, lavando todos os inimigos abaixo com Veneno. A piscina de ácido permanece no chão por alguns segundos e continua a infligir dano Venenoso aos inimigos que vagueiam pela área afetada. Isto é particularmente útil contra um Raro e seus Lacaios e pode ser usado para sujar um ponto de estrangulamento. Considere o uso em conjunto com a Prisão dos Mortos para primeiro retardar inimigos lentos em um determinado ponto e então acabar com eles com a Nuvem Ácida!**

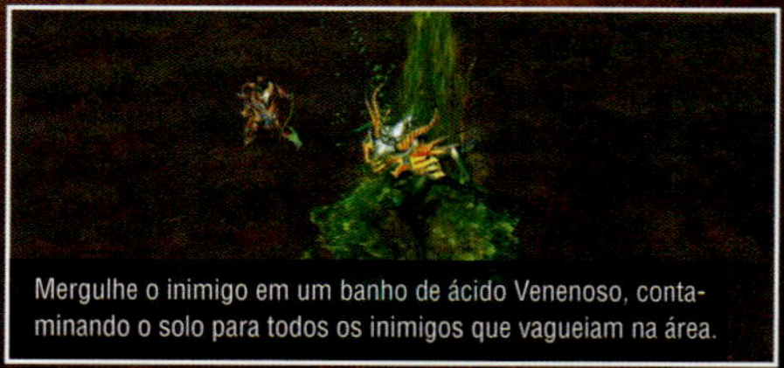

Mergulhe o inimigo em um banho de ácido Venenoso, contaminando o solo para todos os inimigos que vagueiam na área.

### RUNAS

**Chuva Ácida** essencialmente duplica o alcance da habilidade base para 24 jardas, melhorando um já potente ataque de área de efeito! **Bomba Gosmenta** transforma o ácido no chão em uma gosma que causa danos aos inimigos que ficam sobre ela e também se irradia aos que estão perto. Este efeito tem a duração de 5 segundos, mais tempo que a habilidade base. **Beijo da Morte** transforma a habilidade base em uma nuvem que o Feiticeiro cospe nos inimigos alvejados. Ela causa dano inicial maior e continua a Envenenar quem está na área, mas em uma área menor. **Corpo-bomba** muda o ataque para um que se origina a partir do solo, um cadáver sobe e explode causando grandes danos a todos os inimigos na área. Esta é uma ótima maneira de infligir dano Venenoso pesado em vários alvos instantaneamente.

**Chuva Ácida**
**Destravado: Nível 26**
Aumenta a área de efeito inicial da Nuvem Ácida para 24 jardas.

**Bomba Gosmenta**
**Destravado: Nível 30**
O ácido no chão forma uma gosma que se irradia para os inimigos com dano de arma Venenoso de 25%. A gosma se dissipa depois de 5 segundos.

**Queima Lenta**
**Destravado: Nível 39**
Aumenta a duração das piscinas de ácido para 6 segundos.

**Beijo da Morte**
**Destravado: Nível 46**
Cospe uma nuvem de ácido que causa dano Venenoso de 110%, seguido de dano de arma Venenoso de 83% aos inimigos que permanecem na área.

**Corpo-bomba**
**Destravado: Nível 55**
Levanta um cadáver do chão que explode com dano de arma Venenoso de 200% aos inimigos na área.

HAB. DA BARRA DE AÇÃO (#3) DECOMPOSIÇÃO

## MURALHA DE ZUMBIS

DESTRAV.: n. 28

*Levanta uma linha de Zumbis do chão. Eles atacam inimigos próximos causando 80% de dano de arma Físico por 5 segundos.*

- Custa 69 Mana.
- Recarga de 25 segundos.

**Muralha de Zumbis é uma habilidade vital para se atribuir à barra de ação sempre que o Feiticeiro está enfrentando um grande número de inimigos que se movem rapidamente, tais como os Aguilhantes Atormentados ou Aracnitas. Mire em uma área entre o Herói e a horda se aproximando, então assista como uma linha de sete Zumbis parcialmente emerge do chão e bate para trás os atacantes que avançam. Os Zumbis agarram e golpeiam os inimigos por 5 segundos, dando ao Feiticeiro tempo para lançar ataques por trás de suas defesas.**

Chame uma Muralha de Zumbis para manter grandes grupos de inimigos a distância.

### RUNAS

**Barricada** estende a largura da parede de Zumbis, efetivamente permitindo que você detenha o avanço dos inimigos em uma frente ampla. Isto é particularmente eficaz quando se lida com dezenas de inimigos em movimento rápido. **Pegada Firme** retarda o movimento dos inimigos em 60% por alguns segundos, essencialmente proporcionando um efeito similar a Prisão dos Mortos, mas de forma linear. **Empilhamento** é uma destas habilidades raras que não é apenas tremendamente poderosa, mas também incrivelmente divertida! Os Zumbis sobem em cima um do outro e, em seguida, caem para a frente, causando dano de arma de 765% aos inimigos atingidos pelo desabamento. Guarde a runa **Corrida dos Mortos** para espaços abertos cheios de inimigos. Esta runa faz zumbis saírem do chão e correrem em todas as direções, acertando os inimigos próximos com danos pesados.

**Barricada**
Destravado: Nível 32
Aumenta a largura da Muralha de Zumbis. Eles atacam com 80% de dano de arma Físico.

**Pegada Firme**
Destravado: Nível 35
Sua Muralha de Zumbis irá retardar o movimento dos inimigos em 60% por 5 segundos.

**Espreitadores**
Destravado: Nível 41
Até 3 Zumbis irão surgir do chão e atacar os inimigos próximos com 25% do seu dano de arma Físico por ataque.

**Empilhamento**
Destravado: Nível 49
Evoca uma torre de Zumbis que cai, causando dano de arma Físico de 765% a todos os inimigos que atinge.

**Corrida dos Mortos**
Destravado: Nível 60
Zumbis se arrastam pelo chão e correm em todas as direções, causando 445% de dano de arma Físico aos inimigos próximos.

HAB. DA BARRA DE AÇÃO (#4) VODU

## GARGÂNTUA

DESTRAV.: n. 19

*Evoca um Zumbi Gargântua para lutar por você. Ele ataca com 25% do seu dano de arma como dano Físico.*

- Custa 87 Mana.
- Recarga de 60 segundos.

**O que é melhor do que ter uma matilha de Cães Zumbis escoltando você para a batalha? O Gargântua! Essa criatura enorme balança o chão do campo de batalha, causando dano de arma de 25% a cada golpe. O Gargântua tem uma enorme reserva de Vida e se cura cada vez que você coleta um globo de vida. Tem uma recarga moderadamente longa, mas você provavelmente não precisará lançar o feitiço novamente dentro de um minuto. O Gargântua é útil contra a maioria dos inimigos, mesmo contra chefes!**

Diga olá para o meu amiguinho...

### RUNAS

**Humanogoide** dá ao Gargântua acesso à habilidade cutilada do Bárbaro, permitindo-lhe atingir múltiplos inimigos com cada golpe. Use **Gigante Inquieto** contra inimigos Campeões e Raros, ou contra inimigos múltiplos. O Gargântua se enfurece durante 15 segundos (uma vez a cada 120 segundos) e ganha melhorias de movimento e ataque, juntamente com um aumento para o dano que inflige. **Protetor Furioso** é muitas vezes uma boa escolha contra chefes ou para uso em situações em que você está tendo problemas para permanecer vivo. O Gargântua vai durar apenas 15 segundos, mas é muito mais poderoso e causa Repulsão nos inimigos, bem como dano Ígneo aumentado. **Pancadeiro** permite que Imenso, ocasionalmente, trombe contra os inimigos para maior dano e os atordoar por 3 segundos.

**Humanogoide**
Destravado: Nível 22
O Gargântua ganha a habilidade Cutilada, permitindo que seus ataques atinjam alvos múltiplos com 32% de seu dano de arma como dano Físico.

**Gigante Inquieto**
Destravado: Nível 29
Diante de uma Elite ou 5 inimigos, o Gargântua se enfurece durante 15 segundos, ganhando: +20% velocidade de movimento, +35% velocidade de ataque, e +200% de dano Físico.

**Protetor Furioso**
Destravado: Nível 39
Invoca Gargântua por apenas 15 segundos, mas é mais poderoso. Seus punhos queimam, causando um adicional de 55% do seu dano de arma como dano Ígneo e jogando os inimigos para trás.

**Grande Fedorento**
Destravado: Nível 48
O Gargântua é rodeado por uma nuvem de veneno que causa 15% de seu dano de arma como dano Venenoso aos inimigos próximos.

**Pancadeiro**
Destravado: Nível 56
O Gargântua ganha a habilidade de trombar contra os inimigos, causando 100% de seu dano de arma Físico e os atordoando durante 3 segundos.

HAB. DA BARRA DE AÇÃO (#4) VODU

## VODUZÃO SINISTRO

DESTRAV.: n. 25

*Conjure uma Carranca que começa uma dança ritual, aumentando a velocidade de ataque e movimento de todos os aliados na área em 20% por 20 segundos.*

- Recarga de 120 segundos.

**O Voduzão Sinistro é essencial para o Feiticeiro durante jogos cooperativos em virtude de seu aumento de velocidade de 20 segundos. Sempre peça ao time para se reunir antes de lançá-lo para que todos colham os benefícios da habilidade. Cabe a você decidir se deve ou não alocar um espaço em sua barra de ação para o Voduzão Sinistro enquanto estiver jogando sozinho. Tente realizar a habilidade imediatamente antes de lançar Ceifa das Almas para aproveitar ao máximo o bônus de dano aumentado que a última habilidade dá a você.**

Os efeitos da Carranca se espalham por uma área pequena, dando a todos os aliados na área um auxílio no ataque.

### RUNAS

**Tambores da Selva** aumentam a duração do ritual em 50% dos 20 aos 30 segundos. Esta runa é ótima para o jogo solo e cooperativo, particularmente nas dificuldades mais altas. Uma melhor velocidade de ataque pode ser fundamental para se sobreviver a uma batalha no modo Inferno. **Dança Macabra** não apenas aumenta a velocidade de ataque e de movimento, mas também o dano de todos os aliados próximos; uma melhoria dos Tambores da Selva. **Transe Fantasma** cura aliados próximos em 5% da sua Vida máxima por segundo durante 20 segundos. Reúna seus aliados e lance Voduzão Sinistro com Transe Fantasma para ajudar a manter todos vivos. **Bicho-papão** produz 50% de chance de que os inimigos mortos na área do ritual sejam ressuscitados como um Cão Zumbi. Considere guardar esta runa para uso individual apenas — os aliados vão se beneficiar mais de Tambores da Selva, Dança Macabra ou Transe Fantasma.

**Tambores da Selva**
**Destravado: Nível 31**
Aumenta a duração do ritual para 30 segundos.

**Dança da Chuva**
**Destravado: Nível 37**
O ritual restaura 80 Mana por segundo aos que ficam na área do ritual.

**Dança Macabra**
**Destravado: Nível 44**
A Carranca aumenta o dano a todos os inimigos próximos em 30%.

**Transe Fantasma**
**Destravado: Nível 50**
O ritual cura alidados próximos em 5% de sua Vida máxima por segundo.

**Bicho-papão**
**Destravado: Nível 58**
Inimigos mortos na área do ritual têm uma chance de 50% de ressuscitar como um Cão Zumbi.

HAB. DA BARRA DE AÇÃO (#4) VODU

## EXÉRCITO DE CARRANCAS

DESTRAV.: n. 30

*Um exército de Carrancas com adagas que lutam ao seu lado por 20 segundos. Eles atacam com 20% do seu dano de arma Físico.*

- Recarga de 120 segundos.

**Não deixe que o tamanho das Carrancas o faça pensar que esta não é uma habilidade potente. Essas criaturas têm agressividade sem limites e saem golpeando através de tantos inimigos quanto possível durante 20 segundos. O Feiticeiro é mais eficaz quando ele fica para trás e permite que seus lacaios evocados façam o trabalho sujo. Considere evocar um Gargântua para lutar ao lado de seu Exército de Carrancas e simultaneamente lance Cães Zumbis. Esta é apenas uma das muitas combinações possíveis!**

Quem não se beneficiaria de cinco Carrancas empunhadoras da adaga lutando ao seu lado?

### RUNAS

**Emboscadas de Carrancas** causm dano alto a todos os inimigos perto do Exército de Carrancas quando ele é evocado. Vão continuar a atacar com dano de arma de 20%, mas sua aparência inicial causa 250% de dano de arma — use essa habilidade em uma multidão para melhores resultados! **Legião de Adagas** aumenta o número de Carrancas de 5 para 8, quase duplicando a quantidade de danos que eles podem causar! **Tochas Tiki** evoca duas Carrancas adicionais que vomitam fogo nos inimigos. O fogo causa danos menores, mas ainda é eficaz em conjunto com as outras Carrancas que empunham adagas. **Caçadores de Cabeças** evoca duas Carrancas adicionais que atiram dardos de sopro causando dano de arma Venenoso menor. Tal como acontece com a runa Tochas Tiki, não é preciso muito dano extra para matar os inimigos que já estão sendo apunhalados pelos Carrancos empunhadores de adaga padrão.

**Emboscadas de Carrancos**
**Destravado: Nível 34**
Cada Carranca causa dano de arma Físico de 250% a qualquer inimigo próximo.

**Seguidor Devoto**
**Destravado: Nível 40**
Diminui o termpo de recarga do Exército de Carrancas para 90 segundos.

**Legião de Adagas**
**Destravado: Nível 46**
Aumenta o número de Carrancas empunhadoras de adagas evocados em 3.

**Tochas Tiki**
**Destravado: Nível 52**
Evoca 2 Carrancas Evocadoras adicionais que sopram fogo em um cone à frente delas que causa 15% do seu dano de arma como dano Ígneo.

**Caçadores de Cabeças**
**Destravado: Nível 60**
2 Carrancas adicionais disparam dardos de sopro, com 20% do dano de arma Venenoso.

HABILIDADE PASSIVA

## FORTITUDE DA SELVA

DESTRAV.: n. 10

*Reduz o dano recebido por você e seus animais de estimação em 20%.*

Fortitude da Selva compensa a menor taxa de Força do Feiticeiro ao reduzir o dano que ele e seus animais de estimação sofrem. Aqueles que sempre evocam animais de estimação e ainda têm de equipar um conjunto de armadura que fornece uma ampla proteção deverão habilitar esta habilidade. Fortitude da Selva pode ser tão útil no nível 60, como quando ela é desbloqueada pela primeira vez no nível 10.

HABILIDADE PASSIVA

## CÍRCULO DA VIDA

DESTRAV.: n. 10

*Sempre que um inimigo morre dentro de 12 jardas, há uma chance de 5% de um Cão Zumbi automaticamente emergir. O alcance deste efeito é aumentado por itens que elevam o seu raio de recolhimento de ouro.*

Adiciona uma pequena chance de o inimigo que morrer perto do Feiticeiro possa render um Cão Zumbi. As chances comecem baixas — 1 em 20 —, mas o suficiente para não atribuir a habilidade Evocação de Cães Zumbis à barra de ação. É improvável acumular repentinamente uma matilha de Cães Zumbis, mas existem modos de aumentar as chances. Veja quanto dano você inflige sobre os inimigos e corra para perto deles quando entregar o golpe final, especialmente se você estiver usando itens que aumentam o raio de recolhimento de ouro.

HABILIDADE PASSIVA

## HARMONIA ESPIRITUAL

DESTRAV.: n. 13

*O Mana Máximo é aumentado em 20%. Regenera 1% de seu Mana Máximo por segundo. Mana é o combustível que você usa para lançar habilidades ofensivas e defensivas.*

Aqueles que dependem fortemente das habilidades que consomem Mana podem precisar dos benefícios da Harmonia Espiritual para a regeneração mais rápida de Mana. Embora a necessidade não seja como a do Bárbaro e do Monge de uma maior regeneração de Fúria ou Espírito na dificuldade Normal, o Feiticeiro tem mais chance de ficar sem Mana nas dificuldades mais altas. Apenas ative esta habilidade se você está ficando sem Mana em níveis mais baixos, mas considere fortemente a usá-la em jogos repetidos.

HABILIDADE PASSIVA

## BANQUETE SÓRDIDO

DESTRAV.: n. 16

*Sempre que você é curado por um globo de vida, ganha 10% de seu Mana máximo e 10% de Inteligência por 10 segundos. O bônus de inteligência pode ser acumulado em até 5 vezes.*

Banquete Sórdido pode ser usado para liberar espaço de habilidade ativa que você pode ter alocado para a Ceifa das Almas, embora com efeitos reduzidos. Você não precisa ir muito longe para encontrar um globo de vida durante grandes batalhas e o potencial para um aumento de 10% -50% em bônus de dano temporário é atraente, para não mencionar os impulsos na regeneração de Mana e resistências.

HABILIDADE PASSIVA

## RITUAL DE SANGUE

DESTRAV.: n. 20

*15% dos custos de Mana são pagos com Vida. Você também regenera 1% de sua Vida máxima por segundo.*

Esta é uma habilidade perigosa para equipar se você usa muitas habilidades que requerem Mana. Felizmente, há diversas habilidades ativas úteis que têm pouco ou nenhum custo de Mana. Estude as habilidades que você usa com mais frequência antes de alocar o Ritual de Sangue. A regeneração de 1% pode torná-la útil, mas só se você costuma se abster de usar habilidades caras — especialmente se você tiver uma classificação baixa de Vitalidade.

HABILIDADE PASSIVA

## REMÉDIO AMARGO

DESTRAV.: n. 20

*Sempre que você causar dano Venenoso a um inimigo, seu dano é reduzido em 20% por 3 segundos.*

Várias das habilidades do Feiticeiro infligem dano Venenoso. Nuvem Ácida, Dardo Envenenado e Zumbi Suicida são apenas alguns exemplos. Muitos outros podem infigir dano Venenoso com runas. Considere alocar Remédio Amargo, mesmo se uma de suas habilidades primárias inflige dano Venenoso, especialmente se você tiver baixa Vitalidade ou taxa de Força.

HABILIDADE PASSIVA

## MESTRE DOS ZUMBIS

DESTRAV.: n. 24

*Você pode ter quatro Cães Zumbis de uma vez. A saúde dos seus Cães Zumbis e Gargântua é aumentada em 20%.*

Esta é uma habilidade importante se você usa Evocação de Cães Zumbis ou Gargântua. Ganhar um quarto Cão Zumbi é útil, mas o aumento de vida de 20% é ainda mais valioso. A única razão pela qual você pode querer abster-se de alocar esta habilidade é se você planeja usar Sacrifício para detonar seus Cães Zumbis. Ganhar um animal de estimação adicional ainda irá ajudar, mas talvez não o suficiente para justificar usar um de seus três espaços de habilidade passiva.

HABILIDADE PASSIVA

## PERFURANDO O VÉU

DESTRAV.: n. 27

*Todo o seu dano é aumentado em 20%, mas os seus custos de Mana são aumentados em 30%.*

Perfurando o Véu combina bem com Harmonia Espiritual, já que efetivamente investe o Mana adicional que você ganhará com a última habilidade para o seu dano em 20%. Dito isto, Perfurando o Véu vale ser alocada mesmo se você não gasta tanto Mana, uma vez que ela proporciona um aumento em todos os danos — mesmo aqueles que consomem menos Mana. Imagine o impulso que você obteria com a combinação desse efeito com a Ceifa das Almas!

HABILIDADE PASSIVA

## POSSUÍDO POR ESPÍRITOS

DESTRAV.: n. 30

*Reduz a recarga da Aparição Horrenda, Espírito que Anda e Ceifa das Almas em 2 segundos. Na próxima vez que você receber dano fatal, você entra no reino do espírito durante 3 segundos e se cura para 10% de sua vida máxima. Disponível uma vez a cada 90 segundos.*

Possuído por Espíritos reduz a recarga da Aparição Horrenda para 18 segundos e do Espírito que Anda e Ceifa das Almas para 13 segundos. No entanto, o principal benefício do Possuído por Espíritos reside na sua capacidade de ressuscitar você com 10% de sua Vida máxima. Esta é uma rede de segurança importante para os jogadores individuais que tentam os modos de dificuldade mais elevados e para aqueles que jogam no modo Hardcore.

HABILIDADE PASSIVA

## CARRANCA SICOFANTA

DESTRAV.: n. 30

*Sempre que você joga um feitiço do reino físico, você tem uma chance de 3% de evocar uma Carranca empunhadora de punhal para lutar ao seu lado por 60 segundos.*

Feitiços do reino físico incluem muitos dos ataques mais comuns do Feiticeiro — Dardo Envenenado, Morcegos Ígneos e Muralha de Zumbis para citar alguns. Muitas dessas habilidades não só infligem danos significativos, mas têm pouca ou nenhuma recarga. Isto significa que você mais provavelmente irá lançá-las em rápida sucessão, aumentando assim suas chances de evocar uma Carrranca empunhadora de adaga, que pode provocar danos consideráveis durante o minuto que dura.

HABILIDADE PASSIVA

## TORRENTE DE ESSÊNCIA

DESTRAV.: n. 36

*Feitiços de Espírito retornam 30% do seu custo de Mana por 10 segundos. Os Feitiços de Espírito são: Assombração, Aparição Horrenda, Confusão Generalizada, Ceifa das Almas, Salva de Espíritos e Espírito que Anda.*

Esta é outra habilidade para considerar se você precisa de Mana extra, especialmente em níveis mais elevados ou dificuldades maiores. Considere usar Torrente de Essência se você utiliza Espírito que Anda e Salva de Espíritos frequentemente já que esta habilidade passiva pode ajudar a alimentar essas habilidades. É uma boa alternativa para o Ritual de Sangue, especialmente para aqueles com menor Vitalidade ou taxa de Força.

HABILIDADE PASSIVA

## BUSCA ESPIRITUAL

DESTRAV.: n. 40

*Quando você tem 4 ou mais habilidades recarregando, sua regeneração de Mana é aumentada em 300%.*

**Muitas das habilidades do Feiticeiro têm um tempo de recarga extenso, tornando assim possível ter 4 ou mais em recarga de uma só vez. Estude seu próprio desempenho e monitore a barra de ação para ver quantas vezes essa situação ocorre antes de alocar Busca Espiritual. Os jogadores que dependem muito de habilidades com recargas curtas são menos propensos a satisfazer o requisito para que a Busca Espiritual seja ativada.**

HABILIDADE PASSIVA

## LEALDADE FEROZ

DESTRAV.: n. 45

*Todos os seus animais de estimação obtêm 100% do benefício de seus itens de regeneração de Vida e Espinhos.*

**O Feiticeiro virá possuir vários equipamentos que têm uma propriedade conhecida como "Espinhos". Espinhos causam danos aos inimigos que realizam ataques corpo a corpo contra o Feiticeiro, como se estivessem perfurando um cacto com as próprias mãos. Lealdade Feroz compartilha os efeitos deste equipamento com os seus Cães Zumbis evocados e Gargântua, assim como suas Carrancas.**

HABILIDADE PASSIVA

## VANTAGEM SOMBRIA

DESTRAV.: n. 50

*Sempre que um inimigo morre dentro de 8 jardas, recupera 1% de sua Vida máxima e Mana. A recarga em todas as suas habilidades também é reduzida em 1 segundo. Este alcance é estendido a itens que aumentam o seu raio de recolhimento de ouro.*

**Você deve equipar esta habilidade passiva nas dificuldades mais altas e sempre que lidar com grandes grupos de inimigos. O Feiticeiro pode manter uma distância segura nos calabouços, mas isso não é tão fácil em campo aberto. Aqueles com equipamento que produz um alto raio de recolhimento de ouro devem definitivamente equipar este espaço, já que todo inimigo que morre dentro de uma distância moderada do Feiticeiro ajudará a restaurar a Vida e o Mana do Herói.**

HABILIDADE PASSIVA

## RITOS TRIBAIS

DESTRAV.: n. 55

*O resfriamento de suas habilidades Exército de Carrancas, Voduzão Sinistro e Ebboh são reduzidos em 25%.*

**Ritos Tribais merecem ficar em um dos seus espaços de habilidade passiva desbloqueados, mesmo se você só usar a habilidade do Exército de Carrancas das três listadas. Ser capaz de lançar o Exército de Carrancas após 90 segundos, em vez de 120, dá ao Feiticeiro uma grande vantagem em combate solo. Da mesma forma, a redução de 25% de recarga do Voduzão Sinistro irá ajudar em jogos cooperativos nas dificuldades Tormento e Inferno.**

# ARCANISTA

*Desde a minha juventude me foi dito que eu era especial, um prodígio de grande potencial. Eu vim para Santuário Ishari buscando colher conhecimento com os mestres. Mas eles tinham medo da verdade. Eu não aprenderia com eles.*

*Os livros antigos, as profecias que eles continham, me mostraram tudo o que poderia vir a passar. Então um dia uma estrela caiu do céu. Um sinal de que meu momento chegou.*

*Eu irei para o oeste para Tristram parar a escuridão que a estrela anuncia e cumprir o destino que acena para mim.*

## Um mestre da autocriação de energias temporais e elementares.

- O Arcanista pode infligir, evitar e resistir a danos com um vasto e formidável conjunto de magias dirigidas e de área.
- Poderosos, mas esquivos, Arcanistas fazem mágica criando escudos protetores e desencadeando feitiços que fazem chover a destruição sobre seus inimigos.
- O Arcanista baseia-se em Poder Arcano, um recurso de rápida regeneração, para lançar feitiços.

# CRESCIMENTO HEROICO

A força do Arcanista (ou da Arcanista) reside no seu conhecimento, mas isso não quer dizer que seu corpo seja fraco. Apesar de seus atributos iniciais de Força e Destreza serem os mais baixos de todas as classes, o crescimento do Arcanista nessas áreas, em última análise, o colocaem igualdade com o Feiticeiro. A Inteligência do Arcanista está entre as mais altas de todas as classes, garantindo que ele é capaz de infligir tanto dano quanto um Bárbaro enquanto tem resistências superiores aos muitos ataques elementais. O Arcanista tem sido tradicionalmente um lançador de magias a distância — e ainda é — mas seus atributos satisfatórios e habilidades corpo a corpo específicas fornecem um meio de atacar de perto se for preciso.

### O ARCANISTA SE FORTALECE

| Atributo | Taxa de Base Nível 1 | Valor Inicial | Aumen. da Taxa por Nível | Taxa de Base Nível 60 |
|---|---|---|---|---|
| Força | 8 | Aumenta a armadura em 8. | +1 | 67 |
| Destreza | 8 | Aumenta a chance de esquiva em 0,80%. | +1 | 67 |
| Inteligência | 10 | 10% de Bônus de Dano para Arcanistas. Aumenta a resistência em 1,0. | +3 | 187 |
| Vitalidade | 9 | 130 Vida | +2 | 127 |

**Indica o principal atributo para esta classe.*

# EQUIPADO PARA A BATALHA

## ARMAMENTO

**Especial: Varinhas, Orbes**

O Arcanista foca o seu conhecimento de energias temporais e elementares em uma variedade de fórmulas mágicas que não requerem o uso de qualquer arma, desde que seu suprimento de Poder Arcano não se esgote. Ele pode melhorar essas magias com um grimório ou um orbe em sua mão esquerda. Como o Mojo do Feiticeiro, o grimório/orbe serve para aumentar o poder das magias do Arcanista e faz com que muitos de seus ataques inflijam maior dano. Alguns orbes concedem outras melhorias, como aumento de Poder Arcano e Poder Arcano em Acertos Críticos.

Arcanistas podem equipar um arco ou besta, mas a sua mestria com varinhas garante que esta classe nunca fique sem um ataque a distância. Equipe a mão direita com uma varinha para lançar projéteis mágicos em inimigos, mesmo quando não estiver usando uma habilidade. Muitas varinhas, especialmente as raras, proporcionam amplos benefícios para o Arcanista e podem causar danos significativos nos inimigos. Dito isto, as habilidades características do Arcanista não têm custo de Poder Arcano e substituem rapidamente ataque básico na barra de ação de habilidades.

Aqueles que gostam de experimentar podem fazê-lo dotando o Arcanista com um cajado de duas mãos ou outra arma corpo a corpo básica. Ele ainda vai ter acesso a todas as habilidades características e, melhor de tudo, algumas de suas habilidades passivas são voltadas a aumentar sua resistência a ataques corpo a corpo. Mantenha os olhos abertos para o cajado raro destinado a reforçar o ataque do Arcanista! Claro, vale a pena manter em mente que o Arcanista não tem a mesma força do Bárbaro e do Monge.

# ESTILOS DE ARMADURAS

Talvez como prova do tempo gasto nas salas de aprendizagem, debruçado sobre os livros antigos de magia e conhecimento, as vestes do Arcanista tendem a ser menos grosseiras e mais elegantes. O Arcanista do sexo masculino está à vontade com calças, botas que vão até o joelho e um colete enquanto sua contraparte feminina tende a optar por algo mais revelador. Este estilo casual de se vestir permeia muitos dos primeiros níveis da Arcanista, lentamente ganhando peças de vestuário concebidas para adicionar proteção e brilho. Dispensando as vestimentas tradicionais de sua profissão, os Arcanistas masculinos e femininos favorecem jaquetas com ombros e caudas elaboradas para a capa.

### Sobre Estilos de Armaduras

As seguintes aparências de armaduras servem apenas para ilustrar como um Herói pode parecer em qualquer nível. Na realidade, o Herói irá provavelmente possuir vários estilos de armadura ao mesmo tempo, portanto, terá uma aparência muito mais exclusiva que combina dois ou mais estilos apresentados aqui. E, ao considerar as várias cores de tintas que estão disponíveis, é improvável que quaisquer dois Heróis da mesma classe fiquem idênticos.

Artigos simples de pano e botas cobrem o Arcanista homem do colarinho aos pés, enquanto a Arcanista do sexo feminino usa decididamente menos roupas.

As caudas fluindo penduradas na cintura do Arcanista combinam com luvas e um cinto de proteção ligeiramente melhor (níveis 1-6).

Os guarda-ombros de labareda que se tornam uma característica definidora do Arcanista são adicionados, assim como uma coroa simples (níveis 7-13).

Grossas camadas de couro proporcionam uma mais proteção enquanto luvas sem dedos adicionam cobertura extra (níveis 14-19).

O Arcanista começa a cultivar uma atitude mais impressionante com a adição da malha de metal e couro batido (níveis 20-24).

Brigantina e placas de armadura são adicionados a todo o equipamento do Arcanista, servindo para proteger os órgãos e extremidades (níveis 25-28).

O estilo de armadura final do Arcanista em dificuldade Normal transmite o conhecimento implícito que o Herói possui enquanto dá uma dica da armadura que ele irá finalmente vestir (níveis 29-31).

# HABILIDADES E RUNAS

O Arcanista tem vários grupos distintos de habilidades que se combinam para fornecer as ferramentas necessárias para qualquer situação. Arcanistas sempre têm um feitiço característico atribuído ao botão esquerdo do mouse. Estas habilidades não têm recarga nem custo de Poder Arcano. Na verdade, elas podem fornecer uma fonte estável de Poder Arcano quando combinadas com as runas certas ou habilidade passiva. Nenhum Arcanista é completo sem habilidades ofensivas potentes. Habilidades como Desintegração, Nevasca e Meteoro podem ter custos mais altos de Poder Arcano, mas são críticas para derrotar filhos do inferno Campeões. Por último, é importante ter acesso a uma magia de armadura. Apenas uma magia de armadura pode estar ativa por vez, mas elas duram 120 segundos e têm custo baixo de Poder Arcano. Tente encontrar um mix de habilidades que se adapta ao seu estilo de jogo e lhe dão a capacidade de causar danos de área bem como ataques DPS.

### Recurso: Poder Arcano

Conhecimento é poder, mas nem mesmo um Arcanista pode fazer mágica forte o suficiente para livrar a terra de filhos do inferno apenas através de memorização. As habilidades do Arcanista são alimentadas por um recurso místico chamado Poder Arcano. Arcanistas têm um conjunto inicial de 100 Poder Arcano. Isto pode não parecer muito mas Poder Arcano é o recurso que se regenera mais rápido de todas as classes — use-o sabiamente e você raramente ficará sem!

# HABILIDADES PASSIVAS

O primeiro espaço para habilidade passiva é liberado no nível 10. Espaços posteriores são abertos nos níveis 20 e 30. Uma vez escolhidas, as seguintes habilidades contribuem para a força e habilidades em segundo plano do Herói, sem necessidade de entrada ou recurso posterior. Considere o seu estilo de jogo e atual variedade de habilidades ativas na escolha de quais habilidades passivas ativar.

HAB. ATIVA: HAB. DO MOUSE: PRIMÁRIA

## PROJÉTIL MÁGICO

DESTRAV.: n. 1

*Lança um míssil de energia mágica, causando dano de arma Arcano de 110%.*

- Feitiços característicos podem ser lançados livremente.

**O feitiço Característico incial do Arcanista concede a ele o poder de disparar um míssil mágico em qualquer alvo distante, desde que possa ser visto. O Projétil Mágico é uma magia rápida que causa dano um pouco maior do que sua arma equipada. A trajetória reta como uma flecha e a velocidade rápida do projétil não garantem um tiro certeiro.**

Lança um míssil mágico de energia Arcana em um alvo individual a partir de uma distância considerável.

### RUNAS

**Divisão** aumenta a produção de dano total do Projétil Mágico, mas o divide em três projéteis, em vez de um. Os tiros podem não acertar o alvo se ele for rápido e ágil. **Explosão Penetrante** adiciona uma chance de 70% de o projétil perfurar o alvo e acertar os inimigos adicionais, enquanto mantém o dano padrão da habilidade. **Harmonia** converte esse feitiço Característico livre para usar em um ataque que gera poder, retornando 4 Poder Arcano com cada golpe. **Teleguiado** aumenta o dano do ataque ao adicionar a capacidade de rastrear inimigos conforme eles se movem — ideal quando você estiver com pouco Poder Arcano e tentando acabar com um inimigo de elite.

**Projéteis Carregados**
**Destravado: Nível 6**
Aumenta o dano do Projétil Mágico para 143% de dano de arma Arcano.

**Divisão**
**Destravado: Nível 13**
Dispara 3 mísseis que causam 50% de dano de arma Arcano cada um.

**Explosão Penetrante**
**Destravado: Nível 31**
Mísseis têm uma chance de 70% de perfurar o alvo e acertar inimigos adicionais.

**Harmonia**
**Destravado: Nível 42**
Sempre que um Projétil Mágico atinge um alvo, você ganha 4 Poder Arcano.

**Teleguiado**
**Destravado: Nível 52**
Mísseis rastreiam o inimigo mais próximo e seu dano é aumentado para 121% de dano de arma Arcano.

HAB. ATIVA: HAB. DO MOUSE: PRIMÁRIA

## PULSO DE CHOQUE

DESTRAV.: n. 3

*Solta um pulso de médio alcance de 3 cargas imprevisíveis de eletricidade que causam dano de arma Elétrico de 105% nos inimigos.*

- Feitiços característicos podem ser lançados livremente.

**É importante notar a palavra imprevisível na descrição da perícia. Os três pulsos de eletricidade crepitam e rastejam pelo chão aleatoriamente na direção para a qual o Arcanista está virado. Esta não é uma habilidade a ser usada contra um único inimigo, a menos que por acaso ele esteja muito perto. O Pulso Elétrico é, no entanto, bem adequado para grandes grupos de monstros. Lance-o várias vezes em rápida sucessão, enquanto roda ligeiramente, para lançar esses pulsos para fora sempre que cercado.**

Não há como dizer onde as três cargas irão, por isso chegue um pouco mais perto antes de lançá-las.

### RUNAS

**Raios Explosivos** são uma atualização adiantada para o Pulso de Choque, uma vez que faz com que inimigos mortos explodam e causem dano Elétrico a todos os oponentes dentro de 10 jardas — um ótimo ataque de área que não requer Poder Arcano. **Orbe Perfurante** cria uma grande esfera de eletricidade que oscila para a frente e passa por todos os inimigos em seu caminho, tornando-se uma habilidade adequada para interiores e caminhos fechados. **Afinidade Elétrica** retorna 2 Poder Arcano para cada inimigo atingido por Pulso de Choque, dando a possibilidade de receber até 6 Poder Arcano. **Raio Vivo** é um espetáculo para ser visto. Esta runa forja o Pulso de Choque em um ser de pura energia que deriva para a frente no campo de batalha e dá choques em todos os inimigos que encontra. Raio Vivo não causa danos pesados, mas tem o potencial de enfraquecer vários inimigos em espaços lotados.

**Raios Explosivos**
**Destravado: Nível 9**
Inimigos mortos explodem, causando dano de arma Elétrico de 70% a todos os inimigos dentro de 10 jardas.

**Setas de Fogo**
**Destravado: Nível 18**
Lança raios de fogo que causam dano de arma Ígneo de 136% cada.

**Orbe Perfurante**
**Destravado: Nível 33**
Mescla os raios em uma esfera gigante única que oscila para a frente, causando dano de arma Elétrico de 105% a tudo que ela atinge.

**Afinidade Elétrica**
**Destravado: Nível 47**
Cada alvo atingido por um pulso restaura 2 Poder Arcano.

**Raio Vivo**
**Destravado: Nível 54**
Conjure um ser de luz que deriva para a frente, eletrocutando os inimigos próximos com dano de arma Elétrico de 37%.

HAB. ATIVA: HAB. DO MOUSE: PRIMÁRIA

## LÂMINA ESPECTRAL

DESTRAV.: n. 11

*Evoca uma lâmina espectral que atinge todos os inimigos em seu caminho com dano de arma de 135%.*

- Feitiços característicos podem ser lançados livremente.

**O Arcanista não precisa empunhar uma arma para ganhar a capacidade de atacar de perto! A Lâmina Espectral rapidamente golpeia inimigos à frente do Arcanista com dano de arma de 135%. Vale a pena usar a Lâmina Espectral quando você está tentando abrir caminho através de vários inimigos, talvez para reivindicar um globo de vida ou chegar a um ponto estratégico. É também eficaz em conjunto com Pele de Diamante, se você precisa ficar e lutar a curta distância.**

Os golpes cruzados da Lâmina Espectral cortam todos os inimigos à frente da Arcanista com dano de arma satisfatório.

### RUNAS

**Cortes Profundos** acrescentam um efeito de Sangramento aos inimigos atingidos pela Lâmina Espectral que inflige danos adicionais ao longo do tempo, tornando muito mais fácil se defender de adversários próximos. **Lâminas Impactantes** ajudam a melhorar a utilização da Lâmina Espectral como um feitiço Característico defensivo, adicionando Repulsão e retardando o movimento dos inimigos atingidos — use esta oportunidade para se afastar um pouco dos inimigos! Aqueles com uma alta chance de Acerto Crítico deverão usar **Lâminas Curativas** que retornam 8% dos Acertos Críticos como Vida. **Lâmina Arremessada** estende significativamente o alcance da Lâmina Espectral, tornando possível atacar os inimigos até 20 jardas à frente. Esta runa fornece um poderoso ataque corpo a corpo, ao mesmo tempo permitindo que o Herói mantenha uma distância segura.

**Cortes Profundos**
**Destravado: Nível 19**
Inimigos atingidos pela lâmina irão Sangrar com um dano de arma adicional de 35% ao longo de 3 segundos.

**Lâminas Impactantes**
**Destravado: Nível 24**
Golpes têm 15% de chance de Repulsão e de retardar os inimigos em 60% por 1 segundo.

**Lâmina Sifonante**
**Destravado: Nível 35**
Cada inimigo atingido gera 1 Poder Arcano.

**Lâminas Curativas**
**Destravado: Nível 51**
Sempre que as lâminas causam dano crítico, você é curado de 8% do dano causado.

**Lâmina Arremessada**
**Destravado: Nível 57**
Estende o alcance da Lâmina Espectral para 20 jardas.

HAB. ATIVA: HAB. DO MOUSE: PRIMÁRIA

## ELETROCUSSÃO

DESTRAV.: n. 15

*Arcos Elétricos saem de seus dedos, causando 80% de dano de arma Elétrico. A eletricidade pode saltar, acertando até 2 inimigos adicionais.*

- Feitiços característicos podem ser lançados livremente.

**Esta é uma das mais importantes habilidades de nível inferior para equipar. Ela não requer Poder Arcano e causa dano relativamente alto a até 3 inimigos. Mire no inimigo mais difícil na área imediata para que ele receba dano. O raio em seguida pula para outros inimigos próximos. Você não pode ditar quais monstros levarão o choque se houver vários na área, mas são geralmente os dois mais próximos do alvo. Eletrocussão pode ser evocado repetidamente para manter um fluxo quase constante de raios sobre o inimigo. Um ótima tática é atingir um Raro e infligir danos colaterais aos lacaios que o acompanham.**

Eletrocussão é o feitiço Característico perfeito contra pequenos grupos de inimigos.

### RUNAS

É difícil não escolher **Relâmpago Encadeado** uma vez que a runa é desbloqueada. Continue a canalizar Eletrocussão em uma área movimentada e observe o raio saltar para até 6 inimigos simultaneamente, um feitiço extremamente eficaz e sem custo de Poder Arcano! **Explosão Elétrica** permite ao raio perfurar os inimigos selecionados e atingir todos aqueles diretamente atrás deles. Este é um bom substituto para o Relâmpago Encadeado quando andando por corredores estreitos e áreas onde você pode levar os inimigos para pontos de estrangulamento. **Surto de Poder** fornece ao Arcanista o método mais rápido de gerar Poder Arcano, uma vez que retorna 1 Poder Arcano para cada golpe no inimigo. Canalizar Eletrocussão atinge cerca de 3 inimigos a cada segundo. **Arco de Raios** dirige o poder da Eletrocussão em um funil que explode a frente, causando dano moderado em todos os inimigos.

**Relâmpago Encadeado**
**Destravado: Nível 22**
Aumenta o número de inimigos que podem ser eletrocutados para 6.

**Relâmpago Bifurcado**
**Destravado: Nível 29**
Acertos Críticos liberam 4 raios aleatórios, causando dano de arma Elétrico de 46% nos alvos.

**Explosão Elétrica**
**Destravado: Nível 36**
Cria faixas de relâmpagos que perfuram os alvos, atingindo todos os inimigos com dano de arma Elétrico de 80%.

**Surto de Poder**
**Destravado: Nível 44**
Retorna 1 Poder Arcano para cada inimigo atingido por Eletrocussão.

**Arco de Eletricidade**
**Destravado: Nível 59**
Sopra um cone elétrico que causa dano de arma Elétrico de 80% a todos os alvos afetados.

HAB. ATIVA: HAB. DO MOUSE: SECUNDÁRIA

# RAIO GÉLIDO

DESTRAV.: n. 2

*Projeta um raio de gelo com dano de arma Gélido de 215% ao primeiro inimigo que acerta, retardando o movimento em 30% e o ataque em 20% por 3 segundos.*

- Custa 20 Poder Arcano.

**Raio Gélido pode ser considerado uma versão congelada da habilidade Desintegração, mas há várias diferenças importantes. Para começar, apesar do Raio Gélido não perfurar inimigos como a Desintegração faz, ele inflige muito mais dano Gélido por segundo. Além disso, o movimento e a velocidade de ataque do alvo são reduzidos após o ataque, tornando assim possível lançar o Raio Gélido em vários inimigos para retardar a sua abordagem. Esta técnica é particularmente útil quando se joga sozinho nos Atos finais e em níveis mais elevados de dificuldade.**

Dispare um feixe de gelo para infligir danos de gelar os ossos que retardam o primeiro inimigo atingido.

## RUNAS

**Explosão de Neve** converte o Raio Gélido em um ataque DPS de alvo único ainda mais forte, aumentando gradualmente o dano a um máximo de dano Gélido de 280%. **Torpor** duplica o efeito do retardamento, tornando muito mais fácil para o Arcanista evitar ataques corpo a corpo de um inimigo-chave. **Chuva de Granizo** transforma a habilidade de alvo único Raio Gélido em uma que é mais de natureza defensiva e afeta inimigos em uma área pequena. A Chuva de Granizo rodopiante cerca o Arcanista, causando danos a todos dentro dela. **Gelo Negro** é uma runa fenomenal quando se luta contra inimigos em espaço aberto ou na abertura de um gargalo estreito. Inimigos mortos deixarão um pedaço de gelo no chão que causa dano pesado aos oponentes que o cruzam nos próximos 3 segundos. É uma ótima maneira de obstruir uma porta e tornar seus alvos subsequentes mais fáceis de matar.

**Torpor**
**Destravado: Nível 7**
Aumenta a quantidade de retardamento para 60% durante 3 segundos.

**Explosão de Neve**
**Destravado: Nível 15**
O dano aumenta lentamente ao longo de 1,5 segundos para infligir um máximo de dano de arma Gélido de 280%.

**Sangue Frio**
**Destravado: Nível 28**
Reduz o custo do lançamento para 12 Poder Arcano.

**Chuva de Granizo**
**Destravado: Nível 38**
Cria uma tempestade à sua volta, causando dano de arma Gélido de 215% a todos os inimigos capturados dentro dela.

**Gelo Negro**
**Destravado: Nível 53**
Inimigos que perecem deixar um pedaço de gelo que causa dano de arma Gélido de 194% a oponentes que o atravessarem nos próximos 3 segundos.

HAB. ATIVA: HAB. DO MOUSE: SECUNDÁRIA

# ORBE ARCANO

DESTRAV.: n. 5

*Arremessa uma esfera de pura energia que explode quando atinge, causando dano de arma Arcano de 175% a todos os inimigos dentro de 10 jardas.*

- Custa 35 Poder Arcano.

**Esta esfera maciça de energia Arcana pura percorre um caminho reto e explode no contato, causando sérios danos a todos os inimigos na área. O voo lento do Orbe Arcano reduz a sua eficácia contra inimigos em movimento rápido, mas tem vantagem sobre habilidades semelhantes. O Orbe Arcano causa os mesmos 175% de dano de arma a todos os inimigos dentro de 10 jardas. Isso significa que você pode alvejar inimigos menores que possam estar bloqueando um com o qual você está mais preocupado. Pode confiar que todos os monstros no raio de explosão receberão o mesmo dano e apenas arremesse o Orbe Arcano em qualquer alvo que deseje, contanto que ele esteja a menos de 10 jardas de seu inimigo principal.**

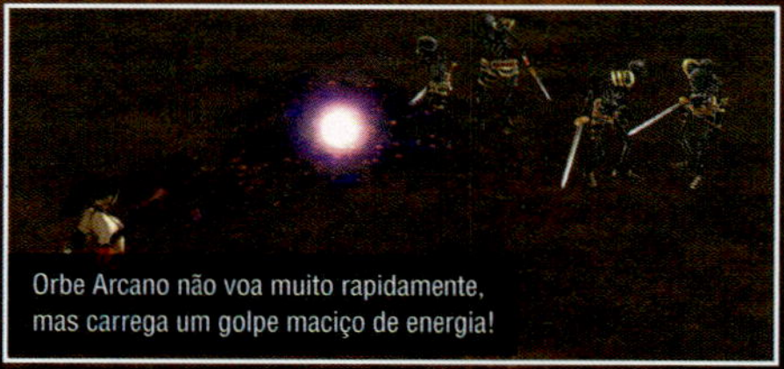
Orbe Arcano não voa muito rapidamente, mas carrega um golpe maciço de energia!

## RUNAS

**Nova Arcana** não só aumenta o raio da explosão, ela o dobra! Selecione esta runa para converter Nova Arcana em um projétil de área que pode matar vários inimigos de uma só vez. **Beber da Fonte** reduz o custo do recurso de 35 para 20 Poder Arcano — lance a habilidade 5 vezes por menos que o custo de usá-la 3 vezes. **Obliteração** é a alternativa para a Nova Arcana — mantém o raio de explosão, mas aumenta o dano de 175% para 228%. Considere o uso de Nova Arcana em multidões de inimigos menores, mas Obliteração para pequenos grupos de inimigos mortais. **Órbita Arcana** cria 4 esferas que orbitam ao redor do Arcanista. Elas explodem, causando dano de arma 70% aos inimigos próximos. Órbita Arcana torna a habilidade mais defensiva. Combine os efeitos desta runa com Teletransporte para ir para o meio dos inimigos, assistir a Órbita Arcana detonar, em seguida Teletransportar de volta para a segurança.

**Obliteração**
**Destravado: Nível 11**
Aumenta o dano da explosão para causar 228% de dano de arma Arcano.

**Órbita Arcana**
**Destravado: Nível 20**
Cria 4 Orbes Arcanos que giram ao seu redor, explodindo com dano de arma Arcano de 70% quando os inimigos se aproximam.

**Nova Arcana**
**Destravado: Nível 32**
Modifica o orbe para causar dano de arma Arcano de 175% a todos os inimigos dentro de 20 jardas.

**Beber da Fonte**
**Destravado: Nível 45**
Reduz o custo do lançamento para 20 Poder Arcano.

**Orbe Celestial**
**Destravado: Nível 55**
O orbe vai perfurar alvos, causando dano aos inimigos que atravessa.

HAB. ATIVA: HAB. DO MOUSE: SECUNDÁRIA

## TORRENTE ARCANA

DESTRAV.: n. 12

*Lança uma barragem de projéteis Arcanos que causam dano de arma Arcano de 175% a todos os inimigos perto do local do impacto.*

- Custa 20 Poder Arcano.

**Torrente Arcana dispara uma saraivada de mísseis impregnados de energia Arcana. Esta habilidade não ataca um inimigo específico com precisão, mas bombardeia a área alvo com um ataque contínuo. Continue o ataque para infligir DPS pesados a todos os inimigos perto do ponto inicial de impacto. Esta habilidade é preferível aos ataques de feixe de como Raio Gélido e Desintegração sempre que você não pode atacar diretamente ou precisa dar disparos sobre os inimigos mais fracos para acertar um mais forte no fundo.**

Mire em uma área perto dos inimigos ative a Torrente Arcana para manter os projéteis sendo lançados!

### RUNAS

Combine **Fendimento** com habilidades que causam dano Arcano para melhores resultados. Fendimento causa 15% de dano adicional de ataques Arcanos por 6 segundos. **Flor da Morte** praticamente quadruplica o dano infligido pelos projéteis, mas você perde o controle sobre seu alvo. A Torrente Arcana vai disparar em direções aleatórias por isso é melhor usá-la em áreas congestionadas para garantir que há alvos. **Minas Arcanas** convertem a Torrente Arcana em uma habilidade parecida com a Mina Terrestre do Caçador de Demônios. As minas detonam quando um inimigo se aproxima, causando dano de arma 200% e, temporariamente, retardando o movimento e o ataque do oponente — ótimo para escapar de um bando de inimigos! **Pedra de Poder** faz com que um item único ocasionalmente seja deixado para trás quando um inimigo é morto pelo ataque. Colete essas Pedras de Poder para ganhar um influxo de Poder Arcano.

**Fendimento**
**Destravado: Nível 18**
Alvos atingidos pela Torrente Arcana recebem Interrupção durante 6 segundos, levando-os a tomar 15% dano adicional de quaisquer ataques Arcanos.

**Flor da Morte**
**Destravado: Nível 25**
Desencadeia uma torrente de poder. Você não precisa mais direcionar os projéteis, mas o dano deles aumenta para 670% de dano de arma Arcano.

**Minas Arcanas**
**Destravado: Nível 34**
Se armam depois de 1 segundo e explodem na aproximação com dano de arma de 150%. Velocidades de movimento e ataque dos alvos é reduzida em 30% por 3 segundos.

**Pedra de Poder**
**Destravado: Nível 49**
Cada míssil que atinge um alvo tem 2% de chance de deixar para trás uma Pedra de Poder que concede Poder Arcano quando pega.

**Cascateamento**
**Destravado: Nível 57**
Inimigos mortos pela Torrente Arcana tem 100% de chance de disparar um novo míssil em um inimigo próximo, causando dano de arma Arcano de 175%.

HAB. ATIVA: HAB. DO MOUSE: SECUNDÁRIA

## DESINTEGRAÇÃO

DESTRAV.: n. 21

*Lança um feixe de energia pura para a frente, causando dano de arma Arcano de 155% e desintegrando os inimigos que mata.*

- Custa 20 Poder Arcano.

**Desintegração é uma das habilidades ofensivas mais poderosas do Arcanista para causar dano perfurante a um grupo de inimigos. O feixe vermelho de energia flamejante atravessa tudo em seu caminho, tornando-o ideal contra inimigos alinhados em um corredor estreito. Preste muita atenção à reserva de Poder Arcano do Arcanista ao usar essa habilidade, porque é fácil de escoar tudo durante a tentativa de derrubar um grupo de Campeões ou um inimigo Raro.**

Queime um furo em linha reta através dos inimigos mais difíceis com Desintegrar!

### RUNAS

**Convergência** amplia o feixe sem reduzir o DPS que a habilidade inflige. Isso aumenta a sua eficácia no terreno aberto, sem prejudicar a habilidade em corredores estreitos. **Nexus do Caos** permite disparar rajadas de energia contra os inimigos próximos, enquanto Desintegração está sendo canalizada. Isso protege o Arcanista de atacantes perdidos sem ter que parar o ataque sobre a ameaça central. **Volatilidade** adiciona um componente de área de efeito poderoso ao ataque perfurante de alto DPS da Desintegração. Com Volatilidade habilitada, inimigos mortos por Desintegração têm uma chance em 3 de explodir, causando dano de arma de 395% a todos os inimigos em 8 jardas. **Intensificar** gradualmente aumenta a potência do feixe até que inflige um dano de arma Arcano máximo de 201%, um aumento de cerca de 30%!

**Convergência**
**Destravado: Nível 26**
Aumenta a largura do feixe, permitindo que ele atinja mais inimigos.

**Nexus do Caos**
**Destravado: Nível 30**
Ao lançar o feixe, você torna-se carregado de energia que respinga nos inimigos próximos, causando dano de arma Arcano de 40%.

**Volatilidade**
**Destravado: Nível 39**
Inimigos mortos pelo feixe têm uma chance de 35% de explodir, causando danos de arma Arcano de 395% aos oponentes dentro de 8 jardas.

**Entropia**
**Destravado: Nível 48**
O feixe se abre em um cone de curta distância, causando dano de arma Arcano de 178% por segundo.

**Intensificar**
**Destravado: Nível 59**
O dano aumenta lentamente ao longo do tempo para infligir um máximo de dano de arma Arcano de 201%.

HAB. DA BARRA DE AÇÃO (#1) DEFENSIVA

## NOVA GÉLIDA

DESTRAV.: n. 4

*Detona inimigos próximos com uma explosão de gelo que os congela por 3 segundos.*

- Recarga de 12 segundos.

**Nova Gélida é algo semelhante a Espiral das Lâminas do Caçador de Demônios já que a explosão se irradia em todas as direções. As semelhanças acabam aí, no entanto! Nova Gélida congela os inimigos por 3 segundos, impedindo-os por alguns momentos de se moverem, atacarem ou usarem habilidades. Isso é muito tempo, considerando que a habilidade não tem custo de Poder Arcano e possui uma recarga relativamente curta. Esta é uma excelente habilidade de baixo nível de defesa que, com a runa certa, pode ter lugar na sua barra de ação por muito tempo.**

Congele inimigos em seu caminho por 3 segundos com a Nova Gélida!

### RUNAS

**Estilhaçar** recompensa você por matar rapidamente os inimigos congelados pela Nova Gélida. Inimigos mortos enquanto congelados têm uma chance de 50% de liberar uma Nova Gélida, congelando assim inimigos próximos muito antes da recarga acabar! **Névoa Congelada** substitui a capacidade de congelar da habilidade por uma névoa que causa dano Gélido pesado por 8 segundos. Ative **Congelamento Profundo** para um aumento de 15% na sua Chance de Acerto Crítico sempre que a Nova Gélida atinge pelo menos 5 inimigos. O bônus some após 12 segundos, bem a tempo de lançar outra Nova Gélida! **Gelar Ossos** faz com que os inimigos congelados pela Nova Gélida recebam 15% mais dano enquanto congelados ou resfriados pelo feitiço. Alerte os aliados quando estiver usando essa runa para que eles ataquem os inimigos congelados e os matem antes que eles desgelem.

**Estilhaçar**
**Destravado: Nível 12**
Cada inimigo congelado morto tem 50% de chance de lançar mais uma Nova Gélida.

**Congelamento Instantâneo**
**Destravado: Nível 18**
Aumenta a duração do efeito em 9 segundos.

**Névoa Congelada**
**Destravado: Nível 28**
A Nova Gélida já não congela inimigos, em vez disso deixa para trás uma névoa de geada que causa dano de arma Gélido de 160% durante 8 segundos.

**Cong. Profundo**
**Destravado: Nível 41**
Se a Nova Gélida atingir pelo menos 5 alvos, você ganha 15% de Chance de Acerto Crítico por 12 segundos.

**Gelar Ossos**
**Destravado: Nível 51**
Inimigos recebem 15% mais dano enquanto estiverem congelados ou gelados pela Nova Gélida.

HAB. DA BARRA DE AÇÃO (#1) DEFENSIVA

## PELE DE DIAMANTE

DESTRAV.: n. 8

*Transforma sua pele em diamante durante 3 segundos, absorvendo até 48 de dano de ataques recebidos (dano baseado no nível de jogador, o valor mostrado corresponde ao nível de desbloqueio).*

- Recarga de 15 segundos.

**Pele de Diamante fornece proteção completa contra todos os ataques por um período ou quantidade de dano fixos. Ela pode absorver apenas uma certa quantidade de dano, com base no seu nível. Ataques que infligem danos acima desse limiar cancelam o efeito da Pele de Diamante mesmo se a duração de 3 segundos ainda não foi atingida. Assim, a Pele de Diamante deve ser utilizada de forma estratégica para absorver um grande ataque ou para ganhar tempo para escapar. Resista à tentação de usá-la em cada oportunidade, ou então a sua recarga pode torná-la indisponível quando você mais precisar.**

A Pele de Diamante anula ataques até uma certa quantidade de dano por 3 segundos.

### RUNAS

**Casca de Cristal** dobra a quantidade máxima de danos que a Pele de Diamante pode absorver, aumentando suas chances de sobreviver a um ataque com risco de vida. **Prisma** reduz drasticamente o custo de energia Arcana de todas as magias durante os 3 segundos em que a Pele de Diamante atua. Certifique-se de que suas habilidades mais desejadas não estão recarregando quando você a ativar ou os benefícios podem ser desperdiçados. **Pele Espelhada** reflete 50% dos danos de volta ao invasor. Pode ser difícil decidir entre a Pele Espelhada e a **Pele Duradoura**, mas a capacidade desta última de estender a duração da Pele de Diamante para 5 segundos garante mais proteção, desde que você não receba o dano máximo. **Pó de Diamante** faz com que a Pele de Diamante entre em erupção depois de 3 segundos, causando dano de arma de 156% a inimigos próximos — isso pode ser um modo de sobreviver a uma situação perigosa.

**Casca de Cristal**
**Destravado: Nível 14**
Aumenta a quantidade máxima de dano absorvido para 720 no nível 14 (dano absorvido é baseado no nível do jogador; a quantidade mostrada é no nível de destravamento.

**Prisma**
**Destravado: Nível 20**
Reduz o custo de energia Arcana de todas as magias em 7, enquanto a Pele de Diamante está ativa.

**Pele Espelhada**
**Destravado: Nível 32**
Reflete 50% do dano absorvido de volta ao inimigo.

**Pele Resistente**
**Destravado: Nível 44**
Aumenta a duração da Pele de Diamante em 8 segundos.

**Pó de Diamante**
**Destravado: Nível 56**
Quando a pele de diamante desaparece, cacos de diamante explodem em todas as direções, causando dano de arma Físico de 155% aos inimigos próximos.

HAB. DA BARRA DE AÇÃO (#1) DEFENSIVA

## DILATAÇÃO TEMPORAL

DESTRAV.: n. 16

*Cria uma bolha de tempo e espaço deformado por 8 segundos, reduzindo a velocidade de ataque do inimigo em 20% e a velocidade de movimento em 30%. Esta bolha também retarda o movimento dos projéteis inimigos em 90%.*

- Recarga de 20 segundos.

**Dilatação Temporal cria uma bolha maciça que retarda o movimento e o ataque do inimigo dentro da bolha, bem como a de projéteis inimigos. O que faz a Dilatação Temporal tão eficaz é que nem o Arcanista nem seus aliados precisam ficar na bolha para se beneficiar dela. De fato, pode ser vantajoso chamar a bolha entre os Heróis e as forças inimigas e recuar, especialmente em uma área apertada. Isto não só cria um espaço entre você e os monstros na bolha, mas dá muito tempo ao grupo para reagir a ataques de projéteis que vêm de longe. Dilatação Temporal tem duração de 8 segundos e não tem custo de Poder Arcano, mas não causa danos aos inimigos sem a ajuda de uma runa.**

Tudo dentro da bolha é mais lento — especialmente projéteis inimigos que passam por dentro dela.

### RUNAS

**Miasma** é uma ótima runa para selecionar contra inimigos rápidos e grandes grupos. Ela faz com que a Dilatação Temporal continue a agir nos inimigos por 3 segundos, mesmo depois que eles saem da bolha. **Distorção Temporal** causa 20% a mais de dano aos inimigos dentro da bolha quando atacados. **Casco Temporal** reduz o diâmetro da bolha de Dilatação Temporal, mas aumenta a redução do movimento para 80%. Utilize contra os inimigos de elite e chefes que são suscetíveis a serem retardados, já que a runa os deixa quase imóveis por até 8 segundos. **Tempo Esticado** é ótima para jogos com outros atacantes à distância, aumentando a velocidade de ataque dos aliados dentro da bolha. Ela também ajuda aliados corpo a corpo que se aventuram dentro da bolha para atacar os inimigos afetados. Inimigos são retardados, enquanto os ataques de seus aliados são acelerados.

**Miasma**
**Destravado: Nível 23**
Efeitos da Dilatação Temporal se apegam aos inimigos por 3 segundos depois de saírem da bolha.

**Distorção Temporal**
**Destravado: Nível 29**
Inimigos capturados na bolha de tempo deformado recebem 20% mais dano.

**Casco Temporal**
**Destravado: Nível 39**
Reduz a área de efeito da Dilatação Temporal para 10 jardas, mas aumenta a redução da velocidade para 80%.

**Perpetuação**
**Destravado: Nível 47**
Reduz a recarga da Dilatação Temporal para 16 segundos.

**Tempo Esticado**
**Destravado: Nível 53**
O tempo é acelerado para todos os aliados na área, aumentando a velocidade de ataque deles em 10%.

HAB. DA BARRA DE AÇÃO (#1) DEFENSIVA

## TELETRANSPORTE

DESTRAV.: n. 22

*Teletransporte através do éter para o local especificado até 35 jardas de distância.*

- Custa 15 Poder Arcano.
- Recarga de 16 segundos.

**Como o Salto Mortal do Caçador de Demônios, ou os Pés de Tormenta do Monge, Teletransporte dá ao Arcanista um meio de fuga. Permite a você se realocar em um instante para até 35 jardas de distância. Basta usar o mouse para selecionar a área para a qual você gostaria de se teletransportar e ativar a habilidade. Há um período de recarga moderado, mas um custo baixo o suficiente para que o recurso fique disponível em todos os momentos. Use esta habilidade para reviver um aliado caído ou escapar rapidamente para uma Fonte Curativa próxima.**

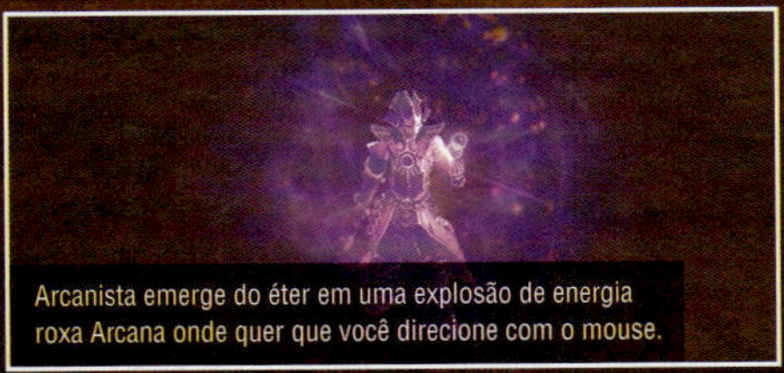

Arcanista emerge do éter em uma explosão de energia roxa Arcana onde quer que você direcione com o mouse.

### RUNAS

**Passagem Segura** torna fugas ainda mais fáceis reduzindo a quantidade de dano sobre o Arcanista por alguns segundos depois de teletransportar. É uma boa oportunidade para recolher um globo de vida ou usar uma poção. **Tunelamento** serve para cobrir uma grande distância rapidamente. Lance Teletransporte uma segunda vez em menos de um segundo para Teletransportar novamente. Isto requer trabalhar rápido com o mouse e a tecla de ação, mas um pouco de prática vale o esforço. **Fraturar** evoca dois chamarizes para a batalha ao lado do Arcanista depois de usar Teletransporte. Eles não vão causar danos ao inimigo, mas ajudam a desviar a atenção. **Calamidade** é a atualização final para Teletransporte, desencadeando uma Onda de Força de baixa potência imediatamente após o Teletransporte. Ela lança os inimigos para longe do Arcanista, com danos de arma de moderados, e retarda os alvos!

**Passagem Segura**
**Destravado: Nível 26**
Recebe 30% menos dano por 4 segundos após Teletransportar.

**Tunelamento**
**Destravado: Nível 31**
Após usar Teletransporte há um atraso de 1 segundo antes da recarga começar, permitindo teleportar novamente.

**Reversão**
**Destravado: Nível 37**
Usar Teletransporte novamente dentro de 8 segundos irá retornar o Arcanista à sua localização original.

**Fratura**
**Destravado: Nível 43**
Evoca 2 chamarizes por 8 segundos depois de teletransportar.

**Calamidade**
**Destravado: Nível 59**
Lança uma Onda de Força de baixa potência no momento da chegada, causando dano de arma Físico de 75% a todos os inimigos próximos.

HAB. DA BARRA DE AÇÃO (#2) ARCANO

## ONDA DE FORÇA

DESTRAV.: n. 9

*Descarrega uma onda de energia pura que repele projéteis e joga para trás os inimigos próximos. Isso também retarda os inimigos em 60% e causa dano de arma Físico de 200%.*

- Custa 25 Poder Arcano.
- Recarga de 15 segundos.

**Nada cria um espaço para respirar melhor do que a Onda de Força. Esta habilidade pode ser usada para repelir inimigos instantaneamente — ou desviar de projéteis — em todos os lados, não importa o lado para o qual o Arcanista está virado. Inimigos já enfraquecidos provavelmente serão mortos pela onda de força e os sobreviventes terão seu movimento reduzido em 60%. Isso dá o tempo suficiente para o Arcanista fazer uma fuga ou executar um ataque de seguimento. A única coisa que ele não pode fazer é lançar uma outra onda de força, pelo menos não até a recarga expirar. Use também ao cooperar com um Caçador de Demônios — fique perto para que ele também se beneficie da eliminação súbita de inimigos.**

A Onda de Força não se importa com quantos inimigos estão cercando você — eles estão todos indo para um passeio!

### RUNAS

**Onda Impactante** joga os inimigos para trás ainda mais do que a habilidade de base e os atordoa por 3 segundos. **Onda Poderosa** não joga os inimigos tão longe quanto a habilidade padrão, mas inflige danos de arma de 260%. Como os alvos são retardados pelos efeitos de habilidade de base, a distância menor de Repulsão pode não ser um problema. **Onda Teletransportadora** é para aqueles que se preocupam mais com a capacidade Onda de Força de limpar grupos grandes de inimigos. Esta runa teletransporta inimigos afetados para locais aleatórios além da distância de Repulsão inicial. **Onda Explosiva** cria uma oportunidade para Ondas de Força menores serem geradas a partir de inimigos capturados na onda inicial, aumentando o número de oponentes feridos e jogados para trás com o ataque. Onda Explosiva é melhor usada em áreas populosas, depois de permitir que um grande número de monstros para se aproxime.

**Onda Impactante**
**Destravado: Nível 15**
Aumenta a distância a que os inimigos são jogados e atordoa todos os inimigos afetados por 2 segundos.

**Afinidade com a Força**
**Destravado: Nível 22**
Reduz o custo do uso para a 15 Poder Arcano e a duração da recarga para 12 segundos.

**Onda Poderosa**
**Destravado: Nível 32**
Aumenta o dano para 260% de dano de arma Físico, mas reduz a Repulsão.

**Onda Teleportadora**
**Destravado: Nível 39**
Inimigos capturados na onda de força tem 100% de chance de serem teletransportados aleatoriamente.

**Onda Explosiva**
**Destravado: Nível 49**
Inimigos atingidos têm uma chance de 40% de causar uma pequena onda de força que inflige dano de arma Físico de 100% e joga para trás os inimigos.

HAB. DA BARRA DE AÇÃO (#2) ARCANO

## TORNADO DE ENERGIA

DESTRAV.: n. 13

*Desencadeia um tornado de energia pura que causa dano de arma Arcano de 360% mais de 6 segundos a tudo em seu caminho.*

- Custa 35 Poder Arcano.

**O poder de um tornado está ao seu alcance! Solte múltiplos Tornados de Energia que serpenteiam pelo campo de batalha, causando dano intenso ao longo do tempo aos inimigos capturados. Cada chamada do Tornado de Energia evoca um tornado único que dura 6 segundos. O feitiço pode ser lançado repetidamente, mas isso não é barato! Use-o contra inimigos em um corredor estreito, quarto pequeno ou contra um grande número de inimigos mais fracos. O caminho real do Tornado de Energia é impossível prever e alguns inimigos mais rápidos podem até mesmo evitá-lo completamente. No entanto, um par de Tornados de Energia certamente pode amenizar a luta contra um bando de inimigos.**

Envie múltiplos tornados a um grupo de inimigos para obter melhores resultados.

### RUNAS

**Força Eólica** aumenta o dano de arma causado pelo Tornado de Energia de 360% para 468% de dano Arcano, uma das magias mais poderosas. Os Tornados de Energia ainda irão percorrer aleatoriamente a área. **Tormenta Furiosa** faz com que 2 Tornados de Energia colidam para fundir-se em um maior que afeta uma área mais ampla. Não há garantia de que dois Tornados de Energia irão colidir, mas lançar o feitiço várias vezes seguidas provavelmente resultará nisso. Use **Vento Maléfico** enquanto explora corredores estreitos e gargalos para forçar os inimigos a lidar com este poderoso tornado estacionário. **Carga Tempestuosa** gera uma "Carga de Vento" (o ícone aparecerá acima da barra de ação) sempre que você joga o Tornado de Energia. Lançar um feitiço Característico libera as Cargas de Vento na forma de um Tornado de Energia gigante. Quanto mais cargas você armazena (máximo de 3), mais poderoso o Tornado de Energia!

**Brisa Mistral**
**Destravado: Nível 19**
Reduz o custo do Tornado de Energia para 20 Poder Arcano.

**Força Eólica**
**Destravado: Nível 24**
Aumenta o dano do Tornado de Energia par 468% de dano de arma Arcano.

**Tormenta Furiosa**
**Destravado: Nível 36**
Quando dois Tornados de Energia colidem, se fundem em um furacão que causa dano de arma Arcano de 360% por mais de 6 segundos.

**Vento Maléfico**
**Destravado: Nível 41**
O Tornado fica parado no mesmo local, causando dano de arma Arcano de 252% por mais de 6 segundos a tudo que tocar nele.

**Perseguidor de Tempestade**
**Destravado: Nível 52**
Cada Tornado concede a você uma Carga de Vento. Armazene até 3. Um feitiço Característico libera todas as cargas como um Tornado de Energia com dano Arcano de 75% cada.

CLASSES

HAB. DA BARRA DE AÇÃO (#2) ARCANO

## HIDRA

DESTRAV.: n. 21

*Evoca uma Hidra com múltiplas cabeças por 15 segundos, que ataca os inimigos com raios de fogo, causando dano de arma Ígneo de 28%. Você pode ter apenas uma Hidra ativa por vez.*

- Custa 15 Poder Arcano.

**A Hidra de várias cabeças nasce do chão, em uma torre de fogo. Suas três cabeças vomitam bolas de fogo nos oponentes próximos. Você não pode ditar quais inimigos são atingidos, mas você pode ter certeza de que elas vão dar conta dos que estão próximos. O Hidra dura 15 segundos e acerta com 28% de dano de arma em cada raio incandescente. A Hidra não é barata, então use suas magias Características enquanto ela está ativa para garantir que você terá pelo menos 40 Poder Arcano para evocar outra assim que a primeira desaparece. Você pode chamar a Hidra de novo se quiser reposicioná-la.**

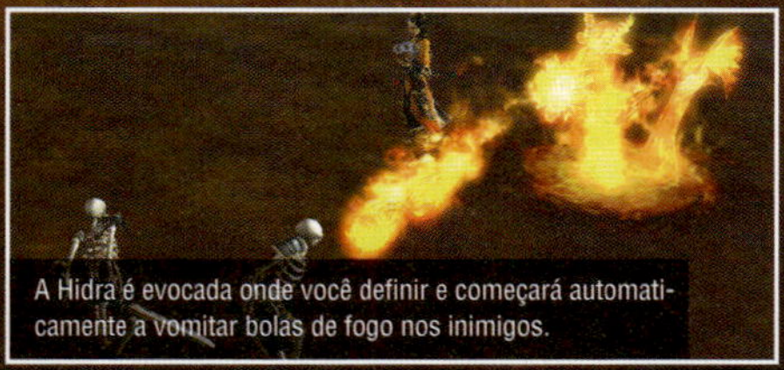

A Hidra é evocada onde você definir e começará automaticamente a vomitar bolas de fogo nos inimigos.

### RUNAS

**Hidra Arcana** substitui a Hidra padrão por uma que atira Orbes Arcanos. Os orbes causam o mesmo dano, mas explodem no contato e ferem todos os inimigos na área, tornando-a melhor opção para uso contra grupos. **Hidra Elétrica** eletrocuta os inimigos com danos ligeiramente maiores que a Hidra padrão. **Hidra Venenosa** cria uma piscina de ácido que causa 13% de dano de arma por segundo aos inimigos que ficam nela. Use esta runa para sujar uma área que os inimigos devem cruzar, forçando-os a sofrer danos ao longo do tempo. **Hidra Gélida** fornece um ligeiro aumento nos danos e expande o tamanho do ataque ao afetar vários inimigos em um cone. **Hidra Gigante** coloca o chão em chamas com um rio de fogo que causa dano ao longo do tempo a todos aqueles que estão presos nesta área. Esta runa é ideal para as batalhas contra um grande número de inimigos em espaço aberto, assim como todas as situações em áreas estreitas.

**Hidra Arcana**
**Destravado: Nível 26**
Evoca uma Hidra Arcana que cospe Orbes Arcanos que explodem com o impacto, causando dano de arma Arcano de 28% a inimigos perto da explosão.

**Hidra Elétrica**
**Destravado: Nível 33**
Evoca uma Hidra Elétrica que eletrocuta os inimigos com dano de arma Elétrico de 34%.

**Hidra Venenosa**
**Destravado: Nível 38**
Deixa uma piscina de ácido, causando dano de arma Venenoso de 18% por segundo aos inimigos que permanecem na piscina.

**Hidra Gélida**
**Destravado: Nível 46**
Evoca uma Hidra Gélida que respira um cone de curto alcance de gelo, causando dano de arma Gélido de 31% aos inimigos no cone.

**Hidra Gigante**
**Destravado: Nível 56**
Evoca uma Hidra Gigante que sopra fogo em inimigos próximos, causando dano de arma Ígneo de 22% por segundo aos inimigos capturados no chão em chamas.

HAB. DA BARRA DE AÇÃO (#2) ARCANO

## METEORO

DESTRAV.: n. 25

*Invoca um meteoro imenso que despenca do céu, causando dano de arma Ígneo de 200% em todos os inimigos com que se choca. O chão que ele atinge é queimado com fogo derretido que causa dano de arma Ígneo de 60% por 3 segundos.*

- Custa 60 Poder Arcano.

**Se você está lidando com um inimigo grande ou um enorme grupo de menores, você pode ter poucas escolhas além de usar o Meteoro! Mire em uma área ou inimigo e veja como um meteoro enorme cai do céu, causando dano de arma Ígneo de 180% a todos os oponentes perto do impacto. Queime a área em frente de uma coluna que avança para causar dano adicional a todos que ousarem passar pelo chão derretido. O Meteoro não tem tempo de recarga, mas não deve ser utilizado com muita frequência a menos que sejam tomadas medidas para reduzir o seu custo de Poder Arcano ou para regenerar este recurso mais rápido.**

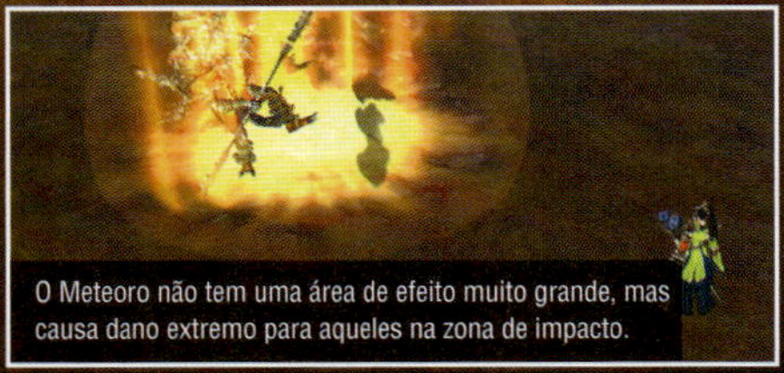

O Meteoro não tem uma área de efeito muito grande, mas causa dano extremo para aqueles na zona de impacto.

### RUNAS

**Impacto Incandescente** aumenta o dano causado pelo impacto inicial e o fogo derretido que castiga o chão alguns segundos depois. Equipe esta runa logo que ela for desbloqueada. **Pacto Estelar** reduz muito o custo, tornando-se uma opção ainda mais atraente que o Impacto Incandescente se você estiver com pouco Poder Arcano. **Chuva de Meteoros** aumenta a produção de dano, mas se espalha sobre uma área maior ao atirar no chão 7 Meteoros menores. É mais eficaz contra uma grande multidão de inimigos, enquanto Impacto Incandescente é melhor quando lutando contra um inimigo Raro ou chefe. **Cometa** converte a habilidade em Gélida, infligindo DPS pesado no impacto e causando dano Gélido extra para retardar o movimento inimigo. Aproveite a habilidade passiva Sangue Frio enquanto lança o Meteoro (para aqueles que preferem esta habilidade em vez de Nevasca).

**Impacto Incand.**
**Destravado: Nível 29**
Aumenta o dano do impacto de Meteoro para 260% de dano de arma Ígneo e o fogo derretido para 78% de dano de arma Ígneo por mais de 3 segundos.

**Pacto Estelar**
**Destravado: Nível 34**
Reduz o custo de Meteoro para 35 Poder Arcano.

**Chuva de Meteoros**
**Destravado: Nível 43**
Joga 7 Meteoros menores que atingem com dano de arma Ígneo de 80% cada um.

**Cometa**
**Destravado: Nível 48**
Causa dano de arma Gélido de 240%. O local do impacto fica com uma névoa gelada que causa dano de arma Gélido de 72% retardando os inimigos em 60% ao longo de 3 segundos.

**Dissolver**
**Destravado: Nível 58**
Se o impacto inicial do Meteoro provoca Acertos Críticos, a duração do fogo derretido é aumentada para 8 segundos.

HAB. DA BARRA DE AÇÃO (#2) ARCANO

## NEVASCA

DESTRAV.: n. 27

*Chame cacos de gelo para apedrejar uma área, causando dano de arma Gélido de 210% a todos os inimigos na área por mais de 6 segundos.*
- Custa 45 Poder Arcano.

**A Nevasca é uma excelente habilidade para usar quando há inimigos muito próximos uns aos outros. Ela não requer direcionamento e os fragmentos caem em uma área grande o suficiente para garantir que mesmo os inimigos mais rápidos sejam atingidos. Inimigos presos dentro da tempestade durante toda a duração sofrerão dano de arma Gélido de 130%. O baixo custo de Poder Arcano da Nevasca a torna uma boa alternativa ao Meteoro quando se ataca múltiplos inimigos, mas é melhor combinar uma runa (ou a habilidade passiva Sangue Frio) a ela o mais rápido possível.**

Nevasca inflige dano Gélido para aqueles que estão presos na tempestade por 3 segundos.

### RUNAS

**Congelamento Completo** rende 20% de chance de congelar seus inimigos por 3 segundos, impedindo qualquer ação até o descongelamento. Enquanto a chance de congelar é melhor que a **Gelidez Duradoura,** a garantia de refrigeração de um inimigo é discutível. Gelidez Duradoura retarda o inimigo tão drasticamente que é quase como congelar o oponente no lugar (embora ele ainda possa atacar). **Inverno Rigoroso** quase dobra o tamanho da Nevasca, tornando-se um dos melhores ataques de área de efeito para usar contra grandes enxames de inimigos, especialmente se a habilidade passiva Sangue Frio está equipada. **Tempestade Inclemente** prolonga a duração da Nevasca e também os danos que ela proporciona, mas não muda o tamanho e o comportamento. Isso é muitas vezes a modificação que mais se pode desejar.

**Gelidez Duradoura**
**Destravado: Nível 35**
Após o término da Nevasca, o chão é coberto por 3 segundos por uma névoa de baixa altitude que diminui a velocidade de movimento dos inimigos em 60%.

**Congelamento Completo**
**Destravado: Nível 42**
Inimigos pegos na Nevasca têm 20% de chance de serem congelados por 3 segundos.

**Nevárido**
**Destravado: Nível 47**
Reduz o custo da Nevasca para 20 Poder Arcano.

**Inverno Rigoroso**
**Destravado: Nível 54**
Aumenta o tamanho da Nevasca para cobrir 22 jardas, causando dano de arma de 210% por 6 segundos.

**Tempestade Inclemente**
**Destravado: Nível 60**
Aumenta a duração da Nevasca para causar danos de arma de 280% por 8 segundos.

HAB. DA BARRA DE AÇÃO (#3) CONJURAÇÃO

## ARMADURA GÉLIDA

DESTRAV.: n. 14

*Envolve você em uma barreira de gelo. Atacantes em combate corpo a corpo são resfriados ou congelados por 2 segundos. O feitiço dura 120 segundos.*
- Custa 25 Poder Arcano.

**A Armadura Gélida é o primeiro dos vários feitiços de armadura do Arcanista a se tornar disponível. Esta habilidade é importante para jogadores experientes, bem como aqueles que começaram a jogar com um mago agora. A Armadura Gélida inflige dano Gélido em atacantes corpo a corpo, gelando-os por dois segundos. O efeito gelante não congela o inimigo, mas faz com que o seu movimento e velocidade de ataque diminuam substancialmente. A Armadura Gélida dura dois minutos, proporcionando tempo mais do que suficiente para o Poder Arcano que ela custa para se regenerar. Você deve sempre estar protegido pela magia de armadura de sua escolha.**

A barreira de gelo dá lugar a um nevoeiro frio que retarda e fere os atacantes.

### RUNAS

**Cristalizar** na verdade premia o Arcanista com aumento de Armadura cada vez que ele é atingido por um atacante corpo a corpo (máximo de 3). Ser atingido várias vezes enquanto a Armadura Gélida está ativa gera um aumento máximo de 75% na taxa de Armadura do Arcanista por 10 segundos. **Gelo Serrilhado** aumenta a quantidade de dano que a Armadura Gélida inflige danos a atacantes e a duração do efeito gelante. **Gelo Refletor** carrega uma chance de 35% que uma Nova Gélida surja sempre que o Arcanista é atingido por um ataque corpo a corpo. Esta Nova Gélida causa dano de arma Gélido de 75% para o atacante e os inimigos próximos. **Tempestade Gélida** gera uma tempestade de gelo que envolve o Arcanista e causa dano Gélido menor a todos os inimigos na área, não apenas aqueles que agridem o Herói com ataques corpo a corpo.

**Aura Gelante**
**Destravado: Nível 21**
Abaixa a temperatura do ar em torno de você. Inimigos próximos são gelados, diminuindo sua velocidade de movimento em 30%.

**Cristalizar**
**Destravado: Nível 31**
Sempre que você é atingido por um ataque corpo a corpo, sua Armadura é aumentada em 15% por 30 segundos. Este efeito se acumula em até 3 vezes.

**Gelo Serrilhado**
**Destravado: Nível 42**
Atacantes corpo a corpo recebem dano de arma Gélido de 100%.

**Gelo Refletor**
**Destravado: Nível 49**
Ataques corpo a corpo tem uma chance de 25% de criar uma Nova Gélida centrada sobre o atacante, causando dano Gélido de 75%.

**Tempestade Gélida**
**Destravado: Nível 53**
Uma tempestade de gelo rodopiante se constrói ao seu redor e causa dano de arma Gélido de 30% por 3 segundos após conjurar a Armadura Gélida.

HAB. DA BARRA DE AÇÃO (#3) CONJURAÇÃO

## ARMADURA TEMPESTUOSA

DESTRAV.: n. 17

*Banha você em energia elétrica, dando choques nos atacantes próximos e distantes com dano de arma Elétrico de 70%. Dura 120 segundos.*

- Custa 25 Poder Arcano.

**A Armadura Tempestuosa não absorve ou reflete qualquer dano, nem impulsiona os atributos vitais do Herói. No entanto, ela faz inimigos pagarem o preço por atacar o Arcanista. O Relâmpago pula e crepita do Arcanista, atingindo tudo que o ataca com dano de arma Elétrico de 70%. Isso combina bem com a Pele de Diamante, visto que ambos podem estar ativos ao mesmo tempo. Use a Armadura Tempestuosa contra os adversários menos perigosos e ative a Pele de Diamante quando se trata de Campeões ou Raros. A Armadura Tempestuosa é também ideal para uso em cooperação, ainda mais se o aliado pode causar danos de área de efeito aos atacantes enfraquecidos.**

A eletricidade da armadura do Arcanista salta e dá choques em qualquer coisa tola o suficiente para atacar.

### RUNAS

**Armadura Reativa** dá choques nos atacantes e produz uma chance de que o Herói seja envolvido em um escudo que eletrocuta os inimigos próximos. Isso causa danos mesmo aos inimigos atacando seus aliados, já que só é preciso um ataque inimigo para gerar o escudo de raios que fere todos nas proximidades. **Poder da Tempestade** reduz o custo de conjuração de todas as habilidades para 3 Poder Arcano. Durante o período cheio de 120 segundos da Armadura Tempestuosa, a poupança pode ser substancial. **Interferência** realça a natureza defensiva da Armadura Tempestuosa, dando um impulso à velocidade de movimento sempre que você for atacado. Aqueles com uma Chance de Acerto Crítico muito alta irão se beneficiar mais do **Aspecto Chocante**. Esta runa tem a chance de eletrocutar um inimigo próximo com danos menores cada vez que você marcar um Acerto Crítico enquanto Armadura Tempestuosa está ativa.

**Armadura Reativa**
**Destravado: Nível 23**
Quando atingido, você pode ser envolvido por 6 segundos por um escudo de raios que eletrocuta os inimigos próximos com dano de arma Elétrico de 50%.

**Poder da Tempestade**
**Destravado: Nível 33**
Reduz o custo de Poder Arcano de todas as habilidades para 3 enquanto a Armadura está ativa.

**Contra-ataque**
**Destravado: Nível 37**
Aumenta o dano do choque para 91% de dano de arma Elétrico.

**Interferência**
**Destravado: Nível 43**
Aumenta sua velocidade de movimento em 25% por 3 segundos sempre que você for atingido por um ataque.

**Aspecto Chocante**
**Destravado: Nível 58**
Sempre que fizer um acerto crítico, você tem a chance de eletrocutar um inimigo nas proximidades com dano de arma Elétrico de 35%.

HAB. DA BARRA DE AÇÃO (#3) CONJURAÇÃO

## ARMA MÁGICA

DESTRAV.: n. 20

*Imbui sua arma com energia mágica, concedendo 10% de dano aumentado. Dura 5 minutos.*

- Custa 25 Poder Arcano.

**Habilidades como Arma Mágica tornam muito tentador evitar a varinha e o orbe em favor de um cajado de duas mãos ou outra arma corpo a corpo. Arma Mágica aumenta o dano causado por qualquer arma que o Arcanista está carregando em 10% e dura 2 minutos, tudo por apenas 25 Poder Arcano. A habilidade não tem recarga e deve ser usada de novo assim que o efeito começa a se desgastar, como mostrado pelo ícone acima da barra de ação. Espere até você encontrar uma arma particularmente útil que concede dano de arma adicional para Arcanistas e/ou contém bônus de Vitalidade ou Chance de Acerto Crítico. Só então você deve considerar Arma Mágica em vez de um dos feitiços de armadura neste conjunto.**

Arma Mágica é particularmente eficaz para jogadores com as costas contra a parede.

### RUNAS

**Eletrificar** combina o uso de sua arma equipada com a habilidade Eletrocussão, gerando uma chance de causar um relâmpago que se espalha para 3 inimigos próximos com danos menores. **Arma de Força** dobra o bônus de dano e também gera uma pequena chance de Repulsão em inimigos atingidos por ataques com armas. **Peçonha** faz os ataques envenenarem os inimigos e causa dano de arma Venenoso menor por 3 segundos. **Magia Sanguínea** retorna 1,5% do dano causado pela Arma Mágica como a Vida. Pode parecer pouco, mas isso gera uma grande quantidade de Vida ao longo dos 120 segundos de duração da habilidade.

**Eletrificar**
**Destravado: Nível 27**
Ataques têm uma chance de causar um arco de raios para 3 inimigos próximos, causando 10% do dano de arma Elétrico.

**Arma de Força**
**Destravado: Nível 35**
Aumenta o bônus de dano da Arma Mágica para 15% e dá até 2% de chance de acertar todos os inimigos com Repulsão.

**Condutor**
**Destravado: Nível 38**
Ataques têm uma chance de restaurar 1 Poder Arcano.

**Peçonha**
**Destravado: Nível 46**
Ataca os inimigos e causa 15% de dano de arma Venenoso mais de 3 segundos.

**Magia Sanguínea**
**Destravado: Nível 55**
Ataques recuperam 1,5% do dano causado como Vida.

HAB. DA BARRA DE AÇÃO (#3) CONJURAÇÃO

# FAMILIAR

DESTRAV.: n. 22

*Evoca um espírito Familiar que irá atacar os seus alvos com dano de arma Arcano de 20%. Este companheiro não pode receber danos e dura 5 minutos.*

- Custa 20 Dano Arcano

**O Familiar evocado flutua ao lado do Arcanista e dispara projéteis Arcanos que infligem danos de arma de 20%. O Familiar não distrai a atenção do inimigo, nem absorve qualquer dano causado ao Arcanista. Mas ele ajuda a derrotar o inimigo mais rápido, pois mesmo um dano de arma de 20% pode fazer a diferença depois de alguns projéteis. Use Evocar Familiar só quando você tem uma runa para usar com ele, já que o espaço de habilidade pode ser melhor atribuído a um feitiço de armadura antes disso.**

O animal de estimação do Arcanista é energia Arcana pura que dispara projéteis em qualquer inimigo que você mirar.

## RUNAS

**Fagulha** não apenas ataca os inimigos, mas também aumenta todos os ataques do Arcanista em 15% durante o período em que o Familiar está ativo. **Dartejante** adiciona uma chance de 100% de perfurar a cada um dos projéteis do Familiar. O dano do projétil ainda é pequeno, mas a capacidade penetrante permite desbastar a saúde de inúmeros inimigos com cada tiro. **Guardião Antigo** é benéfico para aqueles que têm dificuldade de ficar acima de 35% de Vida. Quando abaixo deste limiar, o Familiar vai absorver completamente todo o dano que visa o Arcanista para 1 ataque a cada 6 segundos — se ele absorve um ataque menor ou maior é definido pelo acaso. **Canhoneiro** fornece uma melhoria significativa ao poder ofensivo do Familiar. Seus projéteis explodem no impacto e infligem dano de arma Arcano de 20% a todos os inimigos dentro de 6 jardas — um grande aumento em relação ao dano de arma de 20% para apenas um alvo.

| Fagulha | Dartejante | Guardião Antigo | Arcanote | Canhoneiro |
|---|---|---|---|---|
| **Destravado: Nível 30** Evoca um espírito Familiar ardente que aumenta o dano de todos os ataques em 12%, enquanto o Familiar está ativo. | **Destravado: Nível 40** Invoca um Familiar elétrico cujos projéteis têm uma chance de 100% de perfurar inimigos. | **Destravado: Nível 44** Evoca um Familiar protetor. Quando você estiver com Vida abaixo de 35%, o Familiar vai absorver os danos de 1 ataque a cada 6 segundos. | **Destravado: Nível 50** Enquanto o familiar estiver ativo, você regenera 2 Poder Arcano por segundo. | **Destravado: Nível 57** Os projéteis do Familiar explodem com o impacto, causando dano de arma Arcano de 20%, a todos os inimigos dentro de 6 jardas. |

HAB. DA BARRA DE AÇÃO (#3) CONJURAÇÃO

# ARMADURA DE ENERGIA

DESTRAV.: n. 28

*Concentra suas energias, aumentando a sua armadura em 65%, mas diminuindo seu Poder Arcano máximo em 20. Dura 120 segundos.*

- Custa 25 Poder Arcano.

**Armadura de Energia fornece um impulso significativo para a taxa de Armadura do Arcanista, reduzindo Poder Arcano do Herói por 20. Esta redução no Poder Arcano não é tão ruim quanto parece, se você fizer algumas preparações. Arcanistas que dependem fortemente de magias Características não são suscetíveis a sentir tão drasticamente a redução do Poder Arcano. Se você está acostumado a lançar várias habilidades movidas por Poder Arcano, tente mudar mais para as habilidades Características e procurar combiná-las com uma runa que gera Poder Arcano. O Poder Arcano continuará a regeneração, mas a redução de seu máximo pode limitar a sua capacidade de lançar habilidades que consomem o recurso.**

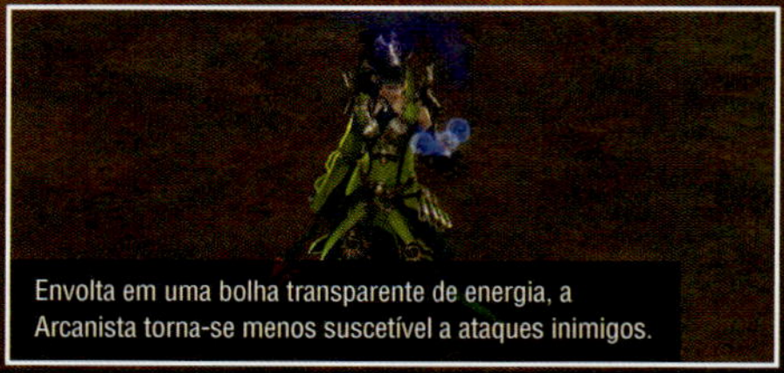

Envolta em uma bolha transparente de energia, a Arcanista torna-se menos suscetível a ataques inimigos.

## RUNAS

**Absorção** ajuda a compensar a redução no Poder Arcano máxima, fornecendo a chance de ganhar 4 Poder Arcano sempre que o Arcanista é atingido por um ataque corpo a corpo ou a distância. **Barreira Pontual** fornece um aumento de 5% em sua Chance de Acerto Crítico enquanto Armadura de Energia está ativa. **Sifão de Energia** reverte efeito da habilidade e na verdade aumenta o Poder Arcano máximo em 20 em vez de reduzi-lo, sem deixar efeitos colaterais para o grande impulso na Armadura que a habilidade oferece. **Armadura Prismática** aumenta suas resistências em 40%, enquanto Armadura de Energia está ativa. Quanto maiores suas classificações atuais, mais você vai ganhar com este impulso. Arcanistas com resistências muito baixas irão ver menos benefício nesta habilidade do que aqueles com resistências maiores. O mesmo vale para aumento de 5% da Barreira Pontual para sua Chance de Acerto Crítico.

| Absorção | Barreira Pontual | Sifão de Energia | Armadura de Força | Armadura Prismática |
|---|---|---|---|---|
| **Destravado: Nível 32** Você tem uma chance de ganhar 4 Poder Arcano sempre que for atingido por um ataque a distância ou corpo a corpo. | **Destravado: Nível 41** Aumenta o Acerto Crítico em 5% enquanto Armadura de Energia está ativa. | **Destravado: Nível 48** Ao invés de reduzir o seu Poder Arcano máximo, a Armadura de Energia o aumenta em 20 enquanto estiver ativa. | **Destravado: Nível 54** Enquanto Armadura de Energia está ativa, os ataques recebidos que drenam mais de 35% de sua Vida máxima são reduzidos para 35%. | **Destravado: Nível 54** Aumenta todas as resistências em 40%, enquanto a Armadura de Energia está ativa. |

CLASSES

HAB. DA BARRA DE AÇÃO (#4) DOMÍNIO

## IMPACTO EXPLOSIVO

DESTRAV.: n. 19

*Reúne uma infusão de energia em torno de você que explode após 1,5 segundos causando dano de arma Físico de 225% aos inimigos dentro de 12 jardas.*

- Custa 20 Poder Arcano.
- Resfriamento de 6 segundos.

**Impacto Explosivo é adequado para os jogadores que gostam de trazer o inimigo para perto, especialmente quando se tenta jogar como um Arcanista corpo a corpo ou quando perto de um companheiro Bárbaro ou Monge. Ao contrário da maioria das habilidades de ataque, Impacto Explosivo requer um pouco de planejamento de curto prazo já que leva 1,5 segundo para reunir a energia necessária. Desencadeie esta habilidade e corra em direção aos inimigos para estar o mais perto possível quando o Impacto Explosivo detonar.**

Prepare o Impacto Explosivo e corra para uma multidão de inimigos a tempo da explosão de energia.

### RUNAS

**Bomba Relógio** estende por um segundo, mas aumenta o dano causado pela explosão para 293% de dano de arma. Este tempo mais longo permite que o Arcanista prepare a explosão antes de se aproximar dos inimigos, em vez de correr o risco de chegar muito perto. **Pavio Curto** é exatamente o oposto da Bomba Relógio e proporciona uma explosão instantânea, mantendo a quantidade de dano base. Isto é desejável para aqueles que querem usar a habilidade defensivamente, como um meio de sair de um cerco. **Obliterar** aumenta o raio de explosão, tornando-a eficaz contra grandes multidões de inimigos menores. **Reação em Cadeia** dispara 3 explosões consecutivas, cada uma causando dano de arma de 40%. Corra para o coração da posição do inimigo enquanto estiver usando Reação em Cadeia para ferir vários deles ao longo do caminho.

**Desenfreado**
**Destravado: Nível 24**
Reduz o custo de conjurar o Impacto Explosivo para 10 Poder Arcano.

**Bomba Relógio**
**Destravado: Nível 29**
O Impacto Explosivo é detonado no ponto onde foi conjurado depois de 2,5 segundos com dano de arma Físico de 293%.

**Pavio Curto**
**Destravado: Nível 39**
Imediatamente libera a energia do Impacto Explosivo com dano de arma Físico de 225%.

**Obliterar**
**Destravado: Nível 50**
Aumenta o raio de explosão para 18 jardas de dano de arma Físico de 225.

**Reação em Cadeia**
**Destravado: Nível 56**
Uma cadeia de 3 explosões consecutivas sai de você, cada uma causando dano de arma Físico de 97%.

HAB. DA BARRA DE AÇÃO (#4) DOMÍNIO

## REFLEXO ILUSÓRIO

DESTRAV.: n. 25

*Evoca 2 duplicatas ilusórias de você que duram 7 segundos e têm 25% de sua Vida. As imagens podem lançar algumas das mesmas magias que você, mas essas magias não causam nenhum dano.*

- Recarga de 15 segundos.

**Reflexo Ilusório é uma habilidade poderosa que confunde e distrai os inimigos por 7 segundos, mas não traz habilidades ofensivas na sua forma básica. O Arcanista é envolto em um brilho rosa reflexivo, assim como as duplicatas gêmeas que imitam os ataques do Arcanista. As duplicatas irão executar muitas das magias de ataque que o Arcanista lança, mas eles são apenas para mostrar. Apenas as magias do Arcanista podem causar danos aos atacantes. Cada duplicata possui 25% da vida máxima do Arcanista (elas podem ser derrotadas antes da duração de 7 segundos expirar) e existe apenas para tirar a atenção do Arcanista e distrair os inimigos.**

As duas duplicatas, cada uma com um anel revelador no chão sob ela, irão copiar todos os seus movimentos.

### RUNAS

**Simulacro** dá aos Reflexos Ilusórios a mesma quantidade de vida do Arcanista para garantir eles durem o total de 7 segundos. **Duplicatas** aumentam o número de Reflexos Ilusórios de 2 para 5, criando assim ainda mais chances do inimigo se confundir. **Derrota Mórbida** faz com que os Reflexos Ilusórios explodam após a morte (ou quando o tempo se esgota). A explosão causa 45% de dano de arma e tem 50% de chance de atordoar inimigos por 2 segundos. Esta é uma habilidade útil em áreas de alto tráfego, particularmente quando lutando corpo a corpo contra vários inimigos. **Reflexos Mímicos** permitem que as magias lançadas por seus Reflexos Ilusórios realmente inflijam 10% do dano das magias do Arcanista. Por exemplo, se o Arcanista lança o Tornado de Energia com dano de arma Arcano de 360%, os Reflexos Mímicos iriam lançá-lo com dano de arma de 36% (Reflexos Ilusórios não podem lançar todos os feitiços do Arcanista).

**Simulacro**
**Destravado: Nível 31**
Aumenta a Vida útil dos Reflexos Ilusórios para 100% da sua Vida.

**Duplicatas**
**Destravado: Nível 37**
Evoca 5 Reflexos Ilusórios que têm 25% de sua vida cada um.

**Derrota Mórbida**
**Destravado: Nível 45**
Quando um Reflexo Ilusório é destruído, ele explode, causando dano de arma Físico de 45%, com 50% de chance de atordoar os inimigos por 2 segundos.

**Ext. da Vontade**
**Destravado: Nível 51**
A duração dos Reflexos Ilusórios é aumentada para 10 segundos e a Vida deles é aumentada para 29% da sua Vida.

**Reflexos Mímicos**
**Destravado: Nível 58**
Magias lançadas por seus Reflexos Ilusórios irão causar 10% dos danos de seus próprios feitiços.

HAB. DA BARRA DE AÇÃO (#4) MAESTRIA

## ARCONTE

DESTRAV.: n.30

*Transforme-se em um ser de energia Arcana pura por 15 segundos. Enquanto nesta forma, suas habilidades normais são substituídas por habilidades Arconte poderosas e sua armadura e resistências são aumentadas em 40%. Cada inimigo morto acrescenta um segundo à duração de Arconte.*

- Custa 25 Poder Arcano.
- Resfriamento de 120 segundos.

**A transformação de humano em forma Arconte representa o auge na aprendizagem do Arcanista. Por 15 segundos, o Arcanista flutua acima do solo em forma de Arconte, lançando poderosas versões Arconte de habilidades como Desintegração. O Arcanista ainda pode receber dano enquanto na forma Arconte, mas sua armadura e resistências são aumentadas em 40%. Guarde a forma Arconte para áreas que contêm numerosos inimigos. Amacie-os antes de ativar Arconte, em seguida mate tantos quanto puder para estender a duração da habilidade.**

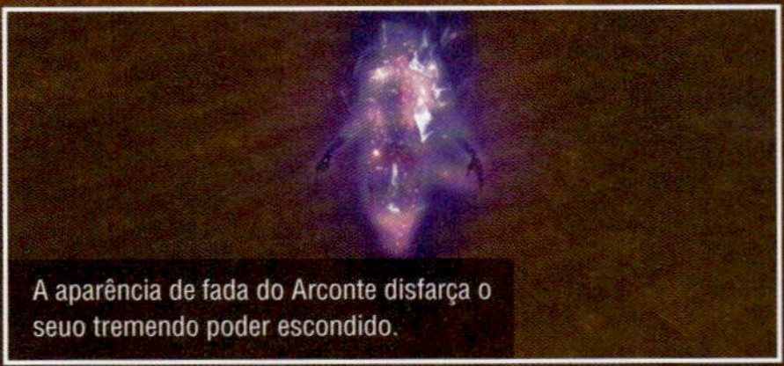
A aparência de fada do Arconte disfarça o seuo tremendo poder escondido.

### RUNAS

**Destruição Arcana** gera uma explosão que causa dano de arma pesado a todos os inimigos dentro de 15 jardas ao se transformar em Arconte. Isto ajuda a matar inimigos numerosos e aumenta a duração da capacidade Arconte. **Teletransporte** permite à Arcanista lançar a habilidade Teletransporte enquanto na forma de Arconte. É importante lembrar que o Arcanista é ainda suscetível a ataques na forma Arconte; Armadura e resistências são aumentadas, mas o Arcanista está longe de ser invencível! **Dilatação Temporal** concede o uso do feitiço Dilatação Temporal enquanto na forma de Arconte. Use-o para retardar os inimigos dentro da bolha e torná-los mais fáceis de acertar com ataques poderosos do Arconte. **Arconte Melhorado** aumenta o dano de todos os ataques Arconte em 25%, tornando assim muito mais fácil de matar os inimigos e estender a duração. Desbloquear a runa Arconte Melhorado é o ápice da Magia!

**Destruição Arcana**
**Destravado: Nível 36**
Uma explosão irrompe em torno de você na transformação, causando dano de arma de Arcano de 450% a todos os inimigos dentro de 15 jardas.

**Teletransporte**
**Destravado: Nível 40**
A forma Arconte pode agora lançar Teleporte com uma recarga de 10 segundos.

**Poder Puro**
**Destravado: Nível 46**
Diminui o tempo de recarga do Arconte para 100 segundos.

**Dilatação Temporal**
**Destravado: Nível 52**
A forma Arconte pode lançar a Dilatação Temporal que dura 8 segundos.

**Arconte Melhorado**
**Destravado: Nível 60**
Aumenta o dano de todas as capacidades Arconte em 25%.

HABILIDADE PASSIVA

## EMBAÇAMENTO

DESTRAV.: n. 10

*Diminui o dano corpo a corpo recebido em 20%.*

Não importa o quão duro você tente evitar ataques corpo a corpo, o Arcanista será atingido. E quando isso acontecer, vale a pena ter Embaçamento equipada. A habilidade reduz o dano de ataques corpo a corpo em 20%. É bem útil para aqueles que tentam jogar como um Arcanista corpo a corpo, já que eles estarão em perigo muito mais vezes do que um jogador padrão. Considere esta habilidade ao jogar em dificuldades mais altas, em áreas repletas de monstros.

HABILIDADE PASSIVA

## SEDE DE PODER

DESTRAV.: n. 10

*Dá 30 Poder Arcano, sempre que você for curado por um globo de vida.*

Pode-se argumentar que nenhum Herói conta com seus próprios recursos mais do que o Arcanista. A habilidade Sede de Poder garante que todos os globos de vida também reponham 30 Poder Arcano, reduzindo a chance de esgotá-lo. Jogadores que usam muito as magias Características precisam menos dessa habilidade. Considere habilitá-la somente se você costuma ficar sem Poder Arcano.

HABILIDADE PASSIVA

## EVOCAÇÃO

DESTRAV.: n. 13

*Reduz todas as recargas em 15%.*

O Arcanista não tem muitas habilidades com recargas muito longas, mas vale a pena ativar Evocação apenas por seus efeitos sobre o Arconte. Evocação reduz a recarga do Arconte de 120 para 96 segundos. É particularmente útil durante a batalha contra um chefe final do jogo e nas dificuldades mais altas, quando você está mais propenso a usar o Arconte.

HABILIDADE PASSIVA

## CANHÃO DE VIDRO

DESTRAV.: n. 16

*Aumenta o dano causado em 15%, mas diminui a Armadura e resistências em 10%*

Esta habilidade é recomendada para jogadores avançados já que apenas o Arcanista pode ficar muito frágil. Apenas aqueles que raramente precisam de globos de saúde ou poções deveriam estar dispostos a ter uma redução de 10% na armadura e resistências. Considere guardar Canhão de Vidro para jogos cooperativos, especialmente com um Monge (capacidade de cura) ou para quando o Arcanista tem regeneração de Vida elevada.

HABILIDADE PASSIVA

## PRODÍGIO

DESTRAV.: n. 20

*Ao causar dano com uma magia Característica, você ganha 4 Poder Arcano. As seguintes habilidades são magias Características: Projétil Mágico, Pulso Elétrico, Lâmina Espectral e Eletrocussão.*

Não só torna desnecessário usar uma runa de geração de Poder Arcano com qualquer um dos feitiços de Característica, mas também limita as desvantagens do uso da Armadura de Energia. Ter Prodígio encaixado em um de seus espaços de habilidade passiva certamente irá melhorar as suas habilidades mais potentes. E ao contrário de Sede de Poder, você não vai precisar pedir um globo de vida a fim de ganhar o impulso extra de Poder Arcano que você precisa!

HABILIDADE PASSIVA

## PRESENÇA ASTRAL

DESTRAV.: n. 24

*Aumenta seu Poder Arcano máximo em 20 e regeneração de Poder Arcano para 2 por segundo.*

Presença Astral é uma boa melhoria de Sede de Poder e Prodígio, uma vez que elimina a necessidade de lançar magias de Característica ou buscar globos de saúde a fim de ganhar o Poder Arcano extra que você pode precisar. Regeneração mais rápida de Poder Arcano é importante e pode liberar algumas das runas que você pode estar usando.

HABILIDADE PASSIVA

### ILUSIONISTA

DESTRAV.: n. 27

*Sempre que você perder mais de 15% de sua vida em um único golpe, as recargas sobre Reflexo Ilusório e habilidades de Teletransporte serão zeradas.*

**Ilusionista é uma habilidade muito específica que deve ser usada apenas por aqueles que dependem do Reflexo Ilusório ou Teletransporte com frequência. Há muitos inimigos, principalmente em níveis mais altos de dificuldade, que podem causar danos superiores a 15% da Vida do Arcanista (especialmente se você tiver baixas taxas de Armadura e Vitalidade). Esta habilidade não vai mitigar o dano, mas irá zerar a recarga para as duas habilidades mencionadas, dando ao Arcanista de um meio de fuga.**

HABILIDADE PASSIVA

### SANGUE FRIO

DESTRAV.: n. 30

*Dano Gélido causados a alvos congelados e gelados é aumentado em 20%.*

**Pode ser devastada se você escolher pelo menos dois pares de runas/ habilidades gelem ou congelem seus alvos. Use-o em conjunto com a Nevasca, Raio Gélido e Nova Gélida para resultados máximos. É ideal para usar durante jogos cooperativos nas dificuldades mais altas. Concentre-se em congelar e gelar o máximo de inimigos, enquanto seus aliados entregam danos de área de efeito para tirar proveito do dano extra de 20% que os inimigos afetados receberão.**

HABILIDADE PASSIVA

### CONFLAGRAÇÃO

DESTRAV.: n. 34

*Causa dano Ígneo aos inimigos e aplica um efeito em chamas, aumentando todos os danos causados em 10% por 3 segundos.*

**Poucas habilidades do Arcanista infligem dano Ígneo sem uma runa que muda seu comportamento básico nessa direção. Conflagração pode ser eficaz quando se utiliza Pulso Elétrico (com a runa Setas de Fogo), Meteoro ou Hidra, mas preste atenção a quantas dessas magias você está usando antes de ativar essa habilidade passiva em vez de, digamos, Sangue Frio. O efeito de queima adicional da Conflagração é útil somente se você usa vários ataques que causam dano Ígneo.**

HABILIDADE PASSIVA

### PARALISIA

DESTRAV.: n. 37

*Dano Elétrico causado aos inimigos tem 5% de chance de Atordoar o alvo por 3 segundos.*

**Muitas das habilidades do Arcanista ou infligem dano Elétrico em sua forma base ou podem ser modificadas para fazê-lo com uma runa. Os utilizadores frequentes de Eletrocussão devem definitivamente considerar usar esta habilidade, mesmo que a chance de atordoar seja de apenas 5%. Usar Paralisia em conjunto com Hidra Elétrica e Armadura Tempestuosa é uma outra boa combinação que poderia até mesmo ajudar a evitar a maioria dos ataques sufocantes.**

HABILIDADE PASSIVA

## PROT. GALVANIZADA

DESTRAV.: n. 40

*Aumenta a duração dos seus feitiços de Armadura em 120 segundos. Enquanto um feitiço Armadura está ativo, você ganha 96 de Vida por segundo. As seguintes habilidades são melhoradas: Armadura de Energia, Armadura Gélida e Armadura Tempestuosa.*

Feitiços de Armadura já duram 120 segundos e não têm um custo de Poder Arcano muito alto, mas a Proteção Galvanizada ainda é útil. Você não precisa habilitar em dificuldades mais baixas pela duração adicionada, mas pela regeneração de 41 vida por segundo que ela concede! Você deve ter sempre pelo menos um feitiço de Armadura na mão e a Proteção Galvanizada deve estar junto a ele. O prolongamento da duração do seu feitiço de Armadura nos modos Inferno e Tormento liberta a mente para concentrar-se no campo de batalha em vez de ter que prestar atenção ao ícone do efeito.

HABILIDADE PASSIVA

## FLUXO TEMPORAL

DESTRAV.: n. 45

*Sempre que você causar dano Arcano, os inimigos ficam mais lentos em 30% por 2 segundos.*

É importante notar a diferença entre Poder Arcano e Dano Arcano. O Poder Arcano alimenta muitas das habilidades do Arcanista, mas nem todas as habilidades infligem dano Arcano. A magia Arcana envolve os projéteis em um brilho púrpura e o Fluxo Temporal irá fazer com que qualquer inimigo atingido com dano Arcano — mesmo que por um ataque básico infundido de Arcano — seja retardado por 2 segundos.

HABILIDADE PASSIVA

## MASSA CRÍTICA

DESTRAV.: n. 50

*Acertos críticos têm a chance de reduzir a duração de recarga de suas magias em 1 segundo.*

Só deve ser habilitada se você tem uma Chance de Acerto Crítico muito alta e costuma ver números amarelos em seus alvos. Embora seja destravada em um nível baixo, você não pode ver o benefício nesta habilidade até dificuldade Pesadelo ou superior. Pode levar um longo tempo antes de adquirir Chance de Acerto Crítico superior a 25%, e esta habilidade oferece retornos mínimos se você não está marcando Acertos Críticos pelo menos uma vez a cada quatro ataques.

HABILIDADE PASSIVA

## DÍNAMO ARCANO

DESTRAV.: n. 55

*Ao causar um dano com uma magia Característica, você ganha um Clarão de Vidência. Após 5 Clarões, a sua próxima magia normal inflige 75% de dano adicional. Afeta as magias Projétil Mágico, Pulso Elétrico, Lâmina Espectral e Eletrocussão.*

Dínamo Arcano lhe permite lançar o mesmo feitiço Característico que você costuma usar e mostra um ícone sobre a barra de ação com o total de Clarões de Vidência que você ganhou. Continue lançando feitiços de Característica até que você tenha 5 Clarões de Vidência. Neste ponto, o próximo feitiço não Característico irá infligir 75% de dano adicional. Acabe com qualquer retardatário com seu feitiço Característico e guarde o Dínamo Arcano para o próximo grupo grande de inimigos que você encontrar.

HABILIDADE PASSIVA

## ANOMALIA INSTÁVEL

DESTRAV.: n. 60

*Quando com menos de 20% de Vida, libera uma onda de choque que derruba todos os inimigos para trás. Este efeito não pode ocorrer mais de uma vez a cada 60 segundos.*

Dá ao Arcanista algum espaço para respirar quando ele é mais preciso. Com esta runa equipada, uma onda de choque maciça semelhante à habilidade Onda de Força (menos o dano) irá jogar para trás todos os inimigos próximos quando o Arcanista fica com menos de 20% de sua Vida máxima. Use esta oportunidade de consumir uma poção, buscar globos de vida ou fugir para a segurança. O efeito pode ocorrer só uma vez a cada 60 segundos, então tire o máximo proveito.

# ATO I

Gulf of Westmarch
Khanduras
Bramwell
Eastgate
Lut Gholein
Tristram
Westmarch
Aranoch
Duncraig
Ocean
Twin
Marshlands
Kingsport
Skovos

Kehjistan
Caldeum
Gea Kul
Ureh
Kurast
Viz-jun

# TRISTRAM

*Poucos locais no Santuário têm suportado o peso da história como aquele chamado Tristram. O local famoso do antigo mosteiro Horadric logo se tornou conhecido por algo muito menos santo, pois é em Tristram que o Senhor do Medo deixou sua marca sobre a terra — e perseguiu a humanidade. Hoje, a cidade de Nova Tristram fica à sombra das Velhas Ruínas, não muito longe da Catedral*

MISSÃO

## UMA ESTRELA CADENTE

### OBJETIVOS

1. Mate os mortos-vivos que atacam os portões.
2. Fale com Léa no Taverna do Novilho Esquartejado.
3. Mate o Morto-vivo.
4. Fale com Léa no Taverna do Novilho Esquartejado.
5. Fale com o Capitão Rumford no portão para Nova Tristram.
6. Mate a Mãe Maldita.
7. Mate a Rainha Maldita nas Velhas Ruínas.
8. Use o Marco de Senda das Velhas Ruínas.
9. Fale com o Capitão Rumford em Nova Tristram.

### RECOMPENSAS DE CONCLUSÃO

| HERÓI | OURO | XP |
|---|---|---|
| Todas as Classes | 124 | 1125 |

*Baseado na dificuldade Normal.

*Os mortos têm atormentado Nova Tristram desde que a estrela caiu sobre a antiga Catedral. Heróis, cada um de uma terra distante, têm sido atraídos para esta cidade infeliz, alguns por estarem fora de serviço, outros pela profecia, e ainda outros apenas por sede de combate. Nenhum deles pode predizer a verdadeira extensão da escuridão que aguarda a sua chegada.*

### NOVOS LACAIOS DO INFERNO

| Lacaio | Normal | Pesadelo | Torm. | Inferno |
|---|---|---|---|---|
| Morto-vivo | 1 | 31 | 51 | 61 |
| Corpo Andante | 1 | 31 | 51 | 61 |
| Torso Rastejante | 1 | 31 | 51 | 61 |
| Mãe Maldita | 2 | 31 | 51 | 61 |
| Diabo-Ouriço Jovem | 1 | 31 | 51 | 61 |
| Diabo-Ouriço | 1 | 31 | 51 | 61 |

### FONTES DE SAQUE

**Barril**
Raridade ★

**Camponês Morto**
Raridade ★

**Estante de Armas**
Raridade ★★

**Tora**
Raridade ★★

**Miliciano Morto de Tristram**
Raridade ★★

**Velha Caixa de Lembranças**
Raridade ★★★★

**Espantalho**
Raridade ★

**Galho Apodrecido**
Raridade ★★

**Pilha de Ossos**
Raridade ★★

**Cadáver de Aventureiro**
Raridade ★★

**Baú**
Raridade ★★★

**Baú Resplandecente**
Raridade ★★★★

GUIA DE MISSÕES

# ESTRADA DO ALTO

A Jornada do Herói para a estrela caída levou à Estrada do Alto nos arredores de Nova Tristram. Os mortos apodrecendo vêm à vida na forma de Mortos-vivos. Mate os dois Mortos-vivos alguns passos à frente usando a arma equipada pelo Herói para atacar (clique com o botão esquerdo no Morto-vivo). Só devem ser necessários um ou dois golpes para matar cada um deles.

Os portões para Nova Tristram não estão muito à frente, mas o Capitão Rumford não irá abri-los até que todos os zumbis sejam mortos. Auxilie os guardas a abater a horda de Mortos-vivos [1]. A milícia vai ajudar com flechas flamejantes. Considere o estilo de ataque de seu Herói (a distância ou corpo a corpo) e fique atrás do Capitão Rumford e ataque a uma distância segura ou embosque os inimigos e ataque a curta distância. De qualquer forma, você não está suscetível a sofrer muitos danos aqui.

Ajude a milícia a matar os Mortos-vivos fora do portão da cidade.

# NOVA TRISTRAM

O Capitão Rumford revela que a estrela cadente caiu em cima da Catedral e uma mulher chamada Léa foi a única sobrevivente. Ela pode ser encontrada na Taverna do Novilho Esquartejado, dentro dos portões da cidade. Dê uma olhada ao redor de Nova Tristram — fale com o padre, o prefeito e os outros, se assim você desejar — em seguida, entre na pousada para falar com Léa [2].

## LOJAS

**A Bron, o Taberneiro**
Categorias
Miscelânea, Reparos

**B Tashun, o Mineiro**
Categorias
Armas, Armaduras, Reparos

**C Arghus, o Colecionador**
Categorias
Armas, Armaduras, Reparos

**D Radek, o Contrabandista**
Categorias
Armas, Armaduras, Reparos

**E Haedrig Eamon**
Categorias
Habilidades Manuais, Reciclar

*Apenas Bron está imediatamente disponível.

Léa fala de seu tio, Deckard Cain, e sobre ele ter sido abatido nas profundezas da Catedral pela estrela cadente. Sua história é interrompida quando vários camponeses feridos transformam-se em Ressuscitados [3]. Mate-os rapidamente e fale com ela novamente [4]. Ela está impressionada com a sua vontade de ajudar e o instrui a voltar para fora do portão para falar com o capitão Rumford [5].

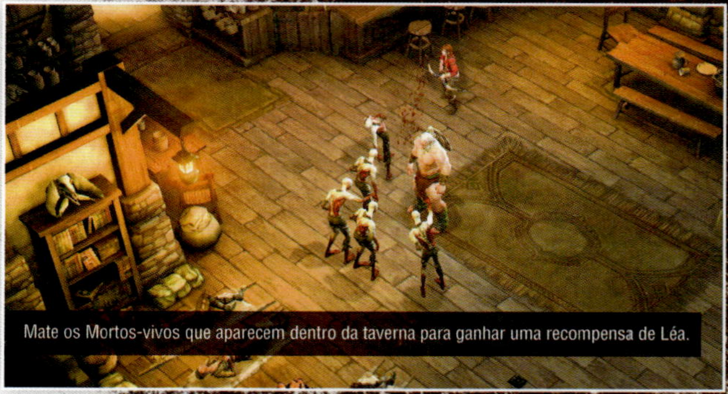

Mate os Mortos-vivos que aparecem dentro da taverna para ganhar uma recompensa de Léa.

RECOMPENSA DE OBJETIVO MENOR
**OURO:** 60 **XP:** 60

## *Experiência Adquirida*

*Localize o livro no Quarto de Léa dentro da Taverna do Novilho Esquartejado, bem como no interior da casa vizinha pertencente a seu tio. Cada livro esclarece os acontecimentos do mundo e fala dos personagens que você conhece, mas também rende uma boa soma de XP com base em seu nível atual.*

## Seu Baú o Aguarda

O grande baú de madeira no lado de fora da Taverna do Novilho Esquartejado é o seu baú pessoal. Este baú especial não só viaja com você de ato a ato via caravana, mas os itens que você colocar dentro dele ficarão disponíveis para todos os Heróis ligados à sua conta Battle.net. Contém inicialmente 14 espaços de inventário, mas até 56 podem ser adicionados ao longo do tempo em cada uma das três páginas. O Baú Pessoal de cada novo Herói vem com duas Poções de Vida Menores. Certifique-se de movê-las para o inventário do Herói, antes de embarcar em sua viagem para as Velhas Ruínas.

Saia pelo portão a tempo de ajudar o Capitão Rumford na defesa da cidade aniquilando Mortos-vivos através da barricada. Mortos-vivos continuam a aparecer enquanto a Mãe Maldita está viva nas proximidades — concentre seus ataques e mate-a antes que ela vomite reforços adicionais [6]. As Mães Malditas também são capazes de cuspir no Herói — drible este ataque para evitar danos.

# Estrada da Velha Tristram

## PORÕES BOLORENTOS

*Investigue cada uma das casas espalhadas entre os campos perto da Estrada da Velha Tristram para ver quais têm um porão a ser explorado. Porões acessíveis geralmente contêm um punhado de inimigos — às vezes até mesmo um campeão — juntamente com um baú ou dois. Embora os porões sejam muito pequenos e tomem apenas um curto período para serem limpos, eles podem render algum XP e saques.*

## ABAIXO NO POÇO DOS DESEJOS

*Poços também podem estar disponíveis para a exploração e muitas vezes contêm alguns inimigos e muito ouro — o povo de Tristam teve muitas razões para gastar uma ou duas moedas com um desejo ao longo dos anos. Poços são maiores do que porões, mas ainda bastante compactos. Gaste um tempo espalhando as águas de cada um para recolher todo o ouro que ele contém. Quer dizer, se você tiver sorte suficiente para encontrar um.*

# Bônus
## MATE 3 MÃES MALDITAS

Este objetivo extra rende 450 XP e 50 ouro, completá-lo ajuda o Herói a subir de nível mais rápido nos primeiros momentos da aventura. Há mais de três Mães Malditas na área da Estrada da Velha Tristram (eles aparecem como pontos vermelhos no minimapa quando você chega perto deles). Todas as Mães Malditas desaparecem da vizinhança com a morte da Rainha Maldita, então erradique-as antes de fazer o seu caminho para as Velhas Ruínas no canto nordeste da área.

O Herói deve agora viajar ao norte ao longo da Estrada da Velha Tristram em diração às Velhas Ruínas para o nordeste e matar a Rainha Maldita. Só então as Mães Malditas e seus filhos Mortos-vivos deixarão de ameaçar a cidade. A área está infestada de Mortos-vivos, seus primos inchados, os Corpos Andantes, e alguns monstros mixurucas chamados Diabos-Ouriços. Estes últimos inimigos arremessam seus dardos espinhosos no Herói, mas sucumbem a qualquer ataque. A saúde deles não é tão grande a ponto de ser uma preocupação no momento.

O caminho para as Velhas Ruínas atravessa várias pequenas casas, alguns canteiros de abóbora e até um cemitério. Este é um bom momento para adquirir o hábito de explorar além da periferia do caminho principal para "pintar" totalmente o minimapa. Um dos aspectos que maximizam a sua experiência é explorar totalmente a terra e batalhar com todos os inimigos que você encontrar. Isto não só aumenta suas chances de encontrar despojos valiosos, como também te ajuda a subir de nível mais rápido. Além disso, inspecione cada um dos itens clicáveis que você encontrar pelo caminho, tais como toras, cadáveres, e barris para não perder nada. Você pode até achar aleatoriamente a Velha Caixa de Lembranças contendo uma peça de conhecimento. Encontrar conhecimento como este rende um pequeno bônus de XP.

# AS VELHAS RUÍNAS

As estrada curva-se para o sudeste e conduz a uma pequena elevação rumo às Velhas Ruínas. As ruínas ocupam o centro da área retangular. Atrase a sua abordagem à Rainha Maldita ao completar primeiro uma volta no sentido anti-horário. Numerosos Corpos Andantes passeiam entre as Mães Malditas e Mortos-vivos desta área e oferecem muitas oportunidades para ganhar outro nível antes de lutar com a Rainha Maldita. Certifique-se de inspecionar a estante de armas no velho arsenal para talvez achar uma lâmina maior. Continue o ciclo em direção ao marco de senda no leste, onde a Rainha Maldita será certamente encontrada. Siga a estratégia que nós delineamos na barra lateral na página a seguir para livrar Nova Tristram de seus ataques violentos [7].

Saia da terra profanada e foque suas investidas na Rainha Maldita antes de lidar com os Mortos-vivos evocados

Volte ao centro de Nova Tristram e fale com o Capitão Rumford para recolher a sua recompensa.

Com a Rainha Maldita morta e o último de sua laia colocado para descansar, é hora de apresentar um relatório ao Capitão Rumford. Use o Marco de Senda localizado perto do portão. O Marco de Senda se torna ativo quando você pisa em sua superfície **[8]**. O Capitão Rumford está localizado fora do Taverna do Novilho Esquartejado e estará ansioso para ouvir o seu relato de sucesso **[9] Missão Cumprida**.

## RAINHA MALDITA

### PRIMEIRA DAMA DE COMPANHIA DA RAINHA

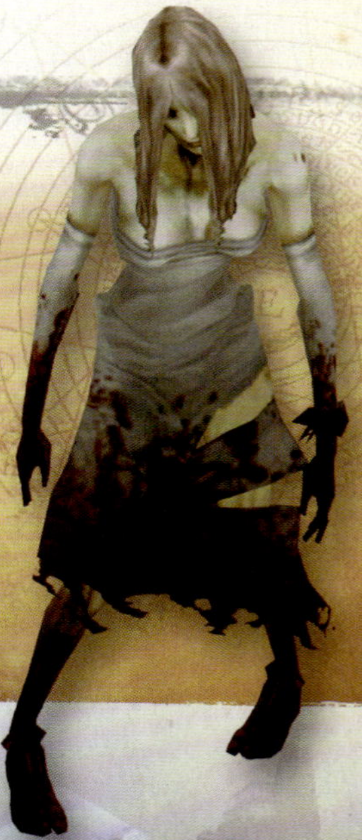

A Rainha Maldita é a líder das Mães Malditas e luta com todos os instintos de proteção que seu nome implica. Embora ela possa cuspir projéteis de vômito no Herói, seu ataque principal é o de evocar até 10 Mortos-vivos no total. Mas, normalmente, a Rainha Maldita irá evocar apenas cinco, a menos que o Herói a atraia para fora do alcance dos Mortos-vivos desovados ou mate suas desovas iniciais. Tal como acontece com seus seguidores matronais encontrados em outros lugares, a Rainha Maldita pode ser morta com bastante facilidade. Foque os ataques diretamente sobre ela para limitar o número de Mortos-vivos que são evocados, então mate-os só depois dela ter recebido um golpe fatal.

| MODO | LVL | HP | XP | ATAQUES | CARACTERÍSTICAS. | RESISTÊNCIAS |
|---|---|---|---|---|---|---|
| Normal | 2 | 18-24 | 450 | Cuspir, Evocação de Zumbis | - | - |
| Pesadelo | 31 | 5718-7624 | 1900 | Cuspir, Evocação de Zumbis | - | - |
| Tormento | 51 | 124.000-166.000 | 2900 | Cuspir, Evocação de Zumbis | - | - |
| Inferno | 61 | 943.000-1.257.000 | 3400 | Cuspir, Evocação de Zumbis | - | - |

MISSÃO

# O LEGADO DE CAIN

## OBJETIVOS

1. Use o Marco de Senda em Nova Tristram para ir para as Velhas Ruínas.
2. Vá para o Portão da Velha Tristram.
3. Encontre a Cabana de Ádria.
4. Vasculhe a Cabana da Ádria.
5. Entre no Porão Escondido na Cabana de Ádria.
6. Explore o Porão Escondido.
7. Mate o Capitão Daltyn e os Mortos-vivos.
8. Fale com Léa no Porão Escondido.
9. Vá para a Catedral.
10. Entre no Nível 1 da Catedral.
11. Procure por sinais de Deckard Cain na Catedral.
12. Mate os esqueletos que atacam Deckard Cain.
13. Fale com o Deckard Cain na Passagem de Leoric.
14. Siga Deckard Cain.
15. Fale com o Léa em Nova Tristram.

## RECOMPENSAS DE CONCLUSÃO

| HERÓI | OURO | XP |
|---|---|---|
| Todas as Classes | - | 3300 |

*Baseado na dificuldade Normal.

*A estrela caída queima de dentro da Catedral corrompida como uma chama sagrada. Léa acredita que seu tio ainda está vivo, preso dentro da Catedral. Aceite a sua ajuda para entrar na Catedral trancada e começar a busca por seu tio.*

## AS VELHAS RUÍNAS

Use o Marco de Senda em Nova Tristram para voltar às Velhas Ruínas [1]. Uma vez lá, Léa usa a chave para destrancar o Portão da Velha Tristram [2]. O segmento da Estrada da Velha Tristram para o nordeste contém poucos inimigos, dando assim tempo para o Herói e Léa conversarem. A proprietária da cabana à frente, Ádria, era a mãe de Léa, embora ela nunca realmente tivesse chegado a conhecê-la. Continue pela ponte ao sul para chegar à Cabana de Ádria [3].

Certifique-se de inspecionar este baú, um dos únicos baús que certamente aparecem no Santuário.

## CABANA DE ÁDRIA

Os vestígios da guerra são evidentes e em torno Cabana de Ádria. Este é o lugar onde o Capitão Daltyn conduziu a sua milícia em luta final contra os mortos-vivos. Cadáveres se espalham no interior da cabana, mas o corpo do Capitão Daltyn está longe de ser encontrado [4]. Léa logo descobre uma escada escondida dentro da cabana [5].

Não há lugar para ir, só descer!

Desça a escada para o porão secreto onde Léa percebe que os rumores sobre sua mãe eram verdadeiros [6]. Não há tempo para pesquisar a história da família de Léa, no entanto, já que vários Zumbis emergem do solo juntamente com o Capitão Daltyn morto-vivo! Acabe rapidamente com os Mortos-vivos, para que você possa se concentrar no capitão sem ser atacado [7].

Léa dá uma mãozinha com o ataques longos contra Capitão Daltyn, impedindo que você o mate antes que ela entalhe sua flecha.

Ao contrário da Rainha Maldita, o Capitão Daltyn não evoca Mortos-Vivos, então compensa matá-lo primeiro. Note que o Capitão Daltyn pode aparecer antes da ascensão de seus lacaios. Neste caso, é possível matá-lo antes dos Mortos-vivos aparecerem.

Espere um momento, depois de matar os zumbis, para procurar por itens no caldeirão no centro da caverna, então fale com Léa **[8]**, que retorna à Nova Tristram enquanto você continua com a chave para a Catedral.

**RECOMPENSA DE OBJETIVO MENOR**

**OURO:** 65 **XP:** 330

## CAPITÃO DALTYN

### O EX-CAPITÃO DA GUARDA

Capitão Daltyn pode ser o ex-capitão da guarda, mas ele é pouco mais do que um Morto-vivo aperfeiçoado neste momento em seu ciclo final de vida. Ele se levanta do chão no meio de um anel de eletricidade que se expande, embora este último alarde possa ser facilmente evitado por meio de um recuo rápido enquanto ele emerge.

De qualquer modo, o Capitão Daltyn não é muito perigoso. Ele não tem ataques de longa distância e é muito lento. Combatentes corpo a corpo podem atacar de perto sem muita preocupação, enquanto os atacantes de longa distância podem ficar atrás e atirar até que ele esteja morto — que sua alma possa finalmente encontrar a paz.

| MODO | LVL | HP | XP | ATAQUES | CARACTERÍSTICAS | RESIST. |
|---|---|---|---|---|---|---|
| Normal | 3 | 80-88 | 500 | Atacar | Aura Gélida, Vida Extra | - |
| Pesadelo | 31 | 15.248-16.678 | 1950 | Atacar | Aura Gélida, Vida Extra | - |
| Tormento | 51 | 332.000-363.000 | 2900 | Atacar | Aura Gélida, Vida Extra | - |
| Inferno | 61 | 2.515.000-2.751.000 | 3400 | Atacar | Aura Gélida, Vida Extra | - |

# ESTRADA DA VELHA TRISTRAM (CONT.)

O Herói sai do porão na hora em que Mortos-vivos arrebentam a parede norte da cabana. Mate os mortos-vivos e continue para o norte, lutando com muitos Mortos-vivos e Corpos Andantes em rota para a Catedral. O chão está repleto de cadáveres de milicianos e camponeses — você pode revirar os bolsos deles e ver o que encontra. A Catedral não está muito distante e a chave em seu poder abrirá as portas da frente quando usadas **[9]**. Mate os inimigos dentro e entre na cratera que marca o ponto de impacto da estrela cadente **[10]**.

Atravesse lutando com os Mortos-vivos que rastejam no solo para a Catedral ao norte.

## VALA COMUM

*Os corpos se acumularam mais rápido do que os camponeses poderiam cavar. Quem pode culpá-los por jogar os cadáveres no barranco? Inspecione a fenda debaixo da árvore retorcida ao lado da estrada para ver se ela foi usada como uma vala comum (que vai brilhar intensamente se pesquisável). Se assim for, desça e encontre os Mortos-vivos e Corpos Andantes que aguardam. Pode haver um baú ou uma pilha de ossos para ser saqueada.*

CALABOUÇO

# CATEDRAL

*Das três Criptas Profanadas que você deve procurar, duas consistem apenas de um andar de pequeno a médio porte, enquanto a cripta contendo a coroa é composta de três andares. Um cristal de saída, muitas vezes localizado perto de um baú resplandecente, pode ser encontrado no fundo de cada uma das criptas, concedendo uma saída rápida. O Herói irá perceber a probabilidade de a coroa estar em outra cripta uma vez que uma cripta sem coroa foi vasculhada. Esta é a sua dica para encontrar o baú resplandecente e a saída.*

## NOVOS LACAIOS DO INFERNO

| Lacaio | Normal | Pesadelo | Torm. | Inferno |
|---|---|---|---|---|
| Morto Voraz | 5 | 33 | 52 | 61 |
| Morcego Carniceiro | 5 | 31 | 51 | 61 |
| Grotesco | 4 | 31 | 51 | 61 |
| Verme Carniceiro | 2 | 31 | 51 | 61 |
| Seguidor Real | 4 | 32 | 51 | 61 |

## FONTES DE SAQUE

| Fonte | Raridade |
|---|---|
| Cinzas | ★ |
| Camponês Morto | ★ |
| Estante de Armas | ★★ |
| Cavalete de Armaduras | ★★ |
| Aventureiro Morto | ★★ |
| Pedra Solta | ★★ |
| Estante de Livros | ★★ |
| Tora | ★★ |
| Baú | ★★★ |
| Pedestal de Leitura | ★★★ |
| Baú Resplandecente | ★★★★ |

## TÁTICAS DE CALABOUÇO

O estreito corredor que atravessei logo se abriu para uma sala semicircular, rodeada por corrimãos na altura da cintura com vista para o que parecia ser um beco sem saída. Na pressa de me defender dos Morcegos Carniceiros e Mortos Vorazes, eu quase corri para a direita após as escadas curvas. A curiosidade levou a melhor e achei que sabia que ali era um beco sem saída, eu sentia que poderia haver tesouro abaixo. Tomei o cuidado de matar todos os inimigos antes de descer os degraus, apenas no caso de mais seres infernais me esperarem no nível mais baixo.

A grandiosidade dos salões e escadas da Catedral nunca deixam de me surpreender, embora a arquitetura me confunda de vez em quando. É quase como se estivesse tentando me prender! Certa vez, encontrei um par de escadas incrivelmente acentuadas que levavam a uma área única maior acima. Mal eu sabia que as áreas acima e abaixo estavam infestadas de mortos-vivos! Eu fugi pelas escadas, para a parte superior, apenas para me encontrar encurralado entre grupos de Grotescos famintos! Os inimigos dos quais eu estava tentando fugir me perseguiram — eu deveria tê-los matado antes de subir as escadas.

Embora eu admita que minha falta de paciência possa obter o melhor de mim, eu aprendi a usar minha inteligência para enganar os Mortos Vorazes, mesmo que isso signifique adiar a minha caça ao tesouro. Por exemplo, há uma sala perto da biblioteca da Catedral que contém três portões de ferro bruto. Em vez de abrir os três portões em rápida sucessão, como eu faria na minha juventude, eu abri apenas um e deixei todos os monstros se reunirem ao redor. Eu, então, corri para o portão do outro lado, o abri e esperei que a massa cambaleante se afunilasse por ele. Aqueles demônios miseráveis não souberam o que os atingiu!

Eu continuo a ter cuidado com quartos grandes, especialmente aqueles com um estrado curiosamente colocado no centro — Não serei a mariposa atraída para as tochas! Aprendi a sempre me manter no perímetro dessas salas. Costumo encontrar tesouros ao junto às paredes, mas isso também me ajuda a livrar a área dos animais imundos perto dos passos que levam ao centro. Como uma corda a apertar no pescoço de um Morto Voraz, eu estreito o meu caminho até que, com segurança, eu inspecione o centro.

## CATEDRAL, NÍVEL 1

Desça as escadas até onde a estrela, um presságio talvez, destruiu a capela e deixou uma misteriosa cratera de bordas azuis. Quebre a porta de madeira em torno do canto sul para entrar no calabouço. Léa acredita que seu tio Deckard ainda está vivo nas profundezas da Catedral e cabe a você procurar por ele.

O calabouço da Catedral contém vários monstros ainda não encontrados. Os bombados Grotescos têm alguma semelhança com os Corpos Andantes, mas em vez de ser partido em dois após a morte, o Grotesco deixa este mundo através de uma violenta explosão suicida com danos de área de efeito para os que estão perto. Além disso, um ninho de Vermes Carniceiros surge dos restos do Grotesco e avidamente se arrasta em direção ao Herói. Grotescos perseguem o Herói e o atacam com espetos. Preste atenção à saúde do Grotesco enquanto o ataca, e se afaste antes que ele exploda.

### *Pulverizado!*

*Olhe para todos os tipos de armadilhas neste e em todos os outros calabouços que você entrar. Armadilhas vêm em todas as formas e tamanhos, desde paredes que desmoronam até lustres que caem. O último pode ser utilizado na área em que aparece. Puxe a alavanca de retenção da corrente do candelabro para soltar o objeto de ferro pesado sobre os monstros à frente. Isso não só dá a você algumas mortes fáceis, como também gera um bônus de combate!*

Grotescos explodem após a morte, com danos de área de efeito e liberando uma série de Vermes Carniceiros

O rufar das asas do Morcego Carniceiro ecoa por toda a Catedral, mas é para um encontro casual com um Morcego Carniceiro Incandescente que você deve realmente se preparar. É provável que você enfrente um raro Morcego Carniceiro armado com a característica Incandescente. O inimigo deixa um rastro de fogo perigoso para trás onde quer que voe e os asseclas que o acompanham também carregam essa habilidade. Criaturas Incandescentes atacam e são resistentes ao elemento fogo. Além disso, o Morcego Carniceiro Incandescente do tipo raro ou campeão (não os seus lacaios) explode em uma bola de fogo depois de receber um golpe fatal. Recue rapidamente para escapar do raio da explosão.

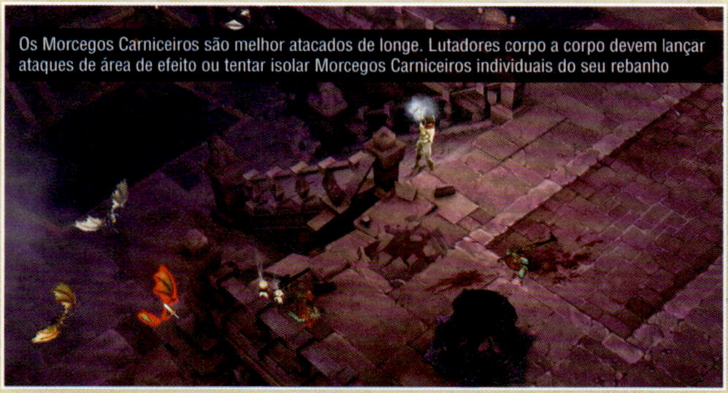
Os Morcegos Carniceiros são melhor atacados de longe. Lutadores corpo a corpo devem lançar ataques de área de efeito ou tentar isolar Morcegos Carniceiros individuais do seu rebanho

## Poções e Tempo de Recarga

Um Morcego Carniceiro raro provavelmente será o primeiro encontro que o obrigará a usar uma poção. Tenha em mente que múltiplas poções não podem ser usadas em uma sucessão rápida. Tal como acontece com muitas habilidades especiais, poções têm um período de recarga. Você deve confiar em Globos de Vida ou habilidades de cura até a recarga acabar.

Explore este nível da Catedral em busca do brilho dourado da entrada que conduz a Passagem de Leoric **[11]**. É muito comum encontrar o caminho bloqueado por barricadas e portas cerradas — esmague-os em pedaços e siga em frente, usando o minimapa como guia. Procure pelo Pedestal de Escriba para uma chance de descobrir partes do Pergaminho de Lachdanan e uma pequena quantidade de bônus de XP.

## PASSAGEM DE LEORIC

Deckard Cain está um pouco além da entrada da Passagem Leoric e está com muitos problemas. Um piso desmoronante atrasa seus perseguidores, mas a alma amaldiçoada do Rei Leoric sobe para ameaçá-lo. Um número de Seguidores Reais materializam-se perto de Cain — ele precisa de ajuda!

Corra pelas escadas e devaste os Seguidores Reais **[12]**. A onda inicial é de sete atacantes, mas outros virão. A segunda remessa será conduzida pelo Decapitador, um esqueleto semelhante aos Seguidores Reais, mas com saúde adicional e uma gargalhada de arrepiar.

Heróis especializados em corpo a corpo podem ficar entre Deckard e os esqueletos, enquanto combatentes de longa distância são melhor utilizados atacando nas escadas próximas

# DECAPITADOR

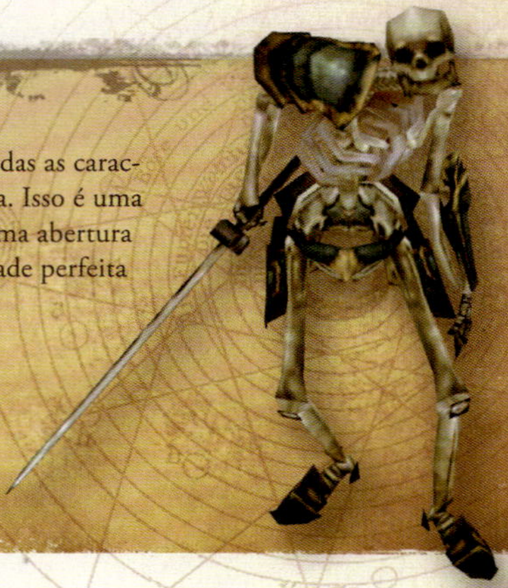

## CARRASCO REAL

O Decapitador, um Carrasco Real por ofício, é um pouco maior do que o Seguidor Real, mas tem todas as características físicas. Isso não impede a besta única de periodicamente desencadear uma risada assustadora. Isso é uma tolice dos mortos-vivos: a risada do Decapitador não causa nenhum dano ao Herói e, por fim, cria uma abertura para o Herói poder atacar! O Decapitador não pode atacar e rir ao mesmo tempo — uma oportunidade perfeita para quebrar os seus ossos!

| MODO | LVL | HP | XP | ATAQUES | CARACTERÍSTICAS | RESISTÊNCIAS |
|---|---|---|---|---|---|---|
| Normal | 4 | 90-105 | 550 | Ataque, Risada | Saúde Extra | - |
| Pesadelo | 31 | 11.436-13.342 | 1950 | Ataque, Risada | Saúde Extra | - |
| Tormento | 51 | 249.000-291.000 | 2900 | Ataque, Risada | Saúde Extra | - |
| Inferno | 61 | 1.886.000-2.200.000 | 3400 | Ataque, Risada | Saúde Extra | - |

Deckard Cain é sempre grato por salvá-lo. Vasculhe a área para tentar achar um baú perdido ou cinzas, então fale com ele para aceitar os seus humildes agradecimentos **[13]**. Cain descobre uma saída secreta para o jardim da Catedral, uma área além do portão trancado do lado da igreja **[14]**. Siga-o através da saída e use o Marco de Senda para retornar a Nova Tristram, onde Léa está ansiosamente à espera de ouvir o seu relatório **[15] Missão Cumprida.**

MISSÃO

# UMA COROA QUEBRADA

## OBJETIVOS

1. Fale com o ferreiro Haedrig Eamon.
2. Mate o Morto Voraz no Porão dos Condenados.
3. Mate Mira Eamon.
4. Fale com Haedrig Eamon no Porão dos Condenados.
5. Abra o Portão Noroeste.
6. Encontre o Cemitério dos Desamparados.
7. Procure pelo Altar do Chanceler sob o Cemitério dos Desamparados.
8. Mate o Chanceler Eamon.
9. Pegue a coroa do Rei Esqueleto do Altar do Chanceler.
10. Use o Portal da Cidade para retornar a Nova Tristram.
11. Fale com Haedrig Eamon.

## RECOMPENSAS DE CONCLUSÃO

| HERÓI | HABILIDADES MANUAIS | XP |
|---|---|---|
| Todas as Classes | Ferraria | 325 |

*Baseado na dificuldade Normal.*

*O Rei Esqueleto foi uma vez o Leoric, o amado governante de Tristram, antes de ser levado à loucura pelo mal de Diablo. Parece que ele voltou a assolar esta terra. A chave para derrotá-lo reside na sua antiga coroa. Procure o ferreiro Haedrig, já que ele deve saber do seu paradeiro.*

# NOVA TRISTRAM

Fale com o Deckard Cain para saber da profecia em torno da estrela cadente e o retorno do Rei Esqueleto. Deckard acredita que o ferreiro Haedrig conhece o paradeiro da coroa do Rei Leoric, a única coisa que poderia derrotar o Rei Esqueleto. Haedrig pode ser encontrado no lado norte da cidade, parado perto do poste de sinalização na base da encosta [1].

O ferreiro está preocupado com pensamentos sobre a sua querida esposa Mira. Ela foi mordida por mortos-vivos e atualmente está trancada no porão, junto com o resto dos infectados. Haedrig precisa acabar com seu sofrimento, mas ele não pode tolerar a ideia de matar sua própria esposa. Ele precisa de sua ajuda.

Faça uma visita a cada um dos comerciantes enquanto dirige-se para o norte através de Nova Tristram em busca de Haedrig Eamon

## Aberto para Negócios!

A derrota da Rainha Maldita trouxe um alívio temporário para os cidadãos de Nova Tristram, permitindo-lhes voltar a um mínimo de normalidade. A barricada bloqueando a parte inferior da cidade foi removida e várias lojas foram reabertas, incluindo as de Arghus, o Colecionador, e Radek, o Contrabandista. Visite qualquer um desses comerciantes para checar seu estoque de armas e armaduras melhoradas ou para reparar o seu equipamento.

Siga Haedrig para o Porão dos Condenados e destrua a porta onde os infectados foram colocados em quarentena. Os Mortos Vorazes não são poderosos, como você sabe por encontros anteriores com os Mortos-vivos [2]. Golpeie-os para Haedrig poder ter um momento com sua esposa antes que ela se transforme em um tipo de Mãe Maldita [3].

Tenha pena do estado de Mira e acabe com o seu sofrimento

## MIRA EAMON

### ESPOSA DE HAEDRIG

A abnegação de Mira Eamon em cuidar dos infectados levou a sua transformação em um zumbi não muito diferente das Mães Malditas. Mira carrega a característica Empesteado, embora seus projéteis venenosos não causem danos ao longo do tempo, somente após o golpe direto. Sua taxa de ataque lenta e falta de lacaios fazem desta uma luta com a qual se pode lidar — você quase pode sentir o seu desejo íntimo de ser morta e acabar com a doença zumbi que se apoderou dela.

| MODO | LVL | HP | XP | ATAQUES | CARAC. | RESIST. |
|---|---|---|---|---|---|---|
| Normal | 5 | 120-135 | 600 | Cuspida de Veneno | Empesteado | - |
| Pesadelo | 31 | 11.436-13.342 | 2000 | Cuspida de Veneno | Empesteado | - |
| Tormento | 51 | 249.000-280.000 | 2950 | Cuspida de Veneno | Empesteado | - |
| Inferno | 61 | 1.886.000-2.122.000 | 3400 | Cuspida de Veneno | Empesteado | - |

**RECOMPENSA DE OBJETIVO MENOR**

**OURO:** 70 **XP:** 900

O pesaroso Haedrig está em débito com você. Ele relata que a coroa que você procura está enterrada com o Chanceler, seu avô, em um túmulo no Cemitério além da Várzea das Lágrimas [4]. Saia da cidade pelo portão noroeste. Um pequeno grupo de Vorazgos ataca na ponte. Derrote-os com a ajuda dos guardas nas proximidades e continue seu caminho para o Cemitério [5].

Os guardas não vão abrir a porta a noroeste até que você tenha ajudado Haedrig no Porão dos Condenados

# O CEMITÉRIO

*Não há ninguém por perto para lembrar se os cadáveres enterrados na Várzea das Lágrimas foram colocados lá simplesmente devido à falta de espaço no Cemitério dos Desamparados, ou porque não foram considerados dignos. Hoje em dia, todo mundo em Nova Tristram refere-se às covas que se alastram para o norte da cidade simplesmente como "o cemitério" e rapidamente aconselham a não viajar para lá. No entanto, o velho caminho traça um percurso sinuoso por meio do vale até os portões da área. Lá, algumas Criptas Profanadas permanecem perpetuamente. Uma das quais contém a coroa do antigo Lei Leoric.*

## NOVOS LACAIOS DO INFERNO

| Lacaio | Normal | Pesadelo | Torm. | Inferno |
|---|---|---|---|---|
| Vorazgo | 6 | 31 | 51 | 61 |
| Cadáver Maldito | 5 | 31 | 51 | 61 |
| Corpo Faminto | 5 | 31 | 51 | 61 |
| Torso Faminto | 5 | 31 | 51 | 61 |
| Esqueleto | 6 | 32 | 51 | 61 |

## FONTES DE SAQUE

| Fonte | Raridade |
|---|---|
| Pilha de Pedras | ★ |
| Tora | ★★ |
| Galho Apodrecido | ★★ |
| Camponês Morto | ★★ |
| Tronco | ★★ |
| Caixão Apodrecido | ★★★ |
| Baú | ★★★ |
| Baú Resplandecente | ★★★★ |

## A VÁRZEA DAS LÁGRIMAS

A Várzea das Lágrimas se espalha por meio de uma vastidão de troncos apodrecidos e sepulturas em ruínas. Essas terras amaldiçoadas sofrem o peso dos mortos-vivos que cambaleiam pelo escuro ar noturno. O Cemitério dos Desamparados fica ao nordeste, ainda há muito a ganhar com a travessia da Várzea das Lágrimas **[6]**. Um Herói em busca de força vai fazer bem em limpar esta terra de todos os inimigos encontrados aqui.

Com exceção do Vorazgo, muitos dos inimigos que infectam a Várzea das Lágrimas são versões mais fortes daqueles nas Velhas Ruínas.

Os monstros na Várzea das Lágrimas variam de pequenos grupos de três ou quatro Vorazgos a gangues de Mortos Vorazes com dezenas de inimigos. Os rápidos Vorazgos e Torsos Famintos podem encurralar você rapidamente, tornando vantajoso ter um ataque capaz ramificar-se para atingir múltiplos inimigos, ou um que os retarde. A Nova Gélida do Arcanista e a Prisão dos Mortos do Feiticeiro são perfeitos para travar Vorazgos no meio do caminho! Embora Vorazgos ataquem principalmente com dentes e garras, eles também possuem um ataque de avanço que pode abranger vários passos em um flash.

### *Profanadores de Túmulos*

*Cuidado com a abertura ocasional de um túmulo que faz brotar um esqueleto. Esses monstros também são conhecidos por emergir de Caixões Apodrecidos. Perturbar esses túmulos pode render mais que uma pilha de ouro.*

# Bônus

## ENCONTRE O APRENDIZ DE HAEDRIG

O cadáver do Aprendiz de Haedrig pode ser encontrado em algum lugar da Várzea das Lágrimas perto de uma casa em ruínas. Ele foi vítima de hordas de Mortos Vorazes e Cadáveres Malditos que infectam esta terra. Busque no cadáver por ouro e roupas, se o saque e XP que você ganhou para a busca não forem suficientes.

Habilidades de área de efeito que retardam e causam dano irão dar conta mesmo da maior das hordas!

A Várzea das Lágrimas é um ótimo local para testar as novas habilidades de área de efeito que o Herói aprendeu, em particular contra os grupos de monstros realmente grandes perto das lápides. A habilidade Prisão dos Mortos do Feiticeiro é extremamente eficaz nessa área, especialmente quando combinada com uma matilha de Cães Zumbis evocados. Também é eficiente usar a Onda de Força do Arcanista para implantar uma onda de energia arcana em todas as direções, devastando seus inimigos.

Sempre deixe os recursos do seu Herói se reabastecerem antes de se envolver com os grupos grandes nesta área. Combine ataques que causam dano grande em uma área com aqueles que retardam o inimigo, em seguida recue e utilize ataques adicionais para pegá-los. Lutadores corpo a corpo devem usar o ambiente a seu favor — mantenha as costas contra o terreno sólido para evitar ser cercado.

# CEMITÉRIO DOS DESAMPARADOS

O Cemitério não fica muito longe do portão de Nova Tristram e pode ser encontrado seguindo a estrada sinuosa para o nordeste. Qualquer uma das três criptas pode ser explorada. A coroa da qual Deckard Cain falou está escondida dentro de uma dessas criptas, mas não há como dizer qual. Preste atenção nas criptas que você vasculhar ao longo do caminho para não entrar de novo em uma que você já investigou.

A coroa está enterrada dentro de uma das três Criptas Profanadas acessíveis, mas não há como dizer qual

CALABOUÇO

# CRIPTA PROFANADA

*Das três Criptas Profanadas que você deve vasculhar, duas consistem em apenas um andar pequeno ou médio, enquanto a cripta contendo a coroa tem três andares. Um portal de calabouço, muitas vezes localizado perto de um baú resplandecente, pode ser encontrado no fundo cada uma das criptas, garantindo uma saída rápida. O Herói irá perceber a probabilidade de a coroa estar em outra cripta uma vez que uma cripta sem coroa foi vasculhada. Esta é a sua dica para encontrar a Arca Resplandecente e a saída.*

## NOVOS LACAIOS DO INFERNO

| Lacaio | Normal | Pesadelo | Torm. | Inferno |
|---|---|---|---|---|
| Diabrete | 7 | 32 | 51 | 61 |
| Assassino Fantasmal | 5 | 31 | 51 | 61 |
| Coveiro Hediondo | 6 | 32 | 51 | 61 |
| Segador | 7 | 32 | 51 | 61 |
| Guardião da Tumba | 7 | 32 | 51 | 61 |

## FONTES DE SAQUE

| Fonte | Raridade |
|---|---|
| Cinzas | ★ |
| Barril | ★ |
| Pedra Solta | ★★ |
| Caixão de Pedra | ★★ |
| Caixão | ★★ |
| Caixão Apodrecido | ★★ |
| Estante de Livros | ★★ |
| Câmara de Pedra | ★★★ |
| Sarcófago | ★★★ |
| Baú Resplandecente | ★★★★ |

## TÁTICAS DE CALABOUÇO

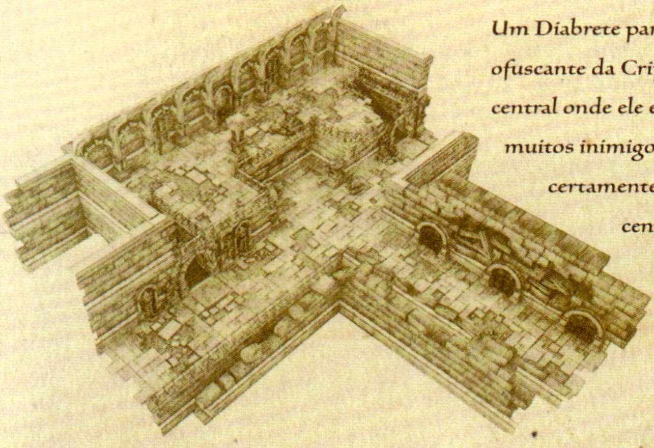

Um Diabrete parecia zombar de mim enquanto eu o seguia. Felizmente, pelo brilho ofuscante da Cripta Profanada, notei os balcões elevados acompanhando o caminho central onde ele estava. Outra armadilha! Dei um passo para a direita e encontrei muitos inimigos em cima daquele caminho elevado. Mais apareceram no centro. Eu certamente seria pego em um fogo cruzado se tivesse continuado sem pensar pelo centro da sala. Em vez disso, era eu que estava com a vantagem!

Eu continuo a encontrar longas escadas que levam até os quartos quadrados de pouca importância. Levo um tempo matando todos os Diabretes e Segadores antes de subir as escadas para evitar ser cercado. O demônios no balcão superior são fáceis de atrair. Oh, como os mortos-vivos estão tão dispostos a se alinhar atrás de mim nas escadas enquanto eu recuo e acerto um por um! Nem sempre encontro tesouros em cima daquelas escadas, mas o que eu não encontro em ouro, eu certamente ganho em experiência!

## CRIPTAS PROFANADAS

Vasculhe as três Criptas Profanadas até você descobrir a que tem o segundo nível mais baixo. Não é uma má ideia sair neste momento e procurar as outras criptas (embora você possa fazer isso depois de recuperar a coroa). Sempre procure por um Baú Resplandecente escondido perto da saída da cripta. Nem sempre haverá um, mas o XP adicional adquirido com os monstros que você encontrar durante a pesquisa ajuda a fortalecer o Herói.

Baús Resplandentes são uma fonte de ouro e saque!

A Cripta Profanada contendo a coroa que você procura tem uma escada a um segundo nível mais baixo. Isto leva a uma batalha com um monstro conhecido como Mastigante, encarregado de guardar a entrada para o Túmulo do Chanceler, o mais baixo dos três níveis da Cripta Profanada correta [7].

Conduza o Mastigante através da segunda entrada para diminuir o movimento lateral deste inimigo e fixar o seu alvo na posição

## JARRA DE ALMAS

*Você pode tropeçar em uma Cripta Profanada com uma pequena jarra azul que flutua acima de um pedestal elevado. Este é o evento "Jarra de Almas". Perturbar o receptáculo libera dezenas de almas inquietas. Sobreviva ao ataque por 60 segundos para concluir este evento bônus e reivindicar um prêmio em ouro e XP. Esta batalha contra uma série de Esqueletos fica mais fácil com a ajuda de ataques que podem danificar e/ou retardar muitos inimigos de uma só vez. Esqueletos podem causar danos somente numa faixa muito próxima. Tenha as suas poções prontas e fique no perímetro da sala para evitar ser cercado.*

## OS OSSOS DA MATRIARCA

*Alguns Heróis podem encontrar uma mulher fantasmagórica chamada Lady Dunhyld, que assombra as salas, sinalizando o evento "Os Ossos da Matriarca". Procure as três urnas funerárias para recolher os seus restos, depois devolva-os ao sarcófago onde ela foi sepultada. O espírito de seu marido aflito, o Espírito Atormentado, tenta impedi-lo com uma combinação dos traços Veloz e Sanguessuga de Alma. Este último reduz a sua velocidade, aumentando a suscetibilidade aos ataques dos Esqueletos. Derrotar o Espírito Atormentado, um monstro único, é totalmente opcional. Colete os três conjuntos de partes do corpo (marcados no minimapa), em seguida deposite o corpo completo nos Sarcófagos de Lorde e Lady Dunhyld para reivindicar 360 de ouro e 1370 XP.*

## MASTIGANTE

### HORROR DA CRIPTA

O amálgama de corpos em decomposição conhecido como Mastigante irrompe pela porta no topo das escadas que levam ao Túmulo do Chanceler. O Mastigante não tem nenhuma característica especial nem resistências, o que o torna suscetível a todo tipo de ataque. Conduza o Mastigante em direção a outra porta ou ponto de controle. Isso limita seu alcance lateral e força este grande alvo a se tornar mais fácil de acertar. Aumente sua saúde antes de se aproximar das escadas para o Túmulo do Chanceler e você estará bem. O Mastigante balança seus braços enormes e causa um dano corpo a corpo moderado, com uma chance de repulsão.

| MODO | LVL | HP | XP | ATAQUES | CARAC. | RESIST. |
|---|---|---|---|---|---|---|
| Normal | 6 | 300-350 | 650 | Golpe Corpo a Corpo | - | - |
| Pesadelo | 32 | 26.040-30.380 | 2050 | Golpe Corpo a Corpo | - | - |
| Tormento | 51 | 498.000-582.000 | 2950 | Golpe Corpo a Corpo | - | - |
| Inferno | 61 | 3.772.000-4.401.000 | 3400 | Golpe Corpo a Corpo | - | - |

## A TUMBA

Use ataques bater e correr contra fantasma do Chanceler Eamon para evitar a sua capacidade de Repulsão

A Tumba do Chanceler é guardada por um ou dois Guardiões da Tumba. Este oponente dispara um orbe arcano de movimento lento e tem a capacidade de evocar até quatro esqueletos. Afaste-se do Guardião da Tumba para fazê-lo lançar seu ataque arcano. Drible o projétil, em seguida parta para a ofensiva. Elimine todos os Esqueletos restantes e gaste um momento restaurando sua saúde. O fantasma do Chanceler Eamon vai atacar conforme você interage com o Altar — você deve derrotá-lo para reivindicar a coroa **[8]**.

Reivindique a coroa quebrada no altar e ganhe o item Portal da Cidade. Dê uma olhada ao redor para ver se há um baú ou outra fonte de saque no corredor à direita **[9]**. Use o portal de calabouço próximo para voltar ao Cemitério dos Desamparados se você deseja explorar as outras criptas no cemitério, caso contrário, use a habilidade recém-adquirida Portal da Cidade para retornar a Nova Tristram **[10]**. Uma vez lá, fale com Haedrig no centro de Nova Tristram **[11] Missão Cumprida**.

## *Pertences do Ferreiro*

*Procure ao redor da loja de Haedrig por uma caixa contendo seus pertences pessoais. A carta (uma peça de conhecimento) que ele mantém dentro dessa caixa rende um pequeno bônus de XP, se você encontrá-la.*

## CHANCELER EAMON

### GUARDIÃO ASTRAL

O fantasma do Chanceler Eamon se teletransporta pelo túmulo, nunca se afastando muito do altar, mas tentando permanecer fora do alcance de combatentes corpo a corpo (exceto para atacar com a sua capacidade de Repulsão própria). Atacantes de longa distância têm a vantagem de evitar a repulsão de longo alcance do Chanceler. A capacidade Sifão das Almas do fantasma gela você e reduz a sua velocidade de movimento. Um Herói de nível igual ou superior terá poucos problemas superando este monstro. Os com um nível inferior podem encontrar a vitória usando uma poção na hora certa, se necessário.

| MODO | LVL | HP | XP | ATAQUES | CARAC. | RESIST. |
|---|---|---|---|---|---|---|
| Normal | 7 | 300-322 | 700 | Sifão das Almas | Teletransportador, Repulsão | - |
| Pesadelo | 32 | 21.700-23.327 | 2050 | Sifão das Almas | Teletransportador, Repulsão | - |
| Tormento | 51 | 415.000-447.000 | 2950 | Sifão das Almas | Teletransportador, Repulsão | - |
| Inferno | 61 | 3.143.000-3.379.000 | 3400 | Sifão das Almas | Teletransportador, Repulsão | - |

## SERVIÇOS DO FERREIRO DISPONÍVEIS!

Sem nenhuma esposa para cuidar, Haedrig decidiu reabrir sua loja Ferraria no centro de Nova Tristram, perto do Marco de Senda. Haedrig pode reciclar equipamentos raros e mágicos e também criar novas armaduras e armas. Escolha na lista de planos (ou receitas) de itens que você deseja adquirir e consulte os requisitos apresentados. Cada item que Haedrig pode criar custa uma taxa de ofício (ouro), juntamente com uma série de matérias-primas necessárias.

Nesta visita inicial ao Ferreiro, considere reciclar todos os seus equipamentos mágicos indesejados (e vender todos os seus equipamentos comuns indesejados a Tashun, o Mineiro, nas redondezas), em seguida, use as matérias-primas que você recebeu em troca para criar um equipamento melhor. Use um pouco do seu ouro para treinar o Ferreiro a ganhar acesso a novos planos. Crie uma armadura que preencha as necessidades atuais de seu Herói. Por exemplo, crie um elmo se você não encontrou um ainda. Ou crie um conjunto de luvas se você ainda estiver usando luvas comuns. O ferreiro é apenas um dos dois Artesãos com os quais o Herói conta. Vá ao capítulo "Artesãos e Criação de Itens" deste guia para obter mais informações, incluindo uma lista completa dos planos de Ferraria.

MISSÃO

# REINADO DO REI ESQUELETO

## OBJETIVOS

1. Use o Marco de Senda para voltar ao Jardim da Catedral.
2. Entre na Passagem de Leoric.
3. Vá para o Catedral Nível 2 através da Porta Ornamentada.
4. Desça através da Catedral.
5. Ofereça apoio ao Guerreiro.
6. Encontre itens roubados do Guerreiro.
7. Encontre e mate Jondar.
8. Junte-se aos Templários.
9. Procure pelas Criptas Reais.
10. Encontre a Cripta do Rei Esqueleto.
11. Entre na Cripta do Rei Esqueleto.
12. Mate o Retornado.
13. Coloque coroa de Leoric no Rei Esqueleto.
14. Mate o Rei Esqueleto.
15. Entre na Câmara Desolada.
16. Fale com O Estranho na Câmara Desolada.
17. Volte para Nova Tristram.
18. Fale com Deckard Cain.

## RECOMPENSAS DE CONCLUSÃO

| HERÓI | OURO | XP |
|---|---|---|
| Todas as Classes | - | 375 |

*Baseado na dificuldade Normal.

*A remodelada coroa do Rei Leoric garante ao proprietário a entrada nas Criptas Reais abaixo da Catedral. Leve a coroa, como Cain instrui, para o mausoléu no Jardim da Catedral e desça até onde a estrela havia caído, no covil do Rei Esqueleto.*

## JARDIM DA CATEDRAL

Fale com Deckard Cain em Nova Tristram para descobrir onde levar a coroa. Use o Marco de Senda para viajar para o Jardim da Catedral [1]. Procure por um baú ou uma pilha de ossos, em seguida desça até o mausoléu onde você encontrou Deckard Cain pela primeira vez [2]. Uma vez lá dentro, desça o pequeno conjunto de escadas dentro da Passagem de Leoric até a porta ornamentada, que abre sob o comando de quem porta a coroa [3].

Esta porta ornamentada na Passagem de Leoric sente a presença da coroa do rei e abre apenas para aqueles que a possuem

# A CATEDRAL

*A visita anterior do Herói à Catedral ofereceu apenas uma amostra das catacumbas que se ocultam sob essa estrutura. A Passagem de Leoric filtra o acesso aos níveis 2-4 da Catedral, onde vários novos habitantes se escondem. Além do quarto nível estão as Criptas Reais e, em por último, a cripta do Rei Esqueleto. Esses níveis mais profundos não são diferentes daqueles explorados antes, embora contenham muito mais armadilhas e várias construções arquitetônicas únicas que podem ser usadas como vantagem tática.*

## NOVOS LACAIOS DO INFERNO

| Lacaio | Normal | Pesadelo | Torm. | Inferno |
|---|---|---|---|---|
| Insepulto | 7 | 32 | 51 | 61 |
| Esqueleto Guardião | 5 | 31 | 51 | 61 |
| Cultista das Trevas | 7 | 32 | 51 | 61 |
| Lacaio Necromântico | 7 | 32 | 51 | 61 |
| Servo de Jondar | 7 | 32 | 51 | 61 |
| Arqueiro Esquelético | 7 | 32 | 51 | 61 |
| Escudeiro Esquelético | 7 | 32 | 51 | 61 |
| Demônio | 7 | 32 | 51 | 61 |
| Retornado | 10 | 34 | 52 | 61 |
| Soldado Esquecido | 7 | 32 | 51 | 61 |
| Guerreiro Esquecido | 7 | 32 | 51 | 61 |

## FONTES DE SAQUE

| Fonte | Raridade |
|---|---|
| Cinzas | ★ |
| Barril | ★ |
| Pedra Solta | ★★ |
| Camponês Morto | ★★ |
| Aventureiro Morto | ★★ |
| Caixão de Pedra | ★★ |
| Estante de Livros | ★★ |
| Estante de Armas | ★★ |
| Cavalete de Armaduras | ★★ |
| Pedestal de Leitura | ★★★ |
| Câmara de Pedra | ★★★ |
| Sarcófago | ★★★ |
| Baú | ★★★ |
| Baú Resplandecente | ★★★★ |

## TÁTICAS DE CALABOUÇO

Eu continuei para o sul em uma passagem estreita com vista para um dos quartos mais ornamentados na Catedral. Escadas curvas gêmeas desciam de cada lado do quarto para uma sala grande, contendo um baú — ou era um altar? A beleza da sala quase me distraiu do Guardião da Tumba, que surgiu a partir do afresco na parede superior. Eu o matei imediatamente, então avancei parcialmente por uma das escadas, até que eu estivesse ao alcance para atacar os Morcegos Carniceiros esvoaçando abaixo.

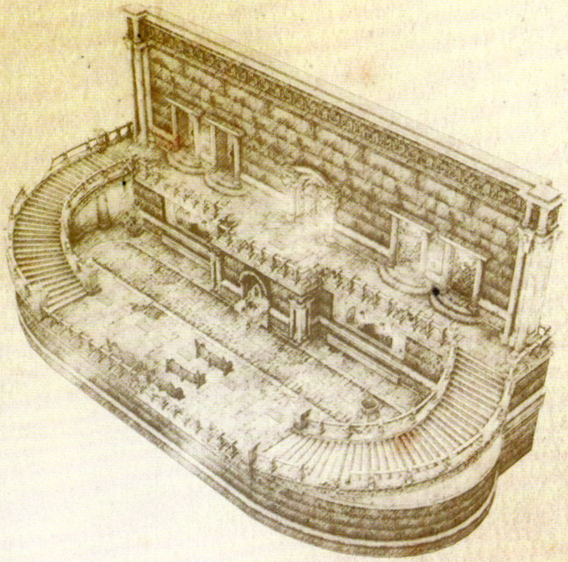

*Com os Retornados nos meus calcanhares, eu passei pelo arco e encontrei uma varanda estreita diante de mim. Tão logo minha pulsação começou a voltar ao normal, uma explosão de energia Arcana quebrou o afresco à minha esquerda. Era outro Guardião da Tumba! Havia pouco espaço para se esquivar de seus projéteis em forma de orbe, então eu não tive escolha a não ser resistir e lutar a curta distância. Felizmente, eu mantenho sempre uma ou duas habilidades à mão para tais situações.*

## CATEDRAL, NÍVEL 2

Este andar de tamanho médio é o lar frequente de inúmeros Insepultos, Guardiões da Tumba, Esqueletos e Morcegos Carniceiros. Cuidado com as pilhas soltas de cadáveres que começam a se deslocar, uma vez que é um sinal de uma emergência iminente de Insepultos. O Mastigante que você enfrentou nas Criptas Profanadas era um Insepulto único, possuindo mais saúde do que o inimigo base. Mantenha-se afastado de seus ataques de pancada e foque sua ofensiva em um único insepulto antes de se concentrar em outro (ou outros inimigos).

Guardiões da Tumba têm uma tendência a saltar a partir dos painéis ocultos ao longo das paredes dos corredores estreitos. Cuidado com o revelador brilho roxo da sua energia arcana, e recue. O Guardião da Tumba muitas vezes revela-se por primeiramente evocar vários Esqueletos para a área, mas uma perturbação no ar sinaliza o local para onde ele vai se teletransportar. Ignore os Esqueletos menores até o Guardião da Tumba ser morto. Faça uso das muitas armadilhas dentro deste nível da Catedral. Sempre que você encontrar uma corrente de candelabro que pode ser encaixada, você pode ter certeza de que Mortos-vivos estão perto banqueteando-se com o cadáver de um camponês. Há também muitas oportunidades para derrubar grandes pedras em inimigos, atacando as vigas de madeira que sustentam as paredes da Catedral. Faça o seu caminho através deste segundo nível para as escadas que levam mais às profundezas **[4]**.

Insepultos são suscetíveis a todo tipo de ataques, mas um golpe de longa distância que inflige danos adicionais ao longo do tempo é difícil de suportar

Primeiro a parede quebra em uma luz lilás, então os Esqueletos são desovados. Siga o brilho púrpura até o Guardião da Tumba

## CATEDRAL, NÍVEL 3

O Herói desce ao bastante pequeno terceiro nível da Catedral a tempo de testemunhar uma gangue de sete Cultistas das Trevas conduzindo experimentos perversos em um guerreiro desconhecido. Sua magia negra continua a gerar um contingente de Lacaios Necromânticos, uma variante ligeiramente mais forte do Esqueleto básico, enquanto mantém seu círculo.

Esmague os Lacaios Necromânticos que sobem as escadas do círculo sacrificial e ataque onde estão os Cultistas das Trevas — os que aparecem nesta área são de um nível muito inferior aos encontrados em outros lugares do Santuário. Lance-se sobre eles sem pensar. O guerreiro começará a se defender uma vez que três Cultistas das Trevas tenham sido derrotados **[5]**.

Quebre o círculo de magia dos Cultista das Trevas para cortar o fornecimento de Lacaios Necromânticos e libertar o guerreiro

O refém é um homem de poucas palavras, mas agradece pela sua ajuda e promete recompensá-lo. Conduza-o para o baú contendo Itens Roubados do Guerreiro, nas escadas que levam para longe do tablado onde o guerreiro foi pego **[6]**. Mais Cultistas das Trevas e Lacaios Necromânticos serão encontrados perto de baú (próximo a um Marco de Senda). Estes bens pertencem ao homem que você libertou — não apenas um guerreiro qualquer, mas um templário!

O Templário rearma-se e fala de matar Jondar, um perigoso inimigo que guarda o acesso ao Rei Esqueleto. Lute através dos Servos de Jondar para o outro lado deste nível. Os Servos de Jondar são uma variante dos Guardiões da Tumba, que diferem apenas na medida em que se movem mais lentamente. Procure ao redor por um provável baú nas proximidades antes de descer as escadas para Jondar **[7]**.

O baú de itens roubados dos Templários está provavelmente perto de um marco de senda que garante o acesso rápido à Nova Tristram se você precisar

O Templário vai cuidar dos lacaios de Jondar, deixando você se concentrar no Necromante Traidor

## JONDAR

### NECROMANTE TRAIDOR

Jondar é um ex-templário que se uniu ao Culto e agora passa seu tempo construindo um exército de Esqueletos evocados. O Templário que você salvou vai cuidar de quaisquer Esqueletos que Jondar consiga evocar, deixando você livre para se concentrar em Jondar. Ele ataca com um projétil venenoso que se irradia em todas as direções. Embora possa ser difícil para os lutadores corpo a corpo evitarem este ataque, o veneno não causa muito dano. Jondar continuará a evocar Esqueletos, um por um, enquanto ele viver. Mate-o rapidamente para reduzir seus números.

| MODO | LVL | HP | XP | ATAQUES | CARAC. | RESIST. |
|---|---|---|---|---|---|---|
| Normal | 7 | 159-212 | 700 | Projétil de Veneno, Evocar Esqueleto | - | - |
| Pesadelo | 32 | 8.379-11.172 | 2050 | Projétil de Veneno, Evocar Esqueleto | - | - |
| Tormento | 51 | 148.000-198.000 | 2950 | Projétil de Veneno, Evocar Esqueleto | - | - |
| Inferno | 61 | 943.000-1.257.000 | 3400 | Projétil de Veneno, Evocar Esqueleto | - | - |

### RECOMPENSA DE OBJETIVO MENOR

**OURO:** 80 **XP:** 1050

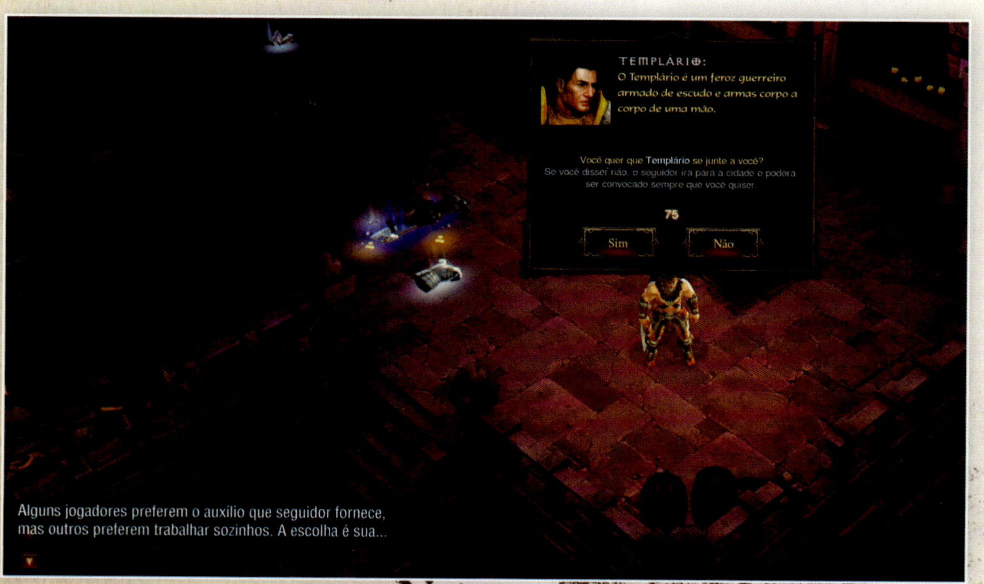

Alguns jogadores preferem o auxílio que seguidor fornece, mas outros preferem trabalhar sozinhos. A escolha é sua...

O Templário agora oferece-lhe a sua ajuda na missão de derrotar o Rei Esqueleto. Você pode juntar forças com ele, se você deseja um seguidor neste momento **[8]**. Alternativamente, ignore a sua oferta e o Templário vai voltar para Nova Tristram, onde você pode contratar os seus serviços a qualquer momento. Se você mudar de ideia, use o Marco de Senda neste nível da Catedral (ou o Portal da Cidade) para retornar a Nova Tristram e contratá-lo. Ele vai estar esperando perto do Marco de Senda no centro da cidade.

## O Templário ao seu Lado

O Templário se junta a você com um nível abaixo ao atual do Herói. Ele está armado com um dardo e um broquel. Ao unir forças com ele, você é capaz de escolher uma de suas habilidades de nível 5 (Cura ou Intervenção). Leve as habilidades de seu Herói atual em conta ao decidir que habilidade você quer atribuir ao Templário — de qualquer modo, você não precisa conceder-lhe a capacidade de Cura se você já possui tal habilidade.

Como regra geral, se jogar sozinho ou em uma configuração de maior dificuldade, escolha Cura, a menos que seu Herói seja um monge. Quando jogar na dificuldade Normal, ignore a sua oferta de serviço ou escolha a habilidade baseada na sua preferência pessoal e habilidades. Para mais informações sobre os Templários consulte o "Treinamento do Herói" deste guia. Também vale a pena ver se você tem anéis ou amuletos com os quais você deseja equipá-lo. O Templário pode usar a maioria das armas corpo a corpo de uma mão, juntamente com um escudo. Consulte o seu inventário e veja quais de seus itens podem ser uma atualização para o que ele está empunhando.

## CATEDRAL, NÍVEL 4

Você não terá sempre a oportunidade de flanquear um Escudeiro Esquelético individual. Ataque pela frente para destruir o escudo.

O quarto nível da Catedral é o maior e é propenso a ter a maior concentração de Guardiões de Tumba, Arqueiros Esqueléticos e Escudeiros Esqueléticos. Arqueiros Esqueléticos desmoronam facilmente quando confrontados, mas seus ataques à distância podem ser um incômodo, se você não fugir das flechas.

Escudeiros Esqueléticos fazem um bom trabalho ao bloquear ataques frontais. Felizmente, seus escudos são frágeis e se quebram após a absorção de dois golpes. É melhor flanquear os inimigos para um ataque sem obstruções (ou usar habilidades que surgem a partir de pés), mas não hesite em desencadear uma enxurrada de ataques rápidos para lutar através do escudo.

A viagem por todo o quarto nível irá provavelmente deixar você cara a cara com vários Segadores, criaturas não muito diferentes do Grotesco encontrado anteriormente. Segadores são mais fortes do que o Grotesco e implantam um grupo de Demônios travessos de uma ruptura. Vasculhe o mapa para saques e XP, ficando de olho na entrada das criptas reais [9].

## Mantendo o Templário Vivo

O Templário automaticamente usa a sua habilidade de cura se você a atribuiu a ele, caso contrário, ele está confiando em você para mantê-lo saudável. A melhor maneira de fazer isso é por meio do recolhimento de Globos de Vida. Cada Globo de Vida recolhido reabastece a saúde de seu Herói e de seu seguidor também (Globos de Vida pequenos e grandes curam 20% e 35% de sua vida máxima, respectivamente). Por outro lado, consumir uma poção de saúde não repõe a saúde do seu seguidor.

Apesar de seus esforços, é possível que o seguidor perca toda sua saúde. Nada tema! Embora o seguidor seja forçado a ficar de joelhos por alguns momentos, ele estará de volta lutando ao seu lado dentro de segundos.

## CRIPTAS REAIS

Desça até as Criptas Reais e aborde os fantasmas do Rei Leoric e seu guarda. Interaja com a espada fantasma para testemunhar a morte do Rei Leoric pelas mãos do Lachdanan. Continue em direção ao fantasma do Rei Esqueleto.

Ele vai fugir mais uma vez, mas não antes de ativar quatro pilares que geram um incessante exército de Esqueletos e Arqueiros Esqueléticos. A horda de Esqueletos desovados nesta área pode rapidamente derrotar um Herói despreparado, especialmente um lutando sem a ajuda do Templário. Uma opção é usar um ataque que causa dano em todas as direções, ou que tem o potencial de causar danos de área significativos. Outra tática é fugir até as escadas laterais para afunilar os Esqueletos que o perseguirem pela abertura estreita.

Utilize os corredores no lado da sala para ignorar a maior parte dos monstros e focar nos Pilares Ativados

Mate tantos quanto conseguir, então circule pelos lados em forma de U desta sala para obter um tiro limpo sobre os Pilares. Concentre-se em apenas um de cada vez. Uma vez que o primeiro Pilar Ativado cai, o fornecimento de Esqueletos diminui e você será capaz de destruir os outros Pilares Ativados muito mais rápido. Empurre para trás a maré de esqueletos e destrua todos os quatro pilares Ativados.

A entrada para a Cripta do Rei Esqueleto está bem à frente, à esquerda do Marco de Senda [10]. Use o Marco de Senda para retornar à Nova Tristram para pegar mais poções antes de entrar [11]. Este é também um bom momento para criar equipamento e armamento melhorados ou contratar o Templário.

Utilize esta luta contra os Guerreiros Esquecidos para reabastecer seus recursos, se necessário.

## CRIPTA DO REI ESQUELETO

O Rei Esqueleto tenta obstruir o caminho para o seu trono, indo tão longe a ponto de selar um portão na ponte solitária que atravessa o abismo. Mal sabe ele que os Retornados que são evocados para defender o portão não são páreo para você [12]. Esses inimigos possuem a característica de Repulsão, mas há espaço mais que suficiente para dominá-los. Utilize esta batalha para repor os recursos do Herói antes da luta com o Rei Esqueleto. Isto é particularmente importante quando se joga como um Bárbaro, dado o seu esgotamento de recursos.

Prepare suas poções e habilidades para a batalha e se aproxime do Rei Esqueleto enquanto ele dorme no seu trono [13]. Coloque a coroa sobre a cabeça adormecida para trazer o Rei Esqueleto para a batalha [14].

### Você Sabia?

O Rei Esqueleto era um chefe no jogo *Diablo* original.

# REI ESQUELETO

## REI LOUCO DE TRISTRAM

***Cain: "Os Altos Sacerdotes Zakarum em Kurast proclamaram Leoric como o Rei de Khanduras há muitos anos. Ele governou bem até influência de Diablo deixá-lo louco e o leal cavaleiro Lachdanan ser forçado a matá-lo. Depois disso, o próprio Diablo levantou Leoric dos mortos como o Rei Esqueleto até que o filho do monarca, Aidan, o vencesse".***

| MODO | NÍVEL | HP | XP | ATAQUES | CARAC. | RESISTÊNCIAS |
|---|---|---|---|---|---|---|
| Normal | 8 | 1800 | 187 | Cutilada, Tornado, Ataque Teletransporte, Evocação de Esqueletos | - | Veneno |
| Pesadelo | 33 | 123.250 | 525 | Cutilada, Tornado, Ataque Teletransporte, Evocação de Esqueletos | - | Veneno |
| Tormento | 52 | 2.471.100 | 737 | Cutilada, Tornado, Ataque Teletransporte, Evocação de Esqueletos | - | Veneno |
| Inferno | 61 | 15.717.300 | 850 | Cutilada, Tornado, Ataque Teletransporte, Evocação de Esqueletos | - | Veneno |

Para vencer esse inimigo gigantesco, o Herói deve entender como ele luta. O Rei Esqueleto tem alguns ataques de maça na manga, mas nada mais importante para seus planos de batalha que sua capacidade de evocar Esqueletos. Ele vai evocar dois Retornados e dois Soldados Esquecidos bem próximos ao Herói e, logo em seguida, evocar um outro par de cada um. Isso coloca oito inimigos adicionais na luta. Felizmente, nenhum dos evocados pelo Rei Esqueleto tem um ataque a distância, tornando assim muito fácil evitá-los. Fique em movimento e, se necessário, use as escadas laterais da grande estátua para conduzi-los em círculos enquanto você se concentra no alvo principal.

É possível usar a agressividade do Rei Esqueleto para fazer o trabalho em seu nome. Ele tem dois ataques corpo a corpo principais: um ataque Cutilada e um golpe Tornado giratório. A Cutilada é um golpe bastante rápido que ele realiza a curta distância. O ataque vem inesperadamente e inflige danos moderados. O ataque Tornado é um pouco mais evidente, dada a conclusão demorada que requer. O importante sobre o ataque Tornado é que ele tem potencial para destruir todo o exército de esqueletos evocados. Atraia o Rei Esqueleto na direção de seus combatentes evocados e veja seu ataque Tornado reduzir o número deles. Sua capacidade de Evocação de Esqueletos fornece uma valiosa fonte de Globos de Vida, mas deixe-os no chão até que você realmente precise deles.

## CÂMARA DESOLADA

Use a passagem secreta por trás do trono para entrar na Câmara Desolada **[15]**. Faça movimentos espirais em torno do perímetro da caverna ao fundo da cratera — você finalmente chegou à estrela cadente, apenas para descobrir que não é uma estrela, mas um homem! Fale com o estranho para conhecer o pouco de sua história que ele lembra **[16]**. Siga-o para fora da cratera para o marco de senda próximo e volte para Nova Tristram **[17]**. Deckard Cain será capaz de obter mais informações, vá até ele **[18] Missão Cumprida**.

## Treinando Haedrig, o Ferreiro

Pouco a pouco, você pode treinar o Ferreiro (e outros artesãos) conforme ganha novas páginas de Ferraria e investe ouro em seu futuro. Melhor ainda, a formação inicial pode ser adquirida com ouro apenas! Embora sejam precisos muitos passos para ser promovido a Profissional, cada novo treinamento garante pelo menos uma nova instrução de ofício. É bem possível reciclar matérias-primas no começo para a fabricação de equipamentos que são consistentemente mais valiosos do que os que podem ser comprados de comerciantes locais.

Um aspecto de lutar contra o Rei Esqueleto que o torna difícil de derrotar — além de sua grande reserva de saúde — é a sua capacidade de Ataque Teletransporte. Mesmo combatentes de longo alcance como o Caçador de Demônios vão achar que é difícil ficar longe de um inimigo como esse.

Não só essa capacidade de teletransporte torna difícil acertar golpes repetidos sobre o Rei Esqueleto, mas ele vai se teletransportar para perto do jogador e lançar um ataque de maça súbito sobre ele. Contra-ataque imediatamente para colocar pressão sobre o Rei Esqueleto, então se afaste para tentar evitar a Cutilada ou o ataque Tornado. O Rei Esqueleto é suscetível a ataques durante seu prolongado Ataque Tornado.

**RECOMPENSA DE OBJETIVO MENOR**

**OURO:** 184 **XP:** 5250

# OS CAMPOS

*O cemitério com portões ao norte da cidade dá lugar a terras mais amaldiçoadas da região, uma área conhecida coletivamente como Os Campos. A paisagem outrora pitoresca, o lar de fazendeiros e madeireiros, tornou-se o terreno fértil da enfurecida tribo Clã da Lua. As poucas casas que ainda restam em ruínas, misturam-se aos cadáveres daqueles que tentaram defender sua propriedade. O Moinho Antigo continua a ser a única colônia humana que tem evitado este destino. Para além dos Campos da Miséria e do Moinho Antigo fica o Templo Inundado e a Mata Infecta. Fiel ao seu nome, a Mata Infecta não tem todo o encanto outonal dos Campos da Miséria, mas oferece tanto perigo quanto.*

MISSÃO

## ESPADA DE UM ESTRANHO

### OBJETIVOS

1. Ir para os Campos da Miséria.
2. Procure o Covil Khazra nos Campos da Miséria.
3. Encontre o estilhaço brilhante no Covil Khazra.
4. Mate os cultistas em torno do Estilhaço Brilhante de Espada.
5. Pegue o Estilhaço Brilhante de Espada.
6. Leve o pedaço da espada de volta à Cain.

### RECOMPENSAS DE CONCLUSÃO

| HERÓI | OURO | XP |
|---|---|---|
| Todas as Classes | 114 | 1125 |

*Baseado na dificuldade Normal.

*O estranho do céu fala de uma espada, dividida em pedaços durante sua queda. Deckard Cain acredita que a arma reparada pode ter o poder de curar a sua memória — e, talvez, trazer a paz aos Caprinos, que foram levados à loucura nos últimos dias.*

### NOVOS LACAIOS DO INFERNO

| Lacaio | Normal | Pesadelo | Torm. | Inferno |
|---|---|---|---|---|
| Vetor da Praga | 9 | 33 | 52 | 61 |
| Ninho de Praga | 10 | 34 | 52 | 61 |
| Espectro Arbóreo | 10 | 34 | 52 | 61 |
| Guerreiro do Clã da Lua | 9 | 33 | 52 | 61 |
| Empalador do Clã da Lua | 10 | 34 | 52 | 61 |
| Demônio-ouriço | 10 | 34 | 52 | 61 |
| Saltador Emburacado | 9 | 33 | 52 | 61 |
| Horror Vomitante | 10 | 34 | 52 | 61 |
| Decompositor | 10 | 34 | 52 | 61 |
| Trôpego Rançoso | 10 | 34 | 52 | 61 |
| Morde-pó | 20 | 41 | 56 | 62 |
| Zelote Enfurecido | 10 | 34 | 52 | 61 |
| Malévolo das Trevas | 13 | 35 | 53 | 61 |
| Besta Selvagem | 10 | 33 | 52 | 61 |

GUIA DE MISSÕES

## FONTES DE SAQUE

| | | | |
|---|---|---|---|
| Pilha de Pedras<br>Raridade<br>★ | Tronco<br>Raridade<br>★ | Pilha de Ossos<br>Raridade<br>★★ | Galho Apodrecido<br>Raridade<br>★★ |
| Aventureiro Morto<br>Raridade<br>★★ | Camponês Morto<br>Raridade<br>★★ | Barril Resistente<br>Raridade<br>★★ | Espantalho<br>Raridade<br>★★★ |
| Baú<br>Raridade<br>★★★ | Baú Sangrento<br>Raridade<br>★★★ | Saco Roubado<br>Raridade<br>★★★ | Baú Resplandecente<br>Raridade<br>★★★★ |

# CAMPOS DA MISÉRIA

A conversa entre Deckard Cain e o Estranho em Nova Tristram revelou informações sobre um pedaço de espada, que caiu no chão da região chamada de Campos da Miséria. Use o Marco de Senda para viajar para o Cemitério dos Desamparados e destruir o portão no canto noroeste para ter acesso a esta triste terra **[1]**.

## FAZENDA ABANDONADA

*Sua busca pelo o Covil Khazra pode levar você a uma fazenda aparentemente abandonada, com a carcaça de um grande animal de carga. Esta é a Fazenda Abandonada. Inspecione o animal morto para saqueá-lo e desencadear um ataque de um grupo de Saltadores Emburacados e seu líder. Mate todos para que seja seguro para o Fazendeiro Aterrorizado sair de seu porão. Ele é tão agradecido pela sua ajuda que quer que você entre no porão e conheça sua esposa. Ela não é muito de falar, mas há um Baú Resplandecente no porão para fazer valer a pena.*

## A FAMÍLIA DE RATHE

*Os Campos de Miséria, por vezes, dão o acesso à Cripta em Decomposição, um calabouço de dois níveis de lar de Cuspidoras de Morte, Decompositores e Trôpegos Rançosos. Desça para o segundo nível e procure o fantasma de Willa Rathe, uma menina que pede sua ajuda para acabar com a existência de sua família amaldiçoada. Um por um, você deve matar os fantasmas de sua família a partir do Pequeno Jebby Rathe (Decompositor com Vida Extra e traço Veloz), Pai Rathe (Trôpego Rançoso com Repulsão), e Mãe Rathe (Horror Vomitante com Aura Gélida). Derrote os três membros da família, enquanto enfrenta outros monstros. A recompensa pela sua valentia está dentro do Baú Resplandecente. Tenha cuidado extra lutando em direção do portal do calabouço, pois há dezenas de inimigos no nível inferior da Cripta em Decomposição. Concentre-se nos Horrores Vomitantes para evitar ser derrotado!*

## BOSQUE ISOLADO

*Cuidado com o beco sem saída nas árvores onde um solitário Baú Resplandecente repousa à vista antes de uma árvore gigantesca. Este não é um bosque comum, mas uma armadilha preparada por um tutor astuto conhecido na região como O Velho. Este Espectro Arbóreo único não só possui Repulsão como rapidamente chama muitos Espectros Arbóreos adicionais para o ajudar. Corra ao longo do perímetro do Bosque Isolado para conduzir os Andarilhos Nodosos em uma perseguição. Saia para os mais amplos Campos da Miséria através da espaço entre as árvores e monte sua defesa lá, já que os Espectros Arbóreos são forçados a se afunilar através da abertura.*

## OS MINÉRIOS PRECIOSOS

*A Mina Perdida é outro calabouço que aparece aleatoriamente no interior dos Campos de Miséria. Esta grande caverna de dois níveis contém numerosos Demônios--ouriços e Saltadores Emburacados, juntamente com vários baús. Desça para o segundo nível para conhecer Tashun, o Mineiro, que veio para a mina buscando pedras e metais preciosos. Ele precisa de você para escoltá-lo até o fundo da caverna onde você pode encontrar os dois veios que ele procura. Interaja com a Pedra gema Pura e o Veio de Metais para completar a primeira parte da missão. Um grupo de Saltadores Emburacados raros atacará perto do Veio de Metais. Mate o último deles, então fale com Tashun para ter acesso a armas e armaduras que ele está vendendo, bem como alguns bônus de XP e ouro por seu esforço.*

Os Campos da Miséria têm trazido desespero para todos os que se instalaram nesta terra inóspita. As cascas do que foram casas e fazendas se encontram em ruínas, os cadáveres dos aldeões estão espalhados pelo caminho. Tudo isso é devido aos inimigos que hoje chamam esta terra de lar. Muitas dessas criaturas, como o Espectro Arbóreo, o Ninho Empesteado os Vetores da Praga causam dano de veneno, tornando importante equipar-se com uma armadura que oferece resistência Venenosa.

Cuidado com os Esporos Venenosos que brotam sempre que um Espectro Arbóreo avança

## CASA SAQUEADA

*A maioria dos seres humanos que tentava ganhar a vida nos Campos da Miséria foi expulsa ou morta, mas suas estruturas ainda estão de pé. Procure ao longo da periferia da área por um Chalé Protegido ou "Casa Saqueada" na qual você possa entrar. Você pode não achar um baú, mas os cadáveres que forram o piso certamente possuem algo valioso. Outras estruturas ainda abrigam os comerciantes que uma vez atenderam aos viajantes dessas áreas — eles podem até ter alguns itens para trocar.*

## VORAZGOS

*Você tem coragem de entrar no Covil dos Vorazgos? Esta pequena área é o lar de inúmeros cadáveres de camponeses que achavam que tinham o que era preciso para erradicar a infestação dos monstros, mas nunca conseguiram sair vivos! Há um Baú Resplandecente no fundo da parte traseira do covil, mas você terá que passar por inúmeros grandes grupos de monstros, incluindo Cuspidoras de Morte, Saltadores e Demônios-ouriços.*

A ausência de seres humanos tornou ainda mais fácil para os territoriais Caprinos do Clã da Lua fixarem residência aqui. Fique atento para os morros pequenos dentro de seus acampamentos, já que muitas vezes há um baú sobre eles. Os Guerreiros do Clã da Lua e Empaladores estarão por perto para defender sua terra com machados e lanças de arremesso. Eles viajam em hordas de movimento rápido. Engane-os, se possível, para retardar o seu avanço. Você também pode procurar armadilhas ou gargalos naturais para eliminar a ameaça de ser cercado.

Arcanistas têm de trabalhar arduamente para se manter longe dos rápidos Guerreiros do Clã da Lua. Armaduras de aura e magias que retardam são fundamentais

## *Pisoteados Por Animais?*

*Bestas Selvagens se escondem um pouco além da ponte que leva para os Campos da Miséria, ocasionalmente até uma rara! Se isto acontecer, faça um favor a você e retire-se imediatamente para a ponte coberta. A Besta Selvagem (e seus asseclas, se houverem) o perseguirá, mas ela é grande demais para atravessar a ponte. Assim, esteja seguro de danos na ponte e ataque com magia a distância ou habilidades.*

A entrada para o Covil Khazra pode estar em qualquer lugar nos Campos de Miséria, mas é mais frequentemente encontrada perto do centro, se não um pouco mais ao norte **[2]**. A abertura é um pouco mais do que um buraco na terra, marcado apenas pelo brilho azul. Cavernas que emitem um brilho amarelo são tipicamente calabouços opcionais e cavernas que podem ser exploradas para saques e XP, mas não fazem parte da missão principal.

### Armadilhas de Troncos e Machados

Calabouços não são o único lugar onde você vai encontrar armadilhas. Existem inúmeras grandes pilhas de toras espalhadas pelos Campos da Miséria que, se atingidas, se espalham por todo o chão, esmagando aqueles que cruzam seu caminho. Também atente-se às armadilhas com um arame esticado que soltam um enorme machado quando ativadas — você também pode acionar deliberadamente essas armadilhas para acertar seus inimigos.

# Covil Khazra

Os habitantes originais do covil foram expulsos, mas por quem?

Deckard e O Estranho acreditam que um pedaço da espada pode ter perfurado o Covil Khazra, uma morada bem conhecida do Clã da Lua. Esta área é pequena e estranhamente ausente de membros do Clã da Lua. A razão para isso será descoberta em breve: Cultistas das Trevas! Evite todos os caminhos circulares quando enfrentá-los ou eles vão cercá-lo. Muitas vezes existe um Altar ou Fonte Curativa no Covil Khazra que devem ajudar você na batalha por vir. Abra caminho pela defesa dos Cultistas das Trevas para a parte traseira da caverna **[3]**.

Um Zelote Enfurecido procura parar o seu avanço para o fundo da caverna, onde outros estão realizando um ritual. Acabe com ele e se lance a perturbar a evocação de Maghda. Estes Cultistas das Trevas não vão evocar nenhum dos Esqueletos para que façam sua vontade, mas os seus punhais são afiados e eles golpeiam com força [4]. Eles são liderados por um único Cultista das Trevas chamado Urik, o Vidente.

Uma projeção astral de uma poderosa bruxa chamada Maghda aparece perto do pedaço de espada e tenta impedi-lo de o pegar. Ela evoca um outro grupo de Cultistas das Trevas tentando parar você. Mate este segundo grupo, tal como fez com o primeiro e reivindique o estilhaço brilhante do pedaço da espada de Deckard Cain [5].

Os Estrepes do Caçador de Demônios podem retardar quaisquer Malévolos das Trevas evocados, permitindo que você se concentre em Urik, o Vidente

### RECOMPENSA DE OBJETIVO MENOR

**OURO:** 155 **XP:** 3000

## URIK, O VIDENTE

### PROFETA DA TORTURA

Urik, o Vidente não luta como os outros Zelotes Enfurecidos já que ele tem o poder de ficar para trás e atirar Bolas de Fogo de longe. Ele também é Eletrificado, o que representa um problema para alguns lutadores corpo a corpo que precisam chegar perto. Fique em movimento para evitar os seus ataques de Bola de Fogo e tente chegar perto para atacar antes que ele comece a evocação de Malévolos das Trevas. Urik, o Vidente pode evocar 10 dessas criaturas. O Herói irá receber dano elétrico de perto, mas isso não põe a sua vida em risco, desde que não haja outros Cultistas em torno apunhalando o Herói com suas adagas.

| MODO | LVL | HP | XP | ATAQUES | CARAC. | RESIST. |
|---|---|---|---|---|---|---|
| Normal | 9 | 308-352 | 800 | Bola de Fogo, Evoca o Malévolo das Trevas | Eletrificado | - |
| Pesadelo | 33 | 14.790-17.255 | 2150 | Bola de Fogo, Evoca o Malévolo das Trevas | Eletrificado | - |
| Tormento | 52 | 297.000-346.000 | 3000 | Bola de Fogo, Evoca o Malévolo das Trevas | Eletrificado | - |
| Inferno | 61 | 1.886.000-2.200.000 | 3400 | Bola de Fogo, Evoca o Malévolo das Trevas | Eletrificado | - |

Lute para abrir caminho para fora do Covil Khazra através do portal de calabouço na parte traseira da caverna. Uma vez na superfície, utilize o Portal da Cidade para retornar a Nova Tristram e mostrar o estilhaço a Cain [6] **Missão Cumprida**.

MISSÃO

# A LÂMINA QUEBRADA

## OBJETIVOS

1. Vá ao O Templo Inundado.
2. Siga o Vigarista.
3. Fale com o Bandido.
4. Mate os Bandidos.
5. Fale com o Vigarista.
6. Leve o Vigarista para o marco de senda no norte.
7. Fale com Alaric.
8. Vá para a Mata Infecta.
9. Recupere o Foco da Luz da Cripta dos Antigos.
10. Recupere o Foco da Honra do Descanso do Guerreiro.
11. Coloque os Focos nos Pedestais.
12. Entre em O Templo Inundado.
13. Explore o Templo.
14. Mate Ezequiel, o Profeta e os esqueletos.
15. Fale com Alaric no Templo Inundado
16. Proteja o Estilhaço Brilhante de Espada
17. Devolva a Sombra da Espada Brilhante para Nova Tristam.

## RECOMPENSAS DE CONCLUSÃO

| HERÓI | OURO | XP |
|---|---|---|
| Todas as Classes | 213 | 4675 |

*Baseado na dificuldade Normal.*

*O Herói não é o único procurando pela espada; uma bruxa chamada Maghda a procura também. Léa vai liderar o caminho para o Templo Inundado, onde se acredita que estaja a segunda peça da espada. Ela deve ser alcançada antes que Maghda e seu Culto a peguem por suas próprias razões nefastas.*

# CAMPOS DA MISÉRIA

## FAZENDA DE CARNIÇA

*Nem todas as fazendas nos Campos da Miséria estão abandonadas, algumas estão infestadas com Ninhos de Carniceiros! Fale com o Fazendeiro Emboscado sobre os quatro Ninhos de Carniceiros que se fixaram em seus campos. Eles vão gerar um grande rebanho de Vetores da Praga enquanto você se aproxima. Destrua cada um dos quatro ninhos. Heróis com Resistência Venenosa podem querer cultivar os Vetores da Praga para XP adicional e adiar matar o Ninho por um tempo. Os Ninhos de Carniceiros não vão gerar uma oferta ilimitada de Vetores da Praga, mas certamente você pode tirar algum proveito deles. Fale com o Fazendeiro Emboscado após destruir todos os quatro ninhos para reivindicar sua recompensa de ouro e XP.*

A menção de Maghda sobre o segundo estilhaço ter caído "onde apenas os Ancestrais podem pisar" leva Léa a acreditar que ela se referia ao Templo Inundado, além da Mata Infecta. Léa junta-se a você para ajudá-lo a entrar no templo. Use o Marco de Senda para retornar aos Campos da Miséria e vá para o nordeste, em direção ao Moinho Antigo **[1]**. Procure pelo Saco Roubado no caminho para encontrar a peça de conhecimento "Diário do Vigarista".

O Vigarista se junta ao seu grupo no portão... para desgosto de Léa.

A dupla encontra um Vigarista na metade do caminho. Ele foi trancado para fora do local do moinho por um bando de ladrões que vieram para roubar um item de sua amiga, a filha do fazendeiro. Siga-o até o morro e através do portão bloqueado anteriormente para entrar na propriedade **[2]**.

Bandidos não são conhecidos por sua disposição em se comprometer, e estes companheiros não são exceção [3]. Eles atacam com adagas, que você pode driblar facilmente. Chacine a primeira onda para atrair o seu líder, Nigel Degolador para fora da casa da fazenda. Conserve alguns dos Globos de Vida deixados pelos outros Bandidos não recolhidos até você precisar deles durante a batalha com Nigel. Derrote-o e os outros Bandidos para ajudar o seu novo companheiro chegar à relíquia da filha do fazendeiro [4].

Com Léa e o Vigarista oferecendo apoio a distância, Nigel e seus companheiros devem cair rapidamente!

**RECOMPENSA DE OBJETIVO MENOR**

**OURO:** 85 **XP:** 1125

## NIGEL DEGOLADOR

### ASSASSINO DA GUILDA DOS LADRÕES

Este Líder dos Bandidos é um cara muito alto, que tem muito mais saúde que o Bandido comum. Nigel Degolador persegue o Herói jogando punhais. Estes ataques não causam muito dano e são fáceis de se esquivar. Léa e o Vigarista deixam suas flechas voar em direção a Nigel, ajudando a reduzir gradualmente suas reservas de saúde. Esta batalha com Nigel pode levar algum tempo para ser vencida devido à característica de Saúde extra dele, mas a menos que o Herói esteja em um nível muito inferior ao dele, a batalha não deve oferecer muita dificuldade.

| MODO | LVL | HP | XP | ATAQUES | CARAC. | RESIST. |
|---|---|---|---|---|---|---|
| Normal | 9 | 299-343 | 800 | Lançamento de Adaga | Vida Extra | - |
| Pesadelo | 33 | 16.762-19.227 | 2150 | Lançamento de Adaga | Vida Extra | - |
| Tormento | 52 | 336.000-385.000 | 3000 | Lançamento de Adaga | Vida Extra | - |
| Inferno | 61 | 2.138.000-2.452.000 | 3400 | Lançamento de Adaga | Vida Extra | - |

Reúna o saque de Nigel e fale com o Vigarista depois que ele reivindicar a relíquia da inocente filha do fazendeiro [5]. Esta alma rebelde deseja juntar-se a você em sua missão — pelo menos até que ele possa penhorar a relíquia que acaba de surrupiar na próxima cidade. Não faz mal ter outro aliado de longo alcance em seu grupo, mas com Léa já ao seu lado, a necessidade certamente não é crítica. A escolha é sua e não é permanente. Você pode voltar para Nova Tristram e contratar esse Vigarista a qualquer momento. Ele só pode usar bestas ou arcos de duas mãos, então não se esqueça de atualizar seu equipamento em conformidade.

Continue para o nordeste, além do Moinho Antigo e em direção a um Marco de Senda no Templo Inundado. Prossiga pelo portão próximo para chegar ao templo correto[6].

# TEMPLO INUNDADO

Aproxime-se da figura fantasmagórica, Alaric, o Guardião, à direita do cenário [7]. Esta figura mítica mantém vigilância eterna sobre o Templo Inundado, garantindo que apenas aqueles que são Nefalem entrem no seu domínio.

Léa pode ser capaz entrar, desde que o grupo recupere as chaves dos dois túmulos periféricos. Esses túmulos — o Descanso do Guerreiro e da Cripta dos Antigos — repousam na Mata Infecta depois do rio rumo ao norte. Alaric levanta uma ponte para o grupo atravessar [8].

Não há como entrar no templo sem permissão de Alaric — e ele diz que você precisa das chaves!

# MATA INFECTA

## NOVOS LACAIOS DO INFERNO

| | Lacaio | Normal | Pesadelo | Torm. | Inferno |
|---|---|---|---|---|---|
|  | Carniçal | 10 | 34 | 52 | 61 |
|  | Fantasma | 10 | 34 | 52 | 61 |
|  | Fantasma Enfurecido | 10 | 34 | 52 | 61 |
|  | Arqueiro Retornado | 10 | 34 | 52 | 61 |
|  | Evocador Retornado | 10 | 34 | 52 | 61 |
|  | Arqueiro Esq. Negro | 10 | 34 | 52 | 61 |

## FONTES DE SAQUE

| Fonte | Raridade |
|---|---|
| Pilha de Pedras | ★ |
| Pilha de Ossos | ★★ |
| Pilha de Ossos | ★★ |
| Baú | ★★★ |
| Barril | ★ |
| Ossos Esfarelados | ★★ |
| Cadáver de Aventureiro | ★★ |
| Baú Resplandecente | ★★★★ |

## CONFRONTO FINAL DOS ANTIGOS

*Procure um monumento erguido na extremidade sul da Mata Infecta e suba as escadas para o memorial. Muitos soldados morreram nesses degraus e há Carniçais, Fantasmas e Heróis Antigos se aproximando querendo que você encontre esse mesmo destino. Heróis Antigos são semelhantes ao Escudeiro Retornado que você encontra mais tarde neste Ato, essencialmente uma forma atualizada do Escudeiro Esquelético. A batalha tipicamente apresenta um Antigo raro e muitos lacaios. Monte sua defesa do alto da colina perto do memorial. Esta é uma posição particularmente vantajosa com Léa e o Vigarista ao seu lado, eles podem abater os inimigos conforme eles sobem o morro. Sobreviva à batalha para ganhar 90 ouro, 1200 XP e uma peça de conhecimento sobre esta importante batalha.*

A Mata Infecta é o lar de muitos inimigos. Os Fantasmas Enfurecidos rondam a região ao lado de Carniçais. Enquanto os Carniçais tendem a atacar uma vez e depois circular Herói, Fantasmas Enfurecidos atacam várias vezes antes de fugir. É possível separá-los ao ficar longe da tática de bater e correr do Fantasma Enfurecido. Tente acabar com os Carniçais em primeiro lugar.

Procure primeiro o Marco de Senda entre os dois túmulos. Considere-se um retorno a Nova Tristram se você precisa estocar poções ou deseja que o ferreiro conserte seu equipamento — lembre-se de que morrer faz com que você sofra uma perda de 10% na durabilidade do equipamento.

Carniçais têm um andar desajeitado, mas podem cobrir o solo rapidamente.

Abra caminho para a Cripta dos Antigos e reivindique o Foco da Luz no altar [9]. A cripta é muito pequena e contém vários Evocadores Retornados, cada um dos quais não hesitará em evocar até quatro Retornados. Evocadores Retornados ficam atrás e lançam Orbes Arcanos, obrigando você a passar através de seus lacaios Retornados para chegar até eles. Deixe Léa (e o Vigarista também, se ele está com você) se focar nos Retornados enquanto você vai atrás do Evocador Retornado e elimina a fonte dos inimigos retornados.

Mire no Evocador Retornado, deixando os Globos de Vida onde se encontram até que você precise deles.

*"Embora eles sejam meus irmãos, eles buscarão a sua morte quando você entrar." - Alaric*

Retorne à superfície e vá em direção à outra cripta, Descanso do Guerreiro **[10]**. Esta é uma caverna subterrânea pequena, que também possui uma longa ponte terrestre. Aqueles que procuram o Foco da Honra neste local irão lutar contra o Arqueiro Esquelético Negro e seus asseclas. Considere isso e ajuste seu plano de batalha. Arqueiros Esqueléticos Negros têm uma taxa mais rápida de tiro que Arqueiros Retornados e não hesitarão em liberar suas flechas de perto.

Use a largura estreita da ponte terrestre para sua vantagem. Leve os inimigos para este ponto de estrangulamento para alinhá-los.



# TEMPLO INUNDADO

Volte para o Templo Inundado assim que você tiver ambos os Focos — nem mesmo Heróis devem gastar um minuto a mais do que o dever exige na Mata Infecta! Coloque os focos sobre os dois pedestais para provar-se digno de entrar no templo sagrado dos Nefalem **[11]**.

**RECOMPENSA DE OBJETIVO MENOR**
**OURO:** 116 **XP:** 1200

Entre no Templo Inundado e atravesse a ponte frágil em direção aos inimigos a distância **[12]**. Agite as águas do templo encharcado para recuperar o conteúdo do Baú Antigo na plataforma à esquerda e procurar por outros itens **[13]**. O Aviso de Alaric prova ter mérito: seus irmãos servem como guardiões do Templo Inundado e não gostam de ser perturbados. O Herói deve derrotar o Ezek, o Profeta, seguido por três guardiões, para continuar a busca pela espada. Esta é uma boa hora para começar a ser um pouco mais estratégico sobre Globos de Vida, se você já não for. Não recolha todos eles com pressa, em vez disso, deixe-os ficar onde estão até que você realmente precise deles. Tente também diferenciar os Globos de Vida grandes dos menores, então os pegue em conformidade, com base na necessidade.

Fique perto da ponte de madeira e retire-se para o outro lado para evitar ser cercado.

# EZEK, O PROFETA

## CAMPEÃO ESPECTRAL

Ezek, o Profeta, empunha um machado enorme e goza de saúde considerável. Os Talentos de Léa com o arco certamente ajudarão a minar a saúde de Ezek, minimizando o seu contato com suas cargas elétricas. Ezek oferece pouca ameaça aos combatentes de longo alcance que conseguem evitar seus ataques de machado infundidos de eletricidade. Combatentes corpo a corpo, particularmente aqueles sem Resistência Elétrica, devem manter uma poção da saúde à mão por prevenção. Ataques a distância de Léa irão ajudar acabar com a Saúde Extra de Ezek, o Profeta.

| MODO | LVL | HP | XP | ATAQUES | CARAC. | RESISTÊNCIAS |
|---|---|---|---|---|---|---|
| Normal | 10 | 318-371 | 850 | Golpe de Machado | Saúde Extra, Eletrificado | - |
| Pesadelo | 34 | 16.758-19.551 | 2150 | Golpe de Machado | Saúde Extra, Eletrificado | - |

| MODO | LVL | HP | XP | ATAQUES | CARAC. | RESISTÊNCIAS |
|---|---|---|---|---|---|---|
| Tormento | 52 | 297.000-346.000 | 3000 | Golpe de Machado | Saúde Extra, Eletrificado | - |
| Inferno | 61 | 1.886.000-2.200.000 | 3400 | Golpe de Machado | Saúde Extra, Eletrificado | - |

Fique em alerta quando fala com Maghda, já que os Zelotes das Trevas estão prestes a atacar!

Ezek não comanda o interior do Templo Inundado sozinho. Derrotá-lo dá origem a três irmãos falecidos que servem de barreira final para a espada. Esses três irmãos esqueletos atacam simultaneamente, cada um com suas próprias características únicas **[14]**.

Fale com Alaric depois de derrotar os três irmãos para ganhar uma recompensa por mostrar seu valor no combate contra os seus irmãos **[15]**. Maghda espera ao virar da esquina à direita, na câmara central. Ela veio pelo fragmento final da espada, mas está disposta a abandoná-lo muito facilmente — os fraquinhos Zelotes das Trevas que ela evoca podem ser cortados como manteiga por machado quente **[16]**. Pegue o estilhaço e volte para Deckard em Nova Tristram **[17]** **Missão Cumprida.**

# IRMÃOS RALIS, KAREL E MOEK

## GUARDIÕES ESPECTRAIS

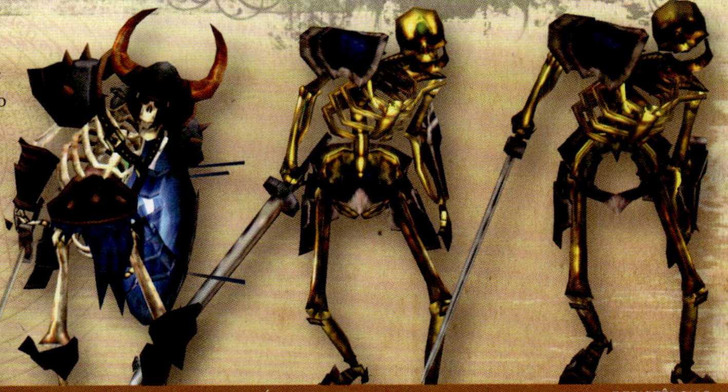

A característica Incandescente do Irmão Ralis é a maior ameaça, e é melhor lidar com ela por último. A característica Veloz do Irmão Moek torna mais fácil levá-lo para longe dos outros. Tente isolá-lo para lutar com ele sozinho. Depois que ele estiver fora do caminho, você pode ir atrás de Karel. A habilidade de Repulsão deste irmão na verdade ajuda a evitar o toque incandescente do Irmão Ralis, já que tende a mandar você para longe em segurança. Espere um momento para encher a sua saúde antes de se envolver com o Irmão Ralis, especialmente se você está jogando como um lutador corpo a corpo. Seu toque incandescente pode infligir danos significativos se você não está em seu nível.

| MODO | LVL | HP | XP | ATAQUES | CARACTERÍSTICAS | RESISTÊNCIAS |
|---|---|---|---|---|---|---|
| Normal | 10 | 318-371 | 850 | Ataque de Espada | Incandescente (Ralis), Repulsão (Karel), Veloz (Moek) | - |
| Pesadelo | 34 | 16.758-19.551 | 2150 | Ataque de Espada | Incandescente (Ralis), Repulsão (Karel), Veloz (Moek) | - |
| Tormento | 52 | 297.000-346.000 | 3000 | Ataque de Espada | Incandescente (Ralis), Repulsão (Karel), Veloz (Moek) | - |
| Inferno | 61 | 1.886.000-2.200.000 | 3400 | Ataque de Espada | Incandescente (Ralis), Repulsão (Karel), Veloz (Moek) | - |

MISSÃO

# A PERDIÇÃO DE VALÓRIA

## OBJETIVOS

1. Fale com o Barqueiro.
2. Viaje ao centro de Valória.
3. Mate os Cultistas fora da capela.
4. Mate Urzel Mordreg.
5. Mate os Berserkers Sombrios.
6. Fale com o Sacerdote.
7. Entre no Porão da Capela de Valória.
8. Procure o Cabo da Espada.
9. Fale com o Deckard Cain na Casa de Cain.
10. Entre na Casa de Cain, em Nova Tristram.

## RECOMPENSAS DE CONCLUSÃO

| HERÓI | OURO | XP |
|---|---|---|
| Todas as Classes | 800 | 6285 |

*Baseado na dificuldade Normal.*

*O Estranho do céu lembra-se de um brilho estriado em direção a uma vila de pescadores, talvez a cidade do outro lado da baía. Léa acompanha o Herói pela água para Valória onde, se não é tarde demais, eles devem ser capazes de recuperar a terceira e final parte da espada.*

# VALÓRIA

## NOVOS LACAIOS DO INFERNO

| Lacaio | Normal | Pesadelo | Torm. | Inferno |
|---|---|---|---|---|
| Zelote das Trevas | 7 | 32 | 51 | 61 |
| Invocador das Trevas | 7 | 34 | 51 | 61 |
| Berserker Sombrio | 10 | 34 | 52 | 61 |
| Malévolo das Trevas | 13 | 35 | 53 | 61 |
| Evocador das Trevas | 10 | 34 | 52 | 61 |

## FONTES DE SAQUE

| Fonte | Raridade |
|---|---|
| Barril | ★ |
| Estante de Livros | ★★ |
| Cadáver de Camponês | ★★ |
| Baú Ensanguentado | ★★★ |
| Alforje do Sacerdote | ★★★★ |
| Baú Resplandecente | ★★★★ |

Conduza Léa por Nova Tristram para o norte, onde você encontrou o ferreiro pela primeira vez. Vire à esquerda e fale com o barqueiro no cais para viajar através da baía de Valória [1]. Um ataque na cidade deixou muitos dos edifícios em chamas.

Prossiga para a aldeia incendiada de Valória. Cultuadores de Maghda estão prontos para atacar em grupos. Os Zelotes das Trevas empunham adagas, enquanto os Invocadores das Trevas lançam feitiços mágicos ardentes. O Herói pode dar conta rapidamento dos Zelotes das Trevas, combinando habilidades de área baseadas em laço com armas de longo alcance ou magia. Os Invocadores das Trevas caem mais facilmente, desde que você evite as bolas de fogo. Existem várias áreas laterais entre as casas, mas o caminho solitário pela cidade leva à capela [2].

Os Zelotes das Trevas não são páreo para as habilidades Boleadeira Explosiva e Marcado para Morrer do Caçador de Demônios

Avance pelo caminho e fale com o morador que está fugindo pela estrada em direção ao cais. Ele precisa que você vá à capela e salve o resto dos moradores, que se entrincheiraram dentro do edifício em chamas. Equipe itens com resistência Ígnea, se tiver algum.

Afaste-se do pátio da capela e atraia os membros restantes da multidão em sua direção. Isto reduz o risco de desencadear prematuramente a fase seguinte da batalha. Mate os Invocadores das Trevas restantes perto da capela, em seguida, escute Maghda [4]. Ela vai recorrer a um único Evocador das Trevas chamado Urzel Mordreg para ajudá-la.

Não dê a Urzel Mordreg tempo para evocar seus Malévolos das Trevas — ataque-o imediatamente!

## URZEL MORDREG

### HIEROFANTE DAS TREVAS

Urzel Mordreg não é apenas um inimigo Incandescente, mas um que pode atacar com magia de fogo, apunhalar com uma adaga e evocar Malévolos das Trevas. Apesar de sua aura Incandescente não infligir dano significativo, é prudente atacar a distância, se possível. Mantenha a pressão sobre Urzel Mordreg para impedi-lo de evocar muitos Malévolos das Trevas. Léa vai ajudar com quaisquer retardatários (e os Malévolos das Trevas), mas cabe a você derrotar o Hierofante das Trevas.

| MODO | LVL | HP | XP | ATAQUES | CARAC. | RESIST. |
|---|---|---|---|---|---|---|
| Normal | 10 | 424-463 | 935 | Corpo a Corpo, Bola de Fogo, Invocar Infernante | Incandescente | - |
| Pesadelo | 34 | 22.344-24.439 | 1365 | Corpo a Corpo, Bola de Fogo, Invocar Infernante | Incandescente | - |
| Tormento | 52 | 395.000-432.000 | 3300 | Corpo a Corpo, Bola de Fogo, Invocar Infernante | Incandescente | - |
| Inferno | 61 | 2.515.000-2.751.000 | 3740 | Corpo a Corpo, Bola de Fogo, Invocar Infernante | Incandescente | - |

**RECOMPENSA DE OBJETIVO MENOR**

**OURO:** 220 **XP:** 4950

Quatro Berserkers Sombrios empunhando maças atacam a seguir. Mate os Evocadores das Trevas que aparecem ao lado deles enquanto escapa dos ataques aéreos dos Berserkers Sombrios. Retalie enquanto as armas deles estão presas no chão. Eles perseguirão o Herói e Léa com igual fervor — leve-os para a abertura no caminho para juntá-los para um ataque que pode atingir vários inimigos ao mesmo tempo [5].

Mantenha os Berserkers Sombrios à sua frente, especialmente se está jogando como um Caçador de Demônios ou Arcanista

Fale com o sacerdote perto da capela assim que o último dos Berserkers Sombrios tiver sido assassinado [6]. Ele deixa o cabo da espada caída com Virgil, um homem vigiando na Porão da Capela. O sacerdote revela uma entrada para o Porão da Capela ao lado do edifício. Utilize esta abertura escondida para entrar [7].

# PORÃO DA CAPELA DE VALÓRIA

A Porão da Capela está vazio, exceto por um cadáver. Virgílio está morto e o cabo da espada está longe de ser encontrado [8]. Maghda aparece acima do altar para confirmar as suspeitas do Herói: era tudo um engodo. Enquanto o Herói foi resgatar os camponeses de Valória, ela pegou todas as três partes da espada. Use o Marco de Senda [9] no interior do porão para retornar à Nova Tristram de uma vez! Vá imediatamente para a casa de Deckard Cain à direita do Taverna do Novilho Esquartejado [10] **Missão Cumprida**.

## *Estante de Livros*

*Estantes são uma excelente fonte de ouro. Locais de estudo, como o Porão da Capela, muitas vezes fornecem uma ampla oferta de estantes para pesquisar.*

# TERRAS ALTAS

*Ao norte de Nova Tristram, do outro lado da baía, encontra-se uma área conhecida localmente como As Terras Altas. A aldeia piscatória de Valória é alcançada por meio da balsa de Nova Tristram. Aqueles que continuam no interior desta cidade litorânea encontram penhascos majestosos dando lugar a florestas que se alastram. Mais ao norte estão os locais privados de caça do ex-rei Leoric. A região é o lar de uma espécie avançada de Caprinos conhecida como o Clã da Lua Negra, entre outros inúmeros inimigos.*

MISSÃO

## PERSEGUINDO O CULTO

### OBJETIVOS

1. Entre nas Cavernas Arácneas acima de Valória.
2. Ache a Câmara da Aranha Rainha.
3. Fale com a mulher presa na teia.
4. Mate a Aranha Rainha.
5. Colha a Poça de Veneno.
6. Liberte Karyna com o veneno.
7. Vá para a Ponte das Terras Altas.
8. Fale com Karyna.
9. Encontre o Cajado Khazra.
10. Aproxime-se da Barricada Khazra.
11. Encontre o Jardim da Mansão de Leoric.
12. Entre na Mansão de Leoric.
13. Explore a Mansão de Leoric.
14. Mate os cultistas.

### RECOMPENSAS DE CONCLUSÃO

| HERÓI | OURO | XP |
|---|---|---|
| Todas as Classes | — | 5500 |

*Baseado na dificuldade Normal.



*A súbita explosão de energia de Léa dentro da casa de Cain concedeu a ela um vislumbre da mente de Maghda — ela está levando o estranho através das Cavernas Arácneas, ao norte de Valória, para As Terras Altas. O Herói deve agora viajar para As Terras Altas em busca do anjo sequestrado.*

## NOVOS LACAIOS DO INFERNO

| Lacaio | Normal | Pesadelo | Torm. | Inferno |
|---|---|---|---|---|
| Empal. Clã da Lua Negra | 13 | 35 | 53 | 61 |
| Guer. Clã da Lua Negra | 10 | 34 | 52 | 61 |
| Xamã do Clã da Lua | 13 | 33 | 52 | 61 |
| Xamã Clã da Lua Negra | 9 | 33 | 52 | 61 |
| Traçárida | 13 | 35 | 53 | 61 |
| And. das Terras Altas | 10 | 34 | 52 | 61 |
| Enterrador Saltitante | 13 | 35 | 53 | 61 |
| Executor Retornado | 13 | 35 | 53 | 61 |
| Escudeiro Retornado | 10 | 34 | 52 | 61 |
| Besta Selvagem | 9 | 33 | 52 | 61 |
| Ninho Amaldiçoado | 13 | 35 | 53 | 61 |
| Molok Alado | 13 | 35 | 53 | 61 |
| Servo Profano | 13 | 35 | 53 | 61 |
| Hospedeiro das Trevas | 13 | 35 | 53 | 61 |

## FONTES DE SAQUE

**Barril**
Raridade
★

**Pilha de Pedras**
Raridade
★

**Tora**
Raridade
★★

**Cadáver de Aventureiro**
Raridade
★★

**Tronco Apodrecido**
Raridade
★★

**Altar Khazra**
Raridade
★★★

**Totem Khazra**
Raridade
★★★

**Estante de Armas**
Raridade
★★★

**Baú**
Raridade
★★★

**Baú Ensanguentado**
Raridade
★★★

**Corpo em Decomposição**
Raridade
★★★

**Alforje de Satchel**
Raridade
★★★★

**Baú Resplandecente**
Raridade
★★★★

# PENHASCOS DE VALÓRIA

Use o Marco de Senda para retornar ao Porão da Capela de Valória e vá em direção ao norte pelo portão do outro lado da capela para os Penhascos de Valória. Fale com Rodger, o Alquimista do outro lado da ponte. A entrada para as Cavernas Arácneas está logo abaixo. Tome um momento para inspecionar mercadorias de Rodger, então desça o morro à esquerda em direção à entrada das cavernas [1].

## O EREMITA SACRIFICIAL

*Fale com Rodger, o Alquimista do outro lado da ponte de pedra. Rodger, ocasionalmente, tem algumas poções que ele está disposto a vender. Ele também precisa de alguém para entregar uma poção para o Eremita Enlouquecido que fica abaixo das escadas, perto da entrada para as Cavernas Arácneas. Você está indo por esse caminho mesmo, então aceite a tarefa. Fale com o Eremita Enlouquecido fora das cavernas.*

CALABOUÇO

# CAVERNAS ARÁCNEAS

*As Cavernas Arácneas consistem em uma caverna de nível único que conduz à Câmara da Aranha Rainha. A caverna principal é marcada com pilhas de sacos de ovos em buracos no chão e grandes paredes de teia impenetrável. Embora o homem claramente tenha participado da construção inicial desta área, a teia de aranha parece ser o que mantém o lugar de pé.*

## NOVOS LACAIOS DO INFERNO

| Lacaio | Normal | Pesadelo | Torm. | Inferno |
|---|---|---|---|---|
| Horror Aracnídeo | 11 | 37 | 53 | 61 |
| Aracnita | 9 | 37 | 53 | 61 |
| Espreitadora Tóxica | 11 | 37 | 53 | 61 |

## FONTES DE SAQUE

**Saco de Ovos**
Raridade
★

**Vítima Encasulada**
Raridade
★★

**Bolsa Estranha**
Raridade
★★

**Baú**
Raridade
★★★

**Bolsa Empoeirada**
Raridade
★★★★

**Baú Resplandecente**
Raridade
★★★★

A habilidade de Ilusão do Monge pode salvar a vida na luta com a Aracnita Campeã

As Cavernas Arácneas são o lar de diversos aracnídeos e outras entidades tóxicas. Heróis que exploram esta área devem usar armadura com Resistência a dano Venenoso (Vetores da Praga e Espreitadoras Tóxicas possuem um ataque de Veneno). Embora não haja muitas espécies inimigas neste calabouço, as que existem atacam em grande número ou possuem um meio especialmente potente de laçar suas presas.

Cuidado com a teia cuspida pelo Horror Aracnídeo. A seda que ele cospe retarda o movimento consideravelmente, deixando o Herói vulnerável ao ataque corpo a corpo cortante da criatura. Afaste-se para atraí-lo a cuspir, então mova-se lateralmente e ataque o flanco do aracnídeo enquanto ele corre para a frente. A Aracnita é outro inimigo comum. Singularmente, este filhote mirrado não representa uma grande ameaça. Infelizmente, a Aracnita poucas vezes está sozinha e um grupo de cinco ou mais pode derrubar um Bárbaro nível 10 muito rápido se você for cercado. É importante para o combatente corpo a corpo ter um ataque que golpeie em um arco largo, como a Cutilada do Bárbaro ou o Rabo de Arraia do Monge. Estes ataques podem atacar múltiplas Aracnitas de uma vez.

Lute pelo caminho através da caverna que se alastra em busca da Câmara da Aranha Rainha [2]. A caverna principal tem bifurcações múltiplas e becos sem saída. Atenha-se ao perímetro e avance lentamente em todos os momentos — correr à frente apenas chama mais inimigos para a batalha. Ao contrário de outras áreas, é muito comum que os inimigos aqui surjam por trás do Herói, talvez como resultado de seus passos perturbando seu sono.

Auras de proteção e equipamento resistente a veneno irão ajudar contra os ataques empesteados da Espreitadora Tóxica

## *Assistência de Longo Alcance*

*Está difícil lutar sozinho nas Cavernas Arácneas? Se sim, use o Portal da Cidade para retornar a Nova Tristram e contratar o Vigarista. Seu apoio de longo alcance vai ajudá-lo a se livrar de Aracnitas antes delas chegarem muito perto, principalmente se você é um lutador corpo a corpo.*

## CÂMARA DA ARANHA RAINHA

Entre na Câmara da Aranha Rainha e aproxime-se da mulher presa na parede de teias [3]. Ela está reservada para uma alimentação posterior e você está prestes a descobrir de quem. A homônima da câmara, a Aranha Rainha, está prestes a descer do teto. A única maneira de sair vivo é matando a enorme aranha rainha [4].

# ARANHA RAINHA

## A TECELÃ DE TREVAS

*Cain: "Rumores dizem que o Arcebispo Lázarus soltou um terror silencioso nas cavernas perto da Mansão de Leoric antes de morrer. Ele trabalhou durante semanas em um grupo de aranhas grandes e muitos dos seus servos desapareceram silenciosamente durante este tempo... A criatura maior levou os outros para as cavernas — nenhum voltou."*

| MODO | NÍVEL | HP | XP | ATAQUES | CARAC. | RESIST. |
|---|---|---|---|---|---|---|
| Normal | 11 | 3150-3213 | 225 | Vômito de Aranhas, Cuspida de Teia, Investida de Teia, Ataque Corpo a Corpo, Evocação de Lacaios | Empesteado | - |
| Pesadelo | 34 | 140.000-142.000 | 550 | Vômito de Aranhas, Cuspida de Teia, Investida de Teia, Ataque Corpo a Corpo, Evocação de Lacaios | Empesteado | - |
| Tormento | 52 | 2.471.000-2.521.000 | 750 | Vômito de Aranhas, Cuspida de Teia, Investida de Teia, Ataque Corpo a Corpo, Evocação de Lacaios | Empesteado | - |
| Inferno | 61 | 15.517.000-16.032.000 | 850 | Vômito de Aranhas, Cuspida de Teia, Investida de Teia, Ataque Corpo a Corpo, Evocação de Lacaios | Empesteado | - |

A Aranha Rainha ataca em várias fases com uma variedade de técnicas destinadas a retardar, envenenar e enfraquecer as suas presas — o que as torna muito mais fáceis de digerir mais tarde! Ela geralmente começa a luta usando táticas corpo a corpo, quer mordendo o inimigo, quer o apunhalando com a perna. Enquanto aqueles com uma armadura de Aura substancial possam enfrentar esses ataques, a maioria dos Heróis deve se afastar para fora de seu alcance.

Se o Herói sai da área corpo a corpo, a Aranha Rainha desloca-se para um ataque a distância. Ela vai usar seu ataque Cuspe de Teia para laçá-lo e atrasá-lo. O Herói sofre a penalidade "na teia" quando preso na seda da aranha. Se for bem-sucedida, a Aranha Rainha então lança sua Investida de Teia, movendo-se rapidamente de volta ao alcance corpo a corpo. É neste ponto em que ela vai desencadear o seu ataque mais potente de todos — o Vômito de Aranhas. O Herói sofre dano contínuo durante o tempo que ele permanece no caminho da bílis envenenada. Rapidamente ataque enquanto a Aranha Rainha está parada. Ela é incapaz de se mover durante o ataque Vômito de Aranhas.

Uma vez que Aranha Rainha tenha a saúde reduzida para 66% (e novamente em 33%), ela vai fugir para a segurança do teto da câmara e evocar seis Lacaias Arácneas. Essas criaturas se comportam exatamente como os Horrores Aracnídeos, mas possuem menos HP e são um nível inferior. Drible seu ataque de Cuspe de Teia para evitar ser laçado e mate um monte delas. A Aranha Rainha retorna para o combate logo que a sexta Lacaia Arácnea morre. Algumas das aranhas menores certamente deixarão cair um Globo de Saúde — deixe-os para a segunda e a terceira fase do ataque da Aranha Rainha.

Localize a Poça de Veneno no chão no canto distante [5]. O veneno é usado para dissolver a teia prendendo a mulher, Karyna [6]. Não há tempo para falar agora. Leve Karyna para fora da caverna através da abertura na extremidade da Câmara da Rainha [7].

**RECOMPENSA DE OBJETIVO MENOR**

**OURO:** 120 **XP:** 1350

# TERRAS ALTAS DO SUL

## CAVERNA DO CLÃ DA LUA

*Esta caverna de dois níveis aleatórios é o lar de inúmeros membros do Clã da Lua Negra e Aracnitas. O nível superior tende a apresentar passagens estreitas repletas de pedras e estacas de madeira que escondem os atacantes. Colete as Notas de Urik, o Vidente no caminho para o segundo nível. Você pode encontrá-las dentro de Alforje de Urik. Os níveis menores provavelmente apresentam muitos becos sem saída, busque o segundo conjunto das Notas de Urik e quaisquer Baús Resplandecentes que possam estar presentes antes de usar o portal do calabouço para sair.*

## TORRE DE VIGIA

*Procure uma Torre de Vigia ao longo da borda ocidental das Terras Altas do Sul. Este calabouço aleatório de dois níveis apresenta um nível superior muito pequeno e um maior, abaixo. A área superior pode conter Cultistas das Trevas; a área inferior é preenchida com inúmeros Arqueiros Retornados, Escudeiros Retornados e Executores Retornados. A arquitetura aqui é similar à da Catedral.*

Saia da caverna e fale com Karyna sobre o Culto **[8]**. Ela viu adoradores de Maghda arrastarem alguém à Mansão de Leoric, bem ao norte. A tribo local de Khazra criou uma barreira no caminho para as Terras Altas do Norte. Karyna conseguiu roubar um importante cajado deles. Se você conseguir pegá-lo de seu carrinho e dá-lo ao Clã da Lua Negra, eles podem deixá-lo passar. Pelo menos é o que ela diz...

Traçáridas e Andarilhos das Terras Altas representam um problema para aqueles com baixa resistência Elétrica e Venenosa, respectivamente. Tente manter distância!

Acesse o Marco de Senda antes de atravessar a ponte para o oeste, desde Ponte das Terras Altas para a área das Terras Altas do Sul. Vários inimigos vagam pelas Terras Altas, muitos dos quais são um pouco mais fortes do que aqueles que você encontrou anteriormente. Monitore seu suprimento de poções de vida e não hesite em utilizar o Portal da Cidade e voltar a Nova Tristram para comprar mais. Independentemente disso, considere uma visita periódica para ver que nova armadura Tashun, o Mineiro, pode ter disponível.

## RAMBOLT, O LUNÁTICO

*Nem todos os Caprinos vagueiam pelas montanhas. Alguns fazem sua vida dentro de um campo murado. Desbrave o santuário deles por sua conta e risco e enfrente Rambolt, um Xamã do Clã da Lua Negra de Aura Elétrica único, além de duas dúzias de seus companheiros Khazra. Se você encontrar Rambolt, chame sua atenção e então volte para afunilá-lo ele e seus asseclas pela porta estreita na parede.*

## PIRA ANTIGA

*O fantasma de um Caprino chamado Gharbad pode precisar que você recupere um Estilhaço da Reconstrução do alto de uma pira funerária para que ele possa retornar à vida. Derrote os fantasmas Khazra e devolva a pedra para Gharbad. Infelizmente, Gharbad, o Forte, quando ressuscitado imediatamente ataca o Herói ao lado de vários Empaladores do Clã da Lua. Gharbad tem poderosos ataques corpo a corpo e o traço Enfurecimento, mas não tem ataques longos. Gharbad se move muito lentamente e é suscetível a toda sorte de ataques a distância.*

Este é o lugar onde a aventura realmente começa a ficar difícil se você não tiver maximizado totalmente o crescimento de seu Herói (ou se você estiver jogando sem um seguidor). Você deve começar a se preocupar em puxar inimigos, procurando maneiras de isolar os inimigos mais rápidos daqueles que são mais lentos, e prestando atenção ao terreno para evitar ser cercado.

### CAPRINOS

Cuidado com os buracos que se abrem de repente no chão. Três Empaladores ou Guerreiros do Clã da Lua Negra saltam desses buracos e atacam a curta distância.

Vá para oeste pelas Terras Altas do Sul em busca da Carroça Perdida de Karyna. Vários Caprinos atacam assim que você coletar o Cajado Xamânico Khazra [9]. A horda inclui Nalghban, o Corrompido, um Xamã do Clã da Lua Negra Eletrificado. Reivindique o Cajado Xamânico Khazra perdido e mate o restante dos Guerreiros do Clã da Lua Negra que atacam. Nalghban, o Corrompido tende a não atacar até que a maioria dos outros tenham morrido, tornando possível isolá-lo para uma morte rápida.

Investigue o carrinho abandonado para encontrar o Cajado Xamânico Khazra, mas esteja preparado para o ataque que isso traz!

RECOMPENSA DE OBJETIVO MENOR
OURO: 122 XP: 1425

A Barricada Khazra fica ao norte. Tome seu tempo e explore todas as Terras Altas do Sul antes de ir para lá, conforme as batalhas crescem em intensidade. Esta é uma área muito importante no Ato 1 para que seu Herói suba de nível. Quanto mais tempo você gasta nas montanhas do sul lutando contra os Caprinos e Andarilhos das Terras Altas, mais fácil sua jornada ao norte será.

Aproxime-se da barricada e se prepare para o ataque vicioso do Clã da Lua Negra — eles não se importam com quem roubou o Cajado, só que está com você [10]! O caminho em zigue-zague inclinado permite que os Empaladores do Clã da Lua Negra arremessem suas lanças de cima para baixo. Atraia os inimigos para baixo para separá-los daqueles com uma vantagem de elevação.

Mantenha os olhos abertos para as armadilhas de minas, pois o clã Lua Negra ergueu muitas ao longo deste caminho!

### Flexas Acima!

*O Caçador de Demônios pode alvejar inimigos no caminho superior com bestas para causar dano de longe com segurança. Limpem os inimigos sobre a elevação atual, então tente atingir aqueles que estão acima antes de rodear o local.*

## Terras Altas do Norte

As montanhas do norte não são nem de perto tão grandes quanto as do seu homólogo ao sul, mas nem por isso deixam de ser perigosas. Muitas das outras criaturas das Terras Altas moram aqui também, além do Ninho Amaldiçoado e alguns Moloks Alados. Também é comum encontrar uma Traçárida rara por estas bandas.

Abra caminho para o Marco de Senda no canto noroeste da área. Inspecione as numerosas prateleiras de armas e toras aqui para obter itens para reciclar ou possivelmente usar. Batalhe até as escadas para as ruínas no lado norte da clareira e continue em torno da estrutura desmoronante para os Campos de Caça de Leoric.

Os Cultistas das Trevas conseguiram convencer o Clã da Lua Negra a os obedecer!

### Uma Combinação Poderosa

*Comece a pensar em combinar os ataques e selecionar habilidades e runas que complementam um ao outro. Uma combinação desse tipo para o Bárbaro é a que usa Cutilada (com a Runa Ruptura) em conjunto com Retalhamento. Ataque inimigos com Retalhamento para causar danos de sangramento de mais de 3 segundos, em seguida, acerte-os com a Cutilada. A Runa Ruptura faz com que todos os inimigos que morrem com a Cutilada explodam e causem dano adicional a todos os oponentes dentro de 8 jardas. Esta é uma combinação de baixo nível excelente para usar contra a massa de inimigos do Clã da Lua que você encontra nas Terras Altas.*

# CAMPOS DE CAÇA DE LEORIC

Os Campos privados de caça do Rei Leoric consistem em uma pequena área ao norte das Terras Altas do Norte, do outro lado da ponte de sua mansão. O Clã da Lua Negra erigiu alguns Totems Khazra para obter mais poderes. Destrua esses totens enfeitados com crânios para cortar o fluxo de inimigos evocados para a área. Lute contra os inimigos nesta área para obter outro aumento de nível. Heróis devem ter ou estar próximos do nível 12 antes de entrar na Mansão de Leoric **[11]**. Atravesse o Jardim da Mansão em direção à entrada **[12]**.

Mesmo um Totem Khazra pode evocar mais Caprinos — destrua todos eles!

## IRMÃO DO APOTECÁRIO

*Olhe para a Caverna das Terras Altas e entre para falar com o Rike, o Apotecário. Cultistas das Trevas sequestraram irmão de Rike e querem seus elixires como resgate. Ajude Rike a encontrar seu irmão ao explorar esta caverna. Lute com os Cultistas das Trevas e com um grupo de Hospedeiros das Trevas, a fim de encontrar o irmão de Rike deitado em campo aberto. Cultistas das Trevas irão atacar enquanto Rike tenta curá-lo com os seus elixires. Afaste os atacantes em troca de uma poção, uma riqueza de XP e ouro. Saia através do portal do calabouço nas proximidades.*



# MANSÃO DE LEORIC

Entre na Mansão, suba as escadas e vá para a esquerda. Muitos Cultistas das Trevas estão ocupados tentando converter um membro selecionado do culto, o Hospedeiro, em uma criatura conhecida como Servo Profano. Este sacrifício ritualístico produz uma criatura muito mais difícil de matar — corra em direção ao Hospedeiro e acabe com ele antes que a transformação ocorra.

Prossiga pela porta de madeira para o balcão elevado em que Maghda conferencia com o seu Culto **[13]**. Muitos Evocadores das Trevas estão ocupados desovando Malévolos das Trevas. Retire-se para a área anterior e use suas habilidades mais poderosas sobre os Malévolos das Trevas enquanto eles saem pela porta. Mate os últimos Cultista das Trevas e Evocadores das Trevas, então se apresse a descer as escadas e fale com o Homem Ferido que era o centro de seu ritual.

Lute através do exército de Cultistas das Trevas para alcançar o Hospedeiro com adagas nas costas antes que ele se transforme

Atraia os Malévolos das Trevas através da porta no topo das escadas para torná-los mais fáceis de matar, depois mate os Cultistas restantes nos degraus

MISSÃO

# O ANJO APRISIONADO

## OBJETIVOS

1. Entre nos Salões da Agonia Nível 1.
2. Entre nos Salões da Agonia Nível 2.
3. Vá ao Passo das Terras Altas.
4. Entre na Fortaleza Amaldiçoada.
5. Converse com a Rainha Asylla.
6. Liberte os seis Restos dos Prisioneiros.
7. Mate o Carcereiro Chefe.
8. Procure a Câmara do Sofrimento.
9. Mate o Açougueiro.
10. Encontre o Estranho.
11. Mate os Cultistas em torno do Estranho.
12. Fale com o Estranho.

## RECOMPENSAS DE CONCLUSÃO

| HERÓI | OURO | XP |
|---|---|---|
| Todas as Classes | 320 | 7700 |

**Baseado na dificuldade Normal.*

*O Homem Ferido viu Maghda levar um prisioneiro com olhos dourados para as câmaras de tortura abaixo da Mansão de Leoric. O Herói deve descer para os Salões da Agonia, pois não há lugar para o qual os Cultistas possam ir onde o Herói não irá persegui-los.*

CALABOUÇO

# SALÕES DA AGONIA

*Se havia alguma dúvida sobre a natureza brutal do reinado do Rei Leoric, é preciso apenas um olhar para os Salões da Agonia para apagar todas as dúvidas. O governante sádico havia construído um labirinto multinível dedicado à tortura e dor. Damas de ferro, cutelos afiados e cestas de cabeças de sacrifício ainda se alinham nas salas manchadas de sangue deste local maldito.*

## NOVOS LACAIOS DO INFERNO

| Lacaio | Normal | Pesadelo | Torm. | Inferno |
|---|---|---|---|---|
| Zumbi Infernal | 10 | 34 | 52 | 61 |
| Corpo Inchado | 10 | 34 | 52 | 61 |
| Torso Faminto | 5 | 31 | 51 | 61 |
| Zumbi Voraz | 13 | 35 | 53 | 61 |
| Gigante Desmembrado | 13 | 35 | 53 | 61 |
| Malévolo das Cruel | 13 | 35 | 53 | 61 |

## FONTES DE SAQUE

| Fonte | Raridade |
|---|---|
| Cabeças de Sacrifício | ★ |
| Barril de Tortura | ★★ |
| Barril de Sangue | ★★★ |
| Dama de Ferro | ★★★ |
| Baú Resplandecente | ★★★★ |
| Camponês Morto | ★★ |
| Ferramentas de Tortura | ★★★ |
| Pedestal de Leitura | ★★★ |
| Baú | ★★★ |

# TÁTICAS DE CALABOUÇO

Meus olhos não conseguiam acreditar. O caminho para as escadas estava bloqueado por uma série de grandes cutelos! Suas lâminas batiam contra o chão, causando tremores na espinha. Eu me esquivei do primeiro cutelo enquanto ele estava sendo levantado, então decidi testar o seu fio, levando uma multidão de Zumbis Infernais para o caminho da segunda lâmina que caía. Eu quase tive pena deles pela poça que eles se tornaram.

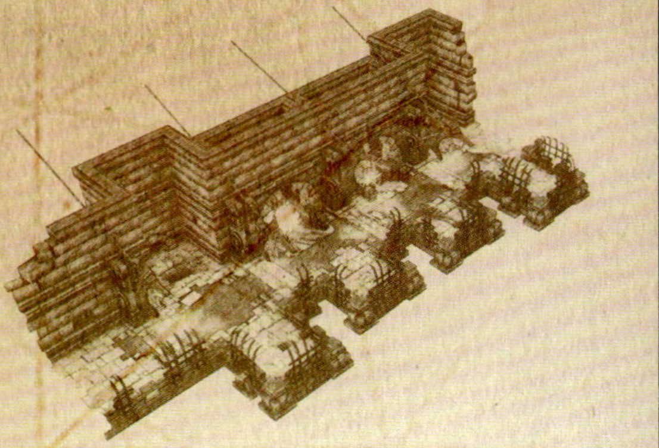

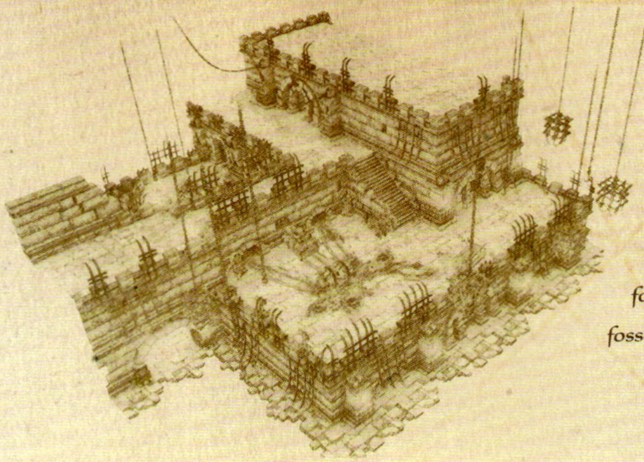

Minha exploração dos Salões da Agonia levou-me a uma passagem estreita, com vista para uma sala de tortura. Ataquei os Corpos Inchados e Gigantes Desmembrados no topo das escadas, em seguida desci até o chão manchado de sangue. Todos os tipos de instrumentos de tortura estavam expostos. Embora eu não tenha encontrado nenhum tesouro no barril de tortura, tive uma bela ideia sobre o tipo de homem que Rei Leoric foi: um tirano, um louco, um assassino! Não havia saída da câmara que não fossem as escadas levando de volta pelo caminho pelo qual eu vim.

Eu derramei uma calha de fogo sobre um par de Berserkers Sombrios apenas para notar duas portas em frente a mim. O corredor formava um caminho quadrado ao redor dos dois quartos, cada um com um par de portas no final. Tomando cuidado para não ser atacado, me certifiquei de abrir apenas uma porta de cada vez. Cortei os Corpos Inchados conforme eles tropeçavam em direção à porta, em seguida, avancei através da sala e sai do outro lado. Eu completei meu ciclo através da sala ao lado, usando cada porta aberta como um gargalo.

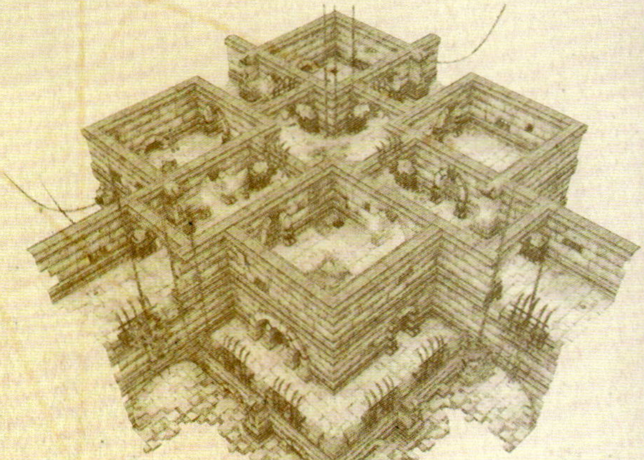

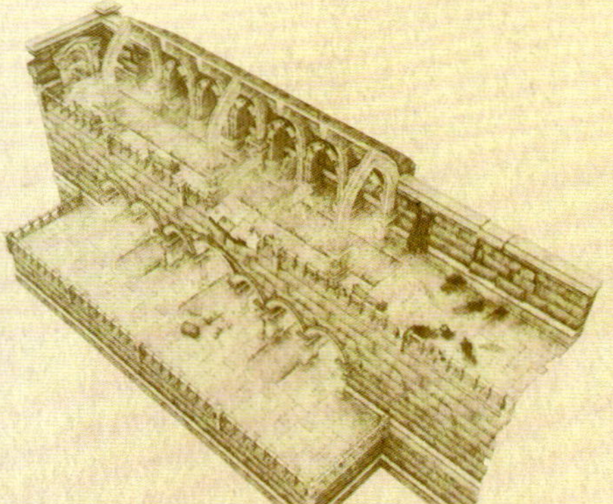

Tendo chegado ao segundo nível deste calabouço horrível, eu comecei a pensar que já havia visto o pior. Infelizmente, baixei a minha guarda. Se eu estava distraído com as cestas de cabeças de sacrifício ou com meus pensamentos sobre Deckard Cain, não me lembro. Mas eu não esperava encontrar tantos Berserkers Sombrios tão perto! Eu distraidamente vagava através de um arco estreito em uma sala cheia de inimigos. Se eu apenas tivesse usado uma abordagem mais ampla eu os veria primeiro e teria a vantagem. Infelizmente, agravei o meu erro anterior, fugindo diretamente para outra sala similar onde ainda mais demônios me esperavam!



O chão de pedra, de repente deu lugar a uma grade de metal. Parei para inspecionar, apenas para ver um inferno subir de baixo para cima! Era mais uma armadilha. Estudei as chamas, lutando para me ouvir pensar entre o barulho do fogo, e então fiz o meu movimento no momento em que as chamas extinguiram-se. E embora eu tenha corrido tão rápido quanto pude, minha velocidade ainda não foi suficiente para impedir os saltos das minhas botas de serem chamuscados. Felizmente, eu estava me sentindo completamente saudável antes de fazer essa travessia.

## NÍVEL 1

Desça as escadas externas da Mansão Leoric em direção à entrada para os Salões da Agonia, logo abaixo do balcão externo [1].

### Cuidado com o Grão-inquisidor do Culto

Você pode encontrar esse inimigo, junto a Hospedeiros das Trevas e Evocadores das Trevas, no primeiro nível dos Salões da Agonia. O Evocador vestido de vermelho tem saúde extra e é Eletrificado, tornando-o muito mais difícil de matar. Elimine rapidamente quaisquer Malévolos Cruéis que tenham sido gerados e tente atrair o Grão-inquisidor do Culto para longe dos outros. Isso tornará sua tarefa muito mais fácil.

Zumbis Infernais rastejam diante das fogueiras de destroços dentro dos muros. Eles emergem um por um em lenta sucessão, geralmente não mais que cinco. Sua origem aquecida se extingue totalmente uma vez que o último dos Zumbis Infernais seja morto.

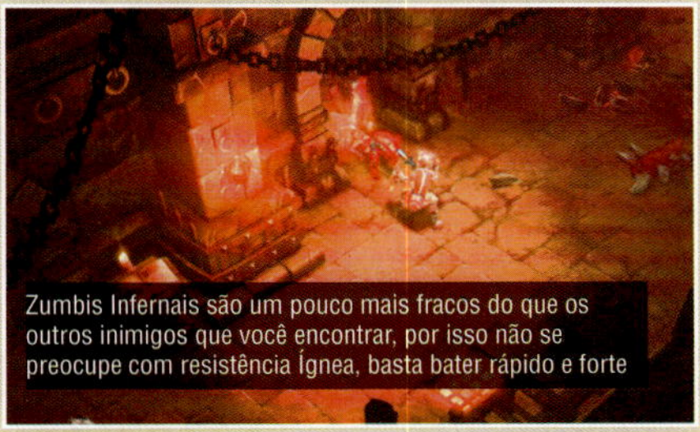

Zumbis Infernais são um pouco mais fracos do que os outros inimigos que você encontrar, por isso não se preocupe com resistência Ígnea, basta bater rápido e forte

Há uma série de armadilhas nos Salões da Agonia. Atraia os inimigos para os espetos de queda e para as calhas de fogo. Estas últimas são uma das armadilhas mais úteis que você encontrará — atraia grupos de Malévolos Cruéis e Gigantes Desmembrados para a calha de fogo e então salte a armadilha. Lute abrindo caminho pelas hordas de monstros e cutelos gigantes em direção às escadas que levam mais às profundidades dos Salões da Agonia[2].

Mova-se cuidadosamente pelas as armadilhas de cutelo gigantes, elas são muito mais mortais do que os inimigos que se escondem na distância

## NÍVEL 2

O nível 2 das Câmaras da Agonia contém um Marco de Senda. Encontre-o antes de procurar a entrada do Passo das Terras Altas.

Existem vários grupos de inimigos aqui, como Evocadores das Trevas com Gigantes Desmembrados e Malévolos das Trevas. Procure portas para bloquear com um feitiço de área vazia (tal como o Santuário Interno do Monge) e permita-se ficar a alguma distância deles. Tente puxar um ou dois inimigos para longe do grupo para tornar o combate contra grandes grupos mais gerenciável.

Não importa quão grande o grupo de inimigos, tente se concentrar primeiro naqueles com habilidade de evocação ou ou a multidão vai ficar ainda maior

### Estranho Necessitado

Você pode ouvir as chamadas de alguém trancado dentro da donzela de ferro no poço abaixo da saída. Derrote o Gigante Desmembrado e os Zumbis Infernais, então interaja com a donzela de ferro no canto mais distante para libertar o prisioneiro. Fale com Merhan para reivindicar uma recompensa de XP e ouro.

Continue em direção à saída para o Passo das Terras Altas e investigue o poço abaixo. Esta vala de fogo é, por vezes, habitada por uma criatura conhecida como o Beemote Atormentado, um Gigante Desmembrado único. O poço também contém muitos Zumbis Infernais. Use as escadas como uma vantagem, e lance ataques para baixo no Beemote Atormentado de sua elevação segura. O Beemote Atormentado possui o traço Repulsão, mas de resto é bastante semelhante aos Gigantes Desmembrados comuns. Consiga XP adicional dos Zumbis Infernais no poço (até que parem de escalar para fora do fogo no centro), depois saia para o Passo das Terras Altas acima das escadas [3].

Atacantes a distância podem dar conta do Beemote Atormentado do alto das escadas

# PASSO DAS TERRAS ALTAS

## UMA REPUTAÇÃO RESTAURADA

*Quando Radek, o Contrabandista, não está por perto, Kyr, o Armeiro, está muitas vezes lá em seu lugar. Fale com Kyr para saber de sua sede de vingança. Ele quer que você mate Dargon para restaurar a reputação danificada do Armeiro. Derrote Dargon e seu mestre, um Cultista Demente, do outro lado da passarela elevada. Não é preciso muito para matar Dargon, um plebeu. Fale com Kyr uma vez que o trato esteja cumprido para ganhar o ouro e XP. Agora ele pode vender a sua impressionante seleção de armas valiosas para você.*

O Passo das Terras Altas é uma área pequena, mas que pode variar em número e inimigos em um grau incrível. Atravesse a ponte e prepare-se para até duas dúzias de inimigos. Use a largura estreita da ponte como um ponto de estrangulamento e concentre seus ataques contra a linha de frente**[4]**.

Abra caminho pelo Passo das Terras Altas, através de Cultistas das Trevas, Evocadores das Trevas, Berserkers Sombrios e Malévolos das Trevas. Esta área pode ser desprovida de inimigos exceto por um ou dois Cultistas das Trevas, pelo menos além da ponte inicial. Siga em direção à entrada para a Fortaleza Amaldiçoada e vá para dentro.

O maior grupo de inimigos no Passo das Terras Altas está muitas vezes do outro lado da ponte que conduz para longe dos Salões da Agonia

CALABOUÇO

# A FORTALEZA DO MAL

*Essas almas afortunadas que conseguem escapar de ser condenadas aos Salões da Agonia acabam na Fortaleza Amaldiçoada onde têm a chance de apodrecer na perpetuidade. Esta grade maciça de celas abrigou indivíduos sob a mais cruel das condições. E o básico que eles recebiam — pão e água — acabou há muito tempo.*

## NOVOS LACAIOS DO INFERNO

| Lacaio | Normal | Pesadelo | Torm. | Inferno |
|---|---|---|---|---|
| Horror | 13 | 35 | 53 | 61 |
| Verme Chocante | 15 | 37 | 54 | 61 |
| Demônio Selvagem | 13 | 35 | 53 | 61 |
| Evocador Torturado | 13 | 35 | 53 | 61 |

## FONTES DE SAQUE

**Barril de Água**
Raridade
★

**Ferramentas de Tortura**
Raridade
★★

**Ossos do Vigia**
Raridade
★★★

**Baú**
Raridade
★★★

**Baú da Rainha Asylla**
Raridade
★★★★

**Baú Resplandecente**
Raridade
★★★★

## TÁTICAS DE CALABOUÇO

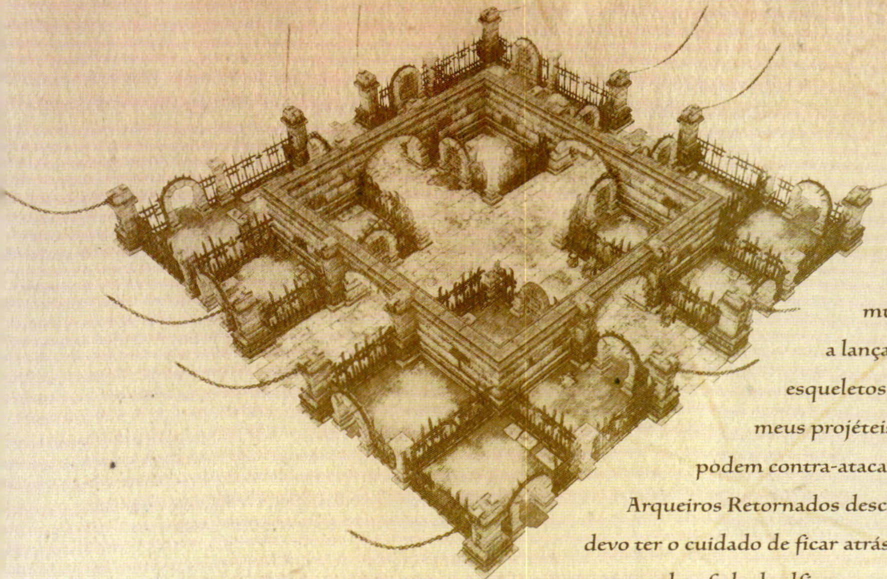

*Meu domínio do combate a distância tem se mostrado bastante benéfico na Fortaleza Amaldiçoada. As dezenas de celas mantêm os muitos esqueletos confinados, permitindo-me a lançar meus ataques entre as barras. Oh, como os esqueletos se contorcem e queimam quando eu lanço meus projéteis ardentes neles, sabendo muito bem que não podem contra-atacar! No entanto, reconheço que os habilidosos Arqueiros Retornados descobriram que eles podem fazer o mesmo. Eu devo ter o cuidado de ficar atrás de alvenaria sólida, para não ser perfurado como uma almofada de alfinetes por suas flechas.*

Entre na Fortaleza Amaldiçoada e fale com o fantasma da rainha Asylla [5]. Durante anos seu espírito tem assombrado essas celas, na esperança de que um dia seu povo seria livre. Ela precisa que você procure na Fortaleza Amaldiçoada e liberte os espíritos de seis prisioneiros esquecidos. Colete o Diário da Rainha Asylla do baú em sua cela perto da entrada e continue na área principal do porão.

A noiva de Leoric, a Rainha Asylla, tem um pedido especial para você

Lute para abrir caminho pelo que parece ser uma centena de Retornados que patrulham esta cela insidiosa. Estes soldados Esqueléticos melhorados lutam com espadas, arcos e escudos. Executores Retornados até mesmo empunham machados de lâmina dupla. Felizmente, a maioria dos inimigos está confinada às celas que você pode abrir ou deixar fechadas.

As almas de seis Prisioneiros Esquecidos, deixadas para apodrecer nas celas, rondam próximas a seus restos. O Herói deve abrir cada uma de suas celas e inspecionar os Restos do Prisioneiro para libertar suas almas [6]. Esta tarefa não exige habilidades de chaveiro — cada porta se abre com um único clique! Os Prisioneiros Esquecidos estão espalhados de forma aleatória ao longo da extensa rede de celas. Comece sua busca circundando o perímetro da metade oriental da Fortaleza Amaldiçoada, onde a maioria das celas está localizadas.

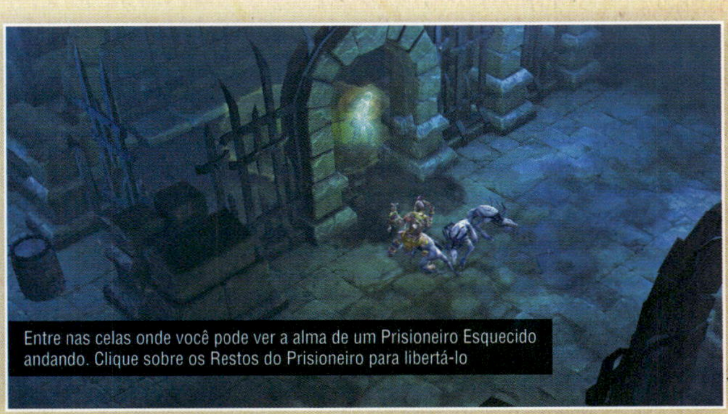

Entre nas celas onde você pode ver a alma de um Prisioneiro Esquecido andando. Clique sobre os Restos do Prisioneiro para libertá-lo

### Mire nos Evocadores Torturados Primeiro

Não fique para trás e lance tiros nos Arqueiros Retornados se houver um Evocador Torturado entre suas fileiras. O Evocador Torturado continua a evocar Arqueiros Retornados adicionais conforme os outros caem. Claro, aqueles que desejam tanto XP quanto possível podem apenas optar por manter o Evocador Torturado vivo para cultivar mais Arqueiros Retornados. Evocadores Torturados não vão gerar uma fonte infinita de Arqueiros Retornados, mas o suficiente para ganhar um pouco mais de XP fora da batalha.

Esta é uma boa área para usar ataques de projéteis, como as Granadas do Caçador de Demônios. Você pode atirá-las através das grades nos Escudeiros Retornados e em outros esqueletos que guardam os interiores de muitas das celas. Da mesma forma, tome nota quando houver Arqueiros Retornados dentro das celas e conduza suas batalhas em corredores na frente de paredes e portas sólidas para que eles não possam atirar suas flechas em você através das grades.

Use ataques de longa distância que podem ser arremessados através das grades das celas para acabar com o Retornado sem risco de ferimentos

Esquecidos como sejam, os espíritos dos Prisioneiros Esquecidos não estão sem vigilância. Você logo começará a ouvir os gritos raivosos de alguém que não está feliz em vê-los sendo libertados. Estes gemidos agourentos continuam com cada prisioneiro libertado até que todos os seis estejam livres de sua tortura eterna.

A saída solitária da Fortaleza Amaldiçoada leva mais fundo nos Salões da Agonia. Para acessar essas escadas é preciso matar o Carcereiro-Chefe. Localize uma Fonte Curativa e guarde a sua localização antes de se ir para o cruzamento de quatro vias no centro, onde o Carcereiro-Chefe está. Não há nenhum lugar para ir até você matar este monstro único e seus asseclas Demônios Selvagens [7].

Bata bata forte no Carcereiro Chefe, em seguida busque uma Fonte Curativa, para alinhar os lacaios antes de atacar novamente

## ⊕ CARCEREIRO-CHEFE

### CARCEREIRO-CHEFE DO REI

O Carcereiro-Chefe é uma besta impressionante, com um ataque poderoso de Golpe de Maça e um estrondoso Impacto de Repulsão. Este inimigo luta de forma semelhante aos Berserkers Sombrios que você enfrentou antes. O Carcereiro-Chefe é acompanhado de Demônios Selvagens que atacam ao lado dele, embora ele seja mais lento e raramente saia da encruzilhada no centro da Fortaleza Amaldiçoada. Ataques de bater e correr funcionam melhor, não só para evitar os seus ataques corpo a corpo, mas também para que você não seja vítima de sua característica Vigia (pelo menos, não enquanto ele está perto o suficiente para tirar proveito de sua prisão temporária). Quanto mais você fizer sua parte "e correr" desta técnica, melhor. O Carcereiro-Chefe pode tentar te caçar, mas você pode facilmente fugir dele e voltar para a Fonte Curativa. Isso não só dá mais trabalho aos lacaios do Demônio Selvagem e os torna mais fáceis de matar, como poupa você de ter que usar Poções de Vida. Se você tem acesso a runas ou uma habilidade passiva que aumenta a chance de caírem globos de vida, use-as e refestele-se usando os Demônios Selvagens como uma fonte potencial de saúde.

| MODO | LVL | HP | XP | ATAQUES | CARAC. | RESIST. |
|---|---|---|---|---|---|---|
| Normal | 13 | 910-1001 | 1500 | Golpe de Maça, Impacto de Repulsão | Conexão de Vida, Vigia | - |
| Pesadelo | 35 | 31.930-35.123 | 3375 | Golpe de Maça, Impacto de Repulsão | Conexão de Vida, Vigia | - |
| Tormento | 54 | 579.000-637.000 | 4575 | Golpe de Maça, Impacto de Repulsão | Conexão de Vida, Vigia | - |
| Inferno | 61 | 3.143.000-3.458.000 | 5100 | Golpe de Maça, Impacto de Repulsão | Conexão de Vida, Vigia | - |

**RECOMPENSA DE OBJETIVO MENOR**
**OURO:** - **XP:** 525

Aproxime-se do portão de lanças de ferro no lado sul do centro da Fortaleza Amaldiçoada depois de matar o Carcereiro-Chefe. Arrombe quaisquer baús que você encontrar para além do portão de lanças e lute através das multidões de Demônios Selvagens que atacam no caminho para as escadas que levam para as profundezas.

## *Morte de uma Rainha*

*Arrombe a porta à esquerda da escada para ver fantasmas recriarem a morte da Rainha Asylla com Lázarus e o Rei Leoric. Assista até os fantasmas desaparecem para descobrir a peça de conhecimento "Uma Página do Grimório de Lázarus".*

CALABOUÇO

# SALÕES DA AGONIA

## SALÕES DA AGONIA, NÍVEL 3

Numerosos Zelotes das Trevas atacam, assim como um Servo Profano se você não matar os Hospedeiros das Trevas. Procure nesta área pela quinta e última parte do Diário de Leoric. Não importa qual dos Pedestais de Leitura você inspecione primeiro, as páginas serão reveladas em ordem sequencial. E não se esqueça de continuar procurando nos Pedestais Mofados mesmo depois de ter encontrado todos os cinco pedaços do Diário de Leoric, já que muitas vezes eles podem conter uma poção. O nível inferior do calabouço está bem à frente, continue escada abaixo para a Câmara do Sofrimento [9].

## CÂMARA DO SOFRIMENTO

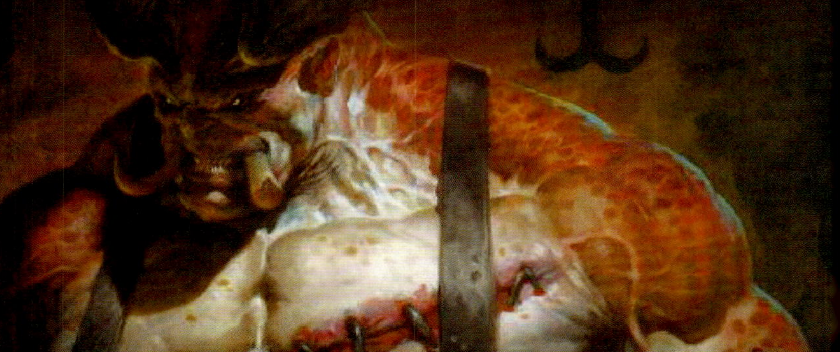

# AÇOUGUEIRO

### TALHADOR DE CARNE

***Cain: "A verdade sobre o demônio açougueiro foi mais surpreendente do que eu esperava. Evidentemente, há muitos deles dentro do Inferno Ardente, apesar de costumarem estar apenas sob o comando de Diablo. Os açougueiros são costurados a partir das partes de outros demônios para combinar seus pontos fortes e são animados através da magia maléfica."***

| MODO | NÍVEL | HP | XP | ATAQUES | CARAC. | RESIST.S |
|---|---|---|---|---|---|---|
| Normal | 13 | 5278 | 2000 | Gancho e Corda, Frenesi, Esmagamento, Corpo a Corpo | - | - |
| Pesadelo | 35 | 185.194 | 4500 | Gancho e Corda, Frenesi, Esmagamento, Corpo a Corpo | - | - |
| Tormento | 53 | 3.359.128 | 6100 | Gancho e Corda, Frenesi, Esmagamento, Corpo a Corpo | - | - |
| Inferno | 61 | 18.232.068 | 6800 | Gancho e Corda, Frenesi, Esmagamento, Corpo a Corpo | - | - |

## SELEÇÃO DE HABILIDADES SUGERIDA: HERÓI NÍVEL 14

| CLASSE HERÓI | HAB. # 1 | HAB. # 2 | HAB. # 3 | HAB. # 4 | HAB. # 5 | HAB. # 6 | PAS. # 1 | PAS. # 2 | PAS. # 3 |
|---|---|---|---|---|---|---|---|---|---|
| Bárbaro | Golpe Esmagador | Martelo dos Ancestrais | Grito Ameaçador | Arremesso de Arma | Fúria de Batalha | - | Nervos de Aço | - | - |
| Caçador de Demônios | Boleadeira Explosiva | Empalar | Salto Mortal | Disparo Evasivo | Granadas | - | Braço Firme | - | - |
| Monge | Palma Explosiva | Rabo de Arraia | Sopro do Paraíso | Mantra da Evasão | Onda Incapacitante | - | Pés Ligeiros | - | - |
| Feiticeiro | Assombração | Morcegos Ígneos | Evocação de Cães Zumbis | Aparição Horrenda | Zumbi Suicida | - | Força da Selva | - | - |
| Arcanista | Projétil Mágico | Raio Gélido | Pele de Diamante | Onda de Força | Armadura Gélida | - | Canhão de Vidro | - | - |

** As habilidades listadas na tabela acima são apenas uma sugestão. Embora estas escolhas se provaram eficazes por nós, há muitos caminhos para a vitória. Experimente!*

O enorme demônio chamado de O Açougueiro é muito maior do que qualquer coisa que o Herói já tenha encontrado. Apesar de não ser um dos Males Supremos, nem mesmo um Mal Menor, não deixa de ser uma ameaça considerável. O Açougueiro tem vários ataques normais que colocam em uso a força bruta de seu machado enfeitado de crânios e seu gancho e corda. Se isso não bastasse, chamas quentes sobem pelo chão para uma ameaça ainda maior. O piso é dividido em meia dúzia de segmentos que aleatoriamente pegam fogo. Evite o fogo para não ter queimaduras e perda significativa da saúde.

O ataque bate-estaca básico do Açougueiro é de pouca preocupação, desde que você fique longe o suficiente. O movimento aéreo é precedido por uma série de saltos rápidos, tornando mais fácil saber quando se afastar. É com o que ele faz a seguir que você precisa se preocupar! O Açougueiro usa seu gancho de duas maneiras: ele pode lançar a corrente diretamente para o Herói para puxar a vítima para muito perto (e deixar o Herói atordoado por alguns segundos), ou ele vai lançar um conjunto de lanças de correntes para causar dano perfurante por uma área maior.

Fique bem longe e mantenha-se em movimento para evitar o fogo subindo pelo chão. Você vai ser atingido eventualmente, mas as duas Fontes Curativas nos cantos superiores da arena devem mantê-lo vivo — utilize-as sempre que sua saúde cair abaixo de 75% e conte com as Poções de Vida quando as Fontes Curativas estiverem inativas (30 segundos de recarga) ou quando você precisar de recuperação rápida.

O Açougueiro tem mais um truque na manga, e este é o único a se voltar contra ele. Ao ficar fora do alcance do Açougueiro, você vai forçá-lo a entrar em um estado de Frenesi. Isso faz com que a criatura volte atrás e emita um brilho laranja com raiva. Qualquer jogador próximo nesta hora será jogado para trás. O Açougueiro, em seguida, abaixa a cabeça e corre em toda a arena na tentativa de esmagar o Herói. Drible este ataque e assista enquanto o Açougueiro bate a cabeça contra uma parede. O impacto o atordoa por alguns segundos e fornece a oportunidade perfeita para atacar sem medo de retaliação. A melhor forma de fazer isso é movendo-se em um padrão irregular e esforçando-se por se mover perpendicularmente à orientação do Açougueiro.

**RECOMPENSA DE OBJETIVO MENOR**

**OURO:** 128 **XP:** 1650

Mate os guardas para evitar a chegada de Berserkers Sombrios, então derrote os Cultistas.

## CELAS DOS CONDENADOS

Reúna o saque deixado pelo Açougueiro e avance para as Celas dos Condenados. Desça as escadas estreitas, sinuosas até os numerosos membros do Culto, onde eles têm o Anjo aprisionado dentro de seus poderes das trevas **[10]**.

Os Cultistas das Trevas estão unidos aos Arcanistas das Trevas e aos Ritualistas das Trevas. Estes inimigos serão derrotados muito facilmente por qualquer um capaz de superar o Açougueiro. Mate aqueles no perímetro primeiro para impedir que eles tragam Berserkers Sombrios para a luta, em seguida comece a matança dos Cultista das Trevas que estão prendendo o anjo **[11]**.

O anjo sofreu enormes ferimentos, mas recupera sua saúde ao ser reunido com sua espada. Ele se revela como Tyrael, nada menos que um arcanjo do Paraíso Celestial **[12] Missão Cumprida**.

MISSÃO

# RETORNO A NOVA TRISTRAM

## OBJETIVOS

1. Fale com o Tyrael em Nova Tristram.
2. Fale com o Líder da Caravana.

*O reencontro de Tyrael com sua espada não só restaurou a sua saúde, mas a sua memória também. Belial e Azmodan, os últimos dos Senhores do Inferno, estão prestes a desencadear uma onda de escuridão em toda a terra. Belial já começou a desencadear o mal do Inferno sobre Caldeum e o deserto ao redor. O Herói, Léa e Tyrael devem ir para Caldeum imediatamente.*

## NOVA TRISTRAM

Fale com o Tyrael nas Celas dos Condenados e use o portal que ele cria para retornar a Nova Tristram. Fale com o arcanjo na cidade para forjar planos de prosseguir para Caldeum **[1]**. Tyrael conseguiu que um Líder de Caravana transportasse o grupo para Caldeum. Fale com o homem de verde perto do vagão quando estiver pronto para sair de Nova Tristram **[2]** **Missão Cumprida**.

Fale com o Líder da Caravana apenas quando você estiver realmente pronto para seguir para o Ato 2

### A CARAVANA

A Caravana leva o Herói e seu Baú Pessoal, juntamente com os Seguidores e Artesãos de um Ato para o outro. Isso inclui o Templário, o Vigarista, bem como o Ferreiro. A Caravana monta um acampamento no início de cada Ato. O centro de operações foi Nova Tristram durante o Ato 1. No Ato 2, sua base é um acampamento escondido situado num penhasco acima da cidade de Caldeum. Sua Caravana vai crescer para incluir Seguidores adicionais e Artesãos conforme a missão continua. Nem a Caravana nem seu acampamento mudam de localidade dentro de um Ato.

# ATO II

Kehjistan
Caldeum
ras
Lut Gholein
Gea Kul
Ureh
Seas
Aranoch
Kurast
Torajan
Jungles
Viz-jun

Swamplands

# CALDEUM

*A joia do oriente, Caldeum, é uma cidade próspera, com um castelo em que mora um menino-rei e que tem uma rica herança cultural. Este movimentado oásis no deserto está atualmente paralisado devido à violência que se espalha por todo o mar de areia que circunda os muros da cidade. O Acampamento Oculto no alto do Bazar de Caldeum oferece à caravana do Herói um vislumbre da cidade cintilante abaixo e os portões do palácio freiam os refugiados que tentam entrar no coração da cidade, deixando-os vagando nas proximidades do Bazar sem ter para onde ir.*

BUSCA

## SOMBRAS NO DESERTO

### OBJETIVOS

1. Ir ao Bazar de Caldeum.
2. Falar com Ashara.
3. Ir até o Cânion Partido.
4. Matar os cultistas esboscadores.
5. Falar com a Sibila no Cânion Partido.
6. Matar os Lacunis que atacam os Lobos de Ferro.
7. Falar com Jarulf Lobo Ferro.
8. Interromper o ritual do Conclave Oculto.
9. Interromper o ritual do Altar Secreto.
10. Ir para a Ponte do Cânion Negro.
11. Falar com a Sibila.

### RECOMPENSAS DE CONCLUSÃO

| HERÓI | OURO | XP |
|---|---|---|
| Todas as Classes | 490 | 4400 |

*Baseado na dificuldade Normal.



*A caravana viajou até a encosta de uma colina com vista para a cidade joia do oriente, Caldeum. Belial, um dos Últimos Senhores do Inferno, lançou um véu sobre esta bela cidade, mas ele não pode ser visto daqui. Léa e Tyrael irão procurar Belial, enquanto o Herói vai em busca de Maghda, já que a morte de Cain não deve ficar impune.*

## ACAMPAMENTO OCULTO

A caravana montou acampamento no topo de uma alta falésia com vista para a cidade desértica de Caldeum. Há muito a fazer e Tyrael está ansioso para começar, mas preparativos são necessários. Tome um momento para olhar ao redor do acampamento; fale com os lojistas e inspecione os seus produtos. Observe a localização dos fornecedores, já que é provável que você precise deles para executar reparos em breve.

As escadas no lado norte do Acampamento Oculto oferecem acesso rápido e fácil às lojas no Bazar de Caldeum

Fale com Léa para colocar o plano em ação. O Herói instrui Léa e Tyrael a procurar Belial enquanto ele procura Maghda. Desça as escadas na extremidade norte do acampamento para entrar no Bazar de Caldeum [1].

# BAZAR DE CALDEUM

Ashara, a comandante dos Lobos de Ferro, está logo depois da entrada do Bazar de Caldeum. Fale com ela para saber dos refugiados que ela salvou do Culto de Maghda **[2]**. Ashara acredita que Maghda está indo em direção a Alcarnus, mas Maghda instruiu seus Cultistas a bloquear o caminho que passa pela fronteira — a única forma de persegui-la é pelo Entreposto de Khasim, além do Cânion Partido.

Fale com Ashara para saber do paradeiro do Maghda

A viagem para além do Cânion Partido — apenas uma pequena parte do deserto dos Ventos Lancinantes — será uma tarefa árdua. Pare na Taverna das Areias Calcinantes para estocar poções de saúde. Vale a pena também falar com os outros fornecedores nesta área. Eles carregam equipamento que o Herói não seria capaz de obter em Nova Tristram.

A saída para o deserto fica ao nordeste, um pouco além do traficante de armas Lugo, o Mineiro. Os guardas perto do portão dizem para procurar o Capitão Davyd, se você chegar ao Entreposto de Khasim. Eles têm suas dúvidas de que você será bem-sucedido...

## LÉA NO BAZAR

Léa e Tyrael descobriram notícias interessantes sobre os Lobos de Ferro, Belial e a paralisação da cidade. Ela e Tyrael estão em pé à esquerda do arco pelo qual você passa depois de falar com Ashara. Juntos, eles vão encontrar um caminho para a cidade, pelos esgotos.

## LOJAS

**A Lugo, o Mineiro**
Categorias
Armas, Armaduras, Reparos

**B Tilnan, o Colecionador**
Categorias
Armas, Armaduras, Miscelânea, Reparos

**C Sadeir, o Taberneiro**
Categorias
Miscelânea, Reparos

**D Espirro, o Mascate**
Categorias
Armas, Armaduras, Miscelânea, Reparos

**Haedrig Eamon** (no Acampamento Oculto)
Categoria
Ferreiro

**Shen, o Cobiçoso*** (No Acampamento Oculto)
Categoria
Joalheiro

**Silmak, o Contrabandista** (No Acampamento Oculto)
Categorias
Armas, Armaduras, Berloques, Reparos

*O Joalheiro não está disponível inicialmente.

# VENTOS LANCINANTES

*Além dos muros de Caldeum está o deserto dos Ventos Lancinantes. Esta paisagem de areia estéril é desprovida de água, plantas e habitantes amigáveis. Os Ventos Lancinantes e seus desfiladeiros e planaltos varridos pelo vento são o lar dos membros das ferozes tribos de Decaídos e Lacunis. Os restos de uma antes próspera operação de mineração estão adormecidos ao longo do Cânion Negro nas casas abandonadas dos trabalhadores. A estrada velha para Alcarnus foi bloqueada, forçando uma longa caminhada pelo coração do deserto para o Entreposto de Khasim.*

## NOVOS LACAIOS DO INFERNO

| Lacaio | Normal | Pesadelo | Torm. | Inferno |
|---|---|---|---|---|
| Caçadora Lacuni | 14 | 36 | 53 | 61 |
| Guerreiro Lacuni | 14 | 36 | 53 | 61 |
| Vespa da Areia | 14 | 36 | 53 | 61 |
| Cultista Demente | 17 | 39 | 55 | 62 |
| Carniçal Cruel | 14 | 36 | 53 | 61 |
| Malévolo Cruel | 13 | 35 | 53 | 61 |
| Cultista Enlouquecido | 14 | 36 | 53 | 61 |
| Demônio Assassino | 20 | 41 | 55 | 62 |
| Verme da Rocha Selvagem | 14 | 36 | 53 | 61 |
| Asa de Caverna | 15 | 37 | 54 | 62 |
| Decaído | 15 | 37 | 54 | 62 |
| Capataz Decaído | 15 | 37 | 54 | 62 |
| Cão Decaído | 15 | 37 | 54 | 62 |
| Destruidor Cruel | 17 | 39 | 55 | 62 |
| Malévolo Frenético | 17 | 39 | 55 | 62 |
| Mangual das Dunas | 14 | 36 | 53 | 61 |
| Arauto da Dor | 17 | 39 | 55 | 62 |
| Evocador Enlouquecido | 17 | 39 | 55 | 62 |
| Malévolo Amaldiçoado | 19 | 40 | 55 | 62 |
| Guerreiro Esquelético | 16 | 38 | 54 | 62 |
| Aguilhante Carregado | 21 | 42 | 56 | 62 |
| Filhote de Aranha | 20 | 41 | 56 | 62 |

## FONTES DE SAQUE

| Fonte | Raridade |
|---|---|
| Ossos Profanados | ★ |
| Pedras Soltas | ★★ |
| Pilha de Pedras | ★★ |
| Barril de Tortura | ★★ |
| Aventureiro Morto | ★★ |
| Lobo de Ferro Morto | ★★ |
| Camponês Morto | ★★ |
| Corpo Calcinado pelo Sol | ★★ |
| Saco de Ovos | ★★ |
| Verme Morto | ★★ |
| Besta Morta | ★★ |
| Caixote de Armas | ★★ |
| Barril | ★★ |
| Baú de Tesouro | ★★★ |
| Baú | ★★★ |
| Caixa Escondida | ★★★★ |
| Baú Resplandecente | ★★★★ |

GUIA DE MISSÕES

CONTINUAÇÃO DA MISSÃO

# SOB AS AREIAS ESCALDANTES

## CÂNION PARTIDO

Ataques a distância, como Desintegração, podem ser usados para acertar Vespas de Areia antes que elas desçam das falésias

Desça o caminho para o Cânion Partido e fale com a Sibila. Ela dá um terrível aviso sobre os Cultistas e pretende se juntar a você, já que ela também procura o Culto. A Sibila fala de miragens à frente, armadilhas de magia sórdida. Sabendo que suas habilidades virão a calhar, ela se junta à sua busca sem aguardar a sua aprovação.

O caminho leva a um desfiladeiro aparentemente intransponível, lar de muitas Vespas da Areia e até mesmo algumas Caçadoras Lacunis, que arremessam bombas incendiárias. Vespas da Areia vomitam até quatro vespas em miniatura que servem como ataques de projéteis lentos. Afaste-se e espere as Vespas da Areia dispararem seus projéteis filhos, então contorne essas vespas em miniatura e ataque. Lute através do Cânion Partido para o beco sem saída [3].

Os membros do Culto de Maghda materializam-se do nada e atacam de perto no desfiladeiro quadrado. Derrube esses Cultistas Dementes rápido, antes que eles ataquem com suas adagas [4].

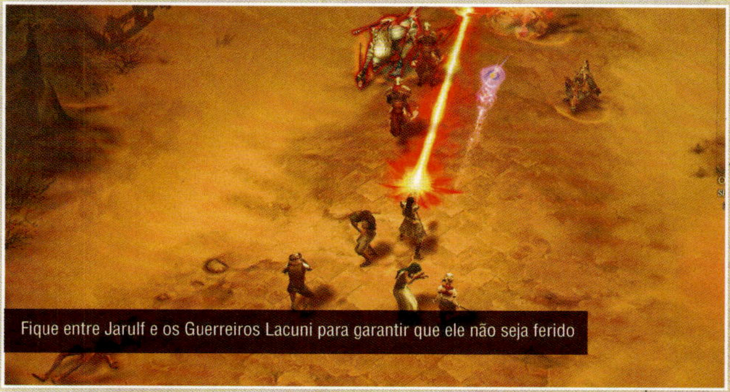
Fique entre Jarulf e os Guerreiros Lacuni para garantir que ele não seja ferido

Fale com a Sibila para descobrir o nome dela [5]. Veja como Irina usa seus poderes arcanos para limpar o caminho — não era um beco sem saída, mas sim uma ilusão criada pelos Cultistas!

Vários membros dos Lobos de Ferros aproximam-se além da obstrução mágica. Eles estão sendo perseguidos por Guerreiros Lacunis e seu líder, Jarulf, precisa de ajuda. Guerreiros Lacunis atacam com espadas gêmeas e são perigosos. Abata os atacantes para salvar o capitão dos Lobos de Ferro [6]. Fale com Jarulf para saber sobre a poderosa magia que está sendo lançada a partir de dois covis no deserto [7]. O Herói e a Sibila devem interromper essas magias a fim de atravessar a Ponte do Cânion Negro para o nordeste.

## PLATÔ UIVANTE

### CAVERNAS SIROCCO

*As Cavernas Sirocco são uma área grande e perigosa, mesmo com a Sibila dando uma mão. Aqui há muitas ameaças tóxicas a considerar. Evite pisar nos Sacos de Larvas nos cantos da caverna pois eles soltam gás venenoso. Os Vermes Mortos normalmente geram Filhotes de Aranhas quando inspecionados e os grandes buracos são muitas vezes a casa de Asas de Caverna ou Vermes da Rocha Selvagens, ambos mortais. Vermes da Rocha Selvagens tentarão sair pelo chão e engolir o Herói, só para cuspi-lo de volta após voltar de um mergulho no solo. Não se assuste se o Herói desaparecer de repente! Este é um ótimo lugar para subir de nível e ganhar alguns equipamentos poderosos, tenha um grande estoque de poções de vida. Entre por sua conta e risco!*

## GAROTA ASSUSTADA

*Você pode encontrar uma outra ilusão de um Cultista das Trevas na forma de uma criança assustada perto de uma rua sem saída de pequenas casas. Esta é uma armadilha do tipo mais sinistro, apelando ao seu desejo de ajudar uma pobre menina perdida. Os Cultistas das Trevas surgem ao lado de Malévolos Frenéticos e Berserkers Sombrios Campeões. Tenha cuidado! Considere recuar pela entrada estreita, onde você pode forçá-los a alinhar-se para atacar. Eles criaram a ilusão na esperança de cercar você de inimigos — estrague o plano deles afunilando-os em um gargalo!*

## OURO DE UM MINEIRO

*Procure nos elevadores de mineração e calçadões por um mineiro perto de um Baú Resplandecente. Ele precisa de você para protegê-lo de saqueadores Decaídos enquanto ele tenta subir no elevador com um baú pesado. Fique perto do mineiro para protegê-lo das primeiras ondas de Decaídos, em seguida, procure qualquer Xamã Decaído na área. O mineiro vai levar o que ele veio buscar, mas deixará o conteúdo do Baú Resplandecente para você, além de uma boa quantidade de XP e ouro.*

O Platô Uivante é uma paisagem de deserto em expansão, que abriga membros hostis dos Lacunis, Vespas da Areia, Manguais das Dunas e muitas outras criaturas malignas. A estrada principal leva do norte do Cânion Partido para a Ponte do Cânion Negro, mas a ponte está atualmente inacessível graças aos feitiços sendo proferidos no Conclave Oculto e Altar Secreto. O Herói deve procurar essas duas tocas e interromper as magias, mas encontrá-las é metade do desafio.

A Sibila irá revelar as pegadas dos Cultistas. Siga-os até a sua localização secreta

## *Minerando Tesouros*

*As minas podem não estar mais em serviço, mas isso não significa que os elevadores deixaram de funcionar. Dê uma olhada ao redor do poço leste para ver se há um baú de tesouro em uma das plataformas. Se houver, puxe uma alavanca de elevação próxima para trazê-lo ao alcance.*

Procure na área por sinais de Cultistas. A Sibila vai sentir uma outra ilusão — que cobre as pegadas dos Cultistas — e vai usar sua magia para revelar essas trilhas. Vá em direção oeste para o Conclave Oculto e desça as escadas. Mate o Destruidor Cruel que guarda o ritual, então rompa o feitiço matando todos os Cultistas das Trevas **[8]**. Mais irão emergir das sombras, mas não devem ser páreo para você. Eles não são tão perigosos quanto os inimigos encontrados no campo, mas podem evocar um Corpo Inchado ou Destruidor Cruel. Felizmente, eles estão muito concentrados no seu ritual e o Herói tem o fator surpresa ao seu lado.

Lute através dos Destruidores Cruéis guardando o ritual para alcançar os Cultistas das Trevas

Conduza a Sibila para leste através do Platô Uivante para descobrir um segundo conjunto de pegadas ocultas. Siga-as para as construções na orla do planalto para encontrar o Altar Secreto **[9]**. Esta área tem mais inimigos e é um pouco mais difícil que o Conclave Oculto. Cuidado com os Destruidores Cruéis, Arautos da Dor e Malévolos Amaldiçoados evocados. Ataque de longe, em seguida fuja para se curar se necessário. O quarto tem um caminho em S no centro. Fique à direita dele para evitar o ataque das forças evocadas na sua retaguarda — sempre deixe uma saída!

Mantenha-se perto da saída até que os Arautos da Dor tenham sido derrotados, em seguida acabe com os Cultistas das Trevas

*"Eles são divididos em Males Inferiores: Belial, Azmodan, Duriel e Andariel e os Males Supremos: Mefisto, Baal e Diablo."*
*— Deckard Cain*

## *Cadáver de Mensageiro*

*Mantenha os olhos abertos para o Cadáver Torturado de Cultista no Conclave Oculto. Inspecione o cadáver para encontrar a peça de conhecimento "Carta para Maghda, parte 1" — uma mensagem de uma fonte muito profana.*

## Demônios da Areia

O deserto é um lugar inóspito, com muitos perigos, tanto naturais como arcanos, incluindo os demônios da areia. Estes ciclones de areia rodopiante avançam no deserto e infligem danos pesados se você chegar muito perto. Dê a eles um amplo espaço, já que seus movimentos são bastante imprevisíveis.

Com os dois feitiços interrompidos, é hora de ir para a ponte **[10]**. A Ponte do Cânion Negro fica localizada mais à frente na estrada no lado norte do Platô Uivante. Fale com a Sibila para conhecer a sua verdadeira história **[11] Missão Cumprida**.

O Herói vai pedir a Sibila para participar de sua missão. Ter a Sibila ao seu lado será de grande ajuda, mas se você também é um Arcanista pode ser melhor seguir em frente com o Templário. Você pode ter apenas um seguidor de cada vez, e dois Magos não são tão eficazes quanto um Mago e um Templário. Considere o uso do Portal da Cidade para retornar ao Acampamento Oculto e contratar o Templário.

A Sibila vai usar seus poderes para neutralizar a ilusão e revelar a Ponte do Cânion Negro

BUSCA

# ESTRADA PARA ALCARNUS

## OBJETIVOS

1. Cruze a Ponte do Cânion Negro.
2. Encontre o Entreposto de Khasim.
3. Fale com o Tenente Vachem.
4. Entre no Posto de Comando.
5. Mate os demônios no Posto de Comando.
6. Abra a Jaula Trancada.
7. Mate os Enganadores Contorcidos no Entreposto de Khasim.
8. Fale com o Capitão Davyd no Entreposto de Khasim.

## RECOMPENSAS DE CONCLUSÃO

| HERÓI | OURO | XP |
|---|---|---|
| Todas as Classes | 500 | 4600 |

*Baseado na dificuldade Normal.

*A busca do Herói por Maghda o conduziu pelo Platô Uivante e para a Ponte do Cânion Negro. Se Maghda foi realmente para Alcarnus, então o Herói deve passar pelo Entreposto de Khasim para continuar sua missão. Esta área encontra-se mais ao norte, além das Minas do Cânion Negro.*

## MINAS DO CÂNION NEGRO

Atravesse a ponte para entrar na área das Minas do Cânion Negro [1]. Continue ao longo da estrada para o norte, só para descobrir que a entrada foi bloqueada por uma barricada de destroços e escombros — colocados ali pelos Cultistas na opinião dos guardas. O Herói vai de fato precisar encontrar outro Caminho para Alcarnus.

Procure na área os inimigos e tesouros. Os Decaídos são bastante numerosos, assim como os Manguais das Dunas. Enquanto os Decaídos mais modestos são simplesmente uma fonte de força para o Herói, os Capatazes Decaídos e Cães Decaídos devem ser respeitados. Capatazes Decaídos usam ataques corpo a corpo comuns, mas também têm um poderoso Ataque de Impacto e um rugido de gelar o sangue.

Procure o tesouro dentro dos porões nesta área e nos andaimes de mineração. Suba o Elevador de Mineiro no leste (com vista para o Platô Uivante) para acessar o baú, muitas vezes localizado na plataforma de mineração. Continue pelo Cânion Negro para a área Ventos Lancinantes através da abertura estreita para oeste.

Ao contrário de outras barricadas encontradas pelo Herói, esta não é uma ilusão. Passe ao redor dela

Muitas das plataformas suspensas contêm um baú. Procure uma alavanca próxima para elevar a plataforma

## TÚNEIS DE VERMES

*Olhe para o Porão Abandonado e dirija-se a ele para encontrar um monstro único chamado Bocascalho, o Devorador. Este Verme da Rocha Eletrificado reside num furo no centro do piso. Afaste-se e lance ataques a distância em seu buraco. As Granadas do Caçador de Demônios são perfeitas para isso. Combatentes corpo a corpo podem derrotar Bocascalho, mas não sem sofrer eletrocussão. Entre na cratera desocupada para descer aos Túneis do Verme da Rocha. Esta é uma pequena caverna vazia com vários itens de saque para coletar, tornando a exploração do Porão Abandonado digna do esforço.*

## PORÃO ABANDONADO

*Há mais de um Porão Abandonado, então você pode encontrar uma série de Enxames de Insetos ou talvez um monstro completamente único dentro deles. Cuidado com o monstro único chamado Hurant, um Servo Profano com o traço Vampírico que recebe de volta como Vida 20% de todo o dano que inflige ao Herói. Hurants se multiplicarão, mas se você mantiver ataques rápidos de longa distância como o Chakram do Caçador de Demônios, vai cortar um monte deles e encontrar uma impressionante coleção de saques. globos de vida e ouro. Com alguma sorte, você vai simplesmente encontrar um porão contendo um Baú Resplandecente e algumas criaturas menores.*

## SALVO DOS CÃES

*Entre no Porão Ensanguentado e extermine três matilhas de Cães Decaídos que estão se refestelando com os corpos do local. Essas criaturas se movem rápido e atacam com toda a agressividade de feras selvagens, então o uso de uma habilidade de armadura é aconselhada. Um sobrevivente aparecerá logo que a ameaça for eliminada. Fale com ele para receber uma pequena quantidade de ouro pelo seu esforço.*

# VENTOS LANCINANTES

## NOVOS LACAIOS DO INFERNO

| Criatura | Normal | Pesadelo | Torm. | Inferno |
|---|---|---|---|---|
| Lunático Decaído | 17 | 39 | 55 | 62 |
| Mago Ofídio | 17 | 39 | 55 | 62 |
| Enganador Contorcido | 17 | 36 | 55 | 62 |
| Enxame de Insetos | 17 | 39 | 55 | 62 |
| Torre Guardiã | 20 | 41 | 56 | 61 |
| Aracnita Gélida | 22 | 42 | 56 | 62 |
| Aracnita Incandescente | 22 | 42 | 56 | 62 |
| Aracnita Chocante | 22 | 42 | 56 | 62 |
| Aracnita Peçonhenta | 22 | 42 | 56 | 62 |
| Lenhador de Carne | 17 | 38 | 54 | 62 |
| Guardião Nóxio | 16 | 38 | 54 | 62 |
| Guardião Gélido | 20 | 41 | 56 | 62 |
| Batedor Esquelético | 16 | 38 | 54 | 62 |
| Conjurador Obscuro | 17 | 39 | 55 | 62 |
| Assombração Mortífera | 17 | 33 | 56 | 62 |

## FONTES DE SAQUE

| Fonte | Raridade |
|---|---|
| Barril | ★ |
| Pilha de Pedras | ★★ |
| Caixote de Armas | ★★ |
| Corpo Calcinado pelo Sol | ★★★ |
| Caixa Escondida | ★★★ |
| Caixotes de Suprimentos | ★★★ |
| Lobo de Ferro Morto | ★★★ |
| Besta Morta | ★★★ |
| Alforje | ★★★ |
| Alforje Perdido de Cain | ★★★★ |
| Baú da Guarda Imperial | ★★★★ |
| Camponês Morto | ★★★ |
| Baú | ★★★ |
| Baú Resplandecente | ★★★★ |

# AS RUÍNAS

*As Ruínas são um túmulo escuro e empoeirado de tamanho variável que contém uma série de novos inimigos, incluindo Obeliscos Sencientes e Enxames de Insetos. Os mais ameaçadores são os demônios serpentinos chamados Mago Ofídio e Enganador Contorcido. O Mago Ofídio, muitas vezes, forma um grande círculo de energia elétrica que é extremamente perigoso e deve ser evitado. O Enganador Contorcido cintila, desaparece e reaparece perto para atacar. Existem inúmeros Baús Resplandecentes nas Ruínas, mas é um lugar perigoso para se estar sem um aliado, especialmente se você não for pelo menos um Herói nível 17. Esta caverna opcional é muito difícil para os lutadores corpo a corpo, mesmo com a Sibila ao seu lado (a menos que você tenha separado alguns bons itens de saque para ela usar).*

# O ÍDOLO DE RYGNAR

*Entre na Câmara do Ídolo Perdido e fale com Poltahr. Ele está à procura do Ídolo de Rygnar e precisa de você para conduzi-lo através do calabouço e encontrá-lo. Alcance o alforje jogado próximo para a ler suas anotações antes de sair. Este túmulo se assemelha às Ruínas, mas contém uma raça inteiramente nova de inimigos, incluindo dois tipos de guardiões elementais: Os Guardiões Nóxios e os muito mais fortes Guardiões Gélidos. Há muitos Pilhadores Mortos para saquear, mas o principal objetivo aqui é ganhar XP e ouro. O Ídolo de Rygnar é protegido por quatro Guardiões Gélidos. Eles aparecem em cantos separados. Acerte rapidamente um dos Guardiões Gélidos, em seguida passe para o outro para evitar ser cercado por todos os quatro no centro. Complete a exploração da Câmara para encontrar o cristal de saída ou use o Portal da Cidade para retornar ao Acampamento Oculto, então use um marco de senda para viajar aos Ventos Lancinantes.*

# A CÂMARA DESMORONANTE

*A Câmara Desmoronante é um grande calabouço de dois andares que contém numerosos baús e muito mais inimigos. Você irá encontrar Torres Guardiãs ao longo das ruínas. Estes obeliscos geram uma variedade de Aracnitas elementares. Ataque as Torres Guardiãs para limitar o número de Aracnitas que são evocadas na área. Procure o portal para o Quarto do Tesouro da Câmara Desmoronante dentro do prazo estipulado para encontrar baús adicionais, e até mesmo um Baú Resplandecente, juntamente com um portal de volta para o exterior de Ventos Lancinantes. Lute apenas com os monstros que estão em seu caminho, ou então você pode não chegar à Câmara do Tesouro a tempo. Este evento pode ocorrer durante a parte dos Ventos Lancinantes na busca seguinte.*

## A CARAVANA PERDIDA

*Bem a oeste da entrada de Ventos Lancinantes, muitas vezes há uma área contendo a Caravana Perdida. Os caixotes de suprimentos dispersos, barris e baús oferecem muito saque, mas a caravana também atraiu uma série de Decaídos para a área, muitos dos quais foram evocados por Beyatt, o Ressuscitador, um inimigo único que ostenta as características Aura de Dano, Veloz e Teleportador. Beyatt ataca com um Raio Carregado que causa dano Elétrico, mas a sua principal ameaça são os muitos Decaídos evocados. Você deve concentrar seus ataques contra ele diretamente para minimizar o número de Decaídos que são evocados.*

## AS AREIAS INQUIETAS

*Às vezes, em vez da Caravana Perdida, você pode dar de cara com um Necromante chamado Mehtan. Fale com ele para ser apresentado a este evento. Ative os dois Totens do Necromante e derrote as Assombrações Mortíferas que atacam. Mehtan e seus lacaios Guerreiros Esqueléticos irão auxiliá-lo na batalha. Fale com ele depois de matar todos as seis Assombrações Mortíferas (três de cada Totem do Necromante). Vários membros do Culto irão aparecer, junto com um par de Destruidores Cruéis. Mate todos para ganhar uma recompensa em XP e ouro. Procure a Bolsa de Mehtan na área do evento para uma peça de conhecimento.*

Ventos Lancinantes é uma área rochosa e geograficamente desafiadora que se encontra entre as Minas do Cânion Negro e o Entreposto de Khasim. Este trecho de terra estéril ceifou a vida de diversos andarilhos. A área da Caravana Perdida que você pode encontrar a oeste da entrada, entre dois afloramentos enormes, é um triste testemunho desses acontecimentos.

Ventos Lancinantes também é o lar de uma variedade de inimigos, incluindo alguns monstros únicos que podem aparecer de forma aleatória. O caminho para o Entreposto de Khasim não está longe, mas há desafios aqui. Vá com cuidado e avance lentamente para evitar ser encurralado. Não hesite em fugir para além dos muros para a área Minas do Cânion Negro se a batalha se tornar muito intensa.

Continue a noroeste, passando pelo portal desmoronante que normalmente serve como uma entrada para um calabouço aleatório, como as Ruínas ou a Câmara Desmoronante. Localize o passeio sinuoso que leva a uma colina e siga até encontrar o Entreposto de Khasim e um Marco de Senda **[2]**.

O centro desta área pode conter a carga caída de uma caravana abandonada ou talvez um labirinto de abismos

Fique atento ao moribundo chamado Hadi. Ele avisa que o tremor do chão anuncia a chegada de um Mangual das Dunas Monstruoso!

# ENTREPOSTO DE KHASIM

Passse pelos guardas e vire a esquina. Recolha o documento Ordens do Guarda do baú e fale com o Tenente Vachem no centro do posto **[3]**. Ele acha que você é louco por tentar perseguir Maghda, mas diz que o Capitão Davyd tem a chave do portão. Ele está no Posto de Comando nas proximidades.

Fale com o Tenente Vachem no centro do Entreposto de Khasim, um pouco além dos guardas e outros homens

O Posto de Comando está no subsolo das proximidades. Desça as escadas para encontrar Maghda, junto a vários Guardas do Rei **[4]** (ou assim parece). Os apropriadamente chamados Enganadores Contorcidos desativam suas vestes ilusórias e revelam sua verdadeira forma. Maghda irá fugir do posto, mas você será capaz de matar seus Enganadores Contorcidos empunhadores de lanças **[5]**. Vença todos eles, então abra as jaulas para salvar o Capitão Davyd e seus Lobos de Ferro **[6]**.

Volte para fora para matar os outros demônios na área. Alguns Magos Ofídios e Enganadores Contorcidos estão atacando as pessoas do posto **[7]**. O Mago Ofídio possui um poderoso ataque Elétrico que deve ser evitado. Concentre-se nos Enganadores Contorcidos se você está jogando como um lutador corpo a corpo e deixe os Lobos de Ferro cuidarem dos Magos Ofídios. Fale com o capitão Davyd assim que a vitória for assegurada. Ele vai abrir o portão de uma vez por todas — você deve ir para Alcarnus rapidamente **[8] Missão Cumprida**.

Mate os Enganadores Contorcidos antes que eles ataquem os homens trancados nas jaulas

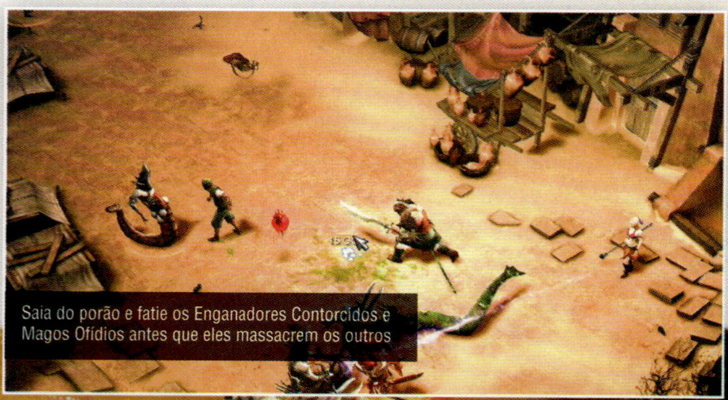

Saia do porão e fatie os Enganadores Contorcidos e Magos Ofídios antes que eles massacrem os outros

***"Há um sacrifício aqui, mas não sou eu. Seu mestre mandou você aqui como isca para me tirar de Caldeum." - Feiticeiro***

BUSCA

# CIDADE DO SANGUE

## OBJETIVOS

1. Viaje através do portão leste do Entreposto.
2. Encontre Alcarnus.
3. Encontre o Covil da Bruxa em Alcarnus.
4. Mate Maghda.
5. Volte para o Acampamento Oculto.

## RECOMPENSAS DE CONCLUSÃO

| HERÓI | OURO | XP |
|---|---|---|
| Todas as Classes | 262 | 6600 |

*Baseado na dificuldade Normal.

*O bloqueio dos Cultistas na Estrada para Alcarnus forçou o Herói a fazer um desvio pelo Entreposto de Khasim. Isso pode ter dado a Maghda algum tempo extra para se preparar, mas a sede de vingança do Herói está cada vez mais intensa a cada passo através do deserto escaldante.*

# VENTOS LANCINANTES (cont.)

## AS AREIAS INQUIETAS

*O centro desta área é, por vezes, o lar de uma aldeia em ruínas e um homem chamado Mehtan, o Necromante. Ele fala de espíritos aprisionados dentro dos totens. Ele acredita que o Culto irá utilizá-los para coisas más e quer que você os elimine. Destrua os Totens do Necromante sul e norte. Não leve essa luta na brincadeira, já que vários Espectros Severos são liberados de cada totem e eles são de um nível muito mais elevado do que outros inimigos na área. Espectros Severos tendem a atacar com apêndices laminados e realizar ataques rápidos de bater ou correr. Faça o que fizer, não solte os Espectros Severos de ambos os totens simultaneamente! Fale com Mehtan após matá-los, então defenda-o dos Cultistas das Trevas para receber 480 de ouro e 1220 XP. Procure pela Bolsa de Mehtan e seu registro nas proximidades.*

## MINA DO POSSEIRO

*Procure no centro do mapa uma possível entrada de uma caverna de mineração. Conjuradores Obscuros e um inimigo único, o Lorde Dervixe, estão no interior dela. Ataque os Conjuradores Obscuros antes deles evocarem Malévolos Amaldiçoados e atacarem com seus projéteis de fogo. O Lorde Dervixe tem o traço Vórtice, que suga o Herói para suas lâminas giratórias. Fique fora do alcance do Vórtice ou use uma aura de proteção. Limpe a caverna e suba o elevador no centro da mina para recuperar um baú escondido.*

O Capitão Davyd destrancou um portão que dá para outra seção de Ventos Lancinantes, separada da área anterior por um abismo [1]. Vá para o sul enquanto cruza o deserto de Ventos Lancinantes para ganhar XP e saque.

## *Ela é Encantada*

*Se você decidiu atribuir à Sibila o feitiço Patuá, não se esqueça de prestar atenção no ícone em espiral sobre as cabeças dos inimigos. Isso indica qual monstro ela encantou para atacar outros inimigos. Não ataque o inimigo encantado, já que a criatura confusa vai realmente lutar ao seu lado até que o efeito desapareça.*

Atacantes de longa distância devem se separar da Sibila para atacar o inimigo de várias direções

Esteja atento para qualquer coisa fora do comum, incluindo um navio abandonado enterrado no deserto. Remexer o navio provavelmente vai atrair muitos Lunáticos Decaídos de seu esconderijo, por isso tome cuidado. Em outros lugares, Cultistas Enlouquecidos e Arautos da Dor vão emergir da areia para atacar. Defenda-se deles e continue a fazer o seu caminho para sudeste em direção à Estrada para Alcarnus.

# ESTRADA PARA ALCARNUS

Use o Marco de Senda próximo para voltar para o ferreiro no Acampamento Oculto e criar qualquer coisa que você possa usar. Este é um bom momento para estocar poções e providenciar a atualização da varinha da Sibila, através de habilidades manuais ou de compra.

Esquive-se do poder aéreo do Estilhaça Ossos, em seguida ataque enquanto a maça da criatura está presa ao chão

Volte para a Estrada para Alcarnus e explore a parte ocidental da área antes de ir para leste. A entrada de Alcarnus está a poucos passos de distância, para a direita através do portão, mas há obstáculos a superar [2]. Atraia os outros inimigos para longe do animal chamado Estilhaça Ossos e acerte-os primeiro para ter globos de saúde disponíveis durante toda a luta se você precisar.

## ESTILHAÇA OSSOS

### ACÓLITO DO TORMENTO

Estilhaça Ossos é um enorme inimigo no estilo Berserker com uma maça robusta que pode golpear horizontalmente e sobre a cabeça. Estilhaça Ossos tem muito mais saúde do que os Berserkers Sombrios típicos devido à característica de Vida Extra. Embora os ataques sejam relativamente rápidos, é com o Poderoso Golpe Berserker aéreo que você deve tomar cuidado para evitar! Preste atenção quando o Estilhaça Ossos se prepara para o ataque, levantando o bastão para trás de sua cabeça. Esquive-se para o lado para evitar o golpe e circule por trás dele para atacar Estilhaça Ossos na parte traseira. O Poderoso Golpe Berserker da besta causa dano padrão de 3x, mas também fica preso na areia quando se perde. Isto dá a você alguns segundos para atacar livremente!

| MODO | NÍV | HP | XP | ATAQUES | CARACTERÍSTICAS | RESIST. |
|---|---|---|---|---|---|---|
| Normal | 14 | 1308-1417 | 1050 | Corpo a corpo, Poderoso Golpe Berserker | Vida Extra, Frenesi | - |
| Pesadelo | 36 | 44.000-48.000 | 4000 | Corpo a corpo, Poderoso Golpe Berserker | Vida Extra, Eletrificado | - |
| Torm. | 53 | 654.000-752.000 | 12.000 | Corpo a corpo, Poderoso Golpe Berserker | Vida Extra, Eletrificado | - |
| Inferno | 61 | 3.772.000-4.086.000 | 16.000 | Corpo a corpo, Poderoso Golpe Berserker | Vida Extra, Eletrificado | - |

# ALCARNUS

## NOVOS LACAIOS DO INFERNO

| Lacaio | Normal | Pesadelo | Torm. | Inferno |
|---|---|---|---|---|
| Hospedeiro Corrompido | 14 | 36 | 53 | 62 |
| Conjurador Impuro | 17 | 39 | 55 | 62 |
| Cultista Demente | 17 | 39 | 55 | 62 |
| Servo Atormentado | 17 | 36 | 53 | 62 |

## FONTES DE SAQUE

**Barril de Tortura**
Raridade
★

**Vítima Torturada**
Raridade
★★

**Caixote de Armas**
Raridade
★★

**Camponês Morto**
Raridade
★★

**Cadáver do Cap. dos Lobos de Ferro**
Raridade
★★

**Baú**
Raridade
★★★

**Caixotes de Suprimentos**
Raridade
★★

**Baú Resplandecente**
Raridade
★★★★

**Alforjes de Cain**
Raridade
★★★★

## PORÕES DA CIDADE

*Há vários porões que podem dar acesso à parte interior de Alcarnus, eles levam os nomes de Porão de Alcarnus, Porão da Cidade e Porão Arenoso. Essas áreas costumam conter presos em jaulas (ver Bônus de Missão), um punhado de inimigos e talvez um Baú Resplandecente ou alguns Barris de Tortura. Muitas vezes você vai encontrar Hospedeiros Mortos, Evocadores Enlouquecidos, Malévolos Frenéticos e talvez um Subjugador também. Os porões são muito pequenos e vale a pena o tempo que leva para limpá-los de inimigos.*

Continue pela ponte em Alcarnus. Maghda não está longe, mas ela tem esta cidade muito bem protegida. É importante avançar lentamente e atrair os inimigos para longe de seus companheiros em uma tentativa de dividir e conquistar. Abra caminho para leste passado os porões ao longo da parte sul da cidade. Utilize as construções para a sua vantagem e as mantenha entre o Herói e os inimigos lançadores de magia. Concentre seus ataques sobre o Evocadores Enlouquecidos para evitar enfrentar uma série perigosa de Malévolos Frenéticos.

## Bônus

### SALVE 8 PRISIONEIROS

O Culto ainda não tinha matado todos os refugiados; eles deixaram muitos a sofrer uma morte agonizante dentro de jaulas estreitas onde nem sequer há espaço para se sentar. Há muitos presos em jaulas espalhadas por todo o extremo sul de Alcarnus, incluindo os porões. Eles estão localizados em locais aleatórios marcados no minimapa. Liberte ao menos oito deles para completar esta missão de bônus e receber ouro extra e XP.

Vá para leste da cidade, então suba as escadas ao norte, onde grupos de Evocadores Enlouquecidos e Hospedeiros Corrompidos estão em círculos ritualísticos. Ataque os Hospedeiros Corrompidos antes que eles possam ser transformados em Servos Atormentados. Concentre-se nos Evocadores Enlouquecidos já que seus Malévolos Frenéticos e bolas de fogo podem causar muito dano. Não hesite em ir para a parte sul da cidade para se curar. Isto também lhe dá a chance de afunilar inimigos descendo as escadas e torná-los mais fáceis de lidar para os Heróis corpo a corpo.

Foque nos Hospedeiros Corrompidos primeiro, em seguida comece a luta contra os Cultistas Dementes e Evocadores Enlouquecidos

O Covil da Bruxa é encontrado no canto nordeste de Alcarnus **[3]**. Use o Portal da Cidade para retornar ao Acampamento Oculto e Bazar de Caldeum para estocar poções antes de entrar na área. A batalha com Maghda será muito mais fácil se o seu equipamento estiver em boas condições e você tiver bastante poções **[4]**.

## *Lacaio do Culto Torturado*

*Procure o Lacaio do Culto Torturado que pode estar perto da entrada do Covil da Bruxa para encontrar a peça de conhecimento "Carta para Maghda, parte 2".*

# COVIL DA BRUXA

## MAGHDA

### LÍDER DO CULTO

*Maghda: "Quando entrei para o Culto, ele era fraco e ocioso. Os líderes estavam satisfeitos em não fazer nada enquanto os Males Supremos eram aprisionados. Eu convenci outra bruxa a me ajudar a envenená-los e, juntas, tomamos o controle. Ela se foi alguns anos mais tarde, mas eu continuei, elevando o Culto para a glória sob Lorde Belial."*

| MODO | NÍVEL | HP | XP | ATAQUES | CARAC. | RESIST. |
|---|---|---|---|---|---|---|
| Normal | 17 | 2944-3312 | 2400 | Punitivo, Poeira de Mariposa, Ritual de Evocação, Teletransporte, Máscara de Maghda, Campo de Força | - | - |
| Pesadelo | 36 | 89.984-101.233 | 9200 | Punitivo, Poeira de Traça, Ritual de Evocação, Teletransporte, Máscara de Maghda, Campo de Força | - | - |
| Torm. | 55 | 1.309.000-1.472.000 | 26.000 | Punitivo, Poeira de Traça, Ritual de Evocação, Teletransporte, Máscara de Maghda, Campo de Força | - | - |
| Inferno | 62 | 7.868.960-8.852.580 | 32.000 | Punitivo, Poeira de Traça, Ritual de Evocação, Teletransporte, Máscara de Maghda, Campo de Força | - | - |

Maghda cansou de correr e finalmente está pronta para ficar e lutar, mas não pense que ela vai fazer isso sozinha. A batalha começa com ela evocando cinco Cultistas das Trevas no Covil da Bruxa. Derrube estes lacaios, em seguida comece a atacar Maghda pessoalmente.

Esta serva de Belial tem inúmeras habilidades e ataques, mas não resistências elementais ou traços especiais. Maghda irá evocar animais de estimação Berserker (Servos de Maghda) para a arena, três de cada vez. Ataque-os só quando necessário e foque-se em Maghda. Suas manoplas são entremeadas com Dentes de Diablo, que permitem a ela melhorar os Servos que evoca — de fato, eles são um pouco mais difíceis de matar que Berserkers padrões.

Muitos dos ataques de Maghda usam seu domínio sobre a mariposa e outros insetos. Se Maghda é atacada de perto, ela vai abrir a boca e vomitar um enxame de mariposas minúsculas conhecido como Poeira de Mariposas. Este ataque causa dano periódico durante o tempo em que o Herói é capturado na nuvem. Ela também vai lançar uma nuvem de mariposas energizada para aqueles que se opõem a ela de longe. Este ataque Punitivo não tem efeito sobre os Servos de Maghda.

Maghda irá se teletransportar ao redor da arena durante a batalha, particularmente depois de sofrer danos pesados. Ela vai desaparecer por alguns segundos durante o seu telelporte — use este momento para atacar os Servos de Maghda e recolher todos os globos de vida disponíveis.

O aspecto mais difícil desta batalha surge quando ela ativa o seu Campo de Força. Ela vai fazer isso em pontos aleatórios e é completamente imune a todos os ataques uma vez que o Campo de Força está ativo — não há nada que você possa fazer para machucá-la. A única maneira de desalojá-la deste escudo é derrotar todos os Servos de Maghda evocados. Como se vê, ela muitas vezes lança no Herói a Máscara de Maghda depois de ativar o Campo de Força. Esta máscara atrai os Servos de Maghda e os fazem se focarem no Herói por 25 segundos. Mate os Servos de Maghda, em seguida libere os seus ataques mais potentes para matá-la.

Use o Portal da Cidade para retornar ao acampamento escondido onde Tyrael aguarda [5]. Tyrael confirma que Maghda enganou você: enquanto estava longe a caçando, Belial raptou Léa. Sem Léa, apenas Asheara pode ajudá-lo a entrar na cidade. Você terá que encontrá-la imediatamente. **Missão Cumprida.**

RECOMPENSA DE OBJETIVO MENOR

**OURO** - **XP:** 6600

# CALDEUM

MISSÃO

## UMA AUDIÊNCIA REAL

### OBJETIVOS

1. Fale com Asheara nos Portões de Caldeum.
2. Fale com Asheara para entrar no Palácio Imperial.
3. Mate os demônios no Palácio Imperial.
4. Fuja do Palácio Imperial.
5. Destrua os quatro Evocadores de Demônios.
6. Fuja para os Esgotos de Caldeum.

### RECOMPENSAS DE CONCLUSÃO

| HERÓI | OURO | XP |
| --- | --- | --- |
| Todas as Classes | 260 | 1875 |

**Baseado na dificuldade Normal.*

*Belial usou seus Enganadores Contorcidos para posar como Guarda Imperial e encher o imperador menino com mentiras, não só quanto à sua lealdade, mas também sobre eventos no Entreposto de Khasim e a prisão de Léa nos esgotos. Agora cabe a Asheara obter entrada para além dos portões da cidade e levar o Herói ao imperador, antes que seja tarde demais.*

## CIDADE DE CALDEUM

Desça para o Bazar de Caldeum e fale com Asheara perto da ponte que leva às portas da cidade. Asheara está ansiosa para discutir a urgência da situação [1]. Ela vai convencer o Capitão Ravan a deixar vocês dois passarem, mas é certo que o Imperador não será muito receptivo. Atravesse a ponte atrás dela e fale com ela de novo [2]. Ela vai levar o Herói pela cidade para diante do Palácio Imperial.

O Capitão Ravan e a Guarda Imperial estão ocupados impedindo os refugiados de entrar no centro da cidade

O Imperador criança foi convencido pelo Guarda Imperial impostor que o Herói é responsável pelos inocentes abatidos no Entreposto de Khasim. Léa é levada para o Palácio Imperial e os guardas são ordenados a matar todos os três visitantes. É somente depois que o Imperador deixa a sala que os Enganadores Contorcidos se revelam. Léa se livra de seus grilhões com o mesmo poder incrível que ela mostrou anteriormente em Nova Tristram. Una forças com Léa e Asheara e mate os Enganadores Contorcidos no palácio **[3]**.

Com o arco de Léa e a espada de Asheara, você deve ter poucos problemas para despachar os Enganadores Contorcidos

Asheara concorda em ficar para trás para cobrir a sua fuga. Siga Léa de volta através da Cidade de Caldeum para a entrada para os esgotos. O caminho é simples, mas está apinhado de Enganadores Contorcidos e Magos Ofídios. Abra caminho em direção ao sul ao longo da passarela com Léa para escapar do Palácio Imperial **[4]**.

A estrada se curva para leste, onde um grande contingente de inimigos está guardando quatro Evocadores de Demônios. Numerosos Magos Ofídios começam a atacar e mais continuarão a aparecer até você derrotar os Evocadores de Demônios **[5]**. Destrua-os rapidamente, caso contrário, você poderá encontrar-se enfrentando uma dúzia ou mais de Magos Ofídios de uma vez!

Mantenha distância dos Magos Ofídios, especialmente quando eles se espalham e cobrem uma área maior com campos Elétricos. Atinja os Enganadores Contorcidos em seu caminho.

Deixe Léa se concentrar em apagar o Mago Ofídio. Mantenha-se afastado de seu ataque Elétrico circular e concentre-se no Evocador de Demônios

## *Investida Furiosa à Frente*

*A Investida Furiosa do Bárbaro é boa para jogar o Mago Ofídio de lado e interromper o cantar que dá poderes ao seu ataque elétrico circular. A Investida Furiosa também gera muita Fúria, considere segui-la de um ataque Martelo dos Ancestrais para que esses homens-cobra saibam com quem estão mexendo.*

Continue em torno da cidade e desça as escadas em direção à entrada de esgoto, onde muitos mais inimigos espreitam. Mate os Enganadores Contorcidos e Magos Ofídios do alto das escadas, avançando gradualmente para baixo nos degraus para obter a atenção de apenas um par de inimigos, em seguida fuja de volta para fora da vista para não lutar com muitos de uma vez. Atacantes de longa distância como o Caçador de Demônios e o Arcanista podem usar a elevação das escadas para sua vantagem. Acesse os Esgotos de Caldeum através da grelha circular **[6] Missão Cumprida.**



MISSÃO

# ALIADOS INESPERADOS

## OBJETIVOS

1. Encontre o Poço Imundo.
2. Mate os Homens Cobra guardando Ádria.
3. Fale com Ádria no Poço Imundo.
4. Fale com Ádria no Acampamento Oculto.

## RECOMPENSAS DE CONCLUSÃO

| HERÓI | OURO | XP |
| --- | --- | --- |
| Todas as Classes | 530 | 5200 |

*Baseado na dificuldade Normal.

*Léa e o Herói fogem de Belial, escapando para a Passagem Inundada. Lá, Léa revela que descobriu que sua mãe, Ádria, está viva. Ela acredita que Ádria é prisioneira nos esgotos de Caldeum.*

CALABOUÇO

# ESGOTOS DE CALDEUM

*Os Esgotos de Caldeum — esta seção pelo menos — têm apenas dois andares de tamanho, a camada mais profunda consistindo de um quarto individual chamado de Poço Imundo. Navegar pelos esgotos de Caldeum não será difícil, mas há muitas criaturas venenosas. Embora haja algumas coisas para saquear, há também vários objetos, tanto orgânicos como arquitetônicos, que desovam inimigos quando você interage com eles, então pense com cuidado antes de cutucar algo estranho.*

## NOVOS LACAIOS DO INFERNO

| Lacaio | Normal | Pesadelo | Torm. | Inferno |
|---|---|---|---|---|
| Traído | 17 | 39 | 55 | 62 |
| Cadáveres Doentes | 17 | 39 | 55 | 62 |
| Vigia Esquelético | 17 | 39 | 55 | 62 |
| Enguia Elétrica | 17 | 39 | 55 | 62 |
| Arenoso | 17 | 39 | 55 | 62 |

## FONTES DE SAQUE

| Fonte | Raridade |
|---|---|
| Corpo Inchado | ★ |
| Barril | ★ |
| Ninho de Ratos | ★★ |
| Baú | ★★★ |
| Baú Resplandecente | ★★★★ |

## TÁTICAS DE CALABOUÇO

Eu, corajosamente, me defendi do Traidor com uma mão, enquanto tentava tapar o meu meu nariz com a outra. O cheiro de Corpos Inchados e ninhos de ratos quase me fez rastejar em desespero, mas continuei em direção a luz intermitente na distância. O caminho reto do esgoto levou-me a um poço no centro de um cruzamento, uma trincheira falsa contendo numerosos Magos Ofidios. O Mago Ofidio espalhava seu arco de relâmpagos em todo o poço enquanto eu esperava em cima por uma oportunidade para atacar. Se eu ao menos tivesse um ataque a distância ou magia para arremessar para baixo!

## ESGOTOS DE CALDEUM

Acerte os Cadáveres Doentes de longe para evitar o gás Venenoso que é liberado

Fale com Léa na base da escada para ouvir o que ela descobriu sobre Ádria, sua mãe. Léa acredita que Ádria está presa em um canto dos esgotos conhecido como Poço Imundo. A entrada pode ser em qualquer lugar neste calabouço gerado aleatoriamente. A única certeza é que algum nível de resistência Venenosa virá a calhar. Cadáveres Doentes geram um tipo de zumbi conhecido como o Traído, que é altamente tóxico e explode quando morre, deixando uma nuvem venenosa verde.

Cuidado com os Arenosos que saltam dos esgotos. Eles são fracos e normalmente fogem, mas podem ser um incômodo em grandes números. Léa muitas vezes mira nos tijolos ao redor da grade para destruí-la, o que desencadeia a chegada deles. Cutucar Corpos Inchados, muitas vezes desaloja um Enxame de Insetos.

Os esgotos não são particularmente grandes e tipicamente consistem em vários corredores longos, cada um com um par de curtas saliências sem saída. Explore a área totalmente, mas cuidado com o que você — e Léa — interagem. Já que canos de esgoto, Cadáveres Doentes e Corpos Inchados podem ser um problema. Os inimigos que aparecem nesta área tendem a ser esqueletos (Guerreiros Esqueléticos, Vigias Esqueléticos, Guardiões Nóxios) ou principalmente homens-cobra (Enganadores Contorcidos e Magos Ofídios). Lute através dos esgotos para entrar no Poço Imundo **[1]**.

Ataques a distância e Evocação de Cães Zumbis ajudam o Feiticeiro a ficar livre do ataque elétrico do Mago Ofídio

## *Vigas em Queda*

*Fique atento a um desmoronamento repentino das placas do teto. Pequenos esquadrões de Guerreiros Esqueléticos muitas vezes caem atacando por cima e podem pegar o Herói desprevenido.*

## POÇO IMUNDO

O Herói e Léa chegam a tempo de ver homens-cobra mantendo Ádria refém. Seu líder, Goz'turr, o Torturador, está tentando extrair de Ádria informações sobre a Pedra Negra das Almas, mas até agora ela não revelou nenhum segredo. Quanto será que ela sabe?

Ádria está sendo interrogada no centro do Poço Imundo por um homem cobra mais poderoso que os anteriores

Abra caminho entre os Enganadores Contorcidos para libertar Ádria de sua prisão mágica e derrotar Goz'turr, o Torturador **[2]**. O Poço Imundo é uma grande sala com uma depressão em forma de cruz no centro, onde Ádria está presa. Fique no perímetro superior durante a luta para evitar ser cercado.

Vá em reto em direção a Goz'turr, o Torturador e ataque antes que ele se teletransporte

## GOZ'TURR, O TORTURADOR

### CEIFADOR DO TORMENTO

Goz'turr, o Torturador é um Mago Ofídio único. Ele é muito maior e é capaz dos mesmos ataques elétricos e evocações que um Mago Ofídio, mas suas características especiais são o que você precisa levar mais em consideração. Goz'turr, o Torturador pode teletransportar-se ao redor do Poço Imundo ao ser atacado e é difícil de acertar. Concentre seus esforços nas habilidades que infligem o maior percentual possível de dano de arma e maximize cada oportunidade. Fique atento ao chão profanado e fique longe dele para evitar receber dano, principalmente se houver Enganadores Contorcidos na área.

| MODO | LVL | HP | XP | ATAQUES | CARAC. | RESIST. |
|---|---|---|---|---|---|---|
| Normal | 17 | 1104-1242 | 1200 | Impacto, Repulsão | Teleportador, Profanador | - |
| Pesadelo | 39 | 33.000-37.000 | 4600 | Impacto, Repulsão | Teleportador, Profanador | - |
| Torm. | 55 | 490.992-552.365 | 13.000 | Impacto, Repulsão | Teleportador, Profanador | - |
| Inferno | 62 | 2.950.860-3.319.717 | 16.000 | Impacto, Repulsão | Teleportador, Profanador | - |

Mate o último dos Enganadores Contorcidos e converse com Ádria **[3]**. Ela, então, irá criar um portal que conduz de volta ao Acampamento Oculto. Siga-a para que ela e Léa possam se reencontrar em um lugar mais seguro **[4] Missão cumprida.**

GUIA DE MISSÕES

MISSÃO

# TRAIDOR DOS HORADRIM

## OBJETIVOS

1. Encontre o portão oásis na Passagem Inundada.
2. Fale com o imperador Hakan II na Passagem Inundada.
3. Encontre o Oásis de Dahlgur.
4. Entre nas Ruínas Esquecidas no Oásis de Dahlgur.
5. Procure a cabeça de Zoltun Kell.
6. Pegue cabeça de Zoltun Kell.
7. Fale com Ádria no Acampamento Oculto.

## RECOMPENSAS DE CONCLUSÃO

| HERÓI | OURO | XP |
|---|---|---|
| Todas as Classes | 810 | 7425 |

*Baseado na dificuldade Normal.*

*A Pedra Negra das Almas não é tão estranha a Léa, que leu sobre ela no diário de Deckard Cain, mas não tinha ideia do poder que a Pedra detinha. Ela foi criada pelo mago Zoltun Kell, um Horadrim renegado, para aprisionar almas demoníacas. Zoltun Kell foi desmembrado há muito tempo e sua cabeça deixada em Oásis de Dhalgur. O grupo deve recuperar a cabeça de Zoltun Kell e ressuscitar o bruxo das trevas para ativar a Pedra Negra das Almas.*

# PASSAGEM INUNDADA

A única maneira de chegar ao Oásis de Dalghur é através da Cisterna Arruinada além da Passagem Inundada. Entre no Bazar de Caldeum vá para a esquerda, passando pelos comerciantes, para encontrar uma entrada de esgoto que desce para a Passagem Inundada. Esta área é o lar de muitos dos refugiados que vieram para Caldeum nos últimos dias. Uma refugiada, Karla, tem bons equipamentos para venda. Você pode encontrá-la perto do portão do oásis **[1]**. Mantenha os olhos abertos para o Alforje Perdido de Cain e a sabedoria que ele contém.

A Passagem Inundada contém mais do que apenas refugiados. O rei criança veio furtivamente para este lugar, na esperança de encontrar o Herói. Fale com o Imperador Hakan II, que não apenas concorda em ajudá-lo, mas abre o portão perto do Marco de Senda para que você continue **[2]**. Desça a escada para além do portão para chegar à Cisterna Arruinada.

O Imperador Hakan II abrirá o portão para o leste do Marco de Senda depois que você falar com ele

CALABOUÇO

# CISTERNA ARRUINADA

*A Cisterna Arruinada é muito semelhante àquela nos Esgotos de Caldeum. É um pouco maior e contém várias fontes adicionais de saque, mas apresenta muitos dos mesmos monstros. As táticas empregadas nos Esgotos de Caldeum irão ser úteis aqui.*

## NOVOS LACAIOS DO INFERNO

| Batedor Esquelético | | | |
|---|---|---|---|
| Normal | 16 | Pesadelo | 38 |
| Torm. | 54 | Inferno | 62 |

## FONTES DE SAQUE

**Ninho de Ratos**
Raridade
★

**Corpo Inchado**
Raridade
★★

**Baú**
Raridade
★★★

**Enviado de Belial**
Raridade
★★★

**Baú Resplandecente**
Raridade
★★★★

## TÁTICAS DE CALABOUÇO

Minha paciência já havia expirado. A cada passo a água pútrida atravessava o forro das minhas botas, gelando meus pés e encharcando minhas calças. Eu só queria encontrar a saída para o Oásis de Dahlgur. Isto é, até que eu comecei a ver pequenos conjuntos de escadas perto de muitos dos vertedouros em interseção. Não só esses terraços de pedra levavam para chão seco, mas também eram às vezes ladeados por um baú. A luz de um caldeirão próximo iluminou o conteúdo, revelando o mais resplandecente esconderijo do tesouro!

A Cisterna Arruinada contém vários becos sem saída, onde os Traídos muitas vezes se escondem, esperando para encurralá-lo

## CISTERNA ARRUINADA

Esse calabouço em um único nível é propenso a conter mais saque que os Esgotos de Caldeum, além de um Santuário ou dois. Explore cada um de seus ramos para maximizar XP e saque, enquanto busca a escada que leva até o caminho para o Oásis **[3]**. Há muitas vezes um Baú Resplandecente escondido no canto de um beco sem saída, então procure cuidadosamente.

# TRILHA PARA O OÁSIS

*Fluindo com a água forte o suficiente para girar uma roda de pás, o Oásis de Dhalgur é um espetáculo de boas-vindas para o viajante sedento. Muitos homens têm encontrado fortuna e refúgio aqui, mas este não é um lugar para baixar a guarda. Essa trégua no deserto é o lar de diversas variedades mortais de flora e fauna. No entanto, aqueles que enfrentam o santuário escuro e exploram toda a área deste lugar perigoso serão ricamente recompensados. O Oásis de Dhalgur é um local privilegiado para aumentar sua riqueza, enquanto ganha uma recompensa de experiência.*

## NOVOS LACAIOS DO INFERNO

| Lacaio | Normal | Pesadelo | Torm. | Inferno |
|---|---|---|---|---|
| Dervixe das Dunas | 18 | 39 | 55 | 62 |
| Falcão Sangrento | 21 | 42 | 55 | 62 |
| Assombração Mortífera | 17 | 39 | 55 | 62 |
| Guardião Elétrico | 17 | 39 | 55 | 62 |
| Verme da Rocha | 17 | 39 | 55 | 62 |
| Aranha Cospe-teia | 20 | 41 | 56 | 62 |
| Enxame Vil | 19 | 40 | 55 | 62 |
| Construto Gelante | 20 | 41 | 56 | 62 |
| Molok Alado | 18 | 39 | 55 | 62 |

## FONTES DE SAQUE

| Fonte | Raridade |
|---|---|
| Barril | ★ |
| Pilha de Pedras | ★ |
| Camponês Morto | ★★ |
| Lobo de Ferro Morto | ★★ |
| Aventureiro Morto | ★★ |
| Baú | ★★★ |
| Baú Resplandecente | ★★★★ |
| Caixa de Lembranças | ★★★★ |
| Ossos Profanados | ★ |
| Pilha de Ossos | ★★ |
| Ninho de Ratos | ★★ |
| Corpo Inchado | ★★ |
| Baú | ★★★ |
| Alforje Perdido de Cain | ★★★ |
| Enviado de Belial | ★★★★ |

CONTINUAÇÃO DA MISSÃO

# TRAIDOR DOS HORADRIM

## TRILHA PARA O OÁSIS

O caminho é um atalho para o Oásis de Dhalgur. Embora tenha o seu próprio Marco de Senda, o caminho ocupa uma área pequena e é pouco mais do que uma mera trilha como o nome diz. O Oásis de Dahlgur começa passos à frente. Fique atento para o Alforje Perdido de Cain — que contém outra peça de conhecimento.

O caminho para o Oásis tem um Marco de Senda e um inimigo ou dois

# ÓASIS DE DAHLGUR

Você pode encontrar diversas subáreas no Oásis de Dahlgur. Descrevemos várias delas abaixo. Você também pode encontrar a Tumba de Sardar e o Porão Saqueado.

## CAVERNA ANTIGA

*Esta caverna de dois níveis é gratificante e perigosa. É a casa das mortais Aranhas Cospe-teia, Filhotes de Aranha, Vermes da Rocha e Moloks Alados, entre outros inimigos. As passagens estreitas são ótimas para as Aranhas Cospe-teia raras prenderem você. Tenha cuidado extra com o cuspe de teia, que retarda drasticamente o Herói. Aranhas Cospe-teia circulam a presa após laçá-las na teia, ao contrário dos Horrores Aracnídeos encontrados antes que investiam contra você. As Cospe-teia esperam você se afastar e circulam a teia para pegá-lo enquanto está mais lento. Você pode encontrar Enxames Vis, Enguias Elétricas e Constructos Gelados. Venha preparado para uma batalha difícil, pois muitos inimigos tem níveis de 17 a 20 (dificuldade normal).*

## PRISIONEIROS DE KAMYR

*Você pode encontrar vários aldeões amarrados a postes durante suas viagens. Resgate um desses Prisioneiros Cativos para iniciar o evento, em seguida, liberte os outros três. Há quatro Prisioneiros Cativos no total, incluindo o que você salvou para iniciar o evento. Dois estão localizados sobre a borda superior e dois mais abaixo. Não se apresse em salvá-los, uma vez que existem numerosos Decaídos na área, liderados por um exército de Capatazes Decaídos. Derrote o Decaído, então trate dos Prisioneiros Cativos. O Herói ganha um pouco de ouro e XP pelo incômodo. Também é possível encontrar um único preso chamado Marius, que entrega uma arma valiosa como um sinal do seu apreço.*

## SEDE DE SALVAÇÃO

*Nem todas as pilhas de Ossos Profanados são iguais. Investigar uma das Pilhas de Ossos ligeiramente diferente desencadeia o surgimento de um exército de Peregrinos Amaldiçoados. Estes Guerreiros Esqueléticos atacam com espadas como retribuição por perturbar seu cemitério. Seu líder, um Horror chamado Fezuul, carrega Vida Extra e Repulsão e em breve irá aparecer para entrar na briga. Acabe com eles para recolher os despojos, ouro e XP, mas cuidado com as Crianças de Sangue (Vermes Carniceiros únicos) que emergem do ventre rompido de Fezuul quando ele morre.*

## CAVERNA MISTERIOSA

*Ouça os sons de um homem implorando por misericórdia e prepare-se para matar as Assombrações Mortíferas que o aterrorizam. Ele se chama Zaven, o Alquimista, e estava procurando por bugigangas nas cavernas das proximidades, mas mudou de ideia ao ver os perigos que espreitam. Ele vai abrir a Caverna Misteriosa e também mostrar a loja para você — ele vende itens de Miscelânea. A Caverna Misteriosa é uma área encharcada de dois níveis, que contém vários Baús Resplandecentes, mas forrada de Batedores Esqueléticos e Guardiões Elétricos, entre outros inimigos.*

## PORÕES APODRECIDO, PANTANOSO E SUBTERRÂNEO

*O Oásis de Dhalgur contém muitos porões que você pode encontrar, cada um dos quais é pequeno, perigoso e contém camponeses agradecidos ou um comerciante feliz em vender suas mercadorias. É comum encontrar Enganadores Contorcidos no Porão Apodrecido e no Porão Pantanoso — mate-os para salvar Javad, o Comerciante, ou os camponeses, respectivamente. O Abrigo Subterrâneo, muitas vezes contém numerosos Decaídos assediando Lugo, o Mineiro. Salve-o de seus tormentos demoníacos, e então confira a sua impressionante variedade de armas e armaduras.*

GUIA DE MISSÕES

# O TESOURO PERDIDO DE KHAN DAKAB

*Não é incomum encontrar uma fonte de pedras alinhadas no centro do oásis. Procure um Baú Resplandecente no caminho para as duas rodas que ladeiam um aqueduto central. Gire estas rodas (uma irá provavelmente evocar um inimigo Raro) para abrir a pesada porta de pedra que sela a entrada da Tumba de Khan Dakab. Procure no túmulo pelo Espírito de Khan Dakab, uma Assombração Mortífera única com uma velocidade surpreendente. Derrote o espírito, então procure no túmulo por uma entrada azul brilhante para o cofre secreto de tesouro — você irá ganhar uma riqueza de XP e ouro por completar a submissão, bem como o acesso a um Baú Resplandecente e quatro baús padrões.*

# CAVERNA INUNDADA

*Esta caverna aquosa de dois níveis é o lar de numerosas Aranhas Cospe-teia, Vermes da Rocha e Moloks Alados. Muitas de suas passagens são bastante estreitas, tornando as habilidades que atingem vários inimigos em uma linha bastante eficaz. Você pode encontrar uma grande variedade de saque e ouro dentro de um Baú Resplandecente no fundo desta caverna. Só tome cuidado com quaisquer Vermes da Rocha de elite.*

O Oásis de Dhalgur se expande ao longo do Caminho Abandonado para incluir acampamentos numerosos, fortes e rodas hidráulicas. Os viajantes do deserto que há muito tempo vieram a este oásis de refúgio haviam erguido uma série de estruturas elevadas, talvez como uma defesa contra vegetação indígena venenosa da área. Estas plantas tóxicas estouram quando você se aproxima, liberando uma grande nuvem de pólen mortal.

As grandes plantas bulbosas que se alinham no oásis liberam uma explosão de grande alcance de pólen tóxico

Há também diversas armadilhas no oásis que, se montadas de forma incorreta, podem ser tão perigosas para o Herói quanto os inimigos. É possível derrubar as grandes paredes de pedra nos inimigos para atordoá-los e causar dano. Ainda mais letais são as garrafas de óleo de lanterna espalhadas por todo o oásis, muitas vezes em cima de barris. É melhor atingir esses objetos de brilho vermelho de longe, pois eles têm pavio curto e podem engolir combatentes corpo a corpo em uma bola de chamas antes que eles possam fugir. Acerte-os com um ataque à distância enquanto os inimigos passam.

Atraia os oponentes para uma lanterna brilhante, então detone a lâmpada para atordoar e tocar fogo neles

A entrada para as Ruínas Esquecidas pode não estar longe da Trilha para o Oásis, mas você ainda deve explorar o Oásis de Dahlgur antes de avançar com o objetivo. Existem vários inimigos perigosos nesta área, mas também muitos possíveis subeventos e cavernas.

O Herói será bem servido pelo encanamento das profundezas da Caverna Antiga, que é comumente presente. Esprema cada última gota de XP desta área antes de entrar nas Ruínas Esquecidas.

Dos novos inimigos que você vai encontrar no Oásis de Dahlgur, o Dervixe das Dunas e o Falcão Sangrento representam a maior ameaça. O Dervixe das Dunas é um inimigo giratório que, além do dano de corte infundido de Eletricidade, também inflige o status Lento naqueles que estão presos dentro do raio de suas lâminas rotativas — definitivamente ataque de longe! Os Falcões Sangrentos, ao contrário, voam e esperam suas presas parecerem distraídas antes de mergulharem para o ataque. Vigie as sombras deles de perto!

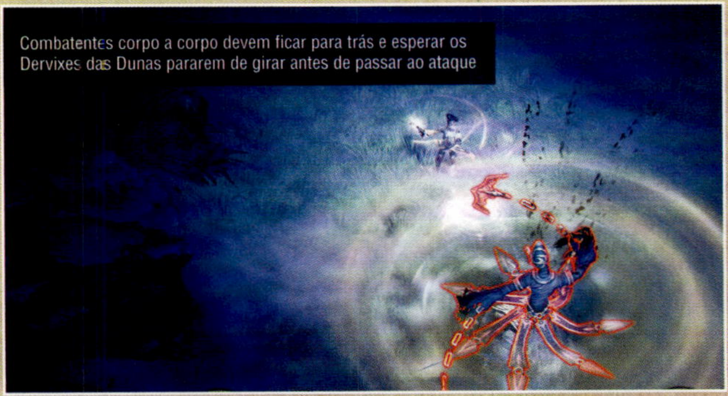

Combatentes corpo a corpo devem ficar para trás e esperar os Dervixes das Dunas pararem de girar antes de passar ao ataque

O centro do Oásis de Dhalgur é dominado por uma elaborada roda d'água e andaimes. As muitas rampas e passeios que cruzam a estrutura levam a um Baú Resplandecente guardado por um Xamã Decaído único chamado Mundunogo. Embora não seja necessário matar Mundunogo para coletar o saque próximo, certamente é muito mais fácil colher tudo depois que ele estiver fora de ação.

Tente manter Mundunogo longe do outro Decaído para que ele não tenha nenhum cadáver para ressuscitar

## MUNDUNOGO*

### CHEFE CURANDEIRO DO MAL

Mundunogo não é como um Xamã Decaído normal, já que ele tem as capacidades de Teletransporte e lançamento de Bola de Fogo. Tente atraí-lo para a parte estreita da plataforma onde há áreas limitadas para teletransportar e menos inimigos para ressuscitar. Ele vai lutar para proteger o Baú Resplandecente, fazendo o possível para mantê-lo perto. Ataque rapidamente quando ele está visível, então se concentre em matar qualquer outro Decaído nas proximidades durante o Teletransporte de Mundunogo. Deixe os Globos de Vida para quando você realmente precisar deles. Pode ser difícil para combatentes corpo a corpo evitar os seus ataques de Bolas de Fogo (ou lidar com seu teletransporte), mas é imperativo que você não gaste muita energia lutando com os outros Decaídos, já que Mundunogo irá ressuscitá-los.

| MODO | NÍV | HP | XP | ATAQUES | CARAC. | RESIST. |
|---|---|---|---|---|---|---|
| Normal | 13 | 680-748 | 1000 | Bolas de Fogo, Ressuscitação de Decaídos | Teleportador | - |
| Pesadelo | 38 | 21.800-23.980 | 2250 | Bolas de Fogo, Ressuscitação de Decaídos | Teleportador | - |
| Torm. | 54 | 170.920-188.012 | 3050 | Bolas de Fogo, Ressuscitação de Decaídos | Teleportador | - |
| Inferno | 61 | 437.060-480.766 | 3400 | Bolas de Fogo, Ressuscitação de Decaídos | Teleportador | - |

**Diferentemente de outros monstros Únicos marcados neste Guia de Missões, esta criatura aparece apenas de forma aleatória.*

Fortaleça seu Herói e armazene poções adicionais antes de retornar para a entrada das Ruínas Esquecidas [4].

## *Monges Esquentados*

*O Monge normalmente fica perto de seus inimigos durante o combate e isso causa um problema especial com inimigos Incandescentes. Resistência Ígnea e a habilidade Retribuição ajudam a proteger contra o contato direto, mas não se esqueça da explosão Incandescente depois de matar o inimigo! Isto pode ser particularmente letal se o Monge for distraído por outros inimigos próximos.*



CALABOUÇO

# RUÍNAS ESQUECIDAS

*Morada do Guardião Antigo, criada para proteger a cabeça de Zoltun Kell, as Ruínas Esquecidas estão em estado de abandono. A areia trazida pelo vento cobre os andares e cria dunas onde quer que uma coluna ou altar continuem de pé. Este túmulo de piso único é o lar de muitos dos inimigos encontrados em cavernas do mesmo estilo de Ventos Lancinantes.*

### NOVOS LACAIOS DO INFERNO

**Diabrete da Areia**

| Normal | 17 | Pesadelo | 39 |
|---|---|---|---|
| Torm. | 55 | Inferno | 62 |

**Blazing Guardian**

| Normal | 20 | Pesadelo | 41 |
|---|---|---|---|
| Torm. | 56 | Inferno | 62 |

### SOURCES OF LOOT

**Estante de Armas**
Raridade
★★

**Tomos Antigos**
Raridade
★★

**Diário do Caçador**
Raridade
★★★

**Baú Resplandecente**
Raridade
★★★★

**Mesa Cerimonial**
Raridade
★★

**Camponês Morto**
Raridade
★★

**Baú**
Raridade
★★★

## TÁTICAS DE CALABOUÇO

Eu ia em frente, mais profundo nas Ruínas Esquecidas, através de uma passagem estreita em direção a um par de colunas de pedra a distância. Embora rachadas e sem os topos, estas poderosas torres de arenito eram tão sólidas como no dia em que foram construídas. E elas me serviram bem. A área além estava cheia de Guardiões em Chamas e Diabretes da Areia, eu não podia arriscar ser cercado! Avancei apenas o suficiente para obter atenção, então recuei, levando-os um a um pela abertura estreita onde eu então os golpeei. Parei para organizar meus pensamentos, em seguida, soltei o peso total da minha arma sobre o inimigo final.

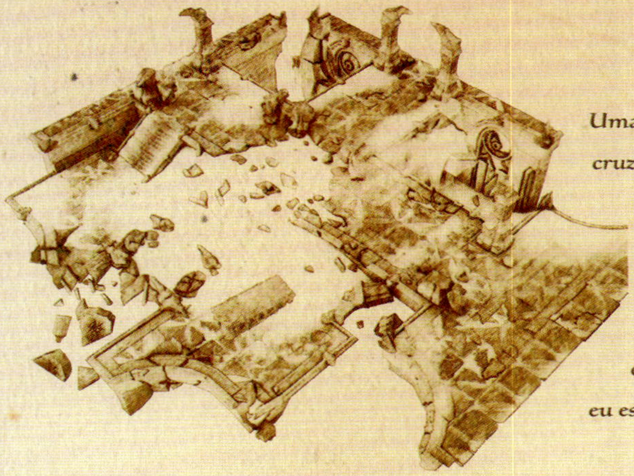

Uma ou outra vez eu tinha descido um conjunto de escadas na esperança de cruzar para a sala ao lado, apenas para achar uma enorme pilha de areia e entulho. Meus instintos me diziam que essa montanha de escombros era intransitável, apesar das indicações do meu mapa ao contrário. Felizmente, acabei tropeçando nessa pilha, enquanto lutava contra um par de Guerreiros Esqueléticos, e percebi que areia não era tão macia quanto eu temia. Eu continuei a subida e rapidamente alcancei a área que eu estava procurando. Após todos estes anos, o mapa ainda era preciso!

As Ruínas Esquecidas são semelhantes tanto na arquitetura quanto na composição de inimigos às Ruínas encontradas em Ventos Lancinantes. Há diversos inimigos que você pode encontrar, mas os Guardiões Elétricos e em Chamas, juntamente com as Torres Guardiãs, representam a maior ameaça. Os Esqueletos Guardiões não só atacam com seu elemento correspondente, mas também evocam Guerreiros Esqueléticos para lutar ao lado deles. Enquanto isso, as Torres Guardiãs conjuram todos os tipos de Aracnitas elementares e lançam enxames no Herói. É imperativo que você destrua as Torres Guardiãs rapidamente.

Ignore as Aracnitas já que elas são geradas e vá para as Torres Guardiãs de uma vez!

Montes de areia e estreitos parapeitos desmoronados também podem ser percorridos

## *Uma Combinação Mortal*

*Seja muito cuidadoso em torno de inimigos com habilidades Congelamento e Profanação, já que mesmo Diabretes da Areia com esta combinação podem derrubar você rapidamente. Faça o que fizer, não se deixe ser cercado!*

Localizar a cabeça de Zoltun Kell é uma questão de explorar as Ruínas Esquecidas, já que ela está provavelmente localizada perto do cristal de saída **[5]**. Reivindique a cabeça Zoltun Kell e use o cristal de saída ou batalhe com o Guardião Antigo **[6]**. Uma vez fora, utilize o Portal da Cidade ou o Marco de Senda para voltar ao Acampamento Oculto e falar com Ádria **[7] Missão Cumprida.**

A cabeça de Zoltun Kell está muitas vezes ao lado do cristal de saída do calabouço

Pode não haver muita margem de manobra quando se luta contra o Guardião Antigo, assim vale a pena ter o Templário ao seu lado

## GUARDIÃO ANTIGO

### MAGO-CONSTRUTO HORÁDRICO

O Guardião Antigo é um Habitante da Areia único que tem Repulsão e Vida Extra. Ele ataca com golpes corpo a corpo curtos e se move lentamente, mas seu alcance é considerável. Empregue táticas de bater e correr para ficar fora de perigo e utilize todas as habilidades e runas disponíveis para atordoar ou retardar o inimigo. Ataque com seus melhores ataques DPS de alvo único e leve o Guardião Antigo de volta para onde você encontrou a cabeça de Zoltun Kell, se você precisar ganhar tempo para permitir que a vida regenere ou a recarga de uma poção.

| MODO | NÍV | HP | XP | ATAQUES | CARAC. | RESIST. |
|---|---|---|---|---|---|---|
| Normal | 19 | 5.100-5.355 | 325 | Corpo a corpo | Repulsão, Vida Extra | - |
| Pesadelo | 40 | 128.000-138.000 | 1.200 | Corpo a corpo | Repulsão, Vida Extra | - |
| Torm. | 55 | 1.636.000-1.718.000 | 3.250 | Corpo a corpo | Repulsão, Vida Extra | - |
| Inferno | 62 | 9.836.000-10.328.000 | 4.000 | Corpo a corpo | Repulsão, Vida Extra | - |

MISSÃO

# SANGUE E AREIA

## OBJETIVOS

1. Entre nos Aquedutos Antigos no Oásis de Dahlgur.
2. Puxe a alavanca de Controle de Fluxo Oeste.
3. Puxe a alavanca de Controle de Fluxo Leste.
4. Abra a entrada para a Passagem Alagada.
5. Entre na Passagem Alagada dos Aquedutos Antigos.
6. Mate o Traído.
7. Quebre o Barril Falante.
8. Fale com Shen, o Cobiçoso.
9. Encontre Crisol nos Aquedutos Ocultos.
10. Mate Gavin, o Ladrão.
11. Pegue o Crisol.
12. Vá ao a Templo Inundado.
13. Pegue o Sangue de Zoltun Kell na Caverna do Traidor.
14. Pegue o Sangue de Zoltun Kell na Câmara do Assassino.

## RECOMPENSAS DE CONCLUSÃO

| HERÓI | OURO | XP |
|---|---|---|
| Todas as Classes | 825 | 7700 |

*Baseado na dificuldade Normal.*

*Recuperar a cabeça de Zoltun Kell tornou possível ressuscitar o arcanista desmembrado. Agora ele quer negociar. Ele vai ativar a Pedra Negra das Almas e ajudar no objetivo de prender os Males Supremos restantes dentro dela, mas só se você recuperar seu sangue das Areias Desoladas e trazê-lo de volta à vida totalmente.*

GUIA DE MISSÕES

# OÁSIS DE DAHLGUR

Falar com a Ádria e o espírito de Zoltun Kell no acampamento escondido revela que Zoltun Kell pode se tornar "um" novamente. É uma proposta arriscada, mas uma em que você deve colocar sua fé. Obtenha seu sangue das mãos dos construtos Horádricos e traga-o de volta dos mortos. Ninguém confia em Kell, mas é a única maneira de ter uma chance de prender os Senhores do Mal restantes. Felizmente, Léa vem para a viagem.

Atravesse a ponte no canto nordeste do Oásis de Dahlgur para alcançar os Aquedutos Antigos

Prepare-se para esta longa missão no Bazar de Caldeum e use o Marco de Senda do Acampamento Oculto para retornar ao Oásis de Dahlgur. Abra caminho através da ponte no canto nordeste para alcançar os Aquedutos [1]. O espírito de Zoltun Kell, nunca muito atrás, irá abrir o portão para você.

CALABOUÇO

# AQUEDUTOS ANTIGOS

*Os Aquedutos Antigos levam do Oásis de Dahlgur para o deserto árido conhecido como Areias Desoladas. O caminho, uma relíquia de um passado distante, foi selado debaixo de uma cachoeira. A única maneira de alcançar os Aquedutos Ocultos que os levam para as Areias Desoladas é encontrar e puxar as duas alavancas que desligam a água. Só então o Herói pode desbravar as vias subterrâneas, na esperança de alcançar o trecho mais árido de terra deste lado do Lut Gholein.*

## NOVOS LACAIOS DO INFERNO

| Lacaio | Normal | Pesadelo | Torm. | Inferno |
|---|---|---|---|---|
| Amaldiçoado | 20 | 41 | 56 | 62 |
| Marimbondo do Deserto | 20 | 41 | 56 | 62 |
| Ninho de Sangue | 19 | 40 | 55 | 62 |
| Molok Alado | 18 | 39 | 55 | 62 |
| Carniçal Cruel | 14 | 36 | 53 | 61 |
| Insaciável | 11 | 34 | 52 | 61 |

## FONTES DE SAQUE

| Fonte | Raridade |
|---|---|
| Barril | ★ |
| Aventureiro Morto | ★★ |
| Baú | ★★★ |
| Alforje | ★★★ |
| Corpo Inchado | ★★ |
| Baú Incomum | ★★ |
| Diário do Caçador | ★★★ |
| Baú Resplandecente | ★★★★ |

### SAUDAÇÃO DO IMPERADOR

O Imperador Hakan II aguarda o Herói e Léa dentro dos Aquedutos Antigos; ele acha que descobriu a identidade de Belial. A dupla deve se apressar e liberar as alavancas nos Canais Oeste e Leste para revelar a entrada secreta para os Aquedutos Ocultos. Não importa qual alavanca você vê primeiro.

## CANAL OESTE

O Canal Oeste consiste em passagens estreitas, a maioria terminando em um beco sem saída não muito além de sua junção com o corredor principal. É possível derrubar uma viga para fazer uma parede desmoronar. Você também pode atingir os cavaletes que seguram os barris de água para derrubá-los como uma armadilha. Isto pode ser eficaz contra grandes grupos de Guerreiros Esqueléticos e Vigias Esqueléticos.

Prossiga para a sala do Controle de Fluxo Oeste e puxe a alavanca **[2]**. Isso não só ajuda a revelar a entrada secreta que você procura, mas também abre um conjunto de escadas que levam diretamente ao Canal Leste.

Rode a alavanca para abrir parte da entrada secreta para os Aquedutos Ocultos

## CANAL LESTE

O Canal Leste frequentemente contém mais tesouros, bem como um número maior de inimigos. Cuidado com os Enxames de Insetos que emergem dos Corpos Inchados e mantenha uma distância segura dos Marimbondos do Deserto. Faça o seu caminho em direção à sala de Controle de Fluxo Leste. Uma vez lá, puxe a alavanca e volte para a entrada central dos Aquedutos Antigos e o Imperador Hakan II **[3]**.

Agora, com ambas as alavancas puxadas e os Aquedutos Ocultos acessíveis, você pode continuar para as Areias Desoladas onde o sangue de Kell está sendo guardado **[4]**.

RECOMPENSA DE OBJETIVO MENOR
OURO: 265 XP: 1950

## PASSAGEM ALAGADA

Desça os degraus para a Passagem Alagada e continue o caminho em direção à pilha de Cadáveres Doentes e um barril mais peculiar **[5]**. Os Cadáveres Doentes produzem muitos Traídos que explodem em uma nuvem venenosa quando mortos, por isso tenha muito cuidado. A voz chamando de dentro do barril está implorando por sua ajuda, mas primeiro você deve matar o Traído **[6]**.

### *Desviando do Ferrão*

*Os Enxames Vis podem infligir grandes danos ao picar suas presas de muito perto. Estar rodeado por vários Enxames Vis pode ser positivamente letal! É por isso que realmente ajuda usar uma habilidade que causa dano enquanto permite que você se afaste de seu alcance.*

Ignore o barril até que todos os Traídos sejam mortos

Quebre o barril para libertar o homem preso dentro dele **[7]**. Fale com Shen, o Cobiçoso, para saber sobre sua busca pelo Crisol do Joalheiro **[8]**. Ele havia contratado um guia chamado Gavin para ajudar na sua busca, mas Gavin o aprisionou no barril. Shen precisa de sua ajuda para encontrar o Crisol do Joalheiro. Felizmente para ele, você já está indo nesta direção. Continue através da cascata e desça as escadas para os Aquedutos Ocultos.

## AQUEDUTOS OCULTOS

Os Aquedutos Ocultos podem conter numerosos Magos Ofídios, Enganadores Contorcidos e Enxames Vis. Tente ignorar o ruído incessante de Shen, o Cobiçoso e foque nos inimigos e baús que você é obrigado a encontrar ao longo do caminho. Siga o caminho principal através dos Aquedutos Ocultos em direção ao Crisol do Joalheiro **[9]**. Shen, o Cobiçoso, irá correr assim que o vir. Infelizmente, Gavin, o Ladrão, já está lá. Você não tem escolha a não ser matá-lo para obter Crisol do Joalheiro **[10]**.

Derrote o Mago Ofídio antes de atacar Gavin, o Ladrão, para evitar eletrocussão!

## GAVIN, O LADRÃO

Gavin, o Ladrão, decidiu que a sua bolsa diária de ouro não era suficiente e optou por manter o Crisol do Joalheiro para si mesmo. Como se o machado que ele carrega não fosse suficiente, ele ainda foi mordido e agora carrega o traço Pestífero. É melhor dar a Gavin espaço e atacar a distância e com magia, mas os lutadores corpo a corpo provavelmente não terão outra escolha a não ser chegar perto.

Cuide dos Magos Ofídios restantes primeiro para evitar ter de lidar com seus ataques elétricos enquanto luta contra Gavin. Sua praga venenosa não inflige dano significativo e seu machado não é páreo para as armas do Herói. Léa vai ajudar de longe, acelerando a sua obtenção do Crisol do Joalheiro [11]. Monitore a barra de vida de Gavin, o Ladrão, e se afaste conforme ela esvazia para evitar ser capturado na nuvem venenosa que é lançada após sua morte.

| MODO | NÍV | HP | XP | ATAQUES | CARACTERÍSTICAS | RESISTÊNCIAS |
|---|---|---|---|---|---|---|
| Normal | 17 | 1.104-1.283 | 1.200 | Atacar | Pestífero | - |
| Pesadelo | 39 | 33.000-39.000 | 4.600 | Atacar | Pestífero | - |
| Torm. | 55 | 490.000-572.000 | 1.300 | Atacar | Pestífero | - |
| Inferno | 62 | 2.950.000-3.442.000 | 16.000 | Atacar | Pestífero | - |

# AREIAS DESOLADAS

*As Areias Desoladas há muito tempo ocupam a parte mais assustadora da mente dos cidadãos de Caldeum. Inóspito, mortal e estéril, este planalto remoto no deserto serviu como descanso final a muitos criminosos. Aqueles que entram em conflito com a lei têm sido deixados para morrer nesta paisagem agreste, desafiados a sobreviver aos poços de piche, Vermes da Rocha comedores de homens e bandos de Falcões Sangrentos territoriais. E nem uma única alma já conseguiu voltar para Caldeum viva.*

## NOVOS LACAIOS DO INFERNO

| Lacaio | Normal | Pesadelo | Torm. | Inferno |
|---|---|---|---|---|
| Vira-latas Decaído | 17 | 41 | 55 | 62 |
| Espreitadora Lacuni | 20 | 41 | 56 | 62 |
| Coisa das Dunas | 20 | 41 | 56 | 62 |
| Morde-pó | 20 | 41 | 56 | 62 |
| Habitante da Areia | 20 | 41 | 56 | 62 |
| Construto Fumegante | 20 | 41 | 56 | 62 |
| Construto Carregado | 22 | 42 | 56 | 62 |
| Talhador Lacuni | 20 | 41 | 56 | 62 |
| Ceifador | 22 | 42 | 56 | 62 |
| Come-pó | 20 | 41 | 56 | 62 |
| Diabrete Dissecado | 20 | 41 | 56 | 62 |
| Aguilhante Carregado | 21 | 42 | 56 | 62 |
| Espreitadora Calcinante | 20 | 41 | 51 | 62 |

## FONTES DE SAQUE

**Ossos Profanados**
Raridade ★

**Bolsa de Viajante**
Raridade ★★★

**Camponês Morto**
Raridade ★★

**Pilha de Pedras**
Raridade ★

**Lobo de Ferro Morto**
Raridade ★★

**Camponês Morto**
Raridade ★★

**Mesa Cerimonial**
Raridade ★★★

**Baú**
Raridade ★★★

**Alforje Perdido de Cain**
Raridade ★★★

**Baú Resplandecente**
Raridade ★★★★

**Ossos Antigos**
Raridade ★★

**Saco de Ovos**
Raridade ★★

**Prisioneiro Renegado**
Raridade ★★

**Pedras Soltas**
Raridade ★★

**Aventureiro Morto**
Raridade ★★

**Ninho de Falcão Sangrento**
Raridade ★★

**Restos Esqueléticos**
Raridade ★★

**Enviado de Belial**
Raridade ★★★

**Diário de Zoltun Kell**
Raridade ★★★

CONT. DA MISSÃO

# SANGUE E AREIA

## TRILHA ANTIGA

Saia dos Aquedutos Ocultos para a Trilha Antiga um pouco além do altar onde o Crisol do Joalheiro ficou. Léa e Shen, o Cobiçoso, irão voltar para a cidade, Léa para aprender o feitiço necessário para restaurar o corpo de Kell e Shen, o Cobiçoso, para abrir sua loja no Acampamento Oculto. Prossiga pelo caminho, passando pelo Marco de Senda para as Areias Desoladas **[12]**.

### Joalheiro Agora Disponível

Retorne ao Acampamento Oculto através do Portal da Cidade e fale com Shen, o Cobiçoso. Isso o convence a se juntar à caravana como segundo artesão. Shen, o Cobiçoso, usará seu recém-encontrado Crisol do Joalheiro para combinar três gemas idênticas em uma maior. Ele também pode remover gemas de engastes. Ao contrário do Ferreiro, Shen, o Cobiçoso, não precisa de receitas para realizar seu ofício, mas ainda assim requer treinamento a fim de trabalhar com gemas maiores e mais valiosas.

## AREIAS DESOLADAS

As Areias Desoladas são um deserto em expansão preenchido com os ossos das criaturas enormes que percorriam estas terras há muito tempo. Falcões Sangrentos circulando eternamente, grupos de Diabretes Dissecados e membros saqueadores dos Lacunis tornam a viagem por estas bandas uma prova traiçoeira. Suba o caminho em zigue-zague até o platô e parta para a Caverna do Traidor e Câmara do Assassino.

Preste atenção ao minimapa para manter-se orientado. As Areias Desoladas são quase estéreis e há poucos lugares para se abrigar dos filhos do inferno que habitam esta área. Mova-se cuidadosamente e tire o máximo proveito de todas as habilidades de proteção que você tem. É também um bom momento para retornar ao Acampamento Oculto para estocar poções ou até mesmo contratar um seguidor.

Preste atenção à velocidade dos inimigos que o perseguem. Conduza os inimigos mais rápidos e fracos para fora e lide com eles primeiro!

### CAVERNA DO HORROR ENTERRADO

*Preste atenção em um Verme da Rocha único que emerge de dentro de um anel de ossos antigos. Mate-o para ganhar acesso a uma toca em que você pode entrar! Esta desafiadora caverna é cheia de Ceifadores, Aguilhantes Carregados e Demônios Assassinos. Exploradores corajosos têm o potencial de ganhar ouro e talvez até mesmo um Baú Resplandecente. É uma caverna de dois níveis com várias ameaças venenosas. A Caverna do Horror Enterrado é o único local onde você encontrará o perigoso Ceifador, um parente mortal do Saltador Emburacado. Cuidado!*

## CAVERNA VIL

*Esta caverna possui toda larva, ovos e sacos de inseto tóxico que você poderia esperar. As Aranhas Cospe-teia, Aguilhantes Carregados e Vermes da Rocha aumentam o horror. A caverna é uma série de corredores estreitos que conduzem a salas cavernosas maiores forradas com Cospe-Gosmas. Avance lentamente, já que muitos dos buracos aparentemente inócuos no chão da gruta podem gerar um enxame de Aguilhantes Carregados.*

### Poços de Piche

As Areias Desoladas não são só areia e pedra, há também grandes poços de piche. Estas piscinas negras não são profundas o suficiente para serem fatais, mas irão retardar seu movimento se você tentar percorrê-las.

### *Protegendo o Ninho*

*Falcões Sangrentos não gostam de ver suas casas perturbadas e irão atacar em massa se você cutucar seu ninho. Há um tesouro a ser pego, mas não diga que não avisamos quando essas criaturas iradas descerem!*

Aqueles que exploram as Areias Desoladas muitas vezes encontram um caminho em espiral que desce até um Baú Resplandecente. Isso é, exatamente como aparenta, uma armadilha para o Herói. Não enfrente esta depressão sem Vida plena e assegure-se que suas habilidades de proteção não estão à espera de recarga. Esquadrões de vários esqueletos e Construtos provavelmente serão gerados no caminho de volta depois de assaltar o Baú.

Procure pelo portal de entrada da caverna no centro das Areias Desoladas. Se você se dirigir muito ao norte e encontrar uma ponte que atravessa um abismo, já deve ter ido longe demais. Volte ao longo do curso para sudeste.

## CAVERNA DO TRAIDOR

A Caverna do Traidor é uma área de dois níveis cheia de Aranhas Cospe-teia, Vermes da Rocha e Aguilhantes Carregados. Cuidado com os Cospe-Gosma que crescem ao longo das paredes da caverna, já que esses ninhos tóxicos vomitam projéteis venenosos naqueles que passam muito perto. É muito mais seguro para destruir os Cospe-Gosma de longe ou simplesmente deixá-los lá.

A habilidade Arremesso de Arma do Bárbaro é particularmente útil contra Aranhas Cospe-teia e Vermes da Rocha

A Caverna do Traidor geralmente contém uma seção circular para além de um caminho central levando a um grande anel. Siga em qualquer direção em torno do perímetro e procure por Baús e Altares. A entrada para o nível mais baixo pode estar em qualquer lugar, assim verifique mesmo o menor dos ramos.

O nível mais baixo da Caverna do Traidor pode não ser tão grande quanto o superior, mas contém Sacos de Larvas assim como muitos Cospe-Gosma. Continue para o cristal de saída para encontrar o Sangue de Zoltun Kell **[13]**. Colete o sangue somente quando você estiver pronto para a luta — quatro Construtos Gelantes se materializam na hora que o sangue é perturbado!

Quatro Construtos Gelantes atacam no momento em que o sangue é coletado!

Os Construtos Gelantes lançam múltiplos projéteis congelados que podem retardar o movimento do Herói. Eles infligem pouco dano corpo a corpo, mas podem disparar seus projéteis a distâncias médias e longas. Você também pode levá-los em um grupo e os acertar com uma habilidade de área de efeito ou investir contra eles um por um. Definitivamente vale a pena ter um aliado com você para esta luta, especialmente se você está jogando como Monge ou Arcanista. O Feiticeiro faria bem em evocar um Gargântua para a luta.

# CÂMARA DO ASSASSINO

A Câmara do Assassino é um grande túmulo não diferente das Ruínas Esquecidas exploradas anteriormente. Ela contém numerosas Torres Guardiãs e suas respectivas Aracnitas elementares, mas também muitos Guardiões em Chamas e vários esqueletos.

Mais uma vez, quatro ou mais Construtos Gelantes/Fumegantes irão atacar logo que o Herói recolher o frasco de sangue de Zoltun Kell. Ative suas habilidades defensivas e comece a luta. A Câmara do Assassino é um pouco mais espaçosa que a Caverna do Traidor, por isso tenha um ataque à distância na mão já que o Herói pode não ser capaz de perseguir os Construtos durante a recarga. Procure o cristal de saída próximo para retornar às Areias Desoladas **[14] Missão Cumprida**. A próxima missão começa imediatamente — lute em direção ao norte através das Areias Desoladas até a entrada dos Arquivos de Zoltun Kell.

Guardiões em Chamas raros oferecem uma luta e tanto, mas vale a pena pelo XP extra para limpar a câmara de todos os inimigos que você encontrar

Os Construtos irão disparar seus projéteis de todas as direções. Se você tiver sorte, pode encurralar dois em um canto e lidar com os outros mais tarde

# TERMINUS

*Terminus está além dos Arquivos de Zoltun Kell, um lugar místico, com três áreas separadas ligadas apenas por portais. Terminus não existe em nenhum mapa e pode ser alcançado apenas com a assistência direta de Zoltun Kell. Os corredores de Terminus não têm inimigos, mas os Salões da Tempestade, Profundezas Desconhecidas e Reino Sombrio estão entre os locais mais mortíferos na região Caldeum.*

## NOVOS LACAIOS DO INFERNO

| Lacaio | Normal | Pesadelo | Torm. | Inferno |
|---|---|---|---|---|
| Peão Decaído | 20 | 41 | 56 | 62 |
| Conjurador Decaído | 20 | 41 | 56 | 62 |
| Gigante de Pedra | 20 | 41 | 56 | 62 |
| Construto Tóxico | 22 | 42 | 56 | 62 |
| Mestre Decaído | 20 | 41 | 56 | 62 |
| Beemote de Areia | 21 | 42 | 56 | 62 |
| Invasor Esquelético | 20 | 41 | 56 | 62 |
| Mestre Arq. Esquelético | 20 | 41 | 56 | 62 |
| Guerreiro Esqueletal | 20 | 41 | 56 | 62 |
| Espreitador Sombrio | 21 | 42 | 56 | 62 |
| Rastejante Elétrica | 22 | 43 | 56 | 62 |
| Sentinela Vil | 20 | 41 | 56 | 62 |
| Sentinela Carregado | 20 | 41 | 56 | 62 |
| Sentinela Gélido | 20 | 41 | 56 | 62 |
| Sentinela Derretido | 20 | 41 | 56 | 62 |
| Vingador Vil | 20 | 41 | 56 | 62 |
| Tecedora Venenosa | 22 | 42 | 56 | 60 |

## FONTES DE SAQUE

**Urna Antiga**
Raridade
★

**Tomos Antigos**
Raridade
★★

**Estante de Armas**
Raridade
★★

**Estante de Livros**
Raridade
★★

**Pergaminhos**
Raridade
★★

**Baú**
Raridade
★★★

**Baú Resplandecente**
Raridade
★★★★

MISSÃO

# PEDRA NEGRA DAS ALMAS

## OBJETIVOS

1. Procure os Arquivos de Zoltun Kell nas Areias Desoladas.
2. Vá para Terminus.
3. Abra a Tranca Sombria nas Profundezas Desconhecidas.
4. Abra a Tranca Sombria nos Salões da Tempestade.
5. Entre no Reino Sombrio através de Terminus.
6. Encontre o Corpo de Zoltun Kell.
7. Fale com Léa em Terminus.
8. Entre na Câmara da Pedra das Almas através de Terminus.
9. Fale com Zoltun Kell.
10. Mate Zoltun Kell.
11. Pegue a Pedra Negra das Almas.
12. Fale com Ádria no Acampamento Oculto.

## RECOMPENSAS DE CONCLUSÃO

| HERÓI | OURO | XP |
|---|---|---|
| Todas as Classes | 1120 | 10.150 |

*Baseado na dificuldade Normal.

*Com a cabeça de Zoltun Kell e o sangue recuperado, é hora de devolvê-lo ao reino dos vivos. Léa tem na cabeça o feitiço necessário para realizar esse procedimento perigoso e reencontra o Herói nos Arquivos. A ordem de que Zoltun Kell nunca seja ressuscitado foi proferida a longas distâncias, agora é você que deve liberar as Trancas Sombrias e fazer exatamente o que foi proibido.*

## ARQUIVOS DE ZOLTUN KELL

Viaje ao noroeste do Marco de Senda nas Areias Desoladas para a ponte que conduz a oeste através do abismo. Zoltun Kell voltará a revelar-se para ativar o portal para seus arquivos **[1]**.

Léa e imperador Hakan II aguardam o Herói no Marco de Senda nos Arquivos de Zoltun Kell

Atravesse a ponte em direção ao Marco de Senda. Léa e o Imperador Hakan II também fizeram a viagem para o Arquivo de Zoltun Kell. Léa aprendeu a magia necessária para ressuscitar Zoltun Kell e o Imperador acredita que ele sabe onde está Belial. As coisas estão progredindo bem, mas há muito a ser feito. Continue após o ponto de passagem e desça as escadas para Terminus **[2]**.

A única maneira de colocar Zoltun Kell inteiro novamente é usar os frascos de seu sangue sobre as Trancas Sombrias nas Profundezas Desconhecidas e Salões da Tempestade. Três pontes irradiam energia para fora de onde está Kell, cada uma conduzindo a um portal diferente. O ramo esquerdo leva às Profundezas Desconhecidas, o direito para os Salões da Tempestade. A ponte central conduz a um portal atualmente inativo.

## PROFUNDEZAS DESCONHECIDAS

As pontes longas e escadarias das Profundezas Desconhecidas são o lar de inúmeros Decaídos, Gigantes de Pedra e Construtos Tóxicos. Navegar este reino não é tão complicado como as Ruínas Esquecidas e outros túmulos no deserto. Aqui, o caminho é relativamente simples — desprovido do entulho, pilhas de areia e os caminhos de ramificação que tornavam as viagens menos certas nas áreas anteriores.

Vá para longe da entrada em direção a uma ponte longa que, provavelmente, leva a um cruzamento de duas ou quatro escadas. Mestres Decaídos muitas vezes acompanham Vira-latas Decaídos nesta área (embora você possa em vez disso encontrar inimigos esqueléticos). Os Vira-latas Decaídos tendem a não possuir tanto poder como seus mestres carregadores de porretes, mas devem ser eliminados primeiro. Suas picadas repentinas podem rapidamente deixar o Herói de joelhos, se ele está cercado. A única situação em que não vale a pena acertar o Vira-latas Decaído primeiro é quando você tem um tiro limpo em um Conjurador Decaído próximo!

Emparelhar as runas Sentinela e Torreta Guardiã cria um escudo protetor que se estende por toda a ponte — criar obstáculos como este é importante nos modos Tormento e Inferno.

As Profundezas Desconhecidas são mais do que parecem à primeira vista. Combatentes à distância são encorajados a avançar lentamente para obter um tiro em quaisquer Construtos ou Torres Guardiãs antes que eles possam revelar-se danosos. Aproveite as cascatas de areia que caem de muitos dos arcos, já que inimigos do além relutam em passar por elas. O Herói não deve atravessar a areia caindo antes de limpar todos os inimigos do lado em que está.

Abrir um baú no centro de um cruzamento pode evocar vários Construtos Tóxicos

Explore o andar solitário das Profundezas Desconhecidas até descobrir uma esfera maciça espetada conhecida como Tranca Sombria, geralmente na extremidade de uma ponte longa e estreita guardada por Construtos e Vingadores Vis. Este dispositivo se assemelha aos Construtos Arcanos, porém é maior. O espírito de Zoltun Kell vai estar presente perto da tranca — derrame o seu sangue sobre o fecho para abri-lo [3]. Um portal de saída deve estar por perto.

Interaja com a Tranca Sombria para usar o sangue de Zoltun Kell para desbloqueá-la

# Salões da Tempestade

Ao contrário das Profundezas Desconhecidas, os Salões da Tempestade têm inúmeros Invasores Esqueléticos e Mestres Arqueiros Esqueléticos. Entretanto, a arquitetura dos Salões de Tempestade é semelhante a das Profundezas Desconhecidas. A areia em cascata continua a servir como barreira, protegendo o Herói dos inimigos do outro lado, enquanto ele lida com os da área imediata.

O Herói provavelmente enfrentará inimigos numerosos da variedade akeletal no caminho para a saída do calabouço

**RECOMPENSA DE OBJETIVO MENOR**

**OURO:** 280 **XP:** 2175

As pontes longas nos Salões da Tempestade muitas vezes levam para trás e para a frente entre as escadas que se cruzam. Mantenha os inimigos à sua frente o tempo todo. Habilidades direcionadas são mais úteis aqui do que aquelas que se irradiam em todas as direções. O Terremoto do Bárbaro, Fogo Rápido do Caçador de Demônios e os Morcegos Ígneos do Feiticeiro são boas escolhas em pontes, especialmente quando se vai contra Tecedoras Venenosas e Gigantes de Pedras. Abra caminho para a Tranca Sombria e use o outro frasco de sangue para desbloqueá-la [4].

O Herói pode encontrar múltiplos baús no caminho para a saída. Tal como acontece com as Profundezas Desconhecidas, é comum que Construtos Tóxicos apareçam após a abertura destas. Arcanistas podem fazer o trabalho rápido de rodear inimigos com a habilidade Onda de Força, especialmente com a runa Onda Poderosa equipada. Encontre a saída da caverna e volte para Terminus.

## *Poção de Vida Grandiosa*

*Vale a pena ter um par de Poções de Vida Grandiosa na mão antes de se aventurar nos Salões da Tempestade. As batalhas que ocorrem perto da Tranca Sombria e da saída da caverna podem ser bastante difíceis sem algumas poções mais fortes.*

# REINO SOMBRIO

Com a Tranca Sombria aberta, é hora de recuperar o corpo de Zoltun Kell. Avance ao longo da ponte de energia do centro e entre no Reino Sombrio [5]. Esta área é semelhante à que continha as Trancas Sombrias, mas emite um brilho vermelho-sangue difuso. Beemotes de Areia se escondem no lugar dos Gigantes de Pedra, mas uma criatura ainda mais nefasta também reside aqui: o Espreitador Sombrio, um inimigo que ataca com grande velocidade e em tão grande número que representa uma ameaça mais significativa do que seu tamanho poderia sugerir. Fique parado e espere que eles venham para você, então use um ataque de área de efeito, de preferência um que retarde ou atordoe, bem como cause dano. Espreitadores Sombrios irão desaparecer no chão, mas irão retornar rapidamente e o ícone de controle de efeito acima de suas cabeças pode ajudar a encontrá-los.

O Reino Sombrio não é tão grande quanto os calabouços contendo as Trancas Sombrias, mas o corpo de Zoltun Kell é muito mais protegido. Quatro Sentinelas, cada um representando um dos elementos, ficam de guarda. Sentinela Gélido, Sentinela Vil, Sentinela Derretido e Sentinela Carregado emergem em formação para cercar o Herói na aproximação do corpo de Kell [6].

## SENTINELAS E CONSTRUTOS

Os quatro Sentinelas elementares que vigiam o corpo de Zoltun Kell se comportam de forma semelhante aos Construtos elementares já encontrados. Uma diferença é que os Sentinelas são tipicamente de um nível mais baixo que os Construtos (na dificuldade normal). Isso ajuda a compensar o fato de que você estará enfrentando quatro simultaneamente, cada um de um elemento diferente.

Não é necessário derrotar os quatro Sentinelas — você pode simplesmente recolher o corpo e correr para a saída — mas essas criaturas tornam isso difícil. Mova-se usando ataques à distância, mesmo que seja apenas o Lançamento de Arma do Bárbaro. Cada um dos Sentinelas tem ataques mágicos, mas eles são mais perigosos de perto, especialmente os dos Sentinelas Incandescente e Tóxico. Fique no perímetro para atacar de longe e ter uma rota de fuga. Os Sentinelas deixam cair saques valiosos, assim matá-los é vantajoso.

Mova-se para a borda da área para evitar ser cercado e foque-se em um sentinela de cada vez

Pegue o corpo e volte para Léa através do portal que aparece além de onde o cadáver foi localizado [7]. Fale com Léa no terminal e assista enquanto ela traz Zoltun Kell à vida. Ele então se despede, incapaz de controlar a gargalhada traiçoeira que emerge de seus lábios. Siga-o à Câmara da Pedra das Almas [8].

**RECOMPENSA DE OBJETIVO MENOR**
OURO: 280 XP: 2175

# CÂMARA DA PEDRA DAS ALMAS

Zoltun Kell levou você para a Câmara da Pedra das Almas, mas a aproximação revela que ele não está a fim de perder o seu poder [9]. Não sem uma luta. Com a Pedra Negra das Almas flutuando no centro da câmara circular, o Herói não tem escolha a não ser lutar com Zoltun Kell e seus dois Guardiões Eternos para impedir que o poder dos Senhores do Inferno varra toda a terra [10].

# ZOLTUN KELL
## HORADRIM NEGRO

*Ádria: "Assassino. Torturador. Monstro. Estes foram os títulos concedidos a Zoltun Kell pelos Horadrins. Apesar de custar-lhes caro, eles mataram o assistente pelos seus crimes contra a natureza e selaram seu corpo desmembrado dentro de um reino das sombras. Parece que eles estavam com medo de que ele voltasse".*

| MODO | NÍVEL | HP | XP | ATAQUES | CARAC. | RESIST. |
|---|---|---|---|---|---|---|
| Normal | 20 | 9568-9867 | 1350 | Tornado de Energia, Bolha de Tempo, Desabamento do Teto, Desaparecimento, Rochedo Incandescente | - | - |
| Pesadelo | 41 | 234.784-242.121 | 5000 | Tornado de Energia, Bolha de Tempo, Desabamento do Teto, Desaparecimento, Rochedo Incandescente | - | - |
| Torm. | 56 | 3.101.376-3.198.294 | 13.500 | Tornado de Energia, Bolha de Tempo, Desabamento do Teto, Desaparecimento, Rochedo Incandescente | - | - |
| Inferno | 62 | 15.737.520-16.229.730 | 16.000 | Tornado de Energia, Bolha de Tempo, Desabamento do Teto, Desaparecimento, Rochedo Incandescente | - | - |

Zoltun Kell não vai jogar-se na batalha tão pouco tempo depois de ser ressuscitado — ele tem seus Guardiões Eternos para lutar por ele. Essas monstruosidades gêmeas são similares na aparência e estilo de luta aos Gigantes de Pedra que você encontrou em outros lugares, mas têm HP em dobro! Felizmente, eles são tão lentos quanto feios e podem ser mantidos a distância — perfeito para táticas de longo alcance! Combatentes corpo a corpo são aconselhados a usar técnicas de bater e correr para evitar os poderosos ataques dos Guardiões Eternos.

Zoltun Kell fica mais do outro lado da passarela em forma de anel, mas vai lançar seus Rochedos Incandescentes periodicamente, mesmo antes dos Guardiões Eternos serem derrotados. Use quaisquer armaduras de aura disponíveis ou habilidades de proteção que você tem para minimizar os danos que estes ataques provocam, continuando a focar nos Guardiões Eternos. Ataque Zoltun Kell se ele chegar perto, pois isso provavelmente vai levá-lo a ficar invisível e se mover para outro lugar na câmara. Ele não vai atacar enquanto invisível, dando oportunidade de focar nos Guardiões Eternos.

Deixe os globos de vida no chão até que você precise deles. A coisa boa sobre a forma e o tamanho da Câmara da Pedra das Almas é possível fugir para o outro lado da área se você precisar esperar pelo tempo de recarga de uma poção. Certifique-se de que os Guardiões Eternos não se dividam e tentem pegar você no meio. Zoltun Kell quase sempre corre atrás de você ao invés de girar em torno, em uma tentativa de separá-lo da linha de frente.



Zoltun Kell tem uma série de ataques que imitam muitos daqueles que o Arcanista pode executar, ou seja, a Bolha do Tempo e o Tornado de Energia. Embora estas ameaças sejam relativamente fáceis de evitar, o ataque Desabamento do Teto de Kell é muito mais mortal. Fique atento para quando Zoltun Kell bater seu bastão contra o chão. As reverberações fazem o teto desmoronar em toda a câmara. Este é um grande momento para usar habilidades que evitam ataques recebidos, tais como a capacidade Salto Mortal do Caçador de Demônios, Ignorar Dor do Bárbaro ou a Pele de Diamante do Arcanista.

Fique em movimento, desvie dos Tornados de Energia e ataques de Zoltun Kell, e continue a atacá-lo. Zoltun Kell representa pouca ameaça de perto — ele confia nos músculos de seus Guardiões Eternos, mas ele vai soltar a sua magia de qualquer distância. Rochedo Incandescente continua a ser o ataque mais comum durante toda a batalha. Preste atenção quando ele levar sua mão para trás, já que isso precede a formação de uma grande rocha em chamas. Esse ataque é relativamente lento e pode ser evitado, mas alguma Resistência Ígnea certamente vai ajudar.

Atravesse a ponte de energia que aparece para reivindicar a Pedra Negra das Almas a partir do centro da câmara [11]. Ádria, Léa e Tyrael usam um portal próximo para voltar ao Acampamento Oculto. Saia da Câmara da Pedra das Almas e use o Portal da Cidade para se juntar a eles lá e falar com Ádria [12] **Missão Cumprida.**

MISSÃO

# O EXPURGO DE CALDEUM

## OBJETIVOS

1. Encontre Asheara no Bazar de Caldeum.
2. Fale com Ashara.
3. Leve os refugiados de Caldeum à Passagem Inundada.

## RECOMPENSAS DE CONCLUSÃO

| HERÓI | OURO | XP |
|---|---|---|
| Todas as Classes | - | - |

*Baseado na dificuldade Normal.

*O confronto com Belial está chegando, mas os cidadãos de Caldeum irão certamente pagar o preço se a proposta do Herói para derrotar o Senhor do Mal for bem-sucedida.*
*Os refugiados devem ser levados para a segurança antes que sejam abatidos pelo despertar de Belial.*

## NOVO LACAIO DO INFERNO

| Víbora da Perdição | | | |
|---|---|---|---|
| Normal | 20 | Pesadelo | 41 |
| Torm. | 56 | Inferno | 62 |

# BAZAR DE CALDEUM

Asheara está esperando no Bazar de Caldeum, perto da entrada do bueiro que leva à Passagem Inundada. Desça os degraus do Acampamento Oculto e corra pela cidade para a entrada de esgoto [1]. O ataque de Belial já começou e bombas ácidas caem por toda a cidade. Evite as sombras verdes que marcam seu ponto de impacto. Asheara aguarda a sua chegada perto da entrada de esgoto. Fale com ela para saber do plano para salvar os refugiados [2].

Evite os anéis tóxicos que marcam o bombardeio de Belial e corra pela cidade para a entrada de esgoto

Você tem três minutos para salvar o máximo de refugiados possível. Seus esconderijos estão marcados no minimapa, mas são também identificáveis no ambiente pelo brilho cintilante levantando-se desses locais. Muitos dos refugiados estão encolhidos sob carrinhos e atrás de móveis (incluindo a área além do portão anteriormente bloqueado a sudoeste). Clique no carrinho para persuadir o refugiado a sair de seu esconderijo. Ele vai automaticamente ir para trás do Herói e segui-lo. Guie o refugiado de volta aos esgotos [3]. Há também bolsões de refugiados nos cantos do Bazar de Caldeum. Certifique-se de verificar os cantos do extremo norte e sul da área para encontrar grupos de refugiados agachados em campo aberto.

Clique no carrinho para fazer o refugiado abandonar seu esconderijo e segui-lo para o esgoto

# Bônus

## SALVE OS REFUGIADOS

Os cidadãos de Caldeum estão escondidos em todo o Bazar. Use o minimapa para localizá-los, então guie-os de volta para Asheara para ganhar 108 XP e uma pequena quantidade de ouro para cada refugiado que salvar. O primeiro desce a escada para a Passagem Inundada imediatamente depois de você falar com Asheara. Você não tem que salvar todos os outros, mas vale a pena tentar.

Os refugiados tentarão evitar as bolas de fogo caindo, mas nem todas as ameaças vêm do céu. Você deve também protegê-los das Víboras da Perdição e dos Enganadores Contorcidos. Mate os demônios de Belial antes de resgatar os refugiados próximos ou então eles podem ser golpeados durante a briga. Algumas Víboras da Perdição, atacarão quando houver refugiados seguindo você. Ao invés de parar para lutar contra eles até o fim, apenas rapidamente bata neles com uma habilidade que inflige Repulsão ou Retardamento e mantenha-se em movimento.

Mate as Víboras da Perdição antes de resgatar os refugiados, em seguida oriente-os para desviar das bolas de fogo

### Companhia de Três

*O Herói pode ter vários refugiados o seguindo, mas é uma boa ideia evitar grupos grandes. Você só recebe ouro e XP por cada refugiado que chega à Passagem Inundada com segurança. Quanto mais você tentar levar de uma só vez, mais difícil se torna mantê-los a salvo. Limite-se a três refugiados por vez para melhores resultados.*

MISSÃO

# SENHOR DA MENTIRA

## OBJETIVOS

1. Entre na Cidade de Caldeum com Léa e Ádria.
2. Vá ao Palácio Imperial.
3. Mate Belial.
4. Pegue a Alma de Belial.
5. Fale com Tyrael no Acampamento Oculto.
6. Fale com o líder da caravana para deixar Caldeum.

## RECOMPENSAS DE CONCLUSÃO

| HERÓI | OURO | XP |
|---|---|---|
| Todas as Classes | 870 | 8525 |

*Baseado na dificuldade Normal.

*O ataque de Belial sobre a cidade começou e há uma crescente suspeita de que o imperador Hakan II pode estar envolvido. Juntamente com Léa e Ádria, o Herói deve lutar até o Palácio Imperial e confrontar o imperador e sua guarda sobre Belial e a segurança de Caldeum.*

## NOVOS LACAIOS DO INFERNO

**Sentinela Velado**

| Normal | 20 | Pesadelo | 41 |
|---|---|---|---|
| Torm. | 56 | Inferno | 62 |

**Evocador Velado**

| Normal | 20 | Pesadelo | 41 |
|---|---|---|---|
| Torm. | 56 | Inferno | 62 |

# Cidade de Caldeum

Reúna-se com Léa e Ádria na entrada para a Passagem Inundada — chegou a hora de entrar no interior da cidade e avançar para o Palácio Imperial! Lute passando as Víboras da Perdição que guardam a passagem do Bazar e leve Léa às portas de Caldeum [1]. Ela vai usar seus poderes para explodir as portas.

Os poderes de Léa continuam a crescer sob a tutela de Ádria!

O grupo entra na cidade de Caldeum bem a tempo de encontrar diversos civis agachados à mercê da imitação da Guarda Imperial criada por Belial — Magos Ofídios e Víboras da Perdição! Ádria e Léa irão ajudar na batalha, mas cabe a você a maior parte da matança. Atraia as Víboras da Perdição para longe de Léa e Ádria para que elas ajudem com suas flechas e bolas de fogo, respectivamente.

Você deve matar Kamyr para dissipar a ilusão de feiticeiro para o nordeste

Suba as escadas para os portões venenosos. Aguarde até que os vapores tóxicos diminuam e passe rapidamente pelas fissuras no solo para evitar a próxima dose de gás. Fique perto dos Magos Ofídios que você encontrar e ataque a todo o custo para impedi-los de realizar seus ataques elétricos. Avance entre os portões, mate a próxima onda de atacantes e continue em direção ao círculo à frente.

Um grande número de Decaídos, liderados por Kamyr, um servo único de Belial, atacam onde o caminho para o palácio se vira para a direita. Golpeie os Mestres Decaídos e Peões Decaídos na área antes de lidar com Kamyr. Feitiços de área de efeito fazem maravilhas contra os Peões Decaídos. Léa e Ádria tentarão manter Kamyr na baía enquanto você cuida dos outros. Kaymr cai facilmente uma vez que os Decaídos sejam eliminados. Isto é, se ele não for morto indiretamente durante a luta principal.

As aberturas venenosas cruzam o caminho que conduz ao Palácio Imperial, fique de olhos abertos. O gás tóxico sobe em um padrão de zigue-zague alternadamente através do assoalho. Vá com cuidado e continue através das Víboras da Perdição e Magos Ofídios para os portões. Use a Fonte Curativa perto dos degraus e entre no palácio uma vez que Léa tenha aberto as portas [2].

## KAMYR

### ESPREITADOR SOMBRIO

Kamyr é um inimigo bastante fraco, obviamente mais preocupado em servir Belial que com o seu valor de combate. Seus ataques de projéteis misteriosos podem infligir danos moderados, mas ele os usa pouco. Kamyr conta com a confusão causada pela massa de Decaídos que o cerca. Isolar ele dos Decaídos o coloca à sua mercê. Embora Kamyr tenha o mesmo nível experiência que os inimigos ao redor dele, sua característica de Vida Extra fornece um grande impulso ao seu HP.

| MODO | NÍV | HP | XP | ATAQUES | CARAC. | RESIST. |
|---|---|---|---|---|---|---|
| Normal | 22 | 3232 | 1050 | Ataque de Projétil | Vida Extra, Vórtice | - |
| Pesadelo | 42 | 68.200 | 5200 | Ataque de Projétil | Vida Extra, Vórtice | - |
| Torm. | 56 | 775.344 | 13.500 | Ataque de Projétil | Vida Extra, Vórtice | - |
| Inferno | 62 | 3.934.480 | 16.000 | Ataque de Projétil | Vida Extra, Vórtice | - |

### *Retorno à Loja*

*Esta é sua última oportunidade para voltar ao Bazar de Caldeum e comprar poções. Você pode chegar lá, refazendo seus passos ou usando o Portal da Cidade. Certifique-se de que sua armadura também está completamente reparada. Você verá que os comerciantes previamente espalhados por todo o Bazar de Caldeum agora estão localizados ao longo das falésias no Acampamento Oculto.*

# Palácio Imperial

O grupo chega ao Palácio Imperial a tempo de testemunhar Belial emergindo da casca do corpo jovem Imperador Hakan II. Os Guardas Imperiais em torno do trono se revelam Sentinelas Velados, uma versão mais forte dos Enganadores Contorcidos que você enfrentou anteriormente. A hora de matar Belial chegou [3].

# BELIAL

## SENHOR DA MENTIRA

*Cain: "Belial, Senhor das Mentiras, é o mais elusivo dos Sete Males e um mestre do engano. Diz-se que ele induziu Azmodan a se revoltar contra os Males Supremos. Isso começou a guerra civil do Inferno Ardente, que terminou com o Exílio Sombrio dos Males Supremos para nosso reino mortal".*

### FASE I: A VERDADEIRA FORMA DE BELIAL

| MODO | NÍVEL | HP | XP | ATAQUES | CARAC. | RESIST. |
|---|---|---|---|---|---|---|
| Normal | 22 | 8.080 | 725 | Corpo a corpo, Bolas de Fogo, Reforços | - | - |
| Pesadelo | 42 | 174.160 | 2600 | Corpo a corpo, Bolas de Fogo, Reforços | - | - |
| Torm. | 56 | 1.938.000 | 6750 | Corpo a corpo, Bolas de Fogo, Reforços | - | - |
| Inferno | 62 | 9.836.000 | 8000 | Corpo a corpo, Bolas de Fogo, Reforços | - | - |

### FASE II: FORMA DE DEMÔNIO DE BELIAL

| MODO | NÍVEL | HP | XP | ATAQUES | CARAC. | RESIST. |
|---|---|---|---|---|---|---|
| Normal | 22 | 24.000 | 725 | Corpo a Corpo, Esmaga-Chão, Sopro Elétrico, Raios Elétricos | - | - |
| Pesadelo | 42 | 511.000 | 1275 | Corpo a Corpo, Esmaga-Chão, Sopro Elétrico, Raios Elétricos | - | - |
| Torm. | 56 | 5.815.000 | 1600 | Corpo a Corpo, Esmaga-Chão, Sopro Elétrico, Raios Elétricos | - | - |
| Inferno | 62 | 29.508.000 | 700 | Corpo a Corpo, Esmaga-Chão, Sopro Elétrico, Raios Elétricos | - | - |

### SELEÇÃO DE HABILIDADES SUGERIDAS: HERÓI NÍVEL 23

| CLASSE | HAB. # 1 | HAB. # 2 | HAB. # 3 | HAB. # 4 | HAB. # 5 | HAB. # 6 | PAS. # 1 | PAS. # 2 | PAS. # 3 |
|---|---|---|---|---|---|---|---|---|---|
| Bárbaro | Cutilada | Retalhamento | Grito Ameaçador | Investida Furiosa | Golpe Brutal | Terremoto | Nervos de Aço | Superstição | - |
| Caç. Demônios | Disp. Enredante | Fogo Rápido | Esp. das Lâminas | Marc. para Morrer | Granadas | Preparação | Abater os Fracos | Arco e Flecha | - |
| Monge | Palma Explosiva | Rabo de Arraia | Clarão Cegante | Mantra da Cura | Onda Incapacitante | Chute de 7 Lados | Cânt. da Ressonância | Tome a Iniciativa | - |
| Feiticeiro | Bomba Incend. | Pris. dos Mortos | Ceifa das Almas | Aparição Horrenda | Salva de Espíritos | Gargântua | Harmonia Espiritual | Possuído por Esp. | - |
| Arcanista | Eletrocussão | Raio Gélido | Teletransporte | Meteoro | Armadura Gélida | Impacto Expl. | Prodígio | Sangue frio | - |

**As habilidades listadas na tabela acima são apenas uma sugestão. Embora estas escolhas tenham sido eficazes para nós, há muitos caminhos para a vitória. Experimente!*

A batalha contra Belial consiste em três etapas, com a primeira ser gasta lutando contra as ondas aparentemente infinitas de Sentinelas Velados e Evocadores Velados. O formato de meia-lua do Palácio Imperial oferece apenas espaço suficiente para manobrar de ponta a ponta; use essa tática para ganhar tempo, impedir os inimigos de cercarem o Herói e lançar ataques a distância. Habilidades que laçam/retardam o inimigo ou causam dano a todos os alvos à frente do Herói são melhores durante a primeira fase desta luta.

A batalha contra os Sentinelas Velados e Evocadores Velados deve ser levada à sério, pois ela pode rapidamente tornar-se difícil se você não faz bom uso de poções de vida e globos de vida. Ataque alguns inimigos para amaciá-los, desencadeie um ataque de área de efeito para deixá-los mais lentos — Clarão Cegante do Monge e Prisão dos Mortos do Feiticeiro funcionam especialmente bem — em seguida recue para se afastar daqueles se aproximando em outra direção.

Belial acabará por ficar cansado de ver você massacrar seus guardas e entrará na briga. Embora ele use sua foice para golpear o Herói de perto, seu ataque mais comum consiste em três bolas de fogo verde, acompanhadas por um enxame de insetos semelhantes aos controlados por Maghda. As bolas de fogo verde se espalham, tornando mais fácil se esquivar quanto mais longe você estiver de Belial.

A forma atual Belial tem 15x o HP dos Sentinelas Velados que ele evoca. Porém, você deve eliminar pelo menos alguns dos Sentinelas Velados e Evocadores Velados para impedir que eles o cerquem. Isto tem o benefício adicional de fornecer a você um suprimento de globos de vida. Concentre-se em desviar-se dos Sentinela Velados — e bolas de fogo de Belial — e foque em Belial. Use ataques que golpeiam em um arco largo o suficiente para bater vários inimigos e, assim, atingir Sentinelas Velados e Evocadores Velados ao mesmo tempo em que se concentra em Belial.

A terceira e última fase da batalha é diferente de tudo que o Herói encontrou até agora. Belial revela sua forma de demônio enorme, cujo peso esmaga muito do Palácio Imperial, deixando o Herói em cima da plataforma semicircular pairando no espaço. Rapidamente conjure qualquer magia de armadura que você possa ter e comece imediatamente a atacar Belial. Não importa onde você o acertar — seu corpo inteiro é vulnerável a danos.

Belial tem muitas opções mortais à disposição durante a terceira fase, mas a mais comum é um ataque corpo a corpo. Ele pode atacar com o seu apêndice direito ou esquerdo. Felizmente, este ataque é anunciado por um enxame de moscas e um círculo verde que aparece no chão. Mantenha-se afastado desta zona de impacto e rodeie-a para atacar o corpo de Belial. Um círculo semelhante aparece antes do seu ataque Esmagador de Chão. Este ataque de dois braços libera um enxame de moscas e uma onda de choque poderosa. O Esmagador de Chão é normalmente destinado ao centro da arena.

Tanto lutadores de longa distância como os corpo a corpo devem continuar a usar táticas de bater e correr em Belial durante seus ataques corpo a corpo. Assista para ver onde o círculo verde aparece, então fique longe da área (não se esqueça de dar espaço para o braço inteiro) e continue atacando. Isto é, até que Belial mude para seus ataques à distância.

O ataque Sopro Elétrico de Belial varre o terraço da esquerda para a direita, causando dano pesado a qualquer coisa em seu caminho. Apesar de habilidades como Pele de Diamante e Ignorar Dor ajudarem a proteger contra este ataque, o melhor é apenas se mover para a extremidade da plataforma e esperar. Belial antecipa este ataque puxando os braços para trás fora da área de batalha, como se preparasse para uma respiração profunda.

O outro ataque com o qual se deve tomar cuidado são os Golpes Elétricos. Quando Belial coloca seus apêndices para baixo nas extremidades esquerda e direita do terraço, desvie dos enxames de moscas que indicam para onde a artilharia que será direcionada. Explosões verdes disparam do solo durante cerca de sete segundos e explodem toda a área de impacto. Este ataque devastador pode drenar a Vida do Herói rapidamente se você não tiver cuidado. É possível deslizar entre os braços e continuar o ataque à direita no rosto de Belial! Monitore sua vida, evite os círculos verdes de alvo e não pare de atacar! Belial tem uma enorme quantidade de HP e a única maneira de vencer esta guerra é permanecer na ofensiva.

**RECOMPENSA DE OBJETIVO MENOR**
**OURO:** 290 **XP:** 2325

Reúna o saque e colete a alma de Belial que paira no Palácio Imperial após a batalha [4]. Use o Portal da Cidade para retornar ao Acampamento Oculto e fale com Tyrael [5]. Você libertou o povo de Caldeum da ira de Belial, mas outro Mal Supremo lançou ataque enquanto você estava ocupado em Caldeum. Fale com o líder da caravana e viagem para o norte, onde o Ato III acontece [6] Missão Cumprida.

# ATO III

Dreadlands
Ivgorod
Arreat Crater
Bastion's Keep
Entsteig
Sharval Wilds
Gulf of
Westmarch
Khanduras

Dry Ste
jistan
Caldeum

# FORTE DA VIGÍLIA

*O Forte da Vigília marca o reduto humano mais ao norte e a linha de frente na defesa contra as forças do Azmodan. A legião de filhos do inferno de Azmodan emergiu da Cratera de Arreat em massa e vai em direção ao sul em ondas incessantes de destruição. A visão de Léa soou verdadeira, mas mesmo isso não poderia prepará-la para o terror que está sendo liberado sobre estas extensões geladas.*

MISSÃO

## O CERCO DO FORTE DA VIGÍLIA

### OBJETIVOS

1. Acenda as 5 fogueiras sinalizadoras nas Muralhas do Corvo Celeste.
2. Encontre Sargento Dalen nas Muralhas do Corvo Celeste.

### RECOMPENSAS DE CONCLUSÃO

| HERÓI | OURO | XP |
|---|---|---|
| Todas as Classes | 580 | 6200 |

*Baseado na dificuldade Normal.

*Ao se observar do topo do Forte da Vigília, a evidência de terror domina a paisagem. As forças de Azmodan atravessaram os campos e atacam em larga escala as Muralhas do Corvo Celeste. Seus números irão subir para os milhares se a fúria deles não for contida. As fogueiras sinalizadoras devem ser acesas para chamar reforços!*

## NOVOS LACAIOS DO INFERNO

**Soldado Demoníaco**

| Normal | 23 | Pesadelo | 43 |
|---|---|---|---|
| Torm. | 57 | Inferno | 63 |

**Demônio Cargueiro**

| Normal | 22 | Pesadelo | 42 |
|---|---|---|---|
| Torm. | 56 | Inferno | 62 |

**Soldado Decaído**

| Normal | 28 | Pesadelo | 48 |
|---|---|---|---|
| Torm. | 59 | Inferno | 63 |

**Cão Infernal Decaído**

| Normal | 28 | Pesadelo | 48 |
|---|---|---|---|
| Torm. | 59 | Inferno | 63 |

**Ignimagus Decaído**

| Normal | 28 | Pesadelo | 48 |
|---|---|---|---|
| Torm. | 59 | Inferno | 63 |

**Feitor Decaído**

| Normal | 28 | Pesadelo | 48 |
|---|---|---|---|
| Torm. | 59 | Inferno | 63 |

**Infernasa Demoníaco**

| Normal | 23 | Pesadelo | 43 |
|---|---|---|---|
| Torm. | 57 | Inferno | 63 |

**Golgor Colossal**

| Normal | 25 | Pesadelo | 46 |
|---|---|---|---|
| Torm. | 58 | Inferno | 63 |

**Bruto Decaído**

| Normal | 25 | Nightmare | 45 |
|---|---|---|---|
| Hell | 58 | Inferno | 63 |

**Profeta Decaído**

| Normal | 22 | Nightmare | 42 |
|---|---|---|---|
| Hell | 56 | Inferno | 62 |

**Suserano Decaído**

| Normal | 25 | Nightmare | 45 |
|---|---|---|---|
| Hell | 58 | Inferno | 63 |

## FONTES DE SAQUE

**Caixas**
Raridade
★

**Guarda Morto**
Raridade
★★

**Baú**
Raridade
★★★

**Mensageiro de Azmodan**
Raridade
★★★

**Barril Resistente**
Raridade
★

**Estante de Armas**
Raridade
★★

**Alforje de Morgan**
Raridade
★★★

**Baú Resplandecente**
Raridade
★★★★

GUIA DE MISSÕES

# CIDADELA DO FORTE DA VIGÍLIA

A caravana foi desmontada e espalhada pelo interior da cidadela, deixando o Herói e Tyrael como vigias no alto da torre. Fale com Tyrael para ouvir a sua avaliação da situação, que está ficando mais desesperadora a cada momento. Tyrael acende a fogueira sinalizadora próxima e instrui você a se dirigir para as Muralhas do Corvo Celeste e iluminar as outras cinco ao longo dos muros.

Tyrael acende a primeira fogueira sinalizadora, mas as outras cinco são com você!

## LOJAS

### A Gorell, o Intendente

Categorias

Miscelânea, Reparos

### B Botulph, o Mineiro

Categorias

Armas, Armaduras, Reparos

### C Litton, o Contrabandista

Categorias

Armas, Armaduras, Berloques, Reparos

### D Vidar, o Colecionador

Categorias

Armas, Armaduras, Miscelânea, Reparos

### E Eamon Haedrig

Categorias

Ferraria

### F Shen, o Cobiçoso

Categorias

Criação de Joias

Desça as escadas para o Arsenal e vá para dentro para ver como Léa e Ádria estão lidando com a Pedra Negra das Almas. Aqueles que procuram conhecimento adicional podem encontrar algo nos Pertences de Léa, sobre a mesa na sala adjacente. Saia do Arsenal pelas escadas no canto noroeste para entrar na Cidadela.

A Cidadela serve como sua base no Ato III e é o lar de numerosos comerciantes, seus Seguidores e os Artesãos. Seu Baú pessoal também está aqui, bem ao lado do Marco de Senda.

Dedique alguns minutos para explorar a Cidadela e ter uma ideia de onde cada um de seus companheiros de viagem pode ser encontrado. Estoque poções, considere a contratação de um seguidor e localize a peça de conhecimento dentro Baú de Suprimento do Capitão Haile.

Assim que estiver pronto, atravesse a ponte levadiça para a direita e siga pela porta que leva às Muralhas do Corvo Celeste. Lute com os Soldados Demoníacos ao longo do caminho, mas não demore!

# MURALHAS DO CORVO CELESTE

As Muralhas do Corvo Celeste são uma parede longa em zigue-zague com numerosos mirantes, muralhas e passadiços que se projetam em paralelo ao caminho principal. Inúmeras barricadas, barris e caixas foram espalhadas pelas Muralhas em uma tentativa de diminuir a agressão das forças de Azmodan, mas com poucos resultados. Todos esses itens podem ser quebrados com facilidade durante o combate e pouco fazem para conter as hordas fervilhantes. Os tambores e caixas, pelo menos, produzem uma riqueza de ouro e saque.

## DEMÔNIOS NAS PAREDES

*Encontre o Capitão Cyrillis sobre uma das paredes superiores. Ele solicita sua ajuda na defesa das muralhas, mas é morto por um Demônio Cargueiro assim que você fala com ele. Vingue o bom capitão exterminando a besta assassina e os Soldados Demoníacos que correm pelas escadas para entrar na briga. Mais Soldados Demoníacos surgem do Demônio Cargueiro, então seja rápido. Derrame o Óleo em Chamas próximo para erradicar a parte do problema, em seguida ataque o Demônio Cargueiro com todo o seu poder. Uma vez que o monstro esteja morto, você receberá uma generosa recompensa de ouro e XP.*

## *Caldeirões de Óleo Quente*

*Grandes tonéis de óleo quente estão pendurados pelas Muralhas do Corvo Celeste. Como as Calhas de Fogo nos Salões da Agonia, esses caldeirões podem ser derrubados e usados para colocar fogo em vários inimigos. Mire no Óleo Fervente para derramar todo o líquido em chamas sobre os inimigos.*

Suba as escadas para a parte maior da parede e comece a abater os numerosos Soldados Decaídos e Cães Infernais Decaídos que você pode encontrar. O ataque Tornado do Bárbaro é excelente para romper as hordas de Decaídos. Numerosos Soldados Demoníacos se manifestam perto da primeira Fogueira Sinalizadora. Esses brutos não são tão resistentes como as suas armaduras e maças sugerem e podem ser mortos com uma variedade de ataques, desde que você evite ser cercado.

GUIA DE MISSÕES

O ataque Desintegração do Arcanista combinado com uma evocação de Hidra pode acabar tanto com os Soldados Demoníacos como com os Demônios Cargueiros!

Interaja com cada Fogueira Sinalizadora para acender o apelo de ajuda!

Vire a esquina para a esquerda e escale os degraus da passagem estreita que conduz à primeira Fogueira Sinalizadora (note a sua localização no minimapa). Esta é uma excelente oportunidade para usar uma habilidade com um foco estreito para acertar os Soldados Demoníacos ao longo da parede. A habilidade Desintegração do Arcanista e o Alcance Mortal do Monge são ambos bons exemplos.

A primeira Fogueira Sinalizadora não está muito à frente, mas um Demônio Cargueiro se apossou dela. Estes inimigos não atacam — eles não têm capacidade ofensiva — mas sobem pelas laterais das muralhas para expelir uma oferta quase infinita de Soldados Demoníacos em grupos de três. Faça dos Demônios Cargueiros o seus alvos logo que você encontrá-los. Eles têm uma tonelada de HP, mas é a única maneira de cortar o fornecimento de Soldados Demoníacos. Um ataque de área de efeito destinado ao Demônio Cargueiro provavelmente vai danificar esta criatura, bem como os Soldados Demoníacos que ela regurgita.

Siga o caminho das Muralhas do Corvo Celeste até as escadas para cada um dos postos de vigia em busca das Fogueiras Sinalizadoras. Elas aparecem no minimapa antes mesmo de estarem iluminadas, e estão sempre localizadas perto do perímetro da muralha, geralmente em uma esquina de junção **[1]**.

## Bombas Lançadas!

Evite os círculos giratórios pretos e vermelhos que aparecem no chão. Eles sinalizam onde as bombas de lava lançadas pelos Infernasas Demoníacos cairão. Mantenha-se afastado para evitar danos pesados.

A Visão de Azmodan ao se aproximar do Sargento Dalen.

Mantenha distância ao batalhar com o Golgor Colossal, que muitas vezes surge pouco antes de se chegar à quinta Fogueira Sinalizadora. Este poderoso oponente é imune a repulsão e proporciona um ataque mortal de gancho. Acenda a Fogueira Sinalizadora final, então continue ao longo da parede para a posição do Sargento Dalen, perto da porta trancada **[2] Missão Cumprida**.

MISSÃO

# VIRANDO O JOGO

## OBJETIVOS

1. Levante as 3 catapultas no Forte Pétreo.
2. Retorne para a Cidadela do Forte da Vigília.

## RECOMPENSAS DE CONCLUSÃO

| HERÓI | OURO | XP |
|---|---|---|
| Todas as Classes | 885 | 8800 |

*Baseado na dificuldade Normal.

*As forças de Azmodan não iriam desistir tão facilmente! Os demônios estão marchando para o Forte Pétreo, e o sargento Dalen precisa de você para ajudar os Capitães da Guarda a levantar as três catapultas antes que seja tarde demais.*

# FORTE PÉTREO

## ESPERANDO REFORÇOS

*A única maneira de alcançar as equipes da catapulta é ajudar o Capitão Haile a levantar a ponte levadiça para que seus reforços possam acessar a área. Fale com o Capitão à frente. Ele está parado com apenas três guardas e não há nenhuma maneira de cruzar a abertura na parede até que o elevador suba. Soldados Demoníacos e Infernasas Demoníacos atacarão a área. Fique em um dos lados e mate os inimigos enquanto o elevador sobe. Um Soldado Demoníaco único chamado Dragus vai atravessar a ponte para atacar uma vez que ela esteja em posição. Este inimigo é Congelado, por isso mantenha distância!*

### DOPPELGÄNGERS E MANIPULADORES

Embora não seja provável encontrar monstros raros nas Muralhas do Corvo Celeste, você pode começar a lutar contra inimigos com dois traços novos nesta área, especialmente na dificuldade Pesadelo e acima. O traço Doppelgänger é para inimigos raros e adiciona um clone do monstro ao seu plantel de lacaios. Raros que possuem a capacidade Manipulador têm saúde suplementar e, mais importante, os seus lacaios são indestrutíveis! Reze para que você não encontre ambos os traços no mesmo inimigo Raro, pois nesse caso você terá trabalho.

### *Procure nos Mirantes*

*O Forte Pétreo tem numerosos mirantes que se estendem no muro superior. Vale a pena subir as escadas para cada um desses locais, muitos contêm um baú ou uma peça de sabedoria.*

É uma boa ideia pedir ajuda, seja um seguidor, animal de estimação evocado ou torreta.

Quando o elevador for colocado em posição, continue pelo topo da Forte Pétreo para as três posições das catapultas. Os inimigos com os quais você lutou nas Muralhas do Corvo Celeste retornam em números ainda maiores. Você também vai encontrar mais Golgores Colossais, Infernasas Demoníacos e uma maior probabilidade de inimigos Campeões.

## Táticas de Barricada

As barricadas, por vezes, conseguem reter os inimigos, como o mais fraco Decaído. Esteja atento para situações em que os inimigos são mantidos a distância pelas barricadas e deixe-os lá. Mate todos os outros monstros nas proximidades antes de destruir a barricada e atacar aqueles atrás dela.

Tente combinar habilidades de área de efeito com ataques alvo único DPS para lidar com inimigos avulsos que penetram sua defesa inicial.

Passe pela massa de Decaídos e Soldados Demoníacos para encontrar o Sargento Burroughs perto da primeira catapulta [1]. Com sua ajuda, os recrutas estarão seguros enquanto tentam levantar a catapulta. Siga-o até o portão próximo para buscá-los, em seguida retorne aos guinchos. Recrutas irão operar os guinchos, geralmente apenas um ou dois de cada vez, enquanto você e Burroughs trabalham para mantê-los seguros. Use o óleo fervente para matar os Soldados Demoníacos e fique de olho em Infernasas Demoníacos que pousam. A batalha pode ficar difícil. Felizmente, muitas vezes há uma Fonte Curativa acima das escadas à esquerda da catapulta e mais recrutas chegarão conforme os outros perecem.

**RECOMPENSA DE OBJETIVO MENOR**

**OURO:** 285 **XP:** 2250

O Tenente Lavail supervisiona a equipe responsável pela segunda catapulta [1]. Continue ao longo do muro para alcançá-lo perto do próximo conjunto de guinchos. Batedores relatam que Demônios Cargueiros estão prontos para atacar em rápida sucessão neste local. Você deve proteger os soldados dos Demônios Cargueiros (e seus Soldados Demoníacos), enquanto eles levantam a catapulta. Os Demônios Cargueiros atacam um de cada vez, mas você deve matá-los logo ou então os Soldados Demoníacos serão um problema. Desloque-se no perímetro semicircular da parede perto da catapulta e mire nos Demônios Cargueiros que aparecem. Use suas habilidades de armadura ou outros recursos de proteção para manter os Soldados Demoníacos sob controle. Não vire as costas para os Demônios Cargueiros uma vez que a catapulta é levantada.

A Armadura Gélida do Arcanista ajuda a repelir os Soldados Demoníacos para que ele possa se concentrar no Demônio Cargueiro.

**RECOMPENSA DE OBJETIVO MENOR**
**OURO:** 285 **XP:** 2250

A terceira catapulta não está distante [1]. Fale com o Tenente Clyfton para descobrir que você e ele devem levantar a catapulta sozinhos. O Tenente irá operar o guincho esquerdo, deixando para você a operação do da direita. Clique continuamente sobre o guincho para levantar a catapulta para a posição. Soldados Demoníacos e Infernasas Demoníacos irão atacar você e o Tenente, mas não como nas catapultas anteriores. Monitore sua Vida e pare para se defender somente se sua saúde ficar muito ameaçada. Ter um Seguidor ou um animal de estimação evocado para proteger você certamente ajuda. Considere o retorno à Cidadela para contratar o Templário ou a Sibila para a etapa final desta missão, se você ficar incapaz de lutar e acionar o guincho ao mesmo tempo. Os inimigos aqui são principalmente atacantes corpo a corpo e podem ser repelidos com habilidades de repulsão e área de negação, como o Santuário Interno do Monge.

**RECOMPENSA DE OBJETIVO MENOR**
**OURO:** 285 **XP:** 2250

Com as catapultas em posição, é hora de voltar para a Cidadela do Forte da Vigília [2]. Continue ao longo dos muros depois da terceira catapulta para procurar saques ou baús no final, então use o Portal da Cidade para retornar a Tyrael na Cidadela.

## Um Assunto Espinhoso

*Este é o bom momento para equipar qualquer armadura de "Espinhos". Elas fazem com que os atacantes sofram uma pequena quantidade de dano cada vez que atingem o usuário. Se você não tem equipamento com uma classificação de Espinhos alta, procure runas e habilidades passivas que refletem danos de volta para o atacante, pois isso irá tornar mais fácil se concentrar em levantar a catapulta.*

Continue a manusear o guincho para levantar a catapulta. Pare apenas quando absolutamente necessário!

MISSÃO

# O FORTE FENDIDO

## OBJETIVOS

1. Encontre as Profundezas do Forte Nível 2.
2. Encontre a Fenda nas Profundezas do Forte.
3. Encontre a Despensa no Forte da Vigília.
4. Mate Ghom na Despensa.
5. Retorne para a Cidadela do Forte da Vigília.

## RECOMPENSAS DE CONCLUSÃO

| HERÓI | OURO | XP |
|---|---|---|
| Todas as Classes | 300 | 2475 |

*Baseado na dificuldade Normal*

*Os demônios Azmodan não são apenas agressivos, também são engenhosos. As catapultas podem ter frustrado seus planos para um ataque direto, mas eles conseguiram escavar os subterrâneos e atacam de baixo. O Herói deve mergulhar nas profundezas do Forte da Vigília para localizar a fenda e fechá-la antes que seja tarde demais.*

CALABOUÇO

# PROFUNDEZAS DO FORTE

*Abaixo do Forte da Vigília encontram-se as Profundezas do Forte, um calabouço de três níveis composto de depósitos, corredores e quartéis. Esta é sem dúvida a maior estrutura subterrânea em Santuário. Embora algumas áreas das Profundezas do Forte contenham gruas, grades de fogo e rocha incandescente, muito ainda é feito de madeira e pedra. Heróis que exploram a totalidade das Profundezas do Forte irão encontrar-se melhor preparados para as batalhas que virão.*

## NOVOS LACAIOS DO INFERNO

| Lacaio | Normal | Pesadelo | Torm. | Inferno |
|---|---|---|---|---|
| Saqueador Esquelético | 25 | 45 | 58 | 61 |
| Espinhante de Gelo | 25 | 45 | 58 | 63 |
| Espadachim em Chamas | 26 | 46 | 58 | 63 |
| Maníaco Decaído | 25 | 45 | 58 | 63 |
| Caveira de Espada | 25 | 45 | 58 | 63 |
| Atirador Esq. Negro | 25 | 45 | 58 | 63 |
| Rasgador de Almas | 25 | 45 | 58 | 63 |
| Caveira de Cutelo Ligeira | 25 | 45 | 58 | 63 |
| Invasor Demoníaco | 27 | 45 | 59 | 63 |
| Tremor Demoníaco | 25 | 45 | 58 | 63 |

## FONTES DE SAQUE

| Fonte | Raridade |
|---|---|
| Pergaminhos | ★ |
| Caixas | ★ |
| Guincho de Suprimentos | ★★ |
| Cavalete de Armaduras | ★★ |
| Baú | ★★★ |
| Mensageiro de Azmodan | ★★★ |
| Baú Resplandecente | ★★★★ |
| Barril Resistente | ★ |
| Guarda Morto | ★★ |
| Soldado Morto | ★★ |
| Estante de Armas | ★★ |
| Pacote Perdido | ★★★ |
| Guarda Semidevorado | ★★★★ |

## O DIÁRIO DE UM EXPLORADOR

Senti o calor muito antes de ver o brilho vermelho da rocha derretida correndo pela sala. Uma gota de suor escorreu do meu nariz e desapareceu em um chiar de bolhas no chão quente — que tipo de besta podia tolerar tais condições? Os Espadachins em Chamas cambalearam adiante, parecendo nascer das chamas que agora dançavam muito acima das grelhas na superfície. Apesar de parecerem frágeis, eu não podia ficar tempo suficiente para interrogá-los — as chamas certamente me cozinhariam vivo. Lutei através dos esqueletos de fogo e corri pelas grades para o convidativo ambiente úmido depois da saída distante.

Logo fui para outra sala de calor irreprimível, só que desta vez não haviam chamas. Grandes buracos foram cavados no centro e inundados com minério fundido. Eu me preparei para as temperaturas escaldantes e usei esses poços de lava como uma barreira entre mim e os inimigos que se acumulavam na divisão. Eu lancei uma enxurrada de ataques contra eles e sorri quando perceberam que não tinham como contra-atacar nem tempo para flanquear.

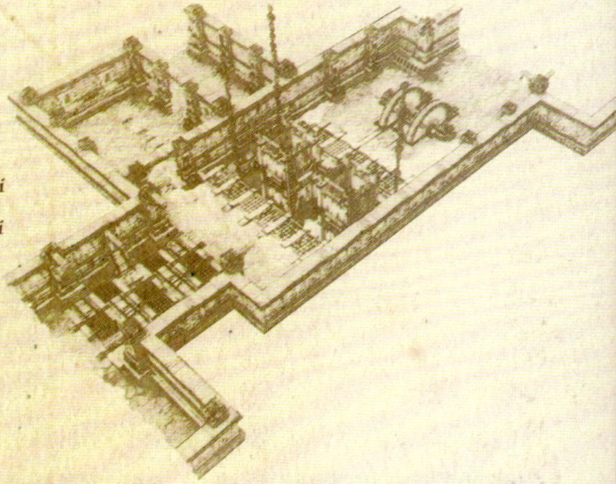

Imagine minha surpresa quando o meu avanço nas Profundezas do Forte levou a um abismo não só aberto aos elementos, mas à neve! Foi lá que eu encontrei um par de pontes de cerco apertadas no centro do fosso. Aquilo não era possível! Baixei o passadiço sobre a primeira ponte e estava prestes a abrir a segunda, quando notei a horda de inimigos do outro lado. Percebi então que seria muito mais seguro deixar a segunda ponte como eu a achei e atrair todos os inimigos através de uma ponte única — direto para a minha lâmina!

## PROFUNDEZAS DO FORTE, NÍVEL 1

# FORJADO EM BATALHA

*O Ferreiro Maldonado precisa de alguém para defendê-lo enquanto forja algumas armas melhores para os homens. Proteja-o contra o ataque dos inimigos por 45 segundos. Ele vai começar no lado direito perto da fornalha e então se moverá para a bigorna à esquerda. Mantenha-se perto dele e não deixe nada passar. Isto é mais fácil com ataques penetrantes à distância, um Seguidor ou animais de estimação evocados como o Gargântua do Feiticeiro. Proteja o Ferreiro Maldonado até que ele tenha elaborado algum armamento melhor para receber uma recompensa de XP e ouro.*

Obtenha a atenção deles, em seguida detone os Saqueadores Esqueléticos afunilados na porta!

O Nível 1 é um grande calabouço, cheio de Atiradores Esqueléticos Negros, Saqueadores Esqueléticos e Espinhantes de Gelo, entre outros. Os inimigos Esqueletos tendem a agir sozinhos e raramente atacam ao lado de outras criaturas, com exceção do Soldado Demoníaco ocasional. É importante verificar rapidamente se os inimigos são Saqueadores Esqueléticos (corpo a corpo) ou Atiradores Esqueléticos Negros (a distância) e contra-atacar. Use as numerosas portas como gargalos e concentre-se nos Saqueadores Esqueléticos no seu ataque. Por outro lado, vale a pena trazer a luta diretamente para os arqueiros para limitar sua eficácia. Ou, se você precisa de cura, fuja por uma porta e rapidamente caminhe para a esquerda ou direita para usar a parede para se esconder.

Saiba que muitos dos quartos em que você entrará conterão grupos de inimigos em vários locais — alguns dos quais você não pode nem mesmo detectar até que entre. Reduza o risco de surpresa atraindo adversários para fora da porta pela qual você veio, em seguida golpeie-os com ataques perfurantes que viajam para a frente e causam dano adicional, como o Alcance Mortal do Monge (ou seu Caminho dos Cem Punhos combinado com a runa Força do Vento).

Um Espadachim em Chamas solitário oferece de pouco risco, mas não seja cercado!

O primeiro andar das Profundezas do Forte provavelmente contém uma grande sala quente. Chamas periodicamente saltam através das seções integradas de piso, o que torna essencial mover-se rapidamente pelas seções. Esta é a única área onde você vai encontrar os Espadachins em Chamas. Mesmo sendo impetuosos, eles podem ser destruídos com relativa facilidade em relação a muitas das outras criaturas das Profundezas.

Esta vasta rede de salas e corredores leva a muitos becos sem saída, mas há também cantos que oferecem uma boa posição. Fique alerta para quartos com duas saídas. Aqueles trabalhando em equipes — ou com um seguidor ou aliado evocado — podem mover-se de porta em porta para atrair vários inimigos para esta armadilha no canto. Aqueles que são rápidos e fortes podem gerar um bônus de Massacre muito grande e ganhar muito XP adicional!

## Portões de Ferro da Fúria

*É possível desferir golpes através de portões de ferro antes de abri-los para causar danos aos inimigos no outro lado. Você também pode enviar ataques penetrantes a distância em linha reta através deles, com uma pequena ameaça de retaliação.*

A entrada para as Profundezas do Forte Nível 2 frequentemente está no canto nordeste desta área **[1]**. Use um Marco de Senda para retornar à Cidadela do Forte da Vigília para criar itens e repor suprimentos, em seguida continue a avançar nas Profundezas do Forte.

## PROFUNDEZAS DO FORTE, NÍVEL 2

Conduza as Caveiras de Cutelo Ligeiras através de portas e lance uma Hidra ou Torreta no quarto atrás delas para pegá-las no fogo cruzado!

O segundo nível das Profundezas do Forte é a casa da formidável Caveira de Cutelo Ligeira. Este adversário é perigoso em grupos, por isso evite ficar cercado. Retire-se pelas portas e armadilhas de plantas para detoná-los conforme eles se afunilam. Não tente ficar frente a frente com eles, ainda mais se atacam em bandos de três ou mais. Em vez disso, tente retardá-los com um ataque de área de efeito generalizado como a Nevasca do Arcanista, ou queimá-los com o Terremoto do Bárbaro.

Caveiras de Cutelo Ligeiras não são os únicos inimigos novos aqui. Esta área também é lar de Maníacos Decaídos e Invasores Demoníacos, entre outros. Maníacos Decaídos são voláteis e podem explodir sem muito aviso. Tente levá-los na direção de outros inimigos, em seguida acerte-os com um ataque a distância para detoná-los. Procure também o brilho verde deles além de todas as portas gradeadas e aponte para detoná-los antes de abri-las.

O Arremesso de Arma do Bárbaro permite a você detonar remotamente um Maníaco Decaído em meio a uma multidão de inimigos.

O segundo nível das Profundezas é apenas um pouco menor do que o nível superior e muito semelhante em concepção. Continue através do calabouço até experimentar uma outra visão de Azmodan na fenda **[2]**. Ele não estará longe da entrada para o terceiro nível.

## PROFUNDEZAS DO FORTE, NÍVEL 3

O terceiro nível das Profundezas do Forte é o lar de um dos inimigos mais intimidantes — o Tremor Demoníaco! Essas criaturas fazem tremer o chão a cada passo e usam suas enormes pernas frontais para protegê-los de ataques. Esses monstros são mais rápidos do que parecem e, ao contrário de qualquer outra criatura que você encontre, podem destruir portas muito estreitas para eles!

O Tremor Demoníaco temporariamente se fecha em uma bola e se defende quando atacado.

Empregue táticas bater e correr para evitar o ataque Esmaga-chão do Tremor Demoníaco. Ataque de longe ou por trás e conserve seus recursos quando o Tremor Demoníaco se enrolar em sua posição defensiva. Uma aura brilhante em torno do Tremor Demoníaco absorve muitos dos ataques do Herói enquanto ele se protege — o que é a sua dica para se afastar até que ele recupere a sua postura de combate normal. Batalhe neste nível menor das Profundezas do Forte para encontrar a entrada para a Despensa **[3]**.

### Abrindo Caminho!

Não pense por um segundo que fugir por uma porta estreita irá mantê-lo a salvo do Tremor Demoníaco! Estes animais podem arrebentar portas, abrindo um buraco na parede para acomodar sua circunferência maciça.

## A DESPENSA

A Despensa é uma pequena área que consiste em pouco mais que um corredor que leva a Ghom, a criatura que Azmodan enviou através da fenda. Use o Marco de Senda fora da entrada para a Despensa para retornar à Cidadela, se necessário, então se aventure adiante e destrua a criatura chamada Ghom **[4]**.

# GHOM

## SENHOR DA GULA

*Cain: "Ghom é o maior dos Tenentes do Pecado de Azmodan e possui não menos que quatro bocas. Apesar de seu apetite voraz ser certamente a sua maior arma, a sua bile e, bem... "outras" excreções nocivas são igualmente letais. Quando visto pela última vez em batalha, o Senhor da Gula engoliu meia dúzia de anjos inteiros, com lanças e tudo".*

| MODO | NÍVEL | HP | XP | ATAQUES | CARAC. | RESISTÊNCIAS |
|---|---|---|---|---|---|---|
| Normal | 26 | 36.200-43.440 | 3.300 | Espirro, Mordida, Nuvem de Gás, Gosma Ácida | - | - |
| Pesadelo | 46 | 746.000-896.000 | 12.000 | Espirro, Mordida, Nuvem de Gás, Gosma Ácida | - | - |
| Torm. | 58 | 6.714.000-8.057.000 | 29.000 | Espirro, Mordida, Nuvem de Gás, Gosma Ácida | - | - |
| Inferno | 63 | 38.249.000-45.899.000 | 32.000 | Espirro, Mordida, Nuvem de Gás, Gosma Ácida | - | - |

De todos os pérfidos habitantes do inferno, Ghom é um dos mais grotescos. Esta besta miserável ginga pelo chão da Despensa em uma tentativa de chegar perto o suficiente para atacar. Ghom é uma criatura lenta e emite Nuvens de Gás para retardar seus inimigos. Fique longe do raio da nuvem de gás para evitar a penalidade Lentidão e o ataque Mordida resultante. Ghom usa sua enorme pança para atacar com uma mordida poderosa, mas só se puder apanhar a presa. Aqueles que evitam ser retardados pela Nuvem de Gás têm uma boa chance de evitar a Mordida.

Pode ser fácil evitar o ataque físico do Ghom, mas o estúpido ataque Espirro tem um alcance um pouco maior. Fique atento para quando Ghom recuar, pois isso significa que ele está prestes a espirrar. A bile venenosa que é vomitada cobre o chão e causa dano periódico ao longo do tempo, até que o ataque termine ou o Herói escape da área afetada. Atacantes de longo alcance podem manter uma distância segura durante a luta, mas o corpo a corpo não tem escolha a não ser colocar-se no caminho do perigo. Tente manter-se atrás ou ao lado de Ghom quando for para o ataque para ficar livre do Espirro.

Fique em movimento e continue a atingir Ghom com tudo em seu arsenal, menos ataques que infligem controles de movimento, como Repulsão ou Retardamento. Ghom é muito grande para ser suscetível a isso. Tente ficar para trás de Ghom e atacar sua retaguarda, quer com ataques a distância, quer com golpes curtos de bater e correr. Aqueles que mantêm uma grande distância devem estar atentos a um ataque final: Gosma Ácida.

Ghom irá cuspir Gosma Ácida no Herói como um ataque a distância. Ghom tenta acertar diretamente com esses ataques, mas os tiros errantes não apenas desaparecem. Até quatro Gosmas Ácidas podem ser evocadas de uma só vez. Embora lentas, essas criaturas seguirão o Herói até que o Ghom seja morto. Gosmas Ácidas têm suas barras de vida próprias e podem ser mortas facilmente, mas muitas vezes é melhor se concentrar em Ghom e apenas deixar para trás estes lacaios viscosos. Pisar na Gosma Ácida libera uma poça tóxica que causa dano ao longo do tempo.

Tenha cuidado extra quando recolher o saque após matar Ghom, já que seus gases tóxicos persistem por algum tempo. Localize o Guarda Semidevorado nas proximidades da Despensa para encontrar a peça de conhecimento registro de Ghom. Use o Portal da Cidade ou Marco de Senda próximo para voltar à Cidadela **[5] Missão Cumprida**.

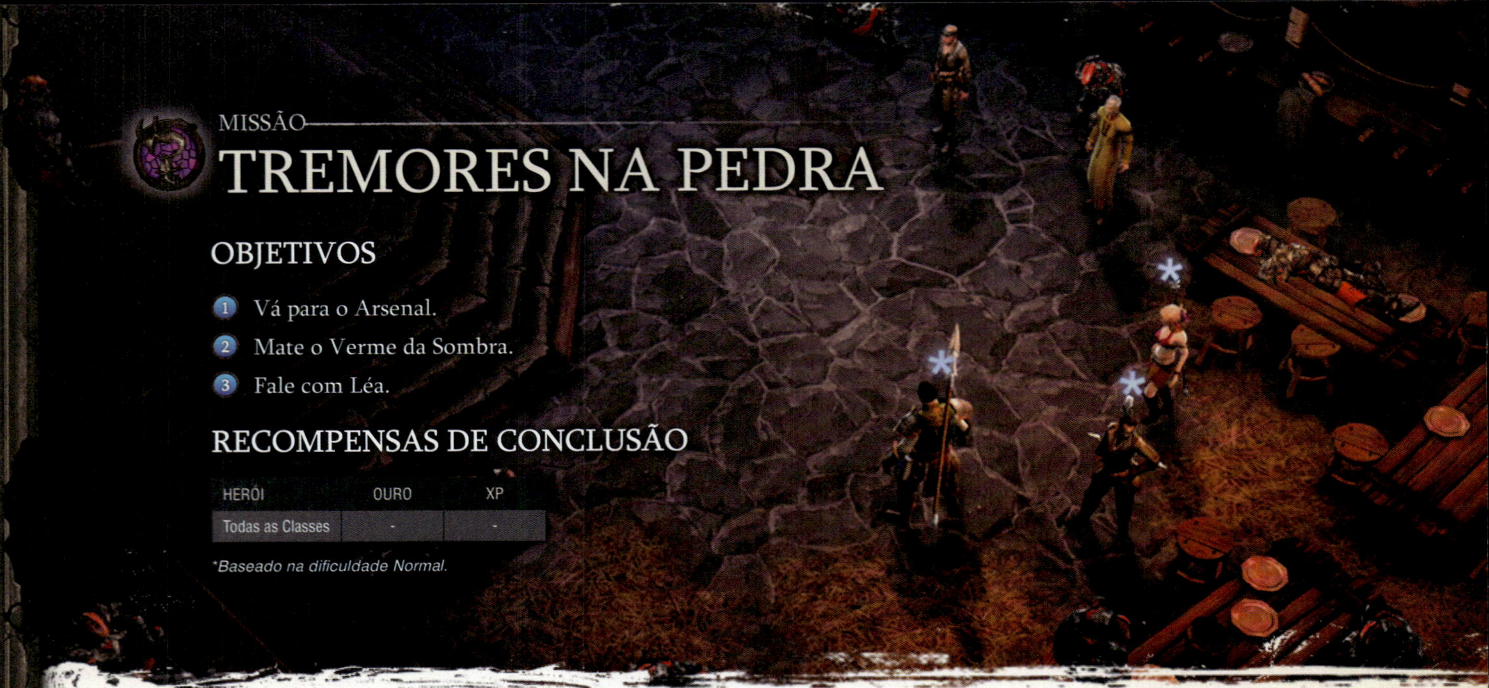

MISSÃO

# TREMORES NA PEDRA

## OBJETIVOS

1. Vá para o Arsenal.
2. Mate o Verme da Sombra.
3. Fale com Léa.

## RECOMPENSAS DE CONCLUSÃO

| HERÓI | OURO | XP |
|---|---|---|
| Todas as Classes | - | - |

*Baseado na dificuldade Normal.

*Você volta a Cidadela só para encontrá-la em um estado de coação. Os guardas estão espalhados por toda a área, muitos descansando, outros correndo em pânico. Tenente Lavail reporta ruídos terríveis vindos do Arsenal. Tyrael foi investigar e você deve fazer o mesmo.*

## ARSENAL

Desça as escadas da Cidadela ao Arsenal para saber sobre o que é a comoção [1]. Uma vez lá, você verá Léa lutando para conter a fúria demoníaca dentro da Pedra Negra das Almas. A escuridão está escapando na forma de Vermes da Sombra que devem ser mortos [2].

Os Vermes da Sombra, como o próprio nome sugere, são criaturas inferiores da escuridão. Apesar de serem de um nível maior do que muitos dos inimigos já encontrados, eles têm metade da vida daqueles contra os quais você vai lutar mais tarde. O Verme da Sombra pode ser mortal se tiver a chance de atacar sem retaliação, mas não há nenhuma razão para dar-lhes essa vantagem. Acerte-os enquanto saem da Pedra Negra das Almas, em seguida fale com Léa [3] **Missão cumprida.**

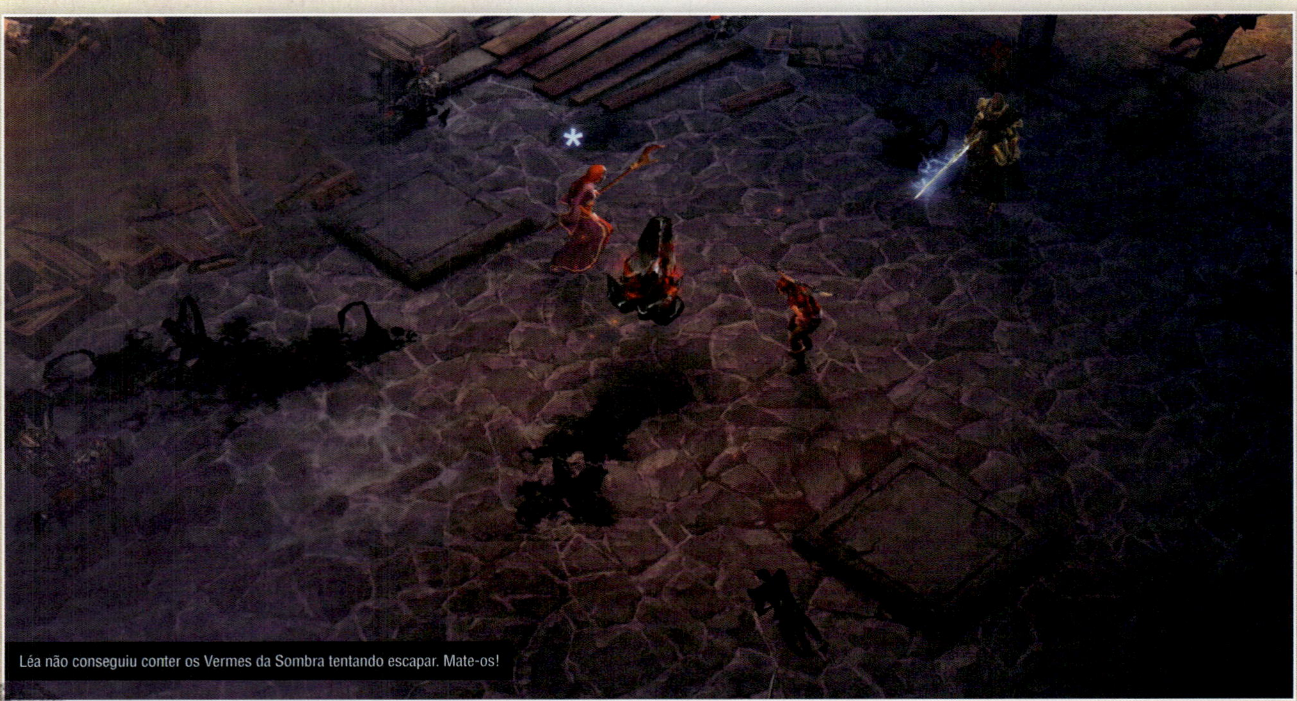

Léa não conseguiu conter os Vermes da Sombra tentando escapar. Mate-os!

# CAMPOS DO MASSACRE

*Além do Forte da Vigília e do Portão de Arreat reside uma área conhecida como Campos do Massacre. Aqui você vai encontrar o Campo de Batalha, a Ponte de Korsikk e Ponte de Rakkis, além de campos homônimos à região. A tundra gelada faz deste um campo de batalha inóspito e apenas a mais rara das criaturas não diretamente envolvida com a guerra de Azmodan pode sobreviver a esta região. As cavernas geladas nos Campos do Massacre são o lar de monstros não encontrados em nenhum outro lugar em Santuário.*

## NOVOS LACAIOS DO INFERNO

| Lacaio | Normal | Pesadelo | Torm. | Inferno |
|---|---|---|---|---|
| Mestiço Decaído | 25 | 45 | 58 | 63 |
| Bruto Decaído | 25 | 45 | 58 | 63 |
| Profeta Decaído | 22 | 42 | 56 | 62 |
| Navalha Gélida | 25 | 45 | 58 | 63 |
| Enxame Empesteado | 23 | 45 | 57 | 62 |
| Súcubo | 27 | 47 | 59 | 63 |
| Aviltado | 26 | 46 | 58 | 63 |
| Guerreiro do Clã Sang. | 25 | 45 | 58 | 63 |
| Lanceiro do Clã Sang. | 25 | 45 | 58 | 63 |
| Molok Alado | 25 | 45 | 58 | 63 |
| Evocador Caveira | 25 | 45 | 58 | 63 |
| Arauto da Pestilência | 26 | 46 | 58 | 63 |

## FONTES DE SAQUE

Caixas
Raridade
★

Guincho de Suprimentos
Raridade
★★

Caixa Queimada
Raridade
★

Estante de Armas
Raridade
★★

Pergaminhos
Raridade
★★

Montículo Congelado
Raridade
★★

Baú
Raridade
★★★★★

Baú Resplandecente
Raridade
★★★★★

Barril Resistente
Raridade
★

Guarda Morto
Raridade
★★

Barril Calcinado
Raridade
★

Cavalete de Armaduras
Raridade
★★

Cadáver de Demônio
Raridade
★★

Restos Antigos
Raridade
★★

Mensageiro de Azmodan
Raridade
★★★★★

MISSÃO

# MÁQUINAS DE GUERRA

## OBJETIVOS

1. Vá para o Portão de Arreat.
2. Fale com o Sargento Pale fora do Portão de Arreat.
3. Atravesse a Ponte de Korsikk.
4. Destrua as 3 Balistas Demoníacas.
5. Destrua o Trebuchet.
6. Encontre a Ponte de Rakkis.
7. Fale com Tyrael.

## RECOMPENSAS DE CONCLUSÃO

| HERÓI | OURO | XP |
|---|---|---|
| Todas as Classes | 900 | 9075 |

**Baseado na dificuldade Normal.*

*A fenda foi fechada, os muros estão seguros, mas as forças Azmodan continuam sua marcha. Eles moveram uma série de armas de cerco para a posição além do Portão de Arreat, nos Campos do Massacre. A integridade do Forte da Vigília pode ser mantida apenas levando a luta para o inimigo, não é mais possível desfrutar da relativa segurança desses muros. O cerco inimigo deve ser destruído antes que o Forte seja saqueado!*

# PORTÃO DE ARREAT

## LAÇOS DE SANGUE

*Este evento aleatório ocorre no nível mais baixo do calabouço opcional conhecido como Quartel. Você encontrará esta área à esquerda da catapulta, onde o Sargento Pale está parado. O Quartel é um calabouço de dois níveis que normalmente contém pelo menos um Baú Resplandecente e uma boa chance de encontrar alguns inimigos campeões que deixam cair bons saques. Você pode precisar de girar uma roda de controle para baixar a ponte levadiça sobre o canal de gelo dentro do Quartel. Prepare-se para enfrentar uma multidão de Decaídos aqui.*

*Vá para o nível mais baixo e fale com o guarda um pouco além das escadas para saber sobre seu amigo ferido, que está perdido em algum lugar do nível. Explore o perímetro do Quartel Nível 2 e procure as portas fechadas, já que ele vai ser encontrado dentro de uma sala fechada. O guarda que você conduz ao amigo participa da batalha e até mesmo ajudará até certo ponto. Encontre seu amigo ausente para receber XP e ouro.*

## CASAMATA

*A entrada para a esquerda das catapultas pode mandar você para a Casamata Fortificada em vez do Quartel. O local não é muito diferente do Quartel, mas consiste em dois níveis cheios de Invasores Demoníacos, Navalhas Gélidas e Enxames Pestilentos. Avance pelo labirinto de salas e corredores para, encontrar um Baú Resplandecente não muito longe do portal calabouço. Independentemente do calabouço que você descobrir, as habilidades que você usou na navegação das Profundezas do Forte, sem dúvida, virão a calhar, assim como XP e ouro que você irá ganhar aqui.*

Fale com Tyrael na Cidadela do Forte da Vigília para iniciar a missão, em seguida saia pela ponte levadiça na Cidadela e continue em frente até o Portão de Arreat **[1]**. Desça os degraus até a catapultas e fale com o Sargento Pale **[2]**. Ele precisa de você para lutar através do Campo de Batalha para a Ponte de Korsikk. De lá, você vai continuar em frente nos Campos do Massacre até o cerco de Azmodan.

Desça as escadas com o Sargento Fale, que está perto da catapulta.

# CAMPO DE BATALHA

## LOJAS DO CAMPO DE BATALHA

*O centro do Campo de Batalha pode conter uma pequena fortaleza, com escadas que levam a um mirante e outras escadas que levam para baixo para uma Fundição ou Armazéns. Os Armazéns do Campo de Batalha são um calabouço de dois níveis semelhantes às Profundezas do Forte. Lute com Evocadores Caveira e Caveiras de Espada indo para o nível inferior. Evocadores Caveira evocam Saqueadores Esqueléticos. Eles também são capazes de arremessar orbes arcanos, então detone-os rápido! O nível mais baixo, muitas vezes contém uma ponte levando para um Baú Resplandecente e Portal do Calabouço. Gire a roda para abaixar a ponte.*

## MARÉ DE BATALHA

*O Campo de Batalha é muitas vezes a casa de um acampamento de barricadas que está sob ataque pelo Clã Sangrento. Dê uma mãozinha para derrotar os Guerreiros e Lanceiros do Clã Sangrento durante a corrida inicial, então prepare-se para o Igniasa Colossal que aparece. Este inimigo único é muito maior do que um Infernasa Demoníaco e carrega cerca de 10x o HP. O Igniasa Colossal usa suas presas e garras para infligir dano físico enquanto vomita projéteis de fogo. Derrote o Igniasa Colossal e todos os demônios restantes na área, em seguida fale com o Coronel Severin para recolher sua recompensa de ouro e XP.*

## O QUARTEL AVANÇADO

*Fique de olho para uma entrada que conduz ao Quartel Avançado. Esta pequena área subterrânea normalmente abriga apenas alguns inimigos, mas contém um Baú Resplandecente, inúmeros barris e caixas, e diversos Guardas Mortos. É uma fonte incrível de saque e ouro quando está presente!*

### Invista o Tempo

Esta missão não é longa, mas a exploração plena dos Armazéns do Quartel do Campo de Batalha (se eles estiverem presentes) leva um certo tempo. Não deixe que isso pare você! Esses calabouços são excelentes fontes de ouro e XP e irão ajudar a tornar a sua próxima batalha com Azmodan mais gerenciável. Use o ouro para continuar a treinar seus artesãos e para criar o melhor equipamento que o Ferreiro pode fazer neste momento — idealmente, uma combinação de equipamentos Perito e Profissional.

Espere para ver onde o braço do Arauto da Pestilência emerge, então, apresse-se para atacar seu corpo.

Abra caminho para o leste no Campo de Batalha contra os Guerreiros e Lanceiros do Clã Sangrento. Estes membros dos Khazras são mais durões do que aqueles que você encontrou antes, mas eles lutam de forma semelhante aos seus homônimos no Clã da Lua. O inimigo para o qual você deve estar preparado é o Arauto da Pestilência. Esta criatura tóxica mergulha seu braço longo no chão, só para levantá-lo muito próximo a você. O braço pode cavar vários metros através do solo e dá ao Arauto da Pestilência um ataque furtivo a distância. Atraia a criatura a usar seu ataque do braço, então rodeie o braço e ataque o animal parado pelos flancos. Ele não pode se mover ou atacar enquanto o seu braço está mergulhado no chão.

### Aliados em Necessidade

Muitos Guardas do Forte foram separados de suas unidades. Aqueles que escaparam de uma morte rápida às vezes podem ser encontrados encolhidos ao longo do perímetro do Campo de Batalha. Fale com eles para recrutá-los, mas não se apegue muito aos seus novos companheiros, eles vão perecer em breve.

O Campo de Batalha contém uma grande cratera no centro, onde você pode encontrar escadas que levam até uma entrada para a Fundição, o Quartel Avançado ou os Armazéns do Campo de Batalha, bem como para um mirante que pode conter um baú. Ande em torno da área e mate todos os inimigos que encontrar para ganhar XP e saque, e para ajudar os outros soldados. O Campo de Batalha não é uma área grande e a Ponte de Korsikk está ao nordeste.

A Ponte de Korsikk é um curto vão com vários inimigos, múltiplos Barris Calcinados e Caixas Queimadas e talvez até mesmo um Baú ou Altar. A ponte sofreu danos pesados, mas ela não irá desmoronar, não se preocupe. Atravesse a ponte para acessar os Campos do Massacre ao longe [3].

Atravesse a Ponte de Korsikk para o Marco de Senda do outro lado.

# Campos do Massacre

## Novos Lacaios do Inferno

| Lacaio | Normal | Pesadelo | Torm. | Inferno |
|---|---|---|---|---|
| Caçadora Invernífera | 25 | 46 | 58 | 62 |
| Espreitador Invernífero | 25 | 46 | 58 | 62 |
| Garrálgida Enterradora | 25 | 46 | 58 | 62 |
| Carniçal Fulgurante | 27 | 47 | 59 | 63 |
| Grande Golias Chifrudo | 25 | 46 | 58 | 62 |
| Picadas Gélidas | 25 | 45 | 58 | 63 |
| Possuído | 25 | 45 | 58 | 63 |

## Fontes de Saque

| Fonte | Raridade |
|---|---|
| Caixas | ★ |
| Barril Resistente | ★ |
| Montículo Congelado | ★★ |
| Guarda Morto | ★★ |
| Cadáver de Demônio | ★★ |
| Restos Antigos | ★★ |
| Baú | ★★★ |
| Baú Resplandecente | ★★★★ |

## Cavernas da Queda do Gelo

*Este gelado covil de dois níveis muitas vezes contém inimigos que você não encontrará em outros lugares, incluindo o Grande Golias Chifrudo e o Possuído. Estes animais horríveis contrastam com a beleza dura da caverna. Tenha cuidado ao lutar com um Grande Golias Chifrudo em uma fenda estreita, você não terá espaço para se esquivar da investida do monstro. Da mesma forma, os Possuídos geralmente lançam um enxame de perigosas Picadas Gélidas após a morte — não baixe a guarda!*

## Cavernas de Gelo

*Similar às Cavernas da Queda do Gelo, as Cavernas de Gelo consistem em dois níveis e muitas vezes contem um Baú Resplandecente no nível mais baixo. As Cavernas de Gelo têm muitos dos mesmos inimigos, como Garrálgidas Enterradoras e Espinhantes de Gelo, mas são também a casa de Caçadoras Inverníferas e Espreitadores. Esses parentes dos Lacunis atacam com cutiladas e golpes giratórios e devem ser enfrentados de longe. Explore toda a área e inspecione cada um dos numerosos Montículos Congelados para recolher tudo o que puder enquanto estiver aqui.*

Os Campos do Massacre são muito maiores do que o Campo de Batalha e exigem uma abordagem mais delicada. As três Balistas Demoníacas estão dispostas em uma formação triangular em torno do Trebuchet maciço no centro da área. Muitos Guerreiros e Lanceiros do Clã Sangrento patrulham esses campos ao lado do Arauto da Pestilência. Moloks Alados mergulham para baixo e atacam em bando com suas garras, enquanto seus primos, os Infernasas Demoníacos, bombardeiam a área de cima.

### Arautos do Inferno

Cuidado com os demônios conhecidos como Arautos do Inferno. Eles são muitas vezes acompanhados de armadilhas que saltam ao se chegar perto, mas o maior perigo é quando ele se abre e atordoa você de longe, permitindo que os inimigos próximos o cerquem. Eles têm HP muito baixo e podem ser destruídos rapidamente. Raramente deixam saque e não causam muito dano, mas são um incômodo e devem ser abatidos.

Cada uma das Balistas Demoníacas é uma arma de cerco maciça, projetada para disparar projéteis em forma de flecha. Limpe de inimigos a área ao redor de cada Balista Demoníaca, em seguida lance o seu ataque na arma de cerco. A Balista Demoníaca não representa nenhuma ameaça de perto, mas tem uma quantidade significativa de HP. Continue atacando até que ela tenha sido destruída [4], repita esse padrão para cada uma das três Balistas Demoníacas.

O Fogo Rápido do Caçador de Demônios dá conta rapidamente de uma Balista Demoníaca.

O Trebuchet Gargântua ocupa a maior parte do grande fosso no centro do mapa. Seus controles — o Equipamento de Trebuchet — estão montados no final de um balanço curto que se sobressai no canto sudoeste do poço. Realize abordagens graduais com varredura para eliminar todos os Tremores Demoníacos e Guerreiros do Clã Sangrento na área, antes de enfrentar os Guardas da Catapulta (Guerreiros do Clã Sangrento promovidos). Abra caminho lutando e destrua os Controles do Trebuchet para colocá-los fora de operação [5].

Com o cerco destruído, é hora de continuar em direção a Ponte de Rakkis. Esta ponte muito longa — maior do que a Ponte de Korsikk — fica no nordeste, além da Balista Demoníaca mais distante [6]. Tyrael está no lado mais próximo da encruzilhada, aguardando sua chegada. Fale com ele para saber de sua próxima manobra [7] **Missão Cumprida.**

Os cadáveres vão se acumular enquanto você batalha em direção ao Equipamento de Trebuchet.

A Visão de Azmodan irá cumprimentá-lo mais uma vez.

***"Já faz tempo que eu senti a emoção da batalha em mim".***

***- Tyrael***

MISSÃO

# ROMPE-CERCOS

## OBJETIVOS

1. Encontre o Portão Demoníaco no Limiar do Abismo.
2. Mate a Fera de Assalto Rompe-cercos.
3. Fale com Ádria perto do Portão Demoníaco.

## RECOMPENSAS DE CONCLUSÃO

| HERÓI | OURO | XP |
|---|---|---|
| Todas as Classes | - | - |

*Baseado na dificuldade Normal.

*Com Tyrael a seu lado, chegou a hora de trazer a batalha diretamente para Azmodan. A Ponte de Rakkis abrange uma divisão forte e leva diretamente para o Limiar do Abismo, não muito longe da Cratera de Arreat, mas ela possui a maior concentração de filhos do inferno na região. A ponte está em ruínas, mas ainda se mantém. Levante os braços e lute por ela para entrar no Limiar do Abismo.*

# PONTE DE RAKKIS

## FONTES DE SAQUE

| Fonte | Raridade |
|---|---|
| Caixas | ★ |
| Caixa Queimada | ★ |
| Besta Morta | ★★ |
| Barril Resistente | ★ |
| Baú | ★★★ |
| Guarda Morto | ★★ |
| Barril Calcinado | ★ |
| Cavalete de Armaduras Fumegante | ★★ |
| Baú Resplandecente | ★★★★ |

## NOVOS LACAIOS DO INFERNO

| Feiticeiro do Clã Sang. | | | |
|---|---|---|---|
| Normal | 25 | Pesadelo | 46 |
| Torm. | 58 | Inferno | 62 |

## ESCALADOR LOUCO

*Procure pelo Cabo Jaime perto da base da torre de vigia do lado esquerdo. Se ele estiver lá, irá pedir para você levar uma luneta para seu tenente no topo da torre. Suba as escadas e lute com os Demônios Cargueiros para chegar ao Tenente Gryffith no topo. Este é um evento rápido que te dá uma bela recompensa de ouro e XP.*

## ARMAZÉM DA PONTE

*Procure por uma Porta Chamuscada e arrebente-a para encontrar o Armazém da Ponte, em seguida desça as escadas para falar com Vidar, o Colecionador e conferir seus produtos. Você também pode ver um guarda se arrastando para fora do Armazém da Ponte, apenas para morrer depois de proferir um aviso final. Desça as escadas para ver o que você pode encontrar. Você pode achar um grupo de Guerreiros do Clã Sangrento ou apenas diversos Guardas Mortos, junto a alguns barris e caixas. De qualquer modo, há um monte de ouro nesta pequena área lateral.*

## A PONTE SUBTERRÂNEA

*Procure a entrada deste pequeno calabouço um pouco além do Marco de Senda. Aqui, você pode descobrir um Baú Resplandecente e inúmeras outras fontes de saque. Não é incomum encontrar também um Pigmeu Tesoureiro nesta área, o que torna a arrecadação total bem considerável. Antes de sair quebrando caixas e abrindo baús, verifique para ver se há também um Altar da Sorte. Se sim, obtenha uma bênção primeiro para aumentar a quantidade de ouro que você vai obter!*

## GLÓRIA FULGURANTE

*O Capitão Haile às vezes pode ser encontrado no meio da Ponte de Rakkis se preparando para outro ataque dos demônios. Ajude-o a repelir o ataque. A batalha dura cerca de 45 segundos e tem vários Soldados Demoníacos, Moloks Alados e um Demônio Cargueiro. Concentre-se no Demônio Cargueiro assim que ele aparece, confiando a Tyrael e ao Capitão Haile a sua retaguarda. Acabe com os demônios restantes e fale com o capitão para reclamar a sua recompensa de ouro e XP.*

O Limiar do Abismo é sempre em frente, na margem oposta da Ponte de Rakkis. Junto a Tyrael você deve abrir caminho pela ponte em chamas que desmorona. A Ponte de Rakkis está sob ataque do Clã Sangrento, bem como dos Demônios Cargueiros, Soldados Demoníacos e Golgores Colossais contra os quais você já lutou antes. A ação é intensa e os inimigos numerosos, então proceda lentamente e mantenha a oposição à sua frente todo o tempo.

O inimigo novo que aparece nessa área é o Feiticeiro do Clã Sangrento, um mago capaz de incutir em seus colegas a habilidade Reforço de Sangue. Isso aumenta os traços físicos do demônio afetado, tornando-o muito mais difícil de derrotar. Inimigos com Reforço do Sangue do Feiticeiro do Clã Sangrento ficam envoltos em uma aura giratória laranja. Mire no Feiticeiro do Clã Sangrento de uma vez para limitar o número de inimigos que ele melhora.

Corte a fonte de Reforço de Sangue acabando com o Feiticeiro do Clã Sangrento primeiro!

Os restos partidos pela guerra da Ponte de Rakkis contêm incontáveis Barris Calcinados e Caixas Queimadas para saquear. Essas embalagens de madeira podem estar queimadas por fora, mas há uma abundância de tesouros dentro delas. Você também encontrará pilhas de destroços em chamas. Não deixe que essas vigas fumegantes o impeçam de investigar os muitos quartos pequenos da Ponte de Rakkis. Quebre-as para ver o que está dentro. Você pode até achar um baú ou uma peça de sabedoria!

### *Pegue as Escadas!*

*Muitas das escadas encontrados nos lados da ponte meramente conduzem a uma pequena sala ou saliência desmoronada em um nível superior. Estas escadas podem não ir a lugar algum, mas são de importância estratégica. Retire-se para o meio das escada quando você começar a sentir-se oprimido pelos demônios presentes. Isso vai forçá-los a se alinhar para chegar até você e evita a possibilidade de ser cercado.*

Faça o seu caminho para a barricada em chamas na extremidade do viaduto e siga para a esquerda descendo as escadas para o que resta do interior. Continue a batalha passando pelas ruínas ardentes da Ponte de Rakkis para o Marco de Senda a distância. Desça as escadas à direita das Bestas Mortas, ande em torno do poço e suba as escadas do outro lado. Prossiga para o norte pela Ponte de Rakkis e entre no Limiar do Abismo **[1]**.

## LIMIAR DO ABISMO

Faça o seu caminho pelo planalto estéril para o portão demôniaco. Tyrael vai usar sua espada, El'druin, para tentar quebrar o portão demoníaco, apenas para vê-lo permanecer fechado. Isto é, até a Fera de Assalto Rompe-cercos explodir completamente. Esse demônio monstruoso deve ser morto antes de você prosseguir **[2]**.

O portão demoníaco é uma das poucas substâncias que podem suportar o poder da espada de Tyrael, El'druin!

# FERA DE ASSALTO

## ENGENHO DE CERCO VIVENTE DO INFERNO

*Cain: "Rompe-cercos é uma fera de lendas — de pesadelos e sussurros finos no escuro. É a campeã mais preciosa dos senhores demoníacos porque o seu enorme tamanho e força podem virar qualquer batalha em seu favor. Eu gostaria de saber mais, mas infelizmente todos os que a viram pereceram".*

| MODO | NÍVEL | HP | XP | ATAQUES | CARAC. | RESIST. |
|---|---|---|---|---|---|---|
| Normal | 27 | 25.110-25.947 | 170 | Mini-Investida de Três Golpes, Pisão de Perna, Investida, Pegar e Arremessar | - | - |
| Pesadelo | 47 | 519.000-536.300 | 620 | Mini-Investida de Três Golpes, Pisão de Perna, Investida, Pegar e Arremessar | - | - |
| Torm. | 59 | 4.793.250-4.953.025 | 1450 | Mini-Investida de Três Golpes, Pisão de Perna, Investida, Pegar e Arremessar | - | - |
| Inferno | 63 | 22.949.760-23.714.752 | 1600 | Mini-Investida de Três Golpes, Pisão de Perna, Investida, Pegar e Arremessar | - | - |

Os Demônios Cargueiros são apenas um dos vários animais de cerco que Azmodan tem em seu exército, uma unidade de linha de frente que poderia ser arriscada em campo de batalha aberto. A Fera de Assalto Rompe-cercos, no entanto, é diferente. Esta unidade de alto valor é tão rara quanto poderosa, e é usada somente na mais crítica das situações. O Herói e Tyrael devem sentir-se honrados por Azmodan considerá-los dignos.

A entrada da fera Rompe-cercos no Limiar do Abismo demonstra seu poder significativo e é a dica de que você deve dar a ela amplo espaço. Seu ataque principal é a mini-investida de três golpes, composta de um trio de rápidos golpes de braço que podem infligir danos críticos. A Rompe-cercos executa este ataque apenas quando o Herói está dentro do seu alcance.

Preste atenção para quando a Rompe-cercos ficar sobre as patas traseiras e soltar um rugido longo. Este é o seu sinal para recuar! Ela ergue-se sobre as patas traseiras por alguns segundos, em seguida bate com força no chão, causando dano em uma grande área de efeito.

O pisão de perna não é o único ataque que a Rompe-cercos transmite. A besta também avança diretamente para o Herói após chutar a sujeira. Essa investida é rápida e mortal e deve ser evitada. Todas as classes devem equipar uma habilidade evasiva que ajude na esquiva de um ataque deste tipo. Considere a Disparada do Bárbaro, o Salto Mortal do Caçador de Demônios ou o Teletransporte do Arcanista. Aqueles com uma classificação alta de Chance de esquiva ou Chance de bloqueio têm uma camada adicional de proteção, mas que não é infalível. A melhor estratégia é manter o perímetro e atrair a Rompe-cercos a investir contra uma parede ou outro obstáculo. Isso lhe dá a chance de atacar enquanto ela se recupera.

A Rompe-cercos é surpreendentemente ágil para seu tamanho, mas é possível se manter longe dela, correndo ao redor do perímetro e usando os pilares para se proteger. Isto é especialmente importante quando se está ferido. Não há Fontes Curativas na área, mas o Herói pode ficar em segurança, fora do alcance da Rompe-cercos, enquanto espera pela recarga de uma poção ou pela regeneração de sua Vida.

A Rompe-cercos é imune a Repulsão, mas pode ser Retardada ou Atordoada. Acerte-a com seus melhores ataques DPS, de preferência aqueles com uma runa que adiciona uma chance de Atordoar ou Retardar. Habilidades que infligem danos de área de efeito ao longo do tempo não são muito eficazes dada a tendência da Rompe-cercos de investir contra você. É prudente Atordoar este inimigo antes de atacar ou então você vai ser submetido ao seu golpe de agarrar e jogar — a Rompe-cercos rapidamente agarra o jogador mais próximo, solta um rugido cheio de cuspe e bate o jogador com força no chão do local.

A única maneira que a besta tem de atacá-lo a distância é com o seu ataque de investida. Ataques DPS de longo alcance como o Raio Gélido do Arcanista são particularmente úteis, mas ataques mais curtos ou menos potentes, como o Arremesso de Arma do Bárbaro e a Onda de Luz do Monge também podem funcionar bem.

Recolha o saque e siga Tyrael ao portão onde Ádria espera. Ela viajou para o Limiar do Abismo para espalhar a notícia dos Corações do Pecado dentro da Cratera de Arreat **[3] Missão Cumprida.**

# CRATERA DE ARREAT

*A Cratera de Arreat é o epicentro de ataque de Azmodan sobre a humanidade. A cratera é uma caverna multinível em espiral para baixo dentro das entranhas da montanha do norte que compartilha seu nome. A Cratera de Arreat contém as Torres dos Malditos e dos Condenados, casa dos Corações do Pecado e da concubina de Azmodan. O Herói segue sozinho, mais profundamente na cratera e um passo mais perto do próprio Inferno.*

MISSÃO

## CORAÇÃO DO PECADO

### OBJETIVOS

1. Atravesse a Cratera de Arreat e encontre a Torre dos Condenados.
2. Encontre o Coração do Pecado no Coração dos Condenados.
3. Mate as Filhas da Dor.
4. Destrua o Coração do Pecado.
5. Encontre a Torre dos Malditos.
6. Encontre o Coração do Pecado na Torre dos Malditos.
7. Mate Cidárea.
8. Destrua o Coração do Pecado.
9. Mate Azmodan no Coração do Pecado.
10. Pegue a Alma de Azmodan.
11. Retorne para a Cidadela do Forte da Vigília.
12. Fale com o Tenente Lavail.
13. Entre no Arsenal.
14. Fale com Tyrael no Acampamento Oculto.
15. Fale com o líder da caravana para deixar Caldeum.

### RECOMPENSAS DE CONCLUSÃO

| HERÓI | OURO | XP |
|---|---|---|
| Todas as Classes | 1240 | 12250 |

*Baseado na dificuldade Normal.

*A visão de Léa de torres torcidas e demoníacas que abrigam os dois Corações do Pecado é inquietante. Tyrael acredita que Azmodan deve ter dragado esses órgãos pulsantes maciços para dar poder ao seu exército na guerra contra a humanidade. Antes de enfrentar Azmodan, o Herói deve primeiro lutar através das torres e destruir o Coração do Pecado entranhado em cada núcleo. Só então o caminho para o Núcleo de Arreat — e Azmodan — será revelado.*

### NOVOS LACAIOS DO INFERNO

|  | | | | | | | | |
|---|---|---|---|---|---|---|---|---|
| Ocultista do Clã Sang. | Normal | 28 | Pesadelo | 48 | Torm. | 59 | Inferno | 63 |
| Empalador do Clã Sang. | Normal | 28 | Pesadelo | 48 | Torm. | 59 | Inferno | 63 |
| Marretador do Clã Sang. | Normal | 28 | Pesadelo | 48 | Torm. | 59 | Inferno | 63 |
| Serpente Demoníaca | Normal | 28 | Pesadelo | 48 | Torm. | 59 | Inferno | 63 |
| Aguilhante Atormentado | Normal | 28 | Pesadelo | 45 | Torm. | 58 | Inferno | 63 |
| Transfera Brutal | Normal | 28 | Pesadelo | 48 | Torm. | 59 | Inferno | 63 |
| Súcubo | Normal | 27 | Pesadelo | 47 | Torm. | 58 | Inferno | 61 |
| Rastejante Estígio | Normal | 28 | Pesadelo | 48 | Torm. | 59 | Inferno | 63 |
| Tremor Couraverno | Normal | 29 | Pesadelo | 49 | Torm. | 60 | Inferno | 63 |
| Açoitador de Almas | Normal | 27 | Pesadelo | 47 | Torm. | 59 | Inferno | 63 |
| Malachor Túrgido | Normal | 28 | Nightmare | 48 | Hell | 59 | Inferno | 63 |

### FONTES DE SAQUE

**Pilha de Ossos**
Raridade ★

**Recipiente Demoníaco**
Raridade ★

**Casulo Infernal**
Raridade ★★

**Mensageiro de Azmodan**
Raridade ★★★

**Baú**
Raridade ★★★

**Baú Resplandecente**
Raridade ★★★★

# CRATERA DE ARREAT, NÍVEL 1

Serpentes Demoníacas irrompem no chão e fazem o Herói voar pelo ar!

Os membros do Clã Sangrento que residem na Cratera de Arreat são versões atualizadas daqueles com os quais você lutou no caminho para este lugar. O Empalador e o Marretador do Clã Sangrento são oponentes a distância e corpo a corpo, respectivamente. Da mesma forma, o Ocultista do Clã Sangrento é uma versão melhorada do Feiticeiro do Clã Sangrento que você enfrentou na Ponte de Rakkis, já que tem a habilidade Reforço de Sangue. Apesar de perigosas, estas não são as criaturas que você precisa mais temer.

A Onda de Força do Arcanista pode instantaneamente repelir os Aguilhantes Atormentados.

É de vital importância equipar uma habilidade que possa mudar a sua posição quando encurralado, seja através de realocação ou por repelir os demônios ao seu redor. Os apressados e ferozes Aguilhantes Atormentados se lançam em um enxame sobre você, procurando mantê-lo no lugar. Estas criaturas em forma de escorpião possuem uma mordida muito pior que o seu tamanho e forma sugerem, e eles são positivamente letais em massa. Da mesma forma, as Serpentes Demoníacas brotarão aos seus pés, o engolirão inteiro e poderão vomitá-lo de uma para outra, sem que tenha a chance de escapar.

A Onda de Força do Arcanista funciona bem contra os Aguilhantes Atormentados, assim como o Martelo dos Ancestrais do Bárbaro combinado com a runa Golpe Relampejante, que atordoa todos os inimigos próximos por 3 segundos sempre que um golpe fatal acontece. Para uma abordagem mais pró-ativa, tente usar a Muralha de Zumbis do Feiticeiro para criar uma linha de defesa na frente do Aguilhantes.

## *Caminho para Cura*

*Use o Marco de Senda próximo para voltar Cidadela do Forte da Vigília e receber uma bênção gratuita de Irmão Andreus, o Curador. Isso não só poupa uma poção de saúde, mas também permite que você evite esperar que o Portal da Cidade seja conjurado.*

A Cratera de Arreat Nível 1 é uma grande área com muitos becos sem saída, caminhos que se ramificam e perigos. Cuidado com os gêiseres de chamas que se espalham por todo o caminho principal, bem como os Arautos do Inferno e Evocadores de Demônios. Vale a pena ter uma runa acoplada ou habilidade passiva que aumenta a frequência de globos de vida caídos e/ou a percentagem da Vida recuperada desses globos, já que a combinação de Aguilhantes Atormentados e Serpentes Demoníacas pode ser esmagadora.

Continue a nordeste da entrada para a Torre dos Condenados [1]. Outra Visão de Azmodan aparece com um aviso perto da entrada.

CALABOUÇO

# TORRE DOS CONDENADOS

*A Torre dos Condenados é uma construção de três níveis em espiral e cada andar é uma manopla no projeto. Existe normalmente só um caminho que permite o acesso à torre central em cada nível, que abriga as escadas que levam mais fundo na torre e para mais perto do Coração do Pecado. Os salões da Torre dos Condenados são o lar de muitos dos demônios de Azmodan. Eles são liderados por sua senhora Cidárea, cuja voz você vai ouvir à frente.*

## TORRE DOS CONDENADOS, NÍVEL 1

Desça as escadas para o caminho central e ande em torno do perímetro para mais degraus que vão até o próximo nível. A entrada para as escadas está na posição 3 horas e, ao contrário de outros níveis, pode ser alcançada a partir de qualquer direção.

Alguns dos inimigos da Cratera de Arreat habitam a Torre dos Condenados, mas a Transfera Brutal e Súcubo são as principais ameaças. O primeiro pode se teletransportar diretamente para trás de você e atacar com seus machados gêmeos de perto. É importante o uso de táticas de bater e correr ou ataque de longe, especialmente se você encontrar um grupo de Transferas Brutais Campeãs.

É prudente manter-se afastado da Transfera Brutal enquanto sob os efeitos da maldição da Estrela de Sangue!

Os Súcubos ficam atrás e disparam projéteis teleguiados que penalizam o Herói com a maldição da Estrela de Sangue. Isso causa efeitos que variam de acordo com a classe. Bárbaros e Monges sofrem redução de Armadura de 50%, enquanto o Feiticeiro, Arcanista e Caçador de Demônios recebem dano igual ao custo de conjuração de todas as habilidades que executam. A Estrela de Sangue normalmente dura cerca de 5 segundos, conforme indicado pelo ícone na barra de ação e o brilho vermelho na cabeça do Herói.

O Arcanista contra-ataca os Súcubos que o amaldiçoaram com a Estrela de Sangue.

## TORRE DOS CONDENADOS, NÍVEL 2

Você vai entrar neste nível a partir da torre central. Siga o caminho em espiral em que irradia no sentido horário para chegar à entrada para o Nível 3 na posição de 10 horas.

Os Casulos Infernais nesta área muitas vezes têm um Aguilhante Atormentado perdido dentro deles, estão esteja pronto para mais do que o ouro quando você os acertar. O segundo nível da Torre dos Condenados contém muitos dos mesmos inimigos que o nível superior, mas os Rasgadores de Almas aparentemente têm uma maior presença aqui. Rasgadores de Almas atacam em grupos, têm uma mordida enorme e podem usar suas línguas para agarrar suas presas e trazê-las para mais perto. Você raramente conseguirá evitá-los. Solte um ataque de área de efeito centrado na sua posição de livrar esta área deles.

## CORAÇÃO DOS CONDENADOS

Cidárea continua a fazer você avançar para mais perto do Coração do Pecado. Siga o caminho em espiral para baixo no sentido anti-horário. Cuidado com os Arautos do Inferno e jatos de fogo que se alinham neste nível menor. Arautos do Inferno podem sugá-lo para um grupo de Aguilhantes Atormentados se você não for cuidadoso. Faça o seu caminho em torno do perímetro para a posição de 3 horas para encontrar o Coração do Pecado **[2]**.

Cidárea deixa você à mercê das Filhas da Dor, um triunvirato de Súcubos que lançam sua maldição da Estrela de Sangue em você **[3]**. Mate-as assim que puder, antes que os Carniçais Fulgurantes subam pelas laterais da plataforma e inundem sua posição. Afaste os Carniçais Fulgurantes enquanto você destrói o Coração do Pecado e continue descendo as escadas para Cratera de Arreat Nível 2 **[4]**.

Mate os Súcubos para baixar o escudo protetor do Coração do Pecado.

**RECOMPENSA DE OBJETIVO MENOR**

**OURO:** 305 **XP:** 2550

### Encontro com a Senhora da Luxúria

Cidárea aguarda você perto do Coração do Pecado. Ataque sua forma de aranha enquanto evita os projéteis tóxicos. Cidárea pode evocar Aracnitas venenosas durante a batalha, mas estas podem ser mortas com bastante facilidade. Fique em movimento para evitar as suas armadilhas de teias que o retardam e acerte-a com ataques DPS pesados para esgotar rapidamente seu medidor de Vida em um terço.

Ela vai fugir depois de perder cerca de 30% de sua Vida, deixando você contra um grupo de Carniçais Fulgurantes e Súcubos. Resista ao impulso de desencadear quaisquer ataques maciços de área de efeito sobre Cidárea em vez disso conserve o recurso (e a recarga) para os inimigos que atacam depois que ela sai. Esta não é a última vez que você viu Cidárea.

# Cratera de Arreat, Nível 2

O segundo nível da Cratera de Arreat é tão grande, complexo e perigoso quanto o primeiro. Atravesse a ponte estreita em direção ao Marco de Senda e em direção a uma massa sufocante de Açoitadores de Almas, Empaladores do Clã Sangrento e outras sujeiras. Tremores Couravernos fazem sua primeira aparição aqui, junto aos Rastejantes Estígios. Tremores Couravernos são versões atualizadas dos Tremores Demoníacos que você encontrou nas Profundezas do Forte com um soco muito mais poderoso! Da mesma forma, o Rastejante Estígio é uma versão mais forte e mais mortal do Aguilhante Atormentado.

O Tremor Couraverno é melhor combatido depois de isolado de outros inimigos.

Se você chegou até aqui sem nunca ter precisado correr para se esconder ou fugir de seus inimigos, esta é a hora de começar a fazê-lo. Correr de volta na direção que você veio ajuda a alinhar os inimigos e permite lutar contra um número mais gerenciável de inimigos de uma só vez. A combinação de Serpentes Demoníacas e Rastejantes Estígios é perigosa e você pode facilmente se tornar uma vítima se não for cuidadoso. Continue para o leste por toda esta área para a Torre dos Malditos [5].

### *Escudos em Posição!*

*Cuidado com os inimigos que carregam o afixo Defesa, já que eles podem ser bastante difíceis de derrotar. Sempre que possível, mate todos os inimigos antes de enfrentar os desse tipo.*

***"Eu posso sentir o sangue verter do Coração do Pecado... Oh, você vai pagar por isso."***

***- Cidárea***

CALABOUÇO

# TORRE DOS MALDITOS

*A Torre dos Malditos é quase idêntica na sua concepção à Torre dos Condenados. Ela, também, é uma estrutura de três níveis em espiral em que cada andar se assemelha a um labirinto de passagens curtas, becos sem saída e pequenas escadarias. Você pode viajar em uma única direção em cada nível para acessar a torre central que abriga as escadas que levam mais fundo na torre. O segundo Coração do Pecado está no Coração dos Malditos, na parte inferior da torre.*

## TORRE DOS MALDITOS, NÍVEL 1

Este piso é muito semelhante ao primeiro nível dentro da Torre dos Condenados. Aqui você encontrará os mesmos inimigos, mas potencialmente muitos mais Marretadores do Clã Sangrento. Mantenha-se no perímetro e faça o seu caminho ao redor da torre no sentido anti-horário para chegar ao caminho que cruza as escadas centrais na posição das 6 horas.

Limpe todos os inimigos perto do Marco de Senda para que eles não ataquem quando você retornar da Cidadela do Forte da Vigília.

## TORRE DOS MALDITOS, NÍVEL 2

Vá no sentido horário em torno da borda deste nível. Quebre as fontes de saque para estocar Poções de Vida Maior, assim como o ouro que você precisa para reparos e compra de poções. Apesar da recarga da poção, você vai querer ter pelo menos seis Poções de Vida Maior ao rumar para o Coração dos Malditos.

Atravesse para o centro da torre, no lado norte, e desça as escadas em espiral até a entrada para o Coração dos Malditos.

## CORAÇÃO DOS MALDITOS

O Coração dos Malditos contém uma passagem longa e estreita que circunda o interior da torre no sentido horário. Não há inimigos, nem fontes de saque nesta área. Continue para as escadas que conduzem ao Coração do Pecado no centro, onde Cidárea aguarda **[6]**. Ela não vai deixar a batalha inacabada desta vez, dando a você a chance de matá-la **[7]**.

# CIDÁREA

## SENHORA DA LUXÚRIA

*Cain: "Apesar de Azmodan estar perto de todos os seus tenentes, Cidárea é a sua favorita especial. A Senhora da Luxúria é tanto bela como grotesca na aparência, com o torso de uma mulher e as pernas de uma aranha. Diz-se que sua voz é tão suave como o mel, mas ela só fala palavras de morte".*

| MODO | NÍVEL | HP | XP | ATAQUES | CARAC. | RESIST. |
|---|---|---|---|---|---|---|
| Normal | 28 | 29.010 | - | Corpo a corpo, Raios de Dor, Poços de Aranha, Armadilha de Teia | - | - |
| Pesadelo | 48 | 601.000 | - | Corpo a corpo, Raios de Dor, Poços de Aranha, Armadilha de Teia | - | - |
| Torm. | 59 | 4.793.00 | - | Corpo a corpo, Raios de Dor, Poços de Aranha, Armadilha de Teia | - | - |
| Inferno | 63 | 22.949.00 | - | Corpo a corpo, Raios de Dor, Poços de Aranha, Armadilha de Teia | - | - |

A Senhora da Luxúria mostrou alguns de seus ataques no encontro anterior. Ela tem vários outros à sua disposição. Embora ela ataque com golpes corpo a corpo quando o Herói está perto, esta não é sua preferência. Cidárea prefere usar raios de dor venenosos que ela emite de seu torso ou atirando um pedaço de teia pegajosa que cobre o solo e deixa lentos os que andam na área afetada.

Cidárea também periodicamente evoca Aracnitas para atacar ao lado dela.
Estes aracnídeos irão explodir e causar dano de veneno menor uma vez que se aproximam do Herói, mas não são uma ameaça grave.

Concentre-se em evitar as manchas de teia pegajosa e os raios de dor de Cidárea ao atacá-la de perto ou ao lançar um ataque a distância. A velocidade relativamente baixa de Cidárea torna possível atingi-la com todos os tipos de ataques, incluindo aqueles que causam danos ao longo do tempo como o Terremoto do Bárbaro e a Nuvem Ácida do Feiticeiro.

Cidárea periodicamente retira-se para o teto da área e evoca uma série de poços de aranha. Esses poços verdes não são tóxicos para o Herói, mas desovam grandes quantidades de Aracnitas. Conduza-os em uma perseguição curta, então retorne e esmague muitos deles com uma habilidade de área de efeito. As Aracnitas são uma fonte de globos de vida e podem ser mortas facilmente. Cidárea irá se juntar à luta em momentos.

Cidárea pode servir como a tenente mais próxima de Azmodan, mas ela não se compara a seu mestre. Use os recuos breves dela para o teto para permitir que seus ataques DPS se recarreguem, então acerte-a com uma enxurrada de golpes quando ela retornar. Cidárea é suscetível a ser atordoada, retardada, congelada ou cegada, mas não pode ser jogada para trás. Monitore seu medidor de Vida, mantenha a pressão e a vitória será sua rapidamente.

**RECOMPENSA DE OBJETIVO MENOR**

**OURO:** 610 **XP:** 6800

Junte o saque deixado por Cidárea e destrua o Coração do Pecado **[8]**. Agora é hora de ir atrás do próprio Azmodan. Desça as escadas na esquerda para chegar ao Núcleo de Arreat.

# NÚCLEO DE ARREAT

O Núcleo de Arreat tem os mesmos inimigos que a Cratera de Arreat Nível 2, mas é muito menor e tem menos labirintos. Abra caminho através do Núcleo de Arreat para a entrada do Coração do Pecado a distância. Pare antes da porta e use o Portal da Cidade para fazer mais uma visita à Cidadela do Forte da Vigília para se preparar para a batalha a seguir. Não há como voltar uma vez dentro do Coração do Pecado, por isso faça todos os preparativos antes de deixar o Núcleo de Arreat — estoque poções de saúde, verifique se o equipamento foi reparado e revise a sua seleção de habilidades (veja as nossas sugestões na tabela abaixo).

# CORAÇÃO DO PECADO

Desça os degraus até dentro do Coração do Pecado, onde Azmodan aguarda. Chegou a hora de matar o Senhor do Pecado **[9]**.

## AZMODAN
### SENHOR DO PECADO

***Cain: "O manuscrito Valoroso lista Azmodan como o melhor comandante de campo de batalha de todos os demônios, tendo derrotado os anjos muitas vezes no Eterno Conflito entre Pandemônio e os Males Supremos na guerra civil demoníaca. Se o Senhor do Pecado alguma vez atacar nosso reino, teremos muito a temer.***

| MODO | NÍVEL | HP | XP | ATAQUES | CARACTERÍSTICAS | RESISTÊNCIAS |
|---|---|---|---|---|---|---|
| Normal | 28 | 48.350 | 3.500 | Corpo a Corpo, Chuva de Cadáveres, Globo da Aniquilação, Repulsão de Barrigada, Ataque Laser, Evocação de Soldados Demoníacos, Poças de Destruição | - | - |
| Pesadelo | 48 | 1.002.000 | 12.800 | Corpo a Corpo, Chuva de Cadáveres, Globo da Aniquilação, Repulsão de Barrigada, Ataque Laser, Evocação de Soldados Demoníacos, Poças de Destruição | - | - |
| Torm. | 59 | 7.988.000 | 30.000 | Corpo a Corpo, Chuva de Cadáveres, Globo da Aniquilação, Repulsão de Barrigada, Ataque Laser, Evocação de Soldados Demoníacos, Poças de Destruição | - | - |
| Inferno | 63 | 38.249.000 | 32.000 | Corpo a Corpo, Chuva de Cadáveres, Globo da Aniquilação, Repulsão de Barrigada, Ataque Laser, Evocação de Soldados Demoníacos, Poças de Destruição | - | - |

### SELEÇÃO DE HABILIDADES SUGERIDAS: HERÓI NÍVEL 29

| CLASSE | HABILIDADE # 1 | HABILIDADE # 2 | HABILIDADE # 3 | HABILIDADE # 4 | HABILIDADE # 5 | HABILIDADE # 6 | PASSIVO # 1 | PASSIVO # 2 | PAS. # 3 |
|---|---|---|---|---|---|---|---|---|---|
| Bárbaro | Golpe Esmagador | Martelo dos Ancestrais | Disparada | Arremesso de Arma | Fúria de Batalha | Chamado dos Ancestrais | Superstição | Inclemente | - |
| Caçador de Demônios | Disparo Enredante | Empalar | Salto Mortal | Marcado para Morrer | Flecha de Fragmentação | Preparação | Vantagem Tática | Braço Firme | - |
| Monge | Palma Explosiva | Onda de Luz | Sopro do Paraíso | Mantra da Convicção | Caminho dos Cem Punhos | Ofensiva das Sete Estrelas | Pés Ligeiros | Transcendência | - |
| Feiticeiro | Dardo Envenenado | Morcegos Ígneos | Evocação de Cães Zumbis | Sacrifício | Salva de Espíritos | Gargântua | Fortitude da Selva | Harmonia Espiritual | - |
| Arcanista | Eletrocussão | Raio Gélido | Teletransporte | Meteoro | Arm. de Energia | Impacto Exp. | Presença Astral | Proteção Galvanizada | - |

**As habilidades listadas na tabela acima são apenas uma sugestão. Cada uma destas escolhas demonstrou ser eficaz durante nossos testes, mas há muitos caminhos para a vitória. Experimente!*

O enorme e cheio de pernas Senhor do Pecado e comandante do Inferno Ardente domina o Coração do Pecado dentro da Cratera de Arreat. Apesar do seu tamanho, Azmodan evita força física em favor de feitiços. Isso não quer dizer que ele não irá se defender a curta distância. Aqueles que se deslocam para perto sentem a força dos braços musculosos de Azmodan quando ele executa um ataque. Isso não só inflige dano, mas também retarda o Herói. Aqueles tolos o suficiente para se aproximar de Azmodan de frente, muitas vezes são jogados para trás pela poderosa barrigada do Senhor do Pecado.

A variedade de ataques de Azmodan cresce à medida que ele recebe dano. Além dos ataques físicos descritos, Azmodan tem outros dois que ele usa desde o início: Globo de Aniquilação e Chuva de Cadáveres. Preste atenção para um anel vermelho que aparece no chão e saia rapidamente do espaço para evitar ser atingido por uma Chuva de Cadáveres. Azmodan também não hesita em lançar grandes projéteis de fogo no Herói. Estes globos de fogo maciços acompanham o movimento do jogador, mas explodem depois de alguns segundos. Globos de Aniquilação são uma ameaça persistente — e mortal —, mas podem ser evitados se você manter-se em movimento.

Não há Fontes Curativas nesta área, por isso é importante ter uma alta taxa de Regeneração de Vida, ou ganhar algum tempo correndo ao longo do perímetro da área para esperar a recarga de uma poção de vida. Detone Azmodan com ataques DPS de alvo único, como o Empalamento do Caçador de Demônios ou o Raio Gélido do Arcanista. Combatentes corpo a corpo podem usar táticas de bater e correr para não serem retardados ou batidos.

Azmodan irá incorporar mais dois ataques em seu arsenal uma vez abaixo de 75% de Vida, um dos quais realmente ajuda você de certa maneira. Cuidado com o poderoso ataque de laser que é emitido de seu olho. Ele não pode ser interrompido, mas é relativamente fácil se esquivar desde que você não fique parado. Ele também começa a evocar Soldados Demoníacos especiais conhecidos como Servos de Azmodan para a batalha através de Portais Demoníacos que se levantam do chão. Preste atenção para os pequenos círculos cinza que aparecem no chão, já que eles indicam a localização do Portal Demoníaco seguinte. Ataque os Portais Demoníacos para destruí-los e corte o fluxo de Soldados Demoníacos na arena. Por outro lado, aqueles que precisam de vida devem considerar permitir que vários dos Soldados Demoníacos sejam desovados como uma fonte de globos de vida.

Vale a pena equipar uma habilidade de alta mobilidade para quando Azmodan cai abaixo de 50% de Vida. Isto é, quando ele começa a evocar várias Poças de Destruição. Estas enormes piscinas negras aparecem no chão e se espalham sobrepondo-se umas às outras e oferecendo muito pouco terreno seguro para ficar em cima. O Herói recebe dano periódico, sempre que pisa em uma dessas Poças de Destruição. Usar habilidades como Disparada, Salto Mortal e Teletransporte ajudam a manter-se longe delas e torna possível evitar rapidamente o ataque e retomar a ofensiva.

Léa vai usar seus poderes para aprisionar a alma de Azmodan dentro da Pedra Negra das Almas.

Colete a enorme quantidade de saque que Azmodan deixa e se aproxime do brilho cintilante laranja que representa a Alma de Azmodan **[10]**. Léa, Tyrael e Ádria chegarão para conter a alma dentro da Pedra Negra das Almas. Use o Portal da Cidade para retornar a Cidadela do Forte da Vigília **[11]**.

**RECOMPENSA DE OBJETIVO MENOR**

**OURO:** 1240 **XP:** 12250

# CIDADELA DO FORTE DA VIGÍLIA

Fale com o Tenente Lavail na Cidadela **[12]**. Desça as escadas perto dos Seguidores e Irmão Andreus para ver Léa **[13]**. O Arsenal está muito vazio, sobrando apenas um lugar aonde os outros poderiam ter ido: a Torre do Forte. Suba as escadas da Torre do Forte a testemunhe os acontecimentos que concluem esta parte da história **[14]**. Entre no Portal para o céu para iniciar o Ato final **[15]** **Missão Cumprida.**

# ATO IV

Dreadlands
Arreat Crater
Ivgorod
Bastion's Keep
Entsteig
Sharval Wilds
Gulf of
Westmarch
Khanduras

Dry S
ojistan
Caldeum

# JARDINS DA ESPERANÇA

*Sem nenhuma escolha a não ser seguir Tyrael através do portal no topo da Torre do Forte, o Herói viajou para a terra dos anjos, o Paraíso Celestial. Aqueles que há muito tempo buscavam virar as costas para o homem, sem dúvida irão resistir aos esforços do Herói, mas eles não estão em posição de recusar ajuda. Diablo, o Mal Supremo em si, acumulou mais poder do que nunca e violou a santidade dos Portões Diamantinos. Ele deve ser parado antes que passe pelo Arco Cristalino e tudo o que o Conselho Ângiris mantém sagrado seja rasgado em pedaços.*

MISSÃO

## QUEDA DO PARAÍSO CELESTIAL

### OBJETIVOS

1. Fale com Tyrael nos Portões Diamantinos.
2. Entre no Vestíbulo da Luz.
3. Mate Iskatu e seus Lacaios.

### RECOMPENSAS DE CONCLUSÃO

| HERÓI | OURO | XP |
|---|---|---|
| Todas as Classes | 620 | 7000 |

**Baseado na dificuldade Normal.*



*Na tentativa de prender os Lordes do inferno dentro da Pedra Negra das Almas, Tyrael colocou o poder supremo nas mãos do próprio Diablo. As mesmas espécies que ele protegeu para salvar da extinção deram, por sua vez, origem ao Mal Supremo. Os Portões Diamantinos estão em ruínas e é apenas uma questão de tempo antes que todo o Paraíso Celestial tenha o mesmo destino. A menos que o Herói possa mostrar do que a humanidade é capaz...*

### NOVOS LACAIOS DO INFERNO

| Lacaio | Normal | Pesadelo | Torm. | Inferno |
|---|---|---|---|---|
| Opressor | 29 | 49 | 60 | 63 |
| Subjugador | 29 | 49 | 60 | 63 |
| Tentadora Temível | 29 | 49 | 60 | 63 |
| Rastejante Bilioso | 28 | 48 | 59 | 63 |
| Devastador Encouraçado | 29 | 49 | 60 | 63 |
| Armadom | 29 | 49 | 60 | 63 |
| Horror Deslocador | 28 | 48 | 59 | 63 |
| Armadom Montado | 29 | 49 | 60 | 63 |
| Senhor das Marretas | 30 | 50 | 60 | 63 |
| Açoitador Espinhoso | 30 | 50 | 60 | 63 |
| Anjo Corrompido | 29 | 49 | 60 | 63 |
| Dem. Ígneo Céu da Treva | 29 | 49 | 60 | 63 |
| Invasor Morlu | 28 | 48 | 59 | 63 |

## FONTES DE SAQUE

| Fonte | Raridade |
|---|---|
| Vaso | ★ |
| Lesão Vil | ★ |
| Recipiente Demoníaco | ★ |
| Anjo Empalado | ★★ |
| Estante de Armas | ★★ |
| Baú | ★★★ |
| Arquivo de Ângiris | ★★★ |
| Cadáver do Emissário de Angiris | ★★★ |
| Baú Extraordinário | ★★★★ |

# Portões Diamantinos

### Retorno à Cidadela do Forte

Use os Marcos de Senda ao longo do caminho ou o Portal da Cidade para retornar à Cidadela do Forte da Vigília sempre que você precisar comprar poções, contratar um seguidor, ou criar/comprar novos equipamentos. Tenha em mente que a disponibilidade do Portal da Cidade é um pouco limitada aqui no Paraíso Celestial. Nós incluímos notas ao longo deste capítulo que alertam você sobre lugares onde os preparativos devem ser feitos antes de avançar.

Desça as escadas e liberte os Anjos Empalados de seu tormento no caminho pelo Marco de Senda para onde Tyrael está à espera. Fale com Tyrael depois que Impérius sair —Tyrael está paralisado pela culpa que sente por ter indiretamente trazido a ira de Diablo para o Paraíso [1]. Você deve ir sem ele. Entre no portal em cima do palanque para adentrar o Vestíbulo da Luz [2].

Mortais como você devem ficar calados até que Impérius saia

# Vestíbulo da Luz

Iskatu, um dos asseclas de Diablo, está o esperando no Vestíbulo da Luz e não está sozinho. Quase 200 Vermes da Sombra derramam-se no quarto e atacam quando você chega. Eles podem ser rechaçados com relativa facilidade, desde que você não entre em pânico. Use ataques de área de efeito e certifique-se de agarrar todos as globos de vida. A habilidade Terremoto do Bárbaro e a magia Nevasca do Arcanista são capazes de destruir dezenas de Vermes da Sombra em um único ataque! Não se preocupe em tentar ser preciso ou em procurar pelos Vermes da Sombra, já que eles vêm até você de todas as direções. Apenas libere uma enxurrada de ataques e não se abata! Deixe alguns globos de vida no terreno para quando Iskatu entrar na luta **[3] Missão Cumprida**.

O Terremoto do Bárbaro pode acabar com 80 ou mais Vermes em um único ataque!

Não é uma má ideia evocar um Aliado Místico para auxiliar o monge nesta batalha

# ISKATU

## LACAIO DE DIABLO

Iskatu é apenas um dos demônios únicos que você encontrará no Ato IV. Esta criatura de elite ataca com garras afiadas que infligem danos pesados e afligem o Herói com o efeito de status Aterrorizado, reduzindo a capacidade de cura em 75% por 10 segundos. Iskatu também ataca com seu traço Profanador, acendendo pequenas áreas no chão e infligindo danos pesados sempre que o Herói pisa em um ponto em chamas. É melhor atingir Iskatu com ataques a distância, ou usar ataques corpo a corpo de alto DPS, em seguida se afastar rapidamente. Iskatu vai desaparecer em uma nuvem de fumaça se você conseguir escapar de seu alcance, apenas para reaparecer das sombras para atacar de perto. Vermes da Sombra emergem das piscinas de sombras que aparecem no chão — eles são uma grande fonte de globos de vida!

| MODO | NÍV | HP | XP | ATAQUES | CARAC. | RESIST. |
|---|---|---|---|---|---|---|
| Normal | 29 | 5570-6127 | 1800 | Corpo a corpo, Fase de Sombra, Aterrorizado | Profanador | - |
| Pesadelo | 49 | 115.000-127.000 | 6600 | Corpo a corpo, Fase de Sombra, Aterrorizado | Profanador | - |
| Torm. | 60 | 945.000-1.061.000 | 15.500 | Corpo a corpo, Fase de Sombra, Aterrorizado | Profanador | - |
| Inferno | 61 | 3.824.000-4.207.000 | 16.000 | Corpo a corpo, Fase de Sombra, Aterrorizado | Profanador | - |

MISSÃO

# A LUZ DA ESPERANÇA

## OBJETIVOS

1. Encontre Itariel.
2. Fale com Itariel.
3. Encontre a Biblioteca do Destino nos Jardins da Esperança.
4. Entre na Biblioteca do Destino.
5. Mate Rakanoth.
6. Destrua a Prisão de Auriel, na Biblioteca do Destino.
7. Fale com Auriel na Biblioteca do Destino.
8. Retorne aos Jardins da Esperança, Nível 1.
9. Destrua os Brotares Corruptos para revelar o portal oculto Fenda Infernal nos Jardins da Esperança, Nível 1.
10. Destrua o Óculus da Fenda na Fenda Infernal.
11. Utilize portal de Auriel para deixar a Fenda Infernal.
12. Entre nos Jardins da Esperança, Nível 2.
13. Destrua os Brotares Corruptos para revelar o portal escondido Fenda Infernal nos Jardins da Esperança, Nível 2.
14. Destrua o Óculus da Fenda na Fenda Infernal.
15. Utilize portal de Auriel para deixar a Fenda Infernal.
16. Encontre o portal para a Colunata de Cristal.
17. Fale com Tyrael.
18. Entre na Colunata de Cristal.

## RECOMPENSAS DE CONCLUSÃO

| HERÓI | OURO | XP |
|---|---|---|
| Todas as Classes | 945 | 9900 |

*Baseado na dificuldade Normal.

*Se Tyrael irá permitir que sua autopiedade o impeça de fazer o que ele pode para parar Diablo, então você terá que fazê-lo sozinho. Ao derrotar Iskatu, você mostrou que tem a força e a vontade para desafiar a conquista do Paraíso Celestial por Diablo. Mas você precisa de ajuda. Auriel, o Arcanjo da Esperança, precisa ser resgatado. Vá para ela e se ponha à prova mais uma vez.*

# VESTÍBULO DA LUZ

Recolha o saque deixado por Iskatu e suba as escadas para o Marco de Senda onde Itariel espera [1]. Fale com Itariel para saber que Auriel, o Arcanjo da Esperança, foi capturada pelo Senhor do Desespero [2]. Rakanoth levou Auriel para a Biblioteca do Destino dentro dos Jardins da Esperança, Nível 1. Continue pelo arco para além de Itariel para iniciar a busca por Auriel.

# JARDINS DA ESPERANÇA, NÍVEL 1

Mantenha-se afastado do ataque de respiração de fogo do Opressor!

Corra para a ajudar os Soldados Angelicais e prepare o ataque ao Opressor cuspidor de fogo. Leve-o a atacar, então contorne sua exalação de fogo e ataque pelo flanco. Rastejantes Biliosos na área são parentes do Rasgador de Almas com que você lutou no Ato III e podem ser mortos com bastante facilidade com ataques área de efeito.

Os Jardins da Esperança, Nível 1, estão repletos de inimigos de formas novas e perigosas. Evite os círculos laranja que subitamente brilham no chão, eles indicam que um Devastador Encouraçado está prestes a espatifar-se em cena (ou onde um Demônio Ígneo Céu da Treva pode estar soltando um morteiro de cima). Mantenha-se afastado do lado que atira do Devastador Encouraçado e mine as energias dele golpeando na pele grossa do lado.

Nem todos os inimigos nesta área são tão grandes como os Opressores e Devastadores Encouraçados. Os menores Subjugadores gostam de estar na periferia da batalha enquanto arremessam bombas incendiárias em você. Esquive-se dos explosivos e se mova para matá-los, mas cuidado com seu ataque corpo a corpo cortante. A Tentadora Temível, uma prima atualizada do Súcubo, é outro inimigo que prefere ficar no fundo e lançar seus ataques de longe. Evite os projéteis giratórios para não ser amaldiçoado com penalidade Estrela de Sangue! Tal como acontece com os Súcubos com os quais você lutou antes, derrotar as Tentadoras Temíveis deve ser prioridade, pois é arriscado enfrentar os Opressores ou Devastadores Encouraçados, sob o efeito da Estrela de Sangue.

## FONTE DAS BÊNÇÃOS

Os Jardins da Esperança, Nível 1, contêm uma configuração mais tranquila na intersecção das três escadas descendentes. Interaja com a Fonte das Bênçãos no centro para receber uma bênção semelhante às obtidas nos Altares normais. A Fonte das Bênçãos também restaura a saúde perdida.

Não há como passar pela corrupção sem primeiro resgatar Auriel

Tenha uma poção para o caso de você encontrar Subjugadores Campeões com o combo Vigia Profanador!

Vá pela ponte para o Marco de Senda no oeste, perto da entrada para a Biblioteca do Destino [3]. Você não será capaz de utilizar o Portal da Cidade, uma vez dentro, por isso use o Marco de Senda ou o Portal da Cidade antes de entrar se você precisa voltar para obter Poções de Vida ou equipamentos. Então entre na Biblioteca do Destino [4].

# BIBLIOTECA DO DESTINO

A Biblioteca do Destino é o casa do Senhor do Desespero Rakanoth. Desça as escadas, vá até o centro da grande sala ornamental e mate Rakanoth [5].

### PRECISANDO DE OURO?

A batalha contra Rakanoth não é fácil e você pode ficar com pouco ouro, aparentemente sem nenhuma maneira possível de comprar mais poções ou equipamentos e sem uma forma de reparar o que você tem. Felizmente, você tem duas opções: Primeiro, pode deixar o jogo, voltar a ele mais tarde e limpar os Jardins da Esperança, Nível 1, de novo (ele será repovoado com os inimigos e fontes de saque). Outra opção é deixar o jogo, mudar para um personagem diferente e jogar com ele na sua conta. Todos os Heróis da conta partilham o mesmo ouro e baú pessoal. Efetue login novamente com o Herói que você está usando agora e gaste o dinheiro que ganhou.

## RAKANOTH

### SENHOR DO DESESPERO

***Cain: "No início, Rakanoth servia Andariel, a Senhora do Tormento, com brutalidade eficiente — o seu toque pode abrir muitas feridas dolorosas. Ele também foi o carcereiro-chefe de Izual durante os muitos e longos anos em que o anjo sofreu nos Planos de Desespero de Rakanoth, mas ele deixou seu reino de modo inesperado recentemente".***

| MODO | NÍVEL | HP | XP | ATAQUES | CARAC. | RESIST. |
|---|---|---|---|---|---|---|
| Normal | 29 | 5400 | 38.000 | Bolas de Fogo, Golpe de Lâmina, Explosão de Energia, Evocação, Olho do Julgamento, Teletransporte | - | - |
| Pesadelo | 49 | 19.800 | 809.000 | Bolas de Fogo, Golpe de Lâmina, Explosão de Energia, Evocação, Olho do Julgamento, Teletransporte | - | - |
| Torm. | 60 | 46.500 | 6.756.000 | Bolas de Fogo, Golpe de Lâmina, Explosão de Energia, Evocação, Olho do Julgamento, Teletransporte | - | - |
| Inferno | 63 | 48.000 | 26.774.000 | Bolas de Fogo, Golpe de Lâmina, Explosão de Energia, Evocação, Olho do Julgamento, Teletransporte | - | - |

Rakanoth pode não ser da ordem dos Males Supremos, mas também não é um simples lacaio. Esta besta é um dos mais brutais funcionários de Diablo. Rakanoth detém duas lâminas enormes que foram enxertadas sobre as extremidades de seus braços. Ele as usa para talhar o Herói sempre que está corpo a corpo, já que é um combatente muito habilidoso e forte. Rakanoth, muitas vezes, se teleporta para perto de sua presa se ela consegue deslizar para fora de seu alcance. Este ataque de teletransporte é muitas vezes seguido de um ataque letal no qual Rakanoth gira e empurra as lâminas para baixo nas costas do Herói. Não há maneira de exagerar a magnitude deste ataque — é imperativo que você fique em movimento para minimizar o risco de receber esse golpe mortal.

Não deixe as lâminas em seus braços fazerem você pensar que ele não tem ataques a distância. Rakanoth irá vomitar uma rajada de bolas de fogo que visam o Herói. Estas bolas de fogo se espalham a distância. Quanto mais longe você estiver, mais fácil de se esquivar. Rakanoth também se teleporta para o centro da sala e atira um laser em um movimento de varredura ao redor. O laser não se estende para o perímetro da Biblioteca do Destino, assim você só precisa se afastar dele para ficar livre de seu alcance.

Rakanoth periodicamente evoca 5 ou 6 Rasgadores de Almas para a batalha. Estes lacaios são uma boa fonte de globos de vida, mas eles não são apenas coadjuvantes. Devoradores de Almas podem rapidamente cercar o Herói e desferir golpes de Repulsão com seu longo ataque de língua. Faça o seu melhor para matar os Rasgadores de Almas rapidamente enquanto ainda mantém um olho em Rakanoth.

# JARDINS DA ESPERANÇA, NÍVEL 1

Você vai voltar para os Jardins da Esperança, Nível 1, no centro da área anteriormente explorada, perto do Brotar Corrupto que bloqueia o acesso para o norte. Golpeie essa corrupção várias vezes para destruí-la totalmente, mas fique em guarda para os Rastejantes Biliosos, que muitas vezes emergem do Brotar Corrupto destruído.

Destrua a corrupção para explorar a totalidade do Nível 1

A maneira mais segura de derrotar Rakanoth é com ataques a distância de alto DPS. Bárbaros e Monges devem levar um seguidor para a batalha, pois mesmo com suas habilidades Arremesso de Arma e Onda de Luz, Rakanoth é muito perigoso. Use táticas de bater e correr para ficar longe das lâminas de Rakanoth. Golpeie, afaste-se para evitar seu contra-ataque e volte a atacar. Faça o que fizer, não fique cara a cara com Rakanoth!

É importante usar runas e/ou habilidades passivas que ajudem a reduzir a recarga de pelo menos um ou dois dos seus ataques principais. Além disso, aqueles que não têm uma taxa alta de Regeneração de Vida ou capacidade de cura devem contar com a ajuda de um Seguidor, Chamado dos Ancestrais, Cães Zumbis ou um aliado humano. Rakanoth é suscetível a Gelante, Congelamento e Lento, sendo vulnerável a controle de multidão até certo ponto, mas sua habilidade teletransporte pode anular isso.

**RECOMPENSA DE OBJETIVO MENOR**

**OURO:** 315 **XP:** 2700

Pegue o saque que Rakanoth deixa após a sua morte. Aproxime-se da prisão de Auriel na extremidade da Biblioteca do Destino e clique sobre ela para destruí-la [6]. Fale com Auriel para ganhar a capacidade de dissipar a corrupção que havia bloqueado o acesso as outras áreas dos Jardins da Esperança [7]. Use o portal de Auriel para voltar aos Jardins da Esperança, Nível 1, mas não até que você esteja pronto, já que pode esperar uma grande batalha [8].

A primeira das duas Fendas Infernais está localizada em algum lugar nos Jardins da Esperança, Nível 1, embaixo de um dos trechos de Brotares Corruptos (geralmente no canto sudeste da área). Ajude o Herói a continuar a subir de nível para o confronto iminente ao explorar plenamente toda a área. Procure toda a corrupção e destrua cada pedaço enquanto você varre toda a área. Você provavelmente vai encontrar um portal inativo ao longo do caminho; Auriel vai voar baixo para lembrá-lo que você deve fechar a Fenda Infernal antes de prosseguir. Se assim for, anote a sua localização e continue a caçada. Procure o portal Fenda Infernal e entre nele **[9]**.

### *Arquivo de Ângiris*

*Há muitas vezes um Arquivo de Ângiris perto da Fenda Infernal. Interaja com o pedestal em forma de espada para obter o conhecimento que ele contém.*

Mate quaisquer Armadons ou Opressores próximos antes de atacar o Brotar Corrupto

Localize o portal Fenda Infernal abaixo de um dos Brotares Corruptos

## FENDA INFERNAL

A Fenda Infernal é um minicalabouço de um andar que contém diversos Armadons Montados (montados por Subjugadores), Horrores Deslocadores e Rastejantes Biliosos. Horrores Deslocadores são uma versão mais sórdida da Transfera Brutal, capazes de se teletransportar para a posição atrás do Herói e golpear com seus machados gêmeos. Avance lentamente para evitar arrastar uma gangue de inimigos a uma batalha maior.

O caminho circular leva para uma ponte de terra cheia de Rastejantes Biliosos

Continue pela parte traseira da Fenda para encontrar o guardião do Óculus da Fenda, um Senhor das Marretas chamado Smaggamalho. Esta criatura tem quatro braços gigantes com os quais bate no chão criando um devastador — e eletrificado — dano em todos dentro da área de impacto. A lenta finalização desse golpe é a sua salvação — é fácil de detectar e lento o suficiente para ser evitado.

Derrote Smaggamalho para ter acesso ininterrupto ao Óculus da Fenda na parte traseira da Fenda Infernal. Destrua o Óculus da Fenda, conforme solicitado **[10]**. Auriel aparecerá na Fenda Infernal e criará um portal para que você retorne aos Jardins da Esperança, Nível 1 **[11]**. Uma vez lá, siga ao norte para o portal que leva aos Jardins da Esperança, Nível 2 **[12]**.

Golpeie Smaggamalho enquanto suas pernas estão no chão, então se afaste quando ele começar a balançá-las para cima

Acerte o Óculus da Fenda várias vezes para destruí-lo

Auriel ativou o portal que conduz aos jardins da Esperança, 2º Nível, e vai acompanhá-lo até lá

# JARDINS DA ESPERANÇA, NÍVEL 2

## SANTUÁRIO SAGRADO

*O Santuário Sagrado contém uma grande piscina coberta por pisos que desaparecem e reaparecem. Abra caminho através desta plataforma quebra-cabeça para o canto da direita para encontrar um Baú Extraordinário. Devastadores Encouraçados atacam enquanto você trava algumas das telhas no lugar, pisando sobre elas. Evite correr em plataformas demais de uma vez ou você vai atrair um incontrolável rastro de inimigos. Aqueles que procuram espremer ao máximo XP em cada instância podem tentar travar todas as plataformas numa posição que traga o número máximo de Devastadores Encouraçados.*

## CHANCELA ABENÇOADA

*Lute pelas escadas e siga até a passarela quadrada abaixo. Está um pouco quieto demais! Abra o Baú Extraordinário e assista a numerosos Saqueadores Demoníacos e Vermes da Sombra inundarem a área. Expulse-os e abra caminho de volta até as escadas para sair da sala mágica. Você provavelmente vai enfrentar alguns inimigos difíceis no caminho de volta para fora, por isso não baixe a sua guarda — um Opressor Raro pode até fazer uma aparição.*

## TABERNÁCULO E PEQUENO ALTAR DA VIRTUDE

*O Tabernáculo da Virtude e o Pequeno Altar da Virtude são áreas quase idênticas que apresentam dezenas de Saqueadores Demoníacos e Opressores protegendo um Baú Extraordinário. O tesouro está localizado na parte traseira de uma passagem quadrada. Escolha uma direção e metodicamente varra todo o perímetro naquela direção rumo ao Baú. Recolha o saque e continue a luta na direção em que você estava viajando para limpar a área dos inimigos restantes. Não só o Baú Extraordinário normalmente contém saque valioso, mas também é um ótimo lugar para ganhar muito XP e ouro.*

## Sobre os Quartos Mágicos

Os Jardins da Esperança, Nível 2, sempre contém dois dos quatro quartos mágicos possíveis (Chancela Abençoada, Santuário Sagrado, etc), mas suas posições são aleatórias. Procure no perímetro da área por escadas que levam até uma das salas mágicas. A imagem em anexo mostra apenas duas das localizações possíveis (assim como uma terceira marcando uma possível localização de Fenda Infernal e uma quarta mostrando o portal para a Colunata de Cristal).

O portal de Auriel deixa você nos Jardins da Esperança, Nível 2, muito próximo a um Marco de Senda. Este é um bom momento para voltar à Cidadela do Forte da Vigília, estocar poções e reciclar ou vender o equipamento. Sua tarefa no Nível 2 é a mesma do nível anterior: você deve destruir os Brotares Corruptos para descobrir o portal Fenda Infernal escondido que leva ao segundo e final Óculus da Fenda. Esta área dos Jardins da Esperança é muito grande e contém várias localizações possíveis para o portal Fenda Infernal.

Os Armadons encontrados anteriormente comumente não têm um cavaleiro. Saiba que um Armadom pode Atordoar com seu golpe bate-estaca e que matar um Armadom Montado ejeta o Subjugador para fora dele e para a briga. Anjos Corrompidos também atacam nessa área; evite o seu ataque mergulhante de martelo de polo.

O Armadom tentará Atordoar você enquanto o Subjugador lança uma bola de fogo.

Faça o seu caminho através da porção norte do Nível 2, em busca de Brotares Corruptos e a Fenda Infernal. Há também duas salas mágicas opcionais escondidas na área. Soldados Angelicais periodicamente mergulham para lutar ao seu lado, mas eles fornecem pouca ajuda contra os Opressores e Armadons Montados.

## A Ameaça Morlu

Invasores Morlu irão virar estátuas cinzentas quando mortos, mas você vai notar uma barra de Vida cheia, se passar o mouse por cima deles. Quebre seus restos cinzentos antes que eles revivam. Você não receberá saque ou XP até que sua forma de estátua de cinzas se desintegre.

Ao ver um portal com Tyrael perto, apenas mate os inimigos na área e siga em frente. Tyrael vai esperar por você ali até que você destrua o segundo Óculus da Fenda. A localização do portal Fenda Infernal no Nível 2 é aleatória. Pesquise a área para revelar o mapa inteiro. Isso dá a melhor oportunidade para encontrar os dois quartos mágicos e coletar os Baús Extraordinários neles. Entre no portal para acessar a Fenda Infernal uma vez que você encontrá-lo **[13]**.

# Fenda Infernal

Esta segunda Fenda Infernal é similar à que você tinha explorado antes. Lute na parte traseira da Fenda, onde você vai encontrar outro Senhor das Marretas único chamado Marreta. Enquanto Smaggamalho exalava danos elétricos, Marreta é Incandescente. Use ataques à distância para evitar entrar em contato com o inimigo Incandescente ou dê espaço entre seus ataques para ter tempo para se curar. Muitas vezes existe uma Fonte Curativa perto do Óculus da Fenda. Derrote Marreta, depois volte sua atenção para o Óculus da Fenda na parte de trás da Fenda Infernal **[14]**.

Mantenha Marreta perto da Fonte Curativa para usá-la rapidamente em caso de emergência.

Auriel irá encontrá-lo na Fenda Infernal como tinha feito antes. Use o portal que se abre para retornar ao Jardins da Esperança, Nível 2 **[15]**. Procure por Tyrael e pelo portal para a Colunata de Cristal **[16]**. Fale com Tyrael sobre sua mudança de opinião **[17]**. Use o portal para entrar na Colunata de Cristal **[18] Missão Cumprida.**

MISSÃO

# SOB O PINÁCULO

## OBJETIVOS

1. Encontre Impérius na Colunata de Cristal.
2. Entre no Portal para o Ápice Argênteo.

## RECOMPENSAS DE CONCLUSÃO

| HERÓI | OURO | XP |
|---|---|---|
| Todas as Classes | - | - |

*Baseado na dificuldade Normal.

*Com Tyrael a seu lado, o Herói viaja para a Colunata de Cristal e descobre que assaito de Diablo se espalhou por esta torre sagrada. As Fendas do Inferno não foram fechadas a tempo! A luta deve continuar, nem todos compraram a ideia de confiar em um ser humano para salvar os altos céus.*

## A COLUNATA DE CRISTAL

Ande até o passeio com Tyrael para encontrar uma série de Soldados Angelicais que lutam contra um exército de Opressores. Impérius aparece em cena e fere os Opressores com facilidade. Ele rapidamente voa para longe, advertindo o Herói e Tyrael a não continuar — eles não pertencem a este lugar [1].

Com a ajuda de Tyrael, os Espreitadores Sombrios não têm chance

Auriel e Itariel aparecem logo depois que Impérius sai e dizem ao Herói não dar ouvidos a Impérius. A entrada para o Ápice Argênteo está à sua frente. Derrote os Espreitadores Sombrios que aparecem, use o Marco de Senda para retornar e pegar mais poções, se necessário, e continue **[2] Missão Cumprida**.

***"Esta é a sua luta, Nefalem. Seu poder é ainda maior do que previu Tyrael."***
***- Auriel***

# ÁPICE ARGÊNTEO

*O Ápice Argênteo consiste em dois níveis ligados por uma ponte com torres conhecida como a Vastidão. Lacaios de Diablo fixaram residência ao longo dos andares do Ápice Argênteo, criando um desafio perigoso que o Herói deve enfrentar. Diablo assiste todo o tempo de cima, sentado no topo do Arco Cristalino, à espera...*

MISSÃO

## MAL SUPREMO

### OBJETIVOS

1. Atravesse a Vastidão no Ápice Argênteo.
2. Mate Izual.
3. Suba até o Pináculo do Paraíso.
4. Fale com Tyrael.
5. Vá ao Arco Cristalino.
6. Encontre Diablo.
7. Mate Diablo.
8. Mate a Sombra de Diablo.
9. Destrua Diablo.
10. Fale com Auriel e encerre sua missão.

### RECOMPENSAS DE CONCLUSÃO

| HERÓI | OURO | XP |
|---|---|---|
| Todas as Classes | 1600 | 21.000 |

**Baseado na dificuldade Normal.*

GUIA DE MISSÕES

*Impérius que se dane! Tyrael e o Herói sabem que eles são a única esperança do Paraíso. Juntos, eles sobem ao Ápice Argênteo, além de onde fica o Arco Cristalino. Eles vão dar um fim ao retorno de Diablo, ou morrerão tentando.*

## NOVOS LACAIOS DO INFERNO

**Demônio Terror**

| Normal | 29 | Pesadelo | 49 |
|---|---|---|---|
| Torm. | 60 | Inferno | 63 |

**Incinerador Morlu**

| Normal | 30 | Pesadelo | 50 |
|---|---|---|---|
| Torm. | 60 | Inferno | 63 |

**Legionário Morlu**

| Normal | 28 | Pesadelo | 48 |
|---|---|---|---|
| Torm. | 59 | Inferno | 63 |

**Espectro Melancólico**

| Normal | 30 | Pesadelo | 50 |
|---|---|---|---|
| Torm. | 60 | Inferno | 63 |

**Bruxa Infernal**

| Normal | 30 | Pesadelo | 50 |
|---|---|---|---|
| Torm. | 60 | Inferno | 63 |

**Demônio Esfolador Veloz**

| Normal | 29 | Pesadelo | 49 |
|---|---|---|---|
| Torm. | 60 | Inferno | 63 |

**Pesadelo Escravizado**

| Normal | 30 | Pesadelo | 50 |
|---|---|---|---|
| Torm. | 60 | Inferno | 63 |

**Pesadelo Demonígneo**

| Normal | 29 | Pesadelo | 49 |
|---|---|---|---|
| Torm. | 60 | Inferno | 63 |

## FONTES DE SAQUE

**Vaso**
Raridade ★

**Casulo Infernal**
Raridade ★★

**Anjos Torturados**
Raridade ★★

**Estante de Armas**
Raridade ★★

**Repositório de Ângiris**
Raridade ★★★

**Repositório da Fé**
Raridade ★★★

**Lesão Vil**
Raridade ★

**Anjo Empalado**
Raridade ★★

**Anjos Atormentados**
Raridade ★★

**Baú**
Raridade ★★★

**Salto Mortal**
Raridade ★★★

**Baú Extraordinário**
Raridade ★★★★

# PORTAL PARA O ÁPICE ARGÊNTEO

Conduza Tyrael passando os Espreitadores Sombrios na área e vá para a ponte em direção ao fantasma a distância. O fantasma vai se transformar diante de seus olhos em um Aspecto do Medo, um Demônio Terror não totalmente diferente de Iskatu, o Opressor com o qual você lutou no Vestíbulo da Luz. O Aspecto do Medo não tem a característica Profanador, mas pode chamar outros Demônios Terror para a batalha. Não há muito espaço de manobra na ponte, então ataque forte e rápido antes que Demônios Terror adicionais sejam evocados. Afaste-se para obter uma visão dos Demônios Terror evocados (e permitir que eles se concentrem em Tyrael), então desencadeie um ataque de área de efeito para eliminá-los.

Acerte o Aspecto do Medo com um ataque de DPS alto, mas abra espaço para Tyrael para acertar seus tiros também

Lute passando por quaisquer Espreitadores Sombrios que aparecem além do Aspecto do Medo e continue até a plataforma à sua frente. Interaja com o elevador para chegar ao Ápice Argênteo Nível 1.

# ÁPICE ARGÊNTEO, NÍVEL 1

Fale com o fantasma de Mira Eamon para iniciar a batalha com o Aspecto das Mentiras, um servo de Belial. O aspecto das Mentiras não é um Demônio Terror, mas um Pesadelo Demonígneo único. O Aspecto das Mentiras tem uma armadura óssea, pode se teletransportar, evocar Opressores e é Empesteado. Felizmente, ele não oferece tanto perigo e pode ser derrotado sem grandes problemas desde que você seja rápido. Ataque logo que ele aparecer para evitar ficar preso entre ele e diversos de Opressores evocados.

A Armadura Óssea do Aspecto das Mentiras pode absorver alguns de seus ataques, então não facilite!

A batalha contra o Aspecto das Mentiras foi apenas uma pequena amostra do que está por vir. Para começar, é importante ter cuidado por onde se anda no Ápice Argênteo. O piso está muito rachado, e das fissuras às vezes brotam espetos, especialmente nas pontes paralelas. Nem tudo é prejudicial, no entanto. Os Atormentadores e Anjos Torturados normalmente deixam bons saques, por isso não deixe de libertá-los. Eles podem ser uma fonte consistente de Poções de Vida Especiais. Fique atento para os Repositórios de Ângiris raros para reivindicar o conhecimento "A criação do Santuário".

Existem também vários novos inimigos nesta área. Incineradores Morlu chamam um ataque Meteoro, então evite a área vermelha no chão — dê um amplo espaço e cuide de todos os Incineradores Morlu de uma vez! Tanto Incineradores Morlu como Legionários Morlu revivem se você não destruir suas estátuas cinzentas, assim como seus irmãos Morlu nos Jardins da Esperança. A outra ameaça significativa é a combinação mortal das Bruxas Infernais e Senhores das Marretas. As Bruxas Infernais lançam a debilitante maldição Estrela de Sangue, deixando Monges e Bárbaros sem meios de resistir a ataques poderosos do Senhor das Marretas.

Tente evitar as fissuras vermelhas no chão quando navegar no Spire Silver

Saia da zona de impacto de Meteoro e se mova rapidamente para atacar o Incinerador Morlu antes que ele ataque de novo

Lute em todo o Ápice Argênteo, Nível 1, em direção ao elevador que leva a Vastidão. Suba na plataforma com Tyrael e vá para o nível superior.

Fique longe dos apêndices do Senhor das Marretas quando estiver sob efeito da Estrela de Sangue

# Vastidão

Atravesse Vastidão para a plataforma central, já que um inimigo digno espera por você lá **[1]**. Ex-tenente de Tyrael, Izual, se interpõe entre você e o nível superior de Ápice Argênteo. Você não tem escolha a não ser matá-lo **[2]**.

Junte o saque deixado por Izual e continue em toda a extensão de Vastidão para a plataforma que leva para o alto dentro de Ápice Argênteo. As provocações de Diablo são um sinal claro de que você está chegando mais perto...

Veja o quão afiada é a maça laminada de Izual!

## IZUAL

### O TRAIDOR

Izual é um Opressor único, que ataca com uma explosão Congelada em vez do sopro de fogo comum do tipo. Ele também carrega uma maça poderosa e pode se mover ao redor da arena muito rapidamente. Use táticas de bater e correr para evitar o seu ataque de Nova Gélida, que pode congelar você. Ele pode até mesmo congelar Tyrael, seu Seguidor, e os aliados do Chamado dos Ancestrais do Bárbaro se os atingir. Izual é auxiliado por Opressores, Demônios Esfoladores Velozes e os Anjos Corrompidos, por isso evite ser congelado — os Opressores estão todos muito ansiosos para descongelar você com seu hálito de fogo! Os ataques que deixam um rastro no chão contaminado atrás de você trabalham bem, assim como uma habilidade evasiva como Salto Mortal ou Teletransporte. Conte com a ajuda de Tyrael com os inimigos menores, enquanto você se foca em Izual, mas fique de olho em para globos de vida deixados por inimigos mortos.

| MODO | NÍV | HP | XP | ATAQUES | CARACT. | RESIST. |
|---|---|---|---|---|---|---|
| Normal | 29 | 22.000 | 1.800 | Corpo a corpo, Nova Gélida, Evocação | Congelado | - |
| Pesadelo | 49 | 462.000 | 6.600 | Corpo a corpo, Nova Gélida, Evocação | Congelado | - |
| Torm. | 60 | 3.860.000 | 15.500 | Corpo a corpo, Nova Gélida, Evocação | Congelado | - |
| Inferno | 63 | 15.299.000 | 16.000 | Corpo a corpo, Nova Gélida, Evocação | Congelado | - |

# ÁPICE ARGÊNTEO, NÍVEL 2

### Fantasmas de Eventos Passados

Léa, Mira e Capitão Rumford não são os únicos fantasmas que podem ser usados pelos Males Supremos. Os Aspectos do Tormento, Dor, Ódio e Destruição também surgem dos espíritos de Maghda, Zoltun Kell, Deckard Cain ou um morador comum. Os aspectos têm sempre a forma de um outro inimigo do Ato IV, embora possam ter um traço Incandescente ou de Eletrocussão.

Tente manter distância da erupção Incandescente do Aspecto do Pecado quando ele morre

Mate os Incineradores Morlu ao redor dos buracos circulares no chão antes que eles possam evocar mais Opressores

O fantasma do Capitão Rumford está diante de vocês sobre a ponte que conduz para a área. Veja como ele se transforma no Aspecto do Pecado, Legionário de Azmodan. O Aspecto do Pecado toma a forma de um Opressor único que ostenta a característica Incandescente. Você lutou com muitos Opressores até chegar aqui, mas este deve ser tratado de forma diferente. Mate a besta rapidamente antes que ela peça a ajuda dos Pesadelos Demonígneos e Devastadores Encouraçados na área.

Este segundo nível do Ápice Argênteo é similar ao primeiro, embora de uma forma aleatória única. Pesadelos Escravizados atacam em grandes números e infligem uma Maldição de Resistência que reduz suas resistências em 50%. É importante avançar lentamente e nunca se jogar nas profundezas da área. Aja de forma gradual, capture a atenção de um par de inimigos e imediatamente recue. Habilidades de movimento rápido de fuga irão atendê-lo bem aqui, bem como aquelas que deixam uma trilha de chão profanado ou armadilhas.

Os Incineradores Morlu aqui irão continuar a lançar ataques de Meteoros, mas também irão evocar Opressores. Lute passando os inimigos restantes em direção ao elevador que leva ao Pináculo do Paraíso **[3]**. Os perigos da Ápice Argênteo são consideráveis, mas vale a pena recolher tanto ouro e poções quanto puder agora. O único inimigo para lutar depois de embarcar no elevador para o Pináculo do Paraíso será Diablo. Você terá tempo para se preparar depois de falar com Tyrael, mas aqueles que estão perto de ganhar outro nível devem procurar todo o XP que puderem no Ápice Argênteo, já que isso realmente pode ajudar na luta por vir.

# O PINÁCULO DO PARAÍSO

Impérius e seus Soldados Angelicais montam guarda perto do Arco Cristalino, mas morrem quando Diablo tenta extinguir a luz do Arco. Tyrael, vivo graças a ter perdido as suas asas, abre o portão. Fale com ele antes de fazer mais uma viagem para a Cidadela do Forte para se preparar para a batalha final [4]. Entre no Arco Cristalino quando você estiver pronto para enfrentar seu último desafio [5].

# ARCO CRISTALINO

Suba os degraus do Arco Cristalino para encontrar Diablo onde ele esteve se escondendo [6]. Chegou a hora de pôr fim ao reinado de terror de Diablo de uma vez por todas [7].

## DIABLO

### O MAL SUPREMO

***Cain: "Diablo era o mais jovem dos Males Supremos, mas eu achei ele o mais perigoso — o seu poder sobre o terror o deixou incapaz de sentir medo. Embora ele tivesse possuído e corrompido facilmente muitos seres humanos, a essência de Diablo foi finalmente presa em uma Pedra das Almas e banida para o Abismo insondável há 20 anos".***

| MODO | NÍVEL | HP | XP | ATAQUES | CARACTERÍSTICAS | RESISTÊNCIAS |
|---|---|---|---|---|---|---|
| Normal | 30 | 127.000 | 925 | Corpo a corpo, Anel de Fogo, Bate-estaca, Estacas do Inferno, Captura do Desaparecimento nas Sombras, Investida, Clone de Sombras, Sopro Elétrico, Extenuação | - | - |
| Pesadelo | 50 | 2.688.000 | 3.400 | Corpo a corpo, Anel de Fogo, Bate-estaca, Estacas do Inferno, Captura do Desaparecimento nas Sombras, Investida, Clone de Sombras, Sopro Elétrico, Extenuação | - | - |
| Torm. | 60 | 19.304.000 | 7.750 | Corpo a corpo, Anel de Fogo, Bate-estaca, Estacas do Inferno, Captura do Desaparecimento nas Sombras, Investida, Clone de Sombras, Sopro Elétrico, Extenuação | - | - |
| Inferno | 63 | 76.499.000 | 8.000 | Corpo a corpo, Anel de Fogo, Bate-estaca, Estacas do Inferno, Captura do Desaparecimento nas Sombras, Investida, Clone de Sombras, Sopro Elétrico, Extenuação | - | - |

### SELEÇÃO DE HABILIDADES SUGERIDAS: HERÓI NÍVEL 29

| CLASSE | HAB. # 1 | HAB. # 2 | HAB. # 3 | HAB. # 4 | HAB. # 5 | HAB. # 6 | PAS. # 1 | PAS. # 2 | PAS. # 3 |
|---|---|---|---|---|---|---|---|---|---|
| Bárbaro | Golpe Esmagador | Martelo dos Ancestrais | Disparada | Golpe Brutal | Arremesso de Arma | Chamado dos Ancestrais | Libra de Carne | Superstição | Bênção de Bul-Kathos |
| Caçador de Demônios | Disparo Enredante | Empalar | Salto Mortal | Marcado para Morrer | Flecha de Fragmentação | Poder das Sombras | Vingança | Braço Firme | Perfeccionista |
| Monge | Palma Explosiva | Onda de Luz | Serenidade | Mantra da Convicção | Caminho dos Cem Punhos | Aliado Místico | Transcendência | Cântico da Ressonância | Alma Exaltada |
| Feiticeiro | Assombração | Morc. Ígneos | Cães Zumbis | Sacrifício | Salva de Espíritos | Exérc. de Carrancos | Fortitude da Selva | Harm. Espiritual | Mestre dos Zumbis |
| Arcanista | Lâmina Espectral | Raio Gélido | Teletransporte | Nevasca | Arm. Temp. | Arconte | Presença Astral | Sangue Frio | Prot. Galvanizada |

**As habilidades listadas na tabela acima são apenas uma sugestão para jogadores iniciantes. Cada uma destas escolhas demonstrou ser eficaz durante nossos testes, mas há muitos caminhos para a vitória. Experimente!*

A batalha contra Diablo consiste em três fases, começando com a primeira fase. Diablo não perde tempo em demonstrar o seu poder incrível. Aqueles que se aproximam estão sujeitos a um golpe corpo a corpo base (que pode causar Maldição da Destruição, uma penalidade que inflige danos ao longo do tempo para o Herói e seus aliados). Porém, Diablo tem mais ataques poderosos à sua disposição, muitos deles Ígneos. Vale a pena ter alta Resistência Ígnea ou equipar uma runa ou habilidade passiva que reduz danos não físicos, tal como a habilidade Superstição do Bárbaro.

## PRIMEIRA FASE

O ataque bate-estaca de Diablo emite uma grande série de bolas de fogo que se irradiam em todas as direções. Ele inflige danos simples e não coloca o Herói em chamas, ao contrário do ataque Anel de Fogo. Fique longe do projétil de fogo de Diablo, uma vez que gera um anel de chama no chão. Ficar em qualquer lugar dentro do círculo causa dano de queimadura contínuo. Esses ataques não são muito difíceis de evitar, desde que você preste atenção e não seja ganancioso quando vai para a ofensiva. Aguarde um ataque poderoso recarregar, ou o seu recurso se regenerar, então bata rápido e forte.

Preste atenção para quando Diablo levantar as mãos e olhe para ver as sombras circulares que começam a se formar no chão. Estes são os locais onde suas Estacas do Inferno se levantarão e tentarão prender o Herói. Fique longe delas ou você vai ser preso na gaiola até que Diablo teletransporte para perto e agarre você. Uma vez nas mãos de Diablo, o Herói sofre danos até ser jogado contra o chão, causando a penalidade Maldição da Destruição. Diablo geralmente levanta cerca de 5 jaulas de Estacas do Inferno em cada instância. Passe entre as sombras no chão onde as Estacas do Inferno irão surgir e ataque!

O Arco Cristalino contém duas Fontes Curativas, uma de cada lado. Elas têm uma recarga de 30 segundos, o que é breve o suficiente para permitir que você alterne entre uma e outra ao longo da luta. Fique longe da área do meio da arena, onde Diablo aparece pela primeira vez, já que é fácil ficar preso dentro daquele espaço. Conferir o minimapa ajuda a identificar a localização de Diablo, mas ele tem acesso a um ataque de carga que permite cobrir longas distâncias em um flash. Não se surpreenda se de repente perceber uma besta gigantesca caindo sobre você!

Diablo pode ser controlado com ataques que Gelam, Retardam ou Congelam, mas é imune a todas as outras formas de controle da multidão. Movimente-se, acerte Diablo com ataques rápidos e de alto DPS e se concentre em evitar as Estacas do Inferno. Gradualmente, drene Diablo para cerca de 40% de sua Vida para enviar a batalha para a segunda fase, a Fase de Terror. Diablo irá se teletransportar para o local do Herói e agarrá-lo com um golpe inevitável de sua mão. Os dois então viajam para o Reino do Terror, onde o Herói deve derrotar a Sombra de Diablo **[8]**.

## FASE DO TERROR

A Sombra de Diablo tem acesso aos mesmos ataques da Primeira Fase, mas agora também pode evocar Clones de Sombra. Estes inimigos imitam a classe e o gênero do Herói e atacam com várias habilidades disponíveis para essa classe (não necessariamente as que você tem). Diablo vai desaparecer logo antes de evocação dos Clones de Sombras e reaparecer depois que eles forem derrotados. Clones de Sombra têm muito menos vida do que você e podem ser mortos sem muita dificuldade, desde que você não esteja também sendo perseguido pelos Pesadelos Encapuzados. Eles infligem a Maldição da Ferrugem, que reduz a resistência a danos físicos do Herói em 50%.

A batalha contra a Sombra de Diablo coloca ênfase na agilidade, capacidade de aumentar a frequência de globos de vida e proficiência em fazer suas poções de saúde durarem. As Estacas do Inferno podem ser difíceis de detectar antes de subirem graças ao chão mais escuro do Reino do Medo, tornando mais provável que você seja agarrado. Não vire as costas para os Pesadelos Encapuzados, já que a Maldição da Ferrugem deles torna muito mais difícil sobreviver aos ataques da Sombra de Diablo. Evoque um animal ou use um feitiço como Aliado Místico, Chamado dos Ancestrais ou Sentinela para desbastar a Sombra de Diablo enquanto você elimina os outros. A Sombra de Diablo desaparecerá e evocará Clones de Sombras cada vez que ela perde um terço de sua vida. Mate a Sombra de Diablo para voltar ao Arco Cristalino para a fase final.

## FASE FINAL

Diablo tem apenas metade de sua vida para a terceira e última fase da batalha, mas ele tem dois novos ataques devastadores à sua disposição. Para começar, ele lança cada um de seus ataques com frequência aumentada, incluindo Estacas do Inferno, Bate-estaca e outros. Não é incomum para Diablo lançar vários anéis de fogo em rápida sucessão, em um padrão de sobreposição. Ele também levanta mais Estacas do Inferno que na primeira fase.

O ataque mais mortal de Diablo é, de longe, seu sopro elétrico. Preste atenção quando ele começar uma respiração profunda, já que o sopro elétrico que ele exala é capaz de infligir danos graves. Não se engane, este ataque pode matar o Herói de imediato, se não devidamente protegido contra danos não físicos. Diablo vai girar lentamente, emitindo esse feixe de energia em um movimento de varredura através de uma faixa de 180 graus no Arco Cristalino. Se você pode se teletransportar para trás de Diablo e atacá-lo durante este ataque, faça isso. Caso contrário, seu único recurso seguro é fugir!

Continue a contar com as Fontes Curativas e concentre-se em atacar entre as séries de respiração elétrica e ataques Estaca do Inferno. Mantenha a pressão e você eventualmente deixará Diablo de joelhos, permitindo acabar com o Mal Supremo com um golpe mortal final **[9]**.

Recolha o saque que Diablo deixa e se delicie com a satisfação de saber que você, sozinho, foi capaz de matar o Senhor do Medo e devolver a luz ao Paraíso Celestial. Fale com Auriel para terminar a sua jornada **[10] Missão Cumprida.**

# ARTESÃOS & CRIAÇÃO

Tradicionalmente, o aprimoramento de equipamentos em *Diablo* dependia do acúmulo de saque. Isto também é verdadeiro em *Diablo III*. Antes, no entanto, melhorias vinham mais do que os monstros deixavam: você equipava o seu personagem com os itens encontrados, vendia o saque não usado e usava os recursos para comprar novos itens — elmos mais resistentes, armaduras mais impenetráveis, armas mais afiadas e assim por diante. Você ainda pode fazer isso em *Diablo III,* mas o jogo também oferece uma nova maneira de adquirir um melhor arsenal.

## O SISTEMA DE CRIAÇÃO

Eis como funciona: No Ato 1, você encontra um ferreiro chamado Haedrig Eamon. Haedrig pode "reciclar" qualquer item Mágico, Raro ou Lendário que você coletou. Ele quebra em matérias-primas que podem ser usadas para criar equipamentos melhores, mas você não pode fazer a criação por si mesmo. Só Haedrig pode fazer o trabalho e isso custa ouro a você, bem como as matérias-primas para a reciclagem.

Uma vez encontrado, Haedrig se junta à sua "caravana". Mais tarde, no Ato 2, você encontra um outro artesão, Shen Cobiçoso, o Joalheiro. Por um preço, Shen pode combinar gemas menores em outras mais poderosas que você pode inserir em equipamentos engastados para aumentar atributos específicos. Shen também se junta à sua caravana, dando-lhe outro grande recurso para aprimorar suas coisas.

A primeira vez que você encontra cada artesão, sua respectiva lista de "receitas" (planos de ferreiro ou desenhos do joalheiro) é bem limitada. Para obter receitas novas você deve treinar seus artesãos para níveis mais altos. Mas esse treino exige um investimento em ouro. Além disso, depois de subir os níveis iniciais, a formação artesanal irá requerer Páginas de Ferraria para Haedrig e Páginas de Joalheria para Shen.

### Receitas "Deixadas no Mundo"

Várias instruções Lendárias são encontrados apenas como "deixadas no mundo" (itens deixados por monstros mortos ou recuperados de outras fontes de saque). Você deve encontrá-las e entregá-las a seus artesãos, eles não podem aprendê-las apenas treinando sozinhos.

## AS MATÉRIAS-PRIMAS DE OFÍCIO

Mais uma vez, Haedrig, o Ferreiro, pode reciclar peças Mágicas, Raras ou Lendárias, convertendo-as em matérias-primas de artesanato. A qualidade do material gerado pela reciclagem corresponde à qualidade do item reciclado: Itens Mágicos (letras em azul) produzem matéria-prima Mágica; Itens Raros (amarelo) produzem matéria-prima Rara, e itens Lendários (laranja) produzem matéria-prima Lendária.

A seguir uma lista dos das matérias-primas de ofício disponíveis em cada um dos quatro modos de dificuldade de *Diablo III*.

## MATÉRIAS-PRIMAS DE OFÍCIO: NORMAL

As seguintes matérias-primas de ofício só podem ser adquiridas ao se jogar *Diablo III* na dificuldade Normal.

### ESSÊNCIA SUTIL

Obtida pela reciclagem de itens Mágicos no modo Normal.

### DENTE CAÍDO

Obtido pela reciclagem de armas e armaduras Raras no modo Normal.

## MATÉRIAS-PRIMAS DE OFÍCIO: TORMENTO

As seguintes matérias-primas de ofício só podem ser adquiridas ao se jogar *Diablo III* na dificuldade Tormento.

### ESSÊNCIA DESEJOSA

Obtida pela reciclagem de itens Mágicos no modo Tormento.

### CASCO INCRUSTADO

Obtido pela reciclagem de armas e armaduras Raras no modo Tormento.

## MATÉRIAS-PRIMAS DE OFÍCIO: PESADELO

As seguintes matérias-primas de ofício só podem ser adquiridas ao se jogar *Diablo III* na dificuldade Pesadelo.

### ESSÊNCIA TREMELUZENTE

Obtida pela reciclagem de itens Mágicos no modo Pesadelo.

### OLHO DE LAGARTO

Obtido pela reciclagem de armas e armaduras Raras no modo Pesadelo.

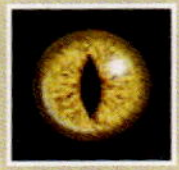

## MATÉRIAS-PRIMAS DE OFÍCIO: INFERNO

As seguintes matérias-primas de ofício só podem ser adquiridas ao se jogar *Diablo III* na dificuldade Inferno.

### ESSÊNCIA EXTRAORDINÁRIA

Obtida pela reciclagem de itens Mágicos no modo Inferno.

### LÁGRIMA IRIDESCENTE

Obtida pela reciclagem de armas e armaduras Raras no modo Inferno.

### ENXOFRE INCANDESCENTE

Obtido pela reciclagem de itens Lendários no modo Inferno.

# OS ARTESÃOS

Cada artesão tem uma especialidade particular. Haedrig, o Ferreiro, pode reciclar equipamento indesejado e criar poderosas novas armas e armaduras. Shen Cobiçoso, o Joalheiro, pode combinar gemas de baixa qualidade para produzir outras de qualidade superior, ele também pode remover gemas de engastes para uso posterior.

## TREINANDO ARTESÃO

Cada artesão começa como um Iniciante com receitas de artesanato de baixo nível. A qualidade dos itens criados melhora à medida que você treinar seus artesãos para que eles alcancem níveis maiores — Profissional, Perito, Mestre e além. Cada vez que você sobe o nível de um artesão isso custa ouro e, eventualmente, Páginas especiais ou Tomos de Treinamento. Essa Páginas/Tomos caem de monstros mortos ou de fontes de saque esmagadas (baús, barris, etc), mas só ao se jogar Diablo III em seus níveis mais altos de dificuldade:

Página de Ferraria (Apenas Pesadelo)

Página de Joalheria (Apenas Pesadelo)

Tomo de Ferraria (Apenas Tormento)

Tomo de Joalheria (Apenas Tormento)

Tomo dos Segredos (Apenas Inferno)

### Dica de Treinamento

*Você pode se beneficiar da obra de ambos os artesãos, mas há um intervalo longo entre o desbloqueio de Haedrig, o Ferreiro, no Ato 1 e Shen Cobiçoso, o Joalheiro, no Ato 2. Se concentre em treinar o Ferreiro enquanto joga no modo Normal. Preocupe-se com o Joalheiro somente depois que Haedrig tiver avançado para níveis mais altos.*

Cada vez que um artesão sobe de nível, veja como sua oficina se expande. Note que os artesãos mantêm o seu nível atual em todos os diferentes personagens na mesma conta Battle.net — semelhante à forma como seu Baú pessoal é compartilhado entre os personagens. Assim, por exemplo, um Ferreiro Grão-mestre estará no nível Grão-Mestre para cada outro personagem que você criar em sua conta.

# HAEDRIG, O FERREIRO

As habilidades de Haedrig, o Ferreiro, são destravadas no final do Ato I, Missão 3: "Uma Coroa Quebrada" Este personagem pode realizar duas tarefas muito úteis para você. Primeiro, ele pode reciclar equipamentos indesejados em matérias-primas. E, segundo, ele pode forjar novas armas e armaduras, peças de primeira classe que você não encontrará em nenhum outro lugar no jogo.

## RECICLAGEM

Haedrig também pode reciclar itens Mágicos, Raros ou Lendários que podem estar atulhando seu inventário, quebrando-os em matérias-primas que você precisa para elaborar coisas novas.

## FORJA

Haedrig também pode forjar poderosas novas armas e armaduras com instruções de ferraria. Cada instrução se inicia com um item base — uma varinha ou um elmo, digamos — e então acrescenta "essências" e, às vezes, outras matérias-primas para melhorar as capacidades do item. O número de instruções disponíveis depende do nível atual de Haedrig, com níveis maiores desbloqueando mais e melhores instruções. Ele começa como um Iniciante Nível 1, mas você pode treiná-lo até que alcance a classificação Exaltado, de nível 10. Cada nível tem cinco estágios de treinamento.

Aqui está um exemplo de como a forja funciona:

Digamos que você vá à aba Forjar Armadura e peça para Haedrig forjar as "Manilhas de Couro do Aprendiz". Todos os itens raros e mágicos criados pelo Ferreiro têm um certo número de Propriedades Mágicas Aleatórias. Assim, elaborar essas braçadeiras irá imbuir este item com uma propriedade (ou propriedades) que é determinada aleatoriamente... e só depois começa a criação do item. Não há como interromper o processo e não há nenhum reembolso!

Criar as Manilhas de Couro do Aprendiz custa 320 de ouro, mais duas amostras da matéria-prima Mágica chamada Essência Sutil. Se você tiver o dinheiro e material, clique no botão "Criar item". Neste exemplo, Haedrig cria as braçadeiras chamadas de Manilhas de Couro do Urso Coletoras, que adicionam +16 de Armadura e +1 de Vitalidade quando equipadas. A propriedade mágica aleatória imbuída é "Aumenta a Saúde e o recolhimento de Ouro em 2 jardas".

## INSTRUÇÕES DE FERRARIA

Treinar Haedrig, mesmo até o nível Exaltado, não dá acesso a todas as instruções de ferraria disponíveis no jogo. Na verdade, dezenas de receitas só podem ser encontrada como "deixadas no mundo", isto é, como itens deixados por monstros mortos ou caídos de baús e barris quebrados ou outras fontes de saque. Uma vez adquiridas, você pode estas receitas para Haedrig.

Note que cada plano encontrado exige um nível mínimo de conhecimentos de ferraria, assim Haedrig pode não ser capaz de aceitar sua receita sem treinamento adicional. Para dar a Haedrig um plano de ferreiro encontrado, clique nele e selecione Criar Item para abrir a interface de criação, em seguida clique com o botão direito do mouse sobre a nova receita em seu Inventário. Se o nível de ferraria de Haedrig é alto o suficiente para forjar o novo item, o plano é automaticamente transferido para sua lista de receitas.

Listamos os planos que podem ser encontrados para cada nível de formação em tabelas mais adiante neste capítulo.

# SHEN COBIÇOSO, O JOALHEIRO

Você ganha acesso aos conhecimentos de Shen Cobiçoso quando retorna ao acampamento depois de encontrar o Crisol do Joalheiro no Ato 2, Missão 7: "Sangue e Areia". Ao combinar gemas de nível inferior, Shen cria novas gemas que melhoram o seu equipamento. Shen adquire a maior parte de suas receitas, chamadas de "desenhos", através de treinamento. No entanto, você também pode encontrar um punhado de desenhos de nível Exaltado (Exaltado é o mais alto posto de um joalheiro) deixados por monstros mortos ou outras fontes de saque.

## COMBINADOR DE GEMAS

Shen pode combinar três gemas similares em uma joia única, que é um nível superior em qualidade — por exemplo, três Esmeraldas Lascadas tornam-se uma única Esmeralda Imperfeita, enquanto três Esmeraldas Imperfeitas tornam-se uma Esmeralda normal. Quanto maior o nível do Joalheiro, melhores as gemas que ele pode criar. Os detalhes são fornecidos na seção de Níveis de Treinamento, mais adiante neste capítulo.

## REMOVER GEMA

Por um custo de ouro, Shen pode remover qualquer joia que estiver engastada em uma peça. Essa ação retorna a gema e o item de equipamento ao seu inventário, separados e intactos.

## DESENHO DE JOALHERIA

Só treinar Shen Cobiçoso não lhe dá acesso a todos os desenhos de joalheria disponíveis. Muitas receitas só podem ser encontradas como "deixadas no mundo" — isto é, como itens deixados por monstros mortos ou caídos e baús e barris quebrados ou outras fontes de saque. Uma vez adquiridas, você pode dar estas receitas a Shen para a aprendizagem... mas só se ele foi treinado para o nível mais alto (Exaltado).

Para dar a Shen um desenho de joalheria encontrado, clique nele e selecione "Criar item" para abrir a interface de criação, em seguida clique com o botão direito do mouse sobre a nova receita em seu Inventário. Novamente, se Shen é um joalheiro de nível Exaltado, ele "aprende" o desenho e o transfere automaticamente para sua lista de receitas.

Ver a tabela "Nível 10: Exaltado", no final do capítulo, para obter uma lista de desenhos de joalheria não disponíveis através de treinamento.

# FERREIRO NÍVEL I

## INICIANTE

O treinamento de ferreiro Iniciante tem cinco estágios. Haedrig pode forjar equipamento utilizando um conjunto inicial de instruções de armaduras de graça. Mas custa ouro para treiná-lo através dos estágios seguintes de suas habilidades de Iniciante.

### ESTÁGIO DE TREINAMENTO 1

Neste primeiro estágio, você não tem que pagar quaisquer custos de treinamento. As instruções de ferraria de Armaduras e Armas listadas aqui podem ser compradas a partir do primeiro momento em que Haedrig está disponível para criar itens para você.

INSTRUÇÕES DE ARMADURAS DISPONÍVEIS

| ITEM | PROPRIEDADES CRIADAS | TIPO | NÍVEL REQ. | CUSTO | MATERIAL NECESSÁRIO |
|---|---|---|---|---|---|
| Botas do Aprendiz | Espinhos, Vitalidade, 2 Afixos Aleatórios | Botas | 4 | 363 | 4 Essências Sutis |
| Gibão de Couro do Aprendiz | Espinhos, 2 Afixos Aleatórios | Baú | 3 | 379 | 5 Essências Sutis |

INSTRUÇÕES DE ARMAS DISPONÍVEIS

| ITEM | PROPRIEDADES CRIADAS | TIPO | NÍVEL REQ. | CUSTO | MATERIAL NECESSÁRIO |
|---|---|---|---|---|---|
| Machado de Guerra do Aprendiz | Velocidade de Ataque, Vitalidade, 3 Afixos Aleatórios | Machado de 2 Mãos | 9 | 693 | 8 Essências Sutis |
| Besta de Mão do Aprendiz | Vitalidade, 3 Afixos Aleatórios | Besta | 10 | 709 | 9 Essências Sutis |
| Varinha Menor do Aprendiz | Inteligência, Vitalidade, 2 Afixos Aleatórios | Varinha | 5 | 400 | 5 Essências Sutis |

### ESTÁGIO DE TREINAMENTO 2

CUSTO DE TREINAMENTO 2000

INSTRUÇÕES DE ARMADURAS DISPONÍVEIS

| ITEM | PROPRIEDADES CRIADAS | TIPO | NÍVEL REQ. | CUSTO | MATERIAL NECESSÁRIO |
|---|---|---|---|---|---|
| Manilhas de Couro do Aprendiz | Vitalidade, 2 Afixos Aleatórios | Braçadeiras | 7 | 363 | 4 Essências Sutis |
| Ceroulas de Pele do Aprendiz | Vitalidade, 3 Afixos Aleatórios | Calças | 8 | 632 | 6 Essências Sutis |

### ESTÁGIO DE TREINAMENTO 3

CUSTO DE TREINAMENTO 2000

INSTRUÇÕES DE ARMADURAS DISPONÍVEIS

| ITEM | PROPRIEDADES CRIADAS | TIPO | NÍVEL REQ. | CUSTO | MATERIAL NECESSÁRIO |
|---|---|---|---|---|---|
| Luvas de Pele do Aprendiz | Vitalidade, 1 Afixo Aleatório | Luvas | 9 | 605 | 5 Essências Sutis |
| Escudo Ogival do Aprendiz | Espinhos, 3 Afixos Aleatórios | Escudo | 8 | 1155 | 10 Essências Sutis |

### ESTÁGIO DE TREINAMENTO 4

CUSTO DE TREINAMENTO 2000

INSTRUÇÃO DE ARMADURA DISPONÍVEL

| ITEM | PROPRIEDADES CRIADAS | TIPO | NÍVEL REQ. | CUSTO | MATERIAL NECESSÁRIO |
|---|---|---|---|---|---|
| Coifa do Aprendiz | Encontrar itens mágicos, Experiência, 2 Afixos Aleatórios | Elmo | 9 | 379 | 5 Essências Sutis |

INSTRUÇÃO DE ARMA DISPONÍVEL

| ITEM | PROPRIEDADES CRIADAS | TIPO | NÍVEL REQ. | CUSTO | MATERIAL NECESSÁRIO |
|---|---|---|---|---|---|
| Flambérgia do Aprendiz | Força, 2 Afixos Aleatórios | Espada de 2 Mão | 9 | 709 | 9 Essências Sutis |

### ESTÁGIO DE TREINAMENTO 5

CUSTO DE TREINAMENTO 2000

INSTRUÇÕES DE ARMADURAS DISPONÍVEIS

| ITEM | PROPRIEDADES CRIADAS | TIPO | NÍVEL REQ. | CUSTO | MATERIAL NECESSÁRIO |
|---|---|---|---|---|---|
| Cinto de Couro do Aprendiz | Vitalidade, 3 Afixos Aleatórios | Cinto | 9 | 605 | 5 Essências Sutis |
| Dragonas de Couro do Aprendiz | Vitalidade, 3 Afixos Aleatórios | Ombreiras | 10 | 605 | 5 Essências Sutis |

Você não vai encontrar nenhuma instrução de ferraria "deixada no mundo" que possa ser forjada por um ferreiro Iniciante.

*Oficina de Ferreiro Iniciante*

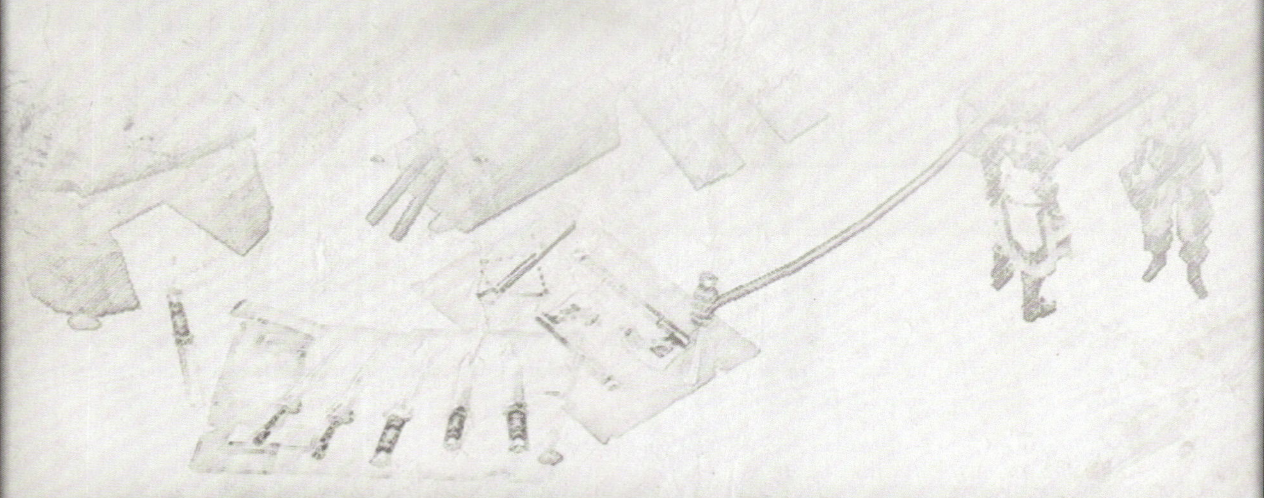

# FERREIRO NÍVEL 2

## PROFISSIONAL

### ESTÁGIO DE TREINAMENTO 1

CUSTO DE TREINAMENTO 4000

INSTRUÇÕES DE ARMAS DISPONÍVEIS

| ITEM | PROPRIEDADES CRIADAS | TIPO | NÍVEL REQ. | CUSTO | MATERIAL NECESSÁRIO |
|---|---|---|---|---|---|
| Machado Pesado do Profissional | Velocidade de Ataque, Vitalidade, 3 Afixos Aleatórios | Machado de 1 Mãos | 13 | 945 | 14 Essências Sutis |
| Pá do Profissional, (Apenas para o Monge) | Regenerar Espírito, 2 Afixos Aleatórios | Cajado de Combate | 13 | 967 | 16 Essências Sutis |
| Aljava de Couro do Profissional, (Somente Caçadores de Demônios) | Destreza, 3 Afixos Aleatórios | Aljava (Requer um Arco) | 13 | 1575 | 17 Essências Sutis |
| Varinha de Aço do Profissional, (Somente Arcanista) | Inteligência, Experiência, 2 Afixos Aleatórios | Varinha | 13 | 945 | 14 Essências Sutis |

### ESTÁGIO DE TREINAMENTO 2

CUSTO DE TREINAMENTO 4000

INSTRUÇÃO DE ARMADURA DISPONÍVEL

| ITEM | PROPRIEDADES CRIADAS | TIPO | NÍVEL REQ. | CUSTO | MATERIAL NECESSÁRIO |
|---|---|---|---|---|---|
| Guarda-ombros do Profissional | Gelar ao Acertar, Vitalidade, 2 Afixos Aleatórios | Ombreiras | 15 | 495 | 7 Essências Sutis |

INSTRUÇÕES DE ARMAS DISPONÍVEIS

| ITEM | PROPRIEDADES CRIADAS | TIPO | NÍVEL REQ. | CUSTO | MATERIAL NECESSÁRIO |
|---|---|---|---|---|---|
| Besta Presilhada do Profissional, (Somente Caçadores de Demônios) | Velocidade de Ataque, 3 Afixos Aleatórios | Besta de Mão | 14 | 1575 | 17 Essências Sutis |

### ESTÁGIO DE TREINAMENTO 3

CUSTO DE TREINAMENTO 4000

INSTRUÇÃO DE ARMADURA DISPONÍVEL

| ITEM | PROPRIEDADES CRIADAS | TIPO | NÍVEL REQ. | CUSTO | MATERIAL NECESSÁRIO |
|---|---|---|---|---|---|
| Botas Encadeadas do Profissional | Vitalidade, 2 Afixos Aleatórios | Botas | 16 | 495 | 7 Essências Sutis |

INSTRUÇÕES DE ARMAS DISPONÍVEIS

| ITEM | PROPRIEDADES CRIADAS | TIPO | NÍVEL REQ. | CUSTO | MATERIAL NECESSÁRIO |
|---|---|---|---|---|---|
| Gume Dentado do Profissional, (Somente Feiticeiros) | Regenera Mana, Vida ao Matar, 3 Afixos Aleatórios | Faca Cerimonial | 15 | 1575 | 17 Essências Sutis |

### ESTÁGIO DE TREINAMENTO 4

CUSTO DE TREINAMENTO 4000

INSTRUÇÕES DE ARMAS DISPONÍVEIS

| ITEM | PROPRIEDADES CRIADAS | TIPO | NÍVEL REQ. | CUSTO | MATERIAL NECESSÁRIO |
|---|---|---|---|---|---|
| Esferas Fumarentas do Profissional, (Somente Arcanista) | Inteligência, Vitalidade, 3 Afixos Aleatórios | Orbe | 17 | 1575 | 17 Essências Sutis |
| Gorjacha do Profissional, (Somente Bárbaros) | Força, 2 Afixos Aleatórios | Arma Potente de 1 Mão | 17 | 945 | 14 Essências Sutis |

### ESTÁGIO DE TREINAMENTO 5

CUSTO DE TREINAMENTO 4000

INSTRUÇÃO DE ARMADURA DISPONÍVEL

| ITEM | PROPRIEDADES CRIADAS | TIPO | NÍVEL REQ. | CUSTO | MATERIAL NECESSÁRIO |
|---|---|---|---|---|---|
| Quepe de Guerra do Profissional (Raro) | Aumento de Chance de Acerto Crítico, Vitalidade, 4 Afixos Aleatórios | Elmo | 15 | 1725 | 19 Essências Sutis, 4 Dentes Caídos |

INSTRUÇÕES DE ARMAS DISPONÍVEIS

| ITEM | PROPRIEDADES CRIADAS | TIPO | NÍVEL REQ. | CUSTO | MATERIAL NECESSÁRIO |
|---|---|---|---|---|---|
| Espada do Carrasco Profissional | Vitalidade, 3 Afixos Aleatórios | Espada de 2 Mão | 19 | 1612 | 19 Essências Sutis |

Você não vai encontrar nenhuma instrução de ferraria "deixada no mundo" que possa ser forjada por um ferreiro Profissional.

*Oficina de Ferreiro Profissional*

# FERREIRO NÍVEL 3

## PERITO

### ESTÁGIO DE TREINAMENTO 1

CUSTO DE TREINAMENTO 6000

INSTRUÇÕES DE ARMADURAS DISPONÍVEIS

| ITEM | PROPRIEDADES CRIADAS | TIPO | NÍVEL REQ. | CUSTO | MATERIAL NECESSÁRIO |
|---|---|---|---|---|---|
| Escudo Gótico do Perito | Vitalidade, 3 Afixos Aleatórios | Escudo | 22 | 1890 | 20 Essências Sutis |
| Manoplas do Perito | Espinhos, Vitalidade, 2 Afixos Aleatórios | Luvas | 21 | 990 | 10 Essências Sutis |
| Brunea do Perito | Vitalidade, 2 Afixos Aleatórios | Peitoral | 20 | 621 | 11 Essências Sutis |

INSTRUÇÕES DE ARMAS DISPONÍVEIS

| ITEM | PROPRIEDADES CRIADAS | TIPO | NÍVEL REQ. | CUSTO | MATERIAL NECESSÁRIO |
|---|---|---|---|---|---|
| Malho do Perito | Vitalidade, 2 Afixos Aleatórios | Maça de 2 Mãos | 21 | 1161 | 18 Essências Sutis |

### ESTÁGIO DE TREINAMENTO 2

CUSTO DE TREINAMENTO 6000

INSTRUÇÕES DE ARMAS DISPONÍVEIS

| ITEM | PROPRIEDADES CRIADAS | TIPO | NÍVEL REQ. | CUSTO | MATERIAL NECESSÁRIO |
|---|---|---|---|---|---|
| Arco de Caça do Perito | Destreza, Velocidade de Ataque, 2 Afixos Aleatórios | Arco | 23 | 1161 | 18 Essências Sutis |
| Martelo do Perito | Dano Crítico, Vitalidade, 3 Afixos Aleatórios | Maça de 1 Mão | 22 | 1890 | 20 Essências Sutis |

### ESTÁGIO DE TREINAMENTO 3

CUSTO DE TREINAMENTO 6000

INSTRUÇÕES DE ARMAS DISPONÍVEIS

| ITEM | PROPRIEDADES CRIADAS | TIPO | NÍVEL REQ. | CUSTO | MATERIAL NECESSÁRIO |
|---|---|---|---|---|---|
| Estilete do Adepto, (Somente Feiticeiros) | Velocidade de Ataque, 3 Afixos Aleatórios | Adaga | 22 | 1890 | 20 Essências Sutis |
| Varinha de Encantamento do Perito, (Assistente Only) | Velocidade de Ataque, Vitalidade, 3 Afixos Aleatórios | Varinha | 21 | 1890 | 20 Essências Sutis |

### ESTÁGIO DE TREINAMENTO 4

CUSTO DE TREINAMENTO 6000

INSTRUÇÕES DE ARMAS DISPONÍVEIS

| ITEM | PROPRIEDADES CRIADAS | TIPO | NÍVEL REQ. | CUSTO | MATERIAL NECESSÁRIO |
|---|---|---|---|---|---|
| Shuko do Adepto, (Apenas para o Monge) | Destreza, Dano Venenoso, 2 Afixos Aleatórios | Arma de Punho | 24 | 1134 | 160 Essências Sutis |
| Víbora do Adepto, (Somente Feiticeiros) | Mana Máx., 3 Afixos Aleatórios | Mojo | 25 | 1890 | 20 Essências Sutis |

### ESTÁGIO DE TREINAMENTO 5

CUSTO DE TREINAMENTO 6000

INSTRUÇÕES DE ARMADURAS DISPONÍVEIS

| ITEM | PROPRIEDADES CRIADAS | TIPO | NÍVEL REQ. | CUSTO | MATERIAL NECESSÁRIO |
|---|---|---|---|---|---|
| Cinto Encadeado do Adepto (Raro) | Vitalidade, Velocidade de Ataque, 4 Afixos Aleatórios | Cinto | 24 | 1980 | 17 Essências Sutis, 4 Dentes Caídos |
| Perneiras de Placa do Adepto (Raro) | Vitalidade, 4 Afixos Aleatórios | Calças | 23 | 2070 | 22 Essências Sutis, 4 Dentes Caídos |

Você não vai encontrar nenhuma instrução de ferraria "deixada no mundo" que possa ser forjada por um ferreiro Perito.

*Oficina de Ferreiro Perito*

NÍVEIS DE TREINAMENTO

# FERREIRO NÍVEL 4

## MESTRE

### ESTÁGIO DE TREINAMENTO 1

CUSTO DE TREINAMENTO 7000

INSTRUÇÃO DE ARMADURA DISPONÍVEL

| ITEM | PROPRIEDADES CRIADAS | TIPO | NÍVEL REQ. | CUSTO | MATERIAL NECESSÁRIO |
|---|---|---|---|---|---|
| Grevas do Mestre | Velocidade de Movimento, 2 Afixos Aleatórios | Botas | 26 | 1693 | 10 Essências Sutis |

INSTRUÇÕES DE ARMAS DISPONÍVEIS

| ITEM | PROPRIEDADES CRIADAS | TIPO | NÍVEL REQ. | CUSTO | MATERIAL NECESSÁRIO |
|---|---|---|---|---|---|
| Machado de Soldado do Mestre | Vida ao Acertar, 2 Afixos Aleatórios | Machado de Mão | 25 | 1323 | 19 Essências Sutis |
| Grão-machado do Mestre | Aumenta Todos os Atributos, Vitalidade, 2 Afixos Aleatórios | Machado de 2 Mãos | 27 | 1354 | 21 Essências Sutis |
| Aljava do Assassino do Mestre, (Somente Caçadores de Demônios) | Regenera Ódio, 3 Afixos Aleatórios | Aljava (Requer um Arco) | 24 | 2205 | 23 Essências Sutis |

### ESTÁGIO DE TREINAMENTO 2

CUSTO DE TREINAMENTO 7000

INSTRUÇÃO DE ARMADURA DISPONÍVEL

| ITEM | PROPRIEDADES CRIADAS | TIPO | NÍVEL REQ. | CUSTO | MATERIAL NECESSÁRIO |
|---|---|---|---|---|---|
| Braçadeiras de Cota do Mestre | Espinhos, Vitalidade, 3 Afixos Aleatórios | Braçadeiras | 27 | 1155 | 12 Essências Sutis |

INSTRUÇÕES DE ARMAS DISPONÍVEIS

| ITEM | PROPRIEDADES CRIADAS | TIPO | NÍVEL REQ. | CUSTO | MATERIAL NECESSÁRIO |
|---|---|---|---|---|---|
| Atiradora de Estacas do Mestre, (Somente Caçadores de Demônios) | Disciplina Máx., Dano Crítico, 3 Afixos Aleatórios | Besta | 26 | 2205 | 23 Essências Sutis |

### ESTÁGIO DE TREINAMENTO 3

CUSTO DE TREINAMENTO 7000

INSTRUÇÕES DE ARMAS DISPONÍVEIS

| ITEM | PROPRIEDADES CRIADAS | TIPO | NÍVEL REQ. | CUSTO | MATERIAL NECESSÁRIO |
|---|---|---|---|---|---|
| Taiji do Mestre, (Apenas para o Monge) | Cura o Gasto de Espírito, 3 Afixos Aleatórios | Cajado de Combate | 27 | 2257 | 26 Essências Sutis |
| Varinha Rígida do Mestre (Rara), (Somente Arcanista) | Velocidade de Ataque, Experiência, 4 Afixos Aleatórios | Varinha | 25 | 4410 | 39 Essências Sutis, 11 Dentes Caídos |

### ESTÁGIO DE TREINAMENTO 4

CUSTO DE TREINAMENTO 7000

INSTRUÇÕES DE ARMADURAS DISPONÍVEIS

| ITEM | PROPRIEDADES CRIADAS | TIPO | NÍVEL REQ. | CUSTO | MATERIAL NECESSÁRIO |
|---|---|---|---|---|---|
| Armadura de Placas do Mestre | Vitalidade, 3 Afixos Aleatórios | Peitoral | 26 | 1207 | 15 Essências Sutis |
| Placas de Ombros do Mestre (Raro) | Gelar ao Acertar, 4 Afixos Aleatórios | Ombreiras | 27 | 2310 | 20 Essências Sutis, 5 Dentes Caídos |

### ESTÁGIO DE TREINAMENTO 5

CUSTO DE TREINAMENTO 7000

INSTRUÇÕES DE ARMAS DISPONÍVEIS

| ITEM | PROPRIEDADES CRIADAS | TIPO | NÍVEL REQ. | CUSTO | MATERIAL NECESSÁRIO |
|---|---|---|---|---|---|
| Cajado de Guerra do Mestre (Raro) | Dano Crítico, 5 Afixos Aleatórios | Cajado | 26 | 5869 | 56 Essências Sutis, 11 Dentes Caídos |
| Espada Bastarda do Mestre (Raro) | Vitalidade, 4 Afixos Aleatórios | Espada de 1 Mão | 27 | 4410 | 39 Essências Sutis, 11 Dentes Caídos |

*Oficina de Ferreiro Mestre*

## INSTRUÇÕES LENDÁRIAS E DE CONJUNTO

### INSTRUÇÕES LENDÁRIAS

| ITEM | PROPRIEDADES CRIADAS | TIPO | NÍVEL REQ. | CUSTO | MATERIAL NECESSÁRIO |
|---|---|---|---|---|---|
| Muro de Osso (Lendário) | Resistência a Danos Físico, Vitalidade, | Escudo | 22 | 8000 | 40 Essências Sutis, 15 Dentes Caídos, 2 Madeiras Petrificadas |
| Cinto do Saque Rápido (Lendário) | Velocidade de Ataque, Espinhos | Cinto | 25 | 9600 | 50 Essências Sutis, 20 Dentes Caídos, 3 Madeiras Petrificadas |
| Guerra Infinda (Lendário), (Somente Bárbaros) | Aumento de Dano, Vida ao Matar, Fúria Máxima | Arma Potente de 2 Mãos | 22 | 13.440 | 70 Essências Sutis, 28 Dentes Caídos, 4 Madeiras Petrificadas |

### INSTRUÇÕES LENDÁRIAS

| ITEM | PROPRIEDADES CRIADAS | TIPO | NÍVEL REQ. | CUSTO | MATERIAL NECESSÁRIO |
|---|---|---|---|---|---|
| Juramento do Umbral (Lendário), (Somente Feiticeiros) | Dano Gélido, Restauração de Mana, Inteligência | Faca Cerimonial | 25 | 13.440 | 70 Essências Sutis, 28 Dentes Caídos, 4 Madeiras Petrificadas |
| Tiro-longo (Lendário) | Dano de Acerto Crítico, Velocidade de Ataque, Dano Mín./Máx. | Arco | 20 | 10.836 | 196 Essências Sutis, 68 Dentes Caídos |
| Taiji de Lai Yui (Lendário) | Destreza, Velocidade de Ataque, Dano Sagrado | Daibo | 22 | 9600 | 50 Essências Sutis, 20 Dentes Caídos, 3 Madeiras Petrificadas |

### INSTRUÇÕES DE CONJUNTOS: ÉGIDE DE BORN

| ITEM | PROPRIEDADES CRIADAS | TIPO | NÍVEL REQ. | CUSTO | MATERIAL NECESSÁRIO |
|---|---|---|---|---|---|
| Carapaça de Born | Redução de Dano, Vitalidade | Peitoral | 20 | 14.400 | 75 Essências Sutis, 30 Dentes Caídos, 4 Madeiras Petrificadas |
| Brafoneiras de Born | Redução de Dano, Regenera Vida | Ombreiras | 20 | 11.200 | 56 Essências Sutis, 21 Dentes Caídos, 2 Madeiras Petrificadas |
| Ódio Fervente de Born | Aumento de Chance de Acerto Crítico, Dano Elétrico | Espada de 1 Mão | 20 | 8000 | 40 Essências Sutis, 15 Dentes Caídos, 2 Madeiras Petrificadas |

### INSTRUÇÕES DE CONJUNTOS: HONRA DE CAIM

| ITEM | PROPRIEDADES CRIADAS | TIPO | NÍVEL REQ. | CUSTO | MATERIAL NECESSÁRIO |
|---|---|---|---|---|---|
| Calçados de Cain | Regenera Vida, Velocidade de Movimento | Botas | 22 | 6400 | 30 Essências Sutis, 2 Madeiras Petrificadas |
| Luvas aquecedoras de Cain | Aumento de Chance de Acerto Crítico, Vida ao Matar | Luvas | 22 | 6400 | 30 Essências Sutis, 2 Madeiras Petrificadas |
| Láureas de Cain | Aumento de Todos os Atributos, Aumento da Chance de Acerto Crítico, Encontra Itens Mágicos | Elmo | 22 | 11.520 | 60 Essências Sutis, 24 Dentes Caídos, 3 Madeiras Petrificadas |
| Trajes de Cain | Chance de Encontrar Globos de Vida, Regenera Vida | Calças | 22 | 10.400 | 52 Essências Sutis, 19 Dentes Caídos, 2 Madeiras Petrificadas |

NÍVEIS DE TREINAMENTO

# FERREIRO NÍVEL 5

## GRÃO-MESTRE

O treinamento de Haedrig para o nível Grão-mestre custa não só ouro, mas 10 Páginas de Ferraria. Além disso, todas as páginas de ferraria do nível de Grão-mestre exigem uma matéria-prima denominada "Essência Tremeluzente". Esta essência é obtida no jogo quando o Ferreiro recicla armas e armaduras Mágicas no modo Pesadelo.

### ESTÁGIO DE TREINAMENTO 1

CUSTO DE TREINAMENTO: 15.000 | 5

INSTRUÇÕES DE ARMADURAS DISPONÍVEIS

| ITEM | PROPRIEDADES CRIADAS | TIPO | NÍVEL REQ. | CUSTO | MATERIAL NECESSÁRIO |
|---|---|---|---|---|---|
| Perneiras do Grão-mestre | 2 Afixos Aleatórios | Calças | 30 | 897 | 7 Essências Tremeluzentes |
| Pelta do Grão-mestre | 2 Afixos Aleatórios | Escudo | 29 | 1638 | 10 Essências Tremeluzentes |

INSTRUÇÕES DE ARMAS DISPONÍVEIS

| ITEM | PROPRIEDADES CRIADAS | TIPO | NÍVEL REQ. | CUSTO | MATERIAL NECESSÁRIO |
|---|---|---|---|---|---|
| Aljava Pesada do Grão-mestre, (Somente Caçadores de Demônios) | 3 Afixos Aleatórios | Aljava (Requer Arco) | 30 | 2730 | 12 Essências Tremeluzentes, 4 Páginas de Ferraria |
| Arco de Cerco do Grão-mestre (Raro) | 4 Afixos Aleatórios | Arco | 30 | 5590 | 23 Essências Tremeluzentes, 6 Olhos de Lagarto, 6 Páginas de Ferraria |

### ESTÁGIO DE TREINAMENTO 2

CUSTO DE TREINAMENTO: 15.000 | 5

INSTRUÇÃO DE ARMADURA DISPONÍVEL

| ITEM | PROPRIEDADES CRIADAS | TIPO | NÍVEL REQ. | CUSTO | MATERIAL NECESSÁRIO |
|---|---|---|---|---|---|
| Coroa do Grão-mestre | 3 Afixos Aleatórios | Elmo | 32 | 1495 | 8 Essências Tremeluzentes, 2 Páginas de Ferraria |

INSTRUÇÕES DE ARMAS DISPONÍVEIS

| ITEM | PROPRIEDADES CRIADAS | TIPO | NÍVEL REQ. | CUSTO | MATERIAL NECESSÁRIO |
|---|---|---|---|---|---|
| Adaga Dentada do Grão-mestre | 2 Afixos Aleatórios | Adaga | 32 | 1638 | 10 Essências Tremeluzentes |

### ESTÁGIO DE TREINAMENTO 3

CUSTO DE TREINAMENTO: 15.000 | 5

INSTRUÇÕES DE ARMAS DISPONÍVEIS

| ITEM | PROPRIEDADES CRIADAS | TIPO | NÍVEL REQ. | CUSTO | MATERIAL NECESSÁRIO |
|---|---|---|---|---|---|
| Borduna do Grão-mestre | 2 Afixos Aleatórios | Maça de 1 Mão | 32 | 1638 | 10 Essências Tremeluzentes |
| Ono do Grão-mestre (Raro) | 2 Afixos Aleatórios | Machado de 1 Mão | 34 | 5460 | 21 Essências Tremeluzentes, 6 Olhos de Lagarto, 6 Páginas de Ferraria |

### ESTÁGIO DE TREINAMENTO 4

CUSTO DE TREINAMENTO: 15.000 | 5

INSTRUÇÕES DE ARMADURAS DISPONÍVEIS

| ITEM | PROPRIEDADES CRIADAS | TIPO | NÍVEL REQ. | CUSTO | MATERIAL NECESSÁRIO |
|---|---|---|---|---|---|
| Luvas Cinzeladas do Grão-mestre | 3 Afixos Aleatórios | Luvas | 36 | 1430 | 6 Essências Tremeluzentes, 2 Páginas de Ferraria |
| Brogans do Grão-mestre (Raro) | 4 Afixos Aleatórios | Botas | 36 | 2860 | 11 Essências Tremeluzentes, 3 Olhos de Lagarto, 3 Páginas de Ferraria |

### ESTÁGIO DE TREINAMENTO 5

CUSTO DE TREINAMENTO: 15.000 | 5

INSTRUÇÃO DE ARMADURA DISPONÍVEL

| ITEM | PROPRIEDADES CRIADAS | TIPO | NÍVEL REQ. | CUSTO | MATERIAL NECESSÁRIO |
|---|---|---|---|---|---|
| Casaco Cinzelado do Grão-mestre (Raro) | 5 Afixos Aleatórios | Peitoral | 36 | 2990 | 14 Essências Tremeluzentes, 3 Olhos de Lagarto, 4 Páginas de Ferraria |

INSTRUÇÕES DE ARMAS DISPONÍVEIS

| ITEM | PROPRIEDADES CRIADAS | TIPO | NÍVEL REQ. | CUSTO | MATERIAL NECESSÁRIO |
|---|---|---|---|---|---|
| Soqueiras do Grão-mestre (Apenas para o Monge) | 5 Afixos Aleatórios | Arma de Punho | 35 | 7098 | 27 Essências Tremeluzentes, 6 Olhos de Lagarto, 8 Páginas de Ferraria |

### INSTRUÇÕES LENDÁRIAS E DE CONJUNTO

INSTRUÇÕES DE CONJUNTOS: TRAJES DO CAPITÃO ESCARLATE

| ITEM | PROPRIEDADES CRIADAS | TIPO | NÍVEL REQ. | CUSTO | MATERIAL NECESSÁRIO |
|---|---|---|---|---|---|
| Braçadeira do Capitão Escarlate | Regenera Vida, Espinhos | Cinto | 30 | 10.000 | 40 Essências Tremeluzentes, 15 Olhos de Lagarto, 2 Cinzas Cadavéricas |
| Botas de Convés do Capitão Escarlate | Resistência a Danos Físicos, Regenera Vida | Botas | 30 | 10.000 | 40 Essências Tremeluzentes, 15 Olhos de Lagarto, 2 Cinzas Cadavéricas |
| Braguilha do Capitão Escarlate | Chance de Bloquear, Velocidade de Ataque | Calças | 30 | 15.600 | 65 Essências Tremeluzentes, 26 Olhos de Lagarto, 3 Cinzas Cadavéricas |

INSTRUÇÕES LENDÁRIAS

| ITEM | PROPRIEDADES CRIADAS | TIPO | NÍVEL REQ. | CUSTO | MATERIAL NECESSÁRIO |
|---|---|---|---|---|---|
| A Cunha (Lendário) | Dano Gélido, Velocidade de Ataque, Redução de Dano Gélido | Machado de 1 Mão | 39 | 12.000 | 50 Essências Tremeluzentes, 20 Olhos de Lagarto, 3 Cinzas Cadavéricas |
| Amargura (Lendário), (Somente Feiticeiros) | Chance de Acerto Crítico, Mana Máx. | Mojo | 30 | 12.000 | 50 Essências Tremeluzentes, 20 Olhos de Lagarto, 3 Cinzas Cadavéricas |
| Os Magi (Lendário) | Dano Arcano, Redução de Controle de Multidões, Atordoa ao Acertar | Cajado | 35 | 14.000 | 56 Essências Tremeluzentes, 21 Olhos de Lagarto, 2 Cinzas Cadavéricas |

*Oficina de Ferreiro Grão-mestre*

ILUSTRE

## ESTÁGIO DE TREINAMENTO 1

CUSTO DE TREINAMENTO 15.000 5

### INSTRUÇÕES DE ARMADURAS DISPONÍVEIS

| ITEM | PROPRIEDADES CRIADAS | TIPO | NÍVEL REQ. | CUSTO | MATERIAL NECESSÁRIO |
|---|---|---|---|---|---|
| Brafoneiras Ilustres | 3 Afixos Aleatórios | Ombreiras | 40 | 2640 | 10 Essências Tremeluzentes, 3 Páginas de Ferraria |
| Botinas Ilustres | 2 Afixos Aleatórios | Botas | 41 | 1584 | 8 Essências Tremeluzentes |

### INSTRUÇÕES DE ARMAS DISPONÍVEIS

| ITEM | PROPRIEDADES CRIADAS | TIPO | NÍVEL REQ. | CUSTO | MATERIAL NECESSÁRIO |
|---|---|---|---|---|---|
| Tzantza Ilustre, (Somente Feiticeiros) | 3 Afixos Aleatórios | Mojo | 38 | 5040 | 20 Essências Tremeluzentes, 6 Páginas de Ferraria |
| Fólio Demoníaco Ilustre, (Somente Arcanista) | 2 Afixos Aleatórios | Orbe | 38 | 3024 | 16 Essências Tremeluzentes |

## ESTÁGIO DE TREINAMENTO 2

CUSTO DE TREINAMENTO 15.000 5

### INSTRUÇÃO DE ARMADURA DISPONÍVEL

| ITEM | PROPRIEDADES CRIADAS | TIPO | NÍVEL REQ. | CUSTO | MATERIAL NECESSÁRIO |
|---|---|---|---|---|---|
| Escudo de Pau-ferro Ilustre (Raro) | 4 Afixos Aleatórios | Escudo | 41 | 10080 | 33 Essências Tremeluzentes, 9 Olhos de Lagarto, 10 Páginas de Ferraria |

### INSTRUÇÕES DE ARMAS DISPONÍVEIS

| ITEM | PROPRIEDADES CRIADAS | TIPO | NÍVEL REQ. | CUSTO | MATERIAL NECESSÁRIO |
|---|---|---|---|---|---|
| Besta de Gancho Ilustre (Raro), (Somente Caçadores de Demônios) | 4 Afixos Aleatórios | Besta de Mão | 41 | 10080 | 33 Essências Tremeluzentes, 9 Olhos de Lagarto, 10 Páginas de Ferraria |

## ESTÁGIO DE TREINAMENTO 3

CUSTO DE TREINAMENTO 15.000 5

### INSTRUÇÃO DE ARMADURA DISPONÍVEL

| ITEM | PROPRIEDADES CRIADAS | TIPO | NÍVEL REQ. | CUSTO | MATERIAL NECESSÁRIO |
|---|---|---|---|---|---|
| Culotes Ilustres (Raro) | 4 Afixos Aleatórios | Calças | 40 | 5520 | 22 Essências Tremeluzentes, 4 Olhos de Lagarto, 6 Páginas de Ferraria |

### INSTRUÇÕES DE ARMAS DISPONÍVEIS

| ITEM | PROPRIEDADES CRIADAS | TIPO | NÍVEL REQ. | CUSTO | MATERIAL NECESSÁRIO |
|---|---|---|---|---|---|
| Nagamaki Ilustre (Raro) | 4 Afixos Aleatórios | Espada de 2 Mão | 44 | 10320 | 36 Essências Tremeluzentes, 9 Olhos de Lagarto, 11 Páginas de Ferraria |

## ESTÁGIO DE TREINAMENTO 4

CUSTO DE TREINAMENTO 15.000 5

### INSTRUÇÃO DE ARMADURA DISPONÍVEL

| ITEM | PROPRIEDADES CRIADAS | TIPO | NÍVEL REQ. | CUSTO | MATERIAL NECESSÁRIO |
|---|---|---|---|---|---|
| Cúpula Ilustre (Raro) | 5 Afixos Aleatórios | Cinto | 45 | 5280 | 17 Essências Tremeluzentes, 4 Olhos de Lagarto, 5 Páginas de Ferraria |

### INSTRUÇÕES DE ARMAS DISPONÍVEIS

| ITEM | PROPRIEDADES CRIADAS | TIPO | NÍVEL REQ. | CUSTO | MATERIAL NECESSÁRIO |
|---|---|---|---|---|---|
| Scramasax Ilustre (Raro) | 4 Afixos Aleatórios | Adaga | 44 | 10080 | 33 Essências Tremeluzentes, 9 Olhos de Lagarto, 10 Páginas de Ferraria |

## ESTÁGIO DE TREINAMENTO 5

CUSTO DE TREINAMENTO 15.000 5

### INSTRUÇÃO DE ARMADURA DISPONÍVEL

| ITEM | PROPRIEDADES CRIADAS | TIPO | NÍVEL REQ. | CUSTO | MATERIAL NECESSÁRIO |
|---|---|---|---|---|---|
| Casquete Ilustre (Raro) | 4 Afixos Aleatórios | Elmo | 44 | 5520 | 22 Essências Tremeluzentes, 4 Olhos de Lagarto, 6 Páginas de Ferraria |

### INSTRUÇÕES DE ARMAS DISPONÍVEIS

| ITEM | PROPRIEDADES CRIADAS | TIPO | NÍVEL REQ. | CUSTO | MATERIAL NECESSÁRIO |
|---|---|---|---|---|---|
| Espada de Raide Ilustre (Raro) | 4 Afixos Aleatórios | Espada de 1 Mão | 46 | 10080 | 33 Essências Tremeluzentes, 9 Olhos de Lagarto, 10 Páginas de Ferraria |

## INSTRUÇÕES LENDÁRIAS E DE CONJUNTO

### INSTRUÇÕES DE CONJUNTOS: TESOUROS DE AUGHILD

| ITEM | PROPRIEDADES CRIADAS | TIPO | NÍVEL REQ. | CUSTO | MATERIAL NECESSÁRIO |
|---|---|---|---|---|---|
| Exigências de Aughild | Aumento de Chance de Acerto Crítico, Redução de Dano, Vitalidade | Braça-deiras | 41 | 11.520 | 40 Essências Tremeluzentes, 16 Olhos de Lagarto |
| Vestes de Aughild | Redução de Dano, Regenera Vida | Peitoral | 41 | 25.200 | 90 Essências Tremeluzentes, 37 Olhos de Lagarto |
| Cenho de Aughild | Aumenta Todos os Atributos, Redução de Dano, Encontra Itens Mágicos | Elmo | 41 | 17.280 | 60 Essências Tremeluzentes, 24 Olhos de Lagarto |
| Triunfo de Aughild | Redução de Dano, Experiência, Vitalidade | Ombreiras | 41 | 20.160 | 70 Essências Tremeluzentes, 28 Olhos de Lagarto |

### INSTRUÇÕES LENDÁRIAS

| ITEM | PROPRIEDADES CRIADAS | TIPO | NÍVEL REQ. | CUSTO | MATERIAL NECESSÁRIO |
|---|---|---|---|---|---|
| Pendegarras (Lendário) | Redução de Controle de Grupos, Chance de Acerto Crítico | Luvas | 33 | 14.400 | 50 Essências Tremeluzentes, 20 Olhos de Lagarto, 3 Cinzas Cadavéricas |
| Olho Cego (Lendário), (Somente Caçadores de Demônios) | Dano vs. Mortos Viventes | Besta de Mão | 40 | 20.160 | 70 Essências Tremeluzentes, 28 Olhos de Lagarto, 4 Cinzas Cadavéricas |

*Oficina de Ferreiro Ilustre*

NÍVEIS DE TREINAMENTO

# FERREIRO NÍVEL 7

## MAGNÍFICO

Todas as instruções de ferraria de nível Magnífico exigem uma matéria-prima de ofício denominada "Essência Desejosa". Esta essência é obtida no jogo usando o Ferreiro recicla armas e armaduras Mágicas no modo Tormento.

### ESTÁGIO DE TREINAMENTO 1

CUSTO DE TREINAMENTO: 20.000 / 5

INSTRUÇÕES DE ARMADURAS DISPONÍVEIS

| ITEM | PROPRIEDADES CRIADAS | TIPO | NÍVEL REQ. | CUSTO | MATERIAL NECESSÁRIO |
|---|---|---|---|---|---|
| Cinto Magnífico | 4 Afixos Aleatórios | Cinto | 51 | 10.120 | 12 Essências Desejosas, 3 Cascos Incrustados, 3 Tomos de Ferraria |
| Manoplas de Osteotrama Magníficas | 2 Afixos Aleatórios | Luvas | 51 | 3036 | 6 Essências Desejosas |

INSTRUÇÕES DE ARMAS DISPONÍVEIS

| ITEM | PROPRIEDADES CRIADAS | TIPO | NÍVEL REQ. | CUSTO | MATERIAL NECESSÁRIO |
|---|---|---|---|---|---|
| Higoyumi Magnífico (Raro) | 4 Afixos Aleatórios | Arco | 51 | 19.780 | 25 Essências Desejosas, 6 Cascos Incrustados, 7 Tomos de Ferraria |
| Devastador Magnífico | 3 Afixos Aleatórios | Maça de 2 Mãos | 51 | 9890 | 15 Essências Desejosas, 5 Tomos de Ferraria |

### ESTÁGIO DE TREINAMENTO 2

CUSTO DE TREINAMENTO: 20.000 / 5

INSTRUÇÃO DE ARMADURA DISPONÍVEL

| ITEM | PROPRIEDADES CRIADAS | TIPO | NÍVEL REQ. | CUSTO | MATERIAL NECESSÁRIO |
|---|---|---|---|---|---|
| Grevas de Batalha Magníficas | 3 Afixos Aleatórios | Botas | 51 | 5060 | 7 Essências Desejosas, 2 Tomos de Ferraria |

INSTRUÇÕES DE ARMAS DISPONÍVEIS

| ITEM | PROPRIEDADES CRIADAS | TIPO | NÍVEL REQ. | CUSTO | MATERIAL NECESSÁRIO |
|---|---|---|---|---|---|
| Lathi Magnífico (Raro), (Apenas para o Monge) | 4 Afixos Aleatórios | Cajado de Combate | 51 | 19.780 | 25 Essências Desejosas, 6 Cascos Incrustados, 7 Tomos de Ferraria |

### ESTÁGIO DE TREINAMENTO 3

CUSTO DE TREINAMENTO: 20.000 / 5

INSTRUÇÃO DE ARMADURA DISPONÍVEL

| ITEM | PROPRIEDADES CRIADAS | TIPO | NÍVEL REQ. | CUSTO | MATERIAL NECESSÁRIO |
|---|---|---|---|---|---|
| Elmo Fuçado Magnífico (Raro) | 4 Afixos Aleatórios | Elmo | 54 | 10.580 | 15 Essências Desejosas, 3 Cascos Incrustados, 4 Tomos de Ferraria |

INSTRUÇÕES DE ARMAS DISPONÍVEIS

| ITEM | PROPRIEDADES CRIADAS | TIPO | NÍVEL REQ. | CUSTO | MATERIAL NECESSÁRIO |
|---|---|---|---|---|---|
| Varinha Superior Magnífica (Rara), (Somente Arcanista) | 4 Afixos Aleatórios | Varinha | 53 | 19.320 | 23 Essências Desejosas, 6 Cascos Incrustados, 6 Tomos de Ferraria |

### ESTÁGIO DE TREINAMENTO 4

CUSTO DE TREINAMENTO: 20.000 / 5

INSTRUÇÃO DE ARMADURA DISPONÍVEL

| ITEM | PROPRIEDADES CRIADAS | TIPO | NÍVEL REQ. | CUSTO | MATERIAL NECESSÁRIO |
|---|---|---|---|---|---|
| Balor Magnífico | 5 Afixos Aleatórios | Armadura | 54 | 10.580 | 15 Essências Desejosas, 3 Cascos Incrustados, 6 Tomos de Ferraria |

INSTRUÇÕES DE ARMAS DISPONÍVEIS

| ITEM | PROPRIEDADES CRIADAS | TIPO | NÍVEL REQ. | CUSTO | MATERIAL NECESSÁRIO |
|---|---|---|---|---|---|
| Gume Obsidiano Magnífico (Raro), (Somente Feiticeiros) | 4 Afixos Aleatórios | Faca Cerimonial | 55 | 19.320 | 23 Essências Desejosas, 6 Cascos Incrustados, 6 Tomos de Ferraria |

### ESTÁGIO DE TREINAMENTO 5

CUSTO DE TREINAMENTO: 20.000 / 5

INSTRUÇÃO DE ARMADURA DISPONÍVEL

| ITEM | PROPRIEDADES CRIADAS | TIPO | NÍVEL REQ. | CUSTO | MATERIAL NECESSÁRIO |
|---|---|---|---|---|---|
| Braceleiras Magníficas (Raro) | 5 Afixos Aleatórios | Braçadeiras | 54 | 13.156 | 915 Essências Desejosas, 3 Cascos Incrustados, 4 Tomos de Ferraria |

INSTRUÇÕES DE ARMAS DISPONÍVEIS

| ITEM | PROPRIEDADES CRIADAS | TIPO | NÍVEL REQ. | CUSTO | MATERIAL NECESSÁRIO |
|---|---|---|---|---|---|
| Aljava Vigota Magnífica (Raro), (Somente Caçadores de Demônios) | 5 Afixos Aleatórios | Aljava (Requer um Arco) | 55 | 25.116 | 30 Essências Desejosas, 6 Cascos Incrustados, 9 Tomos de Ferraria |

### INSTRUÇÕES LENDÁRIAS E DE CONJUNTO

INSTRUÇÕES DE CONJUNTOS: PANÓPLIA DE ASHARA

| ITEM | PROPRIEDADES CRIADAS | TIPO | NÍVEL REQ. | CUSTO | MATERIAL NECESSÁRIO |
|---|---|---|---|---|---|
| Base de Ashara | Resistência a Dano Ígneo, Velocidade de Ataque, Destreza | Botas | 52 | 16.800 | 50 Essências Desejosas, 20 Cascos Incrustados |
| Aperto de Ashara | Resistência a Dano Arcano, Encontra Itens Mágicos, Força | Luvas | 52 | 16.800 | 50 Essências Desejosas, 20 Cascos Incrustados |
| Berço de Ashara | Resitência a Dano Gélido, Experiência, Vitalidade | Calças | 52 | 21.840 | 65 Essências Desejosas, 26 Cascos Incrustados |
| Vigilância de Ashara | Ouro, Resistência Venenosa, Inteligência | Ombreiras | 52 | 23.520 | 70 Essências Desejosas, 28 Cascos Incrustados |

INSTRUÇÕES LENDÁRIAS

| ITEM | PROPRIEDADES CRIADAS | TIPO | NÍVEL REQ. | CUSTO | MATERIAL NECESSÁRIO |
|---|---|---|---|---|---|
| Colheita Lunar (Lendário), (Somente Bárbaros) | Dano Arcano, Rouba Vida | Arma Potente de 1 Mão | 54 | 16.800 | 50 Essências Desejosas, 20 Cascos Incrustados |
| Cataclismo (Lendário) | Dano de Acerto Crítico, Dano | Maça de 2 Mãos | 52 | 47.472 | 113 Essências Desejosas, 39 Cascos Incrustados, 10 Tomos de Ferraria |
| Singularidade (Lendário), (Somente Arcanista) | Poder Arcano no Acerto Crítico, Inteligência, Poder Arcano Máx. | Fonte | 50 | 27.440 | 84 Essências Desejosas, 35 Cascos Incrustados |
| Mãos Demoníacas (Lendário), (Apenas para o Monge) | Dano Ígneo, Destreza, Regeneração de Espírito | Arma de Punho | 52 | 19.600 | 60 Essências Desejosas, 25 Cascos Incrustados |

# FERREIRO NÍVEL 8

## RESPLANDECENTE

### ESTÁGIO DE TREINAMENTO 1

CUSTO DE TREINAMENTO 20.000 5

INSTRUÇÕES DE ARMADURAS DISPONÍVEIS

| ITEM | PROPRIEDADES CRIADAS | TIPO | NÍVEL REQ. | CUSTO | MATERIAL NECESSÁRIO |
|---|---|---|---|---|---|
| Embraces Resplandecentes | 2 Afixos Aleatórios | Braçadeiras | 57 | 3663 | 7 Essências Desejosas |
| Elmo de Justa Resplandecente | 2 Afixos Aleatórios | Elmo | 57 | 3829 | 9 Essências Desejosas |

INSTRUÇÕES DE ARMAS DISPONÍVEIS

| ITEM | PROPRIEDADES CRIADAS | TIPO | NÍVEL REQ. | CUSTO | MATERIAL NECESSÁRIO |
|---|---|---|---|---|---|
| Homem de Palha Resplandecente, (Somente Feiticeiros) | 3 Afixos Aleatórios | Mojo | 55 | 11.655 | 17 Essências Desejosas, 5 Tomos de Ferraria |
| Espada Forte Resplandecente | 2 Afixos Aleatórios | Espada de 1 Mão | 54 | 6993 | 14 Essências Desejosas |

### ESTÁGIO DE TREINAMENTO 2

CUSTO DE TREINAMENTO 20.000 5

INSTRUÇÕES DE ARMAS DISPONÍVEIS

| ITEM | PROPRIEDADES CRIADAS | TIPO | NÍVEL REQ. | CUSTO | MATERIAL NECESSÁRIO |
|---|---|---|---|---|---|
| Batesmagga Resplandecente | 4 Afixos Aleatórios | Arma Potente de 2 Mãos | 55 | 23.865 | 32 Essências Desejosas, 8 Cascos Incrustados, 9 Tomos de Ferraria |
| Cuspidora de Lâminas Resplandecente, (Somente Caçadores de Demônios) | 3 Afixos Aleatórios | Besta de Mão | 57 | 11.655 | 17 Essências Desejosas, 5 Tomos de Ferraria |

### ESTÁGIO DE TREINAMENTO 3

CUSTO DE TREINAMENTO 20.000 5

INSTRUÇÕES DE ARMADURAS DISPONÍVEIS

| ITEM | PROPRIEDADES CRIADAS | TIPO | NÍVEL REQ. | CUSTO | MATERIAL NECESSÁRIO |
|---|---|---|---|---|---|
| Maníferos Resplan-decentes | 3 Afixos Aleatórios | Luvas | 57 | 6105 | 9 Essências Desejosas, 3 Tomos de Ferraria |
| Espalieres Resplan-decentes (Raro) | 4 Afixos Aleatórios | Ombreiras | 57 | 12.210 | 15 Essências Desejosas, 4 Cascos Incrustados, 4 Tomos de Ferraria |

### ESTÁGIO DE TREINAMENTO 4

CUSTO DE TREINAMENTO 20.000 5

INSTRUÇÃO DE ARMADURA DISPONÍVEL

| ITEM | PROPRIEDADES CRIADAS | TIPO | NÍVEL REQ. | CUSTO | MATERIAL NECESSÁRIO |
|---|---|---|---|---|---|
| Botas do Senhor da Guerra Resplandecentes (Raro) | 5 Afixos Aleatórios | Botas | 59 | 15.873 | 20 Essências Desejosas, 4 Cascos Incrustados, 6 Tomos de Ferraria |

INSTRUÇÕES DE ARMAS DISPONÍVEIS

| ITEM | PROPRIEDADES CRIADAS | TIPO | NÍVEL REQ. | CUSTO | MATERIAL NECESSÁRIO |
|---|---|---|---|---|---|
| Skain Resplandecente (Raro) | 4 Afixos Aleatórios | Adaga | 58 | 23.310 | 29 Essências Desejosas, 8 Cascos Incrustados, 8 Tomos de Ferraria |

### ESTÁGIO DE TREINAMENTO 5

CUSTO DE TREINAMENTO 20.000 5

INSTRUÇÃO DE ARMADURA DISPONÍVEL

| ITEM | PROPRIEDADES CRIADAS | TIPO | NÍVEL REQ. | CUSTO | MATERIAL NECESSÁRIO |
|---|---|---|---|---|---|
| Defensor Resplandecente (Raro) | 5 Afixos Aleatórios | Escudo | 58 | 30.303 | 38 Essências Desejosas, 8 Cascos Incrustados, 11 Tomos de Ferraria |

INSTRUÇÕES DE ARMAS DISPONÍVEIS

| ITEM | PROPRIEDADES CRIADAS | TIPO | NÍVEL REQ. | CUSTO | MATERIAL NECESSÁRIO |
|---|---|---|---|---|---|
| Presa de Demônio Resplandecente | 4 Afixos Aleatórios | Arma de Punho | 59 | 23.310 | 29 Essências Desejosas, 8 Cascos Incrustados, 8 Tomos de Ferraria |

### INSTRUÇÕES LENDÁRIAS E DE CONJUNTO

INSTRUÇÕES DE CONJUNTOS: VESTIMENTOS DO GUARDIÃO

| ITEM | PROPRIEDADES CRIADAS | TIPO | NÍVEL REQ. | CUSTO | MATERIAL NECESSÁRIO |
|---|---|---|---|---|---|
| Bainha do Guardião | Redução de Dano, Resistência a Dano Físicos | Cinto | 55 | 16.000 | 40 Essências Desejosas, 15 Cascos Incrustados |
| Faixas do Guardião | Resistência a Ataques de Mísseis, Repulsão ao Acertar | Braçadeiras | 55 | 15.360 | 40 Essências Desejosas, 16 Cascos Incrustados |
| Vigília do Guardião | Amedronta ao Acertar, Todas as Resistências | Elmo | 55 | 19.200 | 48 Essências Desejosas, 18 Cascos Incrustados |

INSTRUÇÕES LENDÁRIAS

| ITEM | PROPRIEDADES CRIADAS | TIPO | NÍVEL REQ. | CUSTO | MATERIAL NECESSÁRIO |
|---|---|---|---|---|---|
| Garotos Perdidos (Lendário) | Experiência, Velocidade de Movimento, Espinhos | Botas | 50 | 22.400 | 60 Essências Desejosas, 25 Cascos Incrustados |
| Estelacrista (Lendário) | Dano Arcano, Velocidade de Ataque, Destreza | Besta | 57 | 21.120 | 55 Essências Desejosas, 22 Cascos Incrustados |

*Oficina de Ferreiro Resplandecente*

# FERREIRO NÍVEL 9

## GLORIOSO

Todas as instruções de ferraria de nível Glorioso exigem uma matéria-prima de ofício denominada "Essência Extraordinária". Esta essência é obtida no jogo quando o Ferreiro recicla armas e armaduras Mágicas no modo Inferno.

### ESTÁGIO DE TREINAMENTO 1

CUSTO DE TREINAMENTO: 25.000 / 5

INSTRUÇÕES DE ARMADURAS DISPONÍVEIS

| ITEM | PROPRIEDADES CRIADAS | TIPO | NÍVEL REQ. | CUSTO | MATERIAL NECESSÁRIO |
|---|---|---|---|---|---|
| Botinas da Perdição Gloriosas | 2 Afixos Aleatórios | Botas | 60 | 11.616 | 6 Essências Extraordinárias |
| Cinturão Glorioso | 3 Afixos Aleatórios | Cinto | 60 | 19.360 | 7 Essências Extraordinárias, 2 Tomos dos Segredos |

INSTRUÇÕES DE ARMAS DISPONÍVEIS

| ITEM | PROPRIEDADES CRIADAS | TIPO | NÍVEL REQ. | CUSTO | MATERIAL NECESSÁRIO |
|---|---|---|---|---|---|
| Malho de Guerra Glorioso | 3 Afixos Aleatórios | Maça de 2 Mãos | 60 | 37.840 | 16 Essências Extraordinárias, 5 Tomos dos Segredos |
| Pedras de Órbita Gloriosas, (Somente Arcanista) | 2 Afixos Aleatórios | Orbe | 60 | 22.176 | 12 Essências Extraordinárias |

### ESTÁGIO DE TREINAMENTO 2

CUSTO DE TREINAMENTO: 25.000 / 5

INSTRUÇÃO DE ARMADURA DISPONÍVEL

| ITEM | PROPRIEDADES CRIADAS | TIPO | NÍVEL REQ. | CUSTO | MATERIAL NECESSÁRIO |
|---|---|---|---|---|---|
| Armadura da Perdição Gloriosa (Raro) | 4 Afixos Aleatórios | Peitoral | 60 | 40.480 | 16 Essências Extraordinárias, 3 Lágrimas Iridescentes, 5 Tomos dos Segredos |

INSTRUÇÕES DE ARMAS DISPONÍVEIS

| ITEM | PROPRIEDADES CRIADAS | TIPO | NÍVEL REQ. | CUSTO | MATERIAL NECESSÁRIO |
|---|---|---|---|---|---|
| Fatiadora Gloriosa | 3 Afixos Aleatórios | Arma Potente de 1 Mão | 60 | 36.960 | 15 Essências Extraordinárias, 5 Tomos dos Segredos |

### ESTÁGIO DE TREINAMENTO 3

CUSTO DE TREINAMENTO: 25.000 / 5

INSTRUÇÃO DE ARMADURA DISPONÍVEL

| ITEM | PROPRIEDADES CRIADAS | TIPO | NÍVEL REQ. | CUSTO | MATERIAL NECESSÁRIO |
|---|---|---|---|---|---|
| Égide Gloriosa (Raro) | 4 Afixos Aleatórios | Escudo | 60 | 73.920 | 25 Essências Extraordinárias, 7 Lágrimas Iridescentes, 7 Tomos dos Segredos |

INSTRUÇÕES DE ARMAS DISPONÍVEIS

| ITEM | PROPRIEDADES CRIADAS | TIPO | NÍVEL REQ. | CUSTO | MATERIAL NECESSÁRIO |
|---|---|---|---|---|---|
| Aljava Rúnica Gloriosa, (Somente Caçadores de Demônios) | 3 Afixos Aleatórios | Aljava (Requer um Arco) | 60 | 36.960 | 15 Essências Extraordinárias, 5 Tomos dos Segredos |

### ESTÁGIO DE TREINAMENTO 4

CUSTO DE TREINAMENTO: 25.000 / 5

INSTRUÇÃO DE ARMADURA DISPONÍVEL

| ITEM | PROPRIEDADES CRIADAS | TIPO | NÍVEL REQ. | CUSTO | MATERIAL NECESSÁRIO |
|---|---|---|---|---|---|
| Máscara Infernante Gloriosa (Raro) | 4 Afixos Aleatórios | Elmo | 60 | 40.480 | 16 Essências Extraordinárias, 3 Lágrimas Iridescentes, 5 Tomos dos Segredos |

INSTRUÇÕES DE ARMAS DISPONÍVEIS

| ITEM | PROPRIEDADES CRIADAS | TIPO | NÍVEL REQ. | CUSTO | MATERIAL NECESSÁRIO |
|---|---|---|---|---|---|
| Cajado do Guru Glorioso | 3 Afixos Aleatórios | Cajado de Combate | 60 | 37.840 | 16 Essências Extraordinárias, 5 Tomos dos Segredos |

### ESTÁGIO DE TREINAMENTO 5

CUSTO DE TREINAMENTO: 25.000 / 5

INSTRUÇÃO DE ARMADURA DISPONÍVEL

| ITEM | PROPRIEDADES CRIADAS | TIPO | NÍVEL REQ. | CUSTO | MATERIAL NECESSÁRIO |
|---|---|---|---|---|---|
| Arco de Francoatirador Glorioso (Raro) | 3 Afixos Aleatórios | Arco | 60 | 37.840 | 16 Essências Extraordinárias, 5 Tomos dos Segredos |

INSTRUÇÕES DE ARMAS DISPONÍVEIS

| ITEM | PROPRIEDADES CRIADAS | TIPO | NÍVEL REQ. | CUSTO | MATERIAL NECESSÁRIO |
|---|---|---|---|---|---|
| Varinha de Arquimago Gloriosa (Raro) | 3 Afixos Aleatórios | Varinha | 60 | 36.960 | 15 Essências Extraordinárias, 5 Tomos dos Segredos |

*Oficina de Ferreiro Glorioso*

# FERREIRO NÍVEL 10

## EXALTADO

Este é o posto mais alto que o ferreiro pode conseguir. Quando Haedrig se torna um ferreiro Exaltado, seu treinamento está completo: não é mais possível evoluir.

### TREINAMENTO

CUSTO DE TREINAMENTO: 25.000 (ouro), 10 (páginas)

#### INSTRUÇÕES DE ARMADURAS DISPONÍVEIS

| ITEM | PROPRIEDADES CRIADAS | TIPO | NÍVEL REQ. | CUSTO | MATERIAL NECESSÁRIO |
|---|---|---|---|---|---|
| Grevas Soberanas Exaltadas | 4 Afixos Aleatórios | Botas | 60 | 49.720 | 14 Essências Extraordinárias, 3 Lágrimas Iridescentes, 4 Tomos dos Segredos |
| Tassets Soberanos Exaltados | 4 Afixos Aleatórios | Calças | 60 | 51.980 | 18 Essências Extraordinárias, 3 Lágrimas Iridescentes, 5 Tomos dos Segredos |
| Avambraços Soberanos Exaltados | 4 Afixos Aleatórios | Luvas | 60 | 49.720 | 14 Essências Extraordinárias, 3 Lágrimas Iridescentes, 4 Tomos dos Segredos |
| Fios Celestes Exaltados | 4 Afixos Aleatórios | Cinto | 60 | 49.720 | 14 Essências Extraordinárias, 3 Lágrimas Iridescentes, 4 Tomos dos Segredos |
| Placas de Braços Exaltada | 4 Afixos Aleatórios | Braçadeiras | 60 | 49.720 | 14 Essências Extraordinárias, 3 Lágrimas Iridescentes, 4 Tomos dos Segredos |

*Oficina de Ferreiro Exaltado*

### INSTRUÇÕES LENDÁRIAS E DE CONJUNTO

#### INSTRUÇÕES DE CONJUNTOS: CARAPAÇA DEMONÍACA

| ITEM | PROPRIEDADES CRIADAS | TIPO | NÍVEL REQ. | CUSTO | MATERIAL NECESSÁRIO |
|---|---|---|---|---|---|
| Amarradura do Demônio | Resistência a Dano Ígneo | Cinto | 60 | 21.600 | 50 Essências Extraordinárias, 20 Lágrimas Iridescentes, 3 Enxofres Incandescentes |
| Grilhões do Demônio | Resistência a Dano Ígneo | Braçadeiras | 60 | 14.400 | 32 Essências Extraordinárias, 12 Lágrimas Iridescentes, 1 Enxofres Incandescentes |
| Jaula do Demônio | Resistência a Dano Ígneo | Peitoral | 60 | 37.800 | 90 Essências Extraordinárias, 37 Lágrimas Iridescentes, 6 Enxofres Incandescentes |
| Carne do Demônio | Resistência a Dano Ígneo | Calças | 60 | 37.760 | 78 Essências Extraordinárias, 32 Lágrimas Iridescentes, 5 Enxofres Incandescentes |
| Asas do Demônio | Resistência a Dano Ígneo | Ombreiras | 60 | 35.280 | 84 Essências Extraordinárias, 35 Lágrimas Iridescentes, 5 Enxofres Incandescentes |

#### INSTRUÇÕES DE CONJUNTOS: SABEDORIA DO ERUDITO

| ITEM | PROPRIEDADES CRIADAS | TIPO | NÍVEL REQ. | CUSTO | MATERIAL NECESSÁRIO |
|---|---|---|---|---|---|
| Botas Exploradores do Sábio | Redução de Dano, Todas as Resistências, Velocidade de Movimento | Botas | 60 | 25.200 | 60 Essências Extraordinárias, 25 Lágrimas Iridescentes, 4 Enxofres Incandescentes |
| Alcance do Sábio | Aumento de Chance de Acerto Crítico, Redução de Dano, Vitalidade | Luvas | 60 | 25.200 | 60 Essências Extraordinárias, 25 Lágrimas Iridescentes, 4 Enxofres Incandescentes |
| Pedras do Sábio | Redução de Controle de Grupos, Redução de Dano, Encontra Itens Mágicos | Elmo | 60 | 30.240 | 72 Essências Extraordinárias, 30 Lágrimas Iridescentes, 4 Enxofres Incandescentes |

#### INSTRUÇÕES DE CONJUNTOS: ARMAMENTOS CONSAGRADOS

| ITEM | PROPRIEDADES CRIADAS | TIPO | NÍVEL REQ. | CUSTO | MATERIAL NECESSÁRIO |
|---|---|---|---|---|---|
| Barreira Sagrada | Todas as Resistências, Atordoa ao Acertar, Chance de Bloquear | Escudo | 60 | 25.200 | 60 Essências Extraordinárias, 25 Lágrimas Iridescentes, 4 Enxofres Incandescentes |
| Fendedor Divino | Dano de Acerto Crítico, Aumento de Dano, Velocidade de Ataque | Machado de 1 Mão | 60 | 25.200 | 60 Essências Extraordinárias, 25 Lágrimas Iridescentes, 4 Enxofres Incandescentes |
| Sacrifício Sagrado, (Somente Feiticeiros) | Aumento de Dano, Regenera Mana, Inteligência | Faca Cerimonial | 60 | 35.280 | 84 Essências Extraordinárias, 35 Lágrimas Iridescentes, 5 Enxofres Incandescentes |
| Toque Sagrado, (Apenas para o Monge) | Destreza, Cura ao Gastar Espírito, Regenera Espírito | Arma de Punho | 60 | 25.200 | 60 Essências Extraordinárias, 25 Lágrimas Iridescentes, 4 Enxofres Incandescentes |
| Vingador Sagrado, (Somente Caçadores de Demônios) | Aumenta Dano, Regenera Ódio, Destreza | Besta de Mão | 60 | 35.280 | 84 Essências Extraordinárias, 35 Lágrimas Iridescentes, 5 Enxofres Incandescentes |
| Destruidor Sacro, (Somente Bárbaros) | Aumenta o Dano, Fúria Máx., Força | Arma Potente de 1 Mão | 60 | 25.200 | 60 Essências Extraordinárias, 25 Lágrimas Iridescentes, 4 Enxofres Incandescentes |
| Bastão Sagrado, (Somente Arcanista) | Inteligência: Aumento de Poder Arcano no Acerto Crítico, Aumenta Dano | Varinha | 60 | 25.200 | 60 Essências Extraordinárias, 25 Lágrimas Iridescentes, 4 Enxofres Incandescentes |

NÍVEIS DE TREINAMENTO

## FERREIRO NÍVEL 10 (CONTINUAÇÃO)

### INSTRUÇÕES LENDÁRIAS

| ITEM | PROPRIEDADES CRIADAS | TIPO | NÍVEL REQ. | CUSTO | MATERIAL NECESSÁRIO |
|---|---|---|---|---|---|
| Sete Pecados | Aumenta Todos os Atributos, Resistência a Dano Arcano | Ombreiras | 60 | 35.280 | 84 Essências Extraordinárias, 35 Lágrimas Iridescentes, 5 Enxofres Incandescentes |
| Geenas | Redução de Dano, Resistência Ígnea, Encontra Itens Mágicos | Calças | 60 | 32.760 | 78 Essências Extraordinárias, 32 Lágrimas Iridescentes, 5 Enxofres Incandescentes |
| Vestes de Rydraelm | Resistência a Ataques Corpo a Corpo, Resistência a Ataques de Mísseis, Encontra Itens Mágicos, 3 Afixos Aleatórios | Peitoral | 60 | 37.800 | 90 Essências Extraordinárias, 37 Lágrimas Iridescentes, 6 Enxofres Incandescentes |
| Quebra-terra | Dano, Imobilizar Arma, Arma Atordoa ao Acertar | Maça de 1 Mão | 60 | 25.200 | 60 Essências Extraordinárias, 25 Lágrimas Iridescentes, 4 Enxofres Incandescentes |
| Cajado de Rozpedin, (Apenas para o Monge) | Dano Santo, Cura ao Gastar Espírito, Regeneração de Espírito | Daibo | 60 | 25.200 | 60 Essências Extraordinárias, 25 Lágrimas Iridescentes, 4 Enxofres Incandescentes |
| Casca Venenosa | Dano vs. Elite, Dano Venenoso, Resistência Venenosa | Arco | 60 | 27.720 | 66 Essências Extraordinárias, 27 Lágrimas Iridescentes, 4 Enxofres Incandescentes |
| Lâmina do Sacrifício Mágico | Danos vs Elite, Velocidade de Ataque | Adaga | 60 | 25.200 | 60 Essências Extraordinárias, 25 Lágrimas Iridescentes, 4 Enxofres Incandescentes |

### INSTRUÇÕES LENDÁRIAS

| ITEM | PROPRIEDADES CRIADAS | TIPO | NÍVEL REQ. | CUSTO | MATERIAL NECESSÁRIO |
|---|---|---|---|---|---|
| Atiçador da Ruína, (Somente Arcanista) | Aumento de Dano, Dano vs. Elite, Vida ao Matar | Varinha | 60 | 25.200 | 60 Essências Extraordinárias, 25 Lágrimas Iridescentes, 4 Enxofres Incandescentes |
| Flechas de Osso Negro, (Somente Caçadores de Demônios) | Chance de Acerto Crítico, Dano vs. Elite | Aljava (Requer um Arco) | 60 | 25.200 | 60 Essências Extraordinárias, 25 Lágrimas Iridescentes, 4 Enxofres Incandescentes |
| Defletores Maravilhosos | Resistência à Ataque de Míssil, Regenera Vida, Espinhos | Braçadeiras | 60 | 20.160 | 48 Essências Extraordinárias, 20 Lágrimas Iridescentes, 3 Enxofres Incandescentes |
| Obra-prima de Griswold | Velocidade de Ataque, Força, Repulsão | Espada de 1 Mão | 60 | 25.200 | 60 Essências Extraordinárias, 25 Lágrimas Iridescentes, 4 Enxofres Incandescentes |
| Acha de Fogo | Dano Ígneo, Resistência Ígnea | Machado de 2 Mãos | 60 | 31.500 | 75 Essências Extraordinárias, 31 Lágrimas Iridescentes, 5 Enxofres Incandescentes |
| Elmo do Comando | Chance de Bloqueio, Vitalidade | Elmo | 60 | 30.240 | 72 Essências Extraordinárias, 30 Lágrimas Iridescentes, 4 Enxofres Incandescentes |

### PLANOS ENCONTRADOS

| NOME | PROPRIEDADES CRIADAS | TIPO | NÍVEL REQ. | CUSTO | MATERIAL NECESSÁRIO |
|---|---|---|---|---|---|
| Galraki | 4 Afixos Aleatórios | Machado de 1 Mão | 60 | 94.920 | 27 Essências Extraordinárias, 7 Lágrimas Iridescentes, 8 Tomos dos Segredos |
| Sagaris | 4 Afixos Aleatórios | Machado de 2 Mãos | 60 | 97.180 | 29 Essências Extraordinárias, 7 Lágrimas Iridescentes, 8 Tomos dos Segredos |
| Arco Fantasma | 4 Afixos Aleatórios | Arco | 60 | 97.180 | 29 Essências Extraordinárias, 7 Lágrimas Iridescentes, 8 Tomos dos Segredos |
| Escarnadora | 4 Afixos Aleatórios | Faca Cerimonial | 60 | 94.920 | 27 Essências Extraordinárias, 7 Lágrimas Iridescentes, 8 Tomos dos Segredos |
| Cota de Malha Soberana | 4 Afixos Aleatórios | Baú | 60 | 51.980 | 18 Essências Extraordinárias, 3 Lágrimas Iridescentes, 5 Tomos dos Segredos |
| Zhezl | 4 Afixos Aleatórios | Cajado de Combate | 60 | 97.180 | 29 Essências Extraordinárias, 7 Lágrimas Iridescentes, 8 Tomos dos Segredos |
| Lançador | 4 Afixos Aleatórios | Besta | 60 | 97.180 | 29 Essências Extraordinárias, 7 Lágrimas Iridescentes, 8 Tomos dos Segredos |
| Furador | 4 Afixos Aleatórios | Adaga | 60 | 94.920 | 27 Essências Extraordinárias, 7 Lágrimas Iridescentes, 8 Tomos dos Segredos |
| Garra Dourada | 4 Afixos Aleatórios | Punho | 60 | 94.920 | 27 Essências Extraordinárias, 7 Lágrimas Iridescentes, 8 Tomos dos Segredos |
| Impulsora | 4 Afixos Aleatórios | Besta de Mão | 60 | 94.920 | 27 Essências Extraordinárias, 7 Lágrimas Iridescentes, 8 Tomos dos Segredos |
| Elmo Soberano | 4 Afixos Aleatórios | Elmo | 60 | 51.980 | 18 Essências Extraordinárias, 3 Lágrimas Iridescentes, 5 Tomos dos Segredos |
| Martelo de Pedra | 4 Afixos Aleatórios | Mace_1H | 60 | 94.920 | 27 Essências Extraordinárias, 7 Lágrimas Iridescentes, 8 Tomos dos Segredos |
| Martelo de Escória | 4 Afixos Aleatórios | Mace_2H | 60 | 97.180 | 29 Essências Extraordinárias, 7 Lágrimas Iridescentes, 8 Tomos dos Segredos |

| NOME | PROPRIEDADES CRIADAS | TIPO | NÍVEL REQ. | CUSTO | MATERIAL NECESSÁRIO |
|---|---|---|---|---|---|
| Machado de Massacre | 4 Afixos Aleatórios | Arma Potente de 1 Mão | 60 | 94.920 | 27 Essências Extraordinárias, 7 Lágrimas Iridescentes, 8 Tomos dos Segredos |
| Beemote | 4 Afixos Aleatórios | Arma Potente de 2 Mão | 60 | 97.180 | 29 Essências Extraordinárias, 7 Lágrimas Iridescentes, 8 Tomos dos Segredos |
| Coisa Inominável | 4 Afixos Aleatórios | Mojo | 60 | 94.920 | 27 Essências Extraordinárias, 7 Lágrimas Iridescentes, 8 Tomos dos Segredos |
| Pedras de Órbita | 4 Afixos Aleatórios | Orbe | 60 | 94.920 | 27 Essências Extraordinárias, 7 Lágrimas Iridescentes, 8 Tomos dos Segredos |
| Aljava Rúnica | 4 Afixos Aleatórios | Aljava | 60 | 94.920 | 27 Essências Extraordinárias, 7 Lágrimas Iridescentes, 8 Tomos dos Segredos |
| Escudo Temível | 4 Afixos Aleatórios | Escudo | 60 | 94.920 | 27 Essências Extraordinárias, 7 Lágrimas Iridescentes, 8 Tomos dos Segredos |
| Pálio | 4 Afixos Aleatórios | Ombreiras | 60 | 49.720 | 14 Essências Extraordinárias, 3 Lágrimas Iridescentes, 4 Tomos dos Segredos |
| Cajado Mítico | 4 Afixos Aleatórios | Cajado | 60 | 97.180 | 29 Essências Extraordinárias, 7 Lágrimas Iridescentes, 8 Tomos dos Segredos |
| Espada Conquistadora | 4 Afixos Aleatórios | Sword_1H | 60 | 94.920 | 27 Essências Extraordinárias, 7 Lágrimas Iridescentes, 8 Tomos dos Segredos |
| Lâmina Oni | 4 Afixos Aleatórios | Sword_2H | 60 | 97.180 | 29 Essências Extraordinárias, 7 Lágrimas Iridescentes, 8 Tomos dos Segredos |
| Varinha de Ataque | 4 Afixos Aleatórios | Varinha | 60 | 94.920 | 27 Essências Extraordinárias, 7 Lágrimas Iridescentes, 8 Tomos dos Segredos |
| Galraki Refinado | 5 Afixos Aleatórios | Machado de 1 Mão | 60 | 131.586 | 38 Essências Extraordinárias, 8 Lágrimas Iridescentes, 11 Tomos dos Segredos |
| Sagaris Refinado | 5 Afixos Aleatórios | Machado de 2 Mãos | 60 | 134.719 | 41 Essências Extraordinárias, 8 Lágrimas Iridescentes, 12 Tomos dos Segredos |

# FERREIRO NÍVEL 10 (CONTINUAÇÃO)

| NOME | PROPRIEDADES CRIADAS | TIPO | NÍVEL REQ. | CUSTO | MATERIAL NECESSÁRIO |
|---|---|---|---|---|---|
| Fios Celestes Refinados | 5 Afixos Aleatórios | Cinto | 60 | 68.926 | 20 Essências Extraordinárias, 4 Lágrimas Iridescentes, 6 Tomos dos Segredos |
| Grevas Soberanas Refinadas | 5 Afixos Aleatórios | Botas | 60 | 68.926 | 20 Essências Extraordinárias, 4 Lágrimas Iridescentes, 6 Tomos dos Segredos |
| Arco Fantasma Refinado | 5 Afixos Aleatórios | Arco | 60 | 134.719 | 41 Essências Extraordinárias, 8 Lágrimas Iridescentes, 12 Tomos dos Segredos |
| Placas de Braços Refinadas | 5 Afixos Aleatórios | Braçadeiras | 60 | 68.926 | 20 Essências Extraordinárias, 4 Lágrimas Iridescentes, 6 Tomos dos Segredos |
| Escarnadora Refinada | 5 Afixos Aleatórios | Faca Cerimonial | 60 | 131.586 | 38 Essências Extraordinárias, 8 Lágrimas Iridescentes, 11 Tomos dos Segredos |
| Cota de Malha Soberana Refinada | 5 Afixos Aleatórios | Baú | 60 | 72.059 | 25 Essências Extraordinárias, 4 Lágrimas Iridescentes, 7 Tomos dos Segredos |
| Zhezl Refinado | 5 Afixos Aleatórios | Cajado de Combate | 60 | 134.719 | 41 Essências Extraordinárias, 8 Lágrimas Iridescentes, 12 Tomos dos Segredos |
| Lançador Demoníaco Refinado | 5 Afixos Aleatórios | Besta | 60 | 134.719 | 41 Essências Extraordinárias, 8 Lágrimas Iridescentes, 12 Tomos dos Segredos |
| Furador Refinado | 5 Afixos Aleatórios | Adaga | 60 | 131.586 | 38 Essências Extraordinárias, 8 Lágrimas Iridescentes, 11 Tomos dos Segredos |
| Garra Dourada Refinada | 5 Afixos Aleatórios | Punho | 60 | 131.586 | 38 Essências Extraordinárias, 8 Lágrimas Iridescentes, 11 Tomos dos Segredos |
| Avambraços Soberanos Refinados | 5 Afixos Aleatórios | Luvas | 60 | 68.926 | 20 Essências Extraordinárias, 4 Lágrimas Iridescentes, 6 Tomos dos Segredos |
| Impulsora Refinada | 5 Afixos Aleatórios | Besta de Mão | 60 | 131.586 | 38 Essências Extraordinárias, 8 Lágrimas Iridescentes, 11 Tomos dos Segredos |
| Elmo Soberano Refinado | 5 Afixos Aleatórios | Elmo | 60 | 72.059 | 25 Essências Extraordinárias, 4 Lágrimas Iridescentes, 7 Tomos dos Segredos |
| Martelo de Pedra Refinado | 5 Afixos Aleatórios | Mace_1H | 60 | 131.586 | 38 Essências Extraordinárias, 8 Lágrimas Iridescentes, 11 Tomos dos Segredos |
| Martelo de Escória Refinado | 5 Afixos Aleatórios | Mace_2H | 60 | 134.719 | 41 Essências Extraordinárias, 8 Lágrimas Iridescentes, 12 Tomos dos Segredos |
| Machado de Massacre Refinado | 5 Afixos Aleatórios | Arma Potente de 1 Mão | 60 | 131.586 | 38 Essências Extraordinárias, 8 Lágrimas Iridescentes, 11 Tomos dos Segredos |
| Beemote Refinado | 5 Afixos Aleatórios | Arma Potente de 2 Mãos | 60 | 134.719 | 41 Essências Extraordinárias, 8 Lágrimas Iridescentes, 12 Tomos dos Segredos |
| Coisa Inominável Refinada | 5 Afixos Aleatórios | Mojo | 60 | 131.586 | 38 Essências Extraordinárias, 8 Lágrimas Iridescentes, 11 Tomos dos Segredos |
| Pedras de Órbita Refinadas | 5 Afixos Aleatórios | Orbe | 60 | 131.586 | 38 Essências Extraordinárias, 8 Lágrimas Iridescentes, 11 Tomos dos Segredos |
| Tassets Soberanos Refinados | 5 Afixos Aleatórios | Calças | 60 | 72.059 | 25 Essências Extraordinárias, 4 Lágrimas Iridescentes, 7 Tomos dos Segredos |
| Aljava Rúnica Refinada | 5 Afixos Aleatórios | Aljava | 60 | 131.586 | 38 Essências Extraordinárias, 8 Lágrimas Iridescentes, 11 Tomos dos Segredos |
| Escudo Temível Refinado | 5 Afixos Aleatórios | Escudo | 60 | 131.586 | 38 Essências Extraordinárias, 8 Lágrimas Iridescentes, 11 Tomos dos Segredos |
| Pálio Refinado | 5 Afixos Aleatórios | Ombreiras | 60 | 68.926 | 20 Essências Extraordinárias, 4 Lágrimas Iridescentes, 6 Tomos dos Segredos |

| NOME | PROPRIEDADES CRIADAS | TIPO | NÍVEL REQ. | CUSTO | MATERIAL NECESSÁRIO |
|---|---|---|---|---|---|
| Cajado Mítico Refinado | 5 Afixos Aleatórios | Cajado | 60 | 134.719 | 41 Essências Extraordinárias, 8 Lágrimas Iridescentes, 12 Tomos dos Segredos |
| Espada Conquistadora Refinada | 5 Afixos Aleatórios | Sword_1H | 60 | 131.586 | 38 Essências Extraordinárias, 8 Lágrimas Iridescentes, 11 Tomos dos Segredos |
| Lâmina Oni Refinada | 5 Afixos Aleatórios | Sword_2H | 60 | 134.719 | 41 Essências Extraordinárias, 8 Lágrimas Iridescentes, 12 Tomos dos Segredos |
| Varinha de Ataque Refinada | 5 Afixos Aleatórios | Varinha | 60 | 131.586 | 38 Essências Extraordinárias, 8 Lágrimas Iridescentes, 11 Tomos dos Segredos |
| Galraki Grandioso | 6 Afixos Aleatórios | Machado de 1 Mão | 60 | 167.076 | 53 Essências Extraordinárias, 11 Lágrimas Iridescentes, 15 Tomos dos Segredos |
| Sagaris Grandioso | 6 Afixos Aleatórios | Machado de 2 Mãos | 60 | 171.054 | 58 Essências Extraordinárias, 11 Lágrimas Iridescentes, 17 Tomos dos Segredos |
| Fios Celestes Grandiosos | 6 Afixos Aleatórios | Cinto | 60 | 87.516 | 28 Essências Extraordinárias, 5 Lágrimas Iridescentes, 8 Tomos dos Segredos |
| Grevas Soberanas Grandiosas | 6 Afixos Aleatórios | Botas | 60 | 87.516 | 28 Essências Extraordinárias, 5 Lágrimas Iridescentes, 8 Tomos dos Segredos |
| Arco Fantasma Grandioso | 6 Afixos Aleatórios | Arco | 60 | 171.054 | 58 Essências Extraordinárias, 11 Lágrimas Iridescentes, 17 Tomos dos Segredos |
| Placas de Braços Grandiosas | 6 Afixos Aleatórios | Braçadeiras | 60 | 87.516 | 28 Essências Extraordinárias, 5 Lágrimas Iridescentes, 8 Tomos dos Segredos |
| Escarnadora Grandiosa | 6 Afixos Aleatórios | Faca Cerimonial | 60 | 167.076 | 53 Essências Extraordinárias, 11 Lágrimas Iridescentes, 15 Tomos dos Segredos |
| Boldriê Pesado Grandioso | 6 Afixos Aleatórios | Cinto dos Campeões | 60 | 91.494 | 35 Essências Extraordinárias, 5 Lágrimas Iridescentes, 10 Tomos dos Segredos |
| Cota de Malha Soberana Grandiosa | 6 Afixos Aleatórios | Baú | 60 | 91.494 | 35 Essências Extraordinárias, 5 Lágrimas Iridescentes, 10 Tomos dos Segredos |
| Capa Espreitadora Grandiosa | 6 Afixos Aleatórios | Manto | 60 | 91.494 | 35 Essências Extraordinárias, 5 Lágrimas Iridescentes, 10 Tomos dos Segredos |
| Zhezl Grandioso | 6 Afixos Aleatórios | Cajado de Combate | 60 | 171.054 | 58 Essências Extraordinárias, 11 Lágrimas Iridescentes, 17 Tomos dos Segredos |
| Lançador Demoníaco Grandioso | 6 Afixos Aleatórios | Besta | 60 | 171.054 | 58 Essências Extraordinárias, 11 Lágrimas Iridescentes, 17 Tomos dos Segredos |
| Furador Grandioso | 6 Afixos Aleatórios | Adaga | 60 | 167.076 | 53 Essências Extraordinárias, 11 Lágrimas Iridescentes, 15 Tomos dos Segredos |
| Garra Dourada Grandiosa | 6 Afixos Aleatórios | Punho | 60 | 167.076 | 53 Essências Extraordinárias, 11 Lágrimas Iridescentes, 15 Tomos dos Segredos |
| Avambraços Soberanos Grandiosos | 6 Afixos Aleatórios | Luvas | 60 | 87.516 | 28 Essências Extraordinárias, 5 Lágrimas Iridescentes, 8 Tomos dos Segredos |
| Impulsora Grandiosa | 6 Afixos Aleatórios | Besta de Mão | 60 | 167.076 | 53 Essências Extraordinárias, 11 Lágrimas Iridescentes, 15 Tomos dos Segredos |
| Elmo Soberano Grandioso | 6 Afixos Aleatórios | Elmo | 60 | 91.494 | 35 Essências Extraordinárias, 5 Lágrimas Iridescentes, 10 Tomos dos Segredos |
| Martelo de Pedra Grandioso | 6 Afixos Aleatórios | Mace_1H | 60 | 167.076 | 53 Essências Extraordinárias, 11 Lágrimas Iridescentes, 15 Tomos dos Segredos |
| Martelo de Escória Grandioso | 6 Afixos Aleatórios | Mace_2H | 60 | 171.054 | 58 Essências Extraordinárias, 11 Lágrimas Iridescentes, 17 Tomos dos Segredos |

NÍVEIS DE TREINAMENTO

## FERREIRO NÍVEL 10 (CONTINUAÇÃO)

| NOME | PROPRIEDADES CRIADAS | TIPO | NÍVEL REQ. | CUSTO | MATERIAL NECESSÁRIO |
|---|---|---|---|---|---|
| Machado de Massacre Grandioso | 6 Afixos Aleatórios | Arma Potente de 1 Mão | 60 | 167.076 | 53 Essências Extraordinárias, 11 Lágrimas Iridescentes, 15 Tomos dos Segredos |
| Beemote Grandioso | 6 Afixos Aleatórios | Arma Potente de 2 Mãos | 60 | 171.054 | 58 Essências Extraordinárias, 11 Lágrimas Iridescentes, 17 Tomos dos Segredos |
| Coisa Inominável Grandiosa | 6 Afixos Aleatórios | Mojo | 60 | 167.076 | 53 Essências Extraordinárias, 11 Lágrimas Iridescentes, 15 Tomos dos Segredos |
| Pedras de Órbita Grandiosas | 6 Afixos Aleatórios | Orbe | 60 | 167.076 | 53 Essências Extraordinárias, 11 Lágrimas Iridescentes, 15 Tomos dos Segredos |
| Tassets Soberanos Grandiosos | 6 Afixos Aleatórios | Calças | 60 | 91.494 | 35 Essências Extraordinárias, 5 Lágrimas Iridescentes, 10 Tomos dos Segredos |
| Aljava Rúnica Grandiosa | 6 Afixos Aleatórios | Aljava | 60 | 167.076 | 53 Essências Extraordinárias, 11 Lágrimas Iridescentes, 15 Tomos dos Segredos |
| Escudo Temível Grandioso | 6 Afixos Aleatórios | Escudo | 60 | 167.076 | 53 Essências Extraordinárias, 11 Lágrimas Iridescentes, 15 Tomos dos Segredos |
| Pálio Grandioso | 6 Afixos Aleatórios | Ombreiras | 60 | 87.516 | 28 Essências Extraordinárias, 5 Lágrimas Iridescentes, 8 Tomos dos Segredos |

| NOME | PROPRIEDADES CRIADAS | TIPO | NÍVEL REQ. | CUSTO | MATERIAL NECESSÁRIO |
|---|---|---|---|---|---|
| Visão Fantasma Grandiosa | 6 Afixos Aleatórios | Pedra dos Espíritos | 60 | 91.494 | 35 Essências Extraordinárias, 5 Lágrimas Iridescentes, 10 Tomos dos Segredos |
| Cajado Mítico Grandioso | 6 Afixos Aleatórios | Cajado | 60 | 171.054 | 58 Essências Extraordinárias, 11 Lágrimas Iridescentes, 17 Tomos dos Segredos |
| Espada Conquistadora Grandiosa | 6 Afixos Aleatórios | Sword_1H | 60 | 167.076 | 53 Essências Extraordinárias, 11 Lágrimas Iridescentes, 15 Tomos dos Segredos |
| Lâmina Oni Grandiosa | 6 Afixos Aleatórios | Sword_2H | 60 | 171.054 | 58 Essências Extraordinárias, 11 Lágrimas Iridescentes, 17 Tomos dos Segredos |
| Máscara Manitu | 6 Afixos Aleatórios | Máscara Vodu | 60 | 91.494 | 35 Essências Extraordinárias, 5 Lágrimas Iridescentes, 10 Tomos dos Segredos |
| Varinha de Ataque Grandiosa | 6 Afixos Aleatórios | Varinha | 60 | 167.076 | 53 Essências Extraordinárias, 11 Lágrimas Iridescentes, 15 Tomos dos Segredos |
| Chapéu do Arquimago | 6 Afixos Aleatórios | Chapéu de Arcanista | 60 | 91.494 | 35 Essências Extraordinárias, 5 Lágrimas Iridescentes, 10 Tomos dos Segredos |

# NÍVEL 1: INICIANTE

Shen já é um joalheiro de nível Aprendiz quando você o conhece. Como tal, ele pode combinar três gemas Lascadas em uma versão Imperfeita do mesmo tipo de gema.

CUSTO DE TREINAMENTO

N/D

DESENHOS DE GEMA DE INICIANTE

| GEMA | CUSTO | MATÉRIAS-PRIMAS NECESSÁRIAS | PROPRIEDADES CRIADAS |
|---|---|---|---|
| Ametista Imperfeita | 500 | 3 Ametistas Lascadas | Arma: Cada Acerto Adiciona Vida, Elmo: Adicionar Vida, Outros: Vitalidade |
| Esmeralda Imperfeita | 500 | 3 Esmeraldas Lascadas | Arma: Aumento de Dano de Acerto Crítico, Elmo: Maior Chance de Achar Itens Mágicos, Outros: Destreza |
| Rubi Imperfeito | 500 | 3 Rubis Lascados | Arma: Adiciona Dano, Elmo: Aumenta a Experiência Ganha por Morte, Outros: Força |
| Topázio Imperfeito | 500 | 3 Topázios Lascados | Arma: Atacantes corpo a corpo recebem Dano por acerto, Elmo: Ouro Extra de Monstros, Outros: Inteligência |

# NÍVEL 4: MESTRE

Para treinar Shen Cobiçoso ao nível Mestre, além de ouro, você também deve fornecer 10 Páginas de Joalheria. Como um joalheiro do nível Mestre, Shen pode combinar gemas Impecáveis com gemas Perfeitas.

CUSTO DE TREINAMENTO

10.000 10

DESENHOS DE GEMA DE MESTRE

| GEMA | CUSTO | MATÉRIAS-PRIMAS NECESSÁRIAS | PROPRIEDADES CRIADAS |
|---|---|---|---|
| Ametista Perfeita | 2000, 1 Página de Joalheria | 3 Ametistas Impecáveis | Arma: Cada Acerto Adiciona Vida, Elmo: Adiciona Vida, Outros: Vitalidade |
| Esmeralda Perfeita | 2000, 1 Página de Joalheria | 3 Esmeraldas Impecáveis | Arma: Aumento de Dano de Acerto Crítico, Elmo: Maior Chance de Achar Itens Mágicos, Outros: Destreza |
| Rubi Perfeito | 2000, 1 Página de Joalheria | 3 Rubis Impecáveis | Arma: Adiciona Dano, Elmo: Aumenta a Experiência Ganha por Morte, Outros: Força |
| Topázio Perfeito | 2000, 1 Página de Joalheria | 3 Topázios Impecáveis | Arma: Atacantes corpo a corpo recebem Dano por acerto, Elmo: Ouro Extra de Monstros, Outros: Inteligência |

# NÍVEL 2: PROFISSIONAL

Depois do treinamento necessário, Shen torna-se um joalheiro Profissional com experiência suficiente para combinar três gemas Imperfeitas com uma joia padrão.

CUSTO DE TREINAMENTO

5000

DESENHOS DE GEMA DE PROFISSIONAL

| GEMA | CUSTO | MATÉRIAS-PRIMAS NECESSÁRIAS | PROPRIEDADES CRIADAS |
|---|---|---|---|
| Ametista | 750 | 3 Ametistas Imperfeitas | Arma: Cada Acerto Adiciona Vida, Elmo: Adicionar Vida, Outros: Vitalidade |
| Esmeralda | 750 | 3 Esmeraldas Imperfeitas | Arma: Aumento de Dano de Acerto Crítico, Elmo: Maior Chance de Achar Itens Mágicos, Outros: Destreza |
| Rubi | 750 | 3 Rubis Imperfeitos | Arma: Adiciona Dano, Elmo: Aumenta a Experiência Ganha por Morte, Outros: Força |
| Topázio | 750 | 3 Topázios Imperfeitos | Arma: Atacantes corpo a corpo recebem 6 de Dano por acerto, Elmo: 9% de Ouro Extra de Monstros, Outros: 14 Inteligência |

# NÍVEL 5: GRÃO-MESTRE

Como Grão-Mestre, Shen pode combinar gemas Perfeitas com gemas Radiantes.

CUSTO DE TREINAMENTO

10.000 10

DESENHOS DE GEMA DE GRÃO-MESTRE

| GEMA | CUSTO | MATÉRIAS-PRIMAS NECESSÁRIAS | PROPRIEDADES CRIADAS |
|---|---|---|---|
| Ametista Radiante | 3500, 2 Página de Joalheria | 3 Ametistas Perfeitas | Arma: Cada Acerto Adiciona Vida, Elmo: Adiciona Vida, Outros: Vitalidade |
| Esmeralda Radiante | 3500, 2 Página de Joalheria | 3 Esmeraldas Perfeitas | Arma: Aumento de Dano de Acerto Crítico, Elmo: Maior Chance de Achar Itens Mágicos, Outros: Destreza |
| Rubi Radiante | 3500, 2 Página de Joalheria | 3 Rubis Perfeitos | Arma: Adiciona Dano, Elmo: Aumenta a Experiência Ganha por Morte, Outros: Força |
| Topázio Radiante | 3500, 2 Página de Joalheria | 3 Topázios Perfeitos | Arma: Atacantes corpo a corpo recebem Dano por acerto, Elmo: Ouro Extra de Monstros, Outros: Inteligência |

# NÍVEL 3: PERITO

Como um joalheiro Perito, Shen pode combinar gemas padrão com gemas Impecáveis. A lista de desenhos de gema que agora ele pode criar inclui versões Impecáveis de Ametistas, Esmeraldas, Topázios e Rubis.

CUSTO DE TREINAMENTO

5000

DESENHOS DE GEMA DE PERITO

| GEMA | CUSTO | MATÉRIAS-PRIMAS NECESSÁRIAS | PROPRIEDADES CRIADAS |
|---|---|---|---|
| Ametista Impecável | 1250 | 3 Ametistas | Arma: Cada Acerto Adiciona Vida, Elmo: Adicionar Vida, Outros: Vitalidade |
| Esmeralda Impecável | 1250 | 3 Esmeraldas | Arma: Aumento de Dano de Acerto Crítico, Elmo: Maior Chance de Achar Itens Mágicos, Outros: Destreza |
| Rubi Impecável | 1250 | 3 Rubis | Arma: Adiciona Dano, Elmo: Aumenta a Experiência Ganha por Morte, Outros: Força |
| Topázio Impecável | 1250 | 3 Topázios | Arma: Atacantes corpo a corpo recebem Dano por acerto, Elmo: Ouro Extra de Monstros, Outros: Inteligência |

# NÍVEL 6: ILUSTRE

Como um joalheiro do nível Ilustre, Shen pode combinar gemas Radiantes com gemas Quadradas.

CUSTO DE TREINAMENTO

10.000 10

DESENHOS DE GEMA ILUSTRE

| GEMA | CUSTO | MATÉRIAS-PRIMAS NECESSÁRIAS | PROPRIEDADES CRIADAS |
|---|---|---|---|
| Ametista Quadrada | 7500, 1 Tomo de Joalheria | 3 Ametistas Radiantes | Arma: Cada Acerto Adiciona Vida, Elmo: Adiciona Vida, Outros: Vitalidade |
| Esmeralda Quadrada | 7500, 1 Tomos de Joalheria | 3 Esmeraldas Radiantes | Arma: Aumento de Dano de Acerto Crítico, Elmo: Maior Chance de Achar Itens Mágicos, Outros: Destreza |
| Rubi Quadrado | 7500, 1 Tomo de Joalheria | 3 Rubis Radiantes | Arma: Adiciona Dano, Elmo: Aumenta a Experiência Ganha por Morte, Outros: Força |
| Topázio Quadrado | 7500, 1 Tomo de Joalheria | 3 Topázios Radiantes | Arma: Atacantes corpo a corpo recebem Dano por acerto, Elmo: Ouro Extra de Monstros, Outros: Inteligência |

# NÍVEL 7: MAGNÍFICO

Uma vez treinado para o nível Magnífico, Shen pode combinar gemas Quadradas em gemas Quadradas Impecáveis.

CUSTO DE TREINAMENTO
10.000 | 10

### DESENHOS DE GEMA MAGNÍFICA

| GEMA | CUSTO | MATÉRIAS-PRIMAS NECESSÁRIAS | PROPRIEDADES CRIADAS |
|---|---|---|---|
| Ametista Quadrada Impecável | 20.000, 2 Tomos de Joalheria | 3 Ametistas Quadradas | Arma: Cada Acerto Adiciona Vida, Elmo Adiciona Vida, Outros: Vitalidade |
| Esmeralda Quadrada Impecável | 20.000, 2 Tomos de Joalheria | 3 Esmeraldas Quadradas | Arma: Aumento de Dano de Acerto Crítico, Elmo: Maior Chance de Achar Itens Mágicos, Outros: Destreza |
| Rubi Quadrado Impecável | 20.000, 2 Tomos de Joalheria | 3 Rubis Quadrados | Arma: Adiciona Dano, Elmo: Aumenta a Experiência Ganha por Morte, Outro: Força |
| Topázio Quadrado Impecável | 20.000, 2 Tomos de Joalheria | 3 Topázios Quadrados | Arma: Atacantes corpo a corpo recebem Dano por golpe, Elmo: Ouro Extra de Monstros, Outro: Inteligência |

# NÍVEL 8: RESPLANDECENTE

Como um joalheiro de nível Resplandecente, Shen pode combinar gemas Quadradas Impecáveis em gemas Quadradas Perfeitas.

CUSTO DE TREINAMENTO
20.000 | 10

### DESENHOS DE GEMA RESPLANDECENTE

| GEMA | CUSTO | MATÉRIAS-PRIMAS NECESSÁRIAS | PROPRIEDADES CRIADAS |
|---|---|---|---|
| Ametista Quadrada Perfeita | 30.000, 3 Tomos dos Segredos | 3 Ametistas Quadradas Impecáveis | Arma: Cada Acerto Adiciona Vida, Elmo: Adiciona Vida, Outros: Vitalidade |
| Esmeralda Quadrada Perfeita | 30.000, 3 Tomos dos Segredos | 3 Esmeraldas Quadradas Impecáveis | Arma: Aumento de Dano de Acerto Crítico, Elmo: Maior Chance de Achar Itens Mágicos, Outros: Destreza |
| Rubi Quadrado Perfeito | 30.000, 3 Tomos dos Segredos | 3 Rubis Quadrados Impecáveis | Arma: Adiciona Dano, Elmo: Aumenta a Experiência Ganha por Morte, Outros: Força |
| Topázio Quadrado Perfeito | 30.000, 3 Tomos dos Segredos | 3 Topázios Quadrados Impecáveis | Arma: Atacantes corpo a corpo recebem Dano por acerto, Elmo: Ouro Extra de Monstros, Outros: Inteligência |

# NÍVEL 9: GLORIOSO

Como um artesão de nível Glorioso, Shen agora pode combinar gemas Quadradas Perfeitas com poderosas gemas Quadradas Radiantes.

CUSTO DE TREINAMENTO
30.000 | 10

### DESENHOS DE GEMA GLORIOSA

| GEMA | CUSTO | MATÉRIAS-PRIMAS NECESSÁRIAS | PROPRIEDADES CRIADAS |
|---|---|---|---|
| Ametista Quadrada Radiante | 50.000, 6 Tomos dos Segredos | 3 Ametistas Quadradas Perfeitas | Arma: Cada Acerto Adiciona Vida, Elmo: Adiciona Vida, Outros: Vitalidade |
| Esmeralda Quadrada Radiante | 50.000, 6 Tomos dos Segredos | 3 Esmeraldas Quadradas Perfeitas | Arma: Aumento de Dano de Acerto Crítico, Elmo: Maior Chance de Achar Itens Mágicos, Outros: Destreza |
| Rubi Quadrado Radiante | 50.000, 6 Tomos dos Segredos | 3 Rubis Quadrados Perfeitos | Arma: Adiciona Dano, Elmo: Aumenta a Experiência Ganha por Morte, Outros: Força |
| Topázio Quadrado Radiante | 50.000, 6 Tomos dos Segredos | 3 Topázios Quadrados Perfeitos | Arma: Atacantes corpo a corpo recebem Dano por acerto, Elmo: Ouro Extra de Monstros, Outros: Inteligência |

# NÍVEL 10: EXALTADO

No nível mais alto de sua profissão, Shen ele pode combinar gemas Quadradas Radiantes com incomparáveis gemas Estrela. Ele também pode aprender os desenhos do joalheiro que você encontra no mundo.

CUSTO DE TREINAMENTO
40.000 | 20

### DESENHOS DE GEMA EXALTADA

| GEMA | CUSTO | MATÉRIAS-PRIMAS NECESSÁRIAS | PROPRIEDADES CRIADAS |
|---|---|---|---|
| Ametista Estrela | 80.000, 9 Tomos dos Segredos | 3 Ametistas Quadrada Radiantes | Arma: Cada Acerto Adiciona Vida, Elmo: Adiciona Vida, Outros: Vitalidade |
| Esmeralda Estrela | 80.000, 9 Tomos dos Segredos | 3 Esmeraldas Quadrada Radiantes | Arma: Aumento de Dano de Acerto Crítico, Elmo: Maior Chance de Achar Itens Mágicos, Outros: Destreza |
| Rubi Estrela | 80.000, 9 Tomos dos Segredos | 3 Rubis Quadrados Radiantes | Arma: Adiciona Dano, Elmo: Aumenta a Experiência Ganha por Morte, Outros: Força |
| Topázio Estrela | 80.000, 9 Tomos dos Segredos | 3 Topázios Quadrados Radiantes | Arma: Atacantes corpo a corpo recebem Dano por acerto, Elmo: Ouro Extra de Monstros, Outros: Inteligência |

## DESENHOS DE GEMA ENCONTRADOS

### DESENHOS ENCONTRADOS: ESTRELA IMPECÁVEL

| GEMA | CUSTO | MATÉRIAS-PRIMAS NECESSÁRIAS | PROPRIEDADES CRIADAS |
|---|---|---|---|
| Ametista Estrela Impecável | 100.000, 12 Tomos dos Segredos | 3 Ametistas Estrela | Arma: Cada Acerto Adiciona Vida, Elmo: Adicionar Vida, Outros: Vitalidade |
| Esmeralda Estrela Impecável | 100.000, 12 Tomos dos Segredos | 3 Esmeraldas Estrela | Arma: Aumento de Dano de Acerto Crítico, Elmo: Aumento na Chance de Achar Itens Mágicos, Outros: Destreza |
| Rubi Estrela Impecável | 100.000, 12 Tomos dos Segredos | 3 Rubis Estrela | Arma: Adiciona Dano, Elmo: Aumenta a Experiência Ganha por Morte, Outros: Força |
| Topázio Estrela Impecável | 100.000, 12 Tomos dos Segredos | 3 Topázios Estrela | Arma: Atacantes corpo a corpo recebem Dano por acerto, Elmo: Ouro Extra de Monstros, Outros: Inteligência |

### DESENHOS ENCONTRADOS: ESTRELA PERFEITA

| GEMA | CUSTO | MATÉRIAS-PRIMAS NECESSÁRIAS | PROPRIEDADES CRIADAS |
|---|---|---|---|
| 3 Ametista Estrela Perfeita | 200.000, 15 Tomos dos Segredos | 3 Ametistas Estrela Impecáveis | Arma: Cada Acerto Adiciona Vida, Elmo: Adiciona Vida, Outros: Vitalidade |
| Esmeralda Estrela Perfeita | 200.000, 15 Tomos dos Segredos | 3 Esmeraldas Estrela Impecáveis | Arma: Aumento de Dano de Acerto Crítico, Elmo: Maior Chance de Achar Itens Mágicos, Outros: Destreza |
| Rubi Estrela Perfeito | 200.000, 15 Tomos dos Segredos | 3 Rubis Estrela Impecáveis | Arma: Adiciona Dano, Elmo: Aumenta a Experiência Ganha por Morte, Outros: Força |
| Topázio Estrela Perfeito | 200.000, 15 Tomos dos Segredos | 3 Topázios Estrela Impecáveis | Arma: Atacantes corpo a corpo recebem Dano por acerto, Elmo: Ouro Extra de Monstros, Outros: Inteligência |

### DESENHOS ENCONTRADOS: ESTRELA RADIANTE

| GEMA | CUSTO | MATÉRIAS-PRIMAS NECESSÁRIAS | PROPRIEDADES CRIADAS |
|---|---|---|---|
| Ametista Estrela Radiante | 400.000, 20 Tomos dos Segredos | 3 Ametistas Estrela Perfeitas | Arma: Cada Acerto Adiciona Vida, Elmo: Adiciona Vida, Outros: Vitalidade |
| Esmeralda Estrela Radiante | 400.000, 20 Tomos dos Segredos | 3 Esmeraldas Estrela Perfeitas | Arma: Aumento de Dano de Acerto Crítico, Elmo: Maior Chance de Achar Itens Mágicos, Outros: Destreza |
| Rubi Estrela Radiante | 400.000, 20 Tomos dos Segredos | 3 Rubis Estrela Perfeitos | Arma: Adiciona Dano, Elmo: Aumenta a Experiência Ganha por Morte, Outros: Força |
| 3 Topázio Estrela Radiante | 400.000, 20 Tomos dos Segredos | 3 Topázios Estrela Perfeitos | Arma: Atacantes corpo a corpo recebem Dano por acerto, Elmo: Ouro Extra de Monstros, Outros: Inteligência |

# O SISTEMA DE SAQUES

Toda vez que você mata um monstro ou esmaga um objeto, há uma chance de que o oponente caído ou barril quebrado irá render um "saque" — uma pilha de itens colecionáveis que caem ao chão. Esses itens podem ser ouro, globos de vida, poções, gemas, tinturas, armas, armaduras e outros equipamentos. Neste capítulo, nós analisamos esses itens e conferimos a maneira original com que *Diablo III* os gera.

O saque que aparece no jogo — se é deixado ou não, a quantidade e as propriedades de cada item — é algo aleatório com base em diversas variáveis-chave. Se um monstro deixa saque, a qualidade dos items deixados é mais afetada pelo nível do monstro. Se o saque aparece de um objeto ambiental como um baú, barril ou pilha de ossos, o tipo/qualidade dos itens é mais afetado pelo local em que você está no jogo.

Outros fatores podem também ser levados em conta. O fato é que os monstros *de Diablo III* podem deixar uma ampla gama de itens de saque, mas as chances de um monstro de baixo nível deixar um item de alto nível são muito pequenas. Assim, de modo geral, quanto maior o nível de um monstro, melhor a chance de que caia um bom saque depois que você matar a besta.

## ITENS E AFIXOS

Alguns dos saques deixados em *Diablo III* são equipamentos que podem melhorar os atributos do Herói — como um elmo melhor para aumentar a sua Armadura, uma espada melhor para aumentar o Dano que você inflige e talvez adicionar dano elemental e assim por diante. Mas, ao contrário de outros jogos, *Diablo III* não pode apenas fornecer a você uma lista estática de todos os itens disponíveis.

Eis o porquê: se o jogo gera um item deixado após você matar um monstro, ele começa com um equipamento base e determina a sua qualidade e raridade. Essas características são "pesadas" pela qualidade e raridade do monstro em si. Em outras palavras, as chances do sistema favorecem que seja deixado um saque que, grosso modo, corresponde ao nível do monstro assassinado.

Mas não é só isso. Com base no nível do monstro e outras variáveis, o sistema pode também aleatoriamente atribuir propriedades especiais ao item. Essas melhorias são indicadas por "afixos" — palavras descritivas adicionadas antes ou depois do nome de base do item.

Aqui está um exemplo: Digamos que você mate um monstro e ele deixe um item chamado Machado Largo do Sanguessuga. O item base é o Machado Largo, um machado de uma mão de baixo nível. Neste caso particular, o jogo também assinala aleatoriamente um afixo que indica uma melhoria para a arma — o sufixo "do Sanguessuga".

Esta arma, então, tem dois elementos: **O Machado Largo tem uma gama de danos de 4-7 por golpe.**

**O sufixo "do Sanguessuga", dá 2 pontos a Vida do Herói cada vez que você acerta um golpe.**

Novamente, quanto mais elevado o nível do monstro, maior será a qualidade dos itens que ele deixa quando morto. Uma razão é que as propriedades especiais concedidas a itens básicos por afixos se tornam mais poderosas quando os monstros ficam mais difíceis. Explicaremos os detalhes desses *Níveis de Tesouro* em breve.

Com centenas de itens e afixos disponíveis para combinações aleatórias, o número de itens que o jogo pode gerar é muito, *muito* grande. Listar todos os itens possíveis encheria uma coleção de enciclopédias. Então, em vez disso, vamos explicar melhor como funciona o sistema de saque, e, em seguida, listar apenas seus componentes básicos.

Então se você mata um monstro de nível baixo e o jogo escolhe deixar uma maça de uma mão com um bônus de dano Gélido, as chances são de que caia algo como a "Clava do Inverno". Mas se o monstro morto é uma besta de alto nível, o item deixado será mais provavelmente algo como o "Demolidor da Avalanche".

Mais uma vez, este é um exemplo simplificado. Há um elemento de acaso em cada item deixado, como se rolasse um dado de muitos lados (na verdade, os próprios criadores do jogo usam esse termo para monstros e itens gerados dentro do jogo.) Mas isso dá a você uma boa ideia de como itens deixados são tipicamente gerados em *Diablo III.*

# ITENS ESPECIAIS

A maioria dos itens achados no jogo são do tipo comum, mas alguns têm propriedades adicionais. Estes se dividem em três categorias: Itens Raros & Mágicos, Itens Lendários e Conjuntos Especiais.

## RAROS & MÁGICOS

Itens Raros e Mágicos são imbuídos de combinações aleatórias de propriedades especiais. Itens Raros têm janelas de informações com fundos amarelos e inscrições; itens Mágicos têm fundo azul e inscrições.

## ITENS LENDÁRIOS

Esses itens têm nomes especiais — Coroa de Leoric (um elmo), Fúria Ecoante (uma maça), Olho de Etlich (um amuleto) e assim por diante. Cada um apresenta uma mistura potente de qualidades melhoradas, que incluem algumas propriedades aleatórias. Procure por itens Lendários deixados quando você matar monstros poderosos ou em caixas e outros recipientes ambientais. Itens Lendários possuem janelas de informação com fundo marrom e inscrições.

## CONJUNTOS ESPECIAIS

Em *Diablo III,* você pode encontrar ou criar alguns itens que podem ser agrupados em conjuntos. Individualmente, esses itens têm várias propriedades especiais. Mas, quando equipar *todos* os itens do mesmo conjunto de uma só vez, você pega poderes e melhorias adicionais. Itens que fazem parte de conjuntos apresentam janelas de informações com fundo verde e inscrições.

Aqui está um exemplo: Se você encontrar instruções de ferraria para o conjunto chamado "Égide de Born" e entregá-las a Haedrig, o Ferreiro, ele pode criar os três seguintes itens: Brafoneiras de Born (ombros), Carapaça de Born (peitoral) e Ódio Fervente de Born (espada de uma mão). Cada item é poderoso por si só, mas quando o conjunto todo está equipado você adiciona muito aos seus atributos de Defesa!

## NÍVEIS DE TESOURO

Existem faixas de qualidade, tanto para o item base *como* para as propriedades especiais adicionadas. Como dissemos, a principal variável que determina a qualidade do que um monstro morto deixa é o nível do monstro — quanto mais alto, maiores as chances dele deixar um item de base de alta qualidade e melhorar a chance de que o jogo também anexe melhorias de qualidade (ou "afixos").

Essas faixas de itens/afixos são divididas em "camadas" que correspondem aos níveis dos monstros. Se o monstro é de baixo nível, as chances são de que qualquer item deixado será selecionado a partir das camadas mais baixas de itens e as melhorias atribuídas (se existirem) serão a partir de uma camada inferior de afixos. Assim, diz-se que cada monstro tem uma "camada de tesouro" com base em seu nível — o jogo tende a deixar itens aleatórios de camadas de itens/afixos que correspondem ao nível do monstro.

Como mencionado anteriormente, é possível que um monstro de nível inferior deixe um poderoso, maravilhoso, item de alto nível. Mas essa possibilidade é muito pequena.

## SAQUE TÍPICO

Antes de seguir em frente, aqui está mais um exemplo simplificado. Vamos dizer que você mate um monstro e o jogo aleatoriamente decide que a besta morta vai deixar uma maça de uma mão melhorada para infligir dano Gélido:

- ***Maças de uma mão variam em qualidade da humilde Clava (nível requerido para usar é 1) com uma mediana taxa de dano por segundo (DPS) de 5,1, até o temível Demolidor (nível exigido para usar é 60) com seu DPS médio de 272.***
- ***Afixos de dano Gélido para armas variam na qualidade do afixo de camada 1 "do Inverno", que acrescenta 1-4 dano Gélido por golpe, até o afixo de camada 14 "da Avalanche" uma faixa de dano Gélido de 86 a 345 por golpe.***

# OS AFIXOS DE EQUIPAMENTOS

Afixos são etiquetas de palavras que designam aprimoramentos adicionados a um equipamento. Cada afixo indica um aumento de atributo ou algum outro efeito especial. A etiqueta pode ser um *sufixo* no final do nome do item, ou um *prefixo* antes do nome.

Assim, uma Adaga simples pode ser melhorada pelo prefixo "Perspicaz" para se tornar uma Perspicaz Adaga, o que aumenta sua velocidade de ataque em 6-7%. Ou a Adaga pode ter o sufixo "da Flama" para se tornar a Adaga da Flama, o que adiciona 1-5 pontos de dano Ígneo aos seus ataques de adaga. Também é possível ter ambos — como na Perspicaz Adaga da Flama

### Nível Mínimo do Afixo

Dentro do sistema do jogo de *Diablo III*, todos os itens têm um número de nível interno, e cada afixo tem um "nível mínimo do afixo". Se o número de nível interno de um item está abaixo do nível mínimo do afixo, o afixo não pode ser aplicado ao item. Isso impede a incongruência de anexar afixos extremamente poderosos a itens brutos e humildes.

Note-se que o mesmo afixo, por vezes, se espalha por várias "camadas" ou níveis de um efeito. Por exemplo, o prefixo "Puro" é o mesmo para as quatro primeiras camadas do atributo Resistência Venenosa, embora o valor melhore a cada camada. Novamente, essas "camadas" correspondem de modo aproximado à dificuldade que você enfrentou ao adquirir o item com o afixo. Se o monstro morto que deixou o item era uma criatura de baixo nível, as chances são de que tanto o item como o afixo anexado a ele são também de um nível inferior.

## TIPO DE AFIXO: DANO

### PORCENTAGEM DE DANO

ARMA

| AFIXO | CAMADA | EFEITO |
|---|---|---|
| Feroz | 1 | 10-15% Mais Dano |
| | 2 | 16-20% Mais Dano |
| | 3 | 21-25% Mais Dano |
| Selvagem | 4 | 26-30% Mais Dano |
| | 5 | 31-35% Mais Dano |
| | 6 | 36-40% Mais Dano |
| Sombrio | 7 | 41-50% Mais Dano |

### DANO MÍNIMO

ARMA DE HASTE, LANÇA, ARCO, FACA CERIMONIAL, VARINHA

| AFIXO | CAMADA | EFEITO |
|---|---|---|
| da Destruição | 1 | Aumenta o dano de arma mínimo em 9% |
| da Decapitação | 2 | Aumenta o dano de arma mínimo em 10-13% |
| | 3 | Aumenta o dano de arma mínimo em 13-17% |
| | 4 | Aumenta o dano de arma mínimo em 17-22% |
| | 5 | Aumenta o dano de arma mínimo em 22-27% |
| da Devastação | 6 | Aumenta o dano de arma mínimo em 27-33% |

ADAGA, BESTA DE MÃO

| AFIXO | CAMADA | EFEITO |
|---|---|---|
| da Destruição | 1 | Aumenta o dano de arma mínimo em 9% |
| da Decapitação | 2 | Aumenta o dano de arma mínimo em 10-12% |
| | 3 | Aumenta o dano de arma mínimo em 13-15% |
| | 4 | Aumenta o dano de arma mínimo em 16-19% |
| | 5 | Aumenta o dano de arma mínimo em 20-23% |
| da Devastação | 6 | Aumenta o dano de arma mínimo em 24-30% |

ANEL, AMULETO

| AFIXO | CAMADA | EFEITO |
|---|---|---|
| da Destruição | 1 | Aumenta o dano mínimo em 9% |
| da Decapitação | 2 | Aumenta o dano mínimo em 10-13% |
| | 3 | Aumenta o dano mínimo em 13-17% |
| | 4 | Aumenta o dano mínimo em 17-22% |
| | 5 | Aumenta o dano mínimo em 22-27% |
| da Devastação | 6 | Aumenta o dano mínimo em 27-33% |

### DANO MÁXIMO

ARMA DE HASTE, LANÇA, ARCO, FACA CERIMONIAL, VARINHA

| AFIXO | CAMADA | EFEITO |
|---|---|---|
| do Aleijão | 1 | Aumenta o dano de arma máximo em 9% |
| da Labuta | 2 | Aumenta o dano de arma máximo em 10-13% |
| | 3 | Aumenta o dano de arma máximo em 13-17% |
| | 4 | Aumenta o dano de arma máximo em 17-22% |
| | 5 | Aumenta o dano de arma máximo em 22-27% |
| da Perdição | 6 | Aumenta o dano de arma máximo em 27-33% |

ADAGA, BESTA DE MÃO

| AFIXO | CAMADA | EFEITO |
|---|---|---|
| do Aleijão | 1 | Aumenta o dano de arma máximo em 9% |
| da Labuta | 2 | Aumenta o dano de arma máximo em 10-12% |
| | 3 | Aumenta o dano de arma máximo em 13-15% |
| | 4 | Aumenta o dano de arma máximo em 16-19% |
| | 5 | Aumenta o dano de arma máximo em 20-23% |
| da Perdição | 6 | Aumenta o dano de arma máximo em 24-30% |

ANEL, AMULETO

| AFIXO | CAMADA | EFEITO |
|---|---|---|
| do Aleijão | 1 | Aumenta o dano máximo em 9% |
| da Labuta | 2 | Aumenta o dano máximo em 10-13% |
| | 3 | Aumenta o dano máximo em 13-17% |
| | 4 | Aumenta o dano máximo em 17-22% |
| | 5 | Aumenta o dano máximo em 22-27% |
| da Perdição | 6 | Aumenta o dano máximo em 27-33% |

## DANO MÍNIMO/MÁXIMO

### ARMA DE HASTE, LANÇA, ARCO, FACA CERIMONIAL, VARINHA

| AFIXO | CAMADA | EFEITO |
|---|---|---|
| do Ferimento | 1 | Aumenta dano de arma mín. em 1-2%<br>Aumenta dano de arma máx. em 1-2% |
| | 2 | Aumenta dano de arma mín. em 1-2%<br>Aumenta dano de arma máx. em 1-2% |
| | 3 | Aumenta dano de arma mín. em 1-2%<br>Aumenta dano de arma máx. em 2-3% |
| | 4 | Aumenta dano de arma mín. em 2-4%<br>Aumenta dano de arma máx. em 3-5% |
| da Agonia | 5 | Aumenta dano de arma mín. em 3-6%<br>Aumenta dano de arma máx. em 4-8% |
| | 6 | Aumenta dano de arma mín. em 6-11%<br>Aumenta dano de arma máx. em 7-14% |
| | 7 | Aumenta dano de arma mín. em 11-21%<br>Aumenta dano de arma máx. em 14-28% |
| | 8 | Aumenta dano de arma mín. em 19-38%<br>Aumenta dano de arma máx. em 26-51% |
| da Malícia | 9 | Aumenta dano de arma mín. em 32-63%<br>Aumenta dano de arma máx. em 42-84% |
| | 10 | Aumenta dano de arma mín. em 47-93%<br>Aumenta dano de arma máx. em 62-124% |
| | 11 | Aumenta dano de arma mín. em 66-132%<br>Aumenta dano de arma máx. em 88-176% |
| | 12 | Aumenta dano de arma mín. em 87-173%<br>Aumenta dano de arma máx. em 116-231% |
| | 13 | Aumenta dano de arma mín. em 112-224%<br>Aumenta dano de arma máx. em 149-298% |
| da Morte | 14 | Aumenta dano de arma mín. em 143-286%<br>Aumenta dano de arma máx. em 191-381% |

### ADAGA, BESTA DE MÃO

| AFIXO | CAMADA | EFEITO |
|---|---|---|
| do Ferimento | 1 | Aumenta dano de arma mín. em 1-2%<br>Aumenta dano de arma máx. em 1-2% |
| | 2 | Aumenta dano de arma mín. em 1-2%<br>Aumenta dano de arma máx. em 1-2% |
| | 3 | Aumenta dano de arma mín. em 1-2%<br>Aumenta dano de arma máx. em 1-2% |
| | 4 | Aumenta dano de arma mín. em 2-3%<br>Aumenta dano de arma máx. em 2-4% |
| da Agonia | 5 | Aumenta dano de arma mín. em 3-5%<br>Aumenta dano de arma máx. em 3-6% |
| | 6 | Aumenta dano de arma mín. em 5-9%<br>Aumenta dano de arma máx. em 6-12% |
| | 7 | Aumenta dano de arma mín. em 9-17%<br>Aumenta dano de arma máx. em 12-23% |
| | 8 | Aumenta dano de arma mín. em 15-30%<br>Aumenta dano de arma máx. em 20-40% |
| da Malícia | 9 | Aumenta dano de arma mín. em 26-51%<br>Aumenta dano de arma máx. em 34-68% |
| | 10 | Aumenta dano de arma mín. em 37-74%<br>Aumenta dano de arma máx. em 50-99% |
| | 11 | Aumenta dano de arma mín. em 53-105%<br>Aumenta dano de arma máx. em 70-140% |
| | 12 | Aumenta dano de arma mín. em 69-138%<br>Aumenta dano de arma máx. em 92-184% |
| | 13 | Aumenta dano de arma mín. em 90-179%<br>Aumenta dano de arma máx. em 120-239% |
| da Morte | 14 | Aumenta dano de arma mín. em 114-228%<br>Aumenta dano de arma máx. em 152-304% |

### ANEL, AMULETO

| AFIXO | CAMADA | EFEITO |
|---|---|---|
| do Ferimento | 1 | Aumenta ambos os danos máx./mín. em 1% |
| | 2 | Aumenta ambos os danos máx./mín. em 2% |
| | 3 | Aumenta ambos os danos máx./mín. em 3% |
| | 4 | Aumenta ambos os danos máx./mín. em 4% |
| da Agonia | 5 | Aumenta ambos os danos máx./mín. em 5% |
| | 6 | Aumenta ambos os danos máx./mín. em 6% |
| | 7 | Aumenta ambos os danos máx./mín. em 7% |
| | 8 | Aumenta ambos os danos máx./mín. em 8% |
| da Malícia | 9 | Aumenta ambos os danos máx./mín. em 9% |
| | 10 | Aumenta ambos os danos máx./mín. em 10-13% |
| | 11 | Aumenta ambos os danos máx./mín. em 13-17% |
| | 12 | Aumenta ambos os danos máx./mín. em 17-22% |
| | 13 | Aumenta ambos os danos máx./mín. em 22-27% |
| da Morte | 14 | Aumenta ambos os danos máx./mín. em 27-33% |

## REFLETIR DANO AO ATACANTE

### AMULETO, CINTO, PEITORAL, OMBREIRAS, ESCUDO

| AFIXO | CAMADA | EFEITO |
|---|---|---|
| dos Espinhos | 1 | Reflete 1% dano de volta ao atacante |
| | 2 | Reflete 2% dano de volta ao atacante |
| | 3 | Reflete 3-6% dano de volta ao atacante |
| | 4 | Reflete 7-12% dano de volta ao atacante |
| | 5 | Reflete 13-21% dano de volta ao atacante |
| das Farpas | 6 | Reflete 22-39% dano de volta ao atacante |
| | 7 | Reflete 40-70% dano de volta ao atacante |
| | 8 | Reflete 71-121% dano de volta ao atacante |
| | 9 | Reflete 122-229% dano de volta ao atacante |
| | 10 | Reflete 230-364% dano de volta ao atacante |
| dos Pregos | 11 | Reflete 365-551% dano de volta ao atacante |
| | 12 | Reflete 552-811% dano de volta ao atacante |
| | 13 | Reflete 812-1242% dano de volta ao atacante |
| | 14 | Reflete 1243-1712% dano de volta ao atacante |
| dos Gumes | 15 | Reflete 1713-2544% dano de volta ao atacante |

### ARMADURA, MÃO SECUNDÁRIA, ANEL

| AFIXO | CAMADA | EFEITO |
|---|---|---|
| dos Espinhos | 1 | Reflete 1% dano de volta ao atacante |
| | 2 | Reflete 2% dano de volta ao atacante |
| | 3 | Reflete 3-4% dano de volta ao atacante |
| | 4 | Reflete 5-7% dano de volta ao atacante |
| | 5 | Reflete 8-12% dano de volta ao atacante |
| das Farpas | 6 | Reflete 13-22% dano de volta ao atacante |
| | 7 | Reflete 23-40% dano de volta ao atacante |
| | 8 | Reflete 41-69% dano de volta ao atacante |
| | 9 | Reflete 70-131% dano de volta ao atacante |
| | 10 | Reflete 132-208% dano de volta ao atacante |
| dos Pregos | 11 | Reflete 209-315% dano de volta ao atacante |
| | 12 | Reflete 316-464% dano de volta ao atacante |
| | 13 | Reflete 465-710% dano de volta ao atacante |
| | 14 | Reflete 711-979% dano de volta ao atacante |
| dos Gumes | 15 | Reflete 980-1454% dano de volta ao atacante |

## BÔNUS DE ARMADURA

### AMULETO, PEITORAL, ELMO, CALÇAS, ESCUDO, RELÍQUIA DO TEMPLÁRIO

| AFIXO | CAMADA | EFEITO |
|---|---|---|
| da Fortaleza | 1 | Adiciona 127-217 à Armadura |
| | 2 | Adiciona 218-240 à Armadura |
| | 3 | Adiciona 241-262 à Armadura |
| | 4 | Adiciona 263-285 à Armadura |
| | 5 | Adiciona 286-322 à Armadura |
| | 6 | Adiciona 323-360 à Armadura |
| do Castelo | 7 | Adiciona 361-397 à Armadura |

### ANEL, ARMADURA

| AFIXO | CAMADA | EFEITO |
|---|---|---|
| da Fortaleza | 1 | Adiciona 85-145 à Armadura |
| | 2 | Adiciona 146-160 à Armadura |
| | 3 | Adiciona 161-175 à Armadura |
| | 4 | Adiciona 176-190 à Armadura |
| | 5 | Adiciona 191-215 à Armadura |
| | 6 | Adiciona 216-240 à Armadura |
| do Castelo | 7 | Adiciona 241-265 à Armadura |

## REDUÇÃO DE DANOS VS. MÍSSEIS

### PEITORAL, BRAÇADEIRAS

| AFIXO | CAMADA | EFEITO |
|---|---|---|
| Defletor | 1 | 2-4% de Redução de Dano vs. Longo Alcance |
| | 2 | 3-4% de Redução de Dano vs. Longo Alcance |
| | 3 | 4% de Redução de Dano vs. Longo Alcance |
| | 4 | 5-6% de Redução de Dano vs. Longo Alcance |

## RED. DE DANO VS. CORPO A CORPO

### PEITORAL, ESCUDO

| AFIXO | CAMADA | EFEITO |
|---|---|---|
| do Gladiador | 1 | 3-4% de Redução de Dano vs. Longo Alcance |
| | 2 | 3-4% de Redução de Dano vs. Longo Alcance |
| | 3 | 4% de Redução de Dano vs. Longo Alcance |
| | 4 | 5-6% de Redução de Dano vs. Longo Alcance |

# TIPO DE AFIXO: DANO ELEMENTAR

## DANO ÍGNEO

### ARMA DE HASTE, LANÇA, ARCO, FACA CERIMONIAL, VARINHA

| AFIXO | CAMADA | EFEITO |
|---|---|---|
| da Flama | 1 | Adiciona 1-4% dano Ígneo |
| | 2 | Adiciona 1-4% dano Ígneo |
| | 3 | Adiciona 1-5% dano Ígneo |
| | 4 | Adiciona 2-9% dano Ígneo |
| | 5 | Adiciona 3-14% dano Ígneo |
| da Imolação | 6 | Adiciona 6-25% dano Ígneo |
| | 7 | Adiciona 11-49% dano Ígneo |
| | 8 | Adiciona 19-89% dano Ígneo |
| | 9 | Adiciona 32-147% dano Ígneo |
| Calcinante | 10 | Adiciona 47-217% dano Ígneo |
| | 11 | Adiciona 66-308% dano Ígneo |
| | 12 | Adiciona 87-404% dano Ígneo |
| | 13 | Adiciona 112-522% dano Ígneo |
| da Incineração | 14 | Adiciona 143-667% dano Ígneo |

### ADAGA, BESTA DE MÃO

| AFIXO | CAMADA | EFEITO |
|---|---|---|
| da Flama | 1 | Adiciona 1-4% dano Ígneo |
| | 2 | Adiciona 1-4% dano Ígneo |
| | 3 | Adiciona 1-4% dano Ígneo |
| | 4 | Adiciona 2-7% dano Ígneo |
| | 5 | Adiciona 3-11% dano Ígneo |
| da Imolação | 6 | Adiciona 5-21% dano Ígneo |
| | 7 | Adiciona 9-40% dano Ígneo |
| | 8 | Adiciona 15-70% dano Ígneo |
| | 9 | Adiciona 26-119% dano Ígneo |
| Calcinante | 10 | Adiciona 37-173% dano Ígneo |
| | 11 | Adiciona 53-245% dano Ígneo |
| | 12 | Adiciona 69-322% dano Ígneo |
| | 13 | Adiciona 90-418% dano Ígneo |
| da Incineração | 14 | Adiciona 114-532% dano Ígneo |

## DANO GÉLIDO

### ARMA DE HASTE, LANÇA, ARCO, FACA CERIMONIAL, VARINHA

| AFIXO | CAMADA | EFEITO |
|---|---|---|
| do Inverno | 1 | Adiciona 1-4% dano Gélido |
| | 2 | Adiciona 1-4% dano Gélido |
| | 3 | Adiciona 1-4% dano Gélido |
| | 4 | Adiciona 1-5% dano Gélido |
| | 5 | Adiciona 2-7% dano Gélido |
| dos Arrepios | 6 | Adiciona 3-14% dano Gélido |
| | 7 | Adiciona 7-30% dano Gélido |
| | 8 | Adiciona 12-53% dano Gélido |
| | 9 | Adiciona 19-89% dano Gélido |
| da Geada | 10 | Adiciona 28-130% dano Gélido |
| | 11 | Adiciona 40-184% dano Gélido |
| | 12 | Adiciona 52-242% dano Gélido |
| | 13 | Adiciona 67-313% dano Gélido |
| da Avalanche | 14 | Adiciona 86-399% dano Gélido |

### ADAGA, BESTA DE MÃO

| AFIXO | CAMADA | EFEITO |
|---|---|---|
| do Inverno | 1 | Adiciona 1-4% dano Gélido |
| | 2 | Adiciona 1-4% dano Gélido |
| | 3 | Adiciona 1-4% dano Gélido |
| | 4 | Adiciona 1-5% dano Gélido |
| | 5 | Adiciona 2-7% dano Gélido |
| dos Arrepios | 6 | Adiciona 3-12% dano Gélido |
| | 7 | Adiciona 6-25% dano Gélido |
| | 8 | Adiciona 10-44% dano Gélido |
| | 9 | Adiciona 16-74% dano Gélido |
| da Geada | 10 | Adiciona 24-109% dano Gélido |
| | 11 | Adiciona 33-154% dano Gélido |
| | 12 | Adiciona 44-203% dano Gélido |
| | 13 | Adiciona 56-261% dano Gélido |
| da Avalanche | 14 | Adiciona 72-334% dano Gélido |

## DANO SAGRADO

### ARMA DE HASTE, LANÇA, ARCO, FACA CERIMONIAL, VARINHA

| AFIXO | CAMADA | EFEITO |
|---|---|---|
| dos Anjos | 1 | Adiciona 1-4% dano Sagrado |
| | 2 | Adiciona 1-4% dano Sagrado |
| | 3 | Adiciona 1-5% dano Sagrado |
| | 4 | Adiciona 2-9% dano Sagrado |
| | 5 | Adiciona 3-14% dano Sagrado |
| da Graça | 6 | Adiciona 6-25% dano Sagrado |
| | 7 | Adiciona 11-49% dano Sagrado |
| | 8 | Adiciona 19-89% dano Sagrado |
| | 9 | Adiciona 32-147% dano Sagrado |
| da Fulminação | 10 | Adiciona 47-211% dano Sagrado |
| | 11 | Adiciona 66-308% dano Sagrado |
| | 12 | Adiciona 87-404% dano Sagrado |
| | 13 | Adiciona 112-522% dano Sagrado |
| do Paraíso | 14 | Adiciona 143-667% dano Sagrado |

### ADAGA, BESTA DE MÃO

| AFIXO | CAMADA | EFEITO |
|---|---|---|
| dos Anjos | 1 | Adiciona 1-4% dano Sagrado |
| | 2 | Adiciona 1-4% dano Sagrado |
| | 3 | Adiciona 1-4% dano Sagrado |
| | 4 | Adiciona 2-7% dano Sagrado |
| | 5 | Adiciona 3-11% dano Sagrado |
| da Graça | 6 | Adiciona 5-21% dano Sagrado |
| | 7 | Adiciona 9-40% dano Sagrado |
| | 8 | Adiciona 15-70% dano Sagrado |
| | 9 | Adiciona 26-119% dano Sagrado |
| da Fulminação | 10 | Adiciona 37-173% dano Sagrado |
| | 11 | Adiciona 53-245% dano Sagrado |
| | 12 | Adiciona 69-322% dano Sagrado |
| | 13 | Adiciona 90-418% dano Sagrado |
| do Paraíso | 14 | Adiciona 114-532% dano Sagrado |

# DANO ELÉTRICO

## ARMA DE HASTE, LANÇA, ARCO, FACA CERIMONIAL, VARINHA

| AFIXO | CAMADA | EFEITO |
|---|---|---|
| da Enguia | 1 | Adiciona 1-4 dano Elétrico |
| | 2 | Adiciona 1-4 dano Elétrico |
| | 3 | Adiciona 1-5 dano Elétrico |
| | 4 | Adiciona 2-9 dano Elétrico |
| das Tempestades | 5 | Adiciona 3-14 dano Elétrico |
| | 6 | Adiciona 6-25 dano Elétrico |
| | 7 | Adiciona 11-49 dano Elétrico |
| | 8 | Adiciona 19-89 dano Elétrico |
| | 9 | Adiciona 32-147 dano Elétrico |
| da Discórdia | 10 | Adiciona 47-211 dano Elétrico |
| | 11 | Adiciona 66-308 dano Elétrico |
| | 12 | Adiciona 87-404 dano Elétrico |
| | 13 | Adiciona 112-522 dano Elétrico |
| da Conflagração | 14 | Adiciona 143-667 dano Elétrico |

## ADAGA, BESTA DE MÃO

| AFIXO | CAMADA | EFEITO |
|---|---|---|
| da Enguia | 1 | Adiciona 1-4 dano Elétrico |
| | 2 | Adiciona 1-4 dano Elétrico |
| | 3 | Adiciona 1-4 dano Elétrico |
| | 4 | Adiciona 2-7 dano Elétrico |
| das Tempestades | 5 | Adiciona 3-11 dano Elétrico |
| | 6 | Adiciona 5-21 dano Elétrico |
| | 7 | Adiciona 9-40 dano Elétrico |
| | 8 | Adiciona 15-70 dano Elétrico |
| | 9 | Adiciona 26-119 dano Elétrico |
| da Discórdia | 10 | Adiciona 37-173 dano Elétrico |
| | 11 | Adiciona 53-245 dano Elétrico |
| | 12 | Adiciona 69-322 dano Elétrico |
| | 13 | Adiciona 90-418 dano Elétrico |
| da Conflagração | 14 | Adiciona 114-532 dano Elétrico |

# DANO VENENOSO

## ARMA DE HASTE, LANÇA, ARCO, FACA CERIMONIAL, VARINHA

| AFIXO | CAMADA | EFEITO |
|---|---|---|
| da Cobra | 1 | Adiciona 1-4 dano Venenoso |
| | 2 | Adiciona 1-4 dano Venenoso |
| | 3 | Adiciona 1-5 dano Venenoso |
| | 4 | Adiciona 2-9 dano Venenoso |
| das Lesões | 5 | Adiciona 3-14 dano Venenoso |
| | 6 | Adiciona 6-25 dano Venenoso |
| | 7 | Adiciona 11-49 dano Venenoso |
| | 8 | Adiciona 19-89 dano Venenoso |
| das Feridas | 9 | Adiciona 32-147 dano Venenoso |
| | 10 | Adiciona 47-211 dano Venenoso |
| | 11 | Adiciona 66-308 dano Venenoso |
| | 12 | Adiciona 87-404 dano Venenoso |
| | 13 | Adiciona 112-522 dano Venenoso |
| da Praga | 14 | Adiciona 143-667 dano Venenoso |

## ADAGA, BESTA DE MÃO

| AFIXO | CAMADA | EFEITO |
|---|---|---|
| da Cobra | 1 | Adiciona 1-4 dano Venenoso |
| | 2 | Adiciona 1-4 dano Venenoso |
| | 3 | Adiciona 1-4 dano Venenoso |
| | 4 | Adiciona 2-7 dano Venenoso |
| das Lesões | 5 | Adiciona 3-11 dano Venenoso |
| | 6 | Adiciona 5-21 dano Venenoso |
| | 7 | Adiciona 9-40 dano Venenoso |
| | 8 | Adiciona 15-70 dano Venenoso |
| das Feridas | 9 | Adiciona 26-119 dano Venenoso |
| | 10 | Adiciona 37-173 dano Venenoso |
| | 11 | Adiciona 53-245 dano Venenoso |
| | 12 | Adiciona 69-322 dano Venenoso |
| | 13 | Adiciona 90-418 dano Venenoso |
| da Praga | 14 | Adiciona 114-532 dano Venenoso |

# DANO ARCANO

## ARMA DE HASTE, LANÇA, ARCO, FACA CERIMONIAL, VARINHA

| AFIXO | CAMADA | EFEITO |
|---|---|---|
| Estelar | 1 | Adiciona 1-4 dano Arcano |
| | 2 | Adiciona 1-4 dano Arcano |
| | 3 | Adiciona 1-5 dano Arcano |
| | 4 | Adiciona 2-9 dano Arcano |
| do Infinito | 5 | Adiciona 3-14 dano Arcano |
| | 6 | Adiciona 6-25 dano Arcano |
| | 7 | Adiciona 11-49 dano Arcano |
| | 8 | Adiciona 19-89 dano Arcano |
| | 9 | Adiciona 32-147 dano Arcano |
| do Vazio | 10 | Adiciona 47-211 dano Arcano |
| | 11 | Adiciona 66-308 dano Arcano |
| | 12 | Adiciona 87-404 dano Arcano |
| | 13 | Adiciona 112-522 dano Arcano |
| do Além | 14 | Adiciona 143-667 dano Arcano |

## ADAGA, BESTA DE MÃO

| AFIXO | CAMADA | EFEITO |
|---|---|---|
| Estelar | 1 | Adiciona 1-4 dano Arcano |
| | 2 | Adiciona 1-4 dano Arcano |
| | 3 | Adiciona 1-4 dano Arcano |
| | 4 | Adiciona 2-7 dano Arcano |
| do Infinito | 5 | Adiciona 3-11 dano Arcano |
| | 6 | Adiciona 5-21 dano Arcano |
| | 7 | Adiciona 9-40 dano Arcano |
| | 8 | Adiciona 15-70 dano Arcano |
| | 9 | Adiciona 26-119 dano Arcano |
| do Vazio | 10 | Adiciona 37-173 dano Arcano |
| | 11 | Adiciona 53-245 dano Arcano |
| | 12 | Adiciona 69-322 dano Arcano |
| | 13 | Adiciona 90-418 dano Arcano |
| do Além | 14 | Adiciona 114-532 dano Arcano |

# TIPO DE AFIXO: BÔNUS AO ACERTAR



## VIDA AO ACERTAR

### ARMA, AMULETO, ESPECIAL DE SEGUIDOR

| AFIXO | CAMADA | EFEITO |
|---|---|---|
| do Sanguessuga | 1 | Dá 2 Vida ao acertar |
| | 2 | Dá 3 Vida ao acertar |
| | 3 | Dá 4-6 Vida ao acertar |
| | 4 | Dá 7-10 Vida ao acertar |
| da Carnificina | 5 | Dá 11-16 Vida ao acertar |
| | 6 | Dá 17-26 Vida ao acertar |
| | 7 | Dá 27-35 Vida ao acertar |
| | 8 | Dá 36-66 Vida ao acertar |
| | 9 | Dá 67-108 Vida ao acertar |
| da Ultraviolência | 10 | Dá 109-189 Vida ao acertar |
| | 11 | Dá 190-303 Vida ao acertar |
| | 12 | Dá 304-448 Vida ao acertar |
| | 13 | Dá 449-657 Vida ao acertar |
| do Aleijamento | 14 | Dá 658-959 Vida ao acertar |

### ANEL

| AFIXO | CAMADA | EFEITO |
|---|---|---|
| do Sanguessuga | 1 | Dá 1 Vida ao acertar |
| | 2 | Dá 2 Vida ao acertar |
| | 3 | Dá 3 Vida ao acertar |
| | 4 | Dá 4-5 Vida ao acertar |
| da Carnificina | 5 | Dá 6-8 Vida ao acertar |
| | 6 | Dá 9-13 Vida ao acertar |
| | 7 | Dá 14-17 Vida ao acertar |
| | 8 | Dá 18-33 Vida ao acertar |
| | 9 | Dá 34-54 Vida ao acertar |
| da Ultraviolência | 10 | Dá 55-94 Vida ao acertar |
| | 11 | Dá 95-151 Vida ao acertar |
| | 12 | Dá 152-224 Vida ao acertar |
| | 13 | Dá 225-328 Vida ao acertar |
| do Aleijamento | 14 | Dá 329-479 Vida ao acertar |

## VIDA AO MATAR

### ARMA, AMULETO, ESPECIAL DE SEGUIDOR

| AFIXO | CAMADA | EFEITO |
|---|---|---|
| do Massacre | 1 | Dá 2-8 Vida para cada morte |
| | 2 | Dá 9-11 Vida para cada morte |
| | 3 | Dá 12-19 Vida para cada morte |
| | 4 | Dá 20-30 Vida para cada morte |
| | 5 | Dá 31-50 Vida para cada morte |
| da Mutilação | 6 | Dá 51-78 Vida para cada morte |
| | 7 | Dá 79-106 Vida para cada morte |
| | 8 | Dá 107-198 Vida para cada morte |
| | 9 | Dá 199-326 Vida para cada morte |
| do Extermínio | 10 | Dá 327-569 Vida para cada morte |
| | 11 | Dá 570-909 Vida para cada morte |
| | 12 | Dá 910-1344 Vida para cada morte |
| | 13 | Dá 1345-1971 Vida para cada morte |
| do Terror | 14 | Dá 1972-2878 Vida para cada morte |

### ANEL

| AFIXO | CAMADA | EFEITO |
|---|---|---|
| do Massacre | 1 | Dá 2-4 Vida para cada morte |
| | 2 | Dá 5 Vida para cada morte |
| | 3 | Dá 6-9 Vida para cada morte |
| | 4 | Dá 10-15 Vida para cada morte |
| | 5 | Dá 16-25 Vida para cada morte |
| da Mutilação | 6 | Dá 26-39 Vida para cada morte |
| | 7 | Dá 40-53 Vida para cada morte |
| | 8 | Dá 54-99 Vida para cada morte |
| | 9 | Dá 100-163 Vida para cada morte |
| do Extermínio | 10 | Dá 164-284 Vida para cada morte |
| | 11 | Dá 285-454 Vida para cada morte |
| | 12 | Dá 455-672 Vida para cada morte |
| | 13 | Dá 673-985 Vida para cada morte |
| | 14 | Dá 986-1439 Vida para cada morte |

## AMEDRONTAR AO ACERTAR

### ELMO, ARMA DE DUAS MÃOS

| AFIXO | CAMADA | EFEITO |
|---|---|---|
| do Espanto | 1 | 1-1,25% de Chance de Amedrontar o Alvo ao Acertar |
| | 2 | 1-1,5% de Chance de Amedrontar o Alvo ao Acertar |
| | 3 | 1-1,75% de Chance de Amedrontar o Alvo ao Acertar |
| | 4 | 1-2% de Chance de Amedrontar o Alvo ao Acertar |
| dos Pesadelos | 5 | 1-2,25% de Chance de Amedrontar o Alvo ao Acertar |
| | 6 | 1-2,5% de Chance de Amedrontar o Alvo ao Acertar |
| | 7 | 1-2,75% de Chance de Amedrontar o Alvo ao Acertar |
| | 8 | 1-3% de Chance de Amedrontar o Alvo ao Acertar |
| do Horror | 9 | 1-3,5% de Chance de Amedrontar o Alvo ao Acertar |
| | 10 | 1-4% de Chance de Amedrontar o Alvo ao Acertar |
| | 11 | 1-4,5% de Chance de Amedrontar o Alvo ao Acertar |
| do Terror | 12 | 1-5% de Chance de Amedrontar o Alvo ao Acertar |

### ARMA DE UMA MÃO, MÃO SECUNDÁRIA

| AFIXO | CAMADA | EFEITO |
|---|---|---|
| do Espanto | 1 | 1-1,25% de Chance de Amedrontar o Alvo ao Acertar |
| | 2 | 1-1,25% de Chance de Amedrontar o Alvo ao Acertar |
| | 3 | 1-1,25% de Chance de Amedrontar o Alvo ao Acertar |
| | 4 | 1-1,5% de Chance de Amedrontar o Alvo ao Acertar |
| dos Pesadelos | 5 | 1-1,5% de Chance de Amedrontar o Alvo ao Acertar |
| | 6 | 1-1,75% de Chance de Amedrontar o Alvo ao Acertar |
| | 7 | 1-1,75% de Chance de Amedrontar o Alvo ao Acertar |
| | 8 | 1-2% de Chance de Amedrontar o Alvo ao Acertar |
| do Horror | 9 | 1-2% de Chance de Amedrontar o Alvo ao Acertar |
| | 10 | 1-2% de Chance de Amedrontar o Alvo ao Acertar |
| | 11 | 1-2,25% de Chance de Amedrontar o Alvo ao Acertar |
| do Terror | 12 | 1-2,59% de Chance de Amedrontar o Alvo ao Acertar |

## ATORDOAR AO ACERTAR

### LUVAS, ARMA DE DUAS MÃOS

| AFIXO | CAMADA | EFEITO |
|---|---|---|
| do Golpe | 1 | 1-1,25% de Chance de Atordoar o Alvo ao Acertar |
| | 2 | 1-1,5% de Chance de Atordoar o Alvo ao Acertar |
| | 3 | 1-1,75% de Chance de Atordoar o Alvo ao Acertar |
| | 4 | 1-2% de Chance de Atordoar o Alvo ao Acertar |
| do Envenenamento | 5 | 1-2,25% de Chance de Atordoar o Alvo ao Acertar |
| | 6 | 1-2,5% de Chance de Atordoar o Alvo ao Acertar |
| | 7 | 1-2,75% de Chance de Atordoar o Alvo ao Acertar |
| | 8 | 1-3% de Chance de Atordoar o Alvo ao Acertar |
| da Ruína | 9 | 1-3,5% de Chance de Atordoar o Alvo ao Acertar |
| | 10 | 1-4% de Chance de Atordoar o Alvo ao Acertar |
| | 11 | 1-4,5% de Chance de Atordoar o Alvo ao Acertar |
| da Devastação | 12 | 1-5% de Chance de Atordoar o Alvo ao Acertar |

### ARMA DE UMA MÃO, MÃO SECUNDÁRIA

| AFIXO | CAMADA | EFEITO |
|---|---|---|
| do Golpe | 1 | 1-1,25% de Chance de Atordoar o Alvo ao Acertar |
| | 2 | 1-1,25% de Chance de Atordoar o Alvo ao Acertar |
| | 3 | 1-1,25% de Chance de Atordoar o Alvo ao Acertar |
| | 4 | 1-1,5% de Chance de Atordoar o Alvo ao Acertar |
| do Envenenamento | 5 | 1-1,5% de Chance de Atordoar o Alvo ao Acertar |
| | 6 | 1-1,75% de Chance de Atordoar o Alvo ao Acertar |
| | 7 | 1-1,75% de Chance de Atordoar o Alvo ao Acertar |
| | 8 | 1-2% de Chance de Atordoar o Alvo ao Acertar |
| da Ruína | 9 | 1-2% de Chance de Atordoar o Alvo ao Acertar |
| | 10 | 1-2% de Chance de Atordoar o Alvo ao Acertar |
| | 11 | 1-2,25% de Chance de Atordoar o Alvo ao Acertar |
| da Devastação | 12 | 1-2,59% de Chance de Atordoar o Alvo ao Acertar |

## CEGAR AO ACERTAR

### AMULETO, ARMA DE DUAS MÃOS

| AFIXO | CAMADA | EFEITO |
|---|---|---|
| Estonteante | 1 | 1-1,25% de Chance de Atordoar o Alvo ao Acertar |
| | 2 | 1-1,5% de Chance de Atordoar o Alvo ao Acertar |
| | 3 | 1-1,75% de Chance de Atordoar o Alvo ao Acertar |
| | 4 | 1-2% de Chance de Atordoar o Alvo ao Acertar |
| Desconcertante | 5 | 1-2,25% de Chance de Atordoar o Alvo ao Acertar |
| | 6 | 1-2,5% de Chance de Atordoar o Alvo ao Acertar |
| | 7 | 1-2,75% de Chance de Atordoar o Alvo ao Acertar |
| | 8 | 1-3% de Chance de Atordoar o Alvo ao Acertar |
| Desorientador | 9 | 1-3,5% de Chance de Atordoar o Alvo ao Acertar |
| | 10 | 1-4% de Chance de Atordoar o Alvo ao Acertar |
| | 11 | 1-4,5% de Chance de Atordoar o Alvo ao Acertar |
| Hipnótico | 12 | 1-5% de Chance de Atordoar o Alvo ao Acertar |

### ARMA DE UMA MÃO, MÃO SECUNDÁRIA

| AFIXO | CAMADA | EFEITO |
|---|---|---|
| Estonteante | 1 | 1-1,25% de Chance de Atordoar o Alvo ao Acertar |
| | 2 | 1-1,25% de Chance de Atordoar o Alvo ao Acertar |
| | 3 | 1-1,25% de Chance de Atordoar o Alvo ao Acertar |
| | 4 | 1-1,5% de Chance de Atordoar o Alvo ao Acertar |
| Desconcertante | 5 | 1-1,5% de Chance de Atordoar o Alvo ao Acertar |
| | 6 | 1-1,75% de Chance de Atordoar o Alvo ao Acertar |
| | 7 | 1-1,75% de Chance de Atordoar o Alvo ao Acertar |
| | 8 | 1-2% de Chance de Atordoar o Alvo ao Acertar |
| Desorientador | 9 | 1-2% de Chance de Atordoar o Alvo ao Acertar |
| | 10 | 1-2% de Chance de Atordoar o Alvo ao Acertar |
| | 11 | 1-2,25% de Chance de Atordoar o Alvo ao Acertar |
| Hipnótico | 12 | 1-2,59% de Chance de Atordoar o Alvo ao Acertar |

## CONGELAR AO ACERTAR

### CINTO, ARMA DE DUAS MÃOS

| AFIXO | CAMADA | EFEITO |
|---|---|---|
| do Gelo | 1 | 1-1,25% de Chance de Congelar o Alvo ao Acertar |
| | 2 | 1-1,5% de Chance de Congelar o Alvo ao Acertar |
| | 3 | 1-1,75% de Chance de Congelar o Alvo ao Acertar |
| | 4 | 1-2% de Chance de Congelar o Alvo ao Acertar |
| do Granizo | 5 | 1-2,25% de Chance de Congelar o Alvo ao Acertar |
| | 6 | 1-2,5% de Chance de Congelar o Alvo ao Acertar |
| | 7 | 1-2,75% de Chance de Congelar o Alvo ao Acertar |
| | 8 | 1-3% de Chance de Congelar o Alvo ao Acertar |
| do Oceano Glacial | 9 | 1-3,5% de Chance de Congelar o Alvo ao Acertar |
| | 10 | 1-4% de Chance de Congelar o Alvo ao Acertar |
| | 11 | 1-4,5% de Chance de Congelar o Alvo ao Acertar |
| da Desolação | 12 | 1-5% de Chance de Congelar o Alvo ao Acertar |

### ARMA DE UMA MÃO, MÃO SECUNDÁRIA

| AFIXO | CAMADA | EFEITO |
|---|---|---|
| do Gelo | 1 | 1-1,25% de Chance de Congelar o Alvo ao Acertar |
| | 2 | 1-1,25% de Chance de Congelar o Alvo ao Acertar |
| | 3 | 1-1,25% de Chance de Congelar o Alvo ao Acertar |
| | 4 | 1-1,5% de Chance de Congelar o Alvo ao Acertar |
| do Granizo | 5 | 1-1,5% de Chance de Congelar o Alvo ao Acertar |
| | 6 | 1-1,75% de Chance de Congelar o Alvo ao Acertar |
| | 7 | 1-1,75% de Chance de Congelar o Alvo ao Acertar |
| | 8 | 1-2% de Chance de Congelar o Alvo ao Acertar |
| do Oceano Glacial | 9 | 1-2% de Chance de Congelar o Alvo ao Acertar |
| | 10 | 1-2% de Chance de Congelar o Alvo ao Acertar |
| | 11 | 1-2,25% de Chance de Congelar o Alvo ao Acertar |
| da Desolação | 12 | 1-2,59% de Chance de Congelar o Alvo ao Acertar |

## GELAR AO ACERTAR

### OMBREIRAS, ARMA DE DUAS MÃOS

| AFIXO | CAMADA | EFEITO |
|---|---|---|
| Gelante | 1 | 1-1,25% de Chance de Gelar o Alvo ao Acertar |
| | 2 | 1-1,5% de Chance de Gelar o Alvo ao Acertar |
| | 3 | 1-1,75% de Chance de Gelar o Alvo ao Acertar |
| | 4 | 1-2% de Chance de Gelar o Alvo ao Acertar |
| Regélido | 5 | 1-2,25% de Chance de Gelar o Alvo ao Acertar |
| | 6 | 1-2,5% de Chance de Gelar o Alvo ao Acertar |
| | 7 | 1-2,75% de Chance de Gelar o Alvo ao Acertar |
| | 8 | 1-3% de Chance de Gelar o Alvo ao Acertar |
| Glacial | 9 | 1-3,5% de Chance de Gelar o Alvo ao Acertar |
| | 10 | 1-4% de Chance de Gelar o Alvo ao Acertar |
| | 11 | 1-4,5% de Chance de Gelar o Alvo ao Acertar |
| Hiperbóreo | 12 | 1-5% de Chance de Gelar o Alvo ao Acertar |

### ARMA DE UMA MÃO, MÃO SECUNDÁRIA

| AFIXO | CAMADA | EFEITO |
|---|---|---|
| Gelante | 1 | 1-1,25% de Chance de Gelar o Alvo ao Acertar |
| | 2 | 1-1,25% de Chance de Gelar o Alvo ao Acertar |
| | 3 | 1-1,25% de Chance de Gelar o Alvo ao Acertar |
| | 4 | 1-1,5% de Chance de Gelar o Alvo ao Acertar |
| Regélido | 5 | 1-1,5% de Chance de Gelar o Alvo ao Acertar |
| | 6 | 1-1,75% de Chance de Gelar o Alvo ao Acertar |
| | 7 | 1-1,75% de Chance de Gelar o Alvo ao Acertar |
| | 8 | 1-2% de Chance de Gelar o Alvo ao Acertar |
| Glacial | 9 | 1-2% de Chance de Gelar o Alvo ao Acertar |
| | 10 | 1-2% de Chance de Gelar o Alvo ao Acertar |
| | 11 | 1-2,25% de Chance de Gelar o Alvo ao Acertar |
| Hiperbóreo | 12 | 1-2,59% de Chance de Gelar o Alvo ao Acertar |

## RETARDAR AO ACERTAR

### CALÇAS, ARMA DE DUAS MÃOS

| AFIXO | CAMADA | EFEITO |
|---|---|---|
| Destrutor | 1 | 1-1,25% de Chance de Retardar o Alvo ao Acertar |
| | 2 | 1-1,5% de Chance de Retardar o Alvo ao Acertar |
| | 3 | 1-1,75% de Chance de Retardar o Alvo ao Acertar |
| | 4 | 1-2% de Chance de Retardar o Alvo ao Acertar |
| Punitivo | 5 | 1-2,25% de Chance de Retardar o Alvo ao Acertar |
| | 6 | 1-2,5% de Chance de Retardar o Alvo ao Acertar |
| | 7 | 1-2,75% de Chance de Retardar o Alvo ao Acertar |
| | 8 | 1-3% de Chance de Retardar o Alvo ao Acertar |
| Perseguidor | 9 | 1-3,5% de Chance de Retardar o Alvo ao Acertar |
| | 10 | 1-4% de Chance de Retardar o Alvo ao Acertar |
| | 11 | 1-4,5% de Chance de Retardar o Alvo ao Acertar |
| Dominador | 12 | 1-5% de Chance de Retardar o Alvo ao Acertar |

### ARMA DE UMA MÃO, MÃO SECUNDÁRIA

| AFIXO | CAMADA | EFEITO |
|---|---|---|
| Destrutor | 1 | 1-1,25% de Chance de Retardar o Alvo ao Acertar |
| | 2 | 1-1,25% de Chance de Retardar o Alvo ao Acertar |
| | 3 | 1-1,25% de Chance de Retardar o Alvo ao Acertar |
| | 4 | 1-1,5% de Chance de Retardar o Alvo ao Acertar |
| Punitivo | 5 | 1-1,5% de Chance de Retardar o Alvo ao Acertar |
| | 6 | 1-1,75% de Chance de Retardar o Alvo ao Acertar |
| | 7 | 1-1,75% de Chance de Retardar o Alvo ao Acertar |
| | 8 | 1-2% de Chance de Retardar o Alvo ao Acertar |
| Perseguidor | 9 | 1-2% de Chance de Retardar o Alvo ao Acertar |
| | 10 | 1-2% de Chance de Retardar o Alvo ao Acertar |
| | 11 | 1-2,25% de Chance de Retardar o Alvo ao Acertar |
| Dominador | 12 | 1-2,59% de Chance de Retardar o Alvo ao Acertar |

## IMOBILIZAR AO ACERTAR

### BOTAS, ARMA DE DUAS MÃOS

| AFIXO | CAMADA | EFEITO |
|---|---|---|
| da Estagnação | 1 | 1-1,25% de Chance de Imobilizar o Alvo ao Acertar |
| | 2 | 1-1,5% de Chance de Imobilizar o Alvo ao Acertar |
| | 3 | 1-1,75% de Chance de Imobilizar o Alvo ao Acertar |
| | 4 | 1-2% de Chance de Imobilizar o Alvo ao Acertar |
| do Aleijamento | 5 | 1-2,25% de Chance de Imobilizar o Alvo ao Acertar |
| | 6 | 1-2,5% de Chance de Imobilizar o Alvo ao Acertar |
| | 7 | 1-2,75% de Chance de Imobilizar o Alvo ao Acertar |
| | 8 | 1-3% de Chance de Imobilizar o Alvo ao Acertar |
| da Sabotagem | 9 | 1-3,5% de Chance de Imobilizar o Alvo ao Acertar |
| | 10 | 1-4% de Chance de Imobilizar o Alvo ao Acertar |
| | 11 | 1-4,5% de Chance de Imobilizar o Alvo ao Acertar |
| da Paralisia | 12 | 1-5% de Chance de Imobilizar o Alvo ao Acertar |

### ARMA DE UMA MÃO, MÃO SECUNDÁRIA

| AFIXO | CAMADA | EFEITO |
|---|---|---|
| da Estagnação | 1 | 1-1,25% de Chance de Imobilizar o Alvo ao Acertar |
| | 2 | 1-1,25% de Chance de Imobilizar o Alvo ao Acertar |
| | 3 | 1-1,25% de Chance de Imobilizar o Alvo ao Acertar |
| | 4 | 1-1,5% de Chance de Imobilizar o Alvo ao Acertar |
| do Aleijamento | 5 | 1-1,5% de Chance de Imobilizar o Alvo ao Acertar |
| | 6 | 1-1,75% de Chance de Imobilizar o Alvo ao Acertar |
| | 7 | 1-1,75% de Chance de Imobilizar o Alvo ao Acertar |
| | 8 | 1-2% de Chance de Imobilizar o Alvo ao Acertar |
| da Sabotagem | 9 | 1-2% de Chance de Imobilizar o Alvo ao Acertar |
| | 10 | 1-2% de Chance de Imobilizar o Alvo ao Acertar |
| | 11 | 1-2,25% de Chance de Imobilizar o Alvo ao Acertar |
| da Paralisia | 12 | 1-2,59% de Chance de Imobilizar o Alvo ao Acertar |

## REPELIR AO ACERTAR

### BRAÇADEIRAS, ARMA DE DUAS MÃOS

| AFIXO | CAMADA | EFEITO |
|---|---|---|
| Cerceante | 1 | 1-1,25% de Chance de Repelir o Alvo ao Acertar |
| | 2 | 1-1,5% de Chance de Repelir o Alvo ao Acertar |
| | 3 | 1-1,75% de Chance de Repelir o Alvo ao Acertar |
| | 4 | 1-2% de Chance de Repelir o Alvo ao Acertar |
| Espancador | 5 | 1-2,25% de Chance de Repelir o Alvo ao Acertar |
| | 6 | 1-2,5% de Chance de Repelir o Alvo ao Acertar |
| | 7 | 1-2,75% de Chance de Repelir o Alvo ao Acertar |
| | 8 | 1-3% de Chance de Repelir o Alvo ao Acertar |
| Esmagador | 9 | 1-3,5% de Chance de Repelir o Alvo ao Acertar |
| | 10 | 1-4% de Chance de Repelir o Alvo ao Acertar |
| | 11 | 1-4,5% de Chance de Repelir o Alvo ao Acertar |
| Pulverizador | 12 | 1-5% de Chance de Repelir o Alvo ao Acertar |

### ARMA DE UMA MÃO, MÃO SECUNDÁRIA

| AFIXO | CAMADA | EFEITO |
|---|---|---|
| Cerceante | 1 | 1-1,25% de Chance de Repelir o Alvo ao Acertar |
| | 2 | 1-1,25% de Chance de Repelir o Alvo ao Acertar |
| | 3 | 1-1,25% de Chance de Repelir o Alvo ao Acertar |
| | 4 | 1-1,5% de Chance de Repelir o Alvo ao Acertar |
| Espancador | 5 | 1-1,5% de Chance de Repelir o Alvo ao Acertar |
| | 6 | 1-1,75% de Chance de Repelir o Alvo ao Acertar |
| | 7 | 1-1,75% de Chance de Repelir o Alvo ao Acertar |
| | 8 | 1-2% de Chance de Repelir o Alvo ao Acertar |
| Esmagador | 9 | 1-2% de Chance de Repelir o Alvo ao Acertar |
| | 10 | 1-2% de Chance de Repelir o Alvo ao Acertar |
| | 11 | 1-2,25% de Chance de Repelir o Alvo ao Acertar |
| Pulverizador | 12 | 1-2,59% de Chance de Repelir o Alvo ao Acertar |



# TIPO DE AFIXO: BLOQUEIO

## CHANCE DE BLOQUEIO

### ESCUDO

| AFIXO | CAMADA | EFEITO |
|---|---|---|
| da Tartaruga | 1 | Adicional de 1% de chance de bloqueio |
| | 2 | Adicional de 2% de chance de bloqueio |
| da Deflexão | 3 | Adicional de 3% de chance de bloqueio |
| | 4 | Adicional de 4% de chance de bloqueio |
| | 5 | Adicional de 5% de chance de bloqueio |
| da Interceptação | 6 | Adicional de 6% de chance de bloqueio |
| | 7 | Adicional de 7% de chance de bloqueio |
| | 8 | Adicional de 8% de chance de bloqueio |
| da Invulnerabilidade | 9 | Adicional de 9% de chance de bloqueio |

### AMULETO, RELÍQUIA DO TEMPLÁRIO

| AFIXO | CAMADA | EFEITO |
|---|---|---|
| da Tartaruga | 1 | Adicional de 1% de chance de bloqueio |
| | 2 | Adicional de 2% de chance de bloqueio |
| da Deflexão | 3 | Adicional de 4% de chance de bloqueio |
| | 4 | Adicional de 6% de chance de bloqueio |
| | 5 | Adicional de 8% de chance de bloqueio |
| da Interceptação | 6 | Adicional de 11% de chance de bloqueio |
| | 7 | Adicional de 12% de chance de bloqueio |
| | 8 | Adicional de 13% de chance de bloqueio |
| da Invulnerabilidade | 9 | Adicional de 15% de chance de bloqueio |

# TIPO DE AFIXO: ACERTOS CRÍTICOS

## CHANCE DE ACERTO CRÍTICO

### AMULETO, LUVAS, MÃO SECUNDÁRIA

| AFIXO | CAMADA | EFEITO |
|---|---|---|
| Férreo | 1 | 2-3% de Aumento de Chance de Acerto Crítico |
| | 2 | 4-5% de Aumento de Chance de Acerto Crítico |
| | 3 | 6-7% de Aumento de Chance de Acerto Crítico |
| Serradonte | 4 | 8-9% de Aumento de Chance de Acerto Crítico |
| | 5 | 10-11% de Aumento de Chance de Acerto Crítico |
| | 6 | 12-13% de Aumento de Chance de Acerto Crítico |
| Lacerante | 7 | 14-15% de Aumento de Chance de Acerto Crítico |
| | 8 | 16-17% de Aumento de Chance de Acerto Crítico |
| Esfolador | 9 | 18-19% de Aumento de Chance de Acerto Crítico |

### ANEL, BRAÇADEIRAS, ELMO

| AFIXO | CAMADA | EFEITO |
|---|---|---|
| Férreo | 1 | 1-2% de Aumento de Chance de Acerto Crítico |
| | 2 | 3% de Aumento de Chance de Acerto Crítico |
| | 3 | 4% de Aumento de Chance de Acerto Crítico |
| Serradonte | 4 | 5% de Aumento de Chance de Acerto Crítico |
| | 5 | 6% de Aumento de Chance de Acerto Crítico |
| | 6 | 7% de Aumento de Chance de Acerto Crítico |
| Lacerante | 7 | 8% de Aumento de Chance de Acerto Crítico |
| | 8 | 9% de Aumento de Chance de Acerto Crítico |
| Esfolador | 9 | 10-12% de Aumento de Chance de Acerto Crítico |

## DANO DE ACERTO CRÍTICO

### ARMA, AMULETO, ESPECIAL DE SEGUIDOR

| AFIXO | CAMADA | EFEITO |
|---|---|---|
| Brutal | 1 | Aumenta o Dano de Acerto Crítico em 20-25% |
| | 2 | Aumenta o Dano de Acerto Crítico em 26-30% |
| | 3 | Aumenta o Dano de Acerto Crítico em 31-35% |
| Maléfico | 4 | Aumenta o Dano de Acerto Crítico em 36-40% |
| | 5 | Aumenta o Dano de Acerto Crítico em 41-45% |
| | 6 | Aumenta o Dano de Acerto Crítico em 46-50% |
| Mortal | 7 | Aumenta o Dano de Acerto Crítico em 51-55% |
| | 8 | Aumenta o Dano de Acerto Crítico em 56-60% |
| | 9 | Aumenta o Dano de Acerto Crítico em 61-65% |
| Impiedoso | 10 | Aumenta o Dano de Acerto Crítico em 66-100% |

### ANEL, LUVAS

| AFIXO | CAMADA | EFEITO |
|---|---|---|
| Brutal | 1 | Aumenta o Dano de Acerto Crítico em 10-12% |
| | 2 | Aumenta o Dano de Acerto Crítico em 13-14% |
| | 3 | Aumenta o Dano de Acerto Crítico em 15-16% |
| Maléfico | 4 | Aumenta o Dano de Acerto Crítico em 17-19% |
| | 5 | Aumenta o Dano de Acerto Crítico em 20-22% |
| | 6 | Aumenta o Dano de Acerto Crítico em 23-25% |
| Mortal | 7 | Aumenta o Dano de Acerto Crítico em 26-28% |
| | 8 | Aumenta o Dano de Acerto Crítico em 29-31% |
| | 9 | Aumenta o Dano de Acerto Crítico em 32-34% |
| Impiedoso | 10 | Aumenta o Dano de Acerto Crítico em 35-50% |

# TIPO DE AFIXO: VIDA

## VIDA MÁXIMA

### AMULETO, ESCUDO

| AFIXO | CAMADA | EFEITO |
|---|---|---|
| Rústico | 1 | Aumenta a Vida Máx. em 5-7% |
| | 2 | Aumenta a Vida Máx. em 7-8% |
| | 3 | Aumenta a Vida Máx. em 9-10% |
| Resoluto | 4 | Aumenta a Vida Máx. em 11-12% |
| | 5 | Aumenta a Vida Máx. em 13-14% |
| | 6 | Aumenta a Vida Máx. em 15-16% |

### ANEL, ELMO, PEITORAL, CINTO, OMBREIRAS, MÃO SECUNDÁRIA

| AFIXO | CAMADA | EFEITO |
|---|---|---|
| Rústico | 1 | Aumenta a Vida Máx. em 3% |
| | 2 | Aumenta a Vida Máx. em 4% |
| | 3 | Aumenta a Vida Máx. em 5% |
| Resoluto | 4 | Aumenta a Vida Máx. em 6-7% |
| | 5 | Aumenta a Vida Máx. em 8-9% |
| | 6 | Aumenta a Vida Máx. em 10-12% |

# TIPO DE AFIXO: ENCONTRAR ITENS

## CHANCE DE ENCONTRAR OURO

### AMULETO

| AFIXO | CAMADA | EFEITO |
|---|---|---|
| Sortudo | 1 | Chance de encontrar ouro aumenta em 5-10% |
| | 2 | Chance de encontrar ouro aumenta em 11-15% |
| | 3 | Chance de encontrar ouro aumenta em 16-20% |
| Coruscante | 4 | Chance de encontrar ouro aumenta em 21-25% |
| | 5 | Chance de encontrar ouro aumenta em 26-30% |
| | 6 | Chance de encontrar ouro aumenta em 31-35% |
| Próspero | 7 | Chance de encontrar ouro aumenta em 36-40% |
| | 8 | Chance de encontrar ouro aumenta em 41-50% |

### ANEL, ARMADURA, MÃO SECUNDÁRIA

| AFIXO | CAMADA | EFEITO |
|---|---|---|
| Sortudo | 1 | Chance de encontrar ouro aumenta em 5-8% |
| | 2 | Chance de encontrar ouro aumenta em 9-10% |
| | 3 | Chance de encontrar ouro aumenta em 11-12% |
| Coruscante | 4 | Chance de encontrar ouro aumenta em 13-14% |
| | 5 | Chance de encontrar ouro aumenta em 15-16% |
| | 6 | Chance de encontrar ouro aumenta em 17-18% |
| Próspero | 7 | Chance de encontrar ouro aumenta em 19-20% |
| | 8 | Chance de encontrar ouro aumenta em 21-25% |

## RAIO DE COLETA DE OURO

### ARMADURA

| AFIXO | CAMADA | EFEITO |
|---|---|---|
| Coletor | 1 | Expande o raio de coleta de ouro em 2 |
| | 2 | Expande o raio de coleta de ouro em 3 |
| Ganancioso | 3 | Expande o raio de coleta de ouro em 4 |
| | 4 | Expande o raio de coleta de ouro em 5 |
| Mesquinho | 5 | Expande o raio de coleta de ouro em 6 |
| Avarento | 6 | Expande o raio de coleta de ouro em 7 |

## CHANCE DE ENCONTRAR ITENS MÁGICOS

### AMULETO

| AFIXO | CAMADA | EFEITO |
|---|---|---|
| Batedor | 1 | Chance de achar itens mágicos aumenta em 2-5% |
| | 2 | Chance de achar itens mágicos aumenta em 6-10% |
| | 3 | Chance de achar itens mágicos aumenta em 11-15% |
| | 4 | Chance de achar itens mágicos aumenta em 16-20% |
| Saqueador | 5 | Chance de achar itens mágicos aumenta em 21-25% |
| | 6 | Chance de achar itens mágicos aumenta em 26-30% |
| | 7 | Chance de achar itens mágicos aumenta em 31-35% |
| Buscador | 8 | Chance de achar itens mágicos aumenta em 36-40% |
| | 9 | Chance de achar itens mágicos aumenta em 41-45% |

### ANEL, ARMADURA, MÃO SECUNDÁRIA

| AFIXO | CAMADA | EFEITO |
|---|---|---|
| Batedor | 1 | Chance de achar itens mágicos aumenta em 2-4% |
| | 2 | Chance de achar itens mágicos aumenta em 5-6% |
| | 3 | Chance de achar itens mágicos aumenta em 7-8% |
| | 4 | Chance de achar itens mágicos aumenta em 9-10% |
| Saqueador | 5 | Chance de achar itens mágicos aumenta em 11-12% |
| | 6 | Chance de achar itens mágicos aumenta em 13-14% |
| | 7 | Chance de achar itens mágicos aumenta em 15-16% |
| Buscador | 8 | Chance de achar itens mágicos aumenta em 17-18% |
| | 9 | Chance de achar itens mágicos aumenta em 19-20% |

# TIPO DE AFIXO: EXPERIÊNCIA

## BÔNUS DE EXPERIÊNCIA

### ARMA, ARMADURA, MÃO SECUNDÁRIA, JOIA

| AFIXO | CAMADA | EFEITO |
|---|---|---|
| Aventuroso | 1 | Aumenta a Experiência ganha por morte em 1-2% |
| | 2 | Aumenta a Experiência ganha por morte em 3-4% |
| | 3 | Aumenta a Experiência ganha por morte em 5-6% |
| | 4 | Aumenta a Experiência ganha por morte em 7-8% |
| Esperto | 5 | Aumenta a Experiência ganha por morte em 9-10% |
| | 6 | Aumenta a Experiência ganha por morte em 11-12% |
| | 7 | Aumenta a Experiência ganha por morte em 13-14% |
| | 8 | Aumenta a Experiência ganha por morte em 15-16% |

| AFIXO | CAMADA | EFEITO |
|---|---|---|
| Inquieto | 9 | Aumenta a Experiência ganha por morte em 17-18% |
| | 10 | Aumenta a Experiência ganha por morte em 19-20% |
| | 11 | Aumenta a Experiência ganha por morte em 21-22% |
| Sagaz | 12 | Aumenta a Experiência ganha por morte em 23-24% |

# TIPO DE AFIXO: VELOCIDADE

## AUMENTO NA RAPIDEZ DE ATAQUE

### ARMA

| AFIXO | CAMADA | EFEITO |
|---|---|---|
| Perspicaz | 1 | Aumenta os Ataques por segundo em 2-3% |
| | 2 | Aumenta os Ataques por segundo em 4-5% |
| | 3 | Aumenta os Ataques por segundo em 6-7% |
| Ladrão | 4 | Aumenta os Ataques por segundo em 8-9% |
| | 5 | Aumenta os Ataques por segundo em 10-11% |
| | 6 | Aumenta os Ataques por segundo em 12-13% |
| Assolador | 7 | Aumenta os Ataques por segundo em 14-15% |
| | 8 | Aumenta os Ataques por segundo em 16-17% |
| | 9 | Aumenta os Ataques por segundo em 18-19% |
| da Derrota | 10 | Aumenta os Ataques por segundo em 20-25% |

### AMULETO, LUVAS, ANEL

| AFIXO | CAMADA | EFEITO |
|---|---|---|
| Perspicaz | 1 | Aumenta os Ataques por segundo em 2-3% |
| | 2 | Aumenta os Ataques por segundo em 4-5% |
| | 3 | Aumenta os Ataques por segundo em 6-7% |
| Ladrão | 4 | Aumenta os Ataques por segundo em 8-9% |
| | 5 | Aumenta os Ataques por segundo em 10-11% |
| | 6 | Aumenta os Ataques por segundo em 12-13% |
| Assolador | 7 | Aumenta os Ataques por segundo em 14-15% |
| | 8 | Aumenta os Ataques por segundo em 16-17% |

## AUMENTO NA RAPIDEZ DE MOVIMENTO

### BOTAS

| AFIXO | CAMADA | EFEITO |
|---|---|---|
| Rápido | 1 | Aumenta a velocidade de movimento em 4-5% |
| Ligeiro | 2 | Aumenta a velocidade de movimento em 6-7% |
| Limitante | 3 | Aumenta a velocidade de movimento em 8-9% |
| Sagaz | 4 | Aumenta a velocidade de movimento em 10-11% |
| Célere | 5 | Aumenta a velocidade de movimento em 12% |

## AUMENTO NA VELOCIDADE DE REGENERAÇÃO DE VIDA

### AMULETO, PEITORAL, ESPECIAL DE SEGUIDOR

| AFIXO | CAMADA | EFEITO |
|---|---|---|
| Reptiliano | 1 | Aumenta a regen. de Vida em 1-2 por segundo |
| | 2 | Aumenta a regen. de Vida em 3-4 por segundo |
| | 3 | Aumenta a regen. de Vida em 5-6 por segundo |
| | 4 | Aumenta a regen. de Vida em 7-9 por segundo |
| | 5 | Aumenta a regen. de Vida em 10-13 por segundo |
| | 6 | Aumenta a regen. de Vida em 14-19 por segundo |
| Salubre | 7 | Aumenta a regen. de Vida em 20-25 por segundo |
| | 8 | Aumenta a regen. de Vida em 26-37 por segundo |
| | 9 | Aumenta a regen. de Vida em 38-49 por segundo |
| | 10 | Aumenta a regen. de Vida em 50-62 por segundo |
| | 11 | Aumenta a regen. de Vida em 63-79 por segundo |
| | 12 | Aumenta a regen. de Vida em 80-110 por segundo |
| Imorredouro | 13 | Aumenta a regen. de Vida em 111-141 por segundo |
| | 14 | Aumenta a regen. de Vida em 142-174 por segundo |
| | 15 | Aumenta a regen. de Vida em 175-202 por segundo |
| | 16 | Aumenta a regen. de Vida em 203-280 por segundo |
| | 17 | Aumenta a regen. de Vida em 281-410 por segundo |
| Imortal | 18 | Aumenta a regen. de Vida em 411-599 por segundo |

### ARMADURA, MÃO SECUNDÁRIA, ANEL

| AFIXO | CAMADA | EFEITO |
|---|---|---|
| Reptiliano | 1 | Aumenta a regen. de Vida em 1 por segundo |
| | 2 | Aumenta a regen. de Vida em 2 por segundo |
| | 3 | Aumenta a regen. de Vida em 3 por segundo |
| | 4 | Aumenta a regen. de Vida em 4-5 por segundo |
| | 5 | Aumenta a regen. de Vida em 6-7 por segundo |
| | 6 | Aumenta a regen. de Vida em 8-11 por segundo |
| Salubre | 7 | Aumenta a regen. de Vida em 12-14 por segundo |
| | 8 | Aumenta a regen. de Vida em 15-21 por segundo |
| | 9 | Aumenta a regen. de Vida em 22-28 por segundo |
| | 10 | Aumenta a regen. de Vida em 29-35 por segundo |
| | 11 | Aumenta a regen. de Vida em 36-45 por segundo |
| | 12 | Aumenta a regen. de Vida em 46-63 por segundo |
| Imorredouro | 13 | Aumenta a regen. de Vida em 64-80 por segundo |
| | 14 | Aumenta a regen. de Vida em 81-99 por segundo |
| | 15 | Aumenta a regen. de Vida em 100-115 por segundo |
| | 16 | Aumenta a regen. de Vida em 116-160 por segundo |
| | 17 | Aumenta a regen. de Vida em 161-234 por segundo |
| Imortal | 18 | Aumenta a regen. de Vida em 235-342 por segundo |

# TIPO DE AFIXO: VIDA

## BÔNUS DE GLOBO DE VIDA

### AMULETO, ANEL, ARMADURA, MÃO SECUNDÁRIA

| AFIXO | CAMADA | EFEITO |
|---|---|---|
| Reparador | 1 | Aumenta a Vida em 2-29 por Globo de Vida |
| | 2 | Aumenta a Vida em 30-48 por Globo de Vida |
| | 3 | Aumenta a Vida em 49-85 por Globo de Vida |
| | 4 | Aumenta a Vida em 86-167 por Globo de Vida |
| Revigorante | 5 | Aumenta a Vida em 168-294 por Globo de Vida |
| | 6 | Aumenta a Vida em 295-459 por Globo de Vida |
| | 7 | Aumenta a Vida em 460-807 por Globo de Vida |
| | 8 | Aumenta a Vida em 808-1339 por Globo de Vida |
| Renovante | 9 | Aumenta a Vida em 1340-2354 por Globo de Vida |
| | 10 | Aumenta a Vida em 2355-3732 por Globo de Vida |
| | 11 | Aumenta a Vida em 3733-5977 por Globo de Vida |
| Eufórico | 12 | Aumenta a Vida em 5978-12794 por Globo de Vida |

# TIPO DE AFIXO: RECURSOS DO HERÓI

## ROUBAR VIDA

### ARMA, CINTO POTENTE

| AFIXO | CAMADA | EFEITO |
|---|---|---|
| Vampírico | 1 | Rouba 1,0-1,2% de Vida do alvo por acerto |
| | 2 | Rouba 1,3-1,5% de Vida do alvo por acerto |
| Demoníaco | 3 | Rouba 1,6-1,8% de Vida do alvo por acerto |
| | 4 | Rouba 1,9-2,1% de Vida do alvo por acerto |
| Sórdido | 5 | Rouba 2,2-2,4% de Vida do alvo por acerto |
| | 6 | Rouba 2,5-2,7% de Vida do alvo por acerto |
| Dessangrante | 7 | Rouba 2,8-3,0% de Vida do alvo por acerto |

## FÚRIA MÁXIMA

### ARMAS POTENTES, CINTO POTENTE

| AFIXO | CAMADA | EFEITO |
|---|---|---|
| Temerário | 1 | Aumenta a Fúria máxima em 1-3 |
| | 2 | Aumenta a Fúria máxima em 4-6 |
| | 3 | Aumenta a Fúria máxima em 7-9 |
| Irado | 4 | Aumenta a Fúria máxima em 10-12 |
| | 5 | Aumenta a Fúria máxima em 13-15 |

## REGENERAÇÃO DE ÓDIO

### BESTA DE MÃO, ALJAVA, MANTO

| AFIXO | CAMADA | EFEITO |
|---|---|---|
| Malicioso | 1 | Aumenta o Ódio em 20-25/60 por segundo |
| | 2 | Aumenta o Ódio em 26-30/60 por segundo |
| | 3 | Aumenta o Ódio em 31-35/60 por segundo |
| Amargo | 4 | Aumenta o Ódio em 36-40/60 por segundo |
| | 5 | Aumenta o Ódio em 41-45/60 por segundo |
| | 6 | Aumenta o Ódio em 46-50/60 por segundo |
| Hostil | 7 | Aumenta o Ódio em 51-55/60 por segundo |
| | 8 | Aumenta o Ódio em 56-60/60 por segundo |
| | 9 | Aumenta o Ódio em 61-70/60 por segundo |
| Vingativo | 10 | Aumenta o Ódio em 71-80/60 por segundo |

## DISCIPLINA MÁXIMA

### BESTA DE MÃO, ALJAVA, MANTO

| AFIXO | CAMADA | EFEITO |
|---|---|---|
| Firme | 1 | Aumenta a Disciplina máxima em 1-2 |
| | 2 | Aumenta a Disciplina máxima em 3-4 |
| | 3 | Aumenta a Disciplina máxima em 5-6 |
| Confiante | 4 | Aumenta a Disciplina máxima em 7-8 |
| | 5 | Aumenta a Disciplina máxima em 9-10 |

## REGENERAÇÃO DE ESPÍRITO

### ARMA DE PUNHO, DAIBO, PEDRA DOS ESPÍRITOS

| AFIXO | CAMADA | EFEITO |
|---|---|---|
| Iluminante | 1 | Aumenta o Espírito em 60/60 por segundo |
| | 2 | Aumenta o Espírito em 60-70/60 por segundo |
| | 3 | Aumenta o Espírito em 36-38/60-80 por segundo |
| Renascido | 4 | Aumenta o Espírito em 39-41/60-90 por segundo |
| | 5 | Aumenta o Espírito em 42-44/60-100 por segundo |
| | 6 | Aumenta o Espírito em 45-47/60-110 por segundo |
| Desperto | 7 | Aumenta o Espírito em 48-50/60-120 por segundo |
| | 8 | Aumenta o Espírito em 51-53/60-130 por segundo |
| | 9 | Aumenta o Espírito em 54-56/60-140 por segundo |
| Esclarecedor | 10 | Aumenta o Espírito em 57-60/60-150 por segundo |

## CURA DO ESPÍRITO

### ARMA DE PUNHO, DAIBO, PEDRA DOS ESPÍRITOS

| AFIXO | CAMADA | EFEITO |
|---|---|---|
| Ressonante | 1 | Cada Espírito gasto vira (2-4)/10 pontos de Vida |
| | 2 | Cada Espírito gasto vira (5-6)/10 pontos de Vida |
| | 3 | Cada Espírito gasto vira (7-17)/10 pontos de Vida |
| Rejuvenescente | 4 | Cada Espírito gasto vira (18-23)/10 pontos de Vida |
| | 5 | Cada Espírito gasto vira (24-40)/10 pontos de Vida |
| | 6 | Cada Espírito gasto vira (41-61)/10 pontos de Vida |
| Harmonioso | 7 | Cada Espírito gasto vira (62-94)/10 pontos de Vida |
| | 8 | Cada Espírito gasto vira (95-145)/10 pontos de Vida |
| | 9 | Cada Espírito gasto vira (151-298)/10 pontos de Vida |
| Exaltado | 10 | Cada Espírito gasto vira (299-639)/10 pontos de Vida |

## PODER ARCANO MÁXIMO

### VARINHA, ORBE, CHAPÉU DE ARCANISTA

| AFIXO | CAMADA | EFEITO |
|---|---|---|
| Sorrateiro | 1 | Aumenta o Poder Arcano máximo em 1-3 |
| | 2 | Aumenta o Poder Arcano máximo em 4-6 |
| | 3 | Aumenta o Poder Arcano máximo em 7-9 |
| Mental | 4 | Aumenta o Poder Arcano máximo em 10-12 |
| | 5 | Aumenta o Poder Arcano máximo em 13-15 |

## PODER ARCANO EM ACERTO CRÍTICO

VARINHA, ORBE, CHAPÉU DE ARCANISTA

| AFIXO | CAMADA | EFEITO |
|---|---|---|
| Ameaçador | 1 | Adiciona 1-2 Poder Arcano em Acerto Crítico |
| | 2 | Adiciona 3-4 Poder Arcano em Acerto Crítico |
| | 3 | Adiciona 5-6 Poder Arcano em Acerto Crítico |
| Ominoso | 4 | Adiciona 7-8 Poder Arcano em Acerto Crítico |
| | 5 | Adiciona 9-10 Poder Arcano em Acerto Crítico |

## MANA MÁXIMO

FACA CERIMONIAL, MÁSCARA VODU, MOJO

| AFIXO | CAMADA | EFEITO |
|---|---|---|
| Enfeitiçante | 1 | Mana máximo aumenta em 10-19 |
| | 2 | Mana máximo aumenta em 20-29 |
| | 3 | Mana máximo aumenta em 30-39 |
| Conjurante | 4 | Mana máximo aumenta em 40-49 |
| | 5 | Mana máximo aumenta em 50-59 |
| | 6 | Mana máximo aumenta em 60-74 |
| Mesmerizante | 7 | Mana máximo aumenta em 75-89 |
| | 8 | Mana máximo aumenta em 90-104 |
| | 9 | Mana máximo aumenta em 105-119 |
| Sobrenatural | 10 | Mana máximo aumenta em 120-150 |

## REGENERAÇÃO DE MANA

FACA CERIMONIAL, MÁSCARA VODU, MOJO

| AFIXO | CAMADA | EFEITO |
|---|---|---|
| Infusório | 1 | Mana aumenta em 1 por segundo |
| | 2 | Mana aumenta em 2 por segundo |
| | 3 | Mana aumenta em 3 por segundo |
| Restaurador | 4 | Mana aumenta em 4 por segundo |
| | 5 | Mana aumenta em 5 por segundo |
| | 6 | Mana aumenta em 6 por segundo |
| Energizante | 7 | Mana aumenta em 7 por segundo |
| | 8 | Mana aumenta em 8-9 por segundo |
| | 9 | Mana aumenta em 10-11 por segundo |
| Intensificante | 10 | Mana aumenta em 12-14 por segundo |

# TIPO DE AFIXO: RESISTÊNCIAS

## RESISTÊNCIA A DANO FÍSICO

AMULETO, ANEL, ARMADURA, ESCUDO, ESPECIAL DE SEGUIDOR

| AFIXO | CAMADA | EFEITO |
|---|---|---|
| Endurecido | 1 | Fornece Resistência a dano Físico de 11-15 |
| | 2 | Fornece Resistência a dano Físico de 16-20 |
| | 3 | Fornece Resistência a dano Físico de 21-25 |
| | 4 | Fornece Resistência a dano Físico de 26-30 |
| Hermético | 5 | Fornece Resistência a dano Físico de 31-35 |
| | 6 | Fornece Resistência a dano Físico de 36-40 |
| | 7 | Fornece Resistência a dano Físico de 41-45 |
| | 8 | Fornece Resistência a dano Físico de 46-50 |
| Intocabilidade | 9 | Fornece Resistência a dano Físico de 51-60 |

## RESISTÊNCIA ELÉTRICA

AMULETO, ANEL, ARMADURA, ESCUDO, ESPECIAL DE SEGUIDOR

| AFIXO | CAMADA | EFEITO |
|---|---|---|
| Silencioso | 1 | Fornece Resistência Elétrica de 11-15 |
| | 2 | Fornece Resistência Elétrica de 16-20 |
| | 3 | Fornece Resistência Elétrica de 21-25 |
| | 4 | Fornece Resistência Elétrica de 26-30 |
| Tranquilo | 5 | Fornece Resistência Elétrica de 31-35 |
| | 6 | Fornece Resistência Elétrica de 36-40 |
| | 7 | Fornece Resistência Elétrica de 41-45 |
| | 8 | Fornece Resistência Elétrica de 46-50 |
| Estável | 9 | Fornece Resistência Elétrica de 51-60 |

## RESISTÊNCIA ÍGNEA

AMULETO, ANEL, ARMADURA, ESCUDO, ESPECIAL DE SEGUIDOR

| AFIXO | CAMADA | EFEITO |
|---|---|---|
| Causticado | 1 | Fornece Resistência Ígnea de 11-15 |
| | 2 | Fornece Resistência Ígnea de 16-20 |
| | 3 | Fornece Resistência Ígnea de 21-25 |
| | 4 | Fornece Resistência Ígnea de 26-30 |
| Chamuscado | 5 | Fornece Resistência Ígnea de 31-35 |
| | 6 | Fornece Resistência Ígnea de 36-40 |
| | 7 | Fornece Resistência Ígnea de 41-45 |
| | 8 | Fornece Resistência Ígnea de 46-50 |
| Calcinado | 9 | Fornece Resistência Ígnea de 51-60 |

## RESISTÊNCIA VENENOSA

AMULETO, ANEL, ARMADURA, ESCUDO, ESPECIAL DE SEGUIDOR

| AFIXO | CAMADA | EFEITO |
|---|---|---|
| Puro | 1 | Fornece Resistência Venenosa de 11-15 |
| | 2 | Fornece Resistência Venenosa de 16-20 |
| | 3 | Fornece Resistência Venenosa de 21-25 |
| | 4 | Fornece Resistência Venenosa de 26-30 |
| Impoluto | 5 | Fornece Resistência Venenosa de 31-35 |
| | 6 | Fornece Resistência Venenosa de 36-40 |
| | 7 | Fornece Resistência Venenosa de 41-45 |
| | 8 | Fornece Resistência Venenosa de 46-50 |
| Límpido | 9 | Fornece Resistência Venenosa de 51-60 |

## RESISTÊNCIA GÉLIDA

AMULETO, ANEL, ARMADURA, ESCUDO, ESPECIAL DE SEGUIDOR

| AFIXO | CAMADA | EFEITO |
|---|---|---|
| Nômade | 1 | Fornece Resistência Gélida de 11-15 |
| | 2 | Fornece Resistência Gélida de 16-20 |
| | 3 | Fornece Resistência Gélida de 21-25 |
| | 4 | Fornece Resistência Gélida de 26-30 |
| Acolhedor | 5 | Fornece Resistência Gélida de 31-35 |
| | 6 | Fornece Resistência Gélida de 36-40 |
| | 7 | Fornece Resistência Gélida de 41-45 |
| | 8 | Fornece Resistência Gélida de 46-50 |
| Descongelante | 9 | Fornece Resistência Gélida de 51-60 |

## RESISTÊNCIA ARCANA

AMULETO, ANEL, ARMADURA, ESCUDO, ESPECIAL DE SEGUIDOR

| AFIXO | CAMADA | EFEITO |
|---|---|---|
| Protetório | 1 | Fornece Resistência Arcana de 11-15 |
| | 2 | Fornece Resistência Arcana de 16-20 |
| | 3 | Fornece Resistência Arcana de 21-25 |
| | 4 | Fornece Resistência Arcana de 26-30 |
| Sedutor | 5 | Fornece Resistência Arcana de 31-35 |
| | 6 | Fornece Resistência Arcana de 36-40 |
| | 7 | Fornece Resistência Arcana de 41-45 |
| | 8 | Fornece Resistência Arcana de 46-50 |
| Nulificante | 9 | Fornece Resistência Arcana de 51-60 |

## RESISTÊNCIA A TUDO

### AMULETO, ANEL, ARMADURA, ESCUDO, ESPECIAL DE SEGUIDOR

| AFIXO | CAMADA | EFEITO |
|---|---|---|
| Espectral | 1 | Fornece 11-20 de resistência a todos os tipos de danos |
| | 2 | Fornece 21-30 de resistência a todos os tipos de danos |
| | 3 | Fornece 31-40 de resistência a todos os tipos de danos |
| | 4 | Fornece 41-50 de resistência a todos os tipos de danos |
| Cromático | 5 | Fornece 51-60 de resistência a todos os tipos de danos |
| | 6 | Fornece 61-70 de resistência a todos os tipos de danos |
| | 7 | Fornece 71-80 de resistência a todos os tipos de danos |
| | 8 | Fornece 71-80 de resistência a todos os tipos de danos |

# TIPO DE AFIXO: REFORÇO DE ATRIBUTO

## FORÇA

### AMULETO, CINTO, OMBREIRAS, ARMA, ESPECIAL DE SEGUIDOR

| AFIXO | CAMADA | EFEITO |
|---|---|---|
| do Leão | 1 | Aumenta a Força em 1-8 |
| | 2 | Aumenta a Força em 9-17 |
| | 3 | Aumenta a Força em 18-26 |
| | 4 | Aumenta a Força em 27-35 |
| da Invasão | 5 | Aumenta a Força em 36-44 |
| | 6 | Aumenta a Força em 45-53 |
| | 7 | Aumenta a Força em 54-62 |
| | 8 | Aumenta a Força em 63-71 |
| | 9 | Aumenta a Força em 72-81 |
| | 10 | Aumenta a Força em 82-91 |
| | 11 | Aumenta a Força em 92-101 |
| do Ataque | 12 | Aumenta a Força em 102-111 |
| | 13 | Aumenta a Força em 112-129 |
| | 14 | Aumenta a Força em 130-149 |
| | 15 | Aumenta a Força em 150-169 |
| | 16 | Aumenta a Força em 170-200 |

### ANEL, ARMADURA, MÃO SECUNDÁRIA

| AFIXO | CAMADA | EFEITO |
|---|---|---|
| do Leão | 1 | Aumenta a Força em 1-5 |
| | 2 | Aumenta a Força em 6-11 |
| | 3 | Aumenta a Força em 12-17 |
| | 4 | Aumenta a Força em 18-23 |
| da Invasão | 5 | Aumenta a Força em 24-29 |
| | 6 | Aumenta a Força em 30-35 |
| | 7 | Aumenta a Força em 36-41 |
| | 8 | Aumenta a Força em 42-47 |
| | 9 | Aumenta a Força em 48-53 |
| | 10 | Aumenta a Força em 54-59 |
| | 11 | Aumenta a Força em 60-65 |
| do Ataque | 12 | Aumenta a Força em 66-71 |
| | 13 | Aumenta a Força em 72-77 |
| | 14 | Aumenta a Força em 78-83 |
| | 15 | Aumenta a Força em 84-89 |
| | 16 | Aumenta a Força em 90-100 |

## DESTREZA

### AMULETO, CINTO, OMBREIRAS, ARMA, ESPECIAL DE SEGUIDOR

| AFIXO | CAMADA | EFEITO |
|---|---|---|
| do Falcão | 1 | Aumenta a Destreza em 1-8 |
| | 2 | Aumenta a Destreza em 9-17 |
| | 3 | Aumenta a Destreza em 18-26 |
| | 4 | Aumenta a Destreza em 27-35 |
| | 5 | Aumenta a Destreza em 36-44 |
| | 6 | Aumenta a Destreza em 45-53 |
| da Crueldade | 7 | Aumenta a Destreza em 54-62 |
| | 8 | Aumenta a Destreza em 63-71 |
| | 9 | Aumenta a Destreza em 72-81 |
| | 10 | Aumenta a Destreza em 82-91 |
| | 11 | Aumenta a Destreza em 92-101 |
| da Dor | 12 | Aumenta a Destreza em 102-111 |
| | 13 | Aumenta a Destreza em 112-129 |
| | 14 | Aumenta a Destreza em 130-149 |
| | 15 | Aumenta a Destreza em 150-169 |
| | 16 | Aumenta a Destreza em 170-200 |

### ANEL, ARMADURA, MÃO SECUNDÁRIA

| AFIXO | CAMADA | EFEITO |
|---|---|---|
| do Falcão | 1 | Aumenta a Destreza em 1-5 |
| | 2 | Aumenta a Destreza em 6-11 |
| | 3 | Aumenta a Destreza em 12-17 |
| | 4 | Aumenta a Destreza em 18-23 |
| | 5 | Aumenta a Destreza em 24-29 |
| | 6 | Aumenta a Destreza em 30-35 |
| da Crueldade | 7 | Aumenta a Destreza em 36-41 |
| | 8 | Aumenta a Destreza em 42-47 |
| | 9 | Aumenta a Destreza em 48-53 |
| | 10 | Aumenta a Destreza em 54-59 |
| | 11 | Aumenta a Destreza em 60-65 |
| da Dor | 12 | Aumenta a Destreza em 66-71 |
| | 13 | Aumenta a Destreza em 72-77 |
| | 14 | Aumenta a Destreza em 78-83 |
| | 15 | Aumenta a Destreza em 84-89 |
| | 16 | Aumenta a Destreza em 90-100 |

# INTELIGÊNCIA

### AMULETO, CINTO, OMBREIRAS, ARMA, ESPECIAL DE SEGUIDOR

| AFIXO | CAMADA | EFEITO |
|---|---|---|
| do Foco | 1 | Aumenta a Inteligência em 1-8 |
| | 2 | Aumenta a Inteligência em 9-17 |
| | 3 | Aumenta a Inteligência em 18-26 |
| | 4 | Aumenta a Inteligência em 27-35 |
| | 5 | Aumenta a Inteligência em 36-44 |
| | 6 | Aumenta a Inteligência em 45-53 |
| da Mente | 7 | Aumenta a Inteligência em 54-62 |
| | 8 | Aumenta a Inteligência em 63-71 |
| | 9 | Aumenta a Inteligência em 72-81 |
| | 10 | Aumenta a Inteligência em 82-91 |
| | 11 | Aumenta a Inteligência em 92-101 |
| dos Presságios | 12 | Aumenta a Inteligência em 102-111 |
| | 13 | Aumenta a Inteligência em 112-129 |
| | 14 | Aumenta a Inteligência em 130-149 |
| | 15 | Aumenta a Inteligência em 150-169 |
| da Visão Distante | 16 | Aumenta a Inteligência em 170-200 |

### ANEL, ARMADURA, MÃO SECUNDÁRIA

| AFIXO | CAMADA | EFEITO |
|---|---|---|
| do Foco | 1 | Aumenta a Inteligência em 1-5 |
| | 2 | Aumenta a Inteligência em 6-11 |
| | 3 | Aumenta a Inteligência em 12-17 |
| | 4 | Aumenta a Inteligência em 18-23 |
| | 5 | Aumenta a Inteligência em 24-29 |
| | 6 | Aumenta a Inteligência em 30-35 |
| da Mente | 7 | Aumenta a Inteligência em 36-41 |
| | 8 | Aumenta a Inteligência em 42-47 |
| | 9 | Aumenta a Inteligência em 48-53 |
| | 10 | Aumenta a Inteligência em 54-59 |
| | 11 | Aumenta a Inteligência em 60-65 |
| dos Presságios | 12 | Aumenta a Inteligência em 66-71 |
| | 13 | Aumenta a Inteligência em 72-77 |
| | 14 | Aumenta a Inteligência em 78-83 |
| | 15 | Aumenta a Inteligência em 84-89 |
| da Visão Distante | 16 | Aumenta a Inteligência em 90-100 |

# VITALIDADE

### AMULETO, CINTO, OMBREIRAS, ARMA, ESPECIAL DE SEGUIDOR

| AFIXO | CAMADA | EFEITO |
|---|---|---|
| do Urso | 1 | Aumenta a Vitalidade em 1-8 |
| | 2 | Aumenta a Vitalidade em 9-17 |
| | 3 | Aumenta a Vitalidade em 18-26 |
| | 4 | Aumenta a Vitalidade em 27-35 |
| | 5 | Aumenta a Vitalidade em 36-44 |
| da Fortitude | 6 | Aumenta a Vitalidade em 45-53 |
| | 7 | Aumenta a Vitalidade em 54-62 |
| | 8 | Aumenta a Vitalidade em 63-71 |
| | 9 | Aumenta a Vitalidade em 72-81 |
| | 10 | Aumenta a Vitalidade em 82-91 |
| do Valor | 11 | Aumenta a Vitalidade em 92-101 |
| | 12 | Aumenta a Vitalidade em 102-111 |
| | 13 | Aumenta a Vitalidade em 112-129 |
| | 14 | Aumenta a Vitalidade em 130-149 |
| | 15 | Aumenta a Vitalidade em 150-169 |
| da Glória | 16 | Aumenta a Vitalidade em 170-200 |

### ANEL, ARMADURA, MÃO SECUNDÁRIA

| AFIXO | CAMADA | EFEITO |
|---|---|---|
| do Urso | 1 | Aumenta a Vitalidade em 1-5 |
| | 2 | Aumenta a Vitalidade em 6-11 |
| | 3 | Aumenta a Vitalidade em 12-17 |
| | 4 | Aumenta a Vitalidade em 18-23 |
| | 5 | Aumenta a Vitalidade em 24-29 |
| da Fortitude | 6 | Aumenta a Vitalidade em 30-35 |
| | 7 | Aumenta a Vitalidade em 36-41 |
| | 8 | Aumenta a Vitalidade em 42-47 |
| | 9 | Aumenta a Vitalidade em 48-53 |
| | 10 | Aumenta a Vitalidade em 54-59 |
| do Valor | 11 | Aumenta a Vitalidade em 60-65 |
| | 12 | Aumenta a Vitalidade em 66-71 |
| | 13 | Aumenta a Vitalidade em 72-77 |
| | 14 | Aumenta a Vitalidade em 78-83 |
| | 15 | Aumenta a Vitalidade em 84-89 |
| da Glória | 16 | Aumenta a Vitalidade em 90-100 |

# FORÇA & DESTREZA

### AMULETO, ARMA, ESPECIAL DE SEGUIDOR

| AFIXO | CAMADA | EFEITO |
|---|---|---|
| Cruel | 1 | Aumenta a Força e a Destreza em 12-55 |
| | 2 | Aumenta a Força e a Destreza em 15-70 |
| | 3 | Aumenta a Força e a Destreza em 18-78 |
| | 4 | Aumenta a Força e a Destreza em 21-82 |
| Severo | 5 | Aumenta a Força e a Destreza em 24-93 |
| | 6 | Aumenta a Força e a Destreza em 27-100 |
| | 7 | Aumenta a Força e a Destreza em 30-108 |
| | 8 | Aumenta a Força e a Destreza em 33-112 |
| Perverso | 9 | Aumenta a Força e a Destreza em 36-120 |
| | 10 | Aumenta a Força e a Destreza em 39-124 |
| | 11 | Aumenta a Força e a Destreza em 42-133 |
| Letal | 12 | Aumenta a Força e a Destreza em 45-150 |

### ANEL, ARMADURA, MÃO SECUNDÁRIA

| AFIXO | CAMADA | EFEITO |
|---|---|---|
| Cruel | 1 | Aumenta a Força e a Destreza em 8-37 |
| | 2 | Aumenta a Força e a Destreza em 10-47 |
| | 3 | Aumenta a Força e a Destreza em 12-52 |
| | 4 | Aumenta a Força e a Destreza em 14-55 |
| Severo | 5 | Aumenta a Força e a Destreza em 16-62 |
| | 6 | Aumenta a Força e a Destreza em 18-67 |
| | 7 | Aumenta a Força e a Destreza em 20-72 |
| | 8 | Aumenta a Força e a Destreza em 22-75 |
| Perverso | 9 | Aumenta a Força e a Destreza em 24-80 |
| | 10 | Aumenta a Força e a Destreza em 26-83 |
| | 11 | Aumenta a Força e a Destreza em 28-89 |
| Letal | 12 | Aumenta a Força e a Destreza em 30-100 |

# FORÇA & INTELIGÊNCIA

### AMULETO, ARMA, ESPECIAL DE SEGUIDOR

| AFIXO | CAMADA | EFEITO |
|---|---|---|
| Duelista | 1 | Aumenta a Força e a Inteligência em 12-55 |
| | 2 | Aumenta a Força e a Inteligência em 15-70 |
| | 3 | Aumenta a Força e a Inteligência em 18-78 |
| | 4 | Aumenta a Força e a Inteligência em 21-82 |
| Campeão | 5 | Aumenta a Força e a Inteligência em 24-93 |
| | 6 | Aumenta a Força e a Inteligência em 27-100 |
| | 7 | Aumenta a Força e a Inteligência em 30-108 |
| | 8 | Aumenta a Força e a Inteligência em 33-112 |
| Triunfante | 9 | Aumenta a Força e a Inteligência em 36-120 |
| | 10 | Aumenta a Força e a Inteligência em 39-124 |
| | 11 | Aumenta a Força e a Inteligência em 42-133 |
| Excelso | 12 | Aumenta a Força e a Inteligência em 45-150 |

### ANEL, ARMADURA, MÃO SECUNDÁRIA

| AFIXO | CAMADA | EFEITO |
|---|---|---|
| Duelista | 1 | Aumenta a Força e a Inteligência em 8-37 |
| | 2 | Aumenta a Força e a Inteligência em 10-47 |
| | 3 | Aumenta a Força e a Inteligência em 12-52 |
| | 4 | Aumenta a Força e a Inteligência em 14-55 |
| Campeão | 5 | Aumenta a Força e a Inteligência em 16-62 |
| | 6 | Aumenta a Força e a Inteligência em 18-67 |
| | 7 | Aumenta a Força e a Inteligência em 20-72 |
| | 8 | Aumenta a Força e a Inteligência em 22-75 |
| Triunfante | 9 | Aumenta a Força e a Inteligência em 24-80 |
| | 10 | Aumenta a Força e a Inteligência em 26-83 |
| | 11 | Aumenta a Força e a Inteligência em 28-89 |
| Excelso | 12 | Aumenta a Força e a Inteligência em 30-100 |

# FORÇA & VITALIDADE

## AMULETO, ARMA, ESPECIAL DE SEGUIDOR

| AFIXO | CAMADA | EFEITO |
|---|---|---|
| Destemido | 1 | Aumenta a Força e a Vitalidade em 12-55 |
| | 2 | Aumenta a Força e a Vitalidade em 15-70 |
| | 3 | Aumenta a Força e a Vitalidade em 18-78 |
| | 4 | Aumenta a Força e a Vitalidade em 21-82 |
| Incansável | 5 | Aumenta a Força e a Vitalidade em 24-93 |
| | 6 | Aumenta a Força e a Vitalidade em 27-100 |
| | 7 | Aumenta a Força e a Vitalidade em 30-108 |
| | 8 | Aumenta a Força e a Vitalidade em 33-112 |
| Vigoroso | 9 | Aumenta a Força e a Vitalidade em 36-120 |
| | 10 | Aumenta a Força e a Vitalidade em 39-124 |
| | 11 | Aumenta a Força e a Vitalidade em 42-133 |
| Implacável | 12 | Aumenta a Força e a Vitalidade em 45-150 |

## ANEL, ARMADURA, MÃO SECUNDÁRIA

| AFIXO | CAMADA | EFEITO |
|---|---|---|
| Destemido | 1 | Aumenta a Força e a Vitalidade em 8-37 |
| | 2 | Aumenta a Força e a Vitalidade em 10-47 |
| | 3 | Aumenta a Força e a Vitalidade em 12-52 |
| | 4 | Aumenta a Força e a Vitalidade em 14-55 |
| Incansável | 5 | Aumenta a Força e a Vitalidade em 16-62 |
| | 6 | Aumenta a Força e a Vitalidade em 18-67 |
| | 7 | Aumenta a Força e a Vitalidade em 20-72 |
| | 8 | Aumenta a Força e a Vitalidade em 22-75 |
| Vigoroso | 9 | Aumenta a Força e a Vitalidade em 24-80 |
| | 10 | Aumenta a Força e a Vitalidade em 26-83 |
| | 11 | Aumenta a Força e a Vitalidade em 28-89 |
| Implacável | 12 | Aumenta a Força e a Vitalidade em 30-100 |

# DESTREZA & INTELIGÊNCIA

## AMULETO, ARMA, ESPECIAL DE SEGUIDOR

| AFIXO | CAMADA | EFEITO |
|---|---|---|
| Verdadeiro | 1 | Aumenta a Destreza e a Inteligência em 12-55 |
| | 2 | Aumenta a Destreza e a Inteligência em 15-70 |
| | 3 | Aumenta a Destreza e a Inteligência em 18-78 |
| | 4 | Aumenta a Destreza e a Inteligência em 21-82 |
| Resoluto | 5 | Aumenta a Destreza e a Inteligência em 24-93 |
| | 6 | Aumenta a Destreza e a Inteligência em 27-100 |
| | 7 | Aumenta a Destreza e a Inteligência em 30-108 |
| | 8 | Aumenta a Destreza e a Inteligência em 33-112 |
| Digno | 9 | Aumenta a Destreza e a Inteligência em 36-120 |
| | 10 | Aumenta a Destreza e a Inteligência em 39-124 |
| | 11 | Aumenta a Destreza e a Inteligência em 42-133 |
| Maravilhoso | 12 | Aumenta a Destreza e a Inteligência em 45-150 |

## ANEL, ARMADURA, MÃO SECUNDÁRIA

| AFIXO | CAMADA | EFEITO |
|---|---|---|
| Verdadeiro | 1 | Aumenta a Destreza e a Inteligência em 8-37 |
| | 2 | Aumenta a Destreza e a Inteligência em 10-47 |
| | 3 | Aumenta a Destreza e a Inteligência em 12-52 |
| | 4 | Aumenta a Destreza e a Inteligência em 14-55 |
| Resoluto | 5 | Aumenta a Destreza e a Inteligência em 16-62 |
| | 6 | Aumenta a Destreza e a Inteligência em 18-67 |
| | 7 | Aumenta a Destreza e a Inteligência em 20-72 |
| | 8 | Aumenta a Destreza e a Inteligência em 22-75 |
| Digno | 9 | Aumenta a Destreza e a Inteligência em 24-80 |
| | 10 | Aumenta a Destreza e a Inteligência em 26-83 |
| | 11 | Aumenta a Destreza e a Inteligência em 28-89 |
| Maravilhoso | 12 | Aumenta a Destreza e a Inteligência em 30-100 |

# DESTREZA & VITALIDADE

## AMULETO, ARMA, ESPECIAL DE SEGUIDOR

| AFIXO | CAMADA | EFEITO |
|---|---|---|
| Feral | 1 | Aumenta a Destreza e a Vitalidade em 12-55 |
| | 2 | Aumenta a Destreza e a Vitalidade em 15-70 |
| | 3 | Aumenta a Destreza e a Vitalidade em 18-78 |
| | 4 | Aumenta a Destreza e a Vitalidade em 21-82 |
| Selvagem | 5 | Aumenta a Destreza e a Vitalidade em 24-93 |
| | 6 | Aumenta a Destreza e a Vitalidade em 27-100 |
| | 7 | Aumenta a Destreza e a Vitalidade em 30-108 |
| | 8 | Aumenta a Destreza e a Vitalidade em 33-112 |
| Potente | 9 | Aumenta a Destreza e a Vitalidade em 36-120 |
| | 10 | Aumenta a Destreza e a Vitalidade em 39-124 |
| | 11 | Aumenta a Destreza e a Vitalidade em 42-133 |
| Valente | 12 | Aumenta a Destreza e a Vitalidade em 45-150 |

## ANEL, ARMADURA, MÃO SECUNDÁRIA

| AFIXO | CAMADA | EFEITO |
|---|---|---|
| Feral | 1 | Aumenta a Destreza e a Vitalidade em 8-37 |
| | 2 | Aumenta a Destreza e a Vitalidade em 10-47 |
| | 3 | Aumenta a Destreza e a Vitalidade em 12-52 |
| | 4 | Aumenta a Destreza e a Vitalidade em 14-55 |
| Selvagem | 5 | Aumenta a Destreza e a Vitalidade em 16-62 |
| | 6 | Aumenta a Destreza e a Vitalidade em 18-67 |
| | 7 | Aumenta a Destreza e a Vitalidade em 20-72 |
| | 8 | Aumenta a Destreza e a Vitalidade em 22-75 |
| Potente | 9 | Aumenta a Destreza e a Vitalidade em 24-80 |
| | 10 | Aumenta a Destreza e a Vitalidade em 26-83 |
| | 11 | Aumenta a Destreza e a Vitalidade em 28-89 |
| Valente | 12 | Aumenta a Destreza e a Vitalidade em 30-100 |

# INTELIGÊNCIA & VITALIDADE

## AMULETO, ARMA, ESPECIAL DE SEGUIDOR

| AFIXO | CAMADA | EFEITO |
|---|---|---|
| Orgulhoso | 1 | Aumenta a Inteligência e a Vitalidade em 12-55 |
| | 2 | Aumenta a Inteligência e a Vitalidade em 15-70 |
| | 3 | Aumenta a Inteligência e a Vitalidade em 18-78 |
| | 4 | Aumenta a Inteligência e a Vitalidade em 21-82 |
| Celebrado | 5 | Aumenta a Inteligência e a Vitalidade em 24-93 |
| | 6 | Aumenta a Inteligência e a Vitalidade em 27-100 |
| | 7 | Aumenta a Inteligência e a Vitalidade em 30-108 |
| | 8 | Aumenta a Inteligência e a Vitalidade em 33-112 |
| Glorioso | 9 | Aumenta a Inteligência e a Vitalidade em 36-120 |
| | 10 | Aumenta a Inteligência e a Vitalidade em 39-124 |
| | 11 | Aumenta a Inteligência e a Vitalidade em 42-133 |
| Ilustre | 12 | Aumenta a Inteligência e a Vitalidade em 45-150 |

## ANEL, ARMADURA, MÃO SECUNDÁRIA

| AFIXO | CAMADA | EFEITO |
|---|---|---|
| Orgulhoso | 1 | Aumenta a Inteligência e a Vitalidade em 8-37 |
| | 2 | Aumenta a Inteligência e a Vitalidade em 10-47 |
| | 3 | Aumenta a Inteligência e a Vitalidade em 12-52 |
| | 4 | Aumenta a Inteligência e a Vitalidade em 14-55 |
| Celebrado | 5 | Aumenta a Inteligência e a Vitalidade em 16-62 |
| | 6 | Aumenta a Inteligência e a Vitalidade em 18-67 |
| | 7 | Aumenta a Inteligência e a Vitalidade em 20-72 |
| | 8 | Aumenta a Inteligência e a Vitalidade em 22-75 |
| Glorioso | 9 | Aumenta a Inteligência e a Vitalidade em 24-80 |
| | 10 | Aumenta a Inteligência e a Vitalidade em 26-83 |
| | 11 | Aumenta a Inteligência e a Vitalidade em 28-89 |
| Ilustre | 12 | Aumenta a Inteligência e a Vitalidade em 30-100 |

# AFIXO: AUXÍLIO DE HABILIDADE DO BÁRBARO

## MARTELO DOS ANCESTRAIS

TIPOS DE ITENS: CINTO, CINTO POTENTE

(Nota: Afixos de camada 1-3 disponíveis apenas para Cinto Potente)

| AFIXO | CAMADA | EFEITO |
|---|---|---|
| de Demolição | 1 | Reduz o custo de Fúria do Martelo dos Ancestrais em 1-2 |
| | 2 | Reduz o custo de Fúria do Martelo dos Ancestrais em 1-2 |
| | 3 | Reduz o custo de Fúria do Martelo dos Ancestrais em 1-2 |
| | 4 | Reduz o custo de Fúria do Martelo dos Ancestrais em 1-3 |
| | 5 | Reduz o custo de Fúria do Martelo dos Ancestrais em 1-3 |
| | 6 | Reduz o custo de Fúria do Martelo dos Ancestrais em 2-3 |
| | 7 | Reduz o custo de Fúria do Martelo dos Ancestrais em 2-3 |
| | 8 | Reduz o custo de Fúria do Martelo dos Ancestrais em 2-3 |

## RETALHAMENTO

TIPOS DE ITENS: CINTO, CINTO POTENTE

(Nota: Afixos de camada 1-3 disponíveis apenas para Cinto Potente)

| AFIXO | CAMADA | EFEITO |
|---|---|---|
| da Evisceração | 1 | Reduz o custo do Retalhamento em 1-2 |
| | 2 | Reduz o custo do Retalhamento em 1-2 |
| | 3 | Reduz o custo do Retalhamento em 1-2 |
| | 4 | Reduz o custo do Retalhamento em 1-3 |
| | 5 | Reduz o custo do Retalhamento em 1-3 |
| | 6 | Reduz o custo do Retalhamento em 2-3 |
| | 7 | Reduz o custo do Retalhamento em 2-3 |
| | 8 | Reduz o custo do Retalhamento em 2-3 |

## GOLPE ESMAGADOR

TIPOS DE ITENS: CINTO, CINTO POTENTE

(Nota: Camada 1-3 afixos disponíveis apenas para cinto potente)

| AFIXO | CAMADA | EFEITO |
|---|---|---|
| da Laceração | 1 | Aumenta o dano do Golpe Esmagador em 3-4% |
| | 2 | Aumenta o dano do Golpe Esmagador em 3-5% |
| | 3 | Aumenta o dano do Golpe Esmagador em 3-5% |
| | 4 | Aumenta o dano do Golpe Esmagador em 4-5% |
| | 5 | Aumenta o dano do Golpe Esmagador em 4-5% |
| | 6 | Aumenta o dano do Golpe Esmagador em 4-5% |
| | 7 | Aumenta o dano do Golpe Esmagador em 5% |
| | 8 | Aumenta o dano do Golpe Esmagador em 5% |

## CUTILADA

TIPOS DE ITENS: CINTO, CINTO POTENTE

(Nota: Afixos de camada 1-3 disponíveis apenas para Cinto Potente)

| AFIXO | CAMADA | EFEITO |
|---|---|---|
| de Esfacelador | 1 | Aumenta o dano da Cutilada em 3-4% |
| | 2 | Aumenta o dano da Cutilada em 3-5% |
| | 3 | Aumenta o dano da Cutilada em 3-5% |
| | 4 | Aumenta o dano da Cutilada em 4-5% |
| | 5 | Aumenta o dano da Cutilada em 4-5% |
| | 6 | Aumenta o dano da Cutilada em 4-5% |
| | 7 | Aumenta o dano da Cutilada em 5% |
| | 8 | Aumenta o dano da Cutilada em 5% |

## FRENESI

TIPOS DE ITENS: CINTO, CINTO POTENTE

(Nota: Afixos de camada 1-3 disponíveis apenas para Cinto Potente)

| AFIXO | CAMADA | EFEITO |
|---|---|---|
| do Maníaco | 1 | Aumenta o dano do Frenesi em 3-4% |
| | 2 | Aumenta o dano do Frenesi em 3-5% |
| | 3 | Aumenta o dano do Frenesi em 3-5% |
| | 4 | Aumenta o dano do Frenesi em 4-5% |
| | 5 | Aumenta o dano do Frenesi em 4-5% |
| | 6 | Aumenta o dano do Frenesi em 4-5% |
| | 7 | Aumenta o dano do Frenesi em 5% |
| | 8 | Aumenta o dano do Frenesi em 5% |

## ARREMESSO DE ARMA

TIPOS DE ITENS: CINTO, CINTO POTENTE

(Nota: Afixos de camada 1-3 disponíveis apenas para Cinto Potente)

| AFIXO | CAMADA | EFEITO |
|---|---|---|
| do Arremesso | 1 | Reduz o custo de Fúria do Arremesso de Arma em 1 |
| | 2 | Reduz o custo de Fúria do Arremesso de Arma em 1 |
| | 3 | Reduz o custo de Fúria do Arremesso de Arma em 1 |
| | 4 | Reduz o custo de Fúria do Arremesso de Arma em 1-2 |
| | 5 | Reduz o custo de Fúria do Arremesso de Arma em 1-2 |
| | 6 | Reduz o custo de Fúria do Arremesso de Arma em 1-2 |
| | 7 | Reduz o custo de Fúria do Arremesso de Arma em 1-2 |
| | 8 | Reduz o custo de Fúria do Arremesso de Arma em 2 |

## ABALO SÍSMICO

TIPOS DE ITENS: ARMA POTENTE DE 2 MÃOS, MACHADO DE 2 MÃOS, ESPADA DE 2 MÃOS, MAÇA DE 2 MÃOES, ARMA DE HASTE, ESCUDO

(Nota: Afixos de camada 1-3 disponíveis apenas para Arma Potente de 2 Mãos)

| AFIXO | CAMADA | EFEITO |
|---|---|---|
| do Estilhaçamento | 1 | Aumenta chance de Acerto Crítico com Abalo Sísmico em 3-4% |
| | 2 | Aumenta chance de Acerto Crítico com Abalo Sísmico em 3-5% |
| | 3 | Aumenta chance de Acerto Crítico com Abalo Sísmico em 3-5% |
| | 4 | Aumenta chance de Acerto Crítico com Abalo Sísmico em 4-5% |
| | 5 | Aumenta chance de Acerto Crítico com Abalo Sísmico em 4-5% |
| | 6 | Aumenta chance de Acerto Crítico com Abalo Sísmico em 5% |
| | 7 | Aumenta chance de Acerto Crítico com Abalo Sísmico em 5% |
| | 8 | Aumenta chance de Acerto Crítico com Abalo Sísmico em 5% |

## TORNADO

TIPOS DE ITENS: CINTO, CINTO POTENTE

(Nota: Afixos de camada 1-3 disponíveis apenas para Cinto Potente)

| AFIXO | CAMADA | EFEITO |
|---|---|---|
| da Vertigem | 1 | Aumenta chance de Acerto Crítico com Tornado em 3-4% |
| | 2 | Aumenta chance de Acerto Crítico com Tornado em 3-5% |
| | 3 | Aumenta chance de Acerto Crítico com Tornado em 3-5% |
| | 4 | Aumenta chance de Acerto Crítico com Tornado em 4-5% |
| | 5 | Aumenta chance de Acerto Crítico com Tornado em 4-5% |
| | 6 | Aumenta chance de Acerto Crítico com Tornado em 5% |
| | 7 | Aumenta chance de Acerto Crítico com Tornado em 5% |
| | 8 | Aumenta chance de Acerto Crítico com Tornado em 5% |

## VINGANÇA

TIPOS DE ITENS: CINTO, CINTO POTENTE

(Nota: Afixos de camada 1-3 disponíveis apenas para Cinto Potente)

| AFIXO | CAMADA | EFEITO |
|---|---|---|
| da Vingança | 1 | Aumenta chance de Acerto Crítico com Vingança em 3-4% |
| | 2 | Aumenta chance de Acerto Crítico com Vingança em 3-5% |
| | 3 | Aumenta chance de Acerto Crítico com Vingança em 3-5% |
| | 4 | Aumenta chance de Acerto Crítico com Vingança em 4-5% |
| | 5 | Aumenta chance de Acerto Crítico com Vingança em 4-5% |
| | 6 | Aumenta chance de Acerto Crítico com Vingança em 5% |
| | 7 | Aumenta chance de Acerto Crítico com Vingança em 5% |
| | 8 | Aumenta chance de Acerto Crítico com Vingança em 5% |

## GOLPE BRUTAL

TIPOS DE ITENS: ARMA POTENTE DE 2 MÃOS, MACHADO DE 2 MÃOS, ESPADA DE 2 MÃOS, MAÇA DE 2 MÃOES, ARMA DE HASTE, ESCUDO

(Nota: Afixos de camada 1-3 disponíveis apenas para Arma Potente de 2 Mãos)

| AFIXO | CAMADA | EFEITO |
|---|---|---|
| da Conquista | 1 | Aumenta chance de Acerto Crítico com Golpe Brutal em 3-4% |
| | 2 | Aumenta chance de Acerto Crítico com Golpe Brutal em 3-5% |
| | 3 | Aumenta chance de Acerto Crítico com Golpe Brutal em 3-5% |
| | 4 | Aumenta chance de Acerto Crítico com Golpe Brutal em 4-5% |
| | 5 | Aumenta chance de Acerto Crítico com Golpe Brutal em 4-5% |
| | 6 | Aumenta chance de Acerto Crítico com Golpe Brutal em 5% |
| | 7 | Aumenta chance de Acerto Crítico com Golpe Brutal em 5% |
| | 8 | Aumenta chance de Acerto Crítico com Golpe Brutal em 5% |

# AFIXO: AUXÍLIO DE HABILIDADE DO ARCANISTA

## PROJÉTIL MÁGICO

TIPOS DE ITENS: ESPADA, CAJADO, ADAGA, LANÇA, VARINHA

(Nota: Afixos de camada 1-3 disponíveis apenas para Varinha)

| AFIXO | CAMADA | EFEITO |
|---|---|---|
| da Evocação | 1 | Aumenta o dano do Projétil Mágico em 3-4% |
| | 2 | Aumenta o dano do Projétil Mágico em 3-5% |
| | 3 | Aumenta o dano do Projétil Mágico em 3-5% |
| | 4 | Aumenta o dano do Projétil Mágico em 4-5% |
| | 5 | Aumenta o dano do Projétil Mágico em 4-5% |
| | 6 | Aumenta o dano do Projétil Mágico em 5% |
| | 7 | Aumenta o dano do Projétil Mágico em 5% |
| | 8 | Aumenta o dano do Projétil Mágico em 5% |

## PULSO DE CHOQUE

TIPOS DE ITENS: ORBE, ESCUDO

(Nota: Afixos de camada 1-3 disponíveis apenas para Orbe)

| AFIXO | CAMADA | EFEITO |
|---|---|---|
| da Ruína | 1 | Aumenta o dano do Pulso Elétrico em 3-4% |
| | 2 | Aumenta o dano do Pulso Elétrico em 3-5% |
| | 3 | Aumenta o dano do Pulso Elétrico em 3-5% |
| | 4 | Aumenta o dano do Pulso Elétrico em 4-5% |
| | 5 | Aumenta o dano do Pulso Elétrico em 4-5% |
| | 6 | Aumenta o dano do Pulso Elétrico em 5% |
| | 7 | Aumenta o dano do Pulso Elétrico em 5% |
| | 8 | Aumenta o dano do Pulso Elétrico em 5% |

## LÂMINA ESPECTRAL

TIPOS DE ITENS: ORBE, ESCUDO

(Nota: Afixos de camada 1-3 disponíveis apenas para Orbe)

| AFIXO | CAMADA | EFEITO |
|---|---|---|
| da Cutilada | 1 | Aumenta o dano da Lâmina Espectral em 3-4% |
| | 2 | Aumenta o dano da Lâmina Espectral em 3-5% |
| | 3 | Aumenta o dano da Lâmina Espectral em 3-5% |
| | 4 | Aumenta o dano da Lâmina Espectral em 4-5% |
| | 5 | Aumenta o dano da Lâmina Espectral em 4-5% |
| | 6 | Aumenta o dano da Lâmina Espectral em 5% |
| | 7 | Aumenta o dano da Lâmina Espectral em 5% |
| | 8 | Aumenta o dano da Lâmina Espectral em 5% |

## ELETROCUSSÃO

TIPOS DE ITENS: CHAPÉU DE ARCANISTA, ELMO

(Nota: Afixos de camada 1-3 disponíveis apenas para Chapéu de Arcanista)

| AFIXO | CAMADA | EFEITO |
|---|---|---|
| do Golpe | 1 | Aumenta o dano da Eletrocussão em 3-4% |
| | 2 | Aumenta o dano da Eletrocussão em 3-5% |
| | 3 | Aumenta o dano da Eletrocussão em 3-5% |
| | 4 | Aumenta o dano da Eletrocussão em 4-5% |
| | 5 | Aumenta o dano da Eletrocussão em 4-5% |
| | 6 | Aumenta o dano da Eletrocussão em 5% |
| | 7 | Aumenta o dano da Eletrocussão em 5% |
| | 8 | Aumenta o dano da Eletrocussão em 5% |

## ORBE ARCANO

TIPOS DE ITENS: ORBE, ESCUDO

(Nota: Afixos de camada 1-3 disponíveis apenas para Orbe)

| AFIXO | CAMADA | EFEITO |
|---|---|---|
| das Esferas | 1 | Aumenta chance de Acerto Crítico com Orbe Arcano em 3-4% |
| | 2 | Aumenta chance de Acerto Crítico com Orbe Arcano em 3-5% |
| | 3 | Aumenta chance de Acerto Crítico com Orbe Arcano em 3-5% |
| | 4 | Aumenta chance de Acerto Crítico com Orbe Arcano em 4-5% |
| | 5 | Aumenta chance de Acerto Crítico com Orbe Arcano em 4-5% |
| | 6 | Aumenta chance de Acerto Crítico com Orbe Arcano em 5% |
| | 7 | Aumenta chance de Acerto Crítico com Orbe Arcano em 5% |
| | 8 | Aumenta chance de Acerto Crítico com Orbe Arcano em 5% |

## TORNADO DE ENERGIA

TIPOS DE ITENS: ESPADA, CAJADO, ADAGA, LANÇA, VARINHA

(Nota: Afixos de camada 1-3 disponíveis apenas para Varinha)

| AFIXO | CAMADA | EFEITO |
|---|---|---|
| da Magia Selvagem | 1 | Aumenta chance de Acerto Crítico com Tornado de Energia em 3-4% |
| | 2 | Aumenta chance de Acerto Crítico com Tornado de Energia em 3-5% |
| | 3 | Aumenta chance de Acerto Crítico com Tornado de Energia em 3-5% |
| | 4 | Aumenta chance de Acerto Crítico com Tornado de Energia em 4-5% |
| | 5 | Aumenta chance de Acerto Crítico com Tornado de Energia em 4-5% |
| | 6 | Aumenta chance de Acerto Crítico com Tornado de Energia em 5% |
| | 7 | Aumenta chance de Acerto Crítico com Tornado de Energia em 5% |
| | 8 | Aumenta chance de Acerto Crítico com Tornado de Energia em 5% |

## DESINTEGRAÇÃO

TIPOS DE ITENS: CHAPÉU DE ARCANISTA, ELMO

(Nota: Afixos de camada 1-3 disponíveis apenas para Chapéu de Arcanista)

| AFIXO | CAMADA | EFEITO |
|---|---|---|
| da Entropia | 1 | Reduz o custo de Poder Arcano da Desintegração em 1-2 |
| | 2 | Reduz o custo de Poder Arcano da Desintegração em 1-2 |
| | 3 | Reduz o custo de Poder Arcano da Desintegração em 1-2 |
| | 4 | Reduz o custo de Poder Arcano da Desintegração em 1-3 |
| | 5 | Reduz o custo de Poder Arcano da Desintegração em 1-3 |
| | 6 | Reduz o custo de Poder Arcano da Desintegração em 2-3 |
| | 7 | Reduz o custo de Poder Arcano da Desintegração em 2-3 |
| | 8 | Reduz o custo de Poder Arcano da Desintegração em 2-3 |

## IMPACTO EXPLOSIVO

TIPOS DE ITENS: CHAPÉU DE ARCANISTA, ELMO

(Nota: Afixos de camada 1-3 disponíveis apenas para Chapéu de Arcanista)

| AFIXO | CAMADA | EFEITO |
|---|---|---|
| da Detonação | 1 | Aumenta chance de Acerto Crítico com Impacto Explosivo em 3-4% |
| | 2 | Aumenta chance de Acerto Crítico com Impacto Explosivo em 3-5% |
| | 3 | Aumenta chance de Acerto Crítico com Impacto Explosivo em 3-5% |
| | 4 | Aumenta chance de Acerto Crítico com Impacto Explosivo em 4-5% |
| | 5 | Aumenta chance de Acerto Crítico com Impacto Explosivo em 4-5% |
| | 6 | Aumenta chance de Acerto Crítico com Impacto Explosivo em 5% |
| | 7 | Aumenta chance de Acerto Crítico com Impacto Explosivo em 5% |
| | 8 | Aumenta chance de Acerto Crítico com Impacto Explosivo em 5% |

## RAIO GÉLIDO

TIPOS DE ITENS: CHAPÉU DE ARCANISTA, ELMO

(Nota: Afixos de camada 1-3 disponíveis apenas para Chapéu de Arcanista)

| AFIXO | CAMADA | EFEITO |
|---|---|---|
| do Calafrio | 1 | Aumenta chance de Acerto Crítico com Raio Gélido em 3-4% |
| | 2 | Aumenta chance de Acerto Crítico com Raio Gélido em 3-5% |
| | 3 | Aumenta chance de Acerto Crítico com Raio Gélido em 3-5% |
| | 4 | Aumenta chance de Acerto Crítico com Raio Gélido em 4-5% |
| | 5 | Aumenta chance de Acerto Crítico com Raio Gélido em 4-5% |
| | 6 | Aumenta chance de Acerto Crítico com Raio Gélido em 5% |
| | 7 | Aumenta chance de Acerto Crítico com Raio Gélido em 5% |
| | 8 | Aumenta chance de Acerto Crítico com Raio Gélido em 5% |

## TORRENTE ARCANA

TIPOS DE ITENS: CHAPÉU DE ARCANISTA, ELMO

(Nota: Afixos de camada 1-3 disponíveis apenas para Chapéu de Arcanista)

| AFIXO | CAMADA | EFEITO |
|---|---|---|
| da Estrela Cadente | 1 | Reduz o custo de Poder Arcano da Torrente Arcana em 1-2 |
| | 2 | Reduz o custo de Poder Arcano da Torrente Arcana em 1-2 |
| | 3 | Reduz o custo de Poder Arcano da Torrente Arcana em 1-2 |
| | 4 | Reduz o custo de Poder Arcano da Torrente Arcana em 1-3 |
| | 5 | Reduz o custo de Poder Arcano da Torrente Arcana em 1-3 |
| | 6 | Reduz o custo de Poder Arcano da Torrente Arcana em 2-3 |
| | 7 | Reduz o custo de Poder Arcano da Torrente Arcana em 2-3 |
| | 8 | Reduz o custo de Poder Arcano da Torrente Arcana em 2-3 |

## HIDRA

TIPOS DE ITENS: CHAPÉU DE ARCANISTA, ELMO

(Nota: Afixos de camada 1-3 disponíveis apenas para Chapéu de Arcanista)

| AFIXO | CAMADA | EFEITO |
|---|---|---|
| da Miríade | 1 | Reduz o custo de Poder Arcano da Hidra em 2-3 |
| | 2 | Reduz o custo de Poder Arcano da Hidra em 2-4 |
| | 3 | Reduz o custo de Poder Arcano da Hidra em 2-4 |
| | 4 | Reduz o custo de Poder Arcano da Hidra em 2-5 |
| | 5 | Reduz o custo de Poder Arcano da Hidra em 2-5 |
| | 6 | Reduz o custo de Poder Arcano da Hidra em 3-5 |
| | 7 | Reduz o custo de Poder Arcano da Hidra em 3-5 |
| | 8 | Reduz o custo de Poder Arcano da Hidra em 4-5 |

## NEVASCA

TIPOS DE ITENS: ORBE, ESCUDO

(Nota: Afixos de camada 1-3 disponíveis apenas para Orbe)

| AFIXO | CAMADA | EFEITO |
|---|---|---|
| do Granizo | 1 | Aumenta a duração do efeito da Nevasca em 1 |
| | 2 | Aumenta a duração do efeito da Nevasca em 1 |
| | 3 | Aumenta a duração do efeito da Nevasca em 1 |
| | 4 | Aumenta a duração do efeito da Nevasca em 1-2 |
| | 5 | Aumenta a duração do efeito da Nevasca em 1-2 |
| | 6 | Aumenta a duração do efeito da Nevasca em 1-2 |
| | 7 | Aumenta a duração do efeito da Nevasca em 1-2 |
| | 8 | Aumenta a duração do efeito da Nevasca em 1-2 |

## METEORO

TIPOS DE ITENS: ORBE, ESCUDO

(Nota: Afixos de camada 1-3 disponíveis apenas para Orbe)

| AFIXO | CAMADA | EFEITO |
|---|---|---|
| dos Cometas | 1 | Reduz o custo de Poder Arcano do Meteoro em 1-2 |
| | 2 | Reduz o custo de Poder Arcano do Meteoro em 1-2 |
| | 3 | Reduz o custo de Poder Arcano do Meteoro em 1-2 |
| | 4 | Reduz o custo de Poder Arcano do Meteoro em 1-3 |
| | 5 | Reduz o custo de Poder Arcano do Meteoro em 1-3 |
| | 6 | Reduz o custo de Poder Arcano do Meteoro em 2-3 |
| | 7 | Reduz o custo de Poder Arcano do Meteoro em 2-3 |
| | 8 | Reduz o custo de Poder Arcano do Meteoro em 2-3 |

# AFIXO: AUXÍLIO DE HABILIDADE DO MONGE

## PUNHOS TROVEJANTES

TIPOS DE ITENS: PEDRA DOS ESPÍRITOS, ELMO

(Nota: Afixos de camada 1-3 disponíveis apenas para Pedra dos Espíritos)

| AFIXO | CAMADA | EFEITO |
|---|---|---|
| da Monção | 1 | Aumenta os danos dos Punhos Trovejantes em 3-4% |
| | 2 | Aumenta os danos dos Punhos Trovejantes em 3-5% |
| | 3 | Aumenta os danos dos Punhos Trovejantes em 3-5% |
| | 4 | Aumenta os danos dos Punhos Trovejantes em 4-5% |
| | 5 | Aumenta os danos dos Punhos Trovejantes em 4-5% |
| | 6 | Aumenta os danos dos Punhos Trovejantes em 5% |
| | 7 | Aumenta os danos dos Punhos Trovejantes em 5% |
| | 8 | Aumenta os danos dos Punhos Trovejantes em 5% |

## ALCANCE MORTAL

TIPOS DE ITENS: PEDRA DOS ESPÍRITOS, ELMO

(Nota: Afixos de camada 1-3 disponíveis apenas para Pedra dos Espíritos)

| AFIXO | CAMADA | EFEITO |
|---|---|---|
| do Bote | 1 | Aumenta o dano do Alcance Mortal em 3-4% |
| | 2 | Aumenta o dano do Alcance Mortal em 3-5% |
| | 3 | Aumenta o dano do Alcance Mortal em 3-5% |
| | 4 | Aumenta o dano do Alcance Mortal em 4-5% |
| | 5 | Aumenta o dano do Alcance Mortal em 4-5% |
| | 6 | Aumenta o dano do Alcance Mortal em 5% |
| | 7 | Aumenta o dano do Alcance Mortal em 5% |
| | 8 | Aumenta o dano do Alcance Mortal em 5% |

## ONDA INCAPACITANTE

TIPOS DE ITENS: PEDRA DOS ESPÍRITOS, ELMO

(Nota: Afixos de camada 1-3 disponíveis apenas para Pedra dos Espíritos)

| AFIXO | CAMADA | EFEITO |
|---|---|---|
| do Rompimento | 1 | Aumenta o dano da Onda Incapacitante em 3-4% |
| | 2 | Aumenta o dano da Onda Incapacitante em 3-5% |
| | 3 | Aumenta o dano da Onda Incapacitante em 3-5% |
| | 4 | Aumenta o dano da Onda Incapacitante em 4-5% |
| | 5 | Aumenta o dano da Onda Incapacitante em 4-5% |
| | 6 | Aumenta o dano da Onda Incapacitante em 5% |
| | 7 | Aumenta o dano da Onda Incapacitante em 5% |
| | 8 | Aumenta o dano da Onda Incapacitante em 5% |

## PALMA EXPLOSIVA

TIPOS DE ITENS: PEDRA DOS ESPÍRITOS, ELMO

(Nota: Afixos de camada 1-3 disponíveis apenas para Pedra dos Espíritos)

| AFIXO | CAMADA | EFEITO |
|---|---|---|
| da Rebentação | 1 | Aumenta o dano da Palma Explosiva em 3-4% |
| | 2 | Aumenta o dano da Palma Explosiva em 3-5% |
| | 3 | Aumenta o dano da Palma Explosiva em 3-5% |
| | 4 | Aumenta o dano da Palma Explosiva em 4-5% |
| | 5 | Aumenta o dano da Palma Explosiva em 4-5% |
| | 6 | Aumenta o dano da Palma Explosiva em 5% |
| | 7 | Aumenta o dano da Palma Explosiva em 5% |
| | 8 | Aumenta o dano da Palma Explosiva em 5% |

## VENTOS CORTANTES

TIPOS DE ITENS: PEDRA DOS ESPÍRITOS, ELMO

(Nota: Afixos de camada 1-3 disponíveis apenas para Pedra dos Espíritos)

| AFIXO | CAMADA | EFEITO |
|---|---|---|
| do Vento | 1 | Aumenta o dano dos Ventos Cortantes em 3-4% |
| | 2 | Aumenta o dano dos Ventos Cortantes em 3-5% |
| | 3 | Aumenta o dano dos Ventos Cortantes em 3-5% |
| | 4 | Aumenta o dano dos Ventos Cortantes em 4-5% |
| | 5 | Aumenta o dano dos Ventos Cortantes em 4-5% |
| | 6 | Aumenta o dano dos Ventos Cortantes em 5% |
| | 7 | Aumenta o dano dos Ventos Cortantes em 5% |
| | 8 | Aumenta o dano dos Ventos Cortantes em 5% |

## CAMINHO DOS CEM PUNHOS

TIPOS DE ITENS: PEDRA DOS ESPÍRITOS, ELMO

(Nota: Afixos de camada 1-3 disponíveis apenas para Pedra dos Espíritos)

| AFIXO | CAMADA | EFEITO |
|---|---|---|
| do Espancamento | 1 | Aumenta o dano do Caminho dos Cem Punhos em 3-4% |
| | 2 | Aumenta o dano do Caminho dos Cem Punhos em 3-5% |
| | 3 | Aumenta o dano do Caminho dos Cem Punhos em 3-5% |
| | 4 | Aumenta o dano do Caminho dos Cem Punhos em 4-5% |
| | 5 | Aumenta o dano do Caminho dos Cem Punhos em 4-5% |
| | 6 | Aumenta o dano do Caminho dos Cem Punhos em 5% |
| | 7 | Aumenta o dano do Caminho dos Cem Punhos em 5% |
| | 8 | Aumenta o dano do Caminho dos Cem Punhos em 5% |

### PÉS DE TORMENTA

TIPOS DE ITENS: CAJADO, ARMA DE HASTE, DAIBO

(Nota: Afixos de camada 1-3 disponíveis apenas para Daibo)

| AFIXO | CAMADA | EFEITO |
|---|---|---|
| do Reflexo | 1 | Aumenta chance de Acerto Crítico com Pés de Tormenta em 3-4% |
| | 2 | Aumenta chance de Acerto Crítico com Pés de Tormenta em 3-5% |
| | 3 | Aumenta chance de Acerto Crítico com Pés de Tormenta em 3-5% |
| | 4 | Aumenta chance de Acerto Crítico com Pés de Tormenta em 4-5% |
| | 5 | Aumenta chance de Acerto Crítico com Pés de Tormenta em 4-5% |
| | 6 | Aumenta chance de Acerto Crítico com Pés de Tormenta em 5% |
| | 7 | Aumenta chance de Acerto Crítico com Pés de Tormenta em 5% |
| | 8 | Aumenta chance de Acerto Crítico com Pés de Tormenta em 5% |

### RABO DE ARRAIA

TIPOS DE ITENS: CAJADO, ARMA DE HASTE, DAIBO

(Nota: Afixos de camada 1-3 disponíveis apenas para Daibo)

| AFIXO | CAMADA | EFEITO |
|---|---|---|
| do Escorpião | 1 | Reduz o custo de Espírito do Rabo de Arraia em 1-2 |
| | 2 | Reduz o custo de Espírito do Rabo de Arraia em 1-2 |
| | 3 | Reduz o custo de Espírito do Rabo de Arraia em 1-2 |
| | 4 | Reduz o custo de Espírito do Rabo de Arraia em 1-3 |
| | 5 | Reduz o custo de Espírito do Rabo de Arraia em 1-3 |
| | 6 | Reduz o custo de Espírito do Rabo de Arraia em 2-3 |
| | 7 | Reduz o custo de Espírito do Rabo de Arraia em 2-3 |
| | 8 | Reduz o custo de Espírito do Rabo de Arraia em 2-3 |

### GOLPE CICLONE

TIPOS DE ITENS: PEDRA DOS ESPÍRITOS, ELMO

(Nota: Afixos de camada 1-3 disponíveis apenas para Pedra dos Espíritos)

| AFIXO | CAMADA | EFEITO |
|---|---|---|
| do Furacão | 1 | Reduz o custo de Espírito do Golpe Ciclone em 1-2 |
| | 2 | Reduz o custo de Espírito do Golpe Ciclone em 1-2 |
| | 3 | Reduz o custo de Espírito do Golpe Ciclone em 1-2 |
| | 4 | Reduz o custo de Espírito do Golpe Ciclone em 1-3 |
| | 5 | Reduz o custo de Espírito do Golpe Ciclone em 1-3 |
| | 6 | Reduz o custo de Espírito do Golpe Ciclone em 2-3 |
| | 7 | Reduz o custo de Espírito do Golpe Ciclone em 2-3 |
| | 8 | Reduz o custo de Espírito do Golpe Ciclone em 2-3 |

### ONDA DE LUZ

TIPOS DE ITENS: CAJADO, ARMA DE HASTE, DAIBO

(Nota: Afixos de camada 1-3 disponíveis apenas para Daibo)

| AFIXO | CAMADA | EFEITO |
|---|---|---|
| da Radiância | 1 | Aumenta chance de Acerto Crítico com Onda de Luz em 3-4% |
| | 2 | Aumenta chance de Acerto Crítico com Onda de Luz em 3-5% |
| | 3 | Aumenta chance de Acerto Crítico com Onda de Luz em 3-5% |
| | 4 | Aumenta chance de Acerto Crítico com Onda de Luz em 4-5% |
| | 5 | Aumenta chance de Acerto Crítico com Onda de Luz em 4-5% |
| | 6 | Aumenta chance de Acerto Crítico com Onda de Luz em 5% |
| | 7 | Aumenta chance de Acerto Crítico com Onda de Luz em 5% |
| | 8 | Aumenta chance de Acerto Crítico com Onda de Luz em 5% |

## AFIXO: REFORÇO DE HABILIDADE DO FEITICEIRO

### MORCEGOS ÍGNEOS

TIPOS DE ITENS: MÁSCARA VODU, ELMO

(Nota: Afixos de camada 1-3 disponíveis apenas para Máscara Vodu)

| AFIXO | CAMADA | EFEITO |
|---|---|---|
| das Profundezas | 1 | Reduz o custo de Mana dos Morcegos Ígneos em 1-2 |
| | 2 | Reduz o custo de Mana dos Morcegos Ígneos em 1-2 |
| | 3 | Reduz o custo de Mana dos Morcegos Ígneos em 1-2 |
| | 4 | Reduz o custo de Mana dos Morcegos Ígneos em 1-3 |
| | 5 | Reduz o custo de Mana dos Morcegos Ígneos em 1-3 |
| | 6 | Reduz o custo de Mana dos Morcegos Ígneos em 2-3 |
| | 7 | Reduz o custo de Mana dos Morcegos Ígneos em 2-3 |
| | 8 | Reduz o custo de Mana dos Morcegos Ígneos em 2-3 |

### DARDO ENVENENADO

TIPOS DE ITENS: ESCUDO, MOJO, ARCO, BESTA

(Nota: Afixos de camada 1-3 disponíveis apenas para Mojo)

| AFIXO | CAMADA | EFEITO |
|---|---|---|
| da Ferroada | 1 | Aumenta o dano do Dardo Envenenado em 3-4% |
| | 2 | Aumenta o dano do Dardo Envenenado em 3-5% |
| | 3 | Aumenta o dano do Dardo Envenenado em 3-5% |
| | 4 | Aumenta o dano do Dardo Envenenado em 4-5% |
| | 5 | Aumenta o dano do Dardo Envenenado em 4-5% |
| | 6 | Aumenta o dano do Dardo Envenenado em 5% |
| | 7 | Aumenta o dano do Dardo Envenenado em 5% |
| | 8 | Aumenta o dano do Dardo Envenenado em 5% |

### PRAGA DE SAPOS

TIPOS DE ITENS: ADAGA, LANÇA, ARCO, BESTA, FACA CERIMONIAL

(Nota: Afixos de camada 1-3 disponíveis apenas para Faca Cerimonial)

| AFIXO | CAMADA | EFEITO |
|---|---|---|
| da Selva | 1 | Aumenta os danos da Praga de Sapos em 3-4% |
| | 2 | Aumenta os danos da Praga de Sapos em 3-5% |
| | 3 | Aumenta os danos da Praga de Sapos em 3-5% |
| | 4 | Aumenta os danos da Praga de Sapos em 4-5% |
| | 5 | Aumenta os danos da Praga de Sapos em 4-5% |
| | 6 | Aumenta os danos da Praga de Sapos em 5% |
| | 7 | Aumenta os danos da Praga de Sapos em 5% |
| | 8 | Aumenta os danos da Praga de Sapos em 5% |

### ASSOMBRAÇÃO

TIPOS DE ITENS: ADAGA, LANÇA, ARCO, BESTA, FACA CERIMONIAL

(Nota: Afixos de camada 1-3 disponíveis apenas para Faca Cerimonial)

| AFIXO | CAMADA | EFEITO |
|---|---|---|
| da Aparição | 1 | Aumenta o dano da Assombração em 3-4% |
| | 2 | Aumenta o dano da Assombração em 3-5% |
| | 3 | Aumenta o dano da Assombração em 3-5% |
| | 4 | Aumenta o dano da Assombração em 4-5% |
| | 5 | Aumenta o dano da Assombração em 4-5% |
| | 6 | Aumenta o dano da Assombração em 5% |
| | 7 | Aumenta o dano da Assombração em 5% |
| | 8 | Aumenta o dano da Assombração em 5% |

### SALVA DE ESPÍRITOS

TIPOS DE ITENS: ESCUDO, MOJO, ARCO, BESTA

(Nota: Afixos de camada 1-3 disponíveis apenas para Mojo)

| AFIXO | CAMADA | EFEITO |
|---|---|---|
| dos Fantasmas | 1 | Aumenta o dano da Salva de Espíritos em 3-4% |
| | 2 | Aumenta o dano da Salva de Espíritos em 3-5% |
| | 3 | Aumenta o dano da Salva de Espíritos em 3-5% |
| | 4 | Aumenta o dano da Salva de Espíritos em 4-5% |
| | 5 | Aumenta o dano da Salva de Espíritos em 4-5% |
| | 6 | Aumenta o dano da Salva de Espíritos em 5% |
| | 7 | Aumenta o dano da Salva de Espíritos em 5% |
| | 8 | Aumenta o dano da Salva de Espíritos em 5% |

### ARANHAS CARNICEIRAS

TIPOS DE ITENS: ESCUDO, MOJO, ARCO, BESTA

(Nota: Afixos de camada 1-3 disponíveis apenas para Mojo)

| AFIXO | CAMADA | EFEITO |
|---|---|---|
| da Viúva Negra | 1 | Aumenta a duração do efeito da Nevasca em 1-2 |
| | 2 | Aumenta a duração do efeito da Nevasca em 1-2 |
| | 3 | Aumenta a duração do efeito da Nevasca em 1-2 |
| | 4 | Aumenta a duração do efeito da Nevasca em 1-3 |
| | 5 | Aumenta a duração do efeito da Nevasca em 1-3 |
| | 6 | Aumenta a duração do efeito da Nevasca em 2-3 |
| | 7 | Aumenta a duração do efeito da Nevasca em 2-3 |
| | 8 | Aumenta a duração do efeito da Nevasca em 2-3 |

## ENXAME DE GAFANHOTOS

### TIPOS DE ITENS: MÁSCARA VODU, ELMO

(Nota: Afixos de camada 1-3 disponíveis apenas para Máscara Vodu)

| AFIXO | CAMADA | EFEITO |
|---|---|---|
| da Pestilência | 1 | Aumenta chance de Acerto Crítico com Enxame de Gafanhotos em 3-4% |
| | 2 | Aumenta chance de Acerto Crítico com Enxame de Gafanhotos em 3-5% |
| | 3 | Aumenta chance de Acerto Crítico com Enxame de Gafanhotos em 3-5% |
| | 4 | Aumenta chance de Acerto Crítico com Enxame de Gafanhotos em 4-5% |
| | 5 | Aumenta chance de Acerto Crítico com Enxame de Gafanhotos em 4-5% |
| | 6 | Aumenta chance de Acerto Crítico com Enxame de Gafanhotos em 5% |
| | 7 | Aumenta chance de Acerto Crítico com Enxame de Gafanhotos em 5% |
| | 8 | Aumenta chance de Acerto Crítico com Enxame de Gafanhotos em 5% |

## BOMBA INCENDIÁRIA

### TIPOS DE ITENS: ADAGA, LANÇA, ARCO, BESTA, FACA CERIMONIAL

(Nota: Afixos de camada 1-3 disponíveis apenas para Faca Cerimonial)

| AFIXO | CAMADA | EFEITO |
|---|---|---|
| do Flamejar | 1 | Reduz o custo de Mana da Bomba Incendiária em 1-2 |
| | 2 | Reduz o custo de Mana da Bomba Incendiária em 1-3 |
| | 3 | Reduz o custo de Mana da Bomba Incendiária em 1-4 |
| | 4 | Reduz o custo de Mana da Bomba Incendiária em 1-5 |
| | 5 | Reduz o custo de Mana da Bomba Incendiária em 1-6 |
| | 6 | Reduz o custo de Mana da Bomba Incendiária em 1-7 |
| | 7 | Reduz o custo de Mana da Bomba Incendiária em 1-8 |
| | 8 | Reduz o custo de Mana da Bomba Incendiária em 1-9 |

## ZUMBI SUICIDA

### TIPOS DE ITENS: ESCUDO, MOJO, ARCO, BESTA

(Nota: Afixos de camada 1-3 disponíveis apenas para Mojo)

| AFIXO | CAMADA | EFEITO |
|---|---|---|
| da Raiva Cega | 1 | Reduz o custo de Mana do Zumbi Suicida em 1-2 |
| | 2 | Reduz o custo de Mana do Zumbi Suicida em 1-3 |
| | 3 | Reduz o custo de Mana do Zumbi Suicida em 1-4 |
| | 4 | Reduz o custo de Mana do Zumbi Suicida em 1-5 |
| | 5 | Reduz o custo de Mana do Zumbi Suicida em 1-6 |
| | 6 | Reduz o custo de Mana do Zumbi Suicida em 1-7 |
| | 7 | Reduz o custo de Mana do Zumbi Suicida em 1-8 |
| | 8 | Reduz o custo de Mana do Zumbi Suicida em 1-9 |

## MURALHA DE ZUMBIS

### TIPOS DE ITENS: ESCUDO, MOJO, ARCO, BESTA

(Nota: Afixos de camada 1-3 disponíveis apenas para Mojo)

| AFIXO | CAMADA | EFEITO |
|---|---|---|
| dos Perdidos | 1 | Reduz o tempo de recarga para a Muralha de Zumbis em 1-2 |
| | 2 | Reduz o tempo de recarga para a Muralha de Zumbis em 1-3 |
| | 3 | Reduz o tempo de recarga para a Muralha de Zumbis em 1-3 |
| | 4 | Reduz o tempo de recarga para a Muralha de Zumbis em 1-3 |
| | 5 | Reduz o tempo de recarga para a Muralha de Zumbis em 1-3 |
| | 6 | Reduz o tempo de recarga para a Muralha de Zumbis em 1-3 |
| | 7 | Reduz o tempo de recarga para a Muralha de Zumbis em 1-3 |
| | 8 | Reduz o tempo de recarga para a Muralha de Zumbis em 1-3 |

## NUVEM ÁCIDA

### TIPOS DE ITENS: MÁSCARA VODU, ELMO

(Nota: Afixos de camada 1-3 disponíveis apenas para Máscara Vodu)

| AFIXO | CAMADA | EFEITO |
|---|---|---|
| da Corrosão | 1 | Aumenta chance de Acerto Crítico com a Nuvem Ácida em 3-4% |
| | 2 | Aumenta chance de Acerto Crítico com a Nuvem Ácida em 3-5% |
| | 3 | Aumenta chance de Acerto Crítico com a Nuvem Ácida em 3-5% |
| | 4 | Aumenta chance de Acerto Crítico com a Nuvem Ácida em 4-5% |
| | 5 | Aumenta chance de Acerto Crítico com a Nuvem Ácida em 4-5% |
| | 6 | Aumenta chance de Acerto Crítico com a Nuvem Ácida em 5% |
| | 7 | Aumenta chance de Acerto Crítico com a Nuvem Ácida em 5% |
| | 8 | Aumenta chance de Acerto Crítico com a Nuvem Ácida em 5% |

## EVOCAÇÃO DE CÃES ZUMBIS

### TIPOS DE ITENS: MÁSCARA VODU, ELMO

(Nota: Afixos de camada 1-3 disponíveis apenas para Máscara Vodu)

| AFIXO | CAMADA | EFEITO |
|---|---|---|
| da Dominação | 1 | Reduz o tempo de recarga para a Evocação de Cães Zumbis em 1-2 |
| | 2 | Reduz o tempo de recarga para a Evocação de Cães Zumbis em 2-3 |
| | 3 | Reduz o tempo de recarga para a Evocação de Cães Zumbis em 2-3 |
| | 4 | Reduz o tempo de recarga para a Evocação de Cães Zumbis em 3-5 |
| | 5 | Reduz o tempo de recarga para a Evocação de Cães Zumbis em 3-5 |
| | 6 | Reduz o tempo de recarga para a Evocação de Cães Zumbis em 4-7 |
| | 7 | Reduz o tempo de recarga para a Evocação de Cães Zumbis em 4-7 |
| | 8 | Reduz o tempo de recarga para a Evocação de Cães Zumbis em 4-7 |

# AFIXO: AUX. DE HAB. DO CAÇADOR DE DEMÔNIOS

## FLECHA VORAZ

### TIPOS DE ITENS: ALJAVA, ESCUDO

(Nota: Afixos de camada 1-2 disponíveis apenas para Aljava)

| AFIXO | CAMADA | EFEITO |
|---|---|---|
| do Predador | 1 | Aumenta o dano da Flecha Voraz em 3-4% |
| | 2 | Aumenta o dano da Flecha Voraz em 3-5% |
| | 3 | Aumenta o dano da Flecha Voraz em 3-5% |
| | 4 | Aumenta o dano da Flecha Voraz em 4-5% |
| | 5 | Aumenta o dano da Flecha Voraz em 4-5% |
| | 6 | Aumenta o dano da Flecha Voraz em 5% |
| | 7 | Aumenta o dano da Flecha Voraz em 5% |
| | 8 | Aumenta o dano da Flecha Voraz em 5% |

## BOLEADEIRA EXPLOSIVA

### TIPOS DE ITENS: ALJAVA, ESCUDO

(Nota: Afixos de camada 1-2 disponíveis apenas para Aljava)

| AFIXO | CAMADA | EFEITO |
|---|---|---|
| do Caçador de Recompensas | 1 | Aumenta o dano da Boleadeira Explosiva em 3-4% |
| | 2 | Aumenta o dano da Boleadeira Explosiva em 3-5% |
| | 3 | Aumenta o dano da Boleadeira Explosiva em 3-5% |
| | 4 | Aumenta o dano da Boleadeira Explosiva em 4-5% |
| | 5 | Aumenta o dano da Boleadeira Explosiva em 4-5% |
| | 6 | Aumenta o dano da Boleadeira Explosiva em 5% |
| | 7 | Aumenta o dano da Boleadeira Explosiva em 5% |
| | 8 | Aumenta o dano da Boleadeira Explosiva em 5% |

## DISPARO EVASIVO

### TIPOS DE ITENS: MANTO, PEITORAL

(Nota: Afixos de camada 1-3 disponíveis apenas para Manto)

| AFIXO | CAMADA | EFEITO |
|---|---|---|
| da Supressão | 1 | Aumenta o dano do Disparo Evasivo em 3-4% |
| | 2 | Aumenta o dano do Disparo Evasivo em 3-5% |
| | 3 | Aumenta o dano do Disparo Evasivo em 3-5% |
| | 4 | Aumenta o dano do Disparo Evasivo em 4-5% |
| | 5 | Aumenta o dano do Disparo Evasivo em 4-5% |
| | 6 | Aumenta o dano do Disparo Evasivo em 5% |
| | 7 | Aumenta o dano do Disparo Evasivo em 5% |
| | 8 | Aumenta o dano do Disparo Evasivo em 5% |

## DISPARO ENREDANTE

### TIPOS DE ITENS: ALJAVA, ESCUDO

(Nota: Afixos de camada 1-2 disponíveis apenas para Aljava)

| AFIXO | CAMADA | EFEITO |
|---|---|---|
| da Vinculação | 1 | Aumenta o dano do Disparo Enredante em 3-4% |
| | 2 | Aumenta o dano do Disparo Enredante em 3-5% |
| | 3 | Aumenta o dano do Disparo Enredante em 3-5% |
| | 4 | Aumenta o dano do Disparo Enredante em 4-5% |
| | 5 | Aumenta o dano do Disparo Enredante em 4-5% |
| | 6 | Aumenta o dano do Disparo Enredante em 5% |
| | 7 | Aumenta o dano do Disparo Enredante em 5% |
| | 8 | Aumenta o dano do Disparo Enredante em 5% |

## GRANADAS

### TIPOS DE ITENS: MANTO, PEITORAL

(Nota: Afixos de camada 1-3 disponíveis apenas para Manto)

| AFIXO | CAMADA | EFEITO |
|---|---|---|
| do Granadeiro | 1 | Aumenta o dano das Granadas em 3-4% |
| | 2 | Aumenta o dano das Granadas em 3-5% |
| | 3 | Aumenta o dano das Granadas em 3-5% |
| | 4 | Aumenta o dano das Granadas em 4-5% |
| | 5 | Aumenta o dano das Granadas em 4-5% |
| | 6 | Aumenta o dano das Granadas em 5% |
| | 7 | Aumenta o dano das Granadas em 5% |
| | 8 | Aumenta o dano das Granadas em 5% |

## FOGO RÁPIDO

### TIPOS DE ITENS: ALJAVA, ESCUDO

(Nota: Afixos de camada 1-2 disponíveis apenas para Aljava)

| AFIXO | CAMADA | EFEITO |
|---|---|---|
| das Salvas | 1 | Aumenta chance de Acerto Crítico com Fogo Rápido em 3-4% |
| | 2 | Aumenta chance de Acerto Crítico com Fogo Rápido em 3-5% |
| | 3 | Aumenta chance de Acerto Crítico com Fogo Rápido em 3-5% |
| | 4 | Aumenta chance de Acerto Crítico com Fogo Rápido em 4-5% |
| | 5 | Aumenta chance de Acerto Crítico com Fogo Rápido em 4-5% |
| | 6 | Aumenta chance de Acerto Crítico com Fogo Rápido em 5% |
| | 7 | Aumenta chance de Acerto Crítico com Fogo Rápido em 5% |
| | 8 | Aumenta chance de Acerto Crítico com Fogo Rápido em 5% |

## FLECHA ELEMENTAL

### TIPOS DE ITENS: ALJAVA, ESCUDO

(Nota: Afixos de camada 1-2 disponíveis apenas para Aljava)

| AFIXO | CAMADA | EFEITO |
|---|---|---|
| da Explosão | 1 | Aumenta o dano da Flecha Elemental em 3-4% |
| | 2 | Aumenta o dano da Flecha Elemental em 3-5% |
| | 3 | Aumenta o dano da Flecha Elemental em 3-5% |
| | 4 | Aumenta o dano da Flecha Elemental em 4-5% |
| | 5 | Aumenta o dano da Flecha Elemental em 4-5% |
| | 6 | Aumenta o dano da Flecha Elemental em 5% |
| | 7 | Aumenta o dano da Flecha Elemental em 5% |
| | 8 | Aumenta o dano da Flecha Elemental em 5% |

## TIRO MÚLTIPLO

### TIPOS DE ITENS: ALJAVA, ESCUDO

(Nota: Afixos de camada 1-2 disponíveis apenas para Aljava)

| AFIXO | CAMADA | EFEITO |
|---|---|---|
| da Saraivada | 1 | Aumenta chance de Acerto Crítico com Tiro Múltiplo em 3-4% |
| | 2 | Aumenta chance de Acerto Crítico com Tiro Múltiplo em 3-5% |
| | 3 | Aumenta chance de Acerto Crítico com Tiro Múltiplo em 3-5% |
| | 4 | Aumenta chance de Acerto Crítico com Tiro Múltiplo em 4-5% |
| | 5 | Aumenta chance de Acerto Crítico com Tiro Múltiplo em 4-5% |
| | 6 | Aumenta chance de Acerto Crítico com Tiro Múltiplo em 5% |
| | 7 | Aumenta chance de Acerto Crítico com Tiro Múltiplo em 5% |
| | 8 | Aumenta chance de Acerto Crítico com Tiro Múltiplo em 5% |

## SARAIVADA

### TIPOS DE ITENS: MANTO, PEITORAL

(Nota: Afixos de camada 1-3 disponíveis apenas para Manto)

| AFIXO | CAMADA | EFEITO |
|---|---|---|
| da Perícia | 1 | Reduz o custo de Ódio da Saraivada em 1 |
| | 2 | Reduz o custo de Ódio da Saraivada em 1 |
| | 3 | Reduz o custo de Ódio da Saraivada em 1 |
| | 4 | Reduz o custo de Ódio da Saraivada em 1-2 |
| | 5 | Reduz o custo de Ódio da Saraivada em 1-2 |
| | 6 | Reduz o custo de Ódio da Saraivada em 1-2 |
| | 7 | Reduz o custo de Ódio da Saraivada em 1-2 |
| | 8 | Reduz o custo de Ódio da Saraivada em 1-2 |

## FLECHA DE FRAGMENTAÇÃO

### TIPOS DE ITENS: ALJAVA, ESCUDO

(Nota: Afixos de camada 1-2 disponíveis apenas para Aljava)

| AFIXO | CAMADA | EFEITO |
|---|---|---|
| das Farpas | 1 | Aumenta o dano da Flecha de Fragmentação em 3-4% |
| | 2 | Aumenta o dano da Flecha de Fragmentação em 3-5% |
| | 3 | Aumenta o dano da Flecha de Fragmentação em 3-5% |
| | 4 | Aumenta o dano da Flecha de Fragmentação em 4-5% |
| | 5 | Aumenta o dano da Flecha de Fragmentação em 4-5% |
| | 6 | Aumenta o dano da Flecha de Fragmentação em 5% |
| | 7 | Aumenta o dano da Flecha de Fragmentação em 5% |
| | 8 | Aumenta o dano da Flecha de Fragmentação em 5% |

## MINA TERRESTRE

### TIPOS DE ITENS: MANTO, PEITORAL

(Nota: Afixos de camada 1-3 disponíveis apenas para Manto)

| AFIXO | CAMADA | EFEITO |
|---|---|---|
| dos Espinhaços | 1 | Aumenta o dano da Mina Terrestre em 3-4% |
| | 2 | Aumenta o dano da Mina Terrestre em 3-5% |
| | 3 | Aumenta o dano da Mina Terrestre em 3-5% |
| | 4 | Aumenta o dano da Mina Terrestre em 4-5% |
| | 5 | Aumenta o dano da Mina Terrestre em 4-5% |
| | 6 | Aumenta o dano da Mina Terrestre em 5% |
| | 7 | Aumenta o dano da Mina Terrestre em 5% |
| | 8 | Aumenta o dano da Mina Terrestre em 5% |

## EMPALAR

### TIPOS DE ITENS: MANTO, PEITORAL

(Nota: Afixos de camada 1-3 disponíveis apenas para Manto)

| AFIXO | CAMADA | EFEITO |
|---|---|---|
| dos Gumes | 1 | Reduz o custo de Ódio da Saraivada em 1-2 |
| | 2 | Reduz o custo de Ódio da Saraivada em 1-2 |
| | 3 | Reduz o custo de Ódio da Saraivada em 1-2 |
| | 4 | Reduz o custo de Ódio da Saraivada em 1-3 |
| | 5 | Reduz o custo de Ódio da Saraivada em 1-3 |
| | 6 | Reduz o custo de Ódio da Saraivada em 2-3 |
| | 7 | Reduz o custo de Ódio da Saraivada em 2-3 |
| | 8 | Reduz o custo de Ódio da Saraivada em 2-3 |

## CHAKRAM

### TIPOS DE ITENS: MANTO, PEITORAL

(Nota: Afixos de camada 1-3 disponíveis apenas para Manto)

| AFIXO | CAMADA | EFEITO |
|---|---|---|
| do Bumerangue | 1 | Reduz o custo de Ódio do Chakram em 1 |
| | 2 | Reduz o custo de Ódio do Chakram em 1 |
| | 3 | Reduz o custo de Ódio do Chakram em 1 |
| | 4 | Reduz o custo de Ódio do Chakram em 1-2 |
| | 5 | Reduz o custo de Ódio do Chakram em 1-2 |
| | 6 | Reduz o custo de Ódio do Chakram em 1-2 |
| | 7 | Reduz o custo de Ódio do Chakram em 1-2 |
| | 8 | Reduz o custo de Ódio do Chakram em 1-2 |

# EQUIPAMENTO BASE

Equipamentos base para seus Heróis do *Diablo III* incluem armas e armaduras; equipamentos de mão secundária como escudos, aljavas e mojos; e joias como anéis e amuletos. Cada equipamento é normalmente composto de um item básico imbuído de um conjunto padrão de atributos, além de um ou mais afixos de "propriedades especiais".

Note que você também pode adquirir diversos itens lendários, bem como itens de "conjunto" que fazem parte de poderosos conjuntos de equipamentos correspondentes. Para mais informações sobre este equipamento especial, consulte Itens Lendários e Conjuntos Especiais, mais adiante neste capítulo.

### Nota sobre Valores de Dano

O dano base que uma arma inflige em qualquer golpe é extraído de um conjunto de valores de danos — o jogo puxa de uma gama de dano mínimo *e* uma gama de dano máximo para cada arma.

Mas, para simplificar os atributos, nós apenas listamos os menores e maiores valores de dano possíveis para cada variedade de arma. Estes não serão os valores exatos da variação de danos para qualquer arma específica dessa variedade, mas eles vão estar muito próximos.

## ARMAS

### MACHADOS DE UMA MÃO

Todas as cinco classes podem empunhar um machado de uma mão, com seu espaço padrão sendo o da mão principal do Herói (direita). Tanto o Bárbaro como o Monge podem exercer empunhadura dupla com essas armas.

| Arma | NÍVEL REQ. | DAN MÍN/MÁX | DAN MÉD P/ SEG | ATQ P/ SEG |
|---|---|---|---|---|
| MACHADO DE MÃO | 1 | 2-4 | 3 | 1,30 |
| MACHADO LARGO | 3 | 4-9 | 7 | 1,30 |
| MACHADO DUPLO | 8 | 7-14 | 10 | 1,30 |
| MACHADO PESADO | 13 | 10-19 | 14 | 1,30 |
| MACHADO DE BATALHA | 17 | 12-23 | 18 | 1,30 |
| MACHADO DE SAQUEADOR | 21 | 15-28 | 21 | 1,30 |
| MACHADO DE SOLDADO | 25 | 17-33 | 25 | 1,30 |
| MACHADINHA | 30 | 20-38 | 29 | 1,30 |
| ONO | 34 | 25-48 | 36 | 1,30 |
| BULLOVA | 38 | 31-59 | 45 | 1,30 |
| ENXO | 42 | 38-73 | 56 | 1,30 |
| TALHADOR | 46 | 47-90 | 69 | 1,30 |
| TOPOROK | 48 | 55-105 | 80 | 1,30 |
| MASAKARI | 51 | 64-122 | 93 | 1,30 |
| TOMAHAWK | 53 | 70-135 | 104 | 1,30 |
| MACHADO CRESCENTE | 55 | 78-150 | 115 | 1,30 |
| MACHADO DE ARREAT | 57 | 87-166 | 128 | 1,30 |
| BALESTARIUS | 59 | 96-185 | 142 | 1,30 |
| CEIFADORA | 60 | 112-214 | 164 | 1,30 |
| GALRAKI | 60 | 129-246 | 189 | 1,30 |
| MACHADO ARQUEADO | 60 | 149-285 | 218 | 1,30 |

## MACHADOS DE DUAS MÃOS

Cada uma destas armas requer duas mãos para usar e assim não permite empunhadura dupla. Apenas os Heróis Bárbaros, Feiticeiros e Arcanistas podem usar machados de duas mãos. O espaço padrão onde a arma aparece no inventário é o da mão principal (direita).

| Arma | NÍVEL REQ. | DAN MÍN/MÁX | DAN MÉD P/ SEG | ATQ P/ SEG |
|---|---|---|---|---|
| MACHADO DE LENHA | 3 | 9-12 | 10 | 1,00 |
| MACHADO DE GUERRA | 9 | 15-19 | 16 | 1,00 |
| TABARZIN | 15 | 21-26 | 23 | 1,00 |
| MACHADO MILITAR | 21 | 29-36 | 32 | 1,00 |
| GRÃO-MACHADO | 27 | 39-48 | 43 | 1,00 |
| MACHADO DE MADEIRA | 33 | 52-65 | 59 | 1,00 |
| FRANQUISQUE | 37 | 67-84 | 76 | 1,00 |
| MACHADO DENTADO | 41 | 86-108 | 97 | 1,00 |
| PARASHU | 45 | 109-137 | 124 | 1,00 |
| LABRYS | 50 | 155-195 | 177 | 1,00 |
| MACHADO ABATEDOR | 54 | 210-265 | 240 | 1,00 |
| VALASKA | 58 | 285-357 | 324 | 1,00 |
| MACHADO ESTRIPADOR | 60 | 363-453 | 412 | 1,00 |
| SAGARIS | 60 | 430-535 | 485 | 1,00 |
| DECAPITADOR | 60 | 507-629 | 572 | 1,00 |

## ARCOS

Estas armas de longo alcance requerem duas mãos, assim não permitem empunhadura dupla. Caçadores de Demônios, Feiticeiros e Arcanistas podem usar arcos; O espaço padrão é o da mão principal (direita).

| Arma | NÍVEL REQ. | DAN MÍN/MÁX | DAN MÉD P/ SEG | ATQ P/ SEG |
|---|---|---|---|---|
| ARCO CURTO | 1 | 1-9 | 5 | 1,40 |
| ARCO GUARDIÃO | 7 | 3-20 | 11 | 1,40 |
| ARCO LONGO | 12 | 4-27 | 16 | 1,40 |
| ARCO RECURVO | 18 | 6-37 | 21 | 1,40 |
| ARCO DE CAÇA | 23 | 7-44 | 26 | 1,40 |
| ARCO DE BATALHA | 27 | 9-52 | 30 | 1,40 |
| ARCO DE CERCO | 30 | 9-56 | 33 | 1,40 |
| MARUKI | 34 | 12-69 | 40 | 1,40 |
| YUMI | 37 | 14-80 | 47 | 1,40 |
| ARCO COMPOSTO | 40 | 16-90 | 54 | 1,40 |
| DAIKYU | 44 | 19-113 | 66 | 1,40 |
| HANKYU | 47 | 23-132 | 77 | 1,40 |
| HIGOYUMI | 51 | 30-173 | 101 | 1,40 |
| ARCO DE BATEDOR | 54 | 37-211 | 123 | 1,40 |
| ARCO TIRO-LONGO | 57 | 44-256 | 150 | 1,40 |
| ARCO DE FRANCOATIRADOR | 60 | 58-339 | 199 | 1,40 |
| ARCO FANTASMA | 60 | 568-396 | 232 | 1,40 |
| ARCO VINGADOR | 60 | 80-462 | 271 | 1,40 |

## FACAS CERIMONIAIS (APENAS FEITICEIROS)

Muitas vezes construída a partir de materiais mais simples do que o metal, a faca cerimonial ondulada ou serrilhada do Feiticeiro é mais adequada para o combate do que seu pequeno tamanho e propósito ritual podem indicar.

| Nome | NÍVEL REQ. | DAN MÍN/MÁX | DAN MÉD P/ SEG | ATQ P/ SEG |
|---|---|---|---|---|
| FACA DE PEDRA | 5 | 3-14 | 8 | 1,40 |
| LÂMINA KRIS | 10 | 4-19 | 12 | 1,40 |
| GUME DENTADO | 15 | 6-26 | 16 | 1,40 |
| FACA DE PEDERNEIRA | 24 | 9-37 | 23 | 1,40 |
| LÂMINA DE SACRIFÍCIO | 31 | 11-47 | 29 | 1,40 |
| ESFOLADORA | 35 | 14-57 | 35 | 1,40 |
| SERRA-OSSOS | 40 | 18-73 | 45 | 1,40 |
| PRESA DE FERA | 46 | 24-98 | 61 | 1,40 |
| NAVALHA ESCALPELADORA | 51 | 32-131 | 81 | 1,40 |
| GUME OBSIDIANO | 55 | 39-159 | 99 | 1,40 |
| TALHADOR DE PELE | 59 | 47-193 | 120 | 1,40 |
| FACA EXTRAORDINÁRIA | 60 | 54-222 | 138 | 1,40 |
| ESCARNADORA | 60 | 62-255 | 159 | 1,40 |
| PERFURADOR DO VÉU | 60 | 71-294 | 183 | 1,40 |

## BESTAS

Estas armas de longo alcance requerem o uso de duas mãos, assim não podem ser usadas em empunhadura dupla. Todas as classes de Herói podem empunhar bestas. O espaço padrão onde a arma aparece no inventário é o da mão principal (direita).

| Nome | NÍVEL REQ. | DAN MÍN/MÁX | DAN MÉD P/ SEG | ATQ P/ SEG |
|---|---|---|---|---|
| BESTA LEVE | 3 | 8-10 | 9 | 1,10 |
| BESTA | 7 | 11-14 | 13 | 1,10 |
| BESTA PESADA | 11 | 15-19 | 21 | 1,10 |
| ARCOBALISTA | 15 | 19-24 | 21 | 1,10 |
| LIAN NU | 19 | 23-29 | 26 | 1,10 |
| BESTA DE GUERRA | 22 | 27-34 | 30 | 1,10 |
| PORCO-ESPINHO | 25 | 31-39 | 35 | 1,10 |
| BESTA DE CERCO | 33 | 45-57 | 51 | 1,10 |
| BESTA DE BRIGA | 34 | 48-60 | 54 | 1,10 |
| BESTA DE CERCO PESADA | 36 | 54-68 | 61 | 1,10 |
| ARCO-FUNDA | 39 | 64-81 | 73 | 1,10 |
| CHOKONU | 44 | 86-109 | 99 | 1,10 |
| LANÇADOR DE GUERRA | 47 | 102-130 | 118 | 1,10 |
| ESCORPIÃO | 51 | 138-175 | 159 | 1,10 |
| BESTA DE POLÉ | 52 | 149-189 | 171 | 1,10 |
| BESTA DE GANCHO | 53 | 161-204 | 185 | 1,10 |
| BESTA TEMÍVEL | 55 | 187-236 | 214 | 1,10 |
| NAYIN | 58 | 233-294 | 266 | 1,10 |
| BESTA DE PEDRA | 60 | 296-371 | 337 | 1,10 |
| LANÇADOR | 60 | 350-437 | 397 | 1,10 |
| BESTA INFERNANTE | 60 | [illegible] | [illegible],6 | 1,10 |

## ADAGAS

Todas as cinco classes podem empunhar uma adaga, com seu espaço padrão sendo mão principal do Herói (direita). Tanto o Bárbaro como o Monge podem exercer empunhadura dupla com essas armas.

| | NÍVEL REQ. | DAN MÍN/MÁX | DAN MÉD P/ SEG | ATQ P/ SEG |
|---|---|---|---|---|
| ADAGA SIMPLES | 1 | 2-7 | 4 | 1,50 |
| ESTOQUE | 5 | 3-11 | 7 | 1,50 |
| ADAGA CURTA | 10 | 5-17 | 11 | 1,50 |
| ADAGA | 14 | 7-22 | 14 | 1,50 |
| PUNHAL | 18 | 8-25 | 16 | 1,50 |
| ESTILETE | 22 | 9-29 | 19 | 1,50 |
| ESTRIPADOR | 26 | 10-32 | 21 | 1,50 |
| ADAGA SERRILHADA | 32 | 13-40 | 26 | 1,50 |
| KINDJAL | 35 | 15-46 | 30 | 1,50 |
| PÚGIO | 38 | 17-52 | 34 | 1,50 |
| RONDEL | 41 | 19-59 | 39 | 1,50 |
| SCRAMASAX | 44 | 22-68 | 45 | 1,50 |
| MAIN-GAUCHE | 47 | 26-79 | 52 | 1,50 |
| ESPINHO | 50 | 31-94 | 62 | 1,50 |
| KUKRI | 52 | 34-103 | 68 | 1,50 |
| PAVADE | 54 | 36-112 | 74 | 1,50 |
| CINQUEDEA | 56 | 39-122 | 81 | 1,50 |
| SKAIN | 58 | 43-133 | 88 | 1,50 |
| BASILARD | 60 | 52-160 | 106 | 1,50 |
| FURADOR | 60 | 59-182 | 121 | 1,50 |
| LAMINEGRA | 60 | 67-209 | 139 | 1,50 |

## DAIBOS (APENAS PARA O MONGE)

Apenas um Monge pode empunhar o bastão mortal de combate conhecido como daibo. Cada daibo requer duas mãos para usar, então eles não podem ser usados em empunhadura dupla. O espaço de inventário padrão é a mão principal (direita).

| | NÍVEL REQ. | DAN MÍN/MÁX | DAN MÉD P/ SEG | ATQ P/ SEG |
|---|---|---|---|---|
| BO DE MADEIRA | 9 | 11-21 | 15 | 1,10 |
| PÁ | 13 | 14-27 | 20 | 1,10 |
| EIKU | 18 | 18-34 | 25 | 1,10 |
| TAIJI | 27 | 27-51 | 39 | 1,10 |
| BASTÃO JODO | 31 | 33-62 | 47 | 1,10 |
| SIBAT | 36 | 43-83 | 64 | 1,10 |
| TROST | 42 | 63-119 | 91 | 1,10 |
| SVARDSTAV | 48 | 93-177 | 136 | 1,10 |
| LATHI | 51 | 113-216 | 166 | 1,10 |
| SILAMBAM | 54 | 141-270 | 207 | 1,10 |
| DREVKO | 57 | 175-336 | 258 | 1,10 |
| GRÃO-TAIJI | 60 | 239-456 | 351 | 1,10 |
| ZHEZL | 60 | 282-538 | 413 | 1,10 |
| CAJADO DO GURU | 60 | 333-632 | 486 | 1,10 |

## ARMAS DE PUNHO (APENAS PARA O MONGE)

Essas ataduras para os punhos melhoram o sagaz e brutal conhecimento de combate com as mãos do Monge.

| Arma | NÍVEL REQ. | DAN MÍN/MÁX | DAN MÉD P/ SEG | ATQ P/ SEG |
|---|---|---|---|---|
| SOQUEIRA | 5 | 2-9 | 8 | 1,40 |
| ESPETOS | 10 | 7-17 | 11 | 1,40 |
| GARRA | 15 | 9-22 | 15 | 1,40 |
| SHUKO | 24 | 13-31 | 22 | 1,40 |
| QUEBRADORA | 31 | 17-40 | 28 | 1,40 |
| PUNHO DE FERRO | 35 | 20-48 | 34 | 1,40 |
| GARRA | 40 | 26-62 | 44 | 1,40 |
| KASTET | 46 | 35-83 | 58 | 1,40 |
| GADANHO | 51 | 46-110 | 78 | 1,40 |
| MÃO DE MARTELO | 55 | 56-134 | 95 | 1,40 |
| PRESA DE DEMÔNIO | 59 | 67-163 | 116 | 1,40 |
| PULVERIZADOR | 60 | 78-187 | 133 | 1,40 |
| GARRA DOURADA | 60 | 90-216 | 153 | 1,40 |
| MÃO CELESTIAL | 60 | 104-248 | 176 | 1,40 |

## BESTAS DE MÃO (APENAS CAÇADORES DE DEMÔNIOS)

A besta de mão é a arma especial primária do Caçador de Demônios. O espaço padrão é a mão principal do Herói (direita), mas o Caçador de Demônios também pode exercer empunhadura dupla com essas armas.

| Arma | NÍVEL REQ. | DAN MÍN/MÁX | DAN MÉD P/ SEG | ATQ P/ SEG |
|---|---|---|---|---|
| BESTA DE MÃO SIMPLES | 5 | 3-13 | 7 | 1,60 |
| BESTA DE MÃO LEVE | 6 | 2-14 | 8 | 1,60 |
| ATIRADORA DE ESTACAS | 8 | 2-16 | 9 | 1,60 |
| BESTA DE MÃO | 10 | 3-19 | 11 | 1,60 |
| BESTA PRESILHADA | 14 | 4-24 | 13 | 1,60 |
| ATIRADORA DE ESPINHOS | 18 | 4-28 | 16 | 1,60 |
| CUSPIDORA DE PREGOS | 22 | 5-32 | 19 | 1,60 |
| ATIRADORA DE ESTACAS PESADA | 26 | 6-37 | 22 | 1,60 |
| PISTOLA-ATIRADEIRA | 30 | 7-43 | 25 | 1,60 |
| BESTA DE TRAVA | 33 | 8-49 | 28 | 1,60 |
| ATIRADORA DE CERCO | 35 | 9-54 | 31 | 1,60 |
| ARCUS | 39 | 11-66 | 38 | 1,60 |
| BESTA DE GANCHO | 42 | 12-72 | 42 | 1,60 |
| ESPINHO | 44 | 14-84 | 49 | 1,60 |
| ARCUS PESADO | 46 | 16-93 | 54 | 1,60 |
| LANÇADORA DE SETAS | 48 | 18-107 | 63 | 1,60 |
| PISTOLA-ATIRADEIRA RÚNICA | 51 | 21-123 | 72 | 1,60 |
| ATIRA-FARPAS | 53 | 24-137 | 80 | 1,60 |
| RAJADORA | 55 | 26-150 | 88 | 1,60 |
| CUSPIDORA DE LÂMINAS | 57 | 29-166 | 97 | 1,60 |
| BESTA DE GANCHO PESADA | 59 | 32-183 | 107 | 1,60 |
| ARCUS RÚNICO | 60 | 37-211 | 123 | 1,60 |
| IMPULSORA | 60 | 42-242 | 142 | 1,60 |
| EXORCISTA | 60 | 48-279 | 163 | 1,60 |

Todas as cinco classes podem empunhar uma maça de uma mão, com seu espaço padrão sendo o da mão principal do Herói (direita). Tanto o Bárbaro como o Monge podem exercer empunhadura dupla com estas armas.

| ARMA | NÍVEL REQ. | DAN MÍN/MÁX | DAN MÉD P/ SEG | ATQ P/ SEG |
|---|---|---|---|---|
| CLAVA | 1 | 3-7 | 5 | 1,20 |
| TACAPE | 5 | 6-12 | 9 | 1,20 |
| ESTRELA DA MANHÃ | 10 | 9-18 | 13 | 1,20 |
| MAÇA | 14 | 11-22 | 17 | 1,20 |
| MAÇA BORDEJADA | 18 | 14-27 | 20 | 1,20 |
| MARTELO | 22 | 17-32 | 24 | 1,20 |
| MARTELETE DE GUERRA | 26 | 20-38 | 29 | 1,20 |
| BORDUNA | 32 | 26-49 | 37 | 1,20 |
| BASTÃO COM PREGO | 35 | 31-58 | 44 | 1,20 |
| MAÇA DE GUERRA | 38 | 37-69 | 53 | 1,20 |
| GADA | 41 | 43-81 | 62 | 1,20 |
| PERNACH | 44 | 50-96 | 73 | 1,20 |
| MARTELO PESADO | 47 | 60-114 | 87 | 1,20 |
| MARTELO DE GUERRA | 50 | 73-139 | 107 | 1,20 |
| QUEBRA-CRÂNIO | 52 | 81-155 | 119 | 1,20 |
| PORRETE | 54 | 91-174 | 133 | 1,20 |
| MAÇA MORTAL | 56 | 102-194 | 148 | 1,20 |
| TRIPYOR | 58 | 113-216 | 166 | 1,20 |
| GOEDENDAG | 60 | 139-264 | 203 | 1,20 |
| MARTELO DE PEDRA | 60 | 160-306 | 235 | 1,20 |
| DEMOLIDOR | 60 | 186-354 | 271 | 1,20 |

## MAÇAS: DUAS MÃOS

Cada uma dessas armas requer duas mãos para usar e assim não permitem empunhadura dupla. Todas as cinco classes de Herói podem usar maças de duas mãos. O espaço padrão onde a arma aparece no inventário é o da mão principal (direita).

| ARMA | NÍVEL REQ. | DAN MÍN/MÁX | DAN MÉD P/ SEG | ATQ P/ SEG |
|---|---|---|---|---|
| CLAVA DE DUAS MÃOS | 9 | 17-19 | 18 | 0,90 |
| MAÇA DE DUAS MÃOS | 13 | 22-25 | 23 | 0,90 |
| MARTELO DE DUAS MÃOS | 17 | 27-30 | 28 | 0,90 |
| MALHO | 21 | 34-38 | 36 | 0,90 |
| MARRETA | 25 | 41-47 | 44 | 0,90 |
| MARTELO GRANDE | 29 | 49-56 | 52 | 0,90 |
| CLAVA ENORME | 32 | 60-68 | 64 | 0,90 |
| MAÇA ENORME | 35 | 72-82 | 78 | 0,90 |
| MARRETA PESADA | 38 | 88-100 | 94 | 0,90 |
| GRÃO-MA UL | 41 | 106-121 | 114 | 0,90 |
| MARRETA DE GUERRA | 44 | 127-145 | 138 | 0,90 |
| QUEBRA-PEDRA | 47 | 155-176 | 167 | 0,90 |
| DEVASTADOR | 51 | 211-240 | 228 | 0,90 |
| MAÇA TEMÍVEL | 54 | 267-303 | 288 | 0,90 |
| MARRETA PESADA DE GUERRA | 57 | 337-381 | 363 | 0,90 |
| MALHO DE GUERRA | 60 | 466-523 | 498 | 0,90 |
| MARTELO DE ESCÓRIA | 60 | 551-617 | 587 | 0,90 |
| MARTELO DA PERDIÇÃO | 60 | 651-728 | 693 | 0,90 |

## ARMA POTENTE UMA MÃO (APENAS BÁRBAROS)

O Bárbaro pode exercer empunhadura dupla com esta perversa arma de lâminas, com seu espaço padrão sendo a mão principal (direita).

| Arma | Nível req. | Dan mín/máx | Dan méd p/ seg | Atq p/ seg |
|---|---|---|---|---|
| Foice | 5 | 6-12 | 8 | 1,30 |
| Cutelo | 9 | 8-16 | 11 | 1,30 |
| Gorjacha | 17 | 12-23 | 18 | 1,30 |
| Lâmina de Guerra | 25 | 17-33 | 25 | 1,30 |
| Alfanje | 30 | 20-38 | 29 | 1,30 |
| Machete | 37 | 30-56 | 43 | 1,30 |
| Rasgaventre | 45 | 45-86 | 65 | 1,30 |
| Lâmina da Fúria | 51 | 64-122 | 93 | 1,30 |
| Ceifador | 56 | 83-159 | 121 | 1,30 |
| Fatiadora | 60 | 112-214 | 164 | 1,30 |
| Machado de Massacre | 60 | 129-246 | 189 | 1,30 |
| Homicida | 60 | 150-285 | 218 | 1,30 |

## ARMA POTENTE: DUAS MÃOS (SOMENTE BÁRBAROS)

Cada uma dessas armas requer duas mãos para usar, então elas não permitem a empunhadura dupla. O espaço padrão onde a arma aparece no inventário é o da mão principal (direita).

| Arma | Nível req. | Dan mín/máx | Dan méd p/ seg | Atq p/ seg |
|---|---|---|---|---|
| Tronco Petrificado | 9 | 15-17 | 16 | 1,00 |
| Espada Gigante | 12 | 18-20 | 19 | 1,00 |
| Martelo Gigante | 18 | 25-28 | 27 | 1,00 |
| Machado Gigante | 24 | 35-39 | 37 | 1,00 |
| Clava de Guerra Sequóia | 34 | 58-66 | 62 | 1,00 |
| Espada Colossal | 39 | 79-90 | 85 | 1,00 |
| Esmagador | 44 | 107-122 | 116 | 1,00 |
| Machado do Colosso | 50 | 163-185 | 175 | 1,00 |
| Batesmagga | 55 | 239-270 | 257 | 1,00 |
| Espada Titânica | 60 | 381-428 | 407 | 1,00 |
| Beemote | 60 | 449-505 | 480 | 1,00 |
| Machado Titânico | 60 | 531-595 | 566 | 1,00 |

## ARMA DE HASTE

Estas armas brutais de longo alcance requerem duas mãos para usar, então elas não permitem a empunhadura dupla. Todas as cinco classes de Herói podem usar Armas de Haste. O espaço de inventário padrão onde a arma aparece é o da mão principal (direita).

| Arma | NÍVEL REQ. | DAN MÍN/MÁX | DAN MÉD P/ SEG | ATQ P/ SEG |
|---|---|---|---|---|
| BARDICHE | 5 | 11-14 | 12 | 1 |
| PIQUE | 9 | 15-19 | 17 | 1 |
| GUISARME | 13 | 20-25 | 22 | 1 |
| ACHA | 17 | 24-30 | 27 | 1 |
| GLAIVE | 21 | 31-38 | 34 | 1 |
| MACHADO LONGO | 25 | 37-47 | 42 | 1 |
| ALABARDA | 27 | 40-51 | 46 | 1 |
| LANÇA | 31 | 49-62 | 56 | 1 |
| VOULGE | 33 | 56-70 | 64 | 1 |
| NAGINATA | 36 | 68-86 | 77 | 1 |
| CROC | 38 | 77-97 | 88 | 1 |
| ACHA DE BATALHA | 40 | 88-111 | 100 | 1 |
| BISENTO | 42 | 98-124 | 113 | 1 |
| MACHADO LONGO GRANDE | 44 | 112-141 | 128 | 1 |
| ALABARDA DE BATALHA | 46 | 126-160 | 145 | 1 |
| PARTESANA | 48 | 150-189 | 171 | 1 |
| MACHADO LOCABER | 51 | 184-232 | 210 | 1 |
| FAUCHARD | 53 | 214-270 | 245 | 1 |
| TRINCHANTE | 55 | 250-315 | 285 | 1 |
| CRISTA DE GUERRA | 57 | 292-366 | 332 | 1 |
| KWAN DAO | 59 | 340-425 | 386 | 1 |
| MANGUAL DE GUERRA | 60 | 402-501 | 455 | 1 |
| GRÃ ALABARDA | 60 | 476-591 | 536 | 1 |
| LANÇA PAVOROSA | 60 | 562-696 | 633 | 1 |

## LANÇAS

Todas as cinco classes de Herói podem usar lanças. As lanças exigem apenas uma mão para serem usadas e ambas as classes Bárbaro e Monge podem exercer empunhadura dupla. O espaço de inventário padrão onde a arma aparece é o da mão principal (direita).

| Arma | NÍVEL REQ. | DAN MÍN/MÁX | DAN MÉD P/ SEG | ATQ P/ SEG |
|---|---|---|---|---|
| DARDO | 1 | 5-8 | 6 | 1,20 |
| FUSCINA | 8 | 9-14 | 11 | 1,20 |
| LANÇA | 14 | 13-20 | 16 | 1,20 |
| HASTA | 20 | 17-26 | 22 | 1,20 |
| PILUM | 26 | 22-34 | 28 | 1,20 |
| ANGON | 30 | 26-40 | 33 | 1,20 |
| AZAGAIA | 34 | 33-50 | 41 | 1,20 |
| LANÇA DE GUERRA | 38 | 41-62 | 51 | 1,20 |
| MEIO-PIQUE | 44 | 57-88 | 72 | 1,20 |
| YARI | 51 | 86-133 | 110 | 1,20 |
| ARPÃO | 54 | 102-157 | 130 | 1,20 |
| EMPALADORA | 57 | 120-185 | 154 | 1,20 |
| QIANG | 60 | 155-239 | 199 | 1,20 |
| VEL | 60 | 180-277 | 230 | 1,20 |
| LANÇA DE CENTURIÃO | 60 | 209-320 | 266 | 1,20 |

## CAJADOS

Apenas as classes Monge, Feiticeiro e Arcanista podem usar cajados. Estas armas requerem duas mãos para usar, então elas não permitem a empunhadura dupla. O espaço de inventário padrão para qualquer cajado é a mão principal (direita). Note que um cajado aparentemente simples também pode canalizar forças arcanas ou espirituais muito fortes.

| Nome | Nível Req. | Dan Mín/Máx | Dan Méd p/ Seg | Atq p/ Seg |
|---|---|---|---|---|
| Cajado Curto | 5 | 10-16 | 12 | 1,00 |
| Cajado Longo | 10 | 14-22 | 18 | 1,00 |
| Cajado de Teixo | 14 | 18-28 | 22 | 1,00 |
| Cajado Nodoso | 18 | 22-34 | 28 | 1,00 |
| Cajado Ósseo | 22 | 27-41 | 34 | 1,00 |
| Cajado de Batalha | 26 | 33-50 | 42 | 1,00 |
| Cajado de Guerra | 31 | 41-64 | 53 | 1,00 |
| Cajado do Mentor | 35 | 54-83 | 68 | 1,00 |
| Cajado Obsidiano | 37 | 61-94 | 78 | 1,00 |
| Cajado Petrificado | 40 | 73-113 | 93 | 1,00 |
| Cajado Ancião | 42 | 82-127 | 106 | 1,00 |
| Cajado Xamânico | 45 | 98-152 | 127 | 1,00 |
| Cajado Sumo Sacerdote | 47 | 112-173 | 143 | 1,00 |
| Cajado Arcano | 50 | 141-218 | 181 | 1,00 |
| Cajado Hipérion | 52 | 165-264 | 211 | 1,00 |
| Cajado Estígio | 54 | 191-295 | 245 | 1,00 |
| Cajado Primordial | 56 | 222-343 | 285 | 1,00 |
| Cajado Arcaico | 58 | 258-398 | 331 | 1,00 |
| Cajado da Conquista | 60 | 329-505 | 420 | 1,00 |
| Cajado Mítico | 60 | 389-595 | 495 | 1,00 |
| Cajado Soberano | 60 | 460-701 | 583 | 1,00 |

## ESPADAS: UMA MÃO

Todas as cinco classes podem empunhar uma espada de uma mão, com seu espaço padrão sendo o da mão principal do Herói (direita). Tanto o Bárbaro como o Monge podem exercer empunhadura dupla com estas armas.

| Nome | Nível Req. | Dan Mín/Máx | Dan Méd p/ Seg | Atq p/ Seg |
|---|---|---|---|---|
| Espada Curta | 1 | 2-5 | 3 | 1,40 |
| Sabre | 3 | 4-10 | 6 | 1,40 |
| Espada Larga | 7 | 5-13 | 9 | 1,40 |
| Espada Longa | 11 | 7-18 | 12 | 1,40 |
| Falcata | 15 | 9-22 | 15 | 1,40 |
| Cimitarra | 19 | 11-26 | 18 | 1,40 |
| Espada Bélica | 23 | 12-30 | 21 | 1,40 |
| Espada Bastarda | 27 | 14-34 | 24 | 1,40 |
| Gládio | 32 | 17-41 | 29 | 1,40 |
| Alfanje | 34 | 19-46 | 32 | 1,40 |
| Espada de Batalha | 36 | 21-50 | 36 | 1,40 |
| Espada de Cavaleiro | 38 | 23-55 | 39 | 1,40 |
| Dao | 41 | 27-64 | 46 | 1,40 |
| Shamshir | 44 | 32-75 | 53 | 1,40 |
| Espada de Raide | 46 | 35-83 | 58 | 1,40 |
| Espada Antiga | 48 | 40-95 | 68 | 1,40 |

## ESPADAS: DUAS MÃOS

| Nome | Nível Req. | Dan Mín/Máx | Dan Méd p/ Seg | Atq p/ Seg |
|---|---|---|---|---|
| Espata | 50 | 43-104 | 74 | 1,40 |
| Espada Pirata | 52 | 48-116 | 82 | 1,40 |
| Espada Forte | 54 | 53-127 | 91 | 1,40 |
| Lâmina Real | 56 | 59-141 | 100 | 1,40 |
| Talwar | 58 | 65-155 | 110 | 1,40 |
| Saif | 60 | 78-187 | 133 | 1,40 |
| Espada Conquistadora | 60 | 90-216 | 153 | 1,40 |
| Espada Rúnica | 60 | 104-248 | 176 | 1,40 |

## ESPADAS: DUAS MÃOS

Cada uma destas armas requer duas mãos para usar e assim não permitem empunhadura dupla. Todas as cinco classes de Herói podem usar espadas de duas mãos. O espaço padrão onde a arma aparece no inventário é o da mão principal (direita).

| Nome | Nível Req. | Dan Mín/Máx | Dan Méd p/ Seg | Atq p/ Seg |
|---|---|---|---|---|
| Espada de Duas Mãos | 4 | 8-13 | 10 | 1,10 |
| Flambérgia | 9 | 12-19 | 15 | 1,10 |
| Dervixe | 15 | 17-26 | 21 | 1,10 |
| Espada do Executor | 19 | 21-32 | 26 | 1,10 |
| Nodachi | 23 | 26-40 | 32 | 1,10 |
| Claymore | 27 | 31-47 | 38 | 1,10 |
| Espada Montante | 32 | 39-59 | 49 | 1,10 |
| Ceifadora | 35 | 46-71 | 59 | 1,10 |
| Kilij | 38 | 55-85 | 70 | 1,10 |
| Mameluca | 41 | 66-101 | 84 | 1,10 |
| Nagamaki | 44 | 78-121 | 101 | 1,10 |
| Espadagão | 47 | 93-145 | 120 | 1,10 |
| Espada Altaneira | 51 | 126-196 | 162 | 1,10 |
| Espada Sulfúrica | 54 | 158-244 | 203 | 1,10 |
| Iatagã | 57 | 197-304 | 253 | 1,10 |
| Lâmina Colossal | 60 | 269-413 | 344 | 1,10 |
| Lâmina Oni | 60 | 317-487 | 405 | 1,10 |
| Espada Beligerante | 60 | 374-572 | 476 | 1,10 |

# VARINHAS (APENAS ARCANISTA)

Energias Arcanas precisam de um condutor. O corpo de um mago pode servir como canal para muitas magias, mas varinhas as refinam ainda mais e concentram o processo de direcionar a magia. Esta arma de longo alcance é empunhada com uma mão.

| Varinha | Nível req. | Dan mín/máx | Dan méd p/ seg | Atq p/ seg |
|---|---|---|---|---|
| VARINHA INFERIOR | 5 | 5-10 | 8 | 1,40 |
| VARINHA DE CARVALHO | 6 | 6-12 | 8 | 1,40 |
| VARINHA | 10 | 8-15 | 11 | 1,40 |
| VARINHA DE AÇO | 13 | 9-18 | 13 | 1,40 |
| VARINHA | 17 | 11-22 | 16 | 1,40 |
| VARINHA ENCANTAMENTO | 21 | 13-25 | 19 | 1,40 |
| VARINHA RÍGIDA | 25 | 15-29 | 22 | 1,40 |
| VARINHA PETRIFICADA | 33 | 21-40 | 30 | 1,40 |
| VARINHA DE DUELISTA | 36 | 24-46 | 35 | 1,40 |
| VARINHA DE JADE | 39 | 28-53 | 41 | 1,40 |
| VARINHA DE BATALHA | 42 | 33-62 | 47 | 1,40 |
| VARINHA DE DIVINAÇÃO | 45 | 38-72 | 55 | 1,40 |
| VARINHA DE FEITIÇARIA | 48 | 45-87 | 66 | 1,40 |
| VARINHA DE AÇO ARGÊNTEO | 51 | 53-101 | 77 | 1,40 |
| VARINHA SUPERIOR | 53 | 58-111 | 85 | 1,40 |
| GUARDIÃO | 55 | 64-122 | 93 | 1,40 |
| VARINHA DE MAGUS | 57 | 70-135 | 103 | 1,40 |
| AMARRA-FEITIÇOS | 59 | 77-148 | 114 | 1,40 |
| VARINHA DO ARQUIMAGO | 60 | 89-170 | 131 | 1,40 |
| VARINHA DE ATAQUE | 60 | 102-196 | 150 | 1,40 |
| VARINHA DESOLADORA | 60 | 118-226 | 173 | 1,40 |

# ARMADURA

### CABEÇA

| ITEM | NÍV. | ARMADURA |
|---|---|---|
| Capuz de Couro | 4 | 21-24 |
| Coifa | 9 | 36-41 |
| Quepe de Guerra | 15 | 54-71 |
| Capacete | 21 | 72-89 |
| Elmo de Placa | 27 | 90-113 |
| Coroa | 32 | 114-137 |
| Bacinete | 36 | 138-161 |
| Elmo Fechado | 40 | 162-185 |
| Casquete | 44 | 186-224 |
| Elmo Grande | 51 | 225-246 |
| Elmo Fuçado | 54 | 247-269 |
| Elmo de Justa | 57 | 270-284 |
| Elmo de Cavalaria | 59 | 285-321 |
| Máscara Infernante | 60 | 322-359 |
| Elmo Soberano | 60 | 360-396 |
| Coroa do Arconte | 60 | 397-457 |

### OMBROS

| ITEM | NÍV. | ARMADURA |
|---|---|---|
| Dragonas de Couro | 10 | 34-47 |
| Guarda-ombros | 15 | 48-57 |
| Sobre-ombros | 19 | 58-68 |
| Espaldares | 23 | 69-79 |
| Placas de Ombros | 27 | 80-100 |
| Dragonas Cinzeladas | 32 | 101-121 |
| Aletas | 36 | 122-143 |
| Brafoneiras | 40 | 144-164 |
| Sode | 44 | 165-199 |
| Epaulette | 51 | 200-219 |
| Brafoneiras de Balor | 54 | 220-239 |
| Espalieres | 57 | 240-252 |
| Espaldares Beligerantes | 59 | 253-285 |
| Brafoneiras da Perdição | 60 | 286-319 |
| Pálio | 60 | 320-352 |
| Espaldares de Arconte | 60 | 353-406 |

Em *Diablo III*, o corpo de cada herói tem oito diferentes áreas "equipáveis" que podem vestir armaduras: cabeça, ombros, punhos, mãos, cintura, tronco, pernas e pés. Todos os auxílios de armadura aumentam os atributos de Armadura, o que reduz a quantidade de dano recebida de golpes do inimigo. A maior parte deste equipamento exige que você chegue a um nível específico antes que possa equipá-lo.

Lembre-se de que o jogo também acrescenta melhorias aleatórias (identificadas por etiquetas de afixos no nome do equipamento) a itens de armaduras que aumentam atributos ou concedem habilidades especiais quando você veste a peça. Assim, um monstro morto pode deixar um item de armadura base como o Elmo de Placa com um afixo adicionado — por exemplo, "Elmo de Placa da Crueldade". Quando equipado, um Elmo de Placa (o item base) acrescenta 90-113 pontos aos seus atributos de Armadura, mas o afixo "da Crueldade" também aumenta o seu status de Destreza em 42-47. Para mais detalhes, consulte a seção Afixos de Equipamentos deste capítulo.

Uma outra observação: no geral, a versão inicial de *Diablo III* apresenta 17 conjuntos de armaduras de equipamento base. Exceto pelo Conjunto de Armadura 1 (que não tem peças de cabeça ou ombreiras), cada conjunto de armadura tem um equipamento para cada uma das oito áreas do corpo.

## Classe/Gênero

Itens de armadura são únicos para cada classe de Herói. Um item pode ter o mesmo nome, mas parecer bem diferente, dependendo da Classe e do gênero do Herói. O Conjunto de Armadura 5 do Monge homem não só é diferente do de um Bárbaro ou um Caçador de Demônios, mas também tem uma aparência única em comparação com o Conjunto de Armadura 5 da Monja.

## PUNHOS

| ITEM | NÍV. | ARM. |
|---|---|---|
| Braçadeiras | 1 | 8-9 |
| Manilhas de Couro | 7 | 17-20 |
| Ataduras | 12 | 25-32 |
| Avambraços | 17 | 33-40 |
| Braceletes | 22 | 42-49 |
| Braçadeiras de Cota | 27 | 50-62 |
| Munhequeiras | 32 | 63-75 |
| Braceletes | 36 | 77-89 |
| Estabili-zadores | 40 | 90-102 |
| Protetores de Pulso | 44 | 103-124 |
| Placas de Pulso | 51 | 125-137 |
| Arames Farpados | 54 | 138-150 |
| Braceleiras | 57 | 150-157 |
| Embraces | 59 | 158-178 |
| Braceleiras de Guerra | 60 | 179-199 |
| Guarda-braços | 60 | 200-220 |
| Placas de Braços | 60 | 221-254 |

## MÃOS

| ITEM | NÍV. | ARM. |
|---|---|---|
| Luvas | 1 | 5-6 |
| Luvas de Couro | 3 | 14-16 |
| Luvas de Pele | 9 | 28-32 |
| Luvas Encadeadas | 15 | 42-55 |
| Manoplas | 21 | 56-69 |
| Manoplas de Placas | 27 | 70-88 |
| Mitenes | 32 | 89-107 |
| Luvas Cinzeladas | 36 | 107-125 |
| Avambraços | 40 | 126-144 |
| Manoplas de Batalha | 44 | 145-174 |
| Manoplas de Osteotrama | 51 | 175-193 |
| Punhos de Balor | 54 | 193-210 |
| Manífero | 57 | 210-221 |
| Manoplas Beligerantes | 59 | 222-250 |
| Estrangulárias | 60 | 251-279 |
| Avambraços Soberanos | 60 | 280-308 |
| Manoplas do Arconte | 60 | 309-355 |

## TORSO

| ITEM | NÍV. | ARM. |
|---|---|---|
| Túnica de Tecido | 1 | 3 |
| Gibão de Couro | 3 | 18-21 |
| Cota de Brigandina | 8 | 33-37 |
| Cota de Malha | 14 | 51-68 |
| Brunea | 20 | 69-86 |
| Arm. de Placas | 26 | 87-107 |
| Arnês Estígio | 31 | 108-137 |
| Casaco Cinzelado | 36 | 138-167 |
| Arm. de Jazeraint | 41 | 168-197 |
| Arm. de Batalha | 46 | 198-224 |
| Cota de Osteotrama | 51 | 225-246 |
| Arm. de Balor | 54 | 247-269 |
| Cota de Malha Astral | 57 | 270-284 |
| Arm. Beligerante | 59 | 285-321 |
| Arm. da Perdição | 60 | 322-359 |
| Cota de Malha Soberana | 60 | 360-396 |
| Arm. do Arconte | 60 | 397-457 |

## CINTURA

| | ITEM | NÍV. | ARM. |
|---|---|---|---|
| | Faixa | 1 | 6 |
| | Cinto de Pele | 4 | 14-16 |
| | Cinto de Couro | 9 | 24-27 |
| | Corda | 14 | 34-43 |
| | Corda Atada | 19 | 44-53 |
| | Cinto Encadeado | 24 | 54-67 |
| | Faixa de Seda | 30 | 68-87 |
| | Cinta | 35 | 88-107 |
| | Fios | 40 | 108-127 |
| | Cúpula | 45 | 128-149 |
| | Cinto | 51 | 150-164 |
| | Cabo | 54 | 165-179 |
| | Cordel | 57 | 180-189 |
| | Coldre | 59 | 190-214 |
| | Cintilho | 60 | 215-239 |
| | Cinturão | 60 | 240-264 |
| | Fios Celestes | 60 | 265-305 |

## PERNAS

| | ITEM | NÍV. | ARM. |
|---|---|---|---|
| | Calças de Tecido | 1 | 6 |
| | Calças de Couro | 3 | 18-20 |
| | Ceroulas de Pele | 8 | 33-37 |
| | Perneiras de Malha | 13 | 48-62 |
| | Faldas | 18 | 63-77 |
| | Perneiras de Placa | 23 | 78-101 |
| | Perneiras | 30 | 102-131 |
| | Calças Riscadas | 35 | 132-161 |
| | Culotes | 40 | 162-191 |
| | Tassets | 45 | 192-224 |
| | Faldas de Ossotrama | 51 | 225-246 |
| | Perneiras | 54 | 246-269 |
| | Polainas | 57 | 270-284 |
| | Perneiras Blindadas Beligerantes | 59 | 285-321 |
| | Grevas | 60 | 322-359 |
| | Tassets Soberanos | 60 | 360-396 |
| | Faldas do Arconte | 60 | 397-457 |

## PÉS

| | ITEM | NÍV. | ARM. |
|---|---|---|---|
| | Sapatos | 1 | 7-8 |
| | Botas | 4 | 16-18 |
| | Botas Pesadas | 10 | 30-34 |
| | Botas Encadeadas | 16 | 44-57 |
| | Escarpes | 22 | 58-66 |
| | Grevas | 26 | 67-83 |
| | Sapatos de Seda | 31 | 84-106 |
| | Brogues | 36 | 107-129 |
| | Botinas | 41 | 130-153 |
| | Escarpes Pesadas | 46 | 154-174 |
| | Grevas de Batalha | 51 | 175-191 |
| | Botinas de Balor | 54 | 192-209 |
| | Grevas Astrais | 57 | 210-220 |
| | Botas Beligerantes | 59 | 221-249 |
| | Botinas da Perdição | 60 | 251-250 |
| | Grevas Soberanas | 60 | 280-308 |
| | Grevas do Arconte | 60 | 309-355 |

## CINTO POTENTE (APENAS BÁRBAROS)

Apenas Heróis Bárbaros podem vestir este tipo de cinto especial. Cada Cinto Potente tem propriedades especiais que aumentam a Fúria e a Vida do personagem.

| ITEM | Cinto do Guerreiro | Arnês | Trança | Grande Cinto | Boldrié | Arnês Laminado | Trança de Ferro | Corrente de Aço | Guarda | Elos de Bronze | Boldrié Pesado | Corrente Grande |
|---|---|---|---|---|---|---|---|---|---|---|---|---|
| NÍV. | 7 | 9 | 17 | 25 | 32 | 38 | 44 | 52 | 55 | 59 | 60 | 60 |
| ARM. | 26 | 32-36 | 53-61 | 74-100 | 101-132 | 133-164 | 165-205 | 206-225 | 226-252 | 253-285 | 286-319 | 320-368 |

## MANTO (APENAS CAÇADORES DE DEMÔNIOS)

Caçadores de Demônios podem vestir peitorais pesados, mas equipamento mais leve é mais adequado a seus movimentos acrobáticos. Mantos fornecem proteção para o peito sem sacrificar a mobilidade, melhoram a regeneração de Ódio e aumentam a Disciplina máxima.

| ITEM | Manto de Caça | Mortalha | Capa | Tabardo | Trapo | Mortalha de Espreitador | Talma | Cardeal | Manto Veterano | Mortalha Fúnebre | Capa Espreitadora | Manto do Terror |
|---|---|---|---|---|---|---|---|---|---|---|---|---|
| NÍV. | 7 | 9 | 17 | 25 | 32 | 38 | 44 | 52 | 55 | 59 | 60 | 60 |
| ARM. | 30-35 | 36-41 | 60-69 | 84-113 | 114-149 | 150-185 | 186-231 | 232-254 | 255-284 | 285-321 | 322-359 | 360-414 |

## PEDRA DOS ESPÍRITOS (APENAS PARA O MONGE)

Tradicionalmente, os Monges de Ivgorod têm usado Pedras dos Espíritos para canalizar energia e foco, permitindo que o poder da mente infiltre-se adiante. Usado na cabeça do Monge, este item auxilia na regeneração do Espírito e no poder de cura.

| ITEM | Estrela de Vidro | Espelho das Lembranças | Terceiro Olho | Drusa de Ônix | Pedra do Sol | Prisma | Estilhaço de Vidência | Cravos Ígneos | Solarius | Meditador | Visão Fantasma | Coroa de Estrelas |
|---|---|---|---|---|---|---|---|---|---|---|---|---|
| NÍV. | 7 | 9 | 17 | 25 | 32 | 38 | 44 | 52 | 55 | 59 | 60 | 60 |
| ARM. | 30-35 | 36-41 | 60-69 | 84-113 | 114-149 | 150-185 | 186-231 | 232-254 | 255-284 | 285-321 | 322-359 | 360-414 |

## MÁSCARA VODU (APENAS FEITICEIROS)

Protege a identidade dos Feiticeiros Umbaru, apresentando-os com o aspecto de espíritos. Máscaras Vodu dão proteção, aumentando o Mana máximo, bem como a regeneração de Mana. Mas Feiticeiros mascarados também podem aterrorizar os inimigos com seus rostos inumanos.

| ITEM | Máscara Tribal | Máscara Xamã | Máscara de Chefe | Máscara Espiritual | Casca de Assombrárvore | Máscara Funerária | Máscara Naga | Máscara Umbral | Máscara Gritadora | Máscara do Submundo | Máscara Manitu | Deva |
|---|---|---|---|---|---|---|---|---|---|---|---|---|
| NÍV. | 7 | 9 | 17 | 25 | 32 | 38 | 44 | 52 | 55 | 59 | 60 | 60 |
| ARM. | 30-35 | 36-41 | 60-69 | 84-113 | 114-149 | 150-185 | 186-231 | 232-254 | 255-284 | 285-321 | 322-359 | 360-414 |

## CHAPÉU DE ARCANISTA (APENAS ARCANISTA)

Chapéus de Arcanista são muitas vezes receptáculos para encantamentos facilmente portáteis. Esta veste de cabeça também aumenta a capacidade de Poder Arcano do Arcanista.

| ITEM | Chapéu do Errante | Máscara de Jornada | Fez do Erudito | Barrete | Sombra do Conjurador | Sombra Mística | Barrete do Mentor | Chapéu de Viagem | Chapéu do Sábio | Máscara Sinistra | Chapéu do Arquimago | Chapéu do Ancião |
|---|---|---|---|---|---|---|---|---|---|---|---|---|
| NÍV. | 7 | 9 | 17 | 25 | 32 | 38 | 44 | 52 | 55 | 59 | 60 | 60 |
| ARM. | 30-35 | 36-41 | 60-69 | 84-113 | 114-149 | 150-185 | 186-231 | 232-254 | 255-284 | 285-321 | 322-360 | 360-414 |

# EQUIPAMENTO DE MÃO SECUNDÁRIA

Esses itens são empunhados no espaço da mão secundária (esquerda). Escudos são os itens de mão secundária mais comuns, usáveis por todas as classes. Há diversos equipamentos de mão secundária específicos de classe, constituídos por um item de base com um ou mais afixos.

Você também pode adquirir itens Legendários de mão secundária, bem como itens especiais "de Conjunto que fazem parte de poderosos conjuntos de equipamentos correspondentes. Para mais detalhes, consulte Itens Lendários e Conjuntos de Itens Especiais, neste capítulo.

## ESCUDOS

Escudos são carregados na mão secundária do Herói (esquerda) para fornecer Armadura extra, além de uma chance de bloquear golpes inimigos. Todas as cinco classes de Herói podem usar escudos.

| ITEM | NÍV. | ARM. | CHANCE DE BLOQUEIO | DANO BLOQUEADO |
|---|---|---|---|---|
| Broquel | 1 | 8-9 | 10-20% | 7-12 |
| Tarja | 3 | 48-55 | 10-20% | 13-18 |
| Escudo Ogival | 8 | 88-101 | 10-20% | 19-31 |
| Escudo Reforçado | 13 | 128-167 | 10-20% | 32-55 |
| Grão-escudo | 18 | 168-199 | 10-20% | 56-83 |
| Escudo Gótico | 22 | 200-223 | 10-20% | 84-109 |
| Escudo Torre | 25 | 224-255 | 10-20% | 110-148 |
| Pelta | 29 | 256-319 | 10-20% | 149-176 |
| Rondache | 33 | 320-383 | 10-20% | 177-274 |
| Escudo de Cavaleiro | 37 | 384-447 | 10-20% | 275-391 |
| Escudo de Pau-ferro | 41 | 448-511 | 10-20% | 392-543 |
| Pavis | 45 | 512-579 | 10-20% | 544-819 |
| Escudo Ósseo | 50 | 580-619 | 10-20% | 820-947 |
| Salvador | 52 | 620-659 | 10-20% | 948-1088 |
| Áspis | 54 | 660-699 | 10-20% | 1089-1243 |
| Hoplon | 56 | 700-739 | 10-20% | 1244-1444 |
| Defensor | 58 | 740-759 | 10-20% | 1445-1549 |
| Scutum | 59 | 760-859 | 10-20% | 1550-1959 |
| Égide | 60 | 860-959 | 10-20% | 1960-2794 |
| Escudo Temível | 60 | 960-1059 | 10-20% | 2795-3705 |
| Escudo Sagrado | 60 | 1060-1219 | 10-20% | 3706-4706 |

## ALJAVA (APENAS CAÇADORES DE DEMÔNIOS)

Apenas Caçadores de Demônios podem equipar esses itens, mas eles também devem ter um arco equipado. Aljavas aceleram seus ataques baseados em arco. Elas também têm uma chance aleatória para melhorar a regeneração de Ódio e/ou Disciplina máxima do Herói.

| ITEM | NÍV. | AUMENTO DE ATQ/SEG |
|---|---|---|
| Aljava | 5 | 10% |
| Aljava de Lona | 9 | 10% |
| Aljava de Couro | 13 | 10% |
| Aljava de Caça | 19 | 10% |
| Aljava do Assassino | 24 | 10% |
| Aljava Pesada | 30 | 11% |
| Aljava de Cerdas | 36 | 11% |
| Aljava Sagrada | 40 | 11% |
| Aljava do Espreitador | 46 | 11% |
| Aljava Cristagume | 52 | 12% |
| Aljava Vigota | 55 | 12% |
| Aljava Ossodonte | 58 | 12% |
| Aljava Consagrada | 59 | 13% |
| Aljava Rúnica | 60 | 14% |
| Aljava Santificada | 60 | 15% |

## MOJOS

Feiticeiros transportam esses feitiços espirituais e recipientes de boa sorte em sua mão secundária.

| ITEM | NÍV. | DANO |
|---|---|---|
| Boneca Wanga | 5 | 1-2 |
| Cabeça Encolhida | 9 | 2-5 |
| Horror Enjaulado | 17 | 3-8 |
| Víbora | 25 | 3-10 |
| Bonequinha Gris-Gris | 32 | 4-13 |
| Tzantza | 38 | 6-19 |
| Tentáculo Vivo | 44 | 8-29 |
| Cabeça-de-cobre | 52 | 13-45 |
| Homem de Palha | 55 | 17-144 |
| Cabeça Murmurante | 59 | 19-213 |
| Coisa Inominável | 60 | 24-265 |
| Áspide Kurastiana | 60 | 28-405 |

## ORBES (APENAS ARCANISTA)

Grande poder pode ser contido em uma esfera, um conjunto de pedra, uma forma de crânio inumano ou uma folha rabiscada com escritos proibidos. Arcanistas levam esses orbes na mão secundária. Orbes sempre dão um impulso de dano aos ataques do Arcanista.

| ITEM | NÍV. | DANO |
|---|---|---|
| Orbe da Águia | 5 | 1-2 |
| Grimório | 9 | 2-5 |
| Esferas Fumarentas | 17 | 3-8 |
| Caveira Amaldiçoada | 25 | 3-10 |
| Globo de Santuário | 32 | 4-13 |
| Fólio Demoníaco | 38 | 6-19 |
| Tríade | 44 | 8-29 |
| Caveira Gritadora | 52 | 13-45 |
| Esfera de Poder | 55 | 17-144 |
| Códice | 59 | 19-213 |
| Pedras de Órbita | 60 | 24-265 |
| Demi Lich | 60 | 28-405 |

# JOIAS

Amuletos e anéis são tipicamente constituídos por um item de base com um afixo anexado. Novamente, o jogo gera peças únicas de joalheria, pegando o item base e acrescentando afixos aleatórios que conferem propriedades especiais. Quanto mais alto o nível da joia, melhor a chance de que o jogo atribua um conjunto mais poderoso de afixos para o item.

Você também pode adquirir diversas joias Lendárias, bem como joias que fazem parte de poderosos conjuntos de equipamentos. Para mais detalhes sobre esses itens especiais, consulte a parte sobre Itens Lendários e Conjuntos de Itens Especiais, mais adiante neste capítulo.

## ANÉIS

Aqui estão os anéis base do jogo. Anéis são usados quando colocados sobre os dois espaços de dedo em seu inventário.

| BASE | NÍV. |
|---|---|
| | 4 |
| | 6 |
| | 8 |
| | 11 |
| | 13 |
| | 16 |
| | 18 |
| | 20 |
| | 23 |
| | 25 |
| | 29 |
| | 31 |
| | 33 |
| | 36 |
| | 39 |
| | 42 |
| | 45 |
| | 50 |
| | 53 |
| | 56 |
| | 59 |
| | 60 |
| | 60 |

## AMULETOS

Aqui estão os amuletos base do jogo. Amuletos são equipados quando colocados no espaço Pescoço em seu Inventário.

| BASE | NÍV. |
|---|---|
| | 7 |
| | 11 |
| | 15 |
| | 19 |
| | 23 |
| | 27 |
| | 33 |
| | 38 |
| | 43 |
| | 48 |
| | 54 |
| | 59 |
| | 60 |
| | 60 |

# ESPECIAIS DE SEGUIDORES

Durante o curso de sua aventura em *Diablo III,* você encontrará personagens que podem se unir ao Herói e lutar ao seu lado, um de cada vez. Cada seguidor pode carregar itens especiais, exclusivos para a sua vocação. Note-se que esses itens isoladamente (como listados aqui) não têm poderes intrínsecos. Porém, o jogo atribui afixos aleatórios a cada item que conferem propriedades especiais.

## FOCOS DA SIBILA

Eirena, a Sibila, pode carregar "focos" associados com vidência e hipnotismo; itens, tais como olhos, espelhos e ervas. Estes itens são mais do que apenas berloques, pois canalizam o antigo misticismo de sua seita e, assim, dão a ela aumentos potentes em suas habilidades.

| FOCO DA SIBILA | NÍV. |
|---|---|
| Espelho | 18 |
| Olho | 27 |
| Vidro de Vidência | 32 |
| Cintilação | 36 |
| Crisol | 41 |

| FOCO DA SIBILA | NÍV. |
|---|---|
| Raiz | 46 |
| Espelho da Eternidade | 50 |
| Óculus | 53 |
| Caldeirão | 56 |
| Erva | 59 |

## INSÍGNIAS DO VIGARISTA

Lyndon, o Vigarista, transporta com ele equipamentos roubados, lembranças de uma vida guiada pela esperteza e sorte, como dados alterados e bolsas escondidas. Esses suvenires são infundidos com propriedades que melhoram sua habilidade em combate.

| INSÍGNIA DO VIGARISTA | NÍV. |
|---|---|
| Dado | 18 |
| Lâmina de Vidro | 27 |
| Dado Alterado | 32 |
| Borda de Cristal | 36 |
| Fivela | 41 |

| INSÍGNIA DO VIGARISTA | NÍV. |
|---|---|
| Bolsa de Areia | 46 |
| Dado de Osso | 50 |
| Gume Diamante | 53 |
| Broche | 56 |
| Capanga de Poeira | 59 |

## RELÍQUIAS DO TEMPLÁRIO

Ao longo de sua jornada, Kormac, o Templário pode coletar alguns artefatos sagrados de sua ordem — coisas como cálices, escrituras, fragmentos de armas sagradas e outras relíquias — que dão a ele propósito e poder.

| RELÍQUIA DO TEMPLÁRIO | NÍV. |
|---|---|
| Tomo Sagrado | 18 |
| Fragmento de Lança | 27 |
| Texto Sagrado | 32 |
| Estilhaço de Lâmina | 36 |
| Lágrimas de Mártir | 41 |

| RELÍQUIA DO TEMPLÁRIO | NÍV. |
|---|---|
| Cálice | 46 |
| Libram Spiritus | 50 |
| Resto de Lâmina | 53 |
| Lágrimas de Santo | 56 |
| Graal | 59 |

# POÇÕES

Poções são únicas — líquidos mágicos cuidadosamente destilados, remédios naturais ou uma combinação dos dois. Quando consumidas, elas podem curar feridas.

| ITEM | NÍV. | EFEITO |
|---|---|---|
| Poção de Vida Menor | 1 | Restaura 250 de Vida |
| Poção de Vida Inferior | 6 | Restaura 400 de Vida |
| Poção de Vida | 11 | Restaura 550 de Vida |
| Poção de Vida Grandiosa | 16 | Restaura 1000 de Vida |
| Poção de Vida Maior | 21 | Restaura 1600 de Vida |

| ITEM | NÍV. | EFEITO |
|---|---|---|
| Poção de Vida Especial | 26 | Restaura 2500 de Vida |
| Poção de Vida Heroica | 37 | Restaura 4500 de Vida |
| Poção de Vida Resplandescente | 47 | Restaura 6500 de Vida |
| Poção de Vida Rúnica | 53 | Restaura 9000 de Vida |
| Poção de Vida Mítica | 58 | Restaura 12.500 de Vida |

# PÁGINAS E TOMOS

Quando você encontra pela primeira vez Haedrig, o Ferreiro, e o joalheiro Shen, o Cobiçoso, cada um é Aprendiz com apenas um pequeno punhado receitas de criação de itens de baixo nível. No entanto, você pode treinar ambos os artesãos para níveis maiores — para Profissional, Perito, Mestre e superior — para que eles aprendam mais receitas que produzem itens de maior qualidade.

Estes treinamentos custam apenas ouro no começo. Mas conforme seus artesãos alcançam postos mais altos, o treinamento fica mais caro, e você deve completar os seus pagamentos de ouro com páginas especiais de formação ou tomos que você encontra no mundo. Verifique, durante suas jornadas por Diablo III, se monstros mortos ou fontes de saque destruídas (como baús e barris) deixam essas páginas/tomos.

# TINTURAS

Garrafas de tintura mudam a cor de uma única peça de equipamento. Para aplicar uma cor, basta apertar o botão direito do mouse sobre a garrafa de tintura em seu inventário para ativá-la, depois clique com o botão esquerdo sobre o item que você deseja pintar.

| NOME | COR/EFEITO | DESCRIÇÃO |
|---|---|---|
| Tintura Aquática | Azu-Claro | Marinheiros de Lut Gholein destilam as águas dos Oceanos Gêmeos e passam essa tintura azulada em suas velas para se camuflarem, evitando, assim, confrontos com piratas. |
| Nuvem Engarrafada | Bege | A brisa suave do paraíso refresca o ar, concedendo uma luz suave ao ambiente. |
| Fumaça Engarrafada | Cinza-Escuro | O item emite um uivo e projeta sombras assustadoras. |
| Tintura Escarlate | Vermelho-Escuro | O pigmento vermelho, que um dia foi usado somente pela nobreza, hoje é usado pelos homens influentes e corajosos. |
| Tintura Desértica | Marrom-Claro | Este pigmento marrom arenoso é usado pelas caravanas mercantes das Estepes Áridas para refletir o sol e esconder a poeira. |
| Tintura Elegante | Fúcsia | A coloração magenta da flor Hezna sempre foi a favorita dentre os mais chiques membros da sociedade de Caldeum. |
| Tintura Florestal | Verde | Os Guardiões de Duncraig vestem casacos verdes de veludo enquanto patrulham as matas em busca de lobos e invasores. |
| Tintura Dourada | Amarelo-Ouro | Flocos de ouro são derretidos no óleo e misturados para criar um pigmento raro, usado somente pela nobreza. |
| Tintura Estival | Amarelo | Esta tinta amarelo-vivo é extraída de minerais caríssimos importados de Kurast. |
| Tintura Invernal | Cinza | Jarras com pétalas de Velolenha amassadas são enterradas na neve durante todo o inverno para criar este pigmento levemente esbranquiçado. |
| Tintura Primaveril | Verde-Claro | As vestes verdes são usadas tradicionalmente durante o Festival do Lar em Bramvell para celebrar o primeiro degelo da primavera. |

| NOME | COR/EFEITO | DESCRIÇÃO |
|---|---|---|
| Tintura de Curtidor | Marrom | Coureiros usam uma variedade de óleos para selar as peles com um rico pigmento marrom. |
| Tintura Outonal | Laranja | Os monges da Ordem de Yir amassam as primeiras folhas alaranjadas pelo outono e fazem um chá, que é aplicado às vestes durante a Cerimônia da Lua da Colheita. |
| Tintura | Amarelo-Esverdeado | Tanto caçadores quanto bandidos utilizam a casca da árvore Gorsenna para se camuflarem aos tons de verde rústico da floresta. |
| Tintura Real | Roxo | Durante muitos anos a cor púrpura era proibida a todos os cidadãos do Porto Real que não fossem da Família Real. |
| Tintura Adorável | Rosa | O nome vem da bela Rainha Asylla que, certa vez, recebeu mil vestidos deste rosa lindo de presente do Rei Leoric. |
| Tintura do Marinheiro | Azul | Oficiais dos navios que navegam pelas Ilhas Skovos vestem uniformes azul-marinho para indicar o posto superior. |
| Tintura Abissal | Preto | A negrura desta tinta parece ficar ainda mais escura quando exposta ao sol, como se estivesse sorvendo a própria luz que a toca. |
| Tintura Infernal | Vermelho | O recipiente é cálido ao toque e parece tremeluzir com fogo líquido brilhante. |
| Tintura Imaculada | Branco | Esta tintura misteriosa parece proteger da sujeira qualquer material a que é aplicada, tornando-o impossível de macular. O líquido turbilhona branco como uma nuvem. |
| Tintura Evanescente | Torna uma peça de armadura invisível. | Faz os tecidos desaparecerem diante dos seus olhos! Cuidado para não derrubar nas roupas de baixo. |
| Removedor de Tinturas Gomo Milagroso | Restaura a cor original de uma única peça de armadura | O fantástico tônico milagroso que remove manchas, cura podridão parda e tem um gosto ótimo! É tudo que a sua planta precisa! Aviso: Não Ingerir. |

# ITENS LENDÁRIOS

A seguir, você encontra uma abrangente referência incríveis armas, armaduras e outros equipamentos Lendários em *Diablo III*. Estes itens poderosos com nomes exclusivos são tipicamente acompanhados de afixos especiais que os tornam particularmente valiosos.

Aqui está uma explicação rápida das categorias de tabela para cada item Lendário:

**Contagem Total de Afixos lista quantos afixos o item Lendário terá — um total garantido.**

**Afixos Bônus lista quantos afixos selecionados aleatoriamente podem ser "enrolados" ao item, até a Contagem Total.**

**Afixos Garantidos lista os tipos de afixos que sempre serão aplicados ao item Lendário.**

## ARMAS

### ADAGAS LENDÁRIAS

| ITEM (C) = CRIADO | NÍV. REQ. | CONT. TOT. DE AFIXOS | AFIXOS BÔNUS | AFIXOS GARANTIDOS |
|---|---|---|---|---|
| Navalhada | 11 | 4 | 2 | Dano, Dano de Acerto Crítico |
| Matadora de Porcos | 33 | 4 | 1 | Dano de Acerto Crítico, Dano vs. Humanos, Dano Mín./Máx. |
| Lapiana | 55 | 5 | 1 | Chance de Acerto Crítico, Dano Venenoso, Roubar Vida, Velocidade de Ataque |

| ITEM (C) = CRIADO | NÍV. REQ. | CONT. TOT. DE AFIXOS | AFIXOS BÔNUS | AFIXOS GARANTIDOS |
|---|---|---|---|---|
| Lâmina do Sacrifício Mágico (C) | 60 | 5 | 3 | Danos vs. Elite, Velocidade de Ataque |
| Espinho Arcano | 60 | 5 | 1 | Poder Arcano no Acerto Crítico, Inteligência, Dano Arcano, Poder Arcano Máx., Velocidade de Ataque |

## FACAS CERIMONIAIS LENDÁRIAS
### FEITICEIROS APENAS

| ITEM (C) = CRIADO | NÍV. REQ. | CONT. TOT. DE AFIXOS | AFIXOS BÔNUS | AFIXOS GARANTIDOS |
|---|---|---|---|---|
| Lunicida | 16 | 5 | 1 | Experiência por Morte, Dano Arcano, Dano Mín., Dano Máx. |
| Juramento do Umbral (C) | 25 | 5 | 2 | Dano Gélido, Restauração de Mana, Inteligência |
| Dente de Zigurate | 41 | 5 | 1 | Chance de Ouro, Vida Máx., Vida por Morte, Dano Mín./Máx. |
| Bisturi dos Anessazi | 52 | 5 | 1 | Velocidade de Movimento, Dano Venenoso, Inteligência, Habilidade de Feiticeiro |
| Lâmina Gidbinn | 60 | 6 | 1 | Dano, Inteligência, Encontrar Itens Mágicos, Dano Mín./Máx, Mana Máx. |
| Último Suspiro | 60 | 6 | 2 | Dano Ígneo, Regenerar Vida, Mana Máx., Habilidade de Feiticeiro |

## ESPADAS LENDÁRIAS: UMA MÃO

| ITEM (C) = CRIADO | NÍV. REQ. | CONT. TOT. DE AFIXOS | AFIXOS BÔNUS | AFIXOS GARANTIDOS |
|---|---|---|---|---|
| Caça-Monstros | 21 | 5 | 1 | Dano Crítico, Dano Mín./Máx.,Força, Dano vs. Besta, Rouba Vida |
| Selvágea | 37 | 5 | 2 | Experiência, Força, Dano Venenoso, Aumenta Atributo Aleatório |
| Língua do Diabo | 42 | 6 | 1 | Dano Ígneo, Destreza, Regeneração de Ódio, Bônus de Dano Ígneo |
| O Antigo Sabre de Ossos de Zumakalis | 45 | 6 | 2 | Dano Arcano, Destreza, Rouba Vida |
| Doombringer | 57 | 5 | 1 | Vida, Dano Ígneo, Rouba Vida, Aumento de Dano |
| Corta-céu | 59 | 6 | 1 | Dano de Acerto Crítico, Vitalidade, Dano Sagrado, Dano vs. Demônios, Bônus de Recurso Máximo |
| Obra-prima de Griswold (C) | 60 | 6 | 3 | Velocidade de Ataque, Força, Repulsão |
| Decepar | 60 | 6 | 1 | Dano de Acerto Crítico, Vitalidade, Dano Mín./Máx., Chance de Atordoar ao Acertar, Dano x Demônios |
| Irazúli | 60 | 6 | 2 | Dano Gélido, Velocidade de Ataque, Indestrutível |

## ESPADAS LENDÁRIAS: DUAS MÃOS

| ITEM (C) = CRIADO | NÍV. REQ. | CONT. TOT. DE AFIXOS | AFIXOS BÔNUS | AFIXOS GARANTIDOS |
|---|---|---|---|---|
| A Bihander | 16 | 5 | 0 | Experiência, Força, Dano Mín./Máx., Dano, Dano de Acerto Crítico |
| Memória Fiel | 27 | 5 | 1 | Dano Santo, Força/Destreza, Velocidade de Ataque, Espinhos |
| Flagelo | 36 | 5 | 0 | Rouba Vida, Dano Venenoso, Aumento de Atributo Aleatório, Amedronta ao Acertar, Regenara Vida |
| Salteadora | 48 | 6 | 2 | Bônus de Dano, Dano Mín./Máx., Força/Destreza, Redução de Controle de Grupos |
| Lâmina da Profecia | 55 | 6 | 2 | Encontra Itens Mágicos, Vida, Dano Elétrico, Atordoa ao Acertar |
| O Sultão das Areias Cegantes | 58 | 6 | 1 | Ouro, Velocidade de Movimento, Cegar ao Acertar, Velocidade de Ataque, Dano Ígneo |
| Maximus | 60 | 6 | 1 | Rouba Vida, Resiste a Tudo, Vitalidade, Dano vs. Demônios, Dano Ígneo |
| O Avô | 60 | 7 | 1 | Vida, Dano Mín./Máx., Indestrutível, Aumento de Dano, Dano vs. Elite, Aumenta todos os Atributos |
| Armipotente | 60 | 6 | 1 | Rouba Vida, Dano, Vitalidade, Velocidade de Ataque, Sangramento, Aumenta Atributo Aleatório |

## MACHADOS LENDÁRIOS: UMA MÃO

| ITEM (C) = CRIADO | NÍV. REQ. | CONT. TOT. DE AFIXOS | AFIXOS BÔNUS | AFIXOS GARANTIDOS |
|---|---|---|---|---|
| Genzaniku | 9 | 4 | 0 | Experiência, Dano Máx., Velocidade de Ataque, Dano vs. Humanos |
| O Machado Flamejante de Sankis | 22 | 5 | 1 | Bônus de Dano Ígneo, Dano Ígneo, Resistência a dano Ígneo, Golpe Vida |
| A Cunha [C] | 39 | 5 | 2 | Dano Gélido, Velocidade de Ataque, Redução de Dano Gélido |
| Rasgador de Carne | 47 | 6 | 2 | Velocidade de Ataque, Chance Crítica, Dano Mín./Máx., Sangramento |
| Foice do Açougueiro | 58 | 6 | 2 | Força/Vitalidade, Dano Mín./Máx, Dano de Acerto Crítico, Vida Roubada |
| Rasga-céus | 60 | 6 | 1 | Aumento de Atributo Aleatório, Dano Sagrado, Velocidade de Ataque, Aumento de Dano, Regenerar Vida |

## MACHADOS LENDÁRIOS: DUAS MÃOS

| ITEM (C) = CRIADO | NÍV. REQ. | CONT. TOT. DE AFIXOS | AFIXOS BÔNUS | AFIXOS GARANTIDOS |
|---|---|---|---|---|
| O Executor | 16 | 5 | 0 | Experiência, Dano Mín./Máx., Encontrar Itens Mágicos, Velocidade de Movimento, Sangramento |
| Cutelo do Açougueiro | 34 | 5 | 1 | Sangramento, Força, Dano Mín./Máx., Vida ao Acertar |
| Ceifador de Messerschmidt | 56 | 6 | 2 | Dano, Dano Ígneo, Regenerar Vida, Aumentar Todos os Atributos |
| Acha de Fogo [C] | 60 | 6 | 4 | Dano Ígneo, Resistência Ígnea |
| Skorn | 60 | 6 | 1 | Sangramento, Amedronta ao Acertar, Aumentar Atributo Aleatório, Dano Mín./Máx., Dano Aumentado |

## MAÇAS LENDÁRIAS: UMA MÃO

| ITEM (C) = CRIADO | NÍV. REQ. | CONT. TOT. DE AFIXOS | AFIXOS BÔNUS | AFIXOS GARANTIDOS |
|---|---|---|---|---|
| Filho de Odyn | 23 | 5 | 2 | Vitalidade, Dano Elétrico, Velocidade de Ataque |
| Fúria Ecoante | 33 | 6 | 2 | Amedronta ao Acertar, Força, Reis, Dano Mín./Máx. |
| Quebra-nozes | 39 | 6 | 3 | Dano de Acerto Crítico, Dano Mín./Máx., Dano de Acerto Crítico, Atordoa ao Acertar |
| Mão de Telranden | 45 | 5 | 1 | Inteligência, Velocidade de Ataque, Rouba Vida, Dano Arcano |
| Neandertal | 51 | 5 | 1 | Experiência, Dano de Acerto Crítico, Atordoa ao Acertar, Dano Mín./Máx. |
| Pregoador | 59 | 6 | 3 | Sangramento, Dano Mín./Máx., Espinhos |
| Quebra-terra (C) | 60 | 6 | 3 | Dano, Imobilização de Arma, Atordoa ao Acertar |
| Guardião do Sol | 60 | 6 | 1 | Encontra Itens Mágicos, Aumenta Atributo Aleatório, Dano Sagrado, Aumento de Dano, Dano vs. Elite |

## MAÇAS LENDÁRIAS: DUAS MÃOS

| ITEM (C) = CRIADO | NÍV. REQ. | CONT. TOT. DE AFIXOS | AFIXOS BÔNUS | AFIXOS GARANTIDOS |
|---|---|---|---|---|
| Quebra-ossos | 14 | 4 | 2 | Chance de Acerto Crítico, Força |
| Destruidor | 26 | 4 | 1 | Velocidade de Ataque, Dano Gélido, Força/Vitalidade |
| Fúria do Rei Ossada | 33 | 5 | 1 | Aumento de Dano, Qualquer de Duas Mãos ao Acertar, Chance de Acerto Crítico, Dano Mín./Máx. |
| Mestre do Céu | 41 | 5 | 1 | Velocidade de Ataque, Dano Sagrado, Sangramento, Aumento de Atributo Aleatório |
| Cataclismo (C) | 52 | 5 | 3 | Dano de Acerto Crítico, Dano |
| Malho de Athskeleng | 58 | 6 | 2 | Velocidade de Movimento, Acerto de Vida, Rouba Vida, Dano Mín./Máx. |
| Martelo de Schaefers | 60 | 6 | 1 | Dano de Acerto Crítico, Dano Elétrico, Velocidade de Ataque, Bônus de Dano Elétrico, Vida |

## ARMAS DE HASTE LENDÁRIAS

| ITEM (C) = CRIADO | NÍV. REQ. | CONT. TOT. DE AFIXOS | AFIXOS BÔNUS | AFIXOS GARANTIDOS |
|---|---|---|---|---|
| Promessa de Caldeum | 22 | 4 | 1 | Velocidade de Ataque, Amedronta ao Acertar, Aumento de Dano |
| Impasse | 34 | 6 | 3 | Rouba Vida, Vitalidade, Espinhos |
| Fulminador de Corações | 58 | 5 | 1 | Sangramento, Vida ao Matar, Dano Mín./Máx., Vida |
| Vigilância | 60 | 6 | 2 | Velocidade de Ataque, Qualquer Efeito de Acerto de Duas Mãos, Dano Sagrado, Rouba Vida |

## LANÇAS LENDÁRIAS

| ITEM (C) = CRIADO | NÍV. REQ. | CONT. TOT. DE AFIXOS | AFIXOS BÔNUS | AFIXOS GARANTIDOS |
|---|---|---|---|---|
| Scrimshaw | 15 | 5 | 2 | Velocidade de Movimento, Aumento de Atributo Aleatório, Dano Elétrico |
| Lei de Arreat | 39 | 5 | 2 | Chance de Acerto Crítico, Força, Dano Mín./Máx. |
| A 300ª Lança | 55 | 6 | 2 | Rouba Vida, Dano Mín./Máx., Encontra Itens Mágicos, Resistência a Corpo a Corpo |
| Mensageira Empiriana | 60 | 6 | 2 | Dano Sagrado, Resistir a Tudo, Dano vs. Elite, Aumenta Todos os Atributos |

## ARCOS LENDÁRIOS

| ITEM (C) = CRIADO | NÍV. REQ. | CONT. TOT. DE AFIXOS | AFIXOS BÔNUS | AFIXOS GARANTIDOS |
|---|---|---|---|---|
| Uskang | 8 | 5 | 2 | Experiência, Destreza, Roubo de Vida |
| Tiro longo (C) | 19 | 5 | 2 | Dano de Acerto Crítico, Velocidade de Ataque, Dano Mín./Máx. |
| A Asa do Corvo | 33 | 6 | 2 | Dano de Acerto Crítico, Vida ao Matar, Aumentar Dano, Reis |
| Etrayu | 41 | 6 | 2 | Rouba Vida, Dano Mín./Máx., Indestrutível |
| Rancaolho | 51 | 5 | 1 | Reis, Inteligência, Destreza/Inteligência, Dano Arcano |
| Casca Venenosa (C) | 60 | 6 | 3 | Dano vs. Elite, Dano Venenoso, Resistência Venenosa |
| Força do Vento | 60 | 6 | 1 | Aumento de Dano, Dano Mín./Máx., Repulsão ao Acertar, Velocidade de Ataque, Regenera Ódio |

## BESTAS LENDÁRIAS

| ITEM (C) = CRIADO | NÍV. REQ. | CONT. TOT. DE AFIXOS | AFIXOS BÔNUS | AFIXOS GARANTIDOS |
|---|---|---|---|---|
| Atiradora de Bakkan | 8 | 6 | 4 | Chance de Acerto Crítico, Velocidade de Ataque |
| Máquina Demoníaca | 23 | 6 | 3 | Aumento de Dano, Aumento de Atributos Aleatórios, Todas as Resistências |
| Buriza-Do Kyanon | 40 | 6 | 1 | Aumento de Dano, Destreza, Velocidade de Ataque, Dano Gélido, Congelar ao Acertar |
| Estelacrista (C) | 57 | 6 | 3 | Dano Arcano, Velocidade de Ataque, Destreza |
| Cuspidora de Pus | 59 | 6 | 2 | Velocidade de Ataque, Dano Venenoso, Bônus de Dano Venenoso, Resistência a Veneno |
| Atiradora Infernal | 60 | 6 | 2 | Sangramento, Dano Ígneo, Velocidade de Ataque, Dano |
| Manticora | 60 | 6 | 12 | Velocidade de Ataque, Aumenta Atributo Aleatório, Dano Venenoso, Rouba Vida |

## BESTAS DE MÃO LENDÁRIAS

### CAÇADOR DE DEMÔNIOS APENAS

| ITEM (C) = CRIADO | NÍV. REQ. | CONT. TOT. DE AFIXOS | AFIXOS BÔNUS | AFIXOS GARANTIDOS |
|---|---|---|---|---|
| Alvorada | 31 | 5 | 1 | Aumento de Dano, Dano Sagrado, Velocidade de Ataque, Destreza/Vitalidade |
| Olho Cego (C) | 40 | 5 | 3 | Dano vs. Mortos Viventes |
| Izzuccob | 56 | 6 | 1 | Velocidade de Ataque, Dano Mín./Máx., Sangrar, Disciplina Máx., Destreza/Vitalidade |
| Disparador de Fogueiras | 58 | 6 | 2 | Destreza, Velocidade de Ataque, Dano Ígneo, Atordoa ao Acertar |
| Calamidade | 60 | 6 | 1 | Regenera Ódio, Dano, Dano Mín./Máx., Retarda ao Acertar, Velocidade de Ataque |

## ARMAS POTENTES LENDÁRIAS: UMA MÃO

### BÁRBARO APENAS

| ITEM (C) = CRIADO | NÍV. REQ. | CONT. TOT. DE AFIXOS | AFIXOS BÔNUS | AFIXOS GARANTIDOS |
|---|---|---|---|---|
| Cortador de Fiorde | 26 | 6 | 2 | Sangramento, Força, Dano Gélido, Congelar ao Acertar, Dano Máximo |
| Orgulho de Ambo | 46 | 5 | 1 | Dano Mín./Máx., Velocidade de Ataque, Aumento de Dano, Sangramento |
| Colheita Lunar (C) | 54 | 5 | 3 | Dano Arcano, Rouba Vida |
| Lâmina Beligerante | 60 | 6 | 2 | Velocidade de Ataque, Força, Dano Santo |

## ARMAS POTENTES LENDÁRIAS DUAS MÃOS

### BÁRBARO APENAS

| ITEM (C) = CRIADO | NÍV. REQ. | CONT. TOT. DE AFIXOS | AFIXOS BÔNUS | AFIXOS GARANTIDOS |
|---|---|---|---|---|
| Guerra Infinda (C) | 22 | 5 | 2 | Aumento de Dano, Vida ao Matar, Fúria Máxima |
| Herói do Forte | 35 | 5 | 2 | Chance de Acerto Crítico, Força, Dano Gélido, Fúria Máxima |
| O Martelo do Juiz | 55 | 5 | 2 | Rouba Vida, Dano Sagrado, Vitalidade |
| Fúria do Pico Desaparecido | 60 | 6 | 1 | Dano, Qualquer Habilidade Bárbara, Cura ao Gastar Fúria, Força/Vitalidade, Dano Ígneo |

## ARMAS DE PUNHO LENDÁRIAS

### MONGE APENAS

| ITEM (C) = CRIADO | NÍV. REQ. | CONT. TOT. DE AFIXOS | AFIXOS BÔNUS | AFIXOS GARANTIDOS |
|---|---|---|---|---|
| Punho de Cristal | 7 | 6 | 2 | Destreza, Dano Santo, Vitalidade, Indestrutível |
| Golpe Furioso | 16 | 6 | 2 | Aumento de Dano, Dano Venenoso, Adiciona 1 Engaste, Retarda ao Acertar |
| Rasga-carne | 25 | 6 | 2 | Cega ao Acertar, Destreza, Dano Mín./Máx., Cura ao Gastar Espírito |
| Cicatriz | 36 | 6 | 2 | Dano Por Tempo, Dano Sagrado, Reforço de Todos os Atributos, Regenera Espírito |
| Punhos de Marreta | 47 | 6 | 2 | Dano de Acerto Crítico, Atordoa ao Acertar, Dano Mín./Máx., Reis |
| Mãos Demoníacas (C) | 52 | 6 | 3 | Dano Ígneo, Destreza, Regenera Espírito |
| Garras de Logan | 56 | 6 | 1 | Acerta Vida, Dano Venenoso, Regenera Vida, Sangramento, Resiste a Tudo |
| Won Khim Lau | 60 | 6 | 2 | Encontra Itens Mágicos, Destreza, Bônus de Dano Elétrico |
| Os Punhos de Az'Turrasq | 60 | 6 | 2 | Dano, Imobilizar ao Acertar, Regenera Espírito, Dano Mín./Máx. |

## DAIBO LENDÁRIO

### MONGE APENAS

| ITEM (C) = CRIADO | NÍV. REQ. | CONT. TOT. DE AFIXOS | AFIXOS BÔNUS | AFIXOS GARANTIDOS |
|---|---|---|---|---|
| Equilíbrio | 10 | 5 | 2 | Dano Santo, Regenera Espírito, Velocidade de Ataque |
| Taiji de Lai Yui (C) | 22 | 5 | 2 | Destreza, Velocidade de Ataque, Dano Sagrado |
| As Nuvens e a Lua | 37 | 5 | 2 | Vida, Dano Arcano, Velocidade de Ataque |
| A Palmatória | 43 | 5 | 1 | Rouba Vida, Destreza, Dano Mín./Máx., Qualquer Habilidade da Classe Monge |
| Tocha-incenso do Grande Templo | 52 | 5 | 1 | Velocidade de Ataque, Destreza, Regeneração de Espírito, Dano Ígneo |
| Cajado de Rozpedin (C) | 60 | 6 | 3 | Dano Santo, Cura ao Gastar Espírito, Regeneração de Espírito |
| Dragão Voador | 60 | 6 | 2 | Dano, Destreza, Dano Mín./Máx., Qualquer Habilidade da Classe Monge |

## CAJADOS LENDÁRIOS

| ITEM (C) = CRIADO | NÍV. REQ. | CONT. TOT. DE AFIXOS | AFIXOS ALEAT. | AFIXOS GARANTIDOS |
|---|---|---|---|---|
| Chamada do Outono | 32 | 6 | 4 | Experiência, Vitalidade, Aumento de Dano |
| Os Magi [C] | 35 | 4 | 2 | Dano Arcano, Redução de Controle de Multidões, Atordoa ao Acertar |
| O Cajado Quebrado | 46 | 6 | 3 | Encontra Itens Mágicos, Inteligência, Dano Elétrico, Indestrutível |
| Foco de Maloth | 55 | 6 | 2 | Rouba Vida, Inteligência, Destreza/Vitalidade, Dano Ígneo |
| Absinto | 59 | 6 | 3 | Amedronta ao Acertar, Dano Venenoso, Inteligência/Vitalidade |
| O Atormentador | 60 | 6 | 2 | Atordoa ao Acertar, Inteligência, Dano Arcano, Dano de Acerto Crítico |
| O Grão-vizir | 60 | 6 | 2 | Encontra Itens Mágicos, Dano Ígneo, Encontra Ouro, Poder Arcano Máximo |

## VARINHAS LENDÁRIAS

### ARCANISTA APENAS

| ITEM (C) = CRIADO | NÍV. REQ. | CONT. TOT. DE AFIXOS | AFIXOS ALEAT. | AFIXOS GARANTIDOS |
|---|---|---|---|---|
| Fogo Estelar | 26 | 6 | 3 | Dano, Inteligência, Dano Gélido |
| Chave da Mão Negra | 34 | 6 | 3 | Dano Arcano, Dano Arcano no Acerto Crítico, Qualquer Habilidade da Classe Arcanista |
| Gesto de Orfeu | 53 | 5 | 1 | Velocidade de Ataque, Inteligência, Dano de Acerto Crítico, Dano Arcano |
| Fragmento do Destino | 59 | 6 | 2 | Velocidade de Ataque, Vitalidade, Dano Mín./Máx., Qualquer Habilidade da Classe Arcanista |
| Atiçador da Ruína (C) | 60 | 6 | 3 | Dano, Dano vs. Elite, Vida ao Matar |
| Loucura de Slorak | 60 | 6 | 1 | Dano de Acerto Crítico, Vida ao Matar, Inteligência, Dano Elétrico, Qualquer Habilidade da Classe Arcanista |

# MÃO SECUNDÁRIA

## ESCUDOS LENDÁRIOS

| ITEM (C) = CRIADO | NÍV. REQ. | CONT. TOT. DE AFIXOS | AFIXOS ALEAT. | AFIXOS GARANTIDOS |
|---|---|---|---|---|
| Muro de Osso (C) | 22 | 4 | 2 | Resistência a Dano Físico, Vitalidade |
| Negação | 34 | 6 | 2 | Aumento de Vida, Redução de Dano, Resistência a Ataques Corpo a Corpo, Redução de Controle de Grupos |
| Centurião | 51 | 6 | 2 | Vitalidade, Redução de Controle de Grupos, Chance de Bloquear, Resistência a Ataques de Mísseis |
| Parede Sem Janelas | 55 | 6 | 2 | Todas as Resistências, Inteligência, Velocidade de Ataque, Redução de Dano |
| Torre de Marfim | 60 | 6 | 4 | Todas as Resistências, Resistência a Ataques Corpo a Corpo, Vida, Regeneração |
| Escudo da Tempestade | 60 | 6 | 1 | Todas as Resistências, Força, Resistência a Ataques Corpo a Corpo, Chance de Bloquear, Danos vs. Elite |

## MOJOS LENDÁRIOS

### FEITICEIROS APENAS

| ITEM (C) = CRIADO | NÍV. REQ. | CONT. TOT. DE AFIXOS | AFIXOS ALEAT. | AFIXOS GARANTIDOS |
|---|---|---|---|---|
| Morte Iminente | 10 | 6 | 2 | Regenera Vida, Inteligência, Vitalidade, Regeneração de Mana |
| Coisa das Profundezas | 26 | 6 | 2 | Mana Máx., Inteligência, Experiência, Regenera Vida |
| Amargura (C) | 30 | 5 | 3 | Chance de Acerto Crítico, Mana Máx. |
| Homúnculo | 56 | 6 | 1 | Vida, Inteligência, Regenera Mana, Resistir a Tudo, Qualquer Habilidade da Classe Feiticeiro |
| Serpente Uhkapiana | 60 | 6 | 1 | Encontra Itens Mágicos, Inteligência, Qualquer Habilidade da Classe Feiticeiro, Resistência a Ataques Corpo a Corpo, Dano vs. Elites |

## ORBES LENDÁRIOS
### ARCANISTA APENAS

| ITEM (C) = CRIADO | NÍV. REQ. | CONT. TOT. DE AFIXOS | AFIXOS ALEAT. | AFIXOS GARANTIDOS |
|---|---|---|---|---|
| Lufada Invernal | 10 | 6 | 4 | Inteligência, Bônus de Dano Gélido |
| Trifecta | 39 | 6 | 2 | Poder Arcano Máx., Inteligência/Vitalidade, Congelar ao Acertar, Bônus em Qualquer Dano Elemental |
| Singularidade (C) | 50 | 6 | 3 | Poder Arcano no Acerto Crítico, Inteligência, Poder Arcano Máx. |
| O Óculus | 60 | 6 | 1 | Poder Arcano no Acerto Crítico, Todas as Resistências, Inteligência/Vitalidade, Qualquer Habilidade da Classe Arcanista, Encontra Itens Mágicos |

## ALJAVAS LENDÁRIAS
### CAÇADOR DE DEMÔNIOS APENAS

| ITEM (C) = CRIADO | NÍV. REQ. | CONT. TOT. DE AFIXOS | AFIXOS ALEAT. | AFIXOS GARANTIDOS |
|---|---|---|---|---|
| Caçador de Pecados | 8 | 6 | 4 | Aumenta Chance de Acerto Crítico, Destreza |
| Orgulho do Arqueiro | 20 | 6 | 3 | Regenera Ódio, Vitalidade, Destreza |
| Perfuradores de Prata Estrelados | 31 | 5 | 2 | Destreza, Encontra Itens Mágicos, Sangue |
| Tiro de Ponta Sagrada | 41 | 5 | 2 | Chance de Acerto Crítico, Destreza/Vitalidade, Vida ao Matar, Qualquer Habilidade de Classe do Caçador de Demônios |
| Flechas de Ponta de Pederneira | 53 | 6 | 2 | Chance de Acerto Crítico, Vida ao Acertar, Sangrar, Vida |
| Flechas de Osso Negro (C) | 60 | 6 | 4 | Chance de Acerto Crítico, Dano vs. Elite |
| Legado do Morto | 60 | 6 | 2 | Regenera Ódio, Destreza, Vitalidade, Qualquer Habilidade da Classe Demônio |

# ARMADURA

## ELMOS LENDÁRIOS

| ITEM (C) = CRIADO | NÍV. REQ. | CONT. TOT. DE AFIXOS | AFIXOS ALEAT. | AFIXOS GARANTIDOS |
|---|---|---|---|---|
| Coroa Quebrada | 16 | 6 | 3 | Experiência, Vitalidade, Velocidade de Ataque |
| Coroa de Leoric | 22 | 6 | 3 | Chance de Acerto Crítico, Redução de Dano, Vida |
| Fé Cega | 45 | 6 | 3 | Regeneração, Espinhos, Cegar ao Acertar |
| Caveira Gigante | 52 | 6 | 3 | Força, Redução de Dano, Repulsão ao Acertar |
| Visão de Andariel | 58 | 6 | 2 | Chance de Acerto Crítico, Velocidade de Ataque, Resistência a Veneno, Aumento de Atributo Aleatório |
| Mempo do Crepúsculo | 60 | 6 | 3 | Vida, Velocidade de Ataque, Redução de Controle de Grupos |
| Elmo do Comando (C) | 60 | 6 | 4 | Chance de Bloqueio, Vitalidade |

## LUVAS LENDÁRIAS

| ITEM (C) = CRIADO | NÍV. REQ. | CONT. TOT. DE AFIXOS | AFIXOS ALEAT. | AFIXOS GARANTIDOS |
|---|---|---|---|---|
| Punhos de Mago | 16 | 6 | 2 | Experiência, Inteligência, Velocidade de Ataque, Regenera Vida |
| Manoplas de Queimadura de Gelo | 22 | 6 | 3 | Redução de Dano, Vida ao Acertar, Aumenta um Atributo Máx. de Classe Aleatório |
| Pendegarras (C) | 33 | 5 | 3 | Redução de Controle de Grupos, Chance de Acerto Crítico |
| Truco e Téo | 37 | 6 | 2 | Encontra Itens Mágicos, Vitalidade, Redução de Dano, Velocidade de Ataque |
| Manoplas de Pedra | 55 | 6 | 2 | Redução de Dano, Força, Atordoa ao Acertar, Indestrutível |
| Manoplas de Gladiador | 60 | 6 | 3 | Redução de Dano, Vida ao Acertar, Redução de Controle de Grupos |

## BOTAS LENDÁRIAS

| ITEM (C) = CRIADO | NÍV. REQ. | CONT. TOT. DE AFIXOS | AFIXOS ALEAT. | AFIXOS GARANTIDOS |
|---|---|---|---|---|
| As Botas Mais Rústicas | 3 | 6 | 3 | Velocidade de Movimento, Vitalidade, Regenera Vida |
| Meias de Lut | 18 | 6 | 2 | Encontra Itens Mágicos, Velocidade de Movimento, Encontra Ouro, Raio de Recolhimento de Ouro |
| Pescador do Brejo | 39 | 5 | 1 | Velocidade de Movimento, Velocidade de Ataque, Redução de Controle de Grupos, Aumento de Atributo Aleatório |
| Garotos Perdidos (C) | 50 | 6 | 3 | Experiência, Velocidade de Movimento, Espinhos |
| Escaladores de Gelo | 60 | 6 | 2 | Resistência a Dano Gélido, Espinhos, Vida, Todas as Resistências |
| Pisantes de Fogo | 60 | 6 | 2 | Velocidade de Movimento, Resistência ao Fogo, Resistência a Ataques Corpo a Corpo, Aumenta um Atributo Aleatório |

## CINTOS LENDÁRIOS

| ITEM (C) = CRIADO | NÍV. REQ. | CONT. TOT. DE AFIXOS | AFIXOS ALEAT. | AFIXOS GARANTIDOS |
|---|---|---|---|---|
| Cinto do Justiceiro | 5 | 6 | 3 | Experiência, Vida ao Acertar, Regenera Vida |
| Hora das Bruxas | 16 | 6 | 3 | Dano de Acerto Crítico, Inteligência, Velocidade de Ataque |
| Cinto do Saque Rápido (C) | 25 | 5 | 3 | Velocidade de Ataque, Espinhos |
| Faixa de Ouro | 31 | 5 | 1 | Encontra Itens Mágicos, Redução de Dano, Encontrar Ouro, Velocidade de Ataque |
| Faixa de Açafrão | 41 | 6 | 3 | Vida, Redução de Controle de Grupos, Aumento de Atributo Aleatório |
| Cordão de Orelhas | 52 | 6 | 2 | Rouba Vida, Redução de Dano, Vida ao Acertar, Redução de Dano de Ataque Corpo a Corpo |
| Trança de Cabelos de Anjo | 55 | 6 | 2 | Vida, Todas as Resistências, Indestrutível, Aumenta um Atributo Aleatório |
| Cinta dos Gatos Infernais | 60 | 6 | 2 | Regenera Vida, Vitalidade, Resistência Ígnea, Aumenta um Atributo Máx. de Classe Aleatório |

## BRAÇADEIRAS LENDÁRIAS

| ITEM (C) = CRIADO | NÍV. REQ. | CONT. TOT. DE AFIXOS | AFIXOS ALEAT. | AFIXOS GARANTIDOS |
|---|---|---|---|---|
| Golpe Firme | 8 | 6 | 3 | Velocidade de Ataque, Redução de Danos, Vida ao Atingir |
| Equipamento de Gungdo | 23 | 6 | 3 | Redução de Controle de Grupos, Vida, Todas as Resistências |
| Grilhões de Escravo | 33 | 6 | 3 | Força/Vitalidade, Velocidade de Movimento, Vida ao Matar |
| Gatunos Lacuni | 52 | 6 | 3 | Velocidade de Ataque, Velocidade de Movimento, Espinhos |
| Promessa de Glória | 58 | 6 | 3 | Chance de Acerto Crítico, Encontra Itens Mágicos, Aumenta um Atributo Aleatório |
| Defletores Maravilhosos (C) | 60 | 6 | 3 | Resistência a Ataque de Míssil, Regenera Vida, Espinhos |
| Braçadeiras de Capanga | 60 | 6 | 2 | Chance de Acerto Crítico, Aumenta um Atributo Aleatório, Redução de Danos |

## PEITORAIS LENDÁRIOS

| ITEM (C) = CRIADO | NÍV. REQ. | CONT. TOT. DE AFIXOS | AFIXOS ALEAT. | AFIXOS GARANTIDOS |
|---|---|---|---|---|
| Couraça de Áquila | 15 | 5 | 2 | Encontra Itens Mágicos, Vitalidade, Regenera Vida |
| Coração de Ferro | 27 | 5 | 1 | Vida ao Acertar, Todas as Resistências, Redução de Dano |
| Cota de Malha | 36 | 5 | 2 | Vida, Aumenta Atributo Aleatório, Todas as Resistências |
| Capa de Cinzas | 54 | 6 | 3 | Vida, Resistência Ígnea, Espinhos |
| Auradermis | 58 | 6 | 2 | Ouro, Resistência a Ataques Corpo a Corpo, Todas as Resistências, Redução de Dano |
| Vestes de Rydraelm (C) | 60 | 6 | 3 | Resistência a Ataques de Mísseis, Encontra Itens Mágicos |
| Poder de Tyrael | 60 | 6 | 2 | Velocidade de Movimento, Aumenta Atributo Aleatório, Todas as Resistências, Dano vs. Elite |

## OMBREIRAS LENDÁRIAS

| ITEM (C) = CRIADO | NÍV. REQ. | CONT. TOT. DE AFIXOS | AFIXOS ALEAT. | AFIXOS GARANTIDOS |
|---|---|---|---|---|
| Ombreiras de Liquidação | 41 | 6 | 2 | Encontra Itens Mágicos, Redução de Dano, Ouro, Força/Destreza |
| Dragonas de Guarda-morte | 52 | 6 | 2 | Experiência, Redução de Dano, Regenera Vida, Vida ao Matar |
| Sete Pecados (C) | 60 | 6 | 4 | Aumenta Todos os Atributos, Resistência a Dano Arcano |
| Defesa Contra o Mal | 60 | 6 | 2 | Regenera Vida, Redução de Danos, Todas as Resistências, Vitalidade |

## CALÇAS LENDÁRIAS

| ITEM (C) = CRIADO | NÍV. REQ. | CONT. TOT. DE AFIXOS | AFIXOS ALEAT. | AFIXOS GARANTIDOS |
|---|---|---|---|---|
| Pantalonas Poxy | 9 | 6 | 3 | Regenera Vida, Redução de Dano, Experiência |
| Pijama Rama | 41 | 6 | 3 | Ouro, Vitalidade, Velocidade de Movimento |
| Andarilhas do Pântano | 52 | 6 | 2 | Redução de Dano, Resistência Venenosa, Resistência a Ataques Corpo a Corpo, Redução de Controle de Grupos |
| Geenas (C) | 60 | 6 | 3 | Redução de Dano, Resistência Ígnea, Encontra Itens Mágicos |
| Escavadoras das Profundezas | 60 | 6 | 2 | Ouro, Todas as Resistências, Encontra Itens Mágicos, Aumento de Atributo Aleatório |

## PEDRAS DOS ESPÍRITOS LENDÁRIAS

### MONGE APENAS

| ITEM (C) = CRIADO | NÍV. REQ. | CONT. TOT. DE AFIXOS | AFIXOS ALEAT. | AFIXOS GARANTIDOS |
|---|---|---|---|---|
| Não Verá Nenhum Mal | 10 | 6 | 3 | Regenera Espírito, Vitalidade, Experiência |
| Gyana Na Kashu | 18 | 6 | 3 | Vida, Encontra Itens Mágicos, Regeneraç Espírito |
| O Olho da Mente | 33 | 6 | 3 | Velocidade de Ataque, Destreza, Qualquer Habilidade da Classe Monge |
| Urlang Shen | 45 | 6 | 3 | Destreza/Vitalidade, Regenera Espírito, Redução de Controle de Grupos |
| Pedra de Bezoar | 53 | 6 | 2 | Vida, Espinhos, Sangramento, Qualquer Habilidade da Classe Monge |
| O Olho da Tempestade | 56 | 6 | 2 | Todas as Resistências, Destreza, Bônus de Dano Elétrico, Regenera Espírito |
| Olhar de Tzo Krin | 60 | 6 | 2 | Vida, Vitalidade, Velocidade de Ataque, Regenera Espírito, |
| Pedra da Loucura | 60 | 6 | 1 | Regenera Vida, Destreza, Todas as Resistências, Qualquer Habilidade da Classe Monge |

## MÁSCARAS VODU LENDÁRIAS

### FEITICEIROS APENAS

| ITEM (C) = CRIADO | NÍV. REQ. | CONT. TOT. DE AFIXOS | AFIXOS ALEAT. | AFIXOS GARANTIDOS |
|---|---|---|---|---|
| Presa Partida | 10 | 6 | 3 | Experiência, Mana Máx., Regenera Vida |
| Quetzecoatl | 26 | 6 | 3 | Regenera Mana, Inteligência, Velocidade de Ataque |
| Aspecto Tiklandiano | 33 | 6 | 2 | Regenera Vida, Inteligência, Resistência a Veneno, Experiência |
| Faces da Morte | 57 | 6 | 2 | Vida ao Matar, Encontra Itens Mágicos, Mana Máx., Todas as Resistências |
| Semblante de Giyua | 60 | 6 | 2 | Inteligência, Vida, Regenera Mana, Qualquer Habilidade da Classe Feiticeiro |

## CHAPÉUS DE ARCANISTA LENDÁRIOS

### ARCANISTA APENAS

| ITEM (C) = CRIADO | NÍV. REQ. | CONT. TOT. DE AFIXOS | AFIXOS ALEAT. | AFIXOS GARANTIDOS |
|---|---|---|---|---|
| O Swami | 39 | 6 | 3 | Vitalidade, Ouro, Todas as Resistências |
| Sombra do Arcanista Negro | 57 | 6 | 2 | Chance de Acerto Crítico, Inteligência/Vitalidade, Redução de Controle de Grupos, Qualquer Hab. do Arcanista |
| Corvo da Tempestade | 60 | 6 | 2 | Aumenta o Poder Arcano no Acerto Crítico, Aumenta Todos os Atributos, Vida ao Acertar, Bônus de Dano Elétrico |

## MANTOS LENDÁRIOS

### CAÇADOR DE DEMÔNIOS APENAS

| ITEM (C) = CRIADO | NÍV. REQ. | CONT. TOT. DE AFIXOS | AFIXOS ALEAT. | AFIXOS GARANTIDOS |
|---|---|---|---|---|
| Capa da Noite Escura | 26 | 6 | 3 | Vida, Destreza, Todas as Resistências |
| Vela Carina | 53 | 6 | 2 | Vida, Destreza, Velocidade de Ataque, Aumenta a Chance de Acerto Crítico |
| A Inquisidora | 60 | 6 | 2 | Destreza, Todas as Resistências, Regenera Vida, Qualquer Habilidade da Classe Caçador de Demônios |

## CINTOS POTENTES LENDÁRIOS

### BÁRBARO APENAS

| ITEM (C) = CRIADO | NÍV. REQ. | CONT. TOT. DE AFIXOS | AFIXOS ALEAT. | AFIXOS GARANTIDOS |
|---|---|---|---|---|
| Cinturão dos Gigantes | 18 | 6 | 2 | Velocidade de Ataque, Força, Redução de Dano, Fúria Máxima |
| O Campeão Incontestável | 26 | 6 | 3 | Cura ao Gastar Fúria, Força, Todas as Resistências |
| Esteio de Kotuur | 33 | 6 | 2 | Fúria Máxima, Redução de Dano, Força, Chance de Bloqueio |
| Orgulho de Cassius | 45 | 6 | 2 | Velocidade de Movimento, Velocidade de Ataque, Resistência a Ataques Corpo a Corpo, Aumento da Chance de Acerto Crítico |
| Ferro do Terror | 53 | 6 | 2 | Experiência, Redução de Dano, Resistência a Ataques de Mísseis, Indestrutível |
| Vigor do Deus do Trovão | 56 | 6 | 2 | Redução de Dano Elétrico, Redução de Dano, Força, Vitalidade |
| Poder Perene | 60 | 6 | 2 | Todas as Resistências, Vitalidade, Espinhos, Resistência a Ataques Corpo a Corpo |
| Lamentação | 60 | 6 | 2 | Aumento de Chance de Acerto Crítico, Força, Rouba Vida, Qualquer Habilidade da Classe Bárbaro |

# JOIAS

## AMULETOS LENDÁRIOS

| ITEM (C) = CRIADO | NÍV. REQ. | CONT. TOT. DE AFIXOS | AFIXOS ALEAT. | AFIXOS GARANTIDOS |
|---|---|---|---|---|
| Olho de Etlich | 12 | 6 | 3 | Encontra Itens Mágicos, Vitalidade, Vida ao Acertar |
| Proteção do Luar | 20 | 6 | 3 | Vida, Destreza, Velocidade de Ataque, |
| Colar de Squirt | 24 | 6 | 4 | Ouro, Achar Itens Mágicos |
| Medalhão de Rondal | 31 | 6 | 3 | Vida, Bônus de Globo de Vida, Experiência |
| Talismã de Aranoch | 37 | 5 | 1 | Velocidade de Movimento, Resistência ao Fogo, Bônus de Dano Ígneo, Aumenta um Atributo Aleatório |
| O Berloque do Murloque | 45 | 6 | 2 | Todas as Resistências, Inteligência, Dano Venenoso, Velocidade de Movimento |
| Foco Sagrado | 51 | 6 | 2 | Regenera Espírito, Destreza, Dano Santo |
| O Sabor do Tempo | 55 | 6 | 2 | Velocidade de Ataque, Vitalidade, Velocidade de Movimento, Redução de Controle de Grupos |
| Ouro de Kymob | 58 | 6 | 2 | Repulsão ao Acertar, Força, Vida, Vida ao Acertar |
| Ouroboros | 60 | 6 | 2 | Chance de Acerto Crítico, Dano Mín./Máx., Vida ao Acertar, Aumenta um Atributo Aleatório |
| A Estrela de Azkaranth | 60 | 6 | 2 | Sangramento, Vitalidade, Dano vs. Elite, Qualquer Efeito ao Acertar |
| Caleidoscópio de Mara | 60 | 6 | 2 | Todas as Resistências, Todos os Atributos Melhorados, Resistência a Ataques de Mísseis, Resistência a Ataques Corpo a Corpo |
| Amuleto Xefiriano | 60 | 6 | 3 | Encontra Itens Mágicos, Ouro, Regenera Vida |

## ANÉIS LENDÁRIOS

| ITEM (C) = CRIADO | NÍV. REQ. | CONT. TOT. DE AFIXOS | AFIXOS ALEAT. | AFIXOS GARANTIDOS |
|---|---|---|---|---|
| Anel de Nagel | 9 | 6 | 3 | Encontra Itens Mágicos, Espinhos, Dano Mín./Máx. |
| Sinete de Leoric | 14 | 6 | 3 | Aumenta a Chance de Acerto Crítico, Aumenta um Atributo Aleatório, Velocidade de Ataque |
| Cura de Mandal | 17 | 6 | 3 | Vida, Inteligência, Regenera Vida, |
| Anel Roubado | 21 | 6 | 3 | Ouro, Destreza, Encontra Itens Mágicos |
| Anel dos Segredos Inconfessos | 30 | 6 | 2 | Velocidade de Movimento, Vitalidade, Indestrutível, Velocidade de Ataque |
| Promessas Partidas | 35 | 5 | 1 | Sangramento, Espinhos, Amedronta ao Acertar, Redução de Dano |
| Anel Enigma | 40 | 6 | 3 | Todas as Resistências, Aumenta Todos os Atributos, Bônus para Qualquer Dano Elemental |
| Unidade | 44 | 5 | 1 | Adiciona 1 Engaste, Vida ao Acertar, Ouro, Velocidade de Movimento |
| Lanterna da Justiça | 50 | 6 | 2 | Redução de Controle de Grupos, Vitalidade, Redução de Dano, Chance de Bloquear |
| Anel Obsidiano do Zodíaco | 54 | 6 | 2 | Todas as Resistências, Aumenta Todos os Atributos, Indestrutível, Velocidade de Ataque |
| União Eterna | 58 | 6 | 2 | Vida, Resistência a Ataque Corpo a Corpo, Vitalidade, Aumenta um Atributo Aleatório |
| Aliança de Casamento de Bul-Kathos | 58 | 6 | 2 | Vida, Força, Vida ao Acertar, Dano de Acerto Crítico |
| Anel do Abençoado | 60 | 6 | 2 | Todas as Resistências, Vitalidade, Resistência a Ataques de Mísseis, Vida ao Acertar |
| Selo do Hierofante | 60 | 6 | 2 | Vida, Redução de Dano, Velocidade de Ataque, Dano vs. Demônios |
| Anel Caveira | 60 | 6 | 2 | Vida ao Acertar, Aumenta a Chance de Acerto Crítico, Dano vs. Elite, Aumenta um Atributo Aleatório |
| Anel Oculus | 60 | 6 | 2 | Vitalidade, Inteligência, Todas as Resistências, Encontra Itens Mágicos |
| Pedra de Jordan | 60 | 6 | 3 | Aumenta um Atributo Máx. de Classe Aleatório, Encontra Itens Mágicos, Ouro |

# CONJUNTOS ESPECIAIS

Você pode encontrar ou criar no jogo itens especiais que trabalham juntos como um conjunto. Marcados com letras verdes, cada um desses itens é poderoso de um jeito próprio. Mas, se você usar todos ao mesmo tempo, eles agregam melhorias aos atributos de seu personagem.

| CONJUNTO ENCONTRADO | ITEM | TIPO | NÍV. REQ. | TOTAL DE AFIXOS | AFIXOS ALEAT. | AFIXOS GARANTIDOS | BÔNUS DE ITEM DE CONJUNTO |
|---|---|---|---|---|---|---|---|
| CRIANÇAS DE BUL-KATHOS | Carga Sagrada de Bul-Kathos | Arma Potente de 1M | 60 | 5 | 1 | Vel. de Ataque, Dano Sagrado, Dano Crítico, Repulsão ao Acertar | 2 peças: Fúria, Força Máxima |
| | Guardião Tribal de Bul-Kathos | | | 5 | 1 | Dano vs. Elite, Força, Dano Sagrado, Sangramento | |
| JURA DE DANETTA | Raiva de Danetta | Besta de Mão | 60 | 5 | 1 | Disciplina Máxima, Dano Mín./Máx., Rouba Vida, Dano vs. Demônios | 2 peças: Destreza, Aumenta o Dano vs. Elite |
| | Fúria de Danetta | | | 5 | 1 | Regenera Ódio, Dano Mín./Máx., Destreza, Dano vs. Morto Vivente | |
| LEGADO DE CHANTODO | Protetor Sagrado de Chantodo | Varinha | 60 | 5 | 1 | Vel. de Ataque, Inteligência, Mais Poder no Acerto Crítico, Dano Ígneo | 2 peças: Resistência a Todos os Elementos, Regenera Vida |
| | Selo Elemental de Chantodo | Orbe | | 5 | 1 | Vida, Qualquer Hab. do Arcanista, Poder Arcano Máx., Vida ao Atingir | |
| DEFESA DE SHENLONG | Onda Eterna de Shenlong | Primeira Arma Potente de 1M | 60 | 5 | 1 | Vel. de Ataque, Vel. de Movimento, Dano Elétrico, Regenera Espírito | 2 peças: Destreza, Aumenta a Regeneração de Espírito |
| | Maré Furiosa de Shenlong | | | 5 | 1 | Mais Chance Acerto Crít., Destreza, Cura ao Gastar Espírito, Dano Elétrico | |
| RITUAL DE MANAJUMA | Cortador Ritual de Manajuma | Adaga Cerimonial | 60 | 5 | 1 | Encontra Itens Mágicos, Inteligência, Rouba Vida, Dano Venenoso | 2 peças: Inteligência, Mana ao Matar |
| | Berloque Ritual de Manajuma | Mojo | | 5 | 1 | Mana Máx., Amedronta ao Acertar, Vida, Qualquer Habilidade do Feiticeiro | |
| FÚRIA DE NATALYA | Olhar de Natalya | Elmo | 60 | 5 | 2 | Destreza, Amedronta ao Acertar, Redução de Dano | 2 peças: Aumento de Chance de Acerto Crítico<br>3 peças: Destreza<br>4 peças: Aumenta a Regeneração de Disciplina<br>5 peças: N/D |
| | Redenção de Natalya | Besta de Mão | | 6 | 2 | Dano, Dano Gélido, Aumento de Chance de Acerto Crítico. Vel. de Ataque | |
| | Sombra de Natalya | Manto | | 5 | 1 | Destreza/Vitalidade, Qq. Hab. do Caçador de Demônios, Vida, Dá 3 Engastes | |
| | Marca de Natalya | Anel | | 5 | 2 | Regenera Vida, Destreza, Velocidade de Ataque | |
| | Alma de Natalya | Botas | | 5 | 1 | Todas as Resist., Resist. Corpo a Corpo, Vel. de Mov., Redução de Dano | |
| REI IMORTAL | Vontade do Rei Imortal | Elmo | 60 | 5 | 1 | Adiciona 1 Engaste, Redução de Dano, Encontra Itens Mágicos, Ouro | 2 peças: Resistência a Todos os Elementos<br>3 peças: Reduz o Dano de Ataques Corpo a Corpo<br>4 peças: N/D<br>5 peças: Fúria Máxima, Gastar Fúria Aumenta a Vida |
| | Esmaga-Rochas do Rei Imortal | Arma Potente de 2M | | 6 | 1 | Vel. de Ataque, Dano vs. Demônios, Dano Mín./Máx., Indestrutível, Qualquer Habilidade da Classe Bárbaro | |
| | Guarda-Almas do Rei Imortal | Peitoral | | 5 | 1 | Todas as Resistências, Vitalidade, Regenera Vida, Redução de Dano | |
| | Minúcia do Rei Imortal | Cinto Bárbaro | | 5 | 1 | Força, Vida, Todas as Resistências, Qualquer Habilidade da Classe Bárbaro | |
| | Forja do Rei Imortal | Luvas | | 5 | 1 | Força/Destreza, Atordoa ao Acertar, Regenera Vida, Resist. Corpo a Corpo | |
| | Pilar do Rei Imortal | Botas | | 5 | 1 | Itens Mágicos, Vitalidade, Red. de Controle de Grupos, Vel. de Movimento | |
| BANDAGENS DE TAL RASHA | Olho Sem Pálpebra de Tal Rasha | Orbe | 60 | 5 | 1 | Mais Poder Arcano no Acerto Crít., Int., Qq. Hab. do Arcanista, Vitalidade | 2 peças: Dano Ígneo<br>3 peças: Dano Elétrico<br>4 peças: Dano Gélido |
| | Crista Horádrica de Tal Rasha | Elmo | | 5 | 1 | Encontra Item Mágico, Inteligência, Vitalidade, Redução de Dano | |
| | Tutela de Tal Rasha | Peitoral | | 5 | 1 | Todas as Resist., Red. de Dano, Encontra Itens Mágicos, Vel. de Ataque | |
| | Trajes Elaborados de Tal Rasha | Cinto Bárbaro | | 5 | 2 | Encontra Itens Mágicos, Redução de Dano, Inteligência | |
| | Adjudicação de Tal Rasha | Amuleto | | 5 | 1 | Resist. Elétrica, Vitalidade, Bônus para Dano Elemental, Inteligência | |
| MAJESTADE DE INNA | Esplendor de Inna | Pedra dos Espíritos | 60 | 5 | 1 | Reg. Espírito, Red. de Dano, Qualquer Hab. do Monge, Destreza/Vitalidade | 2 peças: Destreza<br>3 peças: Aumenta a Regeneração de Espírito<br>4 peças: Gastar Espírito Aumenta a Vida<br>5 peças: N/D |
| | Justiça de Inna | Cajado de Combate de 2M | | 5 | 1 | Vel. de Ataque, Destreza, Qualquer Habilidade do Monge, Dano Mín./Máx. | |
| | Refúgio de Inna | Peitoral | | 5 | 1 | Todas as Resist., Resist. Corpo a Corpo, Vida, Encontrar Item Mágico | |
| | Bênção de Inna | Cinto | | 5 | 1 | Bônus Dano Sagrado, Menos Dano, Red. Contr. de Grupos, Todas as Resist. | |
| | Glória de Inna | Calças | | 5 | 1 | Mais Chance de Acerto Crítico, Vitalidade, Vel. de Ataque, Vel. de Mov. | |
| ESPÍRITO DE ZUNIMASSA | Harmonia de Zunimassa | Máscara Vodu | 60 | 5 | 1 | Vida, Amedronta ao Acertar, Qualquer Habilidade do Feiticeiro, Mana Máx. | 2 peças: Inteligência<br>3 peças: Resistência a Todos os Elementos<br>4 peças: Mana ao Matar<br>5 peças: N/D |
| | Ferocidade de Zunimassa | Peitoral | | 5 | 1 | Inteligência/Vitalidade, Todas as Resist., Red. de Controle de Grupos | |
| | Receptáculo de Zunimassa | Mojo | | 6 | 2 | Regenera Mana, Inteligência, Dano vs. Elite, Qualquer Hab. do Feiticeiro | |
| | Praga de Zunimassa | Anel | | 5 | 2 | Todas as Resistências, Inteligência, Vida | |
| | Jornada de Zunimassa | Botas | | 5 | 2 | Velocidade de Ataque, Velocidade de Movimento, Dano Venenoso | |
| VINGANÇA DE BLACKTHORNE | Medalha de Blackthorne | Amuleto | 60 | 6 | 2 | Sangramento, Vida ao Acertar, Velocidade de Ataque, Vida | 2 peças: Vitalidade<br>3 peças: Aumenta o Dano vs. Elite<br>4 peças: Ouro Extra de Monstros, Encontra Itens Mágicos<br>5 peças: N/D |
| | Botas de Blackthorne | Botas | | 6 | 2 | Regenera Vida, Redução de Dano, Vel. de Mov., Redução de Dano vs. Elite | |
| | Jaqueta de Blackthorne | Peitoral | | 6 | 2 | Red. de Contr. de Grupos, Vitalidade, Resist. a Mísseis, Todas as Resist. | |
| | Bainha de Blackthorne | Cinto | | 6 | 2 | Regenera Vida, Aumenta um Atributo Aleatório, Ouro, Redução de Dano | |
| | Calças de Blackthorne | Calças | | 6 | 2 | Vida, Aumenta Todos os Atributos, Encontra Itens Mágicos, Vida ao Acertar | |
| JORNADA SEM FIM | Espírito de Aventura | Amuleto | 60 | 6 | 2 | Encontra Itens Mágicos, Espinhos, Vida, Regenera Vida | 2 peças: Vitalidade, Aumento de Dano de Acerto Crítico |
| | Vagante | Anel | | 6 | 2 | Itens Mágicos, Vel. de Movimento, Reg. Vida, Red. de Controle de Grupos | |
| LEGADO DOS SUSSURROS NOTURNOS | Corrente Gritante | Anel | 60 | 6 | 2 | Mais Dano vs. Elite, Melhora Atributo Aleatório, Sangram., Regenera Vida | 2 peças: Ouro Extra de Monstros, Encontra Itens Mágicos |
| | Elo dos Heróis Caídos | Anel | | 6 | 2 | Redução de Dano vs. Elite, Vitalidade, Todas as Resistências, Regenera Vida | |

| CONJUNTO CRIADO | ITEM | TIPO | NÍV. REQ. | TOTAL DE AFIXOS | AFIXOS ALEAT. | AFIXOS GARANTIDOS | BÔNUS DE ITENS DE CONJUNTO |
|---|---|---|---|---|---|---|---|
| ÉGIDE DE BORN (C) | Carapaça de Born | Peitoral | 20 | 5 | 3 | Redução de Dano, Vitalidade | 2 peças: Vida, Mortes de Monstro dão Intelingência<br>3 peças: N/D |
| | Brafoneiras de Born | Ombreiras | | 4 | 2 | Redução de Dano, Regenera Vida | |
| | Ódio Fervente de Born | Espada de 1M | | 4 | 2 | Aumento de Chance de Acerto Crítico, Dano Elétrico | |
| HONRA DE CAIN (C) | Láureas de Cain | Elmo | 22 | 6 | 3 | Aumento de Todos os Atributos, Aumento da Chance de Acerto Crítico, Encontra Itens Mágicos | 2 peças: Velocidade de Ataque<br>3 peças: Achar Itens Mágicos<br>4 peças: N/D |
| | Trajes de Cain | Calças | | 5 | 3 | Chance de Encontrar Globos de Vida, Regenera Vida | |
| | Luvas aquecedoras de Cain | Luvas | | 4 | 2 | Aumento de Chance de Acerto Crítico, Vida ao Matar | |
| | Calçados de Cain | Botas | | 4 | 2 | Regenera Vida, Velocidade de Movimento | |
| UNIFORME DO CAPITÃO ESCARLATE (C) | Botas de Convés do Capitão Escarlate | Botas | 30 | 4 | 2 | Resistência a Danos Físicos, Regenera Vida | 2 peças: Regenera Vida<br>3 peças: Resistência a Todos os Elementos |
| | Braçadeira do Capitão Escarlate | Cinto | | 4 | 2 | Regenera Vida, Espinhos | |
| | Braguilha do Capitão Escarlate | Calças | | 5 | 3 | Chance de Bloquear, Velocidade de Ataque | |
| DOMÍNIO DE AUGHILD (C) | Triunfo de Aughild | Ombreiras | 41 | 5 | 2 | Redução de Dano, Experiência, Vitalidade | 2 peças: Reduz o Dano de Ataques Corpo a Corpo<br>3 peças: Reduz o Dano de Ataques a Distância<br>4 peças: N/D |
| | Exigências de Aughild | Braçadeiras | | 5 | 2 | Aumento de Chance de Acerto Crítico, Redução de Dano, Vitalidade | |
| | Vestes de Aughild | Peitoral | | 6 | 4 | Redução de Dano, Regenera Vida | |
| | Cenho de Aughild | Elmo | | 5 | 2 | Aumenta Todos os Atributos, Redução de Dano, Encontra Itens Mágicos | |
| PANÓPLIA DE ASHARA | Vigilância de Ashara | Ombreiras | 52 | 5 | 2 | Ouro, Resistência Venenosa, Inteligência | 2 peças: Resistência a Todos os Elementos<br>3 peças: Dano Causado é Convertido em Vida, Atacantes Corpo a Corpo Recebem 300 de Dano Sagrado por Golpe<br>4 peças: N/D |
| | Aperto de Ashara | Luvas | | 5 | 2 | Resistência a Dano Arcano, Encontra Itens Mágicos, Força | |
| | Berço de Ashara | Calças | | 5 | 2 | Resitência a Dano Gélido, Experiência, Vitalidade | |
| | Base de Ashara | Botas | | 5 | 2 | Resistência a Dano Ígneo, Velocidade de Ataque, Destreza | |
| VIGILÂNCIA DO GUARDIÃO (C) | Faixas do Guardião | Braçadeiras | 55 | 4 | 2 | Resistência a Ataques de Mísseis, Repulsão ao Acertar | 2 peças: Vitalidade, Regenera Vida<br>3 peças: N/D |
| | Bainha do Guardião | Cinto | | 4 | 2 | Redução de Dano, Resistência a Dano Físicos | |
| | Vigília do Guardião | Elmo | | 5 | 3 | Amedronta ao Acertar, Todas as Resistências | |
| CARCAÇA DEMONÍACA (C) | Jaula do Demônio | Peitoral | 60 | 6 | 5 | Resistência a Dano Ígneo | 2 peças: Atacantes Corpo a Corpo Recebem 999 de Dano Ígneo por Acerto<br>3 peças: Chance de Amedrontar ao Acertar<br>4 peças: Aumenta o Dano a Demônios<br>5 peças: N/D |
| | Amarradura do Demônio | Cinto | | 5 | 4 | Resistência a Dano Ígneo | |
| | Carne do Demônio | Calças | | 6 | 5 | Resistência a Dano Ígneo | |
| | Asas do Demônio | Ombreiras | | 6 | 5 | Resistência a Dano Ígneo | |
| | Grilhões do Demônio | Braçadeiras | | 4 | 3 | Resistência a Dano Ígneo | |
| REFÚGIO DO SÁBIO (C) | Alcance do Sábio | Luvas | 60 | 6 | 3 | Aumento de Chance de Acerto Crítico, Redução de Dano, Vitalidade | 2 peças: Força, Destreza, Inteligência, Vitalidade<br>3 peças: N/D |
| | Botas Exploradores do Sábio | Botas | | 6 | 3 | Redução de Dano, Todas as Resistências, Velocidade de Movimento | |
| | Pedras Sage | Elmo | | 6 | 3 | Redução de Controle de Grupos, Redução de Dano, Encontra Itens Mágicos | |
| ARMAMENTOS CONSAGRADOS (C) | Barreira Sagrada | Escudo | 60 | 6 | 3 | Todas as Resistências, Atordoa ao Acertar, Chance de Bloquear | 2 peças: Resistência a Todos os Elementos, Aumenta a Velocidade de Ataque<br>3 peças: N/D<br>4 peças: N/D<br>5 peças: N/D |
| | Vingador Sagrado | Arma Potente de 1M | | 6 | 3 | Aumenta o Dano, Fúria Máx., Força | |
| | Bastão Sagrado | Varinha | | 6 | 3 | Inteligência: Aumento de Poder Arcano no Acerto Crítico, Aumenta Dano | |
| | Sacrifício Sagrado | Adaga Cerimonial | | 6 | 3 | Aumento de Dano, Regenera Mana, Inteligência | |
| | Vingador Sagrado | Besta de Mão | | 6 | 3 | Aumenta Dano, Regenera Ódio, Destreza | |
| | Toque Sagrado | Primeira Arma de 1M | | 6 | 3 | Destreza, Cura ao Gastar Espírito, Regenera Espírito | |
| | Fendedor Divino | Machado de 1M | | 6 | 3 | Dano de Acerto Crítico, Aumento de Dano, Velocidade de Ataque | |

# HABITANTES DO INFERNO

## Sumário dos Monstros

# INTRODUÇÃO

Heróis lutam melhor quando conhecem bem seus inimigos. Muitos, muitos monstros perambulam pelos corredores assombrados e campos de morte do *Diablo III*. Nosso Bestiário te dará uma lista de todas as espécies, suas variantes e capacidades básicas.

Mas, antes de examinar tipos de monstros individuais, vamos rever algumas características gerais de monstros. Ao fazer isso, tenha em mente que *Diablo III* é um jogo de variância, aleatoriedade e chance. Além de batalhas com chefes, algumas coisas sobre como os inimigos se apresentam estão gravadas em pedra.

## GRAUS DOS MONSTROS

Quase todos os monstros em *Diablo III* são aleatórios, significando que os combates sempre serão diferentes cada vez que você jogar. Inimigos diferentes nascendo em locais diferentes. Parte desta aleatoriedade é o sistema de graus dos monstros.

Muitos inimigos têm uma chance de nascerem Normais, Campeões ou Raros. Como os nomes sugerem, monstros Normais são de grau padrão e têm chance maior de aparecer. Campeões são difíceis e aparecem com menos frequência;
Raros são ainda piores e aparecem, bom... raramente.

### Normal

Monstros do grau Normal representam os brutamontes da horda do inferno em *Diablo III*. Estas tropas sujas compreendem mais de 98% dos inimigos do jogo. Cada monstro Normal tem um conjunto básico de atributos e habilidades que você pode rever em nossas tabelas.

Note que "Normal" se refere apenas ao grau do monstro em relação ao monstro de nível mais alto (Campeão ou Raro). Um monstro de grau Normal pode realmente ser bastante notável. Por exemplo, a versão normal do Pesadelo Escravizado é um animal extremamente raro e poderoso, encontrado em apenas duas áreas do jogo. Portanto, se esse inimigo surge como um Campeão ou Raro, cuidado!

## Raro

SCAROS, O SENHOR DA DANAÇÃO
MÍSSIL RÁPIDO

Monstros Raros são também as versões maiores de monstros normais, mas mais fortes do que o grau Campeão. Raros têm brilho amarelo e seu nome é mostrado da mesma cor no pop-up de informações. Cada monstro Raro também tem um nome distinto, gerado aleatoriamente, que muitas vezes inclui um título, como "Eydolonn, a Assombração". Raros tendem a derrubar muitos itens quando morrem.

Além de HP e dano maiores, monstros Raros também possuem características especiais (ver a seção Traços de Monstros neste capítulo) que lhes dão habilidades e poderes muito além do seu primo Normal. Estes traços são listados abaixo da barra de HP do monstro que aparece na parte superior da tela quando você passa o mouse sobre a criatura. Raros também chegam com uma escolta de lacaios especiais que às vezes compartilham os traços de seu "pai".

## Lacaio

Lacaios são monstros normais com estatísticas melhores, e que escoltam os monstros Raros. Lacaios são do mesmo nível que seu "pai" Raro e, geralmente, apresentam maior HP e dano do que parentes Normais. Em muitos casos, lacaios também compartilham os traços de seu "pai" Raro.

## Único

Nós não cobrimos monstros Únicos em nosso Bestiário. Eles aparecem em pontos específicos da história, então as informações sobre eles estão na seção Guia de Missões. Cada Único tem seu nome escrito em roxo na pop-up de informações com uma legenda especial. Por exemplo, a Tubarante Mordeluna encontrada no Esgoto de Caldeum é também conhecida por "Nadador Sombrio". Pense em Únicos como "atores especiais", inimigos escolhidos a dedo e colocados em uma área para criar um evento que acrescenta sabor à história.

Note que, embora monstros Únicos às vezes sejam adversários muito difíceis, sua finalidade não é necessariamente criar um desafio de combate mais difícil. Na verdade, monstros Únicos às vezes são realmente *menos* poderosos do que a versão normal do seu tipo de monstro.

Note também que, em muitos casos, os monstros Únicos aparecem aleatoriamente. Por exemplo, o Velho, uma versão exclusiva do Espectro Arbóreo, sempre aparece nos Campos da Miséria no Ato 1, mas sua localização exata de desova pode ser diferente para cada jogada. Por isso, é possível perder alguns dos monstros Únicos conforme você se locomove pelos mapas.

## Campeão

Monstros do tipo Campeão são simplesmente versões maiores e mais difíceis de monstros do tipo Normal. A chance de um monstro nascer como Campeão é mais baixa, mas, acredite, você verá a sua quota de Campeões. É fácil identificá-los: têm brilho azul e as informações no pop-up são escritas na mesma cor ao passar o mouse sobre eles. Tenha em mente que os Campeões normalmente viajam em grupos, tornando sua aparição ainda mais ameaçadora.

SOLDADO DEMONÍACO
MÍSSIL EMARANHADOR DE DANO

O Campeão de um tipo de monstro é sempre do mesmo nível que a versão Normal e você ganha o mesmo XP para derrotá-lo. No entanto, os Campeões têm danos e HP significativamente maiores do que suas versões normais, tornando-os mais letais e mais difíceis de matar. Então, qual é a recompensa por derrotar inimigos Campeões? Bem, as chances de que ele derrube itens melhores são maiores do que em monstros Normais.

Campeões sempre têm traços especiais (veja nossa seção Traços de Monstros neste capítulo) que lhes dão habilidades e poderes invisíveis em seus primos Normais. Esses traços são listados abaixo da barra de HP do monstro que aparece na parte superior da tela quando você passa o mouse sobre a criatura. Se você encontrar um grupo de Campeões, esteja pronto para uma luta difícil.

# TRAÇOS DOS MONSTROS

Os monstros não Normais encontrados em *Diablo III,* ou seja — Campeões, Raros, e lacaios — quase sempre nascem com poderes especiais ou "traços" que os tornam mais perigosos. Esses traços são conhecidos como "afixos", pois são adicionados como termos de modificação diretamente abaixo da barra de vida do monstro, que aparece na parte superior da tela quando você passa o mouse sobre uma criatura.

A seguir, uma lista com todos os possíveis traços na versão original de *Diablo III.* Note que os monstros que nascem com traços no nível 14 ou maior terão mais de um traço afixado.

## Encantamento Arcano

Monstros imbuídos com o traço Encantamento Arcano podem convocar um raio mortal roxo. Esses raios rodam em um círculo definhante de dor que inflige dano Arcano.

| NÍVEL MÍNIMO DO MONSTRO | 31 |
|---|---|
| DISPONÍVEL PARA | Todos |
| TIPO DE DANO | Arcano |
| RESISTÊNCIAS ADICIONAIS | Arcano |

- Monstros com Encantamento Arcano geram uma fonte brilhante de orbes a cada poucos segundos. Esta fonte emite um raio roxo Arcano que gira por curto tempo.
- Se o Herói percorrer o feixe ou a fonte, ele sofrerá dano Arcano.

HABILIDADE ESPECIAL: RAIOS ARCANOS

## Vingador

Só Campeões podem nascer com o traço Vingador. Quando o grupo de um Campeão imbuído com Vingador chega, a morte de cada membro do grupo impregna os Campeões restantes com poderes adicionais enquanto eles se vingam do Herói.

- Quando um Campeão com o traço Vingador cair, todos os Vingadores restantes têm velocidade de movimento e ataque aumentadas, e dano infligido até serem mortos.
- Este efeito acumula 3 vezes, crescendo cada vez mais nos sobreviventes a cada Campeão morto.

HABILIDADE ESPECIAL: BERSERKER

| NÍVEL MÍNIMO DO MONSTRO | 51 |
|---|---|
| DISPONÍVEL PARA | Só Campeões |
| TIPO DE DANO | Padrão |
| RESISTÊNCIAS ADICIONAIS | Nenhum |

## Profanador

Monstros com o traço Profanador podem conjurar um vazio mortal diretamente abaixo do Herói. Monstros Profanadores não recebem novas resistências e o dano padrão causado não é modificado.

- O Profanador cria uma zona de vazio brilhante sob o Herói em seu alvo.
- A zona de vazio inflige danos periódicos a qualquer Herói no raio.
- Uma vez lançadas, as zonas de vazio são travadas. Para escapar, apenas ande para longe. As zonas desaparecem após um curto período.
- Lacaios que acompanham um Profanador não podem criar zonas de vazio.

HABILIDADE ESPECIAL: ZONA DE VAZIO

| NÍVEL MÍNIMO DO MONSTRO | 22 |
|---|---|
| DISPONÍVEL PARA | Raro, Campeão |
| TIPO DE DANO | Físico |
| RESISTÊNCIAS ADICIONAIS | Nenhum |

## Eletrificado

Monstros eletrificados possuem Resistência Elétrica e causam dano Elétrico ao atacarem. O traço Electrificado também dá ao monstro uma habilidade especial Elétrica. O traço está disponível para todos do tipo Campeão e Raro/Lacaio acima do nível 26.

- Quando você acerta um monstro Eletrificado, ele vomita lanças Elétricas em várias direções.
- Se um raio atingir o Herói ou os seus aliados, causará dano Elétrico.
- Lembre-se de que lacaios de um monstro Raro Eletrificado são Eletrificados também e emitem cargas elétricas.

HABILIDADE ESPECIAL: RAIOS CARREGADOS

| NÍVEL MÍNIMO DO MONSTRO | 26 |
| --- | --- |
| DISPONÍVEL PARA | Todos |
| TIPO DE DANO | Elétrico |
| RESISTÊNCIAS ADICIONAIS | Elétrico |

## Vida Extra

Este traço confere o monstro imbuído de HP extra. Apenas monstros no nível 31 ou superior podem adquirir a característica de Vida Extra. Vida Extra está disponível para Campeões, Raros e Lacaios.

- Monstros com Vida Extra começam com 150% de seu HP.
- Note que esse efeito serve para lacaios de um monstro de Vida Extra.

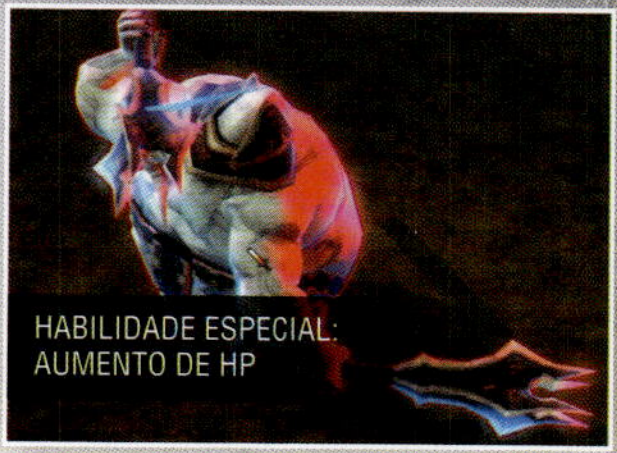
HABILIDADE ESPECIAL: AUMENTO DE HP

| NÍVEL MÍNIMO DO MONSTRO | 31 |
| --- | --- |
| DISPONÍVEL PARA | Todos |
| TIPO DE DANO | N/A |
| RESISTÊNCIAS ADICIONAIS | Nenhum |

## Veloz

Este traço acelera os monstros, fazendo-os correr, atacar e conjurar mais rápido. Todo Campeão e Raro/Lacaio no nível 31 ou superior pode adquirir o traço Veloz. Monstros imbuídos com o traço Veloz não recebem resistências adicionais nem causam maior dano.

| NÍVEL MÍNIMO DO MONSTRO | 31 |
| --- | --- |
| DISPONÍVEL PARA | Todos |
| TIPO DE DANO | N/A |
| RESISTÊNCIAS ADICIONAIS | Nenhum |

- Eles têm sua velocidade de corrida aumentada em 40%.

HABILIDADE ESPECIAL: VELOCIDADE AUMENTADA

- Eles têm sua velocidade de ataque aumentada em 20%.

HABILIDADE ESPECIAL: VELOCIDADE DE ATAQUE AUMENTADA

- Eles têm sua velocidade de conjuração aumentada em 10%.

HABILIDADE ESPECIAL: VELOCIDADE DE CONJURAÇÃO AUMENTADA

## Correntes de Fogo

Este traço amplia correntes em chamas entre monstros Campeões que nascem como um grupo ligado com o traço. (O traço é aplicado a todo o grupo ligado.)

| NÍVEL MÍNIMO DO MONSTRO | 31 |
| --- | --- |
| DISPONÍVEL PARA | Só Campeões |
| TIPO DE DANO | Padrão |
| RESISTÊNCIAS ADICIONAIS | Nenhum |

- Correntes de Fogo estendem e dissolvem repetidamente entre os membros do grupo ligado ao Campeão.
- O Herói sofre dano se ele tocar ou se aproximar de um dos elos ardentes.

HABILIDADE ESPECIAL: CORRENTES

## Congelado

Monstros com traço Congelado causam dano Gélido com seus ataques e têm resistência Gélida. Eles também usam um par de ataques Gélidos.

- Monstros com traço Congelado desaceleram seus movimentos quando atingem você com ataques básicos.
- O Herói brilha em um tom claro de azul por um tempo quando afetado.
- Durante este período, a sua velocidade é reduzida em cerca de 50%. O efeito pode se acumular.
- Monstros Congelados explodem em um poderoso estouro de estilhaços de gelo quando derrotados.
- O dano de área é distribuído entre o Herói e todos os aliados que estiverem dentro do raio de explosão.
- Lacaios congelados também explodem quando mortos.

HABILIDADE ESPECIAL: TOQUE GÉLIDO

HABILIDADE ESPECIAL: NOVA GÉLIDA

| | |
|---|---|
| NÍVEL MÍNIMO DO MONSTRO | 22 |
| DISPONÍVEL PARA | Todos |
| TIPO DE DANO | Gélido |
| RESISTÊNCIAS ADICIONAIS | Gélido |

## Conexão de Vida

Este traço especial é só para monstros Campeões e é ativado apenas se mais de um Campeão está presente. (Campeões normalmente aparecem em grupos pequenos.) Conexão de Vida reduz a quantidade de dano recebido pelo Campeão, ligando seu HP com o de qualquer outro Campeão com o traço na área. Isso torna muito mais difícil de limpar uma área de monstros Campeões.

- Quando um Campeão com Conexão de Vida é atingido, o dano será dividido igualmente entre todos os outros Campeões com o traço na vizinhança.

HABILIDADE ESPECIAL: FORÇA EM NÚMEROS

| | |
|---|---|
| NÍVEL MÍNIMO DO MONSTRO | 51 |
| DISPONÍVEL PARA | Só Campeão |
| TIPO DE DANO | N/A |
| RESISTÊNCIAS ADICIONAIS | Nenhum |

## Horda

Este traço especial é para monstros Raros apenas. Horda aumenta o time de lacaios que nascem com um monstro Raro, lotando o campo de batalha.

| | |
|---|---|
| NÍVEL MÍNIMO DO MONSTRO | 31 |
| DISPONÍVEL PARA | Raro apenas |
| TIPO DE DANO | N/A |
| RESISTÊNCIAS ADICIONAIS | Nenhum |

- Monstros da Horda criam três lacaios extras.
- Note que é um traço escondido: nem o monstro Raro da Horda, nem seus lacaios terão o afixo “Horda” em seu nome.

HABILIDADE ESPECIAL: LACAIOS EXTRAS

## Ilusionista

O traço do Ilusionista imbui uma criatura com a capacidade de criar clones perigosos de si mesmo. O traço não concede novas resistências e o dano causado por um Ilusionista não é modificado. Ilusionista está disponível para lacaios, bem como para monstros Raros e Campeões.

| | |
|---|---|
| NÍVEL MÍNIMO DO MONSTRO | 26 |
| DISPONÍVEL PARA | Todos |
| TIPO DE DANO | N/A |
| RESISTÊNCIAS ADICIONAIS | Nenhum |

- Cada Ilusionista tem a chance de usar Metamorfose para criar dois clones de si mesmo quando danificado.
- Cada clone criado tem o mesmo HP do hospedeiro.
- Clones não podem criar clones de si mesmos.
- Nenhum saque ou XP é concedido por matar clones.
- Lacaios de um Raro Ilusionista podem lançar Metamorfose como seu pai.

HABILIDADE ESPECIAL: METAMORFOSE

## Lacaios Invulneráveis

Apenas monstros Raros acima do nível 51 podem nascer com o traço Lacaios Invulneráveis. Estes Raros chegar com um esquadrão de lacaios indestrutíveis, com vida expandida.

| | |
|---|---|
| NÍVEL MÍNIMO DO MONSTRO | 51 |
| DISPONÍVEL PARA | Raro apenas |
| TIPO DE DANO | N/A |
| RESISTÊNCIAS ADICIONAIS | Nenhum |

- A saúde de Lacaios Invulneráveis é aumentada em 50%.
- Os lacaios do monstro Raro são indestrutíveis até que o pai caia. Quando o pai Raro é morto, todos os seus lacaios também morrem.
- Os lacaios são apenas invulneráveis a danos. Efeitos de estado funcionarão contra eles, use como controle de multidões, para que você possa se concentrar no Raro.

HABILIDADE ESPECIAL: TRABALHO EM EQUIPE

## Vigia

O traço Vigia dá ao monstro a capacidade de imobilizar o Herói em uma prisão conjurada. O efeito é breve, mas suficiente para torná-lo um alvo fácil.

| | |
|---|---|
| NÍVEL MÍNIMO DO MONSTRO | 8 |
| DISPONÍVEL PARA | Todos |
| TIPO DE DANO | N/A |
| RESISTÊNCIAS ADICIONAIS | Nenhum |

- Cada ataque de um Vigia tem 25% de chance de infligir a sua penalidade em você.
- O Vigia imobiliza completamente o Herói.
- A habilidade Ímpeto Violento permite que você se mova, mas não o libertará da armadilha. Espírito que Anda te deixa escapar inteiramente, no entanto.

HABILIDADE ESPECIAL: PRESO

## Repulsão

O traço Repulsão acrescenta a possibilidade de empurrar para longe qualquer dano corpo a corpo desferido pelo monstro imbuído. Qualquer Campeão ou Raro (incluindo lacaios) em qualquer nível pode nascer com Repulsão. O traço não dá resistências adicionais, e o dano causado não é maior.

- Monstros de Repulsão têm a chance de executar um ataque especial de Repulsão com cada golpe.
- Personagens atingidos com um golpe de Repulsão são jogados para trás a uma curta distância.
- A Repulsão do monstro causa dano normal para o Herói.

HABILIDADE ESPECIAL: MUDANÇA FORÇADA

| | |
|---|---|
| NÍVEL MÍNIMO DO MONSTRO | 0 |
| DISPONÍVEL PARA | Todos |
| TIPO DE DANO | Padrão |
| RESISTÊNCIAS ADICIONAIS | Nenhum |

## À Prova de Projéteis

Apenas monstros Raros podem nascer com a aura de À Prova de Projéteis. Criaturas imbuídas com o traço podem gerar uma esfera vermelha e jogá-la a seu redor. Qualquer projétil que entrar nesta esfera se move mais devagar.

- Quaisquer projéteis disparados contra um monstro À Prova de Projéteis diminui a velocidade em 50% na área da esfera.
- Os projéteis aceleram ao sair da faixa de aura ou se o monstro imbuído for morto.
- Os lacaios do monstro Raro não estão imbuídos com o traço de À Prova de Projéteis.

HABILIDADE ESPECIAL: AURA DE AMORTECIMENTO

| | |
|---|---|
| NÍVEL MÍNIMO DO MONSTRO | 8 |
| DISPONÍVEL PARA | Raro apenas |
| TIPO DE DANO | N/A |
| RESISTÊNCIAS ADICIONAIS | Nenhum |

## Incandescente

Inimigos com o traço Incandescente têm resistência Ígnea e adicionam dano Ígneo a seus ataques. Eles também apresentam um par de ataques Ígneos. Conforme se movem, deixam um rastro de lava. Quando eles morrem, explodem em um estouro ardente.

Campeões ou Raros e seus lacaios de nível 8 e acima podem ser gerados com o traço Incandescente. Lacaios, no entanto, não podem adquirir a capacidade de explosão especial (ver abaixo).

- Todos os monstros Incandescentes emitem um rastro de chamas.
- Se o Herói e/ou aliados ficar perto de uma piscina de lava, o calor das chamas causa dano periódico a eles.
- Chamas se levantam em torno dos personagens que sofrem para marcar visualmente os danos.
- Quando mortos, Raros e Campeões imbuídos com o traço Incandescente explodem uma bola de fogo.
- Lacaios imbuídos de Incandescente não explodem quando mortos.
- O Herói e/ou aliados sofrem danos se forem pegos dentro do raio de explosão.

HABILIDADE ESPECIAL:
TRILHA CHAMEJANTE

HABILIDADE ESPECIAL:
EXPLOSÃO

| NÍVEL MÍNIMO DO MONSTRO | 8 |
|---|---|
| DISPONÍVEL PARA | Todos |
| TIPO DE DANO | Ígneo |
| RESISTÊNCIAS ADICIONAIS | Ígneo |

## Morteiro

Todos os monstros com o traço Morteiro adicionam um ataque de bombas sendo arremessadas. Campeões ou Raros e seus lacaios podem nascer com Morteiro.

- O Morteiro lança uma rajada rápida de três bombas incendiárias no Herói a cada 4-5 segundos.
- As bombas infligem dano Físico.
- O monstro Morteiro fica jogando bombas até que ele morra.
- Lacaios também nascem com o traço se o seu pai Raro for um Morteiro.

HABILIDADE ESPECIAL:
GRANADAS

| NÍVEL MÍN./MÁX. | 22 |
|---|---|
| DISPONÍVEL PARA | Todos |
| TIPO DE DANO | Físico |
| RESISTÊNCIAS ADICIONAIS | Nenhum |

## Pesadelo

Qualquer monstro Raro e seus lacaios de todos os níveis podem nascer com o traço de Pesadelo. Este imbui ataques normais com um elemento de medo. Qualquer ataque de um inimigo com Pesadelo tem a chance de enviar seu personagem para os ares.

| NÍVEL MÍNIMO DO MONSTRO | 0 |
|---|---|
| DISPONÍVEL PARA | Raro apenas |
| TIPO DE DANO | N/A |
| RESISTÊNCIAS ADICIONAIS | Nenhum |

- Qualquer ataque feito por um monstro Pesadelo tem a chance de fazer com que o Herói fuja com medo por um tempo curto.
- Este traço não está disponível para monstros Campeões, nem para seus lacaios.

HABILIDADE ESPECIAL:
TERROR

## Empesteado

Todos os monstros de nível 14 e acima podem ser gerados com o traço Empesteado. Todo dano causado por um Empesteado é Venenoso. O traço também concede resistência Venenosa ao monstro (incluindo lacaios) e dispara três ataques venenosos.

| NÍVEL MÍN. MONSTRO | 14 |
|---|---|
| DISPONÍVEL PARA | Todos |
| TIPO DE DANO | Venenoso |
| RESIST. ADICIONAIS | Venenoso |

- Empesteados têm um ataque corpo a corpo que causa dano Venenoso.
- Um respingo de lodo verde marca visualmente o ataque Venenoso quando o Empesteado pousar.
- A nuvem tóxica verde aparecerá quando o seu personagem ficar nas proximidades de um monstro Empesteado.
- A nuvem tóxica causa dano ao longo do tempo, drenando a saúde do Herói enquanto ele estiver dentro do raio.
- Quando um monstro Empesteado morre, uma grande nuvem tóxica de gás venenoso verde é emitida a partir do cadáver.
- A nuvem causa dano ao longo do tempo, drenando a saúde do Herói se ele está preso no raio da nuvem.

HABILIDADE ESPECIAL: SOCO VENENOSO

HABILIDADE ESPECIAL: AURA TÓXICA

HABILIDADE ESPECIAL: NUVEM ÁCIDA

## Defesa

O traço de Defesa dá aos monstros Raros e seus lacaios uma invulnerabilidade breve a todas as formas de dano.

| NÍVEL MÍNIMO DO MONSTRO | 22 |
|---|---|
| DISPONÍVEL PARA | Raro e seus lacaios |
| TIPO DE DANO | N/A |
| RESISTÊNCIAS ADICIONAIS | Nenhum |

- Um campo de proteção emana do monstro Raro com Defesa, por um curto tempo.
- O campo protege o monstro de todas as formas de dano.
- Os lacaios do Raro serão dotados de Defesa também.

HABILIDADE ESPECIAL: ESCUDO MÁGICO

## Teletransportador

O traço Teletransportador permite aos monstros se movimentarem rapidamente para a batalha, ficando atentos para pular perto de você algum tempo depois. O traço não tem nenhum efeito sobre dano ou resistências.

| NÍVEL MÍN./MÁX. | 0 |
|---|---|
| DISPONÍVEL PARA | Todos |
| TIPO DE DANO | N/A |
| RESISTÊNCIAS ADICIONAIS | Nenhum |

- Os Teletransportadores sistematicamente teleportam durante os encontros.
- Monstros Teletransportadores tendem a teleportar quando estão muito perto do Herói, e teleportar para perto quando estiverem longe do Herói.
- Lacaios de um Teletransportador Raro podem nascer com o traço do pai.

HABILIDADE ESPECIAL: DESMATERIALIZAÇÃO

## Espinhos

Todos Campeões e Raros (mas *não* lacaios) acima do nível 26 podem ter o traço Espinhos. Quando você golpeia um inimigo com Espinhos, sofrerá dano automático em troca.

- Quando você ataca um monstro de Espinhos, 20% do dano causado volta para o Herói.
- O dano de retaliação é acionado por ataques corpo a corpo.

HABILIDADE ESPECIAL: RETALIAÇÃO

| NÍVEL MÍNIMO DO MONSTRO | 26 |
|---|---|
| DISPONÍVEL PARA | Campeão, Raro |
| TIPO DE DANO | Padrão |
| RESISTÊNCIAS ADICIONAIS | Nenhum |

## Vampírico

O traço Vampírico permite que monstros se banqueteiem no dano que causam em você, transformando esse dano em Vida para si mesmos. Todos os Raros, Campeões e lacaios no nível 31 ou superior podem adquirir o traço.

- 20% do dano causado por um monstro Vampírico será devolvido a ele na forma de pontos de vida.
- Lacaios de Vampíricos Raros também se beneficiam dessa capacidade.

HABILIDADE ESPECIAL: VIDA ROUBADA

| NÍVEL MÍNIMO DO MONSTRO | 31 |
|---|---|
| DISPONÍVEL PARA | Todos |
| TIPO DE DANO | N/A |
| RESISTÊNCIAS ADICIONAIS | Nenhum |

## Vórtice

Este traço permite que os monstros se aproximem de seus inimigos em seções próximas, então o Vórtice é perigoso se o personagem conta com ataques a distância. A habilidade em si não causa danos, no entanto. Raros e Campeões de nível 8 ou superior podem ter o Vórtice, mas não seus lacaios.

| NÍVEL MÍNIMO DO MONSTRO | 8 |
|---|---|
| DISPONÍVEL PARA | Campeão, Raro |
| TIPO DE DANO | N/A |
| RESISTÊNCIAS ADICIONAIS | Nenhum |

- Esta habilidade funciona como uma espécie de Repulsão, puxando o Herói em direção ao Vórtice.
- Vórtice em si não causa dano.
- Lacaios que acompanham um monstro Vórtice não podem executar esta habilidade.

HABILIDADE ESPECIAL: VÁCUO

## Murador

Campeões imbuídos com o traço podem subir barreiras impenetráveis no campo de batalha por pouco tempo. Raros e Lacaios não podem nascer com esse traço.

| NÍVEL MÍNIMO DO MONSTRO | 8 |
|---|---|
| DISPONÍVEL PARA | Só Campeões |
| TIPO DE DANO | N/A |
| RESISTÊNCIAS ADICIONAIS | Nenhum |

- Não há dano que possa derrubar uma barreira de Murador. As paredes são indestrutíveis.
- As paredes não podem danificar Heróis.
- Ataques ou habilidades que acertarem nos muros serão absorvidas, eles não rebatem ou refletem.
- O efeito Murador desaparece após uma curta duração.

HABILIDADE ESPECIAL: A PAREDE

# CLASSES DE MONSTROS

Muitos monstros de *Diablo III* são semelhantes o suficiente para serem agrupados em classes. Por exemplo: Carregadoras Empesteadas e Aguilhantes Carregados são de tipos diferentes, mas ambos são da classe Morcego. Esta seção apresenta uma lista com o resumo de cada monstro por classe.

## AMALDIÇOADO

VARIANTES:

Traído
Ato II

Amaldiçoado
Ato II

Insaciável
Ato II

Cadáveres Doentes
Ato II

## ANJO

VARIANTES:

Anjo Corrompido
Ato IV

## DEVASTADOR ENCOURAÇADO

VARIANTES:

Devastador Encouraçado
Ato IV

Demônio Esfolador
Ato IV

## MORCEGO

VARIANTES:

Morcego Carniceiro
Ato I

Vetor da Praga
Ato I

Aguilhante Carregado
Ato I, II

Morcego Inf. Perverso
Ato I

Voador Selvagem
Ato II

Asa de Caverna
Ato II

## NINHO DE MORCEGO

VARIANTES:

Ninho de Carniceiros
Ato I

Ninho de Praga
Ato I

Ninho Amaldiçoado
Ato I

Ninho de Sangue
Ato II

## BESTA

VARIANTES:

Besta Selvagem
Ato I

Corcel Galhado
Ato I

Grande Golias Chifrudo
Ato III

## RASTEJANTE BILIOSO

VARIANTES:

Rastejante Bilioso
Ato IV

Açoitador Espinhoso
Ato IV

## FALCÃO SANGRENTO

VARIANTES:

Falcão Sangrento
Ato II

## BANDIDO

VARIANTES:

Bandido
Ato II

Assassino Fantasmal
Ato I

Coveiro Hediondo
Ato I

## GOLGOR COLOSSAL

VARIANTES:

Golgor Colossal
Ato III

## BERSERKER SOMBRIO

VARIANTES:

Berserker Sombrio
Ato I

Arauto da Dor
Ato II

Destruidor Cruel
Ato II

## CULTISTA DAS TREVAS

VARIANTES:

Cultista das Trevas
Ato I

Zelote Enfurecido
Ato I

Cultista Demente
Ato I, II

Cultista Enlouquecido
Ato II

Zelote das Trevas
Ato II

## EVOCADOR DAS TREVAS

VARIANTES:

Evocador das Trevas
Ato I, II

Conjurador Obscuro
Ato II

Conjurador Impuro
Ato II

Evocador Enlouquecido
Ato II

## HOSPEDEIRO DAS TREVAS

VARIANTES:

Hospedeiro das Trevas/Servo Profano
Ato I

Ato I

Hospedeiro Maior das Trevas/Servo Maligno
Ato II

Ato II

Hospedeiro Corrompido/Servo Atormentado
Ato II

Ato II

## ENGANADOR

VARIANTES:

Enganador Contorcido
Ato II

Magos Ofídios
Ato II

Víbora da Perdição
Ato II

## DEM. DE ELITE

Todas as variantes da classe Demônio de Elite podem ser consideradas classes em si. Cada um destes demônios de elite tem sua sabedoria própria.

VARIANTES:

Senhor das Marretas
Ato IV

Demônio Terror
Ato IV

Opressor
Ato III, IV

## DEMÔNIO CARGUEIRO

VARIANTES:

Demônio Cargueiro
Ato III

## INFERNASA DEMONÍACO

VARIANTES:

Infernasa Demoníaco
Ato III

Molok Alado
Ato III

Dem. Ígneo Céu da Treva
Ato IV

## TREMOR DEMONÍACO

VARIANTES:

Tremor Demoníaco
Ato III

Tremor Couraverno
Ato IV

## DERVIXE DAS DUNAS

VARIANTES:

Dervixe das Dunas
Ato II

Dervixe das Areias
Ato II

## DIABRETE DA AREIA

VARIANTES:

Diabrete da Areia
Ato II

Diabrete Desidratado
Ato II

Diabrete Apodrecendo
Ato II

## SOLDADO DEMONÍACO

VARIANTES:

Soldado Demoníaco
Ato III, IV

Invasor Demoníaco
Ato III

Saqueador Demoníaco
Ato IV

## ENGUIA ELÉTRICA

VARIANTES:

Verme Carniceiro
Ato I

Verme Chocante
Ato I

Enguia Elétrica
Ato II

## DECAÍDO

VARIANTES: BRUTO

Decaído
Ato II

Peão Decaído
Ato II
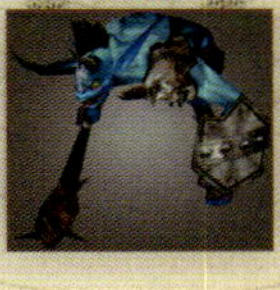

Bruto Decaído
Ato III

Soldado Decaído
Ato III

VARIANTES: CÃO

Cão Decaído
Ato II

Vira-Latas Decaído
Ato II

Mestiço Decaído
Ato III

Cão Infernal Decaído
Ato III

VARIANTES: CAMPEÃO

Capataz Decaído
Ato II

Mestre Decaído
Ato II

Suserano Decaído
Ato III

Feitor Decaído
Ato III

VARIANTES: LUNÁTICO

Lunático Decaído
Ato II

Maníaco Decaído
Ato III

VARIANTES: XAMÃ

Xamã Decaído
Ato II

Conjurador Decaído
Ato II

Profeta Decaído
Ato III

Ignimagus Decaído
Ato III

## FANTASMA

VARIANTES:

Fantasma Enfurecido
Ato I

Vingador Vil
Ato II

Assombração Mortífera
Ato II

Espectro Severo
Ato II

## CARNIÇAL

VARIANTES:

Carniçal
Ato I

Demônio Selvagem
Ato I

Demônio Assassino
Ato II

Carniçal Cruel
Ato II

Carniçal Fulgurante
Ato III

## GROTESCO

VARIANTES:

Grotesco — Ato I | Segador — Ato I | Horror — Ato I

Possuído — Ato III

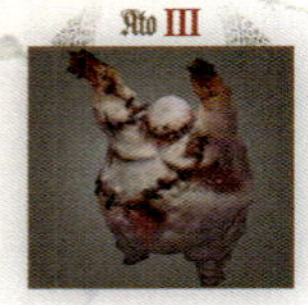

## DIABRETE

VARIANTES:

Diabrete — Ato I | Demônio — Ato I

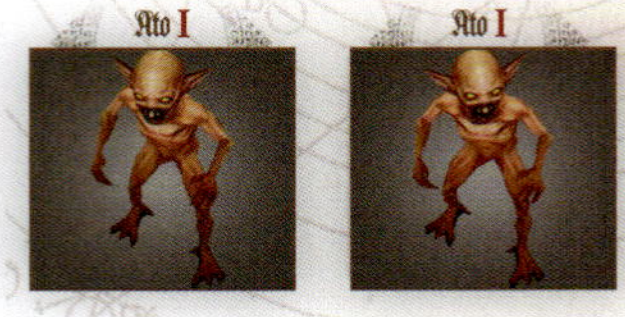

## INFERNANTE

VARIANTES:

Malévolo das Trevas — Ato I | Malévolo Cruel — Ato I | Malévolo Frenético — Ato II | Malévolo Amaldiçoado — Ato II

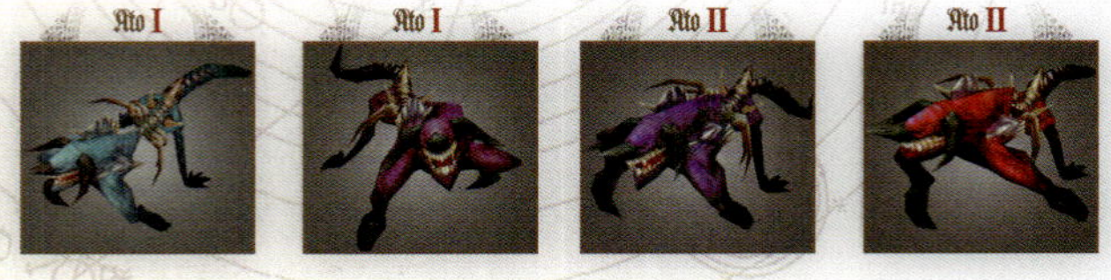

## KHAZRA

VARIANTES: CORPO A CORPO

Guerreiro do Clã da Lua — Ato I | Guer. do Clã da Lua Negra — Ato I

VARIANTES: LONGO ALCANCE

Empalador do Clã da Lua — Ato I | Emp. do Clã da Lua Negra — Ato I

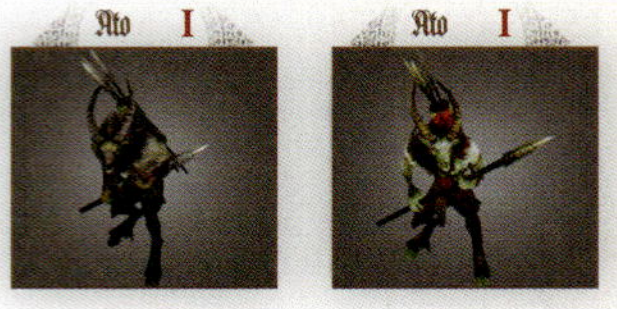

## ARAUTO DA PESTILÊNCIA

VARIANTES:

Arauto da Pestilência — Ato III

VARIANTES: XAMÃ

Xamã do Clã da Lua — Ato I | Xamã do Clã da Lua Negra — Ato I

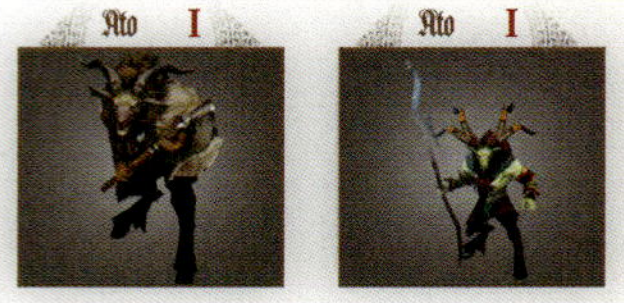

## KHAZRA (CLÃ SANGRENTO)

VARIANTES: CORPO A CORPO

Guer. Clã da Lua Sangrenta — Ato III | Marret. Clã Sangrento — Ato III

VARIANTES: LONGO ALCANCE

Lanc. do Clã Sangrento — Ato III | Empalador do Clã Sangrento — Ato III

VARIANTES: XAMÃ

Feitic. do Clã Sangrento — Ato III | Ocultista do Clã Sangrento — Ato III

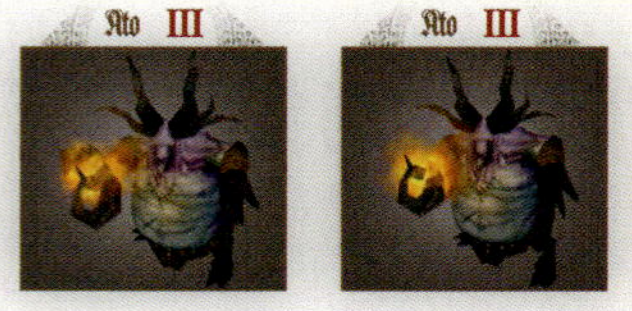

## LACUNI

VARIANTES: FÊMEA

Caçadora Lacuni — Ato II | Espreitadora Lacuni — Ato II | Caçadora Invernífera — Ato III

VARIANTES: MACHO

Guerreiro Lacuni — Ato II | Talhador Lacuni — Ato II | Espreitador Invernífero — Ato III

## MORLU

VARIANTES: CORPO A CORPO

Invasor Morlu — Ato IV | Legionário Morlu — Ato IV

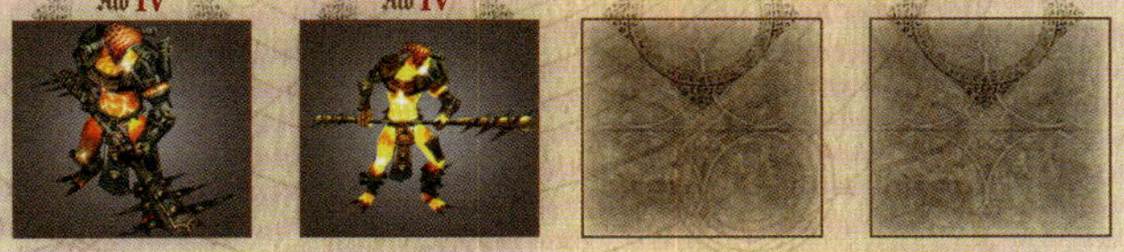

VARIANTES: LANÇADOR DE FEITIÇOS

Inferno Morlu — Ato IV | Incinerador Morlu — Ato III, IV

## PESADELO

VARIANTES:

Pesadelo Escravizado — Ato IV | Pesadelo Demoníngeo — Ato IV

## TRANSFERA

VARIANTES:

Transfera Brutal — Ato III | Horror Deslocador — Ato IV

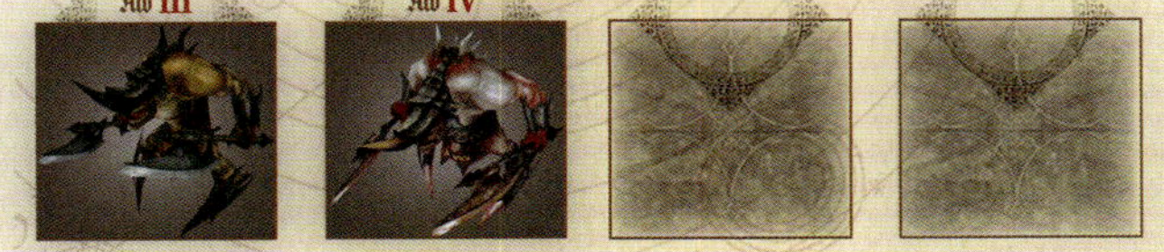

## DIABO-OURIÇO

VARIANTES:

Diabo-Ouriço — Ato I | Diabo-Ouriço Jovem — Ato I | Demônio-Ouriço — Ato I | Espinhante de Gelo — Ato III

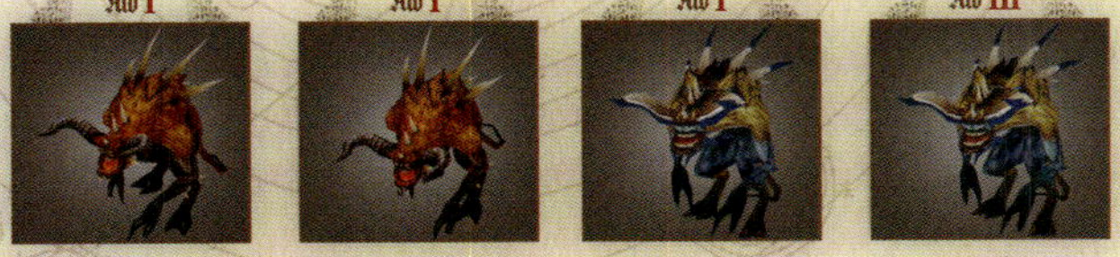

Navalha Gélida — Ato III

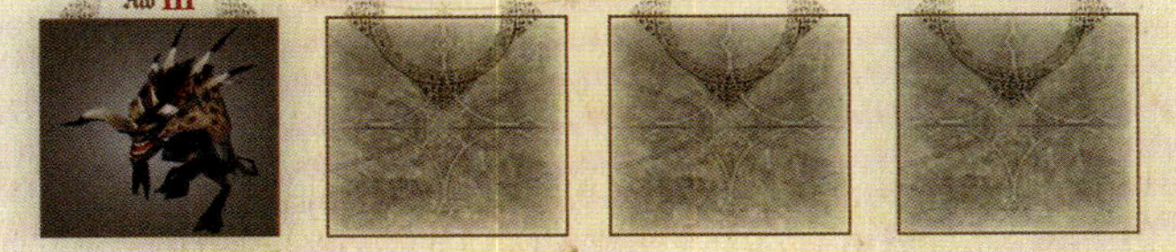

## MORTO-VIVO

VARIANTES: CADÁVERES

Corpo Ardante — Ato I | Corpo Faminto — Ato I | Corpo Inchado — Ato I | Trôpego Rançoso — Ato I

Come-Pó — Ato II

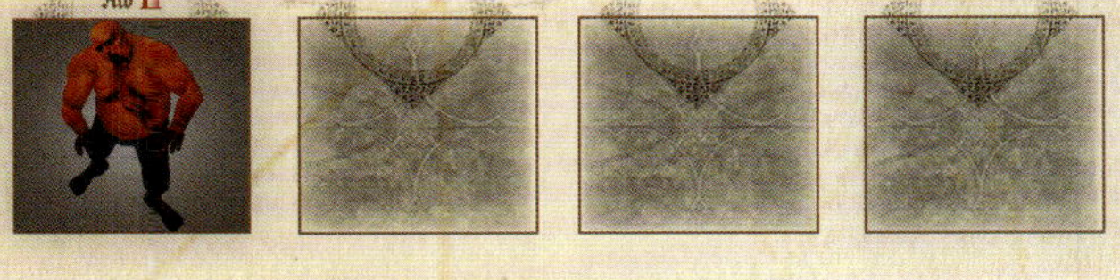

VARIANTES: RASTEJANTES DE TORSO

Torso Rastejante — Ato I | Torso Faminto — Ato I | Torso Voraz — Ato I | Morde-Pó — Ato II

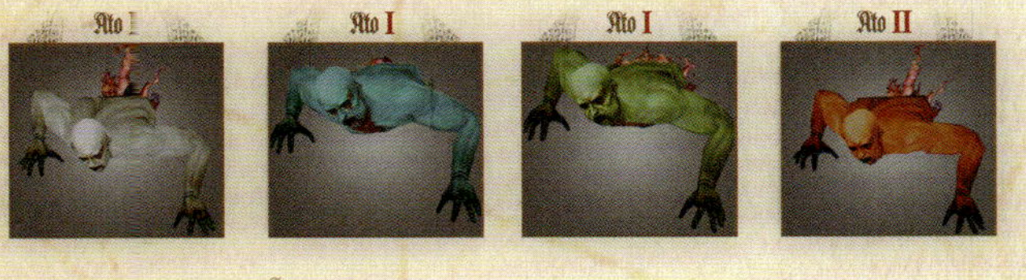

VARIANTES: MÃE MALDITA

Cuspidora de Morte — Ato I | Cadáver Maldito — Ato I

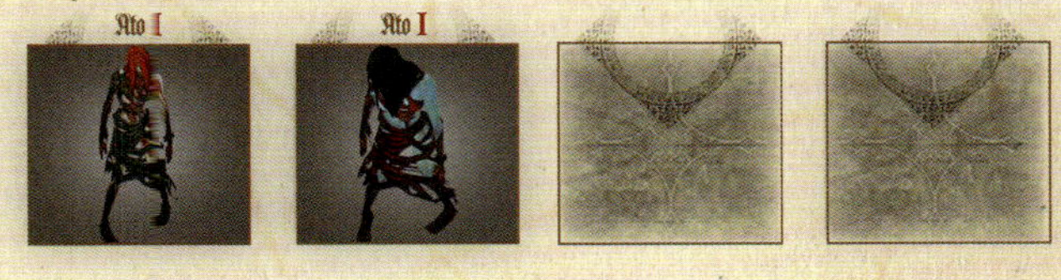

VARIANTES: MAGRO

Morto-vivo — Ato I | Morto Voraz — Ato I | Zumbi Voraz — Ato I | Zumbi Infernal — Ato I

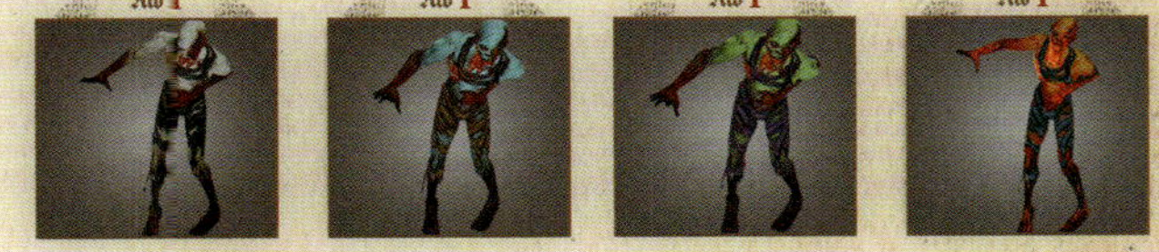

Coisa das Dunas — Ato I

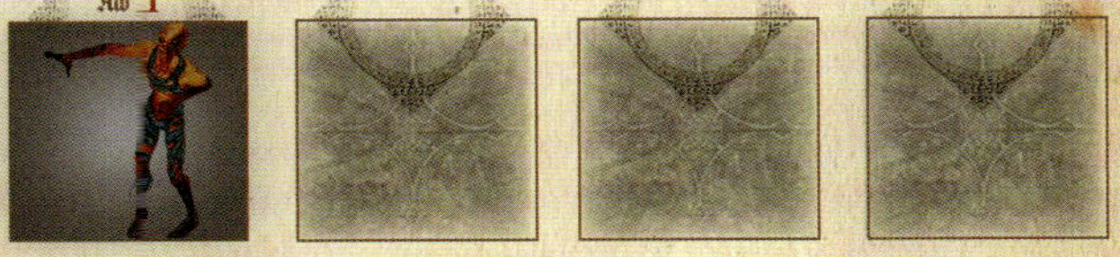

## VERME DA ROCHA

VARIANTES:

Verme da Rocha — Ato I | Verme da Rocha Selvagem — Ato II | Serpente Demoníaca — Ato III

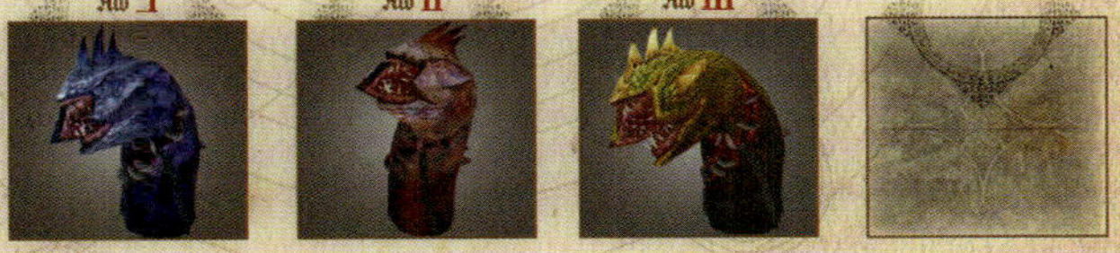

## MONSTRO DE AREIA

VARIANTES:

Habitante da Areia — Ato II | Gigante de Pedra — Ato II | Beemote de Areia — Ato II

## TUBARÃO DE AREIA

VARIANTES:

Mangual das Dunas — Ato II

## VORAZGO

VARIANTES:

Vorazgo — Ato I | Saltador Emburacado — Ato I | Ceifador — Ato II | Garrálgida Enterradora — Ato III

## VESPA DA AREIA

VARIANTES:

Vespa da Areia — Ato II | Aguilhante das Dunas — Ato II | Marimbondo do Deserto — Ato II

## VERME DA SOMBRA

VARIANTES:

Espreitador Sombrio — Ato II | Verme da Sombra — Ato III, IV | Espectro Melancólico — Ato IV

## ESQUELETO

VARIANTES: ESQUELETO

Esqueleto — Ato I | Retornado — Ato I | Guerreiro Esquelético — Ato II | Guerreiro Esqueletal — Ato II, III | Espadachim em Chamas — Ato III | Caveira de Espada — Ato III

VARIANTES: BARREIRA DE ESCUDO

Escudeiro Esquelético — Ato I | Escudeiro Retornado — Ato I, II | Vigia Esquelético — Ato II | Invasor Esquelético — Ato II, III

Saqueador Esquelético — Ato III

VARIANTES: ARQUEIRO

Arqueiro Esquelético — Ato I | Arqueiro Retornado — Ato I | Batedor Esquelético — Ato II | Mestre Arq. Esquelético — Ato II

Arqueiro Esq. Negro — Ato I | Atirador Esq. Negro — Ato III

VARIANTES: EVOCADOR

Guardião da Tumba — Ato I | Evocador Retornado — Ato I | Evocador Torturado — Ato I | Evocador Caveira — Ato III

VARIANTES: DUAS MÃOS

Executor Retornado — Ato I | Lenhador de Carne — Ato II | Caveira de Cutelo — Ato III | Caveira de Cutelo Ligeira — Ato III

## ESQUELETO MAGO

VARIANTES:

Guardião Gélido — Ato II | Construto Gelante — Ato II | Guardião em Chamas — Ato II | Construto Fumegante — Ato II | Guardião Elétrico — Ato II | Construto Carregado — Ato II | Guardião Nóxio — Ato II | Construto Tóxico — Ato II

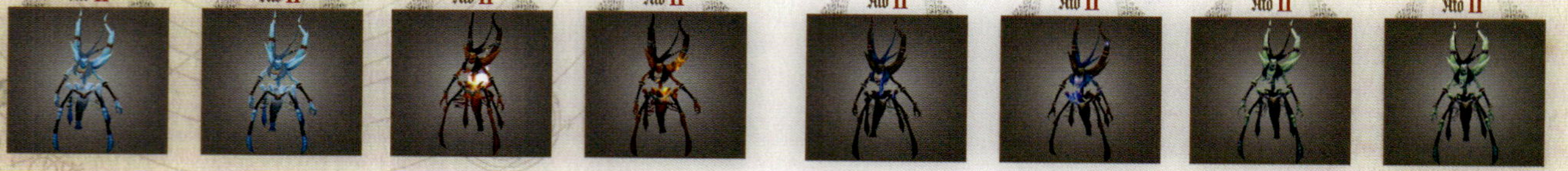

## RASGADOR DE ALMAS

VARIANTES:

Rasgador de Almas — Ato III
Açoitador de Almas — Ato III
Devorador de Almas — Ato

## ENXAMEANTE

VARIANTES:

Enxame de Insetos — Ato II
Enxame Vil — Ato II
Enxame Mortal — Ato II
Enxame Pestilento — Ato II

## ARANHA

VARIANTES:

Horror Aracnídeo — Ato I
Espreitadora da Floresta — Ato II
Espreitadora Calcinante — Ato II
Rastejante Elétrica — Ato II

Espreitadora Tóxica — Ato I
Tecedora Venenosa — Ato II
Aranha Cospe-teia — Ato II

## AGUILHANTE ATORMENTADO

VARIANTES:

Aguilhante Atormentado — Ato II
Rastejante Estígio — Ato II

## GOBLIN DO TESOURO

VARIANTES:

Goblin do Tesouro — Ato I-IV
Caça-Tesouro — Ato I-IV
Roubador de Tesouros — Ato I-IV
Pigmeu Tesoureiro — Ato I-IV

## ARACNITA

VARIANTES:

Aracnita — Ato I
Filhote de Aranha — Ato II
Aracnita Gélida — Ato II
Aracnita Incandescente — Ato II

Aracnita Chocante — Ato II
Aracnita Peçonhenta — Ato II

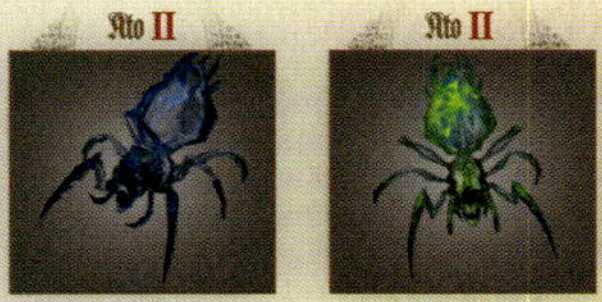

## INSEPULTO

VARIANTES:

Insepulto — Ato I
Gigante Desmembrado — Ato I

## SUBJUGADOR

VARIANTES:

Subjugador — Ato IV
Armadom — Ato IV
Armadom Montado — Ato IV

## TRAÇÁRIDA

VARIANTES:

Traçárida — Ato I

## SÚCUBO

VARIANTES:

Súcubo — Ato III
Tentadora Temível — Ato IV
Bruxa Infernal — Ato IV

## ESPECTRO ARBÓREO

VARIANTES:

Espectro Arbóreo — Ato I
Andarilho das Terras Altas — Ato I

# BESTIÁRIO

Aqui está o seu guia para a vida selvagem no Inferno! Na página 232, há um sumário completo para facilitar sua busca. Então, se você encontrar um monstro e quiser um resumo de seu comportamento, atributos e habilidades, passe o mouse sobre ele no jogo para ver o nome,e consulte aqui.

Lembre-se de que essa lista inclui apenas os monstros básicos. Os nomes e afixos individuais de monstros dos tipos Campeão e Raro são aleatórios. Os monstros Únicos são abordados nas seções correspondentes do Guia de Missões. E, claro, monstros do tipo Chefe também são explicados detalhadamente neste passo a passo.

## OUTRAS NOTAS SOBRE O BESTIÁRIO

### DANO

Todos os valores nas tabelas de danos referem-se a danos físicos causados por um ataque básico corpo a corpo. Alguns monstros também causam dano adicional sob a forma elemental: Ígneo, Gélido, Venenoso, Elétrico ou Arcano. Se este for o caso, nós incluímos isso na tabela de dano da criatura.

### GLOBOS DE VIDA

Quando você luta contra um monstro, há uma chance de que ele derrube um globo de vida vermelho durante ou após a batalha. Você pode consumi-los para restaurar a sua saúde. A "chance de derrubar" depende do grau do monstro:

**Monstros Comuns** têm uma chance variável de fazer um globo de vida ser derrubado, por isso, listamos a porcentagem para cada um em nossas tabelas. Os monstros comuns derrubam um globo quando mortos, que restaura 20% de sua saúde máxima.

**Monstros Campeões** têm uma chance de 60% de derrubar um globo de vida para cada 50% de saúde que perdem. Então eles podem derrubar até dois globos de vida durante uma luta. Cada globo derrubado por um monstro campeão restaura 35% de sua saúde máxima.

**Monstros Raros** têm uma chance de 100% de derrubar um globo de vida para cada 25% de saúde que perdem. Então monstros raros irão *sempre* derrubar quatro globos de vida durante uma luta. Cada globo derrubado por um raro restaura 35% de sua saúde máxima.

**GLOBO DE VIDA DERRUBADO**

| GRAU | CAI % | TAMANHO DO GLOBO (PERCENTUAL DE HP MÁXIMO RESTAURADO) | QUANDO CAI? |
|---|---|---|---|
| COMUM | Variável | 20 | Monstro morto |
| CAMPEÃO | 60 | 35 | A cada 50% de saúde perdida do monstro |
| RARO | 100 | 35 | A cada 25% de saúde perdida do monstro |

## COMO USAR ESTE BESTIÁRIO

Listagem de cada monstro por nome.

Imagem de cada monstro como ele aparece no jogo.

### IGNIMAGUS DECAÍDO

CLASSE: DECAÍDO (XAMÃ)

Uma descrição básica do comportamento do monstro.

O Ignimagus Decaído de pele clara não tem ataque corpo a corpo, preferindo bolas de fogo de longo alcance. Mas seu poder que mais causa danos é indireto. Se um bando de Decaídos estiver próximo — e eles normalmente estão — a mágica do conjurador pode ressuscitá-los alguns segundos depois. Para evitar uma luta sem fim, mate o Ignimagus Decaído primeiro, e só depois mire o resto.

Procure aqui o que esperar ao enfrentar cada monstro — e onde ele pode ser encontrado.

VELOCIDADE DE MOVIMENTO: Lenta/Média
DISTÂNCIA DE REPULSÃO: Média
LOCAL PROVÁVEL: Ponte de Rakkis, Cratera de Arreat, Torre dos Condenados, Muralhas do Corvo Celeste

APARECE NO ATO III

Os pontos de vida de cada monstro ficam em uma faixa definida ao acaso. Fornecemos os limites mais altos e mais baixos de cada tipo de criatura.

**INFORMAÇÕES BÁSICAS**

| Dificuldade | Nível | XP | HP | | | |
|---|---|---|---|---|---|---|
| | | | Normal | Campeão | Raro | Lacaio |
| Normal | 28 | 218,75 | 454-908 | 1589-2043 | 3405-3859 | 908-1362 |
| Pesadelo | 48 | 800 | 4414-8828 | 26K-33K | 55K-62K | 15K-22K |
| Tormento | 59 | 1875 | 20K-40K | 161K-207K | 345K-391K | 92K-138K |
| Inferno | 63 | 2000 | 122K-245K | 1284K-1651K | 2752K-3119K | 734K-1101K |

O montante mínimo de dano Físico que o monstro pode infligir com um único ataque corpo a corpo.

**DANO**

| Dificuldade | Mín. Por Golpe | Efeito Adicional |
|---|---|---|
| Normal | 262 | Ígneo |
| Pesadelo | 2106 | |
| Tormento | 8410 | |
| Inferno | 113K | |

Dano Elemental extra que é adicionado ao dano Físico do ataque.

**GLOBOS DE VIDA**

| Grau | Cai % | Tamanho | Quando Cai? |
|---|---|---|---|
| Normal | 30 | 20 | Morte |

Todos os monstros normais têm a chance de deixar um Globo de Vida. Isso diz qual é a chance de que você colha um da criatura e o tamanho que ele terá.

### ATAQUES ESPECIAIS E HABILIDADES

**RESSUSCITAR DECAÍDOS**

Um Ignimagus Decaído pode ressuscitar os lacaios que você matar. Se você vir Brutos Decaídos brilharem em verde e levantarem depois de derrotados, procure pelo conjurador que os está revivendo e mate-o rapidamente.

**BOLA DE FOGO**

O Ignimagus Decaído pode conjurar esferas flamejantes com sua espada ou cajado e em seguida arremessá-los em você. Eles infligem dano Ígneo, como era de se esperar.

Detalhes específicos sobre os ataques e habilidades especiais do monstro: tudo que você precisa para se preparar, defender e combater esses ataques poderosos.

## AMALDIÇOADO

### CLASSE: AMALDIÇOADO

O Amaldiçoado pode ser difícil de ser atingido. Esta múmia hipercinética circula ao redor de seus alvos com intensidade maníaca e acerta com um corte rápido, fatiando com suas longas garras para cima ou para baixo. Às vezes, bate com tanta força que provoca uma cambalhota em frente completa. Quando morto, o Amaldiçoado termina em uma explosão verde de bile venenosa. Mantenha-se afastado!

VELOCIDADE DE MOVIMENTO: Veloz

DISTÂNCIA DE REPULSÃO: Longínqua

LOCAL PROVÁVEL: Aquedutos Ocultos, Areias Desoladas, Canais Leste/Oeste, Tesouro Velado

APARECE NO ATO II

**INFORMAÇÕES BÁSICAS**

| Dificuldade | Nível | XP | HP | | | |
|---|---|---|---|---|---|---|
| | | | Normal | Campeão | Raro | Lacaio |
| Normal | 20 | 135 | 66-131 | 525-689 | 1181-1345 | 238-402 |
| Pesadelo | 41 | 500 | 934-1867 | 12K-16K | 28K-32K | 5618-9492 |
| Tormento | 56 | 1350 | 5480-11K | 102K-134K | 230K-262K | 46K-78K |
| Inferno | 62 | 1600 | 28K-56K | 673K-884K | 1515K-1726K | 305K-516K |

**DANO**

| Dificuldade | Mín. Por Golpe | Efeito Adicional |
|---|---|---|
| Normal | 50 | Venenoso |
| Pesadelo | 542 | |
| Tormento | 3075 | |
| Inferno | 26K | |

**GLOBOS DE VIDA**

| Grau | Cai % | Tamanho | Quando cai? |
|---|---|---|---|
| Normal | 5 | 20 | Morte |

### ATAQUES ESPECIAIS E HABILIDADES

NENHUM

## MALÉVOLO AMALDIÇOADO

### CLASSE: INFERNANTE

Estas criaturas avermelhadas, com espetos e nervos são conjuradas das entranhas do inferno para o campo de batalha, pelos Conjuradores Impuros. O Malévolo Amaldiçoado luta como um cão raivoso avançando rapidamente com suas irascíveis mandíbulas que procuram alimentar-se da vida. Uma vez evocado, cada Infernante tem uma vida útil de cerca de 30 segundos.

VELOCIDADE DE MOVIMENTO: Média

DISTÂNCIA DE REPULSÃO: Curta

LOCAL PROVÁVEL: Poço Imundo, Porão da Cidade, Alcarnus (convocados), Altar Secreto

APARECE NO ATO III

**INFORMAÇÕES BÁSICAS**

| Dificuldade | Nível | XP | HP | | | |
|---|---|---|---|---|---|---|
| | | | Normal | Campeão | Raro | Lacaio |
| Normal | 17 | 90 | 108-216 | 378-486 | 810-918 | 216-324 |
| Pesadelo | 39 | 345 | 1932-3864 | 11K-14K | 24K-27K | 6414-9621 |
| Tormento | 55 | 975 | 12K-24K | 99K-127K | 212K-241K | 57K-85K |
| Inferno | 62 | 1200 | 70K-140K | 737K-947K | 1578K-1789K | 421K-631K |

**DANO**

| Dificuldade | Mín. Por Golpe | Efeito Adicional |
|---|---|---|
| Normal | 21 | Físico |
| Pesadelo | 218 | |
| Tormento | 1394 | |
| Inferno | 13K | |

**GLOBOS DE VIDA**

| Grau | Cai % | Tamanho | Quando cai? |
|---|---|---|---|
| Normal | 30 | 20 | Morte |

### ATAQUES ESPECIAIS E HABILIDADES

NENHUM

## HORROR ARACNÍDEO

### CLASSE: ARANHA

Esta aranha gigante é o arquétipo de sua classe. O Horror Aracnídeo cospe teias brancas para retardar a sua presa, e então se move para perto para um ataque com presas e garras afiadas.

VELOCIDADE DE MOVIMENTO: Média

DISTÂNCIA DE REPULSÃO: Muito curta

LOCAL PROVÁVEL: Cavernas de Araneae

APARECE NO ATO I

**INFORMAÇÕES BÁSICAS**

| Dificuldade | Nível | XP | HP | | | |
|---|---|---|---|---|---|---|
| | | | Normal | Campeão | Raro | Lacaio |
| Normal | 11 | 90 | 72-120 | 180-228 | 372-420 | 120-168 |
| Pesadelo | 34 | 360 | 1781-2968 | 7389-9359 | 15K-17K | 4926-6896 |
| Tormento | 52 | 1150 | 12K-21K | 72K-92K | 149K-169K | 48K-67K |
| Inferno | 61 | 1600 | 49K-81K | 365K-462K | 754K-852K | 243K-341K |

**DANO**

| Dificuldade | Mín. Por Golpe | Efeito Adicional |
|---|---|---|
| Normal | 38 | Venenoso |
| Pesadelo | 496 | |
| Tormento | 4097 | |
| Inferno | 18K | |

**GLOBOS DE VIDA**

| Grau | Cai % | Tamanho | Quando cai? |
|---|---|---|---|
| Normal | 45 | 20 | Morte |

### ATAQUES ESPECIAIS E HABILIDADES

**CUSPE DE TEIA**

A aranha cospe uma bola de teia branca pegajosa que atinge o solo e retarda o movimento de quem passar sobre ela.

## ARMADOM

### CLASSE: SUBJUGADOR

Esta besta de nível 29 (no modo Normal) pode ser inferior à metade do time Cavalga-demônios, mas o Armadom é um adversário formidável. Sua mandíbula cheia de presas mastiga faminta e pode causar danos dolorosos. Também desencadeia um ataque de pancada ocasional, martelando o ponto ossudo e afiado do seu queixo nos inimigos que tolamente vagueiam muito perto. (Essa pancada geralmente segue um poderoso rugido insultante, então observe atentamente o comportamento do Armadom.) Seu ataque também drena Mana/Poder Arcano. Quando montado por um Subjugador, forma uma unidade temível.

VELOCIDADE DE MOVIMENTO: Veloz

DISTÂNCIA DE REPULSÃO: Longínqua

LOCAL PROVÁVEL: Jardins da Esperança: Níveis 1-3, Ápice Argênteo: Nível 1

APARECE NO ATO IV

**INFORMAÇÕES BÁSICAS**

| Dificuldade | Nível | XP | HP | | | |
|---|---|---|---|---|---|---|
| | | | Normal | Campeão | Raro | Lacaio |
| Normal | 29 | 270 | 1273-1782 | 2163-2672 | 4199-4708 | 1782-2291 |
| Pesadelo | 49 | 990 | 12K-17K | 34K-42K | 66K-74K | 28K-36K |
| Tormento | 60 | 2325 | 54K-76K | 215K-266K | 418K-468K | 177K-228K |
| Inferno | 63 | 2400 | 306K-428K | 1560K-1927K | 3027K-3394K | 1284K-1651K |

**DANO**

| Dificuldade | Mín. Por Golpe | Efeito Adicional |
|---|---|---|
| Normal | 443 | Físico |
| Pesadelo | 3445 | |
| Tormento | 14K | |
| Inferno | 170K | |

**GLOBOS DE VIDA**

| Grau | Cai % | Tamanho | Quando cai? |
|---|---|---|---|
| Normal | 75 | 20 | Morte |

### ATAQUES ESPECIAIS E HABILIDADES

NENHUM

## DEVASTADOR ENCOURAÇADO

### CLASSE: DEMÔNIO DE ELITE

Preste atenção para o brilho laranja e ardente no chão, marcando o local onde um Devastador Encouraçado está prestes a cair do céu. Fiel ao nome, este demônio de elite é fortemente blindado e difícil de ser eliminado. O estilo de luta deste destruidor não poderia ser mais simples: depois de bater no chão, ele simplesmente corre diretamente para o Herói, golpeando com a sua afiada armadura perfurante de antebraço. Mantenha-se desviando desse poderoso ser e desgaste sua proteção até que ela caia.

VELOCIDADE DE MOVIMENTO: Veloz
DISTÂNCIA DE REPULSÃO: Curta
LOCAL PROVÁVEL: Fundição: Nível 1, Jardins da Esperança: 1º Nível

APARECE NOS ATOS III, IV

**INFORMAÇÕES BÁSICAS**

| Dificuldade | Nível | XP | HP | | | |
|---|---|---|---|---|---|---|
| | | | Normal | Campeão | Raro | Lacaio |
| Normal | 29 | 180 | 382-509 | 1718-2227 | 3754-4263 | 891-1400 |
| Pesadelo | 49 | 660 | 3617-4823 | 27K-35K | 59K-67K | 14K-22K |
| Tormento | 60 | 1550 | 16K-22K | 171K-221K | 373K-424K | 89K-139K |
| Inferno | 63 | 1600 | 92K-122K | 1239K-1605K | 2706K-3073K | 642K-1009K |

**DANO**

| Dificuldade | Mín. Por Golpe | Efeito Adicional |
|---|---|---|
| Normal | 221 | Físico |
| Pesadelo | 1723 | |
| Tormento | 6959 | |
| Inferno | 85K | |

**GLOBOS DE VIDA**

| Grau | Cai % | Tamanho | Quando cai? |
|---|---|---|---|
| Normal | 15 | 20 | Morte |

### ATAQUES ESPECIAIS E HABILIDADES

**FRENESI**

O Devastador Encouraçado acelera seu ataque corpo a corpo básico. Ao ver a velocidade de ataque aumentada e as estrias vermelhas fatiando o ar rapidamente, avance e circule ao redor da besta e ataque novamente quando a besta se levantar para uivar.

## TRAÍDO

### CLASSE: AMALDIÇOADO

Criado a partir de pilhas de corpos apodrecidos (chamados "Cadáveres Doentes" no jogo), o Traído implacavelmente circunda os seus alvos por todos os lados, então ataca com um rápido golpe corpo a corpo, cortando para cima ou para baixo com garras. Às vezes, bate com tanta força que é capaz de dar um salto mortal frontal! Quando morto, o Traído explode em uma nuvem verde e venenosa que pode causar danos significativos se você estiver por perto.

VELOCIDADE DE MOVIMENTO: Veloz
DISTÂNCIA DE REPULSÃO: Longínqua
LOCAL PROVÁVEL: Canal Escondido, Tumba de Khan Dakab, Tumba de Sardar, Passagem Alagada, Aquedutos Ocultos, Canais Leste/Oeste

APARECE NO ATO II

**INFORMAÇÕES BÁSICAS**

| Dificuldade | Nível | XP | HP | | | |
|---|---|---|---|---|---|---|
| | | | Normal | Campeão | Raro | Lacaio |
| Normal | 18 | 125 | 50-99 | 397-521 | 893-1017 | 180-304 |
| Pesadelo | 39 | 460 | 773-1546 | 10K-13K | 23K-26K | 4650-7857 |
| Tormento | 55 | 1300 | 4864-9728 | 91K-119K | 204K-232K | 41K-69K |
| Inferno | 62 | 1600 | 28K-56K | 673K-884K | 1515K-1726K | 305K-516K |

**DANO**

| Dificuldade | Mín. Por Golpe | Efeito Adicional |
|---|---|---|
| Normal | 45 | Venenoso |
| Pesadelo | 436 | |
| Tormento | 2788 | |
| Inferno | 26K | |

**GLOBOS DE VIDA**

| Grau | Cai % | Tamanho | Quando cai? |
|---|---|---|---|
| Normal | 5 | 20 | Morte |

### ATAQUES ESPECIAIS E HABILIDADES

NENHUM

## RASTEJANTE BILIOSO

### CLASSE: RASTEJANTE BILIOSO

Esta abominação aparenta ser uma espécie incompleta, parecendo a extremidade dianteira de um ser rasgado ao meio. Mas não tenha pena deste demônio, tenha medo. Os Rastejantes Biliosos se retorcem e atacam com um impulso repentino através de suas garras pontiagudas.

VELOCIDADE DE MOVIMENTO: Média
DISTÂNCIA DE REPULSÃO: Longínqua
LOCAL PROVÁVEL: Jardins da Esperança: Níveis 1, 3, Fenda Infernal

APARECE NO ATO IV

**INFORMAÇÕES BÁSICAS**

| Dificuldade | Nível | XP | HP | | | |
|---|---|---|---|---|---|---|
| | | | Normal | Campeão | Raro | Lacaio |
| Normal | 28 | 131.25 | 227-454 | 1476-1930 | 3292-3746 | 681-1135 |
| Pesadelo | 48 | 480 | 2207-4414 | 24K-31K | 53K-60K | 11K-18K |
| Tormento | 59 | 1125 | 9877-20K | 150K-196K | 334K-380K | 69K-115K |
| Inferno | 63 | 1200 | 61K-122K | 1193K-1560K | 2661K-3027K | 550K-917K |

**DANO**

| Dificuldade | Mín. Por Golpe | Efeito Adicional |
|---|---|---|
| Normal | 131 | Físico |
| Pesadelo | 1053 | |
| Tormento | 4205 | |
| Inferno | 57K | |

**GLOBOS DE VIDA**

| Grau | Cai % | Tamanho | Quando cai? |
|---|---|---|---|
| Normal | 5 | 20 | Morte |

### ATAQUES ESPECIAIS E HABILIDADES

NENHUM

## CARNIÇAL FULGURANTE

### CLASSE: CARNIÇAL

O Carniçal Fulgurante balança sua espada e ataca, pode ser um rasgo descendente ou um corte horizontal curvo, e circunda o Herói para outro ataque. O carniçal repete este padrão durante a luta: um ou mais ataques corpo a corpo seguidos de um movimento brusco. Não deixe que ele vá para trás de você em uma briga corpo a corpo!

VELOCIDADE DE MOVIMENTO: Média
DISTÂNCIA DE REPULSÃO: Longínqua
LOCAL PROVÁVEL: Torre dos Condenados: Nível 1, Cratera de Arreat: Níveis 1-2, Coração dos Condenados

APARECE NO ATO III

**INFORMAÇÕES BÁSICAS**

| Dificuldade | Nível | XP | HP | | | |
|---|---|---|---|---|---|---|
| | | | Normal | Campeão | Raro | Lacaio |
| Normal | 27 | 170 | 160-321 | 1283-1684 | 2887-3288 | 581-982 |
| Pesadelo | 47 | 620 | 1615-3230 | 21K-28K | 48K-55K | 9717-16K |
| Tormento | 59 | 1500 | 7901-16K | 147K-193K | 331K-377K | 67K-113K |
| Inferno | 63 | 1600 | 49K-98K | 1174K-1541K | 2642K-3009K | 532K-899K |

**DANO**

| Dificuldade | Mín. Por Golpe | Efeito Adicional |
|---|---|---|
| Normal | 230 | Físico |
| Pesadelo | 1926 | |
| Tormento | 8410 | |
| Inferno | 113K | |

**GLOBOS DE VIDA**

| Grau | Cai % | Tamanho | Quando cai? |
|---|---|---|---|
| Normal | 5 | 20 | Morte |

### ATAQUES ESPECIAIS E HABILIDADES

NENHUM

# GUARDIÃO EM CHAMAS

CLASSE: ESQUELETO MAGO

Este imponente mago esquelético é bastante confortável com o Ígneo, sendo parcialmente imune ao seu dano elemental. Seu Tiro Ígneo de médio alcance lança projéteis flamejantes que golpeiam e espalham em um raio em chamas que inflige dano de área. O Guardião em Chamas não tem ataque corpo a corpo, mas cospe bolas de fogo contra o Herói a curto ou a médio alcance.

VELOCIDADE DE MOVIMENTO: Média
DISTÂNCIA DE REPULSÃO: Curta/Média
LOCAL PROVÁVEL: Ruínas Esquecidas

APARECE NO ATO II

**INFORMAÇÕES BÁSICAS**

| Dificuldade | Nível | XP | HP | | | |
|---|---|---|---|---|---|---|
| | | | Normal | Campeão | Raro | Lacaio |
| Normal | 20 | 135 | 98-197 | 541-705 | 1197-1361 | 262-426 |
| Pesadelo | 41 | 500 | 1400-2801 | 13K-17K | 28K-32K | 6199-10K |
| Tormento | 56 | 1350 | 8219-16K | 105K-137K | 233K-265K | 51K-83K |
| Inferno | 62 | 1600 | 42K-84K | 694K-905K | 1536K-1747K | 337K-547K |

**DANO**

| Dificuldade | Mín. Por Golpe | Efeito Adicional |
|---|---|---|
| Normal | 50 | Ígneo |
| Pesadelo | 542 | |
| Tormento | 3075 | |
| Inferno | 26K | |

**GLOBOS DE VIDA**

| Grau | Cai % | Tamanho | Quando cai? |
|---|---|---|---|
| Normal | 6 | 20 | Morte |

## ATAQUES ESPECIAIS E HABILIDADES

### PROJÉTIL ÍGNEO

O Guardião em Chamas exala uma bola de fogo que inflige dano Ígneo. O projétil viaja rápido e tem um raio de explosão pequeno, então observe o movimento que a criatura faz para atirar — arremesso de braços — e rapidamente se esquive para o lado.

# ESPADACHIM EM CHAMAS

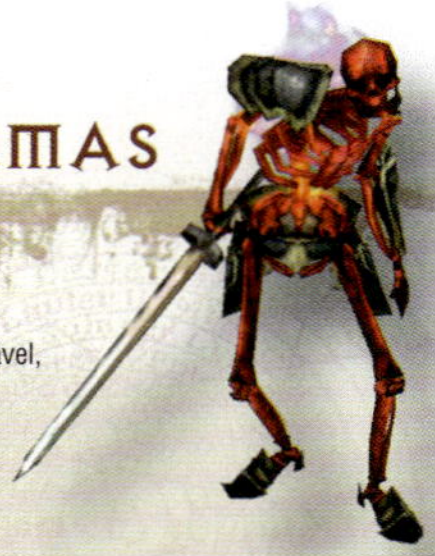

CLASSE: ESQUELETO

Este esqueleto de ossos vermelhos e ardentes surge do fogo das Profundezas do Forte. O Espadachim em Chamas é lento mas implacável, e ao circular ao redor do inimigo, ele pode dar um ataque selvagem e repentino. Seus ataques começam a se tornar familiares a partir do momento que você o conhece: um chute frontal rápido e um golpe de espada.

VELOCIDADE DE MOVIMENTO: Devagar
DISTÂNCIA DE REPULSÃO: Muito Distante
LOCAL PROVÁVEL: Profundezas do Forte: Nível 1

APARECE NO ATO III

**INFORMAÇÕES BÁSICAS**

| Dificuldade | Nível | XP | HP | | | |
|---|---|---|---|---|---|---|
| | | | Normal | Campeão | Raro | Lacaio |
| Normal | 26 | 165 | 249-356 | 1193-1549 | 2617-2973 | 605-961 |
| Pesadelo | 46 | 600 | 2583-3690 | 21K-27K | 45K-51K | 10K-17K |
| Tormento | 58 | 1450 | 12K-17K | 136K-177K | 299K-340K | 69K-110K |
| Inferno | 63 | 1600 | 86K-122K | 1229K-1596K | 2697K-3064K | 624K-991K |

**DANO**

| Dificuldade | Mín. Por Golpe | Efeito Adicional |
|---|---|---|
| Normal | 152 | Ígneo |
| Pesadelo | 1317 | |
| Tormento | 5665 | |
| Inferno | 85K | |

**GLOBOS DE VIDA**

| Grau | Cai % | Tamanho | Quando cai? |
|---|---|---|---|
| Normal | 12 | 20 | Morte |

## ATAQUES ESPECIAIS E HABILIDADES

NENHUM

# CORPO INCHADO

CLASSE: MORTO-VIVO

Este zumbi de pele verde procura por tolos que ele possa comer no almoço. Seus dois ataques são ambos no estilo corpo a corpo: um golpe giratório rápido ou um forte impulso para cima com os dois braços. Ao "matar" um Corpo Inchado, sua forma frágil às vezes se despedaça... e de repente a cabeça e torso rastejam para o ataque! Esse Torso Voraz é mais rápido que o zumbi, e persegue impiedosamente. (Veja "Torso Voraz" neste Bestiário.)

VELOCIDADE DE MOVIMENTO: Devagar
DISTÂNCIA DE REPULSÃO: Média
LOCAL PROVÁVEL: Corredores da Agonia: Níveis 1-3

APARECE NO ATO I

**INFORMAÇÕES BÁSICAS**

| Dificuldade | Nível | XP | HP | | | |
|---|---|---|---|---|---|---|
| | | | Normal | Campeão | Raro | Lacaio |
| Normal | 10 | 106.25 | 53-95 | 152-194 | 320-362 | 95-137 |
| Pesadelo | 34 | 450 | 1484-2671 | 7143-9113 | 15K-17K | 4433-6404 |
| Tormento | 52 | 1437.5 | 10K-19K | 70K-89K | 147K-166K | 43K-63K |
| Inferno | 61 | 2000 | 41K-73K | 353K-450K | 742K-840K | 219K-316K |

**DANO**

| Dificuldade | Mín. Por Golpe | Efeito Adicional |
|---|---|---|
| Normal | 49 | Físico |
| Pesadelo | 744 | |
| Tormento | 6146 | |
| Inferno | 27K | |

**GLOBOS DE VIDA**

| Grau | Cai % | Tamanho | Quando cai? |
|---|---|---|---|
| Normal | 38 | 20 | Morte |

## ATAQUES ESPECIAIS E HABILIDADES

### TORSO RASTEJANTE

Quando você "matar" um cadáver inchado, há uma chance de que seu torso superior se solte do resto do corpo e rasteje para continuar a luta. Divertido! O rastejador arrancado do Corpo Inchado é chamado de Torso Voraz. (Veja "Torso Voraz" neste Bestiário.)

## MARRETADOR DO CLÃ SANGR.

CLASSE: KHAZRA (CLÃ SANGRENTO)

O Marretador do Clã Sangrento prefere um clássico combate corpo a corpo, trocando golpes frente a frente. Este beemote mutante cambaleia lentamente em direção à sua presa e dá golpes atrozes com cada um dos braços. Um braço tem uma garra de quatro dedos e o outro uma lâmina óssea em um toco. Ele é lento, por isso é fácil superá-lo taticamente... ou fugir!

VELOCIDADE DE MOVIMENTO: Média
DISTÂNCIA DE REPULSÃO: Curta
LOCAL PROVÁVEL: Cratera de Arreat: Níveis 1-2, Torre dos Malditos: Níveis 1-2

APARECE NO ATO III

| INFORMAÇÕES BÁSICAS | | | | | | |
|---|---|---|---|---|---|---|
| Dificuldade | Nível | XP | HP | | | |
| | | | Normal | Campeão | Raro | Lacaio |
| Normal | 28 | 175 | 681-908 | 1703-2157 | 3519-3973 | 1135-1589 |
| Pesadelo | 48 | 640 | 6621-8828 | 27K-35K | 57K-64K | 18K-26K |
| Tormento | 59 | 1500 | 30K-40K | 173K-219K | 357K-403K | 115K-161K |
| Inferno | 63 | 1600 | 183K-245K | 1376K-1743K | 2844K-3211K | 917K-1284K |

| DANO | | |
|---|---|---|
| Dificuldade | Mín. Por Golpe | Efeito Adicional |
| Normal | 262 | Físico |
| Pesadelo | 2106 | |
| Tormento | 8410 | |
| Inferno | 113K | |

| GLOBOS DE VIDA | | | |
|---|---|---|---|
| Grau | Cai % | Tamanho | Quando cai? |
| Normal | 45 | 20 | Morte |

### ATAQUES ESPECIAIS E HABILIDADES

NENHUM

## OCULTISTA DO CLÃ SANGR.

CLASSE: KHAZRA (CLÃ SANGRENTO)

Este imenso mutante conjurador é uma versão de alto nível de seu companheiro de clã, o Feiticeiro. O Ocultista arremessa bolas de fogo em você enquanto conjura um feitiço que reforça seus aliados do mal. A presença de um Ocultista do Clã Sangrento torna qualquer inimigo mais difícil de ser vencido, então é uma boa ideia eliminar o xamã primeiro.

VELOCIDADE DE MOVIMENTO: Média
DISTÂNCIA DE REPULSÃO: Média
LOCAL PROVÁVEL: Cratera de Arreat: Níveis 1-2, Torre dos Malditos: Níveis 1-2

APARECE NO ATO III

| INFORMAÇÕES BÁSICAS | | | | | | |
|---|---|---|---|---|---|---|
| Dificuldade | Nível | XP | HP | | | |
| | | | Normal | Campeão | Raro | Lacaio |
| Normal | 28 | 175 | 568-1022 | 1646-2100 | 3462-3916 | 1022-1476 |
| Pesadelo | 48 | 640 | 5518-9932 | 27K-34K | 56K-63K | 16K-24K |
| Tormento | 59 | 1500 | 25K-44K | 167K-213K | 351K-397K | 104K-150K |
| Inferno | 63 | 1600 | 153K-275K | 1330K-1697K | 2798K-3165K | 826K-1193K |

| DANO | | |
|---|---|---|
| Dificuldade | Mín. Por Golpe | Efeito Adicional |
| Normal | 328 | Físico |
| Pesadelo | 2633 | |
| Tormento | 11K | |
| Inferno | 142K | |

| GLOBOS DE VIDA | | | |
|---|---|---|---|
| Grau | Cai % | Tamanho | Quando cai? |
| Normal | 38 | 20 | Morte |

### ATAQUES ESPECIAIS E HABILIDADES

#### BOLA DE FOGO

O Ocultista conjura uma bola de fogo e a joga no Herói. O projétil de fogo move-se lentamente o suficiente para que você possa evitá-lo se ele a lança a uma boa distância. Note que esta bola de fogo causa dano físico, não Ígneo.

#### REFORÇO DE SANGUE

Este xamã pode lançar um feitiço que melhora as habilidades de outros monstros da área, não importando se eles são ou não companheiros do Clã Sangrento. Você pode ver a mágica que roda em torno deles como uma bolha dourada, enquanto ela estiver ativa.

## FEITICEIRO DO CLÃ SANGRENTO

CLASSE: KHAZRA (CLÃ SANGRENTO)

Este poderoso xamã ataca com bolas de fogo conjuradas enquanto lança feitiços de melhoria em seus companheiros. Elimine primeiro o Feiticeiro do Clã Sangrento para impedir que ele use o feitiço de melhoria.

VELOCIDADE DE MOVIMENTO: Média
DISTÂNCIA DE REPULSÃO: Média
LOCAL PROVÁVEL: Ponte de Rakkis

APARECE NO ATO III

| INFORMAÇÕES BÁSICAS | | | | | | |
|---|---|---|---|---|---|---|
| Dificuldade | Nível | XP | HP | | | |
| | | | Normal | Campeão | Raro | Lacaio |
| Normal | 25 | 160 | 391-704 | 1135-1448 | 2387-2700 | 704-1017 |
| Pesadelo | 45 | 580 | 4215-7587 | 20K-26K | 43K-48K | 13K-18K |
| Tormento | 58 | 1450 | 22K-39K | 147K-188K | 310K-351K | 92K-132K |
| Inferno | 63 | 1600 | 153K-275K | 1330K-1697K | 2798K-3165K | 826K-1193K |

| DANO | | |
|---|---|---|
| Dificuldade | Mín. Por Golpe | Efeito Adicional |
| Normal | 222 | Físico |
| Pesadelo | 1996 | |
| Tormento | 9442 | |
| Inferno | 142K | |

| GLOBOS DE VIDA | | | |
|---|---|---|---|
| Grau | Cai % | Tamanho | Quando cai? |
| Normal | 38 | 20 | Morte |

### ATAQUES ESPECIAIS E HABILIDADES

#### BOLA DE FOGO

O Feiticeiro do Clã Sangrento conjura uma bola de fogo e a joga no Herói. O projétil flamejante move-se lentamente o suficiente para que você possa evitá-lo, se for lançado a uma boa distância. Ele inflige dano Físico.

#### REFORÇO DE SANGUE

Este xamã pode lançar um feitiço que melhora as habilidades de outros monstros da área, não importando se eles são ou não companheiros do Clã Sangrento. Você pode ver a mágica que roda em torno deles, enquanto o feitiço estiver ativo.

# LANCEIRO DO CLÃ SANGRENTO

## CLASSE: KHAZRA (CLÃ SANGRENTO)

Com duas cabeças, três braços e uma fonte infinita de lanças, o Lanceiro do Clã Sangrento é um inimigo grotesco, mas capaz. Este mutante arremessa suas lanças em rápida sucessão com pequena pausa, então é melhor você ficar se movimentando. Embora o Lanceiro não tenha ataque corpo a corpo, ele ergue seus projéteis mesmo se você estiver ao lado dele.

**VELOCIDADE DE MOVIMENTO:** Média
**DISTÂNCIA DE REPULSÃO:** Média
**LOCAL PROVÁVEL:** Campos do Massacre, Ponte de Rakkis, Ponte de Korsikk

APARECE NO ATO III

**INFORMAÇÕES BÁSICAS**

| Dificuldade | Nível | XP | HP | | | |
|---|---|---|---|---|---|---|
| | | | Normal | Campeão | Raro | Lacaio |
| Normal | 25 | 160 | 157-235 | 1017-1330 | 2269-2582 | 470-783 |
| Pesadelo | 45 | 580 | 1686-2529 | 18K-24K | 41K-46K | 8396-14K |
| Tormento | 58 | 1450 | 8729-13K | 132K-173K | 295K-336K | 61K-102K |
| Inferno | 63 | 1600 | 61K-92K | 1193K-1560K | 2661K-3027K | 550K-917K |

**DANO**

| Dificuldade | Mín. Por Golpe | Efeito Adicional |
|---|---|---|
| Normal | 89 | Físico |
| Pesadelo | 798 | |
| Tormento | 3777 | |
| Inferno | 57K | |

**GLOBOS DE VIDA**

| Grau | Cai % | Tamanho | Quando cai? |
|---|---|---|---|
| Normal | 5 | 20 | Morte |

### ATAQUES ESPECIAIS E HABILIDADES

NENHUM

# GUERREIRO CLÃ DA LUA SANGR.

## CLASSE: KHAZRA (CLÃ SANGRENTO)

O Guerreiro do Clã da Lua Sangrenta tem duas cabeças e se contenta em ficar frente a frente e trocar golpes com qualquer um. Este beemote mutante cambaleia lentamente em direção à sua presa e dá golpes atrozes com cada um dos braços. Um braço tem uma garra de quatro dedos e o outro uma lâmina óssea em um toco. Mantenha distância e não fique parado!

**VELOCIDADE DE MOVIMENTO:** Média
**DISTÂNCIA DE REPULSÃO:** Curta
**LOCAL PROVÁVEL:** Campo de Batalha, Campos do Massacre, Ponte de Rakkis, Ponte de Korsikk

APARECE NO ATO III

**INFORMAÇÕES BÁSICAS**

| Dificuldade | Nível | XP | HP | | | |
|---|---|---|---|---|---|---|
| | | | Normal | Campeão | Raro | Lacaio |
| Normal | 25 | 160 | 470-626 | 1174-1487 | 2426-2739 | 783-1096 |
| Pesadelo | 45 | 580 | 5058-6744 | 21K-27K | 43K-49K | 14K-20K |
| Tormento | 58 | 1450 | 26K-35K | 153K-193K | 315K-356K | 102K-142K |
| Inferno | 63 | 1600 | 183K-245K | 1376K-1743K | 2844K-3211K | 917K-1284K |

**DANO**

| Dificuldade | Mín. Por Golpe | Efeito Adicional |
|---|---|---|
| Normal | 177 | Físico |
| Pesadelo | 1597 | |
| Tormento | 7553 | |
| Inferno | 113K | |

**GLOBOS DE VIDA**

| Grau | Cai % | Tamanho | Quando cai? |
|---|---|---|---|
| Normal | 45 | 20 | Morte |

### ATAQUES ESPECIAIS E HABILIDADES

NENHUM

# FALCÃO SANGRENTO

## CLASSE: FALCÃO SANGRENTO

Estas criaturas aviárias apresentam um comportamento único. Inicialmente, Falcões Sangrentos se mantêm fora de alcance e o deixam até que você se distraia com outro inimigo. Em seguida, eles caem do céu, dando golpes cortantes com suas garras perversas. Além disso, observe: Perturbar um Ninho de Falcão Sangrento também desperta sua sangrenta e furiosa atenção.

**VELOCIDADE DE MOVIMENTO:** Veloz
**DISTÂNCIA DE REPULSÃO:** Longínqua
**LOCAL PROVÁVEL:** Areias Desoladas, Oásis de Dahlgur, Trilha para o Oásis

APARECE NO ATO II

**INFORMAÇÕES BÁSICAS**

| Dificuldade | Nível | XP | HP | | | |
|---|---|---|---|---|---|---|
| | | | Normal | Campeão | Raro | Lacaio |
| Normal | 3 | 40 | 3-7 | 32-42 | 72-82 | 14-24 |
| Pesadelo | 31 | 240 | 296-593 | 4464-5870 | 10K-11K | 2004-3410 |
| Tormento | 51 | 880 | 2450-4901 | 52K-68K | 117K-133K | 23K-40K |
| Inferno | 61 | 1280 | 11K-23K | 309K-406K | 698K-796K | 139K-236K |

**DANO**

| Dificuldade | Mín. Por Golpe | Efeito Adicional |
|---|---|---|
| Normal | 6 | Físico |
| Pesadelo | 198 | |
| Tormento | 1838 | |
| Inferno | 9020 | |

**GLOBOS DE VIDA**

| Grau | Cai % | Tamanho | Quando cai? |
|---|---|---|---|
| Normal | 5 | 20 | Morte |

### ATAQUES ESPECIAIS E HABILIDADES

NENHUM

# NINHO DE SANGUE

## CLASSE: MORCEGO (NINHO)

Esta criatura do ninho cria o morcego azul Molok Alado. O Ninho de Sangue produz os morcegos até que um total de três voadores esteja no ar. Toda vez que você matar um morcego, o ninho automaticamente cria um outro, tentando manter até três Moloks Alados ativamente voando o tempo todo. Se você quiser limpar uma área de morcegos, mire o ninho. Os ninhos são imunes a todos os efeitos, exceto Congelamento.

**VELOCIDADE DE MOVIMENTO:** n/d
**DISTÂNCIA DE REPULSÃO:** n/d
**LIMITE DE CRIAS:** 3 de cada vez
**LOCAL PROVÁVEL:** Canal Leste

APARECE NO ATO II

**INFORMAÇÕES BÁSICAS**

| Dificuldade | Nível | XP | HP | | | |
|---|---|---|---|---|---|---|
| | | | Normal | Campeão | Raro | Lacaio |
| Normal | 19 | 195 | 429-572 | 644-787 | 1216-1359 | 572-715 |
| Pesadelo | 40 | 720 | 6372-8496 | 16K-19K | 30K-33K | 14K-18K |
| Tormento | 55 | 1950 | 36K-49K | 127K-156K | 241K-269K | 113K-142K |
| Inferno | 62 | 2400 | 210K-281K | 947K-1157K | 1789K-1999K | 842K-1052K |

**DANO**

| Dificuldade | Mín. Por Golpe | Efeito Adicional |
|---|---|---|
| Normal | 95 | Físico |
| Pesadelo | 975 | |
| Tormento | 5577 | |
| Inferno | 53K | |

**GLOBOS DE VIDA**

| Grau | Cai % | Tamanho | Quando cai? |
|---|---|---|---|
| Normal | 80 | 20 | Morte |

### ATAQUES ESPECIAIS E HABILIDADES

NENHUM

## GUERREIRO ESQUELÉTICO

### CLASSE: ESQUELETO

Onipresente no Ato 2, o Guerreiro Esquelético chacoalha lentamente ao redor, parando ocasionalmente para atacar ou rir de você. Seus ataques básicos são um chute simples e um golpe de espada. É fácil colocar o Guerreiro Esquelético para escanteio, mas ele pode escorregar para trás de você e atacá-lo.

VELOCIDADE DE MOVIMENTO: Devagar

DISTÂNCIA DE REPULSÃO: Muito Longínqua

LOCAL PROVÁVEL: Esgoto de Caldeum, Câmara do Ídolo Perdido, Canais Leste/Oeste, Caverna Misteriosa: Níveis 1-2, Cisterna Arruinada, Túneis do Verme da Rocha, Caverna Sirocco: Nível 2, Caverna do Horror Enterrado: Nível 2, Caverna do Traidor: Nível 2, Ruínas: Nível 2, Caverna Vil: Nível 2, Câmara do Assassino, Ruínas Esquecidas

APARECE NO ATO II

**INFORMAÇÕES BÁSICAS**

| Dificuldade | Nível | XP | HP | | | |
|---|---|---|---|---|---|---|
| | | | Normal | Campeão | Raro | Lacaio |
| Normal | 18 | 125 | 87-130 | 415-539 | 911-1035 | 211-335 |
| Pesadelo | 39 | 460 | 1352-2029 | 11K-14K | 24K-27K | 5452-8659 |
| Tormento | 55 | 1300 | 8512-13K | 95K-123K | 208K-237K | 48K-76K |
| Inferno | 62 | 1600 | 49K-74K | 705K-915K | 1547K-1757K | 358K-568K |

**DANO**

| Dificuldade | Mín. Por Golpe | Efeito Adicional |
|---|---|---|
| Normal | 67 | Físico |
| Pesadelo | 654 | |
| Tormento | 4182 | |
| Inferno | 40K | |

**GLOBOS DE VIDA**

| Grau | Cai % | Tamanho | Quando cai? |
|---|---|---|---|
| Normal | 12 | 20 | Morte |

### ATAQUES ESPECIAIS E HABILIDADES

NENHUM

## BANDIDO

### CLASSE DO INIMIGO: BANDIDO

Vagam pelos Campos da Miséria e Moinho Antigo. Estes inimigos humanos são de certa forma fracos, mas altamente habilidosos com a faca. Sua agilidade permite evitar golpes com um escorregão lateral rápido. Bandidos podem lhe cortar se estiverem próximos, mas eles também podem arremessar facas a distância com grande precisão.

VELOCIDADE DE MOVIMENTO: Média

DISTÂNCIA DE REPULSÃO: Longínqua

LOCAL PROVÁVEL: Moinho Antigo, Campos de Miséria

APARECE NO ATO I

**INFORMAÇÕES BÁSICAS**

| Dificuldade | Nível | XP | HP | | | |
|---|---|---|---|---|---|---|
| | | | Normal | Campeão | Raro | Lacaio |
| Normal | 6 | 65 | 32-42 | 142-184 | 310-352 | 74-116 |
| Pesadelo | 32 | 320 | 890-1187 | 6650-8621 | 15K-17K | 3448-5419 |
| Tormento | 51 | 1100 | 6203-8270 | 65K-84K | 142K-161K | 34K-53K |
| Inferno | 61 | 1600 | 24K-32K | 329K-426K | 718K-815K | 170K-268K |

**DANO**

| Dificuldade | Mín. Por Golpe | Efeito Adicional |
|---|---|---|
| Normal | 25 | Físico |
| Pesadelo | 372 | |
| Tormento | 3073 | |
| Inferno | 14K | |

**GLOBOS DE VIDA**

| Grau | Cai % | Tamanho | Quando cai? |
|---|---|---|---|
| Normal | 15 | 20 | Morte |

### ATAQUES ESPECIAIS E HABILIDADES

NENHUM

## FILHOTE DE ARANHA

### CLASSE: ARACNITA

Esta variante de aranha recém-nascida é rápida e voraz. Sua coloração verde e vermelha é linda de se ver, mas pode ser a última coisa que você verá. Elas têm apenas um golpe: uma rápida e venenosa mordida. Filhotes de Aranha são tipicamente encontrados em bandos, tornando-se muito perigosos. Ataques de área com repulsão podem ajudá-lo a planejar um ataque.

VELOCIDADE DE MOVIMENTO: Muito Rápida

DISTÂNCIA DE REPULSÃO: Muito Curta

LOCAL PROVÁVEL: Salões da Tempestade, Salões do Crepúsculo, Caverna Vil, Caverna Inundada: Níveis 1-2

APARECE NO ATO II

**INFORMAÇÕES BÁSICAS**

| Dificuldade | Nível | XP | HP | | | |
|---|---|---|---|---|---|---|
| | | | Normal | Campeão | Raro | Lacaio |
| Normal | 20 | 135 | 25-41 | 504-668 | 1160-1324 | 217-381 |
| Pesadelo | 41 | 500 | 350-584 | 12K-16K | 27K-31K | 5134-9008 |
| Tormento | 56 | 1350 | 2055-3425 | 98K-130K | 226K-258K | 42K-74K |
| Inferno | 62 | 1600 | 11K-18K | 647K-858K | 1489K-1699K | 279K-489K |

**DANO**

| Dificuldade | Mín. Por Golpe | Efeito Adicional |
|---|---|---|
| Normal | 124 | Venenoso |
| Pesadelo | 1354 | |
| Tormento | 7687 | |
| Inferno | 66K | |

**GLOBOS DE VIDA**

| Grau | Cai % | Tamanho | Quando cai? |
|---|---|---|---|
| Normal | 5 | 20 | Morte |

### ATAQUES ESPECIAIS E HABILIDADES

NENHUM

## SALTADOR EMBURACADO

### CLASSE: VORAZGO

Como seus primos Vorazgos, o Saltador Emburacado é uma besta hiperativa, cavando obsessivamente entre rápidas e súbitas explosões de hostilidade. Esta criatura rápida apresenta um conjunto básico de ataques corpo a corpo: uma mordida rápida ou um golpe de garras vertical de perto, além de um salto que acerta de longe. O Saltador também usa a habilidade especial de escavação para surpreender sua presa, ou escapar quando atacado.

VELOCIDADE DE MOVIMENTO: Veloz

DISTÂNCIA DE REPULSÃO: Média/Longínqua

LOCAL PROVÁVEL: Terras Altas do Sul, Ponte das Terras Altas, Campos da Miséria, Mina Perdida: Níveis 1-2, Covil dos Vorazgos: Níveis 1-2

APARECE NO ATO I

**INFORMAÇÕES BÁSICAS**

| Dificuldade | Nível | XP | HP | | | |
|---|---|---|---|---|---|---|
| | | | Normal | Campeão | Raro | Lacaio |
| Normal | 9 | 40 | 28-56 | 125-162 | 273-310 | 65-102 |
| Pesadelo | 33 | 170 | 798-1596 | 5961-7727 | 13K-15K | 3091-4857 |
| Tormento | 52 | 575 | 6203-12K | 65K-84K | 142K-161K | 34K-53K |
| Inferno | 61 | 800 | 24K-49K | 329K-426K | 718K-815K | 170K-268K |

**DANO**

| Dificuldade | Mín. Por Golpe | Efeito Adicional |
|---|---|---|
| Normal | 22 | Físico |
| Pesadelo | 346 | |
| Tormento | 3073 | |
| Inferno | 14K | |

**GLOBOS DE VIDA**

| Grau | Cai % | Tamanho | Quando cai? |
|---|---|---|---|
| Normal | 15 | 20 | Morte |

### ATAQUES ESPECIAIS E HABILIDADES

#### SALTO

O Saltador Emburacado ocasionalmente salta com a boca aberta que pode atacar a partir de vários metros de distância. Não seja bonzinho quando a criatura emergir do solo para um combate corpo a corpo de perto!

#### TOCA

O Saltador Emburacado cava subitamente pelo subterrâneo e surge inesperadamente quando você se aproximar do local onde ele cavou por dentro.

## MORCEGO CARNICEIRO

CLASSE: MORCEGO CARNICEIRO

O Morcego Carniceiro é o arquétipo de sua classe. O ataque básico deste morcego é uma picada com o seu ferrão anterior eletrificado. Após uma picada ou duas, o Morcego Carniceiro foge a uma certa distância, espera, e ataca violentamente com mais picadas elétricas. Eles são criados a partir de Ninhos de Carniceiros. Encontre e destrua esses ninhos para limpar uma área infestada.

VELOCIDADE DE MOVIMENTO: Lenta/Média
DISTÂNCIA DE REPULSÃO: Muito Longínqua
LOCAL PROVÁVEL: Covil dos Decaídos: Nível 1, Catedral: Níveis 1-2, 4, Cripta Profanada

APARECE NO ATO I

**INFORMAÇÕES BÁSICAS**

| Dificuldade | Nível | XP | HP | | | |
|---|---|---|---|---|---|---|
| | | | Normal | Campeão | Raro | Lacaio |
| Normal | 4 | 41.25 | 8-14 | 43-56 | 95-108 | 21-34 |
| Pesadelo | 31 | 225 | 508-889 | 4640-6046 | 10K-12K | 2250-3656 |
| Tormento | 51 | 825 | 4201-7351 | 54K-70K | 119K-135K | 26K-42K |
| Inferno | 61 | 1200 | 19K-34K | 321K-419K | 711K-808K | 156K-253K |

**DANO**

| Dificuldade | Mín. Por Golpe | Efeito Adicional |
|---|---|---|
| Normal | 7 | Elétrico |
| Pesadelo | 198 | |
| Tormento | 1838 | |
| Inferno | 9020 | |

**GLOBOS DE VIDA**

| Grau | Cai % | Tamanho | Quando cai? |
|---|---|---|---|
| Normal | 6 | 20 | Morte |

### ATAQUES ESPECIAIS E HABILIDADES

NENHUM

## NINHO DE CARNICEIROS

CLASSE: MORCEGO (NINHO)

Esta criatura do ninho cria o básico Morcego Carniceiro. O Ninho de Carniceiros produz os morcegos até que um total de oito voadores esteja no ar. Toda vez que você matar um morcego, o ninho automaticamente cria um outro, tentando manter até oito Morcegos Carniceiros ativamente voando o tempo todo. Se você quiser limpar uma área de morcegos, mire no ninho.

VELOCIDADE DE MOVIMENTO: n/d
DISTÂNCIA DE REPULSÃO: n/d
LIMITE DE CRIAS: 8 de cada vez
LOCAL PROVÁVEL: Covil dos Decaídos: Nível 1

APARECE NO ATO I

**INFORMAÇÕES BÁSICAS**

| Dificuldade | Nível | XP | HP | | | |
|---|---|---|---|---|---|---|
| | | | Normal | Campeão | Raro | Lacaio |
| Normal | 4 | 82.5 | 39-52 | 59-72 | 111-124 | 52-65 |
| Pesadelo | 31 | 450 | 2541-3388 | 6327-7733 | 12K-13K | 5624-7030 |
| Tormento | 51 | 1650 | 21K-28K | 73K-90K | 139K-155K | 65K-82K |
| Inferno | 61 | 2400 | 97K-130K | 438K-535K | 827K-925K | 389K-487K |

**DANO**

| Dificuldade | Mín. Por Golpe | Efeito Adicional |
|---|---|---|
| Normal | 14 | Físico |
| Pesadelo | 397 | |
| Tormento | 3677 | |
| Inferno | 18K | |

**GLOBOS DE VIDA**

| Grau | Cai % | Tamanho | Quando cai? |
|---|---|---|---|
| Normal | 80 | 20 | Morte |

### ATAQUES ESPECIAIS E HABILIDADES

NENHUM

## ASA DE CAVERNA

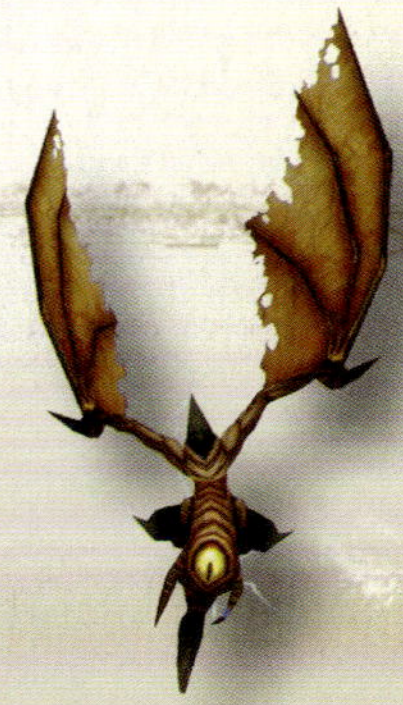

CLASSE: MORCEGO

O Asa de Caverna é um morcego amarelo alado cujo ataque básico é uma picada eletrificada com o seu ferrão anterior. Após uma picada ou duas, o morcego foge a uma certa distância, espera, e ataca violentamente com mais picadas elétricas. Ao contrário de outros morcegos, Asas de Caverna não são gerados em ninhos, e sim com buracos na Caverna Sirocco.

VELOCIDADE DE MOVIMENTO: Lenta/Média
DISTÂNCIA DE REPULSÃO: Muito Longínqua
LOCAL PROVÁVEL: Caverna Sirocco: Nível 1

APARECE NOS ATOS II

**INFORMAÇÕES BÁSICAS**

| Dificuldade | Nível | XP | HP | | | |
|---|---|---|---|---|---|---|
| | | | Normal | Campeão | Raro | Lacaio |
| Normal | 15 | 82.5 | 36-73 | 261-342 | 585-666 | 119-200 |
| Pesadelo | 37 | 315 | 717-1434 | 8528-11K | 19K-22K | 3900-6545 |
| Tormento | 54 | 937.5 | 4837-9673 | 81K-106K | 181K-206K | 37K-62K |
| Inferno | 62 | 1200 | 32K-63K | 679K-889K | 1521K-1731K | 310K-521K |

**DANO**

| Dificuldade | Mín. Por Golpe | Efeito Adicional |
|---|---|---|
| Normal | 70 | Elétrico |
| Pesadelo | 686 | |
| Tormento | 5045 | |
| Inferno | 53K | |

**GLOBOS DE VIDA**

| Grau | Cai % | Tamanho | Quando cai? |
|---|---|---|---|
| Normal | 5 | 20 | Morte |

### ATAQUES ESPECIAIS E HABILIDADES

NENHUM

## CONSTRUTO CARREGADO

### CLASSE: ESQUELETO MAGO

Este é basicamente o Guardião Elétrico, porém em um nível maior, mais forte e com muito mais HP. O Construto Carregado é parcialmente imune a dano Elétrico, e seu Projétil Elétrico dispara uma explosão de eletricidade a longo alcance. O Construto não tem nenhum ataque corpo a corpo, mas dispara suas lanças elétricas a curto alcance, sendo impossível de evitá-las.

VELOCIDADE DE MOVIMENTO: Devagar

DISTÂNCIA DE REPULSÃO: Curta/Média

LOCAL PROVÁVEL: Salões do Crepúsculo, Salões da Tempestade, Profundezas Desconhecidas

APARECE NO ATO II

**INFORMAÇÕES BÁSICAS**

| Dificuldade | Nível | XP | HP | | | |
|---|---|---|---|---|---|---|
| | | | Normal | Campeão | Raro | Lacaio |
| Normal | 22 | 145 | 86-171 | 685-899 | 1541-1755 | 310-524 |
| Pesadelo | 42 | 520 | 1024-2049 | 14K-18K | 31K-35K | 6164-10K |
| Tormento | 56 | 1350 | 5480-11K | 102K-134K | 230K-262K | 46K-78K |
| Inferno | 62 | 1600 | 28K-56K | 673K-884K | 1515K-1726K | 305K-516K |

**DANO**

| Dificuldade | Mín. Por Golpe | Efeito Adicional |
|---|---|---|
| Normal | 118 | Elétrico |
| Pesadelo | 1198 | |
| Tormento | 6149 | |
| Inferno | 53K | |

**GLOBOS DE VIDA**

| Grau | Cai % | Tamanho | Quando cai? |
|---|---|---|---|
| Normal | 5 | 20 | Morte |

### ATAQUES ESPECIAIS E HABILIDADES

#### PROJÉTIL ELÉTRICO

O Construto Carregado proporciona uma explosão Elétrica com uma precisão de longo alcance. O tiro se move muito rapidamente, mas o Construto o telegrafa com uma inalação exagerada que lhe dá alguns segundos para sair da trajetória do tiro.

## CONSTRUTO GELANTE

### CLASSE: ESQUELETO MAGO

Tal como o seu primo, o Guardião Gélido, o Construto Gelante tem uma imunidade ao dano Gélido. Seu Tiro Gelado de alcance médio lança um trio de lanças geladas que podem gelar o Herói, tornando-o azul e diminuindo seus movimentos. Os Construtos não possuem ataque corpo a corpo, mas arremessam lanças geladas de perto.

VELOCIDADE DE MOVIMENTO: Média

DISTÂNCIA DE REPULSÃO: Curta/Média

LOCAL PROVÁVEL: Salões do Crepúsculo, Caverna Ancestral: Níveis 1-2, Ruínas: Nível 2, Túneis do Verme da Rocha, Caverna Sirocco: Nível 2, Caverna do Horror Enterrado: Nível 2, Caverna do Traidor: Nível 2, Câmara do Assassino, Caverna Vil: Nível 2, Ruínas Esquecidas, Profundezas Desconhecidas, Salões da Tempestade

APARECE NO ATO II

**INFORMAÇÕES BÁSICAS**

| Dificuldade | Nível | XP | HP | | | |
|---|---|---|---|---|---|---|
| | | | Normal | Campeão | Raro | Lacaio |
| Normal | 20 | 135 | 123-246 | 554-718 | 1210-1374 | 287-451 |
| Pesadelo | 41 | 500 | 1751-3501 | 13K-17K | 29K-32K | 6780-11K |
| Tormento | 56 | 1350 | 10K-21K | 108K-140K | 235K-267K | 56K-88K |
| Inferno | 62 | 1600 | 53K-105K | 710K-921K | 1552K-1763K | 368K-579K |

**DANO**

| Dificuldade | Mín. Por Golpe | Efeito Adicional |
|---|---|---|
| Normal | 99 | Gélido |
| Pesadelo | 1083 | |
| Tormento | 6149 | |
| Inferno | 53K | |

**GLOBOS DE VIDA**

| Grau | Cai % | Tamanho | Quando cai? |
|---|---|---|---|
| Normal | 15 | 20 | Morte |

### ATAQUES ESPECIAIS E HABILIDADES

#### PROJÉTIL GELADO

Independentemente do alcance, o Construto Gelante arremessa três lanças de uma vez, que se espalham ao voar. De perto, ele pode acertá-lo com as três! Esses projéteis causam dano Gélido, e também gelam o Herói se encostarem nele, deixando-o mais lento. Essas lanças não viajam muito rápido, sendo fácil de evitá-las a uma certa distância.

## GOLGOR COLOSSAL

### CLASSE: GOLGOR COLOSSAL

Esta temível e pesada monstruosidade de combate corpo a corpo percorre as áreas ao redor da Cratera de Arreat. O Golgor Colossal carrega enormes maças gêmeas que já são formidáveis individualmente, e realmente machucam quando marteladas em ambos os lados de sua cabeça. Cuidado com o seu gancho com as maças gêmeas. Sua força de repulsão pode lhe fazer voar longe! Note que o Golgor Colossal é imune ao efeito de Repulsão, então esqueça os ataques que contam com essa capacidade.

VELOCIDADE DE MOVIMENTO: Muito Lenta

DISTÂNCIA DE REPULSÃO: Imune

LOCAL PROVÁVEL: Ponte de Rakkis, Cratera de Arreat: Níveis 1-2, Muralhas do Corvo Celeste

APARECE NO ATO III

**INFORMAÇÕES BÁSICAS**

| Dificuldade | Nível | XP | HP | | | |
|---|---|---|---|---|---|---|
| | | | Normal | Campeão | Raro | Lacaio |
| Normal | 25 | 400 | 1096-1409 | 1487-1800 | 2739-3052 | 1409-1722 |
| Pesadelo | 45 | 1450 | 12K-15K | 27K-32K | 49K-55K | 25K-31K |
| Tormento | 58 | 3625 | 61K-79K | 193K-234K | 356K-397K | 183K-224K |
| Inferno | 63 | 4000 | 428K-550K | 1743K-2110K | 3211K-3578K | 1651K-2018K |

**DANO**

| Dificuldade | Mín. Por Golpe | Efeito Adicional |
|---|---|---|
| Normal | 355 | Físico |
| Pesadelo | 3194 | |
| Tormento | 15K | |
| Inferno | 227K | |

**GLOBOS DE VIDA**

| Grau | Cai % | Tamanho | Quando cai? |
|---|---|---|---|
| Normal | 90 | 20 | Morte |

### ATAQUES ESPECIAIS E HABILIDADES

#### MAÇA ESMAGADORA

O Golgor Colossal gosta de esmagar suas duas maças juntas no inimigo com uma explosão que causa dano sério.

#### GANCHO DE REPULSÃO

Com uma ascensão rápida, o Golgor Colossal traz ambas as maças até o seu queixo para um ataque duplo que causa dano e causa repulsão.

## VERME CARNICEIRO

CLASSE: VERME

Grandes enxames de viscosos e repugnantes vermes saem do Grotesco inchado quando ele é destruído. Vermes Carniceiros são hostis e atacam em grupos de três. Eles tendem a ser fracos e fáceis de serem mortos.

VELOCIDADE DE MOVIMENTO: Devagar
DISTÂNCIA DE REPULSÃO: Muito Longínqua
LOCAL PROVÁVEL: Catedral: Nível 1, Cripta Profanada, Várzea das Lágrimas

APARECE NO ATO I

| INFORMAÇÕES BÁSICAS | | | | | | |
|---|---|---|---|---|---|---|
| Dificuldade | Nível | XP | HP | | | |
| | | | Normal | Campeão | Raro | Lacaio |
| Normal | 2 | 33.75 | 21-46 | 137-179 | 305-347 | 63-105 |
| Pesadelo | 31 | 225 | 594-1306 | 6404-8374 | 14K-16K | 2956-4926 |
| Tormento | 51 | 825 | 4135-9097 | 63K-82K | 140K-159K | 29K-48K |
| Inferno | 61 | 1200 | 16K-36K | 316K-414K | 706K-803K | 146K-243K |

| DANO | | |
|---|---|---|
| Dificuldade | Mín. Por Golpe | Efeito Adicional |
| Normal | 66 | Físico |
| Pesadelo | 992 | |
| Tormento | 8194 | |
| Inferno | 36K | |

| GLOBOS DE VIDA | | | |
|---|---|---|---|
| Grau | Cai % | Tamanho | Quando cai? |
| Normal | 5 | 20 | Morte |

### ATAQUES ESPECIAIS E HABILIDADES

NENHUM

## HOSPEDEIRO CORROMPIDO (VEJA TAMBÉM: SERVO ATORMENTADO)

CLASSE: HOSPEDEIRO DAS TREVAS

O Hospedeiro Corrompido aparece no Alcarnus no Ato 2, onde ele tem apenas uma função: completar uma transformação sombria em um Servo Atormentado. (Veja "Servo Atormentado" neste Bestiário.) Quando você se deparar com ele, o padre possuído estará ritmicamente batendo o cajado no chão. Mate-o rapidamente, enquanto ele está indefeso! Se você não fizer isso, ele se transforma em um demônio enorme assim que acertar o chão sete vezes.

VELOCIDADE DE MOVIMENTO: Média
DISTÂNCIA DE REPULSÃO: Média
LOCAL PROVÁVEL: Alcarnus

APARECE NO ATO II

| INFORMAÇÕES BÁSICAS | | | | | | |
|---|---|---|---|---|---|---|
| Dificuldade | Nível | XP | HP | | | |
| | | | Normal | Campeão | Raro | Lacaio |
| Normal | 17 | 120 | 54-70 | 351-459 | 783-891 | 162-270 |
| Pesadelo | 39 | 460 | 966-1256 | 10K-14K | 23K-26K | 4811-8018 |
| Tormento | 55 | 1300 | 6080-7904 | 92K-120K | 205K-234K | 42K-71K |
| Inferno | 62 | 1600 | 35K-46K | 684K-894K | 1526K-1736K | 316K-526K |

| DANO | | |
|---|---|---|
| Dificuldade | Mín. Por Golpe | Efeito Adicional |
| Normal | 141 | Físico |
| Pesadelo | 1372 | |
| Tormento | 10K | |
| Inferno | 106K | |

| GLOBOS DE VIDA | | | |
|---|---|---|---|
| Grau | Cai % | Tamanho | Quando cai? |
| Normal | 5 | 20 | Morte |

### ATAQUES ESPECIAIS E HABILIDADES

NENHUM

## ANJO CORROMPIDO

CLASSE: ANJO

O Anjo Corrompido é astuto e machuca de várias formas. Protegido pelo brilho de seu Escudo Profano (disparado quando recebe dano), a entidade move-se pesadamente enquanto lhe persegue, desencadeando poderosas marteladas infundidas com um dano elemental aleatório. Mas, uma vez que você esteja embalado em seus ritmos deliberados, o anjo subitamente solta seu ataque, perfurando-lhe com uma explosão das Trevas.

VELOCIDADE DE MOVIMENTO: Devagar
DISTÂNCIA DE REPULSÃO: Longínqua
LOCAL PROVÁVEL: Jardins da Esperança: Níveis 1, 3, Ápice Argênteo: Níveis 1-3

APARECE NO ATO IV

| INFORMAÇÕES BÁSICAS | | | | | | |
|---|---|---|---|---|---|---|
| Dificuldade | Nível | XP | HP | | | |
| | | | Normal | Campeão | Raro | Lacaio |
| Normal | 29 | 180 | 382-636 | 1718-2227 | 3754-4263 | 891-1400 |
| Pesadelo | 49 | 660 | 3617-6029 | 27K-35K | 59K-67K | 14K-22K |
| Tormento | 60 | 1550 | 16K-27K | 171K-221K | 373K-424K | 89K-139K |
| Inferno | 63 | 1600 | 92K-153K | 1239K-1605K | 2706K-3073K | 642K-1009K |

| DANO | | |
|---|---|---|
| Dificuldade | Mín. Por Golpe | Efeito Adicional |
| Normal | 295 | Físico |
| Pesadelo | 2297 | |
| Tormento | 9279 | |
| Inferno | 113K | |

| GLOBOS DE VIDA | | | |
|---|---|---|---|
| Grau | Cai % | Tamanho | Quando cai? |
| Normal | 15 | 20 | Morte |

### ATAQUES ESPECIAIS E HABILIDADES

#### GOLPE ESPECTRAL

O Anjo Corrompido pacientemente circula e lança grandes oscilações brilhantes que explodem com dano elemental aleatório, bem como danos físicos básicos.

#### ESCUDO PROFANO

Sempre que você encontrar o Anjo Corrompido com um ataque de dano elemental, o anjo evoca um escudo esférico em torno de si que oferece forte resistência a esse tipo de dano específico por um período curto. Certifique-se de misturar seus ataques!

#### GOLPE DAS TREVAS

O Anjo Corrompido arranca de sua posição com a velocidade da luz quando você sair do alcance de seu martelo.

## TORSO RASTEJANTE

### CLASSE: MORTO-VIVO

Ao matar qualquer um destes zumbis inchados, conhecidos como o Corpo Andante ou o Trôpego Rançoso, há uma chance de que o mostro se despedace. (Para mais informações, consulte "Corpo Andante" e "Trôpego Rançoso" neste Bestiário.) Se isso acontecer, a cabeça e um pedaço do tronco continua a persegui-lo implacavelmente. Este Torso Rastejante pode cortar com as mãos ou morder.

**VELOCIDADE DE MOVIMENTO:** Muito Lenta
**DISTÂNCIA DE REPULSÃO:** Muito Longínqua
**LOCAL PROVÁVEL:** A gruta sob a Cripta, Cripta Decrépita: Nível 1, Porão Escondido, Porões Bolorento/Abafado/Úmido/Escuro, Velhas Ruínas, Estrada da Velha Tristram, Cova Comum, Várzea das Lágrimas, Catedral: Nível 1

APARECE NO ATO I

| INFORMAÇÕES BÁSICAS | | | | | | |
|---|---|---|---|---|---|---|
| Dificuldade | Nível | XP | HP | | | |
| | | | Normal | Campeão | Raro | Lacaio |
| Normal | 1 | 20 | 1-3 | 16-21 | 36-41 | 7-12 |
| Pesadelo | 31 | 150 | 212-424 | 4394-5800 | 10K-11K | 1933-3339 |
| Tormento | 51 | 550 | 1750-3501 | 51K-67K | 116K-133K | 22K-39K |
| Inferno | 61 | 800 | 8111-16K | 304K-402K | 694K-791K | 134K-231K |

| DANO | | |
|---|---|---|
| Dificuldade | Mín. Por Golpe | Efeito Adicional |
| Normal | 8 | Físico |
| Pesadelo | 317 | |
| Tormento | 2941 | |
| Inferno | 14K | |

| GLOBOS DE VIDA | | | |
|---|---|---|---|
| Grau | Cai % | Tamanho | Quando cai? |
| Normal | 5 | 20 | Morte |

### ATAQUES ESPECIAIS E HABILIDADES

NENHUM

## CULTISTA ENLOUQUECIDO

### CLASSE: CULTISTA DAS TREVAS

O Cultista é encontrado em todo o Ato 2, aparecendo em três variantes que diferem em nível, atributos e cores de roupas. Todos os Cultistas carregam a mesma faca ornamentada e atacam usando os mesmos golpes corpo a corpo. Os Cultistas não se movem muito, eles ficam cara a cara com você dando golpes, por isso eles são inimigos fáceis.

**VELOCIDADE DE MOVIMENTO:** Média
**DISTÂNCIA DE REPULSÃO:** Longínqua
**LOCAL PROVÁVEL:** Estrada para Alcarnus, Porão Abandonado, Alcarnus, Ventos Lancinantes, Porão Arenoso, Conclave Oculto

APARECE NO ATO II

| INFORMAÇÕES BÁSICAS | | | | | | |
|---|---|---|---|---|---|---|
| Dificuldade | Nível | XP | HP | | | |
| | | | Normal | Campeão | Raro | Lacaio |
| Normal | 16 | 115 | 47-94 | 306-400 | 682-776 | 141-235 |
| Pesadelo | 38 | 440 | 878-1755 | 9468-12K | 21K-24K | 4370-7283 |
| Tormento | 54 | 1250 | 5374-11K | 81K-106K | 182K-207K | 38K-63K |
| Inferno | 62 | 1600 | 35K-70K | 684K-894K | 1526K-1736K | 316K-526K |

| DANO | | |
|---|---|---|
| Dificuldade | Mín. Por Golpe | Efeito Adicional |
| Normal | 38 | Físico |
| Pesadelo | 388 | |
| Tormento | 2523 | |
| Inferno | 26K | |

| GLOBOS DE VIDA | | | |
|---|---|---|---|
| Grau | Cai % | Tamanho | Quando cai? |
| Normal | 5 | 20 | Morte |

### ATAQUES ESPECIAIS E HABILIDADES

NENHUM

## EVOCADOR ENLOUQUECIDO

### CLASSE: EVOCADOR DAS TREVAS

O poderoso Evocador Enlouquecido pode feri-lo de três maneiras diferentes. Primeiro, seu ataque corpo a corpo — um soco simples — que inflige dano físico. Segundo, seu ataque à distância — um projétil Ígneo — que pode ser lançado a longas distâncias. Terceiro, o Evocador pode chamar um conjunto de Malévolos Frenéticos roxos, até três ao mesmo tempo, com não mais de 10 no total.

**VELOCIDADE DE MOVIMENTO:** Devagar
**DISTÂNCIA DE REPULSÃO:** Média
**LIMITE DE EVOCADOS:** 10 Infernantes
**LOCAL PROVÁVEL:** Porão de Alcarnus, Porão Arenoso, Porão da Cidade, Conclave Oculto, Altar Secreto

APARECE NO ATO II

| INFORMAÇÕES BÁSICAS | | | | | | |
|---|---|---|---|---|---|---|
| Dificuldade | Nível | XP | HP | | | |
| | | | Normal | Campeão | Raro | Lacaio |
| Normal | 17 | 180 | 81-162 | 365-473 | 797-905 | 189-297 |
| Pesadelo | 39 | 690 | 1449-2898 | 11K-14K | 24K-27K | 5612-8820 |
| Tormento | 55 | 1950 | 9120-18K | 96K-124K | 209K-237K | 50K-78K |
| Inferno | 62 | 2400 | 53K-105K | 710K-921K | 1552K-1763K | 368K-579K |

| DANO | | |
|---|---|---|
| Dificuldade | Mín. Por Golpe | Efeito Adicional |
| Normal | 63 | Físico |
| Pesadelo | 654 | |
| Tormento | 4182 | |
| Inferno | 40K | |

| GLOBOS DE VIDA | | | |
|---|---|---|---|
| Grau | Cai % | Tamanho | Quando cai? |
| Normal | 15 | 20 | Morte |

### ATAQUES ESPECIAIS E HABILIDADES

#### EVOCAR INFERNANTE

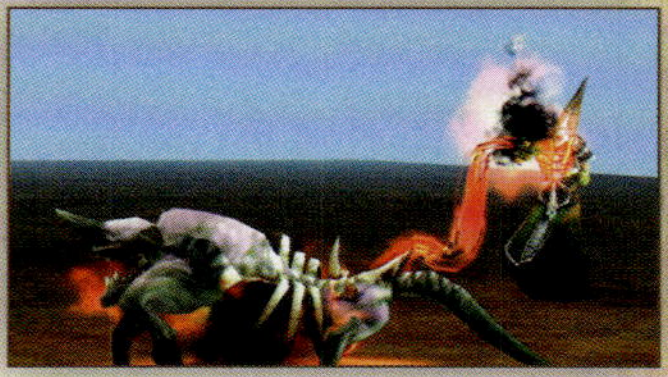

De tempos em tempos durante uma briga, o Evocador Enlouquecido chama um Malévolo Frenético para atacá-lo. Não mais de três infernantes podem estar em campo ao mesmo tempo, e cada um dura cerca de 30 segundos. O Evocador pode chamar somente bestas ao alcance. Ele não chamará infernantes quando estiver em distância corpo a corpo.

#### BOLA DE FOGO

A longa distância, o Evocador Enlouquecido pode conjurar uma esfera flamejante e arremessá-la no Herói para infligir dano Ígneo.

## NINHO AMALDIÇOADO

### CLASSE: MORCEGO (NINHO)

Esta criatura do ninho cria o Morcego Infernal Perverso. O Ninho Amaldiçoado produz Morcegos Infernais Perversos até que um total de três voadores estejam no ar. Toda vez que você matar um morcego, o ninho automaticamente cria um outro, tentando manter até três Morcegos Infernais ativamente voando o tempo todo. Se você quiser limpar uma área de morcegos, mire o ninho.

**VELOCIDADE DE MOVIMENTO:** n/d
**DISTÂNCIA DE REPULSÃO:** n/d
**LIMITE DE CRIAS:** 3 de cada vez
**LOCAL PROVÁVEL:** Terras Altas do Norte

APARECE NO ATO I

**INFORMAÇÕES BÁSICAS**

| Dificuldade | Nível | XP | HP | | | |
|---|---|---|---|---|---|---|
| | | | Normal | Campeão | Raro | Lacaio |
| Normal | 13 | 150 | 186-248 | 279-341 | 527-589 | 248-310 |
| Pesadelo | 35 | 570 | 3921-5228 | 9763-12K | 18K-21K | 8678-11K |
| Tormento | 53 | 1800 | 28K-38K | 99K-121K | 187K-209K | 88K-110K |
| Inferno | 61 | 2400 | 97K-130K | 438K-535K | 827K-925K | 389K-487K |

**DANO**

| Dificuldade | Mín. Por Golpe | Efeito Adicional |
|---|---|---|
| Normal | 51 | Físico |
| Pesadelo | 522 | |
| Tormento | 4553 | |
| Inferno | 18K | |

**GLOBOS DE VIDA**

| Grau | Cai % | Tamanho | Quando cai? |
|---|---|---|---|
| Normal | 80 | 20 | Morte |

### ATAQUES ESPECIAIS E HABILIDADES

NENHUM

## BERSERKER SOMBRIO

### CLASSE: BERSERKER SOMBRIO

O Berserker Sombrio tenta martelar o Herói com sua maça de batalha pesada, balançando-a violentamente. Ele também galopa e pula em torno do Herói, à procura de um ataque lateral. Sua poderosa e brilhante Pancada Berserker atinge com poder extra, mas deixa o adversário em posição comprometedora.

**VELOCIDADE DE MOVIMENTO:** Média
**DISTÂNCIA DE REPULSÃO:** Média
**LOCAL PROVÁVEL:** Caverna das Terras Altas, Salões da Agonia: Níveis 1-3, Passo das Terras Altas

APARECE NO ATO I

**INFORMAÇÕES BÁSICAS**

| Dificuldade | Nível | XP | HP | | | |
|---|---|---|---|---|---|---|
| | | | Normal | Campeão | Raro | Lacaio |
| Normal | 10 | 127.5 | 324-405 | 405-486 | 729-810 | 405-486 |
| Pesadelo | 34 | 540 | 6372-7965 | 13K-16K | 24K-26K | 13K-16K |
| Tormento | 52 | 1725 | 43K-54K | 125K-150K | 225K-250K | 125K-150K |
| Inferno | 61 | 2400 | 281K-351K | 1052K-1263K | 1894K-2105K | 1052K-1263K |

**DANO**

| Dificuldade | Mín. Por Golpe | Efeito Adicional |
|---|---|---|
| Normal | 70 | Físico |
| Pesadelo | 686 | |
| Tormento | 5045 | |
| Inferno | 53K | |

**GLOBOS DE VIDA**

| Grau | Cai % | Tamanho | Quando cai? |
|---|---|---|---|
| Normal | 20 | 20 | Morte |

### ATAQUES ESPECIAIS E HABILIDADES

#### PANCADA BERSERKER

Ocasionalmente, o Berserker Sombrio recua, sua maça de batalha brilha em tom laranja, e ele solta uma pancada que causa dano pesado e força de repulsão. Mas se você conseguir se esquivar ou correr para evitar a pancada, o Berserker atinge o chão e sua maça fica presa lá por alguns momentos. Aproveite-se disso para acertar uns golpes de graça!

## CONJURADOR OBSCURO

### CLASSE: EVOCADOR DAS TREVAS

Você encontra o poderoso Conjurador Obscuro usando um capuz roxo na Mina do Posseiro Hadi. Este evocador pode feri-lo de três maneiras diferentes. Primeiro, seu ataque corpo a corpo — um soco simples — que inflige dano físico. Segundo, seu ataque a distância — um projétil Ígneo — que pode ser lançado a longas distâncias. Terceiro, o Evocador pode chamar um conjunto de Malévolos Cruéis roxos — até três ao mesmo tempo, com não mais de 10 no total (veja "Malévolo Cruel" neste Bestiário).

**VELOCIDADE DE MOVIMENTO:** Devagar
**DISTÂNCIA DE REPULSÃO:** Média
**LIMITE DE EVOCADOS:** 10 Infernantes
**LOCAL PROVÁVEL:** Mina do Posseiro Hadi

APARECE NO ATO II

**INFORMAÇÕES BÁSICAS**

| Dificuldade | Nível | XP | HP | | | |
|---|---|---|---|---|---|---|
| | | | Normal | Campeão | Raro | Lacaio |
| Normal | 17 | 180 | 81-162 | 365-473 | 797-905 | 189-297 |
| Pesadelo | 39 | 690 | 1449-2898 | 11K-14K | 24K-27K | 5612-8820 |
| Tormento | 55 | 1950 | 9120-18K | 96K-124K | 209K-237K | 50K-78K |
| Inferno | 62 | 2400 | 53K-105K | 710K-921K | 1552K-1763K | 368K-579K |

**DANO**

| Dificuldade | Mín. Por Golpe | Efeito Adicional |
|---|---|---|
| Normal | 104 | Arcano<br>Físico |
| Pesadelo | 1091 | |
| Tormento | 6971 | |
| Inferno | 66K | |

**GLOBOS DE VIDA**

| Grau | Cai % | Tamanho | Quando cai? |
|---|---|---|---|
| Normal | 15 | 20 | Morte |

### ATAQUES ESPECIAIS E HABILIDADES

#### EVOCAR INFERNANTE

De tempos em tempos durante uma briga, o Conjurador Obscuro chama um Malévolo Cruel para atacá-lo. Não mais de três infernantes podem estar em campo ao mesmo tempo, e cada um dura cerca de 30 segundos. O Evocador pode chamar somente bestas ao alcance. Ele não chamará infernantes quando estiver em distância corpo a corpo.

#### BOLA DE FOGO

A longa distância, o Conjurador Obscuro pode evocar uma esfera flamejante e arremessá-la no Herói para infligir dano Ígneo.

## CULTISTA DAS TREVAS

### CLASSE: CULTISTA DAS TREVAS

O Cultista é encontrado em todo o Ato 2, aparecendo em três variantes que diferem em nível, atributos e cores de roupas. Todos os Cultistas carregam a mesma faca ornamentada e atacam usando os mesmos golpes corpo a corpo. Os Cultistas não se movem muito — eles ficam cara a cara com você dando golpes, por isso eles são inimigos fáceis.

VELOCIDADE DE MOVIMENTO: Média/Veloz
DISTÂNCIA DE REPULSÃO: Média
LOCAL PROVÁVEL: Caverna das Terras Altas, Mansão de Leoric, Campos de Caça de Leoric, Liceu, Torre da Vigília: Nível 1, Salões da Agonia: Níveis 1-3, Passo das Terras Altas, Covil Khazra

APARECE NOS ATOS I, II

| INFORMAÇÕES BÁSICAS | | | | | | |
|---|---|---|---|---|---|---|
| Dificuldade | Nível | XP | HP | | | |
| | | | Normal | Campeão | Raro | Lacaio |
| Normal | 7 | 70 | 27-54 | 176-230 | 392-446 | 81-135 |
| Pesadelo | 32 | 320 | 654-1307 | 7051-9221 | 16K-18K | 3254-5424 |
| Tormento | 51 | 1100 | 4727-9454 | 72K-94K | 160K-182K | 33K-55K |
| Inferno | 61 | 1600 | 16K-32K | 316K-414K | 706K-803K | 146K-243K |

| DANO | | |
|---|---|---|
| Dificuldade | Mín. Por Golpe | Efeito Adicional |
| Normal | 22 | Físico |
| Pesadelo | 261 | |
| Tormento | 2276 | |
| Inferno | 9020 | |

| GLOBOS DE VIDA | | | |
|---|---|---|---|
| Grau | Cai % | Tamanho | Quando cai? |
| Normal | 30 | 20 | Morte |

### ATAQUES ESPECIAIS E HABILIDADES
NENHUM

## HOSPEDEIRO MAIOR DAS TREVAS

(VEJA TAMBÉM: SERVO MALIGNO)

### CLASSE: HOSPEDEIRO DAS TREVAS

O Hospedeiro Maior das Trevas aparece no Ato 2, onde ele tem apenas uma função — completar uma transformação sombria em um Servo Maligno. (Veja "Servo Maligno" neste Bestiário). Quando você se deparar com um Hospedeiro Maior, o padre possuído está ritmicamente batendo o cajado no chão. Mate-o rapidamente, enquanto ele está indefeso! Se não, ele se transforma em um demônio enorme assim que acertar o chão sete vezes.

VELOCIDADE DE MOVIMENTO: Média
DISTÂNCIA DE REPULSÃO: Média
LOCAL PROVÁVEL: Porão Abandonado

APARECE NO ATO II

| INFORMAÇÕES BÁSICAS | | | | | | |
|---|---|---|---|---|---|---|
| Dificuldade | Nível | XP | HP | | | |
| | | | Normal | Campeão | Raro | Lacaio |
| Normal | 12 | 95 | 27-35 | 176-230 | 392-446 | 81-135 |
| Pesadelo | 35 | 380 | 654-850 | 7051-9221 | 16K-18K | 3254-5424 |
| Tormento | 53 | 1200 | 4727-6145 | 72K-94K | 160K-182K | 33K-55K |
| Inferno | 61 | 1600 | 16K-21K | 316K-414K | 706K-803K | 146K-243K |

| DANO | | |
|---|---|---|
| Dificuldade | Mín. Por Golpe | Efeito Adicional |
| Normal | 11 | Físico |
| Pesadelo | 131 | |
| Tormento | 1138 | |
| Inferno | 4510 | |

| GLOBOS DE VIDA | | | |
|---|---|---|---|
| Grau | Cai % | Tamanho | Quando cai? |
| Normal | 5 | 20 | Morte |

### ATAQUES ESPECIAIS E HABILIDADES
NENHUM

## MALÉVOLO DAS TREVAS

### CLASSE: INFERNANTE

Estas criaturas azuladas são chamadas das entranhas do inferno para o campo de batalha pelos Evocadores das Trevas. O Malévolo das Trevas luta como um cão raivoso avançando rapidamente com suas irascíveis mandíbulas. Uma vez evocado, cada infernante tem uma vida útil de cerca de 30 segundos.

VELOCIDADE DE MOVIMENTO: Média
DISTÂNCIA DE REPULSÃO: Curta
LOCAL PROVÁVEL: O Liceu, Salões da Agonia: Níveis 2-3, Campos de Caça de Leoric

APARECE NO ATO I

| INFORMAÇÕES BÁSICAS | | | | | | |
|---|---|---|---|---|---|---|
| Dificuldade | Nível | XP | HP | | | |
| | | | Normal | Campeão | Raro | Lacaio |
| Normal | 13 | 75 | 62-124 | 217-279 | 465-527 | 124-186 |
| Pesadelo | 35 | 285 | 1307-2614 | 7594-9763 | 16K-18K | 4339-6509 |
| Tormento | 53 | 900 | 9454-19K | 77K-99K | 165K-187K | 44K-66K |
| Inferno | 61 | 1200 | 32K-65K | 341K-438K | 730K-827K | 195K-292K |

| DANO | | |
|---|---|---|
| Dificuldade | Mín. Por Golpe | Efeito Adicional |
| Normal | 13 | Físico |
| Pesadelo | 131 | |
| Tormento | 1138 | |
| Inferno | 4510 | |

| GLOBOS DE VIDA | | | |
|---|---|---|---|
| Grau | Cai % | Tamanho | Quando cai? |
| Normal | 30 | 20 | Morte |

### ATAQUES ESPECIAIS E HABILIDADES
NENHUM

## EMP. DO CLÃ DA LUA NEGRA

### CLASSE: KHAZRA

Esta criatura é um inimigo do longo alcance, ele mantém a distância, arremessando mísseis de longe. Empaladores jogam lanças em sucessão rápida até que você se mova, então circulam atacando a partir de outros ângulos. Empaladores do Clã da Lua Negra não têm nenhum ataque corpo a corpo, mas eles podem atingi-lo de perto.

VELOCIDADE DE MOVIMENTO: Média
DISTÂNCIA DE REPULSÃO: Longínqua
LOCAL PROVÁVEL: Caverna do Clã da Lua: Níveis 1-2, Terras Altas do Sul/Norte, Passo das Terras Altas, Ponte das Terras Altas, Campos de Caça de Leoric

APARECE NO ATO I

| INFORMAÇÕES BÁSICAS | | | | | | |
|---|---|---|---|---|---|---|
| Dificuldade | Nível | XP | HP | | | |
| | | | Normal | Campeão | Raro | Lacaio |
| Normal | 13 | 100 | 37-74 | 205-267 | 453-515 | 99-161 |
| Pesadelo | 35 | 380 | 784-1568 | 7160-9329 | 16K-18K | 3471-5641 |
| Tormento | 53 | 1200 | 5672-11K | 73K-95K | 161K-183K | 35K-57K |
| Inferno | 61 | 1600 | 19K-39K | 321K-419K | 711K-808K | 156K-253K |

| DANO | | |
|---|---|---|
| Dificuldade | Mín. Por Golpe | Efeito Adicional |
| Normal | 51 | Físico |
| Pesadelo | 522 | |
| Tormento | 4553 | |
| Inferno | 18K | |

| GLOBOS DE VIDA | | | |
|---|---|---|---|
| Grau | Cai % | Tamanho | Quando cai? |
| Normal | 18 | 20 | Morte |

### ATAQUES ESPECIAIS E HABILIDADES
NENHUM

## XAMÃ DO CLÃ DA LUA NEGRA

### CLASSE: KHAZRA

Este poderoso xamã não é só lançador mágico, seu cajado também é uma arma mortal, que martela a sua cabeça ao chegar muito perto. Mas se você mantiver distância, o Xamã do Clã da Lua Negra atinge você com seu ataque mais perigoso: um Orbe Gelado.

**VELOCIDADE DE MOVIMENTO:** Média/Veloz
**DISTÂNCIA DE REPULSÃO:** Média
**LOCAL PROVÁVEL:** Passo das Terras Altas, Terras Altas do Sul/Norte, Ponte das Terras Altas

APARECE NO ATO I

| INFORMAÇÕES BÁSICAS | | | | | | |
|---|---|---|---|---|---|---|
| Dificuldade | Nível | XP | HP | | | |
| | | | Normal | Campeão | Raro | Lacaio |
| Normal | 9 | 80 | 56-102 | 139-176 | 287-324 | 93-130 |
| Pesadelo | 33 | 340 | 1596-2926 | 6623-8390 | 14K-15K | 4416-6182 |
| Tormento | 52 | 1150 | 12K-23K | 72K-92K | 149K-169K | 48K-67K |
| Inferno | 61 | 1600 | 49K-89K | 365K-462K | 754K-852K | 243K-341K |

| DANO | | |
|---|---|---|
| Dificuldade | Mín. Por Golpe | Efeito Adicional |
| Normal | 22 | Físico |
| Pesadelo | 346 | |
| Tormento | 3073 | |
| Inferno | 14K | |

| GLOBOS DE VIDA | | | |
|---|---|---|---|
| Grau | Cai % | Tamanho | Quando cai? |
| Normal | 45 | 20 | Morte |

### ATAQUES ESPECIAIS E HABILIDADES

#### ORBE GELADO

A longo alcance, o Xamã do Clã da Lua Negra atinge você com seu Orbe Gelado. Quando o xamã invoca o orbe, uma aura azul brilhante o rodeia, sendo fácil de identificar. Uma vez conjurado, o orbe viaja em direção a você com uma explosão debilitante que causa dano Gélido e reduz a velocidade com o efeito Gelante. Quando você vir aura brilhante do xamã, corra para mudar de posição!

## GUER. DO CLÃ DA LUA NEGRA

### CLASSE: KHAZRA

Esta dura criatura empunha um machado de duas mãos temível que se mexe para a direita e para a esquerda. Recue um pouco quando vir o monstro balançar o machado. O Guerreiro do Clã da Lua Negra pode também desencadear uma rápida cabeçada, infligindo dano físico sangrento com seus chifres.

**VELOCIDADE DE MOVIMENTO:** Veloz
**DISTÂNCIA DE REPULSÃO:** Média
**LOCAL PROVÁVEL:** Caverna do Clã da Lua: Níveis 1-2, Passo das Terras Altas,Terras Altas do Sul/Norte, Ponte das Terras Altas, Campos de Caça de Leoric

APARECE NO ATO I

| INFORMAÇÕES BÁSICAS | | | | | | |
|---|---|---|---|---|---|---|
| Dificuldade | Nível | XP | HP | | | |
| | | | Normal | Campeão | Raro | Lacaio |
| Normal | 13 | 100 | 78-140 | 225-287 | 473-535 | 140-202 |
| Pesadelo | 35 | 380 | 1634-2941 | 7865-10K | 17K-19K | 4882-7051 |
| Tormento | 53 | 1200 | 12K-21K | 80K-102K | 168K-190K | 50K-72K |
| Inferno | 61 | 1600 | 41K-73K | 353K-450K | 742K-840K | 219K-316K |

| DANO | | |
|---|---|---|
| Dificuldade | Mín. Por Golpe | Efeito Adicional |
| Normal | 51 | Físico |
| Pesadelo | 522 | |
| Tormento | 4553 | |
| Inferno | 18K | |

| GLOBOS DE VIDA | | | |
|---|---|---|---|
| Grau | Cai % | Tamanho | Quando cai? |
| Normal | 38 | 20 | Morte |

### ATAQUES ESPECIAIS E HABILIDADES

NENHUM

## ARQUEIRO ESQUELÉTICO NEGRO

### CLASSE: ESQUELETO

Você encontra o Arqueiro Esquelético Negro no Repouso do Guerreiro no Ato 1. Eles podem atacar a longas distâncias com um fluxo constante de flechas. Revide com um contra-ataque enquanto escorrega para os lados ou chegue perto para um ataque corpo a corpo. Mas cuidado: eles atiram mesmo de perto... e conforme você se aproxima, as flechas o atingem mais rápido.

**VELOCIDADE DE MOVIMENTO:** Devagar
**DISTÂNCIA DE REPULSÃO:** Longínquo
**LOCAL PROVÁVEL:** Repouso do Guerreiro

APARECE NO ATO I

| INFORMAÇÕES BÁSICAS | | | | | | |
|---|---|---|---|---|---|---|
| Dificuldade | Nível | XP | HP | | | |
| | | | Normal | Campeão | Raro | Lacaio |
| Normal | 10 | 63.75 | 25-42 | 139-181 | 307-349 | 67-109 |
| Pesadelo | 34 | 270 | 712-1187 | 6502-8473 | 14K-16K | 3153-5123 |
| Tormento | 52 | 862.5 | 4962-8270 | 64K-83K | 141K-160K | 31K-50K |
| Inferno | 61 | 1200 | 19K-32K | 321K-419K | 711K-808K | 156K-253K |

| DANO | | |
|---|---|---|
| Dificuldade | Mín. Por Golpe | Efeito Adicional |
| Normal | 16 | Físico |
| Pesadelo | 248 | |
| Tormento | 2049 | |
| Inferno | 9020 | |

| GLOBOS DE VIDA | | | |
|---|---|---|---|
| Grau | Cai % | Tamanho | Quando cai? |
| Normal | 6 | 20 | Morte |

### ATAQUES ESPECIAIS E HABILIDADES

NENHUM

## ATIRADOR ESQUELÉTICO NEGRO

### CLASSE: ESQUELETO

Encontrado nas Profundezas do Forte e nos Armazéns do Campo de Batalha do Ato 3, este arqueiro ataca a uma distância considerável com um fluxo constante de flechas. Revide com um contra-ataque enquanto escorrega para os lados ou chegue perto para um ataque corpo a corpo. Mas cuidado: como todos os esqueletos arqueiros, o Atirador Esquelético Negro dispara mesmo quando você está perto... e quanto mais perto você estiver, mais rápido as flechas o atingem.

**VELOCIDADE DE MOVIMENTO:** Devagar
**DISTÂNCIA DE REPULSÃO:** Longínqua
**LOCAL PROVÁVEL:** Profundezas do Forte: Níveis 1-3, Armazéns do Campo de Batalha: Nível 1

APARECE NO ATO III

| INFORMAÇÕES BÁSICAS | | | | | | |
|---|---|---|---|---|---|---|
| Dificuldade | Nível | XP | HP | | | |
| | | | Normal | Campeão | Raro | Lacaio |
| Normal | 25 | 120 | 188-313 | 1033-1346 | 2285-2598 | 501-814 |
| Pesadelo | 45 | 435 | 2023-3372 | 18K-24K | 41K-46K | 8956-15K |
| Tormento | 58 | 1087.5 | 10K-17K | 134K-175K | 297K-338K | 65K-106K |
| Inferno | 63 | 1200 | 73K-122K | 1211K-1578K | 2679K-3046K | 587K-954K |

| DANO | | |
|---|---|---|
| Dificuldade | Mín. Por Golpe | Efeito Adicional |
| Normal | 89 | Físico |
| Pesadelo | 798 | |
| Tormento | 3777 | |
| Inferno | 57K | |

| GLOBOS DE VIDA | | | |
|---|---|---|---|
| Grau | Cai % | Tamanho | Quando cai? |
| Normal | 6 | 20 | Morte |

### ATAQUES ESPECIAIS E HABILIDADES

NENHUM

## EVOCADOR DAS TREVAS

CLASSE: EVOCADOR DAS TREVAS

O Evocador das Trevas, de capuz amarelo, pode feri-lo de três maneiras diferentes. Primeiro, seu ataque corpo a corpo — um soco simples — que inflige dano Físico. Segundo, seu ataque à distância — um projétil Ígneo — que pode ser lançado a longas distâncias. Terceiro, o Evocador pode chamar um conjunto de Malévolos das Trevas azuis, até três ao mesmo tempo, com não mais de 10 no total. (Veja "Malévolo das Trevas" neste Bestiário.)

VELOCIDADE DE MOVIMENTO: Devagar
DISTÂNCIA DE REPULSÃO: Média
LIMITE DE EVOCADOS: 10 Infernantes
LOCAL PROVÁVEL: Caverna das Terras Altas, Passo das Terras Altas, Catedral: Níveis 1-2, 4, Mansão de Leoric, Campos de Caça de Leoric, Liceu, Torre da Vigília: Níveis 1-2, Salões da Agonia: Níveis 1-3, Cânion Partido

APARECE NOS ATOS I, II

| INFORMAÇÕES BÁSICAS | | | | | | |
|---|---|---|---|---|---|---|
| Dificuldade | Nível | XP | HP | | | |
| | | | Normal | Campeão | Raro | Lacaio |
| Normal | 7 | 105 | 49-77 | 109-137 | 221-249 | 77-105 |
| Pesadelo | 32 | 480 | 1664-2615 | 6117-7696 | 12K-14K | 4341-5920 |
| Tormento | 51 | 1650 | 12K-19K | 63K-80K | 128K-145K | 45K-61K |
| Inferno | 61 | 2400 | 57K-89K | 377K-475K | 767K-864K | 268K-365K |

| DANO | | |
|---|---|---|
| Dificuldade | Mín. Por Golpe | Efeito Adicional |
| Normal | 22 | Ígneo Físico |
| Pesadelo | 429 | |
| Tormento | 3677 | |
| Inferno | 18K | |

| GLOBOS DE VIDA | | | |
|---|---|---|---|
| Grau | Cai % | Tamanho | Quando cai? |
| Normal | 15 | 20 | Morte |

### ATAQUES ESPECIAIS E HABILIDADES

**EVOCAR INFERNANTE**

De tempos em tempos durante uma briga, o Evocador das Trevas chama um Malévolo das Trevas para atacá-lo. Não mais de três infernantes podem estar em campo ao mesmo tempo, e cada um dura cerca de 30 segundos. O Evocador pode chamar somente bestas ao alcance. Ele não chamará infernantes quando estiver em distância corpo a corpo.

**BOLA DE FOGO**

A longa distância, o Evocador das Trevas pode conjurar uma esfera flamejante e arremessá-la no Herói para infligir dano Ígneo.

## HOSPEDEIRO DAS TREVAS
### (VEJA TAMBÉM: SERVO PROFANO)

CLASSE: HOSPEDEIRO DAS TREVAS

O Hospedeiro das Trevas tem uma função simples: concluir uma transformação terrível em um poderoso Servo Profano. (Veja "Servo Profano" neste Bestiário.) Quando você se deparar com um Hospedeiro, o padre possuído estará ritmicamente batendo o cajado no chão. Mate-o rapidamente, enquanto ele está indefeso! Se não, ele se transforma em um demônio enorme assim que acertar o chão sete vezes.

VELOCIDADE DE MOVIMENTO: Média
DISTÂNCIA DE REPULSÃO: Média
LOCAL PROVÁVEL: Caverna das Terras Altas, Salões da Agonia: Níveis 1-3, Mansão de Leoric

APARECE NO ATO I

| INFORMAÇÕES BÁSICAS | | | | | | |
|---|---|---|---|---|---|---|
| Dificuldade | Nível | XP | HP | | | |
| | | | Normal | Campeão | Raro | Lacaio |
| Normal | 13 | 100 | 31-40 | 202-264 | 450-512 | 93-155 |
| Pesadelo | 35 | 380 | 654-850 | 7051-9221 | 16K-18K | 3254-5424 |
| Tormento | 53 | 1200 | 4727-6145 | 72K-94K | 160K-182K | 33K-55K |
| Inferno | 61 | 1600 | 16K-21K | 316K-414K | 706K-803K | 146K-243K |

| DANO | | |
|---|---|---|
| Dificuldade | Mín. Por Golpe | Efeito Adicional |
| Normal | 13 | Físico |
| Pesadelo | 131 | |
| Tormento | 1138 | |
| Inferno | 4510 | |

| GLOBOS DE VIDA | | | |
|---|---|---|---|
| Grau | Cai % | Tamanho | Quando cai? |
| Normal | 5 | 20 | Morte |

### ATAQUES ESPECIAIS E HABILIDADES

NENHUM

## ZELOTE DAS TREVAS

CLASSE: CULTISTA DAS TREVAS

O Zelote é encontrado na Mina do Posseiro Hadi no Ato 2. Como seu irmão, o Cultista das Trevas, o Zelote empunha uma faca de lâmina ornamentada e ataca com golpes. Os Zelotes não se movem muito, eles ficam cara a cara com você dando golpes, por isso eles são inimigos fáceis.

VELOCIDADE DE MOVIMENTO: Média/Veloz
DISTÂNCIA DE REPULSÃO: Média
LOCAL PROVÁVEL: Mina do Posseiro Hadi

APARECE NO ATO II

| INFORMAÇÕES BÁSICAS | | | | | | |
|---|---|---|---|---|---|---|
| Dificuldade | Nível | XP | HP | | | |
| | | | Normal | Campeão | Raro | Lacaio |
| Normal | 10 | 85 | 54-108 | 351-459 | 783-891 | 162-270 |
| Pesadelo | 34 | 360 | 966-1932 | 10K-14K | 23K-26K | 4811-8018 |
| Tormento | 52 | 1150 | 6080-12K | 92K-120K | 205K-234K | 42K-71K |
| Inferno | 61 | 1600 | 35K-70K | 684K-894K | 1526K-1736K | 316K-526K |

| DANO | | |
|---|---|---|
| Dificuldade | Mín. Por Golpe | Efeito Adicional |
| Normal | 42 | Físico |
| Pesadelo | 436 | |
| Tormento | 2788 | |
| Inferno | 26K | |

| GLOBOS DE VIDA | | | |
|---|---|---|---|
| Grau | Cai % | Tamanho | Quando cai? |
| Normal | 30 | 20 | Morte |

### ATAQUES ESPECIAIS E HABILIDADES

NENHUM

## DEM. ÍGNEO CÉU DA TREVA

### CLASSE: INFERNASA DEMONÍACO

Embora esta criatura seja um "voador", ele não voa muito. Após o seu mergulho do céu, o Demônio Ígneo Céu da Treva simplesmente galopa ao seu redor, parando às vezes para expelir uma bola de fogo mortal. Se você chegar perto, este demônio morde com suas presas afiadas e golpeia com suas garras, e depois repete.

**VELOCIDADE DE MOVIMENTO:** Média
**DISTÂNCIA DE REPULSÃO:** Muito Longínqua
**LOCAL PROVÁVEL:** Jardins da Esperança: Níveis 2-3

APARECE NO ATO IV

**INFORMAÇÕES BÁSICAS**

| Dificuldade | Nível | XP | HP | | | |
|---|---|---|---|---|---|---|
| | | | Normal | Campeão | Raro | Lacaio |
| Normal | 29 | 180 | 509-764 | 1782-2291 | 3818-4327 | 1018-1527 |
| Pesadelo | 49 | 660 | 4823-7235 | 28K-36K | 60K-68K | 16K-24K |
| Tormento | 60 | 1550 | 22K-33K | 177K-228K | 380K-430K | 101K-152K |
| Inferno | 63 | 1600 | 122K-183K | 1284K-1651K | 2752K-3119K | 734K-1101K |

**DANO**

| Dificuldade | Mín. Por Golpe | Efeito Adicional |
|---|---|---|
| Normal | 148 | Físico |
| Pesadelo | 1148 | |
| Tormento | 4639 | |
| Inferno | 57K | |

**GLOBOS DE VIDA**

| Grau | Cai % | Tamanho | Quando cai? |
|---|---|---|---|
| Normal | 30 | 20 | Morte |

### ATAQUES ESPECIAIS E HABILIDADES

#### BOLA DE FOGO

O Demônio Ígneo Céu da Treva pode cuspir uma esfera ígnea a longa distância. Mas, como a esfera se move lentamente, você pode evitá-la facilmente mesmo a curta distância.

## ASSOMBRAÇÃO MORTÍFERA

### CLASSE: FANTASMA

Esta entidade é onipresente no Ato 2. A Assombração Mortífera executa uma série de golpes corpo a corpo com sua lâmina. Depois de um a quatro golpes, o fantasma se retira, faz uma pausa e surge novamente para outro ataque. Esta aparição esverdeada geralmente vai para trás de você a partir da direção de seu recuo tático, mas ocasionalmente circula para atacar de um novo ângulo.

**VELOCIDADE DE MOVIMENTO:** Veloz
**DISTÂNCIA DE REPULSÃO:** Média
**LOCAL PROVÁVEL:** Câmara do Ídolo Perdido, Tesouro Velado, Câmara do Assassino, Ruínas Esquecidas, Covil Corrompido, Ruínas: Níveis 1-2, Câmara Desmoronante, Caverna Misteriosa: Níveis 1-2

APARECE NO ATO II

**INFORMAÇÕES BÁSICAS**

| Dificuldade | Nível | XP | HP | | | |
|---|---|---|---|---|---|---|
| | | | Normal | Campeão | Raro | Lacaio |
| Normal | 17 | 90 | 81-162 | 365-473 | 797-905 | 189-297 |
| Pesadelo | 39 | 345 | 1449-2898 | 11K-14K | 24K-27K | 5612-8820 |
| Tormento | 55 | 975 | 9120-18K | 96K-124K | 209K-237K | 50K-78K |
| Inferno | 62 | 1200 | 53K-105K | 710K-921K | 1552K-1763K | 368K-579K |

**DANO**

| Dificuldade | Mín. Por Golpe | Efeito Adicional |
|---|---|---|
| Normal | 42 | Físico |
| Pesadelo | 436 | |
| Tormento | 2788 | |
| Inferno | 26K | |

**GLOBOS DE VIDA**

| Grau | Cai % | Tamanho | Quando cai? |
|---|---|---|---|
| Normal | 15 | 20 | Morte |

### ATAQUES ESPECIAIS E HABILIDADES

NENHUM

## ENXAME MORTAL

### CLASSE: ENXAMEANTE

Enxames Mortais infestam os Salões do Crepúsculo. Estas nuvens irritantes de insetos cinzas vorazes possuem um método de ataque: eles implacavelmente circulam o Herói, mergulhando para mordê-lo e lentamente sugar sua vitalidade em pequenos pedaços de carne. Enxames são difíceis de ser evitados, mas tente se distanciar de um contra-ataque de longo alcance se puder.

**VELOCIDADE DE MOVIMENTO:** Devagar
**DISTÂNCIA DE REPULSÃO:** Curta
**LOCAL PROVÁVEL:** Salões do Crepúsculo:

APARECE NO ATO II

**INFORMAÇÕES BÁSICAS**

| Dificuldade | Nível | XP | HP | | | |
|---|---|---|---|---|---|---|
| | | | Normal | Campeão | Raro | Lacaio |
| Normal | 22 | 145 | 171-342 | 728-942 | 1584-1798 | 385-599 |
| Pesadelo | 42 | 520 | 2049-4098 | 14K-19K | 31K-36K | 7652-12K |
| Tormento | 56 | 1350 | 11K-22K | 109K-140K | 236K-268K | 57K-89K |
| Inferno | 62 | 1600 | 56K-112K | 716K-926K | 1557K-1768K | 379K-589K |

**DANO**

| Dificuldade | Mín. Por Golpe | Efeito Adicional |
|---|---|---|
| Normal | 118 | Físico |
| Pesadelo | 1198 | |
| Tormento | 6149 | |
| Inferno | 53K | |

**GLOBOS DE VIDA**

| Grau | Cai % | Tamanho | Quando cai? |
|---|---|---|---|
| Normal | 18 | 20 | Morte |

### ATAQUES ESPECIAIS E HABILIDADES

NENHUM

## CUSPIDORA DE MORTE

### CLASSE: MORTO-VIVO

A bela ruiva esvazia seu estômago rançoso vomitando mísseis em você para produzir mais zumbis (ver "Decompositor" neste Bestiário). A Cuspidora de Morte, sendo avessa à proximidade corpo a corpo, fugirá quando você se aproximar. Persiga-a antes que ela vomite mais Decompositores!

**VELOCIDADE DE MOVIMENTO:** Devagar
**DISTÂNCIA DE REPULSÃO:** Média
**LOCAL PROVÁVEL:** Cripta Decrépita: Nível 2

APARECE NO ATO I

**INFORMAÇÕES BÁSICAS**

| Dificuldade | Nível | XP | HP | | | |
|---|---|---|---|---|---|---|
| | | | Normal | Campeão | Raro | Lacaio |
| Normal | 10 | 85 | 42-84 | 147-189 | 315-357 | 84-126 |
| Pesadelo | 34 | 360 | 1187-2374 | 6896-8867 | 15K-17K | 3941-5911 |
| Tormento | 52 | 1150 | 8270-17K | 67K-87K | 145K-164K | 39K-58K |
| Inferno | 61 | 1600 | 32K-65K | 341K-438K | 730K-827K | 195K-292K |

**DANO**

| Dificuldade | Mín. Por Golpe | Efeito Adicional |
|---|---|---|
| Normal | 16 | Físico |
| Pesadelo | 248 | |
| Tormento | 2049 | |
| Inferno | 9020 | |

**GLOBOS DE VIDA**

| Grau | Cai % | Tamanho | Quando cai? |
|---|---|---|---|
| Normal | 30 | 20 | Morte |

### ATAQUES ESPECIAIS E HABILIDADES

#### VÔMITO DE CRIAS

A Cuspidora de Morte vomita o ranço de seu estômago para criar mais Decompositores. Ela pode produzir um total de 10, mas não mais do que cinco Decompositores podem estar no campo de cada vez.

#### CUSPE DA MORTE

A Cuspidora de Morte pode explodir pedaços de vômito que infligem dano Físico.

## DECOMPOSITOR

CLASSE: MORTO-VIVO

Este zumbi faminto move-se lentamente, mas não deixe sua torturante calmaria ser ignorada. Se o Decompositor chegar perto, sua mordida e golpe de garras vão acertá-lo de uma forma inevitável. Espere ele atacar e, em seguida, contra-ataque rápido. Note que o Decompositor também é produzido a partir do vômito do zumbi fêmea, a Cuspidora de Morte. (Veja "Cuspidora de Morte" neste Bestiário.)

**VELOCIDADE DE MOVIMENTO:** Muito Lenta
**DISTÂNCIA DE REPULSÃO:** Média
**LOCAL PROVÁVEL:** Cripta Decrépita: Níveis 1-2

APARECE NOS ATOS I, II

**INFORMAÇÕES BÁSICAS**

| Dificuldade | Nível | XP | HP | | | |
|---|---|---|---|---|---|---|
| | | | Normal | Campeão | Raro | Lacaio |
| Normal | 10 | 85 | 32-63 | 142-184 | 310-352 | 74-116 |
| Pesadelo | 34 | 360 | 890-1781 | 6650-8621 | 15K-17K | 3448-5419 |
| Tormento | 52 | 1150 | 6203-12K | 65K-84K | 142K-161K | 34K-53K |
| Inferno | 61 | 1600 | 24K-49K | 329K-426K | 718K-815K | 170K-268K |

**DANO**

| Dificuldade | Mín. Por Golpe | Efeito Adicional |
|---|---|---|
| Normal | 33 | Físico |
| Pesadelo | 496 | |
| Tormento | 4097 | |
| Inferno | 18K | |

**GLOBOS DE VIDA**

| Grau | Cai % | Tamanho | Quando cai? |
|---|---|---|---|
| Normal | 15 | 20 | Morte |

### ATAQUES ESPECIAIS E HABILIDADES

NENHUM

## PESADELO DEMONÍGNEO

CLASSE: PESADELO

O Pesadelo Demonígneo fica flutuando até que de repente abre um portal negro para o inferno, de onde demônios terríveis do tipo mais devastador emergem. O Pesadelo também evoca uma poderosa armadura óssea para se proteger.

**VELOCIDADE DE MOVIMENTO:** Devagar
**DISTÂNCIA DE REPULSÃO:** Média
**LOCAL PROVÁVEL:** Ápice Argênteo: Nível 2

APARECE NO ATO IV

**INFORMAÇÕES BÁSICAS**

| Dificuldade | Nível | XP | HP | | | |
|---|---|---|---|---|---|---|
| | | | Normal | Campeão | Raro | Lacaio |
| Normal | 29 | 270 | 764-1018 | 1909-2418 | 3945-4454 | 1273-1782 |
| Pesadelo | 49 | 990 | 7235-9646 | 30K-38K | 62K-70K | 20K-28K |
| Tormento | 60 | 2325 | 33K-43K | 190K-240K | 392K-443K | 127K-177K |
| Inferno | 63 | 2400 | 183K-245K | 1376K-1743K | 2844K-3211K | 917K-1284K |

**DANO**

| Dificuldade | Mín. Por Golpe | Efeito Adicional |
|---|---|---|
| Normal | 295 | Físico |
| Pesadelo | 2297 | |
| Tormento | 9279 | |
| Inferno | 113K | |

**GLOBOS DE VIDA**

| Grau | Cai % | Tamanho | Quando cai? |
|---|---|---|---|
| Normal | 45 | 20 | Morte |

### ATAQUES ESPECIAIS E HABILIDADES

#### ARMADURA ÓSSEA

O Pesadelo Demonígneo pode conjurar ossos infernais duros que giram em torno do demônio feiticeiro, oferecendo proteção blindada.

#### PORTAL PARA O INFERNO

O Pesadelo abre um buraco negro pelo qual convoca grandes bestas do inferno, incluindo criaturas terríveis como Senhor das Marretas, Opressor, e Devastador Encouraçado.

## INVASOR DEMONÍACO

CLASSE: SOLDADO DEMONÍACO

O Invasor Demoníaco é uma versão mais forte e de maior nível que o Soldado Demoníaco. Como o Soldado, este monstro usa sua maça para um golpe esmagador de corpo a corpo. Ele é desajeitado mas implacável, nunca recuando; uma vez atingido, permanece bloqueado em combate, intercalando cuspes e uivos provocantes.

**VELOCIDADE DE MOVIMENTO:** Média
**DISTÂNCIA DE REPULSÃO:** Curta/Média
**LOCAL PROVÁVEL:** Profundezas do Forte: Nível 2, Casamata Fortificada

APARECE NOS ATOS III

**INFORMAÇÕES BÁSICAS**

| Dificuldade | Nível | XP | HP | | | |
|---|---|---|---|---|---|---|
| | | | Normal | Campeão | Raro | Lacaio |
| Normal | 25 | 120 | 235-313 | 1056-1369 | 2308-2621 | 548-861 |
| Pesadelo | 45 | 435 | 2529-3372 | 19K-24K | 41K-47K | 9796-15K |
| Tormento | 58 | 1087.5 | 13K-17K | 137K-178K | 300K-341K | 71K-112K |
| Inferno | 63 | 1200 | 92K-122K | 1239K-1605K | 2706K-3073K | 642K-1009K |

**DANO**

| Dificuldade | Mín. Por Golpe | Efeito Adicional |
|---|---|---|
| Normal | 133 | Físico |
| Pesadelo | 1198 | |
| Tormento | 5665 | |
| Inferno | 85K | |

**GLOBOS DE VIDA**

| Grau | Cai % | Tamanho | Quando cai? |
|---|---|---|---|
| Normal | 1200 | 20 | Morte |

### ATAQUES ESPECIAIS E HABILIDADES

NENHUM

## SOLDADO DEMONÍACO

### CLASSE: SOLDADO DEMONÍACO

Estas tropas de choque infernais aparecem no Ato 3. O Soldado Demoníaco usa sua maça para um golpe esmagador de corpo a corpo. Ele é desajeitado mas implacável, nunca recuando; uma vez atingido, permanece bloqueado em combate, intercalando cuspes e uivos provocantes. Note que o Demônio Cargueiro pode vomitar Soldados Demoníacos durante uma luta (leia mais em "Demônio Cargueiro" neste Bestiário).

VELOCIDADE DE MOVIMENTO: Média
DISTÂNCIA DE REPULSÃO: Curta/Média
LOCAL PROVÁVEL: Chancela Abençoada, Fundição, Muralhas do Corvo Celeste, Quartel, Cidadela do Forte da Vigília, Casamata Fortificada, Forte Pétreo, Pequeno Altar da Virtude, Armazéns do Campo de Batalha

APARECE NO ATO III

**INFORMAÇÕES BÁSICAS**

| Dificuldade | Nível | XP | HP | | | |
|---|---|---|---|---|---|---|
| | | | Normal | Campeão | Raro | Lacaio |
| Normal | 23 | 112.5 | 182-243 | 820-1063 | 1792-2035 | 425-668 |
| Pesadelo | 43 | 405 | 2107-2809 | 16K-20K | 34K-39K | 8160-13K |
| Tormento | 57 | 1050 | 12K-15K | 121K-157K | 264K-300K | 63K-99K |
| Inferno | 63 | 1200 | 92K-122K | 1239K-1605K | 2706K-3073K | 642K-1009K |

**DANO**

| Dificuldade | Mín. Por Golpe | Efeito Adicional |
|---|---|---|
| Normal | 101 | Físico |
| Pesadelo | 989 | |
| Tormento | 5074 | |
| Inferno | 85K | |

**GLOBOS DE VIDA**

| Grau | Cai % | Tamanho | Quando cai? |
|---|---|---|---|
| Normal | 15 | 20 | Morte |

### ATAQUES ESPECIAIS E HABILIDADES

NENHUM

## DEMÔNIO CARGUEIRO

### CLASSE: DEMÔNIO CARGUEIRO

Esta criatura suja se esforça para vomitar Soldados Demoníacos hostis. O Demônio Cargueiro não tem ataque, seu único propósito é reunir as forças do inferno. Mate essa grande besta imediatamente, ou enfrente uma falange de soldados recém-criados. O Demônio Cargueiro é imune a Repulsão, Medo, Lentidão e Feitiços.

VELOCIDADE DE MOVIMENTO: n/d
DISTÂNCIA DE REPULSÃO: n/d
LIMITE DE EVOCADOS: 3 Soldados Demoníacos no campo de uma só vez
LOCAL PROVÁVEL: Cidadela do Forte da Vigília, Muralhas do Corvo Celeste e Forte Pétreo

APARECE NO ATO III

**INFORMAÇÕES BÁSICAS**

| Dificuldade | Nível | XP | HP | | | |
|---|---|---|---|---|---|---|
| | | | Normal | Campeão | Raro | Lacaio |
| Normal | 22 | 217.5 | 1284-1498 | 1498-1712 | 2140-2354 | 1498-1712 |
| Pesadelo | 42 | 780 | 15K-18K | 30K-34K | 43K-47K | 30K-34K |
| Tormento | 56 | 2025 | 82K-96K | 223K-255K | 319K-351K | 223K-255K |
| Inferno | 62 | 2400 | 421K-491K | 1473K-1684K | 2105K-2315K | 1473K-1684K |

**DANO**

| Dificuldade | Mín. Por Golpe | Efeito Adicional |
|---|---|---|
| Normal | 118 | Físico |
| Pesadelo | 1198 | |
| Tormento | 6149 | |
| Inferno | 53K | |

**GLOBOS DE VIDA**

| Grau | Cai % | Tamanho | Quando cai? |
|---|---|---|---|
| Normal | 90 | 20 | Morte |

### ATAQUES ESPECIAIS E HABILIDADES

#### EVOCAR SOLDADOS

O Demônio Cargueiro cospe três Soldados Demoníacos assim que você o encontra. No momento em que você mata um Soldado Demoníaco, o seu criador imediatamente cospe um novo, mantendo três soldados em campo a qualquer momento.

## INFERNASA DEMONÍACO

### CLASSE: INFERNASA DEMONÍACO

O termo "voador" não descreve bem o comportamento básico deste monstro. Após o seu mergulho do céu, o Infernasa Demoníaco não voa muito, ele simplesmente galopa ao seu redor, parando às vezes para expelir uma bola de fogo mortal e depois fugir de você. Se você conseguir chegar perto, o demônio golpeia com suas garras ou presas afiadas. Mas então ele rapidamente foge, preferindo lutar a distância.

VELOCIDADE DE MOVIMENTO: Média
DISTÂNCIA DE REPULSÃO: Muito Longínqua
LOCAL PROVÁVEL: Casamata Fortificada: Níveis 1-2, Quartel: Níveis 1-2, Armazéns do Campo de Batalha: Níveis 1-2, Fundição: Níveis 1-2, Profundezas do Forte: Nível 2, Muralhas do Corvo Celeste, Forte Pétreo

APARECE NO ATO III

**INFORMAÇÕES BÁSICAS**

| Dificuldade | Nível | XP | HP | | | |
|---|---|---|---|---|---|---|
| | | | Normal | Campeão | Raro | Lacaio |
| Normal | 23 | 150 | 243-365 | 851-1094 | 1823-2066 | 486-729 |
| Pesadelo | 43 | 540 | 2809-4214 | 16K-21K | 35K-40K | 9326-14K |
| Tormento | 57 | 1400 | 15K-23K | 125K-161K | 269K-305K | 72K-107K |
| Inferno | 63 | 1600 | 122K-183K | 1284K-1651K | 2752K-3119K | 734K-1101K |

**DANO**

| Dificuldade | Mín. Por Golpe | Efeito Adicional |
|---|---|---|
| Normal | 68 | Físico |
| Pesadelo | 660 | |
| Tormento | 3383 | |
| Inferno | 57K | |

**GLOBOS DE VIDA**

| Grau | Cai % | Tamanho | Quando cai? |
|---|---|---|---|
| Normal | 30 | 20 | Morte |

### ATAQUES ESPECIAIS E HABILIDADES

#### BOLA DE FOGO

O Infernasa Demoníaco pode cuspir uma esfera ígnea em seus inimigos, a longa distância. Mas, como a esfera se move lentamente, você pode evitá-la facilmente, mesmo a curta distância.

## SERPENTE DEMONÍACA

### CLASSE: VERME DA ROCHA

Esta variedade do Verme da Rocha só é encontrada na Cratera de Arreat do Ato 3. Como todos os vermes, a Serpente Demoníaca subitamente surge do chão, abre sua multiarticulada mandíbula, e tenta engolir o Herói. Se você recuar, a besta se retrai no chão. Mas se manter-se por perto, ela explode para perto de você novamente para uma outra tentativa de se alimentar.

VELOCIDADE DE MOVIMENTO: Veloz
DISTÂNCIA DE REPULSÃO: Média

LOCAL PROVÁVEL: Cratera de Arreat, Níveis 1-2

APARECE NO ATO III

| INFORMAÇÕES BÁSICAS | | | | | | |
|---|---|---|---|---|---|---|
| Dificuldade | Nível | XP | HP | | | |
| | | | Normal | Campeão | Raro | Lacaio |
| Normal | 28 | 262.5 | 681-1226 | 1703-2157 | 3519-3973 | 1135-1589 |
| Pesadelo | 48 | 960 | 6621-12K | 27K-35K | 57K-64K | 18K-26K |
| Tormento | 59 | 2250 | 30K-53K | 173K-219K | 357K-403K | 115K-161K |
| Inferno | 63 | 2400 | 183K-330K | 1376K-1743K | 2844K-3211K | 917K-1284K |

| DANO | | |
|---|---|---|
| Dificuldade | Mín. Por Golpe | Efeito Adicional |
| Normal | 262 | Físico |
| Pesadelo | 2106 | |
| Tormento | 8410 | |
| Inferno | 113K | |

| GLOBOS DE VIDA | | | |
|---|---|---|---|
| Grau | Cai % | Tamanho | Quando cai? |
| Normal | 45 | 20 | Morte |

### ATAQUES ESPECIAIS E HABILIDADES

#### TOCA

Se você se mover a uma curta distância da Serpente Demoníaca, ela recua para o seu buraco e cava subterraneamente, escondida de vista... até surgir novamente.

## TREMOR DEMONÍACO

### CLASSE: TREMOR DEMONÍACO

O Tremor Demoníaco possui dois ataques corpo a corpo básicos: um golpe rápido para os lados com sua garra e um esmagamento trovejante que causa dano de repulsão. A grande criatura também circula lentamente em sua lateral durante os ataques. A habilidade de escudo dificulta ainda mais os seus ataques. Note que o Tremor Demoníaco pode esmagar portas para fugir da perseguição.

VELOCIDADE DE MOVIMENTO: Devagar
DISTÂNCIA DE REPULSÃO: Muito Curta

LOCAL PROVÁVEL: Campo de Batalha, Campos do Massacre, Ponte de Korsikk, Profundezas do Forte: Nível 3, Casamata Fortificada Nível 1, Fundição: Nível 1

APARECE NO ATO III

| INFORMAÇÕES BÁSICAS | | | | | | |
|---|---|---|---|---|---|---|
| Dificuldade | Nível | XP | HP | | | |
| | | | Normal | Campeão | Raro | Lacaio |
| Normal | 25 | 240 | 1096-1409 | 1487-1800 | 2739-3052 | 1409-1722 |
| Pesadelo | 45 | 870 | 12K-15K | 27K-32K | 49K-55K | 25K-31K |
| Tormento | 58 | 2175 | 61K-79K | 193K-234K | 356K-397K | 183K-224K |
| Inferno | 63 | 2400 | 428K-550K | 1743K-2110K | 3211K-3578K | 1651K-2018K |

| DANO | | |
|---|---|---|
| Dificuldade | Mín. Por Golpe | Efeito Adicional |
| Normal | 266 | Físico |
| Pesadelo | 2395 | |
| Tormento | 11K | |
| Inferno | 170K | |

| GLOBOS DE VIDA | | | |
|---|---|---|---|
| Grau | Cai % | Tamanho | Quando cai? |
| Normal | 75 | 20 | Morte |

### ATAQUES ESPECIAIS E HABILIDADES

#### PAREDE DE ESCUDO

O Tremor Demoníaco junta suas garras enormes formando um escudo protetor que dura alguns segundos. Em seguida, o monstro brilha em vermelho com contra-ataques cruéis e raivosos.

## CULTISTA DEMENTE

### CLASSE: CULTISTA DAS TREVAS

O Cultista é encontrado em todo o Ato 2, aparecendo em três variantes que diferem em nível, atributos e cores de roupas. Estes Cultistas carregam a mesma faca ornamentada e atacam usando os mesmos golpes corpo a corpo. Cultistas Dementes não se movem muito, eles ficam cara a cara com você dando golpes; são inimigos fáceis.

VELOCIDADE DE MOVIMENTO: Média/Veloz
DISTÂNCIA DE REPULSÃO: Média

LOCAL PROVÁVEL: Estrada para Alcarnus, Alcarnus, Porão de Alcarnus, Porão Arenoso, Covil da Bruxa, Conclave Oculto, Cânion Partido, Passo das Terras Altas

APARECE NOS ATOS I, II

| INFORMAÇÕES BÁSICAS | | | | | | |
|---|---|---|---|---|---|---|
| Dificuldade | Nível | XP | HP | | | |
| | | | Normal | Campeão | Raro | Lacaio |
| Normal | 17 | 120 | 54-108 | 351-459 | 783-891 | 162-270 |
| Pesadelo | 39 | 460 | 966-1932 | 10K-14K | 23K-26K | 4811-8018 |
| Tormento | 55 | 1300 | 6080-12K | 92K-120K | 205K-234K | 42K-71K |
| Inferno | 62 | 1600 | 35K-70K | 684K-894K | 1526K-1736K | 316K-526K |

| DANO | | |
|---|---|---|
| Dificuldade | Mín. Por Golpe | Efeito Adicional |
| Normal | 42 | Físico |
| Pesadelo | 436 | |
| Tormento | 2788 | |
| Inferno | 26K | |

| GLOBOS DE VIDA | | | |
|---|---|---|---|
| Grau | Cai % | Tamanho | Quando cai? |
| Normal | 5 | 20 | Morte |

### ATAQUES ESPECIAIS E HABILIDADES

NENHUM

## MARIMBONDO DO DESERTO

### CLASSE: VESPA DA AREIA

Esta variante de cabeça vermelha das espécies de vespas da areia pica com um ferrão Venenoso. Quando vai para longe, o Marimbondo do Deserto dispara uma série de projéteis "minivespa". Esses enxames voam em linha reta e se impactam em uma onda verde e venenosa.

VELOCIDADE DE MOVIMENTO: Lenta/Média
DISTÂNCIA DE REPULSÃO: Média
LOCAL PROVÁVEL: Canal Leste, Areias Desoladas

APARECE NO ATO II

| INFORMAÇÕES BÁSICAS | | | | | | |
|---|---|---|---|---|---|---|
| Dificuldade | Nível | XP | HP | | | |
| | | | Normal | Campeão | Raro | Lacaio |
| Normal | 20 | 135 | 66-131 | 525-689 | 1181-1345 | 238-402 |
| Pesadelo | 41 | 500 | 934-1867 | 12K-16K | 28K-32K | 5618-9492 |
| Tormento | 56 | 1350 | 5480-11K | 102K-134K | 230K-262K | 46K-78K |
| Inferno | 62 | 1600 | 28K-56K | 673K-884K | 1515K-1726K | 305K-516K |

| DANO | | |
|---|---|---|
| Dificuldade | Mín. Por Golpe | Efeito Adicional |
| Normal | 74 | Venenoso |
| Pesadelo | 813 | |
| Tormento | 4612 | |
| Inferno | 40K | |

| GLOBOS DE VIDA | | | |
|---|---|---|---|
| Grau | Cai % | Tamanho | Quando cai? |
| Normal | 5 | 20 | Morte |

### ATAQUES ESPECIAIS E HABILIDADES

#### MÍSSEIS DE FERRÃO

O Marimbondo do Deserto pode desencadear um fluxo de quatro "minivespas" verdes que miram a posição do Herói a longa distância. Eles voam em linha reta, então saia de sua trajetória quando eles estiverem chegando!

## DIABRETE DISSECADO

### CLASSE: DIABRETE DA AREIA

Esta variante do Diabrete da Areia é pequena mas muito cruel. O monstrinho lança diversos ataques rápidos ao Herói em movimentos circulares. Sua velocidade e tendência a viajar em bandos torna difícil de atingi-los com precisão. Diabretes Dissecados são os únicos entre o clã que se enterram no chão e surgem para atacar a vítima. Mantenha sempre o olho atento nas areias!

VELOCIDADE DE MOVIMENTO: Veloz
DISTÂNCIA DE REPULSÃO: Longínqua
LOCAL PROVÁVEL: Profundezas Desconhecidas, Salões da Tempestade, Salões do Crepúsculo, Areias Desoladas

APARECE NO ATO II

| INFORMAÇÕES BÁSICAS | | | | | | |
|---|---|---|---|---|---|---|
| Dificuldade | Nível | XP | HP | | | |
| | | | Normal | Campeão | Raro | Lacaio |
| Normal | 20 | 108 | 74-148 | 529-693 | 1185-1349 | 242-406 |
| Pesadelo | 41 | 400 | 1050-2101 | 12K-16K | 28K-32K | 5715-9589 |
| Tormento | 56 | 1080 | 6165-12K | 103K-135K | 231K-263K | 47K-79K |
| Inferno | 62 | 1280 | 32K-63K | 679K-889K | 1521K-1731K | 310K-521K |

| DANO | | |
|---|---|---|
| Dificuldade | Mín. Por Golpe | Efeito Adicional |
| Normal | 50 | Físico |
| Pesadelo | 542 | |
| Tormento | 3075 | |
| Inferno | 26K | |

| GLOBOS DE VIDA | | | |
|---|---|---|---|
| Grau | Cai % | Tamanho | Quando cai? |
| Normal | 5 | 20 | Morte |

### ATAQUES ESPECIAIS E HABILIDADES

#### TOCA

A uma boa distância dos Diabretes Dissecados, eles podem se enterrar e esperar você passar, então surgir subitamente para atacá-lo.

## CADÁVERES DOENTES

### CLASSE: AMALDIÇOADO (CRIADOR)

Esta praga de cadáveres pode criar um total de 10 abominações doentes conhecidas como o Traído. Mas só dois Traídos podem estar ativos ao mesmo tempo. Se um Traído morre, a pilha de Cadáveres Doentes rapidamente vomita um monstro de substituição. Depois que o décimo Traído é criado, a pilha automaticamente explode em vísceras e pedaços de corpo. A pilha de Cadáveres Doentes é imune a Repulsão, Medo, Lentidão, Feitiço, Congelamento, Atordoamento e Cegueira.

VELOCIDADE DE MOVIMENTO: n/d
DISTÂNCIA DE REPULSÃO: n/d
LIMITE DE EVOCADOS: 10 no total com 2 ativos por vez
LOCAL PROVÁVEL: Passagem Alagada

APARECE NO ATO II

| INFORMAÇÕES BÁSICAS | | | | | | |
|---|---|---|---|---|---|---|
| Dificuldade | Nível | XP | HP | | | |
| | | | Normal | Campeão | Raro | Lacaio |
| Normal | 17 | 180 | 324-432 | 486-594 | 918-1026 | 432-540 |
| Pesadelo | 39 | 690 | 5796-7728 | 14K-18K | 27K-30K | 13K-16K |
| Tormento | 55 | 1950 | 36K-49K | 127K-156K | 241K-269K | 113K-142K |
| Inferno | 62 | 2400 | 210K-281K | 947K-1157K | 1789K-1999K | 842K-1052K |

| DANO | | |
|---|---|---|
| Dificuldade | Mín. Por Golpe | Efeito Adicional |
| Normal | 84 | Físico |
| Pesadelo | 873 | |
| Tormento | 5577 | |
| Inferno | 53K | |

| GLOBOS DE VIDA | | | |
|---|---|---|---|
| Grau | Cai % | Tamanho | Quando cai? |
| Normal | 80 | 20 | Morte |

### ATAQUES ESPECIAIS E HABILIDADES

NENHUM

## GIGANTE DESMEMBRADO

### CLASSE: INSEPULTO

O Gigante Desmembrado é uma massa congelada de corpos decompostos com um propósito único: tornar tudo que não seja demoníaco em poeira. Este brigão executa uma pancada trovejante no chão que faz seus inimigos voarem para longe. O Gigante anda devagar, mas pode ser muito ágil. A melhor tática é fugir de sua pancada, e em seguida voltar para atacar, enquanto ele se recupera.

VELOCIDADE DE MOVIMENTO: Devagar
DISTÂNCIA DE REPULSÃO: Muito Curta
LOCAL PROVÁVEL: Caverna das Terras Altas, Salões da Agonia: Níveis 1-2

APARECE NO ATO I

| INFORMAÇÕES BÁSICAS | | | | | | |
|---|---|---|---|---|---|---|
| Dificuldade | Nível | XP | HP | | | |
| | | | Normal | Campeão | Raro | Lacaio |
| Normal | 13 | 250 | 310-434 | 372-434 | 589-651 | 372-434 |
| Pesadelo | 35 | 950 | 6535-9149 | 13K-15K | 21K-23K | 13K-15K |
| Tormento | 53 | 3000 | 47K-66K | 132K-154K | 209K-231K | 132K-154K |
| Inferno | 61 | 4000 | 162K-227K | 584K-681K | 925K-1022K | 584K-681K |

| DANO | | |
|---|---|---|
| Dificuldade | Mín. Por Golpe | Efeito Adicional |
| Normal | 76 | Físico |
| Pesadelo | 783 | |
| Tormento | 6829 | |
| Inferno | 27K | |

| GLOBOS DE VIDA | | | |
|---|---|---|---|
| Grau | Cai % | Tamanho | Quando cai? |
| Normal | 90 | 20 | Morte |

### ATAQUES ESPECIAIS E HABILIDADES

#### IMPACTO DO CHÃO

O Gigante Desmembrado desencadeia uma poderosa pancada no chão com os dois punhos, causando dano pesado e Repulsão e mandando o Herói para longe.

## VÍBORA DA PERDIÇÃO

### CLASSE: ENGANADOR

Empunha um tridente de lâmina dupla com longo alcance. Seus ataques corpo a corpo são padrão: uma estocada rápida ou um golpe largo. Mas sua capacidade furtiva é uma vantagem; a Víbora da Perdição pode avançar em você mesmo invisível. Mire na área onde o ar está ondulando.

VELOCIDADE DE MOVIMENTO: Média
DISTÂNCIA DE REPULSÃO: Curta
LOCAL PROVÁVEL: Cidade de Caldeum, Bazar de Caldeum

APARECE NO ATO II

| INFORMAÇÕES BÁSICAS | | | | | | |
|---|---|---|---|---|---|---|
| Dificuldade | Nível | XP | HP | | | |
| | | | Normal | Campeão | Raro | Lacaio |
| Normal | 20 | 135 | 164-328 | 574-738 | 1230-1394 | 328-492 |
| Pesadelo | 41 | 500 | 2334-4668 | 14K-17K | 29K-33K | 7749-12K |
| Tormento | 56 | 1350 | 14K-27K | 112K-144K | 239K-271K | 64K-96K |
| Inferno | 62 | 1600 | 70K-140K | 737K-947K | 1578K-1789K | 421K-631K |

| DANO | | |
|---|---|---|
| Dificuldade | Mín. Por Golpe | Efeito Adicional |
| Normal | 99 | Físico |
| Pesadelo | 1083 | |
| Tormento | 6149 | |
| Inferno | 53K | |

| GLOBOS DE VIDA | | | |
|---|---|---|---|
| Grau | Cai % | Tamanho | Quando cai? |
| Normal | 30 | 20 | Morte |

### ATAQUES ESPECIAIS E HABILIDADES

**FORÇA**

A Víbora da Perdição pode se camuflar e deslizar furtivamente para uma picada súbita. Preste atenção para o efeito de ondulação no ar perto de você por onde ela sai do modo furtivo.

## DERVIXE DAS DUNAS

### CLASSE: LÂMINA DO DIABO

O ataque do Dervixe das Dunas é hipnótico e estranhamente bonito, mas não fique encarando. Qualquer um sugado pelo tornado Elétrico de lâminas fica mais lento e vai sangrar muito rapidamente por vários segundos. Fique fora do raio de ataque desta criatura perigosa e ataque de longe. Se você tentar um ataque corpo a corpo, use o intervalo entre os tornados (só 2 ou 3 segundos).

VELOCIDADE DE MOVIMENTO: Devagar
DISTÂNCIA DE REPULSÃO: Curta
LOCAL PROVÁVEL: Mina do Posseiro Hadi

APARECE NO ATO II

| INFORMAÇÕES BÁSICAS | | | | | | |
|---|---|---|---|---|---|---|
| Dificuldade | Nível | XP | HP | | | |
| | | | Normal | Campeão | Raro | Lacaio |
| Normal | 19 | 130 | 486-540 | 540-594 | 621-675 | 540-594 |
| Pesadelo | 40 | 480 | 12K-13K | 22K-24K | 25K-27K | 22K-24K |
| Tormento | 55 | 1300 | 94K-104K | 220K-242K | 253K-275K | 220K-242K |
| Inferno | 62 | 1600 | 350K-389K | 973K-1071K | 1119K-1217K | 973K-1071K |

| DANO | | |
|---|---|---|
| Dificuldade | Mín. Por Golpe | Efeito Adicional |
| Normal | 43 | Físico |
| Pesadelo | 522 | |
| Tormento | 4553 | |
| Inferno | 18K | |

| GLOBOS DE VIDA | | | |
|---|---|---|---|
| Grau | Cai % | Tamanho | Quando cai? |
| Normal | 60 | 20 | Morte |

### ATAQUES ESPECIAIS E HABILIDADES

**TORNADO**

Quando o Dervixe das Dunas rodopia, inflige dano físico infundido com dano Elétrico. Seu alvo também sofre Lentidão enquanto preso dentro do raio de lâminas giratórias da entidade.

## AGUILHANTE DAS DUNAS

### CLASSE: VESPA DA AREIA

Esta variante azul de vespa da areia chega perto para picar com seu ferrão Venenoso. O Aguilhante das Dunas também gosta de ficar a uma certa distância e disparar uma série de projéteis "minivespa". Esses enxames voam em linha reta e se impactam em uma onda verde e venenosa.

VELOCIDADE DE MOVIMENTO: Lenta/Média
DISTÂNCIA DE REPULSÃO: Média
LOCAL PROVÁVEL: Túneis do Verme da Rocha

APARECE NO ATO II

| INFORMAÇÕES BÁSICAS | | | | | | |
|---|---|---|---|---|---|---|
| Dificuldade | Nível | XP | HP | | | |
| | | | Normal | Campeão | Raro | Lacaio |
| Normal | 17 | 120 | 43-86 | 346-454 | 778-886 | 157-265 |
| Pesadelo | 39 | 460 | 773-1546 | 10K-13K | 23K-26K | 4650-7857 |
| Tormento | 55 | 1300 | 4864-9728 | 91K-119K | 204K-232K | 41K-69K |
| Inferno | 62 | 1600 | 28K-56K | 673K-884K | 1515K-1726K | 305K-516K |

| DANO | | |
|---|---|---|
| Dificuldade | Mín. Por Golpe | Efeito Adicional |
| Normal | 63 | Venenoso |
| Pesadelo | 654 | |
| Tormento | 4182 | |
| Inferno | 40K | |

| GLOBOS DE VIDA | | | |
|---|---|---|---|
| Grau | Cai % | Tamanho | Quando cai? |
| Normal | 5 | 20 | Morte |

### ATAQUES ESPECIAIS E HABILIDADES

**MÍSSEIS DE FERRÃO**

O Marimbondo do Deserto pode desencadear um fluxo de quatro "minivespas" verdes que miram a posição do Herói a longa distância. As minivespas venenosas voam em linha reta, então saia de sua trajetória quando elas estiverem chegando!

# MANGUAL DAS DUNAS

## CLASSE: TUBARÃO DE AREIA

Tome cuidado com as areias agitadas enquanto atravessa o deserto. Os grandes tubarões de areia ficam enterrados e esperam pacientemente que sua presa se aproxime. Seu ataque é uma mordida que esmaga os ossos e, assim que um Mangual das Dunas avistá-lo, ele vai cavar um túnel por baixo de você.

VELOCIDADE DE MOVIMENTO: Média
DISTÂNCIA DE REPULSÃO: Média
LOCAL PROVÁVEL: Ventos Lancinantes, Ponte do Cânion Negro, Minas do Cânion Negro, Platô Uivante

APARECE NO ATO II

| INFORMAÇÕES BÁSICAS | | | | | | |
|---|---|---|---|---|---|---|
| Dificuldade | Nível | XP | HP | | | |
| | | | Normal | Campeão | Raro | Lacaio |
| Normal | 13 | 100 | 162-216 | 405-513 | 837-945 | 270-378 |
| Pesadelo | 35 | 380 | 2898-3864 | 12K-15K | 25K-28K | 8018-11K |
| Tormento | 53 | 1200 | 18K-24K | 106K-135K | 220K-248K | 71K-99K |
| Inferno | 61 | 1600 | 105K-140K | 789K-1000K | 1631K-1841K | 526K-737K |

| DANO | | |
|---|---|---|
| Dificuldade | Mín. Por Golpe | Efeito Adicional |
| Normal | 84 | Físico |
| Pesadelo | 873 | |
| Tormento | 5577 | |
| Inferno | 53K | |

| GLOBOS DE VIDA | | | |
|---|---|---|---|
| Grau | Cai % | Tamanho | Quando cai? |
| Normal | 45 | 20 | Morte |

### ATAQUES ESPECIAIS E HABILIDADES

#### TOCA

O Mangual das Dunas não gosta de perder sua presa. Se você fugir, o Mangual mergulha dentro da areia e lhe persegue cavando.

# MORDE-PÓ

## CLASSE: MORTO-VIVO

Ao matar um destes zumbis do deserto, conhecidos como o Come-Pó, há uma chance de que o mostro se despedace. (Leia mais em "Come-Pó" neste Bestiário.) Se isso acontecer, a cabeça e um pedaço do tronco continuam a persegui-lo implacavelmente. Este Morde-Pó pode te morder ou te cortar com as mãos.

VELOCIDADE DE MOVIMENTO: Devagar
DISTÂNCIA DE REPULSÃO: Muito Longínqua
LOCAL PROVÁVEL: Areias Desoladas

APARECE NO ATO I

| INFORMAÇÕES BÁSICAS | | | | | | |
|---|---|---|---|---|---|---|
| Dificuldade | Nível | XP | HP | | | |
| | | | Normal | Campeão | Raro | Lacaio |
| Normal | 20 | 67.5 | 41-82 | 513-677 | 1169-1333 | 226-390 |
| Pesadelo | 41 | 250 | 584-1167 | 12K-16K | 28K-31K | 5327-9202 |
| Tormento | 56 | 675 | 3425-6850 | 100K-132K | 227K-259K | 44K-76K |
| Inferno | 62 | 800 | 18K-35K | 658K-868K | 1499K-1710K | 289K-500K |

| DANO | | |
|---|---|---|
| Dificuldade | Mín. Por Golpe | Efeito Adicional |
| Normal | 79 | Físico |
| Pesadelo | 867 | |
| Tormento | 4920 | |
| Inferno | 42K | |

| GLOBOS DE VIDA | | | |
|---|---|---|---|
| Grau | Cai % | Tamanho | Quando cai? |
| Normal | 5 | 20 | Morte |

### ATAQUES ESPECIAIS E HABILIDADES

NENHUM

# COME-PÓ

## CLASSE: MORTO-VIVO

Este zumbi vermelho e magro vagueia pelas Areias Desoladas no Ato 2. Seus dois ataques são de corpo a corpo: um golpe giratório rápido ou um forte empurrão para cima com os dois braços. Ao "matar" um Come-Pó, sua forma frágil pode se despedaçar... e de repente o seu torso rasteja para o ataque! Esse torso é o Morde-Pó, criatura que persegue implacavelmente, mas é fraca e fácil de matar. (Leia mais em "Morde-Pó" neste Bestiário.)

VELOCIDADE DE MOVIMENTO: Devagar
DISTÂNCIA DE REPULSÃO: Curta
LOCAL PROVÁVEL: Areias Desoladas

APARECE NO ATO I

| INFORMAÇÕES BÁSICAS | | | | | | |
|---|---|---|---|---|---|---|
| Dificuldade | Nível | XP | HP | | | |
| | | | Normal | Campeão | Raro | Lacaio |
| Normal | 20 | 135 | 328-492 | 656-820 | 1312-1476 | 492-656 |
| Pesadelo | 41 | 500 | 4668-7002 | 15K-19K | 31K-35K | 12K-15K |
| Tormento | 56 | 1350 | 27K-41K | 128K-160K | 255K-287K | 96K-128K |
| Inferno | 62 | 1600 | 140K-210K | 842K-1052K | 1684K-1894K | 631K-842K |

| DANO | | |
|---|---|---|
| Dificuldade | Mín. Por Golpe | Efeito Adicional |
| Normal | 149 | Físico |
| Pesadelo | 1625 | |
| Tormento | 9224 | |
| Inferno | 79K | |

| GLOBOS DE VIDA | | | |
|---|---|---|---|
| Grau | Cai % | Tamanho | Quando cai? |
| Normal | 60 | 20 | Morte |

### ATAQUES ESPECIAIS E HABILIDADES

#### TORSO RASTEJANTE

Quando você "matar" um Come-Pó, há uma chance de que seu torso superior se solte do resto do corpo e rasteje para continuar a luta. A parte arrancada de um Come-Pó é chamada de Morde-Pó. (Leia mais em "Morde-Pó" neste Bestiário.)

## DIABRETE DA AREIA

CLASSE: DIABRETE DA AREIA

Esta variante do Diabrete da Areia é pequena, cruel e veloz, lançando ataques rápidos em movimentos circulares. Quando Diabretes da Areia começam a formar um círculo, eles levantam as mãos, correm e cacarejam. Eles não possuem habilidades especiais, mas podem ser difíceis de ser atingidos. Eles tendem a viajar em bandos, então leve vantagem sobre isso usando ataques de Repulsão de área.

VELOCIDADE DE MOVIMENTO: Veloz
DISTÂNCIA DE REPULSÃO: Longínqua
LOCAL PROVÁVEL: Profundezas Desconhecidas, Ruínas Esquecidas, Salões da Tempestade

APARECE NO ATO II

| INFORMAÇÕES BÁSICAS | | | | | | |
|---|---|---|---|---|---|---|
| Dificuldade | Nível | XP | HP | | | |
| | | | Normal | Campeão | Raro | Lacaio |
| Normal | 17 | 96 | 49-97 | 348-456 | 780-888 | 159-267 |
| Pesadelo | 39 | 368 | 869-1739 | 10K-14K | 23K-26K | 4731-7938 |
| Tormento | 55 | 1040 | 5472-11K | 91K-120K | 205K-233K | 42K-70K |
| Inferno | 62 | 1280 | 32K-63K | 679K-889K | 1521K-1731K | 310K-521K |

| DANO | | |
|---|---|---|
| Dificuldade | Mín. Por Golpe | Efeito Adicional |
| Normal | 42 | Físico |
| Pesadelo | 436 | |
| Tormento | 2788 | |
| Inferno | 26K | |

| GLOBOS DE VIDA | | | |
|---|---|---|---|
| Grau | Cai % | Tamanho | Quando cai? |
| Normal | 5 | 20 | Morte |

### ATAQUES ESPECIAIS E HABILIDADES

NENHUM

## COISA DAS DUNAS

CLASSE: MORTO-VIVO

Este zumbi vermelho e magro vagueia pelas Areias Desoladas no Ato 2. Ele é lento, mas esperto e perigoso. O Coisa das Dunas tem dois ataques básicos: uma mordida e um sangrento golpe de mão.

VELOCIDADE DE MOVIMENTO: Devagar
DISTÂNCIA DE REPULSÃO: Curta
LOCAL PROVÁVEL: Areias Desoladas

APARECE NO ATO II

| INFORMAÇÕES BÁSICAS | | | | | | |
|---|---|---|---|---|---|---|
| Dificuldade | Nível | XP | HP | | | |
| | | | Normal | Campeão | Raro | Lacaio |
| Normal | 20 | 135 | 123-246 | 554-718 | 1210-1374 | 287-451 |
| Pesadelo | 41 | 500 | 1751-3501 | 13K-17K | 29K-32K | 6780-11K |
| Tormento | 56 | 1350 | 10K-21K | 108K-140K | 235K-267K | 56K-88K |
| Inferno | 62 | 1600 | 53K-105K | 710K-921K | 1552K-1763K | 368K-579K |

| DANO | | |
|---|---|---|
| Dificuldade | Mín. Por Golpe | Efeito Adicional |
| Normal | 99 | Físico |
| Pesadelo | 1083 | |
| Tormento | 6149 | |
| Inferno | 53K | |

| GLOBOS DE VIDA | | | |
|---|---|---|---|
| Grau | Cai % | Tamanho | Quando cai? |
| Normal | 15 | 20 | Morte |

### ATAQUES ESPECIAIS E HABILIDADES

NENHUM

## ENGUIA ELÉTRICA

CLASSE: ENGUIA

Enguias Elétricas são encontradas nas tumbas e nas áreas aquáticas do Ato 2. Esta ameaça pode dar um choque eletrificado ao morder. Ela tende a atacar e deslizar rapidamente para longe, parando a uma distância antes de voltar para outro ataque.

VELOCIDADE DE MOVIMENTO: Média
DISTÂNCIA DE REPULSÃO: Muito Longínqua
LOCAL PROVÁVEL: Canal Escondido, Aquedutos Ocultos, Tumba de Khan Dakab, Tumba de Sardar, Oásis de Dahlgur

APARECE NO ATO II

| INFORMAÇÕES BÁSICAS | | | | | | |
|---|---|---|---|---|---|---|
| Dificuldade | Nível | XP | HP | | | |
| | | | Normal | Campeão | Raro | Lacaio |
| Normal | 19 | 97.5 | 29-114 | 443-586 | 1015-1158 | 193-336 |
| Pesadelo | 40 | 360 | 425-1699 | 11K-14K | 25K-29K | 4760-8286 |
| Tormento | 55 | 975 | 2432-9728 | 88K-116K | 201K-229K | 38K-67K |
| Inferno | 62 | 1200 | 14K-56K | 652K-863K | 1494K-1705K | 284K-495K |

| DANO | | |
|---|---|---|
| Dificuldade | Mín. Por Golpe | Efeito Adicional |
| Normal | 95 | Elétrico |
| Pesadelo | 975 | |
| Tormento | 5577 | |
| Inferno | 53K | |

| GLOBOS DE VIDA | | | |
|---|---|---|---|
| Grau | Cai % | Tamanho | Quando cai? |
| Normal | 5 | 20 | Morte |

### ATAQUES ESPECIAIS E HABILIDADES

#### ATAQUE ELETRIFICADO

A Enguia Elétrica, como o próprio nome sugere, é infundida com eletricidade. Assim, sua mordida pode causar-lhe dano Elétrico.

## FANTASMA ENFURECIDO

CLASSE: FANTASMA

Esta aparição pálida flutua por perto executando uma série de movimentos com seus afiados apêndices. Depois de alguns golpes, o fantasma se retira, faz uma pausa e surge novamente para outro ataque. Às vezes, o Fantasma Enfurecido circula para atacar de um novo ângulo, mas geralmente vem direto para você a partir da direção de sua retirada.

VELOCIDADE DE MOVIMENTO: Veloz
DISTÂNCIA DE REPULSÃO: Média
LOCAL PROVÁVEL: Mata Infecta

APARECE NO ATO I

| INFORMAÇÕES BÁSICAS | | | | | | |
|---|---|---|---|---|---|---|
| Dificuldade | Nível | XP | HP | | | |
| | | | Normal | Campeão | Raro | Lacaio |
| Normal | 10 | 63.75 | 32-63 | 142-184 | 310-352 | 74-116 |
| Pesadelo | 34 | 270 | 890-1781 | 6650-8621 | 15K-17K | 3448-5419 |
| Tormento | 52 | 862.5 | 6203-12K | 65K-84K | 142K-161K | 34K-53K |
| Inferno | 61 | 1200 | 24K-49K | 329K-426K | 718K-815K | 170K-268K |

| DANO | | |
|---|---|---|
| Dificuldade | Mín. Por Golpe | Efeito Adicional |
| Normal | 16 | Físico |
| Pesadelo | 248 | |
| Tormento | 2049 | |
| Inferno | 9020 | |

| GLOBOS DE VIDA | | | |
|---|---|---|---|
| Grau | Cai % | Tamanho | Quando cai? |
| Normal | 15 | 20 | Morte |

### ATAQUES ESPECIAIS E HABILIDADES

NENHUM

## ZELOTE ENFURECIDO

### CLASSE: CULTISTA DAS TREVAS

O Zelote Enfurecido é encontrado pela primeira vez na Den Khazra do Ato 1. Os Cultistas que não forem evocadores usam a mesma faca ornamentada e atacam usando golpes corpo a corpo. Zelotes Enfurecidos não se movem muito, eles ficam cara a cara com você dando golpes.

APARECE NO ATO I

VELOCIDADE DE MOVIMENTO: Média
DISTÂNCIA DE REPULSÃO: Longínqua
LOCAL PROVÁVEL: Covil Khazra

**INFORMAÇÕES BÁSICAS**

| Dificuldade | Nível | XP | HP | | | |
|---|---|---|---|---|---|---|
| | | | Normal | Campeão | Raro | Lacaio |
| Normal | 10 | 85 | 21-42 | 137-179 | 305-347 | 63-105 |
| Pesadelo | 34 | 360 | 594-1187 | 6404-8374 | 14K-16K | 2956-4926 |
| Tormento | 52 | 1150 | 4135-8270 | 63K-82K | 140K-159K | 29K-48K |
| Inferno | 61 | 1600 | 16K-32K | 316K-414K | 706K-803K | 146K-243K |

**DANO**

| Dificuldade | Mín. Por Golpe | Efeito Adicional |
|---|---|---|
| Normal | 16 | Físico |
| Pesadelo | 248 | |
| Tormento | 2049 | |
| Inferno | 9020 | |

**GLOBOS DE VIDA**

| Grau | Cai % | Tamanho | Quando cai? |
|---|---|---|---|
| Normal | 5 | 20 | Morte |

### ATAQUES ESPECIAIS E HABILIDADES

NENHUM

## PESADELO ESCRAVIZADO

### CLASSE: PESADELO

O Pesadelo Escravizado é uma classe por si só, literalmente. Esta criatura solitária fica flutuando até que de repente abre um portal negro para o inferno, de onde demônios terríveis do tipo mais devastador emergem. O Pesadelo também evoca uma poderosa armadura óssea para se proteger.

APARECE NO ATO IV

VELOCIDADE DE MOVIMENTO: Devagar
DISTÂNCIA DE REPULSÃO: Média
LOCAL PROVÁVEL: Ápice Argênteo: Níveis 2, 4

**INFORMAÇÕES BÁSICAS**

| Dificuldade | Nível | XP | HP | | | |
|---|---|---|---|---|---|---|
| | | | Normal | Campeão | Raro | Lacaio |
| Normal | 30 | 231.25 | 622-1244 | 2177-2799 | 4665-5287 | 1244-1866 |
| Pesadelo | 50 | 850 | 5268-11K | 31K-39K | 66K-74K | 17K-26K |
| Tormento | 60 | 1937.5 | 22K-43K | 177K-228K | 380K-430K | 101K-152K |
| Inferno | 63 | 2000 | 122K-245K | 1284K-1651K | 2752K-3119K | 734K-1101K |

**DANO**

| Dificuldade | Mín. Por Golpe | Efeito Adicional |
|---|---|---|
| Normal | 165 | Físico |
| Pesadelo | 1296 | |
| Tormento | 4639 | |
| Inferno | 57K | |

**GLOBOS DE VIDA**

| Grau | Cai % | Tamanho | Quando cai? |
|---|---|---|---|
| Normal | 30 | 20 | Morte |

### ATAQUES ESPECIAIS E HABILIDADES

#### ARMADURA ÓSSEA

O Pesadelo Escravizado pode conjurar ossos infernais duros que giram em torno do demônio feiticeiro, oferecendo proteção blindada.

#### PORTAL PARA O INFERNO

O Pesadelo abre um buraco negro pelo qual convoca grandes bestas do inferno, incluindo criaturas terríveis como o Senhor das Marretas, o Opressor e o Devastador Encouraçado.

## DECAÍDO

### CLASSE: DECAÍDO (BRUTO)

O Bruto Decaído aparece em suas diversas formas no Ato 2. Esses Decaídos de baixo nível lutam todos do mesmo jeito, diferenciando-se apenas na cor da pele e no nível. O bruto de nível mais baixo, chamado de Decaído, é vermelho. Seu ataque básico é um ataque corpo a corpo com uma maça de espetos — um golpe lateral ou uma batida sobre a cabeça. Ele gosta de atacar e circular, dando um ocasional salto impaciente. O Decaído tende a fugir loucamente quando um de seus companheiros é assassinado. Mas sua sede de sangue os traz de volta eventualmente.

Além disso, observe: Um Xamã Decaído pode ressuscitar os que você matar. Se você vir Decaídos surgirem novamente mesmo após mortos, procure pelo conjurador que está revivendo os decaídos e mate-o o quanto antes.

APARECE NO ATO II

VELOCIDADE DE MOVIMENTO: Média
DISTÂNCIA DE REPULSÃO: Média
LOCAL PROVÁVEL: Câmara Desmoronante, Oásis de Dahlgur, Trilha para o Oásis, Ventos Lancinantes, Caravana Perdida, Minas do Cânion Negro, Porão de Armázem, Abrigo Subterrâneo, Cânion Partido, Platô Uivante

**INFORMAÇÕES BÁSICAS**

| Dificuldade | Nível | XP | HP | | | |
|---|---|---|---|---|---|---|
| | | | Normal | Campeão | Raro | Lacaio |
| Normal | 16 | 115 | 33-66 | 298-392 | 674-768 | 134-228 |
| Pesadelo | 38 | 440 | 614-1229 | 9250-12K | 21K-24K | 4151-7065 |
| Tormento | 54 | 1250 | 3762-7524 | 80K-105K | 180K-205K | 36K-61K |
| Inferno | 62 | 1600 | 25K-49K | 668K-879K | 1510K-1720K | 300K-510K |

**DANO**

| Dificuldade | Mín. Por Golpe | Efeito Adicional |
|---|---|---|
| Normal | 38 | Físico |
| Pesadelo | 388 | |
| Tormento | 2523 | |
| Inferno | 26K | |

**GLOBOS DE VIDA**

| Grau | Cai % | Tamanho | Quando cai? |
|---|---|---|---|
| Normal | 5 | 20 | Morte |

### ATAQUES ESPECIAIS E HABILIDADES

NENHUM

## CONJURADOR DECAÍDO

CLASSE: DECAÍDO (XAMÃ)

O Conjurador Decaído não tem ataque corpo a corpo, preferindo arremessar bolas de fogo de longe. Mas seu poder mais agravante é mágico: se um bando de Decaídos estiver próximo, a mágica do conjurador se voltará contra você se eles forem feridos. Para evitar uma luta sem fim, cace o mago primeiro.

VELOCIDADE DE MOVIMENTO: Lenta/Média
DISTÂNCIA DE REPULSÃO: Média

LOCAL PROVÁVEL: Profundezas Desconhecidas

APARECE NO ATO II

**INFORMAÇÕES BÁSICAS**

| Dificuldade | Nível | XP | HP | | | |
|---|---|---|---|---|---|---|
| | | | Normal | Campeão | Raro | Lacaio |
| Normal | 20 | 168.75 | 164-328 | 574-738 | 1230-1394 | 328-492 |
| Pesadelo | 41 | 625 | 2334-4668 | 14K-17K | 29K-33K | 7749-12K |
| Tormento | 56 | 1687.5 | 14K-27K | 112K-144K | 239K-271K | 64K-96K |
| Inferno | 62 | 2000 | 70K-140K | 737K-947K | 1578K-1789K | 421K-631K |

**DANO**

| Dificuldade | Mín. Por Golpe | Efeito Adicional |
|---|---|---|
| Normal | 99 | Ígneo |
| Pesadelo | 1083 | |
| Tormento | 6149 | |
| Inferno | 53K | |

**GLOBOS DE VIDA**

| Grau | Cai % | Tamanho | Quando cai? |
|---|---|---|---|
| Normal | 30 | 20 | Morte |

### ATAQUES ESPECIAIS E HABILIDADES

**RESSUSCITAR DECAÍDOS**

Um Conjurador Decaído pode ressuscitar os que você matar. Se você vir um bando de decaídos brilharem em verde e levantarem depois de derrotados, procure pelo conjurador que está revivendo os decaídos e mate-o o quanto antes.

**BOLA DE FOGO**

O Conjurador Decaído pode conjurar esferas flamejantes com sua espada ou cajado e em seguida arremessá-los em você. Eles infligem dano Ígneo, como você pode imaginar.

## VIRA-LATAS DECAÍDO

CLASSE: DECAÍDO (CÃO)

Esta criatura azul chega perto de sua presa e ataca com uma série de chutes e mordidas. O Vira-Latas Decaído persegue implacavelmente, lutando violentamente até a morte.

VELOCIDADE DE MOVIMENTO: Veloz
DISTÂNCIA DE REPULSÃO: Média/Longínqua

LOCAL PROVÁVEL: Trilha Antiga, Areias Desoladas, Salões da Tempestade, Profundezas Desconhecidas

APARECE NO ATO II

**INFORMAÇÕES BÁSICAS**

| Dificuldade | Nível | XP | HP | | | |
|---|---|---|---|---|---|---|
| | | | Normal | Campeão | Raro | Lacaio |
| Normal | 19 | 97.5 | 143-286 | 501-644 | 1073-1216 | 286-429 |
| Pesadelo | 40 | 360 | 2124-4248 | 12K-16K | 26K-30K | 7052-11K |
| Tormento | 55 | 975 | 12K-24K | 99K-127K | 212K-241K | 57K-85K |
| Inferno | 62 | 1200 | 70K-140K | 737K-947K | 1578K-1789K | 421K-631K |

**DANO**

| Dificuldade | Mín. Por Golpe | Efeito Adicional |
|---|---|---|
| Normal | 95 | Físico |
| Pesadelo | 975 | |
| Tormento | 5577 | |
| Inferno | 53K | |

**GLOBOS DE VIDA**

| Grau | Cai % | Tamanho | Quando cai? |
|---|---|---|---|
| Normal | 30 | 20 | Morte |

### ATAQUES ESPECIAIS E HABILIDADES

NENHUM

## IGNIMAGUS DECAÍDO

CLASSE: DECAÍDO (XAMÃ)

O Ignimagus Decaído de pele clara não tem ataque corpo a corpo, preferindo bolas de fogo de longo alcance. Mas seu poder mais agravante é indireto: se um bando de Decaídos estiver próximo, a mágica do conjurador se voltará contra você se eles forem feridos. Para evitar uma luta sem fim, mate o Ignimagus Decaído primeiro, e só depois mire o resto.

VELOCIDADE DE MOVIMENTO: Lenta/Média
DISTÂNCIA DE REPULSÃO: Média

LOCAL PROVÁVEL: Muralhas do Corvo Celeste

APARECE NO ATO III

**INFORMAÇÕES BÁSICAS**

| Dificuldade | Nível | XP | HP | | | |
|---|---|---|---|---|---|---|
| | | | Normal | Campeão | Raro | Lacaio |
| Normal | 28 | 218.75 | 454-908 | 1589-2043 | 3405-3859 | 908-1362 |
| Pesadelo | 48 | 800 | 4414-8828 | 26K-33K | 55K-62K | 15K-22K |
| Tormento | 59 | 1875 | 20K-40K | 161K-207K | 345K-391K | 92K-138K |
| Inferno | 63 | 2000 | 122K-245K | 1284K-1651K | 2752K-3119K | 734K-1101K |

**DANO**

| Dificuldade | Mín. Por Golpe | Efeito Adicional |
|---|---|---|
| Normal | 262 | Ígneo |
| Pesadelo | 2106 | |
| Tormento | 8410 | |
| Inferno | 113K | |

**GLOBOS DE VIDA**

| Grau | Cai % | Tamanho | Quando cai? |
|---|---|---|---|
| Normal | 30 | 20 | Morte |

### ATAQUES ESPECIAIS E HABILIDADES

**RESSUSCITAR DECAÍDOS**

Um Ignimagus Decaído pode ressuscitar os que você matar. Se você vir Brutos Decaídos brilharem em verde e levantarem depois de derrotados, procure pelo conjurador que está revivendo os decaídos e mate-o o quanto antes.

**BOLA DE FOGO**

O Ignimagus Decaído pode conjurar esferas flamejantes com sua espada ou cajado e em seguida arremessá-los em você. Eles infligem dano Ígneo, como você pode imaginar.

## BRUTO DECAÍDO

CLASSE: DECAÍDO (BRUTO)

O Bruto Decaído é a versão verde de um Decaído básico. Estes Decaídos lutam todos do mesmo jeito, diferenciando-se apenas na cor da pele e no nível. Seu ataque básico é um ataque corpo a corpo com uma maça de espetos — um golpe lateral ou uma batida na cabeça. O Bruto gosta de circular e atacar, dando um ocasional salto impaciente. Como todos de sua espécie, Brutos Decaídos tendem a viajar em bandos, mas fogem quando um deles é assassinado.

VELOCIDADE DE MOVIMENTO: Média/Veloz
DISTÂNCIA DE REPULSÃO: Média
LOCAL PROVÁVEL: Quartel: Nível 1

APARECE NO ATO III

INFORMAÇÕES BÁSICAS

| Dificuldade | Nível | XP | HP | | | |
|---|---|---|---|---|---|---|
| | | | Normal | Campeão | Raro | Lacaio |
| Normal | 25 | 160 | 110-219 | 994-1307 | 2246-2559 | 446-759 |
| Pesadelo | 45 | 580 | 1180-2360 | 18K-23K | 40K-46K | 7976-14K |
| Tormento | 58 | 1450 | 6110-12K | 129K-170K | 292K-333K | 58K-99K |
| Inferno | 63 | 1600 | 43K-86K | 1165K-1532K | 2633K-3000K | 523K-890K |

DANO

| Dificuldade | Mín. Por Golpe | Efeito Adicional |
|---|---|---|
| Normal | 89 | Físico |
| Pesadelo | 798 | |
| Tormento | 3777 | |
| Inferno | 57K | |

GLOBOS DE VIDA

| Grau | Cai % | Tamanho | Quando cai? |
|---|---|---|---|
| Normal | 5 | 20 | Morte |

### ATAQUES ESPECIAIS E HABILIDADES

NENHUM

## CÃO INFERNAL DECAÍDO

CLASSE: DECAÍDO (CÃO)

Esta criatura amarela chega perto de sua presa e ataca com uma série de chutes e mordidas. O Cão Infernal Decaído persegue implacavelmente, e não vai se retirar, lutando violentamente até a morte.

VELOCIDADE DE MOVIMENTO: Veloz
DISTÂNCIA DE REPULSÃO: Média/Longínqua
LOCAL PROVÁVEL: Muralhas do Corvo Celeste, Muralhas Superiores

APARECE NO ATO III

INFORMAÇÕES BÁSICAS

| Dificuldade | Nível | XP | HP | | | |
|---|---|---|---|---|---|---|
| | | | Normal | Campeão | Raro | Lacaio |
| Normal | 28 | 131.25 | 318-636 | 1521-1975 | 3337-3791 | 772-1226 |
| Pesadelo | 48 | 480 | 3090-6180 | 25K-32K | 54K-61K | 12K-20K |
| Tormento | 59 | 1125 | 14K-28K | 154K-200K | 338K-384K | 78K-124K |
| Inferno | 63 | 1200 | 86K-171K | 1229K-1596K | 2697K-3064K | 624K-991K |

DANO

| Dificuldade | Mín. Por Golpe | Efeito Adicional |
|---|---|---|
| Normal | 131 | Físico |
| Pesadelo | 1053 | |
| Tormento | 4205 | |
| Inferno | 57K | |

GLOBOS DE VIDA

| Grau | Cai % | Tamanho | Quando cai? |
|---|---|---|---|
| Normal | 12 | 20 | Morte |

### ATAQUES ESPECIAIS E HABILIDADES

NENHUM

## CÃO DECAÍDO

CLASSE: DECAÍDO (CÃO)

Esta criatura vermelha chega perto de sua presa e ataca com uma série de chutes e mordidas. O Cão Decaído persegue implacavelmente, lutando violentamente até a morte.

VELOCIDADE DE MOVIMENTO: Veloz
DISTÂNCIA DE REPULSÃO: Longínqua
LOCAL PROVÁVEL: Posto de Comando, Cânion Partido, Platô Uivante

APARECE NO ATO II

INFORMAÇÕES BÁSICAS

| Dificuldade | Nível | XP | HP | | | |
|---|---|---|---|---|---|---|
| | | | Normal | Campeão | Raro | Lacaio |
| Normal | 15 | 82.5 | 81-162 | 284-365 | 608-689 | 162-243 |
| Pesadelo | 37 | 315 | 1593-3186 | 9255-12K | 20K-22K | 5289-7933 |
| Tormento | 54 | 937.5 | 11K-21K | 88K-113K | 188K-213K | 50K-75K |
| Inferno | 62 | 1200 | 70K-140K | 737K-947K | 1578K-1789K | 421K-631K |

DANO

| Dificuldade | Mín. Por Golpe | Efeito Adicional |
|---|---|---|
| Normal | 70 | Físico |
| Pesadelo | 686 | |
| Tormento | 5045 | |
| Inferno | 53K | |

GLOBOS DE VIDA

| Grau | Cai % | Tamanho | Quando cai? |
|---|---|---|---|
| Normal | 30 | 20 | Morte |

### ATAQUES ESPECIAIS E HABILIDADES

NENHUM

## LUNÁTICO DERROTADO

CLASSE: DECAÍDO (LUNÁTICO)

Este demônio sombrio vive por apenas poucos segundos. O Lunático Decaído está armado com uma faca longa, mas mal tem tempo para usá-la devido à sua natureza explosiva. Mate-o rapidamente ou tente atrair o louco no meio de inimigos amontoados.

VELOCIDADE DE MOVIMENTO: Veloz
DISTÂNCIA DE REPULSÃO: Extremamente Longe
LOCAL PROVÁVEL: Trilha Antiga, Areias Desoladas

APARECE NO ATO II

INFORMAÇÕES BÁSICAS

| Dificuldade | Nível | XP | HP | | | |
|---|---|---|---|---|---|---|
| | | | Normal | Campeão | Raro | Lacaio |
| Normal | 19 | 130 | 50-100 | 454-597 | 1026-1169 | 204-347 |
| Pesadelo | 40 | 480 | 743-1487 | 11K-15K | 25K-29K | 5024-8550 |
| Tormento | 55 | 1300 | 4256-8512 | 90K-118K | 203K-232K | 40K-69K |
| Inferno | 62 | 1600 | 25K-49K | 668K-879K | 1510K-1720K | 300K-510K |

DANO

| Dificuldade | Mín. Por Golpe | Efeito Adicional |
|---|---|---|
| Normal | 47 | Físico |
| Pesadelo | 487 | |
| Tormento | 2788 | |
| Inferno | 26K | |

GLOBOS DE VIDA

| Grau | Cai % | Tamanho | Quando cai? |
|---|---|---|---|
| Normal | 5 | 20 | Morte |

### ATAQUES ESPECIAIS E HABILIDADES

#### EXPLOSÃO LUNÁTICA

O Lunático Decaído chega arrastando chamas esverdeadas e tenta se mostrar fazendo uma espetacular e suicida aparição. Se você não matá-lo, o lunático corre diretamente para o Herói e explode as entranhas azul-esverdeadas, causando dano enorme nas proximidades. No entanto, ao matar os Lunáticos Decaídos, a detonação é interrompida.

## MANÍACO DECAÍDO

CLASSE: DECAÍDO (LUNÁTICO)

Este demônio sombrio vive por apenas poucos segundos. O Maníaco Decaído está armado com uma faca longa, mas mal tem tempo para usá-la devido à sua natureza explosiva. Mate-o rapidamente, ou tente fugir atraindo o maníaco por inimigos amontoados.

VELOCIDADE DE MOVIMENTO: Veloz
DISTÂNCIA DE REPULSÃO: Extremamente Longe
LOCAL PROVÁVEL: Quartel: Nível 1, Profundezas do Forte: Nível 2

APARECE NO ATO III

INFORMAÇÕES BÁSICAS

| Dificuldade | Nível | XP | HP | | | |
|---|---|---|---|---|---|---|
| | | | Normal | Campeão | Raro | Lacaio |
| Normal | 25 | 160 | 110-219 | 994-1307 | 2246-2559 | 446-759 |
| Pesadelo | 45 | 580 | 1180-2360 | 18K-23K | 40K-46K | 7976-14K |
| Tormento | 58 | 1450 | 6110-12K | 129K-170K | 292K-333K | 58K-99K |
| Inferno | 63 | 1600 | 43K-86K | 1165K-1532K | 2633K-3000K | 523K-890K |

DANO

| Dificuldade | Mín. Por Golpe | Efeito Adicional |
|---|---|---|
| Normal | 89 | Físico |
| Pesadelo | 798 | |
| Tormento | 3777 | |
| Inferno | 57K | |

GLOBOS DE VIDA

| Grau | Cai % | Tamanho | Quando cai? |
|---|---|---|---|
| Normal | 5 | 20 | Morte |

### ATAQUES ESPECIAIS E HABILIDADES

#### EXPLOSÃO LUNÁTICA

O Maníaco Decaído chega arrastando chamas esverdeadas e tenta se mostrar fazendo uma espetacular e suicida aparição. Se você não matá-lo, o maníaco corre diretamente para o herói e explode entranhas azul-esverdeadas que causa dano enorme nas proximidades. Quando você matar o Maníaco Decaído, ele vai voar e a explosão será evitada.

## MESTRE DECAÍDO

CLASSE: DECAÍDO (CAMPEÃO)

Este homem-besta azulado empunha uma única arma: duas espadas enfiadas em um bastão de madeira para formar um machado de duas mãos. O Mestre Decaído oferece dois ataques de corpo a corpo — um balanço na cabeça e um golpe horizontal. Ele também tem um ataque que pula e dá uma pancada e um rugido que causa danos. Preste atenção para um ocasional retiro tático, mas saiba que a raiva do Mestre Decaído o fará voltar logo.

VELOCIDADE DE MOVIMENTO: Média
DISTÂNCIA DE REPULSÃO: Curta
LOCAL PROVÁVEL: Trilha Antiga, Salões da Tempestade, Profundezas Desconhecidas, Areias Desoladas, Cidade de Caldeum

APARECE NO ATO II

INFORMAÇÕES BÁSICAS

| Dificuldade | Nível | XP | HP | | | |
|---|---|---|---|---|---|---|
| | | | Normal | Campeão | Raro | Lacaio |
| Normal | 20 | 168.75 | 492-656 | 738-902 | 1394-1558 | 656-820 |
| Pesadelo | 41 | 625 | 7002-9336 | 17K-21K | 33K-37K | 15K-19K |
| Tormento | 56 | 1687.5 | 41K-55K | 144K-176K | 271K-303K | 128K-160K |
| Inferno | 62 | 2000 | 210K-281K | 947K-1157K | 1789K-1999K | 842K-1052K |

DANO

| Dificuldade | Mín. Por Golpe | Efeito Adicional |
|---|---|---|
| Normal | 74 | Físico |
| Pesadelo | 813 | |
| Tormento | 4612 | |
| Inferno | 40K | |

GLOBOS DE VIDA

| Grau | Cai % | Tamanho | Quando cai? |
|---|---|---|---|
| Normal | 80 | 20 | Morte |

### ATAQUES ESPECIAIS E HABILIDADES

#### IMPACTO

Em meio a oscilações de corpo a corpo, o Mestre Decaído usa um golpe carregado com a sua arma, jogando-o para trás e causando um estouro de energia.

#### RUGIDO DE BATALHA

Ocasionalmente, o Mestre Decaído lança os braços e uiva com tanta fúria que um círculo vermelho de energia emana para fora de sua localização.

## MESTIÇO DECAÍDO

CLASSE: DECAÍDO (CÃO)

Esta criatura verde chega perto de sua presa e ataca com uma série de chutes e mordidas. O Mestiço Decaído persegue implacave mente, lutando violentamente até a morte.

VELOCIDADE DE MOVIMENTO: Veloz
DISTÂNCIA DE REPULSÃO: Longínqua
LOCAL PROVÁVEL: Quartel: Nível 1

APARECE NO ATO II

INFORMAÇÕES BÁSICAS

| Dificuldade | Nível | XP | HP | | | |
|---|---|---|---|---|---|---|
| | | | Normal | Campeão | Raro | Lacaio |
| Normal | 25 | 120 | 313-626 | 1096-1409 | 2348-2661 | 626-939 |
| Pesadelo | 45 | 435 | 3372-6744 | 20K-25K | 42K-48K | 11K-17K |
| Tormento | 58 | 1087.5 | 17K-35K | 142K-183K | 305K-346K | 81K-122K |
| Inferno | 63 | 1200 | 122K-245K | 1284K-1651K | 2752K-3119K | 734K-1101K |

DANO

| Dificuldade | Mín. Por Golpe | Efeito Adicional |
|---|---|---|
| Normal | 177 | Físico |
| Pesadelo | 1597 | |
| Tormento | 7553 | |
| Inferno | 113K | |

GLOBOS DE VIDA

| Grau | Cai % | Tamanho | Quando cai? |
|---|---|---|---|
| Normal | 30 | 20 | Morte |

### ATAQUES ESPECIAIS E HABILIDADES

NENHUM

# SUSERANO DECAÍDO

CLASSE: DECAÍDO (CAMPEÃO)

Esta besta esverdeada empunha uma arma única: duas espadas enfiadas em um bastão de madeira para formar um machado de duas mãos. O Suserano Decaído oferece dois ataques de corpo a corpo — um balanço sobre a cabeça e um golpe horizontal. Ele também tem um ataque que pula e dá uma pancada. Preste atenção para um ocasional retiro tático, mas saiba que a raiva do Suserano Decaído o fará voltar logo.

VELOCIDADE DE MOVIMENTO: Média
DISTÂNCIA DE REPULSÃO: Média
LOCAL PROVÁVEL: O Quartel

APARECE NO ATO III

**INFORMAÇÕES BÁSICAS**

| Dificuldade | Nível | XP | HP | | | |
|---|---|---|---|---|---|---|
| | | | Normal | Campeão | Raro | Lacaio |
| Normal | 25 | 200 | 939-1252 | 1409-1722 | 2661-2974 | 1252-1565 |
| Pesadelo | 45 | 725 | 10K-13K | 25K-31K | 48K-53K | 22K-28K |
| Tormento | 58 | 1812.5 | 52K-70K | 183K-224K | 346K-386K | 163K-203K |
| Inferno | 63 | 2000 | 367K-489K | 1651K-2018K | 3119K-3486K | 1468K-1835K |

**DANO**

| Dificuldade | Mín. Por Golpe | Efeito Adicional |
|---|---|---|
| Normal | 133 | Físico |
| Pesadelo | 1198 | |
| Tormento | 5665 | |
| Inferno | 85K | |

**GLOBOS DE VIDA**

| Grau | Cai % | Tamanho | Quando cai? |
|---|---|---|---|
| Normal | 80 | 20 | Morte |

## ATAQUES ESPECIAIS E HABILIDADES

### IMPACTO

Em meio a oscilações de corpo a corpo, o Suserano Decaído usa um golpe carregado com a sua arma, jogando você para trás e causando dano em um estouro de energia.

### RUGIDO DE BATALHA

Ocasionalmente, o Suserano Decaído lança os braços e uiva com tanta fúria que um círculo vermelho de energia emana para fora de sua localização.

# CAPATAZ DECAÍDO

CLASSE: DECAÍDO (CAMPEÃO)

Esta besta empunha uma única arma: duas espadas enfiadas em um bastão de madeira para formar um machado de duas mãos. O Capataz Decaído possui dois ataques corpo a corpo básicos, uma cabeçada e um golpe horizontal. Ele também tem um ataque em que pula e dá uma pancada e um rugido que causa dano. Preste atenção para um retiro ocasional tático, mas espere que ele corra de volta logo após a retirada.

VELOCIDADE DE MOVIMENTO: Média
DISTÂNCIA DE REPULSÃO: Média
LOCAL PROVÁVEL: Câmara Desmoronante, Oásis de Dahlgur, Trilha para o Oásis, Ventos Lancinantes, Caravana Perdida, Minas do Cânion Negro, Platô Uivante

APARECE NO ATO II

**INFORMAÇÕES BÁSICAS**

| Dificuldade | Nível | XP | HP | | | |
|---|---|---|---|---|---|---|
| | | | Normal | Campeão | Raro | Lacaio |
| Normal | 17 | 150 | 324-432 | 486-594 | 918-1026 | 432-540 |
| Pesadelo | 39 | 575 | 5796-7728 | 14K-18K | 27K-30K | 13K-16K |
| Tormento | 55 | 1625 | 36K-49K | 127K-156K | 241K-269K | 113K-142K |
| Inferno | 62 | 2000 | 210K-281K | 947K-1157K | 1789K-1999K | 842K-1052K |

**DANO**

| Dificuldade | Mín. Por Golpe | Efeito Adicional |
|---|---|---|
| Normal | 63 | Físico |
| Pesadelo | 654 | |
| Tormento | 4182 | |
| Inferno | 40K | |

**GLOBOS DE VIDA**

| Grau | Cai % | Tamanho | Quando cai? |
|---|---|---|---|
| Normal | 80 | 20 | Morte |

## ATAQUES ESPECIAIS E HABILIDADES

### IMPACTO

Em meio a oscilações corpo a corpo, o Capataz Decaído usa um golpe sobre a cabeça supercarregado com a sua arma, jogando o Herói para trás e causando um estouro de energia.

### RUGIDO DE BATALHA

Ocasionalmente, o Capataz Decaído lança os braços e uiva com tanta fúria que um círculo vermelho de energia emana para fora de sua localização.

# PEÃO DECAÍDO

CLASSE: DECAÍDO (BRUTO)

O Peão Decaído é a versão azul de um Decaído básico. Estes Decaídos lutam todos do mesmo jeito, diferenciando-se apenas na cor da pele e no nível. Seu ataque básico é um ataque corpo a corpo com uma maça de espetos — um golpe lateral ou uma batida sobre a cabeça. Ele gosta de atacar e circular, dando um ocasional salto impaciente. Como outros de sua espécie, Peões Decaídos viajam em bandos, mas fogem quando um deles é assassinado.

VELOCIDADE DE MOVIMENTO: Média/Veloz
DISTÂNCIA DE REPULSÃO: Média
LOCAL PROVÁVEL: Salões do Crepúsculo, Salões da Tempestade, Profundezas Desconhecidas

APARECE NO ATO II

**INFORMAÇÕES BÁSICAS**

| Dificuldade | Nível | XP | HP | | | |
|---|---|---|---|---|---|---|
| | | | Normal | Campeão | Raro | Lacaio |
| Normal | 19 | 130 | 50-100 | 454-597 | 1026-1169 | 204-347 |
| Pesadelo | 40 | 480 | 743-1487 | 11K-15K | 25K-29K | 5024-8550 |
| Tormento | 55 | 1300 | 4256-8512 | 90K-118K | 203K-232K | 40K-69K |
| Inferno | 62 | 1600 | 25K-49K | 668K-879K | 1510K-1720K | 300K-510K |

**DANO**

| Dificuldade | Mín. Por Golpe | Efeito Adicional |
|---|---|---|
| Normal | 47 | Físico |
| Pesadelo | 487 | |
| Tormento | 2788 | |
| Inferno | 26K | |

**GLOBOS DE VIDA**

| Grau | Cai % | Tamanho | Quando cai? |
|---|---|---|---|
| Normal | 5 | 20 | Morte |

## ATAQUES ESPECIAIS E HABILIDADES

NENHUM

## PROFETA DECAÍDO

CLASSE: DECAÍDO (XAMÃ)

O Profeta Decaído não tem ataque corpo a corpo, preferindo arremessar bolas de fogo de longe. Mas tome cuidado com o seu poder de ressurreição. Se um Decaído estiver próximo, a mágica do conjurador fará com que eles se levantem e ataquem novamente. Se você não quer uma luta sem fim, mate primeiro o profeta.

VELOCIDADE DE MOVIMENTO: Lenta/Média
DISTÂNCIA DE REPULSÃO: Média
LOCAL PROVÁVEL: O Quartel

APARECE NO ATO III

**INFORMAÇÕES BÁSICAS**

| Dificuldade | Nível | XP | HP | | | |
|---|---|---|---|---|---|---|
| | | | Normal | Campeão | Raro | Lacaio |
| Normal | 22 | 181.25 | 214-428 | 749-963 | 1605-1819 | 428-642 |
| Pesadelo | 42 | 650 | 2561-5122 | 15K-19K | 32K-36K | 8503-13K |
| Tormento | 56 | 1687.5 | 14K-27K | 112K-144K | 239K-271K | 64K-96K |
| Inferno | 62 | 2000 | 70K-140K | 737K-947K | 1578K-1789K | 421K-631K |

**DANO**

| Dificuldade | Mín. Por Golpe | Efeito Adicional |
|---|---|---|
| Normal | 118 | Ígneo |
| Pesadelo | 1198 | |
| Tormento | 6149 | |
| Inferno | 53K | |

**GLOBOS DE VIDA**

| Grau | Cai % | Tamanho | Quando cai? |
|---|---|---|---|
| Normal | 30 | 20 | Morte |

### ATAQUES ESPECIAIS E HABILIDADES

**RESSUSCITAR DECAÍDOS**
Um Profeta Decaído pode ressuscitar Brutos que você matar. Se você vir Brutos Decaídos brilharem em verde e levantarem depois de derrotados, procure pelo conjurador que está revivendo os decaídos e mate-o o quanto antes.

**BOLA DE FOGO**
O Profeta Decaído pode conjurar esferas flamejantes com sua espada ou cajado e em seguida arremessá-los em você. Eles infligem dano Ígneo, como você pode imaginar.

## XAMÃ DECAÍDO

CLASSE: DECAÍDO (XAMÃ)

O Xamã Decaído não tem ataque corpo a corpo, preferindo arremessar bolas de fogo de longe. Se um Decaído estiver próximo, a mágica do xamã ressuscitará os que você tiver matado. Se você não quiser uma luta sem fim, mate primeiro o xamã.

VELOCIDADE DE MOVIMENTO: Média
DISTÂNCIA DE REPULSÃO: Longínqua
LOCAL PROVÁVEL: Câmara Desmoronante, Oásis de Dahlgur, Trilha para o Oásis, Caravana Perdida

APARECE NO ATO II

**INFORMAÇÕES BÁSICAS**

| Dificuldade | Nível | XP | HP | | | |
|---|---|---|---|---|---|---|
| | | | Normal | Campeão | Raro | Lacaio |
| Normal | 15 | 137.5 | 81-162 | 284-365 | 608-689 | 162-243 |
| Pesadelo | 37 | 525 | 1593-3186 | 9255-12K | 20K-22K | 5289-7933 |
| Tormento | 54 | 1562.5 | 11K-21K | 88K-113K | 188K-213K | 50K-75K |
| Inferno | 62 | 2000 | 70K-140K | 737K-947K | 1578K-1789K | 421K-631K |

**DANO**

| Dificuldade | Mín. Por Golpe | Efeito Adicional |
|---|---|---|
| Normal | 70 | Ígneo |
| Pesadelo | 686 | |
| Tormento | 5045 | |
| Inferno | 53K | |

**GLOBOS DE VIDA**

| Grau | Cai % | Tamanho | Quando cai? |
|---|---|---|---|
| Normal | 30 | 20 | Morte |

### ATAQUES ESPECIAIS E HABILIDADES

**RESSUSCITAR DECAÍDOS**
Um Xamã Decaído pode ressuscitar Brutos que você matar. Se você vir brutos brilharem em verde e levantarem depois de derrotados, procure pelo conjurador que está revivendo os decaídos e mate-o o quanto antes.

**BOLA DE FOGO**
O Xamã Decaído pode conjurar esferas flamejantes com sua espada ou cajado e em seguida arremessá-los em você. Eles infligem dano Ígneo.

## FEITOR DECAÍDO

CLASSE: DECAÍDO (CAMPEÃO)

Como seus companheiros, este monstro empunha uma única arma: duas espadas enfiadas em um bastão de madeira para formar um machado de duas mãos. O Feitor Decaído oferece dois ataques de corpo a corpo — um balanço na cabeça e um golpe horizontal. Ele também tem um ataque que pula e dá uma pancada. Preste atenção para um retiro ocasional tático e saiba que, depois de alguns segundos, o Feitor Decaído vai entrar na água para atacar novamente.

VELOCIDADE DE MOVIMENTO: Média
DISTÂNCIA DE REPULSÃO: Média
LOCAL PROVÁVEL: Muralhas do Corvo Celeste

APARECE NO ATO III

**INFORMAÇÕES BÁSICAS**

| Dificuldade | Nível | XP | HP | | | |
|---|---|---|---|---|---|---|
| | | | Normal | Campeão | Raro | Lacaio |
| Normal | 28 | 218.75 | 1362-1816 | 2043-2497 | 3859-4313 | 1816-2270 |
| Pesadelo | 48 | 800 | 13K-18K | 33K-40K | 62K-70K | 29K-37K |
| Tormento | 59 | 1875 | 59K-79K | 207K-253K | 391K-437K | 184K-230K |
| Inferno | 63 | 2000 | 367K-489K | 1651K-2018K | 3119K-3486K | 1468K-1835K |

**DANO**

| Dificuldade | Mín. Por Golpe | Efeito Adicional |
|---|---|---|
| Normal | 197 | Físico |
| Pesadelo | 1580 | |
| Tormento | 6308 | |
| Inferno | 85K | |

**GLOBOS DE VIDA**

| Grau | Cai % | Tamanho | Quando cai? |
|---|---|---|---|
| Normal | 80 | 20 | Morte |

### ATAQUES ESPECIAIS E HABILIDADES

**IMPACTO**
Em meio a oscilações de corpo a corpo, o Feitor Decaído usa um golpe carregado com a sua arma, jogando o Herói para trás e causando um estouro de energia.

**RUGIDO DE BATALHA**
Ocasionalmente, o Feitor Decaído lança os braços e uiva com tanta fúria que um círculo vermelho de energia emana para fora de sua localização.

## SOLDADO DECAÍDO

CLASSE: DECAÍDO (BRUTO)

O Soldado Decaído é a versão amarela de um Decaído básico. Estes Decaídos lutam todos do mesmo jeito, diferenciando-se apenas na cor da pele e no nível. Seu ataque básico é um ataque corpo a corpo com uma maça de espetos — um golpe lateral ou uma batida na cabeça. O Soldado gosta de circular e atacar, dando um ocasional salto impaciente. Como todos de sua espécie, Soldados Decaídos viajam em bandos, mas fogem quando um deles é assassinado.

VELOCIDADE DE MOVIMENTO: Média/Veloz
DISTÂNCIA DE REPULSÃO: Média
LOCAL PROVÁVEL: Ponte de Rakkis, Muralhas do Corvo Celeste

APARECE NO ATO III

| INFORMAÇÕES BÁSICAS | | | | | | |
|---|---|---|---|---|---|---|
| Dificuldade | Nível | XP | HP | | | |
| | | | Normal | Campeão | Raro | Lacaio |
| Normal | 28 | 175 | 159-318 | 1441-1895 | 3257-3711 | 647-1101 |
| Pesadelo | 48 | 640 | 1545-3090 | 23K-31K | 53K-60K | 10K-18K |
| Tormento | 59 | 1500 | 6914-14K | 146K-192K | 330K-376K | 66K-112K |
| Inferno | 63 | 1600 | 43K-86K | 1165K-1532K | 2633K-3000K | 523K-890K |

| DANO | | |
|---|---|---|
| Dificuldade | Mín. Por Golpe | Efeito Adicional |
| Normal | 131 | Físico |
| Pesadelo | 1053 | |
| Tormento | 4205 | |
| Inferno | 57K | |

| GLOBOS DE VIDA | | | |
|---|---|---|---|
| Grau | Cai % | Tamanho | Quando cai? |
| Normal | 5 | 20 | Morte |

### ATAQUES ESPECIAIS E HABILIDADES

NENHUM

## DEMÔNIO

CLASSE: DIABRETE

Como seus primos Diabretes, Demônios são criaturas pequenas e desagradáveis, dando ataques corpo a corpo seguidos de rápidos movimentos circulares. Quando Demônios começam a circular, eles levantam as mãos e saem correndo. Eles não têm ataques especiais, mas tendem a viajar em grupos e podem ser alvos difíceis.

VELOCIDADE DE MOVIMENTO: Veloz
DISTÂNCIA DE REPULSÃO: Muito Longínqua
LOCAL PROVÁVEL: Catedral: Nível 4, Torre de Vigia: Nível 2

APARECE NO ATO I

| INFORMAÇÕES BÁSICAS | | | | | | |
|---|---|---|---|---|---|---|
| Dificuldade | Nível | XP | HP | | | |
| | | | Normal | Campeão | Raro | Lacaio |
| Normal | 7 | 52.5 | 6-22 | 87-115 | 199-227 | 38-66 |
| Pesadelo | 32 | 240 | 190-761 | 4894-6473 | 11K-13K | 2131-3710 |
| Tormento | 51 | 825 | 1400-5601 | 51K-67K | 116K-132K | 22K-38K |
| Inferno | 61 | 1200 | 6489-26K | 302K-399K | 691K-788K | 131K-229K |

| DANO | | |
|---|---|---|
| Dificuldade | Mín. Por Golpe | Efeito Adicional |
| Normal | 9 | Físico |
| Pesadelo | 171 | |
| Tormento | 1471 | |
| Inferno | 7216 | |

| GLOBOS DE VIDA | | | |
|---|---|---|---|
| Grau | Cai % | Tamanho | Quando cai? |
| Normal | 5 | 20 | Morte |

### ATAQUES ESPECIAIS E HABILIDADES

NENHUM

## ARACNITA INCANDESCENTE

CLASSE: ARACNITA

Ao explorar as Profundezas Desconhecidas e os Salões da Tempestade no Ato 2, atente-se para torres coloridas que criam aracnitas elementais. Torres Guardiãs produzem Aracnitas Incandescentes, rápidas aranhas vermelhas que infligem dano Elétrico a cada mordida. Cada torre cria filhotes até que seis estejam se rastejando. Se você matar aracnitas, a torre instantaneamente gera novas para substituir as perdidas, até o limite total de seis. As torres são fáceis de destruir, então acerte-as rapidamente para impedir a desova.

VELOCIDADE DE MOVIMENTO: Devagar
DISTÂNCIA DE REPULSÃO: Curta
LIMITE DE CRIAS: 6 de cada vez
LOCAL PROVÁVEL: Profundezas Desconhecidas, Salões da Tempestade

APARECE NO ATO II

| INFORMAÇÕES BÁSICAS | | | | | | |
|---|---|---|---|---|---|---|
| Dificuldade | Nível | XP | HP | | | |
| | | | Normal | Campeão | Raro | Lacaio |
| Normal | 22 | 0 | 107-214 | 696-910 | 1552-1766 | 321-535 |
| Pesadelo | 42 | 0 | 1281-2561 | 14K-18K | 31K-35K | 6377-11K |
| Tormento | 56 | 0 | 6850-14K | 104K-136K | 231K-263K | 48K-80K |
| Inferno | 62 | 0 | 35K-70K | 684K-894K | 1526K-1736K | 316K-526K |

| DANO | | |
|---|---|---|
| Dificuldade | Mín. Por Golpe | Efeito Adicional |
| Normal | 88 | Elétrico |
| Pesadelo | 899 | |
| Tormento | 4612 | |
| Inferno | 40K | |

| GLOBOS DE VIDA | | | |
|---|---|---|---|
| Grau | Cai % | Tamanho | Quando cai? |
| Normal | 5 | 20 | Morte |

### ATAQUES ESPECIAIS E HABILIDADES

NENHUM

## CONJURADOR IMPURO

LOCAL PROVÁVEL: Alcarnus

Você encontra o Conjurador Impuro em Alcarnus. O soco corpo a corpo deste evocador é infundido com dano Arcano e seu ataque a distância é um míssil de fogo. O Conjurador Impuro também pode chamar um bando de Malévolos Amaldiçoados, um de cada vez.

VELOCIDADE DE MOVIMENTO: Devagar
DISTÂNCIA DE REPULSÃO: Média

CLASSE: EVOCADOR DAS TREVAS

APARECE NO ATO II

| INFORMAÇÕES BÁSICAS | | | | | | |
|---|---|---|---|---|---|---|
| Dificuldade | Nível | XP | HP | | | |
| | | | Normal | Campeão | Raro | Lacaio |
| Normal | 17 | 180 | 81-162 | 365-473 | 797-905 | 189-297 |
| Pesadelo | 39 | 690 | 1449-2898 | 11K-14K | 24K-27K | 5612-8820 |
| Tormento | 55 | 1950 | 9120-18K | 96K-124K | 209K-237K | 50K-78K |
| Inferno | 62 | 2400 | 53K-105K | 710K-921K | 1552K-1763K | 368K-579K |

| DANO | | |
|---|---|---|
| Dificuldade | Mín. Por Golpe | Efeito Adicional |
| Normal | 104 | Arcano Físico |
| Pesadelo | 1091 | |
| Tormento | 6971 | |
| Inferno | 66K | |

| GLOBOS DE VIDA | | | |
|---|---|---|---|
| Grau | Cai % | Tamanho | Quando cai? |
| Normal | 15 | 20 | Morte |

### ATAQUES ESPECIAIS E HABILIDADES

**EVOCAR INFERNANTE**
De tempos em tempos durante uma briga, o Conjurador Impuro chama um Malévolo Amaldiçoado para atacá-lo. Não mais de três infernantes podem estar em campo ao mesmo tempo, e cada um dura cerca de 30 segundos.

**BOLA DE FOGO**
A longa distância, o Conjurador Impuro pode evocar uma esfera de dano Ígneo e arremessá-la no Herói.

## MALÉVOLO FRENÉTICO

CLASSE: INFERNANTE

Estas criaturas arroxeadas, com espetos e nervos são conjuradas das entranhas do inferno para o campo de batalha, pelos Evocadores Enlouquecidos. O Malévolo Frenético luta como um cão raivoso avançando rapidamente com suas irascíveis mandíbulas que procuram alimentar-se da vida. Uma vez evocado, cada infernante tem uma vida útil de cerca de 30 segundos.

VELOCIDADE DE MOVIMENTO: Veloz
DISTÂNCIA DE REPULSÃO: Média
LOCAL PROVÁVEL: Alcarnus, Estrada para Alcarnus

APARECE NO ATO II

| INFORMAÇÕES BÁSICAS | | | | | | |
|---|---|---|---|---|---|---|
| Dificuldade | Nível | XP | HP | | | |
| | | | Normal | Campeão | Raro | Lacaio |
| Normal | 18 | 93.75 | 124-248 | 434-558 | 930-1054 | 248-372 |
| Pesadelo | 39 | 345 | 1932-3864 | 11K-14K | 24K-27K | 6414-9621 |
| Tormento | 55 | 975 | 12K-24K | 99K-127K | 212K-241K | 57K-85K |
| Inferno | 62 | 1200 | 70K-140K | 737K-947K | 1578K-1789K | 421K-631K |

| DANO | | |
|---|---|---|
| Dificuldade | Mín. Por Golpe | Efeito Adicional |
| Normal | 22 | Físico |
| Pesadelo | 218 | |
| Tormento | 1394 | |
| Inferno | 13K | |

| GLOBOS DE VIDA | | | |
|---|---|---|---|
| Grau | Cai % | Tamanho | Quando cai? |
| Normal | 30 | 20 | Morte |

### ATAQUES ESPECIAIS E HABILIDADES

NENHUM

## GUARDIÃO GÉLIDO

CLASSE: ESQUELETO MAGO

Este mago esquelético gelado recebe uma redução de 25% a golpes de dano Gélido. Seu Tiro Gelado de alcance médio lança um trio de lanças geladas que podem congelar o Herói, tornando-o azul e diminuindo seus movimentos. Os Guardiões Gélidos não possuem ataque corpo a corpo, mas arremessam lanças geladas de perto.

VELOCIDADE DE MOVIMENTO: Média
DISTÂNCIA DE REPULSÃO: Curta/Média
LOCAL PROVÁVEL: Câmara do Ídolo Perdido

APARECE NO ATO II

| INFORMAÇÕES BÁSICAS | | | | | | |
|---|---|---|---|---|---|---|
| Dificuldade | Nível | XP | HP | | | |
| | | | Normal | Campeão | Raro | Lacaio |
| Normal | 20 | 135 | 66-131 | 525-689 | 1181-1345 | 238-402 |
| Pesadelo | 41 | 500 | 934-1867 | 12K-16K | 28K-32K | 5618-9492 |
| Tormento | 56 | 1350 | 5480-11K | 102K-134K | 230K-262K | 46K-78K |
| Inferno | 62 | 1600 | 28K-56K | 673K-884K | 1515K-1726K | 305K-516K |

| DANO | | |
|---|---|---|
| Dificuldade | Mín. Por Golpe | Efeito Adicional |
| Normal | 50 | Gélido |
| Pesadelo | 542 | |
| Tormento | 3075 | |
| Inferno | 26K | |

| GLOBOS DE VIDA | | | |
|---|---|---|---|
| Grau | Cai % | Tamanho | Quando cai? |
| Normal | 5 | 20 | Morte |

### ATAQUES ESPECIAIS E HABILIDADES

**PROJÉTIL GELADO**
Independentemente do alcance, o Guardião Gélido dispara um trio de lanças de gelo que se espalham enquanto viajam, e quanto mais perto você estiver, maior a chance de ser acertado pelas três lanças. Esses projéteis causam dano Gélido, e também gelam o Herói se encostarem nele, deixando-o mais lento. Essas lanças não viajam muito rápido, sendo fácil de evitá-las a uma certa distância.

## ESPREITADORA DA FLORESTA

CLASSE: ARANHA

Este aracnídeo azul-gelo e sua prima de fogo, a Espreitadora Calcinante infestam o Ato 2. A Espreitadora da Floresta não cospe teias de aranha como seus primos não elementais, mas a sua mordida rápida e fria causa dano Gélido que retarda você do mesmo jeito.

VELOCIDADE DE MOVIMENTO: Média
DISTÂNCIA DE REPULSÃO: Muito Curta
LOCAL PROVÁVEL: Profundezas Desconhecidas

APARECE NO ATO II

**INFORMAÇÕES BÁSICAS**

| Dificuldade | Nível | XP | HP | | | |
|---|---|---|---|---|---|---|
| | | | Normal | Campeão | Raro | Lacaio |
| Normal | 20 | 135 | 656-820 | 820-984 | 1476-1640 | 820-984 |
| Pesadelo | 41 | 500 | 9336-12K | 19K-23K | 35K-39K | 19K-23K |
| Tormento | 56 | 1350 | 55K-68K | 160K-192K | 287K-319K | 160K-192K |
| Inferno | 62 | 1600 | 281K-351K | 1052K-1263K | 1894K-2105K | 1052K-1263K |

**DANO**

| Dificuldade | Mín. Por Golpe | Efeito Adicional |
|---|---|---|
| Normal | 99 | Gélido |
| Pesadelo | 1083 | |
| Tormento | 6149 | |
| Inferno | 53K | |

**GLOBOS DE VIDA**

| Grau | Cai % | Tamanho | Quando cai? |
|---|---|---|---|
| Normal | 90 | 20 | Morte |

### ATAQUES ESPECIAIS E HABILIDADES

NENHUM

## NAVALHA GÉLIDA

CLASSE: DIABO-OURIÇO

Bandos de Navalhas Gélidas se escondem na Casamata Fortificada do Ato 3. De perto, a Navalha Gélida golpeia os intrusos com suas garras dianteiras. Mas a distância a criatura vai subitamente elevar suas patas traseiras e espinhos de fogo. Esse ataque à distância é rápido, então seja um alvo em movimento. A Navalha Gélida é muito mais resistente do que seus primos.

VELOCIDADE DE MOVIMENTO: Média
DISTÂNCIA DE REPULSÃO: Longínqua
LOCAL PROVÁVEL: Casamata Fortificada: Nível 1

APARECE NO ATO II

**INFORMAÇÕES BÁSICAS**

| Dificuldade | Nível | XP | HP | | | |
|---|---|---|---|---|---|---|
| | | | Normal | Campeão | Raro | Lacaio |
| Normal | 25 | 120 | 188-313 | 1033-1346 | 2285-2598 | 501-814 |
| Pesadelo | 45 | 435 | 2023-3372 | 18K-24K | 41K-46K | 8956-15K |
| Tormento | 58 | 1087.5 | 10K-17K | 134K-175K | 297K-338K | 65K-106K |
| Inferno | 63 | 1200 | 73K-122K | 1211K-1578K | 2679K-3046K | 587K-954K |

**DANO**

| Dificuldade | Mín. Por Golpe | Efeito Adicional |
|---|---|---|
| Normal | 177 | Físico |
| Pesadelo | 1597 | |
| Tormento | 7553 | |
| Inferno | 113K | |

**GLOBOS DE VIDA**

| Grau | Cai % | Tamanho | Quando cai? |
|---|---|---|---|
| Normal | 6 | 20 | Morte |

### ATAQUES ESPECIAIS E HABILIDADES

NENHUM

## GARRÁLGIDA ENTERRADORA

CLASSE: VORAZGO

Como seus primos Vorazgos, a Garrálgida Enterradora é uma besta hiperativa, cavando obsessivamente entre rápidas e súbitas explosões de hostilidade. Esta rápida criatura encontrada nas Cavernas da Queda do Gelo e Cavernas de Gelo no Ato 3 apresenta ataques básicos: uma mordida rápida ou um golpe de garras de perto. Ela adiciona um Salto Destruidor que atinge de longe, e frequentemente usa sua habilidade de escavação para surpreender sua presa ou escapar da pressão.

VELOCIDADE DE MOVIMENTO: Veloz
DISTÂNCIA DE REPULSÃO: Longínqua
LOCAL PROVÁVEL: Nível 1 das Cavernas de Gelo e Cavernas da Queda do Gelo

APARECE NO ATO III

**INFORMAÇÕES BÁSICAS**

| Dificuldade | Nível | XP | HP | | | |
|---|---|---|---|---|---|---|
| | | | Normal | Campeão | Raro | Lacaio |
| Normal | 25 | 80 | 157-313 | 1017-1330 | 2269-2582 | 470-783 |
| Pesadelo | 45 | 290 | 1686-3372 | 18K-24K | 41K-46K | 8396-14K |
| Tormento | 58 | 725 | 8729-17K | 132K-173K | 295K-336K | 61K-102K |
| Inferno | 63 | 800 | 61K-122K | 1193K-1560K | 2661K-3027K | 550K-917K |

**DANO**

| Dificuldade | Mín. Por Golpe | Efeito Adicional |
|---|---|---|
| Normal | 177 | Físico |
| Pesadelo | 1597 | |
| Tormento | 7553 | |
| Inferno | 113K | |

**GLOBOS DE VIDA**

| Grau | Cai % | Tamanho | Quando cai? |
|---|---|---|---|
| Normal | 5 | 20 | Morte |

### ATAQUES ESPECIAIS E HABILIDADES

#### SALTO

A Garrálgida Enterradora ocasionalmente salta com a boca aberta e pode atacar a partir de vários metros de distância. Não seja bonzinho quando a criatura circular ao seu redor para ataques corpo a corpo!

#### TOCA

Fiel ao seu nome, a Garrálgida Enterradora gosta de cavar no chão congelado e aparecer inesperadamente.

## COVEIRO HEDIONDO

### CLASSE: BANDIDO

O Coveiro Hediondo é exatamente o que seu nome implica: uma vez um coveiro, e agora um medonho morto. Este inimigo pode balançar sua pá pesada com forte poder de Repulsão e infligir dano Gélido.

VELOCIDADE DE MOVIMENTO: Média
DISTÂNCIA DE REPULSÃO: Longínqua
LOCAL PROVÁVEL: Cripta Profanada

APARECE NO ATO I

**INFORMAÇÕES BÁSICAS**

| Dificuldade | Nível | XP | HP | | | |
|---|---|---|---|---|---|---|
| | | | Normal | Campeão | Raro | Lacaio |
| Normal | 6 | 65 | 16-32 | 77-100 | 169-192 | 39-62 |
| Pesadelo | 32 | 320 | 666-1331 | 5289-6867 | 12K-13K | 2684-4262 |
| Tormento | 51 | 1100 | 4901-9801 | 55K-71K | 120K-136K | 28K-44K |
| Inferno | 61 | 1600 | 23K-45K | 326K-423K | 715K-813K | 165K-263K |

**DANO**

| Dificuldade | Mín. Por Golpe | Efeito Adicional |
|---|---|---|
| Normal | 19 | Gélido |
| Pesadelo | 429 | |
| Tormento | 3677 | |
| Inferno | 18K | |

**GLOBOS DE VIDA**

| Grau | Cai % | Tamanho | Quando cai? |
|---|---|---|---|
| Normal | 12 | 20 | Morte |

### ATAQUES ESPECIAIS E HABILIDADES

**NOCAUTE HEDIONDO**

O Coveiro Hediondo dá um soco de Repulsão com algumas oscilações de sua pá.

## ASSASSINO FANTASMAL

### CLASSE: BANDIDO

O Assassino Fantasmal é a versão evanescente do Bandido comum. Estes inimigos são rápidos e habilidosos com a faca, permitindo-lhe evitar golpes correndo para os lados. Assassinos Fantasmais podem cortá-lo de perto, mas eles podem também atirar suas adagas a distância.

VELOCIDADE DE MOVIMENTO: Média
DISTÂNCIA DE REPULSÃO: Longínqua
LOCAL PROVÁVEL: Cripta Profanada

APARECE NO ATO I

**INFORMAÇÕES BÁSICAS**

| Dificuldade | Nível | XP | HP | | | |
|---|---|---|---|---|---|---|
| | | | Normal | Campeão | Raro | Lacaio |
| Normal | 5 | 60 | 13-17 | 57-74 | 125-142 | 30-47 |
| Pesadelo | 31 | 300 | 635-847 | 4745-6151 | 10K-12K | 2461-3867 |
| Tormento | 51 | 1100 | 5251-7001 | 55K-71K | 120K-137K | 29K-45K |
| Inferno | 61 | 1600 | 24K-32K | 329K-426K | 718K-815K | 170K-268K |

**DANO**

| Dificuldade | Mín. Por Golpe | Efeito Adicional |
|---|---|---|
| Normal | 12 | Físico |
| Pesadelo | 297 | |
| Tormento | 2758 | |
| Inferno | 14K | |

**GLOBOS DE VIDA**

| Grau | Cai % | Tamanho | Quando cai? |
|---|---|---|---|
| Normal | 15 | 20 | Morte |

### ATAQUES ESPECIAIS E HABILIDADES

NENHUM

## CARNIÇAL

### CLASSE: CARNIÇAL

O Carniçal é o arquétipo de sua classe. Empunhando uma espada irregular, o monstro a balança para um poderoso ataque, que pode ser um rasgo para baixo ou um golpe horizontal. Depois ele circula para outro ataque. O Carniçal repete este padrão durante a luta: um golpe corpo a corpo seguido de um movimento brusco.

VELOCIDADE DE MOVIMENTO: Média/Veloz
DISTÂNCIA DE REPULSÃO: Longínqua
LOCAL PROVÁVEL: Mata Infecta, Catedral: Níveis 2-4, Torre de Vigia: Nível 2

APARECE NO ATO I

**INFORMAÇÕES BÁSICAS**

| Dificuldade | Nível | XP | HP | | | |
|---|---|---|---|---|---|---|
| | | | Normal | Campeão | Raro | Lacaio |
| Normal | 4 | 55 | 5-10 | 42-55 | 94-107 | 19-32 |
| Pesadelo | 31 | 300 | 339-678 | 4499-5905 | 10K-12K | 2039-3445 |
| Tormento | 51 | 1100 | 2800-5601 | 52K-69K | 117K-134K | 24K-40K |
| Inferno | 61 | 1600 | 13K-26K | 311K-409K | 701K-798K | 141K-238K |

**DANO**

| Dificuldade | Mín. Por Golpe | Efeito Adicional |
|---|---|---|
| Normal | 14 | Físico |
| Pesadelo | 397 | |
| Tormento | 3677 | |
| Inferno | 18K | |

**GLOBOS DE VIDA**

| Grau | Cai % | Tamanho | Quando cai? |
|---|---|---|---|
| Normal | 5 | 20 | Morte |

### ATAQUES ESPECIAIS E HABILIDADES

NENHUM

## ESPECTRO MELANCÓLICO

### CLASSE: VERME DA SOMBRA

Esta é uma espécie de criatura estranha que parece nadar através de um terreno sólido. A variante do Espectro Melancólico é uma sombra escura tingida de vermelho sangue. Ela se arrasta e de repente levanta-se para cortar com garras longas e escuras. O Espectro às vezes sai de alcance, esperando que você baixe sua guarda. Então ele retorna com sede de vingança.

VELOCIDADE DE MOVIMENTO: Veloz
DISTÂNCIA DE REPULSÃO: Longínqua
LOCAL PROVÁVEL: Ápice Argênteo: Nível 1

APARECE NO ATO IV

**INFORMAÇÕES BÁSICAS**

| Dificuldade | Nível | XP | HP | | | |
|---|---|---|---|---|---|---|
| | | | Normal | Campeão | Raro | Lacaio |
| Normal | 30 | 138.75 | 62-218 | 1897-2519 | 4385-5007 | 809-1431 |
| Pesadelo | 50 | 510 | 527-1844 | 27K-35K | 62K-70K | 11K-20K |
| Tormento | 60 | 1162.5 | 2173-7604 | 154K-205K | 357K-408K | 66K-116K |
| Inferno | 63 | 1200 | 12K-43K | 1119K-1486K | 2587K-2954K | 477K-844K |

**DANO**

| Dificuldade | Mín. Por Golpe | Efeito Adicional |
|---|---|---|
| Normal | 165 | Físico |
| Pesadelo | 1296 | |
| Tormento | 4639 | |
| Inferno | 57K | |

**GLOBOS DE VIDA**

| Grau | Cai % | Tamanho | Quando cai? |
|---|---|---|---|
| Normal | 5 | 20 | Morte |

### ATAQUES ESPECIAIS E HABILIDADES

NENHUM

## GRANDE GOLIAS CHIFRUDO

CLASSE: BESTA

Esta é a versão fria da Besta, encontrada nas Cavernas da Queda do Gelo, no Ato 3. Um lutador corpo a corpo brutal que gosta de combate corpo a corpo, golpeando com os dentes e chifres e empinando para dar uma pancada poderosa no chão. Cuidado com sua investida rápida e elétrica. Quando você achar que pode descansar, o Grande Golias Chifrudo dá um golpe súbito, difícil de ser evitado.

VELOCIDADE DE MOVIMENTO: Devagar
DISTÂNCIA DE REPULSÃO: Curta
LOCAL PROVÁVEL: Cavernas da Queda do Gelo

APARECE NO ATO III

| INFORMAÇÕES BÁSICAS | | | | | | |
|---|---|---|---|---|---|---|
| Dificuldade | Nível | XP | HP | | | |
| | | | Normal | Campeão | Raro | Lacaio |
| Normal | 25 | 320 | 1565-1878 | 1878-2191 | 2974-3287 | 1878-2191 |
| Pesadelo | 45 | 1160 | 17K-20K | 34K-39K | 53K-59K | 34K-39K |
| Tormento | 58 | 2900 | 87K-105K | 244K-285K | 386K-427K | 244K-285K |
| Inferno | 63 | 3200 | 612K-734K | 2202K-2569K | 3486K-3853K | 2202K-2569K |

| DANO | | |
|---|---|---|
| Dificuldade | Mín. Por Golpe | Efeito Adicional |
| Normal | 177 | Físico |
| Pesadelo | 1597 | |
| Tormento | 7553 | |
| Inferno | 113K | |

| GLOBOS DE VIDA | | | |
|---|---|---|---|
| Grau | Cai % | Tamanho | Quando cai? |
| Normal | 90 | 20 | Morte |

### ATAQUES ESPECIAIS E HABILIDADES

#### INVESTIDA

A Investida do Grande Golias Chifrudo é um ataque súbito que termina com uma cabeçada estrondosa. Preste atenção na fumaça e na pancada no chão que vem logo em seguida. O tempo de resfriamento do ataque é de apenas alguns segundos, por isso, o tempo que você levar para se separar do monstro é suficiente para ele repetir o ataque. Circule o Golias para que ele não consiga travar a sua posição.

## ESPECTRO SEVERO

CLASSE: FANTASMA

O Espectro Severo executa uma série de golpes corpo a corpo com sua lâmina. Depois de um a quatro golpes, o espectro se retira, faz uma pausa e surge novamente para outro ataque. Esta aparição amarela geralmente corre atrás de você a partir da direção de sua retirada, mas, ocasionalmente, circula para atacar de um novo ângulo. Ele também possui um ataque de longa distância.

VELOCIDADE DE MOVIMENTO: Veloz
DISTÂNCIA DE REPULSÃO: Média
LOCAL PROVÁVEL: Reino Sombrio

APARECE NO ATO II

| INFORMAÇÕES BÁSICAS | | | | | | |
|---|---|---|---|---|---|---|
| Dificuldade | Nível | XP | HP | | | |
| | | | Normal | Campeão | Raro | Lacaio |
| Normal | 22 | 108.75 | 161-321 | 722-936 | 1578-1792 | 375-589 |
| Pesadelo | 42 | 390 | 1921-3842 | 14K-19K | 31K-36K | 7440-12K |
| Tormento | 56 | 1012.5 | 10K-21K | 108K-140K | 235K-267K | 56K-88K |
| Inferno | 62 | 1200 | 53K-105K | 710K-921K | 1552K-1763K | 368K-579K |

| DANO | | |
|---|---|---|
| Dificuldade | Mín. Por Golpe | Efeito Adicional |
| Normal | 59 | Arcano |
| Pesadelo | 599 | |
| Tormento | 3075 | |
| Inferno | 26K | |

| GLOBOS DE VIDA | | | |
|---|---|---|---|
| Grau | Cai % | Tamanho | Quando cai? |
| Normal | 15 | 20 | Morte |

### ATAQUES ESPECIAIS E HABILIDADES

NENHUM

## GROTESCO

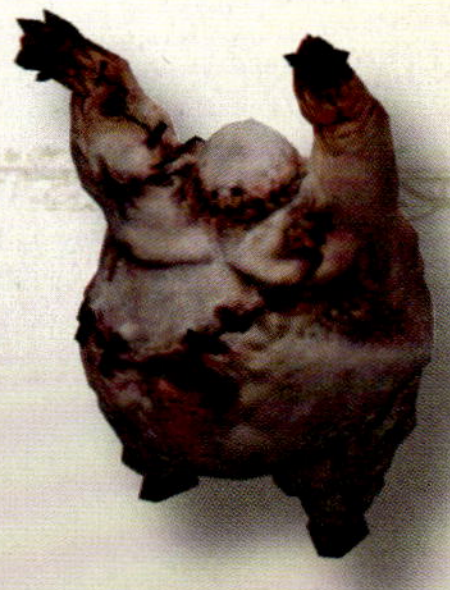

CLASSE: GROTESCO

Esta classe de criaturas enormes assemelha-se ao "Frankenstein", já que cada corpo inchado foi costurado junto com pedaços de vários corpos reanimados. O pálido Grotesco o perfura com ataques corpo a corpo ou o joga para trás com um rápido empurrão. Quando um Grotesco morre, um enxame de vermes explode de seu cadáver. Alguns desses vermes vão atacá-lo, então esteja preparado.

VELOCIDADE DE MOVIMENTO: Devagar
DISTÂNCIA DE REPULSÃO: Curta
LOCAL PROVÁVEL: Catedral: Nível 1, Cripta Profanada, Várzea das Lágrimas

APARECE NO ATO I

| INFORMAÇÕES BÁSICAS | | | | | | |
|---|---|---|---|---|---|---|
| Dificuldade | Nível | XP | HP | | | |
| | | | Normal | Campeão | Raro | Lacaio |
| Normal | 4 | 68.75 | 23-42 | 50-63 | 102-115 | 36-49 |
| Pesadelo | 31 | 375 | 1482-2753 | 5448-6854 | 11K-12K | 3867-5273 |
| Tormento | 51 | 1375 | 12K-23K | 63K-80K | 128K-145K | 45K-61K |
| Inferno | 61 | 2000 | 57K-105K | 377K-475K | 767K-864K | 268K-365K |

| DANO | | |
|---|---|---|
| Dificuldade | Mín. Por Golpe | Efeito Adicional |
| Normal | 21 | Físico |
| Pesadelo | 595 | |
| Tormento | 5515 | |
| Inferno | 27K | |

| GLOBOS DE VIDA | | | |
|---|---|---|---|
| Grau | Cai % | Tamanho | Quando cai? |
| Normal | 52 | 20 | Morte |

### ATAQUES ESPECIAIS E HABILIDADES

#### ATAQUE DE ESPETOS

A longo alcance, o monstro lança seus braços, como espetos que estouram pelo caminho para causar danos. O Grotesco também desencadeia picos dolorosos durante sua pancada.

#### BOMBA SUICIDA

Quando este monstro morre, ele explode em uma massa nojenta de Vermes Carniceiros. Três grupos de vermes vão atacá-lo, por isso não baixe a guarda até que o Grotesco caia morto.

## TORRES GUARDIÃS

### CLASSE: N/D

Ao explorar as Profundezas Desconhecidas e os Salões da Tempestade no Ato 2, prepare-se para encontrá-las. Elas têm aparência bonita, mas criam aracnitas elementais. A cor da Torre Guardiã indica qual variante cria: azul-escuro cria Aracnita Chocante, azul-claro cria Aracnita Gélida, vermelho cria Aracnita Incandescente e verde produz Aracnita Peçonhenta. As torres são fáceis de destruir, então acerte-as rapidamente para impedir a desova.

VELOCIDADE DE MOVIMENTO: Devagar
DISTÂNCIA DE REPULSÃO: Curta

LOCAL PROVÁVEL: Profundezas Desconhecidas, Salões da Tempestade

APARECE NO ATO II

**INFORMAÇÕES BÁSICAS**

| Dificuldade | Nível | XP | HP | | | |
|---|---|---|---|---|---|---|
| | | | Normal | Campeão | Raro | Lacaio |
| Normal | 20 | 168.75 | 82-82 | 533-697 | 1189-1353 | 246-410 |
| Pesadelo | 41 | 625 | 1167-1167 | 13K-16K | 28K-32K | 5812-9686 |
| Tormento | 56 | 1687.5 | 6850-6850 | 104K-136K | 231K-263K | 48K-80K |
| Inferno | 62 | 2000 | 35K-35K | 684K-894K | 1526K-1736K | 316K-526K |

**DANO**

| Dificuldade | Mín. Por Golpe | Efeito Adicional |
|---|---|---|
| Normal | 50 | Físico |
| Pesadelo | 542 | |
| Tormento | 3075 | |
| Inferno | 26K | |

**GLOBOS DE VIDA**

| Grau | Cai % | Tamanho | Quando cai? |
|---|---|---|---|
| Normal | 5 | 20 | Morte |

### ATAQUES ESPECIAIS E HABILIDADES

NENHUM

## SEGADOR

### CLASSE: GROTESCO

Este membro azulado e inchado da família o perfura com ataques corpo a corpo perfurantes ou o empurra. O Segador também explode quando morto, liberando um trio de atacantes desagradáveis.

VELOCIDADE DE MOVIMENTO: Devagar
DISTÂNCIA DE REPULSÃO: Curta

LOCAL PROVÁVEL: Catedral: Nível 4, Cripta Profanada

APARECE NO ATO I

**INFORMAÇÕES BÁSICAS**

| Dificuldade | Nível | XP | HP | | | |
|---|---|---|---|---|---|---|
| | | | Normal | Campeão | Raro | Lacaio |
| Normal | 7 | 87.5 | 49-91 | 109-137 | 221-249 | 77-105 |
| Pesadelo | 32 | 400 | 1664-3091 | 6117-7696 | 12K-14K | 4341-5920 |
| Tormento | 51 | 1375 | 12K-23K | 63K-80K | 128K-145K | 45K-61K |
| Inferno | 61 | 2000 | 57K-105K | 377K-475K | 767K-864K | 268K-365K |

**DANO**

| Dificuldade | Mín. Por Golpe | Efeito Adicional |
|---|---|---|
| Normal | 22 | Físico |
| Pesadelo | 429 | |
| Tormento | 3677 | |
| Inferno | 18K | |

**GLOBOS DE VIDA**

| Grau | Cai % | Tamanho | Quando cai? |
|---|---|---|---|
| Normal | 52 | 20 | Morte |

### ATAQUES ESPECIAIS E HABILIDADES

**ATAQUE DE ESPETOS**

A longo alcance, o monstro lança seus braços, como espetos que estouram pelo caminho para causar danos. O Segador também desencadeia picos dolorosos durante sua pancada.

**BOMBA SUICIDA**

Quando este monstro morre, sua carcaça explode, mas sem causar danos de dispersão (ao contrário dos que estouraram seus dois primos, o Grotesco e o Horror). No entanto, a explosão terrível do Segador também expele um trio de Demônios rápidos que saltam para o ataque.

## TREMOR COURAVERNO

### CLASSE: TREMOR DEMONÍACO

O Tremor Couraverno é uma versão mais forte e de maior nível que o Tremor Demoníaco. Você encontra este monstro apenas na Fenda Infernal e na Cratera de Arreat do Ato 4. Ele possui dois ataques corpo a corpo básicos: um golpe rápido para os lados com sua garra, e um esmagamento trovejante que causa dano de repulsão. A criatura também circula lentamente em sua lateral durante os ataques.

VELOCIDADE DE MOVIMENTO: Devagar
DISTÂNCIA DE REPULSÃO: Muito Curta

LOCAL PROVÁVEL: Cratera de Arreat: Nível 2, Fenda Infernal

APARECE NO ATO IV

**INFORMAÇÕES BÁSICAS**

| Dificuldade | Nível | XP | HP | | | |
|---|---|---|---|---|---|---|
| | | | Normal | Campeão | Raro | Lacaio |
| Normal | 29 | 270 | 1782-2291 | 2418-2927 | 4454-4963 | 2291-2800 |
| Pesadelo | 49 | 990 | 17K-22K | 38K-46K | 70K-78K | 36K-44K |
| Tormento | 60 | 2325 | 76K-98K | 240K-291K | 443K-494K | 228K-278K |
| Inferno | 63 | 2400 | 428K-550K | 1743K-2110K | 3211K-3578K | 1651K-2018K |

**DANO**

| Dificuldade | Mín. Por Golpe | Efeito Adicional |
|---|---|---|
| Normal | 443 | Físico |
| Pesadelo | 3445 | |
| Tormento | 14K | |
| Inferno | 170K | |

**GLOBOS DE VIDA**

| Grau | Cai % | Tamanho | Quando cai? |
|---|---|---|---|
| Normal | 75 | 20 | Morte |

### ATAQUES ESPECIAIS E HABILIDADES

**PAREDE DE ESCUDO**

O Tremor Couraverno junta suas garras enormes formando um escudo protetor que dura alguns segundos. Em seguida, o monstro brilha em vermelho com contra-ataques cruéis e raivosos.

# BRUXA INFERNAL

CLASSE: SÚCUBO

Esta irmã do Súcubo serenamente desliza para perto para causar dano imenso corpo a corpo com suas garras, e depois foge num piscar de olhos. De longe, a Bruxa Infernal solta a letal Estrela de Sangue, um míssil letal vermelho e brilhante, carregado com sapadores.

**VELOCIDADE DE MOVIMENTO:** Média
**DISTÂNCIA DE REPULSÃO:** Média

**LOCAL PROVÁVEL:** Ápice Argênteo, Nível 1

APARECE NO ATO IV

| INFORMAÇÕES BÁSICAS | | | | | | |
|---|---|---|---|---|---|---|
| Dificuldade | Nível | XP | HP | | | |
| | | | Normal | Campeão | Raro | Lacaio |
| Normal | 30 | 185 | 622-1244 | 2177-2799 | 4665-5287 | 1244-1866 |
| Pesadelo | 50 | 680 | 5268-11K | 31K-39K | 66K-74K | 17K-26K |
| Tormento | 60 | 1550 | 22K-43K | 177K-228K | 380K-430K | 101K-152K |
| Inferno | 63 | 1600 | 122K-245K | 1284K-1651K | 2752K-3119K | 734K-1101K |

| DANO | | |
|---|---|---|
| Dificuldade | Mín. Por Golpe | Efeito Adicional |
| Normal | 165 | Físico |
| Pesadelo | 1296 | |
| Tormento | 4639 | |
| Inferno | 57K | |

| GLOBOS DE VIDA | | | |
|---|---|---|---|
| Grau | Cai % | Tamanho | Quando cai? |
| Normal | 30 | 20 | Morte |

## ATAQUES ESPECIAIS E HABILIDADES

### SALTO DE RETIRADA

Ao chegar perto, a Súcubo pode dar um súbito salto para trás, que a tira imediatamente do seu alcance.

### ESTRELA DE SANGUE

Este cometa mortal acompanha o seu movimento, por isso não ache que um simples desvio adiantará. O ataque reduz a armadura de Bárbaro ou de Monge em 50% por um curto tempo. Se você estiver jogando como Caçador de Demônios, Feiticeiro ou Arcanista, a Estrela de Sangue causa um efeito que transforma o custo de conjuração de qualquer habilidade em dano contra o conjurador.

# ARAUTO DA PESTILÊNCIA

**LOCAL PROVÁVEL:** Campo de Batalha, Campos do Massacre, Ponte de Korsikk, Cratera de Arreat: Níveis 1-2

Não é de surpreender que um monstro chamado "Arauto da Pestilência" inflija sérios danos Venenosos. O Arauto golpeia com seus enormes braços mutantes causando Repulsão e mandando o Herói para longe. Mas o braço também tem uma capacidade assustadora de escavação que permite que o Arauto acerte a média distância.

**VELOCIDADE DE MOVIMENTO:** Média
**DISTÂNCIA DE REPULSÃO:** Curta

APARECE NO ATO III

CLASSE: ARAUTO

| INFORMAÇÕES BÁSICAS | | | | | | |
|---|---|---|---|---|---|---|
| Dificuldade | Nível | XP | HP | | | |
| | | | Normal | Campeão | Raro | Lacaio |
| Normal | 26 | 247.5 | 534-1068 | 1335-1691 | 2759-3115 | 890-1246 |
| Pesadelo | 46 | 900 | 5535-11K | 23K-29K | 47K-54K | 15K-21K |
| Tormento | 58 | 2175 | 26K-52K | 153K-193K | 315K-356K | 102K-142K |
| Inferno | 63 | 2400 | 183K-367K | 1376K-1743K | 2844K-3211K | 917K-1284K |

| DANO | | |
|---|---|---|
| Dificuldade | Mín. Por Golpe | Efeito Adicional |
| Normal | 152 | Venenoso |
| Pesadelo | 1317 | |
| Tormento | 5665 | |
| Inferno | 85K | |

| GLOBOS DE VIDA | | | |
|---|---|---|---|
| Grau | Cai % | Tamanho | Quando cai? |
| Normal | 45 | 20 | Morte |

## ATAQUES ESPECIAIS E HABILIDADES

### BRAÇO CAVADOR

A uma distância mediana, o Arauto da Pestilência atola seu braço mutante no chão onde cava como um enorme verme, atacando o Herói. O braço sai do chão ao lado do Herói e causa dano Venenoso.

# ANDARILHO DAS TERRAS ALTAS

**LOCAL PROVÁVEL:** Terras Altas do Sul/Norte, Campos de Caça de Leoric, Carroça Perdida de Karyna

Os Espectros Arbóreos parecem ser fixados no chão pelas raízes, mas na verdade são bestas que se movem. O Andarilho das Terras Altas martela nos inimigos com seus enormes membros. Eles são grandes, mal-humorados e quase impossíveis de serem acertados com Repulsão. Entre golpes, o Andarilho solta manchas de esporos venenosos que deixam seu tronco tóxico.

**VELOCIDADE DE MOVIMENTO:** Devagar
**DISTÂNCIA DE REPULSÃO:** Muito Curta

APARECE NO ATO I

CLASSE: ESPECTRO ARBÓREO

| INFORMAÇÕES BÁSICAS | | | | | | |
|---|---|---|---|---|---|---|
| Dificuldade | Nível | XP | HP | | | |
| | | | Normal | Campeão | Raro | Lacaio |
| Normal | 13 | 150 | 294-336 | 336-378 | 441-483 | 336-378 |
| Pesadelo | 35 | 570 | 8309-9496 | 16K-18K | 21K-23K | 16K-18K |
| Tormento | 53 | 1800 | 58K-66K | 154K-173K | 202K-222K | 154K-173K |
| Inferno | 61 | 2400 | 227K-260K | 779K-876K | 1022K-1119K | 779K-876K |

| DANO | | |
|---|---|---|
| Dificuldade | Mín. Por Golpe | Efeito Adicional |
| Normal | 66 | Físico |
| Pesadelo | 992 | |
| Tormento | 8194 | |
| Inferno | 36K | |

| GLOBOS DE VIDA | | | |
|---|---|---|---|
| Grau | Cai % | Tamanho | Quando cai? |
| Normal | 30 | 20 | Morte |

## ATAQUES ESPECIAIS E HABILIDADES

### ESPOROS

Entre golpes corpo a corpo poderosos, o Andarilho das Terras Altas derruba esporos venenosos que crescem durante alguns segundos e explodem em um vômito verde.

## CORCEL GALHADO

### CLASSE: BESTA

O Corcel Galhado de listras vermelhas é apenas uma versão de alto nível da Besta Selvagem. Como a Besta Selvagem, ele também gosta de bater cabeças. O Corcel Galhado solta os mesmos ataques de corpo a corpo no chão, movendo-se lentamente até que subitamente avança no Herói com o seu explosivo ataque de Investida.

VELOCIDADE DE MOVIMENTO: Devagar
DISTÂNCIA DE REPULSÃO: Curta
LOCAL PROVÁVEL: Terras Altas do Norte/Sul, Campos de Caça de Leoric

APARECE NO ATO I

**INFORMAÇÕES BÁSICAS**

| Dificuldade | Nível | XP | HP | | | |
|---|---|---|---|---|---|---|
| | | | Normal | Campeão | Raro | Lacaio |
| Normal | 13 | 200 | 310-372 | 372-434 | 589-651 | 372-434 |
| Pesadelo | 35 | 760 | 6535-7842 | 13K-15K | 21K-23K | 13K-15K |
| Tormento | 53 | 2400 | 47K-57K | 132K-154K | 209K-231K | 132K-154K |
| Inferno | 61 | 3200 | 162K-195K | 584K-681K | 925K-1022K | 584K-681K |

**DANO**

| Dificuldade | Mín. Por Golpe | Efeito Adicional |
|---|---|---|
| Normal | 51 | Físico |
| Pesadelo | 522 | |
| Tormento | 4553 | |
| Inferno | 18K | |

**GLOBOS DE VIDA**

| Grau | Cai % | Tamanho | Quando cai? |
|---|---|---|---|
| Normal | 90 | 20 | Morte |

### ATAQUES ESPECIAIS E HABILIDADES

#### INVESTIDA

A Investida chocante do Corcel Galhado se assemelha ao de sua prima, a Besta Selvagem. Preste atenção para a fumaça e a pancada no chão que precedem o golpe. O tempo de resfriamento do ataque é de 10 segundos, por isso, o tempo que você levar para se separar do monstro é suficiente para ele repetir o ataque. Circule o Corcel Galhado para que ele não consiga travar a sua posição.

## HORROR

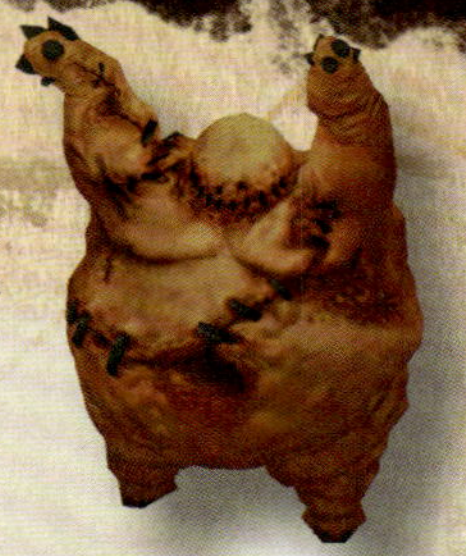

### CLASSE: GROTESCO

Esta criatura vermelha e inchada vive na Fortaleza Amaldiçoada, louca para te perfurar com ataques corpo a corpo de espetos ou empurrar você para trás. Quando morto, o Segador também explode em um enxame repugnante de vermes eletrificados.

VELOCIDADE DE MOVIMENTO: Devagar
DISTÂNCIA DE REPULSÃO: Média
LOCAL PROVÁVEL: Fortaleza Amaldiçoada

APARECE NO ATO I

**INFORMAÇÕES BÁSICAS**

| Dificuldade | Nível | XP | HP | | | |
|---|---|---|---|---|---|---|
| | | | Normal | Campeão | Raro | Lacaio |
| Normal | 13 | 125 | 109-202 | 240-302 | 488-550 | 171-233 |
| Pesadelo | 35 | 475 | 2287-4248 | 8407-11K | 17K-19K | 5966-8136 |
| Tormento | 53 | 1500 | 17K-31K | 85K-107K | 173K-195K | 61K-83K |
| Inferno | 61 | 2000 | 57K-105K | 377K-475K | 767K-864K | 268K-365K |

**DANO**

| Dificuldade | Mín. Por Golpe | Efeito Adicional |
|---|---|---|
| Normal | 51 | Físico |
| Pesadelo | 522 | |
| Tormento | 4553 | |
| Inferno | 18K | |

**GLOBOS DE VIDA**

| Grau | Cai % | Tamanho | Quando cai? |
|---|---|---|---|
| Normal | 52 | 20 | Morte |

### ATAQUES ESPECIAIS E HABILIDADES

#### ATAQUE COM ESPETOS

A curto alcance, o monstro lança seus braços, como espetos que estouram pelo caminho para causar danos. O Horror também solta espetos dolorosos durante sua pancada.

#### BOMBA SUICIDA

Quando este monstro morre, uma massa de Vermes Chocantes explode para fora de seu corpo. Três grupos desses vermes vão te atacar com golpes eletrificados, por isso não baixe a guarda até que o Horror caia morto.

## TRANSFERA BRUTAL

### CLASSE: TRANSFERA

Este servo de Azmodan de duas bocas empunha machados duplos que ele balança com brutalidade desenfreada. Sua habilidade de transformação o faz esquivar de seus ataques e subitamente aparece para um ataque lateral. Esteja preparado para quando ele se teletransportar.

VELOCIDADE DE MOVIMENTO: Média/Veloz
DISTÂNCIA DE REPULSÃO: Curta
LOCAL PROVÁVEL: Torre dos Condenados: Níveis 1-2, 4, Cratera de Arreat, Nível 2, Núcleo de Arreat

APARECE NO ATO III

**INFORMAÇÕES BÁSICAS**

| Dificuldade | Nível | XP | HP | | | |
|---|---|---|---|---|---|---|
| | | | Normal | Campeão | Raro | Lacaio |
| Normal | 28 | 175 | 908-1362 | 1816-2270 | 3632-4086 | 1362-1816 |
| Pesadelo | 48 | 640 | 8828-13K | 29K-37K | 59K-66K | 22K-29K |
| Tormento | 59 | 1500 | 40K-59K | 184K-230K | 368K-414K | 138K-184K |
| Inferno | 63 | 1600 | 245K-367K | 1468K-1835K | 2936K-3303K | 1101K-1468K |

**DANO**

| Dificuldade | Mín. Por Golpe | Efeito Adicional |
|---|---|---|
| Normal | 393 | Físico |
| Pesadelo | 3159 | |
| Tormento | 13K | |
| Inferno | 170K | |

**GLOBOS DE VIDA**

| Grau | Cai % | Tamanho | Quando cai? |
|---|---|---|---|
| Normal | 60 | 20 | Morte |

### ATAQUES ESPECIAIS E HABILIDADES

#### TRANSFORMAÇÃO

A Transfera pode se teletransportar no campo de batalha, sendo mais difícil de atingí-la.

# INSACIÁVEL

CLASSE: AMALDIÇOADO

O hipercinético Insaciável circula os alvos com intensidade, e de repente bate com um golpe vertical. Às vezes, bate com tanta força que dá uma cambalhota frontal. Quando mortalmente ferido, o Insaciável morre em uma explosão terrível de bile verde venenosa. Mantenha-se afastado!

APARECE NO ATO II

**VELOCIDADE DE MOVIMENTO:** Veloz
**DISTÂNCIA DE REPULSÃO:** Longínqua
**LOCAL PROVÁVEL:** Aquedutos Ocultos, Tumba de Khan Dakab, Tumba de Sardar, Canais Leste/Oeste.

| INFORMAÇÕES BÁSICAS | | | | | | |
|---|---|---|---|---|---|---|
| Dificuldade | Nível | XP | HP | | | |
| | | | Normal | Campeão | Raro | Lacaio |
| Normal | 20 | 135 | 19-38 | 154-202 | 346-394 | 70-118 |
| Pesadelo | 41 | 500 | 475-950 | 6305-8276 | 14K-16K | 2857-4828 |
| Tormento | 56 | 1350 | 3308-6616 | 62K-81K | 139K-158K | 28K-47K |
| Inferno | 62 | 1600 | 13K-26K | 311K-409K | 701K-798K | 141K-238K |

| DANO | | |
|---|---|---|
| Dificuldade | Mín. Por Golpe | Efeito Adicional |
| Normal | 50 | Venenoso |
| Pesadelo | 542 | |
| Tormento | 3075 | |
| Inferno | 26K | |

| GLOBOS DE VIDA | | | |
|---|---|---|---|
| Grau | Cai % | Tamanho | Quando cai? |
| Comum | 5 | 20 | Morte |

## ATAQUES ESPECIAIS E HABILIDADES

NENHUM

# CORPO FAMINTO

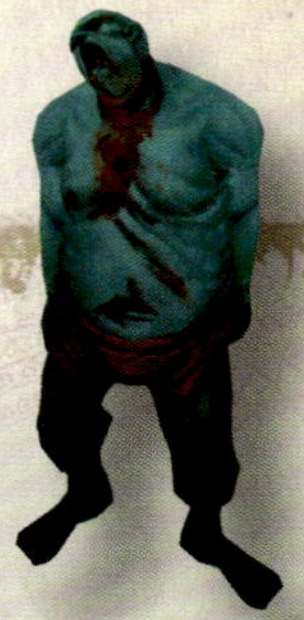

CLASSE: MORTO-VIVO

Este zumbi azulado golpeia com dois ataques de corpo a corpo: um rápido golpe com as mãos ou um poderoso impulso para cima com os braços. Ao "matar" um Corpo Faminto, sua forma frágil às vezes se despedaça... e de repente a cabeça e torso rastejam para o ataque! Este Torso Faminto é rápido e persegue implacavelmente, mas é fraco e fácil de matar. (Leia mais em "Torso Faminto" neste Bestiário.)

APARECE NO ATO I

**VELOCIDADE DE MOVIMENTO:** Devagar
**DISTÂNCIA DE REPULSÃO:** Curta
**LOCAL PROVÁVEL:** Cripta Profanada, Várzea das Lágrimas, Cemitério dos Desamparados

| INFORMAÇÕES BÁSICAS | | | | | | |
|---|---|---|---|---|---|---|
| Dificuldade | Nível | XP | HP | | | |
| | | | Normal | Campeão | Raro | Lacaio |
| Normal | 5 | 75 | 17-34 | 60-77 | 128-145 | 34-51 |
| Pesadelo | 31 | 375 | 847-1694 | 4921-6327 | 11K-12K | 2812-4218 |
| Tormento | 51 | 1375 | 7001-14K | 57K-73K | 122K-139K | 33K-49K |
| Inferno | 61 | 2000 | 32K-65K | 341K-438K | 730K-827K | 195K-292K |

| DANO | | |
|---|---|---|
| Dificuldade | Mín. Por Golpe | Efeito Adicional |
| Normal | 16 | Físico |
| Pesadelo | 397 | |
| Tormento | 3677 | |
| Inferno | 18K | |

| GLOBOS DE VIDA | | | |
|---|---|---|---|
| Grau | Cai % | Tamanho | Quando cai? |
| Normal | 30 | 20 | Morte |

## ATAQUES ESPECIAIS E HABILIDADES

### TORSO RASTEJANTE

Quando você "matar" um Corpo Faminto, há uma chance de que seu torso superior se solte do resto do corpo e rasteje para continuar a luta. A parte arrancada de um Corpo Faminto chama-se Torso Faminto. (Veja "Torso Faminto" neste Bestiário.)

# TORSO FAMINTO

CLASSE: MORTO-VIVO

Ao matar um zumbi inchado, conhecido como Corpo Faminto, há uma chance de que o mostro se despedace. (Leia mais em "Corpo Faminto" neste Bestiário.) Se isso acontecer, a cabeça e um pedaço do tronco continua a persegui-lo implacavelmente. O Torso Faminto pode te morder ou te cortar com as mãos.

APARECE NO ATO I

**VELOCIDADE DE MOVIMENTO:** Muito Lenta
**LOCAL PROVÁVEL:** Cripta Profanada, Várzea das Lágrimas, Cemitério dos Desamparados
**DISTÂNCIA DE REPULSÃO:** Muito Longínqua

| INFORMAÇÕES BÁSICAS | | | | | | |
|---|---|---|---|---|---|---|
| Dificuldade | Nível | XP | HP | | | |
| | | | Normal | Campeão | Raro | Lacaio |
| Normal | 5 | 30 | 4-9 | 53-70 | 121-138 | 23-40 |
| Pesadelo | 31 | 150 | 212-424 | 4394-5800 | 10K-11K | 1933-3339 |
| Tormento | 51 | 550 | 1750-3501 | 51K-67K | 116K-133K | 22K-39K |
| Inferno | 61 | 800 | 8111-16K | 304K-402K | 694K-791K | 134K-231K |

| DANO | | |
|---|---|---|
| Dificuldade | Mín. Por Golpe | Efeito Adicional |
| Normal | 16 | Físico |
| Pesadelo | 397 | |
| Tormento | 3677 | |
| Inferno | 18K | |

| GLOBOS DE VIDA | | | |
|---|---|---|---|
| Grau | Cai % | Tamanho | Quando cai? |
| Comum | 5 | 20 | Morte |

## ATAQUES ESPECIAIS E HABILIDADES

NENHUM

## ESPINHANTE DE GELO

### CLASSE: DIABO-OURIÇO

Bandos de Espinhantes de Gelo podem ser encontrados em áreas congeladas do Ato 3. De perto, este monstro com sangue frio ataca os intrusos com suas garras dianteiras. Quando um Diabo-Ouriço está a uma distância, ele vai ficar de pé em suas patas e jogar um ouriço no Herói. Este ataque a distância é rápido, então fique se movendo e ataque de volta rapidamente.

VELOCIDADE DE MOVIMENTO: Média
DISTÂNCIA DE REPULSÃO: Longínqua
LOCAL PROVÁVEL: Cavernas de Gelo Nível 1, Profundezas do Forte: Níveis 1-3, Casamata Fortificada

APARECE NO ATO III

**INFORMAÇÕES BÁSICAS**

| Dificuldade | Nível | XP | HP | | | |
|---|---|---|---|---|---|---|
| | | | Normal | Campeão | Raro | Lacaio |
| Normal | 25 | 120 | 188-313 | 1033-1346 | 2285-2598 | 501-814 |
| Pesadelo | 45 | 435 | 2023-3372 | 18K-24K | 41K-46K | 8956-15K |
| Tormento | 58 | 1087.5 | 10K-17K | 134K-175K | 297K-338K | 65K-106K |
| Inferno | 63 | 1200 | 73K-122K | 1211K-1578K | 2679K-3046K | 587K-954K |

**DANO**

| Dificuldade | Mín. Por Golpe | Efeito Adicional |
|---|---|---|
| Normal | 177 | Físico |
| Pesadelo | 1597 | |
| Tormento | 7553 | |
| Inferno | 113K | |

**GLOBOS DE VIDA**

| Grau | Cai % | Tamanho | Quando cai? |
|---|---|---|---|
| Normal | 6 | 20 | Morte |

### ATAQUES ESPECIAIS E HABILIDADES

NENHUM

## ARACNITA GÉLIDA

### CLASSE: ARACNITA

Ao explorar as Profundezas Desconhecidas e os Salões da Tempestade no Ato 2, atente-se para torres coloridas que criam aracnitas elementais. Torres Guardiãs azul-claras produzem Aracnitas Gélidas, aranhas azuis que infligem dano Elétrico a cada mordida. Cada torre cria aracnitas até que oito estejam em campo. Se você matá-las, a torre instantaneamente cria novas para substituir as perdidas, até o limite de oito no total. As torres são fáceis de destruir, então acerte-as rapidamente para impedir a desova.

VELOCIDADE DE MOVIMENTO: Devagar
DISTÂNCIA DE REPULSÃO: Curta
LIMITE DE CRIAS: 6 de cada vez
LOCAL PROVÁVEL: Profundezas Desconhecidas, Salões da Tempestade

APARECE NO ATO II

**INFORMAÇÕES BÁSICAS**

| Dificuldade | Nível | XP | HP | | | |
|---|---|---|---|---|---|---|
| | | | Normal | Campeão | Raro | Lacaio |
| Normal | 22 | 0 | 107-214 | 696-910 | 1552-1766 | 321-535 |
| Pesadelo | 42 | 0 | 1281-2561 | 14K-18K | 31K-35K | 6377-11K |
| Tormento | 56 | 0 | 6850-14K | 104K-136K | 231K-263K | 48K-80K |
| Inferno | 62 | 0 | 35K-70K | 684K-894K | 1526K-1736K | 316K-526K |

**DANO**

| Dificuldade | Mín. Por Golpe | Efeito Adicional |
|---|---|---|
| Normal | 88 | Elétrico |
| Pesadelo | 899 | |
| Tormento | 4612 | |
| Inferno | 40K | |

**GLOBOS DE VIDA**

| Grau | Cai % | Tamanho | Quando cai? |
|---|---|---|---|
| Comum | 5 | 20 | Morte |

### ATAQUES ESPECIAIS E HABILIDADES

NENHUM

## DIABRETE

### CLASSE: DIABRETE

A classe dos Diabretes apresenta criaturas pequenas, mas desagradáveis e rápidas, atacando com garras, dentes e movimentos circulares. Quando Diabretes começam a formar um círculo, levantam as mãos, correm e esbravejam. Eles podem parecer cômicos, mas não subestime a sua ferocidade. Diabretes não têm habilidades especiais, mas podem ser difíceis de atingir e tendem a viajar em bandos menores. Mantenha-os a distância de ataques de Repulsão.

VELOCIDADE DE MOVIMENTO: Veloz
DISTÂNCIA DE REPULSÃO: Muito Longínqua
LOCAL PROVÁVEL: Cripta Profanada, Catedral: Níveis 2-4, Torre de Vigia: Nível 2

APARECE NO ATO I

**INFORMAÇÕES BÁSICAS**

| Dificuldade | Nível | XP | HP | | | |
|---|---|---|---|---|---|---|
| | | | Normal | Campeão | Raro | Lacaio |
| Normal | 7 | 70 | 7-21 | 88-116 | 200-228 | 39-67 |
| Pesadelo | 32 | 320 | 238-713 | 4933-6512 | 11K-13K | 2171-3749 |
| Tormento | 51 | 1100 | 1750-5251 | 51K-67K | 116K-133K | 22K-39K |
| Inferno | 61 | 1600 | 8111-24K | 304K-402K | 694K-791K | 134K-231K |

**DANO**

| Dificuldade | Mín. Por Golpe | Efeito Adicional |
|---|---|---|
| Normal | 11 | Físico |
| Pesadelo | 214 | |
| Tormento | 1838 | |
| Inferno | 9020 | |

**GLOBOS DE VIDA**

| Grau | Cai % | Tamanho | Quando cai? |
|---|---|---|---|
| Normal | 5 | 20 | Morte |

### ATAQUES ESPECIAIS E HABILIDADES

NENHUM

# ZUMBI INFERNAL

CLASSE: MORTO-VIVO

Este devorador de carne humana vive nos Salões da Agonia. Ele não é particularmente rápido ou poderoso, mas nunca subestime a fome desses mortos-vivos. O Zombie Inferno tem dois ataques básicos: uma mordida e um golpe cruel e cortante com as mãos. Tenha em mente que essa variante é resistente a dano Ígneo quando for escolher seus ataques.

**VELOCIDADE DE MOVIMENTO:** Muito Lenta
**DISTÂNCIA DE REPULSÃO:** Média
**LOCAL PROVÁVEL:** Corredores da Agonia: Níveis 1-3

APARECE NO ATO I

INFORMAÇÕES BÁSICAS

| Dificuldade | Nível | XP | HP | | | |
|---|---|---|---|---|---|---|
| | | | Normal | Campeão | Raro | Lacaio |
| Normal | 10 | 106.25 | 32-63 | 142-184 | 310-352 | 74-116 |
| Pesadelo | 34 | 450 | 890-1781 | 6650-8621 | 15K-17K | 3448-5419 |
| Tormento | 52 | 1437.5 | 6203-12K | 65K-84K | 142K-161K | 34K-53K |
| Inferno | 61 | 2000 | 24K-49K | 329K-426K | 718K-815K | 170K-268K |

DANO

| Dificuldade | Mín. Por Golpe | Efeito Adicional |
|---|---|---|
| Normal | 33 | Ígneo |
| Pesadelo | 496 | |
| Tormento | 4097 | |
| Inferno | 18K | |

GLOBOS DE VIDA

| Grau | Cai % | Tamanho | Quando cai? |
|---|---|---|---|
| Normal | 15 | 20 | Morte |

## ATAQUES ESPECIAIS E HABILIDADES

NENHUM

# CAÇADORA LACUNI

CLASSE: LACUNI

A Caçadora Lacuni golpeia com a rapidez de um gato e uma ferocidade enervante. De perto, ela fatia sua presa com suas garras afiadas. Se você tentar escapar, ela vai chegar perto rapidamente com um grande salto, pousando com violência. Ela também atira bombas incendiárias brutas e mortais, se você se mantiver fora do alcance.

**VELOCIDADE DE MOVIMENTO:** Veloz
**DISTÂNCIA DE REPULSÃO:** Curta
**LOCAL PROVÁVEL:** Câmara Desmoronante, Ponte do Cânion Negro, Cânion Partido, Platô Uivante, Minas Abandonadas, Ventos Lancinantes, Túneis do Verme da Rocha

APARECE NO ATO II

INFORMAÇÕES BÁSICAS

| Dificuldade | Nível | XP | HP | | | |
|---|---|---|---|---|---|---|
| | | | Normal | Campeão | Raro | Lacaio |
| Normal | 15 | 110 | 41-122 | 263-344 | 587-668 | 122-203 |
| Pesadelo | 37 | 420 | 797-2390 | 8594-11K | 19K-22K | 3967-6611 |
| Tormento | 54 | 1250 | 5374-16K | 81K-106K | 182K-207K | 38K-63K |
| Inferno | 62 | 1600 | 35K-105K | 684K-894K | 1526K-1736K | 316K-526K |

DANO

| Dificuldade | Mín. Por Golpe | Efeito Adicional |
|---|---|---|
| Normal | 35 | Físico |
| Pesadelo | 343 | |
| Tormento | 2523 | |
| Inferno | 26K | |

GLOBOS DE VIDA

| Grau | Cai % | Tamanho | Quando cai? |
|---|---|---|---|
| Normal | 5 | 20 | Morte |

## ATAQUES ESPECIAIS E HABILIDADES

### SALTO LACUNI

O grande salto da Caçadora Lacuni é como uma explosão de força tênsil. Aterrissa em cima de seu alvo com um golpe de queda que inflige um grande prejuízo.

### BOMBA INCENDIÁRIA

Se você tentar atacar de longe, a Caçadora precede seu grande salto felino com uma bomba incendiária ou duas. Ela os atira com precisão letal.

# TALHADOR LACUNI

CLASSE: LACUNI

O Talhador é um parente de nível superior do Guerreiro Lacuni. Também um mestre de esgrima, o Talhador mira você repetidamente com seu ataque básico de lâminas gêmeas, cada uma cortando em uma rápida sucessão. Mas logo ele dá seu espetacular combo triplo, uma manobra mortal quase hipnótica em sua beleza ágil. Quando você vir o Talhador golpear e dar um giro completo, recue rapidamente!

**VELOCIDADE DE MOVIMENTO:** Média
**DISTÂNCIA DE REPULSÃO:** Curta
**LOCAL PROVÁVEL:** Câmara Desmoronante, Ponte do Cânion Negro, Cânion Partido, Platô Uivante, Minas Abandonadas, Ventos Lancinantes, Túneis do Verme da Rocha

APARECE NO ATO II

INFORMAÇÕES BÁSICAS

| Dificuldade | Nível | XP | HP | | | |
|---|---|---|---|---|---|---|
| | | | Normal | Campeão | Raro | Lacaio |
| Normal | 20 | 202.5 | 328-492 | 656-820 | 1312-1476 | 492-656 |
| Pesadelo | 41 | 750 | 4668-7002 | 15K-19K | 31K-35K | 12K-15K |
| Tormento | 56 | 2025 | 27K-41K | 128K-160K | 255K-287K | 96K-128K |
| Inferno | 62 | 2400 | 140K-210K | 842K-1052K | 1684K-1894K | 631K-842K |

DANO

| Dificuldade | Mín. Por Golpe | Efeito Adicional |
|---|---|---|
| Normal | 99 | Físico |
| Pesadelo | 1083 | |
| Tormento | 6149 | |
| Inferno | 53K | |

GLOBOS DE VIDA

| Grau | Cai % | Tamanho | Quando cai? |
|---|---|---|---|
| Normal | 60 | 20 | Morte |

## ATAQUES ESPECIAIS E HABILIDADES

### COMBO DE LACUNI

O combo triplo do Talhador Lacuni começa com um golpe horizontal de espada que continua num giro de 360 graus. Ele termina em um golpe curvado com a outra espada. Isso não é tudo: o impulso desse golpe empurra o Talhador em um salto mortal para a frente. Conforme ele gira de pé novamente, fatia com ambas as espadas para fora em direções opostas.

## ESPREITADORA LACUNI

### CLASSE: LACUNI

A Espreitadora Lacuni apresenta os mesmos reflexos e ferocidade de sua parente, a Caçadora Lacuni. De perto, a Espreitadora fatia sua presa em pedaços, com suas garras dianteiras afiadas. Ao tentar escapar, ela atira bombas incendiárias e se aproxima repentinamente com um salto impressionante.

VELOCIDADE DE MOVIMENTO: Veloz
DISTÂNCIA DE REPULSÃO: Curta

LOCAL PROVÁVEL: Câmara Desmoronante, Ponte do Cânion Negro, Cânion Partido, Platô Uivante, Minas Abandonadas, Ventos Lancinantes, Túneis do Verme da Rocha

APARECE NO ATO II

**INFORMAÇÕES BÁSICAS**

| Dificuldade | Nível | XP | HP | | | |
|---|---|---|---|---|---|---|
| | | | Normal | Campeão | Raro | Lacaio |
| Normal | 20 | 135 | 164-246 | 574-738 | 1230-1394 | 328-492 |
| Pesadelo | 41 | 500 | 2334-3501 | 14K-17K | 29K-33K | 7749-12K |
| Tormento | 56 | 1350 | 14K-21K | 112K-144K | 239K-271K | 64K-96K |
| Inferno | 62 | 1600 | 70K-105K | 737K-947K | 1578K-1789K | 421K-631K |

**DANO**

| Dificuldade | Mín. Por Golpe | Efeito Adicional |
|---|---|---|
| Normal | 50 | Físico |
| Pesadelo | 542 | |
| Tormento | 3075 | |
| Inferno | 26K | |

**GLOBOS DE VIDA**

| Grau | Cai % | Tamanho | Quando cai? |
|---|---|---|---|
| Normal | 30 | 20 | Morte |

### ATAQUES ESPECIAIS E HABILIDADES

#### SALTO LACUNI

O grande salto da Espreitadora Lacuni é como uma explosão de força tênsil. Aterra em cima de seu alvo com um golpe de queda que inflige um grande prejuízo.

#### BOMBA INCENDIÁRIA

Você não terá trégua nem a longo alcance: a Espreitadora simplesmente atira bombas incendiárias com precisão mortal para enfraquecê-lo.

## GUERREIRO LACUNI

### CLASSE: LACUNI

O Guerreiro Lacuni é um mestre da espada feroz e letal. Seu ataque básico tem lâminas gêmeas, cada uma cortando em uma rápida sucessão. Cuidado com seu espetacular combo triple giratório! Quando você o vir golpear e dar um giro completo, volte rapidamente!

VELOCIDADE DE MOVIMENTO: Média
DISTÂNCIA DE REPULSÃO: Curta
LOCAL PROVÁVEL: Câmara Desmoronante, Ponte do Cânion Negro, Cânion Partido, Platô Uivante, Túneis do Verme da Rocha

APARECE NO ATO II

**INFORMAÇÕES BÁSICAS**

| Dificuldade | Nível | XP | HP | | | |
|---|---|---|---|---|---|---|
| | | | Normal | Campeão | Raro | Lacaio |
| Normal | 15 | 165 | 162-243 | 324-405 | 648-729 | 243-324 |
| Pesadelo | 37 | 630 | 3186-4779 | 11K-13K | 21K-24K | 7933-11K |
| Tormento | 54 | 1875 | 21K-32K | 100K-125K | 200K-225K | 75K-100K |
| Inferno | 62 | 2400 | 140K-210K | 842K-1052K | 1684K-1894K | 631K-842K |

**DANO**

| Dificuldade | Mín. Por Golpe | Efeito Adicional |
|---|---|---|
| Normal | 70 | Físico |
| Pesadelo | 686 | |
| Tormento | 5045 | |
| Inferno | 53K | |

**GLOBOS DE VIDA**

| Grau | Cai % | Tamanho | Quando cai? |
|---|---|---|---|
| Normal | 60 | 20 | Morte |

### ATAQUES ESPECIAIS E HABILIDADES

#### COMBO DE LACUNI

O Guerreiro Lacuni pode executar um combo assassino que desencadeia um golpe triplo de espada. Começa com um golpe horizontal de espada que continua num giro de 360 graus. Ele termina em um golpe curvado com a outra espada. Isso não é tudo: o impulso desse golpe empurra o Guerreiro em um salto mortal para a frente. Conforme ele gira de pé novamente, fatia ambas as espadas para fora em direções opostas.

## SERVO MALIGNO

(VEJA TAMBÉM: HOSP. MAIOR DAS TREVAS)

### CLASSE: HOSPEDEIRO DAS TREVAS

Se você encontrar um padre encapuzado, o Hospedeiro Maior das Trevas, passando por um ritual e você deixar a cerimônia maligna continuar, o sacerdote vai se transformar em um monstro horrível e retorcido chamado Servo Maligno. (Veja "Hospedeiro Maior das Trevas" neste Bestiário). Esta poderosa criatura parece se mover lentamente, mas tem um súbito ataque flamejante.

VELOCIDADE DE MOVIMENTO: Média
DISTÂNCIA DE REPULSÃO: Curta
LOCAL PROVÁVEL: Porão Abandonado

APARECE NO ATO IV

**INFORMAÇÕES BÁSICAS**

| Dificuldade | Nível | XP | HP | | | |
|---|---|---|---|---|---|---|
| | | | Normal | Campeão | Raro | Lacaio |
| Normal | 12 | 95 | 135-189 | 230-284 | 446-500 | 189-243 |
| Pesadelo | 35 | 380 | 3268-4575 | 9221-11K | 18K-20K | 7594-9763 |
| Tormento | 53 | 1200 | 24K-33K | 94K-116K | 182K-204K | 77K-99K |
| Inferno | 61 | 1600 | 81K-114K | 414K-511K | 803K-900K | 341K-438K |

**DANO**

| Dificuldade | Mín. Por Golpe | Efeito Adicional |
|---|---|---|
| Normal | 43 | Físico |
| Pesadelo | 522 | |
| Tormento | 4553 | |
| Inferno | 18K | |

**GLOBOS DE VIDA**

| Grau | Cai % | Tamanho | Quando cai? |
|---|---|---|---|
| Normal | 75 | 20 | Morte |

### ATAQUES ESPECIAIS E HABILIDADES

#### GOLPE DO SERVO

A distância, o Servo Maligno pode acelerar com uma explosão de fogo, fazendo um traço súbito na direção do Herói.

## SENHOR DAS MARRETAS

CLASSE: DEMÔNIO DE ELITE

A pancada de quatro punhos do Senhor das Marretas é um dos ataques mais letais do jogo. Desvie a todo custo! Felizmente, o vento furioso de sua marreta é lento o suficiente para que você desvie da batida e escorregue para trás da criatura para algumas batidas rápidas antes do próximo golpe.

VELOCIDADE DE MOVIMENTO: Média
DISTÂNCIA DE REPULSÃO: Curta
LOCAL PROVÁVEL: Ápice Argênteo: Níveis 1-2, 4

APARECE NO ATO IV

| INFORMAÇÕES BÁSICAS | | | | | | |
|---|---|---|---|---|---|---|
| Dificuldade | Nível | XP | HP | | | |
| | | | Normal | Campeão | Raro | Lacaio |
| Normal | 30 | 277.5 | 3110-3732 | 3732-4354 | 5909-6531 | 3732-4354 |
| Pesadelo | 50 | 1020 | 26K-32K | 52K-61K | 83K-92K | 52K-61K |
| Tormento | 60 | 2325 | 109K-130K | 304K-354K | 481K-532K | 304K-354K |
| Inferno | 63 | 2400 | 612K-734K | 2202K-2569K | 3486K-3853K | 2202K-2569K |

| DANO | | |
|---|---|---|
| Dificuldade | Mín. Por Golpe | Efeito Adicional |
| Normal | 659 | Físico |
| Pesadelo | 5186 | |
| Tormento | 19K | |
| Inferno | 227K | |

| GLOBOS DE VIDA | | | |
|---|---|---|---|
| Grau | Cai % | Tamanho | Quando cai? |
| Normal | 60 | 20 | Morte |

### ATAQUES ESPECIAIS E HABILIDADES

NENHUM

## EMPALADOR DO CLÃ DA LUA

CLASSE: KHAZRA

Esta criatura é um inimigo do longo alcance — ele se mantém a distância, arremessando mísseis de longe. Empaladores jogam lanças em rápida sucessão, movendo-se a cada jogada e atacando a partir de outros ângulos. Empaladores do Clã da Lua não têm nenhum ataque corpo a corpo, mas eles podem atingir-lhe de perto.

VELOCIDADE DE MOVIMENTO: Devagar
DISTÂNCIA DE REPULSÃO: Média
LOCAL PROVÁVEL: Covil Khazra, Terras Altas do Sul, Campos de Caça de Leoric

APARECE NO ATO I

| INFORMAÇÕES BÁSICAS | | | | | | |
|---|---|---|---|---|---|---|
| Dificuldade | Nível | XP | HP | | | |
| | | | Normal | Campeão | Raro | Lacaio |
| Normal | 10 | 85 | 25-50 | 139-181 | 307-349 | 67-109 |
| Pesadelo | 34 | 360 | 712-1424 | 6502-8473 | 14K-16K | 3153-5123 |
| Tormento | 52 | 1150 | 4962-9924 | 64K-83K | 141K-160K | 31K-50K |
| Inferno | 61 | 1600 | 19K-39K | 321K-419K | 711K-808K | 156K-253K |

| DANO | | |
|---|---|---|
| Dificuldade | Mín. Por Golpe | Efeito Adicional |
| Normal | 33 | Físico |
| Pesadelo | 496 | |
| Tormento | 4097 | |
| Inferno | 18K | |

| GLOBOS DE VIDA | | | |
|---|---|---|---|
| Grau | Cai % | Tamanho | Quando cai? |
| Normal | 6 | 20 | Morte |

### ATAQUES ESPECIAIS E HABILIDADES

NENHUM

## XAMÃ DO CLÃ DA LUA

CLASSE: KHAZRA

Este poderoso xamã não é só lançador mágico — seu cajado também é uma arma mortal, que martela a sua cabeça ao chegar muito perto. Mas se você manter distância, o Xamã do Clã da Lua o atinge com o seu poderoso ataque a distância, o Orbe Gelado.

VELOCIDADE DE MOVIMENTO: Média
DISTÂNCIA DE REPULSÃO: Curta/Média
LOCAL PROVÁVEL: Caverna do Clã da Lua: Níveis 1-2, Terras Altas do Sul, Terras Altas do Norte, Campos de Caça de Leoric

APARECE NO ATO I

| INFORMAÇÕES BÁSICAS | | | | | | |
|---|---|---|---|---|---|---|
| Dificuldade | Nível | XP | HP | | | |
| | | | Normal | Campeão | Raro | Lacaio |
| Normal | 13 | 150 | 62-124 | 217-279 | 465-527 | 124-186 |
| Pesadelo | 35 | 570 | 1307-2614 | 7594-9763 | 16K-18K | 4339-6509 |
| Tormento | 53 | 1800 | 9454-19K | 77K-99K | 165K-187K | 44K-66K |
| Inferno | 61 | 2400 | 32K-65K | 341K-438K | 730K-827K | 195K-292K |

| DANO | | |
|---|---|---|
| Dificuldade | Mín. Por Golpe | Efeito Adicional |
| Normal | 63 | Físico |
| Pesadelo | 653 | |
| Tormento | 5691 | |
| Inferno | 23K | |

| GLOBOS DE VIDA | | | |
|---|---|---|---|
| Grau | Cai % | Tamanho | Quando cai? |
| Normal | 30 | 20 | Morte |

### ATAQUES ESPECIAIS E HABILIDADES

#### ORBE GELADO

A longo alcance, o Xamã do Clã da Lua atinge você com seu ataque mais perigoso: o Orbe Gelado. Quando o xamã invoca o orbe, uma aura azul brilhante o rodeia, sendo fácil de identificar. Uma vez conjurada, os orbes viajam até você e acertam com uma explosão debilitante que inflige dano Gélido. Quando você vê aura brilhante do xamã, corra para mudar de posição!

## GUERREIRO DO CLÃ DA LUA

CLASSE: KHAZRA

Esta dura criatura empunha um machado de duas mãos temível que se mexe para a direita e para a esquerda. Recue um pouco quando vir o monstro balançar o machado. O Guerreiro do Clã da Lua pode desencadear uma rápida cabeçada, causando dano Físico com seus chifres.

VELOCIDADE DE MOVIMENTO: Veloz
DISTÂNCIA DE REPULSÃO: Curta
LOCAL PROVÁVEL: Covil Khazra, Terras Altas do Sul, Campos da Miséria, Casa Saqueada, Chalé Protegido

APARECE NO ATO I

| INFORMAÇÕES BÁSICAS | | | | | | |
|---|---|---|---|---|---|---|
| Dificuldade | Nível | XP | HP | | | |
| | | | Normal | Campeão | Raro | Lacaio |
| Normal | 9 | 80 | 46-83 | 134-171 | 282-319 | 83-120 |
| Pesadelo | 33 | 340 | 1330-2394 | 6403-8169 | 13K-15K | 3974-5740 |
| Tormento | 52 | 1150 | 10K-19K | 70K-89K | 147K-166K | 43K-63K |
| Inferno | 61 | 1600 | 41K-73K | 353K-450K | 742K-840K | 219K-316K |

| DANO | | |
|---|---|---|
| Dificuldade | Mín. Por Golpe | Efeito Adicional |
| Normal | 29 | Físico |
| Pesadelo | 462 | |
| Tormento | 4097 | |
| Inferno | 18K | |

| GLOBOS DE VIDA | | | |
|---|---|---|---|
| Grau | Cai % | Tamanho | Quando cai? |
| Normal | 38 | 20 | Morte |

### ATAQUES ESPECIAIS E HABILIDADES

NENHUM

## INCINERADOR MORLU

APARECE NOS ATOS III, IV

CLASSE: MORLU

Este conjurador Morlu é uma versão mais poderosa do Inferno Morlu. Como o Inferno Morlu, o Incinerator pode exalar ondas de queima de energia, um ataque de curto alcance. Mas ele também pode invocar uma chuva de meteoros em chamas do céu para o local onde está o Herói. Além disso, o Incinerador pode se transformar, isto é, teletransportar para uma curta distância, fazendo com que seja mais difícil de acertá-lo.

**VELOCIDADE DE MOVIMENTO:** Devagar
**DISTÂNCIA DE REPULSÃO:** Média

**LOCAL PROVÁVEL:** Cratera de Arreat: Níveis 1-2, Ápice Argênteo: Níveis 1-2

| INFORMAÇÕES BÁSICAS | | | | | | |
|---|---|---|---|---|---|---|
| Dificuldade | Nível | XP | HP | | | |
| | | | Normal | Campeão | Raro | Lacaio |
| Normal | 30 | 185 | 933-1244 | 2333-2955 | 4821-5443 | 1555-2177 |
| Pesadelo | 50 | 680 | 7902-11K | 33K-42K | 68K-77K | 22K-31K |
| Tormento | 60 | 1550 | 33K-43K | 190K-240K | 392K-443K | 127K-177K |
| Inferno | 63 | 1600 | 183K-245K | 1376K-1743K | 2844K-3211K | 917K-1284K |

| DANO | | |
|---|---|---|
| Dificuldade | Mín. Por Golpe | Efeito Adicional |
| Normal | 100 | Ígneo |
| Pesadelo | 1625 | |
| Tormento | 9476 | |
| Inferno | 20726 | |

| GLOBOS DE VIDA | | | |
|---|---|---|---|
| Grau | Cai % | Tamanho | Quando cai? |
| Normal | 45 | 20 | Morte |

### ATAQUES ESPECIAIS E HABILIDADES

#### FÔLEGO ÍGNEO

Uma explosão rápida de calor escaldante que emana de dentro para fora. O ataque tem um alcance muito curto, mas inflige danos elevados.

#### METEORO

O Incinerador Morlu pode invocar uma chuva de meteoros de fogo dos céus. Fique atento: É fácil desviar desses projéteis que caem do céu se você correr para fora do círculo laranja de alvo que aparece no chão sob o Herói.

## INVASOR MORLU

APARECE NO ATO IV

CLASSE: MORLU

O Invasor Morlu é um lutador corpo a corpo simples, porém extremamente poderoso. Ele usa seu cajado de cerdas laminadas para golpear de diversos ângulos, mas cada golpe conta como um acerto corpo a corpo simples. O que torna o Invasor único é a sua habilidade de reviver mesmo depois que você o golpeia de modo aparentemente mortal. Continue atingindo todos os Invasores Morlu até que eles se dissipem completamente.

**VELOCIDADE DE MOVIMENTO:** Devagar
**DISTÂNCIA DE REPULSÃO:** Média

**LOCAL PROVÁVEL:** Jardins da Esperança, Primeiro Nível

| INFORMAÇÕES BÁSICAS | | | | | | |
|---|---|---|---|---|---|---|
| Dificuldade | Nível | XP | HP | | | |
| | | | Normal | Campeão | Raro | Lacaio |
| Normal | 28 | 175 | 454-681 | 1589-2043 | 3405-3859 | 908-1362 |
| Pesadelo | 48 | 640 | 4414-6621 | 26K-33K | 55K-62K | 15K-22K |
| Tormento | 59 | 1500 | 20K-30K | 161K-207K | 345K-391K | 92K-138K |
| Inferno | 63 | 1600 | 122K-183K | 1284K-1651K | 2752K-3119K | 734K-1101K |

| DAMAGE | | |
|---|---|---|
| Dificuldade | Mín. Por Golpe | Efeito Adicional |
| Normal | 197 | Físico |
| Pesadelo | 1580 | |
| Tormento | 6308 | |
| Inferno | 85K | |

| GLOBOS DE VIDA | | | |
|---|---|---|---|
| Grau | Cai % | Tamanho | Quando Cai? |
| Normal | 30 | 20 | Morte |

### ATAQUES ESPECIAIS E HABILIDADES

#### REVIVER

Quando você acerta um golpe que esvazia a barra de saúde do Invasor Morlu, ele cai em uma posição de joelhos e fica parecido com uma estátua. Mas isso não quer dizer que ele foi derrotado. Se você não atacar essa forma congelada até que ela se dissolva, o Invasor irá subitamente reviver com uma quantidade reduzida de vida.

# LEGIONÁRIO MORLU

## CLASSE: MORLU

O Legionário Morlu é um lutador corpo a corpo simples, porém extremamente poderoso. Ele usa seu cajado de cerdas laminadas para golpear de diversos ângulos, mas cada golpe conta como um acerto corpo a corpo simples. O que torna o Legionário único é a sua habilidade de reviver mesmo depois que você o golpeia de modo aparentemente mortal. Continue atingindo todos os Legionários Morlu até que eles se dissipem completamente.

VELOCIDADE DE MOVIMENTO: Devagar
DISTÂNCIA DE REPULSÃO: Média
LOCAL PROVÁVEL: Ápice Argênteo: Níveis 1-2

APARECE NO ATO IV

| INFORMAÇÕES BÁSICAS | | | | | | |
|---|---|---|---|---|---|---|
| Dificuldade | Nível | XP | HP | | | |
| | | | Normal | Campeão | Raro | Lacaio |
| Normal | 28 | 175 | 454-908 | 1589-2043 | 3405-3859 | 908-1362 |
| Pesadelo | 48 | 640 | 4414-8828 | 26K-33K | 55K-62K | 15K-22K |
| Tormento | 59 | 1500 | 20K-40K | 161K-207K | 345K-391K | 92K-138K |
| Inferno | 63 | 1600 | 122K-245K | 1284K-1651K | 2752K-3119K | 734K-1101K |

| DANO | | |
|---|---|---|
| Dificuldade | Mín. Por Golpe | Efeito Adicional |
| Normal | 262 | Físico |
| Pesadelo | 2106 | |
| Tormento | 8410 | |
| Inferno | 113K | |

| GLOBOS DE VIDA | | | |
|---|---|---|---|
| Grau | Cai % | Tamanho | Quando cai? |
| Normal | 30 | 20 | Morte |

### ATAQUES ESPECIAIS E HABILIDADES

**RESSUSCITAR**

Quando você dá o golpe que esgota a barra de HP do Legionário Morlu, ele cai ajoelhado, em forma de estátua. Mas a sua "morte" ainda não é definitiva. Se você não atingir essa forma congelada até dissolvê-la, o Legionário vai ressuscitar de repente, com menos HP.

# ARMADOM MONTADO

## CLASSE: SUBJUGADOR

Este terrível inimigo montado combina o poder e os ataques do Armadom e o Subjugador. A grande besta bate com a sua cabeça se você chegar perto, e seu cavaleiro lança granadas se você mantiver distância. Um verdadeiro cenário "escolha o veneno". Seus ataques atingem o Armadom até que ele expire, e então o Subjugador desmonta e luta de pé. (Veja "Subjugador" neste Bestiário para obter detalhes sobre seu comportamento solo.)

VELOCIDADE DE MOVIMENTO: Média/Veloz
DISTÂNCIA DE REPULSÃO: Média
LOCAL PROVÁVEL: Jardins da Esperança: Níveis 2-3, Fenda Infernal

APARECE NO ATO IV

| INFORMAÇÕES BÁSICAS | | | | | | |
|---|---|---|---|---|---|---|
| Dificuldade | Nível | XP | HP | | | |
| | | | Normal | Campeão | Raro | Lacaio |
| Normal | 29 | 270 | 1273-1782 | 2163-2672 | 4199-4708 | 1782-2291 |
| Pesadelo | 49 | 990 | 12K-17K | 34K-42K | 66K-74K | 28K-36K |
| Tormento | 60 | 2325 | 54K-76K | 215K-266K | 418K-468K | 177K-228K |
| Inferno | 63 | 2400 | 306K-428K | 1560K-1927K | 3027K-3394K | 1284K-1651K |

| DANO | | |
|---|---|---|
| Dificuldade | Mín. Por Golpe | Efeito Adicional |
| Normal | 443 | Físico |
| Pesadelo | 3445 | |
| Tormento | 14K | |
| Inferno | 170K | |

| GLOBOS DE VIDA | | | |
|---|---|---|---|
| Grau | Cai % | Tamanho | Quando cai? |
| Normal | 75 | 20 | Morte |

### ATAQUES ESPECIAIS E HABILIDADES

**CORCÉIS PISANTES**

O Armadom libera sua afiada e brutal pancada naqueles que chegam perto.

**TIRO ALTO**

Assim como em pé, o Subjugador montado mantém um fluxo constante de bombas incendiárias voando contra o Herói.

# DEMÔNIO ASSASSINO

## CLASSE: CARNIÇAL

Espreitando nas cavernas do Ato 2, o Demônio Assassino balança sua espada para um poderoso golpe: um rasgo rápido para baixo ou um golpe horizontal curvo. Então rapidamente circunda o Herói para outro ataque. O monstro repete este padrão durante a luta: um golpe corpo a corpo seguido de um movimento brusco.

VELOCIDADE DE MOVIMENTO: Média
DISTÂNCIA DE REPULSÃO: Longínqua
LOCAL PROVÁVEL: Canal Leste, Caverna do Horror Enterrado: Nível 1, Caverna Vil: Nível 1

APARECE NO ATO II

| INFORMAÇÕES BÁSICAS | | | | | | |
|---|---|---|---|---|---|---|
| Dificuldade | Nível | XP | HP | | | |
| | | | Normal | Campeão | Raro | Lacaio |
| Normal | 20 | 135 | 66-131 | 525-689 | 1181-1345 | 238-402 |
| Pesadelo | 41 | 500 | 934-1867 | 12K-16K | 28K-32K | 5618-9492 |
| Tormento | 56 | 1350 | 5480-11K | 102K-134K | 230K-262K | 46K-78K |
| Inferno | 62 | 1600 | 28K-56K | 673K-884K | 1515K-1726K | 305K-516K |

| DANO | | |
|---|---|---|
| Dificuldade | Mín. Por Golpe | Efeito Adicional |
| Normal | 99 | Físico |
| Pesadelo | 1083 | |
| Tormento | 6149 | |
| Inferno | 53K | |

| GLOBOS DE VIDA | | | |
|---|---|---|---|
| Grau | Cai % | Tamanho | Quando cai? |
| Normal | 5 | 20 | Morte |

### ATAQUES ESPECIAIS E HABILIDADES

NENHUM

## GUARDIÃO NÓXIO

CLASSE: ESQUELETO MAGO

Este mago verde doentio e esquelético é verdadeiramente nocivo, como seu nome sugere. O Guardião é parcialmente imune a veneno, com uma redução de 25% de dano Venenoso recebido. O Lance Venenoso de longo alcance é um punhado de lodo verde e venenoso. O Guardião Nóxio não tem ataque corpo a corpo, mas ele vai cuspir veneno a qualquer distância, inclusive de perto.

VELOCIDADE DE MOVIMENTO: Devagar
DISTÂNCIA DE REPULSÃO: Curta/Média
LOCAL PROVÁVEL: Esgoto de Caldeum, Câmara do Ídolo Perdido, Canais Leste/Oeste, Cisterna Arruinada

APARECE NO ATO II

**INFORMAÇÕES BÁSICAS**

| Dificuldade | Nível | XP | HP | | | |
|---|---|---|---|---|---|---|
| | | | Normal | Campeão | Raro | Lacaio |
| Normal | 18 | 125 | 87-174 | 415-539 | 911-1035 | 211-335 |
| Pesadelo | 39 | 460 | 1352-2705 | 11K-14K | 24K-27K | 5452-8659 |
| Tormento | 55 | 1300 | 8512-17K | 95K-123K | 208K-237K | 48K-76K |
| Inferno | 62 | 1600 | 49K-98K | 705K-915K | 1547K-1757K | 358K-568K |

**DANO**

| Dificuldade | Mín. Por Golpe | Efeito Adicional |
|---|---|---|
| Normal | 45 | Venenoso |
| Pesadelo | 436 | |
| Tormento | 2788 | |
| Inferno | 26K | |

**GLOBOS DE VIDA**

| Grau | Cai % | Tamanho | Quando cai? |
|---|---|---|---|
| Normal | 12 | 20 | Morte |

### ATAQUES ESPECIAIS E HABILIDADES

**LANCE VENENOSO**

O Guardião Nóxio lança punhados de lodo verde e cheio de praga que inflige doloroso dano Venenoso.

## OPRESSOR

CLASSE: DEMÔNIO DE ELITE

A curta distância, o Opressor direciona golpes de duas mãos com sua maça gigante e ataca inimigos com o ataque especial de Fôlego Ígneo. Ocasionalmente, quando você sair do seu alcance, a besta vermelha desencadeia uma explosão ofuscante de velocidade e bate no Herói com um ardente ataque. Use um equipamento resistente a fogo e tente manter o Opressor longe, se você tiver um bom ataque a distância. Caso contrário, você entrará em uma luta brutal.

VELOCIDADE DE MOVIMENTO: Média
DISTÂNCIA DE REPULSÃO: Média
LOCAL PROVÁVEL: Chancela Abençoada, Capela Radiante, Tenda Iluminada, Vastidão, Jardins da Esperança: Níveis 1-3, Ápice Argênteo: Nível 2, Fenda Infernal, Pequeno Altar da Virtude, Colunata de Cristal, Cratera de Arreat: Níveis 1-2

APARECE NO ATO IV

**INFORMAÇÕES BÁSICAS**

| Dificuldade | Nível | XP | HP | | | |
|---|---|---|---|---|---|---|
| | | | Normal | Campeão | Raro | Lacaio |
| Normal | 29 | 270 | 764-1018 | 1909-2418 | 3945-4454 | 1273-1782 |
| Pesadelo | 49 | 990 | 7235-9646 | 30K-38K | 62K-70K | 20K-28K |
| Tormento | 60 | 2325 | 33K-43K | 190K-240K | 392K-443K | 127K-177K |
| Inferno | 63 | 2400 | 183K-245K | 1376K-1743K | 2844K-3211K | 917K-1284K |

**DANO**

| Dificuldade | Mín. Por Golpe | Efeito Adicional |
|---|---|---|
| Normal | 295 | Físico |
| Pesadelo | 2297 | |
| Tormento | 9279 | |
| Inferno | 113K | |

**GLOBOS DE VIDA**

| Grau | Cai % | Tamanho | Quando cai? |
|---|---|---|---|
| Normal | 45 | 20 | Morte |

### ATAQUES ESPECIAIS E HABILIDADES

**FÔLEGO ÍGNEO**

De perto, o Opressor ocasionalmente tenta torrar você com um bafo flamejante que dá vários golpes Ígneos.

**MEGAINVESTIDA**

Ao sair do alcance do Opressor, o monstro vermelho aleatoriamente explode em uma disparada ardente contra o Herói, causando doloroso dano Físico.

## ARAUTO DA DOR

CLASSE: BERSERKER SOMBRIO

O Arauto da Dor tenta martelar o Herói com sua maça de batalha pesada, balançando-a em cruéis pancadas. Ele também galopa e pula em torno do Herói, à procura de um ataque lateral. Sua poderosa e brilhante Pancada Berserker atinge com poder extra, mas deixa o adversário em posição comprometedora.

VELOCIDADE DE MOVIMENTO: Média
DISTÂNCIA DE REPULSÃO: Média
LOCAL PROVÁVEL: Mina do Posseiro Hadi, Estrada para Alcarnus, Porão da Cidade, Altar Secreto, Ventos Lancinantes

APARECE NO ATO II

**INFORMAÇÕES BÁSICAS**

| Dificuldade | Nível | XP | HP | | | |
|---|---|---|---|---|---|---|
| | | | Normal | Campeão | Raro | Lacaio |
| Normal | 17 | 180 | 216-270 | 432-540 | 864-972 | 324-432 |
| Pesadelo | 39 | 690 | 3864-4830 | 13K-16K | 26K-29K | 9621-13K |
| Tormento | 55 | 1950 | 24K-30K | 113K-142K | 227K-255K | 85K-113K |
| Inferno | 62 | 2400 | 140K-175K | 842K-1052K | 1684K-1894K | 631K-842K |

**DANO**

| Dificuldade | Mín. Por Golpe | Efeito Adicional |
|---|---|---|
| Normal | 125 | Físico |
| Pesadelo | 1309 | |
| Tormento | 8365 | |
| Inferno | 79K | |

**GLOBOS DE VIDA**

| Grau | Cai % | Tamanho | Quando cai? |
|---|---|---|---|
| Normal | 60 | 20 | Morte |

### ATAQUES ESPECIAIS E HABILIDADES

**PANCADA BERSERKER**

Ocasionalmente, o Arauto da Dor eleva para trás sua maça de batalha que brilha em laranja, e solta uma pancada que causa dano pesado, bem como força de Repulsão. Mas ele bate com tanta força que sua maça fica presa no chão por alguns momentos. Aproveite-se disso para acertar uns golpes!

## VETOR DA PRAGA

### CLASSE: MORCEGO

O ataque básico do Vetor da Praga é uma picada com seu venenoso ferrão anterior. Após uma picada ou duas, o morcego foge uma distância, espera, e ataca violentamente com mais picadas Venenosas.

VELOCIDADE DE MOVIMENTO: Lenta/Média
DISTÂNCIA DE REPULSÃO: Muito Longínqua
LOCAL PROVÁVEL: Mata Infecta, Campos da Miséria, Mina Perdida: Níveis 1-2, Covil dos Vorazgos: Níveis 1-2, Cripta Decrépita: Níveis 1-2, Covil dos Decaídos: Nível 2

APARECE NO ATO I

**INFORMAÇÕES BÁSICAS**

| Dificuldade | Nível | XP | HP | | | |
|---|---|---|---|---|---|---|
| | | | Normal | Campeão | Raro | Lacaio |
| Normal | 9 | 60 | 15-30 | 118-155 | 266-303 | 54-91 |
| Pesadelo | 33 | 255 | 426-851 | 5652-7418 | 13K-14K | 2561-4327 |
| Tormento | 52 | 862.5 | 3308-6616 | 62K-81K | 139K-158K | 28K-47K |
| Inferno | 61 | 1200 | 13K-26K | 311K-409K | 701K-798K | 141K-238K |

**DANO**

| Dificuldade | Mín. Por Golpe | Efeito Adicional |
|---|---|---|
| Normal | 15 | Venenoso |
| Pesadelo | 231 | |
| Tormento | 2049 | |
| Inferno | 9020 | |

**GLOBOS DE VIDA**

| Grau | Cai % | Tamanho | Quando cai? |
|---|---|---|---|
| Normal | 5 | 20 | Morte |

### ATAQUES ESPECIAIS E HABILIDADES

NENHUM

## NINHO DE PRAGA

### CLASSE: MORCEGO (NINHO)

Esta criatura desova o venenoso morcego Vetor da Praga alado. O Ninho de Praga descva morcegos até que oito criaturas estejam no ar. Toda vez que você matar um morcego verde, o ninho gera outro, tentando manter até oito Vetores da Praga ativos. Se você quiser limpar uma área de morcegos, deve eliminar os Ninhos de Praga.

VELOCIDADE DE MOVIMENTO: N/A
DISTÂNCIA DE REPULSÃO: N/A
LIMITE DE CRIAS: 8 de cada vez
LOCAL PROVÁVEL: Mata Infecta, Campos da Miséria, Mina Perdida: Níveis 1-2, Covil dos Vorazgos: Níveis 1-2

APARECE NO ATO I

**INFORMAÇÕES BÁSICAS**

| Dificuldade | Nível | XP | HP | | | |
|---|---|---|---|---|---|---|
| | | | Normal | Campeão | Raro | Lacaio |
| Normal | 10 | 127.5 | 126-168 | 189-231 | 357-399 | 168-210 |
| Pesadelo | 34 | 540 | 3561-4748 | 8867-11K | 17K-19K | 7882-9852 |
| Tormento | 52 | 1725 | 25K-33K | 87K-106K | 164K-183K | 77K-96K |
| Inferno | 61 | 2400 | 97K-130K | 438K-535K | 827K-925K | 389K-487K |

**DANO**

| Dificuldade | Mín. Por Golpe | Efeito Adicional |
|---|---|---|
| Normal | 33 | Físico |
| Pesadelo | 496 | |
| Tormento | 4097 | |
| Inferno | 18K | |

**GLOBOS DE VIDA**

| Grau | Cai % | Tamanho | Quando cai? |
|---|---|---|---|
| Normal | 80 | 20 | Morte |

### ATAQUES ESPECIAIS E HABILIDADES

NENHUM

## ENXAME PESTILENTO

### CLASSE: ENXAMEANTE

Estas nuvens de nojentos insetos amarelos voam ao redor do Herói e implacavelmente o perseguem, mordendo ocasionalmente e tirando HP de pouco em pouco. Enxames Pestilentos são difíceis de ser evitados, mas tente se distanciar para um contra-ataque de longo alcance se puder. Cuidado com vários enxames em algumas áreas!

VELOCIDADE DE MOVIMENTO: Devagar
DISTÂNCIA DE REPULSÃO: Curta
LOCAL PROVÁVEL: Casamata Fortificada, Nível 1

APARECE NO ATO III

**INFORMAÇÕES BÁSICAS**

| Dificuldade | Nível | XP | HP | | | |
|---|---|---|---|---|---|---|
| | | | Normal | Campeão | Raro | Lacaio |
| Normal | 23 | 150 | 194-389 | 826-1069 | 1798-2041 | 437-680 |
| Pesadelo | 43 | 540 | 2247-4494 | 16K-21K | 35K-39K | 8393-13K |
| Tormento | 57 | 1400 | 12K-25K | 122K-158K | 265K-301K | 64K-100K |
| Inferno | 63 | 1600 | 98K-196K | 1248K-1615K | 2716K-3083K | 661K-1028K |

**DANO**

| Dificuldade | Mín. Por Golpe | Efeito Adicional |
|---|---|---|
| Normal | 135 | Físico |
| Pesadelo | 1319 | |
| Tormento | 6766 | |
| Inferno | 113K | |

**GLOBOS DE VIDA**

| Grau | Cai % | Tamanho | Quando cai? |
|---|---|---|---|
| Normal | 18 | 20 | Morte |

### ATAQUES ESPECIAIS E HABILIDADES

NENHUM

## POSSUÍDO

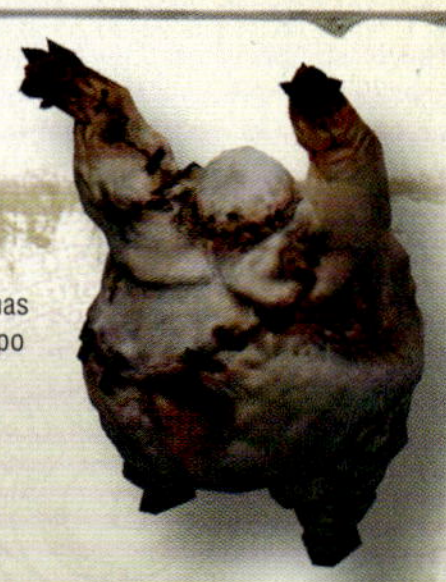

### CLASSE: GROTESCO

Este membro pálido e inchado da família de Corpulentos vive em climas gelados do Ato 3. O Possuído tenta te perfurar com seus ataques corpo a corpo ou causar Repulsão com um rápido empurrão. O monstro explode quando morto, liberando um enxame de insetos árticos.

VELOCIDADE DE MOVIMENTO: Devagar
DISTÂNCIA DE REPULSÃO: Curta
LOCAL PROVÁVEL: Cavernas da Queda do Gelo: Nível 1

APARECE NO ATO III

**INFORMAÇÕES BÁSICAS**

| Dificuldade | Nível | XP | HP | | | |
|---|---|---|---|---|---|---|
| | | | Normal | Campeão | Raro | Lacaio |
| Normal | 25 | 200 | 548-1017 | 1213-1526 | 2465-2778 | 861-1174 |
| Pesadelo | 45 | 725 | 5901-11K | 22K-27K | 44K-50K | 15K-21K |
| Tormento | 58 | 1812.5 | 31K-57K | 158K-198K | 320K-361K | 112K-153K |
| Inferno | 63 | 2000 | 214K-398K | 1422K-1789K | 2890K-3257K | 1009K-1376K |

**DANO**

| Dificuldade | Mín. Por Golpe | Efeito Adicional |
|---|---|---|
| Normal | 177 | Físico |
| Pesadelo | 1597 | |
| Tormento | 7553 | |
| Inferno | 113K | |

**GLOBOS DE VIDA**

| Grau | Cai % | Tamanho | Quando cai? |
|---|---|---|---|
| Normal | 53 | 20 | Morte |

### ATAQUES ESPECIAIS E HABILIDADES

**ATAQUE DE ESPETOS**

A longo alcance, o monstro lança seus braços, como espetos que estouram pelo caminho para causar danos. O Possuído também desencadeia picos dolorosos durante sua pancada corpo a corpo.

**BOMBA SUICIDA**

Ao morrer, ele explode em estilhaços de gelo em uma massa de pragas voadoras chamadas Picadas Gélidas. Três enxames destes insetos começam a atacar você!

## DEMÔNIO-OURIÇO

CLASSE: DIABO-OURIÇO

O espetado Demônio-Ouriço viaja em bandos pela Mina Perdida e pelo Covil dos Vorazgos no Ato 1. De perto, ele espanta intrusos com suas garras dianteiras. Quando um Demônio-Ouriço está a certa distância, ele vai ficar de pé em suas patas e jogar um espigão no Herói. Este ataque a distância é rápido, então fique se movendo e ataque de volta rapidamente.

VELOCIDADE DE MOVIMENTO: Média
DISTÂNCIA DE REPULSÃO: Longínqua
LOCAL PROVÁVEL: Mina Perdida: Nível 1, Covil dos Vorazgos: Nível 1

APARECE NO ATO I

**INFORMAÇÕES BÁSICAS**

| Dificuldade | Nível | XP | HP | | | |
|---|---|---|---|---|---|---|
| | | | Normal | Campeão | Raro | Lacaio |
| Normal | 10 | 63.75 | 25-42 | 139-181 | 307-349 | 67-109 |
| Pesadelo | 34 | 270 | 712-1187 | 6502-8473 | 14K-16K | 3153-5123 |
| Tormento | 52 | 862.5 | 4962-8270 | 64K-83K | 141K-160K | 31K-50K |
| Inferno | 61 | 1200 | 19K-32K | 321K-419K | 711K-808K | 156K-253K |

**DANO**

| Dificuldade | Mín. Por Golpe | Efeito Adicional |
|---|---|---|
| Normal | 16 | Físico |
| Pesadelo | 248 | |
| Tormento | 2049 | |
| Inferno | 9020 | |

**GLOBOS DE VIDA**

| Grau | Cai % | Tamanho | Quando cai? |
|---|---|---|---|
| Normal | 6 | 20 | Morte |

### ATAQUES ESPECIAIS E HABILIDADES

NENHUM

## DIABO-OURIÇO

CLASSE: DIABO-OURIÇO

O espetado Diabo-Ouriço viaja em bandos pela Estrada da Velha Tristram e outras áreas do Ato 1. De perto o Diabo-Ouriço ataca a presa com as garras dianteiras. Quando um Diabo-Ouriço está a distância, ele vai ficar de pé em suas patas e jogar alguns espinhos afiados no Herói. Este ataque a distância é rápido e doloroso, então mantenha-se em movimento e ataque de volta rapidamente.

VELOCIDADE DE MOVIMENTO: Média
DISTÂNCIA DE REPULSÃO: Média
LOCAL PROVÁVEL: Mina Perdida: Nível 2, Velhas Ruínas, Estrada da Velha Tristram, Várzea das Lágrimas, Porão Bolorento

APARECE NO ATO I

**INFORMAÇÕES BÁSICAS**

| Dificuldade | Nível | XP | HP | | | |
|---|---|---|---|---|---|---|
| | | | Normal | Campeão | Raro | Lacaio |
| Normal | 1 | 30 | 3-5 | 16-22 | 36-42 | 8-13 |
| Pesadelo | 31 | 225 | 508-847 | 4640-6046 | 10K-12K | 2250-3656 |
| Tormento | 51 | 825 | 4201-7001 | 54K-70K | 119K-135K | 26K-42K |
| Inferno | 61 | 1200 | 19K-32K | 321K-419K | 711K-808K | 156K-253K |

**DANO**

| Dificuldade | Mín. Por Golpe | Efeito Adicional |
|---|---|---|
| Normal | 5 | Físico |
| Pesadelo | 198 | |
| Tormento | 1838 | |
| Inferno | 9020 | |

**GLOBOS DE VIDA**

| Grau | Cai % | Tamanho | Quando cai? |
|---|---|---|---|
| Normal | 6 | 20 | Morte |

### ATAQUES ESPECIAIS E HABILIDADES

NENHUM

## TRÔPEGO RANÇOSO

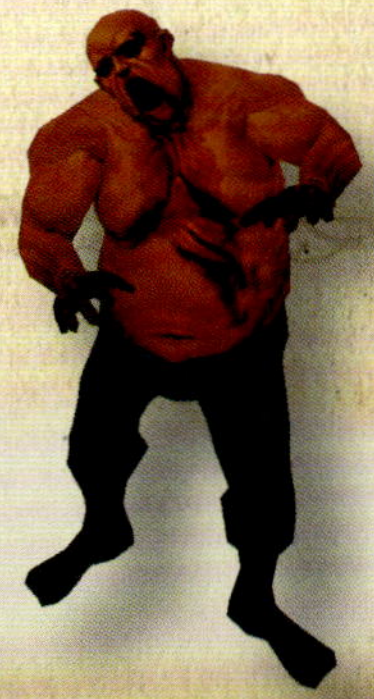

CLASSE: MORTO-VIVO

Este zumbi de pele vermelha é verdadeiramente detestável. Seus dois ataques são de corpo a corpo: um golpe giratório rápido ou um forte impulso para cima com os dois braços. Ao "matar" um Trôpego Rançoso, sua forma decaída pode se despedaçar e de repente a cabeça rasteja para o ataque! Esse Morde-Pó é rápido e persegue incansavelmente, mas é fraco e fácil de matar. (Leia mais em "Morde-Pó" neste Bestiário.)

VELOCIDADE DE MOVIMENTO: Devagar
DISTÂNCIA DE REPULSÃO: Curta
LOCAL PROVÁVEL: Areias Desoladas

APARECE NO ATO I

**INFORMAÇÕES BÁSICAS**

| Dificuldade | Nível | XP | HP | | | |
|---|---|---|---|---|---|---|
| | | | Normal | Campeão | Raro | Lacaio |
| Normal | 10 | 85 | 84-126 | 168-210 | 336-378 | 126-168 |
| Pesadelo | 34 | 360 | 2374-3561 | 7882-9852 | 16K-18K | 5911-7882 |
| Tormento | 52 | 1150 | 17K-25K | 77K-96K | 154K-173K | 58K-77K |
| Inferno | 61 | 1600 | 65K-97K | 389K-487K | 779K-876K | 292K-389K |

**DANO**

| Dificuldade | Mín. Por Golpe | Efeito Adicional |
|---|---|---|
| Normal | 49 | Físico |
| Pesadelo | 744 | |
| Tormento | 6146 | |
| Inferno | 27K | |

**GLOBOS DE VIDA**

| Grau | Cai % | Tamanho | Quando cai? |
|---|---|---|---|
| Normal | 60 | 20 | Morte |

### ATAQUES ESPECIAIS E HABILIDADES

**TORSO RASTEJANTE**

Ao "matar" um Trôpego Rançoso, há uma chance de que seu torso superior se solte do resto do corpo e rasteje para continuar a luta. O rastejante arrancado do Trôpego Rançoso é o Morde-Pó. (Leia mais em "Morde-Pó" neste Bestiário.)

## MORTO VORAZ

CLASSE: MORTO-VIVO

Este zumbi faminto move-se lentamente, mas não deixe sua torturante calmaria ser ignorada. Se o Morto Voraz chega perto, sua mordida e golpe com garras são devastadores. Ele foge com rapidez, sendo difícil de flanqueá-lo. Espere ele se mover e em seguida contra-ataque rápido. Note que o Morto Voraz também é criado a partir do vômito do zumbi fêmea, o Cadáver Maldito. (Veja "Cadáver Maldito" neste Bestiário).

VELOCIDADE DE MOVIMENTO: Muito Lenta
DISTÂNCIA DE REPULSÃO: Média
LOCAL PROVÁVEL: Covil dos Decaídos: Nível 2, Catedral: Nível 1, Cripta Decrépita, Várzea das Lágrimas, Cemitério dos Desamparados, Porão dos Condenados

APARECE NO ATO I

| INFORMAÇÕES BÁSICAS | | | | | | |
|---|---|---|---|---|---|---|
| Dificuldade | Nível | XP | HP | | | |
| | | | Normal | Campeão | Raro | Lacaio |
| Normal | 5 | 60 | 13-17 | 57-74 | 125-142 | 30-47 |
| Pesadelo | 31 | 300 | 635-847 | 4745-6151 | 10K-12K | 2461-3867 |
| Tormento | 51 | 1100 | 5251-7001 | 55K-71K | 120K-137K | 29K-45K |
| Inferno | 61 | 1600 | 24K-32K | 329K-426K | 718K-815K | 170K-268K |

| DANO | | |
|---|---|---|
| Dificuldade | Mín. Por Golpe | Efeito Adicional |
| Normal | 8 | Físico |
| Pesadelo | 198 | |
| Tormento | 1838 | |
| Inferno | 9020 | |

| GLOBOS DE VIDA | | | |
|---|---|---|---|
| Grau | Cai % | Tamanho | Quando cai? |
| Normal | 15 | 20 | Morte |

### ATAQUES ESPECIAIS E HABILIDADES

NENHUM

## CEIFADOR

CLASSE: VORAZGO

Como seus primos Vorazgos, o Ceifador é uma besta hiperativa, circulando e escavando entre rápidas e súbitas explosões de hostilidade. Encontrada apenas na Caverna do Horror Enterrado, esta criatura rápida tem ataques básicos de corpo a corpo: uma mordida ou um golpe vertical de perto, além da habilidade de Salto, que acerta de longe. O Ceifador frequentemente usa sua habilidade especial de escavação para surpreender sua presa ou escapar.

VELOCIDADE DE MOVIMENTO: Veloz
DISTÂNCIA DE REPULSÃO: Longínqua
LOCAL PROVÁVEL: Caverna do Horror Enterrado: Nível 1

APARECE NO ATO II

| INFORMAÇÕES BÁSICAS | | | | | | |
|---|---|---|---|---|---|---|
| Dificuldade | Nível | XP | HP | | | |
| | | | Normal | Campeão | Raro | Lacaio |
| Normal | 22 | 72.5 | 107-214 | 696-910 | 1552-1766 | 321-535 |
| Pesadelo | 42 | 260 | 1281-2561 | 14K-18K | 31K-35K | 6377-11K |
| Tormento | 56 | 675 | 6850-14K | 104K-136K | 231K-263K | 48K-80K |
| Inferno | 62 | 800 | 35K-70K | 684K-894K | 1526K-1736K | 316K-526K |

| DANO | | |
|---|---|---|
| Dificuldade | Mín. Por Golpe | Efeito Adicional |
| Normal | 118 | Físico |
| Pesadelo | 1198 | |
| Tormento | 6149 | |
| Inferno | 53K | |

| GLOBOS DE VIDA | | | |
|---|---|---|---|
| Grau | Cai % | Tamanho | Quando cai? |
| Normal | 5 | 20 | Morte |

### ATAQUES ESPECIAIS E HABILIDADES

**SALTO**

O Ceifador ocasionalmente dá um salto com a boca aberta e pode acertar a partir de vários metros de distância. Não se contente quando a criatura circular ao seu redor para ataques corpo a corpo!

**TOCA**

O Ceifador gosta de cavar de repente e depois reaparecer inesperadamente nas proximidades.

## CADÁVER MALDITO

CLASSE: MORTO-VIVO

Esta devoradora de carne vomita seus conteúdos estomacais para produzir zumbis (ver "Morto Voraz" neste Bestiário). O Cadáver Maldito também tenta manter a distância para que possa vomitar pedaços mortais em você. Persiga-a antes que ela produza mais Mortos Vorazes!

VELOCIDADE DE MOVIMENTO: Devagar
DISTÂNCIA DE REPULSÃO: Média
LOCAL PROVÁVEL: Cripta Profanada, Várzea das Lágrimas

APARECE NO ATO I

| INFORMAÇÕES BÁSICAS | | | | | | |
|---|---|---|---|---|---|---|
| Dificuldade | Nível | XP | HP | | | |
| | | | Normal | Campeão | Raro | Lacaio |
| Normal | 5 | 60 | 17-26 | 60-77 | 128-145 | 34-51 |
| Pesadelo | 31 | 300 | 847-1271 | 4921-6327 | 11K-12K | 2812-4218 |
| Tormento | 51 | 1100 | 7001-11K | 57K-73K | 122K-139K | 33K-49K |
| Inferno | 61 | 1600 | 32K-49K | 341K-438K | 730K-827K | 195K-292K |

| DANO | | |
|---|---|---|
| Dificuldade | Mín. Por Golpe | Efeito Adicional |
| Normal | 16 | Físico |
| Pesadelo | 397 | |
| Tormento | 3677 | |
| Inferno | 18K | |

| GLOBOS DE VIDA | | | |
|---|---|---|---|
| Grau | Cai % | Tamanho | Quando cai? |
| Normal | 30 | 20 | Morte |

### ATAQUES ESPECIAIS E HABILIDADES

**VÔMITO DE CRIAS**

O Cadáver Maldito vomita o conteúdo de seu estômago para produzir Mortos Vorazes. Ela pode vomitar um total de 10 zumbis.

**CUSPE DA MORTE**

O Cadáver Maldito pode vomitar pedaços de vômito venenoso que causam dano quando acertam o Herói.

## RETORNADO

### CLASSE: ESQUELETO

Como seu irmão Esqueleto, o Retornado corre ao redor do Herói, pausando ocasionalmente para atacar ou rir. Seus ataques básicos são um chute simples e um golpe de espada. É fácil colocar o Retornado para escanteio, mas ele escorregará para trás de você em uma luta caótica.

VELOCIDADE DE MOVIMENTO: Devagar
DISTÂNCIA DE REPULSÃO: Muito Longínqua
LOCAL PROVÁVEL: Templo Inundado, Liceu, Catedral: Nível 4, Repouso do Guerreiro, Torre de Vigia: Nível 2, Cripta dos Antigos, Cripta Profanada, Mata Infecta

APARECE NO ATO I

**INFORMAÇÕES BÁSICAS**

| Dificuldade | Nível | XP | HP | | | |
|---|---|---|---|---|---|---|
| | | | Normal | Campeão | Raro | Lacaio |
| Normal | 10 | 85 | 29-42 | 141-183 | 309-351 | 71-113 |
| Pesadelo | 34 | 360 | 831-1187 | 6601-8571 | 14K-16K | 3350-5320 |
| Tormento | 52 | 1150 | 5789-8270 | 65K-84K | 142K-161K | 33K-52K |
| Inferno | 61 | 1600 | 23K-32K | 326K-423K | 715K-813K | 165K-263K |

**DANO**

| Dificuldade | Mín. Por Golpe | Efeito Adicional |
|---|---|---|
| Normal | 16 | Físico |
| Pesadelo | 248 | |
| Tormento | 2049 | |
| Inferno | 9020 | |

**GLOBOS DE VIDA**

| Grau | Cai % | Tamanho | Quando cai? |
|---|---|---|---|
| Normal | 12 | 20 | Morte |

### ATAQUES ESPECIAIS E HABILIDADES

NENHUM

## ARQUEIRO RETORNADO

### CLASSE: ESQUELETO

O Arqueiro Retornado pode atacar de uma distância considerável, com um fluxo ininterrupto de mísseis afiados. Use rapidamente um contra-ataque de longo alcance enquanto se move para os lados e chega perto para atacar. Cuidado: Arqueiros Retornados atiram mesmo quando você está perto... e quanto mais perto, mais difícil de se esquivar.

VELOCIDADE DE MOVIMENTO: Devagar
DISTÂNCIA DE REPULSÃO: Longínqua
LOCAL PROVÁVEL: Templo Inundado, Torre de Vigia Nível 2, Repouso do Guerreiro, Mata Infecta

APARECE NO ATO I

**INFORMAÇÕES BÁSICAS**

| Dificuldade | Nível | XP | HP | | | |
|---|---|---|---|---|---|---|
| | | | Normal | Campeão | Raro | Lacaio |
| Normal | 10 | 63.75 | 25-42 | 139-181 | 307-349 | 67-109 |
| Pesadelo | 34 | 270 | 712-1187 | 6502-8473 | 14K-16K | 3153-5123 |
| Tormento | 52 | 862.5 | 4962-8270 | 64K-83K | 141K-160K | 31K-50K |
| Inferno | 61 | 1200 | 19K-32K | 321K-419K | 711K-808K | 156K-253K |

**DANO**

| Dificuldade | Mín. Por Golpe | Efeito Adicional |
|---|---|---|
| Normal | 16 | Físico |
| Pesadelo | 248 | |
| Tormento | 2049 | |
| Inferno | 9020 | |

**GLOBOS DE VIDA**

| Grau | Cai % | Tamanho | Quando cai? |
|---|---|---|---|
| Normal | 6 | 20 | Morte |

### ATAQUES ESPECIAIS E HABILIDADES

NENHUM

## EXECUTOR RETORNADO

### CLASSE: ESQUELETO

Este esqueleto de capuz azul carrega um machado duplo enorme e cambaleia lentamente em busca do Herói. Quando o Executor Esquelético fica dentro do alcance, ele grunhe e executa um dos dois ataques: um grande golpe para baixo ou um ataque horizontal. Ambos causam muito dano. Fuja do alcance quando ele começa um balanço e, em seguida, vá rapidamente para um contra-ataque.

VELOCIDADE DE MOVIMENTO: Devagar
DISTÂNCIA DE REPULSÃO: Média
LOCAL PROVÁVEL: Cripta Profanada, Torre de Vigia: Nível 2, Fortaleza Amaldiçoada

APARECE NO ATO I

**INFORMAÇÕES BÁSICAS**

| Dificuldade | Nível | XP | HP | | | |
|---|---|---|---|---|---|---|
| | | | Normal | Campeão | Raro | Lacaio |
| Normal | 13 | 100 | 124-186 | 248-310 | 496-558 | 186-248 |
| Pesadelo | 35 | 380 | 2614-3921 | 8678-11K | 17K-20K | 6509-8678 |
| Tormento | 53 | 1200 | 19K-28K | 88K-110K | 176K-198K | 66K-88K |
| Inferno | 61 | 1600 | 65K-97K | 389K-487K | 779K-876K | 292K-389K |

**DANO**

| Dificuldade | Mín. Por Golpe | Efeito Adicional |
|---|---|---|
| Normal | 126 | Físico |
| Pesadelo | 1306 | |
| Tormento | 11K | |
| Inferno | 45K | |

**GLOBOS DE VIDA**

| Grau | Cai % | Tamanho | Quando cai? |
|---|---|---|---|
| Normal | 60 | 20 | Morte |

### ATAQUES ESPECIAIS E HABILIDADES

NENHUM

## ESCUDEIRO RETORNADO

### CLASSE: ESQUELETO

Tal como seus primos escudeiros, o Escudeiro Retornado possui a habilidade de bloquear os ataques. Esta criatura percorre o Templo Inundado e a Torre de Vigia, saltando diretamente para você e, em seguida, esquivando-se por trás de seu pesado escudo brilhante. Note que o Escudeiro Retornado abaixa o seu escudo para desferir golpes. Aproveite essa chance para acabar com ele! Seus ataques corpo a corpo básicos são um chute simples e um golpe de espada.

VELOCIDADE DE MOVIMENTO: Devagar
DISTÂNCIA DE REPULSÃO: Longínqua
LOCAL PROVÁVEL: Torre de Vigia: Nível 2, Templo Inundado

APARECE NO ATO I

**INFORMAÇÕES BÁSICAS**

| Dificuldade | Nível | XP | HP | | | |
|---|---|---|---|---|---|---|
| | | | Normal | Campeão | Raro | Lacaio |
| Normal | 10 | 63.75 | 29-42 | 141-183 | 309-351 | 71-113 |
| Pesadelo | 34 | 270 | 831-1187 | 6601-8571 | 14K-16K | 3350-5320 |
| Tormento | 52 | 862.5 | 5789-8270 | 65K-84K | 142K-161K | 33K-52K |
| Inferno | 61 | 1200 | 23K-32K | 326K-423K | 715K-813K | 165K-263K |

**DANO**

| Dificuldade | Mín. Por Golpe | Efeito Adicional |
|---|---|---|
| Normal | 8 | Físico |
| Pesadelo | 124 | |
| Tormento | 1024 | |
| Inferno | 4510 | |

**GLOBOS DE VIDA**

| Grau | Cai % | Tamanho | Quando cai? |
|---|---|---|---|
| Normal | 12 | 20 | Morte |

### ATAQUES ESPECIAIS E HABILIDADES

**BLOQUEIO**

O Escudeiro Retornado pode bloquear seus ataques com seu escudo. Depois de causar dano suficiente, o escudo quebra, ficando mais fácil para acabar com este monstro morto-vivo. Você também pode atacar diretamente o esqueleto quando ele abaixar o escudo para desferir golpes.

# EVOCADOR RETORNADO

## CLASSE: ESQUELETO

A subclasse do Esqueleto Evocador convoca poderosos esqueletos conjuradores, que chegam com sua tropa de lacaios que convocam substitutos caso morram. É possível haver no máximo quatro lacaios por vez. Quando eles não estão desovando esqueletos, esses evocadores cospem Orbes Arcanos no Herói a distância. Eles mantêm distância e fogem quando você chega perto. O Evocador Retornado chega com uma escolta de quatro dos quais retornaram, convocando substituições conforme morrem. Note que eliminar o Evocador Retornado termina a atividade de convocação, mas qualquer lacaio remanescente vai lutar até que você o derrote também.

**VELOCIDADE DE MOVIMENTO:** Lenta/Média

**DISTÂNCIA DE REPULSÃO:** Média

**LIMITE DE EVOCADOS:** 4 Retornados ao mesmo tempo

**LOCAL PROVÁVEL:** Templo Inundado, Cripta dos Antigos

APARECE NO ATO I

| INFORMAÇÕES BÁSICAS | | | | | | |
|---|---|---|---|---|---|---|
| Dificuldade | Nível | XP | HP | | | |
| | | | Normal | Campeão | Raro | Lacaio |
| Normal | 10 | 106.25 | 50-76 | 151-193 | 319-361 | 92-134 |
| Pesadelo | 34 | 450 | 1424-2137 | 7094-9064 | 15K-17K | 4335-6305 |
| Tormento | 52 | 1437.5 | 9924-15K | 69K-89K | 146K-166K | 42K-62K |
| Inferno | 61 | 2000 | 39K-58K | 350K-448K | 740K-837K | 214K-311K |

| DANO | | |
|---|---|---|
| Dificuldade | Mín. Por Golpe | Efeito Adicional |
| Normal | 33 | Físico |
| Pesadelo | 496 | |
| Tormento | 4097 | |
| Inferno | 18K | |

| GLOBOS DE VIDA | | | |
|---|---|---|---|
| Grau | Cai % | Tamanho | Quando cai? |
| Normal | 36 | 20 | Morte |

## ATAQUES ESPECIAIS E HABILIDADES

### ORBE ARCANO

Quando não está evocando Esqueletos, o Evocador Retornado conjura orbes de energia escura e atira em você de longe. Esses orbes infligem dano Arcano a cada ataque.

### CONVOCAR RETORNADO

O Evocador Retornado chega com uma tropa de quatro Retornados. Toda vez que você destruir um desses mortos-vivos, o mago negro convoca outro para ficar no lugar. Cada Evocador Retornado pode ter no máximo quatro esqueletos lacaios em campo por vez.

# RESSUSCITADO

## CLASSE: MORTO-VIVO

Este zumbi esverdeado é o lacaio onipresente Infernal encontrado em todo o Ato 1. O Ressuscitado procura seu lanche preferido: carne humana. Se ele não conseguir, dá um golpe cruel com suas garras pontudas.

**VELOCIDADE DE MOVIMENTO:** Muito Lenta

**DISTÂNCIA DE REPULSÃO:** Média

**LOCAL PROVÁVEL:** Estr. do Alto, Nova Tristram, Porão Escondido, Porões Bolorento/Abafado/Úmido/Escuro, Velhas Ruínas, Cav. sob o Poço, Estr. da Velha Tristram, Cova Comum, Cabana de Ádria, Catedral: Níveis 1-2, 4, Torre de Vigia: Nível 2, Liceu

APARECE NO ATO I

| INFORMAÇÕES BÁSICAS | | | | | | |
|---|---|---|---|---|---|---|
| Dificuldade | Nível | XP | HP | | | |
| | | | Normal | Campeão | Raro | Lacaio |
| Normal | 1 | 40 | 4-8 | 17-22 | 37-42 | 9-14 |
| Pesadelo | 31 | 300 | 635-1271 | 4745-6151 | 10K-12K | 2461-3867 |
| Tormento | 51 | 1100 | 5251-11K | 55K-71K | 120K-137K | 29K-45K |
| Inferno | 61 | 1600 | 24K-49K | 329K-426K | 718K-815K | 170K-268K |

| DANO | | |
|---|---|---|
| Dificuldade | Mín. Por Golpe | Efeito Adicional |
| Normal | 10 | Físico |
| Pesadelo | 397 | |
| Tormento | 3677 | |
| Inferno | 18K | |

| GLOBOS DE VIDA | | | |
|---|---|---|---|
| Grau | Cai % | Tamanho | Quando cai? |
| Normal | 15 | 20 | Morte |

## ATAQUES ESPECIAIS E HABILIDADES

NENHUM

# GIGANTE DE PEDRA

## CLASSE: MONSTRO DE AREIA

O Gigante de Pedra é um demônio de magma que se desintegra em rocha incandescente quando derrotado. Seus grandes punhos martelam os inimigos com fúria. Felizmente, este poderoso monstro é pesado e lento, permitindo que você possa circulá-lo e evitar seus socos enfurecidos.

**VELOCIDADE DE MOVIMENTO:** Devagar

**DISTÂNCIA DE REPULSÃO:** Muito Curta

**LOCAL PROVÁVEL:** Tesouro Velado, Profundezas Desconhecidas, Salões da Tempestade, Salões do Crepúsculo

APARECE NO ATO II

| INFORMAÇÕES BÁSICAS | | | | | | |
|---|---|---|---|---|---|---|
| Dificuldade | Nível | XP | HP | | | |
| | | | Normal | Campeão | Raro | Lacaio |
| Normal | 22 | 362.5 | 642-1070 | 963-1177 | 1819-2033 | 856-1070 |
| Pesadelo | 42 | 1300 | 7683-13K | 19K-23K | 36K-40K | 17K-21K |
| Tormento | 56 | 3375 | 41K-68K | 144K-176K | 271K-303K | 128K-160K |
| Inferno | 62 | 4000 | 210K-351K | 947K-1157K | 1789K-1999K | 842K-1052K |

| DANO | | |
|---|---|---|
| Dificuldade | Mín. Por Golpe | Efeito Adicional |
| Normal | 118 | Físico |
| Pesadelo | 1198 | |
| Tormento | 6149 | |
| Inferno | 53K | |

| GLOBOS DE VIDA | | | |
|---|---|---|---|
| Grau | Cai % | Tamanho | Quando cai? |
| Normal | 80 | 20 | Morte |

## ATAQUES ESPECIAIS E HABILIDADES

### PAREDE DE AREIA

A cada cinco ou seis golpes, o Gigante evoca uma parede de areia girando em torno de si e bate os dois punhos no chão.

HABITANTES DO INFERNO

## VERME DA ROCHA

### CLASSE: VERME DA ROCHA

O Verme da Rocha é uma das criaturas mais horripilantes na terra. Ele explode subitamente através da crosta terrestre, abre as suas multiarticuladas mandíbulas e tenta devorar o que se move nas proximidades — o Herói, por exemplo. Se você se afastar, ele se enterra de volta no chão. Mas ele não se foi... ele está te seguindo!

APARECE NO ATO II

VELOCIDADE DE MOVIMENTO: Veloz
DISTÂNCIA DE REPULSÃO: Média
LOCAL PROVÁVEL: Caverna do Horror Enterrado: Nível 1, Caverna Vil: Nível 1, Caverna Inundada: Níveis 1-2

**INFORMAÇÕES BÁSICAS**

| Dificuldade | Nível | XP | HP | | | |
|---|---|---|---|---|---|---|
| | | | Normal | Campeão | Raro | Lacaio |
| Normal | 17 | 180 | 162-292 | 405-513 | 837-945 | 270-378 |
| Pesadelo | 39 | 690 | 2898-5216 | 12K-15K | 25K-28K | 8018-11K |
| Tormento | 55 | 1950 | 18K-33K | 106K-135K | 220K-248K | 71K-99K |
| Inferno | 62 | 2400 | 105K-189K | 789K-1000K | 1631K-1841K | 526K-737K |

**DANO**

| Dificuldade | Mín. Por Golpe | Efeito Adicional |
|---|---|---|
| Normal | 167 | Físico |
| Pesadelo | 1745 | |
| Tormento | 11K | |
| Inferno | 106K | |

**GLOBOS DE VIDA**

| Grau | Cai % | Tamanho | Quando cai? |
|---|---|---|---|
| Normal | 45 | 20 | Morte |

### ATAQUES ESPECIAIS E HABILIDADES

**TOCA**

Se você se mover a curta distância do Verme da Rocha, ele recua para o seu buraco e cava subterraneamente, escondido da vista... até surgir novamente ao seu lado!

## DIABRETE APODRECENDO

### CLASSE: DIABRETE DA AREIA

Esta variante do Diabrete da Areia tem todas as características típicas de um diabrete: pequenos mas cruéis, lançando ataques rápidos e movimentos circulares. Sua velocidade e tendência a viajar em bandos faz com que os Diabretes Apodrecendo sejam alvos difíceis, mas os ataques de área com Repulsão podem ser muito eficazes.

APARECE NO ATO II

VELOCIDADE DE MOVIMENTO: Veloz
DISTÂNCIA DE REPULSÃO: Longínqua
LOCAL PROVÁVEL: Tesouro Velado

**INFORMAÇÕES BÁSICAS**

| Dificuldade | Nível | XP | HP | | | |
|---|---|---|---|---|---|---|
| | | | Normal | Campeão | Raro | Lacaio |
| Normal | 22 | 116 | 96-193 | 690-904 | 1546-1760 | 316-530 |
| Pesadelo | 42 | 416 | 1152-2305 | 14K-18K | 31K-35K | 6271-11K |
| Tormento | 56 | 1080 | 6165-12K | 103K-135K | 231K-263K | 47K-79K |
| Inferno | 62 | 1280 | 32K-63K | 679K-889K | 1521K-1731K | 310K-521K |

**DANO**

| Dificuldade | Mín. Por Golpe | Efeito Adicional |
|---|---|---|
| Normal | 59 | Físico |
| Pesadelo | 599 | |
| Tormento | 3075 | |
| Inferno | 26K | |

**GLOBOS DE VIDA**

| Grau | Cai % | Tamanho | Quando cai? |
|---|---|---|---|
| Normal | 5 | 20 | Morte |

### ATAQUES ESPECIAIS E HABILIDADES

NENHUM

## BEEMOTE DE AREIA

### CLASSE: MONSTRO DE AREIA

O Beemote de Areia é um demônio de magma que se desintegra em rocha incandescente quando derrotado. Seus punhos grandes martelam os inimigos com fúria. Felizmente, este poderoso monstro é pesado e lento o suficiente para que você possa circulá-lo e evitar seus socos enfurecidos.

APARECE NO ATO II

VELOCIDADE DE MOVIMENTO: Devagar
DISTÂNCIA DE REPULSÃO: Muito Curta
LOCAL PROVÁVEL: Reino Sombrio

**INFORMAÇÕES BÁSICAS**

| Dificuldade | Nível | XP | HP | | | |
|---|---|---|---|---|---|---|
| | | | Normal | Campeão | Raro | Lacaio |
| Normal | 22 | 362.5 | 642-1070 | 963-1177 | 1819-2033 | 856-1070 |
| Pesadelo | 42 | 1300 | 7683-13K | 19K-23K | 36K-40K | 17K-21K |
| Tormento | 56 | 3375 | 41K-68K | 144K-176K | 271K-303K | 128K-160K |
| Inferno | 62 | 4000 | 210K-351K | 947K-1157K | 1789K-1999K | 842K-1052K |

**DANO**

| Dificuldade | Mín. Por Golpe | Efeito Adicional |
|---|---|---|
| Normal | 118 | Físico |
| Pesadelo | 1198 | |
| Tormento | 6149 | |
| Inferno | 53K | |

**GLOBOS DE VIDA**

| Grau | Cai % | Tamanho | Quando cai? |
|---|---|---|---|
| Normal | 80 | 20 | Morte |

### ATAQUES ESPECIAIS E HABILIDADES

**PAREDE DE AREIA**

A cada cinco ou seis golpes, o Beemote evoca uma parede de areia girando em torno de si e bate os dois punhos no chão.

## DERVIXE DAS AREIAS

### CLASSE: LÂMINA DO DIABO

O Dervixe das Areias é uma versão do Dervixe das Dunas, que você encontrou anteriormente na Mina do Posseiro Hadi. Seu ataque é como de seu primo: gracioso, hipnótico... e letal. Se sugado para o seu turbilhão Elétrico de lâminas, o Herói sofre Lentidão e perde HP durante vários segundos. Fique fora do raio de ataque e ataque de longe. Se você precisar chegar perto, use o intervalo curto (2 ou 3 segundos) entre cada ação do turbilhão, acerte rápido e volte!

**VELOCIDADE DE MOVIMENTO:** Devagar
**DISTÂNCIA DE REPULSÃO:** Curta
**LOCAL PROVÁVEL:** Oásis de Dahlgur, Trilha para o Oásis

APARECE NO ATO II

**INFORMAÇÕES BÁSICAS**

| Dificuldade | Nível | XP | HP | | | |
|---|---|---|---|---|---|---|
| | | | Normal | Campeão | Raro | Lacaio |
| Normal | 16 | 172.5 | 188-282 | 376-470 | 752-846 | 282-376 |
| Pesadelo | 38 | 660 | 3510-5265 | 12K-15K | 23K-26K | 8740-12K |
| Tormento | 54 | 1875 | 21K-32K | 100K-125K | 200K-225K | 75K-100K |
| Inferno | 62 | 2400 | 140K-210K | 842K-1052K | 1684K-1894K | 631K-842K |

**DANO**

| Dificuldade | Mín. Por Golpe | Efeito Adicional |
|---|---|---|
| Normal | 77 | Físico |
| Pesadelo | 776 | |
| Tormento | 5045 | |
| Inferno | 53K | |

**GLOBOS DE VIDA**

| Grau | Cai % | Tamanho | Quando cai? |
|---|---|---|---|
| Normal | 60 | 20 | Morte |

### ATAQUES ESPECIAIS E HABILIDADES

**TORNADO**
Quando o Dervixe das Areias rodopia, causa dano Físico infundido com elemento Elétrico. Ele também inflige status de Lentidão em alvos que estiverem dentro do alcance das lâminas giratórias.

## HABITANTE DA AREIA

### CLASSE: MONSTRO DE AREIA

Mais do que meros ventos movem as areias movediças dos desertos de Santuário. Cuidado com os grandes monstros de areia que se erguem do chão para proteger seu território sagrado. Este demônio martela os inimigos com muita fúria. Felizmente, este poderoso monstro é pesado e lento, então circule-o para evitar seus socos.

**VELOCIDADE DE MOVIMENTO:** Devagar
**DISTÂNCIA DE REPULSÃO:** Muito Curta
**LOCAL PROVÁVEL:** Profundezas Desconhecidas, Areias Desoladas

APARECE NO ATO II

**INFORMAÇÕES BÁSICAS**

| Dificuldade | Nível | XP | HP | | | |
|---|---|---|---|---|---|---|
| | | | Normal | Campeão | Raro | Lacaio |
| Normal | 20 | 337.5 | 492-820 | 738-902 | 1394-1558 | 656-820 |
| Pesadelo | 41 | 1250 | 7002-12K | 17K-21K | 33K-37K | 15K-19K |
| Tormento | 56 | 3375 | 41K-68K | 144K-176K | 271K-303K | 128K-160K |
| Inferno | 62 | 4000 | 210K-351K | 947K-1157K | 1789K-1999K | 842K-1052K |

**DANO**

| Dificuldade | Mín. Por Golpe | Efeito Adicional |
|---|---|---|
| Normal | 99 | Físico |
| Pesadelo | 1083 | |
| Tormento | 6149 | |
| Inferno | 53K | |

**GLOBOS DE VIDA**

| Grau | Cai % | Tamanho | Quando cai? |
|---|---|---|---|
| Normal | 80 | 20 | Morte |

### ATAQUES ESPECIAIS E HABILIDADES

**PAREDE DE AREIA**
A cada cinco ou seis golpes, o Habitante da Areia evoca uma parede de areia girando em torno de si e bate ambos os punhos no chão. Aumenta brevemente o dano Físico dos golpes deste monstro.

## VESPA DA AREIA

### CLASSE: VESPA DA AREIA

Esta variante da vespa da areia chega perto para picar com seu ferrão Venenoso. A Vespa da Areia também pode disparar uma série de "mini-vespas" que voam de longa distância em linha reta e impactam em um resp ngo venenoso.

**VELOCIDADE DE MOVIMENTO:** Lenta/Média
**DISTÂNCIA DE REPULSÃO:** Média
**LOCAL PROVÁVEL:** Câmara Desmoronante, Ventos Lancinantes, Ponte do Cânion Negro, Minas do Cânion Negro, Estrada para Alcarnus, Platô Uivante, Porão Abandonado, Cânion Partido

APARECE NO ATO II

**INFORMAÇÕES BÁSICAS**

| Dificuldade | Nível | XP | HP | | | |
|---|---|---|---|---|---|---|
| | | | Normal | Campeão | Raro | Lacaio |
| Normal | 15 | 110 | 32-65 | 259-340 | 583-664 | 117-198 |
| Pesadelo | 37 | 420 | 637-1274 | 8462-11K | 19K-22K | 3834-6479 |
| Tormento | 54 | 1250 | 4299-8598 | 80K-105K | 180K-205K | 36K-61K |
| Inferno | 62 | 1600 | 28K-56K | 673K-884K | 1515K-1726K | 305K-516K |

**DANO**

| Dificuldade | Mín. Por Golpe | Efeito Adicional |
|---|---|---|
| Normal | 53 | Venenoso |
| Pesadelo | 514 | |
| Tormento | 3784 | |
| Inferno | 40K | |

**GLOBOS DE VIDA**

| Grau | Cai % | Tamanho | Quando cai? |
|---|---|---|---|
| Normal | 5 | 20 | Morte |

### ATAQUES ESPECIAIS E HABILIDADES

**MÍSSEIS DE FERRÃO**
A Vespa da Areia pode desencadear um fluxo de quatro "minivespas" que miram a posição do Herói, a longo alcance. Elas voam em linha reta, então saia de sua trajetória quando elas estiverem chegando!

## BESTA SELVAGEM

CLASSE: BESTA

A peluda Besta Selvagem luta com brutalidade. Este monstro gosta de combate corpo a corpo, atacando com os dentes e chifres e então se empinando nas patas traseiras para poderosas pancadas no chão. Cuidado com sua Investida: quando você acha que ganhou espaço, a Besta Selvagem dá uma rápida investida elétrica.

**VELOCIDADE DE MOVIMENTO:** Devagar
**DISTÂNCIA DE REPULSÃO:** Curta
**LOCAL PROVÁVEL:** Terras Altas do Sul, Campos da Miséria

APARECE NO ATO I

| INFORMAÇÕES BÁSICAS | | | | | | |
|---|---|---|---|---|---|---|
| Dificuldade | Nível | XP | HP | | | |
| | | | Normal | Campeão | Raro | Lacaio |
| Normal | 10 | 170 | 168-210 | 210-252 | 378-420 | 210-252 |
| Pesadelo | 34 | 170 | 4748-5935 | 9852-12K | 18K-20K | 9852-12K |
| Tormento | 52 | 2300 | 33K-41K | 96K-116K | 173K-193K | 96K-116K |
| Inferno | 61 | 3200 | 130K-162K | 487K-584K | 876K-973K | 487K-584K |

| DANO | | |
|---|---|---|
| Dificuldade | Mín. Por Golpe | Efeito Adicional |
| Normal | 33 | Físico |
| Pesadelo | 496 | |
| Tormento | 4097 | |
| Inferno | 18K | |

| GLOBOS DE VIDA | | | |
|---|---|---|---|
| Grau | Cai % | Tamanho | Quando cai? |
| Normal | 60 | 20 | Morte |

### ATAQUES ESPECIAIS E HABILIDADES

**INVESTIDA**

A temível Investida dessa besta é surpreendentemente rápida e termina com uma cabeçada dolorosa. Preste atenção para a fumaça e a pancada no chão que vem logo em seguida. O tempo de resfriamento da Investida é apenas alguns segundos, por isso, o tempo que você leva para se soltar do monstro é suficiente para ele se recuperar. Circule a Besta para que ela não possa mirá-lo.

## DEMÔNIO SELVAGEM

CLASSE: CARNIÇAL

Encontrado na Fortaleza Amaldiçoada, o Demônio Selvagem balança sua espada para um poderoso ataque: um rápido rasgo para baixo ou um golpe horizontal curvo. Depois, circula o Herói para um novo ataque. O monstro repete este padrão durante a luta: um golpe corpo a corpo seguido de um movimento brusco.

**VELOCIDADE DE MOVIMENTO:** Média
**DISTÂNCIA DE REPULSÃO:** Longínqua
**LOCAL PROVÁVEL:** Fortaleza Amaldiçoada

APARECE NO ATO I

| INFORMAÇÕES BÁSICAS | | | | | | |
|---|---|---|---|---|---|---|
| Dificuldade | Nível | XP | HP | | | |
| | | | Normal | Campeão | Raro | Lacaio |
| Normal | 13 | 100 | 25-50 | 198-260 | 446-508 | 90-152 |
| Pesadelo | 35 | 380 | 523-1046 | 6943-9112 | 16K-18K | 3146-5316 |
| Tormento | 53 | 1200 | 3782-7563 | 70K-93K | 159K-181K | 32K-54K |
| Inferno | 61 | 1600 | 13K-26K | 311K-409K | 701K-798K | 141K-238K |

| DANO | | |
|---|---|---|
| Dificuldade | Mín. Por Golpe | Efeito Adicional |
| Normal | 51 | Físico |
| Pesadelo | 522 | |
| Tormento | 4553 | |
| Inferno | 18K | |

| GLOBOS DE VIDA | | | |
|---|---|---|---|
| Grau | Cai % | Tamanho | Quando cai? |
| Normal | 5 | 20 | Morte |

### ATAQUES ESPECIAIS E HABILIDADES

NENHUM

## VOADOR SELVAGEM

CLASSE: MORCEGO

O Voador Selvagem é um morcego carniceiro azul cujo ataque básico é uma picada com sua presa envenenada. Após uma picada ou duas, o morcego, espera e ataca violentamente com mais picadas Elétricas. Estas criaturas são geradas em Ninhos Sanguíneos; encontre e destrua esses ninhos se quiser limpar uma área infestada.

**VELOCIDADE DE MOVIMENTO:** Lenta/Média
**DISTÂNCIA DE REPULSÃO:** Muito Longínqua
**LOCAL PROVÁVEL:** Caverna Inundada: Níveis 1-2, Profundezas Desconhecidas, Salões da Tempestade, Caverna Ancestral: Níveis 1-2

APARECE NO ATO II

| INFORMAÇÕES BÁSICAS | | | | | | |
|---|---|---|---|---|---|---|
| Dificuldade | Nível | XP | HP | | | |
| | | | Normal | Campeão | Raro | Lacaio |
| Normal | 18 | 93.75 | 56-112 | 400-524 | 896-1020 | 183-307 |
| Pesadelo | 39 | 345 | 869-1739 | 10K-14K | 23K-26K | 4731-7938 |
| Tormento | 55 | 975 | 5472-11K | 91K-120K | 205K-233K | 42K-70K |
| Inferno | 62 | 1200 | 32K-63K | 679K-889K | 1521K-1731K | 310K-521K |

| DANO | | |
|---|---|---|
| Dificuldade | Mín. Por Golpe | Efeito Adicional |
| Normal | 89 | Venenoso |
| Pesadelo | 873 | |
| Tormento | 5577 | |
| Inferno | 53K | |

| GLOBOS DE VIDA | | | |
|---|---|---|---|
| Grau | Cai % | Tamanho | Quando cai? |
| Normal | 5 | 20 | Morte |

### ATAQUES ESPECIAIS E HABILIDADES

NENHUM

## VERME DA ROCHA SELVAGEM

### CLASSE: VERME DA ROCHA

Esta variação de Verme da Rocha só é encontrada nos Túneis do Verme da Rocha ou Caverna Sirocco. Como seu parente, o Verme da Rocha comum, o Verme da Rocha Selvagem aparece do chão, abre suas mandíbulas e arranca enormes mordidas de sua presa. Se você não se mover, o verme o arrastará para baixo da terra por alguns segundos, antes de te vomitar para fora. Se você recuar, o grande monstro escavador se retrai para dentro do chão. Mas, se você se mover a curta distância, ele surge ao seu lado para uma outra tentativa de alimentação.

**VELOCIDADE DE MOVIMENTO:** (Escavadora) Rápida
**DISTÂNCIA DE REPULSÃO:** Média
**LOCAL PROVÁVEL:** Túneis do Verme da Rocha, Caverna Sirocco: Nível 1

APARECE NO ATO II

| INFORMAÇÕES BÁSICAS | | | | | | |
|---|---|---|---|---|---|---|
| Dificuldade | Nível | XP | HP | | | |
| | | | Normal | Campeão | Raro | Lacaio |
| Normal | 16 | 172.5 | 141-254 | 353-447 | 729-823 | 235-329 |
| Pesadelo | 38 | 660 | 2633-4739 | 11K-14K | 23K-25K | 7283-10K |
| Tormento | 54 | 1875 | 16K-29K | 94K-119K | 194K-219K | 63K-83K |
| Inferno | 62 | 2400 | 105K-189K | 789K-1000K | 1631K-1841K | 526K-737K |

| DANO | | |
|---|---|---|
| Dificuldade | Mín. Por Golpe | Efeito Adicional |
| Normal | 77 | Físico |
| Pesadelo | 776 | |
| Tormento | 5045 | |
| Inferno | 53K | |

| GLOBOS DE VIDA | | | |
|---|---|---|---|
| Grau | Cai % | Tamanho | Quando cai? |
| Normal | 45 | 20 | Morte |

### ATAQUES ESPECIAIS E HABILIDADES

#### ENGOLIDA

Se você se move a uma curta distância do Verme da Rocha Selvagem, ele recua para o seu buraco subterrâneo e se esconde... até que subitamente reaparece embaixo de você e o engole para dentro do buraco. O verme irá arrastá-lo para o subsolo e, em seguida, vomitá-lo, causando dano o tempo inteiro.

## VORAZGO

### CLASSE: VORAZGO

Vorazgos são hiperativos, circulando e escavando obsessivamente entre súbitas explosões de hostilidade. Esta criatura rápida apresenta um conjunto básico de ataques corpo a corpo: uma mordida rápida ou um golpe de garras vertical de perto, além de um salto que acerta de longe.

**VELOCIDADE DE MOVIMENTO:** Veloz
**DISTÂNCIA DE REPULSÃO:** Média/Longínqua
**LOCAL PROVÁVEL:** Covil dos Decaídos: Níveis 1-2, Várzea das Lágrimas, Chalé Protegido, Campos da Miséria

APARECE NO ATO I

| INFORMAÇÕES BÁSICAS | | | | | | |
|---|---|---|---|---|---|---|
| Dificuldade | Nível | XP | HP | | | |
| | | | Normal | Campeão | Raro | Lacaio |
| Normal | 6 | 32.5 | 9-21 | 74-97 | 166-189 | 33-56 |
| Pesadelo | 32 | 160 | 380-856 | 5052-6630 | 11K-13K | 2289-3868 |
| Tormento | 51 | 550 | 2800-6301 | 52K-69K | 117K-134K | 24K-40K |
| Inferno | 61 | 800 | 13K-29K | 311K-409K | 701K-798K | 141K-238K |

| DANO | | |
|---|---|---|
| Dificuldade | Mín. Por Golpe | Efeito Adicional |
| Normal | 14 | Físico |
| Pesadelo | 322 | |
| Tormento | 2758 | |
| Inferno | 14K | |

| GLOBOS DE VIDA | | | |
|---|---|---|---|
| Grau | Cai % | Tamanho | Quando cai? |
| Normal | 5 | 20 | Morte |

### ATAQUES ESPECIAIS E HABILIDADES

#### SALTO

O Vorazgo ocasionalmente dá um salto com a boca aberta e pode acertar a partir de vários metros de distância. Não tenha misericórdia quando a criatura circular ao seu redor para ataques corpo a corpo!

## ESPREITADORA CALCINANTE

### CLASSE: ARANHA

Esta aranha vermelho-fogo e sua prima, a Espreitadora da Floresta, infestam as Profundezas Desconhecidas no Ato 2. A Espreitadora Calcinante não cospe teias para deixá-lo mais lento como suas primas não elementais, mas suas rápidas mordidas de fogo causam dano Ígneo doloroso.

**VELOCIDADE DE MOVIMENTO:** Média
**DISTÂNCIA DE REPULSÃO:** Muito Curta
**LOCAL PROVÁVEL:** Profundezas Desconhecidas

APARECE NO ATO II

| INFORMAÇÕES BÁSICAS | | | | | | |
|---|---|---|---|---|---|---|
| Dificuldade | Nível | XP | HP | | | |
| | | | Normal | Campeão | Raro | Lacaio |
| Normal | 20 | 135 | 656-820 | 820-984 | 1476-1640 | 820-984 |
| Pesadelo | 41 | 500 | 9336-12K | 19K-23K | 35K-39K | 19K-23K |
| Tormento | 56 | 1350 | 55K-68K | 160K-192K | 287K-319K | 160K-192K |
| Inferno | 62 | 1600 | 281K-351K | 1052K-1263K | 1894K-2105K | 1052K-1263K |

| DANO | | |
|---|---|---|
| Dificuldade | Mín. Por Golpe | Efeito Adicional |
| Normal | 174 | Ígneo |
| Pesadelo | 1896 | |
| Tormento | 11K | |
| Inferno | 92K | |

| GLOBOS DE VIDA | | | |
|---|---|---|---|
| Grau | Cai % | Tamanho | Quando cai? |
| Normal | 90 | 20 | Morte |

### ATAQUES ESPECIAIS E HABILIDADES

NENHUM

## MAGO OFÍDIO

### CLASSE: ENGANADOR

Este homem-cobra é poderoso com o elemento Elétrico. Cuidado com o anel elétrico chocante que ele lança em torno de si em um amplo arco. Se você não tem ataque a distância, atraia o Mago Ofídio para movimento... então corra para dar uns bons golpes assim que o campo faiscante se dissipar.

**VELOCIDADE DE MOVIMENTO:** Média

**DISTÂNCIA DE REPULSÃO:** Curta/Média

**LOCAL PROVÁVEL:** Esgoto de Caldeum, Canal Escondido, Aquedutos Ocultos, Tumba de Khan Dakab, Tumba de Sardar, Canais Leste/Oeste, Cisterna Arruinada, Ruínas: Nível 1, Câmara Desmoronante, Cidade de Caldeum, Oásis de Dahlgur, Trilha para o Oásis

APARECE NO ATO II

**INFORMAÇÕES BÁSICAS**

| Dificuldade | Nível | XP | HP | | | |
|---|---|---|---|---|---|---|
| | | | Normal | Campeão | Raro | Lacaio |
| Normal | 17 | 132 | 108-162 | 378-486 | 810-918 | 216-324 |
| Pesadelo | 39 | 506 | 1932-2898 | 11K-14K | 24K-27K | 6414-9621 |
| Tormento | 55 | 1430 | 12K-18K | 99K-127K | 212K-241K | 57K-85K |
| Inferno | 62 | 1760 | 70K-105K | 737K-947K | 1578K-1789K | 421K-631K |

**DANO**

| Dificuldade | Mín. Por Golpe | Efeito Adicional |
|---|---|---|
| Normal | 42 | Físico |
| Pesadelo | 436 | |
| Tormento | 2788 | |
| Inferno | 26K | |

**GLOBOS DE VIDA**

| Grau | Cai % | Tamanho | Quando cai? |
|---|---|---|---|
| Normal | 30 | 20 | Morte |

### ATAQUES ESPECIAIS E HABILIDADES

**ANEL ELÉTRICO**

Magos Ofídios podem convocar um feitiço poderoso Elétrico que lança um amplo círculo eletrificado em torno deles, que prejudica qualquer inimigo dentro do raio. A magia permanece ativa até que você ou recue para fora do círculo ou o atraia para o movimento. Se não, lance um ou dois golpes sólidos no Magos.

## VERME DA SOMBRA

### CLASSE: VERME DA SOMBRA

Esta é uma espécie de criatura estranha que parece nadar através de um terreno sólido. A variante do Verme da Sombra é negra como a noite. Ele se arrasta e de repente levanta-se para cortar com garras longas e escuras. Os vermes geralmente deslizam para fora do campo de visão por alguns segundos, fazendo você abaixar a guarda. Então não abaixe, pois eles voltarão eventualmente.

**VELOCIDADE DE MOVIMENTO:** Veloz

**DISTÂNCIA DE REPULSÃO:** Longínqua

**LOCAL PROVÁVEL:** Jardins da Esperança: Níveis 2-3, Casamata Fortificada: Níveis 1-2, Quartel: Níveis 1-2, Armazéns do Campo de Batalha: Níveis 1-2, Fundição: Níveis 1-2, Chancela Abençoada

APARECE NO ATO III, IV

**INFORMAÇÕES BÁSICAS**

| Dificuldade | Nível | XP | HP | | | |
|---|---|---|---|---|---|---|
| | | | Normal | Campeão | Raro | Lacaio |
| Normal | 29 | 135 | 102-204 | 1578-2087 | 3614-4123 | 687-1196 |
| Pesadelo | 49 | 495 | 965-1929 | 25K-33K | 57K-65K | 11K-19K |
| Tormento | 60 | 1162.5 | 4345-8690 | 157K-208K | 359K-410K | 68K-119K |
| Inferno | 63 | 1200 | 24K-49K | 1138K-1505K | 2605K-2972K | 495K-862K |

**DANO**

| Dificuldade | Mín. Por Golpe | Efeito Adicional |
|---|---|---|
| Normal | 103 | Físico |
| Pesadelo | 804 | |
| Tormento | 3248 | |
| Inferno | 40K | |

**GLOBOS DE VIDA**

| Grau | Cai % | Tamanho | Quando cai? |
|---|---|---|---|
| Normal | 5 | 20 | Morte |

### ATAQUES ESPECIAIS E HABILIDADES

NENHUM

## ESPREITADOR SOMBRIO

### CLASSE: VERME DA SOMBRA

Esta é uma espécie de criaturas estranhas que parecem nadar através de um terreno sólido. O Espreitador Sombrio insinua-se rapidamente e em seguida levanta-se para golpear com suas garras longas e escuras. Os vermes geralmente deslizam para fora de campo de visão por alguns segundos, fazendo você abaixar a guarda. Então não abaixe, pois eles voltarão eventualmente.

**VELOCIDADE DE MOVIMENTO:** Veloz

**DISTÂNCIA DE REPULSÃO:** Longínqua

**LOCAL PROVÁVEL:** Reino Sombrio

APARECE NO ATO II

**INFORMAÇÕES BÁSICAS**

| Dificuldade | Nível | XP | HP | | | |
|---|---|---|---|---|---|---|
| | | | Normal | Campeão | Raro | Lacaio |
| Normal | 21 | 105 | 19-66 | 573-761 | 1325-1513 | 244-432 |
| Pesadelo | 42 | 390 | 256-896 | 13K-17K | 30K-34K | 5527-9778 |
| Tormento | 56 | 1012.5 | 1370-4795 | 97K-129K | 225K-257K | 41K-73K |
| Inferno | 62 | 1200 | 7015-25K | 642K-852K | 1484K-1694K | 274K-484K |

**DANO**

| Dificuldade | Mín. Por Golpe | Efeito Adicional |
|---|---|---|
| Normal | 51 | Físico |
| Pesadelo | 599 | |
| Tormento | 3075 | |
| Inferno | 26K | |

**GLOBOS DE VIDA**

| Grau | Cai % | Tamanho | Quando cai? |
|---|---|---|---|
| Normal | 5 | 20 | Morte |

### ATAQUES ESPECIAIS E HABILIDADES

NENHUM

## GUARDIÃO ELÉTRICO

### CLASSE: ESQUELETO MAGO

Este cintilante mago eletrificado é parcialmente imune a dano Elétrico. Seu Projétil Elétrico de longo alcance dispara uma rajada de eletricidade que causa choques. O Guardião Elétrico não tem ataque corpo a corpo, mas ele vai disparar suas lanças elétricas a qualquer distância.

**VELOCIDADE DE MOVIMENTO:** Devagar

**DISTÂNCIA DE REPULSÃO:** Curta/Média

**LOCAL PROVÁVEL:** Caverna Misteriosa: Níveis 1-2, Câmara do Assassino, Ruínas Esquecidas

APARECE NO ATO II

**INFORMAÇÕES BÁSICAS**

| Dificuldade | Nível | XP | HP | | | |
|---|---|---|---|---|---|---|
| | | | Normal | Campeão | Raro | Lacaio |
| Normal | 19 | 130 | 72-143 | 465-608 | 1037-1180 | 215-358 |
| Pesadelo | 40 | 480 | 1062-2124 | 11K-15K | 26K-29K | 5289-8815 |
| Tormento | 55 | 1300 | 6080-12K | 92K-120K | 205K-234K | 42K-71K |
| Inferno | 62 | 1600 | 35K-70K | 684K-894K | 1526K-1736K | 316K-526K |

**DANO**

| Dificuldade | Mín. Por Golpe | Efeito Adicional |
|---|---|---|
| Normal | 47 | Elétrico |
| Pesadelo | 487 | |
| Tormento | 2788 | |
| Inferno | 26K | |

**GLOBOS DE VIDA**

| Grau | Cai % | Tamanho | Quando cai? |
|---|---|---|---|
| Normal | 5 | 20 | Morte |

### ATAQUES ESPECIAIS E HABILIDADES

**PROJÉTIL ELÉTRICO**

O Guardião Elétrico proporciona uma explosão de raios carregada com precisão de longo alcance. O tiro se move muito rapidamente, mas o Guardião o acompanha com uma inalação exagerada, dando-lhe alguns segundos para sair da trajetória do tiro.

## RASTEJANTE ELÉTRICA

CLASSE: ARANHA

Esta aranha elétrica e sua prima venenosa, a Tecedora Venenosa, infestam os Salões da Tempestade do Ato 2. A Rastejante Elétrica não cospe teias para deixá-lo lento como seus irmãos não elementais, mas suas rápidas mordidas elétricas infligem dano Elétrico letal.

VELOCIDADE DE MOVIMENTO: Média
DISTÂNCIA DE REPULSÃO: Muito Curta
LOCAL PROVÁVEL: Salões da Tempestade

APARECE NO ATO II

| INFORMAÇÕES BÁSICAS | | | | | | |
|---|---|---|---|---|---|---|
| Dificuldade | Nível | XP | HP | | | |
| | | | Normal | Campeão | Raro | Lacaio |
| Normal | 22 | 145 | 963-1177 | 1177-1391 | 1980-2194 | 1177-1391 |
| Pesadelo | 42 | 520 | 12K-14K | 23K-28K | 39K-44K | 23K-28K |
| Tormento | 56 | 1350 | 62K-75K | 176K-207K | 295K-327K | 176K-207K |
| Inferno | 62 | 1600 | 316K-386K | 1157K-1368K | 1947K-2157K | 1157K-1368K |

| DANO | | |
|---|---|---|
| Dificuldade | Mín. Por Golpe | Efeito Adicional |
| Normal | 177 | Elétrico |
| Pesadelo | 1797 | |
| Tormento | 9224 | |
| Inferno | 79K | |

| GLOBOS DE VIDA | | | |
|---|---|---|---|
| Grau | Cai % | Tamanho | Quando cai? |
| Normal | 90 | 20 | Morte |

ATAQUES ESPECIAIS E HABILIDADES
NENHUM

## ARACNITA CHOCANTE

CLASSE: ARACNITA

Preste atenção para torres coloridas que geram aracnitas. Torres Guardiãs azul-escuras produzem Aracnitas Chocantes, aracnídeos da mesma cor da torre, que infligem dano Elétrico a cada mordida. Cada torre cria filhotes até que seis estejam se rastejando. Se você matá-los, a torre instantaneamente gera novos para substituir os perdidos, até o limite de seis ao mesmo tempo. As torres são fáceis de destruir, então acerte-as rapidamente para impedir a desova.

VELOCIDADE DE MOVIMENTO: Devagar
DISTÂNCIA DE REPULSÃO: Curta
LIMITE DE CRIAS: 6 de cada vez
LOCAL PROVÁVEL: Profundezas Desconhecidas, Salões da Tempestade

APARECE NO ATO II

| INFORMAÇÕES BÁSICAS | | | | | | |
|---|---|---|---|---|---|---|
| Dificuldade | Nível | XP | HP | | | |
| | | | Normal | Campeão | Raro | Lacaio |
| Normal | 22 | 0 | 107-214 | 696-910 | 1552-1766 | 321-535 |
| Pesadelo | 42 | 0 | 1281-2561 | 14K-18K | 31K-35K | 6377-11K |
| Tormento | 56 | 0 | 6850-14K | 104K-136K | 231K-263K | 48K-80K |
| Inferno | 62 | 0 | 35K-70K | 684K-894K | 1526K-1736K | 316K-526K |

| DANO | | |
|---|---|---|
| Dificuldade | Mín. Por Golpe | Efeito Adicional |
| Normal | 88 | Elétrico |
| Pesadelo | 899 | |
| Tormento | 4612 | |
| Inferno | 40K | |

| GLOBOS DE VIDA | | | |
|---|---|---|---|
| Grau | Cai % | Tamanho | Quando cai? |
| Comum | 5 | 20 | Morte |

ATAQUES ESPECIAIS E HABILIDADES
NENHUM

## ARQUEIRO ESQUELÉTICO

CLASSE: ESQUELETO

Implantados em toda a Catedral e Cripta Real do Ato 1, estes arqueiros podem atacar de uma distância considerável com um fluxo constante de flechas. Não deixe Arqueiros Esqueléticos alvejá-lo com impunidade. Revide com um contra-ataque enquanto escorrega para os lados ou chegue perto para um ataque corpo a corpo. Cuidado: estes arqueiros continuam disparando mesmo quando você está perto... e quanto mais perto você estiver, menos tempo você tem que evitar flechas.

VELOCIDADE DE MOVIMENTO: Devagar
DISTÂNCIA DE REPULSÃO: Média/Longínqua
LOCAL PROVÁVEL: Liceu, Catedral: Níveis 1-4, Criptas Reais, Torre de Vigia: Nível 2

APARECE NO ATO I

| INFORMAÇÕES BÁSICAS | | | | | | |
|---|---|---|---|---|---|---|
| Dificuldade | Nível | XP | HP | | | |
| | | | Normal | Campeão | Raro | Lacaio |
| Normal | 7 | 52.5 | 17-28 | 92-120 | 204-232 | 45-73 |
| Pesadelo | 32 | 240 | 571-951 | 5210-6788 | 12K-13K | 2526-4105 |
| Tormento | 51 | 825 | 4201-7001 | 54K-70K | 119K-135K | 26K-42K |
| Inferno | 61 | 1200 | 19K-32K | 321K-419K | 711K-808K | 156K-253K |

| DANO | | |
|---|---|---|
| Dificuldade | Mín. Por Golpe | Efeito Adicional |
| Normal | 11 | Físico |
| Pesadelo | 214 | |
| Tormento | 1838 | |
| Inferno | 9020 | |

| GLOBOS DE VIDA | | | |
|---|---|---|---|
| Grau | Cai % | Tamanho | Quando cai? |
| Normal | 6 | 20 | Morte |

ATAQUES ESPECIAIS E HABILIDADES
NENHUM

## MESTRE ARQ. ESQUELÉTICO

CLASSE: ESQUELETO

O Mestre Arqueiro Esquelético pode disparar um fluxo mortal de flechas a longa distância. Movimente-se para ficar à frente de seu alvo, parando apenas para atirar de volta com um contra-ataque a distância. Se você é um lutador corpo a corpo, chegue perto com movimentos em zigue-zague para atacar. Tenha em mente que Batedores Esqueléticos vão atirar em você, independentemente da distância. Quanto mais perto, menos tempo para se esquivar dos tiros.

VELOCIDADE DE MOVIMENTO: Devagar
DISTÂNCIA DE REPULSÃO: Longínqua
LOCAL PROVÁVEL: Profundezas Desconhecidas, Salões da Tempestade e do Crepúsculo

APARECE NO ATO II

| INFORMAÇÕES BÁSICAS | | | | | | |
|---|---|---|---|---|---|---|
| Dificuldade | Nível | XP | HP | | | |
| | | | Normal | Campeão | Raro | Lacaio |
| Normal | 20 | 101.25 | 98-164 | 541-705 | 1197-1361 | 262-426 |
| Pesadelo | 41 | 375 | 1400-2334 | 13K-17K | 28K-32K | 6199-10K |
| Tormento | 56 | 1012.5 | 8219-14K | 105K-137K | 233K-265K | 51K-83K |
| Inferno | 62 | 1200 | 42K-70K | 694K-905K | 1536K-1747K | 337K-547K |

| DANO | | |
|---|---|---|
| Dificuldade | Mín. Por Golpe | Efeito Adicional |
| Normal | 50 | Físico |
| Pesadelo | 542 | |
| Tormento | 3075 | |
| Inferno | 26K | |

| GLOBOS DE VIDA | | | |
|---|---|---|---|
| Grau | Cai % | Tamanho | Quando cai? |
| Normal | 6 | 20 | Morte |

ATAQUES ESPECIAIS E HABILIDADES
NENHUM

## SAQUEADOR ESQUELÉTICO

CLASSE: ESQUELETO

Procure este monstro de nível 25 nas Profundezas do Forte e Fundição do Ato 3. Como seus parentes da subclasse, o Saqueador Esquelético bloqueia seus ataques com seu escudo. Este morto-vivo avança na sua direção e então se esconde atrás de seu pesado escudo. Note que o Saqueador abaixa o seu escudo para desferir golpes. Você pode atacar o esqueleto nesse momento. Seus ataques corpo a corpo são um chute simples e um golpe de espada.

VELOCIDADE DE MOVIMENTO: Devagar

DISTÂNCIA DE REPULSÃO: Longínqua

LOCAL PROVÁVEL: Profundezas do Forte: Níveis 1-3, Armazéns do Campo de Batalha: Nível 1

APARECE NO ATO III

**INFORMAÇÕES BÁSICAS**

| Dificuldade | Nível | XP | HP | | | |
|---|---|---|---|---|---|---|
| | | | Normal | Campeão | Raro | Lacaio |
| Normal | 25 | 120 | 219-313 | 1049-1362 | 2301-2614 | 532-845 |
| Pesadelo | 45 | 435 | 2360-3372 | 19K-24K | 41K-47K | 9516-15K |
| Tormento | 58 | 1087.5 | 12K-17K | 136K-177K | 299K-340K | 69K-110K |
| Inferno | 63 | 1200 | 86K-122K | 1229K-1596K | 2697K-3064K | 624K-991K |

**DANO**

| Dificuldade | Mín. Por Golpe | Efeito Adicional |
|---|---|---|
| Normal | 44 | Físico |
| Pesadelo | 399 | |
| Tormento | 1888 | |
| Inferno | 28K | |

**GLOBOS DE VIDA**

| Grau | Cai % | Tamanho | Quando cai? |
|---|---|---|---|
| Normal | 12 | 20 | Morte |

### ATAQUES ESPECIAIS E HABILIDADES

**BLOQUEIO**

O Saqueador Esquelético pode bloquear seus ataques com seu escudo azul brilhante. Depois de causar bastante dano a ele, o escudo quebra ficando mais fácil de acabar com este monstro morto-vivo. Você também pode atacar diretamente o esqueleto quando ele abaixar o escudo para desferir golpes.

## BATEDOR ESQUELÉTICO

CLASSE: ESQUELETO

Implantado nas cavernas subterrâneas e cursos d'água do Ato 2, o Batedor Esquelético pode acertar de longe com uma constante e inesgotável chuva de flechas. Revide com um contra-ataque enquanto escorrega para os lados ou chegue perto para um ataque corpo a corpo. Tenha cuidado, porém, Batedores Esqueléticos continuam disparando mesmo quando você está ao lado deles... e quanto mais perto você estiver, menos tempo você tem para desviar.

VELOCIDADE DE MOVIMENTO: Devagar

DISTÂNCIA DE REPULSÃO: Muito Longínqua

LOCAL PROVÁVEL: Esgoto de Caldeum, Câmara do Ídolo Perdido, Canais Leste/Oeste, Caverna Misteriosa: Níveis 1-2, Cisterna Arruinada

APARECE NO ATO II

**INFORMAÇÕES BÁSICAS**

| Dificuldade | Nível | XP | HP | | | |
|---|---|---|---|---|---|---|
| | | | Normal | Campeão | Raro | Lacaio |
| Normal | 18 | 93.75 | 74-124 | 409-533 | 905-1029 | 198-322 |
| Pesadelo | 39 | 345 | 1159-1932 | 11K-14K | 23K-27K | 5131-8339 |
| Tormento | 55 | 975 | 7296-12K | 93K-122K | 207K-235K | 45K-74K |
| Inferno | 62 | 1200 | 42K-70K | 694K-905K | 1536K-1747K | 337K-547K |

**DANO**

| Dificuldade | Mín. Por Golpe | Efeito Adicional |
|---|---|---|
| Normal | 45 | Físico |
| Pesadelo | 436 | |
| Tormento | 2788 | |
| Inferno | 26K | |

**GLOBOS DE VIDA**

| Grau | Cai % | Tamanho | Quando cai? |
|---|---|---|---|
| Normal | 6 | 20 | Morte |

### ATAQUES ESPECIAIS E HABILIDADES

NENHUM

## INVASOR ESQUELÉTICO

CLASSE: ESQUELETO

Assim como seus parentes portadores de escudo, o Invasor Esquelético pode bloquear seus ataques. Esta criatura pode ser encontrada em todo o Ato 2, avançando diretamente para você, enquanto se protege com seu pesado escudo. Note que o Invasor Esquelético abaixa o seu escudo para desferir golpes. Você pode atacá-lo nesse momento. Como a maioria dos esqueletos, seus ataques corpo a corpo básicos são um chute único e um golpe de espada.

VELOCIDADE DE MOVIMENTO: Devagar

DISTÂNCIA DE REPULSÃO: Muito Longínqua

LOCAL PROVÁVEL: Profundezas Desconhecidas, Salões da Tempestade e do Crepúsculo

APARECE NO ATO II

**INFORMAÇÕES BÁSICAS**

| Dificuldade | Nível | XP | HP | | | |
|---|---|---|---|---|---|---|
| | | | Normal | Campeão | Raro | Lacaio |
| Normal | 20 | 101.25 | 74-111 | 148-185 | 296-333 | 111-148 |
| Pesadelo | 41 | 375 | 2128-3192 | 7065-8831 | 14K-16K | 5299-7065 |
| Tormento | 56 | 1012.5 | 17K-25K | 77K-96K | 154K-173K | 58K-77K |
| Inferno | 62 | 1200 | 65K-97K | 389K-487K | 779K-876K | 292K-389K |

**DANO**

| Dificuldade | Mín. Por Golpe | Efeito Adicional |
|---|---|---|
| Normal | 73 | Físico |
| Pesadelo | 1155 | |
| Tormento | 10K | |
| Inferno | 45K | |

**GLOBOS DE VIDA**

| Grau | Cai % | Tamanho | Quando cai? |
|---|---|---|---|
| Normal | 12 | 20 | Morte |

### ATAQUES ESPECIAIS E HABILIDADES

**BLOQUEIO**

O Invasor Esquelético bloqueia ataques com o seu escudo. Depois de causar bastante dano a ele, o escudo quebra ficando mais fácil de acabar com o monstro morto-vivo. Você também pode atacar diretamente o esqueleto quando ele abaixar o escudo para desferir golpes.

## VIGIA ESQUELÉTICO

CLASSE: ESQUELETO

Como seus primos da subclasse, o Vigia Esquelético possui a habilidade de bloquear os ataques. Esta criatura com chifres percorre as vias subterrâneas do Ato 2, cambaleando em sua direção e, em seguida, esquivando-se por trás de seu escudo pesado e brilhante. Note que o Vigia abaixa seu escudo para desferir golpes. Aproveite esse momento para atacar! Seus ataques corpo a corpo básicos são um chute simples e um golpe de espada.

VELOCIDADE DE MOVIMENTO: Devagar

DISTÂNCIA DE REPULSÃO: Muito Longínqua

LOCAL PROVÁVEL: Esgoto de Caldeum, Canais Leste/Oeste, Cisterna Arruinada

APARECE NO ATO II

**INFORMAÇÕES BÁSICAS**

| Dificuldade | Nível | XP | HP | | | |
|---|---|---|---|---|---|---|
| | | | Normal | Campeão | Raro | Lacaio |
| Normal | 18 | 93.75 | 87-124 | 415-539 | 911-1035 | 211-335 |
| Pesadelo | 39 | 345 | 1352-1932 | 11K-14K | 24K-27K | 5452-8659 |
| Tormento | 55 | 975 | 8512-12K | 95K-123K | 208K-237K | 48K-76K |
| Inferno | 62 | 1200 | 49K-70K | 705K-915K | 1547K-1757K | 358K-568K |

**DANO**

| Dificuldade | Mín. Por Golpe | Efeito Adicional |
|---|---|---|
| Normal | 22 | Físico |
| Pesadelo | 218 | |
| Tormento | 1394 | |
| Inferno | 13K | |

**GLOBOS DE VIDA**

| Grau | Cai % | Tamanho | Quando cai? |
|---|---|---|---|
| Normal | 12 | 20 | Morte |

### ATAQUES ESPECIAIS E HABILIDADES

**BLOQUEIO**

O Vigia Esquelético pode bloquear seus ataques com seu escudo brilhante. Depois de causar dano suficiente, o escudo quebra, ficando mais fácil para acabar com este monstro morto-vivo. Você também pode atacar diretamente o esqueleto quando ele abaixar o escudo para desferir golpes.

## ESCUDEIRO ESQUELÉTICO

CLASSE: ESQUELETO

Como seus irmãos esqueletos, esta criatura pode bloquear seus ataques com seu escudo brilhante. Ele percorre as Criptas Reais e a Mata Infecta no Ato 1, cambaleando diretamente para você e, em seguida, esquivando-se por trás de seu escudo pesado. Note que o Escudeiro Esquelético abaixa o seu escudo para desferir golpes. Aproveite esse momento para atacar! Seus ataques corpo a corpo básicos são um chute simples e um golpe de espada.

VELOCIDADE DE MOVIMENTO: Devagar
DISTÂNCIA DE REPULSÃO: Longínqua
LOCAL PROVÁVEL: Catedral: Níveis 1, 4, Liceu, Criptas Reais, Mata Infecta

APARECE NO ATO I

| INFORMAÇÕES BÁSICAS | | | | | | |
|---|---|---|---|---|---|---|
| Dificuldade | Nível | XP | HP | | | |
| | | | Normal | Campeão | Raro | Lacaio |
| Normal | 7 | 52.5 | 20-28 | 94-122 | 206-234 | 48-76 |
| Pesadelo | 32 | 240 | 666-951 | 5289-6867 | 12K-13K | 2684-4262 |
| Tormento | 51 | 825 | 4901-7001 | 55K-71K | 120K-136K | 28K-44K |
| Inferno | 61 | 1200 | 23K-32K | 326K-423K | 715K-813K | 165K-263K |

| DANO | | |
|---|---|---|
| Dificuldade | Mín. Por Golpe | Efeito Adicional |
| Normal | 17 | Físico |
| Pesadelo | 322 | |
| Tormento | 2758 | |
| Inferno | 14K | |

| GLOBOS DE VIDA | | | |
|---|---|---|---|
| Grau | Cai % | Tamanho | Quando cai? |
| Normal | 12 | 20 | Morte |

### ATAQUES ESPECIAIS E HABILIDADES

**BLOQUEIO**

O Escudeiro Esquelético pode bloquear seus ataques com seu escudo. Depois de causar dano suficiente, o escudo quebra, ficando mais fácil para acabar com esse monstro morto-vivo. Você também pode atacar diretamente o esqueleto quando ele abaixar o escudo para desferir golpes.

## GUERREIRO ESQUELETAL

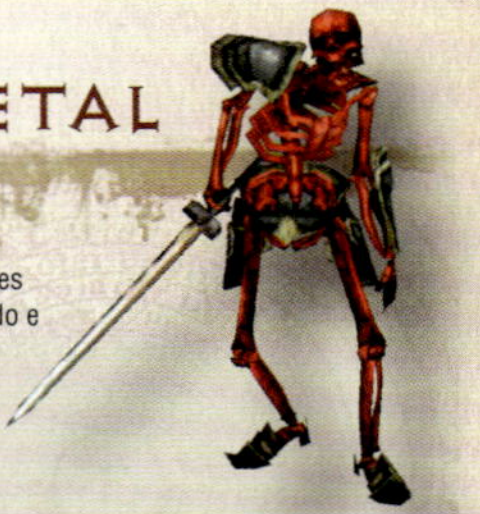

CLASSE: ESQUELETO

O Guerreiro Esqueletal assombra as Profundezas do Forte. Seus ataques básicos são típicos das variantes de esqueletos: um chute frontal rápido e um golpe de espada. É fácil colocar o Guerreiro para escanteio, mas o seu constante movimento de flanco pode deixá-lo escorregar atrás de você em uma briga selvagem.

VELOCIDADE DE MOVIMENTO: Devagar
DISTÂNCIA DE REPULSÃO: Muito Longínqua
LOCAL PROVÁVEL: Salões do Crepúsculo, Profundezas do Forte: Nível 1, Salões da Tempestade, Salões Desconhecidos

APARECE NOS ATOS II, III

| INFORMAÇÕES BÁSICAS | | | | | | |
|---|---|---|---|---|---|---|
| Dificuldade | Nível | XP | HP | | | |
| | | | Normal | Campeão | Raro | Lacaio |
| Normal | 5 | 48 | 8-15 | 55-72 | 123-140 | 25-42 |
| Pesadelo | 31 | 240 | 381-762 | 4534-5940 | 10K-12K | 2074-3480 |
| Tormento | 51 | 880 | 3150-6301 | 53K-69K | 118K-134K | 24K-40K |
| Inferno | 61 | 1280 | 15K-29K | 314K-411K | 703K-801K | 144K-241K |

| DANO | | |
|---|---|---|
| Dificuldade | Mín. Por Golpe | Efeito Adicional |
| Normal | 8 | Físico |
| Pesadelo | 198 | |
| Tormento | 1838 | |
| Inferno | 9020 | |

| GLOBOS DE VIDA | | | |
|---|---|---|---|
| Grau | Cai % | Tamanho | Quando cai? |
| Normal | 5 | 20 | Morte |

### ATAQUES ESPECIAIS E HABILIDADES

NENHUM

## ESQUELETO

CLASSE: ESQUELETO

Este esqueleto adora sacudir ao redor em um círculo, parando ocasionalmente para rir da loucura de sua existência. Seus ataques básicos são um chute simples e um golpe de espada. O Esqueleto é lento e fácil de ser colocado para escanteio, mas o seu constante movimento de flanco pode deixá-lo escorregar atrás de você em uma briga caótica.

VELOCIDADE DE MOVIMENTO: Devagar
DISTÂNCIA DE REPULSÃO: Muito Longínqua
LOCAL PROVÁVEL: Catedral: Níveis 1-4, Cemitério dos Desamparados, Tumba do Chanceler, Criptas Reais, Cripta Profanada, Várzea das Lágrimas, Torre de Vigia: Nível 2

APARECE NO ATO I

| INFORMAÇÕES BÁSICAS | | | | | | |
|---|---|---|---|---|---|---|
| Dificuldade | Nível | XP | HP | | | |
| | | | Normal | Campeão | Raro | Lacaio |
| Normal | 6 | 52 | 8-15 | 55-72 | 123-140 | 25-42 |
| Pesadelo | 32 | 256 | 381-762 | 4534-5940 | 10K-12K | 2074-3480 |
| Tormento | 51 | 880 | 3150-6301 | 53K-69K | 118K-134K | 24K-40K |
| Inferno | 61 | 1280 | 15K-29K | 314K-411K | 703K-801K | 144K-241K |

| DANO | | |
|---|---|---|
| Dificuldade | Mín. Por Golpe | Efeito Adicional |
| Normal | 8 | Físico |
| Pesadelo | 198 | |
| Tormento | 1838 | |
| Inferno | 9020 | |

| GLOBOS DE VIDA | | | |
|---|---|---|---|
| Grau | Cai % | Tamanho | Quando cai? |
| Normal | 12 | 20 | Morte |

### ATAQUES ESPECIAIS E HABILIDADES

NENHUM

## CAVEIRA DE CUTELO

CLASSE: ESQUELETO

Este esqueleto de manto cinza carrega um machado duplo enorme quanto se move constantemente em busca do Herói. Quando uma Caveira de Cutelo fica ao seu alcance, ele grunhe e executa um dos dois ataques: um grande golpe para baixo ou um ataque horizontal. Qualquer golpe inflige dano Físico significativo. Deslize para fora do alcance quando o esqueleto balançar o machado e, em seguida, contra-ataque rápido.

VELOCIDADE DE MOVIMENTO: Devagar
DISTÂNCIA DE REPULSÃO: Média
LOCAL PROVÁVEL: Armazéns do Campo de Batalha: Nível 1

APARECE NO ATO III

| INFORMAÇÕES BÁSICAS | | | | | | |
|---|---|---|---|---|---|---|
| Dificuldade | Nível | XP | HP | | | |
| | | | Normal | Campeão | Raro | Lacaio |
| Normal | 25 | 160 | 626-939 | 1252-1565 | 2504-2817 | 939-1252 |
| Pesadelo | 45 | 580 | 6744-10K | 22K-28K | 45K-50K | 17K-22K |
| Tormento | 58 | 1450 | 35K-52K | 163K-203K | 325K-366K | 122K-163K |
| Inferno | 63 | 1600 | 245K-367K | 1468K-1835K | 2936K-3303K | 1101K-1468K |

| DANO | | |
|---|---|---|
| Dificuldade | Mín. Por Golpe | Efeito Adicional |
| Normal | 443 | Físico |
| Pesadelo | 3992 | |
| Tormento | 19K | |
| Inferno | 284K | |

| GLOBOS DE VIDA | | | |
|---|---|---|---|
| Grau | Cai % | Tamanho | Quando cai? |
| Normal | 60 | 20 | Morte |

### ATAQUES ESPECIAIS E HABILIDADES

NENHUM

## EVOCADOR CAVEIRA

CLASSE: ESQUELETO

A subclasse do Evocador Caveira tem poderosos conjuradores, que chegam com um bando de lacaios. Se você matar um lacaio, o evocador pode conjurar um substituto, até um limite total de quatro por vez. Quando eles não estão desovando esqueletos, os evocadores cospem a distância Orbes Arcanos no Herói. Eles mantêm distância e fogem quando você chegar perto. O Evocador Caveira, encontrado na Fundição do Ato 3, aparece com uma escolta de quatro Saqueadores Esqueléticos blindados, que voltam conforme morrem. Note que mesmo eliminando o Evocador Caveira, ele termina sua convocação, e os lacaios restantes lutarão até a morte.

VELOCIDADE DE MOVIMENTO: Devagar
DISTÂNCIA DE REPULSÃO: Média
LIMITE DE EVOCADOS: 4 Saqueadores Esqueléticos por vez
LOCAL PROVÁVEL: Armazéns do Campo de Batalha: Nível 1

APARECE NO ATO III

| INFORMAÇÕES BÁSICAS | | | | | | |
|---|---|---|---|---|---|---|
| Dificuldade | Nível | XP | HP | | | |
| | | | Normal | Campeão | Raro | Lacaio |
| Normal | 25 | 200 | 376-563 | 1127-1440 | 2379-2692 | 689-1002 |
| Pesadelo | 45 | 725 | 4046-6070 | 20K-26K | 43K-48K | 12K-18K |
| Tormento | 58 | 1812.5 | 21K-31K | 146K-187K | 309K-350K | 89K-130K |
| Inferno | 63 | 2000 | 147K-220K | 1321K-1688K | 2789K-3156K | 807K-1174K |

| DANO | | |
|---|---|---|
| Dificuldade | Mín. Por Golpe | Efeito Adicional |
| Normal | 177 | Físico |
| Pesadelo | 1597 | |
| Tormento | 7553 | |
| Inferno | 113K | |

| GLOBOS DE VIDA | | | |
|---|---|---|---|
| Grau | Cai % | Tamanho | Quando cai? |
| Normal | 36 | 20 | Morte |

### ATAQUES ESPECIAIS E HABILIDADES

#### ORBE ARCANO

Quando não estão convocando Saqueadores Esqueléticos, o Evocador Caveira evoca orbes de energia e atira de longe. Esses orbes infligem dano Arcano a cada ataque.

#### EVOCAR ESQUELETO

O Evocador Caveira chega com um contingente de quatro Saqueadores Esqueléticos blindados. Toda vez que você destruir um desses lacaios, o mago convoca outro para tomar o seu lugar. Cada Evocador Caveira pode ter até quatro Saqueadores Esqueléticos lacaios por vez.

## CAVEIRA DE ESPADA

CLASSE: ESQUELETO

Encontrada nos Armazéns do Campo de Batalha do Ato 3, a Caveira de Espada se assemelha ao Guerreiro Esqueletal. Ela te persegue em um círculo lento, parando para atacar ou rir. Seus ataques básicos são um chute e um golpe de espada. É fácil de colocar a Caveira de Espada para escanteio, mas o seu constante movimento de flanco pode permitir que deslize para trás de você em uma luta caótica.

VELOCIDADE DE MOVIMENTO: Devagar
DISTÂNCIA DE REPULSÃO: Muito Longínqua
LOCAL PROVÁVEL: Armazéns do Campo de Batalha: Nível 1

APARECE NO ATO III

| INFORMAÇÕES BÁSICAS | | | | | | |
|---|---|---|---|---|---|---|
| Dificuldade | Nível | XP | HP | | | |
| | | | Normal | Campeão | Raro | Lacaio |
| Normal | 25 | 160 | 219-313 | 1049-1362 | 2301-2614 | 532-845 |
| Pesadelo | 45 | 580 | 2360-3372 | 19K-24K | 41K-47K | 9516-15K |
| Tormento | 58 | 1450 | 12K-17K | 136K-177K | 299K-340K | 69K-110K |
| Inferno | 63 | 1600 | 86K-122K | 1229K-1596K | 2697K-3064K | 624K-991K |

| DANO | | |
|---|---|---|
| Dificuldade | Mín. Por Golpe | Efeito Adicional |
| Normal | 133 | Físico |
| Pesadelo | 1198 | |
| Tormento | 5665 | |
| Inferno | 85K | |

| GLOBOS DE VIDA | | | |
|---|---|---|---|
| Grau | Cai % | Tamanho | Quando cai? |
| Normal | 12 | 20 | Morte |

### ATAQUES ESPECIAIS E HABILIDADES

NENHUM

## CONSTRUTO FUMEGANTE

CLASSE: ESQUELETO MAGO

Este é o mesmo mago de fogo que você conheceu antes, como o Guardião em Chamas, com 25% a mais de HP. Como o Guardião em Chamas, o Construto Fumegante é parcialmente imune a dano Ígneo. Seu Tiro Ígneo de médio alcance lança projéteis flamejantes que golpeiam e espalham em chamas com dano de área. O Construto não tem nenhum ataque corpo a corpo, mas ele arremessa bolas de fogo de qualquer distância.

VELOCIDADE DE MOVIMENTO: Média
DISTÂNCIA DE REPULSÃO: Curta/Média
LOCAL PROVÁVEL: Profundezas Desconhecidas, Salões do Crepúsculo, Salões da Tempestade

APARECE NO ATO II

| INFORMAÇÕES BÁSICAS | | | | | | |
|---|---|---|---|---|---|---|
| Dificuldade | Nível | XP | HP | | | |
| | | | Normal | Campeão | Raro | Lacaio |
| Normal | 20 | 135 | 123-246 | 554-718 | 1210-1374 | 287-451 |
| Pesadelo | 41 | 500 | 1751-3501 | 13K-17K | 29K-32K | 6780-11K |
| Tormento | 56 | 1350 | 10K-21K | 108K-140K | 235K-267K | 56K-88K |
| Inferno | 62 | 1600 | 53K-105K | 710K-921K | 1552K-1763K | 368K-579K |

| DANO | | |
|---|---|---|
| Dificuldade | Mín. Por Golpe | Efeito Adicional |
| Normal | 99 | Ígneo |
| Pesadelo | 1083 | |
| Tormento | 6149 | |
| Inferno | 53K | |

| GLOBOS DE VIDA | | | |
|---|---|---|---|
| Grau | Cai % | Tamanho | Quando cai? |
| Normal | 15 | 20 | Morte |

### ATAQUES ESPECIAIS E HABILIDADES

#### PROJÉTIL ÍGNEO

O Construto Fumegante exala uma bola de fogo que inflige dano Ígneo doloroso. O projétil viaja rápido e tem um raio de explosão pequeno, então observe seu movimento de arremesso com os braços e esquive-se rapidamente pro lado.

# AÇOITADOR DE ALMAS

## CLASSE: RASGADOR DE ALMAS

O Açoitador de Almas é uma variação esbranquiçada do Rasgador de Almas que espreita na área da Cratera de Arreat. Esse monstro saltador e agressivo tem uma mordida poderosa. Ele desenrola a sua língua longa e mortal na maioria dos ataques. Este apêndice é tão forte que pode ser usado em um ataque voador de puxão.

**VELOCIDADE DE MOVIMENTO:** Muito Rápida
**DISTÂNCIA DE REPULSÃO:** Média
**LOCAL PROVÁVEL:** Cratera de Arreat, Nível 2

APARECE NO ATO III

**INFORMAÇÕES RARAS**

| Dificuldade | Nível | XP | HP | | | |
|---|---|---|---|---|---|---|
| | | | Normal | Campeão | Raro | Lacaio |
| Normal | 27 | 170 | 401-602 | 1404-1805 | 3008-3409 | 802-1203 |
| Pesadelo | 47 | 620 | 4037-6056 | 23K-30K | 50K-57K | 13K-20K |
| Tormento | 59 | 1500 | 20K-30K | 161K-207K | 345K-391K | 92K-138K |
| Inferno | 63 | 1600 | 122K-183K | 1284K-1651K | 2752K-3119K | 734K-1101K |

**DANO**

| Dificuldade | Mín. Por Golpe | Efeito Adicional |
|---|---|---|
| Normal | 345 | Físico |
| Pesadelo | 2889 | |
| Tormento | 13K | |
| Inferno | 170K | |

**GLOBOS DE VIDA**

| Grau | Cai % | Tamanho | Quando cai? |
|---|---|---|---|
| Normal | 30 | 20 | Morte |

### ATAQUES ESPECIAIS E HABILIDADES

**PUXÃO DE LÍNGUA**
O Açoitador de Almas pode colar sua língua a um alvo e então a retrair com tanta força que o seu próprio corpo voa pelo ar, atingindo o alvo com dano aumentado!

**LINGUADA**
A poderosa língua do Açoitador de Almas pode dar um tapa forte, que causa danos sérios.

# RASGADOR DE ALMAS

## CLASSE: RASGADOR DE ALMAS

Este rápido e agressivo monstro do Ato III irá te dar uma chicotada de língua como você nunca recebeu antes. O Rasgador de Almas usa a sua língua longa e poderosa para atingir oponentes ou se lançar contra eles com um puxão. De perto, o Rasgador também usa suas mandíbulas perversas para mordidas rápidas.

**VELOCIDADE DE MOVIMENTO:** Muito Rápida
**DISTÂNCIA DE REPULSÃO:** Média
**LOCAL PROVÁVEL:** Coração dos Condenados, Torre dos Condenados: Nível 2, Profundezas do Forte: Níveis 1-2

APARECE NO ATO III

**INFORMAÇÕES RARAS**

| Dificuldade | Nível | XP | HP | | | |
|---|---|---|---|---|---|---|
| | | | Normal | Campeão | Raro | Lacaio |
| Normal | 25 | 160 | 313-470 | 1096-1409 | 2348-2661 | 626-939 |
| Pesadelo | 45 | 580 | 3372-5058 | 20K-25K | 42K-48K | 11K-17K |
| Tormento | 58 | 1450 | 17K-26K | 142K-183K | 305K-346K | 81K-122K |
| Inferno | 63 | 1600 | 122K-183K | 1284K-1651K | 2752K-3119K | 734K-1101K |

**DANO**

| Dificuldade | Mín. Por Golpe | Efeito Adicional |
|---|---|---|
| Normal | 177 | Físico |
| Pesadelo | 1597 | |
| Tormento | 7553 | |
| Inferno | 113K | |

**GLOBOS DE VIDA**

| Grau | Cai % | Tamanho | Quando cai? |
|---|---|---|---|
| Normal | 30 | 20 | Morte |

### ATAQUES ESPECIAIS E HABILIDADES

**PUXÃO DE LÍNGUA**
O Açoitador de Almas pode colar sua língua a um alvo e então a retrair com tanta força que o seu próprio corpo voa pelo ar, atingindo o alvo com dano aumentado!

**LINGUADA**
A poderosa língua do Açoitador de Almas pode dar um tapa forte, que causa danos sérios.

## ARACNITA

CLASSE: ARACNITA

Esta variante das aranhas recém-desovadas é rápida e infestante. Não deixe que a sua bonita coloração castanha o engane. Ele é letal. Aracnitas tipicamente se reúnem em números que tornam seus ataques ainda mais perigosos. Eles têm apenas um ataque, uma mordida letal e rápida. Ataques de área com Repulsão podem ajudá-lo em um encontro com uma Aracnita. Note que Aracnitas também têm uma chance de 50% por golpe de imunidade a dano Venenoso.

**VELOCIDADE DE MOVIMENTO:** Muito Rápida
**DISTÂNCIA DE REPULSÃO:** Muito Curta
**LOCAL PROVÁVEL:** Caverna do Clã da Lua: Níveis 1-2, Cavernas Arácneas

APARECE NO ATO I

**INFORMAÇÕES BÁSICAS**

| Dificuldade | Nível | XP | HP | | | |
|---|---|---|---|---|---|---|
| | | | Normal | Campeão | Raro | Lacaio |
| Normal | 25 | 0 | 19-28 | 120-157 | 268-305 | 56-93 |
| Pesadelo | 45 | 0 | 532-798 | 5740-7507 | 13K-15K | 2649-4416 |
| Tormento | 58 | 0 | 4135-6203 | 63K-82K | 140K-159K | 29K-48K |
| Inferno | 63 | 0 | 16K-24K | 316K-414K | 706K-803K | 146K-243K |

**DANO**

| Dificuldade | Mín. Por Golpe | Efeito Adicional |
|---|---|---|
| Normal | 22 | Venenoso |
| Pesadelo | 346 | |
| Tormento | 3073 | |
| Inferno | 14K | |

**GLOBOS DE VIDA**

| Grau | Cai % | Tamanho | Quando cai? |
|---|---|---|---|
| Normal | 5 | 20 | Morte |

ATAQUES ESPECIAIS E HABILIDADES
NENHUM

## LENHADOR DE CARNE

CLASSE: ESQUELETO

Este esqueleto de manto vermelho carrega um machado duplo enquanto se move constantemente em busca do Herói. Quando um Lenhador de Carne fica ao seu alcance, ele grunhe e executa um dos dois ataques: um grande golpe para baixo ou um ataque horizontal. Qualquer um dos ataques causa danos significativos. Deslize para fora do alcance quando o esqueleto balançar o machado e, em seguida, contra-ataque rápido.

**VELOCIDADE DE MOVIMENTO:** Devagar
**DISTÂNCIA DE REPULSÃO:** Média
**LOCAL PROVÁVEL:** Câmara do Ídolo Perdido

APARECE NO ATO II

**INFORMAÇÕES BÁSICAS**

| Dificuldade | Nível | XP | HP | | | |
|---|---|---|---|---|---|---|
| | | | Normal | Campeão | Raro | Lacaio |
| Normal | 16 | 115 | 188-282 | 376-470 | 752-846 | 282-376 |
| Pesadelo | 38 | 440 | 3510-5265 | 12K-15K | 23K-26K | 8740-12K |
| Tormento | 54 | 1250 | 21K-32K | 100K-125K | 200K-225K | 75K-100K |
| Inferno | 62 | 1600 | 140K-210K | 842K-1052K | 1684K-1894K | 631K-842K |

**DANO**

| Dificuldade | Mín. Por Golpe | Efeito Adicional |
|---|---|---|
| Normal | 192 | Físico |
| Pesadelo | 1941 | |
| Tormento | 13K | |
| Inferno | 132K | |

**GLOBOS DE VIDA**

| Grau | Cai % | Tamanho | Quando cai? |
|---|---|---|---|
| Normal | 60 | 20 | Morte |

ATAQUES ESPECIAIS E HABILIDADES
NENHUM

## AÇOITADOR ESPINHOSO

CLASSE: RASTEJANTE BILIOSO

Esta abominação parece ser uma espécie incompleta, parecendo a extremidade dianteira de um ser rasgado ao meio. Mas não tenha pena desse demônio — tenha medo. O Açoitador Espinhoso entra em um círculo implacável, em seguida ataca com suas garras pontiagudas.

**VELOCIDADE DE MOVIMENTO:** Muito Rápida
**DISTÂNCIA DE REPULSÃO:** Média
**LOCAL PROVÁVEL:** Jardins da Esperança: Nível 2

APARECE NO ATO IV

**INFORMAÇÕES BÁSICAS**

| Dificuldade | Nível | XP | HP | | | |
|---|---|---|---|---|---|---|
| | | | Normal | Campeão | Raro | Lacaio |
| Normal | 30 | 138.75 | 156-529 | 1944-2566 | 4432-5054 | 855-1477 |
| Pesadelo | 50 | 510 | 1317-4478 | 27K-36K | 62K-71K | 12K-21K |
| Tormento | 61 | 1200 | 5432-18K | 158K-209K | 361K-411K | 70K-120K |
| Inferno | 65 | 1200 | 31K-104K | 1147K-1514K | 2615K-2982K | 505K-872K |

**DANO**

| Dificuldade | Mín. Por Golpe | Efeito Adicional |
|---|---|---|
| Normal | 165 | Físico |
| Pesadelo | 1296 | |
| Tormento | 4639 | |
| Inferno | 57K | |

**GLOBOS DE VIDA**

| Grau | Cai % | Tamanho | Quando cai? |
|---|---|---|---|
| Normal | 5 | 20 | Morte |

ATAQUES ESPECIAIS E HABILIDADES
NENHUM

## ENXAME DE INSETOS

CLASSE: ENXAMEANTE

Enxames infestam as areias, esgotos e cavernas do Ato 2. Estas nuvens irritantes de insetos verdes usam o padrão "círculo de bombardeio" como método de ataque: orbitam o Herói, mergulhando em uma mordida ocasional, lentamente sugando vitalidade. Enxames são difíceis de ser evitados, mas tente se distanciar de um contra-ataque de longo alcance se puder. Cuidado com vários enxames em algumas áreas!

**VELOCIDADE DE MOVIMENTO:** Devagar
**DISTÂNCIA DE REPULSÃO:** Curta
**LOCAL PROVÁVEL:** Esgoto de Caldeum, Cisterna Arruinada, Ruínas: Nível 1, Câmara Desmoronante, Porão de Armazém, Porões do Antigo Peixeiro, Porão Pantanoso, Trilha Antiga, Areias Desoladas, Porão Abandonado

APARECE NO ATO II

**INFORMAÇÕES BÁSICAS**

| Dificuldade | Nível | XP | HP | | | |
|---|---|---|---|---|---|---|
| | | | Normal | Campeão | Raro | Lacaio |
| Normal | 18 | 125 | 87-174 | 415-539 | 911-1035 | 211-335 |
| Pesadelo | 39 | 460 | 1352-2705 | 11K-14K | 24K-27K | 5452-8659 |
| Tormento | 55 | 1300 | 8512-17K | 95K-123K | 208K-237K | 48K-76K |
| Inferno | 62 | 1600 | 49K-98K | 705K-915K | 1547K-1757K | 358K-568K |

**DANO**

| Dificuldade | Mín. Por Golpe | Efeito Adicional |
|---|---|---|
| Normal | 89 | Físico |
| Pesadelo | 873 | |
| Tormento | 5577 | |
| Inferno | 53K | |

**GLOBOS DE VIDA**

| Grau | Cai % | Tamanho | Quando cai? |
|---|---|---|---|
| Normal | 12 | 20 | Morte |

ATAQUES ESPECIAIS E HABILIDADES
NENHUM

HABITANTES DO INFERNO

# RASTEJANTE ESTÍGIO

CLASSE: AGUILHANTE ATORMENTADO

Esta criatura horrível parece um escorpião enorme. Mas um olhar mais atento revela a terrível verdade: seu corpo é um sacrifício humano mutilado e torcido para fins profanos. O ataque de causa do Rastejante Estígio é mortal e poderoso.

VELOCIDADE DE MOVIMENTO: Lenta/Média
DISTÂNCIA DE REPULSÃO: Média
LOCAL PROVÁVEL: Cratera de Arreat: Nível 2, Núcleo de Arreat

APARECE NO ATO III

| INFORMAÇÕES BÁSICAS | | | | | | |
|---|---|---|---|---|---|---|
| Dificuldade | Nível | XP | HP | | | |
| | | | Normal | Campeão | Raro | Lacaio |
| Normal | 28 | 175 | 227-454 | 1476-1930 | 3292-3746 | 681-1135 |
| Pesadelo | 48 | 640 | 2207-4414 | 24K-31K | 53K-60K | 11K-13K |
| Tormento | 59 | 1500 | 9877-20K | 150K-196K | 334K-380K | 69K-115K |
| Inferno | 63 | 1600 | 61K-122K | 1193K-1560K | 2661K-3027K | 550K-917K |

| DANO | | |
|---|---|---|
| Dificuldade | Mín. Por Golpe | Efeito Adicional |
| Normal | 66 | Físico |
| Pesadelo | 527 | |
| Tormento | 2103 | |
| Inferno | 28K | |

| GLOBOS DE VIDA | | | |
|---|---|---|---|
| Grau | Cai % | Tamanho | Quando cai? |
| Normal | 5 | 20 | Morte |

## ATAQUES ESPECIAIS E HABILIDADES

NENHUM

# SUBJUGADOR

CLASSE: SUBJUGADOR

O Subjugador é um demônio rápido e ativo; difícil de ser atingido. Ele circula jogando bombas incendiárias no Herói. Quando perto, seu golpe corpo a corpo pode feri-lo também, acrescentando uma dose de dano Arcano em seu ataque. Mas, embora o Subjugador seja um perigoso demônio solitário, ele ganha ainda mais força quando montado em sua besta demoníaca, o Armadom. Montado, o Subjugador combina com a fera para formar uma unidade montada temível.

VELOCIDADE DE MOVIMENTO: Veloz
DISTÂNCIA DE REPULSÃO: Média
LOCAL PROVÁVEL: Jardins da Esperança: Nível 1, Ápice Argênteo: Nível 1

APARECE NO ATO IV

| INFORMAÇÕES BÁSICAS | | | | | | |
|---|---|---|---|---|---|---|
| Dificuldade | Nível | XP | HP | | | |
| | | | Normal | Campeão | Raro | Lacaio |
| Normal | 29 | 180 | 382-560 | 1718-2227 | 3754-4263 | 891-1400 |
| Pesadelo | 49 | 660 | 3617-5305 | 27K-35K | 59K-67K | 14K-22K |
| Tormento | 60 | 1550 | 16K-24K | 171K-221K | 373K-424K | 89K-139K |
| Inferno | 63 | 1600 | 92K-135K | 1239K-1605K | 2706K-3073K | 642K-1009K |

| DANO | | |
|---|---|---|
| Dificuldade | Mín. Por Golpe | Efeito Adicional |
| Normal | 295 | Arcano |
| Pesadelo | 2297 | |
| Tormento | 9279 | |
| Inferno | 113K | |

| GLOBOS DE VIDA | | | |
|---|---|---|---|
| Grau | Cai % | Tamanho | Quando cai? |
| Normal | 15 | 20 | Morte |

## ATAQUES ESPECIAIS E HABILIDADES

### GOLPE ALPHA

Não é fácil chegar perto do Subjugador, mas se você fizer isso, cuidado com o seu golpe lateral.

### TIRO ALTO

O Subjugador arremessa bombas incendiárias mesmo quando está de pé.

# SÚCUBO

CLASSE: SÚCUBO

Esta beleza vil chega perto para causar dano massivo com seu golpe de garras e aí foge num piscar de olhos. De longe, Súcubo desencadeia sua poderosa Estrela de Sangue, um míssil vermelho brilhante e letal.

VELOCIDADE DE MOVIMENTO: Média
DISTÂNCIA DE REPULSÃO: Média
LOCAL PROVÁVEL: Torre dos Condenados: Níveis 1-2, Cratera de Arreat: Nível 2, Núcleo de Arreat, Coração dos Condenados, Fundição: Nível 1, TTorre dos Malditos: Nível 2, Cidadela do Forte da Vigília

APARECE NO ATO III

| INFORMAÇÕES BÁSICAS | | | | | | |
|---|---|---|---|---|---|---|
| Dificuldade | Nível | XP | HP | | | |
| | | | Normal | Campeão | Raro | Lacaio |
| Normal | 27 | 170 | 401-802 | 1404-1805 | 3008-3409 | 802-1203 |
| Pesadelo | 47 | 620 | 4037-8074 | 23K-30K | 50K-57K | 13K-20K |
| Tormento | 59 | 1500 | 20K-40K | 161K-207K | 345K-391K | 92K-138K |
| Inferno | 63 | 1600 | 122K-245K | 1284K-1651K | 2752K-3119K | 734K-1101K |

| DANO | | |
|---|---|---|
| Dificuldade | Mín. Por Golpe | Efeito Adicional |
| Normal | 115 | Físico |
| Pesadelo | 963 | |
| Tormento | 4205 | |
| Inferno | 57K | |

| GLOBOS DE VIDA | | | |
|---|---|---|---|
| Grau | Cai % | Tamanho | Quando cai? |
| Normal | 30 | 20 | Morte |

## ATAQUES ESPECIAIS E HABILIDADES

### SALTO DE RETIRADA

Ao chegar perto, Súcubo pode dar um súbito salto para trás, que a tira imediatamente do seu alcance.

### ESTRELA DE SANGUE

A longa distância, Súcubos podem evocar uma estrela ardente vermelha de energia que te joga longe. Esse cometa mortal acompanha seu movimento, por isso não ache que um simples desvio adiantará. O ataque da Estrela de Sangue reduz sua armadura de Bárbaro ou de Monge em 50% por um curto tempo. Ao jogar como Caçador de Demônios, Feiticeiro ou Arcanista, a Estrela de Sangue causa um efeito que torna o custo de conjuração de habilidades em Dano contra o conjurador.

## DEMÔNIO ESFOLADOR VELOZ

CLASSE: DEVASTADOR ENCOURAÇADO

O Demônio Esfolador Veloz faz uma aparição dramática, caindo do céu em uma gota brilhante. Este inimigo de elite tem uma armadura pesada e pode absorver muitos de seus golpes. Seu estilo de luta é de velha guarda: depois de atingir o solo, ele avança em direção ao Herói, atacando com sua afiada e perfurante armadura de antebraço. Mantenha-se desviando da besta e mine as suas forças até que ela caia.

VELOCIDADE DE MOVIMENTO: Rápida
DISTÂNCIA DE REPULSÃO: Média
LOCAL PROVÁVEL: Vastidão

APARECE NO ATO IV

| INFORMAÇÕES RARAS | | | | | | |
|---|---|---|---|---|---|---|
| Dificuldade | Nível | XP | HP | | | |
| | | | Normal | Campeão | Raro | Lacaio |
| Normal | 29 | 180 | 382-509 | 1718-2227 | 3754-4263 | 891-1400 |
| Pesadelo | 49 | 660 | 3617-4823 | 27K-35K | 59K-67K | 14K-22K |
| Tormento | 60 | 1550 | 16K-22K | 171K-221K | 373K-424K | 89K-139K |
| Inferno | 63 | 1600 | 92K-122K | 1239K-1605K | 2706K-3073K | 642K-1009K |

### ATAQUES ESPECIAIS E HABILIDADES

**FRENESI**

Uma versão de alta velocidade do ataque corpo a corpo básico. Quando você perceber a velocidade de ataque aumentada e as estrias vermelhas fatiando rapidamente o ar, considere interromper o seu ataque, circular a besta e bater de novo quando ela se levantar para uivar.

| DANO | | |
|---|---|---|
| Dificuldade | Mín. Por Golpe | Efeito Adicional |
| Normal | 221 | Físico |
| Pesadelo | 1723 | |
| Tormento | 6959 | |
| Inferno | 85K | |

| GLOBOS DE VIDA | | | |
|---|---|---|---|
| Grau | Cai % | Tamanho | Quando cai? |
| Normal | 15 | 20 | Morte |

## CAVEIRA DE CUTELO LIGEIRA

CLASSE: ESQUELETO

O esqueleto de manto cinza arrasta um enorme machado de lâminas gêmeas em sua perseguição implacável. Quando uma Caveira de Cutelo fica dentro do alcance dos golpes, ela grunhe e executa um dos dois ataques: um forte golpe cortante para baixo ou um súbito corte horizontal. Ambos infligem dano Físico significativo. Mova-se para fora do alcance quando uma Caveira de Cutelo começa a mover sua arma, em seguida contra-ataque rápido.

VELOCIDADE DE MOVIMENTO: Lenta
DISTÂNCIA DE REPULSÃO: Média
LOCAL PROVÁVEL: Profundezas do Forte, Nívels 2-3

APARECE NO ATOS III

Essa é apenas uma versão mais rápida da Caveira de Cutelo com a qual você lutou na área do Armazém do Campo de Batalha.

| INFORMAÇÕES RARAS | | | | | | |
|---|---|---|---|---|---|---|
| Dificuldade | Nível | XP | HP | | | |
| | | | Normal | Campeão | Raro | Lacaio |
| Normal | 25 | 160 | 626-939 | 1252-1565 | 2504-2817 | 939-1252 |
| Pesadelo | 45 | 580 | 6744-10K | 22K-28K | 45K-50K | 17K-22K |
| Tormento | 58 | 1450 | 35K-52K | 163K-203K | 325K-366K | 122K-163K |
| Inferno | 63 | 1600 | 245K-367K | 1468K-1835K | 2936K-3303K | 1101K-1468K |

### ATAQUES ESPECIAIS E HABILIDADES

NENHUM

| DANO | | |
|---|---|---|
| Dificuldade | Mín. Por Golpe | Efeito Adicional |
| Normal | 443 | Físico |
| Pesadelo | 3992 | |
| Tormento | 19K | |
| Inferno | 284K | |

| GLOBOS DE VIDA | | | |
|---|---|---|---|
| Grau | Cai % | Tamanho | Quando cai? |
| Normal | 60 | 20 | Morte |

## DEMÔNIO TERROR

CLASSE: DEMÔNIO DE ELITE

É praticamente impossível escapar deste demônio poderoso uma vez que o Herói for notado — sua perseguição é impiedosa. O Demônio Terror ataca com suas sagazes garras que infligem dano massivo e enfraquecem sua capacidade de cura. A cada poucos segundos o monstro foge de vista, dissolvendo-se em uma nuvem de fumaça negra. Ele sempre foge para perto de você, não importa onde.

**VELOCIDADE DE MOVIMENTO:** Veloz
**DISTÂNCIA DE REPULSÃO:** Curta
**LOCAL PROVÁVEL:** Ápice Argênteo: Nível 4

APARECE NO ATO IV

**INFORMAÇÕES BÁSICAS**

| Dificuldade | Nível | XP | HP | | | |
|---|---|---|---|---|---|---|
| | | | Normal | Campeão | Raro | Lacaio |
| Normal | 29 | 225 | 764-1018 | 1909-2418 | 3945-4454 | 1273-1782 |
| Pesadelo | 49 | 825 | 7235-9646 | 30K-38K | 62K-70K | 20K-23K |
| Tormento | 60 | 1937.5 | 33K-43K | 190K-240K | 392K-443K | 127K-177K |
| Inferno | 63 | 2000 | 183K-245K | 1376K-1743K | 2844K-3211K | 917K-1284K |

**DANO**

| Dificuldade | Mín. Por Golpe | Efeito Adicional |
|---|---|---|
| Normal | 295 | Ígneo |
| Pesadelo | 2297 | |
| Tormento | 9279 | |
| Inferno | 113K | |

**GLOBOS DE VIDA**

| Grau | Cai % | Tamanho | Quando cai? |
|---|---|---|---|
| Normal | 45 | 20 | Morte |

### ATAQUES ESPECIAIS E HABILIDADES

**TRANSFORMAÇÃO SOMBRIA**

A cada poucos segundos o demônio se dissipa na sombra de fumaça, retirando-se da dimensão da terra. Em poucos segundos ele reaparece, teletransportando para outro local dentro do alcance corpo a corpo. Assim, é muito difícil de se separar de um Demônio Terror quando você o encontrar.

**ATERRORIZADO**

Toda vez que o Demônio Terror ataca o Herói com um golpe corpo a corpo, 10 segundos começam a ser contados. Um pequeno ícone na tela exibirá o cronômetro. Nesse período, sua capacidade de cura é reduzida em 75%.

## GUARDIÃO DA TUMBA

CLASSE: ESQUELETO

A subclasse do Guardião da Tumba solta poderosos esqueletos que chegam com uma tripulação de lacaios. Quando eles não estão desovando esqueletos, os magos atiram Orbes Arcanos mortais no Herói de longe. Eles mantêm distância e fogem quando você chegar perto. O Guardião da Tumba chega com uma escolta de quatro Esqueletos, e convoca substitutos conforme morrem. Note que eliminar o Guardião da Tumba termina a atividade de convocação, mas qualquer lacaio remanescente vai lutar até que você o derrote também.

**VELOCIDADE DE MOVIMENTO:** Lenta/Média
**DISTÂNCIA DE REPULSÃO:** Média
**LIMITE DE EVOCADOS:** 4 Esqueletos no campo de uma só vez
**LOCAL PROVÁVEL:** Catedral: Níveis 1-2, 4, Cemitério dos Desamparados, Tumba do Chanceler, Liceu

APARECE NO ATO I

**INFORMAÇÕES BÁSICAS**

| Dificuldade | Nível | XP | HP | | | |
|---|---|---|---|---|---|---|
| | | | Normal | Campeão | Raro | Lacaio |
| Normal | 7 | 87.5 | 34-50 | 101-129 | 213-241 | 62-90 |
| Pesadelo | 32 | 400 | 1141-1712 | 5683-7262 | 12K-14K | 3473-5052 |
| Tormento | 51 | 1375 | 8401-13K | 59K-75K | 124K-140K | 36K-52K |
| Inferno | 61 | 2000 | 39K-58K | 350K-448K | 740K-837K | 214K-311K |

**DANO**

| Dificuldade | Mín. Por Golpe | Efeito Adicional |
|---|---|---|
| Normal | 22 | Físico |
| Pesadelo | 429 | |
| Tormento | 3677 | |
| Inferno | 18K | |

**GLOBOS DE VIDA**

| Grau | Cai % | Tamanho | Quando cai? |
|---|---|---|---|
| Normal | 36 | 20 | Morte |

### ATAQUES ESPECIAIS E HABILIDADES

**ORBE ARCANO**

Quando está evocando Esqueletos, o Guardião da Tumba evoca orbes de energia escura e os atira em você de longe. Esses orbes infligem dano Arcano a cada ataque.

**EVOCAR ESQUELETO**

O Guardião da Tumba chega com quatro Esqueletos. Toda vez que você destruir um desses Esqueletos, o Guardião da Tumba convoca outro para tomar o lugar dele. Cada Guardião da Tumba não pode ter mais de quatro Esqueletos lacaios ao mesmo tempo.

## AGUILHANTE ATORMENTADO

CLASSE: AGUILHANTE ATORMENTADO

Esta criatura horrível parece com um escorpião monstruoso. Mas um olhar mais atento revela a terrível verdade: seu corpo é um sacrifício humano mutilado e torcido para fins profanos. O golpe com a cauda do Aguilhante Atormentado é doloroso e inflige dano adicional Elétrico.

**VELOCIDADE DE MOVIMENTO:** Lenta/Média
**DISTÂNCIA DE REPULSÃO:** Média
**LOCAL PROVÁVEL:** Cratera de Arreat: Níveis 1-2, Torre dos Condenados: Níveis 1-2

APARECE NO ATO X

**INFORMAÇÕES BÁSICAS**

| Dificuldade | Nível | XP | HP | | | |
|---|---|---|---|---|---|---|
| | | | Normal | Campeão | Raro | Lacaio |
| Normal | 25 | 160 | 157-313 | 1017-1330 | 2269-2582 | 470-783 |
| Pesadelo | 45 | 580 | 1686-3372 | 18K-24K | 41K-46K | 8396-14K |
| Tormento | 58 | 1450 | 8729-17K | 132K-173K | 295K-336K | 61K-102K |
| Inferno | 63 | 1600 | 61K-122K | 1193K-1560K | 2661K-3027K | 550K-917K |

**DANO**

| Dificuldade | Mín. Por Golpe | Efeito Adicional |
|---|---|---|
| Normal | 177 | Elétrico |
| Pesadelo | 1597 | |
| Tormento | 7553 | |
| Inferno | 113K | |

**GLOBOS DE VIDA**

| Grau | Cai % | Tamanho | Quando cai? |
|---|---|---|---|
| Normal | 5 | 20 | Morte |

### ATAQUES ESPECIAIS E HABILIDADES

NENHUM

## SERVO ATORMENTADO (VEJA TAMBÉM: HOSP. CORROMPIDO)

CLASSE: HOSPEDEIRO DAS TREVAS

Se você encontrar um padre encapuzado passando por um ritual e deixar a cerimônia maligna continuar, o sacerdote vai se transformar em um monstro horrível e retorcido chamado Servo Atormentado. (Ver "Hospedeiro Corrompido" neste Bestiário). Esta poderosa criatura parece se mover lentamente, mas tem um súbito ataque flamejante.

**VELOCIDADE DE MOVIMENTO:** Média
**DISTÂNCIA DE REPULSÃO:** Curta
**LOCAL PROVÁVEL:** Alcarnus

APARECE NO ATO II

| INFORMAÇÕES BÁSICAS | | | | | | |
|---|---|---|---|---|---|---|
| Dificuldade | Nível | XP | HP | | | |
| | | | Normal | Campeão | Raro | Lacaio |
| Normal | 17 | 120 | 270-378 | 459-567 | 891-999 | 378-486 |
| Pesadelo | 39 | 460 | 4830-6762 | 14K-17K | 26K-30K | 11K-14K |
| Tormento | 55 | 1300 | 30K-43K | 120K-149K | 234K-262K | 99K-127K |
| Inferno | 62 | 1600 | 175K-246K | 894K-1105K | 1736K-1947K | 737K-947K |

| DANO | | |
|---|---|---|
| Dificuldade | Mín. Por Golpe | Efeito Adicional |
| Normal | 84 | Físico |
| Pesadelo | 873 | |
| Tormento | 5577 | |
| Inferno | 53K | |

| GLOBOS DE VIDA | | | |
|---|---|---|---|
| Grau | Cai % | Tamanho | Quando cai? |
| Normal | 75 | 20 | Morte |

### ATAQUES ESPECIAIS E HABILIDADES

**GOLPE DO SERVO**
A distância, o Servo Atormentado pode acelerar com uma explosão, fazendo um traço súbito na direção do Herói.

## EVOCADOR TORTURADO

CLASSE: ESQUELETO

A subclasse do Guardião da Tumba solta poderosos esqueletos. O feiticeiro pode convocar substitutos para qualquer um deles que você derrotar, até um limite de quatro ao mesmo tempo. Quando eles não estão criando esqueletos, estão cuspindo letais Orbes Arcanos no Herói a longo alcance. Eles mantêm distância e fogem quando você chega perto. Cada Torturado, encontrado na Fortaleza Amaldiçoada do Ato 1, aparece com uma escolta de quatro Arqueiros Retornados, evocando arqueiros de reposição para os que morrerem. Note que, eliminar o Evocador Torturado acaba a atividade de evocação, mas os lacaios vivos continuam lutando até que você acabe com eles.

**VELOCIDADE DE MOVIMENTO:** Lenta/Média
**DISTÂNCIA DE REPULSÃO:** Média
**LIMITE DE EVOCADOS:** 4 Arqueiros Retornados no campo de cada vez
**LOCAL PROVÁVEL:** Fortaleza Amaldiçoada

APARECE NO ATO I

| INFORMAÇÕES BÁSICAS | | | | | | |
|---|---|---|---|---|---|---|
| Dificuldade | Nível | XP | HP | | | |
| | | | Normal | Campeão | Raro | Lacaio |
| Normal | 13 | 125 | 74-112 | 223-285 | 471-533 | 136-198 |
| Pesadelo | 35 | 475 | 1568-2353 | 7811-9980 | 16K-19K | 4773-6943 |
| Tormento | 53 | 1500 | 11K-17K | 79K-101K | 167K-189K | 48K-70K |
| Inferno | 61 | 2000 | 39K-58K | 350K-448K | 740K-837K | 214K-311K |

| DANO | | |
|---|---|---|
| Dificuldade | Mín. Por Golpe | Efeito Adicional |
| Normal | 51 | Físico |
| Pesadelo | 522 | |
| Tormento | 4553 | |
| Inferno | 18K | |

| GLOBOS DE VIDA | | | |
|---|---|---|---|
| Grau | Cai % | Tamanho | Quando cai? |
| Normal | 36 | 20 | Morte |

### ATAQUES ESPECIAIS E HABILIDADES

**ORBE ARCANO**
Quando não está evocando Esqueletos, o Evocador Torturado conjura orbes de energia escura e atira em você de longe. Esses orbes infligem dano Arcano a cada ataque.

**EVOCAR ARQUEIROS**
O Evocador Torturado chega com um bando de quatro Arqueiros Retornados. Toda vez que você destruir um desses arqueiros, o mágico convoca outro para tomar o seu lugar. Cada Evocador Torturado não pode ter mais de quatro esqueletos lacaios ao mesmo tempo.

## CONSTRUTO TÓXICO

CLASSE: ESQUELETO MAGO

Este mago venenoso e esquelético é uma versão de alto nível do Guardião Nóxio. O Construto Tóxico tem imunidade a veneno, reduzindo em 25% o dano Venenoso que recebe. Seu Lance Venenoso é uma granada de lodo verde e tóxico. O Contruto não tem nenhum ataque corpo a corpo, mas lança bombas de veneno de qualquer distância, inclusive de perto.

**VELOCIDADE DE MOVIMENTO:** Devagar
**DISTÂNCIA DE REPULSÃO:** Curta/Média
**LOCAL PROVÁVEL:** Salões do Crepúsculo, Salões da Tempestade, Profundezas Desconhecidas

APARECE NO ATO II

| INFORMAÇÕES BÁSICAS | | | | | | |
|---|---|---|---|---|---|---|
| Dificuldade | Nível | XP | HP | | | |
| | | | Normal | Campeão | Raro | Lacaio |
| Normal | 22 | 145 | 86-171 | 685-899 | 1541-1755 | 310-524 |
| Pesadelo | 42 | 520 | 1024-2049 | 14K-18K | 31K-35K | 6164-10K |
| Tormento | 56 | 1350 | 5480-11K | 102K-134K | 230K-262K | 46K-78K |
| Inferno | 62 | 1600 | 28K-56K | 673K-884K | 1515K-1726K | 305K-516K |

| DANO | | |
|---|---|---|
| Dificuldade | Mín. Por Golpe | Efeito Adicional |
| Normal | 118 | Venenoso |
| Pesadelo | 1198 | |
| Tormento | 6149 | |
| Inferno | 53K | |

| GLOBOS DE VIDA | | | |
|---|---|---|---|
| Grau | Cai % | Tamanho | Quando cai? |
| Normal | 5 | 20 | Morte |

### ATAQUES ESPECIAIS E HABILIDADES

**LANCE VENENOSO**
O Construto Tóxico joga punhados de lodo verde que infligem doloroso dano Venenoso.

# ESPREITADORA TÓXICA

## CLASSE: ARANHA

Como seus primos não elementais, esta aranha gigante cospe teias para deixá-lo lento. Além disso, as mordidas da Espreitadora Tóxica são infundidas com dano Venenoso feito para intoxicar sua presa.

APARECE NO ATO I

VELOCIDADE DE MOVIMENTO: Média
DISTÂNCIA DE REPULSÃO: Muito Curta

LOCAL PROVÁVEL: Cavernas Arácneas

A Espreitadora protege sua rainha nas Cavernas Arácneas.

| INFORMAÇÕES BÁSICAS | | | | | | |
|---|---|---|---|---|---|---|
| Dificuldade | Nível | XP | HP | | | |
| | | | Normal | Campeão | Raro | Lacaio |
| Normal | 11 | 90 | 120-168 | 204-252 | 396-444 | 168-216 |
| Pesadelo | 34 | 360 | 2968-4155 | 8374-10K | 16K-18K | 6896-8867 |
| Tormento | 52 | 1150 | 21K-29K | 82K-101K | 159K-178K | 67K-87K |
| Inferno | 61 | 1600 | 81K-114K | 414K-511K | 803K-900K | 341K-438K |

| DANO | | |
|---|---|---|
| Dificuldade | Mín. Por Golpe | Efeito Adicional |
| Normal | 57 | Venenoso |
| Pesadelo | 744 | |
| Tormento | 6146 | |
| Inferno | 27K | |

| GLOBOS DE VIDA | | | |
|---|---|---|---|
| Grau | Cai % | Tamanho | Quando cai? |
| Normal | 75 | 20 | Morte |

### ATAQUES ESPECIAIS E HABILIDADES

**CUSPE DE TEIA**
A aranha cospe uma bola de teia pegajosa que se espalha sobre a terra e retarda o seu movimento se você pisar nela.

# GOBLIN DO TESOURO

## CLASSE: GOBLIN DO TESOURO

As quatro variantes do Goblin do Tesouro têm o mesmo comportamento: todos são imunes a Lentidão, Congelamento, Atordoamento ou Cegueira e quase todos correspondem o nível atual do seu Herói. Quando você encontrar um goblin gargalhando, ele foge, deixando cair o ouro conforme recua. Eventualmente, cada goblin convoca um portal em espiral que leva as criaturas ladras para segurança. Mas, se você conseguir matar um goblin antes que ele escape, ele derrubará uma recompensa enriquecedora!

CAÇA-TESOURO

ROUBADOR DE TESOUROS

GOBLIN DO TESOURO

PIGMEU TESOUREIRO

VELOCIDADE DE MOVIMENTO: Veloz
DISTÂNCIA DE REPULSÃO: Média
IMUNIDADES: Lentidão, Congelamento, Atordoamento e Cegueira. LOCAL PROVÁVEL: Em cualquer lugar!

APARECE NOS ATOS I, IV

| INFORMAÇÕES BÁSICAS | | | | | | |
|---|---|---|---|---|---|---|
| Dificuldade | Nível | XP | HP | | | |
| | | | Normal | Campeão | Raro | Lacaio |
| Normal | 1 | 16 | 6-11 | 18-23 | 38-43 | 11-16 |
| Pesadelo | 31 | 120 | 1059-1906 | 5097-6503 | 11K-12K | 3164-4570 |
| Tormento | 51 | 440 | 8751-16K | 59K-75K | 124K-141K | 37K-53K |
| Inferno | 61 | 640 | 41K-73K | 353K-450K | 742K-840K | 219K-316K |

| DANO | | |
|---|---|---|
| Dificuldade | Mín. Por Golpe | Efeito Adicional |
| Normal | 2 | Físico |
| Pesadelo | 79 | |
| Tormento | 735 | |
| Inferno | 3608 | |

| GLOBOS DE VIDA | | | |
|---|---|---|---|
| Grau | Cai % | Tamanho | Quando cai? |
| Normal | 0 | 20 | Morte |

### ATAQUES ESPECIAIS E HABILIDADES

**PORTAL**
Cada variante de goblin do tesouro foge após ser detectada. Após segundos, o goblin evoca um portal preto em espiral para seus baús, pula neles e desaparece. Mate um goblin antes dele escapar, para obter o seu tesouro.

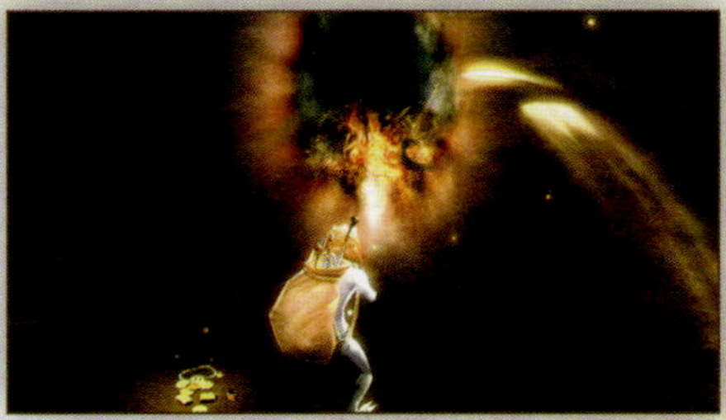

## INSEPULTO

CLASSE: INSEPULTO

Esta massa de cadáveres em decomposição dá um golpe estrondoso no chão que manda a vítima para os ares. O Insepulto se move pesadamente sendo fácil de driblá-lo.

VELOCIDADE DE MOVIMENTO: Muito Lenta
DISTÂNCIA DE REPULSÃO: Muito Curta
LOCAL PROVÁVEL: Catedral: Nível 2

APARECE NO ATO I

| INFORMAÇÕES BÁSICAS | | | | | | |
|---|---|---|---|---|---|---|
| Dificuldade | Nível | XP | HP | | | |
| | | | Normal | Campeão | Raro | Lacaio |
| Normal | 7 | 175 | 112-140 | 140-168 | 252-280 | 140-168 |
| Pesadelo | 32 | 800 | 3804-4755 | 7893-9472 | 14K-16K | 7893-9472 |
| Tormento | 51 | 2750 | 28K-35K | 82K-98K | 147K-163K | 82K-98K |
| Inferno | 61 | 4000 | 130K-162K | 487K-584K | 876K-973K | 487K-584K |

| DANO | | |
|---|---|---|
| Dificuldade | Mín. Por Golpe | Efeito Adicional |
| Normal | 33 | Físico |
| Pesadelo | 643 | |
| Tormento | 5515 | |
| Inferno | 27K | |

| GLOBOS DE VIDA | | | |
|---|---|---|---|
| Grau | Cai % | Tamanho | Quando cai? |
| Normal | 90 | 20 | Morte |

### ATAQUES ESPECIAIS E HABILIDADES

**IMPACTO DO CHÃO**

O Insepulto desencadeia um poderoso golpe no chão com os dois punhos que inflige dano pesado e Repulsão, mandando o Herói para os ares.

## SERVO PROFANO
### (VEJA TAMBÉM: HOSP. DAS TREVAS)

CLASSE: HOSPEDEIRO DAS TREVAS

Se você encontrar um padre encapuzado passando por um ritual e deixar a cerimônia maligna continuar, o sacerdote vai se transformar em um monstro horrível e mutilado chamado Servo Profano. (Ver "Hospedeiro das Trevas" neste Bestiário). Esta poderosa criatura parece lenta, mas tem um ataque elétrico, então fique atento.

VELOCIDADE DE MOVIMENTO: Média
DISTÂNCIA DE REPULSÃO: Curta
LOCAL PROVÁVEL: Caverna das Terras Altas, Salões da Agonia: Níveis 1 e 3, Mansão de Leoric

APARECE NO ATO I

| INFORMAÇÕES BÁSICAS | | | | | | |
|---|---|---|---|---|---|---|
| Dificuldade | Nível | XP | HP | | | |
| | | | Normal | Campeão | Raro | Lacaio |
| Normal | 13 | 100 | 155-217 | 264-326 | 512-574 | 217-279 |
| Pesadelo | 35 | 380 | 3268-4575 | 9221-11K | 18K-20K | 7594-9763 |
| Tormento | 53 | 1200 | 24K-33K | 94K-116K | 182K-204K | 77K-99K |
| Inferno | 61 | 1600 | 81K-114K | 414K-511K | 803K-900K | 341K-438K |

| DANO | | |
|---|---|---|
| Dificuldade | Mín. Por Golpe | Efeito Adicional |
| Normal | 51 | Físico |
| Pesadelo | 522 | |
| Tormento | 4553 | |
| Inferno | 18K | |

| GLOBOS DE VIDA | | | |
|---|---|---|---|
| Grau | Cai % | Tamanho | Quando cai? |
| Normal | 75 | 20 | Morte |

### ATAQUES ESPECIAIS E HABILIDADES

**GOLPE DO SERVO**

A distância, o Servo Profano pode acelerar com uma explosão de propulsão, fazendo um traço repentino, como um foguete na direção do Herói.

## ARACNITA PEÇONHENTA

CLASSE: ARACNITA

Ao explorar Profundezas Desconhecidas e Salões da Tempestade no Ato 2, atente-se para torres coloridas que criam aracnitas elementais. Torres Guardiãs verdes brilhantes produzem Aracnitas Peçonhentas, aranhas rápidas e verdes que infligem dano Venenoso a cada mordida. Cada torre cria filhotes até que seis estejam se rastejando. Se você matá-los, a torre instantaneamente gera novos para substituir os perdidos, até o limite de seis ao mesmo tempo. As torres são fáceis de destruir, então acerte-as rapidamente para impedir a desova.

VELOCIDADE DE MOVIMENTO: Devagar
DISTÂNCIA DE REPULSÃO: Curta
LIMITE DE CRIAS: 6 de cada vez
LOCAL PROVÁVEL: Profundezas Desconhecidas, Salões da Tempestade

APARECE NO ATO II

| INFORMAÇÕES BÁSICAS | | | | | | |
|---|---|---|---|---|---|---|
| Dificuldade | Nível | XP | HP | | | |
| | | | Normal | Campeão | Raro | Lacaio |
| Normal | 22 | 0 | 107-214 | 696-910 | 1552-1766 | 321-535 |
| Pesadelo | 42 | 0 | 1281-2561 | 14K-18K | 31K-35K | 6377-11K |
| Tormento | 56 | 0 | 6850-14K | 104K-136K | 231K-263K | 48K-80K |
| Inferno | 62 | 0 | 35K-70K | 684K-894K | 1526K-1736K | 316K-526K |

| DANO | | |
|---|---|---|
| Dificuldade | Mín. Por Golpe | Efeito Adicional |
| Normal | 88 | Venenoso |
| Pesadelo | 899 | |
| Tormento | 4612 | |
| Inferno | 40K | |

| GLOBOS DE VIDA | | | |
|---|---|---|---|
| Grau | Cai % | Tamanho | Quando cai? |
| Comum | 5 | 20 | Morte |

### ATAQUES ESPECIAIS E HABILIDADES

NENHUM

## TECEDORA VENENOSA

CLASSE: ARANHA

Tanto este aracnídeo verde quanto seu primo azul, Rastejante Elétrica, infestam os Salões da Tempestade do Ato 2. A Tecedora Venenosa não cospe teias para deixá-lo mais lento como seus primos não elementais, mas dá mordidas tóxicas infundidas com debilitante dano Venenoso para você morrer lentamente.

VELOCIDADE DE MOVIMENTO: Média
DISTÂNCIA DE REPULSÃO: Muito Curta
LOCAL PROVÁVEL: Salões da Tempestade

APARECE NO ATO II

| INFORMAÇÕES BÁSICAS | | | | | | |
|---|---|---|---|---|---|---|
| Dificuldade | Nível | XP | HP | | | |
| | | | Normal | Campeão | Raro | Lacaio |
| Normal | 22 | 145 | 963-1177 | 1177-1391 | 1980-2194 | 1177-1391 |
| Pesadelo | 42 | 520 | 12K-14K | 23K-28K | 39K-44K | 23K-28K |
| Tormento | 56 | 1350 | 62K-75K | 176K-207K | 295K-327K | 176K-207K |
| Inferno | 62 | 1600 | 316K-386K | 1157K-1368K | 1947K-2157K | 1157K-1368K |

| DANO | | |
|---|---|---|
| Dificuldade | Mín. Por Golpe | Efeito Adicional |
| Normal | 177 | Venenoso |
| Pesadelo | 1797 | |
| Tormento | 9224 | |
| Inferno | 79K | |

| GLOBOS DE VIDA | | | |
|---|---|---|---|
| Grau | Cai % | Tamanho | Quando cai? |
| Normal | 90 | 20 | Morte |

### ATAQUES ESPECIAIS E HABILIDADES

NENHUM

## CARNIÇAL CRUEL

CLASSE: CARNIÇAL

O Carniçal Cruel balança sua espada para um poderoso golpe: um rasgo rápido para baixo ou um golpe horizontal curvo, então rapidamente circunda o herói para outro ataque. O carniçal repete este padrão durante a luta: um golpe corpo a corpo seguido de um movimento brusco. Não deixe que ele deslize para trás durante o combate corpo a corpo!

VELOCIDADE DE MOVIMENTO: Média
DISTÂNCIA DE REPULSÃO: Longínqua
REGENERA VIDA: Não
LOCAL PROVÁVEL: Caverna Sirocco: Nível 1, Canal Leste

APARECE NO ATO II

**INFORMAÇÕES BÁSICAS**

| Dificuldade | Nível | XP | HP | | | |
|---|---|---|---|---|---|---|
| | | | Normal | Campeão | Raro | Lacaio |
| Normal | 16 | 115 | 38-75 | 301-395 | 677-771 | 136-230 |
| Pesadelo | 38 | 440 | 702-1404 | 9323-12K | 21K-24K | 4224-7138 |
| Tormento | 54 | 1250 | 4299-8598 | 80K-105K | 180K-205K | 36K-61K |
| Inferno | 62 | 1600 | 28K-56K | 673K-884K | 1515K-1726K | 305K-516K |

**DANO**

| Dificuldade | Mín. Por Golpe | Efeito Adicional |
|---|---|---|
| Normal | 77 | Físico |
| Pesadelo | 776 | |
| Tormento | 5045 | |
| Inferno | 53K | |

**GLOBOS DE VIDA**

| Grau | Cai % | Tamanho | Quando cai? |
|---|---|---|---|
| Normal | 5 | 20 | Morte |

### ATAQUES ESPECIAIS E HABILIDADES

NENHUM

## MALÉVOLO CRUEL

CLASSE: INFERNANTE

Estas criaturas roxas e famintas são chamadas das profundezas do inferno pelos Conjuradores Obscuros. O Malévolo Cruel luta como um cão raivoso, atacando rapidamente com suas garras ferozes.

VELOCIDADE DE MOVIMENTO: Média
DISTÂNCIA DE REPULSÃO: Curta
LOCAL PROVÁVEL: Mina do Posseiro Hadi

APARECE NO ATO II

**INFORMAÇÕES BÁSICAS**

| Dificuldade | Nível | XP | HP | | | |
|---|---|---|---|---|---|---|
| | | | Normal | Campeão | Raro | Lacaio |
| Normal | 13 | 75 | 62-124 | 217-279 | 465-527 | 124-186 |
| Pesadelo | 35 | 285 | 1307-2614 | 7594-9763 | 16K-18K | 4339-6509 |
| Tormento | 53 | 900 | 9454-19K | 77K-99K | 165K-187K | 44K-66K |
| Inferno | 61 | 1200 | 32K-65K | 341K-438K | 730K-827K | 195K-292K |

**DANO**

| Dificuldade | Mín. Por Golpe | Efeito Adicional |
|---|---|---|
| Normal | 13 | Físico |
| Pesadelo | 131 | |
| Tormento | 1138 | |
| Inferno | 4510 | |

**GLOBOS DE VIDA**

| Grau | Cai % | Tamanho | Quando cai? |
|---|---|---|---|
| Comum | 30 | 20 | Morte |

### ATAQUES ESPECIAIS E HABILIDADES

NENHUM

## DESTRUIDOR CRUEL

CLASSE: BERSERKER SOMBRIO

O Destruidor Cruel tenta martelar o Herói com um machado de batalha pesado, balançando-o fortemente. Ele também galopa e pula em torno do Herói, à procura de um ataque lateral. Sua poderosa e brilhante Pancada Berserker atinge com poder extra, mas deixa o adversário em posição comprometedora.

VELOCIDADE DE MOVIMENTO: Média
DISTÂNCIA DE REPULSÃO: Média
LOCAL PROVÁVEL: Alcarnus, Porão Arenoso, Porão da Cidade, Conclave Oculto, Altar Secreto

APARECE NO ATO II

**INFORMAÇÕES BÁSICAS**

| Dificuldade | Nível | XP | HP | | | |
|---|---|---|---|---|---|---|
| | | | Normal | Campeão | Raro | Lacaio |
| Normal | 18 | 187.5 | 248-310 | 496-620 | 992-1116 | 372-496 |
| Pesadelo | 39 | 690 | 3864-4830 | 13K-16K | 26K-29K | 9621-13K |
| Tormento | 55 | 1950 | 24K-30K | 113K-142K | 227K-255K | 85K-113K |
| Inferno | 62 | 2400 | 140K-175K | 842K-1052K | 1684K-1894K | 631K-842K |

**DANO**

| Dificuldade | Mín. Por Golpe | Efeito Adicional |
|---|---|---|
| Normal | 134 | Físico |
| Pesadelo | 1309 | |
| Tormento | 8365 | |
| Inferno | 79K | |

**GLOBOS DE VIDA**

| Grau | Cai % | Tamanho | Quando cai? |
|---|---|---|---|
| Normal | 60 | 20 | Morte |

### ATAQUES ESPECIAIS E HABILIDADES

**PANCADA BERSERKER**

Ocasionalmente, o Destruidor Cruel recua, sua maça de batalha brilha em tom laranja, e ele solta uma pancada que causa dano pesado e força de Repulsão. Mas às vezes ele bate com tanta força que sua maça fica presa no chão por alguns momentos. Aproveite-se disso para acertar uns golpes de graça!

## MORCEGO INF. PERVERSO

CLASSE: MORCEGO

O Morcego Infernal Perverso é um morcego vermelho cujo ataque básico é um golpe com o seu ferrão anterior. Após uma picada ou duas, o morcego foge a uma certa distância, espera e ataca violentamente com mais picadas Elétricas. Morcegos Infernais são gerados a partir de Ninhos Amaldiçoados. Encontre e destrua esses ninhos se você quiser limpar uma área de morcegos.

VELOCIDADE DE MOVIMENTO: Lenta/Média
DISTÂNCIA DE REPULSÃO: Muito Longínqua
LOCAL PROVÁVEL: Terras Altas do Norte

APARECE NO ATO I

| INFORMAÇÕES BÁSICAS | | | | | | |
|---|---|---|---|---|---|---|
| Dificuldade | Nível | XP | HP | | | |
| | | | Normal | Campeão | Raro | Lacaio |
| Normal | 13 | 75 | 28-56 | 200-262 | 448-510 | 91-153 |
| Pesadelo | 35 | 285 | 588-1176 | 6997-9167 | 16K-18K | 3200-5370 |
| Tormento | 53 | 900 | 4254-8509 | 71K-93K | 159K-181K | 32K-55K |
| Inferno | 61 | 1200 | 15K-29K | 314K-411K | 703K-801K | 144K-241K |

| DANO | | |
|---|---|---|
| Dificuldade | Mín. Por Golpe | Efeito Adicional |
| Normal | 38 | Arcano |
| Pesadelo | 392 | |
| Tormento | 3415 | |
| Inferno | 14K | |

| GLOBOS DE VIDA | | | |
|---|---|---|---|
| Grau | Cai % | Tamanho | Quando cai? |
| Normal | 5 | 20 | Morte |

### ATAQUES ESPECIAIS E HABILIDADES

NENHUM

## VINGADOR VIL

CLASSE: FANTASMA

Este fantasmagórico inimigo chega perto para uma série de ataques afiados com suas lâminas. Depois de alguns golpes corpo a corpo, o Vingador Vil foge a uma certa distância, espera e corre para perto para mais um ataque. Como o seu primo, o Fantasma Enfurecido, esta criatura azul geralmente vem direto de volta para você a partir da direção de sua manobra de retirada. Mas ocasionalmente circula para um novo ângulo de ataque.

VELOCIDADE DE MOVIMENTO: Veloz
DISTÂNCIA DE REPULSÃO: Média
LOCAL PROVÁVEL: Salões da Tempestade, Profundezas Desconhecidas

APARECE NO ATO II

| INFORMAÇÕES BÁSICAS | | | | | | |
|---|---|---|---|---|---|---|
| Dificul-dade | Nível | XP | HP | | | |
| | | | Normal | Campeão | Raro | Lacaio |
| Normal | 20 | 101.25 | 123-246 | 554-718 | 1210-1374 | 287-451 |
| Pesadelo | 41 | 375 | 1751-3501 | 13K-17K | 29K-32K | 6780-11K |
| Tormento | 56 | 1012.5 | 10K-21K | 108K-140K | 235K-267K | 56K-88K |
| Inferno | 62 | 1200 | 53K-105K | 710K-921K | 1552K-1763K | 368K-579K |

| DANO | | |
|---|---|---|
| Dificuldade | Mín. Por Golpe | Efeito Adicional |
| Normal | 50 | Físico |
| Pesadelo | 542 | |
| Tormento | 3075 | |
| Inferno | 26K | |

| GLOBOS DE VIDA | | | |
|---|---|---|---|
| Grau | Cai % | Tamanho | Quando cai? |
| Normal | 15 | 20 | Morte |

### ATAQUES ESPECIAIS E HABILIDADES

NENHUM

## ENXAME VIL

CLASSE: ENXAMEANTE

Enxames Vis infestam as areias, esgotos e porões do Ato 2. Essas nuvens de insetos vermelhos usam um comum "círculo de bombardeio" como método de ataque: eles perseguem o Herói, mordendo ocasionalmente, lentamente tirando seu HP. Enxames são difíceis de ser evitados, mas tente se distanciar de um contra-ataque de longo alcance se puder. Cuidado com vários enxames em algumas áreas!

VELOCIDADE DE MOVIMENTO: Devagar
DISTÂNCIA DE REPULSÃO: Curta
LOCAL PROVÁVEL: Canal Escondido, Aquedutos Ocultos, Tumba de Khan Dakab, Tumba de Sardar, Canais Leste/Oeste, Tesouro Velado, Caverna Vil: Nível 1, Caverna Ancestral: Níveis 1-2, Areias Desoladas

APARECE NO ATO II

| INFORMAÇÕES BÁSICAS | | | | | | |
|---|---|---|---|---|---|---|
| Dificuldade | Nível | XP | HP | | | |
| | | | Normal | Campeão | Raro | Lacaio |
| Normal | 20 | 135 | 131-213 | 558-722 | 1214-1378 | 295-459 |
| Pesadelo | 40 | 500 | 1867-3034 | 13K-17K | 29K-33K | 6974-11K |
| Tormento | 56 | 1350 | 11K-18K | 109K-140K | 236K-268K | 57K-89K |
| Inferno | 62 | 1600 | 56K-91K | 716K-926K | 1557K-1768K | 379K-589K |

| DANO | | |
|---|---|---|
| Dificuldade | Mín. Por Golpe | Efeito Adicional |
| Normal | 99 | Físico |
| Pesadelo | 1083 | |
| Tormento | 6149 | |
| Inferno | 53K | |

| GLOBOS DE VIDA | | | |
|---|---|---|---|
| Grau | Cai % | Tamanho | Quando cai? |
| Normal | 18 | 20 | Morte |

### ATAQUES ESPECIAIS E HABILIDADES

NENHUM

## TENTADORA TEMÍVEL

CLASSE: SÚCUBO

Esta poderosa variante da Súcubo tem os mesmos ataques básicos de sua irmã: um golpe sangrento e a letal Estrela de Sangue. Domine rapidamente os ataques da Tentadora Temível antes que ela dê seu ataque Elétrico.

VELOCIDADE DE MOVIMENTO: Média
DISTÂNCIA DE REPULSÃO: Média
LOCAL PROVÁVEL: Jardins da Esperança: Níveis 1-3, Fenda Infernal, Ápice Argênteo: Nível 4

APARECE NO ATO IV

| INFORMAÇÕES BÁSICAS | | | | | | |
|---|---|---|---|---|---|---|
| Dificuldade | Nível | XP | HP | | | |
| | | | Normal | Campeão | Raro | Lacaio |
| Normal | 29 | 180 | 509-1018 | 1782-2291 | 3818-4327 | 1018-1527 |
| Pesadelo | 49 | 660 | 4823-9646 | 28K-36K | 60K-68K | 16K-24K |
| Tormento | 60 | 1550 | 22K-43K | 177K-228K | 380K-430K | 101K-152K |
| Inferno | 63 | 1600 | 122K-245K | 1284K-1651K | 2752K-3119K | 734K-1101K |

| DANO | | |
|---|---|---|
| Dificuldade | Mín. Por Golpe | Efeito Adicional |
| Normal | 148 | Físico |
| Pesadelo | 1148 | |
| Tormento | 4639 | |
| Inferno | 57K | |

| GLOBOS DE VIDA | | | |
|---|---|---|---|
| Grau | Cai % | Tamanho | Quando cai? |
| Normal | 30 | 20 | Morte |

### ATAQUES ESPECIAIS E HABILIDADES

#### SALTO DE RETIRADA

Quando você chegar perto, a Tentadora Temível pode dar um salto para trás que a impulsiona para fora de alcance.

#### ESTRELA DE SANGUE

A Tentadora Temível pode evocar uma ardente estrela de energia que manda o Herói para longe. Esse cometa mortal vai te seguir conforme andar. A Estrela de Sangue reduz a armadura do Bárbaro ou do Monge em 50% por um tempo curto. Ao jogar como Caçador de Demônios, Feiticeiro ou Arcanista, ela transforma o custo de conjuração de habilidades em dano contra o conjurador.

## TORSO VORAZ

CLASSE: MORTO-VIVO

Quando você mata um desses zumbis verdes conhecidos como Corpo Inchado, há uma chance de sua forma decaída se despedaçar. (Para mais, consulte "Corpo Inchado" neste Bestiário). Se isso acontecer, a cabeça e o tronco continuam a persegui-lo implacavelmente, procurando carne humana. Este Torso Voraz pode morder ou cortar com as mãos.

**VELOCIDADE DE MOVIMENTO:** Devagar
**DISTÂNCIA DE REPULSÃO:** Muito Longínqua
**LOCAL PROVÁVEL:** Corredores da Agonia: Níveis 1-3

APARECE NO ATO I

**INFORMAÇÕES BÁSICAS**

| Dificuldade | Nível | XP | HP | | | |
|---|---|---|---|---|---|---|
| | | | Normal | Campeão | Raro | Lacaio |
| Normal | 10 | 42.5 | 11-21 | 131-173 | 299-341 | 58-100 |
| Pesadelo | 34 | 180 | 297-594 | 6158-8128 | 14K-16K | 2709-4680 |
| Tormento | 52 | 575 | 2068-4135 | 60K-79K | 137K-157K | 26K-46K |
| Inferno | 61 | 800 | 8111-16K | 304K-402K | 694K-791K | 134K-231K |

**DANO**

| Dificuldade | Mín. Por Golpe | Efeito Adicional |
|---|---|---|
| Normal | 33 | Físico |
| Pesadelo | 496 | |
| Tormento | 4097 | |
| Inferno | 18K | |

**GLOBOS DE VIDA**

| Grau | Cai % | Tamanho | Quando cai? |
|---|---|---|---|
| Normal | 5 | 20 | Morte |

### ATAQUES ESPECIAIS E HABILIDADES

NENHUM

## ZUMBI VORAZ

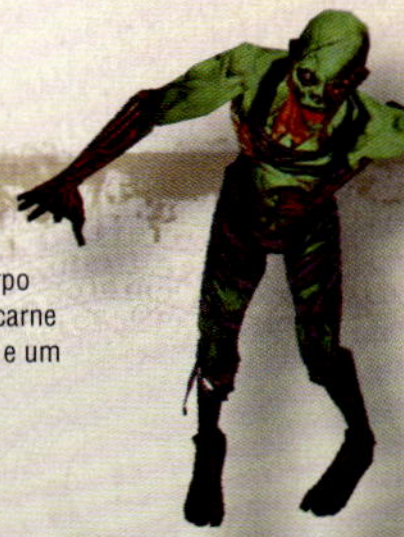

CLASSE: MORTO-VIVO (MAGRO)

Este morto-vivo comedor de carne é lento e seus ataques corpo a corpo não são muito chamativos, mas ele faz jus a seu nome: sua fome de carne é implacável. O Zumbi Voraz tem dois ataques básicos: uma mordida e um golpe perverso com a mão.

**VELOCIDADE DE MOVIMENTO:** Muito Lenta
**DISTÂNCIA DE REPULSÃO:** Média
**LOCAL PROVÁVEL:** N/D

APARECE NO ATO I

**INFORMAÇÕES BÁSICAS**

| Dificuldade | Nível | XP | HP | | | |
|---|---|---|---|---|---|---|
| | | | Normal | Campeão | Raro | Lacaio |
| Normal | 13 | 100 | 47-93 | 209-271 | 457-519 | 109-171 |
| Pesadelo | 35 | 380 | 980-1961 | 7322-9492 | 16K-18K | 3797-5966 |
| Tormento | 53 | 1200 | 7091-14K | 74K-96K | 162K-184K | 39K-61K |
| Inferno | 61 | 1600 | 24K-49K | 329K-426K | 718K-815K | 170K-268K |

**DANO**

| Dificuldade | Mín. Por Golpe | Efeito Adicional |
|---|---|---|
| Normal | 51 | Físico |
| Pesadelo | 522 | |
| Tormento | 4553 | |
| Inferno | 18K | |

**GLOBOS DE VIDA**

| Grau | Cai % | Tamanho | Quando cai? |
|---|---|---|---|
| Normal | 15 | 20 | Morte |

### ATAQUES ESPECIAIS E HABILIDADES

NENHUM

## CORPO ANDANTE

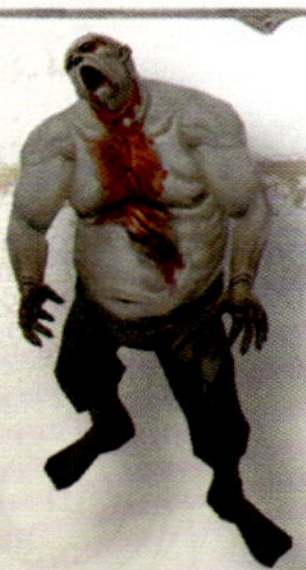

CLASSE: MORTO-VIVO

Este lento e inchado zumbi de pele clara possui dois ataques corpo a corpo básicos: um rápido golpe com a mão ou um poderoso impulso para cima com os dois braços. Ao "matar" um Corpo Andante, ele pode se despedaçar... e de repente a cabeça e o torso rastejam para o ataque! Este Torso Rastejante é rápido e persegue incansavelmente, mas é fraco e fácil de matar. (Para mais, consulte "Torso Rastejante" neste Bestiário).

**VELOCIDADE DE MOVIMENTO:** Devagar
**DISTÂNCIA DE REPULSÃO:** Curta
**LOCAL PROVÁVEL:** Caverna sob o Poço, Porão Oculto, Porões Bolorento/Abafado/Úmido/Escuro, Velhas Ruínas, Estrada da Velha Tristram, Cova Comum Várzea das Lágrimas: Nível 1

APARECE NO ATO I

**INFORMAÇÕES BÁSICAS**

| Dificuldade | Nível | XP | HP | | | |
|---|---|---|---|---|---|---|
| | | | Normal | Campeão | Raro | Lacaio |
| Normal | 1 | 40 | 10-15 | 20-25 | 40-45 | 15-20 |
| Pesadelo | 31 | 300 | 1694-2541 | 5624-7030 | 11K-13K | 4218-5624 |
| Tormento | 51 | 1100 | 14K-21K | 65K-82K | 130K-147K | 49K-65K |
| Inferno | 61 | 1600 | 65K-97K | 389K-487K | 779K-876K | 292K-389K |

**DANO**

| Dificuldade | Mín. Por Golpe | Efeito Adicional |
|---|---|---|
| Normal | 16 | Físico |
| Pesadelo | 595 | |
| Tormento | 5515 | |
| Inferno | 27K | |

**GLOBOS DE VIDA**

| Grau | Cai % | Tamanho | Quando cai? |
|---|---|---|---|
| Normal | 60 | 20 | Morte |

### ATAQUES ESPECIAIS E HABILIDADES

**TORSO RASTEJANTE**

Ao "matar" um Corpo Andante, há uma chance de que seu torso superior se solte do resto do corpo e rasteje para continuar a luta. O pedaço rastejante arrancado do Corpo Andante é chamado de Torso Rastejante. (Veja "Torso Rastejante" neste Bestiário).

## HORROR DESLOCADOR

CLASSE: TRANSFERA

Como seu primo, este servo vil de Azmodan empunha enormes machados gêmeos que balança com brutalidade assustadora. Mas o Horror Deslocador é esperto: ele pode se esquivar e aparecer subitamente na lateral do Herói. Esteja preparado para quando ele se teletransportar.

**VELOCIDADE DE MOVIMENTO:** Média/Veloz
**DISTÂNCIA DE REPULSÃO:** Curta
**LOCAL PROVÁVEL:** Fenda Infernal

APARECE NO ATO IV

**INFORMAÇÕES BÁSICAS**

| Dificuldade | Nível | XP | HP | | | |
|---|---|---|---|---|---|---|
| | | | Normal | Campeão | Raro | Lacaio |
| Normal | 29 | 180 | 1018-1527 | 2036-2545 | 4072-4581 | 1527-2036 |
| Pesadelo | 49 | 660 | 9646-14K | 32K-40K | 64K-72K | 24K-32K |
| Tormento | 60 | 1550 | 43K-65K | 202K-253K | 405K-456K | 152K-202K |
| Inferno | 63 | 1600 | 245K-367K | 1468K-1835K | 2936K-3303K | 1101K-1468K |

**DANO**

| Dificuldade | Mín. Por Golpe | Efeito Adicional |
|---|---|---|
| Normal | 443 | Físico |
| Pesadelo | 3445 | |
| Tormento | 14K | |
| Inferno | 170K | |

**GLOBOS DE VIDA**

| Grau | Cai % | Tamanho | Quando cai? |
|---|---|---|---|
| Normal | 60 | 20 | Morte |

### ATAQUES ESPECIAIS E HABILIDADES

**TRANSFORMAÇÃO**

O Horror Deslocador pode ficar se teletransportando ao redor do campo de batalha, sendo mais difícil de atingi-lo.

## ARANHAS COSPE-TEIA

### CLASSE: ARANHA

Esta aranha tenta flanquear sua presa após atirar uma bola de teia ou bater com um rápido golpe de garra venenosa. Seu estilo de estar sempre circulando faz com que seja mais difícil de mirá-lo, especialmente enquanto enfrenta um enxame de aranhas ou outros inimigos. Não a deixe escapar para trás de você!

**VELOCIDADE DE MOVIMENTO:** Veloz
**DISTÂNCIA DE REPULSÃO:** Curta
**LOCAL PROVÁVEL:** Caverna Vil: Nível 1, Caverna Inundada: Níveis 1-2

APARECE NO ATO II

**INFORMAÇÕES BÁSICAS**

| Dificuldade | Nível | XP | HP | | | |
|---|---|---|---|---|---|---|
| | | | Normal | Campeão | Raro | Lacaio |
| Normal | 20 | 135 | 164-328 | 574-738 | 1230-1394 | 328-492 |
| Pesadelo | 41 | 500 | 2334-4668 | 14K-17K | 29K-33K | 7749-12K |
| Tormento | 56 | 1350 | 14K-27K | 112K-144K | 239K-271K | 64K-96K |
| Inferno | 62 | 1600 | 70K-140K | 737K-947K | 1578K-1789K | 421K-631K |

**DANO**

| Dificuldade | Mín. Por Golpe | Efeito Adicional |
|---|---|---|
| Normal | 99 | Venenoso |
| Pesadelo | 1083 | |
| Tormento | 6149 | |
| Inferno | 53K | |

**GLOBOS DE VIDA**

| Grau | Cai % | Tamanho | Quando cai? |
|---|---|---|---|
| Normal | 30 | 20 | Morte |

### ATAQUES ESPECIAIS E HABILIDADES

**CUSPE DE TEIA**

Aranhas Cospe-teia, como o nome sugere, têm a mesma habilidade de cuspir teias como o Horror Aracnídeo. Uma vez expectorada, a gosma de teia pegajosa se espalha sobre a terra e retarda o seu movimento se você pisar nela. No entanto, a Aranha Cospe-teia é mais completa: circunda sua presa, cuspindo múltiplas bolas de teia, antes de morrer.

## MOLOK ALADO

### CLASSE: INFERNASA DEMONÍACO

Embora esta criatura seja "alada", ela não usa muito suas asas... pelo menos não para voar. Após o seu mergulho do céu, o Molok Alado não voa muito — ele simplesmente galopa ao seu redor, parando às vezes para expelir uma bola de fogo mortal, e ocasionalmente correr diretamente. Se você conseguir chegar perto, o demônio te dará golpes com suas presas afiadas.

**VELOCIDADE DE MOVIMENTO:** Média
**DISTÂNCIA DE REPULSÃO:** Muito Longínqua
**LOCAL PROVÁVEL:** Campos do Massacre, Ponte de Rakkis, Muralhas do Corvo Celeste, Profundezas do Forte: Nível 2, Casamata Fortificada Níveis 1-2, Quartel: Níveis 1-2, Armazéns do Campo de Batalha: Níveis 1-2, Fundição: Níveis 1-2

APARECE NO ATO III

**INFORMAÇÕES BÁSICAS**

| Dificuldade | Nível | XP | HP | | | |
|---|---|---|---|---|---|---|
| | | | Normal | Campeão | Raro | Lacaio |
| Normal | 25 | 160 | 313-470 | 1096-1409 | 2348-2661 | 626-939 |
| Pesadelo | 45 | 580 | 3372-5058 | 20K-25K | 42K-48K | 11K-17K |
| Tormento | 58 | 1450 | 17K-26K | 142K-183K | 305K-346K | 81K-122K |
| Inferno | 63 | 1600 | 122K-183K | 1284K-1651K | 2752K-3119K | 734K-1101K |

**DANO**

| Dificuldade | Mín. Por Golpe | Efeito Adicional |
|---|---|---|
| Normal | 177 | Físico |
| Pesadelo | 1597 | |
| Tormento | 7553 | |
| Inferno | 113K | |

**GLOBOS DE VIDA**

| Grau | Cai % | Tamanho | Quando cai? |
|---|---|---|---|
| Normal | 30 | 20 | Morte |

### ATAQUES ESPECIAIS E HABILIDADES

**BOLA DE FOGO**

O Molok Alado pode cuspir uma esfera infundida com elemento Ígneo a longo alcance. Mas, como a esfera se move lentamente, você pode evitá-la facilmente, mesmo a curta distância.

## CAÇADORA INVERNÍFERA

### CLASSE: LACUNI

A Caçadora Invernífera encontrada vagando pelas Cavernas de Gelo é a prima gélida das fêmeas Lacunis encontradas no início do jogo. Ela apresenta os mesmos reflexos e ferocidade que sua prima de clima quente. De perto, a Caçadora fatia sua presa em pedaços com suas frias e afiadas garras dianteiras. Se você tentar ataques de longo alcance, ela simplesmente atira bombas incendiárias e, em seguida, fecha rapidamente a distância com um salto único e eficiente.

**VELOCIDADE DE MOVIMENTO:** Veloz
**DISTÂNCIA DE REPULSÃO:** Curta
**LOCAL PROVÁVEL:** Cavernas de Gelo

APARECE NO ATO III

**INFORMAÇÕES BÁSICAS**

| Dificuldade | Nível | XP | HP | | | |
|---|---|---|---|---|---|---|
| | | | Normal | Campeão | Raro | Lacaio |
| Normal | 25 | 160 | 313-470 | 1096-1409 | 2348-2661 | 626-939 |
| Pesadelo | 45 | 580 | 3372-5058 | 20K-25K | 42K-48K | 11K-17K |
| Tormento | 58 | 1450 | 17K-26K | 142K-183K | 305K-346K | 81K-122K |
| Inferno | 63 | 1600 | 122K-183K | 1284K-1651K | 2752K-3119K | 734K-1101K |

**DANO**

| Dificuldade | Mín. Por Golpe | Efeito Adicional |
|---|---|---|
| Normal | 89 | Físico |
| Pesadelo | 798 | |
| Tormento | 3777 | |
| Inferno | 57K | |

**GLOBOS DE VIDA**

| Grau | Cai % | Tamanho | Quando cai? |
|---|---|---|---|
| Normal | 30 | 20 | Morte |

### ATAQUES ESPECIAIS E HABILIDADES

**SALTO LACUNI**

O grande salto da Caçadora Invernífera é como uma explosão de força tênsil. Ela aterra em cima de seu alvo com um golpe de queda que inflige muito dano.

**BOMBA INCENDIÁRIA**

Você fica sem trégua a longo alcance: a Caçadora apenas arremessa bombas incendiárias com precisão mortal para enfraquecê-lo.

# ESPREITADOR INVERNÍFERO

## CLASSE: LACUNI

O Espreitador Invernífero é um parente do frio do sexo dos machos Lacunis. O Espreitador mira você com seu ataque básico, fatiando cada uma de suas lâminas gélidas em rápida sucessão. Não se iluda com a repetição desse movimento, logo ele solta um combo triplo giratório. Quando você vir o Espreitador balançar uma lâmina e em seguida dar um giro completo, esquive-se do ataque.

**VELOCIDADE DE MOVIMENTO:** Média
**DISTÂNCIA DE REPULSÃO:** Curta
**LOCAL PROVÁVEL:** Cavernas de Gelo Nível 1

APARECE NO ATO III

**INFORMAÇÕES BÁSICAS**

| Dificuldade | Nível | XP | HP | | | |
|---|---|---|---|---|---|---|
| | | | Normal | Campeão | Raro | Lacaio |
| Normal | 25 | 240 | 626-939 | 1252-1565 | 2504-2817 | 939-1252 |
| Pesadelo | 45 | 870 | 6744-10K | 22K-28K | 45K-50K | 17K-22K |
| Tormento | 58 | 2175 | 35K-52K | 163K-203K | 325K-366K | 122K-163K |
| Inferno | 63 | 2400 | 245K-367K | 1468K-1835K | 2936K-3303K | 1101K-1468K |

**DANO**

| Dificuldade | Mín. Por Golpe | Efeito Adicional |
|---|---|---|
| Normal | 177 | Físico |
| Pesadelo | 1597 | |
| Tormento | 7553 | |
| Inferno | 113K | |

**GLOBOS DE VIDA**

| Grau | Cai % | Tamanho | Quando cai? |
|---|---|---|---|
| Normal | 60 | 20 | Morte |

### ATAQUES ESPECIAIS E HABILIDADES

#### COMBO DE LACUNI

O combo triplo do Espreitador Invernífero começa como um golpe horizontal com uma espada que continua em um giro de 360 graus, terminando em um flamejante ataque curvado com a outra espada. Isso não é tudo: o impulso desse golpe o empurra em um salto mortal para a frente. Conforme ele v ra e fica de pé novamente, fatia ambas as espadas em direções opostas.

# TRAÇÁRIDA

## CLASSE: TRAÇÁRIDA

Esta ameaça voadora infesta as terras altas, caindo em viajantes desavisados. A Traçárida ataca de uma direção, repetidamente golpeando seu alvo com as pontas afiadas de suas patas traseiras. A mariposa acrescenta um choque eletrificado em seu golpe, então vista algum equipamento com Resistência Elétrica.

**VELOCIDADE DE MOVIMENTO:** Veloz
**DISTÂNCIA DE REPULSÃO:** Longínqua
**LOCAL PROVÁVEL:** Terras Altas do Norte/Sul, Ponte das Terras Altas

APARECE NO ATO I

**INFORMAÇÕES BÁSICAS**

| Dificuldade | Nível | XP | HP | | | |
|---|---|---|---|---|---|---|
| | | | Normal | Campeão | Raro | Lacaio |
| Normal | 13 | 100 | 62-93 | 217-279 | 465-527 | 124-186 |
| Pesadelo | 35 | 380 | 1307-1961 | 7594-9763 | 16K-18K | 4339-6509 |
| Tormento | 53 | 1200 | 9454-14K | 77K-99K | 165K-187K | 44K-66K |
| Inferno | 61 | 1600 | 32K-49K | 341K-438K | 730K-827K | 195K-292K |

**DANO**

| Dificuldade | Mín. Por Golpe | Efeito Adicional |
|---|---|---|
| Normal | 51 | Elétrico |
| Pesadelo | 522 | |
| Tormento | 4553 | |
| Inferno | 18K | |

**GLOBOS DE VIDA**

| Grau | Cai % | Tamanho | Quando cai? |
|---|---|---|---|
| Normal | 30 | 20 | Morte |

### ATAQUES ESPECIAIS E HABILIDADES

#### ATAQUE ELÉTRICO

A Traçárida acrescenta um choque eletrificado em seu golpe com suas patas traseiras.

# ESPECTRO ARBÓREO

## CLASSE: ESPECTRO ARBÓREO

As espécies de Espectro Arbóreo parecem árvores que perderam a conexão com a terra e enlouqueceram. Porém, elas não são realmente plantas, mas sim feras disfarçadas! O Espectro Arbóreo pisoteia em seus inimigos com seus gigantes membros, mas também usa outro ataque, mais inteligente: a habilidade de evocar esporos venenosos. Andarilhos são grandes e difíceis de receber Repulsão.

**VELOCIDADE DE MOVIMENTO:** Devagar
**DISTÂNCIA DE REPULSÃO:** Muito Curta
**LOCAL PROVÁVEL:** Chalé Protegido, Moradia Solitária, Campos da Miséria

APARECE NO ATO I

**INFORMAÇÕES BÁSICAS**

| Dificuldade | Nível | XP | HP | | | |
|---|---|---|---|---|---|---|
| | | | Normal | Campeão | Raro | Lacaio |
| Normal | 10 | 106.25 | 126-168 | 189-231 | 357-399 | 168-2[illegible]0 |
| Pesadelo | 34 | 450 | 3561-4748 | 8867-11K | 17K-19K | 7882-9852 |
| Tormento | 52 | 1437.5 | 25K-33K | 87K-106K | 164K-183K | 77K-96K |
| Inferno | 61 | 2000 | 97K-130K | 438K-535K | 827K-925K | 389K-487K |

**DANO**

| Dificuldade | Mín. Por Golpe | Efeito Adicional |
|---|---|---|
| Normal | 66 | Físico |
| Pesadelo | 992 | |
| Tormento | 8194 | |
| Inferno | 36K | |

**GLOBOS DE VIDA**

| Grau | Cai % | Tamanho | Quando cai? |
|---|---|---|---|
| Normal | 80 | 20 | Morte |

### ATAQUES ESPECIAIS E HABILIDADES

#### ESPOROS DERRUBADOS

Entre poderosos golpes corpo a corpo, o Espectro Arbóreo derruba esporos no chão que crescem em segundos e explodem em uma nuvem venenosa de vômito. Mantenha distância!

HABITANTES DO INFERNO

## ENGANADOR CONTORCIDO

### CLASSE: HOMEM COBRA

Esta criatura desliza empunhando um longo tridente brutal. Seus ataques corpo a corpo são comuns: uma punhalada, um golpe normal ou uma picada de cobra. Mas sua capacidade furtiva lhe dá uma vantagem adicional, o Enganador Contorcido pode chegar perto, invisível! Ataque no ar ondulante onde ele reaparece.

VELOCIDADE DE MOVIMENTO: Média
DISTÂNCIA DE REPULSÃO: Curta
LOCAL PROVÁVEL: Esgoto de Caldeum, Oásis de Dahlgur: Controle de Fluxo Leste/Oeste, Aquedutos Antigos/Ocultos, Bazar de Caldeum, Canal Escondido, Tumba de Khan Dakab/Sardar, Cisterna Arruinada, Câmara do Assassino/Desmoronante, Ruínas Nível 1, Porão de Armazém/Pantanoso, Porões do Antigo Peixeiro, Trilha para Oásis

APARECE NO ATO II

| INFORMAÇÕES BÁSICAS | | | | | | |
|---|---|---|---|---|---|---|
| Dificuldade | Nível | XP | HP | | | |
| | | | Normal | Campeão | Raro | Lacaio |
| Normal | 17 | 120 | 108-216 | 378-486 | 810-918 | 216-324 |
| Pesadelo | 39 | 460 | 1932-3864 | 11K-14K | 24K-27K | 6414-9621 |
| Tormento | 55 | 1300 | 12K-24K | 99K-127K | 212K-241K | 57K-85K |
| Inferno | 62 | 1600 | 70K-140K | 737K-947K | 1578K-1789K | 421K-631K |

| DANO | | |
|---|---|---|
| Dificuldade | Mín. Por Golpe | Efeito Adicional |
| Normal | 84 | Físico |
| Pesadelo | 873 | |
| Tormento | 5577 | |
| Inferno | 53K | |

| GLOBOS DE VIDA | | | |
|---|---|---|---|
| Grau | Cai % | Tamanho | Quando cai? |
| Normal | 30 | 20 | Morte |

### ATAQUES ESPECIAIS E HABILIDADES

#### FORÇA

O Enganador Contorcido pode camuflar-se e deslizar furtivamente para um súbito ataque. Preste atenção para o efeito de ondulação no ar perto de você por onde ela sai do modo furtivo.

## DIABO-OURIÇO JOVEM

### CLASSE: DIABO-OURIÇO

Esta versão ligeiramente menor do Diabo-Ouriço padrão é encontrada somente no Porão Bolorento, um local subterrâneo gerado aleatoriamente no Ato 1. Quando um Diabo-Ouriço Jovem para de se mover, ele vai levantar suas patas e de repente atirar espinhos no Herói. Este ataque a distância é rápido e doloroso, então mantenha-se em movimento e ataque de volta.

VELOCIDADE DE MOVIMENTO: Média
DISTÂNCIA DE REPULSÃO: Média/Longínqua
LOCAL PROVÁVEL: Porão Bolorento

APARECE NO ATO I

| INFORMAÇÕES BÁSICAS | | | | | | |
|---|---|---|---|---|---|---|
| Dificuldade | Nível | XP | HP | | | |
| | | | Normal | Campeão | Raro | Lacaio |
| Normal | 1 | 30 | 1-1 | 16-21 | 36-41 | 7-12 |
| Pesadelo | 31 | 225 | 212-212 | 4394-5800 | 10K-11K | 1933-3339 |
| Tormento | 51 | 825 | 1750-1750 | 51K-67K | 116K-133K | 22K-39K |
| Inferno | 61 | 1200 | 8111-8111 | 304K-402K | 694K-791K | 134K-231K |

| DANO | | |
|---|---|---|
| Dificuldade | Mín. Por Golpe | Efeito Adicional |
| Normal | 3 | Físico |
| Pesadelo | 99 | |
| Tormento | 919 | |
| Inferno | 4510 | |

| GLOBOS DE VIDA | | | |
|---|---|---|---|
| Grau | Cai % | Tamanho | Quando cai? |
| Normal | 5 | 20 | Morte |

### ATAQUES ESPECIAIS E HABILIDADES

NENHUM

## VERME CHOCANTE

### CLASSE: VERME

Vermes Chocantes soltam um enxame que sai de seus cadáveres, conhecido como o Horror, depois que morrem. Três pequenos grupos destes vermes eletrificados começam a atacá-lo após a explosão de Horror.

Nota: Vermes Chocantes vivem dentro dos Horrores e só aparecem se você matar seu hospedeiro corpulento.

VELOCIDADE DE MOVIMENTO: Devagar
DISTÂNCIA DE REPULSÃO: Muito Longínqua
LOCAL PROVÁVEL: Fortaleza Amaldiçoada

APARECE NO ATO I

| INFORMAÇÕES BÁSICAS | | | | | | |
|---|---|---|---|---|---|---|
| Dificuldade | Nível | XP | HP | | | |
| | | | Normal | Campeão | Raro | Lacaio |
| Normal | 15 | 82.5 | 16-65 | 251-332 | 575-656 | 109-190 |
| Pesadelo | 37 | 315 | 319-1274 | 8198-11K | 19K-21K | 3570-6214 |
| Tormento | 54 | 937.5 | 2150-8598 | 78K-103K | 178K-203K | 34K-59K |
| Inferno | 62 | 1200 | 14K-56K | 652K-863K | 1494K-1705K | 284K-495K |

| DANO | | |
|---|---|---|
| Dificuldade | Mín. Por Golpe | Efeito Adicional |
| Normal | 70 | Elétrico |
| Pesadelo | 686 | |
| Tormento | 5045 | |
| Inferno | 53K | |

| GLOBOS DE VIDA | | | |
|---|---|---|---|
| Grau | Cai % | Tamanho | Quando cai? |
| Normal | 5 | 20 | Morte |

### ATAQUES ESPECIAIS E HABILIDADES

#### ATAQUE ELETRIFICADO

O Verme Chocante, como o nome sugere, é infundido com elemento Elétrico. Assim, sua mordida pode causar-lhe dano Elétrico.

# CASA DE LEILÕES EM DIABLO III

## POR QUE UMA CASA DE LEILÕES?

Desde os primeiros dias de *Diablo,* grande parte da experiência era a melhoria do Herói com equipamentos gloriosos e inspiradores. Itens deixados são aleatórios e isso significa que as chances de encontrar qualquer um em particular são bastante baixas. Como os jogadores nem sempre encontram os itens que estão caçando por conta própria, o comércio tornou-se um meio importante e eficaz de obter melhorias.

Nas versões anteriores do *Diablo,* havia diversos modo de fazer comércio, incluindo compra e venda de itens fora do jogo através de fóruns, canais de bate-papo da Battle.net ou sites de terceiros. Porém, esses métodos são muitas vezes inconvenientes, confusos ou inseguros. Assim, para *Diablo III,* a Blizzard queria melhorar a qualidade da experiência de negociação, criando um robusto sistema de câmbio dentro do jogo chamado de Casa de Leilões.

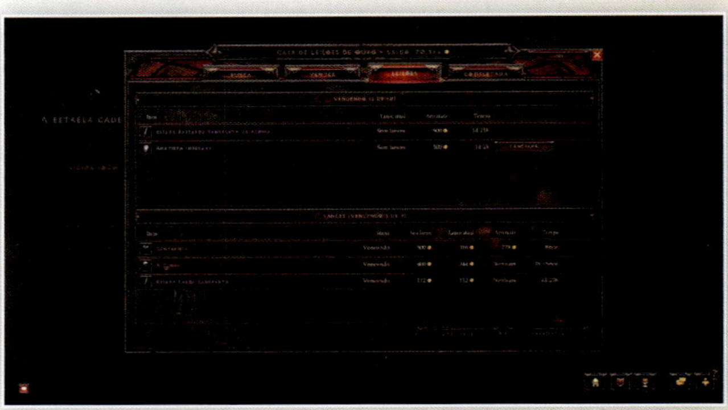

Este novo sistema oferece um mercado seguro e fácil de usar para saques em *Diablo*. Ele permite comprar e vender itens individuais, como armas e armaduras, bem como itens estocáveis como ouro, gemas, páginas, tomos e matérias-primas de ofício. A Casa de Leilões também oferece aos jogadores a opção de comprar e vender itens usando ouro do jogo e moeda do mundo real.

### *Restrições de Nível de Itens*

*Adquirir itens na Casa de Leilões é um modo eficaz de vestir seu Herói com o equipamento que você vai precisar para lutar contra as legiões do Inferno. Entretanto não seria tão divertido comprar itens super poderosos e simplesmente usá-los no jogo. Por isso, cada item é restringido por nível, o que significa que seu personagem não pode equipar o item até que ele atinja o nível mínimo especificado.*

A Casa de Leilões de *Diablo III* dá aos jogadores várias maneiras de fazer compras — cartões de crédito/débito, saldo na Battle.net e saldos com provedores de pagamento externos (note que estes métodos podem variar por região). Novamente, não importa onde você está ou qual moeda você irá escolher para usar, a Blizzard está facilitando todas as operações, tornando o intercâmbio seguro, independentemente do método de pagamento utilizado.

### DIFERENÇAS REGIONAIS

Em algumas regiões há várias Casas de Leilões, cada uma com uma moeda. Elas permitem aos jogadores comprar e vender itens com sua moeda local. Os itens listados no interior das Casas de Leilões de cada moeda são únicos e aparecerão em outro leilão. Lembre-se de que a regulamentação a respeito de moeda do mundo real pode variar por país, por isso não deixe de consultar os Termos de Uso da Casa de Leilões para informações adicionais.

Além disso, tenha em mente que todos os itens de Diablo III estão vinculados à região em que foram comprados. Por exemplo, itens adquiridos ao se jogar na região da América do Norte não estão disponíveis para todos os personagens que você possa ter criado na região da Europa (e vice-versa).

# A EXPERIÊNCIA "SEM CARTEIRA"

Ao projetar a Casa de Leilões de *Diablo III*, a equipe da Blizzard quis permitir que os jogadores não precisassem de cartão de crédito para entrar. Assim, para remover este obstáculo, os jogadores agora podem listar os seus saques épicos na Casa de Leilões gratuitamente. Aqui está um exemplo de como isso funciona:

Digamos que você conseguiu um incrível machado lendário após derrubar um chefe no jogo. O, machado, porém não é a melhor arma para o seu Arcanista, então você escolhe colocá-lo na Casa de Leilões. O machado é vendido e você usa os recursos do leilão para dar um lance em uma adaga poderosa que acabou de ser listada. Seu lance acaba ganhando o leilão e você só usou a Casa de Leilões para trocar uma ótima arma por outra, sem gastar um centavo!

# DUAS CASAS: SEPARADAS, PORÉM LIGADAS

Os jogadores podem realizar transações utilizando tanto o ouro do jogo como fundos do mundo real. Cada moeda tem a sua própria Casa de Leilões separada e, uma vez que um item é listado em uma Casa de Leilões, não pode ser listado na outra até que o leilão seja encerrado. Dito isto, os jogadores geralmente irão achar mais fácil para mover os itens entre as Casas de Leilões de ouro e de moeda do mundo real. Se, por exemplo, o seu item não vender na Casa de Leilões de moeda do mundo real, simplesmente espere que o leilão expire e tente listar o item novamente na Casa de Leilões de ouro. Você pode encontrar compradores mais dispostos e arrematar o seu item!

### *Leilões Anônimos*

*Todas as transações dos jogadores nas Casas de Leilões de ouro e de moeda do mundo real são totalmente anônimas. Nem seu nome verdadeiro, nem o nome do personagem será revelado aos outros jogadores.*

# COMO FUNCIONA O SISTEMA?

Acesse a interface da Casa de Leilões clicando no botão Casa de Leilões na tela de Menu antes de entrar no jogo. Quando estiver na interface Casa de Leilões, você pode alternar entre ouro e moeda do mundo real, clicando nos ícones de seta à esquerda e à direita na área de cabeçalho do painel.

## VENDENDO ITENS

Você pode começar a vender o seu saque descoberto selecionando a aba "Vender" na parte superior da tela de menu Casa de Leilões. A partir daí, escolha entre leiloar uma peça de equipamento ou algum de seus itens estocáveis, como joias, matérias-primas de ofício ou ouro. Você pode leiloar os itens diretamente do seu baú pessoal compartilhado (comum a todos os personagens na sua conta do jogo) ou a partir do inventário de qualquer herói individual.

## CONFIGURANDO LANCES E PREÇOS DE AQUISIÇÃO

Se você optou por vender um item estocável como gemas, por exemplo, um lote de Ametistas Redondas Impecáveis, você será apresentado à janela de diálogo "Vender Gema". Isso permite que você insira a quantidade de venda. Ela também relaciona o preço por unidade e valor total da venda potencial. Você terá também algumas informações úteis sobre o histórico de negociação recente para Ametistas Redondas Impecáveis. Depois de definir a quantidade, clique no botão para acessar a tela "Vender Item".

Se, por outro lado, você escolheu vender equipamentos — digamos o Lorde Demônio, uma poderosa maça de mão — deve ir diretamente para a tela "Vender Item". Aqui você define um lance inicial e um preço de "aquisição" opcional. O preço de aquisição é um que, se oferecido por um comprador, imediatamente encerra o leilão e entrega o item para o comprador. Esta tela também indica as taxas que podem ser aplicadas e exibe o prazo de duração do leilão.

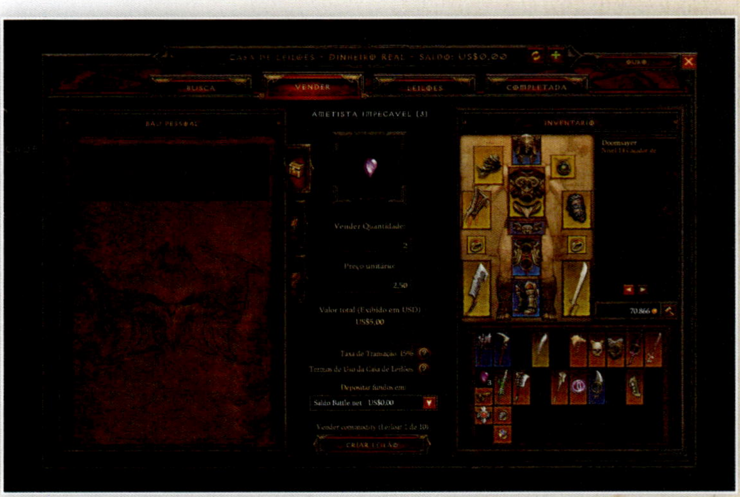

Quando você estiver pronto para iniciar os lances, clique no botão "Criar Leilão" na parte inferior do painel. Haverá um pequeno atraso antes que o item seja travado na Casa de Leilões para dar aos jogadores a opção de cancelar o leilão (apenas para o caso de acidentalmente postar o item errado). Após a contagem regressiva de "cancelamento" ser concluída, o item é transferido para que o mundo o veja na Casa de Leilões! Ele permanecerá lá até que o prazo do leilão tenha acabado, ou até que outro jogador ofereça o preço de aquisição. Se o leilão for bem-sucedido (o que significa que um comprador foi encontrado), o item será automaticamente transferido à aba "Concluído" do jogador. A partir daí, o comprador pode enviar o item para seu Baú pessoal compartilhado. Se o leilão foi bem-sucedido, o item será transferido para a página de leilões "Concluídos" do vendedor.

## TAXAS

A Casa de Leilões de *Diablo III* não cobra nenhuma taxa de anúncio do vendedor no início de um leilão. Em vez disso, um vendedor terá um número máximo de leilões ativos ao mesmo tempo. Uma vez que um leilão se encerra, um novo espaço de leilão se abre, e o jogador pode listar um item adicional. Isso serve para ajudar a incentivar listagens sensatas e desencorajar postagem em massa de artigos de baixa qualidade. No final de leilões bem-sucedidos, uma taxa de transação nominal também será deduzida dos rendimentos do vendedor. Os detalhes específicos relacionados a estas taxas podem variar por região.

# COMPRANDO ITENS

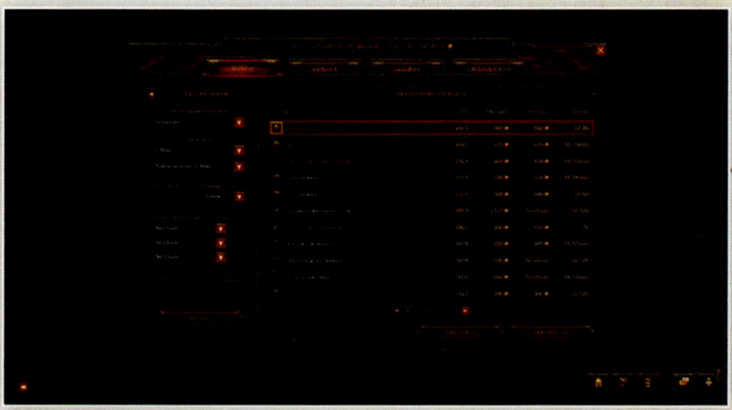

Quando você usa a Casa de Leilões para ir às compras para os seus heróis, vai encontrar uma ferramenta de pesquisa bacana e fácil de usar para ajudar a encontrar opções de aprimoramento sem precisar vasculhar centenas de anúncios irrelevantes. Uma vez na Casa de Leilões, clique no botão Procurar e selecione a categoria de itens que você deseja pesquisar: Equipamentos, Gemas, Criação e Corantes, Receitas de Criação ou Tomos & Páginas.

## A "BUSCA INTELIGENTE"

Se você está procurando peças e "Equipamentos" selecionados, use o menu suspenso "Buscar Equipamento", para escolher qualquer um dos heróis de *Diablo III* associado à sua conta do jogo. O recurso de busca inteligente irá então "ler" o seu personagem e avaliar quais espaços de itens têm aprimoramentos atualmente disponíveis na Casa de Leilões. A ferramenta de pesquisa irá criar automaticamente uma lista de "Itens Recomendados" projetada especificamente para você! A listagem inclui estatísticas de cada item, o último lance, o preço de aquisição (se houver) e o tempo restante de leilão para esse item.

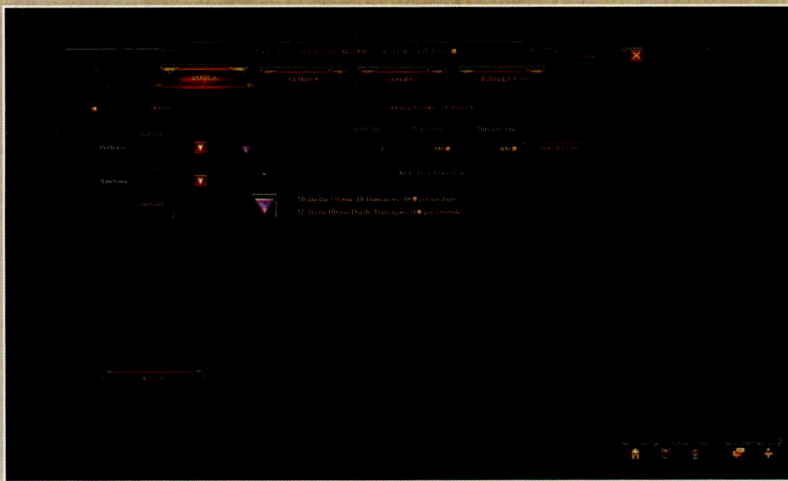

Você pode até mesmo refinar a pesquisa especificando um tipo de item e um conjunto de critérios. Por exemplo, você pode buscar um machado de mão imbuído de Vitalidade e da qualidade Roubar Vida. A Casa de Leilões também possui uma função de pesquisa avançada que permite especificar os parâmetros dos itens que quer comprar. Você pode determinar o nível de personagem, raridade do item e definir critérios numéricos mínimos para as qualidades que você quer achar. Por exemplo, você pode definir uma Força mínima de 60, com um mínimo de 4% de Roubo de Vida. Você pode até optar por procurar um item único — digamos, o poderoso Machado de Arreat — digitando o nome no campo designado na parte inferior do painel.

## FAÇA UM LANCE

Uma vez que você tenha encontrado o item que deseja, selecione-o na lista de "Itens Recomendados" e clique em "Lance" para que a janela "Fazer Lance no Item" apareça. Digite sua oferta atual, você também pode definir um lance máximo. Isto irá aumentar automaticamente o seu lance se outro comprador vier e fazer uma proposta para o mesmo item. Se você está na Casa de Leilões de moeda do mundo real, use o menu suspenso para selecionar o método de pagamento que pretende utilizar para o seu lance. Clique "Confirmar Lance" e o seu lance será enviado!

Agora que o seu lance foi inserido, você pode clicar no botão de Lances, na parte superior da tela e verificar o status de todos os leilões de que você está participando. Cada leilão é dividido em maior lance atual, sua última oferta, preço de aquisição e o tempo restante. Se o seu lance foi superado, você pode inserir manualmente um novo lance, clicando no botão Lances na parte inferior da tela. Alternativamente, você pode clicar no botão Aquisição se quiser pular o processo de licitação e apenas comprar o item imediatamente por seu preço listado.

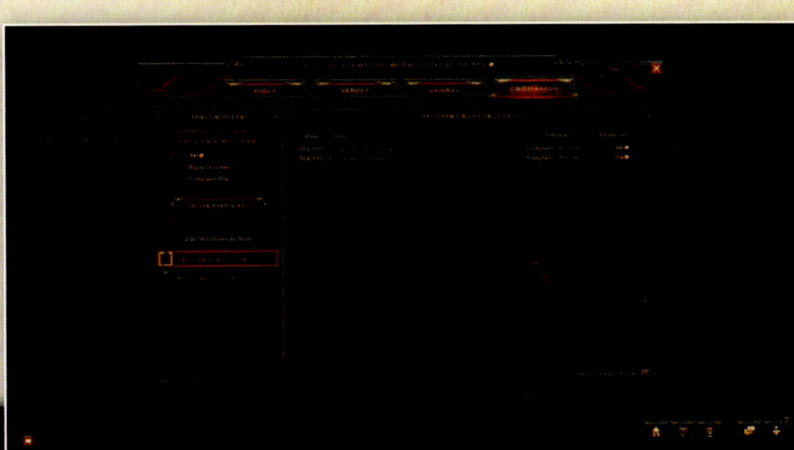

## SUCESSO!

Depois de vencer um leilão, o item recém-adquirido estará disponível para retirada imediata na aba "Completos". Uma vez nessa página, basta clicar em "Enviar para Baú Pessoal Compartilhado" para mandar o item para o jogo.

Para o vendedor, pode haver um pequeno atraso no recebimento do pagamento, conforme os resultados do leilão estão sendo processados.

### Anunciando Itens Comprados

Qualquer item comprado na Casa de Leilões torna-se plenamente "seu". Ou seja, ele tem o mesmo status de propriedade de qualquer item adquirido no jogo. Assim, você pode voltar a anunciá-lo (depois de um período de recarga curto) tanto na Casa de Leilões de ouro como na de moeda do mundo real. Com exceção de alguns itens especiais, existem poucos artigos que serão "travados" para seu personagem e não podem ser negociados.

# CONQUISTAS

| ÍCONE | TÍTULO | DESCRIÇÃO | BRASÃO DO ESTANDARTE | ESTAMPA DO ESTANDARTE | TIMBRE DO ESTANDARTE | MOLDE DO ESTANDARTE |
|---|---|---|---|---|---|---|
| Todos/Geral | | | | | | |
| | Vorazgo | Obter 10.000 de ouro. | | | | |
| | Tem um trocado? | Obter 50.000 de ouro. | | | | ● |
| | Sacos de ouro | Obter 100.000 de ouro. | | | ● | |
| | Nadando na grana | Obter 500.000 de ouro. | ● | | | |
| | Meu rico dinheirinho | Obter 1.000.000 de ouro. | | ● | | |
| | O primeiro milhão a gente nunca esquece | Obter 5.000.000 de ouro. | | | ● | |
| | Os espólios de guerra | Obter 10.000.000 de ouro. | | | | |
| | Eu faço parte do 1% | Obter 100.000.000 de ouro. | | | ● | |
| | Armado até os dentes | Equipar itens em todos os espaços com nível mínimo requerido de 25 ou superior. | | | ● | |
| | Pronto para lutar | Equipar itens em todos os espaços com nível mínimo requerido de 60 ou superior. | | | | |
| | Estranhos amigos | Recrutar o Templário, o Vigarista e a Sibila | | ● | | |
| | Lavou tá novo | Use um comerciante para reparar um item. | | | | |
| Todos/Geral/Conversas | | | | | | |
| | Como fazer amigos e influenciar pessoas | Completar as conquistas de conversação do personagem principal, dos seguidores e dos artesãos listadas abaixo. | ● | | | |
| | Eu já ouvi de tudo... | Completar as conquistas de conversação do personagem principal listadas abaixo. | | | | |
| | Segredinhos sujos | Completar as conquistas de conversação listadas abaixo. | ● | | | |
| | Falar é fácil | Completar as conquistas de diálogos com artesãos listadas abaixo. | | | | |
| | Nem foi "templo" perdido | Escutar todas as falas do Templário. | | | | |
| | Para pegar um ladrão | Escutar todas as falas do Vigarista. | | | | |
| | Segredos da idade | Escutar todas as falas da Sibila. | | | | |

| ÍCONE | TÍTULO | DESCRIÇÃO | BRASÃO DO ESTANDARTE | ESTAMPA DO ESTANDARTE | TIMBRE DO ESTANDARTE | MOLDE DO ESTANDARTE |
|---|---|---|---|---|---|---|
| | Atazanando Haedrig | Escutar todas as falas do Ferreiro. | | | | |
| | Shen você não viverei! | Escutar todas as falas do Joalheiro. | | | | |
| | Fique um pouco e escute | Escutar todas as falas de Deckard Cain. | | | | |
| | Mais que histórias | Escutar todas as falas de Léa. | | | | |
| | Cá entre nós | Escutar todas as falas de Tyrael. | | | | |
| | Enfeitiçado | Escutar todas as falas de Ádria. | | | | |
| | Vendas e Lendas | Escutar todas as falas dos mercadores da cidade. | | | | |
| Todos/Geral/Exploração | | | | | | |
| | Luz que guia | Use o Templário como seu seguidor. | | | ● | |
| | Eu, eu mesmo e Irina | Use a Sibila como companheira. | | | ● | |
| | Momentos roubados | Use o Vigarista como seu seguidor. | | | ● | |
| | [illegible]mizade colorida | Equipe totalmente um dos seus seguidores. | | | | |
| | Qu[illegible]nca | Equipar um item raro (amarelo). | | ● | | |
| | Porradas [illegible]s | Equipar um item raro (laranja). | | ● | | |
| | Baú da felicidade | Abra 2.000 baús. | | | | |
| | Nascido para pintar | Tingir um item. | | | ● | |
| | Conexão arco-íris | Use as seguintes tinturas. | | | ● | |
| | Tudo combinando | Equipe seus espaços de cabeça, ombros, tronco, pernas, pés e mãos com itens tingidos da mesma cor. | | | | |
| | Esquadrilha da moda | Equipe seus espaços de cabeça, ombros, tronco, pernas, pés e mãos com itens tingidos em cores diferentes. | | | ● | |
| | Cochicho do chocalho | Obter o chocalho de Wirt. | | | | |
| | Vou colecionar! | Complete um dos seguintes conjuntos de itens exclusivos nível 60. | | | | |
| | Espaço! Eu Adoro Espaço! | Comprar todos os aprimoramentos do baú pessoal. | | | | |
| | Um luxo | Equipar um item engastado nos seguintes espaços. | | | | |
| | Um engaste só pra mim | Engastar uma gema num item. | | | | |
| | Gelado | Engastar os seguintes tipos de gemas. | | | | |
| | Abençoado seja! | Obter os seguintes benefícios de altares. | | ● | | |
| | Vida louca vida | Usar 50 fontes curativas. | | | ● | |
| | Eu tenho o que você precisa | Adquirir uma relíquia do Templário, um foco da Sibila e uma insígnia do Vigarista. | | | | |
| | Papa-defunto | Destruir 50 lápides. | | | | |
| | Pesquisa de mercado | Encontrar os seguintes caixeiros-viajantes. | | | | |
| | Espada de aluguel | Ganhar 50.000 de ouro em recompensas de missões. | | | | |

| ÍCONE | TÍTULO | DESCRIÇÃO | BRASÃO DO ESTANDARTE | ESTAMPA DO ESTANDARTE | TIMBRE DO ESTANDARTE | MOLDE DO ESTANDARTE |
|---|---|---|---|---|---|---|
| | Penadinhos | Se encontrar com os fantasmas seguintes. | | | | |
| | Cale-se e pegue logo meu dinheiro! | Comprar cada tipo de item de comerciantes. | ● | | | |
| Todos/Campanha | | | | | | |
| | Grande Mestre de Feras de Santuário | Completar as conquistas de bestiário listadas abaixo. | | | | |
| | Um mundo de dor | Completar as conquistas de exploração abaixo. | | | | |
| | Grande Erudito de Santuário | Completar as conquistas de livros de conhecimento listadas abaixo. | | | | |
| Todos/Campanha/Ato I | | | | | | |
| | O fim do Rei Louco | Matar o Rei Esqueleto na dificuldade Normal. | | | | ● |
| | O fim do Rei Louco (Pesadelo) | Matar o Rei Esqueleto na dificuldade Pesadelo. | | | ● | |
| | O fim do Rei Louco (Tormento) | Matar o Rei Esqueleto na dificuldade Tormento. | | ● | | |
| | O fim do Rei Louco (Inferno) | Matar o Rei Esqueleto na dificuldade Inferno. | ● | | | |
| | Massacrado! | Matar o Açougueiro na dificuldade Normal. | | | | ● |
| | Massacrado! (Pesadelo) | Matar o Açougueiro na dificuldade Pesadelo. | | | ● | |
| | Massacrado! (Tormento) | Matar o Açougueiro na dificuldade Tormento. | | ● | | |
| | Massacrado! (Inferno) | Matar o Açougueiro na dificuldade Inferno. | ● | | | |
| | Fazenda de Carniça | Completar o evento Fazenda de Carniça. | | | | |
| | A Última Resistência dos Antigos | Completar o evento A Última Resistência dos Antigos. | | | | |
| | Guerra Eterna | Completar o evento Guerra Eterna. | | | | |
| | A Vingança de Gharbad | Completar o evento A Vingança de Gharbad. | | | | |
| | Sorria, você está em Tristram | Explorar as seguintes áreas de Nova Tristram. | | | | |
| | Investigação rigorosa | Explorar as seguintes áreas da Catedral. | | | | |
| | Trabalho de Campo | Explorar as seguintes áreas dos Campos da Miséria. | | | | |
| | O ar das montanhas | Explorar as seguintes áreas das Terras Altas. | | | | |
| | Glória feita de sangue | Explorar as seguintes áreas dos Salões da Agonia | | | | |
| | Saino a percurá | Explorar os seguintes calabouços do Ato I. | ● | | | |
| | Andarilho de Tristram | Completar as conquistas de exploração do Ato II listadas abaixo. | | | ● | |
| | Só uma lida rápida | Ler os seguintes Livros de Conhecimento sobre Pessoas no Ato I. | | | | |
| | Tome nota! | Ler os seguintes Livros de Conhecimento de Missão no Ato I. | | | | |
| | Historiador de Tristram | Ler os seguintes Livros de Conhecimento sobre o Mundo no Ato I. | | | | |
| | Mestre de feras de Tristram | Ler os seguintes Livros de Conhecimento do Bestiário no Ato I. | ● | | | |
| | Os Ossos da Matriarca | Completar o evento os Ossos da Matriarca. | | | | |

| ÍCONE | TÍTULO | DESCRIÇÃO | BRASÃO DO ESTANDARTE | ESTAMPA DO ESTANDARTE | TIMBRE DO ESTANDARTE | MOLDE DO ESTANDARTE |
|---|---|---|---|---|---|---|
| | Jarra de Almas | Completar o evento Jarra de Almas. | | | | |
| | O último dos Horadrim | Completar todas as missões do Ato I. | | | | |
| Todos/Campanha /Ato II | | | | | | |
| | O Culto derrubado | Matar Maghda na dificuldade Normal. | | | | ● |
| | O Culto derrubado (Pesadelo) | Matar Maghda na dificuldade Pesadelo. | | | ● | |
| | O Culto derrubado (Tormento) | Matar Maghda na dificuldade Tormento. | | ● | | |
| | O Culto derrubado (Inferno) | Matar Maghda na dificuldade Inferno. | ● | | | |
| | Assassino Torturador. Monstro. | Matar Zoltun Kell na dificuldade Normal. | | | | ● |
| | Assassino Torturador. Monstro. (Pesadelo) | Matar Zoltun Kell na dificuldade Pesadelo. | | | ● | |
| | Assassino Torturador. Monstro. (Tormento) | Matar Zoltun Kell na dificuldade Tormento. | | ● | | |
| | Assassino Torturador. Monstro. (Inferno) | Matar Zoltun Kell na dificuldade Inferno. | ● | | | |
| | O Senhor da Mentira | Matar Belial na dificuldade Normal. | | | | ● |
| | O Senhor da Mentira (Pesadelo) | Matar Belial na dificuldade Pesadelo. | | | ● | |
| | [illegible]enhor da Mentira (Tormento) | Matar Belial na dificuldade Tormento. | | ● | | |
| | O [illegible]r da Mentira (Inferno) | Matar Belial na dificuldade Inferno. | ● | | | |
| | Ouro d[illegible]ineiro | Completar o evento O ouro do Mineiro. | | | | |
| | O covil dos L[illegible] | Completar o evento O covil dos Lacuni. | | | | |
| | O Ídolo de Rygnar | Conclua o evento O Ídolo de Rygnar. | | | | |
| | As Areias Inquietas | Completar o evento Areias Inquietas. | | | | |
| | Espíritos Guardiões | Completar o evento Espíritos Guardiões. | | | | |
| | Câmara Desmoronante | Completar o evento Câmara Desmoronante. | | | | |
| | Prisioneiros de Kamyr | Completar o evento Os Prisioneiros de Kamyr. | | | | |
| | O santuário de Rakanishu | Completar o evento O santuário de Rakanishu. | | | | |
| | Tesouro perdido de Khan Dakab | Completar o evento Tesouro perdido de Khan Dakab. | | | | |
| | A joia do Oriente | Explorar as seguintes áreas de Caldeum. | | | | |
| | O deserto que atravessei | Explorar as seguintes áreas de Ventos Lancinantes. | | | | |
| | Esplendor sem precedentes | Explorar as seguintes áreas do Oásis de Dahlgur. | | | | |
| | O colecionador de ossos | Explorar as seguintes áreas de Areias Desoladas. | | | | |
| | Navegando o labirinto | Explorar as seguintes áreas dos Arquivos de Zoltun Kell. | | | | |
| | Nichos e reentrâncias | Explore os seguintes calabouços no Ato II. | ● | | | |
| | Andarilho de Caldeum | Completar as conquistas de exploração do Ato II listadas abaixo. | | | ● | |

| ÍCONE | TÍTULO | DESCRIÇÃO | BRASÃO DO ESTANDARTE | ESTAMPA DO ESTANDARTE | TIMBRE DO ESTANDARTE | MOLDE DO ESTANDARTE |
|---|---|---|---|---|---|---|
| | Julgamento de caráter | Ler os seguintes Livros de Conhecimento sobre Pessoas no Ato II. | | | | |
| | Dizem por aí... | Ler os seguintes Livros de Conhecimento de Missão no Ato II. | | | | |
| | Historiador de Caldeum | Ler os seguintes Livros de Conhecimento sobre o Mundo no Ato II. | | | | |
| | Mestre de feras de Caldeum | Ler os seguintes Livros de Conhecimento do Bestiário no Ato II. | | | | |
| | Roda do azar | Experimentar todas as possibilidades do Dispositivo Antigo em Areias Desoladas. | | | ● | |
| | Pedra Negra das Almas | Completar todas as missões do Ato II. | | | | ● |
| Todos/Campanha /Ato II | | | | | | |
| | A Besta Voraz | Matar Ghom na dificuldade Normal. | | | | ● |
| | A Besta Voraz (Pesadelo) | Matar Ghom na dificuldade Pesadelo. | | | ● | |
| | A Besta Voraz (Tormento) | Matar Ghom na dificuldade Tormento. | | ● | | |
| | A Besta Voraz (Inferno) | Matar Ghom na dificuldade Inferno. | ● | | | |
| | Um grande avanço | Matar a Fera de Assalto Rompe-cercos na dificuldade Normal. | | | | ● |
| | Um grande avanço (Pesadelo) | Matar a Fera de Assalto Rompe-cercos na dificuldade Pesadelo. | | | ● | |
| | Um grande avanço (Tormento) | Matar a Fera de Assalto Rompe-cercos na dificuldade Tormento. | | ● | | |
| | Um grande avanço (Inferno) | Matar a Fera de Assalto Rompe-cercos na dificuldade Inferno. | ● | | | |
| | Uma questão de desejo | Matar Cidárea na dificuldade Normal. | | | | ● |
| | Uma questão de desejo (Pesadelo) | Matar Cidárea na dificuldade Pesadelo. | | | ● | |
| | Uma questão de desejo (Tormento) | Matar Cidárea na dificuldade Tormento. | | ● | | |
| | Uma questão de desejo (Inferno) | Matar Cidárea na dificuldade Inferno. | ● | | | |
| | O Senhor do Pecado | Matar Azmodan na dificuldade Normal. | | | | ● |
| | O Senhor do Pecado (Pesadelo) | Matar Azmodan na dificuldade Pesadelo. | | | ● | |
| | O Senhor do Pecado (Tormento) | Matar Azmodan na dificuldade Tormento. | | ● | | |
| | O Senhor do Pecado (Inferno) | Matar Azmodan na dificuldade Inferno. | ● | | | |
| | Golpe certeiro | Destruir as máquinas de guerra de Azmodan | | | | |
| | Laços Sanguíneos | Completar o evento Laços Sanguíneos. | | | | |
| | Forjado em Batalha | Completar o evento Forjado em Batalha. | | | | |
| | Esperando Reforços | Completar o evento Esperando Reforços. | | | | |
| | Triagem | Completar o evento Triagem. | | | | |
| | Os rumos da Batalha | Completar o evento Os rumos da batalha. | | | | |
| | Glória Fulgurante | Completar o evento Glória Fulgurante. | | | | |
| | Escalador Louco | Completar o evento Escalador Louco. | | | | |

| ÍCONE | TÍTULO | DESCRIÇÃO | BRASÃO DO ESTANDARTE | ESTAMPA DO ESTANDARTE | TIMBRE DO ESTANDARTE | MOLDE DO ESTANDARTE |
|---|---|---|---|---|---|---|
| | Tudo em volta é muro | Explorar as seguintes áreas dos muros do Forte da Vigília. | | | | |
| | Proteja bem | Explorar as seguintes áreas abaixo do Forte da Vigília. | | | | |
| | Matadouro 5 | Explorar as seguintes áreas dentro dos Campos do Massacre. | | | | |
| | A Boca do Inferno | Explorar as seguintes áreas da Cratera de Arreat. | | | | |
| | Mundão velho sem porteira | Explorar os seguintes calabouços do Ato III. | ● | | | |
| | Andarilho de Arreat | Completar as conquistas de exploração do Ato III listadas abaixo. | | | ● | |
| | Mestre de feras de Arreat | Ler os seguintes Livros de Conhecimento do Bestiário no Ato III. | ● | | | |
| | Fontes Primárias | Ler os seguintes Livros de Conhecimento sobre Pessoas no Ato III. | | | | |
| | Espionagem | Ler os seguintes Livros de Conhecimento de Missão no Ato III. | | | | |
| | Historiador de Arreat | Ler os seguintes Livros de Conhecimento sobre o Mundo no Ato III. | | | | |
| | O preço do pecado | Completar todas as missões do Ato III. | | | | ● |
| Todos/Campanha/Ato IV | | | | | | |
| | A ruína do Anjo | Matar Rakanoth na dificuldade Normal. | | | | ● |
| | A ruína do Anjo (Pesadelo) | Matar Rakanoth na dificuldade Pesadelo. | | | ● | |
| | A ruína do Anjo (Tormento) | Matar Rakanoth na dificuldade Tormento. | | ● | | |
| | A ruína do Anjo (Inferno) | Matar Rakanoth na dificuldade Inferno. | ● | | | |
| | O Mal Supremo | Matar Diablo na dificuldade Normal. | | | | ● |
| | O Mal Supremo (Pesadelo) | Matar Diablo na dificuldade Pesadelo. | | | ● | |
| | O Mal Supremo (Tormento) | Matar Diablo na dificuldade Tormento. | | ● | | |
| | O Mal Supremo (Inferno) | Matar Diablo na dificuldade Inferno. | ● | | | |
| | O Jardim das Delícias Terrenas | Explorar as seguintes áreas nos Jardins da Esperança. | | | | |
| | A coroa do paraíso | Explorar as seguintes áreas do Ápice Argênteo. | | | | |
| | Alto pra caramba | Explorar os seguintes calabouços no Ato IV. | ● | | | |
| | Andarilho do Paraíso Celestial | Completar as conquistas de exploração do Ato IV listadas abaixo. | | | ● | |
| | Sabichão | Ler os seguintes Livros de Conhecimento sobre Pessoas no Ato IV. | | | | |
| | Estudos de Arquivologia | Ler os seguintes Livros de Conhecimento de Missão no Ato IV. | | | | |
| | Historiador do Paraíso Celestial | Ler os seguintes Livros de Conhecimento sobre o Mundo no Ato IV. | | | | |
| | Mestre de feras do Paraíso Celestial | Ler os seguintes Livros de Conhecimento do Bestiário no Ato V. | ● | | | |
| | Vitória e sacrifício | Completar todas as missões do Ato IV. | | | | ● |

| ÍCONE | TÍTULO | DESCRIÇÃO | BRASÃO DO ESTANDARTE | ESTAMPA DO ESTANDARTE | TIMBRE DO ESTANDARTE | MOLDE DO ESTANDARTE |
|---|---|---|---|---|---|---|
| Todos/Cooperativo | | | | | | |
| | Dessangrador | Matar 25 inimigos de elite (campeão, raro ou único) em jogos cooperativos. | | | | |
| | Matadouro | Matar 50 inimigos de elite (campeão, raro ou único) em jogos cooperativos. | | | | |
| | A dizimação devida | Matar 100 inimigos de elite (campeão, raro ou único) em jogos cooperativos. | | | | |
| | Massacre dos condenados | Matar 500 inimigos de elite (campeão, raro ou único) em jogos cooperativos. | | | | |
| | O abate infernal | Matar 1.000 inimigos de elite (campeão, raro ou único) em jogos cooperativos. | | | • | |
| | Heróis das eras | Entrar em um jogo cooperativo. | | | | |
| | Temos que pegar! | Jogar partidas cooperativas com as seguintes classes de Herói | | | | |
| | Ressuscitando e Andando | Ressuscitar um jogador de cada classe em partidas cooperativas. | | | | |
| | A vida é bela | Coletar globos de vida em partidas cooperativas em número suficiente para curar outros jogadores em 500.000 pontos de Vida. | | | | |
| | Siga-me | Teletransportar para outro jogador ao clicar em seu estandarte. | | | | |
| | Guerreiros do Santuário | Entrar em uma partida cooperativa de 4 jogadores onde cada um é de uma classe diferente. | | | | |
| | Heróis por acidente | Entrar em uma partida cooperativa pública. | | | • | |
| | Ainda vivo | Ressuscitar um jogador em uma partida cooperativa. | • | | | |
| | Sopro de vida | Ressuscitar outros jogadores 25 vezes em jogos cooperativos. | | | | |
| | Salvador dos caídos | Ressuscitar outros jogadores 50 vezes em jogos cooperativos. | | | • | |
| Todos/Cooperativo/Ato I | | | | | | |
| | Massacrado! (Cooperativo) | Matar o Açougueiro na dificuldade Normal em um jogo cooperativo. | | | | |
| | Massacrado! (Cooperativo Pesadelo) | Matar o Açougueiro na dificuldade Pesadelo em um jogo cooperativo. | | | | |
| | Massacrado! (Cooperativo Tormento) | Matar o Açougueiro na dificuldade Tormento em um jogo cooperativo. | | | | |
| | Massacrado! (Cooperativo Inferno) | Matar o Açougueiro na dificuldade Inferno em um jogo cooperativo. | • | | | |
| | A Vingança de Gharbad (Cooperativo) | Completar o evento A Vingança de Gharbad em um jogo cooperativo. | | | | |
| | Jarra de Almas (Cooperativo) | Completar o evento Jarra de Almas num jogo cooperativo. | | | | |
| | Os Ossos da Matriarca (Cooperativo) | Completar o evento Os Ossos da Matriarca em um jogo cooperativo. | | | | |
| | Guerra Eterna (Cooperativo) | Completar o evento Guerra Eterna em um jogo cooperativo. | | | | |
| | A Última Resistência dos Antigos (Cooperativo) | Complete o evento A Última Resistência dos Antigos em um jogo cooperativo. | | | | |
| | Fazenda de Carniça (Cooperativo) | Completar o evento Fazenda de Carniça em um jogo cooperativo. | | | | |
| Todos/Cooperativo/Ato II | | | | | | |
| | O Senhor da Mentira (Cooperativo) | Matar Belial na dificuldade Normal em um jogo cooperativo. | | | | |
| | O Senhor da Mentira (Pesadelo Cooperativo) | Matar Belial na dificuldade Pesadelo em um jogo cooperativo. | | | | |
| | O Senhor da Mentira (Tormento Cooperativo) | Matar Belial na dificuldade Tormento em um jogo cooperativo. | | | | |

| ÍCONE | TÍTULO | DESCRIÇÃO | BRASÃO DO ESTANDARTE | ESTAMPA DO ESTANDARTE | TIMBRE DO ESTANDARTE | MOLDE DO ESTANDARTE |
|---|---|---|---|---|---|---|
| | O Senhor da Mentira (Inferno Cooperativo) | Matar Belial na dificuldade Inferno em um jogo cooperativo. | ● | | | |
| | Evento do Tesouro perdido de Khan Dakab (Cooperativo) | Completar o evento Tesouro perdido de Khan Dakab em uma partida cooperativa. | | | | |
| | O santuário de Rakanishu (Cooperativo) | Completar o evento O santuário de Rakanishu em uma partida cooperativa. | | | | |
| | Os Prisioneiros de Kamyr (Cooperativo) | Completar o evento Os Prisioneiros de Kamyr em uma partida cooperativa. | | | | |
| | Câmara Desmoronante (Cooperativo) | Completar o evento Câmara Desmoronante numa partida cooperativa. | | | | |
| | Espíritos guardiões (Cooperativo) | Completar o evento Espíritos guardiões em uma partida cooperativa. | | | | |
| | As Areias Inquietas (Cooperativa) | Completar o evento As Areias Inquietas em uma partida cooperativa. | | | | |
| | O Ídolo de Rygnar (Cooperativo) | Completar o evento O Ídolo de Rygnar em uma partida cooperativa. | | | | |
| | O covil dos Lacuni (Cooperativo) | Completar o evento O covil dos Lacuni em uma partida cooperativa. | | | | |
| | O ouro do mineiro (Cooperativo) | Completar o evento O ouro do mineiro em uma partida cooperativa. | | | | |
| Todos/Cooperativo/Ato III | | | | | | |
| | O Senhor do Pecado (Cooperativo) | Matar Azmodan na dificuldade Normal em uma partida cooperativa. | | | | |
| | O Senhor do Pecado (Pesadelo Cooperativo) | Matar Azmodan na dificuldade Pesadelo em um jogo cooperativo. | | | | |
| | O Senhor do Pecado (Tormento Cooperativo) | Matar Azmodan na dificuldade Tormento em uma partida cooperativa. | | | | |
| | O Senhor do Pecado (Inferno Cooperativo) | Matar Azmodan na dificuldade Inferno em um jogo cooperativo. | ● | | | |
| | Escalador Louco (Cooperativo) | Completar o evento Escalador Louco em uma partida cooperativa. | | | | |
| | Glória Fulgurante (Cooperativo) | Completar o evento Glória Fulgurante em uma partida cooperativa. | | | | |
| | Os Rumos da Batalha (Cooperativo) | Completar o evento Rumos da Batalha em uma partida cooperativa. | | | | |
| | Triagem (Cooperativo) | Completar o evento Triagem em uma partida cooperativa. | | | | |
| | Esperando reforços (Cooperativo) | Completar o evento Esperando reforços em uma partida cooperativa. | | | | |
| | Forjado em batalha (Cooperativo) | Completar o evento Forjado em batalha em uma partida cooperativa. | | | | |
| | Laços Sanguíneos (Cooperativo) | Completar o evento Laços Sanguíneos em uma partida cooperativa. | | | | |
| Todos/Cooperativo/Ato IV | | | | | | |
| | O Mal Supremo (Cooperativo) | Matar Diablo na dificuldade Normal em uma partida cooperativa. | | | | |
| | O Mal Supremo (Pesadelo Cooperativo) | Matar Diablo na dificuldade Pesadelo em uma partida cooperativa. | | | | |
| | O Mal Supremo (Tormento Cooperativo) | Matar Diablo na dificuldade Tormento em um jogo cooperativo. | | | | |
| | O Mal Supremo (Inferno Cooperativo) | Matar Diablo na dificuldade Inferno em um jogo cooperativo. | ● | | | |
| Todos/Hardcore | | | | | | |
| | Nível 10 (Hardcore) | Alcançar o nível 10 no modo Hardcore. | | | | ● |
| | Nível 20 (Hardcore) | Alcançar o nível 20 no modo Hardcore. | | ● | | |
| | Nível 30 (Hardcore) | Alcançar o nível 30 no modo Hardcore. | | | ● | |

| ÍCONE | TÍTULO | DESCRIÇÃO | BRASÃO DO ESTANDARTE | ESTAMPA DO ESTANDARTE | TIMBRE DO ESTANDARTE | MOLDE DO ESTANDARTE |
|---|---|---|---|---|---|---|
| | Nível 40 (Hardcore) | Alcançar o nível 40 no modo Hardcore. | ● | | | |
| | Nível 50 (Hardcore) | Alcançar o nível 50 no modo Hardcore. | | | | |
| | Nível 60 (Hardcore) | Alcançar o nível 60 no modo Hardcore. | | | | |
| | Caçando troféus | Matar todos os tipos de inimigos raros no modo Hardcore. | ● | | | |
| | Somos os campeões | Matar cada tipo de campeão no modo Hardcore. | ● | | | |
| Todos/Hardcore/Ato I | | | | | | |
| | A terceira vez é a que conta | Matar o Rei Esqueleto no modo Hardcore. | | | | |
| | Filé de Açougueiro (Hardcore) | Matar o Açougueiro na dificuldade Normal no modo Hardcore. | | | ● | |
| | Filé de Açougueiro (Hardcore Pesadelo) | Matar o Açougueiro na dificuldade Pesadelo no modo Hardcore. | | | | |
| | Filé de Açougueiro (Hardcore Tormento) | Matar o Açougueiro na dificuldade Tormento no modo Hardcore. | | | | |
| | Filé de Açougueiro (Hardcore Inferno) | Matar o Açougueiro na dificuldade Inferno no modo Hardcore. | | | | |
| Todos/Hardcore/Ato II | | | | | | |
| | A bruxa não vem mais aí | Matar Maghda no modo Hardcore. | | | | |
| | Kell história, hein? | Matar Zoltun Kell no modo Hardcore. | | | | |
| | Eu quero aniquilar suas mentiras (Hardcore) | Matar Belial na dificuldade Normal no modo Hardcore. | | | ● | |
| | Eu quero aniquilar suas mentiras (Pesadelo Hardcore) | Matar Belial na dificuldade Pesadelo no modo Hardcore. | | | | |
| | Eu quero aniquilar suas mentiras (Tormento Hardcore) | Matar Belial na dificuldade Tormento no modo Hardcore. | | | | |
| | Eu quero aniquilar suas mentiras (Inferno Hardcore) | Matar Belial na dificuldade Inferno no modo Hardcore. | | | | |
| Todos/Hardcore/Ato III | | | | | | |
| | Apetite insaciável | Matar Ghom no modo Hardcore. | | | | |
| | Assalto agravado | Matar a Fera de Assalto Rompe-cercos no modo Hardcore. | | | | |
| | Desejo e perigo | Matar Cidárea no modo Hardcore. | | | | |
| | E ele pensava que era tão inteligente (Hardcore) | Matar Azmodan na dificuldade Normal no modo Hardcore. | | | ● | |
| | E ele pensava que era tão inteligente (Pesadelo Hardcore) | Matar Azmodan na dificuldade Pesadelo no modo Hardcore. | | | | |
| | E ele pensava que era tão inteligente (Tormento Hardcore) | Matar Azmodan na dificuldade Tormento no modo Hardcore. | | | | |
| | E ele pensava que era tão inteligente (Inferno Hardcore) | Matar Azmodan na dificuldade Inferno no modo Hardcore. | | | | |
| Todos/Hardcore/Ato IV | | | | | | |
| | Elevando as esperanças | Matar Rakanoth no modo Hardcore. | | | | |
| | Reinado de Medo (Hardcore) | Matar Diablo na dificuldade Normal no modo Hardcore. | | | ● | |
| | Reinado de Medo (Pesadelo Hardcore) | Matar Diablo na dificuldade Pesadelo no modo Hardcore. | | | | |
| | Reinado de Medo (Tormento Hardcore) | Matar Diablo na dificuldade Tormento no modo Hardcore. | | | | |
| | Reinado de Medo (Inferno Hardcore) | Matar Diablo na dificuldade Inferno no modo Hardcore. | | | | |

| ÍCONE | TÍTULO | DESCRIÇÃO | BRASÃO DO ESTANDARTE | ESTAMPA DO ESTANDARTE | TIMBRE DO ESTANDARTE | MOLDE DO ESTANDARTE |
|---|---|---|---|---|---|---|
| Todos/Classes | | | | | | |
| | Nível 10 | Alcançar o nível 10. | ● | | | |
| | Nível 20 | Alcançar o nível 20. | | | ● | |
| | Nível 30 | Alcançar o nível 30. | ● | | | |
| | Nível 40 | Alcançar o nível 40. | | ● | | |
| | Nível 50 | Alcançar o nível 50. | ● | | | |
| | Nível 60 | Alcançar o nível 60. | | | | ● |
| | Dois há sempre | Alcançar o nível 60 com 2 personagens. | | | | |
| | Guerreiros de um mundo arruinado | Alcançar o nível 60 com 5 personagens. | | | | |
| | Os arautos da nova era | Alcançar o nível 60 com 10 personagens. | | | | |
| | Guerra das classes | Alcançar o nível 60 com 2 classes diferentes. | | | | |
| | De Arreat a Xiansai | Alcançar o nível 60 com 5 classes diferentes. | | | | |
| Todos/Classes/Bárbaro | | | | | | |
| | Ao vencedor, as batatas | Completar o Ato IV com o Bárbaro na dificuldade Normal. | | | ● | |
| | Um sonho de vitória | Completar o Ato IV com o Bárbaro na dificuldade Pesadelo. | | | | |
| | Da boca do inferno | Completar o Ato IV com o Bárbaro na dificuldade Tormento. | | | | |
| | Bul-Kathos renascido | Completar o Ato IV com o Bárbaro na dificuldade Inferno. | ● | | | |
| | Guerreiros do Norte | Alcançar o nível 60 com 2 Bárbaros. | | | | |
| | Banhe-se em minha glória | Usar uma habilidade que cause um efeito benéfico ao seu seguidor. | | | | |
| | Vingança poderosa | Equipar um cinto potente e uma arma potente ao mesmo tempo. | | | | |
| | Fúria controlada | Lutar com Fúria máxima durante 5 minutos. | | | | |
| | Defesa impenetrável | Bloquear 5 ataques seguidos. | ● | | | |
| | Vento Ventania | Quebrar 2.000 objetos com Tornado. | | | ● | |
| | A morte vem voando | Matar um dos seguintes monstros com uma arma de arremesso. | | | | |
| | Banho de Sangue | Manter um monstro sangrando continuamente por 20 segundos. | | | | |
| Todos/Classes/Caçador de Demônios | | | | | | |
| | Meu nome é Vingança | Completar o Ato IV com o Caçador de Demônios na dificuldade Normal. | | | ● | |
| | Sono sem sonhos | Completar o Ato IV com o Caçador de Demônios na dificuldade Pesadelo. | | | | |
| | Tormento eterno | Completar o Ato IV com o Caçador de Demônios na dificuldade Tormento. | | | | |
| | Grão-mestre Caçador | Completar o Ato IV com o Caçador de Demônios na dificuldade Inferno. | ● | | | |
| | Discípulos da noite | Alcançar o nível 60 com 2 Caçadores de Demônios. | | | | |
| | Causa mortes | Equipar um Manto e uma Besta de Mão ao mesmo tempo. | | | | |

| ÍCONE | TÍTULO | DESCRIÇÃO | BRASÃO DO ESTANDARTE | ESTAMPA DO ESTANDARTE | TIMBRE DO ESTANDARTE | MOLDE DO ESTANDARTE |
|---|---|---|---|---|---|---|
| | Olimpíada | Usar o Salto Mortal 6 vezes em 10 segundos. | | | | |
| | Armadilha da morte | Matar 15 monstros em 5 segundos usando Minas Terrestres. | | | ● | |
| | Tiro-longo | Matar 100 monstros 45 jardas distantes. | | | | |
| | Sangra, desgraçado! | Causar dano a 20 inimigos com uma Espiral das Lâminas. | | | | |
| | Mas não pode se esconder | Matar 100 monstros que estão fugindo. | | | | |
| | Caça ou caçador | Matar 100.000 demônios. | | | | |
| | Bem onde eu te quero | Manter um chefe preso usando Estrepes por 40 segundos consecutivos. | | | | |
| | Loucura sob controle | Gastar 150 Ódio e 50 Disciplina em 6 segundos. | | | | |
| Todos/Classes/Monge | | | | | | |
| | Restaurando o equilíbrio | Completar o Ato IV com o Monge na dificuldade Normal. | | | ● | |
| | Servo dos deuses | Completar o Ato IV com o Monge na dificuldade Pesadelo. | | | | |
| | O iluminado | Completar o Ato IV com o Monge na dificuldade Tormento. | | | | |
| | Grão-mestre | Completar o Ato IV com o Monge na dificuldade Inferno. | ● | | | |
| | Campeões de Ivgorod | Alcançar o nível 60 com 2 Monges. | | | | |
| | Armas secretas de Veradani | Equipar a Pedra dos Espíritos e a Arma de Punho ou Daibo ao mesmo tempo. | | | | |
| | Meditação | Usar as habilidades de Mantra para conceder efeitos benéficos a 200 aliados. | | | | |
| | Emboscada de sete pontas | Acertar 7 inimigos com uma Ofensiva das Sete Estrelas. | ● | | | |
| | Feito água | Esquivar-se de 15 ataques na sequência. | | | | |
| | Espírito ausente | Matar 150 monstros sem alcançar o nível máximo de Espírito. | | | | |
| Todos/Classes/Feiticeiro | | | | | | |
| | Guia espiritual | Completar o Ato IV na dificuldade Normal com o Feiticeiro. | | | ● | |
| | Andarilho dos sonhos | Completar o Ato IV na dificuldade Pesadelo com o Feiticeiro. | | | | |
| | Porta-voz dos mortos | Completar o Ato IV na dificuldade Tormento com o Feiticeiro. | | | | |
| | Moldador das Terras Nebulosas | Completar o Ato IV na dificuldade Inferno com o Feiticeiro. | ● | | | |
| | Mestres do Teganze | Alcançar o nível 60 com 2 Feiticeiros. | | | | |
| | Trajes cerimoniais | Equipar uma Faca Cerimonial, uma Máscara Vodu e um Mojo ao mesmo tempo. | | | | |
| | Mestre das marionetes | Ter 7 mascotes e/ou seguidores ao mesmo tempo. | | | | |
| | Parem de se bater | Fazer que 30 inimigos matem outros inimigos enquanto estão Confusos. | | | | |
| | Cachorradas quentes | Evocar 3 Cães Zumbis ao mesmo tempo sem usar a habilidade Evocação de Cão Zumbi. | | | | |
| | Nunca em vão | Matar 10 inimigos com um mesmo Sacrifício. | | | | |
| | Passante | Matar 10 inimigos em 3 segundos sem atacar ou lançar nenhum feitiço. | | | | |

| ÍCONE | TÍTULO | DESCRIÇÃO | BRASÃO DO ESTANDARTE | ESTAMPA DO ESTANDARTE | TIMBRE DO ESTANDARTE | MOLDE DO ESTANDARTE |
|---|---|---|---|---|---|---|
| Todos/Classes/Arcanista | | | | | | |
| | Viver para lutar novamente | Completar o Ato IV na dificuldade Normal com o Arcanista. | | | ● | |
| | Cenário de pesadelo | Completar o Ato IV na dificuldade Pesadelo com o Arcanista. | | | | |
| | Voltando do inferno | Completar o Ato IV na dificuldade Tormento com o Arcanista. | | | | |
| | Profecia cumprida | Completar o Ato IV na dificuldade Inferno com o Arcanista. | ● | | | |
| | Santos sábios | Alcançar o nível 60 com 2 Arcanistas. | | | | |
| | Sou Arcanista, mas tô na moda | Equipar uma varinha, uma fonte e um chapéu de Arcanista ao mesmo tempo. | | | | |
| | O preço do tempo | Retardar 20 projéteis com uma Dilatação Temporal. | | | | |
| | Eu tenho a força | Refletir 8 projéteis com uma Onda de Força. | | | | |
| | O abraço gélido da morte | Matar 1.000 inimigos congelados. | | | ● | |
| | Um nível acima | Lançar uma Lâmina Espectral como golpe mortal nos seguintes inimigos. | | | | |
| | Eu tenho que ir | Usar Teletransporte com menos de 5% de Vida. | ● | | | |
| | Armadura Blindada | Manter o mesmo feitiço de Armadura ativo por 20 segundos. | | | | |
| Todos/Desafios | | | | | | |
| | Diversão sadia | Matar 666 inimigos com um candelabro cadente. | | | | |
| | Pegando a elite | Matar 200 monstros de elite (campeões, raros ou únicos). | ● | | | |
| | Elitista | Matar 500 monstros de elite (campeões, raros ou únicos). | | ● | | |
| | Grupinho dos elitistas | Matar 1.500 monstros de elite (campeões, raros ou únicos). | | ● | | |
| | Babacas elitistas | Matar 5.000 monstros de elite (campeões, raros ou únicos). | | | ● | |
| | Elitista mesmo | Matar 20.000 monstros de elite (campeões, raros ou únicos). | ● | | | |
| | Pepitas de ouro | Matar 20 Goblins do Tesouro. | ● | | | |
| | Ganância ao invés de necessidade | Matar 100 Goblins do Tesouro. | | | ● | |
| | Nunca vi isso | Matar um dos seguintes inimigos únicos. | ● | | | |
| | Floquinhos de neve especiais | Matar 15 dos seguintes inimigos únicos. | | | | |
| | Uma coleção de itens únicos | Matar todos os seguintes inimigos únicos. | | | | |
| | Raro como deve ser | Matar 10 monstros raros dos seguintes tipos. | | | | |
| | Prontinho | Matar 50 monstros raros dos seguintes tipos. | | | | |
| | Um fenômeno raro | Matar um inimigo raro de cada um dos seguintes tipos. | | | | |
| | A extinção | Matar 10 campeões dos seguintes tipos. | ● | | | |
| | Não parecem tão fortes agora | Matar 50 campeões dos seguintes tipos. | | ● | | |
| | Colecionando campeões | Matar um campeão de todos os seguintes tipos. | | | | |

| ÍCONE | TÍTULO | DESCRIÇÃO | BRASÃO DO ESTANDARTE | ESTAMPA DO ESTANDARTE | TIMBRE DO ESTANDARTE | MOLDE DO ESTANDARTE |
|---|---|---|---|---|---|---|
| | Carne fresca | Completar os desafios do Açougueiro listados abaixo. | | | | |
| | Saindo das sombras | Completar os seguintes desafios de Belial. | | | | |
| | Azmomorto | Completar os seguintes desafios de Azmodan. | | | | |
| | Diabólico | Completar os seguintes desafios de Diablo. | ● | | | |
| | Tá com pressa? | Completar os seguintes desafios de velocidade. | ● | | | |
| | O lunático está na grama | Matar 100 Decaídos Lunáticos antes que eles explodam. | ● | | | |
| | Ciente da situação | Matar 1.000 inimigos usando o ambiente. | | | | |
| | Socar Diablo | Socar Diablo. | ● | | | |
| | Fúria nua | Derrotar Cidárea sem nenhum item equipado na dificuldade Tormento ou superior. | ● | | | |
| | As novas roupas do Herói | Derrotar todos os seguintes inimigos sem nenhum equipamento na dificuldade Tormento ou superior. | | | ● | |
| | Quebrando tudo | Obter um chamado de Destruição por destruir 50 objetos. | | | | |
| | Ô abre asas | Deixar um seguidor dar o golpe final em todos os seguintes inimigos. | | | | |
| | Golpe Imenso | Matar 30 inimigos com 1 ataque. | | | | |
| | Sobrevivente | Sobreviver ao combate com pouca Vida 250 vezes. | | | | |
| | Salvador | Salvar jogadores da morte 250 vezes. | | | | |
| | Matando demônios de rosa-choque | Matar os seguintes inimigos enquanto usa equipamento tingido com Tintura Adorável na cabeça, ombro, pés, pernas, mãos e tronco. | | | | |
| | Intocabilidade | Matar os seguintes inimigos jogando sozinho sem sofrer nenhum dano. | | | | |
| | Por um triz | Escapar da Câmara Desmoronante antes que ela desmorone. | | | ● | |
| | Você tem um minutinho sobrando? | Escapar da Câmara Desmoronante em menos de 90 segundos. | ● | | | |
| | Só mais um | Saqueie 5 baús na Câmara Desmoronante. | | | | |
| | Bashanishu | Causar dando em Bashiok utilizando a Lâmina de Rakanishu. | | | ● | |
| | Sai pra lá, diabrete | Repelir 5 diabretes de uma vez. | | | ● | |
| | Com amigos assim... | Matar 30 inimigos com a explosão que ocorre após a morte de um Grotesco, Segador, Horror, Abominação, Rastejante Bilioso ou Açoitador Espinhoso. | | | | |
| | Atacando a escuridão | Matar 20 Vermes da Sombra, Espectros Melancólicos ou Espreitadores Sombrios de uma vez. | | | ● | |
| Todos/Desafios/Ato I | | | | | | |
| | Karma instantâneo | Fazer o Rei Esqueleto matar 15 de seus próprios lacaios antes de matá-lo. | ● | | | |
| | Olha a fogueira! | Derrotar o Açougueiro sem ser atingido pelo fogo no chão ou ser preso pela Lança Ancestral, na dificuldade Inferno ou superior. | | | | |
| | Açougada rápida | Matar o Açougueiro em menos de 2 minutos na dificuldade Inferno. | | | | |
| | Reversão atordoante | Matar o Açougueiro enquanto ele está atordoado por seu próprio ataque de investida na dificuldade Pesadelo ou superior. | | | | |
| | Namorando no portão | Depois de falar com Capitão Rumford, matar todos os zumbis que atacarem por 15 segundos durante a missão da Estrela cadente. | | | | |
| | Corte a cabeça | Matar o Decapitador antes de matar qualquer Capanga Real que chegar com ele à Passagem de Leoric. | | | ● | |

| ÍCONE | TÍTULO | DESCRIÇÃO | BRASÃO DO ESTANDARTE | ESTAMPA DO ESTANDARTE | TIMBRE DO ESTANDARTE | MOLDE DO ESTANDARTE |
|---|---|---|---|---|---|---|
| | Até que a morte nos separe | Deixar Haedrig Eamon desferir o golpe final em Mira, sua própria esposa. | | | | |
| | Destino destruído | Destruir todos os 4 Pilares do Destino nas Criptas Reais de uma vez. | | | | |
| | Jarras da Destruição | Destruir 1.000 potes de cinzas. | | | | |
| | Impeachment | Matar o Rei Esqueleto em menos de 20 segundos. | | | ● | |
| | Rei da colina | Completar o evento A Última Resistência dos Antigos sem deixar o topo da colina. | | | | |
| | Nyuck, Nyuck, Nyuck | Matar Larel, Karel e Moek em O Templo Inundado com um golpe. | | | | |
| | Cativos amaldiçoados | Libertar 6 prisioneiros em 120 segundos na Fortaleza Amaldiçoada. | | | | |
| | Sem tempo pra descansar | Completar o Ato I em menos de 1 hora. | | | | |
| Todos/Desafios/Ato II | | | | | | |
| | Mira certa | Matar Belial sem ser atingido por seus ataques de projéteis ou meteoros. | | | | |
| | Tinha que ser cobras? | Matar 10 Sentinelas Velados em 30 segundos enquanto luta com Belial na dificuldade Pesadelo ou superior. | | | | |
| | Punho errou | Matar Belial sem ser atingido por seus ataques de punho. | | | | |
| | Mau hálito | Matar Belial sem ser atingido por seu ataque de sopro na dificuldade Inferno. | | | | |
| | Debaixo do nariz | Desfazer as duas ilusões do Culto no Platô Uivante em menos de 4 minutos. | | | | |
| | Herói de Alcarnus | Libertar todos os prisioneiros em Alcarnus. | | | | |
| | Senhora das moscas | Matar Maghda sem ser atingido por seu ataque de inseto. | ● | | | |
| | Apareça, cabeça | Achar a Cabeça de Zoltun Kell em até 120 segundos depois de entrar em Ruínas Esquecidas. | | | | |
| | Problemão no Barril Falante | Ouvir tudo que Shen, o Cobiçoso, diz antes de libertá-lo do barril. | | | | |
| | Duelo com Kell | Matar Zoltun Kell sem matar qualquer um de seus Guardiões Eternos. | | | ● | |
| | Herói de Caldeum | Evacuar 20 refugiados de Caldeum para os esgotos em um jogo. | | | | |
| | Cuidado onde pisa | Completar a insurreição de Caldeum sem receber nenhum dano das poças de veneno. | | | | |
| | Saltareias | Completar o Ato II em menos de 1 hora. | | | | |
| Todos/Desafios/Ato III | | | | | | |
| | Sem reforços | Destruir os Portões Demoníacos antes que qualquer Soldado Demoníaco seja criado enquanto estiver enfrentando Azmodan na dificuldade Tormento ou superior. | | | | |
| | Pé quente | Matar Azmodan sem pisar no solo demoníaco e sangrento na dificuldade Tormento ou superior. | | | | |
| | Fica frio | Matar Azmodan sem ser atingido por nenhuma bola de fogo na dificuldade Tormento ou superior. | | | | |
| | Adicionais de Azmodan | Matar Azmodan sem matar nenhum de seus lacaios na dificuldade Tormento ou superior. | | | | |
| | Algumas pessoas só querem ver o mundo queimar | Acender as 5 Fogueiras Sinalizadoras antes de matar os Demônios Cargueiros nas Muralhas do Corvo Celeste. | | | | |
| | Nenhum a menos | Manter todos os soldados vivos enquanto levanta as catapultas do Forte Pétreo. | | | ● | |
| | Toc toc | Faça com que tremores demoníacos irrompam por 5 portas diferentes sem sair do mesmo nível das Profundezas do Forte. | | | | |
| | Pulverização aérea | Matar Ghom sem ser atingido pelo seu ataque de gás. | ● | | | |

| ÍCONE | TÍTULO | DESCRIÇÃO | BRASÃO DO ESTANDARTE | ESTAMPA DO ESTANDARTE | TIMBRE DO ESTANDARTE | MOLDE DO ESTANDARTE |
|---|---|---|---|---|---|---|
| | Lambidas no pescoço | Ser lambido por 5 Rasgalmas, Açoitadores de Almas ou Devoradores de Almas de uma única vez. | | | | |
| | Torre na chón! | Deixar a Fera de Assalto Rompe-cercos destruir todas as torres próximas ao Portão Demoníaco. | | | | |
| | Antiveneno | Matar Cidárea sem receber dano de suas aracnitas. | | | ● | |
| | Criaturas crocantes | Usar uma Demon Forge para matar 3 Aguilhantes Atormentados de uma vez. | | | | |
| | Descida Rápida | Completar o Ato III em menos de 1 hora. | | | | |
| Todos/Desafios/Ato IV | | | | | | |
| | Fora da jaula | Matar Diablo sem ficar preso numa jaula de espinhos na dificuldade Tormento ou superior. | | | | |
| | Só pode haver um | Enfrentar e matar 5 clones seus no Reino do Medo de Diablo na dificuldade Tormento ou superior. | | | | |
| | Autossuficiência | Matar Diablo sem usar nenhum globo de vida ou fonte curativa na dificuldade Pesadelo ou superior. | | | | |
| | Jardinagem | Destruir toda a corrupção nos Jardins da Esperança sem sair do jogo. | ● | | | |
| | Anjo caído | Matar Izual e seus lacaios em 120 segundos a partir do início da luta. | | | | |
| | Não se preocupe | Matar Rakanoth antes de matar qualquer um de seus lacaios. | | | | |
| | Volte para a luz | Libertar 25 Anjos Empalados. | | | | |
| | Nas asas dos anjos | Completar o Ato IV em menos de 1 hora. | | | | |
| Todos/Criação | | | | | | |
| | Servir melhor para servir sempre | Criar 5 itens. | | ● | | |
| | Feito com amor | Criar 100 itens. | ● | | | |
| | Quem não vive para servir, não serve para viver | Criar 200 itens de artesão nível 10. | | | | |
| | Se imponha sem vergonha | Reciclar os seguintes tipos de itens. | | | | |
| | O lixo de um herói é o luxo de outro | Reciclar cada uma das seguintes matérias-primas de ofício. | | | ● | |
| | O lixo de um guerreiro é o luxo de outro | Reciclar cada uma das seguintes matérias-primas de ofício. | | | | |
| | Bom demais pra arremessar | Reciclar cada uma das seguintes matérias-primas de ofício. | | | | |
| | Gerenciamento de Recursos | Reciclar cada uma das seguintes matérias-primas de ofício. | | | | |
| | Descarte do lixo | Completar as conquistas de criação de itens listadas abaixo. | ● | | | |
| | Receita para o sucesso | Completar a receita e conquistas de desenho listadas abaixo. | | | | |
| | Elite exaltada | Completar as conquistas de nível de artesão listada abaixo. | | | ● | |
| Todos/Criação/Ferreiro | | | | | | |
| | C...abeça de Ferro | Ensinar uma receita ao Ferreiro. | | | | ● |
| | Metalurgia | Ensinar 25 receitas ao Ferreiro. | | | | |
| | Metalurgia Pesada | Ensinar 50 receitas ao Ferreiro. | | | | |
| | Metalurgia Mais Letal Ainda | Ensinar 75 receitas ao Ferreiro. | | | | |

| ÍCONE | TÍTULO | DESCRIÇÃO | BRASÃO DO ESTANDARTE | ESTAMPA DO ESTANDARTE | TIMBRE DO ESTANDARTE | MOLDE DO ESTANDARTE |
|---|---|---|---|---|---|---|
| | Metalurgia Letal | Ensinar 100 receitas ao Ferreiro. | | | | ● |
| | Para a forja! | Obter o Ferreiro. | | | | |
| | Aço, aço, acho | Fazer o Ferreiro subir de nível. | | ● | | |
| | Coração de ferro | Elevar o Ferreiro até o Nível 5. | | | | |
| | O sentido de uma vida | Elevar o Ferreiro até o Nível 10. | ● | | | |
| | Comércio intenso | Criar itens que tenham cada uma das 4 seguintes propriedades. | | | | |
| | A gorja da forja | Criar itens que tenham cada uma das 10 seguintes propriedades. | | | | |
| | Martela o martelão! | Criar itens que tenham cada uma das 15 seguintes propriedades. | ● | | | |
| Todos/Criação/Joalheiro | | | | | | |
| | Gemologia 1 | Ensinar um desenho ao Joalheiro. | | | | ● |
| | Perito em Gemologia | Ensinar 3 desenhos ao Joalheiro. | | | | |
| | Mestre em Gemologia | Ensinar 6 desenhos ao Joalheiro. | | | | |
| | Gemologia Impecável | Ensinar 9 desenhos ao Joalheiro. | | | | ● |
| | Gemologia Perfeita | Ensinar 12 desenhos ao Joalheiro. | | | | |
| | Shen, tão Cobiçoso | Obter o Joalheiro. | | | | |
| | Tudo joia, nada de bijoux! | Fazer o Joalheiro subir de nível. | | ● | | |
| | Eu gosto de joias | Fazer o  Joalheiro alcançar o nível 5. | | | | |
| | Só um hobby | Elevar o Joalheiro até o Nível 10. | ● | | | |
| | Joalheirices | Combinar gemas. | | ● | | |
| | Radiância | Criar uma gema radiante. | | | | |
| | Um punhado de gemas | Combinar cada um dos seguintes tipos de gemas. | | | ● | |
| | Perfeita como uma lágrima | Criar uma gema de nível máximo. | ● | | | |
| | Lindas como as estrelas | Criar uma gema de nível máximo dos seguintes tipos. | | | | |
| | Feito novo | Desengastar um item. | | ● | | |

DIABLO III
SHOW OFF YOUR INNER HERO (OR VILLAIN) WITH THESE PROTECTIVE CASES FOR YOUR IPHONE® 4/4S.
AVAILABLE NOW ON PDP.COM
LICENSED BLIZZARD ENTERTAINMENT PRODUCT
© 2012 BLIZZARD ENTERTAINMENT INC. ALL RIGHTS RESERVED. DIABLO III AND BLIZZARD ENTERTAINMENT, ARE TRADEMARKS OR REGISTERED TRADEMARKS OF BLIZZARD ENTERTAINMENT, INC., IN THE U.S. AND OTHER COUNTRIES. PDP IS A TRADEMARK OF PERFORMANCE DESIGNED PRODUCTS LLC. IPHONE IS A TRADEMARK OF APPLE INC. REGISTERED IN THE U.S. AND OTHER COUNTRIES. THIS PRODUCT IS NOT DESIGNED, MANUFACTURED, SPONSORED OR ENDORSED BY APPLE.
PDP® PERFORMANCE DESIGNED PRODUCTS®

# DIABLO III®
# SÉRIE DE GUIAS

Por Doug Walsh & Rick Barba



DK/BradyGames,uma divisão da Penguin Group (USA) Inc.
800 East 96th Street, 3rd Floor
Indianapolis, IN 46240



ISBN: 978-85-7960-141-5


Editora Europa
Rua MMDC, 121 - CEP 05510-900 - São Paulo, SP
Telefone: (11) 3038-5050, Fax: (11) 3038-5040
atendimento@europanet.com.br
www.europanet.com.br

**Editor e Publisher:** Aydano Roriz
**Diretor Executivo:** Luiz Siqueira
**Diretor Editorial:** Roberto Araújo

**Coordenação Editorial:** Vinícius Casagrande
**Tradução:** Robinson Melgar
**Assistente de Tradução:** Renata Miyahara
**Edição de Arte:** Ludmila Viani Taranenko
**Revisão de Texto:** Cátia de Almeida

**Comercial**
Flávia Pinheiro - flaviapinheiro@europanet.com.br - (11) 3038-5100
Fabiana Lopes - fabiana@europanet.com.br - (11) 3038-5058

**Promoção**
Aida Lima - aida@europanet.com.br - (11) 3038-5118

**Impressão e Acabamento**
IBEP Gráfica

## EQUIPE BRADYGAMES

**Editor**
Mike Degler

**Redator-chefe**
H. Leigh Davis

**Gerente de Licenciamento**
Christian Sumner

**Produtos Digitais**
Tim Cox

**Gerente de Operações**
Stacey Beheler

## CRÉDITOS

**Editor de Desenvolvimento Sênior**
David B. Bartley

**Traduções**
Jennifer Sims

**Designers Gráficos Seniores**
Dan Caparo
Keith Lowe

**Designers de Produção**
Wil Cruz
Julie Clark

## AGRADECIMENTOS DO AUTOR

Não se pode dar crédito apenas para uma pessoa pelo tomo que você tem em mãos. Na maior parte do ano eu e o meu coautor Rick "O Poderoso Chefão" Barba fizemos inúmeras viagens para o campus da Blizzard em uma jornada épica, para escrever um guia de estratégia que fizesse justiça a este fantástico jogo. O processo exigiu mais de nós do que qualquer outro, já que todos os capítulos tiveram que ser reescritos várias vezes em resposta à busca contínua da Blizzard pela perfeição. Embora saibamos que mudanças e correções ainda virão, nossa meta era fazer todo o possível para que o livro fosse tão preciso quanto possível quando o jogo fosse lançado. Isso acabou sendo muito mais fácil dizer do que fazer. Felizmente, tivemos total apoio da Blizzard. Não só a equipe de *Diablo III* nos recebeu em seus escritórios, nos deu a nossa própria sala e atendeu a todos os nossos pedidos, como realmente nos fez sentir como parte do time. Gostaria de estender meus mais profundos agradecimentos a George Hsieh, Matt Panepinto e James Southall, da Blizzard, por nos ajudar a realizar o que parecia, às vezes, ser uma tarefa impossível. Eu também gostaria de agradecer Jeramy McIntyre e sua equipe composta por Brett Crawford, David Kingsbury, Alex Neyman, Travis Shute e Eric Yasukochi por se debruçarem sobre cada palavra, número e imagem que apresentamos em um esforço para assegurar a sua precisão.

Quando eu olhar para trás, para meu tempo como autor de guias de estratégia, este é o livro do qual mais vou me lembrar. Quero agradecer a Mike Degler e Leigh Davis, da BradyGames, pelas oportunidades que eles continuam a me dar. A David Bartley, nosso editor, que planejou um curso constante do início ao fim, mantendo o controle de dezenas de arquivos, pedidos, imagens e tudo mais. Quero também agradecer a Keith Lowe, Dan Caparo e Wil Cruz por seu incrível e incansável trabalho no design e na produção do livro. Uma das coisas pelas quais eu sou particularmente grato foi finalmente ter uma oportunidade de colaborar com Rick, um homem cuja paixão por esporte, bourbon e corridas nos deu muito assunto para conversar. Foi ótimo trabalhar com você, senhor! Por último, quero agradecer a minha linda esposa, Kristin, que ficou ao meu lado e foi amorosa como sempre, apesar das muitas semanas de permanência fora da cidade neste projeto.

## CRÉDITOS DA BLIZZARD ENTERTAINMENT

**Equipe Diablo III**
Jay Wilson
Christian Lichtner
Ray Gresko
Ken Morse
Dave Adams
Kevin Martens
Michael Chu
Leonard Boyarsky
Matt Panepinto
Elizabeth Cho
Jason Bender
Wyatt Cheng
Andrew Chambers
Grace Liu
Chris Allsopp

**Battle.net**
Jason Chayes
Dan Hernberg
Yong Woo
Elaine Yang
Dohyeong Kim
Nick Slough

**Gestão de Qualidade**
James Southall
Sean Masterson
Jeramy McIntyre
David Sanchez
Travis Shute
Alex Neyman
David Kingsbury
Kevin Gu
Brett Crawford
Adam Jackson
Eric Yasukochi
Daniel Van Essen
Scott Johnston
Paul Sullivan
Matthew Browning
Nathan LaMusaga
Tim Jones
Ryan Corvo
Mateus Cederquist
Rebecca Ysteboe
Brian Inboden
Andrew Vassallo
Joe Ransom
KR QA Equipe

**Desenvolvimento Criativo**
Skye Chandler
Vanessa Luo

**Localização**
Andrew Vestal
Arthur Flew
Andrew Gordon Haefs
Matthias Butter
Sebastian Mottschall
Katharina Reiche
Miguel Angel Ortega
Carmen Priego
Aliocha Segard
Julien Litrico
Marc Wehbe
Sébastien Pusset
Claire Bajard
Thomas Ernoux
Anne Studer
Laura Baccolini
Jonghyuk Lee
Gayeong Yoo
Harry Parque
Hyang Jung
Joonho Lee
June Kim
Kyoungho Ko
Minjin Lee
Shinyong Ha
Wade Lim
Wonyoung Choi
Yooshin Yang

**Licenciamento / Desenvolvimento de Negócios**
Matthew Beecher
George Hsieh
Jerry Chu
Audrey Vicenzi
Christophe Poupon
Sebastian Ryu
Michael Kim
Young-jay Paik
Sunok Lim

**Marketing**
Erik Jensen
Kevin Carter
Marc Hutcheson

# DIABLO III

## OFFICIAL STRATEGY GUIDE

# DIGITAL EDITIONS AVAILABLE!

Get the perfect digital companion to *Diablo III*.

The first of its kind, the *Diablo III* Official Strategy Guide from BradyGames will be available as an iBooks 2 edition! Containing all the content from the traditional printed strategy guide, this innovative digital version comes enhanced with the following elements:

- Additional hints at your fingertips with expandable strategy content
- Videos showing how to defeat the game's tougher bosses
- Expandable screenshots showing close-up views of the action

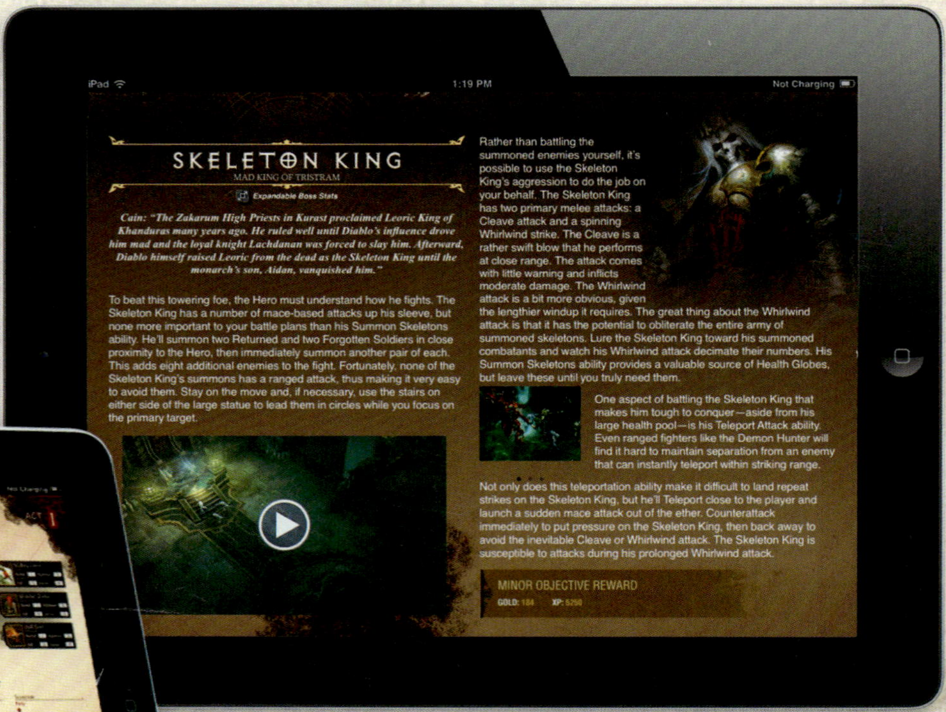

- Interactive town maps
- Search and Bookmark features

Visit the iTunes bookstore and purchase this one-of-a-kind interactive guide for the low price of $9.99!

**ALSO AVAILABLE FOR AMAZON KINDLE AND KOBO!**

*Traditional e-pub format only.*

BRADYGAMES

www.bradygames.com



BLIZZARD ENTERTAINMENT

www.blizzard.com